DROIT PÉNAL SPÉCIAL

Emmanuel Dreyer
Professeur à l'École de droit de la Sorbonne
(Université Paris 1)

DROIT PÉNAL SPÉCIAL

2e édition

LGDJ
un savoir-faire de Lextenso

Du même auteur

Procédure pénale, LGDJ, 3e éd., 2023, en collaboration avec O. Mouysset.
Droit de la communication, LexisNexis, 2e éd., 2022.
Droit pénal général, LexisNexis, 6e éd., 2021.
Responsabilités civile et pénale des médias, 3e éd., LexisNexis, 2012.

1, Parvis de La Défense
92044 Paris La Défense Cedex
www.lgdj-editions.fr
EAN : 9782275102313
ISSN : 0990-3909
Collection : Manuels

Liste des abréviations

AJ pénal	revue *Actualité juridique pénal*
al.	alinéa
APC	Archives de politique criminelle
APD	Archives de philosophie du droit
art.	Article
B.	*Bulletin de la Cour de cassation*
C. civ.	Code civil
C. com.	Code de commerce
C. consom.	Code de la consommation
CDE	*Cahiers de droit de l'entreprise*
C. éduc.	Code de l'éducation
C. mon. fin.	Code monétaire et financier
C. route	Code de la route
C. trav.	Code du travail
Cass. 1re civ., Cass. 2e civ.	1re ou 2e chambre civile de la Cour de cassation
Cass. ass. plén.	Cour de cassation, assemblée plénière
Cass. crim.	chambre criminelle de la Cour de cassation
CEDH	Cour européenne des droits de l'homme
CGCT	Code général des collectivités territoriales
CJIP	Convention judiciaire d'intérêt public
COJ	Code de l'organisation judiciaire
Comm. com. électr.	revue *Communication – Commerce électronique*
comp.	Comparer
Contrats, conc. consom.	revue *Contrats, concurrence, consommation*
Conv. EDH	Convention européenne des droits de l'homme
CPI	Code de la propriété intellectuelle
CPP	Code de procédure pénale
CSP	Code de la santé publique
D.	*Recueil Dalloz*
déc.	décision
Dr. pén.	revue *Droit pénal*
Gaz. Pal.	revue *Gazette du Palais*
IR	Informations rapides
JAF	juge aux affaires familiales
JAP	juge de l'application des peines
JCP G	revue *La Semaine Juridique*, édition générale
JLD	juge des libertés et de la détention
L.	loi
Légicom	revue *Légicom*
Légipresse	revue *Légipresse*
LPA	revue *Les Petites affiches*

M€	million d'euros
Mél.	*Mélanges offerts à...*
obs.	observations
OPJ	officier de police judiciaire
par ex.	par exemple
PIDCP	Pacte international relatif aux droits civils et politiques
R.	règlement
Rev. pénit.	*Revue pénitentiaire et de droit pénal*
RSC	*Revue de science criminelle et de droit pénal comparé*
RTDH	*Revue trimestrielle des droits de l'homme*
S.	*Recueil Sirey*
somm.	sommaire
STAD	système de traitement automatisé de données
TMIN	Tribunal militaire international de Nuremberg

Sommaire

DEUXIÈME PARTIE – LES ACTES DE PRÉDATION

TROISIÈME PARTIE – LES ACTES DE DOMINATION

QUATRIÈME PARTIE – LES ACTES MENSONGERS

SIXIÈME PARTIE – LES ACTES IRRESPECTUEUX

Introduction

1. Avertissement. – Encore un manuel de *Droit pénal spécial* ? Il y a une quinzaine d'années, au sortir du concours d'agrégation, nous avions commis un premier *opus*, chez un autre éditeur, dans lequel nous croyions avoir mis beaucoup de nous-mêmes en exprimant ce qui manquait aux autres ouvrages publiés sur le sujet. Toutefois, à la fierté d'un jour a progressivement succédé la déception. L'ouvrage était soigné sur le plan de la forme mais assez banal quant au fond. Œuvre de jeunesse satisfaisant des critères inadaptés à la matière, il a fini par ne plus correspondre à notre conception du droit pénal telle qu'elle s'est développée par la suite. Naïvement, cet ouvrage exagérait l'importance des intérêts protégés par chaque incrimination en reprenant le plan du Code pénal, qui est pourtant dénué de toute portée normative et qui s'est vite avéré défaillant. C'était l'époque où, sous l'influence de droits étrangers pas toujours bien maîtrisés, la doctrine s'enthousiasmait sur l'anti-juridicité, l'élément injuste de l'infraction et une pensée dogmatique prenant en compte la valeur protégée par chaque texte. C'était l'époque où, au nom de la *ratio legis* des infractions, on passait allégrement outre le principe de légalité. C'était l'époque où l'on développa de multiples théories du résultat de l'infraction dans le but d'intégrer ces valeurs dans la réflexion : sous couvert de résultat sociologique (formule curieuse sous la plume d'auteurs dénonçant par ailleurs l'influence excessive de la sociologie sur le droit, mais qui permit de dissimuler une référence implicite à la morale), on prétendait évoquer l'atteinte à un bien juridiquement protégé. Tout cela était séduisant. Cependant, tout cela s'est avéré, avec le recul du temps, sans grand intérêt. Que nos lecteurs d'alors nous le pardonnent mais, à cette adhésion d'un jour, nous avons aujourd'hui renoncé. Toutes ces théories servent uniquement à légitimer le pouvoir d'interprétation de celui qui s'exprime : des auteurs d'abord, du juge ensuite. S'agissant des auteurs, ce n'est sans doute pas bien grave, compte tenu de la relativité du travail doctrinal (où les questions posées importent plus que les réponses fournies par chacun en ordre dispersé). S'agissant du juge, c'est beaucoup plus ennuyeux (car on constate, dans la jurisprudence française, que la prise en compte de l'objectif poursuivi par le législateur sert quasiment toujours à étendre le champ de la répression et non à le restreindre). Ce constat sème le doute sur la légitimité d'une telle démarche.

2. Plan. – En réalité, la dérive évoquée ci-dessus ne trouve pas nécessairement son origine dans des réflexions savantes développées sur la base des droits allemand ou italien. On ne dira jamais assez l'influence exercée sur la doctrine pénaliste française de la fin du XXe siècle par le *Traité de droit criminel* de MM. Merle et Vitu. Or, spécialement, dans le premier tome que Vitu consacre au *Droit pénal spécial* apparaît un effort de « systématisation » de la matière. Il part du constat de l'insuffisance du Code de 1810 sur ce point et prétend guider le législateur dans l'élaboration d'un nouveau Code. Le plan du Code voulu par Napoléon est présenté comme manquant de rigueur (défaut initial accentué par les nombreuses réformes dont il a fait l'objet). Ce qui était admis par tout le monde. Mais les propositions qui suivent s'avèrent plus originales et contestables. Envisageant une autre organisation des infractions dans la partie spéciale du Code, Vitu se demande si elle peut reposer sur des critères techniques. Il évoque ces critères les uns après les autres en les réfutant tous, sauf un qu'il ne retient pas pour autant : il admet qu'une classification peut reposer sur la prise en compte de l'activité délictueuse ou « conduite criminelle », en citant un auteur espagnol, mais il passe au critère suivant sans indiquer pourquoi il condamne une telle approche[1]. Il souhaite bien plutôt convaincre le lecteur que le véritable critère à retenir est celui des intérêts protégés : « La plupart des auteurs étrangers contemporains insistent sur cette fonction essentielle du droit criminel, qui est de reconnaître, de promouvoir et de garantir ces valeurs fondamentales ou, pour employer une expression répandue à l'étranger plus qu'en France, ces "biens juridiques". Considéré dans cette optique, le droit pénal spécial n'apparaît plus comme un agglomérat disparate d'incriminations qui se succèdent sans lien, mais comme un ensemble cohérent et structuré, directement inspiré par les principes moraux et politiques proclamés ou reconnus par l'État. En ce sens, le critère dont il s'agit prend une valeur unificatrice certaine »[2]. Tout est dit et cela a longtemps constitué l'horizon indépassable de la réflexion des pénalistes français en la matière. En réalité, ce critère n'est pas plus satisfaisant que les autres. L'identification des biens juridiques protégés s'avère même incertaine ; ce qui fragilise les incriminations au lieu de les renforcer. En effet, on le verra, sur l'intérêt protégé au titre d'infractions aussi élémentaires que les violences ou le vol, des débats sans fin peuvent être engagés : est-il si évident que l'on défend l'intégrité physique ou psychique plutôt que le consentement dans le premier cas, que l'on défend la propriété plutôt que le consentement, à nouveau, dans le second ? Et que dire au sujet des infractions de dénonciation calomnieuse, d'abandon de famille ou d'organisation frauduleuse de l'insolvabilité ? Comment réagir lorsque les circonstances aggravant une infraction semblent prendre en compte des intérêts différents ? Affirmer que « généralement, l'un des intérêts l'emporte et donne son coloris principal à l'infraction »[3], c'est faire preuve – soudain – d'une surprenante légèreté : c'est renvoyer à la subjectivité de l'interprète le soin d'affirmer des solutions définitives qui reposent pourtant sur sa seule intuition. Le Traité, magistral, développé à la suite, adopte ce critère mais il n'échappe pas à la critique. La même démarche a inspiré – avec quelques changements ou interversions – le Code actuel qui, à cet égard, montre également ses limites. Il est difficile d'asseoir sur une approche aussi peu scientifique une classification sérieuse des infractions.

Laquelle choisir, alors ? À ce stade, il faut sans doute faire preuve d'un peu d'humilité et se demander si le *Droit pénal spécial* a réellement besoin de systématisation. En effet, cette systématisation est opérée en *Droit pénal général*. Ensuite, la casuistique règne en maître et les classifications proposées – étrangères à la théorie générale de l'infraction – s'avèrent nécessairement artificielles. Tous les auteurs de manuels en *Droit pénal spécial* conviennent ainsi des faiblesses du classement retenu. À l'expérience, nous renonçons à toute construction fondée sur l'intérêt protégé. Un autre critère nous paraît plus judicieux, même s'il semble encore à parfaire

1. *Droit pénal spécial*, éd. Cujas, 1981, t. 1, p. 27.

2. *Ibid.*, p. 29.

3. *Ibid.*, p. 30.

dans ses applications. C'est celui qu'évoque Vitu avant de passer aux valeurs protégées sans expliquer pourquoi il change de perspective (préférant l'effet à la cause) et ne le retient pas. Un tel critère s'intéresse moins aux fins recherchées qu'aux moyens employés par le criminel ou délinquant. Ce critère sera partagé par tous ceux qui veulent bien se souvenir que le droit pénal est le droit applicable à l'auteur d'une action ou d'une abstention qui, étant menacé d'une peine par la loi, est amené à répondre de son comportement devant une juridiction répressive. Contrairement au droit civil, il s'agit de raisonner davantage sur le fait générateur de responsabilité que sur ses conséquences ; il s'agit de prendre en compte l'agent (auteur d'un fait) et non sa victime (et les intérêts atteints à travers elle). Il s'agit de concentrer l'analyse sur l'activité délictueuse ou la conduite criminelle. Le résultat redouté est alors appréhendé comme un fait et non comme la lésion d'une valeur (la mort d'autrui, dans le meurtre, et non la vie humaine). La principale question posée est celle de savoir si le comportement incriminé par le législateur comme ayant produit, ou pouvant produire, ce résultat, a eu lieu. Or, certains comportements ont un même ressort malgré des résultats différents. Nous nous sommes attachés à le montrer à travers le plan du présent ouvrage. Il s'agit, dira-t-on, d'adopter une démarche criminologique. Nous n'avons pas cette compétence, ni cette ambition. Le classement proposé relève de la simple observation des incriminations : sont rapprochées celles qui semblent procéder d'une même démarche à la fois matérielle et psychologique. Il paraît ainsi plus pertinent de rapprocher les agressions sexuelles du vol qui constituent dans les deux cas des actes de prédation, que de traiter les agressions sexuelles avec l'exhibition sexuelle et le vol avec l'abus de confiance sous prétexte que ces groupes d'infraction portent atteinte à un même intérêt. En effet, la démarche de l'auteur d'une agression sexuelle et celle de l'auteur d'un vol relèvent d'une même logique : ils s'emparent du corps ou de la chose d'autrui contre son gré. La même idée ne se retrouve pas dans le fait de montrer ses organes sexuels en public (exhibition sexuelle) ou dans le fait de refuser de restituer un bien qui n'a été remis qu'à titre précaire (abus de confiance). Tout au plus, nous nous sommes efforcés de présenter ces actes ou conduites dans un ordre décroissant de gravité. Les sanctions encourues ont servi de critère objectif à cette fin. Ce qui affecte parfois la classification précédente mais une telle incohérence est davantage celle du législateur que la nôtre. En revanche, on peut nous faire le reproche de ne pas avoir été toujours fidèle à cette double démarche. Pour ne pas déconstruire entièrement la matière, certains rapprochements entre infractions de même famille ont été maintenus alors que les moyens employés et/ou les peines encourues diffèrent. De plus, il est possible qu'une part de subjectivité subsiste dans la façon dont nous avons envisagé certains comportements. Une telle présentation est donc, sans doute, encore à parfaire. Toutefois, elle nous semble infiniment plus satisfaisante que toutes les autres afin de montrer le *Droit pénal spécial* tel qu'il est et non tel qu'il devrait être. Aux suivants de perfectionner cette approche, seule respectueuse du principe de légalité !

3. Prérequis. – Cela étant dit, le *Droit pénal spécial* ne peut être abordé sans maîtrise du *Droit pénal général* : plus que jamais la maîtrise du second est nécessaire à la compréhension du premier. C'est parce que le *Droit pénal spécial* est indissociable du *Droit pénal général* qu'il peut se dispenser de tout effort de systématisation. Cet effort est fait par ailleurs et il doit être connu du lecteur pour que la matière soit correctement appréciée. Au moment d'aborder le *Droit pénal* *spécial*, il importe donc que l'étudiant se remémore ses enseignements de *Droit pénal général* qui ne seront pas rappelés ici[4]. De la même façon, le *Droit pénal spécial* ne saurait être abordé sans maîtrise de la *Procédure pénale*. En effet, le *Droit pénal spécial* prétend étudier non seulement les comportements incriminés et les peines fulminées mais aussi les règles particulières régissant chaque poursuite. Souvent à l'origine de dispositions dérogatoires, il suppose donc connu ce droit pénal de forme lui aussi précédemment enseigné[5].

4. Ultimes précisions. – Tout au plus, afin de permettre une compréhension immédiate de ce qui suit, deux précisions terminologiques et un rappel technique s'imposent.

Sur le plan terminologique, « l'agent » sert toujours à désigner l'auteur des faits, c'est-à-dire la personne à qui l'action ou l'abstention coupable est reprochée. Quant à « autrui », il sert toujours à désigner la personne qui subit les faits. Dans le Code pénal, « autrui » est le sujet passif de l'infraction, la victime, et non un tiers indéterminé.

Sur le plan technique, la Cour de cassation a récemment décidé de modifier son approche des concours de qualifications pour une même action répréhensible (« cas où un fait ou des faits identiques sont en cause »)[6]. Elle admet désormais que plusieurs déclarations de culpabilité peuvent être prononcées et ne déroge à ce principe que dans trois hypothèses. Il en va d'abord ainsi lorsque « la caractérisation des éléments constitutifs de l'une des infractions exclut nécessairement la caractérisation des éléments constitutifs de l'autre ». En réalité, les qualifications en concours étant alors incompatibles entre elles, on ne conçoit pas qu'un juge puisse les cumuler. Il en va tout autrement dans les deux autres hypothèses où le juge doit alors arbitrer et ne retenir qu'une seule qualification parmi toutes celles qui semblent applicables. Tel est d'abord le cas où « l'une des qualifications, telles qu'elles résultent des textes d'incrimination, correspond à un élément constitutif ou une circonstance aggravante de l'autre, qui seule doit alors être retenue ». Tel est ensuite le cas où « l'une des qualifications retenues, dite spéciale, incrimine une modalité particulière de l'action répréhensible sanctionnée par l'autre infraction, dite générale ». Toutefois, on le verra, l'application de cette jurisprudence pose de grosses difficultés[7]. Elles seront ponctuellement évoquées dans la suite de nos développements.

---

4. V., E. Dreyer, *Droit pénal général*, LexisNexis, 6e éd., 2021. – Bien entendu, il existe d'autres manuels, d'une immense qualité. Ils méritent d'être lus eux aussi. Mais celui-ci est cité comme ayant, en grande partie, nourri les réflexions à l'origine de la refonte du présent ouvrage.

5. V., chez le même éditeur, E. Dreyer et O. Mouysset, *Procédure pénale*, LGDJ, 3e éd., 2023.

6. Cass. crim., 15 déc. 2021, *D.* 2022, p. 154, note G. Beaussonie ; *Gaz. Pal.*, 1er févr. 2022, p. 21, note R. Parizot ; *RSC* 2022, p. 311, obs. X. Pin. – V. aussi, *infra*, n° 790.

7. V. aussi C. Ballot-Squirawski, « Du concours idéal de qualifications », *RSC* 2022, p. 797 ; L. Saenko, « Les concours d'infractions en matière pénale », *D.* 2022, p. 1762 ; P. Conte, « *Non bis in idem* », *Dr. pén.* 2022, étude 3.

PREMIÈRE PARTIE

LES ACTES D'AGRESSIVITÉ

5. Les actes d'agressivité sont des actes accomplis dans le but de porter atteinte à l'intégrité physique ou psychique d'autrui, voire dans le but de causer sa mort. Cette propension de certains individus à abuser de leur force pour en faire souffrir d'autres et, éventuellement, les éliminer peut également prendre une dimension collective. Mais elle ne constitue alors que la transposition, à l'échelle d'un groupe, de l'instinct destructeur sommeillant en chacun. Commençons donc par évoquer la sanction des actes individuels d'agressivité avant d'envisager la sanction des actes collectifs.

Titre 1

Les actes individuels d'agressivité

6. Par ordre décroissant de gravité, on envisagera les homicides puis les violences et, enfin, les menaces.

CHAPITRE 1
Les homicides

7. Présentation. – Toute atteinte à la vie d'autrui est un homicide. L'homicide n'est donc pas une infraction mais une catégorie d'infractions à l'intérieur de laquelle seront évoqués plus tard les homicides involontaires (v. *infra*, n° 1590). En effet, ils ne témoignent pas de l'agressivité de leur auteur mais de la malchance qui s'est jouée de lui. Seuls sont étudiés ici les actes à l'occasion desquels la mort a été intentionnellement donnée à autrui. On envisagera d'abord ce résultat redouté puis les actes qui l'occasionnent.

Section 1
Le résultat redouté

8. Présentation. – Autrui, est un autre « soi-même ». *Alter ego* de l'agent, il ne peut être qu'une personne physique. Cela signifie en premier lieu qu'un homicide ne saurait être reproché à celui qui donne la mort à un animal, qui détruit une chose ou qui provoque la dissolution d'un groupement. D'autres qualifications sont éventuellement applicables à de tels faits mais pas celle-ci. Cela signifie en deuxième lieu que l'individu victime ne peut être l'auteur même des faits. Seule la vie d'autrui est prise en compte. Un rapport d'altérité s'impose car il n'y a pas meurtre sur soi mais suicide. Dans l'hypothèse où ce dernier acte échouerait, son auteur ne peut être poursuivi pour tentative de meurtre. Toute autre solution paraîtrait excessive. Le droit pénal n'ose pas pénétrer au cœur des consciences et demander à un juge de condamner cette décision intime qui a pu pousser un individu à essayer de mettre fin à ses jours. Enfin, l'exigence d'une mort donnée à autrui signifie en troisième lieu que la victime devait être vivante au moment des faits. Ce qui mérite quelques précisions.

9. Mort. – Un homicide peut être commis à l'encontre de toute personne du moment de sa naissance jusqu'au jour de son décès, sachant « que la survenance de la mort constitue un phénomène continu ; que la vie ne prend fin que par la cessation irréversible de l'ensemble des fonctions vitales et que dès lors les lois pénales protectrices des personnes s'appliquent tant que demeure la moindre possibilité de récupération »[1]. Néanmoins, le Code de la santé publique donne une définition plus précise de la mort (art. R. 1232-1). Elle suppose un arrêt cardiaque et respiratoire persistant dès lors que s'y ajoutent les trois critères cliniques suivants : i) absence totale de conscience et d'activité motrice spontanée ; ii) abolition de tous les réflexes du tronc cérébral ; iii) absence totale de ventilation spontanée. Le maintien artificiel en fonction du cœur et des autres organes (pour permettre des prélèvements) ne fait donc pas obstacle à ce constat[2].

En principe, si la victime est déjà décédée au moment où des coups *a priori* mortels lui sont portés, il ne peut y avoir meurtre. Cependant, compte tenu de la gravité de l'acte en question, la Cour de cassation assimile cette infraction impossible à une infraction manquée, punissable sous couvert de tentative, lorsque l'agent ignorait le décès d'autrui dû à une circonstance indépendante de sa volonté[3]. Il ne s'agit pas de faire ici du mort une personne mais de constater que l'auteur des coups a voulu donner la mort à ce qu'il croyait être encore une personne. Ce qui paraît discutable au regard du principe de légalité (la condition préalable de cette infraction putative faisant défaut).

10. Preuve. – En toute hypothèse, pour s'assurer de la mort d'autrui, et pouvoir en vérifier la cause, l'article R. 645-6, C. pén. menace de l'amende prévue pour les contraventions de la 5e classe (soit 1 500 €) celui qui procéderait ou ferait procéder à l'inhumation d'un individu décédé « sans que cette inhumation ait été préalablement autorisée par l'officier public, dans le cas où une telle autorisation est prescrite, ou en violation des dispositions législatives et réglementaires relatives aux délais prévus en cette matière ». En effet, l'inhumation suppose un certificat médical attestant la mort d'autrui ainsi qu'un permis délivré en principe par le maire du lieu du décès (CGCT, art. R. 2213-17). Elle doit intervenir dans un délai de 24 heures à 6 jours après le décès (CGCT, art. R. 2213-33).

Section 2
Les actes homicides

11. Il existe deux catégories de comportement à l'occasion desquelles un individu agit dans l'intention de donner la mort à autrui. Le meurtre relève de la première catégorie ; l'empoisonnement de la seconde.

1. J.-P. Doucet, *Le droit criminel – La personne humaine*, éd. Gaz. Pal., 3e éd., 1999, p. 46, n° 41.
2. V. critiquant cette solution M. Iacub, « La construction de la mort en droit français », *in Le crime était presque sexuel, et autres essais de casuistique juridique*, Epel, coll. Essais, 2002, p. 124.
3. Cass. crim., 16 janv. 1986, *D.* 1986, p. 265, note D. Mayer et J. Pradel ; *JCP* G 1987, II, 20774, note G. Roujou de Boubée.

§1. Le meurtre

12. Infraction gravissime, le meurtre a particulièrement retenu l'attention du législateur : si sa définition est relativement aisée, sa répression s'avère complexe.

A. L'incrimination du meurtre

13. L'article 221-1 du Code pénal définit le meurtre comme « le fait de donner volontairement la mort à autrui ». Une telle définition laisse apparaître tant l'élément matériel que l'élément moral de ce crime.

1. La matérialité de l'acte

14. Le meurtre s'entend d'une action exercée sur autrui qui provoque sa mort. Dans cette définition, l'effet importe autant que la cause. Envisageons-les successivement.

a. La cause du décès d'autrui

15. Formes. – L'article 221-1 ne précise pas la forme que doit revêtir l'acte meurtrier. Néanmoins, parce qu'il s'agit de « donner » la mort, la jurisprudence considère que le meurtre constitue nécessairement une infraction de commission car la formule évoque un acte positif[4]. On en déduit qu'une abstention mortelle ne saurait être sanctionnée à ce titre. Dans une telle hypothèse, il y aurait, au mieux, non-assistance à personne en péril (art. 223-6, al. 2. V. *infra*, n° 1388) ou mise en péril d'un mineur (art. 227-16. – v. *infra*, n° 1472).

En revanche, tout acte positif peut être pris en compte, le texte d'incrimination ne précisant pas les moyens à utiliser pour donner la mort. Le meurtre peut donc être réalisé par étranglement, coups portés à main nue ou par l'intermédiaire d'un objet transformé en arme, etc.[5] La nécessaire distinction du meurtre et de l'empoisonnement conduit, tout au plus, à exclure du champ d'application de ce premier crime l'emploi et l'administration d'une substance mortelle qui caractérisent le second.

Ajoutons que, faute de précision en sens contraire, l'acte n'a pas à être mortel par nature : la qualification de meurtre peut être retenue à raison d'un acte simplement violent accompli en sachant qu'il provoquera la mort compte tenu de prédispositions de la victime. La jurisprudence admet aussi qu'un meurtre puisse résulter d'une succession d'actes violents réalisés dans le but de donner la mort à autrui[6].

4. En ce sens, le meurtre suppose un acte de violences commis avec une intention homicide, ce qui permet, en cas d'action collective, à la Cour de cassation de justifier la poursuite de toute personne qui a donné des coups dans ce but, même si l'action de chaque participant ne peut être précisée (Cass. crim., 23 mars 2022, *Dr. pén.* 2022, n° 80, obs. P. Conte ; *Gaz. Pal.*, 24 mai 2022, p. 20, note C. Dubois ; *RSC* 2022, p. 601, obs. Y. Mayaud).

5. Asperger d'essence autrui puis l'embraser en craquant une allumette constitue une tentative de meurtre punissable, quand bien même l'agent finirait-il par éteindre les flammes sur le corps de sa victime (Cass. crim., 21 juin 2017, *Gaz. Pal.* 24 oct. 2017, p. 41, obs. S. Detraz).

6. Cass. crim., 9 juin 1977, *B.* n° 5. – 13 mai 1965, *B.* n° 139.

À la différence de sa consommation, l'exécution de ce crime peut donc s'inscrire dans le temps[7].

b. La réalité du décès d'autrui

16. Décès. – Comme tout homicide, le meurtre cause la mort d'autrui. Un tel résultat a été présenté ci-dessus. Il importe tout au plus ici d'insister sur le fait que le comportement de l'agent doit avoir atteint son but. La mort d'autrui doit en découler. Sa réalité et son origine – lien de causalité – ne doivent prêter à aucune discussion. En effet, le meurtre est une infraction matérielle qui suppose rapportée la preuve de l'obtention de ce résultat redouté. Une telle infraction n'est consommée qu'au jour où la mort survient[8].

Peu importe que la victime n'ait pu être identifiée, son corps étant méconnaissable (carbonisé) ou n'ayant jamais été retrouvé (jeté à la mer).

2. La perception de l'acte

17. Le meurtre suppose également que l'agent ait eu l'intention de donner à autrui la mort au moment de son acte. Il convient de s'interroger sur la consistance de cette intention et sur sa preuve.

a. La consistance de l'intention

18. Dol spécial. – Selon l'approche classique, l'intention homicide ajoute un dol spécial au dol général. Elle implique la conscience de porter des coups susceptibles de provoquer la mort ainsi que la volonté de tuer. On parle d'*animus necandi*. Ce dédoublement présente un intérêt surtout pédagogique. Il permet d'insister sur l'importance de la volonté de tuer autrui qui sert à distinguer le meurtre de l'homicide involontaire (art. 221-6. – v. *infra*, nº 1589) ainsi que des violences ayant entraîné la mort sans intention de la donner (art. 222-7. – v. *infra*, nº 96). Mais, pour rendre au concept de dol son unité, il est sans doute plus exact de dire que l'agent doit avoir recherché l'acte accompli dans toutes ses dimensions, y compris son résultat. À ce titre, il suffit d'établir qu'il a eu l'intention de tuer.

En revanche, peu importe que l'agent n'ait pas connu sa victime ou se soit mépris sur son identité[9]. L'erreur sur la personne est indifférente car il importe peu que la mort ait été donnée à une personne plutôt qu'à une autre. L'intention de tuer existe dès lors que l'agent a conscience de donner la mort à autrui et veut le faire[10].

---

7. V. aussi, mais dans une hypothèse contestable : Cass. crim., 8 juill. 2015, *JCP* G 2015, 1064, note P.-J. Delage.

8. Cass. crim., 16 oct. 2013, *JCP* G 2013, 1309, note S. Detraz ; *D.* 2013, p. 2673, note Y. Mayaud. – En conséquence, le délai de prescription court à compter du décès d'autrui. Ce délai est en principe de 20 ans mais il peut être porté à 30 ans dans deux hypothèses : lorsque l'infraction est commise sur un mineur ou en état de récidive légale (CPP, art. 7, al. 3).

9. V. pour le fait de tirer à l'aveuglette sur un groupe de personnes : Cass. crim., 10 avr. 1975, *B.* nº 90.

10. Conscience absente si le tir est accidentel : Cass. crim., 6 juin 2012, *Gaz. Pal.* 26 oct. 2012, p. 34, obs. E. Dreyer.

19. Mobiles. – Bien entendu, le mobile est indifférent : il n'efface pas l'intention homicide et ne peut justifier les faits. Peu importe que l'acte ait été dicté par la vengeance, la jalousie, l'intérêt ou la pitié.

Peu importe également le consentement de la victime : il ne fait pas disparaître l'intention de tuer[11]. Le souci de « rendre service » ne saurait donc être pris en compte alors même que la victime a demandé qu'on abrège ses souffrances[12]. À cet égard, l'indulgence des cours d'assises ne peut s'exprimer qu'en termes de sanction car il y a nécessairement infraction à donner volontairement la mort à autrui. Il est déplorable que la Cour de cassation ne fasse pas toujours respecter cette logique juridique[13].

b. La preuve de l'intention

20. Déductions. – L'intention de tuer est une donnée psychologique difficile à établir *a posteriori*. En l'absence d'aveu, elle ne peut être déduite que des circonstances dans lesquelles l'acte a été commis[14]. Les magistrats raisonnent à partir d'indices : l'utilisation d'une arme dangereuse, la force des coups et la région vitale du corps de la victime où ces coups ont été portés font présumer que l'agent a intentionnellement donné la mort à autrui[15]. L'acte ne peut guère avoir d'autre explication. Néanmoins, il importe que cette présomption de fait reste une présomption simple toujours susceptible d'être combattue par la preuve contraire[16]. Celle-ci n'entraînera pas nécessairement l'impunité du coupable mais elle peut conduire à lui appliquer une qualification moindre : celle de violences ayant entraîné la mort sans intention de la donner[17], voire celle d'homicide dit involontaire.

Bien entendu, cette intention doit être caractérisée au moment de l'acte ayant entraîné la mort d'autrui.

B. La répression du meurtre

21. Pour les personnes physiques, la répression du meurtre varie suivant que l'on considère l'infraction simple ou ses formes aggravées. Pour les personnes morales, au contraire, la répression est la même dans toutes ces

11. De façon dogmatique, la solution s'expliquerait par le fait que la vie humaine est une valeur indisponible (donnée par Dieu ; affectée à la défense de l'État et à la prospérité du pays). De façon pragmatique, la solution s'explique par l'idée qu'en principe chacun veut vivre. Pour éviter la justification abusive d'actes homicides, cette présomption est tenue pour irréfragable (comp. X. Pin, « Le consentement à lésion de soi-même en droit pénal », *Droits* 2009, t. 49, p. 83). Ce qui coupe court à toute discussion... tant que le législateur n'en dispose pas autrement (v. *infra*, nº 55).

12. Hypothèse de l'euthanasie : CA Toulouse, 9 août 1973, *D.* 1974, p. 452.

13. V. dans une hypothèse où la mort avait été donnée à autrui par réduction des soins qui le maintenaient artificiellement en vie sans que le protocole médical imposé par la loi ait été respecté : Cass. crim., 5 mars 2019, *AJ pénal* 2019, p. 269, note M. Bénéjat ; *RSC* 2019, p. 446, obs. P. Mistretta. – V. aussi J. Lagoutte, « De l'irresponsabilité pénale en fait d'euthanasie », *Dr. pén.* 2019, étude 22.

14. La Cour de cassation admet qu' « une présomption sérieuse d'un fait criminel » peut résulter de ces circonstances : Cass. crim., 2 oct. 1996, *RSC* 1997, p. 108, obs. Y. Mayaud.

15. Cass. crim., 17 déc. 2019, *RSC* 2020, p. 83, obs. Y. Mayaud. – 6 janv. 1993, *Dr. pén.* 1993, nº 103, obs. M. Véron. – 9 janv. 1990, *RSC* 1990, p. 337, obs. G. Levasseur.

16. Cass. crim., 8 janv. 1991, *D.* 1992, p. 115, note R. Croisier-Nerac.

17. Cass. crim., 23 août 2006, *Dr. pén.* 2006, nº 151, obs. M. Véron.

hypothèses. Elles encourent l'amende de 1 M€ prévue à l'article 131-38, al. 2 ainsi que l'ensemble des peines de l'article 131-39, C. pén. (art. 221-5-2).

1. Le meurtre simple

22. Pénalités. – Selon l'article 221-1, le meurtre simple est puni de 30 ans de réclusion criminelle. Le prononcé d'une période de sûreté est facultatif : cette modalité d'exécution de la peine privative de liberté peut être décidée par la cour d'assises dès lors qu'elle prononce au moins une peine d'emprisonnement sans sursis de cinq ans (art. 132-23, al. 3).

23. Autres. – À cette peine principale s'ajoute une très longue liste de peines complémentaires. En vertu de l'article 221-8 (I), le juge peut notamment prononcer : l'interdiction d'exercer la fonction ou l'activité à l'occasion de laquelle l'infraction a été commise ; l'interdiction de détenir ou de porter une arme soumise à autorisation ; la confiscation d'une arme ou d'un véhicule ; le retrait du permis de chasser ; la suspension ou même l'annulation du permis de conduire, etc. L'interdiction de détenir ou porter une arme, la confiscation de celle-ci et le retrait du permis de chasse sont même obligatoires, sauf décision spécialement motivée en considération des circonstances de l'infraction et de la personnalité de son auteur (II). En vertu de l'article 221-9, le juge peut également prononcer l'interdiction des droits civiques, civils et de famille, la confiscation d'objets dangereux ou nuisibles ainsi qu'une interdiction de séjour[18]. En vertu de l'article 221-11, une interdiction du territoire français, à titre définitif ou pour une durée de 10 ans au plus, peut être infligée à un meurtrier étranger. Enfin, le suivi socio-judiciaire est applicable à tout homicide intentionnel (art. 221-9-1).

24. Sanction civile. – Par ailleurs, l'article 726, C. civ. déclare indigne de succéder « celui qui est condamné, comme auteur ou complice, à une peine criminelle pour avoir volontairement donné ou tenté de donner la mort au défunt ». L'indignité est facultative si seule une peine correctionnelle a été prononcée (art. 727). La juridiction de Strasbourg admet le principe d'une telle indignité, y compris en l'absence de condamnation, à raison du décès du meurtrier au cours de la procédure, dès lors que les faits sont établis[19].

2. Les meurtres aggravés

25. Le meurtre donne lieu à une répression complexe qui témoigne de la volonté du législateur d'aggraver les sanctions encourues suivant la forme prise par ce crime. Une aggravation peut ainsi être envisagée soit à raison de l'existence d'autres infractions en concours, soit à raison d'une particularité de la victime, soit à raison des circonstances particulières dans lesquelles le meurtre a été commis. Envisageons successivement ces trois hypothèses produisant un même effet : la réclusion criminelle est portée de 30 ans à la perpétuité et elle s'accompagne d'une période de sûreté de plein droit dès lors que la cour

18. En principe, lorsque l'homicide volontaire concerne un époux assuré, le juge doit également faire obstacle à l'octroi de la pension due au conjoint survivant ou divorcé (art. 221-9-2).

19. CEDH, 1er déc. 2009, *Velcea et Maz⊠re c/Roumanie*, § 133.

d'assises prononce une peine privative de liberté sans sursis d'au moins 10 ans[20].

a. L'aggravation tenant à l'existence d'autres infractions en concours

26. Présentation. – L'article 221-2 du Code pénal introduit des règles dérogatoires afin d'échapper au plafonnement de la répression applicable en cas de concours réel d'infractions (art. 132-3). Il s'agit d'aggraver la répression d'un meurtre qui devrait être considéré comme simple s'il n'était commis en concours avec un autre crime ou avec un délit[21]. Les conditions de l'aggravation ne sont pas les mêmes dans les deux cas. En effet, l'article 221-2 érige d'abord en circonstance aggravante du meurtre le fait que celui-ci a été précédé, accompagné ou suivi par un autre crime. Il érige ensuite en circonstance aggravante du meurtre le fait que celui-ci a été commis soit pour préparer ou faciliter un délit, soit pour favoriser la fuite ou assurer l'impunité de l'auteur ou du complice d'un délit. Peu importe que ces infractions en concours aient été consommées ou simplement tentées, quand leur tentative est punissable[22]. Distinguons.

27. Autre crime. – L'hypothèse d'un meurtre commis en concours avec un autre crime est entendue largement. L'aggravation a lieu que le meurtre poursuivi ait été précédé, accompagné ou suivi de cet autre crime. Elle sanctionne la persistance de son auteur à agir de façon criminelle. Certes, on peine à imaginer quel meurtre pourrait précéder un autre crime sur la même victime (une victime vivante au moment du second fait étant le plus souvent nécessaire). Mais on peut concevoir qu'après une tentative de meurtre, l'agent commette un autre crime sur la même victime. Par ailleurs, rien n'impose de limiter l'aggravation de la répression à l'hypothèse d'une victime unique. L'aggravation est également applicable lorsque, après avoir tué une première personne, le meurtrier en tue, viole ou torture une seconde. Enfin, le meurtre peut également accompagner ou suivre un autre crime. C'est l'hypothèse dans laquelle un individu donne volontairement la mort à sa victime après l'avoir séquestrée ou violée pour éviter qu'elle ne parle[23]. C'est également l'hypothèse dans laquelle, après avoir commis un premier crime, un individu donne volontairement la mort au témoin involontaire de celui-ci.

Il n'est pas nécessaire que les deux crimes en question présentent l'un par rapport à l'autre un rapport d'utilité. Ils doivent tout au plus participer d'une même

---

20. Pendant la moitié de la peine prononcée (18 ou 22 ans, lorsqu'est effectivement prononcée une peine de réclusion criminelle à perpétuité), le condamné ne peut bénéficier de mesures de faveur dans l'exécution de cette peine. Toutefois, dans trois des cas évoqués spécialement ci-dessous, cette période de sûreté peut être plus longue encore (v. *infra*, n° 30, 32, 34).

21. L'autre infraction étant érigée en circonstance aggravante du meurtre, elle ne devrait pas donner lieu à déclaration de culpabilité distincte (v. le contestant T. Herrmann, *Unité d'action et concours d'infractions*, Th. Paris 1, 2022, p. 668). Mais la Cour de cassation ne l'exclut pas. Lorsque plusieurs meurtres sont commis à la suite par la même personne, elle admet même qu'ils puissent être distinctement relevés avec, chacun, la circonstance aggravante ici étudiée (Cass. crim., 17 juin 2020, *Gaz. Pal.*, 1er sept. 2020, p. 47, obs. E. Dreyer). Chaque meurtre sert alors de circonstance aggravante à l'autre.

22. Cass. crim., 12 juill. 1982, *RSC* 1983, p. 261, obs. G. Levasseur.

23. Cass. crim., 27 nov. 2019, *RSC* 2020, p. 75, obs. Y. Mayaud. – 13 sept. 1986, *Gaz. Pal.* 1987, somm. p. 102, note J.-P. Doucet.

action[24]. Il suffit qu'ils procèdent d'un même enchaînement de faits excluant toute autonomie entre eux. Peu importe le mode de participation de l'agent en ces différentes occasions : peu importe que sa responsabilité pénale soit engagée en qualité d'auteur ou complice dès lors qu'elle l'est effectivement[25]. Toutefois, il doit s'agir d'infractions distinctes en concours. Déclencher un explosif au passage de deux frères dont on veut la mort, c'est commettre un meurtre et non deux. Peu importe, alors, la pluralité de victimes.

28. Délit en concours. – L'aggravation de la répression est plus limitée lorsque le meurtre poursuivi s'est accompagné d'un délit. Elle n'est envisageable que dans deux hypothèses : i) si le meurtre a eu pour objet de préparer ou de faciliter le délit ; ii) ou si le meurtre a eu pour but de favoriser la fuite ou d'assurer l'impunité de l'auteur ou complice du délit.

Pour que la sanction du meurtre soit aggravée, il doit donc s'être avéré utile à la réalisation d'un délit (et non l'inverse). Cette utilité du meurtre s'apprécie au plan tant matériel que moral. Matériellement, un véritable lien de connexité doit exister entre les deux infractions qui, à la différence de l'hypothèse précédente, ne doivent pas seulement coexister mais s'inscrire dans une logique d'ensemble. Peu importe l'ordre dans lequel le crime et le délit sont perpétrés : la circonstance aggravante s'applique que le meurtre du vigil ait été commis avant le vol pour faciliter celui-ci ou après le vol pour protéger la fuite de son auteur. Moralement, le juge doit également établir le mobile du meurtrier : la cour d'assises doit pouvoir se convaincre que l'agent a tué pour faciliter la commission d'un délit ou assurer l'impunité de son auteur[26]. Mais, à la différence de l'hypothèse précédente, il ne semble pas que la responsabilité pénale du meurtrier doive nécessairement être engagée à raison du délit en question. Certes, l'aggravation s'applique lorsque les deux infractions sont commises par la même personne ou par des personnes différentes agissant les unes par rapport aux autres en qualité d'auteur et complice. Les deux infractions sont alors bien commises en concours réel. Toutefois, l'aggravation paraît s'appliquer également lorsqu'un individu tue pour favoriser la fuite ou assurer l'impunité de l'auteur ou du complice d'un délit dans lequel il n'assume aucune responsabilité (faute de l'avoir commis, d'avoir poussé ou aidé autrui à le commettre). Dans une telle hypothèse, le concours juridique n'implique pas un concours réel d'infractions : l'aggravation de la répression tient uniquement par la connaissance qu'a eue le meurtrier du délit commis par un tiers[27].

b. L'aggravation tenant à une particularité de la victime

29. Victimes proches. – La réclusion criminelle est également portée à la perpétuité en cas de meurtre sur un ascendant légitime ou naturel ou sur des

24. C'est-à-dire être commis « dans le même temps » : Cass. crim., 14 janv. 1954, *B.* n° 14.

25. Il est nécessaire que lui-même ou l'un de ses coauteurs ou complices ait commis le crime concomitant pour que l'aggravation s'applique : ce crime ne peut être constaté sans être attribué à l'un d'eux (Cass. crim., 26 févr. 2014, *Gaz. Pal.* 11 mai 2014, p. 32, obs. S. Detraz). *A priori*, il s'agit là d'une circonstance aggravante réelle qui peut donc faire l'objet d'une seule question posée à la cour d'assises car, liée aux faits, elle existe nécessairement à l'égard de tous les coauteurs ou complices (Cass. crim., 28 oct. 1992, *B.* n° 347).

26. A. d'Hauteville, « La gradation des fautes pénales en matière d'atteinte à la vie et à l'intégrité physique », *in Réflexions sur le nouveau Code pénal*, Pédone, 1995, p. 36.

27. Cette ultime précision s'impose pour réfuter l'argument selon lequel le meurtrier répondrait alors du fait d'autrui (Cass. crim., 10 mars 1970, *B.* n° 95).

pères ou mères adoptifs (art. 221-4, 2°). Cette circonstance aggravante compense la disparition de l'incrimination spécifique du parricide. Elle ne peut être appliquée au meurtre d'autres membres de la famille (frères et sœurs). Il s'agit moins de faire régner la paix au sein des foyers que d'exiger le respect envers les parents. À ce titre, le maintien d'une référence à trois types de filiation que ne distingue plus le droit civil interroge. Il peut être interprété de deux façons : soit comme exigeant en toute hypothèse un lien de filiatzion (peu importe lequel) ; soit comme dispensant d'établir ce lien (puisqu'il n'y a aucun enjeu à distinguer), de sorte que l'aggravation serait également encourue en cas de mort volontairement donnée à un père biologique à l'égard duquel la filiation du meurtrier n'est pas établie[28].

Par ailleurs, afin de mieux lutter contre les violences conjugales, la même aggravation de la répression s'applique au meurtre d'un conjoint, concubin ou partenaire à un pacte civil de solidarité (art. 221-4, 9°)[29]. Un respect redoublé s'impose donc également entre les chefs de famille[30].

30. Victimes fragiles. – La réclusion criminelle à perpétuité s'applique aussi au meurtre commis sur un mineur de 15 ans (art. 221-4, 1°), c'est-à-dire sur un enfant qui n'avait pas fêté son quinzième anniversaire au moment où la mort lui a été donnée. L'âge de la victime est érigé ici en circonstance aggravante afin de compenser la disparition, en 1992, de l'infraction autonome d'infanticide. Cependant, cette nouvelle circonstance aggravante a une portée plus large : aucun lien de filiation n'est exigé entre le meurtrier et le mineur victime. C'est le jeune âge de l'enfant qui, désormais, justifie seul l'aggravation de la répression. Une partie de la doctrine considère que cet âge peut être pris en compte de manière objective, c'est-à-dire sans qu'il soit nécessaire de démontrer que le meurtrier en avait connaissance[31]. À noter que si le meurtre d'un mineur de 15 ans a été précédé ou accompagné d'un viol, de tortures ou d'actes de barbarie, la cour d'assises peut, par décision spéciale, porter la période de sûreté de plein droit normalement applicable à 30 ans, voire la faire coïncider avec la réclusion criminelle à perpétuité qu'elle prononce et qui devient ainsi incompressible (dern. al.), ce qui va au-delà de la solution retenue en cas de concours d'un meurtre avec un autre crime (art. 221-2, préc.).

De même, la réclusion criminelle à perpétuité s'applique lorsque la victime était une personne rendue particulièrement vulnérable compte tenu de son âge, de sa maladie, d'une infirmité, d'une déficience physique ou psychique ou de son état de grossesse (art. 221-4, 3°). La prise en compte de l'âge à ce titre permet d'assurer une protection complémentaire aux mineurs de plus de 15 ans ainsi qu'à d'autres personnes dont la vulnérabilité est également particulière, c'est-à-dire clairement identifiable par un meurtrier qui en a profité. Car, à la différence de l'hypothèse précédente, celle-ci donne lieu à une appréciation subjective : la particulière

28. V. refusant cette interprétation C. Dubois, « L'autonomie du droit pénal et le droit de la famille », *CDE* juill. 2021, dossier 24, n° 13.

29. Et, par extension, à l'ancien conjoint, concubin ou partenaire « dès lors que l'infraction est commise en raison des relations ayant existé entre l'auteur des faits et la victime » (C. pén., art. 132-80, al. 2). Peu importe l'écoulement du temps si le ressentiment existe toujours (Cass. crim., 12 oct. 2011, *Dr. pén.* 2012, n° 15, obs. M. Véron).

30. CEDH, 9 juin 2009, *Opuz c/Turquie*, § 128.

31. J. Francillon, *Code pénal commenté*, Dalloz, 1996, p. 150.

vulnérabilité de la victime ne constitue une circonstance aggravante que si elle était « apparente ou connue » de l'auteur de l'acte.

31. Victimes particulières. – Le mobile raciste, sexiste ou homophobe de l'agent ne constitue plus une circonstance aggravante spéciale. Mais la réclusion criminelle est toujours portée à la perpétuité lorsque le meurtre est commis avec un mobile discriminatoire sur le fondement des articles 132-76 et -77, C. pén. Il s'agit là d'une circonstance aggravante devenue générale[32]. Le législateur espère dissuader ainsi tout meurtre commis à raison de l'origine, de la religion, du sexe, de l'orientation sexuelle ou de l'identité de genre d'autrui.

Par ailleurs, la réclusion criminelle à perpétuité est également encourue lorsque le meurtre a été commis contre une personne « en raison de son refus de contracter un mariage ou de conclure une union » (art. 221-4, 10°). Cette circonstance aggravante spéciale permet, à l'inverse, de lutter contre le repli communautaire pouvant exister dans certaines catégories de population d'origine étrangère[33].

La prise en compte d'un autre mobile permet aussi de justifier l'aggravation de la répression lorsque le meurtre est commis « sur un témoin, une victime ou une partie civile, soit pour l'empêcher de dénoncer les faits, de porter plainte ou de déposer en justice, soit en raison de sa dénonciation, de sa plainte ou de sa déposition » (art. 221-4, 5°). L'objectif est alors soit de faire obstacle au bon fonctionnement de la justice, soit d'exercer des représailles contre ceux qui ont voulu l'éclairer.

32. Victimes qualifiées. – Enfin, est érigé en circonstance aggravante le fait que le meurtre a été commis sur certaines personnes à raison de leurs fonctions, notamment les magistrats, témoins, jurés, policiers, gendarmes, douaniers, sapeurs et marins-pompiers, officiers publics ou ministériels, les préposés des transports publics de voyageurs et certains gardiens d'immeubles (art. 221-4, 4°). *Idem* en cas de meurtre commis sur un enseignant ou un professionnel de santé dans l'exercice de ses fonctions ou du fait de celles-ci (4 *bis*). Pour dissuader les règlements de compte, le législateur a même prévu que l'aggravation s'applique lorsque le meurtre a été commis « sur le conjoint, les ascendants et les descendants en ligne directe [de ces agents] », ou sur toute autre personne vivant habituellement à leur domicile lorsqu'elles sont visées « en raison des fonctions exercées par ces [agents] » (4 *ter*). Le meurtrier doit être sanctionné aussi sévèrement lorsqu'il s'attaque, en connaissance de cause, aux représentants de l'autorité que lorsqu'il s'en prend à leurs proches pour tenter de faire pression sur eux[34].

Cependant, dans le seul cas où le meurtre a visé un magistrat, un fonctionnaire de la police nationale, un militaire de la gendarmerie, un membre de l'administration pénitentiaire et, plus largement, une personne dépositaire de l'autorité publique (eux-mêmes et, non, leurs proches), la cour d'assises peut, par décision spéciale, porter la période de sûreté de plein droit normalement applicable à 30

32. La jurisprudence y voyait une circonstance mixte se communiquant aux coauteurs et complices (Cass. crim., 16 déc. 2014, *Gaz. Pal.* 22 févr. 2014, p. 31, obs. S. Detraz). Ce qui devrait perdurer.

33. Lorsqu'un tel meurtre est commis à l'étranger contre une personne résidant habituellement en France, la loi française est applicable indépendamment des restrictions habituellement mises à sa compétence personnelle passive (C. pén., art. 221-5-4).

34. F. Ghelfi, « La protection pénale du fonctionnaire victime », *in Fonctionnaires et droit pénal*, l'Harmattan, 2015, p. 59.

ans, voire la faire coïncider avec la réclusion criminelle à perpétuité qu'elle prononce et qui devient ainsi incompressible (dern. al.). Cette hypothèse de concours juridique échappe elle aussi aux prévisions de l'article 221-2 précité.

c. L'aggravation tenant aux particularités du meurtre

α. *La préméditation et le guet-apens*

33. Notions. – La réclusion criminelle à perpétuité est également encourue lorsque le meurtre est commis avec préméditation ou guet-apens. Dans ces deux circonstances, l'article 221-3, C. pén. parle d'« assassinat ».

La préméditation est définie comme étant « le dessein formé avant l'action » (art. 132-72) ; le guet-apens consiste, lui, à « attendre un certain temps une ou plusieurs personnes dans un lieu déterminé pour commettre à leur encontre une ou plusieurs infractions » (art. 132-71-1). *A priori*, le guet-apens implique la préméditation[35]. Pour qu'il y ait assassinat, il ne suffit donc pas que l'intention homicide ait existé au moment de l'acte ; elle doit s'être forgée avant[36]. Sans le préciser, la loi exige qu'un intervalle de temps sépare la décision prise de tuer du passage à l'acte. La préméditation suppose l'exécution d'un acte de sang-froid, réfléchi. L'aggravation de la répression tient au fait que l'acte a été commis dans le calme et non sous l'empire de la passion ou de la colère : l'agent a persisté dans sa mauvaise intention. Peu importe qu'il n'ait pas connu l'identité exacte de sa victime[37].

En pratique, la preuve directe de la préméditation s'avère difficile à rapporter. Aussi, la Cour de cassation admet-elle là aussi que le dessein formé avant l'action peut résulter d'indices issus des circonstances de l'acte. La préméditation se déduit par ex. du fait d'avoir acheté arme et munitions dans le but de tuer[38] ou de la profération de menaces de mort quelques heures avant un passage à l'acte.

34. Période de sûreté. – Deux formes particulières d'assassinat permettent à la cour d'assises de porter, par décision spéciale, la période de sûreté de plein droit normalement applicable à 30 ans, voire de la rendre perpétuelle (C. pén., art. 221-3 al. 2). La réclusion devient là aussi incompressible. Il s'agit d'adaptations de solutions déjà évoquées.

Il en va tout d'abord ainsi lorsque la victime était mineure de 15 ans au moment des faits et que son assassinat a été précédé ou accompagné d'un viol, de tortures ou d'actes de barbarie. À l'instar du meurtre d'un mineur de 15 ans en concours avec ces mêmes crimes, l'assassinat d'un mineur de 15 ans en concours avec un viol, des tortures ou actes de barbarie échappe donc à l'hypothèse visée par l'article 221-2 précité pour être soumis à un régime plus sévère. La perpétuité étant d'ores et déjà encourue du fait de l'âge du mineur et/ou de la préméditation, le législateur ne peut autoriser qu'un allongement de la période de sûreté lorsqu'un autre crime s'y ajoute.

---

35. Une cour d'assises ne peut donc retenir l'une de ces circonstances aggravantes et exclure l'autre (Cass. crim., 22 févr. 1989, *RSC* 1989, p. 737, obs. G. Levasseur).

36. *A priori*, il s'agit d'une circonstance aggravante morale : s'il y a pluralité d'accusés, cette circonstance, personnelle à l'un d'eux, ne se communique pas aux autres (Cass. crim., 14 avr. 1999, *B.* n° 81 – 30 oct. 1996, *B.* n° 384).

37. Cass. crim., 21 oct. 1998, *B.* n° 269.

38. Cass. crim., 18 oct. 2016, *RSC* 2016, p. 755, obs. Y. Mayaud.

La seconde hypothèse suppose un assassinat commis « sur un magistrat, un fonctionnaire de la police nationale, un militaire de la gendarmerie, un membre du personnel de l'administration pénitentiaire ou toute autre personne dépositaire de l'autorité publique, à l'occasion de l'exercice ou en raison de ses fonctions ». En matière d'assassinat, comme en matière de meurtre, cette qualité particulière de la victime qui, à elle seule, fait d'ores et déjà encourir la réclusion criminelle à la perpétuité, permet donc là aussi à la cour d'assises d'allonger la période de sûreté.

35. Suite : autres particularités. – Si l'auteur principal renonce à son projet avant de le mettre à exécution, ni lui ni son complice ne peuvent être poursuivis. À l'égard de l'auteur principal, cette conséquence du désistement volontaire est normale. À l'égard du complice, elle a été contestée lorsque celui-ci a tout fait pour amener autrui à commettre un meurtre. Aussi, l'article 221-5-1 punit-il désormais de 10 ans d'emprisonnement et 150 000 € d'amende « le fait de faire à une personne des offres ou des promesses ou de lui proposer des dons, présents ou avantages quelconques afin qu'elle commette, y compris hors du territoire national, un assassinat ». Quand elle est directe, la provocation non suivie d'effet est ainsi érigée en infraction autonome. Peu importe le lieu où l'assassinat aurait dû être perpétré : c'est le lieu où la provocation intervient qui détermine la compétence de la loi pénale française. On qualifie parfois cette infraction de « mandat criminel »[39]. Mais l'expression s'avère discutable car, pour qu'il y ait délit, il n'est pas nécessaire que la proposition ait été acceptée par l'homme de main qui a finalement renoncé à agir. En cas d'accord doublé d'un ou plusieurs faits matériels tendant à préparer l'assassinat (le tueur se renseignant par ex. sur les habitudes de sa future victime), une autre qualification est d'ailleurs applicable, celle d'association de malfaiteurs (art. 450-1. – V. *infra*, n° 1367). Au contraire, ici, la provocation peut être caractérisée sur la base d'une simple incitation. L'image du « contrat » n'est donc pas bonne. L'instigation est sanctionnée pour elle-même.

Des hypothèses qui viennent d'être envisagées (incitation ou préparation d'un assassinat), il faut distinguer celle dans laquelle il y a eu commencement d'exécution. Une déclaration de culpabilité s'impose alors pour tentative d'assassinat. Mais la personne qui a seulement tenté de commettre un assassinat et qui, ayant averti une autorité administrative ou judiciaire, a empêché la mort de la victime, voire a permis d'identifier ses coauteurs ou complices, est exemptée de peine (art. 221-5-3, al. 1). Il en va par ex. ainsi lorsque, après avoir cisaillé les câbles de frein d'un véhicule ou installé des explosifs, l'assassin se repent. Il est curieux qu'un tel mécanisme d'exemption ne joue pas pour les autres formes de meurtre. Il n'y a pas de raison technique à cela car le repentir est apprécié au stade du commencement d'exécution et non de la réflexion qui l'a précédé (caractéristique de l'assassinat).

β. *Autres circonstances aggravantes*

36. Distinction. – Le meurtre est moins souvent aggravé que les violences, ce qui n'est pas évident à comprendre. On constatera par ex. que les violences sont plus sévèrement réprimées lorsqu'elles sont le fait d'une personne dépositaire de l'autorité publique ou chargée d'une mission de service public, ainsi que d'agents de sécurité privée, ce qui n'est pas le cas de l'homicide volontaire

39. V. not. A. Ponseille, « L'incrimination du mandat criminel », *Dr. pén.* 2004, étude 10.

(V. *infra*, n° 86). Cela n'apparaît pas cohérent car l'atteinte à la vie semble encore plus grave que l'atteinte à l'intégrité physique ou psychique d'autrui lorsqu'elle est commise dans l'exercice ou à l'occasion de l'exercice d'une fonction ou mission publique. De surcroît, on aurait pu voir là un légitime parallélisme des formes : l'aggravation de la répression ne s'impose pas seulement lorsque ces agents publics ou privés sont tués dans l'exercice de leurs fonctions ou missions mais aussi lorsqu'ils abusent de leurs fonctions pour tuer autrui. Toutefois, le législateur contemporain semble plus prompt à les protéger qu'à les blâmer. En l'état, il ne reste donc plus à envisager que deux circonstances aggravantes particulières du meurtre : sa commission en bande organisée ou après intoxication volontaire.

37. Bande organisée. – La réclusion criminelle à perpétuité est ainsi encourue lorsque le meurtre a été commis par plusieurs personnes agissant en bande organisée (C. pén., art. 221-4, 8°). L'organisation préalable d'une telle bande établit la dangerosité de ceux qui sont capables de s'entendre pour tuer autrui. Les règles propres à l'enquête, la poursuite, l'instruction et le jugement de la criminalité organisée sont alors applicables (CPP, art. 706-73).

38. Intoxication. – La réclusion criminelle est également encourue lorsque le meurtre a été commis par une personne agissant en état d'ivresse manifeste ou sous l'emprise manifeste de produits stupéfiants (art. 221-4, 11°). Le caractère manifeste de l'intoxication est exigé ici pour en simplifier la preuve : l'ivresse ou l'emprise de stupéfiants au moment où la mort est donnée à autrui ne doit faire aucun doute. À défaut, cette circonstance aggravante ne peut être appliquée. Pour autant, cette consommation ne doit pas être allée jusqu'à abolir le discernement de l'agent ou lui faire perdre le contrôle de ses actes car une déclaration d'irresponsabilité pénale s'imposerait alors (sauf si la consommation de substances psychoactives a été faite dans le dessein de donner la mort à autrui : art. 122-1-1). On suppose donc ici qu'il n'y a eu qu'une simple altération du discernement de l'agent ou une moindre maîtrise du contrôle de ses actes. L'atténuation de responsabilité prévue à l'article 122-1, al. 2 est paralysée dans une telle hypothèse (art. 122-1-2), qui laisse place à une répression aggravée. Celui qui s'enivre ou consomme des produits stupéfiants pour se donner du courage avant de tuer autrui doit savoir qu'il s'expose à la réclusion criminelle à perpétuité. Il ne peut prétendre à aucune indulgence à raison de son état. Au contraire, cette consommation préalable révèle la préméditation qui l'animait et justifie l'aggravation de la répression[40].

§2. L'empoisonnement

39. Rescapée. – L'empoisonnement fait peur car le terme même évoque une pratique sournoise, commise le plus souvent par des proches ou par des personnes en qui la victime avait confiance[41]. Ajoutant ainsi à la peur de mourir la crainte de la trahison, cette infraction a longtemps été punie plus sévèrement

40. S. Fucini, « Perte temporaire et volontaire du discernement », *in Responsabilité pénale*, Les nouveaux Pasc, t. XXXI, Puam, 2023, p. 78.

41. L'Ancien-Droit liait empoisonnement et sorcellerie : A. Laingui et A. Lebigre, *Histoire du droit pénal*, Cujas, coll. Synthèse, t. 1, 1979, p. 156.

que le meurtre ordinaire. Mais elle inquiète également car il est difficile de s'en prémunir et d'en rapporter la preuve : en l'absence de cause apparente, rien ne ressemble plus à une mort naturelle que la mort ainsi provoquée. Lors de la refonte du Code pénal, en 1992, il a donc été question de supprimer cette infraction dont l'existence alimente le soupçon et le risque d'erreur judiciaire. On a prétendu qu'il serait plus simple de voir là un meurtre commis selon un procédé spécial. Toutefois, l'originalité de ce comportement a justifié le maintien de son incrimination à titre autonome.

A. L'incrimination de l'empoisonnement

40. Selon l'article 221-5, C. pén., « le fait d'attenter à la vie d'autrui par l'emploi ou l'administration de substances de nature à entraîner la mort constitue un empoisonnement ». Ce texte d'incrimination fait nettement apparaître la structure de l'infraction. On évoquera sa condition préalable avant de préciser sa définition.

1. La substance en cause

41. Effet. – L'empoisonnement suppose, à titre de condition préalable, l'existence d'une substance « de nature à entraîner la mort ». Le législateur n'en dit pas plus. Une telle formule présente l'avantage de ne pas lier les juges par l'énoncé d'une liste limitative de substances qu'il aurait fallu mettre à jour régulièrement et que les scientifiques auraient toujours contestée. Sa portée a néanmoins été discutée. Que faut-il entendre par là ? La substance doit-elle nécessairement provoquer la mort d'autrui, lorsqu'elle est administrée, ou peut-elle ne présenter qu'un risque de mort dans certaines circonstances ? La logique de l'incrimination suppose d'admettre que la substance doit présenter un caractère intrinsèquement mortifère. Ce qui est « de nature à » produit nécessairement le résultat attendu. Le pouvoir causal de la substance ne doit donc pas faire de doute[42]. Peu importe, on le verra, que la preuve de la mort d'autrui n'ait pas à être rapportée.

En conséquence, la qualification d'administration de substances nuisibles à la santé a été justement préférée à celle d'empoisonnement dans une affaire où le salarié d'une usine de retraitement de combustibles nucléaires avait dissimulé sous le siège de son supérieur des embouts radioactifs exposant celui-ci à une irradiation prolongée affectant sa santé[43]. Dans cette affaire, le système nerveux de la victime a été détruit mais, la substance n'étant pas de nature à provoquer directement la mort, la qualification d'empoisonnement n'a pu être retenue. Il fut jugé de même au sujet de l'inoculation du virus du sida à l'occasion de relations sexuelles non protégées[44]. Toutefois, cette dernière solution étonne car ledit virus reste intrinsèquement mortel[45]. C'est abstraitement, au moment de son administration, que son pouvoir mortifère aurait dû être apprécié et non, concrètement, en fonction

42. V. cpdt V. Malabat et J.-C. Saint-Pau, « Le droit pénal général malade du sang contaminé », *Dr. pén.* 2004, étude 2, p. 5.

43. T. corr. Cherbourg, 31 mars 1981, *D.* 1981, p. 536, note D. Mayer. – V. *infra*, n° 108.

44. CA Colmar, 4 janv. 2005, *D.* 2005, p. 1069, note A. Paulin et Cass. crim., 10 janv. 2006, *Rev. pénit.* 2006, p. 401, obs. J.-C. Saint-Pau.

45. A. Lepage et H. Matsopoulou, *Droit pénal spécial*, PUF, coll. Thémis, 2015, p. 55, n° 79.

de la prise en charge médicale dont les victimes ont pu ensuite bénéficier[46]. Il n'est donc pas sûr que la mise à l'écart de la qualification d'empoisonnement ait été pertinente dans une telle hypothèse.

42. Typologie. – Il appartient au juge, dans chaque espèce, de déterminer si la substance employée ou administrée était mortelle.

Peu importe son origine animale (venin), végétale (ciguë), minérale (arsenic, réputé « poudre à succession ») ou chimique (anthrax). Peu importe sa consistance solide, liquide ou gazeuse. Le mot substance apparaît donc plus général que le terme « poison » utilisé en littérature.

Peu importe également que la substance soit mortifère par nature ou par quantité (dès lors qu'elle est administrée en quantités suffisantes). À titre d'exemple, la surdose d'une substance médicamenteuse peut s'avérer mortelle alors que cette substance a une vocation thérapeutique première[47]. *Quid* des administrations successives d'une substance simplement nuisible à la santé mais dont l'accumulation, dans le corps de la victime, est de nature à provoquer sa mort (arsenic) ? Prenant en compte l'intention homicide, la jurisprudence semble analyser ces différents faits comme un seul acte d'empoisonnement[48], solution qui n'est pas à l'abri de toutes critiques au regard du principe de légalité : elle suppose en effet une pluralité d'actes d'administration et s'appuie sur un résultat (mort de la victime) qui n'est la conséquence que du dernier d'entre eux. Un empoisonnement ne saurait donc être admis qu'au moment du dernier acte d'administration accompli en connaissance des précédents et en sachant qu'il va être fatal.

Peu importe enfin la plus ou moins grande résistance ou faiblesse de la victime. Condition préalable de l'infraction, la substance mortifère est appréciée indépendamment du point de savoir à qui elle est destinée[49].

2. Le comportement incriminé

43. L'article 221-5 incrimine « le fait d'attenter à la vie d'autrui par l'emploi ou l'administration de substances ». Cette définition évoque essentiellement l'élément matériel de l'infraction. Mais il ne saurait faire de doute que le crime d'empoisonnement comprend aussi un élément intentionnel. Évoquons-le dans ses deux dimensions.

a. La matérialité de l'acte

44. Attentat. – L'empoisonnement est un homicide. Rangé parmi les atteintes à la vie dans le Code pénal et évoqué aussitôt après le meurtre, il est plus spécialement défini comme le « fait d'attenter à la vie d'autrui » par l'article 221-5 précité. Ce qui semble clair : attenter, c'est porter atteinte. La mort d'autrui doit nécessairement s'ensuivre.

46. A. Prothais, « Le sida par complaisance rattrapé par le droit pénal », *D.* 2006, p. 1068.

47. Cass. crim., 8 juin 1993, *Dr. pén.* 1993, n° 211, obs. M. Véron.

48. Cass. crim., 5 févr. 1958, *B.* n° 126.

49. *A priori*, donc, le fait – dans le but de tuer – d'administrer une substance qui, abstraitement, n'est pas de nature à causer la mort mais qui provoque néanmoins celle-ci à raison d'une fragilité avérée de la victime (allergie connue de l'agent, par ex.) constitue un meurtre et non un empoisonnement (V. *supra*, n° 15).

Toutefois, sous l'ancien Code, la doctrine a envisagé autrement cette infraction en discutant la signification du terme « attentat »[50]. Celui-ci ne servirait pas à désigner un comportement produisant un résultat déterminé mais seulement une tentative en ce sens. Ainsi, attenter à la vie d'autrui reviendrait à tenter de lui donner la mort. Dans cette logique, l'empoisonnement correspondrait à une tentative de meurtre par administration d'une substance mortelle n'ayant pas produit le résultat escompté. Il serait nécessairement exclu, dans ce cas, que la mort d'autrui survienne car il y aurait alors meurtre et non une tentative de meurtre spécialement punissable sous la qualification d'empoisonnement. Un attentat à la vie n'en serait pas moins constitué.

Cependant, il ne semble pas qu'une telle approche ait été consacrée lors de la refonte du Code pénal[51]. Certes, on le verra, l'empoisonnement est une infraction formelle : c'est un acte qui cause nécessairement la mort d'autrui mais qui est sanctionné indépendamment du point de savoir si ce résultat redouté s'est effectivement produit car la consommation de l'infraction ne dépend pas d'une telle preuve. À supposer que la mort d'autrui ne survienne pas, l'infraction est tout de même caractérisée en tous ses éléments. Néanmoins, on ne saurait en déduire que la mort d'autrui est étrangère à l'empoisonnement, comme le suggère l'approche précitée. En principe, compte tenu du pouvoir causal de l'acte incriminé, cette mort doit nécessairement survenir (même si sa preuve n'a pas à être rapportée), ce qui exclut tout rapprochement avec une simple tentative de meurtre.

De cette polémique, on retiendra essentiellement que le fait d'attenter à la vie d'autrui requiert, à l'instar du meurtre, un acte positif. L'empoisonnement est une infraction de commission : laisser quelqu'un s'empoisonner tombe, au mieux, sous la qualification de non-assistance à personne en péril. Une action est donc nécessaire. Peu importe qu'elle suppose l'emploi de la force ou de la tromperie. En revanche, elle doit prendre une forme particulière : l'agent ne doit pas attenter à la vie d'autrui de n'importe quelle façon. L'empoisonnement se distingue du meurtre en ce que l'atteinte à la vie d'autrui est réalisée par l'emploi et/ou l'administration d'une substance mortifère.

45. Formes. – Il n'est pas aisé de distinguer l'emploi de l'administration. Dans le langage courant, l'emploi sert à désigner toute utilisation d'une chose. Il ne peut être envisagé aussi largement ici. À l'article 221-5, il sert à désigner les actes qui précèdent l'administration d'une substance mortelle et permettent directement cette administration. Il ne faut donc pas en exagérer la portée : mélanger le poison à un plat, ce n'est pas l'employer. Il s'agit d'un commencement d'exécution qui, s'il est interrompu contre la volonté de l'agent, caractérise au mieux une tentative d'empoisonnement. En revanche, servir ou faire servir un plat empoisonné à la victime, c'est employer une substance mortifère. Il peut alors s'ensuivre un acte d'administration. L'emploi apparaît donc comme l'antécédent nécessaire de l'administration. À défaut, il ne serait pas de nature à provoquer la mort d'autrui de façon certaine, comme l'exige le texte

50. La signification du terme, sous l'Ancien-Droit, a été invoquée à l'appui (v. not. A. Prothais, *Tentative et attentat*, LGDJ, coll. Bibl.sc.crim., t. XXIV, 1985, p. 198, n° 285) !

51. Dans le Code actuel, la notion a perdu son sens général. L'attentat se définit exclusivement comme « le fait de commettre un ou plusieurs actes de violence de nature à mettre en péril les institutions de la République ou à porter atteinte à l'intégrité du territoire national » (art. 412-1, al. 1).

d'incrimination. Quant à l'administration, c'est le fait d'absorber la substance. Ces deux actes s'inscrivent dans la même logique.

Tout se passe donc comme si, en visant l'emploi avant l'administration, le législateur avait entendu assimiler une tentative d'empoisonnement à un empoisonnement consommé. Cela permet de remonter sur le chemin du crime en décalant d'autant le stade de la tentative (à défaut, mélanger le poison à un plat ne constituerait qu'un acte préparatoire). Cela simplifie également la répression lorsque l'emploi et l'administration de la substance mortelle sont imputables à des personnes différentes (s'ils émanent de la même personne, seul le second acte incluant le premier peut être retenu). L'individu qui emploie d'abord et celui qui administre ensuite répondent d'infractions distinctes : le premier n'est pas complice du second pour lui avoir fourni les moyens de commettre un empoisonnement. Cela évite de laisser impuni l'acte d'emploi à défaut d'acte d'administration ; cela permet également de sanctionner l'emploi alors que l'administration n'est pas punissable. Il en va ainsi lorsque la substance est présentée à la victime qui, dans l'ignorance de son caractère mortifère, se l'administre ; il en va de même lorsque la substance est présentée à un tiers de bonne foi pour qu'il l'administre à la victime[52]. Peu importe que la victime ou le tiers de bonne foi ne commettent pas d'infraction. L'individu qui sert la substance en vue de son administration commet un empoisonnement.

En toute hypothèse, peu importe le mode d'administration de la substance. L'infraction est constituée lorsqu'est ingurgité un aliment, ou une boisson, auquel la substance a été mélangée. *Idem* lorsque la substance est inhalée par un vieillard incapable de fuir. *Idem* lorsqu'elle est inoculée par piqûre ou perfusion à une victime endormie. En revanche, un tribunal a refusé de qualifier d' « empoisonnement » le fait de mordre jusqu'au sang une personne avec l'intention de la contaminer par le virus du sida[53]. Mais c'est sans doute moins l'originalité de cette forme d'administration que l'absence de caractère mortifère de la substance qui a dissuadé les magistrats de sanctionner là une infraction (V. *supra*, n° 41).

46. Résultat. – Enfin, il convient d'insister sur le fait que l'acte d'emploi ou d'administration d'une substance mortifère suffit à caractériser un empoisonnement. Si un tel acte doit nécessairement occasionner la mort d'autrui (l'emploi ayant vocation à être suivi d'une administration), il n'est pas nécessaire que l'obtention de ce résultat soit établie. Une telle solution est déduite du fait que, tout en identifiant clairement le résultat redouté (atteinte portée à la vie d'autrui), l'article 221-5 exige seulement que la substance employée puis administrée ait été « de nature à entraîner la mort ». L'incrimination est ainsi comprise comme désignant une action, indépendamment du résultat qu'elle a naturellement vocation à produire, ce qui fait de l'empoisonnement une infraction formelle. Le comportement incriminé paraît tellement grave que la sanction de son auteur ne doit pas dépendre du point de savoir si la mort d'autrui est effectivement survenue. Cette preuve n'a pas à être recherchée.

On dit parfois que l'infraction est consommée même si la victime finalement en réchappe (parce qu'elle a recraché à temps la substance ou parce que les secours ont réussi à lui administrer un antidote). Mais l'affirmation est trompeuse. Elle ne doit pas être interprétée comme signifiant que la mort d'autrui est étrangère à

52. Cass. crim., 8 juin 1993, *Dr. pén.* 1993, n° 211, obs. M. Véron.

53. TGI Mulhouse, 6 févr. 1992, *D.* 1992, p. 301, note A. Prothais.

l'infraction : en principe, la mort d'autrui est la conséquence nécessaire de l'acte incriminé (conséquence indirecte de l'emploi, directe de l'administration, mais en toute hypothèse certaine). Il semble préférable d'admettre qu'à partir du moment où l'acte d'emploi ou d'administration devait nécessairement causer la mort (parce que la substance était mortifère), il importe peu que le décès de la victime ait pu être évité par un concours de circonstances échappant à l'agent. C'est abstraitement, et non concrètement, que le pouvoir causal d'un tel acte est apprécié[54].

b. La perception de l'acte

47. Dol général. – Comme tout crime, l'empoisonnement constitue une infraction intentionnelle. Néanmoins, la portée de cet élément moral a été discutée compte tenu des incertitudes entretenues par certains sur la nature exacte de l'infraction.

Bien sûr, l'empoisonnement suppose la conscience d'employer ou d'administrer une substance mortifère. *A contrario*, il n'y a pas empoisonnement mais homicide involontaire lorsque l'agent n'avait pas conscience d'employer ou d'administrer une telle substance. S'il ne s'est pas renseigné sur ses effets exacts, il a tout au plus commis une négligence ou imprudence. La qualification d'empoisonnement ne peut davantage être retenue contre un pharmacien qui, devant réaliser un médicament, effectue un mauvais dosage. En tant que professionnel tenu à une obligation de vérification préalable, il encourt les sanctions applicables à l'homicide involontaire – si un décès survient par sa faute – mais pas à l'empoisonnement. Le cuisinier amateur qui aura fait administrer à autrui une substance mortifère peut même plaider l'erreur de fait en s'appuyant sur des circonstances qui rendent cette erreur vraisemblable : rien ne ressemble plus à la carotte sauvage que la ciguë ; à un champignon comestible qu'un champignon vénéneux, etc.

L'empoisonnement suppose donc que l'agent ait su et voulu administrer une substance mortifère. Mais, au-delà de ce dol général, l'empoisonnement suppose-t-il que soit établie la volonté de donner la mort au moment de l'emploi ou de l'administration de la substance ?

48. Dol spécial. – L'affaire dite du *Sang contaminé* a semé le doute sur ce point. Rappelons que, à cette occasion, des médecins, des hauts fonctionnaires et des personnalités politiques se sont vu reprocher d'avoir transfusé, ou fait transfuser, au début des années 1980, des produits sanguins qu'ils savaient potentiellement infectés par le virus du sida. Aucun traitement n'existait alors ; les possibilités de détection étaient elles-mêmes minimes. Des centaines de malades sont morts des suites de telles transfusions. Y a-t-il eu empoisonnement ?

Dans un premier volet de l'affaire, le tribunal puis la cour de Paris écartèrent cette qualification criminelle pour ne retenir qu'un délit de tromperie sur une qualité essentielle de la marchandise fournie[55]. La Cour de cassation rejeta le pourvoi formé contre l'arrêt d'appel sans envisager une éventuelle requalification des

54. V. aussi J.-C. Saint-Pau, « Les causalités dans la théorie de l'infraction », *in Mél. Robert*, LexisNexis, 2012, p. 694.

55. TGI Paris, 23 oct. 1992, *D.* 1993, p. 222, note A. Prothais. – CA Paris, 13 juill. 1993, *D.* 1994, p. 118, note A. Prothais.

faits[56]. Elle l'exclut, quelques années plus tard, dans un autre volet de l'affaire[57]. Des hauts fonctionnaires du ministère de la Santé, poursuivis pour complicité d'empoisonnement, venaient de bénéficier d'un non-lieu faute de preuve d'une intention homicide. Le pourvoi formé par des parties civiles contre l'arrêt de la chambre de l'instruction fut écarté au motif que « le crime d'empoisonnement ne peut être caractérisé que si l'auteur a agi avec l'intention de donner la mort, élément moral commun à l'empoisonnement et aux autres crimes d'atteinte volontaire à la vie de la personne »[58].

49. Débat. - Cette décision n'a pas toujours été bien comprise. On lui a reproché de confondre le régime d'une infraction formelle (l'empoisonnement) avec celui d'une infraction matérielle (le meurtre). L'élément moral de ces deux infractions ne pourrait être commun dès lors qu'il doit coïncider avec leur élément matériel qui, dans un cas, suppose rapportée la preuve de l'obtention du résultat redouté (mort d'autrui) mais pas dans l'autre. Autrement dit, l'obtention du résultat mortel est exigée au titre du meurtre, sur le plan aussi bien matériel que moral ; en revanche, l'obtention de ce résultat serait indifférente au titre de l'empoisonnement, sur le plan aussi bien matériel que moral. En statuant comme elle l'a fait, la Cour de cassation aurait donc modifié la définition de l'empoisonnement, en exigeant la volonté de produire un résultat là où seule aurait été nécessaire la volonté d'avoir un comportement.

La fausse évidence de cette explication ne saurait abuser. On ne peut soutenir que le résultat mortel est indifférent à la définition de l'empoisonnement. Que ce crime soit une infraction formelle signifie seulement que la preuve de la mort d'autrui n'a pas à être rapportée. Pour autant, un décès est la conséquence inévitable de l'administration de toute substance mortifère. La dispense de preuve n'empêche donc pas l'infraction d'être définie, au plan tant matériel que moral, en tenant compte de ce résultat redouté[59]. L'agent doit avoir voulu atteindre ce résultat, indépendamment du point de savoir s'il y est parvenu. En effet, dans les infractions formelles comme dans les infractions matérielles, l'intention est dirigée vers le résultat redouté par le législateur au moment de l'incrimination du comportement en cause. On ne saurait donc reprocher en l'espèce à la Cour de cassation d'avoir jugé que l'empoisonnement suppose l'intention de donner la mort. L'*animus necandi* est nécessaire et justifie les sanctions applicables : à défaut, le législateur aurait dû classer l'empoisonnement parmi les mises en danger de la personne et non parmi les atteintes volontaires à la vie[60].

50. Critique. - En revanche, un autre reproche peut être adressé à la Cour de cassation dans cette affaire. Il tient à la question, distincte, de la preuve d'une telle intention. En effet, pourquoi exclure, en l'espèce, l'intention de

56. Cass. crim., 22 juin 1994, *JCP* G 1994, II, 22310, note M.-L. Rassat ; *D.* 1995, p. 65, note A. Prothais. – V. aussi, sur la dimension politique de l'affaire : O. Beaud, *Le sang contaminé*, PUF, 1999.

57. V. rappelant, au-delà des différentes étapes de l'affaire, que l'enjeu de la qualification d'empoisonnement était aussi d'échapper au constat de la prescription applicable en matière correctionnelle : T. Cassuto, *La santé publique en procès*, PUF, coll. Questions judiciaires, 2008, p. 169.

58. Cass. crim., 18 juin 2003, *JCP* G 2003, II, 10121, note M.-L. Rassat ; *D.* 2004, p. 1620, note D. Rebut.

59. V. aussi D. Mayer, « La notion de substance mortelle en matière d'empoisonnement », *D.* 1994, p. 326.

60. V. aussi F. Rousseau, « Essai d'une recodification des infractions contre les personnes à l'aune des "scandales sanitaires" », *Dr. pén.* 2013, étude 11, n° 12.

tuer ? La preuve que l'agent a administré en connaissance de cause une substance mortelle ne suffit-elle pas ? Faut-il établir quelque chose en plus ?

La Cour de cassation l'avait laissé entendre dans une affaire concernant le renvoi en cour d'assises d'un individu qui avait sciemment transmis sa séropositivité à une partenaire en lui imposant des rapports sexuels non protégés. La chambre criminelle avait censuré l'arrêt de mise en accusation au motif « que la seule connaissance du pouvoir mortel de la substance administrée ne suffit pas à caractériser l'intention homicide »[61]. Or, une telle solution paraissait hautement contestable. Si l'empoisonnement suppose l'intention de donner la mort, une telle preuve s'évince nécessairement de la conscience d'administrer une substance mortifère : « adhérer en connaissance de cause à une "logique de mort", c'est en soi une preuve de l'*animus necandi*, et point n'est besoin de la rechercher par d'autres moyens d'investigation ou de conviction, qui ne peuvent que faire le jeu des mobiles, au détriment de l'intention elle-même »[62].

Pour en revenir à l'affaire du *Sang contaminé*, l'arrêt de la Cour de cassation n'apparaît guère satisfaisant car l'absence de dol spécial était essentiellement liée à l'absence de dol général. La question n'était pas celle de l'intensité de l'intention mais celle de son existence : c'est parce que la chambre de l'instruction a estimé que les mis en examen ignoraient le caractère nécessairement mortifère des produits qu'ils ont transfusés, ou dont ils ont autorisé la transfusion, qu'un non-lieu s'est imposé. C'est donc moins l'absence de dol spécial que l'absence de dol général qui a été constatée en l'espèce. À défaut, s'il avait pu être démontré que les mis en examen « savaient », les juges du fond auraient dû admettre leur intention de tuer car on n'administre pas en connaissance de cause une substance mortelle à autrui sans vouloir lui donner la mort.

B. La répression de l'empoisonnement

51. Envisageons, pour ce crime, les peines encourues et les particularités de la poursuite.

1. Les peines encourues

52. Individu. – L'empoisonnement est puni à l'encontre des personnes physiques de 30 ans de réclusion criminelle (art. 221-5, al. 1). À la différence du meurtre simple, une période de sûreté s'applique de plein droit ici dès lors que la cour d'assises prononce une peine privative de liberté de plus de 10 ans ; elle est égale à la moitié de cette peine et peut être portée aux deux tiers par délibération spéciale du jury (al. 4).

Par ailleurs, l'empoisonnement est aggravé et puni de la réclusion criminelle à perpétuité : i) lorsqu'il y a eu concomitance avec un autre crime ou connexité avec un délit ; ii) lorsqu'il y a eu préméditation ou guet-apens ; iii) lorsque l'emprisonnement a été commis avec l'une des circonstances énumérées à l'article 221-4 déjà évoqué comme énonçant la plupart des circonstances aggravantes applicables en matière de meurtre (art. 221-5, al 3. – V. *supra*, n° 29).

61. Cass. crim., 2 juill. 1998, *JCP* G 1998, II, 10132, note M.-L. Rassat ; *D.* 1998, p. 457, note J. Pradel.

62. Y. Mayaud : *RSC* 2003, p. 781.

Enfin, peuvent s'ajouter à ces peines principales les mêmes peines complémentaires qu'en matière de meurtre (v. *supra*, n° 23).

53. Groupement. – À l'encontre des personnes morales, l'empoisonnement est puni de 1 M€ d'amende (art. 131-38, al. 2) ainsi que l'ensemble des peines mentionnées à l'article 131-39 (art. 221-5-2).

54. Comportements accessoires. – Le complice de l'empoisonnement est puni comme s'il avait été lui-même auteur d'une telle infraction. Mais, si l'auteur principal n'est pas passé à l'acte, son complice ne peut être poursuivi. Cependant, comme en matière d'assassinat, l'article 221-5-1 menace de 10 ans d'emprisonnement et 150 000 € d'amende « le fait de faire à une personne des offres ou des promesses ou de lui proposer des dons, présents ou avantages quelconques afin qu'elle commette... un empoisonnement ». Dès lors qu'elle est directe (c'est-à-dire qu'elle désigne clairement l'acte à accomplir), cette provocation non suivie d'effet est érigée en infraction autonome.

2. Les particularités de la poursuite

55. Euthanasie. – Bien entendu, là aussi, le consentement de la victime ne peut justifier l'infraction. Le Code ne conçoit pas que l'on puisse demander à autrui la mort. Doutant de la réalité de ce consentement, il le prive d'effet. La cour de Strasbourg, elle-même, considère « qu'il n'est pas possible de déduire de l'article 2 de la Convention un droit à mourir, que ce soit de la main d'un tiers ou avec l'assistance d'une autorité publique »[63]. Aussi, le législateur s'est-il bien gardé de consacrer un « droit à » l'euthanasie : l'article L. 1110-5, al. 2, CSP garantit tout au plus à une personne « le droit d'avoir une fin de vie digne et accompagnée du meilleur apaisement possible de la souffrance » en ajoutant que « les professionnels de santé mettent en œuvre tous les moyens à leur disposition pour que ce droit soit respecté »[64].

56. Repentir. – L'administration par le coupable pris de remords d'un antidote à sa victime ne constitue qu'un repentir actif dont la preuve influe sur la détermination de la peine mais pas sur la constitution d'une infraction qui est consommée dès l'emploi de la substance mortelle. Au mieux, la cour d'assises en tient-elle compte dans l'exercice de son pouvoir d'individualisation.

Elle est même tenue de le faire dans une hypothèse particulière : la réclusion criminelle est ramenée à 20 ans si, ayant averti l'autorité administrative ou judiciaire, l'agent a permis d'éviter la mort de la victime et d'identifier, le cas échéant, ses coauteurs ou complices (art. 221-5-3, al. 2). Prévenir les secours aussitôt après l'administration du poison, et aider à trouver un antidote, est ainsi formellement récompensé.

Plus radicalement encore, la personne qui a tenté de commettre un empoisonnement et qui, avertissant une autorité administrative ou judiciaire, évite la mort à

63. CEDH, 29 avr. 2002, *Pretty c/RU*, § 40. – Néanmoins, elle a jugé ensuite qu'une demande de suicide assisté ne peut être laissée sans réponse (CEDH, 19 juill. 2012, *Koch c/Allemagne*, § 72). Mieux encore : elle admet désormais que l'art. 2 de la Convention ne s'oppose pas à une loi dépénalisant l'euthanasie dès lors que l'encadrement de celle-ci permet d'éviter tout abus (CEDH, 4 oct. 2022, *Mortier c/Belgique*, § 139).

64. V. aussi A. Prothais, « Notre droit pénal permet plus qu'il n'interdit en matière d'euthanasie », *JCP* G 2011, étude 536. – F. Alt-Maes, « La loi sur la fin de vie devant le droit pénal », *JCP* G 2006, I, 119.

la victime, voire permet l'identification de ses coauteurs ou complices, est exemptée de peine (art. 221-5-3, al. 1).

57. Procédure. – Enfin, comme tout crime, l'empoisonnement se prescrit par 20 ans. Mais, s'agissant d'une infraction formelle, le point de départ de ce délai court du jour de l'emploi ou de l'administration de la substance mortelle et non du jour de la mort de la victime qui n'a pas à être établie[65].

Ajoutons que l'appartenance de l'infraction à la catégorie des atteintes volontaires à la vie permet d'en faire mention au fichier national des empreintes génétiques (CPP, art. 706-55, 2°).

L'action civile qui concerne en premier lieu la victime et ses proches est exceptionnellement ouverte à certaines associations (CPP, art. 2-1, -3, -8, -17, -25)[66].

65. CA Versailles, 7 avr. 1998, *D.* 2000, somm. p. 26, obs. Y. MAYAUD.

66. Lorsqu'une telle action est subordonnée à l'accord de la personne intéressée, elle n'est pas recevable si cette personne est décédée avant d'avoir pu consentir : Cass. crim., 25 sept. 2007, *Dr. pén.* 2007, n° 145, obs. A. MARON.

CHAPITRE 2

Les violences

58. Sous couvert de « violences », sont désignés des comportements variés ayant pour but de porter atteinte à l'intégrité physique ou psychique d'autrui. L'obtention de ce résultat redouté est nécessaire à la consommation de telles infractions : sa preuve doit être rapportée. Elle s'avère d'autant plus essentielle que les violences en question ne constituent pas seulement des infractions matérielles mais aussi des infractions intentionnelles. Elles se distinguent en cela des violences dites involontaires qui seront envisagées ultérieurement (v. *infra*, n° 1632). Précisons d'abord en quoi consiste le résultat redouté au titre des violences. On étudiera ensuite les différentes formes de violences punissables lorsqu'un tel résultat a été obtenu.

Section 1
Le résultat redouté

59. Les violences doivent avoir pour résultat une atteinte à l'intégrité physique ou psychique d'autrui. Évoquons d'abord la personne d'autrui qui subit l'acte. Nous envisagerons ensuite l'objet de l'acte en cause.

§1. La victime de l'atteinte

60. Rappel. – La victime des violences doit être envisagée ici comme en matière d'homicide (v. *supra*, n° 8). Il s'agit d'une personne humaine, vivante au moment des faits et *a priori* non consentante.

Exiger une personne humaine, vivante au moment des faits, ne pose guère de problème. Lorsque la violence frappe des choses ou des animaux, elle relève d'autres qualifications (v. *infra*, n° 455 et 527). Est également incriminée distinctement l'atteinte portée à l'intégrité d'un cadavre (v. *infra*, n° 519). Il n'y a donc pas à craindre ici de lacune dans la répression.

61. Nuance. – L'absence de consentement de la victime fait davantage difficulté. En effet, la doctrine classique soutient que le corps est une valeur indisponible, de sorte que le consentement de la victime à l'atteinte qui lui est portée serait indifférent à la répression. Il résulterait nécessairement de cette atteinte un trouble à l'ordre public appelant une sanction pénale. Toutefois, il n'est pas sûr qu'une telle approche soit encore d'actualité. Comme en matière d'homicide, la solution pourrait s'expliquer autrement : moins par le caractère indisponible de la valeur en question que par la difficulté à admettre, au regard du résultat de certaines violences, qu'elles puissent être acceptées[1]. Une présomption de non-consentement existerait là aussi qui reposerait sur la règle statistiquement imparable selon laquelle chaque individu répugne à la douleur et refuse donc, par principe, le mal qu'autrui prétend lui faire[2]. Cette présomption aurait pour conséquence de rendre vaine, et donc hors sujet, toute réflexion sur la place du consentement en la matière. Ce qui revient *a priori* au même résultat que l'explication tirée du caractère indisponible de la prétendue valeur protégée tout en présentant l'avantage de ne pas justifier l'incrimination par référence à un intérêt particulier.

Mais il n'est pas sûr qu'une telle analyse soit encore pertinente en matière de violences. En effet, il nous semble que la présomption de non-consentement n'a pas ici la même portée qu'en matière d'homicide, ce qui remet en cause l'explication avancée ci-dessus. Il faut admettre que, en matière de violences, la présomption de non-consentement peut être tenue en échec. Elle cesse de s'appliquer à l'égard de certains contacts physiques qui sont tenus pour légitimes dans la société dès lors que, prévisibles, ils ont pu être valablement acceptés par autrui. Cette approche tranche avec la précédente qui ne tolère aucune exception et se trouve démentie quotidiennement par l'expérience. L'intégrité physique ou psychique ne bénéficie pas d'une protection aussi générale et absolue que la vie (ce qui paraît logique car elle est moins primordiale). La présomption de non-consentement peut être renversée. Cela évite de voir dans tout contact physique entre deux individus un acte de violence (à justifier, au besoin, *a posteriori*). Il en va particulièrement ainsi en cas de rapprochement amoureux : dès lors que les partenaires sont consentants, ils peuvent se toucher, et même entretenir des relations sexuelles, sans commettre d'infraction l'un envers l'autre. C'est également le cas en matière médicale ou sportive où les atteintes à l'intégrité physique d'autrui ne sont pas analysées comme des violences car, dans la limite de l'exercice normal de telles activités, les contacts physiques sont acceptés et personne ne remet en cause la valeur du consentement ainsi donné[3]. Le respect des règles de l'art ou des règles du jeu garantit l'intégrité de ce consentement. Il en va de même encore pour les mains serrées et autres tapes dans le dos qui n'excèdent pas ce qu'autorisent les règles habituelles de politesse. Ainsi, tous les contacts physiques ne sont pas appréhendés de la même façon. Certains peuvent être acceptés parce qu'ils sont utiles (aux fins de reproduction, à des fins thérapeutiques ou de sociabilité) et *a priori* sans danger. À leur égard, la présomption de non-consentement évoquée ci-dessus peut aisément être combattue. Cette réalité est à mille lieues de la sanctuarisation du corps humain découlant de l'adage *noli me tangere*. Pour autant, on ne saurait en déduire une règle de portée générale. Elle trouve dans son fondement sa limite. Il s'ensuit que, dans les autres

1. Cass. crim., 30 mai 1991, *B.* n° 232.

2. Comp., en matière de recherche biomédicale : Cass. crim., 24 févr. 2009, *D.* 2009, p. 2087, note P.-J. Delage ; *JCP* G 2009, 13, note P. Mistretta.

3. V. aussi E. Dreyer, *Droit pénal général*, LexisNexis, 6e éd., 2021, p. 999, n° 1283.

hypothèses, les contacts physiques sont punissables sous la qualification de violences parce que l'on ne peut imaginer qu'ils ont été acceptés (ce que postule le terme « atteinte » employé ici par le législateur). Le non-respect des règles écrites ou non écrites identifiant les contacts physiques pouvant légitimement être acceptés laisse présumer un défaut de consentement qui, troublant l'ordre public, légitime le prononcé d'une sanction pénale.

Certes, récemment, dans une affaire où un individu avait accepté d'en frapper un autre, à sa demande, pour lui permettre d'accuser un tiers, la Cour de cassation a semblé contredire cette approche en jugeant que « les violences commises volontairement constituent une infraction, quand bien même la victime y aurait consenti »[4]. Toutefois, on ne saurait attacher trop d'importance à une telle décision qui sanctionne essentiellement le stratagème par lequel une dénonciation calomnieuse a été portée contre autrui. C'est l'illicéité de l'accord formé à cette occasion qui explique la solution (un individu ayant accepté les coups portés par un autre pour en accuser un troisième). Aucune conséquence ne pouvait être tirée d'un tel consentement. Mais il n'en va pas ainsi en toute hypothèse : il ne s'ensuit pas que l'on commet une infraction en posant une main sur l'épaule de son fils ou un baiser sur la bouche de sa compagne. Le consentement donné à de tels actes, accomplis sur le corps d'autrui mais admis en société, exclut nécessairement la violence.

§2. L'objet de l'atteinte

62. Dualité. – Lorsque l'atteinte s'avère punissable, elle peut affecter soit l'intégrité physique, soit l'intégrité psychique, d'autrui.

L'atteinte à l'intégrité physique se conçoit facilement : elle correspond à tout acte non consenti affectant directement le corps d'autrui dès lors que cet acte ne le prive pas de vie. Il peut suffire d'un contact à ce titre (gifle, cheveux tirés). Mais, parfois, il en résulte une lésion (ecchymose, plaie, fracture, brûlure, piqûre, etc.).

L'atteinte à l'intégrité psychique est un concept moderne d'appréhension difficile[5]. En assimilant l'atteinte à l'intégrité psychique à l'atteinte à l'intégrité physique, l'objectif du législateur semble avoir été de protéger le corps de la personne en vie contre les atteintes qui peuvent lui être indirectement portées. Cette référence à l'intégrité psychique ne doit donc pas être entendue trop largement (sauf à voir une violence dans tout acte dommageable). L'atteinte à l'intégrité psychique est prise en compte, sous couvert de violences, s'il en résulte un trouble psychosomatique : cette atteinte doit avoir un retentissement sur la santé de la victime. Lorsque seule l'intégrité morale d'autrui est en cause, d'autres qualifications sont applicables. L'intégrité psychique ne dispose donc pas d'une réelle autonomie par rapport à l'intégrité physique[6]. Il s'agit, dans un cas comme dans l'autre, de protéger le corps d'autrui, et son bon fonctionnement.

63. Distinction. – Cette atteinte à l'intégrité physique ou psychique constitue le résultat redouté par le législateur au moment d'incriminer les différents actes de violences. Elle s'apprécie nécessairement de façon générique. En

4. Cass. crim., 25 juin 2019, *Dr. pén.* 2019, n° 164, obs. P. Conte ; *Gaz. Pal.* 19 nov. 2019, p. 41, obs. S. Detraz.

5. V. spécialement V. Malabat, « Légalité et légitimité pénales à l'épreuve de l'extension du champ pénal », *in Mél. Seuvic*, PUN, 2018, p. 157.

6. V. aussi J. Knetsch, « Qu'est-ce qu'un dommage corporel ? », *D.* 2022, p. 1819.

pratique, elle s'apparente à ce que les civilistes appellent un dommage[7]. Les infractions de violences étant des infractions matérielles, l'obtention de ce résultat doit pouvoir être établie. L'existence d'une telle atteinte est nécessaire à la consommation de ces infractions. Mais, on le verra, l'atteinte à l'intégrité physique ou psychique – parce qu'elle est commune à toutes les infractions de violences – ne permet pas de distinguer les unes des autres. La distinction s'opère sur une autre base : le principal préjudice en résultant. Le législateur distingue ainsi suivant que l'atteinte a ou non entraîné une incapacité totale de travail, une mutilation ou infirmité permanente, voire la mort d'autrui (V. *infra*, n° 81). Ces préjudices déterminent la qualification pénale des faits. Ils permettent d'apprécier leur gravité et appellent, en conséquence, des sanctions variables. Mais ils ne coïncident pas avec le résultat redouté par le législateur que l'on vient d'évoquer.

Section 2
Les actes de violences

64. « La violence dans les relations humaines constitue un phénomène dont on décèle les manifestations dans tous les pays et à toutes les époques, même les plus anciennes. Les moments de paix sociale, politique ou militaire ne sont que de brefs intermèdes entre des périodes de troubles, d'affrontements ou de guerre »[8]. *A priori* inhérent à toute société humaine, ce « phénomène » s'avère pourtant inacceptable et le droit pénal tente de réagir afin de l'endiguer. Pour maintenir le contrat social, il incrimine des formes générales ainsi que des formes particulières de violences. La complexité de cet arsenal comporte une part d'excès. Le principe de légalité ne commande pas un tel éclatement. Au contraire, la multiplication des incriminations nuit à l'intelligence des textes et donc à leur bonne compréhension par les justiciables. Mais en attendant – sans trop d'illusion – la refonte qui s'impose[9], il nous faut également distinguer.

§1. Les formes générales de violences

65. Les violences correspondent aux « coups et blessures volontaires » du langage courant. Cette catégorie d'infractions recouvre des hypothèses variées : rixe et règlement de compte, violences urbaines (dans la rue ou les stades), violences domestiques (contre les femmes ou les enfants), etc. Dans le Code pénal, ces différentes formes de violences sont envisagées aux articles 222-7 et

7. Mais les deux notions ne coïncident pas exactement puisque l'atteinte est envisagée abstraitement alors que le dommage est envisagé concrètement, ce qui s'avère déterminant quant à la portée de l'élément moral des infractions de violences : v. *infra*, n° 75.

8. A. Vitu, « Le meurtre politique en droit international et extraditionnel », *in Mél. Levasseur*, Gazette du Palais-Litec, 1992, p. 361.

9. Pour limiter les conséquences néfastes de cet éclatement, l'art. 132-16-4, C. pén. dispose désormais que « les délits de violences volontaires aux personnes ainsi que tout délit commis avec la circonstance aggravante de violences sont considérés, au regard de la récidive, comme une même infraction ».

suivants. Ici, comme souvent, la relative simplicité du comportement incriminé contraste avec la complexité des modalités de sa répression. En effet, tenant compte de la diversité du phénomène, le législateur distingue ensuite différentes formes de violences qu'il soumet à des peines variées.

A. L'incrimination des violences

66. Le pluriel s'impose dès lors que, sur le plan répressif, on le verra, différentes infractions de violences doivent être distinguées en fonction de la gravité du tort fait à autrui. Néanmoins, ce pluriel n'implique aucune réitération : si la violence reste rarement isolée, elle peut résulter d'un seul acte. Quant à l'atteinte à l'intégrité physique ou psychique d'autrui, elle est un élément constitutif à part entière de ces infractions et non une circonstance aggravante : les violences se consomment par la complète réalisation de cette atteinte et non par l'acte violent qui l'a provoquée[10]. Bref, il s'agit d'infractions simples et non d'infractions d'habitude, d'infractions matérielles et non d'infractions formelles. Il s'agit également d'infractions intentionnelles : le résultat redouté, qui s'est effectivement produit, doit avoir été voulu.

Évoquons d'abord l'acte reproché à l'agent puis la perception que l'agent devait avoir de son acte pour qu'il y ait infraction.

1. La matérialité des violences

67. L'ancien Code ne définissait pas le comportement incriminé. Il utilisait une périphrase. Il parlait de « coups et blessures, violences et voie de fait ». Cette énumération n'était guère satisfaisante. En effet, coups et voies de fait correspondaient à deux formes possibles de violence, suivant qu'il y avait ou non contact physique entre l'agresseur et sa victime. Quant aux blessures, elles étaient l'une des conséquences possibles des coups portés. Le législateur de 1992 a préféré retenir le terme générique de « violences » englobant l'ensemble des comportements antérieurement incriminés. Mais il n'a pas défini ces « violences » pour autant. De la jurisprudence, il résulte tout au plus que les violences correspondent à des actes positifs qui, selon les cas, impliquent ou n'impliquent pas un contact entre l'agresseur et sa victime mais produisent, en toute hypothèse, une atteinte à son intégrité physique ou psychique.

a. Le comportement violent

68. Délimitation. – Est incriminée une action. Là aussi, une simple abstention ne peut constituer un acte de violence[11]. Il y aurait au mieux omission de porter secours[12]. Un acte positif est donc nécessaire. En revanche, peu importe la forme prise par un tel acte. Les magistrats l'envisagent largement : certaines violences passent par un contact physique entre l'agresseur et sa victime. C'est d'ailleurs ce qu'évoque le terme « violence » dans le langage courant mais il peut

10. V. aussi C. de Jacobet de Nombel, *Théorie générale des circonstances aggravantes*, Dalloz, coll. NBT, 2006, t. 55, p. 142, n° 220.

11. Cass. crim., 19 juin 2007, *Rev. pénit.* 2007, p. 902, obs. J.-C. Saint-Pau.

12. V. la célèbre affaire de la *Séquestrée de Poitiers* : CA Poitiers, 20 nov. 1901, *D.* 1902.2.81, note G. Le Poittevin.

y avoir aussi violences sans que l'agresseur ne touche sa victime. Il suffit alors qu'il lui porte atteinte à distance. Distinguons.

69. Contact. – Il y a contact physique dans la représentation la plus classique de la violence. La force d'un individu est alors directement utilisée pour atteindre un autre individu. Relèvent bien sûr de cette catégorie non seulement les coups de poing, de pied, de couteau mais aussi les prétendues « incivilités » consistant à bousculer autrui. En réalité, les actes les plus variés peuvent être pris en compte à ce titre. Cela va de la porte fermée sur le bras d'autrui[13] jusqu'à la prothèse arrachée par un dentiste dont le client refuse de payer le prix[14].

70. Voie de fait. – Constituent aussi des violences, les agissements qui – indépendamment de tout contact physique entre l'agent et la victime – peuvent l'impressionner fortement et lui causer un choc émotif ou un trouble psychologique. Cette forme de violence est parfois qualifiée « voie de fait ». Il en existe de deux types.

Il en va tout d'abord ainsi lorsque l'agresseur et l'agressé sont en présence l'un de l'autre. Malgré l'absence de contact, on peut encore admettre une telle qualification dès lors qu'un acte positif accompli par l'agent porte effectivement atteinte à l'intégrité physique ou psychique de sa victime. La jurisprudence ne s'en prive pas. Ainsi, une infraction de violences est relevée lorsqu'un individu fait semblant de filmer ostensiblement un policier quittant le commissariat après son service et le suit jusqu'à son domicile[15]. *Idem* lorsqu'un individu effraye sa victime en tirant près d'elle un coup de feu dans le sol[16], lorsqu'il l'entoure avec d'autres en prenant un air menaçant[17], lorsqu'il la bloque et l'invective dans un coin de bureau en pointant un doigt en direction de son visage[18], lorsqu'il l'enferme dans une salle pendant trois heures[19], lorsqu'il envahit son domicile à la tête d'un groupe de manifestants[20], lorsqu'il fonce sur elle au volant d'une voiture[21], lorsqu'il la menace au cours d'un banquet avec une tronçonneuse en marche[22], etc. En revanche, il a été jugé que l'infraction n'est pas constituée lorsqu'un employeur accable d'injures une salariée au point de la plonger en dépression, ce qui n'apparaît guère convaincant mais préserve l'autonomie du droit de la presse[23]. Une infraction de violences n'est pas davantage constituée lorsqu'un individu, dans une cabine de piscine, observe à l'aide d'un miroir de poche glissé sous la cloison, une femme et sa fille dans la cabine attenante : leur indignation, lorsqu'elles découvrent les faits, ne peut suffire à caractériser l'atteinte à l'intégrité psychique requise à ce titre[24].

---

13. Cass. crim., 21 févr. 2017, *Gaz. Pal.* 25 avr. 2017, p. 47, obs. E. Dreyer.
14. Cass. crim., 19 nov. 1961, *JCP* G 1962, II, 12777, note R. Savatier.
15. Cass. crim., 16 nov. 2021, *Dr. pén.* 2022, n° 4, obs. P. Conte.
16. Cass. crim., 30 avr. 1996, *Dr. pén.* 1996, n° 216, obs. M. Véron.
17. Cass. crim., 2 sept. 2005, *RSC* 2006, p. 69, obs. Y. Mayaud.
18. Cass. crim., 1er déc. 2009, *Dr. pén.* 2010, n° 33, obs. M. Véron.
19. Cass. crim., 6 févr. 2002, *D.* 2002, p. 1510, note D. Mayer.
20. Cass. crim., 16 déc. 1953, *D.* 1954, p. 129.
21. Cass. crim., 16 févr. 2005, *Dr. pén.* 2005, n° 106, obs. M. Véron.
22. Cass. crim., 9 janv. 1986, *Gaz. Pal.* 1986.2, p. 598, note J.-P. Doucet.
23. Cass. crim., 25 janv. 2011, *Dr. pén.* 2011, n° 47, obs. M. Véron.
24. Cass. crim., 5 oct. 2010, *Dr. pén.* 2011, n° 6, obs. M. Véron. – Il n'y a pas davantage agression sexuelle (v. cpdt T. corr. Saverne, 8 déc. 2011, *Gaz. Pal.* 4 avr. 2012, p. 10, note J. Lasserre Capdeville) car cette catégorie d'infractions aussi suppose un contact physique (v. *infra,* n° 259).

Néanmoins, la jurisprudence ne s'est pas arrêtée là. Aux comportements, qui sans impliquer de contact supposent néanmoins que l'auteur des faits ait été en présence de la victime, elle assimile des comportements occasionnant à distance un choc à autrui. La qualification fut ainsi retenue s'agissant de persécutions téléphoniques[25], s'agissant de l'envoi d'une lettre anonyme[26] ou d'un colis d'excréments[27]. Elle fut même appliquée à la fausse inscription d'une jeune femme sur un site de rencontres provoquant de nombreux appels intéressés mais mal vécus par la destinataire[28].

71. Bilan. – À ce stade, l'acte violent s'avère en grande partie dématérialisé. Compte tenu de leur résultat dommageable, les tribunaux ont assimilé les comportements distants évoqués ci-dessus au fait de porter physiquement des coups à autrui. Ce raisonnement par analogie était facilité par l'absence de définition légale des violences. Le pouvoir – contestable – que s'est reconnu le juge en la matière a fini par susciter une double intervention du législateur. D'abord, on l'a vu, il a admis que le résultat occasionné pouvait être aussi bien une atteinte à l'intégrité psychique qu'une atteinte à l'intégrité physique d'autrui (v. *supra*, n° 62). Ensuite, cette première affirmation manquant de clarté, il a précisé que « les violences prévues par les dispositions de la présente section sont réprimées quelle que soit leur nature, y compris s'il s'agit de violences psychologiques » (C. pén., art. 222-14-3). Ce qui ratifie le travail jurisprudentiel d'extension de la norme d'incrimination et paraît plus satisfaisant au regard du principe de légalité. Sont pris en compte à ce titre tous les comportements troublant mentalement la victime au point d'occasionner chez elle un stress post-traumatique qui peut être médicalement constaté[29].

b. Le produit de la violence

72. Atteinte. – En toute hypothèse, on l'a dit, il est nécessaire que les violences entraînent une atteinte à l'intégrité physique ou psychique d'autrui[30]. Une telle atteinte a déjà été présentée (v. *supra*, n° 62). En revanche, il importe d'insister ici sur le fait que ce résultat, sous l'une ou l'autre de ses deux formes, doit s'être effectivement produit. La preuve doit pouvoir en être rapportée. Il ne suffit pas que le comportement de l'agent ait été de nature à le provoquer[31]. En effet, l'infraction est matérielle. Une atteinte à l'intégrité physique ou psychique d'autrui doit donc être établie. À défaut, l'acte violent ne serait pas punissable, faute d'incrimination de la tentative de violences en matière correctionnelle.

25. Cass. crim., 17 juill. 1984, *RSC* 1985, obs. G. Levasseur.

26. Cass. crim., 13 juin 1991, *Dr. pén.* 1991, n° 278, obs. M. Véron.

27. Cass. crim., 8 nov. 1990, *Dr. pén.* 1991, n° 102, obs. M. Véron.

28. Cass. crim., 17 juin 1992, *B.* n° 243. – Mais, en l'absence de dommage ou de lien de causalité certain avec lui, le délit d'usurpation d'identité doit aujourd'hui être préféré (v. *infra*, n° 840).

29. V. s'agissant d'une jeune femme épiée par un individu qui se faisait passer pour un ami auprès de ses proches Cass. crim., 25 juill. 2018, *Gaz. Pal.* 6 nov. 2018, p. 48, obs. E. Dreyer.

30. L'art. R. 623-3, C. pén. punit de l'amende prévue pour les contraventions de la 3e classe, le fait, par le gardien d'un animal susceptible de présenter un danger pour les personnes, d'exciter ou de ne pas retenir cet animal lorsqu'il attaque ou poursuit un passant, « alors même qu'il n'en est résulté aucun dommage ». C'est l'exception qui confirme la règle.

31. Cass. crim., 27 oct. 1999, *Dr. pén.* 2000, n° 30, obs. M. Véron.

Certes, quelques décisions ont pu semer le doute sur ce point. La Cour de cassation estime parfois que « le délit de violences est constitué, même sans atteinte physique de la victime, par tout acte de nature à impressionner vivement celle-ci et à lui causer un choc émotif »[32]. Il lui est également arrivé de juger que « la circonstance aggravante de violences est constituée même sans atteinte physique de la victime, par tout acte de nature à impressionner celle-ci et à lui causer un choc émotif »[33]. Suffirait-il, pour qu'une infraction paraisse constituée, que l'acte violent soit de nature à causer un résultat sans le produire effectivement ? Nullement : il ne faut pas exagérer l'importance de cette formule propre à certains arrêts de rejet[34]. Lorsque la réalité de l'atteinte portée à l'intégrité à tout le moins psychique d'autrui (« choc émotif ») est constatée, la Haute juridiction se contente de répondre que l'infraction a été établie en tous ses éléments qu'elle énonce en termes abstraits et généraux[35]. À l'occasion de son contrôle, elle ne vérifie pas l'atteinte en question qui suppose une appréciation factuelle relevant du pouvoir souverain des juges du fond. Elle la tient pour acquise.

La preuve d'une atteinte à l'intégrité physique ou psychique d'autrui reste donc nécessaire. Elle ne peut être supposée par les juges du fond. Elle doit être établie dans son principe.

73. Évaluation. – En revanche, peu importe l'étendue exacte de l'atteinte. Cette étendue n'intéresse que la sanction des violences. Le juge prend alors en compte le principal préjudice découlant des faits pour apprécier leur gravité. Mais son évaluation importe peu. Elle est sans influence sur la consommation desdites infractions qui ne requièrent matériellement que la preuve d'un acte positif ayant entraîné une atteinte à l'intégrité physique ou psychique d'autrui. Ce constat retentit également sur leur élément moral.

2. La perception des violences

74. Les violences dont il est question ici doivent avoir été commises intentionnellement. Ce qui permet de les distinguer de comportements qui, tout en produisant le même résultat, procèdent d'une faute (V. *infra*, n° 1632). Ici, l'auteur des faits doit avoir voulu porter atteinte à l'intégrité physique ou psychique d'autrui. Évoquons successivement la consistance et la preuve d'une telle intention.

a. La consistance de l'intention

75. Étendue. – La conscience d'accomplir un acte violent est nécessaire et elle a ponctuellement suffi pour établir l'infraction. Analysant la jurisprudence, la doctrine a longtemps estimé que « l'intention se trouve dans le fait de vouloir

32. Cass. crim., 18 mars 2008, *Gaz. Pal.* 3 sept. 2008, p. 13, note F. Desprez.

33. Cass. crim., 30 oct. 2012, *Dr. pén.* 2013, n° 21, obs. M. Véron.

34. V. aussi B. Partouche, « Tentative et violences volontaires dans la jurisprudence contemporaine », *RSC* 2013, p. 765 et D. Dassa Le Deist, « Les atteintes aux biens : média vers les violences aux personnes ? », *Gaz. Pal.* 13 oct. 2013, p. 13.

35. V. rectifiant un arrêt au motif que la manœuvre du prévenu avait « nécessairement provoqué chez la victime un choc émotionnel » : Cass. crim., 28 nov. 2012, *B.* n° 264. – V. aussi, soulignant que la réalité du préjudice subi par la partie civile n'était pas en cause : Cass. crim., 4 juin 2019, *RSC* 2019, p. 626, obs. Y. Mayaud.

l'acte et non de vouloir le dommage effectivement réalisé »[36]. À l'appui de cette affirmation, on faisait remarquer que l'individu violent ne peut rechercher le tort qu'il cause à autrui car il est imprévisible. Était notamment évoquée cette affaire dans laquelle un individu avait brisé d'un coup-de-poing une porte en provoquant des éclats de verre qui ont atteint la personne située trois mètres derrière[37]. S'il avait voulu briser la porte en sachant qu'une personne se trouvait derrière, cet individu n'avait pas recherché le dommage corporel qui en est résulté[38]. On y voyait la preuve que, en matière de violences, un dol général suffit[39]. Retenir la qualification de violences alors que le dommage effectivement souffert par la victime s'avérait impossible à prévoir supposait de renoncer à établir un dol spécial.

Mais une telle analyse a été contestée. Elle appelle des réserves car elle revient à admettre que l'élément moral des violences ne coïncide pas avec son élément matériel (puisque le « dommage » n'est pas pris en compte à ce second titre). Une autre explication a donc été proposée qui passe par une meilleure identification du résultat pénal. Il ne s'agit pas tant du dommage effectivement souffert par la victime que de l'atteinte à l'intégrité physique ou psychique occasionnée. Ces deux notions ne sauraient être confondues. En effet, la Cour de cassation juge que l'infraction « se trouve constituée dès qu'il existe un acte volontaire de violence... alors même que son auteur n'aurait pas voulu causer le dommage qui en est résulté »[40]. L'erreur d'analyse de l'élément moral évoquée ci-dessus tient au fait qu'elle prend en compte une notion de « dommage » qui est en réalité étrangère à l'incrimination. Le résultat redouté par le législateur au moment de l'incrimination des différentes infractions de violence n'est pas tant le dommage final concrètement apprécié qu'une atteinte, nécessairement générique et abstraite, à l'intégrité physique ou psychique d'autrui. Or, sur cette base, tout s'éclaire : il devient possible d'affirmer que les infractions de violences supposent, au-delà d'un dol général, un dol spécial. Celui-ci ne correspond pas à la volonté de causer un dommage, à ce stade imprévisible, mais à la volonté de causer une atteinte à la santé d'autrui dont le principe peut tout à fait être envisagé à l'avance. L'élément moral coïncide alors avec l'élément matériel de l'infraction qui retrouve ainsi son unité.

76. Précisions. – Il faut et il suffit donc que l'agent ait voulu affecter l'intégrité physique ou psychique d'autrui. Peu importe qu'il n'ait pu mesurer toutes les conséquences de son acte qui dépendent en grande partie d'éléments extérieurs : prédispositions de la victime, qualité des soins, etc. De même, peu importe que l'agent ait visé ou non une personne en particulier. Comme en matière de meurtre, l'erreur sur l'identité de la victime n'empêche pas l'infraction d'être constituée lorsqu'il y a, en toute hypothèse, volonté de porter atteinte à l'intégrité physique ou psychique d'autrui. Ainsi, celui qui lance un tabouret au cours d'une bagarre, pour atteindre une personne et en blesse une autre,

36. M. Véron, *Droit pénal spécial*, Sirey, 17e éd., 2019, p. 52, n° 68.

37. Cass. crim., 3 oct. 1991, *Dr. pén.* 1992, n° 57, obs. M. Véron.

38. V. aussi, s'agissant d'un policier ayant blessé autrui avec son arme en voulant lui faire peur CA Rouen, 7 janv. 1970, *D.* 1970, somm. p. 76.

39. V. aussi CA Nîmes, 3 mai 2001, *Dr. pén.* 2001, n° 140, obs. M. Véron.

40. Cass. crim., 21 nov. 1988, préc.

n'obtient pas le résultat qu'il espérait mais agit tout de même avec la volonté de faire mal « exprès » à autrui[41].

En revanche, la qualification de violences n'a pu être retenue lors de la publication de photographies prises sur les lieux d'un dramatique accident dont la découverte a choqué les survivants et leurs proches[42]. En effet, cette publication n'était pas destinée aux victimes mais au public[43]. Les victimes ont certes subi un dommage en étant à nouveau confrontées à l'horreur des faits. Toutefois, le responsable éditorial ne l'a pas spécialement recherché. Il a agi non dans le but de porter atteinte à leur intégrité psychique mais dans le but d'augmenter les ventes de son journal en publiant un reportage à sensation.

77. Mobile. – Le mobile reste, lui, indifférent. Peu importe que l'atteinte résulte d'un réflexe de protection lorsque les conditions de la légitime défense ne sont pas réunies[44] ou d'un réflexe d'agacement lorsqu'un policier finit par perdre son sang-froid[45]. Peu importe également que l'atteinte résulte d'une plaisanterie qui tourne mal[46].

b. La preuve de l'intention

78. Présomption. – Un dol spécial est donc bien requis. Pour autant, cette exigence supplémentaire ne limite guère la répression. En effet, comme toujours s'agissant d'infractions matérielles, le dol spécial se déduit du dol général : l'individu qui a conscience d'accomplir un acte violent envers autrui a nécessairement conscience de porter atteinte à son intégrité physique ou psychique. Dès lors qu'un tel acte lui est imputable, il doit en répondre car l'intention de mal faire apparaît comme l'explication la plus vraisemblable de son comportement.

79. Bonne foi. – Toutefois, il ne s'agit là que d'une présomption simple (preuve indiciaire) pouvant être combattue par la preuve contraire : l'erreur de fait reste exonératoire. Ainsi, la Cour de cassation a admis qu'un médecin ne commet pas de violences en procédant à une stérilisation, dont il a expliqué l'intérêt à sa patiente, tout en se méprenant sur sa réponse : le fait qu'il ait cru avoir obtenu un accord qui lui était refusé a suffi pour exclure toute intention coupable de sa part[47]. De même, à l'occasion d'un jeu, des enfants peuvent ne pas se rendre compte qu'ils commettent un acte de violences contre l'un d'eux[48]. Néanmoins, cette dernière solution aurait sans doute été mieux justifiée par l'absence d'imputabilité de l'acte que par l'absence d'intention.

41. Cass. crim., 21 nov. 1984, *RSC* 1985, p. 809, obs. G. Levasseur.

42. TGI Paris, 8 mars 2000, *D.* 2000, p. 502, note B. Beignier.

43. Comp., s'agissant de messages envoyés aux proches des personnes injuriées, TGI Paris, 21 nov. 2014, *Comm. com. électr.* 2015, n° 85, obs. E.-A. Caprioli.

44. Cass. crim., 17 janv. 2017, *Gaz. Pal.* 25 avr. 2017, p. 47, obs. S. Detraz.

45. Cass. crim., 13 déc. 2022, *Gaz. Pal.*, 14 févr. 2023, p. 38, obs. E. Dreyer.

46. Cass. crim., 23 juin 1988, *B.* n° 289. – V. égal. Cass. crim., 15 mars 1977, *JCP* G 1979, II, 19148, note B. Bonjean.

47. V. cet arrêt, discutable : Cass. crim., 6 févr. 2001, *RSC* 2001, p. 580, obs. Y. Mayaud.

48. Cass. crim., 4 mai 2021, *RSC* 2022, p. 58, obs. Y. Mayaud.

B. La répression des violences

80. Présentation. – La répression des violences évoquées ci-dessus est marquée par une grande complexité qui tient à la gravité variable des comportements susceptibles d'être punis à ce titre. Le législateur tente d'adapter la réaction sociale en conséquence[49]. Il tient compte du principal préjudice découlant de l'atteinte à l'intégrité physique ou psychique d'autrui ainsi que d'autres paramètres.

81. Préjudice principal. – C'est donc, tout d'abord, le principal préjudice causé à autrui qui sert à distinguer les infractions de violence les unes des autres[50]. Tout dépend si oui ou non l'atteinte à l'intégrité physique ou psychique est à l'origine d'une incapacité totale de travail pour autrui, voire de la durée de cette incapacité totale de travail (huit jours maximums ou plus de huit jours) et, éventuellement, du constat d'une mutilation ou infirmité permanente, ou même d'un décès.

Cela appelle trois observations liminaires. En premier lieu, le préjudice en cause ne s'apprécie pas au jour de l'acte violent mais au jour où cet acte a produit tous ses effets. Une cour d'appel peut ainsi requalifier les faits au regard d'un nouveau certificat médical établissant la détérioration de l'état de santé de la victime en cours de procédure[51]. En second lieu, n'est pas « exigée la preuve d'un lien de causalité direct et immédiat entre les violences et la maladie ou l'incapacité de travail »[52]. Il suffit qu'un tel lien s'avère certain. Ainsi, les prédispositions de la victime n'empêchent pas l'agent de répondre de l'atteinte qu'il a causée à son intégrité physique[53]. De même, si la victime se blesse en tombant[54] ou en tentant d'échapper à son agresseur, celui-ci répond de toutes les conséquences de son comportement à l'égard de l'intégrité physique ou psychique d'autrui[55]. En troisième lieu, si plusieurs personnes participent à une scène unique de violence dans le cadre de laquelle l'intervention de chacune ne peut être précisée, elles répondent toutes de la même infraction de violences déterminée en fonction des conséquences de leur action commune sur la santé d'autrui[56].

49. Il en va du moins ainsi pour les personnes physiques. S'agissant des violences de nature criminelle ou correctionnelle, les personnes morales sont exposées à l'amende portée au quintuple prévue à l'art. 131-38 et aux peines de l'art. 131-39 quelle que soit la gravité de l'infraction reprochée (art. 222-16-1), ce qui manque singulièrement de nuances.

50. L'évaluation de ce préjudice est faite notamment sur la base de certificats médicaux confirmés, si nécessaire, par des expertises mais les magistrats restent libres de l'apprécier comme ils l'entendent car il s'agit d'une notion juridique et non médicale (Cass. crim., 2 mai 2012, *Dr. pén.* 2012, n° 99, obs. M. Véron).

51. Cass. crim., 20 févr. 1995, *Dr. pén.* 1995, n° 138, obs. M. Véron.

52. Formule de principe : Cass. crim., 27 févr. 1992, *Dr. pén.* 1992, n° 199, obs. M. Véron.

53. Cass. crim., 26 avr. 1994, *Dr. pén.* 1994, n° 176, obs. M. Véron.

54. Cass. crim., 18 nov. 2020, *Dr. pén.* 2021, n° 21, obs. P. Conte.

55. Cass. crim., 21 nov. 1988, *RSC* 1989, p. 320, obs. G. Levasseur. – Le juge ne renonce à attribuer à l'auteur d'un acte violent les conséquences les plus lointaines de son acte que si elles résultent d'une cause étrangère ayant rompu le lien de causalité entre l'atteinte initiale et l'atteinte finalement constatée (Cass. crim., 8 janv. 1991, *D.* 1991, p. 115, note R. Croisier-Nerac).

56. Cass. crim., 12 janv. 2010, *Gaz. Pal.* 24 mars 2010, p. 19, obs. S. Detraz. – V. aussi, justifiant une telle solution : Cass. crim., 16 févr. 2022, *Dr. pén.* 2022, n° 83, obs. P. Conte ; *Gaz. Pal.*, 24 mai 2022, p. 20, note C. Dubois.

82. Diversification. – Sur la base de cette évaluation, le juge peut dire à laquelle des cinq catégories d'infractions de violences les faits appartiennent[57]. La méthode paraît discutable car proportionner la répression au tort causé à autrui témoigne d'un certain archaïsme. La fonction principale du droit pénal est de punir les auteurs d'infractions ; il ne se préoccupe qu'indirectement des victimes. Spécialement en l'espèce, l'étendue du principal préjudice occasionné devrait d'autant moins influer sur la répression qu'elle est difficile à prévoir au moment de l'acte[58]. Mais une telle critique doit être atténuée. En effet, le législateur contemporain ne se contente plus de ce seul critère. Il multiplie désormais les circonstances aggravantes pour permettre au juge d'adapter la répression en fonction de la gravité intrinsèque de chaque comportement. Une individualisation légale puis judiciaire de la peine est ainsi organisée[59]. Vérifions-le en envisageant ces infractions par ordre croissant de gravité.

1. Violences n'ayant entraîné aucune incapacité de travail

83. Il s'agit de violences dites légères. Elles sont incriminées à l'article R. 624-1. Elles supposent une atteinte à l'intégrité physique ou psychique car l'infraction reste matérielle mais ces violences n'engendrent aucune incapacité totale de travail : malgré l'atteinte, il n'y a pas eu « impossibilité pour la victime de se livrer à un effort physique afin d'accomplir elle-même certaines tâches ménagères »[60].

a. Comportement incriminé

84. Action. – Matériellement, l'acte reste indéfini. Néanmoins, l'idée même de violence implique qu'il s'agisse d'un acte positif : claque, heurt, crachat, etc. La qualification fut également appliquée à une « palpation » imposée par une commerçante à un enfant suspecté de vol hors de toutes circonstances justificatives[61].

57. Il s'agit bien d'infractions distinctes les unes des autres et non de circonstances aggravantes d'une infraction unique de violences (ce qui interdit de passer d'une qualification à l'autre par une question spéciale posée à la cour d'assises : Cass. crim., 29 nov. 2017, *RSC* 2018, p. 424, obs. Y. Mayaud ; *AJ pénal* 2018, p. 92, obs. E. Clément).

58. Mais on conviendra que le système a l'avantage d'une certaine objectivité : la sanction dépend d'un résultat qui peut être constaté et non de l'appréciation rétrospectivement délicate d'un comportement (E. Lemoine, *La répression de l'indifférence sociale en droit pénal français*, l'Harmattan, coll. Logiques juridiques, 2002, p. 423, n° 363).

59. Par ailleurs, il convient de signaler l'incrimination particulière du « fait pour une personne de participer sciemment à un groupement, même formé de façon temporaire, en vue de la préparation, caractérisée par un ou plusieurs faits matériels, de violences volontaires contre les personnes ou de destructions ou dégradations de biens » (C. pén., art. 222-14-2). Ce délit de participation à un groupement violent est à ce point général qu'il peut s'appliquer lorsqu'est préparée une atteinte aux biens ! Il étend la répression par rapport au délit d'association de malfaiteurs tout en réduisant son intensité. Le Conseil constitutionnel ne s'est pas opposé à son entrée en vigueur (déc. n° 2010-604 DC du 25 févr. 2010, *Loi renforçant la lutte contre les violences de groupes*, § 6). En pratique, une telle incrimination permet de sanctionner la tentative de violences aggravées (v. pour une critique R. Parizot : *D.* 2009, chron., p. 2701), voire une participation non avérée à des violences (v. s'agissant d'un individu cagoulé résistant à son interpellation en marge d'une manifestation ayant dégénéré Cass. crim., 16 déc. 2020, *Gaz. Pal.*, 16 févr. 2021, p. 55, obs. E. Dreyer).

60. Cass. crim., 6 févr. 2001, *Dr. pén.* 2001, n° 72, obs. M. Véron.

61. T. pol. Carvin, 11 févr. 1994, *D.* 1995, p. 158, note D. Mayer.

L'essentiel est qu'il résulte de cet acte positif un contact non souhaité (ce qui, en principe, découle des circonstances mêmes de l'acte) mais qui n'engendre pas d'incapacité de travail. En d'autres termes, une atteinte à l'intégrité physique ou psychique doit pouvoir être rattachée à un geste de l'agent mais elle ne doit pas avoir empêché la victime de poursuivre une vie normale.

Même si cette infraction constitue une simple contravention, elle dispose d'un élément moral : elle doit avoir été commise intentionnellement. Le contrevenant doit avoir voulu, à cette occasion, porter atteinte à l'intégrité physique ou psychique d'autrui.

b. Peines encourues

85. Infraction simple. – Les violences légères sont punies de l'amende prévue pour les contraventions de la 4e classe (750 €). Le coupable encourt également un certain nombre de peines complémentaires, énumérées à l'article R. 624-1, al. 2, dont la suspension du permis de conduire pour une durée de 3 ans au plus, le retrait du permis de chasse et l'interdiction de porter une arme pour une même durée. Peut également être ordonnée la confiscation de l'arme ou de la chose ayant servi à commettre l'infraction.

Enfin, est autorisée – ce qui est là encore exceptionnel en matière de police – la sanction du complice par aide ou assistance (art. R. 624-1, dernier alinéa). Le complice par provocation est lui punissable quelle que soit la gravité des violences commises en vertu de l'article 121-7, al. 2.

86. Circonstances aggravantes. – Ces peines peuvent être aggravées et l'infraction de police devient alors un délit dans certaines circonstances énumérées à l'article 222-13. En vertu de ce texte, les violences légères sont punies de 3 ans d'emprisonnement et 45 000 € d'amende soit à raison de la qualité de la victime, soit à raison des circonstances dans lesquelles l'acte violent a été commis. En effet, malgré l'insignifiance de leur résultat, ces violences paraissent trop graves pour ne constituer que de simples contraventions.

Tout d'abord, tel est le cas lorsque l'acte est commis sur un mineur de 15 ans (1°)[62] ; sur une personne particulièrement vulnérable (2°)[63] ; sur un ascendant légitime ou naturel, voire sur un père ou mère adoptif (3°) ; sur un membre ou agent de la Cour pénale internationale, un magistrat, un juré, un agent de la force publique (sous réserve de ceux énumérés à l'article 222-14-5 évoqué ci-dessous : *infra*, n° 105) ou un agent de sécurité privée, un sapeur ou marin pompier, gardien d'immeuble, conducteur de bus, enseignant, professionnel de santé, etc. (4° et 4° *bis*), ou leurs proches (4° *ter*). Ainsi, la répression de ces violences est aggravée lorsqu'elles visent des personnes dépositaires de l'autorité publique ou chargées d'un service public à raison de leur fonction ou mission[64]. De surcroît, l'aggravation s'applique non seulement lorsque ces personnes sont visées directement mais aussi lorsqu'elles sont visées indirectement à travers leur conjoint, un ascendant ou descendant en ligne directe ou toute autre personne vivant habituellement à leur domicile.

62. CA Riom, 3 nov. 2004, *JCP* G 2006, IV, 3537.

63. V. s'agissant de brimades sur un handicapé Cass. crim., 24 juin 2014, *Gaz. Pal.* 19 oct. 2014, p. 36, obs. S. Detraz.

64. V. s'agissant d'employés d'une DDE Cass. crim., 9 oct. 2002, *Dr. pén.* 2003, n° 20, obs. M. Véron.

Ensuite, la contravention est transformée en délit lorsque les violences légères sont commises à raison de la prétendue race, de la religion, du sexe, de l'orientation sexuelle ou identité de genre de la victime (5 *bis* et *ter*)[65]. Ces circonstances aggravantes restent spécialement mentionnées ici car elles modifient la nature d'une infraction initialement contraventionnelle : les articles 132-76 et -77 du Code pénal, qui érigent ces mobiles en circonstances aggravantes générales, ne sont applicables qu'à la répression d'infractions déjà constitutives de crimes ou délits[66]. La même transformation s'opère lorsque les violences sont commises « sur une personne qui se livre à la prostitution, y compris de façon occasionnelle, si les faits sont commis dans l'exercice de cette activité » (5° *quater*) ou lorsqu'elles sont commises en raison du refus de la victime de contracter un mariage ou de conclure une union ou afin de la contraindre à contracter un mariage ou à conclure une union (6° *bis*). Dans toutes ces hypothèses, c'est un mobile qui justifie l'aggravation.

La contravention est encore transformée en délit lorsque les violences légères sont commises par une personne dépositaire de l'autorité publique ou chargée d'une mission de service public ou un agent de sécurité privée (7° et 7° *bis*) (abus de fonction)[67] ; par le conjoint, concubin ou partenaire de la victime (6°) (volonté de lutter contre les violences dites « conjugales »)[68] ; par plusieurs personnes agissant en qualité de coauteur ou de complice (8°) (rixe, ratonnade, hooliganisme, etc.)[69] ; par un majeur agissant avec l'aide ou l'assistance d'un mineur (12°) (qu'il entraîne avec lui) ; par une personne en état d'ivresse manifeste ou sous l'emprise manifeste de produits stupéfiants (14°) ; par une personne dissimulant volontairement en tout ou partie son visage afin de ne pas être identifiée (15°).

L'aggravation s'applique aussi lorsque les violences légères ont été commises avec préméditation ou guet-apens (9°) ; avec usage ou menace d'une arme (10°)[70] ;

65. Il suffit, pour établir ce lien de causalité, de relever « l'existence de propos racistes tenus par les personnes mises en examen avant et pendant les violences » (Cass. crim., 25 juin 2013, *Gaz. Pal.* 13 oct. 2013, p. 31, obs. S. Detraz).

66. Néanmoins, le mobile discriminatoire semble plus facile à établir ici car il n'est pas nécessaire de démontrer les circonstances particulières dans lesquelles l'agent s'est exprimé.

67. Cass. crim., 30 janv. 2001, *B.* n° 25. – Sachant que, lorsqu'elles présentent « un caractère de brutalité sans rapport avec les nécessités de l'exercice de ses fonctions », les violences commises par un policier se détachent de ses fonctions et engagent sa responsabilité civile en plus de sa responsabilité pénale : Cass. crim., 18 juin 2013, *B.* n° 142. – 10 févr. 2009, *B.* n° 34.

68. Cass. crim., 7 avr. 1998, *Dr. pén.* 1998, n° 114, obs. M. Véron. – Peu importe qu'il n'ait plus existé de communauté de vie entre les époux au moment des faits (art. 132-80, al. 2. – Cass. crim., 2 mai 2018, *Dr. pén.* 2018, n° 121, obs. P. Conte). Pour caractériser le concubinage, il faut établir, au-delà d'une relation sentimentale, que l'agent et sa victime ont effectivement vécu ensemble (Cass. crim., 23 avr. 2013, *Gaz. Pal.* 21-23 juill. 2013, p. 32, obs. S. Detraz).

69. Il suffit pour caractériser cette circonstance de réunion d'établir qu'un individu a agi sur ordre d'un autre (Cass. crim., 16 déc. 2020, *Dr. pén.* 2021, n° 44, obs. P. Conte).

70. V. pour un fusil de chasse utilisé afin d'« impressionner » la victime : Cass. crim., 6 nov. 1989, *B.* n° 391. – Mais tout autre objet susceptible de présenter un danger pour les personnes est assimilé à une arme dès lors qu'il est utilisé pour tuer, blesser ou menacer (art. 132-75, al. 2. – V. pour un verre Cass. crim., 8 janv. 2008, *D.* 2008, p. 1590, note C. Robaczewski. – 7 mai 1996, *Dr. pén.* 1996, n° 215, obs. M. Véron. – pour un tabouret de bar Cass. crim., 23 oct. 1996, *B.* n° 370 – pour un véhicule Cass. crim., 14 mars 1989, *RSC* 1989, p. 738, obs. G. Levasseur). De même, désormais, « l'utilisation d'un animal pour tuer, blesser ou menacer est assimilée à l'usage d'une arme » (art. 132-75, al. 4).

à l'intérieur ou aux abords d'un établissement scolaire ou d'une administration (11°)[71] ; dans un moyen de transport collectif de voyageurs (13°).

87. Sur-aggravation. – Les peines sont même portées à 5 ans d'emprisonnement et 75 000 € d'amende dans deux hypothèses évoquées à la fin de l'article 222-13.

Il en va tout d'abord ainsi lorsque ces violences légères ont été commises sur un mineur de 15 ans par un ascendant légitime, naturel ou adoptif ou par toute autre personne ayant autorité sur le mineur. Il y a alors cumul de deux circonstances aggravantes : est prise en compte, outre l'âge de la victime, l'autorité de droit (découlant essentiellement de l'autorité parentale) ou de fait (celle des personnes auxquelles l'enfant est ponctuellement confié) de l'auteur des violences. Dans ce dernier cas, la réalité de l'autorité exercée doit être prouvée. Elle ne peut découler du seul constat que le coupable était concubin de la mère de l'enfant[72]. Une telle circonstance aggravante a permis de limiter le droit de correction reconnu aux enseignants et aux parents avant qu'il ne soit formellement supprimé. Ainsi, s'agissant des enseignants, l'exercice d'un droit de correction ne pouvait, jusqu'à une période récente, dépasser ce qui apparaissait strictement nécessaire pour assurer la discipline dans leurs classes[73]. La Cour de cassation estimait qu'il devait s'exercer sans qu'il en résulte aucune trace ou blessure pour les enfants[74]. Il en allait de même s'agissant du droit de correction reconnu aux parents : un père ne pouvait donner des coups de baguette à son fils « désobéissant et insolent » que s'il n'en résultait aucune trace, ni trouble post-traumatique ou réactionnel[75]. À défaut, non seulement il y avait infraction, mais celle-ci se trouvait aggravée par l'âge du mineur et l'autorité exercée sur lui. Une peine d'emprisonnement ferme pouvait s'en trouver justifiée[76]. La loi du 10 juillet 2019 s'est voulue plus radicale encore. Estimant que ce droit de correction manuel donne lieu à de trop nombreux abus, le législateur a fini par dénier toute légitimité à son exercice en condamnant son principe même. Désormais, il est exigé que « l'autorité parentale s'exerce sans violences physiques ou psychologiques » (C. civ., art. 371-1, al. 3). Il ne saurait donc plus y avoir de justification en la matière : l'autorité parentale doit s'exercer sans porter aucune atteinte à l'intégrité physique ou psychique des enfants[77]. Même de faible gravité, une telle atteinte ne peut plus être légitimée par une coutume qui s'avère *contra legem*. Il faut considérer que la soumission de l'enfant à ses parents n'implique aucun consentement aux atteintes physiques ou psychiques qu'il pourrait subir en cas de désobéissance. Seul subsiste le constat d'une infraction aggravée (par le constat de l'autorité exercée sur l'enfant).

---

71. Administration comprise comme relevant de la seule éducation nationale (Cass. crim., 23 juin 2021, *RSC* 2021, p. 626, obs. Y. Mayaud. – 14 oct. 2020, *AJ pénal* 2021, p. 38, obs. J.-P. Vicentini ; *RSC* 2021, p. 89, obs. Y. Mayaud).

72. Cass. crim., 1er févr. 1989, *RSC* 1989, p. 739, obs. G. Levasseur.

73. V. encore Cass. crim., 7 nov. 2017, *Dr. pén.* 2018, n° 3, obs. P. Conte ; *AJ pénal* 2018, p. 151, obs. C. Otero ; *RSC* 2017, p. 740, obs. Y. Mayaud.

74. Cass. crim., 31 janv. 1995, *B.* n° 38.

75. CA Angers, 23 mars 2006, *JCP* G 2006, IV, 2905. – V. déjà Cass. crim., 3 mai 1984, *B.* n° 154.

76. Cass. crim., 29 oct. 2014, *AJ pénal* 2015, p. 605, obs. M. Herzog-Evans.

77. Réforme qui serait la conséquence d'une décision du Comité européen des droits sociaux du Conseil de l'Europe ayant reproché à la France de n'avoir pas posé « d'interdiction suffisamment claire, contraignante et précise des châtiments corporels » (CEDS, 4 mars 2015, *JCP* G 2015, 339, note H. Matsopoulou).

Ensuite, la même aggravation s'applique lorsque des violences sont commises en présence d'un mineur soit par un conjoint/concubin/partenaire (sur l'autre), soit par un ascendant ou une personne ayant autorité (sur un autre mineur, quel que soit son âge). Il s'agit de prendre en compte ici le fait que ces violences particulières font deux victimes : celle des coups mais aussi celle qui a assisté à la scène et qui peut s'en trouver perturbée (traumatisée si elle s'identifie à la victime ou séduite par cette banalisation de la violence si elle s'identifie à l'agent). Le législateur permet ainsi de sanctionner plus sévèrement les individus violents qui se donnent en spectacle au risque de pervertir la jeunesse.

c. Cas particulier

88. Enregistrement. – Enfin, l'article 222-33-3 incrimine « le fait d'enregistrer sciemment, par quelque moyen que ce soit, sur tout support que ce soit, des images relatives à la commission de ces infractions » de violences. Un tel comportement constituait sans doute, déjà, le délit de non-obstacle à la commission d'une infraction ou le délit de non-assistance à personne en péril en fonction du moment où il pouvait être constaté (art. 223-6)[78]. Mais le législateur a préféré l'incriminer spécialement tout en le punissant (à l'instar d'un fait de complicité) par renvoi aux sanctions encourues pour les délits qui ont donné lieu à l'enregistrement ou aux photographies[79]. Toutefois, sauf à analyser l'abstention de celui qui filme comme un encouragement pour celui qui frappe, on peine à voir là un acte de complicité. Il s'agit davantage d'une infraction autonome (ce qui n'est pas incompatible avec une pénalité par référence) qui peut éventuellement être reprochée, en concours réel, à l'auteur même des violences qui enregistrerait celles-ci.

Par ailleurs, le fait de diffuser l'enregistrement de telles images est, lui, érigé en infraction distincte, punie de 5 ans d'emprisonnement et 75 000 € d'amende (art. 222-33-3, al. 2). Sur Internet, cet acte de diffusion ne peut *a priori* être reproché qu'à l'individu qui a pris l'initiative de la mise à disposition et non à l'hébergeur du site ou à celui qui y renvoie par un lien hypertexte[80].

En toute hypothèse, une cause de justification spéciale est applicable ici : il n'y a pas infraction « lorsque l'enregistrement ou la diffusion résulte de l'exercice normal d'une profession ayant pour objet d'informer le public ou est réalisé afin de servir de preuve en justice ».

2. Violences ayant conduit à une ITT inférieure ou égale à 8 jours

89. Résultat. – Dans cette deuxième hypothèse, l'acte de violence a causé une atteinte à l'intégrité physique ou psychique d'autrui qui s'est traduite par un préjudice particulier, en l'occurrence une brève incapacité totale de travail (ITT).

78. V. en faveur de la seconde qualification TGI Versailles, 27 juin 2007, *Comm. com. électr.* 2007, n° 137, obs. A. Lepage. – V. aussi, *infra*, n° 1383.

79. V. not. C. Lacroix, « *Happy slapping* », *JCP* G 2007, I, 167. – S. Detraz, « L'enregistrement d'images de violence », *Dr. pén.* 2007, étude 23. – A. Mihman, « La répression de la complicité passive », *Gaz. Pal.* 1er nov. 2015, p. 11.

80. CA Paris, 9 déc. 2009, *Comm. com. électr.* 2010, n° 37, obs. A. Lepage.

Cette ITT est entendue largement. Elle ne se réduit pas à l'incapacité d'exercer une profession (faute de quoi la notion serait inapplicable aux personnes n'exerçant plus ou pas encore d'activité professionnelle). Elle correspond à l'impossibilité d'avoir une activité physique ou intellectuelle normale.

En l'occurrence, la victime doit avoir été empêchée d'exercer son activité principale, professionnelle ou non, pendant 8 jours au plus.

90. Infraction simple. – Selon l'article R. 625-1, les violences qui ont provoqué cette ITT sont punies de l'amende prévue pour les contraventions de la 5e classe (1 500 €).

Peuvent également être prononcées des peines complémentaires comparables à celles évoquées ci-dessus (v. *supra*, n° 85). S'y ajoute tout au plus une peine de travail d'intérêt général pour une durée de 20 à 120 heures.

La complicité par fourniture de moyens est également punissable (dernier alinéa).

91. Circonstances aggravantes. – Il existe, par ailleurs, de nombreuses circonstances aggravantes qui ont pour effet de transformer cette contravention en un délit puni de 3 ans d'emprisonnement et 45 000 € d'amende. Elles sont communes aux violences légères (C. pén., art. 222-13), auxquelles il suffit de renvoyer (v. *supra*, n° 86).

De même, les peines sont portées à 5 ans d'emprisonnement et 75 000 € d'amende lorsque les violences ayant entraîné une ITT inférieure ou égale à 8 jours ont été commises en cumulant deux de ces circonstances aggravantes (notamment, mais pas exclusivement, lorsque ces violences ont été commises sur un mineur de 15 ans par un ascendant légitime, naturel ou adoptif ou par toute autre personne ayant autorité sur lui). Elles sont portées à 7 ans d'emprisonnement et 100 000 € d'amende lorsque de telles violences ont été commises en cumulant trois de ces circonstances aggravantes (dernier alinéa).

3. Violences ayant conduit à une ITT supérieure à 8 jours

92. Pénalités. – Selon l'article 222-11, les violences ayant conduit à une ITT de plus de 8 jours sont punies de 3 ans d'emprisonnement et 45 000 € d'amende.

Mais, à la suite, l'article 222-12 porte les peines à 5 ans d'emprisonnement et 75 000 € d'amende lorsque ces violences ont été commises avec l'une des circonstances aggravantes qu'il énumère et qui sont semblables à celles déjà évoquées (v. *supra*, n° 86).

Les peines sont portées à 7 ans d'emprisonnement et 100 000 € d'amende lorsque de telles violences ont été commises avec deux de ces circonstances aggravantes. Elles sont même portées à 10 ans d'emprisonnement et 150 000 € d'amende dans les hypothèses suivantes : i) lorsque ces violences ont été commises avec trois de ces circonstances aggravantes ; ii) lorsqu'elles ont été commises sur un mineur de 15 ans par un ascendant légitime, naturel ou adoptif ou par toute autre personne ayant autorité sur le mineur ; iii) lorsqu'elles ont été commises en présence d'un mineur par un conjoint/concubin/partenaire (sur l'autre) ou par un ascendant ou une personne ayant autorité (sur un autre mineur, quel que soit son âge). Une période de sûreté est éventuellement applicable de plein droit dans ces hypothèses de sur-aggravation.

93. Autres. – Les coupables encourent en outre les peines complémentaires énumérées par les articles 222-44 (suspension ou annulation du permis de conduire, différentes interdictions d'exercer, de détenir ou porter une arme, plusieurs formes de confiscation, etc.), 222-44-1 (obligation de rembourser le prêt versé à la victime de violences conjugales, au titre de l'aide universelle d'urgence, dans la limite de 5 000 €), 222-45 (interdiction des droits civiques, civils et de famille, interdiction d'occuper une fonction publique, interdiction d'exercer une activité impliquant un contact habituel avec des mineurs) et 222-47 (interdiction de séjour, interdiction de manifester). Peut également être prononcé un suivi socio-judiciaire dans deux hypothèses : lorsque l'infraction est commise i) par le conjoint ou le concubin de la victime ou par le partenaire lié à celle-ci par un PACS (ou par un ancien conjoint, concubin, partenaire), ou ii) lorsque l'infraction est commise sur un mineur de 15 ans par un ascendant légitime, naturel ou adoptif, ou par toute autre personne ayant autorité sur la victime (art. 222-48-1, al. 2). Ce suivi, qui peut inclure une injonction de soins, est rendu obligatoire dans les conditions prévues par l'alinéa 3 de ce dernier texte. Enfin, – quand les faits se sont déroulés à l'occasion d'une manifestation sportive – le juge peut prononcer l'interdiction de pénétrer ou de se rendre aux abords d'une enceinte où se déroule une manifestation sportive, pour une durée n'excédant pas 5 ans (C. sport, art. L. 332-11).

4. Violences ayant conduit à une mutilation ou une infirmité permanente

94. Pénalités. – Les violences ayant conduit à une mutilation ou une infirmité permanente sont incriminées à l'article 222-9. Ce texte les punit de 10 ans d'emprisonnement et 150 000 € d'amende.

Toutefois, en application de l'article 222-10, le délit est transformé en crime exposant son auteur à 15 ans de réclusion criminelle lorsque l'infraction est commise avec l'une des circonstances aggravantes qu'il énumère et qui correspondent à celles exposées ci-dessus (v. *supra*, n° 86) sous la réserve inexplicable des violences commises dans ou aux abords d'un établissement scolaire ou d'une administration (scolaire) ainsi que des violences commises par une personne dissimulant son visage. Par ailleurs, ici, il n'est pas distingué entre les agents dépositaires de l'autorité publique : lorsque les violences leur causent une mutilation ou infirmité permanente, l'aggravation de la répression s'opère à l'égard de tous de la même façon, ce qui sème le doute sur la légitimité de la distinction dans les autres hypothèses (V. *infra*, n° 105).

La réclusion criminelle est portée à 20 ans lorsque les violences ayant entraîné une mutilation ou infirmité permanente ont été commises soit sur un mineur de 15 ans par un ascendant légitime, naturel ou adoptif ou par toute autre personne ayant autorité sur le mineur ; soit, en présence d'un mineur, par un conjoint/concubin/partenaire (sur l'autre) ou par un ascendant ou une personne ayant autorité (sur un autre mineur, quel que soit son âge).

En toute hypothèse, le coupable encourt également les peines complémentaires énumérées par les articles 222-44, -45 et -47 déjà évoquées. Peut aussi être prononcé un suivi socio-judiciaire dans les mêmes conditions que précédemment (v. *supra*, n° 93).

95. Définition. – Précisons qu'il y a mutilation ou infirmité permanente en cas de diminution de l'usage d'un membre ou d'un organe considéré comme essentiel. Il s'agit d'un préjudice distinct du préjudice ayant déterminé jusqu'à présent la répression. Il est utilisé de manière alternative au moment d'apprécier la gravité des infractions de violences ; il n'a pas d'équivalent s'agissant des violences dites involontaires (V. *infra*, n° 1635). Peu importe la durée de l'ITT qui peut avoir, ou non, précédé. Ces violences apparaissent, en toute hypothèse, plus graves que les précédentes car elles produisent un résultat définitif[81]. Il en va ainsi lorsque l'acte de violence a provoqué la cécité[82] ou la surdité[83] de la victime ou une altération de ses facultés mentales[84]. Il n'est pas nécessaire qu'un organe ait été entièrement atteint ; il suffit que son usage ait été diminué. Une telle qualification peut donc être retenue lorsqu'un coup a sectionné une corde vocale de la victime sans la priver totalement de sa voix[85]. Rentre également dans cette catégorie d'actes, l'excision qui ne peut être justifiée par la coutume, même ancestrale, de personnes vivant en France[86]. *Idem* s'agissant de la castration.

Le plus souvent, il n'est pas distingué entre mutilation et infirmité permanente car la seconde est fréquemment la conséquence de la première. Néanmoins, il suffit de constater l'une ou l'autre pour que l'article 222-9 s'applique. Lorsqu'elles sont relevées toutes les deux, elles doivent être distinctement qualifiées. Ainsi, dans une affaire où une victime avait pris une balle dans la cuisse, la Cour de cassation a admis que le délit de violences en question pouvait être reproché au tireur après avoir constaté qu'il a causé à la fois une mutilation (perte de substance de la cuisse visée) et une infirmité permanente (paralysie de la cuisse au pied)[87]. L'un de ces deux constats aurait pourtant suffi à caractériser l'infraction. Les relever ensemble n'a rien apporté à la répression.

5. Violences ayant entraîné la mort sans intention de la donner

96. Présentation. – En cas de décès de la victime, l'article 222-7 incrimine spécialement les violences dont le résultat a dépassé les prévisions de l'agent. Dans une telle hypothèse, l'agent a, certes, voulu porter des coups mais sans chercher à tuer[88]. Il s'agit d'une infraction *praeter* intentionnelle. On ne lui reproche pas d'avoir voulu donner la mort, ce qui permet de distinguer ce crime du meurtre. En revanche, on lui reproche d'avoir voulu porter atteinte à

81. En conséquence, cette qualification a été écartée dans une hypothèse où, suite à un accouchement, un médecin avait procédé à la ligature des trompes de sa patiente sans son accord car la stérilité en résultant n'avait rien de définitif (Cass. crim., 19 janv. 2005, *Dr. pén.* 2005, n° 55, obs. M. Véron).

82. Cass. crim., 19 févr. 1997, *B.* n° 64.

83. Cass. crim., 6 nov. 1985, *RSC* 1986, p. 611, obs. G. Levasseur.

84. Cass. crim., 25 mars 1980, *D.* 1981, p. 660, note W. Jeandidier.

85. Cass. crim., 21 mars 2006, *Dr. pén.* 2006, n° 98, obs. M. Véron.

86. Cass. crim., 22 avr. 1986, *B.* n° 136.

87. Cass. crim., 24 nov. 2021, *Dr. pén.* 2022, n° 25, obs. P. Conte ; *RSC* 2022, p. 61, obs. Y. Mayaud, précisant que l'infirmité permanente s'entend d'« une atteinte majeure et irréversible d'un membre ou d'une fonction organique ».

88. Cass. crim., 16 déc. 2014, *Dr. pén.* 2015, n° 49, obs. M. Véron.

l'intégrité physique ou psychique d'autrui, ce qui permet de distinguer ce crime d'un homicide involontaire[89].

Un tel comportement donne lieu à une répression spécifique parce qu'un lien de causalité certain peut tout de même être établi entre les violences et le décès qui a suivi : c'est d'ailleurs le décès de la victime qui, là aussi, consomme l'infraction. Peu importe le laps de temps écoulé. Peu importent les éventuelles prédispositions de la victime. L'infraction a été par ex. admise dans une hypothèse où les coups constatés sur le corps d'autrui n'ont certes pas immédiatement entraîné son décès mais occasionné une émotion intense à l'origine du malaise cardiaque dont il est mort[90]. *Idem* dans une hypothèse où la victime, pour échapper à l'agression dont elle faisait l'objet, s'est jetée à l'eau et noyée[91]. L'application de l'article 222-7 ne peut être écartée qu'à partir du moment où il est établi que la cause du décès est étrangère aux violences exercées. C'est le cas par ex. si, à l'issue d'une altercation avec son mari, une femme enjambe la rambarde d'une fenêtre de l'appartement occupé par le couple et fait une chute mortelle alors qu'elle tentait d'atteindre par l'extérieur une autre fenêtre[92].

97. Pénalités. – Ces violences mortelles sont punies de 15 ans de réclusion criminelle. Toutefois, l'article 222-8 porte la réclusion à 20 ans lorsque de telles violences ont été commises avec l'une des circonstances aggravantes qu'il énumère et qui sont comparables à celles qui viennent d'être exposées (v. *supra*, n° 94). La peine passe même à 30 années de réclusion criminelle lorsque ces violences ont été commises soit sur un mineur de 15 ans par un ascendant ou par une personne ayant autorité ; soit, en présence d'un mineur, lorsque ces violences ont été commises par un conjoint/concubin/partenaire (sur l'autre) ou par un ascendant ou une personne ayant autorité (sur un autre mineur, quel que soit son âge).

Les peines complémentaires sont identiques à celles encourues dans l'hypothèse précédente.

98. Précision : extraterritorialité des faits. – Dans le cas où les infractions prévues par les articles 222-8, -10 ou -12 seraient commises à l'étranger sur une victime mineure, la loi française est applicable (devant les juridictions répressives françaises) même si cette victime n'avait pas la nationalité française au moment des faits dès lors qu'elle résidait habituellement sur le territoire français, ce qui élargit les conditions d'application de la compétence personnelle passive de cette loi (art. 113-7). Exceptionnellement, lorsqu'il s'agit d'un délit, la poursuite n'est pas davantage subordonnée à une plainte préalable de la victime, ou de ses ayants droit ou à une dénonciation officielle par l'autorité du pays où les faits ont été commis (art. 222-16-2). Un tel assouplissement des conditions de fond et de forme mises à l'application de la compétence

89. V. préférant la qualification d'homicide involontaire dans une hypothèse où des manœuvres abortives ont eu pour résultat la mort de la patiente : Cass. crim., 1er déc. 1971, *RSC* 1972, p. 389, obs. G. Levasseur. – *Idem* dans une hypothèse où le coup de feu mortel est parti accidentellement : Cass. crim., 16 juin 2009, *Gaz. Pal.* 20 sept. 2009, p. 6, note R. Mesa.

90. Cass. crim., 13 mai 1998, *Gaz. Pal.* 1998.2, p. 148, obs. J.-P. Doucet.

91. Cass. crim., 17 juin 2014, *Dr. pén.* 2014, n° 137, obs. M. Véron.

92. Cass. crim., 22 août 2018, *Gaz. Pal.* 6 nov. 2018, p. 47, obs. S. Detraz. – Si, au contraire, une femme se défenestre pour échapper aux coups de son mari, l'infraction est constituée : Cass. crim., 21 nov. 1988, préc.

personnelle passive de la loi pénale française permet de lutter en France contre la pratique consistant, pour certaines familles immigrées, à renvoyer leurs filles dans leur pays d'origine afin de les exciser.

99. Par ailleurs, à côté de ces violences de portée générale, il existe des infractions spécifiées de violences.

§2. Des formes particulières de violences

100. Il existe de nombreuses formes de violence incriminées de façon spécifique. Il n'est pas possible de les envisager toutes ici. Seront essentiellement évoquées quatre catégories d'infraction, sans rapport criminologique entre elles, que l'on présentera dans l'ordre du Code pénal (art. 222-14 et s.). Elles trahissent les préoccupations du législateur à différentes époques. On y ajoutera le cas particulier des tortures et actes de barbarie ainsi que l'hypothèse spécifique des agressions par le bruit.

A. Les violences habituelles sur mineur ou personne vulnérable

101. Présentation. – L'article 222-14 incrimine de manière autonome les violences commises de façon habituelle – c'est-à-dire au moins deux fois de suite – sur un mineur de 15 ans ou sur une personne dont la particulière vulnérabilité était apparente ou connue de l'agent.

Les violences commises à l'égard de ces victimes sont particulièrement inacceptables et leur répétition les rend encore plus scandaleuses. Tout se passe comme si le législateur avait érigé en infraction autonome ces violences doublement aggravées[93]. L'objectif est, une fois de plus, d'échapper au plafonnement des peines inhérent à tout concours réel d'infractions. L'habitude est traitée ici comme une circonstance « sur »-aggravante pour lui faire produire effet au plan répressif en sus de la qualité de la victime[94].

102. Pénalités. – En l'occurrence, l'article 222-14 module les peines principales applicables en suivant les quatre paliers classiques de répression. Ces peines sont fixées à 5 ans d'emprisonnement et 75 000 € d'amende en cas d'ITT inférieure ou égale à 8 jours. Elles sont portées à 10 ans d'emprisonnement et 150 000 € d'amende en cas d'ITT de plus de 8 jours, à 20 ans de réclusion criminelle en cas de mutilation ou infirmité permanente et à 30 ans de réclusion criminelle en cas de mort. Dans ces deux dernières hypothèses, le coupable s'expose également à une période de sûreté de plein droit et à l'interdiction du territoire français s'il est étranger (art. 222-48).

Par ailleurs, sont applicables les mêmes peines complémentaires que dans les hypothèses précédentes.

93. V. aussi C. Claverie-Rousset, *L'habitude en droit pénal*, Thèse Bordeaux IV, 2011, [LGDJ, coll. Bibl.sc. crim., t. 57, 2014], p. 67, n° 58.

94. V. excluant toutefois l'infraction Cass. crim., 2 déc. 1998, *Dr. pén.* 1999, n° 83, obs. M. Véron.

B. Les violences aggravées sur agent de l'autorité

103. Présentation. – Oubliant que les forces de l'ordre sont particulièrement bien armées pour répondre à la violence, le législateur vole à leur secours en multipliant les incriminations. Compte tenu des équipements et entraînements dont ces « victimes » bénéficient, il ne s'agit guère de dissuader les esprits malveillants d'en découdre avec elles. Il s'agit de souligner – de façon essentiellement symbolique – l'importance qui s'attache à ces fonctions afin d'obtenir un respect qui ne s'évince plus de la seule façon dont elles sont exercées. Il n'est pas impossible qu'une telle sacralisation juridique des forces de l'ordre ne soit contre-productive en ce qu'elle accentue la tentation d'y voir des cibles au moment de contester l'autorité même de l'État. Mais le législateur semble trouver normale cette escalade qui répond, selon lui, à une escalade des faits de violences dont les forces de l'ordre sont victimes. Il permet ainsi de punir non seulement les violences avérées contre des agents de l'autorité mais aussi les violences simplement projetées à leur encontre.

1. Les violences avérées sur agent de l'autorité

104. Distinction. – Il existe en la matière plusieurs incriminations qui doublent certaines incriminations de violences aggravées dont il a déjà été question, au risque de rendre l'ensemble passablement confus.

105. Infraction spécifiée. – Ainsi, l'article 222-14-5, I, envisage-t-il spécialement les violences commises contre les gendarmes ou militaires de l'opération sentinelle, policiers municipaux et nationaux, gardes champêtres, douaniers, sapeurs-pompiers professionnels ou volontaires (mais les marins pompiers ont été oubliés) ainsi que les agents de l'administration pénitentiaire lorsque leur qualité est apparente ou connue de l'auteur. Désormais, ces violences sont exceptées du champ d'application des articles 222-12, 4° et 222-13, 4° qui aggravent pourtant déjà les sanctions applicables à l'encontre de différents agents dépositaires de l'autorité publique[95]. L'objectif est d'élever la répression d'un degré encore. Ainsi, lorsque des violences n'ont pas causé d'ITT ou n'ont causé qu'une ITT d'au plus 8 jours, elles ne sont pas passibles de l'amende prévue pour les contraventions de la 4e ou 5e classe (art. R. 624-1 et R. 625-1) mais de 5 ans d'emprisonnement et 75 000 € d'amende lorsqu'elles ont visé l'un des agents publics précités dans l'exercice ou du fait de l'exercice de ses fonctions. Par ailleurs, lorsque des violences ont causé une ITT de plus de 8 jours, elles ne sont pas passibles de 3 ans d'emprisonnement et 45 000 € d'amende (art. 222-13) mais de 7 ans d'emprisonnement et 100 000 € d'amende lorsqu'elles ont visé l'un de ces mêmes agents publics dans l'exercice ou du fait de l'exercice de ses fonctions.

Et, comme si cela ne suffisait pas, le même texte ajoute que la répression des violences n'ayant pas entraîné d'ITT ou ayant entraîné une ITT d'au plus 8 jours sur ces agents est portée à 7 ans d'emprisonnement et 100 000 € dans le premier

95. Mais, on l'a vu, elles ne sont pas exceptées du champ d'application des articles 222-8, 4° et 222-10, 4° qui répriment de la même façon les violences ayant entraîné la mort sans intention de la donner ou ayant entraîné une mutilation ou infirmité permanente à l'égard de tous les dépositaires de l'autorité publique, ce qui interroge quant à la nécessité de distinguer entre eux dans les autres cas (V. *supra*, n° 94).

cas, 10 ans d'emprisonnement et 150 000 € dans le second cas, lorsque l'une des circonstances aggravantes énoncées à l'article 222-12, 8° à 15° est applicable. Elles sont également portées à 10 ans et 150 000 € lorsque les (seules) violences n'ayant pas entraîné d'ITT ou ayant entraîné une ITT inférieure ou égale à 8 jours ont été commises avec au moins 2 de ces circonstances aggravantes.

Enfin, pour faire bonne figure, l'article 222-14-5 étend cette répression aux violences exercées contre les conjoints, ascendants, descendants en ligne directe, ou personnes vivant habituellement au domicile des agents publics précités, ainsi qu'aux personnes affectées dans les services de ces agents et placées sous leur autorité sans disposer du même statut. Le législateur espère ainsi éviter les représailles contre les proches (au plan affectif ou professionnel) des représentants de l'ordre.

106. Cumul de circonstances aggravantes. – Par ailleurs, l'article 222-14-1 du Code pénal érige en infractions autonomes d'autres comportements violents réunissant trois circonstances aggravantes déjà évoquées. Ces infractions supposent des violences commises i) en bande organisée, ou avec guet-apens, grâce ii) à une arme ou sous la menace d'une arme, à l'encontre iii) d'agents publics ou assimilés qui ne sont pas exactement les mêmes que ci-dessus (fonctionnaire de la police nationale, militaire de la gendarmerie, membre du personnel de l'administration pénitentiaire ou toute autre personne dépositaire de l'autorité, sapeur-pompier civil ou militaire, agent d'un exploitant de réseau de transport public de voyageurs) lorsqu'ils sont atteints dans l'exercice, à l'occasion de l'exercice ou en raison de leurs fonctions ou de leur mission.

Ces violences sont punies de 10 ans d'emprisonnement et 150 000 € d'amende lorsqu'elles n'ont pas entraîné d'ITT supérieure ou égale à 8 jours ; de 15 ans de réclusion criminelle lorsqu'elles ont entraîné une ITT pendant plus de 8 jours ; de 20 ans de réclusion criminelle lorsqu'elles ont entraîné une mutilation ou une infirmité permanente ; de 30 ans de réclusion criminelle lorsqu'elles ont entraîné la mort de la victime (sans intention de la donner). Ces peines privatives de liberté sont éventuellement assorties d'une période de sûreté de plein droit. Les mêmes peines sont déclarées applicables aux violences commises dans les mêmes conditions contre un proche (conjoint, ascendant ou descendant en ligne directe) ou toute autre personne vivant habituellement au domicile de l'un des agents précités, à raison des fonctions exercées par celui-ci.

L'articulation de ces différents textes paraît excessivement complexe. Or, une telle complexité contredit la fonction essentiellement symbolique que le législateur attribue à ces différentes incriminations, ce qui illustre parfaitement l'inanité de toute réflexion en termes de valeur protégée.

2. Les violences projetées sur agent de l'autorité

107. Anticipation. – Par ailleurs, lorsque ces violences n'ont pu s'exercer mais qu'il y a tout de même eu embuscade, l'article 222-15-1 maintient une possibilité de sanction. Ce qui équivaut à pénaliser des actes préparatoires. En effet, ce texte définit l'embuscade comme le « fait d'attendre un certain temps et dans un lieu déterminé » l'un des agents précités « dans le but, caractérisé par un ou plusieurs faits matériels, de commettre à son encontre, à l'occasion de l'exercice de ses fonctions ou de sa mission, des violences avec usage ou menace d'une arme » (al. 1). Il s'agit de punir le comportement consistant à attendre un agent de l'autorité dans un lieu déterminé pour accomplir à son encontre, à raison de son statut d'agent de l'autorité, des actes de violence grave (avec usage ou menace d'une arme) alors que le piège ainsi tendu n'a pas fonctionné. On peut y voir une abstention dans l'action car, si l'individu potentiellement violent n'a rien fait, il s'est tout de même rendu dans un endroit où il était susceptible de rencontrer un membre des forces de l'ordre en étant porteur d'une arme qu'il entendait utiliser pour commettre contre lui des violences. Cette intention de donner des coups doit découler de circonstances intrinsèques (dissimulation de l'agent qui observe à distance sa future victime) et/ou extrinsèques (annonce du projet). Néanmoins, elle ne peut être retenue que s'il est par ailleurs établi que l'agent a ciblé sa victime potentielle à raison de ses fonctions, et non pour un autre motif, ce qui ne semble pas toujours évident[96].

Le paradoxe d'une telle incrimination tient au fait qu'elle concerne des actes préparatoires alors que la tentative de ces mêmes violences n'est, elle, pas punissable[97] ! Mais ce n'est pas tout. En effet, bien que l'infraction projetée n'ait pas été commise, plusieurs de ses circonstances aggravantes potentielles sont relevées ici : la préméditation et le guet-apens, la qualité de la victime, l'utilisation d'une arme. On pourrait gloser sur ces circonstances aggravant un fait principal qui, lui, n'est pas réalisé. En vain : ce cumul fait apparaître la dangerosité du délinquant et justifie, dans l'esprit du législateur, la sanction immédiate de son comportement[98]. Peu importe que l'agent ait été interpellé avant tout commencement d'exécution (ce qui ne laisse aucune place au désistement volontaire) dans une société qui s'avère allergique au risque.

En l'occurrence, l'infraction est punie de 5 ans d'emprisonnement et 75 000 € d'amende. Toutefois, ces peines sont portées à 7 ans d'emprisonnement et 100 000 € d'amende lorsque le délit d'embuscade a été commis en réunion.

C. L'administration de substances nuisibles à la santé

108. Présentation. – L'article 222-15 incrimine « l'administration de substances nuisibles ayant porté atteinte à l'intégrité physique ou psychique d'autrui ». Le caractère nuisible des substances en question s'apprécie abstraitement au regard des effets que leur administration est susceptible d'engendrer sur la santé d'un individu normal. Ce caractère est admis chaque fois qu'une telle administration est de nature à « causer un trouble fonctionnel à autrui »[99].

Si la substance s'avère inoffensive, peu importent les propriétés que lui attribuait l'agent (substance qu'il croit dotée d'un pouvoir maléfique) ou les prédispositions de

96. L'embuscade est également incriminée lorsque ce n'est pas l'un des agents publics précités qui a été attendu mais son conjoint, ascendant ou descendant en ligne directe, ou une personne vivant habituellement avec lui, dans le but de commettre sur cette personne des violences avec usage ou menace d'une arme. Dans ce cas, il semble encore plus difficile d'établir que le projet était déterminé par les fonctions de l'agent public. C'est néanmoins une condition essentielle à la sanction d'une telle infraction (al. 2).

97. Peu importe la gravité des violences projetées (A. Ponseille, « À propos du délit d'embuscade », *RSC* 2009, p. 543).

98. Si les violences projetées sont commises à la suite, elles seules semblent punissables sous leur forme aggravée par la circonstance de guet-apens (v. néanmoins C. de Jacobet de Nombel, « L'originalité de la circonstance aggravante de guet-apens », *RSC* 2010, p. 555).

99. E. Garçon, *Code pénal annoté*, Rec. gén. lois et arrêts, 1901-1906, ss. art. 317, p. 771, n° 79.

la victime (administrer en connaissance de cause des arachides à une personne intolérante constitue un acte de violence, voire un meurtre). En revanche, si la substance est effectivement nuisible, peu importe la gravité du trouble occasionné à autrui : il influe sur les sanctions encourues mais pas sur la définition de l'infraction. Néanmoins, la substance ne doit pas être mortifère. En effet, dans cette dernière hypothèse, l'administration consciente constitue un empoisonnement[100]. À ce sujet, des difficultés peuvent apparaître, liées au dosage : le juge peut hésiter entre ces deux qualifications lorsque la substance utilisée est seulement nuisible à faible quantité mais s'avère mortelle à doses élevées. Tout dépend alors de la quantité sciemment administrée. La qualification d'empoisonnement sera retenue lorsque la quantité de substance nuisible effectivement administrée devait nécessairement causer la mort, de sorte qu'il peut être reproché à son auteur d'avoir voulu tuer. À défaut, l'article 222-15 s'appliquera.

109. Matérialité. – L'acte d'administration suppose qu'une substance nuisible ait été transmise par l'agent à la victime ; on lui reproche d'avoir fait absorber à autrui cette substance. Comme en matière d'empoisonnement, le procédé utilisé (déglutition, piqûre, inhalation, etc.) s'avère indifférent. En revanche, le simple emploi n'est pas incriminé ici (présenter une nourriture viciée à la victime)[101] et encore moins l'abstention de celui qui n'empêche pas l'administration à autrui d'une substance nuisible (laisser en connaissance de cause déguster par la victime un champignon toxique ne relève pas de cette qualification mais de celle de non-assistance à personne en péril).

Toutefois, un acte d'administration ne peut suffire à consommer l'infraction : il est nécessaire que l'absorption de la substance porte atteinte à l'intégrité physique ou psychique d'autrui. Une telle preuve doit être rapportée[102]. En effet, à la différence de l'empoisonnement, il s'agit là d'une infraction matérielle. Ce point s'avère d'autant plus important que, s'agissant d'une forme particulière de violences, la tentative n'est pas incriminée. De surcroît, le juge doit établir un lien de causalité direct et certain entre l'administration d'une substance nuisible et la dégradation de la santé d'autrui[103]. À défaut, aucune poursuite ne peut aboutir.

110. Perception. – Enfin, il est nécessaire que l'agent ait administré une substance nocive avec la volonté de porter atteinte à l'intégrité physique ou psychique d'autrui. Il s'agit de réprimer une infraction intentionnelle et non une erreur de manipulation ou de dosage constitutive d'une simple imprudence ou négligence. Il importe donc d'établir que l'agent connaissait le caractère

100. À cet égard, les progrès de la science peuvent être à l'origine d'évolutions jurisprudentielles (v. s'agissant de relations sexuelles non protégées entretenues par un individu informé de sa séropositivité : CA Colmar, 4 janv. 2005, *D.* 2005, p. 1069, note A. Paulin et Cass. crim., 10 janv. 2006, *D.* 2006, p. 1096 ; *Rev. pénit. 2006*, p. 401, obs. J.-C. Saint-Pau. – V. aussi M. Benillouche, « Les incertitudes juridiques entourant la contamination volontaire par le VIH », *AJ pénal* 2012, p. 389). Ce qui signifie que la nocivité de la substance est appréciée moins intrinsèquement qu'au regard des possibilités de traitement qui permettent d'en limiter les effets (v. *supra*, nº 41).

101. V. admettant toutefois ce délit dans l'hypothèse où une « décoction » avait été préparée et remise à autrui qui l'a bue ultérieurement : Cass. crim., 23 mars 2021, *Gaz. Pal.*, 25 mai 2021, p. 13, note R. Mésa ; *AJ pénal* 2021, p. 261, obs. S. Douider ; *RSC* 2021, p. 618, obs. Y. Mayaud, ce qui paraît discutable.

102. Cass. crim., 14 juin 1995, *Dr. pén.* 1995, nº 217, obs. M. Véron.

103. Si l'effet nocif de la substance est à ce point faible qu'il ne peut en résulter d'atteinte, physique ou psychique, aucune infraction n'est relevée : Cass. crim., 5 mars 2019, *D.* 2019, p. 1149, note T. Besse ; *Gaz. Pal.* 23 avr. 2019, p. 16, note R. Mésa ; *RSC* 2019, p. 347, obs. Y. Mayaud.

nuisible de la substance et qu'il l'a administrée en connaissance de cause[104]. En revanche, comme en matière de violences, peu importe que l'agent n'ait pas recherché le dommage final qui s'est effectivement produit. Il suffit qu'apparaisse certaine la volonté de porter atteinte à l'intégrité physique ou psychique d'autrui.

111. Répression. – Cette incrimination n'est pas assortie de peines spécifiques. L'article 222-15 renvoie à l'échelle des sanctions prévues en matière de violences, variables en fonction du principal préjudice engendré et des circonstances (art. 227-7 à 222-14-1), sous réserve de l'article R. 624-1 – correspondant aux violences légères simples – qui n'est pas visé[105]. Ce mécanisme de pénalité par renvoi, mal maîtrisé, fait regretter à certains auteurs l'incrimination spéciale d'une telle forme particulière de violences qu'ils jugent « inutile »[106].

112. Complément. – Signalons par ailleurs que le dopage, prohibé à l'article L. 232-9, C. sport, peut donner lieu à des sanctions administratives et pénales spécifiques. Il est interdit de prescrire, administrer, fabriquer, détenir, etc. des produits dopants compte tenu des dangers qu'ils présentent (C. sport, art. L. 232-26). Peu importe leur résultat immédiat : l'infraction est constituée même en l'absence des performances attendues. En effet, l'objectif n'est pas de protéger le bon déroulement des compétitions mais de lutter contre les risques pris par les sportifs. On peut y voir autant de délits instantanés, formels et intentionnels.

D. Les tortures et actes de barbarie

113. Singularité. – Les tortures et actes de barbarie constituent un comportement *a priori* proche de celui que la loi incrimine au titre des violences mais qui s'établit de façon différente : ici, l'objectif de l'agent est d'imposer à autrui une souffrance. L'atteinte à l'intégrité physique ou psychique n'est plus qu'un moyen d'y parvenir. Essayons de préciser la définition de cette infraction avant d'envisager sa répression.

1. L'incrimination des tortures et actes de barbarie

114. Présentation. – L'article 222-1 du Code pénal ne donne aucune précision quant au comportement incriminé. Son premier alinéa se contente d'indiquer : « le fait de soumettre une personne à des tortures ou à des actes de barbarie est puni de... ». Observons, en premier lieu, qu'il n'est pas expressément indiqué si un tel comportement doit avoir engendré une atteinte à l'intégrité physique ou psychique d'autrui. En réalité, on conçoit mal qu'il puisse en aller autrement. Ce crime figure d'ailleurs dans un chapitre consacré aux atteintes « à l'intégrité physique ou psychique » de la personne. Pour autant, il semble

104. La conscience d'infecter autrui ne peut résulter du seul fait, pour une personne qui se sait atteinte du Sida, d'avoir un rapport sexuel non protégé puisque la transmission de ce virus n'est pas automatique. Mais l'intention coupable résulte de la répétition d'un tel acte car il aboutit nécessairement à une contamination. Le malade sait alors qu'il infecte autrui : Cass. crim., 5 oct. 2010, *Dr. pén.* 2010, n° 133, obs. M. Véron.

105. De sorte que l'administration d'une substance nuisible à la santé qui n'occasionne qu'une ITT inférieure ou égale à 8 jours, voire qui n'occasionne pas d'ITT, ne saurait être punie lorsqu'aucune des circonstances aggravantes énumérées à l'art. 222-13 ne peut être retenue (*Contra* : P. Conte, *Droit pénal spécial*, LexisNexis, 6e éd., 2019, p. 138, n° 203).

106. M.-L. Rassat, *Droit pénal spécial*, Dalloz, 8e éd., 2018, p. 416, n° 354.

essentiel de comprendre qu'une telle atteinte n'est pas sanctionnée pour elle-même[107]. Dans l'esprit du législateur, l'atteinte importe moins que la façon dont elle a été engendrée, ce qui reste incertain. Cependant, la jurisprudence s'est attachée à préciser l'infraction. Elle l'a fait en raisonnant par rapport aux comportements dont la répression est, depuis longtemps, aggravée lorsqu'ils ont été commis avec torture ou actes de barbarie[108].

a. La matérialité de l'acte

115. Formes. – L'action de « soumettre », qui implique de passer outre la volonté contraire d'autrui, semble imposer un comportement positif. Mais l'article 222-1 n'en dit pas davantage.

Aussi, matériellement, l'acte incriminé est-il souvent défini par référence à la Convention des Nations unies contre la torture du 10 décembre 1984 qui définit celle-ci comme « tout acte par lequel une douleur ou des souffrances aiguës, physiques ou mentales, sont intentionnellement infligées à une personne aux fins notamment d'obtenir d'elle ou d'une tierce personne des renseignements ou des aveux, de la punir d'un acte qu'elle ou une tierce personne a commis ou est soupçonnée d'avoir commis, de l'intimider ou de faire pression sur elle ou d'intimider ou de faire pression sur une tierce personne, ou pour tout autre motif fondé sur une forme de discrimination quelle qu'elle soit, lorsqu'une telle douleur ou de telles souffrances sont infligées par un agent de la fonction publique ou toute autre personne agissant à titre officiel ou à son instigation ou avec son consentement exprès ou tacite » (art. 1er). Toutefois, comment définir alors les actes de barbarie ? Faut-il n'y voir que des initiatives « privées » ? Ou des actes de gravité inférieure ? Ou des actes accomplis sur des morts plutôt que sur des vivants[109] ? Par ailleurs, il n'y a aucune raison de limiter ici le périmètre de la répression au comportement d'un agent public agissant dans le but d'obtenir des renseignements ou des aveux, voire dans le but de punir, d'intimider ou de discriminer. L'incrimination française est *a priori* plus large[110].

La Cour européenne oppose, quant à elle, la torture aux traitements inhumains ou dégradants évoqués à l'article 3, Conv. EDH en relevant que cette distinction « paraît avoir été consacrée par la Convention pour marquer d'une spéciale infamie des traitements inhumains délibérés provoquant de fort graves et cruelles souffrances »[111]. Cependant, une telle distinction n'apparaît pas davantage pertinente ici.

En réalité, il n'y a aucun enjeu – au regard de l'article 222-1 – à qualifier spécialement de torture ou d'acte de barbarie un comportement, de sorte qu'en l'absence de critère convaincant il semble préférable de l'éviter. Ainsi, c'est de façon unitaire que la chambre d'accusation de la cour de Lyon a proposé une définition de ces comportements : « les tortures ou actes de barbarie supposent la démonstration d'un

107. V. aussi J. Francillon, *Code pénal commenté*, Dalloz, 1996, p. 198.

108. En effet, les tortures et actes de barbarie sont susceptibles d'aggraver la répression de nombreuses autres infractions : C. pén., art. 222-26, 224-2, 225-9, 312-7, etc.

109. J.-P. Doucet, *Le droit criminel – La loi pénale*, Saint Gildas de Rhys, 2003, 3e éd., p. 138, no I-109.

110. V. aussi D. Roets, « Le crime français de "tortures et actes de barbarie" à l'aune du droit international des droits de l'homme », *in Mél. Koering-Joulin*, Anthemis, 2014, p. 251.

111. CEDH, 28 juill. 1999, *Selmouni c/France*, § 96. – V. également CEDH, 25 sept. 1997, *Aydin c/Turquie*, § 81.

élément matériel consistant dans la commission d'un ou plusieurs actes d'une gravité exceptionnelle qui dépassent de simples violences et occasionnent à la victime une douleur ou une souffrance aiguë, et d'un élément moral consistant dans la volonté de nier dans la victime la dignité de la personne humaine »[112]. À suivre cette décision remarquablement motivée, les tortures ou actes de barbarie se caractérisent donc par un ou plusieurs actes positifs[113] affectant l'intégrité physique ou psychique d'autrui accompli dans un but sadique. Il s'agit d'une infraction simple, de commission, qui se consomme instantanément ; il s'agit également d'une infraction matérielle qui suppose rapportée la preuve d'une douleur exceptionnelle, résultant d'une souffrance physique ou mentale, imposée à autrui[114]. Sa forme (torture ou actes de barbarie) importe moins que ce résultat redouté qui doit s'être effectivement produit. Cela retentit nécessairement sur la perception que l'agent devait avoir de son acte.

b. La perception de l'acte

116. Intention. – L'originalité de l'infraction se vérifie dans sa dimension psychologique. L'agent doit être intervenu dans le seul but de faire souffrir autrui. Mais on peut se demander si l'infraction ne requiert pas plus : la volonté d'humilier. En effet, la cour de Lyon dans sa décision précitée a relevé que l'indifférence de l'agent à la douleur d'autrui, son inhumanité, équivalait à porter atteinte à la dignité de sa victime : l'agent a infligé une souffrance exceptionnelle à autrui parce qu'il se refusait à voir en lui un semblable. Dès lors, il faudrait admettre que l'intention coupable suppose la volonté d'utiliser la souffrance comme moyen pour rabaisser autrui[115]. L'acte s'inscrirait dans une logique d'asservissement.

Toutefois, on peut le contester en dénonçant une approche trop restrictive de l'incrimination[116]. Certes, l'explication semble cohérente mais elle révèle davantage un mobile qu'un dol spécial sous-jacent. Une atteinte à la dignité de la victime n'est pas le résultat redouté ici.

117. Conclusion. – L'infraction correspond à tout acte positif intentionnellement commis pour faire souffrir autrui. La victime n'y a pas consenti ; la souffrance résultant d'une atteinte à son intégrité physique ou psychique est allée au-delà de ce qu'elle pouvait accepter. À ce titre, les tortures et actes de barbarie se distinguent des violences[117]. Le résultat pénal correspond moins à cette atteinte qu'à la douleur qui l'a accompagnée et qui était recherchée pour

112. CA Lyon, 19 janv. 1996, *D.* 1996, p. 258, note F.-L. Coste.

113. *A priori*, le pluriel employé implique une répétition des actes en cause. Mais, dans l'arrêt précité, la cour de Lyon a réservé l'hypothèse d'un acte unique, ce qui n'est d'ailleurs pas discuté en matière de violences. Sans doute, la pluralité d'actes n'est-elle nécessaire que si l'intensité de chacun n'est pas suffisante pour provoquer la souffrance extrême recherchée par l'agent.

114. La Convention de 1984, précitée, admet qu'une torture peut résulter de souffrances « mentales ». On ne saurait davantage l'exclure ici (A. Lepage et H. Matsopoulou, *Droit pénal spécial*, PUF, coll. Thémis, 2015, p. 64, n° 92). Encore, faut-il pouvoir convaincre le juge de leur intensité exceptionnelle.

115. V. aussi Cass. crim., 11 déc. 2019, *RSC* 2020, p. 87, obs. Y. Mayaud.

116. D. Roets, « Le crime français de "tortures et actes de barbarie" », préc., p. 668.

117. *A fortiori*, l'agent n'a pas pour but de provoquer la mort d'autrui : Cass. crim., 16 nov. 2004, *Dr. pén.* 2005, n° 22, obs. M. Véron.

elle-même[118]. Dans cette logique, on conçoit également que le meurtre (art. 221-3 et -4), le viol (art. 222-26), l'enlèvement ou la séquestration (art. 224-2), etc. puissent être aggravés par l'emploi de tortures et actes de barbarie : il s'agit de faits distincts de l'atteinte à la vie, à la liberté sexuelle ou à la liberté de mouvement de la personne qui justifient la neutralisation des règles applicables au concours réel d'infractions et un durcissement de la répression. Mais on admettra aussi que les tortures et actes de barbarie peuvent exister seuls : lorsqu'ils ont été commis dans le seul but d'éprouver autrui.

2. La répression des tortures et actes de barbarie

118. Pénalités. – À l'encontre des personnes physiques, cette infraction est en principe punie de 15 ans de réclusion criminelle avec, éventuellement, une période de sûreté de plein droit (C. pén., art. 222-1)[119].

Mais cette réclusion criminelle est portée à 20 ans (art. 222-3) lorsque l'acte a eu pour victime : un mineur de 15 ans ; une personne particulièrement vulnérable ; un ascendant légitime naturel ou adoptif ; une personne exerçant une fonction publique ainsi que ses proches ou une personne qui se livre à la prostitution lorsque les faits sont commis dans l'exercice d'une telle activité. Le même allongement s'applique lorsque la torture ou les actes de barbarie ont été commis par le conjoint, le concubin ou le partenaire de la victime (violences conjugales extrêmes)[120] ; par une personne dépositaire de l'autorité publique ou chargée d'une mission de service public (abus de fonction) ; par plusieurs personnes agissant en qualité d'auteur ou de complice. L'aggravation s'applique également lorsque la torture ou les actes de barbarie sont commis avec préméditation ou guet-apens ; avec l'usage ou sous la menace d'une arme ; en état d'ivresse manifeste ou sous l'emprise manifeste de produits stupéfiants ; pour contraindre la victime à contracter un mariage ou en raison de son refus de contracter ce mariage. *Idem* lorsque la torture ou les actes de barbarie sont accompagnés d'agressions sexuelles autres que le viol.

La réclusion criminelle passe à 30 ans : lorsque l'infraction est commise en bande organisée ; ou lorsqu'elle est commise sur un mineur de 15 ans par un ascendant légitime, naturel ou adoptif ou par toute autre personne ayant autorité sur le mineur (art. 222-3, al. 17) ; ou lorsque l'infraction est commise (par toute personne) de manière habituelle sur un mineur de 15 ans ou sur une personne particulièrement vulnérable (art. 222-4) ; ou lorsqu'elle a entraîné une mutilation ou infirmité permanente (art. 222-5). Dans cette dernière hypothèse, il est essentiel de souligner que la mutilation ou l'infirmité permanente ne doit pas avoir été recherchée (à défaut, il y aurait violence) : il doit s'agir d'une simple conséquence de l'infraction[121].

Enfin, la réclusion devient perpétuelle dans deux cas : i) lorsque la torture ou les actes de barbarie ont précédé, accompagné ou suivi un autre crime à condition qu'il

118. V. aussi C. Sevely, « Réflexions sur l'inhumain et le droit, le droit en quête d'humanité », *RSC* 2005, p. 497.

119. À l'encontre des personnes morales, ce crime est puni selon les modalités de l'art. 222-6-1, C. pén.

120. Le témoignage des enfants du couple est recevable, nonobstant les dispositions de l'art. 205, CPC : Cass. crim., 2 juin 2015, *JCP* G 2015, 999, note F. Rousseau ; *Gaz. Pal.* 1er nov. 2015, p. 46, obs. F. Fourment ; *AJ pénal* 2015, p. 439, obs. G. Roussel.

121. C'est notamment l'hypothèse où la douleur excessive entraîne une perte de connaissance et un coma prolongé.

ne s'agisse pas d'un meurtre ou d'un viol (art. 222-2)[122] ; ii) lorsque la torture ou les actes de barbarie ont entraîné la mort de la victime sans intention de la donner (art. 222-6)[123].

119. Autres. – S'ajoutent à ces peines principales, les peines complémentaires énoncées par les articles 222-44, -45, -47 et -48. Ce sont les mêmes qu'en matière de violences (V. *supra*, n° 93).

Une inscription peut également être portée au fichier national automatisé des empreintes génétiques (CPP, art. 706-55) ainsi qu'au fichier des auteurs d'infractions sexuelles ou violentes (CPP, art. 706-53-1, al. 2).

120. Repentir. – Peut être mis en œuvre le mécanisme déjà évoqué d'exemption ou réduction de peine pour les repentis (C. pén., art. 222-6-2. – V. *supra*, n° 56).

121. Procédure. – La procédure « applicable aux infractions de nature sexuelle » – mais de portée plus générale – peut être suivie ici (CPP, art. 706-47). Et, lorsque l'infraction est commise en bande organisée, la procédure propre à la criminalité organisée peut également s'appliquer (CPP, art. 706-73).

Les juridictions pénales françaises peuvent connaître d'actes de torture commis à l'étranger, par et contre un étranger, dans les limites de la Convention précitée du 10 déc. 1984, dès lors que l'auteur de tels actes est appréhendé sur le territoire français (CPP, art. 689-2). La loi pénale française se voit ainsi reconnaître une compétence universelle. Par ailleurs, les conditions d'application de la compétence personnelle passive sont simplifiées lorsque les tortures ou actes de barbarie ont été commis à l'étranger sur une personne résidant habituellement en France afin de la contraindre à se marier ou en raison de son refus de se marier (C. pén., art. 222-6-3).

S'agissant des associations habilitées à agir, v. CPP, art. 2-1, -2, -6, -8 et -17.

122. Incriminations complémentaires. – Enfin, il faut préciser que l'enregistrement d'une scène de torture ou d'actes de barbarie, et la diffusion des images en résultant, sont érigées en infractions autonomes (C. pén., art. 222-33-3. – V. *supra*, n° 88).

Par ailleurs, le mandat criminel est incriminé ici aussi, c'est-à-dire la provocation non suivie d'effet à commettre des tortures ou actes de barbarie (art. 222-6-4. – V. *supra*, n° 35).

E. La spécificité des agressions par le bruit

123. Faire du bruit dans le but de porter atteinte à l'intégrité physique ou psychique d'autrui peut être un moyen de commettre une infraction de violences dès lors qu'un tel résultat s'est effectivement produit. Ce comportement relève alors de l'une des qualifications évoquées ci-dessus. Mais tout bruit volontairement fait n'entraîne pas une telle atteinte. C'est la raison pour laquelle le législateur incrimine de manière spécifique deux types de comportement

122. L'exclusion du meurtre et du viol s'explique par le fait que ces infractions sont spécialement aggravées lorsqu'elles s'accompagnent de tortures ou actes de barbarie (art. 221-2 et 222-26).

123. Cass. crim., 3 sept. 1996, *Dr. pén.* 1997, n° 4, obs. M. Véron.

susceptible de troubler autrui : les nuisances sonores et les appels téléphoniques malveillants. Il n'est plus alors nécessaire d'établir les conséquences dommageables de telles actions.

1. Les nuisances sonores

124. Présentation. – L'article R. 623-2 du Code pénal incrimine les « bruits ou tapages nocturnes ou injurieux troublant la tranquillité d'autrui » (al. 1). Il en fait une contravention de 3e classe punie à ce titre d'une amende de 450 €. Le coupable encourt également la peine complémentaire de confiscation de la chose qui a servi ou qui était destinée à commettre l'infraction.

125. Formes. – Matériellement, deux comportements distincts sont pris en compte.

Il peut d'abord y avoir bruits ou tapages nocturnes. Cette première forme de l'infraction correspond à l'ancien charivari. Aujourd'hui, la contravention est plutôt relevée à l'occasion de *rave party*[124] et de soirées « techno »[125]. Certaines nuisances industrielles sont également poursuivies sur ce fondement. Le trouble qui en résulte ne peut être justifié par l'exercice d'une activité professionnelle car un chef d'entreprise doit prendre les précautions nécessaires pour éviter toute perturbation anormale[126].

Il peut ensuite y avoir bruits ou tapages injurieux. Peu importe l'heure du jour ou de la nuit. À la différence des infractions d'injure – publique ou non – ces bruits ou tapages injurieux ne doivent viser personne en particulier. Il s'agit seulement de punir la vulgarité tapageuse qui finit par troubler l'ordre public. Mais, plus largement encore, la jurisprudence semble considérer que toute nuisance sonore fait nécessairement injure à celui qui y est exposé[127]. L'adjectif injurieux est alors dénué de connotation morale.

126. Résultat. – En toute hypothèse, quelle que soit leur forme, de tels faits doivent avoir produit un résultat déterminé : ils doivent avoir porté atteinte à la tranquillité d'autrui. Il s'agit d'une infraction matérielle. Une ou plusieurs personnes doivent donc avoir été exposées aux bruits ou tapages en question. Lorsqu'une telle preuve est rapportée, l'atteinte à la tranquillité est plus souvent affirmée que démontrée par les tribunaux de police. Elle est admise du seul fait qu'il y a eu une perturbation sonore, nocturne ou injurieuse[128].

127. Perception. – Quelle qu'en soit la forme, cette infraction a été longtemps perçue comme intentionnelle, un arrêt de la Cour de cassation précisant que, « même en l'absence de toute volonté de nuire, la contravention de tapage nocturne est caractérisée, dès lors que le prévenu a eu conscience du trouble causé au voisinage par l'installation dont il était responsable et n'a pris aucune mesure pour y remédier »[129]. La preuve de ce dol résultait, le plus souvent, de la

124. CA Toulouse, 16 mars 2000, *JCP* G 2001, IV, 1134.

125. Cass. crim., 4 sept. 2007, *Dr. pén.* 2007, n° 153, obs. M. Véron.

126. Cass. crim., 17 janv. 1990, *RSC* 1990, p. 791, obs. G. Levasseur.

127. Cass. crim., 10 nov. 2020, *Gaz. Pal.*, 16 févr. 2021, p. 57, obs. E. Dreyer.

128. V. se contentant de l'atteinte à la tranquillité d'une seule personne : Cass. crim., 8 juill. 1949, *JCP* 1949, II, 5128, note A. Colombini.

129. Cass. crim., 19 nov. 1985, *B.* n° 361.

persistance du bruit ou du tapage après un premier avertissement ou une première réclamation. Néanmoins, on peut se demander si une telle solution n'est pas remise en cause aujourd'hui. En matière contraventionnelle, en effet, seule l'imputabilité des faits est requise ; rien dans le texte d'incrimination ne permet de déroger à cette règle. Les bruits ou tapages injurieux ou nocturnes devraient donc pouvoir être sanctionnés même lorsqu'ils procèdent de négligences ou d'imprudences[130].

128. Complicité. – L'article R. 623-2 punit aussi (al. 3) la personne qui facilite sciemment, par aide ou assistance, la préparation ou la consommation de l'infraction[131]. Pour la Cour de cassation, se rend ainsi complice de tapage nocturne, « la personne qui, présente à son domicile, laisse se perpétrer des bruits troublant la tranquillité d'autrui »[132]. Ne rien faire, quand on doit empêcher, c'est aider.

129. Inconventionnalité. – Enfin, il convient de préciser qu'une limite a été fixée à la sanction d'un tel comportement. En effet, il ne saurait y avoir infraction alors que le propos tenu n'excède pas les limites admissibles de la liberté d'expression[133]. Il en va particulièrement ainsi pour un slogan scandé « pour exprimer et soutenir des opinions de nature politique et sociale » lors d'une manifestation pacifique sur la voie publique. Dans une telle hypothèse, les articles 10 et 11, Conv. EDH s'opposent à l'application de l'article R. 623-2.

130. Complément. – Signalons enfin que certaines perturbations sonores font l'objet d'incriminations spécifiques dans le Code de la santé publique.

L'article R. 1337-6 de ce Code incrimine des comportements bruyants qui présentent davantage un caractère collectif qu'individuel. L'infraction tient à l'intensité du bruit créé par certaines activités (professionnelle ou culturelle, sportive ou de loisir, organisée de façon habituelle ou soumise à autorisation) ou par des travaux. La nuisance doit pouvoir être mesurée objectivement. Le coupable personne physique est puni de l'amende prévue pour les contraventions de la 5e classe (1 500 €) ainsi que de la confiscation de la chose qui a permis de commettre l'infraction (art. R. 1337-8). Le coupable personne morale s'expose, quant à lui, à une amende portée au quintuple et à la même peine de confiscation. La complicité par aide ou assistance est également déclarée punissable.

L'article R. 1337-7 incrimine à la suite « le fait d'être à l'origine d'un bruit particulier, autre que ceux relevant de l'article R. 1337-6, de nature à porter atteinte à la tranquillité du voisinage ou à la santé de l'homme dans les conditions prévues à l'article R. 1334-31 ». Pour les bruits autres que ceux concernés par l'article précédent est encourue l'amende prévue pour les contraventions de la 3e classe (450 €). Peu importe que ces bruits soient causés par le contrevenant lui-même, une chose

130. En ce sens, ne suffit-il pas d'observer « que l'infraction est réalisée même en l'absence de toute volonté de nuire » (Cass. crim., 11 janv. 2005, *Dr. pén.* 2005, n° 71, obs. M. Véron) ?

131. Cass. crim., 17 févr. 1988, *B.* n° 80.

132. Cass. crim., 26 févr. 2020, *Dr. pén.* 2020, n° 94, obs. P. Conte ; *Gaz. Pal.* 12 mai 2020, p. 47, obs. S. Detraz ; *Lexbase* 2020, n° 26, p. 1, note J.-C. Saint-Pau.

133. Cass. crim., 4 avr. 2023, *Comm. com. électr.* 2023, n° 43, obs. A. Lepage et, déjà, 3 nov. 2020, *Dr. pén.* 2021, n° 3, obs. P. Conte.

qu'il a sous sa garde ou un animal placé sous sa responsabilité[134]. Cette contravention dispose d'un champ plus large que celle du Code pénal : peu importe le moment de la nuisance (jour ou nuit), son contenu (injurieux ou pas) et son effet (atteinte à la tranquillité ou à la santé)[135]. Son établissement ne nécessite pas de mesures acoustiques[136].

2. Les appels téléphoniques malveillants

131. Présentation. – Les appels téléphoniques malveillants peuvent être un moyen d'exercer une violence sur autrui en provoquant une atteinte à tout le moins psychique (troubles du sommeil, crises d'angoisse, etc.). Lorsqu'un lien de causalité certain peut être établi entre la santé dégradée d'autrui et ces appels téléphoniques, les magistrats n'hésitent pas à retenir la qualification de violences[137]. Mais tous les appels téléphoniques ne produisent pas un résultat aussi tangible. Ils n'affectent pas moins la quiétude de ceux qui les reçoivent. Aussi, l'article 222-16 du Code pénal incrimine-t-il « les appels téléphoniques malveillants réitérés, les envois réitérés de messages malveillants émis par la voie des communications électroniques ou les agressions sonores en vue de troubler la tranquillité d'autrui ». Dans ces différentes hypothèses, il n'est pas nécessaire d'établir que la tranquillité d'autrui a effectivement été troublée[138]. L'infraction est formelle, ce qui en facilite la démonstration.

132. Matérialité. – L'infraction prend trois formes. Les deux premières peuvent être envisagées ensemble, la troisième s'en distingue nettement.

En premier lieu, l'infraction consiste à appeler au téléphone, à plusieurs reprises et de façon malveillante, autrui[139]. *A priori*, deux appels successifs suffisent à caractériser cette réitération. La *ratio legis* de l'incrimination veut que les appels soient adressés à la même personne car la malveillance n'est pas en soi punissable. Toutefois, la Cour de cassation statue en sens contraire au risque d'étendre le champ de l'incrimination au-delà des prévisions du législateur[140]. Par ailleurs, le caractère malveillant renvoie au contenu des appels[141]. Ils doivent exprimer une intention de nuire[142]. Peu importe que la victime décroche ou que les messages soient laissés sur sa boîte vocale[143]. L'essentiel est que la victime puisse en prendre connaissance. Sa tranquillité en sera nécessairement troublée. Néanmoins, la seule répétition de

134. Responsabilité étendue aux bruits faits par des transporteurs livrant chez le contrevenant sans qu'il leur impose l'utilisation de camions moins bruyants (Cass. crim., 7 mars 2023, *Dr. pén.* 2023, n° 83, obs. J.-H. Robert ; *Gaz. Pal.*, 16 mai 2023, p. 46, obs. E. Dreyer).

135. V. s'agissant d'une musique excessive émanant d'un restaurant : Cass. crim., 14 janv. 2020, *Dr. pén.* 2020, n° 76, obs. P. Conte.

136. Cass. crim., 21 sept. 2016, *Dr. pén.* 2016, n° 158, obs. J.-H. Robert.

137. Cass. crim., 3 mars 1992, *B.* n° 95. – 17 juill. 1984, *RSC* 1985, p. 297, obs. G. Levasseur.

138. Cass. crim., 20 févr. 2002, *B.* n° 37.

139. CA Rouen, 18 juill. 2007, *Comm. com. électr.* 2008, n° 61, obs. A. Lepage.

140. Cass. crim., 4 mars 2003, *JCP* G 2003, II, 10112, note J.-Y. Maréchal.

141. V. évoquant un « contenu agressif et ordurier » : Cass. 2e civ., 13 janv. 2012, *B.* n° 11.

142. Ce qui n'est pas nécessairement le cas de messages à caractère sexuel : Cass. crim., 11 janv. 2017, *Comm. com. électr.* 2017, n° 45, obs. A. Lepage ; *Gaz. Pal.* 25 avr. 2017, p. 45, obs. S. Detraz.

143. CA Paris, 26 janv. 2011, *Comm. com. électr.* 2011, n° 105, obs. A. Lepage. *Légipresse* 2023, p. 413, note E. Dreyer.

sonneries de téléphone, non suivie de message, ne relève pas de cette première hypothèse mais de la troisième évoquée ci-dessous[144].

En deuxième lieu, l'infraction peut consister en l'envoi réitéré de messages malveillants émis par voie électronique. Cette hypothèse doit être rapprochée de la précédente dont elle revient simplement à étendre l'application aux messages *a priori* écrits envoyés par téléphone ou en utilisant Internet. Le législateur a consacré ici une jurisprudence - discutable en l'état du texte précédent - ayant admis que l'envoi de SMS équivalait à l'envoi d'appels téléphoniques[145]. Ce qui s'avérait curieux car, sous prétexte qu'un téléphone avait été utilisé et que la réception des messages avait provoqué une sonnerie, on finissait par admettre qu'il était possible d'« appeler » par écrit... L'incrimination a donc été élargie : la malveillance peut désormais utiliser toute forme de communication électronique dès lors qu'il y a réitération.

En troisième lieu, il convient de faire une place à part aux agressions sonores, c'est-à-dire aux bruits, réalisées dans le but d'affecter autrui. Ces bruits ne sont pas définis mais ils s'identifient par la perturbation qu'ils occasionnent et non par leur signification : un son n'est pas agressif du fait de son contenu mais du fait de son intensité. Même si l'article 222-16 parle toujours d'agressions sonores au pluriel, la condition de réitération n'est plus exigée ici[146]. Un seul acte suffit, surtout s'il est intempestif ou continu. Néanmoins, on le verra, il appartient au juge de vérifier si cet acte était de nature à troubler la tranquillité d'autrui. La répétition, si elle n'est pas exigée, facilite une telle preuve[147].

En toute hypothèse, il n'est pas nécessaire d'établir que l'agent a effectivement produit le résultat redouté par le législateur. Ce résultat est la suite logique du comportement incriminé mais la consommation de l'infraction ne suppose pas rapportée la preuve de son obtention. On l'a dit, l'infraction est formelle.

133. Perception. - L'élément moral de l'infraction n'est pas le même dans les trois hypothèses précitées. Dans les deux premiers cas, aucun dol spécial n'est exigé : il suffit de démontrer que l'agent a eu conscience d'adresser à autrui plusieurs appels ou messages malveillants[148]. En revanche, dans le troisième, le coupable doit avoir eu pour objectif de troubler autrui : les agressions sonores ne relèvent de l'article 222-16 qu'à partir du moment où elles ont été commises pour tourmenter une ou plusieurs personnes. Outre la conscience du bruit, elles supposent la volonté d'affecter autrui à cette occasion.

Cependant, en pratique, il ne faut pas exagérer la portée cette distinction car l'intention de troubler autrui a pu être déduite « du contenu même du message »[149]. En effet, dès lors que le contenu s'avère malveillant, l'intention de nuire apparaît comme l'explication la plus vraisemblable. Raison pour laquelle - tout en étant présente - cette intention n'a pas besoin d'être établie en cas d'appel ou de message réitéré. Une telle preuve ne s'impose qu'en cas d'agressions sonores, sans doute

144. V. cpdt CA Bourges, 5 févr. 2009 et Agen, 14 sept. 2009, *Comm. com. électr.* 2010, n° 29, obs. A. Lepage.

145. Cass. crim., 22 juin 2016, *Gaz. Pal.* 4 oct. 2016, p. 49, obs. S. Detraz. - 30 sept. 2009, *JCP* G 2009, 587, note J. Lasserre Capdeville.

146. CA Montpellier, 28 avr. 1998, *D.* 1998, IR, p. 167.

147. V. au sujet de sonneries de téléphone : Cass. crim., 2 nov. 2017, *Dr. pén.* 2018, n° 5, obs. P. Conte. - TGI Paris, 21 nov. 2014, *Comm. com. électr.* 2015, n° 85, obs. E.-A. Caprioli.

148. Cass. crim., 28 mars 2018, *Comm. com. électr.* 2018, n° 56, obs. A. Lepage ; *RSC* 2018, p. 409, obs. Y. Mayaud ; *Gaz. Pal.* 24 juill. 2018, p. 42, obs. S. Detraz.

149. Cass. crim., 4 mars 2003, *B.* n° 57.

parce que la perception des sons (leur nature et leur intensité) n'est pas la même pour chacun. Toutefois, si l'on admet qu'il y a bien eu « agression » sonore, le bruit ayant été utilisé comme moyen pour affecter l'intégrité physique ou psychique d'autrui, il est aisé d'en déduire que l'agent a voulu troubler ceux qui l'entourent : l'individu qui laisse hurler ses huit chiens en connaissance de cause veut nécessairement perturber la tranquillité du voisinage[150]. Même dans cette hypothèse, l'élément moral de l'infraction n'est donc pas difficile à établir[151]. Il découle de la conscience que l'agent est censé avoir de la situation[152]. La volonté d'affecter la tranquillité d'autrui s'en évince naturellement. Elle en est l'explication la plus vraisemblable car il est difficile de vouloir les moyens sans vouloir la fin.

134. Pénalités. – La personne physique déclarée coupable d'une telle infraction encourt, quelle que soit la forme de celle-ci, un an d'emprisonnement et 15 000 € d'amende (art. 222-16, al. 1). Ces peines sont triplées lorsque les faits sont commis par un conjoint, concubin ou partenaire lié à la victime par un Pacs (al. 2). Assez curieusement, cette circonstance aggravante n'est pas étendue aux « ex ».

Sont par ailleurs applicables les peines complémentaires des articles 222-44, -45 et -47, communes à toutes les infractions de violence. S'agissant d'un délit qui ne suppose pas la démonstration d'une atteinte effective à l'intégrité physique ou psychique d'autrui, la sévérité de telles peines – supérieures à celles des violences volontaires engendrant les atteintes les moins graves – confirme la gravité de cette forme moderne de nuisance aux yeux du législateur.

La personne morale reconnue coupable de l'infraction encourt, quant à elle, une amende dont le montant est porté au quintuple ainsi qu'à l'ensemble des peines énumérées à l'article 131-39 (art. 222-16-1).

150. Cass. crim., 2 juin 2015, *Dr. pén.* 2015, n° 135, obs. P. Conte.

151. Cass. crim., 25 oct. 2000, *B.* n° 310.

152. Cass. crim., 17 janv. 2012, *Dr. pén.* 2012, n° 66, obs. M. Véron.

CHAPITRE 3

Les menaces

135. Les menaces sont prises en compte à des titres très divers par le droit pénal. Elles peuvent constituer une forme de complicité par provocation. Elles participent également à la définition de certaines infractions comme les agressions sexuelles, le chantage ou l'extorsion, la violation de domicile par un particulier ou certaines atteintes à l'action de la justice. Ce ne sont pas ces menaces-là qui seront étudiées ici. Les menaces qu'il s'agit d'envisager maintenant ont été jugées suffisamment graves pour être érigées en infractions autonomes et sanctionnées pour elles-mêmes. Pourtant, à ce titre, elles font l'objet d'incriminations éclatées. Tentons de restaurer leur unité en envisageant successivement la matérialité de l'acte menaçant puis l'état d'esprit dans lequel il doit avoir été accompli.

Section 1
La matérialité des menaces

136. Les menaces semblent témoigner d'une culpabilité à venir, dénuée de toute matérialité. À un stade si précoce sur le chemin du crime, leur incrimination peut donc surprendre. N'expriment-elles pas une simple pensée coupable qui devrait échapper à toute sanction pénale ? Le législateur ne l'a pas admis. Cependant, toutes les menaces ne sont pas sanctionnées. Seules les plus graves sont incriminées de manière autonome. De telles menaces doivent présenter certains caractères et être commises dans des circonstances particulières. Si ces caractères sont communs à toutes, lesdites circonstances permettent de les distinguer les unes des autres.

§1. Les caractères communs à toutes menaces

137. Des menaces consistent toujours à annoncer le mal que l'on veut faire à autrui, ses proches ou ses biens. Peu importe qu'un tel message soit exprimé par la parole ou l'écrit, dans un dessin (permettant de montrer ce que l'on ne dit pas) ou dans un geste (faire semblant de mettre en joue autrui, par ex.). Peu importe qu'une telle annonce soit explicite ou formulée en termes déguisés dès lors qu'elle est parfaitement compréhensible par celui qui la reçoit (symbole du pendu adressé à autrui, par ex.). La forme prise par le message importe donc peu. En revanche, il doit avoir un destinataire précis et un objet particulier.

A. Le destinataire du message

138. Principe. – À l'instar de l'outrage (V. *infra*, n° 1200), les menaces doivent être adressées à la personne même qu'elles concernent. *A priori*, cela suppose une communication directe : l'agent étant en présence de sa victime, ou s'adressant à elle dans une correspondance dont le support importe peu (papier ou électronique). Toutefois, à cette communication directe, la jurisprudence assimile une communication indirecte : les menaces sont également punissables lorsque le message est adressé à un tiers en sachant qu'il le transmettra à la personne visée[1]. La Cour de cassation considère même « que le délit de menace de commettre un crime contre une personne est établi lorsque son auteur ne pouvait ignorer que la menace formulée parviendrait à la connaissance de la ou des personnes visées »[2]. Cela semble pourtant excessif car la transmission du message ne doit pas être une simple éventualité : elle doit être certaine et voulue comme telle par l'agent[3]. Chaque propos ou geste étant susceptible d'être rapporté, on ne saurait – sans exagérer la portée d'une telle incrimination – voir dans tout envoi d'un message à un tiers une menace pour la personne qu'il vise.

En revanche, il est bien certain que des menaces adressées à la cantonade, c'est-à-dire à tous et non à une personne déterminée, ne sont pas punissables[4].

B. L'objet du message

139. Réserve. – Pour constituer une menace, le message doit avoir pour objet l'annonce d'un mal fait à la personne même qui en est destinataire, ses proches ou ses biens. Partant de là, le Code pénal distingue les menaces contre les personnes des menaces contre les biens. Cette distinction semble justifiée par le fait que, en cas de mise à exécution, deux intérêts différents sont affectés. Toutefois, un tel critère paraît douteux car les biens ne sont destinataires d'aucun message. Seul celui qui les détient peut percevoir le caractère alarmant d'un geste ou d'un propos. Ainsi, si on se place sur le terrain de l'intérêt protégé, force est de constater que les menaces ne peuvent générer qu'une atteinte d'ordre moral pour la personne qui les reçoit. C'est la quiétude du destinataire qui semble troublée ; peu importe qu'il craigne pour son intégrité, ou celle de ses proches, ou pour ses biens[5]. L'idée de menaces contre les biens n'a guère de

1. Cass. crim., 21 févr. 1991, *Dr. pén.* 1991, n° 226, obs. M. Véron.
2. Cass. crim., 10 déc. 2014, *Gaz. Pal.* 22 févr. 2015, p. 33, obs. E. Dreyer.
3. La transmission du propos menaçant ne peut donc être déduite de l'obligation faite à chacun d'empêcher un crime ou un délit contre l'intégrité corporelle sur le point d'être commis (C. pén., art. 223-6. – V. *infra*, n° 1383. – V. pourtant Cass. crim., 23 mai 2018, *JCP* G 2018, 898, note A. Serinet ; *AJ pénal* 2018, p. 418, obs. E. Clément ; *RSC* 2018, p. 712, obs. E. Dreyer).
4. T. corr. Paris, 26 avr. 1973, *JCP* G 1973, II, 17408.
5. A. Mihman, « Quelle place pour la violence dans les atteintes aux biens ? », *Gaz. Pal.* 13 oct. 2013, p. 12.

sens et, par voie de conséquence, la distinction ainsi opérée avec les menaces contre les personnes. En réalité, c'est le principe même d'une telle démarche qui mérite d'être condamné : la preuve d'un « ébranlement » de la victime à réception du message n'est nullement nécessaire à la consommation de l'infraction. D'ailleurs, si une atteinte à l'intégrité psychique d'autrui pouvait être établie, la qualification de violences (morales) devrait sans doute être préférée. Au contraire, on sanctionne ici un simple acte d'intimidation[6]. Dès lors, la répression gagnerait à être simplifiée en raisonnant sur le comportement de l'agent plutôt que sur la ou les valeurs en cause. Les dispositions évoquées ci-après mériteraient d'être réunies en une incrimination unique.

140. Régime. – Dans l'attente d'une telle simplification, il faut tout de même relever que les menaces obéissent à un régime différent suivant l'objet du message qui les exprime.

Ainsi, lorsque la menace concerne une personne, elle doit consister en l'annonce d'un mal susceptible d'être qualifié crime ou délit contre les personnes. Et, dans cette dernière hypothèse, lorsque la menace consiste en l'annonce d'un délit que l'agent prétend vouloir commettre contre autrui, il est parfois exigé que la tentative de ce délit soit punissable[7]. Cette condition est énoncée à l'article 222-17, al. 1 mais pas à l'article 222-18. Elle exclut du champ d'application du premier texte les menaces de violences correctionnelles (dont la sanction de la tentative n'est pas envisagée)[8]. Ces menaces de violences physiques sont pourtant les plus nombreuses[9].

Si les menaces se rapportent à un bien, elles doivent consister en l'annonce d'un mal susceptible d'être qualifié destruction, dégradation ou détérioration de ce bien. Peu importe qu'il s'agisse alors d'un délit ou d'une contravention (v. *infra*, n° 455). En revanche, menacer de détourner le bien d'autrui (ne pas le rendre à l'échéance, par ex.) n'apparaît pas punissable.

141. On retiendra essentiellement de ce qui précède que les menaces supposent un message inspirant de la crainte à autrui. Mais tout message de ce type adressé à autrui ne constitue pas une infraction. Pour appeler une sanction pénale, il doit s'accompagner de circonstances particulières qui en augmentent la crédibilité. Ces circonstances permettent de distinguer plusieurs types de menaces.

---

6. Cass. 1re civ., 22 sept. 2011, *JCP* G 2011, 1448, note E. Dreyer.

7. Le délit dont autrui a été menacé doit donc être identifié pour permettre à la Cour de cassation d'exercer son contrôle sur ce point (Cass. crim., 8 févr. 2023, *Dr. pén.* 2023, n° 62, obs. P. Conte ; *Gaz. Pal.*, 16 mai 2023, p. 45, obs. E. Dreyer).

8. En réalité, les auteurs de menaces de violences s'exposent à l'amende prévue pour les contraventions de 3e classe (C. pén., art. R. 623-1 : 450 €) quand elles ont été réitérées ou matérialisées dans un écrit, une image ou tout autre objet. Menacer oralement, une fois, quelqu'un de lui donner des coups ne relève donc pas du droit pénal en l'absence d'atteinte à l'intégrité physique ou psychique susceptible de résulter d'un tel propos et de consommer un acte de violence (Cass. crim., 24 oct. 2007, *Dr. pén.* 2008, n° 19, obs. M. Véron). Ce régime de faveur est-il bien justifié ?

9. Ce qui conduit la Cour de cassation à envisager souplement le « mal » que l'agent prétend vouloir faire à autrui : elle a admis qu'en revendiquant son appartenance à une organisation terroriste un individu avait menacé ses interlocuteurs non de violences mais d'homicide et de destructions (Cass. crim., 28 juin 2022, *Dr. pén.* 2022, n° 161, obs. P. Conte).

§2. Les circonstances propres à chaque type de menaces

142. Les menaces ne constituent un délit que dans certaines hypothèses. À cet égard, il faut distinguer les menaces ordinaires des menaces s'accompagnant de l'ordre de remplir une condition.

A. Les menaces ordinaires

143. Exigences supplémentaires. – En principe, les menaces (ordinaires) ne sont prises en compte que si elles ont été réitérées ou matérialisées. C'est l'hypothèse visée à l'article 222-17. Cette exigence supplémentaire garantit le caractère intimidant des menaces ; elle facilite également la preuve de la volonté d'inquiéter.

Il y a menaces réitérées lorsque, par le verbe ou par le geste, des menaces ont été exprimées à deux reprises au moins à l'égard de la même victime[10]. Peu importe le délai qui sépare ces menaces. L'exigence de réitération leur confère un crédit particulier. Ce délai peut donc être long ou bref. Dans un premier temps, la Cour de cassation a même admis que le geste d'égorger accompagnant une menace de mort verbale pouvait caractériser l'infraction[11]. Mais une telle interprétation était sans doute excessive car ces expressions simultanées d'une attitude menaçante s'avèrent en réalité indivisibles : le geste ne fait ici qu'illustrer le propos. La solution paraît aujourd'hui abandonnée[12]. La réitération suppose une succession et non une juxtaposition de menaces.

Constituent également un délit les menaces matérialisées par un écrit, une image ou tout autre objet : représentation d'un échafaud, mini-cercueil, poupée percée d'aiguilles, etc. Rendues crédibles par l'un de ces supports, les menaces n'ont plus à être réitérées.

144. Pénalités. – Lorsque l'infraction est constituée, sa sanction varie suivant que les menaces visaient une personne ou ses biens.

L'individu reconnu coupable de menaces ordinaires simples contre les personnes s'expose, selon l'article 222-17, à 6 mois d'emprisonnement et 7 500 € d'amende (al. 1). Mais ces menaces ordinaires peuvent également être aggravées dans certaines circonstances. Les peines principales encourues sont ainsi portées à 3 ans et 45 000 € en cas de menaces de mort (al. 2). Par ailleurs, les peines principales sont portées à 3 ans d'emprisonnement et 45 000 € ou, s'il s'agit de menaces de mort, à 5 ans d'emprisonnement et 75 000 € d'amende, lorsque les menaces « sont commises par le conjoint ou le concubin de la victime ou le partenaire lié à la victime par un pacte civil de solidarité » contre l'autre (art. 222-18-3). Sont alors également applicables les peines complémentaires des articles 222-44 et -45. La personne morale reconnue coupable de ces infractions s'expose, quant à elle, à une amende portée

10. Cass. crim., 24 oct. 2007, *Dr. pén.* 2008, n° 19, obs. M. Véron.

11. Cass. crim., 26 févr. 2002, *Dr. pén.* 2002, n° 67, obs. M. Véron. – V. aussi Cass. crim., 1er févr. 2012, *Dr. pén.* 2012, n° 66, obs. M. Véron.

12. Cass. crim., 22 sept. 2015, *Dr. pén.* 2015, n° 165, obs. P. Conte ; *Gaz. Pal.* 4 nov. 2015, p. 10, note G. Grécourt.

au quintuple ainsi qu'à l'ensemble des peines de l'article 131-39 (art. 222-18-2, sauf la dissolution dans l'hypothèse de l'art. 222-7, al. 1).

L'individu reconnu coupable de menaces ordinaires contre les biens s'expose, quant à lui, à des sanctions variables suivant qu'il a menacé ou non d'utiliser un produit dangereux. Lorsqu'une personne physique prétend détruire le bien d'autrui en utilisant un tel produit, le délit de menaces est puni de 6 mois d'emprisonnement et 7 500 € d'amende (art. 322-12). Cette personne s'expose également aux peines complémentaires de l'article 322-15. À défaut, les menaces de destruction ne constituent qu'une infraction de police. Elles sont punies de l'amende prévue pour les contraventions de 1re classe (38 €) lorsque cette destruction ne doit entraîner qu'un dommage léger. Elles sont punies de l'amende prévue pour les contraventions de 4e classe (750 €) lorsque la destruction doit engendrer un dommage sérieux (C. pén., art. R. 631-1 et 634-1). La personne morale reconnue coupable des mêmes infractions s'expose, quant à elle, à une amende portée au quintuple ainsi que – dans l'hypothèse du seul délit – à une peine d'interdiction d'exercer pour une durée de 5 ans au plus (art. 322-17).

145. Dérogations. – Néanmoins, il existe une catégorie de menaces ordinaires dont l'incrimination et les sanctions obéissent à des règles différentes. Il s'agit des menaces visant une personne ou ses biens, lorsqu'elles concernent un individu investi d'un mandat électif public, ou exerçant des fonctions ou missions particulières, notamment les magistrats, jurés, avocats, gendarmes, policiers, douaniers et membres de l'administration pénitentiaire, inspecteurs du travail, sapeurs et marins pompiers, ainsi que certains gardiens d'immeuble (art. 433-3, al. 1). Sont par ailleurs assimilés à ces derniers le personnel des réseaux de transport public de voyageurs, le personnel des établissements d'enseignement scolaire, les professionnels de santé ainsi que, plus largement, « toute autre personne chargée d'une mission de service public », ce qui rend vaine l'énumération précédente (al. 2)[13]. Sont également assimilés à ces personnes les agents de sécurité privée (al. 3)[14].

Dès lors que l'un de ces individus a été menacé dans l'exercice ou du fait de ses fonctions ou de sa mission, et que sa qualité était apparente ou connue de l'auteur des menaces, l'infraction paraît constituée : il n'est pas nécessaire que ces menaces aient été réitérées ou matérialisées[15].

De surcroît, alors même que – on vient de le voir – les circonstances dans lesquelles les menaces ont été exprimées s'avèrent indifférentes, des sanctions plus élevées sont applicables : les menaces ordinaires sont punies de 3 ans d'emprisonnement et 45 000 € d'amende ; les menaces de mort ou menaces d'atteintes aux biens dangereuses pour les personnes sont punies de 5 ans d'emprisonnement et 75 000 € d'amende.

---

13. L'art. L. 223-2, C. sport suggère de regarder comme personnes chargées d'une mission de service public les arbitres et juges sportifs.

14. À toutes ces personnes sont assimilés leurs proches (conjoint, ascendant ou descendant en ligne directe, ou toute autre personne vivant habituellement au domicile de l'individu concerné par les menaces) dès lors qu'ils sont visés à raison de ses fonctions ou missions (al. 4).

15. Si le propos menaçant ne peut être pris au sérieux, il doit être envisagé sous la qualification d'outrage : Cass. crim., 5 déc. 2017, *Dr. pén.* 2018, nº 26, obs. P. Conte.

B. Les menaces avec ordre de remplir une condition

146. Définition. – Les menaces s'accompagnent de l'ordre de remplir une condition lorsque leur mise à exécution est subordonnée à la réalisation d'un événement futur : l'agent menace autrui de passer à l'acte s'il ne fait pas ce qui lui est demandé. La menace se double ainsi du commandement de faire ou ne pas faire quelque chose. Ce comportement s'avère plus grave que le précédent car, à l'intimidation, il ajoute la contrainte. En pratique, le destinataire des menaces est très souvent invité à verser une somme d'argent.

147. Précisions. – Lorsqu'elles sont exprimées avec ordre de remplir une condition, les menaces n'ont pas besoin d'être réitérées ou matérialisées. En effet, elles s'avèrent assez graves pour être sanctionnées pour elles-mêmes. Peu importe leur mode d'expression plus ou moins imagé[16].

Selon la Cour de cassation, peu importe également que la condition ne soit pas formulée par l'auteur même des menaces dès lors que l'individu qui l'énonce poursuit le même objectif[17]. Néanmoins, on peut douter qu'une telle solution soit respectueuse du principe de légalité : les éléments constitutifs d'une infraction s'apprécient en principe sur la tête d'une seule et même personne[18]. Seule une approche discutable de la coaction permet de tenir un tel raisonnement.

Enfin, peu importe que l'ordre donné soit juste ou injuste : un créancier ne peut menacer son débiteur de représailles s'il ne paye pas sa dette à l'échéance. Toutefois, dans certains cas, la menace peut être justifiée : « nous ne verrions aucun délit dans le fait d'une personne qui, voyant un individu sur le point d'allumer un incendie, le menacerait de mort pour éviter ce sinistre. L'état de nécessité suffirait pour faire disparaître toute culpabilité »[19].

148. Pénalités. – Là encore, la sanction de telles menaces varie suivant qu'elles visent une personne ou ses biens.

L'individu déclaré coupable de menaces avec ordre de remplir une condition s'expose à 3 ans d'emprisonnement et 45 000 € d'amende lorsque les menaces portent sur un crime ou un délit contre les personnes, violences comprises (art. 222-18). Ces peines sont portées à 5 ans d'emprisonnement et 75 000 € d'amende en cas de menaces de mort. Elles sont même portées à 5 ans d'emprisonnement et 75 000 € d'amende, ou 7 ans d'emprisonnement et 100 000 € d'amende (en cas de menaces de mort), lorsque les menaces « sont commises par le conjoint ou le concubin de la victime ou le partenaire lié à la victime par un pacte civil de solidarité » sur l'autre (art. 222-18-3). Sont également applicables les peines complémentaires des articles 222-44 et 222-45. La personne morale reconnue coupable des mêmes infractions s'expose, quant à elle, à une amende portée au quintuple ainsi qu'à l'ensemble des peines de l'article 131-39 (art. 222-18-2).

Par ailleurs, les menaces de destruction, dégradation ou détérioration avec ordre de remplir une condition exposent leur auteur en principe à un an d'emprisonnement et 15 000 € d'amende (art. 322-13, al. 1). Mais, lorsque cet individu a menacé

16. Cass. crim., 13 mars 1967, *B.* n° 97.
17. Cass. crim., 6 mai 2002, *Dr. pén.* 2002, n° 106, obs. M. Véron.
18. V. évoquant aussi une atteinte au caractère personnel de la responsabilité pénale : O. Mouysset, *Contribution à l'étude de la pénalisation*, LGDJ, coll. Bibl.sc.crim., t. 43, 2008, p. 205, n° 168.
19. E. Garçon, *Code pénal annoté*, Rec. gén. lois et arrêts, 1901-1906, ss. art. 305 à 308, p. 734, n° 45.

de recourir à un procédé dangereux, il s'expose à 3 ans d'emprisonnement et 45 000 € d'amende (al. 2). Dans les deux cas, les peines complémentaires de l'article 322-15 sont applicables. La personne morale reconnue coupable des mêmes menaces s'expose, quant à elle, à une amende portée au quintuple ainsi qu'à une interdiction d'exercer pour une durée de 5 ans au plus (art. 322-17).

149. Complément. – Toutefois, lorsque ces menaces avec ordre de remplir une condition visent l'une des personnes chargées d'une mission de service public ou assimilées, telles qu'énumérées ci-dessus (V. *supra*, n° 145), leur auteur s'expose à 10 ans d'emprisonnement et 150 000 € d'amende (art. 433-3, al. 5). Le législateur a érigé cette forme particulière de menaces en infraction autonome pour éviter que les pressions exercées sur les individus concernés ne faussent leur manière d'agir.

Néanmoins, cette qualification pénale ne s'applique pas lorsque, en usant de menaces contre une personne participant à l'exécution d'une mission de service public, un individu prétend obtenir, pour lui-même ou autrui, « une exemption totale ou partielle ou une application différenciée des règles qui régissent le fonctionnement dudit service » (art. 433-3-1, al. 1). Peu importe qu'une telle exemption ou application ne soit pas obtenue. Une infraction de moindre gravité est alors constituée puisque l'agent ne s'expose qu'à 5 ans d'emprisonnement et 75 000 € d'amende[20]. On peine à comprendre la pertinence de ce texte qui contredit la sévérité du précédent, d'autant qu'il se sent obligé d'exiger un dépôt de plainte par le supérieur hiérarchique (al. 2), ce que prévoit déjà l'article 40, al. 2, CPP. Il s'est agi clairement, au moment de l'adoption de cet article, de faire de la communication politique afin de rassurer des agents publics, dont on réduisait paradoxalement la protection[21]. Confortant la dimension symbolique, si ce n'est idéologique de ce texte, la peine complémentaire d'interdiction du territoire français est encourue dans ce seul cas (art. 433-23-1) : implicitement mais nécessairement, les étrangers sont ainsi désignés comme principaux suspects[22].

20. Ce qui semble paradoxal car il s'agirait là d'une forme particulière de l'infraction précédente mais suffisamment originale pour qu'un tel recoupement ne pose pas de problème au regard des principes d'égalité et de légalité (Cons. const., déc. n° 2021-823 DC du 13 août 2021, *Loi confortant le respect des principes de la République*, § 13).

21. L'amateurisme dans la rédaction de ce texte est tel qu'il assimile aux menaces les violences (en oubliant que celles-ci supposent la preuve d'une atteinte à l'intégrité physique ou psychique d'autrui) ou « tout autre acte d'intimidation ». Mais on peine à saisir de quel acte il s'agit (v. évoquant une forme d'extorsion : M. Brenaut, « Extension (excessive) du domaine (répressif) de la lutte (contre le « séparatisme ») », *Dr. pén.* 2021, étude 19, n° 5). En toute hypothèse, s'il n'est pas clairement exprimé, le mobile animant l'agent sera sans doute difficile à établir.

22. L'objectif clairement affiché lors des travaux parlementaires était de lutter contre « les auteurs de discours islamistes radicaux » (X. Bioy, « La loi confortant le respect des principes de la République et la liberté d'expression », *AJDA* 2021, p. 2084).

Section 2
La perception des menaces

150. Intention. – La dimension psychologique des menaces est la même quelle que soit leur forme. Il s'agit d'infractions intentionnelles.

En premier lieu, l'intention requise suppose la conscience chez l'agent de s'adresser, directement ou indirectement, à la personne visée par les menaces. En effet, « il y aurait menaces par imprudence, non punissables, si l'individu les proférait en ignorant que la victime va en avoir connaissance »[23]. Ce qui ne pose guère de difficulté en cas de communication directe mais s'avère plus difficile à vérifier en cas de communication indirecte. Il faut alors pouvoir démontrer que l'agent savait que les menaces seraient rapportées à la personne qu'elles concernent. Néanmoins, en jurisprudence, l'élargissement de l'infraction au plan matériel n'est pas compensé par une plus grande rigueur au plan moral : les magistrats ont tendance à considérer que le prévenu « devait savoir » (plutôt qu'il n'a su) que son propos serait rapporté. Après avoir estimé que « le renvoi par un lien hypertexte à une vidéo contenant des menaces de mort proférées par des tiers n'est pas susceptible de constituer, à lui seul, la commission par le prévenu de l'infraction », la Haute juridiction a même fini par juger du contraire[24]. Pourtant, au cas d'espèce, la mise en ligne réalisée des semaines après les événements qui avaient suscité les menaces n'impliquait aucune volonté de s'adresser à nouveau à la personne visée. Une telle solution paraît donc excessive.

En second lieu, l'intention requise implique la conscience du trouble créé par les menaces dans l'esprit de leur destinataire. Peu importe que la preuve d'un tel trouble n'ait pas à être rapportée : l'agent devait tout de même souhaiter produire ce résultat redouté. Il devait être capable d'apprécier la portée des menaces proférées. Il devait avoir pris la mesure de leur caractère déstabilisant et les avoir transmises à autrui en connaissance de cause. Au-delà du dol général précité, s'ajoute ainsi un dol spécial[25]. Toutefois, là aussi, une telle preuve s'évince le plus souvent des faits : quelle autre justification peut avoir l'annonce d'un mal que l'on réitère, matérialise ou assortit d'une condition[26] ? L'insistance et le sang-froid nécessaire à un tel comportement impliquent la « volonté d'inquiéter »[27].

151. Sérieux. – Peu importe que l'agent ait ou non l'intention de mettre ses menaces à exécution[28]. Peu importe même qu'il n'en ait pas les moyens. On l'a dit, l'infraction est formelle. Les menaces ne peuvent rester impunies sous prétexte qu'elles n'ont pas été suivies d'effet.

---

23. P. Conte, *Droit pénal spécial*, préc., p. 384, n° 496.

24. Comp., Cass. crim., 31 mars 2016, *Dr. pén.* 2016, n° 90, obs. P. Conte ; *AJ pénal* 2016, p. 329, obs. J.-B. Thierry et Cass. crim., 10 avr. 2019, *Comm. com. électr.* 2019, n° 42, obs. A. Lepage ; *Légipresse* 2019, p. 283, note E. Dreyer.

25. V., évoquant une « volonté d'inquiéter, d'effrayer ou de troubler la tranquillité de la partie civile » : Cass. crim., 23 mai 2023, *Légipresse* 2023, p. 325.

26. Cass. crim., 4 janv. 2017, *Dr. pén.* 2017, n° 34, obs. P. Conte.

27. Élément moral des menaces selon M.-L. Rassat, *Droit pénal spécial*, préc., p. 526, n° 451.

28. Cass. crim., 20 sept. 2016, *Dr. pén.* 2017, n° 3, obs. P. Conte ; *Gaz. Pal.* 24 janv. 2017, p. 49, obs. S. Detraz ; *RSC* 2016, p. 762, obs. Y. Mayaud.

Titre 2

Les actes collectifs d'agressivité

152. L'agressivité présente en chacun, et que certains ne parviennent pas à contrôler, peut également être à l'origine de démarches collectives troublant l'ordre public. Le danger s'avère alors d'autant plus grand qu'il s'exerce à une échelle importante. Le droit pénal trouve ici ses limites. Plus symbolique que réellement efficace, il peine à répondre aux crimes contre l'humanité et aux actes de terrorisme.

CHAPITRE 1

Les crimes contre l'humanité

153. ***In limine.* –** De façon hautement symbolique, le Code actuel place l'incrimination des crimes contre l'humanité en tête des infractions contre les personnes (art. 211-1 et s.). Cette humanité « consiste en une communion des hommes permettant de former un ensemble solidaire »[1]. Elle est atteinte par tout acte qui tend à l'amputer d'une fraction d'elle-même, ce qui paraît relever de l'évidence. Pour autant, l'incrimination de tels actes est récente. Avant l'entrée en vigueur du Code de 1992, il n'existait pas d'incriminations de portée générale applicables aux crimes contre l'humanité.

L'expression est certes apparue dans la langue diplomatique, suite au génocide des Arméniens par la Turquie ottomane (à partir de 1915). Mais elle a été rapidement oubliée[2]. Elle est reparue à la fin de la Seconde Guerre mondiale lorsqu'il a fallu juger l'horreur nazie. La notion figure à l'article 6 (c) du Statut du tribunal militaire international de Nuremberg (TMIN) annexé à l'accord de Londres « concernant la poursuite et le châtiment des grands criminels de guerre des Puissances européennes de l'Axe » du 8 août 1945. Ce tribunal n'en fit pourtant qu'un usage modéré[3].

La réflexion fut approfondie ensuite pour justifier le statut particulier donné à certains crimes au regard du principe de légalité puis de la prescription. En effet, comment punir un génocide en l'absence de texte l'incriminant formellement au moment où il a été perpétré ? En recourant à un droit naturel de l'humanité qui ne peut tolérer un acte la privant d'une partie d'elle-même. Comment punir, plus de 10 ans après, des criminels qui ont échappé à toutes poursuites mais dont l'impunité est une insulte à la conscience universelle ? En recourant encore à un droit naturel de l'humanité qui s'inscrit nécessairement hors du temps et de ses

1. E. Verny, *Le membre d'un groupe en droit pénal*, préc., p. 3, n° 5. – V. aussi C. Le Bris, *L'humanité saisie par le droit international public*, LGDJ, coll. Bibl.dr.int., t. 127, 2012, p. 231, n° 182.

2. V. le remarquable ouvrage de J.-B. Racine : *Le génocide des Arméniens, Origine et permanence du crime contre l'humanité*, Dalloz, coll. États de droits, 2006. – V. aussi, et plus largement, sur l'origine de la notion en droit international : J.-F. Roulot, *Le crime contre l'humanité*, l'Harmattan, 2002, 1re partie.

3. L'art. 6 du Statut du TMIN distingue les « crimes contre la Paix » (a), des « crimes de Guerre » (b) et des « crimes contre l'Humanité » (c). – V. J.-B. Herzog, *Nuremberg, un échec fructueux ?*, LGDJ, coll. Bibl.sc.crim., t. XIX, 1975, p. 104.

contingences : « l'application de ces incriminations, "sacralisées" par le martyre des victimes des camps de concentration, a parfois forcé les pénalistes "à avaler des couleuvres" pour ne pas passer pour des "négationnistes" qui, par fidélité aux grands principes du droit criminel, eussent fait triompher des solutions d'impunité au profit d'auteurs de ces crimes monstrueux »[4].

154. Construction. – Rappelons que, dès le 30 octobre 1943, une Déclaration publiée à Moscou avait « spécifié que les officiers et soldats allemands et les membres du parti nazi qui sont responsables d'atrocités et de crimes, ou qui ont pris volontairement part à leur accomplissement, seront renvoyés dans les pays où leurs forfaits abominables ont été perpétrés, afin qu'ils puissent être jugés et punis conformément aux lois de ces pays libérés et des Gouvernements libres qui y seront établis ». Un tribunal militaire international ne devait être constitué que pour juger « des grands criminels, dont les crimes sont sans localisation géographique précise et qui seront punis par une décision commune des Gouvernements alliés ». En l'occurrence, ce tribunal fut composé de magistrats désignés par le gouvernement provisoire de la République française et les gouvernements des États-Unis d'Amérique, du Royaume-Uni de Grande-Bretagne et de l'Irlande du Nord, ainsi que de l'Union des républiques socialistes soviétiques « agissant dans l'intérêt de toutes les Nations unies ». Il statua, comme il en avait la mission, sur la culpabilité des « criminels de guerre dont les crimes sont sans localisation géographique précise, qu'ils soient accusés individuellement, ou à titre de membres d'organisations ou de groupes, ou à ce double titre »[5] (accord de Londres, art. 1er).

À l'égard des autres responsables, la poursuite des crimes contre l'humanité n'a pas été une préoccupation immédiate des autorités nationales, notamment françaises, qui, après l'effervescence de la Libération, se sont surtout préoccupées de réconciliation[6]. Lorsque l'horreur des crimes rendit cette indifférence insupportable... on s'aperçut qu'ils étaient prescrits selon le droit commun ! Cela força notre Parlement à adopter, à l'unanimité, une loi du 26 décembre 1964 « tendant à constater l'imprescriptibilité des crimes contre l'humanité », afin de déclarer, dans un article unique, que « les crimes contre l'humanité, tels qu'ils sont définis par la résolution des Nations unies du 13 février 1946, prenant acte de la définition des crimes contre l'humanité, telle qu'elle figure dans la charte du tribunal international du 8 août 1945, sont imprescriptibles par nature »[7]. Cette imprescriptibilité était déduite de la nature des crimes en question alors qu'aucun des deux textes

4. J.-F. Seuvic, « Variations sur l'humain, comme valeurs pénalement protégées », *in Mél. Bolze*, Economica, 1999, p. 346. – Mais la légitimité de ce droit reste discutée par certains : J. Phytilis, « Du passé, le juriste doit-il faire table rase ? », *in Mél. Lombois*, PULIM, 2004, p. 137, note 26.

5. En effet, « lors d'un procès intenté contre tout membre d'un groupe ou d'une organisation quelconque, le Tribunal pourra déclarer (à l'occasion de tout acte dont cet individu pourrait être reconnu coupable) que le groupe, ou l'organisation à laquelle il appartenait était une organisation criminelle » (Statut, art. 9). La Gestapo fut, bien entendu, une « organisation déclarée criminelle comme appartenant à un pays ayant pratiqué une politique d'hégémonie idéologique », de sorte que l'adhésion de l'un de ses membres à cette politique n'a plus pu, ensuite, être contestée (Cass. crim., 27 nov. 1992, *B.* n° 394).

6. A. Finkielkraut, *La mémoire vaine*, Folio, coll. Essais, t. 197, p. 37.

7. Pour tenir en échec l'application de cette loi, on prétendit qu'elle ne pouvait faire renaître une prescription acquise au moment de son entrée en vigueur mais la Cour de cassation s'est appuyée sur son caractère déclaratif pour juger que le nouveau texte a pris effet à la date de l'accord de Londres auquel il fait référence, de sorte que les crimes restant à juger ont, dès cet instant, été considérés comme imprescriptibles : Cass. crim., 26 janv. 1984, *JCP* G 1984, II, 20197, rapport C. Le Gunehec, concl. H. Dontenwille, note D. Ruzié.

internationaux auxquels il est ainsi renvoyé ne s'en préoccupe : elle ne procède pas d'un consensus entre États exprimé à cette occasion. Le droit international a fourni là autant de réponses que d'interrogations. À la suite, les tribunaux français s'efforcèrent de préciser la définition du crime contre l'humanité donnée par le Statut du TMIN en rappelant que ce Statut est « entré en vigueur au jour de sa signature » et qu'il a été « promulgué par décret du gouvernement provisoire de la République française, en date du 6 octobre 1945 »[8]. Dans l'affaire *Barbie*, la Cour de cassation qualifia ainsi « crimes contre l'humanité » : « les actes inhumains et les persécutions qui, au nom d'un État pratiquant une politique d'hégémonie idéologique, ont été commis de façon systématique, non seulement contre les personnes en raison de leur appartenance à une collectivité raciale ou religieuse, mais aussi contre les adversaires de cette politique, quelle que soit la forme de leur opposition »[9]. Quant aux peines, elles relevèrent « de la loi nationale », c'est-à-dire qu'elles furent déterminées par référence aux peines encourues pour les infractions de droit commun entrant dans la définition de chaque crime contre l'humanité poursuivi[10].

Un tel « bricolage » juridique finit par s'avérer déroutant. De surcroît, exclusivement tournées vers le passé[11], ces dispositions n'apparaissaient guère satisfaisantes[12]. Il importait de prévenir la reproduction de tels actes, en donnant aux incriminations une portée générale propre à leur éviter le reproche d'être issues de textes de circonstances. Une réforme s'imposa d'autant plus que la France souhaitait donner à ses juridictions répressives une compétence universelle pour juger les crimes contre l'humanité commis en ex-Yougoslavie et au Rwanda dont les auteurs, se trouvant sur le territoire français, n'étaient pas déférés aux deux juridictions internationales constituées à cette fin[13]. De telles poursuites – qu'aucun texte international n'imposait – pouvaient difficilement aboutir sur la base d'un droit aussi lacunaire.

Des incriminations ont donc été introduites dans le Code pénal, à l'occasion de sa refonte, qui n'ont pas abrogé les précédentes[14]. En effet, les dispositions nouvelles ne s'appliquent qu'aux faits commis après leur entrée en vigueur[15]. Ce retour au droit commun – s'agissant de l'application de la loi dans le temps – s'inscrit dans une logique de normalisation du crime contre l'humanité[16]. Il se juridicise et se détache des références au droit des nations civilisées qui lui servit de justification à l'origine. Il s'ensuit l'impunité de certains actes commis entre la fin de la Seconde

8. Cass. crim., 1er juin 1995, *Dr. pén.* 1995, n° 273, obs. M. Véron. – V. aussi P. Truche, « Le crime contre l'humanité », *Droits*, 1993/18, p. 19.

9. Cass. crim., 20 déc. 1985, *D.* 1986, p. 500, note F. Chapar ; *JCP* G 1986, II, 20655, rapport C. Le Gunehec, concl. H. Dontenwille.

10. Cass. crim., 1er juin 1995, *Dr. pén.* 1995, n° 273, obs. M. Véron.

11. Cass. crim., 1er avr. 1993, *Dr. pén.* 1994, n° 38, obs. J.-H. Robert.

12. V. aussi A. Garapon, *Des crimes qu'on ne peut ni punir ni pardonner*, O. Jacob, 2002.

13. L. n° 95-1 du 2 janv. 1995 et L. n° 96-432 du 22 mai 1996, art. 1 et 2. – V. aussi, rappelant la nécessité de cet élément de rattachement objectif : Cass. crim., 26 mars 1996, *Dr. pén.* 1996, n° 131, obs. J.-H. Robert. – Précisons que le TPIY et le TPIR ont cessé de fonctionner en 2017 et 2015 sans avoir jugé l'ensemble des faits relevant de leur compétence, ce qui laisse aux juridictions françaises la possibilité de sanctionner les auteurs ou complices des derniers crimes définis par leurs Statuts lorsque de tels individus peuvent être appréhendés en France.

14. Cass. crim., 1er juin 1995, *Dr. pén.* 1995, n° 273, obs. M. Véron.

15. Cass. crim., 17 juin 2003, *JCP* G 2003, II, 10146, note J.-F. Roulot ; *D.* 2004, p. 92, note J. Daniel.

16. V. not. J. Francillon, *Code pénal annoté*, Dalloz, 1996, p. 106.

Guerre mondiale et l'entrée en vigueur du Code actuel. On peut le regretter : cet affaiblissement remet en cause ce que, symboliquement, une telle incrimination présente d'exceptionnel[17].

155. Approfondissement. – Depuis lors, l'ensemble de ce dispositif a été modifié à plusieurs reprises, notamment pour permettre à la France de se conformer à la convention de Rome portant statut de la Cour pénale internationale signée sous l'égide des Nations unies le 17 juillet 1998. Après modification de la Constitution, cette convention a été ratifiée par une loi du 30 mars 2000. À la suite, une loi du 26 févr. 2002 a modifié le Code de procédure pénale pour organiser la coopération entre la France et la CPI siégeant à La Haye. Mais cela n'a pas suffi à mettre notre droit en conformité avec le Statut de Rome. Notamment le principe de complémentarité prévu dans cette convention ne pouvait être mis en œuvre sans un alignement plus poussé des incriminations françaises sur les dispositions internationales. L'élargissement de certaines incriminations s'est imposé. Il a été opéré par une loi du 9 août 2010[18]. Ce texte a également reconnu aux juridictions françaises une compétence universelle en la matière tout en la soumettant à des conditions restrictives (v. *infra*, n° 182).

156. Complément. – En marge de cette présentation, signalons qu'une loi du 6 août 2004 a doublé la catégorie des crimes contre l'humanité d'un ensemble de crimes contre l'espèce humaine. L'objectif est de lutter contre l'eugénisme et le clonage reproductif. Le premier crime est défini comme une pratique tendant à l'organisation de la sélection des personnes (C. pén., art. 214-1) ; le second est défini comme une action ayant pour but de faire naître un enfant génétiquement identique à une autre personne vivante ou décédée (art. 214-2). Tous deux sont punis de 30 ans de réclusion criminelle et 7,5 M€ d'amende. Une aggravation de peines est prévue lorsque ces infractions sont commises en bande organisée (art. 214-3).

L'objet de la protection – l'espèce humaine – dépasse le cadre limité de ce chapitre[19]. Relevons tout au plus que l'espèce humaine se distingue de l'humanité par sa dimension exclusivement biologique[20]. L'intégrité physique de la personne est en cause mais pas son intégrité morale. Ce que confirment des peines moindres qu'en matière de crimes contre l'humanité ainsi qu'une prescription longue de l'action publique et de la peine (délais portés à 30 ans) mais pas sans terme (CPP, art. 7, al. 2).

Dans l'hypothèse où l'organisation de la sélection des personnes interviendrait en exécution d'un plan concerté, et aurait pour objectif la disparition d'une fraction de population, la qualification de génocide devrait sans doute être préférée.

---

17. V. la belle étude de J. Lelieur-Fischer : « L'impossible poursuite de tous les crimes contre l'humanité commis avant l'entrée en vigueur du nouveau Code pénal ? », *RSC* 2004, p. 31.

18. Cette même loi introduit dans le Code pénal (art. 461-1 et s.) la répression des crimes et délits de guerre afin de se conformer là encore aux exigences de la convention de Rome (art. 8). Ces crimes et délits ne seront pas étudiés ici.

19. V. not. M.-P. Peis-Hitier, « Recherche d'une qualification juridique de l'espèce humaine », *D.* 2005, p. 865.

20. V. soulignant qu'il y a là un « passage du qualitatif au quantitatif » : A. Sériaux, « L'humanité au tourniquet de la peine », *in Mél. Gassin*, PUAM, 2007, p. 321. – V. cpdt M. Delmas-Marty, « Humanité, espèce humaine et droit pénal », *RSC* 2012, p. 495.

157. Plan. – Restons-en donc aux crimes contre l'humanité. Ils correspondent aux comportements incriminés par les articles 211-1 à 212-3 du Code pénal. On tentera, tout d'abord, de les définir avant d'évoquer les modalités de leur répression.

Section 1 Les comportements incriminés

158. Il existe désormais une pluralité d'infractions qualifiées « crimes contre l'humanité ». Elles partageant un certain nombre de dénominateurs communs. Avant d'envisager ce qui sépare tous ces crimes, voyons donc ce qui les rapproche.

§1. Les dénominateurs communs

159. Les crimes contre l'humanité peuvent être commis en toute circonstance : en temps de paix, comme en temps de guerre. Ils ont en commun de faire intervenir un ensemble d'individus et de supposer une planification des actes incriminés.

A. Les protagonistes

160. L'étude de la catégorie des crimes contre l'humanité conduit à envisager les victimes et coupables au pluriel.

161. Victimes. – Tout crime contre l'humanité suppose des actes affectant un groupe de personnes. Parler de groupe produit deux conséquences. Cela implique d'abord d'admettre une pluralité de victimes. Cela implique ensuite d'envisager ces victimes collectivement et non individuellement. Elles sont prises en compte abstraitement, du seul fait de leur appartenance au groupe considéré.

Peu importent les différences pouvant exister entre ces victimes puisqu'elles ne sont pas envisagées dans leur individualité. Peu importe également leur nombre : la destruction de toutes ne peut être reprochée à tous. Dans les affaires *Touvier* ou *Papon*, il ne s'agissait pas de reprocher à ces fonctionnaires zélés une participation à la Shoah toute entière mais leur contribution éclairée à un génocide par l'élimination de quelques individus[21].

162. Coupables. – De même, les crimes contre l'humanité s'accomplissent nécessairement à plusieurs. À ce titre, ils postulent une véritable organisation. Néanmoins, aucun chiffre n'est avancé par la loi.

Dans l'affaire *Barbie*, la Cour de cassation a exigé que les actes inhumains et les persécutions qualifiés crimes contre l'humanité aient été accomplis « au nom d'un

21. À titre d'exemple, dans l'affaire *Touvier*, était « seule » en cause l'exécution de sept otages juifs en représailles après l'assassinat d'un membre de la Milice : Cass. crim., 21 oct. 1993, *B.* n° 307.

État pratiquant une politique d'hégémonie idéologique », ce qui découlait d'une interprétation littérale de l'article 6 (c) du Statut du TMIN mais posa difficulté[22]. Le Code actuel n'y fait plus allusion[23], de sorte qu'il n'apparaît plus nécessaire d'établir que les accusés agissaient pour le compte d'un État. Désormais, leur qualité importe peu dès lors que leur participation à une entreprise criminelle commune est établie.

En revanche, cette idée d'« entreprise » exclut que la qualification de crime contre l'humanité puisse être appliquée à une initiative individuelle, quel que soit son résultat dévastateur. Est en cause une infraction collective résultant d'une action planifiée.

B. La méthode

163. Organisation. – Ce n'est pas l'horreur suscitée par une infraction qui en fait un crime contre l'humanité : « traiter un homme de façon inhumaine serait sans doute un crime contre l'humanité de cet homme mais pas contre l'humanité de tous les hommes »[24]. Ce qui est caractéristique des crimes contre l'humanité, c'est la mise à exécution d'un plan concerté[25]. L'existence de ce plan ne constitue que la condition préalable de telles infractions. Elle permet d'échapper à une démarche trop subjective, exclusivement fondée sur le but poursuivi : les atrocités commises doivent pouvoir être rattachées à cet élément qui rend crédible l'entreprise collective et criminelle à la participation de laquelle des sanctions pénales sont attachées[26].

Pour autant, l'idée même de plan s'avère imprécise. Elle évoque une anticipation (chronologie), une répartition des rôles (pas nécessairement une hiérarchie) entre différents intervenants, l'identification d'objectifs à atteindre et sans doute l'évaluation des moyens à mettre en œuvre pour y parvenir. Un groupement, de fait ou de droit, importe moins ici qu'une véritable projection dans le temps des actes à accomplir afin de produire un résultat déterminé. L'exigence préalable d'un tel plan permet aussi de penser l'action de manière réfléchie (préméditée) et méthodique (programmée). Cependant, quel degré de précision attendre ? Exiger que toutes les modalités d'exécution du plan soient d'ores et déjà fixées limiterait considérablement la répression. Il suffit plus vraisemblablement d'un accord de principe sur les fins et moyens à mettre en œuvre. Les modalités pratiques de ce « programme » dépendent ensuite des difficultés rencontrées. Dans la même optique, il ne serait pas pertinent d'exiger une formalisation du plan dès lors que son existence paraît certaine au regard des actes d'exécution observés à la suite. En effet, la formalisation du plan d'action n'est prévue ni dans la Convention sur le crime de génocide de 1948 ni dans les statuts des différentes juridictions pénales internationales.

22. C'est sur ce fondement que, dans l'affaire *Touvier*, la cour de Paris rendit un arrêt de non-lieu (CA Paris, 13 avr. 1992, *Gaz. Pal.* 1992.1, p. 387). La Haute juridiction le cassa en rattachant ces faits au « plan concerté » mis en œuvre par l'Allemagne nazie.

23. Sous réserve de l'infraction de « port ou exhibition d'uniformes, insignes ou emblèmes rappelant ceux d'organisations ou de personnes responsables de crimes contre l'humanité » punie de l'amende prévue pour les contraventions de la 5e classe (C. pén., art. R. 645-1).

24. X. Bioy, *Le concept de personne humaine en droit public*, Dalloz, coll. NBT, 2003, t. 22, p. 640, n° 1212.

25. À ce titre, l'interruption volontaire de grossesse, même encouragée dans le cadre d'une politique de libération de la femme, ne saurait constituer un crime contre l'humanité dans la mesure où elle procède de décisions par nature individuelles : Cass. crim., 31 janv. 1996, *JCP* G 1996, II, 22713, note A. Dorsner-Dolivet.

26. V. la mise en garde de H. Donnedieu de Vabres : « La répression du génocide », *D.* 1948, p. 146.

Le Code pénal consacre tout au plus ici la jurisprudence de la Cour de cassation qui a tenté, en exigeant un plan concerté, d'exprimer la spécificité de cette forme de criminalité. Toutefois, sa portée ne doit pas être exagérée au risque de restreindre abusivement la répression[27].

Néanmoins, on l'a dit, l'exigence d'un plan concerté ne constitue qu'une condition préalable des infractions qui suivent. *A priori*, l'œuvre de planification reste donc impunie si elle n'est pas suivie d'effet : participer à l'élaboration d'un tel plan sans participer ensuite à son exécution (ou provoquer celle-ci) ne relève d'aucune incrimination. Il s'agit au mieux d'un acte préparatoire.

§2. Les actes punissables

164. Les crimes contre l'humanité doivent intervenir en exécution d'un plan concerté. *A priori*, il n'est pas nécessaire que l'exécutant ait participé à l'élaboration du plan dès lors qu'il en connaît l'existence et la finalité. Il faut et il suffit qu'il y adhère et qu'il participe à sa mise en œuvre en connaissance de cause.

A. L'adhésion au plan concerté

165. Projet. – L'adhésion au plan concerté semble résulter de l'économie même des différents textes d'incrimination. Ils exigent, on le verra, que les actes d'exécution aient eu pour objet la mise en œuvre de ce plan. Or, on ne saurait volontairement s'inscrire dans une démarche criminelle sans en accepter le principe et la finalité.

Cela explique sans doute pourquoi a été incriminée distinctement ici une forme particulière d'association de malfaiteurs : en l'absence même de commencement d'exécution, la préparation d'un crime contre l'humanité expose ses auteurs à la réclusion criminelle à perpétuité. Pour caractériser cette infraction, il suffit d'établir « la participation à un groupement formé ou à une entente établie en vue de la préparation, caractérisée par un ou plusieurs faits matériels, de l'un des crimes » contre l'humanité présentés ci-dessous (C. pén., art. 212-3). Cette incrimination doit permettre à l'autorité judiciaire d'intervenir dès le stade des actes préparatoires, c'est-à-dire, ici, dès la transmission aux exécutants du plan concerté et les premières vérifications nécessaires à sa mise en œuvre. Chaque acte témoignant d'une volonté de participer à l'activité du groupe au sein duquel ces vérifications sont menées constitue un crime, indépendamment de tout commencement d'exécution du plan en question. L'objectif est de tenir en échec ce projet en poursuivant ses auteurs avant qu'ils ne le réalisent.

Cependant, un tel objectif aurait pu être atteint sur le fondement de l'article 450-1 du Code pénal. Comment expliquer cette incrimination distincte ? Comment justifier l'alourdissement de la répression qui s'en suit ? Sans doute, le crime envisagé est-il exceptionnellement grave. Toutefois, il reste, à ce stade, hypothétique. Ce qui appelle une répression aggravée paraît être l'adhésion au plan concerté de ceux qui se rapprochent pour préparer son exécution. D'ores et déjà, cet élément essentiel

27. Cette exigence n'apparaît pas dans le statut de Rome. Tout au plus, ce statut évoque-t-il, s'agissant des crimes contre l'humanité autres que le génocide (art. 7), des actes commis « commis dans le cadre d'une attaque généralisée ou systématique », ce qui peut être compris comme la mise à exécution d'un tel plan.

dans la définition des crimes contre l'humanité semble établi, appelant une réprobation totale à l'encontre des conspirateurs. Ils ne peuvent relever du droit commun.

B. L'exécution du plan concerté

166. Présentation. – La consommation des crimes contre l'humanité suppose, au-delà de l'adhésion à un plan concerté, la mise à exécution d'un tel plan. Néanmoins, les auteurs du Code actuel n'ont pas été capables de l'envisager de façon unitaire. Au lieu d'en donner une définition générale, fondée sur des éléments communs qui expriment sa spécificité, ils ont distingué plusieurs comportements, en se contentant de préciser chacun par voie d'énumération. Il s'ensuit des textes complexes et dont l'application pourra se révéler difficile aux nouvelles formes de barbarie que ne manquera pas de générer le progrès technique associé à un discours de haine. Le génocide constitue le crime contre l'humanité par excellence. Mais il n'est pas seul. Le Code pénal incrimine également deux « autres crimes contre l'humanité »[28]. Il s'ensuit que l'on doit à ce titre envisager trois types d'actes : des actes d'anéantissement, des actes d'attaque et, enfin, des actes de guerre aggravés.

Bien entendu, ces crimes constituent des infractions intentionnelles : les auteurs de tels actes doivent avoir la volonté de les accomplir avec la conscience de mettre à exécution, à cette occasion, le plan concerté dont il vient d'être question.

1. Les actes d'anéantissement

167. Dualité. – Les actes d'anéantissement sont envisagés sous la qualification de génocide. Celle-ci s'apprécie à deux niveaux. En effet, le génocide suppose la mise à exécution d'un plan particulier. C'est l'accomplissement de certains actes pour réaliser l'objectif poursuivi par ce plan qui justifie l'application de l'article 211-1, C. pén. À défaut, de tels actes ne relèvent que du droit pénal « commun ».

168. Objectif. – La spécificité du génocide tient à l'objectif particulier du plan qu'il met en œuvre. Ce crime suppose un plan concerté « tendant à la destruction totale ou partielle d'un groupe national, ethnique, racial ou religieux, ou d'un groupe déterminé à partir de tout autre critère arbitraire ».

En premier lieu, l'existence de ce plan doit donc être établie. Peu importe que l'accusé n'ait pas procédé lui-même à son élaboration. Il faut et il suffit de démontrer qu'un plan existe à l'origine de ce qui a suivi.

En deuxième lieu, ce plan doit avoir pour objectif la destruction totale ou partielle d'un groupe de personnes constitué sur la base d'un critère arbitraire. Le critère en question peut tenir à l'origine, aux caractéristiques physiques ou aux convictions réelles ou supposées des personnes en cause. Il ne s'agit pas ici de reconnaître

28. Une telle assimilation est contestée. S'appuyant sur la convention de Rome, un auteur considère que le génocide est d'une nature différente des autres crimes contre l'humanité qui méritent seuls cette qualification car le génocide ne menacerait que les minorités nationales (M. Jacquelin, *L'incrimination de génocide*, LGDJ, coll. Fond. Varenne, t. 62, 2012, p. 108 et s.). Toutefois, amputer l'humanité d'une partie d'elle-même, fût-elle minoritaire, c'est bien y porter atteinte. La place à part qu'occupe le génocide parmi les crimes contre l'humanité suffit à souligner sa dimension discriminatoire.

l'existence de races ou de s'assurer de la pratique d'un culte déterminé. Il s'agit uniquement de vérifier qu'un groupe de personnes a été constitué sur une base illégitime.

En troisième lieu, se pose la question de savoir si l'objectif destructeur poursuivi doit avoir été atteint pour qu'un génocide soit constitué. En d'autres termes, cette infraction est-elle formelle ou matérielle ? S'il ne fait nul doute que des victimes doivent être décédées, blessées, effectivement maltraitées, etc., il ne semble pas que la consommation de l'infraction dépende de l'obtention du résultat redouté (anéantissement total ou partiel du groupe lui-même). En ce sens, le génocide implique la commission d'infractions matérielles, mais il ne relève pas lui-même de cette catégorie.

169. Actes. – Le crime de génocide correspond à la mise à exécution du plan évoqué ci-dessus. Il suppose l'accomplissement d'actes permettant l'élimination d'un groupe de personnes sur le fondement d'un critère arbitraire. L'article 211-1 précise la façon d'y parvenir.

Cette élimination peut prendre la forme d'atteintes volontaires à la vie ou d'atteintes graves à l'intégrité physique ou psychique. Est également pris en compte le fait de soumettre les membres d'un groupe à des conditions d'existence de nature à entraîner la destruction totale ou partielle de ce groupe. Il peut même s'agir de mesures visant à entraver les naissances ou d'un transfert forcé d'enfants, bref tout ce qui empêche la perpétuation d'un groupe de personnes. Ici, l'article 211-1 n'évoque pas d'infractions précises, ce qui permet d'envisager largement les comportements incriminés. Sont visées, sans trop d'égards pour le principe de légalité, toutes les formes d'anéantissement, à court, moyen ou long terme.

Une telle énumération trouve son origine dans la Convention des Nations unies du 9 décembre 1948 dont l'article 2 énumère les moyens de « détruire, en tout ou en partie, un groupe national, ethnique, racial ou religieux » : les premiers actes permettent de faire disparaître individuellement les membres d'un groupe de population déterminé ; les seconds actes empêchent le renouvellement du groupe. Le Parlement français a repris ces formules sans se donner la peine de qualifier pénalement chacun des actes en cause car toute référence au droit commun lui a semblé hors de propos. Le résultat et l'objectif poursuivi sont essentiellement pris en compte : le fait de donner intentionnellement la mort à autrui (meurtre ou empoisonnement), ou de stériliser autrui (violences) peut donc constituer, à lui seul, un crime de génocide lorsqu'il est réalisé en exécution d'un plan qui tend à l'anéantissement d'un groupe de personnes arbitrairement déterminé. *Idem* pour les tortures et actes de barbarie. La solution se comprend moins aisément pour les viols qui sont pourtant fréquemment cités en exemple[29].

170. Participation. – Peu importe que l'agent accomplisse lui-même ou par l'intermédiaire d'autrui l'un des actes en question. En visant le fait de « commettre ou faire commettre » les actes qu'il énumère, l'article 211-1 donne au juge les moyens d'atteindre aussi bien les exécutants que l'instigateur sans qu'il soit besoin de les déclarer respectivement auteurs et complices : l'infraction

29. V. cpdt D. Salas, *La volonté de punir*, Hachette-Littératures, 2007, p. 82, écrivant : « Le crime sexuel dans un crime de masse (le viol comme arme de guerre) en condense les significations : le corps de la femme violée n'est que le moyen de souiller l'identité religieuse ou ethnique de l'ennemi ».

s'applique tant au serviteur zélé qu'à celui qui donne l'ordre de mettre le plan à exécution[30].

S'agissant de l'exécutant, peu importe son statut, officiel ou non. L'autorité hiérarchique qui s'exerce éventuellement sur lui peut être de droit comme de fait car il n'est pas nécessaire que la mise à exécution s'opère dans un cadre étatique. En toute hypothèse, l'autorité exercée sur l'agent ne suffit pas à l'exonérer de sa responsabilité pénale dès lors qu'elle n'équivaut pas à une contrainte.

S'agissant de l'instigateur, peu importe là aussi son statut dès lors qu'il a été en mesure de pousser autrui à réaliser les fins du plan. Il est alors aussi coupable que celui qui s'est mis ou est resté à son service. Ce qui évoque la complicité par provocation. Mais l'assimilation de celui qui fait commettre à celui qui commet va plus loin. En effet, en assimilant au fait de commettre le fait de faire commettre un génocide, le législateur permet d'échapper aux exigences de la complicité. Il s'ensuit une double extension par rapport au droit commun. En premier lieu, les moyens mis en œuvre par l'instigateur semblent ici indifférents (ordres ou menaces, séduction ou manipulation)[31]. Le chef charismatique qui parvient à convaincre autrui de passer à l'acte engage sa responsabilité pénale alors que cette seule action psychologique ne relève pas de la complicité. En second lieu, l'existence d'un acte d'exécution qualifié de façon identique ne semble pas nécessaire : l'instigateur d'un génocide engage sa responsabilité pénale à ce titre même s'il a été assez habile pour manipuler des exécutants auxquels seule une infraction de droit commun peut être reprochée, faute de conscience du plan d'ensemble dans lequel ils ont inscrit leur action. Il ne s'agit donc pas là d'une forme de complicité érigée en infraction autonome. On peut regretter qu'une telle solution n'ait pas été étendue aux autres crimes contre l'humanité.

Un dernier problème doit être évoqué. Il tient à la pluralité d'actes accomplis en exécution du plan concerté. Doit-elle être établie ? Rien n'est moins sûr. Certes, la mise en œuvre de ce plan requiert une pluralité d'exécutants. Mais la sanction de l'un d'eux ne suppose pas démontrée l'infraction des autres dans un système qui reste dominé par le caractère personnel de la responsabilité pénale. Un génocide doit donc pouvoir être relevé dès le premier acte d'exécution. Peu importe qu'un tel acte ne réalise pas, à lui seul, l'objectif poursuivi par les auteurs du plan en vertu duquel il est intervenu.

171. Perception. – Enfin, il est bien entendu que l'instigateur comme les exécutants doivent avoir eu la volonté d'agir en exécution du plan, donc l'intention de détruire, totalement ou partiellement, un groupe de personnes

30. V. not. C. Sevely, « Réflexions sur l'inhumain et le droit, le droit en quête d'humanité », *RSC* 2005, p. 490.

31. Il convient néanmoins d'exclure du champ de cette infraction le recours à la publicité car le législateur incrimine distinctement « la provocation publique et directe, par tous moyens, à commettre un génocide » (C. pén., art. 211-2). Un tel comportement est puni de la réclusion criminelle à perpétuité lorsqu'il a été suivi d'effet (al. 1). Mais, curieusement, l'application d'une période de sûreté de plein droit n'est pas envisagée ici. La provocation non suivie d'effet est, quant à elle, passible de 7 ans d'emprisonnement et 100 000 € d'amende (al. 2). Cette disposition spéciale était suggérée par la convention de Rome. Elle double celle figurant à l'art. 24 de la loi du 29 juill. 1881 sur la liberté de la presse qui, en contrepartie de règles de poursuite particulières et d'une sanction moins élevée, présente l'avantage de s'appliquer à la provocation publique de tous les crimes contre l'humanité. *A priori*, cette provocation doit tendre à concevoir et mettre à exécution un plan génocidaire et non, seulement, à mettre à exécution un plan préexistant (F. Safi, *Le prosélytisme intellectuel et le droit pénal*, LGDJ, coll. Fond. Varenne, vol. 93, 2014, p. 308, n° 456).

identifiées sur la base d'un critère arbitraire[32]. Si la preuve de l'obtention de ce résultat n'est pas nécessaire à la consommation de l'infraction, ses auteurs doivent tout de même avoir cherché à l'atteindre. La volonté de l'agent doit être tendue vers le résultat redouté par le législateur, ce qui implique un dol spécial. Ce n'est pas tout. En effet, ce dol spécial se double ici d'un mobile. Le résultat redouté doit avoir été recherché dans une logique discriminatoire. C'est elle qui fait la spécificité du génocide. Un crime de guerre peut être commis par des moyens comparables mais dans le but de faire avancer les positions d'un État belligérant (C. pén., art. 461-2). Le génocide dépasse, lui, cette préoccupation immédiate. Une logique exterminatrice est mise en œuvre au motif qu'un groupe de personnes ne mériterait pas d'exister : son anéantissement ne repose sur aucun critère légitime.

Il convient donc d'établir la conscience et la volonté qu'avait l'agent d'accomplir chacun des actes qui lui sont reprochables. Mais cela ne peut suffire. Il faut également démontrer que l'agent avait conscience d'inscrire son action dans le cadre d'un plan de destruction concerté dont il a partagé les motivations. Ce qui s'avère délicat. Toutefois, les raisons qui poussent à adhérer à un tel plan ne se distinguent guère des raisons qui poussent à le mettre à exécution : s'il est avéré que l'agent savait dans quel cadre s'est inscrite son action et a persévéré, il doit être possible de lui reprocher d'avoir lui-même recherché l'objectif poursuivi à cette occasion. Son rôle dans la mise à exécution du plan permet ainsi d'établir son intention.

2. Les actes d'attaque

172. Présentation. – À la suite, l'article 212-1 incrimine « l'un des actes ci-après commis en exécution d'un plan concerté à l'encontre d'un groupe de population civile dans le cadre d'une attaque généralisée ou systématique : 1° L'atteinte volontaire à la vie ; 2° L'extermination ; 3° La réduction en esclavage ; 4° La déportation ou le transfert forcé de population ; 5° L'emprisonnement ou toute autre forme de privation grave de liberté physique en violation des dispositions fondamentales du droit international ; 6° La torture ; 7° Le viol, la prostitution forcée, la grossesse forcée, la stérilisation forcée ou toute autre forme de violence sexuelle de gravité comparable ; 8° La persécution de tout groupe ou de toute collectivité identifiable pour des motifs d'ordre politique, racial, national, ethnique, culturel, religieux ou sexiste ou en fonction d'autres critères universellement reconnus comme inadmissibles en droit international ; 9° La disparition forcée ; 10° Les actes de ségrégation commis dans le cadre d'un régime institutionnalisé d'oppression systématique et de domination d'un groupe racial sur tout autre groupe racial ou tous autres groupes raciaux et dans l'intention de maintenir ce régime ; 11° Les autres actes inhumains de caractère analogue causant intentionnellement de grandes souffrances ou des atteintes graves à l'intégrité physique ou psychique ». On est là aussi frappé par la généralité des termes employés qui permet une interprétation encore plus large de l'incrimination. Transposant ici l'article 7 du Statut de Rome, le législateur n'a pas cherché à identifier les qualifications pénales applicables en droit français à ces comportements. Elles ne sauraient dès lors être retenues : l'article 212-1 n'y renvoie pas ; il doit être envisagé de manière autonome.

32. Cass. crim., 16 oct. 2019, *Dr. pén.* 2019, n° 194, obs. P. Conte ; *RSC* 2020, p. 71, note Y. Mayaud.

C'est davantage en droit pénal international qu'il faut rechercher l'interprétation de chacun de ces termes.

A minima, l'acte doit avoir été accompli en exécution d'un plan concerté à l'encontre d'un groupe de population. Mais l'objet de ce plan diffère du précédent : l'objectif n'est plus « la destruction totale ou partielle d'un groupe national, ethnique, racial ou religieux, ou d'un groupe déterminé à partir de tout autre critère arbitraire ». L'objectif est de fragiliser une population civile en participant à « une attaque généralisée ou systématique ». La population civile s'oppose aux militaires (éléments combattants soumis au droit de la guerre) : l'attaque paraît d'autant plus choquante qu'elle vise des personnes sans défense qui ne sont pas autrement identifiées.

Enfin, on observera que la référence à une attaque « généralisée ou systématique », empruntée à la Convention de Rome (art. 7), s'avère elle aussi floue. Elle se distingue mal de l'exigence d'actes commis en exécution d'un « plan concerté ». Elle semble même en découler[33]. En effet, toute attaque généralisée ou systématique suppose au préalable l'élaboration d'un plan. Elle correspond à sa mise à exécution. On ne saurait donc y voir une exigence supplémentaire limitant la répression[34].

173. Spécificité. – Le crime de l'article 212-1 est *a priori* plus facile à établir que celui de l'article 211-1. Une telle qualification servira de repli lorsque l'objectif poursuivi et l'intention génocidaire n'auront pu être démontrés. En effet, on l'a dit, il n'est pas exigé que ce crime « tende » à la destruction totale ou partielle du groupe de population concerné. En revanche, l'infraction paraît matérielle. Sa consommation suppose rapportée la preuve qu'au moins l'un des actes énumérés ci-dessus a bien été commis dans le contexte précité. Il s'agit de soumettre les occupants d'un territoire déterminé[35]. Néanmoins, le législateur ne fait pas référence à ce résultat. On ne saurait donc raisonner par rapport à lui pour conclure là aussi au caractère formel de l'infraction (« tendant à » ou « de nature à »). Le résultat redouté ici est l'un des actes énumérés dès lors qu'il est accompli dans les circonstances précitées. La preuve de l'accomplissement d'un tel acte doit bien évidemment être établie.

174. Dols. – Une telle conclusion retentit nécessairement sur l'élément moral du crime en question.

Dans tous les cas, l'infraction suppose la conscience et la volonté d'accomplir au moins l'un des actes énumérés par l'article 212-1, en exécution d'un plan concerté et dans le cadre d'une attaque généralisée ou systématique. Mais, on l'a vu, cette dernière exigence ne s'imposait sans doute pas car elle découle de la précédente. Il s'ensuit qu'en mettant à exécution le plan concerté, les participants ont nécessairement conscience d'inscrire leur action dans un cadre plus large, celui de l'attaque généralisée ou systématique que ce plan définit. Au cas particulier, il semble que le

33. H. Ascensio, « Une entrée mesurée dans la modernité du droit international pénal », *JCP* G 2010, 910, p. 1693.

34. Inversement, lorsqu'elle est démontrée, cette exigence dispense d'établir le plan concerté en exécution duquel l'acte est accompli (Cass. crim., 16 oct. 2019, *Dr. pén.* 2019, n° 194, obs. P. Conte ; *RSC* 2020, p. 71, note Y. Mayaud).

35. Une telle soumission est obtenue en affaiblissant ses membres par des exécutions sommaires sans menacer nécessairement l'existence du groupe ou en leur imposant un statut inférieur qui légitime les mauvais traitements et les actes les plus abusifs perpétrés contre eux.

législateur ait été impressionné par la place qu'occupe une telle exigence à l'article 7 § 1 du Statut de Rome énumérant des actes commis « en connaissance de cette attaque ». L'article 212-1 y fait également référence dans une formulation plus neutre qui permet au juge d'en retenir la preuve par voie de présomption. Il n'empêche que seul un dol général est alors requis[36].

Aucun dol spécial n'est supplémentairement requis puisque l'objectif de l'attaque (soumettre les habitants d'un territoire déterminé) n'a pas été intégré à l'incrimination.

175. Mobile. – *A priori*, il n'est pas davantage nécessaire d'établir que l'agent était animé d'un mobile particulier : en principe, peu importe qu'il ait agi de la sorte pour des raisons politiques, racistes ou religieuses, etc. En effet, on l'a dit, il suffit que les actes accomplis affectent tout ou partie des membres d'une population civile ; peu importent les spécificités de ceux-ci. Peu importent les raisons pour lesquelles cette population a été ciblée.

Mais cette indifférence au mobile de l'agent connaît une exception dans deux cas particuliers. Ainsi, la persécution n'est prise en compte que si elle est intervenue « pour des motifs d'ordre politique, racial, national, ethnique, culturel, religieux ou sexiste ou en fonction d'autres critères universellement reconnus comme inadmissibles en droit international » (8°). Par ailleurs, les actes de ségrégation doivent être commis « dans le cadre d'un régime institutionnalisé d'oppression systématique et de domination d'un groupe racial sur tout autre groupe racial ou tous autres groupes raciaux et dans l'intention de maintenir ce régime » (10°). Dans ces deux hypothèses, l'agent ne doit pas seulement avoir eu conscience d'obéir à un plan concerté en inscrivant son action dans le cadre d'une attaque généralisée ou systématique ; il doit en avoir compris et accepté la motivation. Ce qui évoque le ressort psychologique du génocide, sachant que l'acceptation par l'agent du cadre dans lequel son action s'est inscrite vaut sans doute preuve de l'acceptation de l'objectif ainsi poursuivi.

Néanmoins, en pratique, si cette preuve devait poser difficulté, il suffirait de caractériser autrement l'infraction pour engager la responsabilité pénale de son auteur. En effet, en cas d'atteintes volontaires à la vie, à la liberté d'aller et de venir ou à la liberté sexuelle, il suffit de démontrer que les faits ont été commis dans le cadre d'une attaque généralisée ou systématique pour établir un crime contre l'humanité. De tels faits (et d'autres aussi peu définis que les « actes inhumains » du 11°) participent à la définition des actes de persécution ou de ségrégation que l'on vient d'évoquer sans nécessiter pour autant la preuve d'un mobile particulier.

3. Les actes de guerre aggravés

176. Assimilation. – Enfin, sont assimilés à ces crimes contre l'humanité les actes d'extermination ou de persécution accomplis, en temps de guerre et en exécution d'un plan concerté, « contre ceux qui combattent le système

36. L'infraction requiert tout au plus « la démonstration de l'existence, en la personne de son auteur, du plan concerté défini par le texte précité » (Cass. crim., 7 sept. 2021, *D.* 2022, p. 45, note L. Saenko ; *JCP* G 2021, 1096, note S. Detraz ; *RSC* 2021, p. 827, obs. Y. Mayaud). Il doit avoir connu l'existence de ce plan et voulu sa réalisation.

idéologique au nom duquel sont perpétrés des crimes contre l'humanité » (C. pén., art. 212-2).

Sans doute perçus comme des terroristes par les autorités à l'origine d'un plan concerté d'extermination ou de persécution, ces combattants ont droit à la même protection que les victimes de l'entreprise criminelle qu'ils combattent. La réaction à leur encontre n'aurait pas dû excéder celle des crimes de guerre soumis au droit « commun », car ils ne sont pas victimes des actes mêmes dont ils essayent d'épargner les populations civiles. Cependant, dès lors que des actes d'extermination ou de persécution ont été décidés à leur encontre en exécution d'un plan concerté, ils sont considérés eux aussi comme victimes d'un crime contre l'humanité[37].

Peu importe que le mobile ait été ici purement idéologique et non plus philosophique, racial ou religieux, comme dans certaines hypothèses précédentes. C'est même parce que ces combattants n'appartiennent pas au principal groupe exterminé ou persécuté qu'une incrimination spéciale s'impose. Elle permet de punir plus sévèrement ceux qui tentent de défendre leur entreprise criminelle en étendant ses effets aux opposants qui la combattent.

177. Justification. – Une telle assimilation est contestée car elle réduit la spécificité des crimes contre l'humanité. C'est une « particularité » française. Le législateur a consacré là une extension de la jurisprudence antérieure ayant permis d'éviter que le sacrifice de beaucoup de Résistants ne reste impuni[38]. En effet, la requalification de ces crimes de guerre aggravés en crimes contre l'humanité permit à la Cour de cassation de les déclarer eux aussi imprescriptibles : la qualification de crime contre l'humanité fut appliquée à la déportation de membres de la Résistance alors « que les crimes "atroces" dont ces personnes ont été systématiquement ou collectivement les victimes étaient présentés, par ceux au nom de qui ils ont été perpétrés, comme justifiés politiquement par l'idéologie nationale-socialiste, et alors que ni les mobiles animant ces victimes, ni leur éventuelle qualité de combattants, ne sauraient exclure l'existence, à la charge de l'inculpé, de l'élément intentionnel constitutif des infractions poursuivies »[39].

Il n'est pas sûr qu'une telle justification, historique, suffise toujours à légitimer cette incrimination complémentaire.

Section 2
Les peines et particularités de la poursuite

178. Pénalités. – La répression est la même quel que soit le crime contre l'humanité considéré. Les personnes physiques sont punies de la réclusion

37. Une autre explication a été avancée : les « héros » de la Résistance ne doivent pas être soumis à des règles moins favorables que les victimes qu'ils ont défendues (J.-M. Chaumont, *La concurrence des victimes*, La Découverte/Poche, t. 124, 2002, p. 36).

38. Cass. crim., 25 nov. 1986, *B.* n° 353.

39. Cass. crim., 20 déc. 1985, *D.* 1986, p. 500, note F. Chapar ; *JCP* G 1986, II, 20655, rapport C. Le Gunehec, concl. H. Dontenwille.

criminelle à perpétuité, avec éventuellement une période de sûreté applicable de plein droit. La qualification de cette peine criminelle (« réclusion ») confirme qu'il ne s'agit pas là d'infractions politiques. Les coupables encourent également les peines complémentaires de l'article 213-1 (interdiction des droits, interdiction d'exercer une fonction publique, interdiction de séjour, et confiscation de tout ou partie des biens leur appartenant ou dont ils ont la disposition) et, lorsqu'ils sont étrangers, l'interdiction du territoire français prévue à l'article 213-2. L'inscription au fichier national automatisé des empreintes génétiques est prévue (CPP, art. 706-55, 2°). Bien entendu, le sens de ces peines interroge[40].

Les personnes morales s'exposent, quant à elles, à l'ensemble des peines fulminées par l'article 131-39 ainsi qu'à la confiscation de leurs biens ou des biens dont elles ont la disposition (art. 213-3, 1° et 2°). Toutefois, cette responsabilité des personnes morales étant empruntée au droit commun, on rappellera qu'elle ne peut frapper l'État, les collectivités territoriales ou leurs groupements – sauf activités susceptibles de délégation hors de cause ici – alors qu'ils peuvent être à l'origine du plan concerté (art. 121-2). Le législateur n'est manifestement pas allé au bout de sa logique. Peuvent essentiellement être mises en cause à ce titre des personnes morales de droit privé à raison de l'action de leurs organes ou représentants. Si on peine à imaginer que des sociétés commerciales, notamment, puissent se rendre coupables de telles infractions, la question d'une éventuelle complicité se pose parfois[41].

§1. Les règles de fond

179. Participation. – La complicité est applicable ici comme en droit commun. Toutefois, la « participation » à l'exécution d'un plan concerté, qui est de l'essence des crimes contre l'humanité, laisse peu de place à des comportements qui seraient accessoires. Celui qui donne des ordres en vue de mettre le plan à exécution est nécessairement auteur d'un crime contre l'humanité[42]. Il en va de même pour celui qui apporte son concours aux actes décrits dans le plan. La complicité semble renvoyer ici à des faits ne présentant plus qu'un lien de causalité certain mais indirect avec le crime lui-même, ce que confirmait le Statut du TMIN en dispensant d'établir que le complice avait adhéré à la politique d'hégémonie idéologique des auteurs principaux ou qu'il avait appartenu à l'une de leurs organisations criminelles[43]. La Cour de cassation a depuis lors confirmé que « l'article 121-7 du code pénal n'exige ni que le complice de crime contre l'humanité appartienne à l'organisation, le cas échéant, coupable de ce crime, ni qu'il adhère à la conception ou à l'exécution d'un plan concerté à l'encontre d'un groupe de population civile dans le cadre d'une attaque généralisée ou systématique, ni encore qu'il approuve la commission des crimes de droit commun constitutifs du crime contre l'humanité » : « il suffit qu'il ait

40. V. aussi H. Arendt, *Le système totalitaire*, Points, 2005, [1948], p. 277, évoquant des « crimes que les hommes ne peuvent ni punir ni pardonner ».

41. Se pose par ex. la question de savoir si le financement du plan concerté peut être reproché à une personne morale sous couvert de complicité des actes d'exécution accomplis à la suite.

42. La solution est consacrée en matière de génocide (« commettre ou faire commettre ») mais pas au sujet des autres crimes contre l'humanité : peu importe. La jurisprudence a toujours envisagé largement la coaction qui n'est pas définie par la loi.

43. Cass. crim., 23 janv. 1997, *D.* 1997, p. 147, note J. Pradel ; *JCP* G 1997, II, 22812, note J.-H. Robert et la critique, surprenante, de J.-P. Delmas Saint-Hilaire : *D.* 1997, chron. p. 249.

connaissance de ce que les auteurs principaux commettent ou vont commettre un tel crime contre l'humanité et que par son aide ou assistance, il en facilite la préparation ou la consommation »[44]. La conscience de s'associer à un crime contre l'humanité suffit donc pour engager la responsabilité pénale d'un complice[45]. Ce qui facilite la répression mais appelle des réserves[46]. La complicité obéit alors à des règles dérogatoires que le législateur contemporain a accentuées.

En effet, pour l'adaptation du droit français au Statut de Rome, notre Parlement a assimilé deux abstentions à des actes de complicité afin de punir leurs auteurs comme s'ils s'étaient rendus eux-mêmes coupables de crimes contre l'humanité. Il s'agit de faire remonter jusqu'au chef militaire ou à l'homme politique la responsabilité des crimes commis par ses subordonnés dès lors qu'il en a été averti et qu'il ne les a pas empêchés, qu'il ne les a pas fait punir ou, à tout le moins, qu'il ne les a pas dénoncés (C. pén., art. 213-4-1). L'objectif est de couper court aux arguties de décideurs qui ont été suffisamment habiles pour effacer toute trace de leur participation à des crimes n'ayant pu se produire sans leur accord. Cet objectif est louable mais, sauf à admettre une présomption de participation à un crime contre l'humanité, il est dommage que le législateur ait parlé ici de complicité[47]. Si un emprunt de pénalité pouvait être utile afin de souligner le lien entre tous ces comportements, une incrimination par renvoi suffisait car, en l'état, c'est moins une intention qu'une négligence ou imprudence qu'il faut relever. On ne saurait présumer sur cette base l'adhésion à un plan concerté. On ne peut dire, faute d'avoir pu le prouver, que l'état d'esprit de ce prétendu complice coïncide avec celui des auteurs principaux. Évoquer ici une complicité paraît donc abusif.

180. Justification. – Le législateur a cru bon d'ajouter que l'auteur ou le complice d'un crime contre l'humanité « ne peut être exonéré de sa responsabilité du seul fait qu'il a accompli un acte prescrit ou autorisé par des dispositions législatives ou réglementaires ou un acte commandé par l'autorité légitime » (art. 213-4). La précision n'était sans doute pas nécessaire s'agissant du commandement de l'autorité légitime qui ne permet aucune justification « si cet acte est manifestement illégal » (art. 122-4, al. 2). Elle s'imposait, en revanche, pour priver de toute vertu exonératoire la loi scélérate imposant de participer à des actes susceptibles d'être qualifiés crimes contre l'humanité.

Les juges doivent, tout au plus, tenir compte des dispositions applicables et ordres reçus lorsqu'ils déterminent la peine et en fixent le quantum[48]. Ce qui ne paraît guère contraignant. En réalité, on peut se demander pourquoi l'exécution

---

44. Cass. crim., 7 sept. 2021, *D.* 2022, p. 45, note L. Saenko ; *JCP* G 2021, 1096, note S. Detraz ; *RSC* 2021, p. 827, obs. Y. Mayaud.

45. Peu importe la logique purement économique de l'agent que la Cour de cassation ravale au rang de simple mobile. À ce titre, seule la contrainte peut faire obstacle aux poursuites s'il est démontré que la société ayant participé au financement du crime n'a pas eu d'autre choix.

46. Notamment parce que la Cour de cassation laisse entendre qu'il y aurait complicité à s'associer à un crime potentiel contre l'humanité. Elle ajoute en effet que « le versement en connaissance de cause d'une somme de plusieurs millions de dollars à une organisation dont l'objet n'est que criminel suffit à caractériser la complicité par aide et assistance ». Or, être complice, ce n'est pas s'associer à un criminel, c'est s'associer à un crime dont l'exécution doit avoir commencé et n'être pas encore achevée.

47. V. cpdt, évoquant « une forme de complicité d'aide ou d'assistance "par collusion" » : A. Mihman, « La répression de la complicité passive », *Gaz. Pal.* 1er nov. 2015, p. 11.

48. Statut du TMIN, art. 7 et 8. – Statut de Rome, art. 33.

d'un ordre manifestement illégal devrait entraîner une réduction de peine. Il ne s'agit sans doute là que d'un simple rappel de l'exigence d'individualisation, le juge étant incité à prendre en compte la position hiérarchiquement inférieure dans laquelle se trouvait l'agent au moment de fixer la sanction.

§2. Les règles de forme

181. Droit commun. – À l'origine, un constat s'imposa : « en l'absence de dispositions légales attribuant compétence à une autre juridiction, la connaissance de ces affaires ne peut revenir qu'aux juridictions de droit commun selon les règles définies par le Code de procédure pénale »[49]. Durant longtemps, ce motif d'un arrêt de la Cour de cassation antérieur au Code actuel, est resté pertinent. En effet, l'incrimination du génocide et des autres crimes contre l'humanité, en 1994, ne s'est pas accompagnée de règles dérogatoires concernant leur instruction et leur jugement. Cela participait de la « normalisation », déjà évoquée, de ces crimes en droit et de leur « banalisation » en fait.

182. Action publique. – Plus récemment, des dispositions spécifiques ont été introduites dans le Code de procédure pénal (CPP, art. 628 et s.). Elles attribuent une compétence concurrente au procureur de la République antiterroriste, au pôle de l'instruction et à la cour d'assises de Paris afin de centraliser les poursuites, pour permettre une spécialisation des magistrats et faciliter la coopération internationale. Les deux premiers exercent alors leurs attributions sur l'ensemble du territoire national. Par ailleurs, les juridictions de l'application des peines de Paris sont seules compétentes pour statuer, quel que soit le lieu de détention ou de résidence des condamnés (CPP, art. 628-7, après avis du JAP territorialement compétent). Enfin, la plupart des règles de procédure applicables à la criminalité organisée sont étendues à la poursuite des crimes contre l'humanité (CPP, art. 628-8). Toutefois, ces dispositions marquent moins la spécificité de tels crimes que leur rattachement à un droit d'exception qui est en passe de devenir le nouveau droit commun. La répression des crimes contre l'humanité n'est pas le moteur d'une telle évolution ; elle la rejoint tardivement. De telles règles de procédure traduisent donc mal l'originalité des crimes en question.

En revanche, le caractère imprescriptible des crimes contre l'humanité a été réaffirmé : cette imprescriptibilité concerne tant l'action publique que les peines (CPP, art. 7, al. 4)[50]. Par ailleurs, la chose jugée pour l'une des infractions de droit commun qui a été le moyen de mettre à exécution le plan concerté caractéristique des crimes contre l'humanité ne fait pas obstacle à la reprise de poursuites de ce chef[51]. Dans l'affaire *Barbie*, il fut également jugé – de manière assez rocambolesque – que le respect des règles extraditionnelles ne s'impose pas dès lors que

49. Cass. crim., 31 janv. 1991, *D.* 1991, p. 259, note A. Braunschweig. – V. aussi Cass. crim., 6 févr. 1975, *D.* 1975, p. 386, rapport F. Chapar et note P. Coste-Floret.

50. Malgré l'écoulement du temps qui rend les preuves difficiles à rapporter, cette imprescriptibilité n'est pas contraire à la Convention : CEDH, irrecev., 23 mars 2010, *Sommer c/Italie*, § 2.

51. Cass. crim., 21 oct. 1993, *B.* n° 307.

« toutes les mesures nécessaires » doivent être prises pour que soit réprimé un crime contre l'humanité[52].

Enfin, au-delà des titres de compétence habituelle de la loi pénale française, celle-ci a été déclarée applicable par les juridictions répressives françaises aux personnes résidant habituellement sur le territoire de la République quand elles se sont rendues coupables à l'étranger soit d'un génocide, soit d'un autre crime contre l'humanité dès lors que, dans cette seconde hypothèse, « les faits sont punis par la législation de l'État où ils ont été commis ou si cet État ou l'État dont la personne soupçonnée a la nationalité est partie à la convention précitée (statut de Rome) » (CPP, art. 689-11). Désormais, cette exigence de double incrimination est interprétée souplement : il suffit que les faits puissent être punis sous une qualification de meurtre ou torture et actes de barbarie dans le pays étranger ; il n'est pas nécessaire qu'ils soient punis sous une qualification impliquant une attaque généralisée ou systématique lancée contre un groupe de population civile en exécution d'un plan concerté[53]. En d'autres termes, peu importe que le nom et la substance des deux infractions soient différents à l'étranger et en France : un juge français peut en connaître sous la qualification de crime contre l'humanité lorsque les conditions de cette qualification sont réunies en droit français s'agissant d'un fait également punissable à l'étranger. En revanche, de telles poursuites ne peuvent être exercées en France qu'à la requête du procureur de la République antiterroriste et à condition qu'aucune juridiction internationale ou nationale ne demande la remise ou l'extradition de l'intéressé. Ce qui restreint considérablement l'application de cette compétence universelle d'un genre particulier[54].

183. Action civile. – Conformément à l'article 10, CPP, lorsque l'action civile est exercée devant la juridiction répressive, elle suit le même régime que l'action publique et s'avère donc également imprescriptible[55].

Les victimes directes peuvent se constituer partie civile et provoquer la mise en mouvement des poursuites[56]. Si elles ne peuvent demander réparation au nom de l'humanité, elles doivent pouvoir être indemnisées des conséquences dommageables de l'acte accompli contre elles en exécution du plan concerté. Elles ne perdent pas ce droit du fait de l'atteinte également portée à un intérêt supérieur, ce qui paraît discutable mais tient à la nécessité de maintenir les prétoires ouverts aux survivants alors que leur action est éteinte à raison des infractions de droit commun ayant permis la réalisation de tels crimes.

Par ailleurs, l'article 2-4, CPP permet à toute association régulièrement déclarée depuis au moins 5 ans, ou fondation reconnue d'utilité publique, qui se propose, par ses statuts, de combattre les crimes contre l'humanité ou les crimes de guerre ou de défendre les intérêts moraux et l'honneur de la Résistance ou des déportés, d'exercer les droits reconnus à la partie civile en ce qui concerne lesdites infractions.

52. Cass. crim., 6 oct. 1983, *D.* 1984, p. 113, rapport C. Le Guhenec ; *JCP* G 1983, II, 20107, concl. H. Dontenwille et note D. Ruzié.

53. Cass., ass. plén., 12 mai 2023, *JCP* G 2023, 624, obs. J. Fernadez et 661, obs. D. Rebut ; *Dr. pén.* 2023, n° 117, obs. P. Conte ; *AJ pénal* 2023, p. 277, note K. Mariat, revenant sur : Cass. crim., 24 nov. 2021, *JCP* G 2022, 66, note D. Rebut ; *AJ pénal* 2022, p. 80, note K. Mariat ; *RSC* 2022, p. 41, obs. P. Beauvais.

54. V. aussi J. Baroudy, « La compétence universelle en mutation », *RSC* 2011, p. 229. – G. Poissonnier, « Série de reculs dans la lutte contre l'impunité des auteurs de crimes internationaux », *Gaz. Pal.* 5 sept. 2010, p. 20.

55. Cass. crim., 1er juin 1995, *Dr. pén.* 1995, n° 273, obs. M. Véron.

56. Cass. crim., 21 oct. 1982, *B.* n° 231. – CA Lyon, 19 mars 1999, *Dr. pén.* 1999, n° 97, obs. M. Véron.

184. Archives. – Les procès pour crime contre l'humanité sont, bien sûr, au nombre de ceux dont « l'enregistrement présente un intérêt pour la constitution d'archives historiques de la justice ». Leur reproduction ou diffusion peut même être autorisée dès que le procès a pris fin par une décision devenue définitive (C. patr., art. L. 222-1, al. 2).

CHAPITRE 2

Les actes de terrorisme

185. Présentation. – Les actes de terrorisme sèment le trouble dans une population afin de remettre en cause la façon dont l'État exerce son autorité. Pour se défendre, l'État a développé des modalités d'intervention variées. Ici plus qu'ailleurs, la police administrative, adossée aux services de renseignement, joue un rôle essentiel afin de prévenir de tels actes[1]. À défaut, c'est-à-dire lorsqu'un passage à l'acte n'a pu être empêché, l'État donne à l'autorité judiciaire des moyens exceptionnels pour identifier l'auteur des faits et, s'il est encore en vie, le sanctionner. Seule la dimension répressive d'une telle réaction étatique sera évoquée ici mais elle n'est pas principale. En effet, en ce domaine, prévaut l'idée qu'il est préférable d'anticiper la commission d'infractions au risque de donner parfois l'impression que sont ainsi remis en cause les droits et libertés de chacun[2].

En toute hypothèse, le pluriel s'impose ici car le terrorisme peut prendre des formes variées. Il s'agit moins d'une infraction que d'une catégorie d'infractions.

Précisons d'abord les comportements incriminés avant d'envisager les modalités de leur répression.

Section 1
Les comportements incriminés

186. On l'a dit, le terrorisme n'est pas une infraction. C'est un phénomène qui peut être réalisé de différentes manières. Le législateur l'envisage

1. V. sur les restrictions à la liberté d'aller et de venir prévues aux art. L. 225-2 et L. 228-2, CSI et sur le gel des avoirs terroristes prévu aux art. L. 562-1 et s., CMF, les contributions de M. Chambon et J. Lasserre Capdeville, *in L'hypothèse de la guerre contre le terrorisme,* Dalloz, coll. T & C, 2017, p. 135 et 148. – V. aussi F. Mallol, « Sur la prévention des actes terroristes », *Gaz. Pal.*, 16 févr. 2021, p. 15.

2. V. sur les dimensions administrative et militaire de la lutte contre le terrorisme : P. Baudouin, « Les libertés à l'épreuve de la lutte antiterroriste », *in Mél. Badinter*, Dalloz, 2016, p. 57. – Des risques de doublon sont parfois dénoncés : v. les interventions d'A. Claeys et R. Ollard, *in L'adaptation des réponses pénales aux formes extrêmes de la criminalité,* PU Poitiers, coll. Travaux ISC, vol. XXXI, p. 173 et p. 200.

largement : il multiplie les incriminations à ce titre[3]. La plupart d'entre elles ont en commun de présenter un lien – plus ou moins direct – avec une « entreprise » dite terroriste. Celle-ci détermine leur qualification ; elle en constitue le dénominateur commun. Envisageons-la en premier lieu ; on évoquera en second lieu les différents actes appelant une sanction lorsqu'ils sont commis dans ce cadre.

§1. Le dénominateur commun

187. Présentation. – Selon l'article 421-1 du Code pénal, « constituent des actes de terrorisme, lorsqu'elles sont intentionnellement en relation avec une entreprise individuelle ou collective ayant pour but de troubler gravement l'ordre public par l'intimidation ou la terreur, les infractions suivantes... ». Ce qui donne aux infractions énumérées à la suite leur caractère d'actes de terrorisme, c'est donc le fait qu'elles sont commises en rapport avec une entreprise individuelle ou collective ayant pour objectif de troubler gravement l'ordre public par l'intimidation ou la terreur. Cet objectif, atteint ou non, est de l'essence du terrorisme. En impressionnant l'opinion publique, les terroristes espèrent faire avancer la cause qu'ils défendent, c'est-à-dire provoquer une réaction de l'État qui leur soit favorable. La finalité de l'entreprise en question est de pousser une population à faire pression sur ses dirigeants pour obtenir un changement de régime, ou à tout le moins, de politique[4].

Dès lors, les victimes importent peu : elles ne sont pas choisies « pour elles-mêmes » mais pour ce qu'elles vont générer d'effroi au sein de la collectivité[5]. Au-delà de ces victimes directes, l'entreprise terroriste doit permettre de frapper l'esprit de chacun en tant que membre du corps social. L'État redoute le sentiment d'insécurité qui peut en résulter. En effet, l'émotion ainsi suscitée risque d'affecter son fonctionnement normal en remettant en cause son autorité. Il s'efforce donc de punir sévèrement tous ceux qui agissent dans ce cadre[6].

L'entreprise en question ne se définit pas de façon organique mais fonctionnelle. Elle suppose un ensemble de moyens réunis pour atteindre une fin particulière, en l'occurrence troubler gravement l'ordre public par l'intimidation ou la terreur. C'est à travers cet objectif particulier que l'entreprise prend un caractère terroriste. Les actes incriminés doivent lui permettre d'atteindre le but ainsi identifié. Le fait qu'une infraction ait été imputable à des personnes ou groupes dont le nom apparaît sur une liste noire du terrorisme au niveau international ne suffit donc pas à lui

3. La Directive 2017/541 du 15 mars 2017 relative à la lutte contre le terrorisme procède de façon comparable. Elle succède à une décision-cadre 2002/475/JAI et modifie une décision 2005/671/JAI qui, tout en subissant l'influence du droit français, l'ont fait aussi considérablement évoluer.

4. V. sur cet élément analysé comme « suite potentielle de l'infraction » : M. Wagner, *Les effets de l'infraction*, LGDJ, coll. Bibl.sc.crim., t. 50, 2011, p. 124, n° 294.

5. V. s'agissant des attentats du 13 nov. 2015 : C. assises Paris, 29 juin 2022, *JCP* G 2022, 954, aperçu C. Ribeyre. – V. s'agissant de l'attentat (1980) de la rue Copernic : Cass. crim., 19 mai 2021, *AJ pénal* 2021, p. 376, obs. E. Clément.

6. V. critiquant néanmoins cette définition : E. Meillan, « Réflexion sur le terrorisme en France », *in Incriminer et protéger*, Dalloz, coll. ICP, vol. 11, 2014, p. 182. – F. Viangalli, « Qu'est-ce que le terrorisme ? », *in Les éclaireurs du pénal*, l'Harmattan, coll. l'Irascible, n° 3, 2012, p. 250. – C. Grewe et R. Koering-Joulin, « De la légalité de l'infraction terroriste à la proportionnalité des mesures antiterroristes », *in Mél. Cohen-Jonathan*, Bruylant, 2004, p. 891.

donner un caractère terroriste : cela ne dispense pas les magistrats d'établir qu'une telle infraction a été commise dans le cadre d'une entreprise terroriste plutôt qu'à des fins privées[7]. À tout le moins, les magistrats doivent rappeler l'objectif poursuivi par l'individu en cause (ou son lien avec un groupe réputé terroriste) en démontrant qu'il est toujours actif : les magistrats démontrent alors concrètement l'entreprise terroriste dans le cadre de laquelle l'acte poursuivi a pu être commis.

188. Caractères. – Ajoutons que la participation à une entreprise terroriste doit être établie au plan tant matériel que moral. L'auteur d'un acte de terrorisme doit avoir intentionnellement inscrit son action dans une telle entreprise.

Sur le plan matériel, cela signifie que l'autorité de poursuites doit pouvoir démontrer que l'infraction s'est inscrite dans un projet qui la dépasse. Elle a été l'un des moyens déployés pour atteindre une fin qui était de troubler gravement l'ordre public. De la même façon, sur le plan moral, l'auteur des faits ne doit pas seulement avoir eu l'intention coupable prévue au titre de l'infraction qui lui est reprochée. Il doit avoir choisi d'inscrire son action dans une entreprise terroriste. Le ministère public doit donc démontrer la conscience et la volonté qu'a eues l'agent de participer à une entreprise ayant pour but de troubler gravement l'ordre public par l'intimidation ou la terreur. S'il n'est pas nécessaire d'établir que l'acte a été directement accompli dans ce but[8], il faut à tout le moins rapporter la preuve de la connaissance par l'agent du contexte dans lequel il a inscrit son acte : l'adverbe « intentionnellement » sert à souligner que le rapprochement de l'infraction commise avec une entreprise terroriste ne doit pas être accidentel ou fortuit. Néanmoins, une telle preuve est assez facile à rapporter. Elle découle par ex. des moyens employés, des lieux et/ou des personnes visés[9]. L'auteur d'un acte aveugle a nécessairement voulu inscrire son action dans une entreprise ayant pour but de jeter l'effroi dans une population donnée[10]. Il en va de même en cas de violences ou destructions visant certains symboles officiels[11].

L'enjeu est essentiel. Pourtant, la Cour de cassation renonce à exercer son contrôle sur ce point[12]. Elle justifie son attitude au motif qu'une telle exigence de participation se manifeste par des éléments de fait qu'elle n'a pas à apprécier. Cela peine à convaincre : si elle n'a pas à connaître des faits, notre Haute juridiction doit tout de même vérifier la qualification qui leur est appliquée. C'est une question de droit ; elle relève de sa mission. En réalité, sa chambre criminelle s'abstient d'effectuer un tel contrôle de qualification pour laisser à l'autorité de poursuite et aux juridictions, notamment d'instruction, la plus grande liberté.

7. V. critiquant la pratique contraire : J. Alix, « Réprimer la participation au terrorisme », *RSC* 2014, p. 851.

8. Cass. crim., 10 janv. 2017, *Dr. pén.* 2017, n° 35, obs. P. Conte ; *AJ pénal* 2017, p. 79, note J. Alix.

9. V. jugeant qu'un acte de terrorisme « implique "un minimum d'organisation" » laissant apparaître le « professionnalisme » de ses auteurs : Cass. 1re civ., 17 oct. 1995, *B.* n° 368.

10. Cass. crim., 7 mai 1987, *B.* n° 186.

11. Cass. crim., 24 sept. 1987, *B.* n° 313.

12. V. admettant que « l'étude de la jurisprudence de la chambre criminelle ne révèle pas de cassation pour défaut de caractérisation de cet élément constitutif de l'infraction » : Cour de cassation, *Rapport annuel 2013*, Doc. fr., 2014, p. 452.

§2. Les actes punissables

189. Le phénomène terroriste est appréhendé par le droit pénal à travers la distinction de trois catégories d'actes : des actes de terrorisme principaux qui correspondent à ce que l'on entend, dans le langage courant, par terrorisme ; des actes de terrorisme accessoires qui correspondent à des anticipations sur les actes de terrorisme précédents ; des actes complémentaires qui, sans être qualifiés ainsi, encouragent le terrorisme ou le permettent. Il convient donc de distinguer.

A. Les actes de terrorisme principaux

190. Les actes de terrorisme principaux sont ceux qui permettent la réalisation des fins poursuivies par l'entreprise terroriste évoquée ci-dessus : ils tendent directement à « troubler gravement l'ordre public par l'intimidation ou la terreur ». Ils sont eux-mêmes de deux sortes. Certains correspondent à des infractions de droit commun requalifiées actes de terrorisme quand elles sont commises dans le cadre d'une entreprise terroriste ; d'autres, correspondent à des faits incriminés pour eux-mêmes lorsqu'ils sont commis dans le cadre d'une entreprise terroriste. Dans la première hypothèse, l'incrimination procède par référence ; dans la seconde hypothèse, elle s'avère autonome.

1. L'incrimination des actes de terrorisme par référence

191. Présentation. – L'article 421-1 contient une énumération, longue et hétéroclite, d'infractions susceptibles d'être qualifiées « actes de terrorisme » lorsqu'elles sont commises dans le cadre d'une entreprise terroriste.

192. Renvoi. – Ces infractions relèvent des trois grandes catégories qu'affectionne le Code pénal : infractions contre les personnes, contre la chose publique ou contre les biens. Ce qui procède d'une conception large du terrorisme : il ne se réduit pas à quelques actes de violence aveugle. Sont énumérées là des infractions de droit commun qui prennent un caractère terroriste compte tenu du projet dans lequel elles s'intègrent.

Parmi les infractions contre les personnes, l'article 421-1 énumère, lorsqu'elles sont commises dans le cadre d'une entreprise terroriste : les atteintes volontaires à la vie ou à l'intégrité des personnes ainsi que les infractions d'enlèvement, séquestration et détournement de moyens de transport (1°).

Parmi les infractions contre la chose publique, l'article 421-1 énumère, lorsqu'elles sont commises dans le même but : différentes infractions en matière de groupes de combat et de mouvements dissous, de recel de malfaiteur et de faux (3°) ainsi que différentes infractions en matière d'armes, de produits explosifs ou substances dangereuses (fabrication, détention, commercialisation, etc.), y compris certains délits de provocation (4°). Mais l'attentat (art. 412-1) qui, dans le langage courant est la manifestation la plus évidente du terrorisme, n'est pas envisagé à ce titre. Sa nature d'infraction politique semble s'y opposer au risque de susciter l'incompréhension[13].

13. J. Alix, *Terrorisme et droit pénal*, Dalloz, coll. NBT, t. 91, 2010, p. 478, n° 606.

Enfin, parmi les infractions contre les biens, l'article 421-1 énumère, lorsqu'elles sont commises dans le même but : les vols, extorsions, destructions, dégradations et détériorations ainsi que les infractions en matière informatique (2°), le recel du produit de l'une des infractions contre les personnes, les biens ou la chose publique énumérées auparavant (5°), le blanchiment en général (6°) ainsi que les délits d'initiés (7°). Au sujet de ces dernières infractions, il est plus difficile de concevoir dans quelles circonstances, elles peuvent présenter une dimension terroriste[14]. Elles interviennent pour l'essentiel *a posteriori* et facilitent le financement de nouveaux actes du même type (l'entreprise terroriste pouvant s'inscrire dans la durée).

En toute hypothèse, on le constate, l'article 421-1 renvoie parfois à des textes précis et, d'autres fois, à des familles d'infraction, ce qui manque de cohérence au plan méthodologique.

193. Répression. – L'article 421-3 se contente d'une élévation générale du niveau des peines privatives de liberté encourues pour les infractions précitées lorsqu'elles ont été commises dans le cadre d'une entreprise terroriste.

Ainsi, lorsque l'infraction de droit commun est punie de 30 ans de réclusion criminelle, la peine est portée à la réclusion criminelle à perpétuité compte tenu de la dimension terroriste qui lui est donnée. Lorsque l'infraction de droit commun est punie de 20 ans de réclusion criminelle, la peine est portée à 30 ans. Lorsqu'elle est punie de 15 ans de réclusion criminelle, la peine est portée à 20 ans. Lorsqu'elle est punie de 10 ans d'emprisonnement, la peine est portée à 15 ans de réclusion criminelle. L'infraction de droit commun change alors de nature, avec toutes les conséquences procédurales qui y sont attachées. Lorsqu'elle est punie de 7 ans d'emprisonnement, la peine est portée à 10 ans d'emprisonnement. Lorsqu'elle est punie de 5 ans d'emprisonnement, la peine est portée à 7 ans d'emprisonnement. Lorsqu'elle est punie de 3 ans au plus, la peine est doublée.

De ce qui précède, il ne faut pas déduire que le terrorisme ne constitue qu'une circonstance aggravante des infractions de droit commun servant à le commettre[15]. Les actes de terrorisme sont incriminés de manière distincte à raison de leur spécificité. La pénalité est tout au plus déterminée par renvoi : la sanction encourue est automatiquement relevée d'un degré par rapport à la sanction encourue pour l'infraction non terroriste de référence.

2. L'incrimination d'un acte de terrorisme à titre autonome

194. Présentation. – Selon l'article 421-2, constitue également un acte de terrorisme le fait « d'introduire dans l'atmosphère, sur le sol, dans le sous-sol, dans les aliments ou les composants alimentaires ou dans les eaux, y compris celles de la mer territoriale, une substance de nature à mettre en péril la santé de l'homme ou des animaux ou le milieu naturel ». Ce fait est trop spécifique pour coïncider avec les différentes infractions de pollution incriminées dans le Code de l'environnement. Aussi, le législateur l'a-t-il défini de façon générale, sans faire référence à aucune infraction préexistante. Partant de là, ce fait

14. V. aussi Y. Mayaud, « La politique d'incrimination du terrorisme à la lumière de la législation récente », *AJ pénal* 2013, p. 444.

15. V. cpdt Cass. crim., 14 nov. 2019, *D.* 2010, p. 204, note P.-J. Delage ; *Gaz. Pal.* 17 déc. 2019, p. 18, note R. Mésa ; *AJ pénal* 2020, p. 83, obs. M. Lacaze, mais cette réponse est déterminée par des considérations procédurales qui auraient dû rester étrangères à la question posée.

n'acquiert une dimension pénale qu'à travers l'entreprise terroriste dans le cadre de laquelle il est commis car ce fait doit lui aussi être commis « intentionnellement en relation avec une entreprise individuelle ou collective ayant pour but de troubler gravement l'ordre public par l'intimidation ou la terreur ».

Pour autant, la preuve d'une atteinte effective à la santé de l'homme ou des animaux ou au milieu naturel n'a pas à être rapportée : il suffit que l'introduction d'une substance néfaste ait été « de nature à mettre en péril »... et à provoquer la terreur ! L'infraction est formelle. Elle reste intentionnelle même si elle évoque, à certains égards, le délit de risques causés à autrui (C. pén., art. 223-1. – v. *infra*, n° 1643). En réalité, il s'agit d'une forme particulière d'empoisonnement qui est néanmoins susceptible de produire un résultat plus large puisque la substance n'est pas nécessairement administrée à autrui[16].

La personne physique déclarée coupable s'expose à 20 ans de réclusion criminelle et 350 000 € d'amende. Toutefois, ces peines sont portées à la réclusion criminelle à perpétuité et 750 000 € d'amende lorsque l'introduction de la substance a provoqué la mort d'une ou plusieurs personnes (art. 421-4). La prise en compte d'un tel résultat suppose bien entendu qu'un lien de causalité certain puisse être démontré entre le fait en question et la mort d'autrui mais aucune intention de tuer ne semble requise au titre de cette circonstance aggravante.

B. Les actes de terrorisme accessoires

195. Le Code pénal qualifie encore « actes de terrorisme » d'autres comportements dont la consommation se situe à un stade antérieur aux précédents. Il anticipe sur d'éventuels passages à l'acte en incriminant à la fois la préparation d'actes de terrorisme et le financement du terrorisme. À ce titre, sous une réserve notable, il n'est pas nécessaire de démontrer que l'acte s'inscrit dans le cadre d'une entreprise ayant pour but de troubler gravement l'ordre public par l'intimidation ou la terreur. Cela ne signifie pas qu'une telle entreprise est indifférente ; cela signifie que de tels actes ne peuvent participer directement à la réalisation de l'objectif qu'elle poursuit. Il n'est donc pas nécessaire de supplémentairement démontrer qu'ils s'inscrivent dans le cadre de cette entreprise.

1. La préparation d'actes de terrorisme

196. Différents actes préparatoires ont été incriminés. Au départ, seule était réprimée l'association de malfaiteurs en vue d'une entreprise terroriste ; désormais un agissement isolé peut également être pris en compte. Une partie de la doctrine dénonce la multiplication de ces « comportements précurseurs »[17] qui permettent d'anticiper sur la commission d'infractions beaucoup plus graves mais qui n'apparaissent, à ce stade, nullement certaines.

16. S. Pellé, « Quelles nouvelles incriminations en matière de lutte contre le terrorisme », *in Le terrorisme*, CRAJ, coll. Le droit en mouvement, t. 6, 2017, p. 66.

17. O. Cahn, « La politique criminelle française en matière de lutte contre le terrorisme », *in Le terrorisme*, préc., p. 23.

a. La préparation à plusieurs d'un acte de terrorisme

197. Entreprise collective. – L'article 421-2-1 incrimine spécifiquement le fait de participer à un groupement formé ou à une entente établie en vue de la préparation, caractérisée par un ou plusieurs faits matériels, d'un des actes de terrorisme évoqué précédemment[18].

Cette disposition particulière permet de soumettre la participation à une association de malfaiteurs au régime procédural propre aux actes de terrorisme sans qu'il soit pour autant nécessaire de démontrer qu'elle s'est inscrite dans le cadre d'une entreprise ayant pour but de troubler gravement l'ordre public par l'intimidation ou la terreur[19]. Une telle qualification prévaut sur toute autre du même type, lorsqu'elle est applicable (v. *infra*, n° 1382). Elle s'avère particulièrement utile pour justifier les gardes à vue et mises en examen suivies de placements en détention provisoire consécutifs au démantèlement de réseaux avant tout commencement d'exécution d'un acte de terrorisme[20]. Elle autorise la police judiciaire à intervenir très tôt, dès le stade des actes préparatoires et la justice à empêcher de nuire des individus aux convictions douteuses mais aux résolutions criminelles encore incertaines. Le droit témoigne ici d'une logique « pro-active » qui permet aux magistrats d'anticiper sur les conditions traditionnelles d'engagement de la responsabilité pénale[21]. L'objectif est de prévenir la commission d'actes graves susceptibles d'ébranler l'ordre public. Encore faut-il que soit établie la participation à un groupement formé ou à une entente établie en vue de la préparation, caractérisée par un ou plusieurs faits matériels, d'un ou plusieurs actes de terrorisme. Or, en pratique, les juridictions ont tendance à édulcorer ces exigences et à considérer que l'infraction est établie dès qu'un individu fait allégeance à une organisation terroriste[22], voire dès qu'un individu entre en contact avec un membre d'une organisation terroriste[23]. Pourtant, à ce stade, peu importent les faits passés imputables à cette organisation. Peu importe également la sympathie manifestée à son égard par l'individu en question. Cela ne suffit pas à établir la participation consciente à un groupement préparant un ou plusieurs actes de terrorisme. Lorsque seule une prétendue radicalisation est mise en avant par les magistrats, ils punissent des individus

18. En pratique, sont concernés les actes les plus graves. En effet, on conçoit mal une association de malfaiteurs terroristes constituée en vue de commettre l'une des infractions à la législation sur les armes et explosifs énumérée à l'art. 421-1 qui correspondent à l'incrimination de manière autonome d'actes là aussi préparatoires (R. Ollard, « L'adaptation du principe de culpabilité aux formes extrêmes de criminalité », *in L'adaptation des réponses pénales aux formes extrêmes de la criminalité*, PU Poitiers, coll. Travaux ISC, vol. XXXI, p. 94).

19. CA Paris, 24 févr. 1999, *Dr. pén.* 1999, n° 98, obs. M. Véron.

20. V. sur l'abus qui peut en être fait : K. Tuil, *La décision*, Folio t. 7185, 2023, p. 35.

21. V. aussi J. Alix, « Quelle place pour le droit pénal dans la lutte contre le terrorisme ? », *in Mél. Guidicelli-Delage*, Dalloz, 2017, p. 428.

22. Cass. crim., 19 févr. 2019, *Dr. pén.* 2019, n° 81, obs. P. Conte.

23. V. reprochant leur participation à une association de malfaiteurs à des individus qui ont eu pour seul tort de rejoindre en Syrie une organisation terroriste : Cass. crim., 20 févr. 2019, *Dr. pén.* 2019, n° 81, obs. P. Conte. – À d'autres individus qui prétendaient ne pas avoir participé aux actions de cette organisation, il a été répondu que l'association de malfaiteurs ne suppose pas « la démonstration de la participation à la préparation ou à la réalisation de certains crimes » car elle « constitue une infraction indépendante, tant des crimes préparés ou commis par certains de ses membres, que des infractions caractérisées par certains des faits qui la concrétisent » (Cass. crim., 12 juill. 2016, *Dr. pén.* 2016, n° 152, obs. P. Conte ; *Gaz. Pal.* 4 oct. 2016, p. 53, obs. S. Detraz ; *AJ pénal* 2016, p. 492, obs. J.-B. Thierry).

plus bêtes que dangereux[24]. À leur égard, faute d'intention démontrée de participer à la préparation d'un acte de terrorisme, les sanctions encourues semblent excessives[25]. Pourtant, les relaxes sont rares sur le terrain du défaut d'intention[26]. On peut le regretter.

En effet, la personne physique à laquelle une telle participation est reprochée s'expose à 10 ans d'emprisonnement et 225 000 € d'amende (art. 421-5, al. 1). Ces peines sont portées à 30 ans de réclusion criminelle et 500 000 € d'amende contre celui qui a dirigé ou organisé le groupement ou l'entente (al. 2). Par ailleurs, la réclusion criminelle est fixée à 30 ans et l'amende portée à 450 000 € dans trois hypothèses. Il en va ainsi lorsque le groupement ou l'entente a pour objet : soit la préparation d'un ou plusieurs crimes d'atteintes aux personnes visés à l'article 421-1, 1°[27] ; soit la préparation d'une ou plusieurs destructions par substances explosives ou incendiaires visées à l'article 421-1, 2° dans des circonstances de temps et de lieux susceptibles d'entraîner la mort d'une ou plusieurs personnes ; soit, enfin, un acte de terrorisme écologique lorsque celui-ci est susceptible d'entraîner la mort d'une ou plusieurs personnes (art. 421-6). Ces peines sont même portées à la réclusion criminelle à perpétuité et 500 000 € d'amende contre celui qui a dirigé ou organisé un tel groupement ou une telle entente (al. 5). Lorsque l'infraction devient ainsi criminelle, sa tentative est punissable, ce qui paraît difficilement concevable.

198. Complément. – À noter que le législateur a complété cette incrimination en punissant de 15 ans de réclusion criminelle et 225 000 € d'amende « le fait, par une personne ayant autorité sur un mineur, de faire participer ce mineur à un groupement formé ou à une entente établie en vue de la préparation, caractérisée par un ou plusieurs faits matériels, d'un des actes de terrorisme mentionnés aux articles 421-1 et 421-2 » (art. 421-2-4-1).

Serait incriminée ici l'incitation d'un mineur à participer à un groupement terroriste. Toutefois, cette infraction se distingue des hypothèses de provocation évoquées à la suite. En effet, peu importe les moyens mis en œuvre pour obtenir du mineur qu'il participe au groupement. Tous sont pris en compte dès lors qu'un majeur a effectivement « fait participer » un mineur à un groupement terroriste. Le majeur répond de la participation du mineur à raison de sa qualité de personne ayant autorité sur lui. Peu importe qu'il s'agisse d'une autorité de droit ou de fait. Il faut et il suffit qu'en cette qualité un acte positif – tendant au recrutement du mineur – puisse lui être reproché. En revanche, ne pas dissuader le mineur, désireux d'imiter ses aînés, de participer au groupement ne suffit pas à caractériser l'infraction.

---

24. Tel individu part en Syrie pour des motifs humanitaires (pour aider les victimes de la répression du régime baasiste). Il est arrêté à la frontière turque sans avoir pu rejoindre la zone de guerre. Mérite-t-il les peines évoquées ci-dessous et le traitement procédural qui précède leur prononcé ?

25. L'Union européenne serait en partie responsable de cette dérive (M. Benillouche, « La réception du droit de l'Union européenne en droit interne concernant le terrorisme », *in La transposition du droit de l'Union européenne dans la loi pénale interne*, Ceprisca, coll. Colloques, 2017, p. 110). – V. aussi, sur la nécessité de revaloriser cet élément subjectif : J. Alix, « Flux et reflux de l'intention terroriste », *RSC* 2019, p. 518.

26. V. cpdt Cass. crim., 5 sept. 2018, *AJ pénal* 2019, p. 37, obs. M. Bendavid.

27. Ce qui n'impliquerait pas la connaissance du projet d'attenter volontairement à la vie ou à l'intégrité physique d'autrui (Cass. crim., 7 oct. 2016, *Dr. pén.* 2016, n° 170, obs. C. Jacobet de Nombel ; *Gaz. Pal.* 22 nov. 2016, p. 24, note R. Mésa ; *AJ pénal* 2016, p. 526, note Y. Mayaud). Mais il est regrettable d'admettre qu'une infraction peut être retenue dans l'ignorance de la circonstance qui l'aggrave.

A priori, la participation du mineur au groupement ou à l'entente doit être établie. L'infraction est matérielle. Peu importe le rôle joué par le mineur dans ce cadre. Il n'est pas nécessaire de démontrer qu'il a lui-même préparé des actes de terrorisme.

b. La préparation isolée d'un acte de terrorisme

199. Entreprise individuelle. – Le fait, pour un individu isolé, de préparer certains actes de terrorisme est également incriminé (art. 421-2-6). Mais le législateur s'est montré ici plus précis. Il a indiqué le but, les moyens et le domaine d'une telle préparation. Toute personne qui se renseigne sur la façon de perpétrer un acte de terrorisme ne tombe pas sous le coup de la loi. Trois conditions doivent être satisfaites.

Pour être punissable, la préparation doit tout d'abord s'inscrire « intentionnellement en relation avec une entreprise individuelle ayant pour but de troubler gravement l'ordre public par l'intimidation ou la terreur ». On retrouve ici une exigence propre aux actes de terrorisme. Elle est exceptionnellement rappelée pour préciser le contexte dans lequel la préparation reprochable à l'individu isolé doit intervenir et souligner sa spécificité. Toutefois, matériellement, l'entreprise étant individuelle, c'est-à-dire propre à l'agent, elle se distingue mal du comportement qui lui est reproché dans ce cadre. Une telle exigence impose essentiellement de rapporter la preuve d'un mobile particulier. Il faut pouvoir établir le but singulier que l'agent poursuit. Sachant que, pour le Conseil constitutionnel, cet élément moral « ne saurait, sans méconnaître le principe de nécessité des délits et des peines, résulter des seuls faits matériels retenus comme actes préparatoires, au titre des 1° et 2° du paragraphe I de l'article 421-2-6 du Code pénal ». Des « faits matériels doivent corroborer cette intention » mais elle doit être établie indépendamment d'eux[28]. En effet, si le dol se déduit en principe de la matérialité des faits imputables à une personne douée d'intelligence et de volonté, il n'en va pas de même des mobiles qui restent extérieurs aux faits. Il faut les établir par ailleurs. Or, c'est bien de mobiles dont il est question ici et non d'intention (comme l'indique abusivement le Conseil constitutionnel). Néanmoins, en l'état du pouvoir souverain des juges du fond, le rappel de cette nécessaire distinction paraît assez illusoire[29].

Pour être punissable, la préparation d'un acte de terrorisme doit ensuite reposer sur deux éléments. Elle doit tout d'abord être « caractérisée par : 1° Le fait de détenir, de se procurer, de tenter de se procurer ou de fabriquer des objets ou des substances de nature à créer un danger pour autrui ». Elle suppose ensuite rapportée la preuve de l'un des quatre « faits matériels suivants : a) Recueillir des renseignements sur des lieux ou des personnes permettant de mener une action dans ces lieux ou de porter atteinte à ces personnes ou exercer une surveillance sur ces lieux ou ces personnes ; b) S'entraîner ou se former au maniement des armes ou à toute forme de combat, à la fabrication ou à l'utilisation de substances explosives, incendiaires, nucléaires, radiologiques, biologiques ou chimiques ou au pilotage d'aéronefs ou à la conduite de navires ; c) Consulter habituellement un ou plusieurs services de communication au public en ligne ou détenir des documents

28. Déc. n° 2017-625 QPC du 7 avr. 2017, *M. Amadou S.*, § 16.

29. V. cpdt Y. Mayaud, « Le terrorisme par entreprise individuelle sous contrôle constitutionnel », *D.* 2017, p. 1134. – N. Catelan et J.-B. Perrier, « L'entreprise individuelle terroriste et les axiomes du Conseil constitutionnel », *D.* 2017, p. 1183.

provoquant directement à la commission d'actes de terrorisme ou en faisant l'apologie ; d) Avoir séjourné à l'étranger sur un théâtre d'opérations de groupements terroristes » (§ I). Là aussi, de telles exigences ne sont pas requises en cas de participation à une association de malfaiteurs. Elles se sont imposées ici pour préciser un comportement qui, à défaut, pourrait sembler ambigu. Afin d'atteindre le « loup solitaire » en voie de radicalisation[30], il importe d'établir que le suspect a inscrit son action dans une logique terroriste et que, à cette fin, soit il disposait déjà, soit il a recherché des produits principalement explosifs, en ayant les moyens de les utiliser ou en cherchant à acquérir les renseignements utiles pour y parvenir. L'apparente complexité de cette incrimination ne devrait pas l'empêcher de s'appliquer dans des hypothèses assez simples : l'individu qui, tentant de se procurer des objets ou substances dangereuses, consulte à cette fin un site terroriste tombe sous une telle qualification[31]. Il suffit d'établir que le site propose par ex. des conseils afin de fabriquer une bombe artisanale en légitimant le recours à cette arme de mort pour que les magistrats puissent déduire de la consultation non accidentelle de ce site par un internaute que celui-ci prépare un acte de terrorisme. Ils en déduiront à la fois la matérialité et l'état d'esprit exigés par le texte d'incrimination[32].

Néanmoins, en dernier lieu, il convient d'observer que le champ de la répression est limité : pour être punissable, cette préparation doit intervenir dans l'une des trois hypothèses visées par la loi. Il faut qu'elle concerne : i) l'un des actes de terrorisme mentionnés à l'article 421-1, 1°, ou ii) l'un des actes de terrorisme mentionnés à l'article 421-1, 2° (destruction, dégradation ou détérioration par substance explosive ou incendiaire réalisée dans des circonstances de temps ou de lieu susceptibles d'entraîner des atteintes à l'intégrité physique d'une ou plusieurs personnes), ou iii) un acte de terrorisme écologique (lorsque sa préparation est susceptible d'entraîner des atteintes à l'intégrité physique d'une ou plusieurs personnes). Cette énumération n'apparaît guère restrictive : tous les actes de terrorisme principaux et assimilés sont concernés[33].

En l'état, les sanctions encourues s'avèrent particulièrement sévères s'agissant d'un acte préparatoire : 10 ans d'emprisonnement et 150 000 € d'amende (art. 421-5, al. 4). Une période de sûreté peut même s'appliquer de plein droit. C'est beaucoup, en l'absence de trouble à l'ordre public, pour quelqu'un qui n'a pas commencé à exécuter l'infraction projetée.

2. Le financement d'actes de terrorisme

200. Présentation. – Selon l'article 421-2-2, « constitue également un acte de terrorisme le fait de financer une entreprise terroriste en fournissant, en réunissant ou en gérant des fonds, des valeurs ou des biens quelconques ou en

30. V. rappelant les justifications de cette réforme : R. Ollard et O. Desaulnay, « La réforme de la législation antiterroriste ou le règne de l'exception pérenne », *Dr. pén.* 2015, étude 1, n° 8. – V. aussi X. Latour, « La lutte contre les sites djihadistes et la liberté de communication », *JCP* A 2018, 2056, n° 3.

31. Le Conseil constitutionnel a exclu que le seul fait de « rechercher » des produits explosifs puisse être pris en compte au deuxième alinéa de ce texte (déc. n° 2017-625 QPC du 7 avr. 2017, *M. Amadou S.*, § 17). Mais, en assimilant au fait de se procurer de tels produits le fait de tenter de se les procurer, le législateur a rétabli l'incrimination dans sa forme initiale (M. Bendavid, « La matière terroriste dans la loi de programmation », *AJ pénal* 2019, p. 194).

32. V. aussi P. Ségur, « Le terrorisme et les libertés sur l'Internet », *AJDA* 2015 p. 160.

33. V. pour une étude détaillée : S. Detraz, « Le délit de préparation d'une infraction en lien avec une entreprise individuelle terroriste », *Gaz. Pal.* 22 févr. 2015, p. 4.

donnant des conseils à cette fin, dans l'intention de voir ces fonds, valeurs ou biens utilisés ou en sachant qu'ils sont destinés à être utilisés, en tout ou partie, en vue de commettre l'un quelconque des actes de terrorisme prévus au présent chapitre, indépendamment de la survenance éventuelle d'un tel acte ». Il s'agit d'atteindre, à défaut des commanditaires, ceux qui – par leur soutien financier – encouragent et permettent la commission d'actes de terrorisme, sans qu'il soit nécessaire de démontrer que de tels actes sont effectivement commis à la suite. Peuvent être appréhendés ainsi non seulement les bailleurs de fonds – y compris les croyants qui, en connaissance de cause, font un don à un lieu de culte apportant une aide quelconque à des individus qui préparent un acte de terrorisme – mais aussi ceux qui gèrent les fonds servant au financement d'une activité terroriste ou qui donnent des conseils pour améliorer son financement[34]. Pour la Cour de cassation, ce texte est « rédigé en des termes suffisamment clairs et précis pour que son interprétation, qui entre dans l'office du juge pénal, puisse se faire sans risque d'arbitraire »[35].

En toute hypothèse, ce délit suppose la conscience et la volonté de financer une entreprise terroriste : l'agent doit avoir « l'intention de voir ces fonds, valeurs ou biens utilisés » ou agir « en sachant qu'ils sont destinés à être utilisés, en tout ou partie, en vue de commettre l'un quelconque des actes de terrorisme ». En revanche, l'autorité de poursuites ne doit pas démontrer que l'agent a intentionnellement participé à une entreprise « ayant pour but de troubler gravement l'ordre public par l'intimidation ou la terreur ». Toutefois, la nuance s'avère bien mince. Certes, il n'est pas nécessaire de prouver ici que l'agent a voulu inscrire son financement dans le cadre d'une entreprise terroriste préexistante mais vouloir financer une entreprise terroriste, c'est vouloir le but qu'elle poursuit, ce qui revient à peu près au même. Aussi, la Cour de cassation juge-t-elle qu'il suffit « que l'auteur du financement sache que les fonds fournis sont destinés à être utilisés par l'entreprise terroriste en vue de commettre un acte terroriste, que cet acte survienne ou non, peu important en outre qu'il n'ait pas l'intention de voir les fonds utilisés à cette fin »[36]. Peu importe que l'auteur du financement ne souhaite pas l'accomplissement d'actes de terrorisme (parce qu'il agit essentiellement dans un esprit de lucre) dès lors que, en aidant financièrement ceux qui commettent de tels actes, il se comporte comme s'il souhaitait leur réalisation. L'arrêt n'appelle aucune réserve sur ce point dès lors que le législateur lui-même semble assimiler deux démarches pourtant différentes au plan psychologique : tant l'intention de voir utilisés les fonds pour commettre un acte de terrorisme que l'acceptation d'un tel risque (dès lors que les fonds ne sont pas directement affectés à ce financement mais simplement versés à une « entreprise » terroriste). Savoir qu'ils vont être mal utilisés et les verser quand même équivaut à vouloir cette mauvaise utilisation. Alors que l'infraction est formelle (elle n'implique pas la preuve d'une utilisation effective des fonds pour financer un acte de terrorisme), le dol spécial de l'agent (volonté d'atteindre le résultat redouté) est déduit de son dol général (conscience qu'un tel résultat peut être atteint).

---

34. Cass. crim., 21 mai 2014, *Gaz. Pal.* 27 juill. 2014, p. 26, obs. E. Dreyer.
35. Cass. crim., 15 juill. 2021, *Dr. pén.* 2021, n° 179, obs. P. Conte.
36. Cass. crim., 7 sept. 2021, *D.* 2022, p. 45, note L. Saenko ; *JCP* G 2021, 1096, note S. Detraz ; *AJ pénal* 2021, p. 469, note J. Lasserre Capdeville.

La personne physique à laquelle le financement d'une entreprise terroriste peut être reproché s'expose à 10 ans d'emprisonnement et 225 000 € d'amende (art. 421-5, al. 1). Une période de sûreté est éventuellement applicable de plein droit. La tentative de ce délit est expressément incriminée (al. 3). Mais si l'acte de terrorisme (projeté) est réalisé, ceux qui l'ont financé en connaissance de cause peuvent être poursuivis comme complices, et punis plus sévèrement à ce titre[37].

C. Les incriminations complémentaires

201. Enfin, il convient de noter que d'autres comportements sont incriminés dans le chapitre du Code pénal consacré aux actes de terrorisme sans se voir appliquer, pour autant, une telle qualification. Il en va ainsi en cas de participation présumée à une entreprise terroriste et pour différentes formes d'incitation au terrorisme. Il n'est plus alors nécessaire d'établir que l'acte a été commis intentionnellement dans le cadre d'une entreprise ayant pour but de troubler gravement l'ordre public par l'intimidation ou la terreur.

1. Le terrorisme présumé

202. Déduction. – Selon l'article 421-2-3, le fait de ne pouvoir justifier de ressources correspondant à son train de vie, tout en étant en relations habituelles avec une ou plusieurs personnes se livrant à l'un des actes de terrorisme, principaux ou accessoires dont il vient d'être question, est puni de 7 ans d'emprisonnement et 100 000 € d'amende.

Compte tenu de la multiplicité des actes incriminés au titre du terrorisme, cette infraction supplémentaire peut s'avérer redoutable : il s'agit moins d'atteindre l'individu en contact avec un poseur de bombe (menant rarement grand train) que l'individu en contact avec une personne qui, de près ou de loin, participe au financement d'une activité terroriste. Il en va par ex. ainsi de la personne qui envisage de commettre un acte de terrorisme sans que la preuve d'actes à tout le moins préparatoires puisse être rapportée. Le seul fait que son activité soit financée (éventuellement depuis l'étranger) par une personne se livrant à des actes de terrorisme laisse entendre qu'elle va commettre ou prépare un acte de terrorisme dès lors qu'elle ne peut justifier de ressources correspondant à son train de vie. Peu importe que, faute de preuves suffisantes, aucun acte de participation au terrorisme ne puisse être reproché à l'individu entretenant d'aussi mauvaises relations. Bien entendu, le ministère public doit pouvoir établir que cet individu connaissait les activités terroristes de ses « contacts ». À défaut, l'élément moral d'une telle infraction n'est pas établi.

La présomption sur laquelle repose cette infraction fait l'objet de critiques. Elles seront étudiées en même temps que le délit général de l'article 321-6 (v. *infra*, n° 887). Une incrimination spécifique est essentiellement maintenue ici pour permettre l'application de règles de poursuite dérogatoires, propres à la lutte contre le terrorisme.

37. À ce titre seulement, une constitution de partie civile est recevable car l'infraction est d'intérêt général (Cass. crim., 7 sept. 2021, préc.). Elle ne fait pas de victime directe. L'association qui prétend agir sur le fondement de l'art. 2-9, CPP, doit donc invoquer un intérêt collectif (Cass. crim., 22 avr. 2020, *AJ pénal* 2020, p. 369, obs. M. Lacaze) et non l'intérêt particulier des individus qu'elle représente.

2. L'incitation au terrorisme

203. Distinction. – Deux comportements distincts seront envisagés sous cette rubrique. En effet, le Code pénal incrimine plusieurs formes de provocation au terrorisme ainsi que l'apologie publique d'un acte de terrorisme. Il s'agit de lutter contre les effets d'entraînement et de contagion qui peuvent en résulter.

a. Les différentes formes de provocation

204. Mandat terroriste. – Le législateur envisage tout d'abord « le fait d'adresser à une personne des offres ou des promesses, de lui proposer des dons, présents ou avantages quelconques, de la menacer ou d'exercer sur elle des pressions afin qu'elle participe à un groupement ou une entente prévu à l'article 421-2-1 ou qu'elle commette un des actes de terrorisme mentionnés aux articles 421-1 et 421-2 » (art. 421-2-4). À l'origine, il s'agissait d'incriminer le « recrutement pour le terrorisme » prévu à l'article 1, 2-b de la décision-cadre 2008/919/JAI du 28 novembre 2008 et de combler ce qui était perçu comme un vide dans la répression. En effet, faute d'acception de la proposition (ou de preuve d'une telle acceptation), l'association de malfaiteurs en vue d'une entreprise terroriste ne peut pas être retenue dans une telle hypothèse[38]. Le comportement incriminé intervient à un stade encore antérieur. Est érigée en infraction autonome la provocation *a priori* non suivie d'effet à l'association de malfaiteurs (en vue d'une entreprise terroriste) ainsi qu'aux actes de terrorisme principaux[39]. Un tel comportement est puni de 10 ans d'emprisonnement et 150 000 € d'amende. Il évoque le « mandat criminel » de l'article 221-5-1.

Toutefois, cette analyse est contredite par le membre de phrase suivant (introduit entre « est puni » et « de 10 ans d'emprisonnement et de 150 000 € d'amende ») : « même lorsqu'il n'a pas été suivi d'effet ». *A contrario*, il faut en déduire que les peines ci-dessus rappelées sont applicables même si la provocation a été suivie de l'acte provoqué. Il ne s'agirait donc pas d'une application du mandat criminel telle que nous l'avons déjà rencontrée (V. *supra*, n° 35). Néanmoins, on hésite à voir dans cet élargissement possible du champ de l'incrimination autre chose qu'une malfaçon législative qui trahit tant l'esprit de l'incrimination que son origine. Ériger en infraction autonome la provocation suivie d'effet ne présente aucun intérêt puisqu'un tel comportement constitue en toute hypothèse un acte de complicité : quelle peine choisir alors entre celles prévues à l'article 421-2-4 étudié ici et celles applicables au délit ou crime provoqué ? Quant à admettre que cette qualification spéciale exclut l'application du mécanisme général de la complicité, cela semble difficile au regard de son résultat contestable : les peines encourues en l'espèce peuvent sembler soit trop sévères par rapport à certains délits en cause, soit pas assez sévères par rapport aux crimes pouvant également être provoqués[40]. Appliquer cette qualification spéciale n'a vraiment de sens qu'en l'absence de suites.

---

38. V. aussi N. Catelan, « Renforcement de la lutte contre le terrorisme », *RSC* 2013, p. 417. – M.-H. Gozzi, « Sécurité et lutte contre le terrorisme », *D.* 2013, p. 196.

39. J. Alix, « La répression de l'incitation au terrorisme », *Gaz. Pal.* 22 févr. 2014, p. 13.

40. T. Herrmann, *Unité d'action et concours d'infractions*, Th. Paris 1, 2022, p. 492, n° 1037.

205. Provocation directe. – Au demeurant, le même problème se pose s'agissant de la provocation directe à commettre un acte de terrorisme pour laquelle il n'est pas précisé qu'elle doit être restée sans suite. En effet, l'incrimination précédente n'ayant pas suffi au législateur, celui-ci menace également de 5 ans d'emprisonnement et 75 000 € d'amende « le fait de provoquer directement à des actes de terrorisme » (C. pén., art. 421-2-5). Dénuée des adminicules de la complicité, cette seconde infraction de provocation accompagne celle d'apologie du terrorisme, ce qui conforte l'idée qu'il s'agit d'atteindre des paroles ou comportements poussant au terrorisme mais indépendamment des conséquences qui peuvent en résulter et qui n'ont pas à être démontrées. On notera tout au plus que cette seconde infraction dispose d'un champ d'application plus large que la précédente puisqu'elle n'est pas réservée à certaines infractions terroristes seulement[41]. Elle sera caractérisée chaque fois qu'un individu aura clairement poussé autrui à commettre un acte de terrorisme, quel qu'il soit[42]. La forme prise par la provocation importe alors peu, ce qui en fait tout l'intérêt : elle peut être individuelle ou collective. Elle n'a pas à être nécessairement publique[43]. En revanche, la réalité de l'incitation doit être établie, ce qui – en l'absence de l'un des adminicules évoqués ci-dessus – s'avère difficile[44].

b. L'apologie du terrorisme

206. Présentation. – Le même article 421-2-5 incrimine aussi le fait « de faire publiquement l'apologie de ces actes [de terrorisme] ». Est alors en cause la publication d'un propos apologétique. Peu importe la forme prise par cette publication : le propos peut avoir été tenu dans un lieu public ou dans un lieu privé ouvert au public[45] ; il peut également avoir été adressé à un nombre indéterminé de personnes non liées entre elles par une communauté d'intérêt *via* un moyen de communication, quel qu'il soit. À l'origine, une telle incrimination figurait dans la loi du 29 juillet 1881 sur la liberté de la presse (art. 24)[46]. En 2014, le transfert de l'apologie publique dans le Code pénal, lorsqu'elle a pour objet un acte de terrorisme, a été critiqué car il a eu pour conséquence d'exclure l'application des règles dérogatoires de poursuites applicables aux infractions de

41. Ces peines sont portées à 7 ans d'emprisonnement et 100 000 € d'amende lorsque les faits ont été commis en utilisant un service de communication au public en ligne. Les responsabilités peuvent alors être arbitrées conformément à la loi régissant ce type de communication (L. 29 juill. 1982, art. 93-3). À noter que différents actes incitant au terrorisme sont également incriminés lorsqu'un tel message est susceptible d'être vu par des mineurs (v. *infra*, n° 1568).

42. Ce qui suppose de faire apparaître que le propos a porté sur un acte devant être accompli « en relation avec une entreprise individuelle ou collective ayant pour but de troubler gravement l'ordre public par l'intimidation ou la terreur » (Cass. crim., 10 janv. 2023, *JCP* 2023, 309, note E. Dreyer ; *Gaz. Pal.*, 16 mai 2023, p. 45, obs. S. Detraz) afin de distinguer cette infraction de la provocation à commettre un crime ou un délit prévue à l'article 24, L. 1881.

43. V. à ce sujet B. de Lamy, « Des actes aux paroles des paroles aux actes », *in Mél. Guidicelli-Delage,* Dalloz, 2017, p. 522.

44. TGI Paris, 18 mars 2015, *JCP* G 2015, act. 363, obs. P. Mbongo.

45. V. admettant la publicité : Cass. crim., 19 juin 2018, *Dr. pén.* 2018, n° 171, obs. P. Conte ; *AJ pénal* 2018, p. 419, obs. J.-P. Vicentini. – V. l'excluant : Cass. crim., 13 déc. 2017, *Dr. pén.* 2018, n° 40, obs. P. Conte. – 11 juill. 2017, *Comm. com. électr.* 2017, n° 89, obs. A. Lepage ; *Gaz. Pal.* 31 oct. 2017, p. 22, note F. Fourment.

46. E. Dreyer, *Droit de la communication*, LexisNexis, 2e éd., 2022, p. 663.

presse[47]. Par ailleurs, les sanctions encourues à ce titre (5 ans d'emprisonnement et 75 000 € d'amende) sont apparues bien sévères et que dire du régime des poursuites propre à la lutte contre le terrorisme ! Cependant, on notera qu'il s'agit moins ici de punir un délit d'opinion qu'une banalisation du terrorisme qui, en valorisant celui-ci, pourrait faire de nouvelles émules[48]. Il s'agit donc de lutter contre un prosélytisme inquiétant. Pour autant, les sanctions applicables n'ont pas été relevées à cette occasion et les dispositions procédurales les plus dérogatoires ne sont pas applicables à la poursuite de ce délit (ni à la poursuite du délit de provocation directe évoqué précédemment)[49]. Cela relativise considérablement les objections formulées contre un tel transfert[50].

En toute hypothèse, la Cour de cassation a précisé que « le délit d'apologie d'actes de terrorisme, prévu et réprimé par l'article 421-2-5 du Code pénal, consiste dans le fait d'inciter publiquement à porter sur ces infractions ou leurs auteurs un jugement favorable, sans qu'il y ait à établir que les propos en cause ont été proférés en relation avec une entreprise individuelle ou collective ayant pour but de troubler gravement l'ordre public par l'intimidation ou la terreur »[51]. Ce dernier membre de phrase s'explique par le fait que l'apologie publique d'un acte de terrorisme n'a pas été qualifiée « acte de terrorisme » à l'occasion de son inclusion dans le Code pénal. Mais il y a plus. Il est essentiel de relever ici que l'apologie est comprise largement. Elle s'entend de toute approbation non seulement d'un acte de terrorisme mais aussi d'un terroriste : la valorisation de ce dernier est interprétée comme légitimant son action[52]. Toutefois, cette approbation d'un acte ou de son auteur ne suffit pas[53]. C'est moins le propos lui-même que la démarche de celui qui l'a publié qui est prise en compte. À ce titre, profitant de l'absence de définition légale de l'apologie, la Cour de cassation exige un élément supplémentaire : l'apologie suppose l'incitation publique à porter un jugement favorable sur un acte de terrorisme ou sur son auteur[54]. En d'autres termes, celui qui prend l'initiative de publier un propos apologétique doit le faire dans le but de convaincre autrui de la pertinence du jugement de valeur qu'il porte sur un acte de terrorisme ou sur celui qui le commet. C'est une exigence de fond complémentaire qui limite le périmètre du délit. Elle présente

47. D. Dassa-Le Deist, « Le délit de provocation et d'apologie des actes de terrorisme », *Gaz. Pal.* 22 févr. 2015, p. 8. – V. Brengarth, « L'apologie et la provocation au terrorisme dans le Code pénal », *JCP* G 2015, 1003.

48. *Contra* T. Besse, *La pénalisation de l'expression publique*, Ifjd, coll. Thèses, 2019, t. 187, p. 86, n° 98.

49. Les règles spécifiques de prescription (CPP, art. 7, al. 2), de garde à vue et de perquisitions (CPP, art. 706-88 à – 94) ne leur sont pas applicables (CPP, art. 706-24-1. – V. aussi P. de Combles de Nayves, « Les restrictions judiciaires à la libre communication en matière de terrorisme », *Gaz. Pal.* 22 févr. 2015, p. 17). – En revanche, l'article 421-2-5-1 permet de punir la manipulation de données informatiques relatives à l'apologie publique d'actes de terrorisme (pour éviter la dissimulation des apologues).

50. Reste en débat la légitimité d'une peine d'emprisonnement à raison de cette infraction de publication : la juridiction de Strasbourg n'en condamne pas le principe mais en admet rarement l'application, même en cas d'aménagement (CEDH, 23 juin 2022, *Rouillan c/France*, § 75).

51. Cass. crim., 11 déc. 2018, *Dr. pén.* 2019, n° 21, obs. P. Conte ; *Comm. com. électr.* 2019, n° 10, obs. A. Lepage.

52. V. déjà Cass. crim., 25 avr. 2017, *Comm. com. électr.* 2017, n° 63, obs. A. Lepage ; *Légipresse* 2017, p. 392, note E. Dreyer ; *Gaz. Pal.* 18 juill. 2017, p. 63, obs. S. Detraz.

53. Il n'en va pas de même en droit de la presse : Cass. crim., 28 avr. 2009, *Dr. pén.* 2009, n° 104, obs. M. Véron. – 12 avr. 2005, *RSC* 2005, p. 583, obs. A. Lepage. – 7 déc. 2004, *D.* 2005, p. 1341, note D. Roets.

54. Définition reprise à son compte par le Conseil constitutionnel, ce qui lui confère une portée supplémentaire : déc. n° 2018-706 QPC du 18 mai 2018, *M. Jean-Marc R.*, § 9.

l'avantage de faire apparaître la dangerosité d'un tel propos : c'est une action, plus qu'une opinion que l'on réprime[55].

Néanmoins, cette exigence complémentaire s'avère d'appréciation délicate. En effet, elle commande de s'interroger sur l'intention du publicateur, c'est-à-dire un élément subjectif et incertain. Souvent, les magistrats se contentent donc d'affirmer que le caractère apologétique du propos laisse transparaître l'intention de valoriser l'acte ou son auteur. Cependant, dans une hypothèse au moins, il a été jugé qu'il n'en va pas nécessairement toujours ainsi : ne se rend pas coupable d'apologie d'un acte de terrorisme l'individu qui, pour accréditer les menaces qu'il profère publiquement, se revendique d'une organisation terroriste. Son objectif n'est pas de valoriser l'action menée par une telle organisation mais de susciter la crainte en détournant à son profit une partie de son caractère effrayant[56]. Cette condition supplémentaire prend alors toute sa portée. Dans une perspective comparable, il conviendrait d'admettre également la légitimité de propos dont la publication intervient à l'occasion d'un débat d'intérêt général pour que soit mieux respectée la liberté d'expression[57]. Peu importe qu'un tel propos ne condamne pas formellement l'acte dont il est question si on ne peut suspecter celui qui le publie d'avoir cherché à valoriser l'auteur dudit acte[58]. En effet, la sanction de l'apologie publique n'apparaît acceptable qu'à partir du moment où elle réalise une véritable provocation à l'approbation[59].

Section 2
Les modalités de la répression

207. On l'a vu, une des caractéristiques des actes de terrorisme est la sévérité des peines principales auxquelles s'exposent leurs auteurs. Mais ce n'est pas tout. D'autres règles de fond s'appliquent également qui durcissent le régime de ces infractions. Par ailleurs, des règles de procédure dérogatoires peuvent être mises en œuvre pour établir les faits et en rechercher les auteurs. Envisageons à la suite ces règles de fond et de forme communes à la plupart des actes de terrorisme[60].

55. Comp. F. Safi, *Le prosélytisme intellectuel et le droit pénal*, LGDJ, coll. F. Varenne, t. 93, 2014, p. 203 et s. – v., aussi, Cass. crim., 23 mai 2023, *Légipresse* 2023, p. 325.

56. Cass. crim., 4 juin 2019, *Comm. com. électr.* 2019, n° 55, obs. A. Lepage ; *Légipresse* 2019, p. 483, note E. Dreyer ; *AJ pénal* 2019, p. 448, obs. M. Bendavid. – V., aussi, Cass. crim., 23 mai 2023, *Légipresse* 2023, p. 325.

57. Ce qui n'est pas le cas pour l'instant : Cass. crim., 27 nov. 2018, *Dr. pén.* 2019, n° 20, obs. P. Conte ; *Comm. com. électr.* 2019, comm. 10, obs. A. Lepage ; *RSC* 2019, p. 116, obs. E. Dreyer.

58. V. déjà Cass. crim., 7 janv. 2020, *D.* 2020, p. 312, note D. Roets ; *Gaz. Pal.* 18 févr. 2020, p. 20, note Y. Mayaud ; *JCP* G 2020, 341, note G. Beaussonie.

59. CEDH, 1er oct. 2013, *Yalçınkaya et a. c/Turquie*, § 35.

60. Il conviendrait d'ajouter à cette présentation les pouvoirs de police dévolus à l'autorité administrative afin de prévenir la commission ou le renouvèlement de telles infractions (v. p. ex. E. Dreyer, « Le blocage de l'accès aux sites terroristes ou pédopornographiques », *JCP* G 2015, étude 423 et « Les restrictions administratives à la liberté d'aller et de venir des personnes suspectées de terrorisme », *Gaz. Pal.* 22 févr. 2015, p. 22. – A. Cappello, « L'interdiction de sortie du territoire dans la loi renforçant les dispositions relatives à la lutte contre le terrorisme », *AJ pénal* 2014, p. 560). Mais ce n'est pas le lieu ici.

§1. Les règles de fond

208. Période de sûreté. – Une période de sûreté est susceptible de s'appliquer de plein droit, en matière de terrorisme, à tous les crimes ainsi qu'aux délits punis de 10 ans d'emprisonnement. Mais, dérogeant au droit commun, l'article 421-7, C. pén. précise que, « lorsque le crime prévu au présent chapitre est puni de la réclusion criminelle à perpétuité, la cour d'assises peut, par décision spéciale, soit porter la période de sûreté jusqu'à trente ans, soit, si elle prononce la réclusion criminelle à perpétuité, décider qu'aucune des mesures énumérées au même article 132-23 ne pourra être accordée au condamné ». Dans une telle hypothèse, la privation de liberté devient incompressible[61]. Par ailleurs, il est indiqué que, « en cas de commutation de la peine, et sauf si le décret de grâce en dispose autrement, la période de sûreté est égale à la durée de la peine résultant de la mesure de grâce ». Autrement dit, la grâce peut affecter la durée de la réclusion criminelle mais pas ses modalités d'exécution.

En marge de ce développement, il faut également ajouter qu'en 2016, par deux fois, le législateur est intervenu pour limiter les possibilités d'aménagement (CPP, art. 720-1, al. 4. – art. 723-1, al. 3) et les crédits de réduction de peine (CPP, art. 721-1-1) applicables à l'auteur d'un acte de terrorisme, ce qui témoigne du fait qu'un tel individu « n'est pas considéré comme amendable »[62]. En conséquence, des règles dérogatoires sont également applicables à la libération conditionnelle des condamnés pour terrorisme (CPP, art. 730-2-1)[63].

209. Peines complémentaires. – Une personne physique dont la responsabilité pénale est engagée sur le fondement des articles 421-1 à 421-6 s'expose également à un suivi socio-judiciaire (C. pén., art. 421-8). Son prononcé est obligatoire, sauf décision spécialement motivée au regard des circonstances de l'infraction et de la personnalité de son auteur. Par ailleurs, sont encourues les peines complémentaires de l'article 422-3 : interdiction des droits (dans la limite de 15 ans en matière criminelle et 10 ans en matière correctionnelle) ; interdiction d'exercer la fonction ou l'activité à l'occasion de laquelle l'infraction a été commise ; interdiction de séjour à titre définitif ou pour une durée de 15 ans en matière criminelle et 10 ans en matière correctionnelle. Une interdiction du territoire français doit être prononcée – à l'encontre de tout condamné de nationalité étrangère – soit à titre définitif, soit pour une durée de 10 ans au plus, sauf si la juridiction en décide autrement compte tenu là aussi des circonstances de l'infraction et de la personnalité de son auteur (art. 422-4). Enfin, une peine de confiscation « générale » peut être prononcée qui porte sur « tout ou partie des biens leur appartenant ou, sous réserve des droits du propriétaire de bonne foi, dont elles ont la libre disposition, quelle qu'en soit la nature, meubles ou immeubles, divis ou indivis » (art. 422-6). Il est également prévu, de façon tout à fait exceptionnelle, que « le produit des sanctions financières ou patrimoniales prononcées à l'encontre des personnes reconnues coupables d'actes de

61. V. sur la possibilité de relèvement tout de même prévue à l'art. 720-5, CPP : E. Bonis-Garçon, « Quelle adaptation des peines et quelle stratégie pénitentiaire dans la lutte contre le terrorisme ? », *in Le terrorisme*, préc., p. 83.

62. V. Malabat, « Les mutations du droit pénal à l'épreuve de la lutte contre le terrorisme », *in L'hypothèse de la guerre contre le terrorisme*, Dalloz, coll. T & C, 2017, p. 187.

63. V. à ce sujet J.-B. Perrier, « Gravité et dangerosité », *in Gravité et droit pénal*, Mare & Martin, 2021, p. 137.

terrorisme est affecté au fonds de garantie des victimes des actes de terrorisme et d'autres infractions » (art. 422-7).

210. Groupement. – Les personnes morales déclarées coupables d'un acte de terrorisme s'exposent à une amende dont le montant est porté au quintuple ainsi qu'à l'ensemble des peines de l'article 131-39 (art. 422-5). Sa dissolution permet, au moins temporairement, de priver les terroristes de leur soutien logistique.

211. Non-dénonciation. – En toute hypothèse, est puni de 5 ans d'emprisonnement et 75 000 € d'amende quiconque n'informe pas les autorités judiciaires ou administratives alors qu'il a connaissance d'un acte de terrorisme dont il est encore possible de prévenir ou de limiter les effets, ou dont les auteurs sont susceptibles de commettre de nouveaux actes qui pourraient être empêchés (art. 434-2. – V. *infra*, n° 1243). Il s'agit d'éviter, autant que possible, la consommation de telles infractions. Les parents et conjoints n'échappent plus à cette obligation[64]. Seules sont « exceptées » les personnes tenues au secret professionnel.

Inversement, mais dans le même but, les articles 422-1 et -2 consacrent des mécanismes d'exemption ou de réduction de peine au profit de repentis qui ont tenté ou participé à un acte de terrorisme et qui ont averti les autorités administratives ou judiciaires afin soit d'empêcher qu'une telle infraction ne se produise, soit d'en limiter les effets.

212. Neutralisation. – Enfin, l'arrêt d'un service de communication au public en ligne peut être prononcé par le juge des référés pour les faits prévus à l'article 421-2-5 du Code pénal (provocation directe au terrorisme et apologie publique de celui-ci). Cela suppose qu'une telle mise en ligne engendre un trouble manifestement illicite, c'est-à-dire que le contenu provoquant ou apologétique du propos s'exprime avec évidence (CPP, art. 706-23). La demande peut être faite par le ministère public ou toute personne physique ou morale ayant intérêt à agir. Il est surprenant que le JLD n'ait pas été désigné à cette fin. Mais l'hypothèse n'est pas restée isolée. C'est de même dans un cadre non répressif que des injonctions de retrait et blocage peuvent être adressées aux intermédiaires techniques sur internet[65].

§2. Les règles de forme

213. Un certain nombre de règles spécifiques ont été introduites aux articles 706-16 et s., CPP pour mieux lutter contre le phénomène terroriste (dispositions également applicables aux infractions connexes)[66]. Elles trouvent leur limite dans la dimension, en partie internationale, de tels comportements qui

64. Toutefois, la réduction du champ de cette immunité en 2016 n'a été déclarée applicable – s'agissant d'une loi pénale nouvelle plus sévère – que pour l'avenir (Cass. crim., 15 févr. 2022, *Dr. pén.* 2022, n° 81, obs. P. Conte ; *Gaz. Pal.*, 19 avr. 2022, p. 18, note A. Gogorza ; *AJ pénal* 2022, p. 143, note J. Alix).

65. V. sur le Règlement (UE) 2021/784 du 29 avril 2021 relatif à la lutte contre la diffusion des contenus à caractère terroriste en ligne : E. Dreyer, *Droit de la communication*, LexisNexis, 2e éd., 2022, p. 415.

66. Le Conseil constitutionnel en a admis la légitimité : déc. n° 86-213 DC du 3 sept. 1986, § 13, 17 et 23.

rend plus que jamais nécessaire la coopération judiciaire entre États[67]. La compétence de la loi pénale française est également élargie en la matière. Il se vérifie ainsi que la finalité terroriste de l'acte n'est pas tant une circonstance aggravante qu'un élément qualifiant impliquant, au-delà d'une répression plus sévère, des règles de poursuite dérogatoires.

A. L'adaptation des règles de procédure

214. Prescription. – En matière de terrorisme, les articles 7 al. 2 et 8, al. 6, CPP portent les délais de prescription de l'action publique et de la peine à 30 ans s'il y a crime et à 20 ans s'il y a délit (sous réserve des délits de provocation et apologie du terrorisme ainsi que du délit consistant à empêcher le blocage de sites qui offrent de tels contenus dont la prescription relève du droit commun).

215. Compétence interne. – L'article 706-17, CPP donne au procureur de la République antiterroriste, au pôle de l'instruction, au tribunal correctionnel et à la cour d'assises de Paris, une compétence concurrente à celle des juridictions normalement compétentes en matière délictuelle ou criminelle[68]. Le procureur de la République antiterroriste et le pôle de l'instruction de Paris peuvent notamment exercer leurs attributions sur l'ensemble du territoire national. Le procureur de la République antiterroriste peut également requérir par délégation judiciaire tout procureur de la République de procéder ou faire procéder aux actes nécessaires à la recherche et à la poursuite d'infractions terroristes dans les lieux où ce dernier est territorialement compétent (CPP, art. 706-17-1). Les juges d'instruction de province peuvent se voir demander par leurs parquets respectifs de se dessaisir au profit de la juridiction parisienne (CPP, art. 706-18).

Enfin, le juge de l'application des peines du tribunal judiciaire de Paris, le tribunal de l'application des peines de Paris et la chambre de l'application des peines de la cour de Paris sont seuls compétents pour prendre les décisions concernant les personnes condamnées pour actes de terrorisme ou infractions connexes. Ils doivent tout au plus solliciter l'avis du JAP territorialement compétent : cette centralisation du contentieux assure l'unité de traitement des condamnés quel que soit leur lieu de détention ou de résidence (CPP, art. 706-22-1).

216. Investigations. – Au stade de l'enquête, de nombreuses dispositions dérogatoires s'appliquent grâce à l'inclusion des infractions terroristes dans la catégorie de la délinquance ou criminalité organisée (CPP, art. 706-73, 11°). Il en va notamment ainsi pour les possibilités de perquisition en enquête préliminaire sans l'accord des intéressés, ou de nuit (hors locaux d'habitation), ainsi que pour les possibilités d'interception de correspondances émises par la voie des communications électroniques et de prolongation de gardes à vue. Toutefois, des dérogations à ces dérogations sont organisées qui, parfois, amplifient

67. Sur le « terrorisme sans frontières », v. not. M. Delmas-Marty, *Le relatif et l'universel*, Seuil, 2004, p. 285-307.

68. D'une manière générale, cette spécialisation est gage d'efficacité. Mais d'aucuns dénoncent « des effets de solidarité susceptibles d'affecter la qualité du contrôle exercé sur la procédure » (O. Cahn, « La politique criminelle française en matière de lutte contre le terrorisme », *in Le terrorisme*, CRAJ, coll. Le droit en mouvement, t. 6, 2017, p. 24). Le rôle de la défense s'avère particulièrement délicat en la matière (J.-F. Blanco, « Le point de vue de l'avocat », *in Le terrorisme*, préc., p. 56).

encore le caractère dérogatoire de telles règles. Ainsi, d'une durée en principe de 96 heures, la garde à vue peut faire l'objet de deux renouvellements de 24 heures portant cette durée à 144 heures, soit 6 jours, sur décision écrite et motivée du JLD en cas d'imminence d'une action terroriste (CPP, art. 706-88-1). De même, en cas d'urgence, s'agissant d'enquêtes préliminaires ouvertes pour faits de terrorisme, le JLD peut autoriser une perquisition de nuit dans des locaux d'habitation (CPP, art. 706-90, al. 2). Par ailleurs, l'article 706-24, CPP permet aux officiers et agents de police judiciaire spécialement chargés de la lutte contre le terrorisme de dissimuler leur identité derrière un numéro d'identification administrative. Ils peuvent également être autorisés à déposer ou comparaître comme témoins sous ce numéro. Leur état civil est ainsi protégé. Mais aucune condamnation ne peut être prononcée sur le seul fondement d'actes de procédure effectués par des enquêteurs dont le nom est masqué.

Au stade de l'instruction, la détention provisoire fait également l'objet de dispositions dérogatoires permettant d'en allonger la durée jusqu'à 3 ans en matière correctionnelle (CPP, art. 706-24-3, al. 2), jusqu'à 4 ans et 8 mois en matière criminelle (CPP, art. 145-2, al. 3). Par ailleurs, là aussi s'appliquent les règles dérogatoires de poursuite propres à la criminalité ou délinquance organisée. Mais, à nouveau, un durcissement de ces règles peut être ponctuellement observé lorsqu'une information judiciaire est ouverte pour un acte de terrorisme. Ainsi, un juge d'instruction peut autoriser des perquisitions de nuit, dans un local d'habitation, lorsqu'une telle opération paraît « nécessaire afin de prévenir un risque d'atteinte à la vie ou à l'intégrité physique » (CPP, art. 706-91, *in fine*). Le droit à la sûreté est menacé dans toutes ces hypothèses mais aussi, et surtout, les droits de la défense sont malmenés car des règles aussi complexes peuvent difficilement être maîtrisées par les avocats qui n'en font pas une application quotidienne[69].

217. Cour d'assises. – Les cours d'assises siègent dans une composition spéciale. Elles comprennent un président et six assesseurs qui sont tous magistrats professionnels (CPP, art. 706-25, renvoyant à l'article 698-6 relatif au jugement des crimes militaires en temps de paix). En effet, il est devenu difficile de constituer des jurys populaires, intimidés par la crainte des représailles, pour juger de tels faits.

Enfin, il est curieusement prévu que, en appel, le procureur général peut se faire représenter par le procureur de la République antiterroriste ou l'un de ses substituts. La spécialisation l'emporte alors sur l'organisation hiérarchique.

218. Action civile. – Lorsqu'elle est exercée devant les juridictions répressives, l'action civile a pour seul objet de mettre en mouvement l'action publique ou de soutenir cette action. Elle ne peut tendre à la réparation du dommage causé par un acte de terrorisme (CPP, art. 706-16-1). L'action civile présente donc ici un caractère purement vindicatif[70]. En effet, les demandes de réparation doivent être adressées au tribunal judiciaire de Paris qui statue, en matière

69. V. aussi O. CAHN, « Réflexions désabusées sur le chapitre I de la loi du 3 juin 2016 », *AJ pénal* 2016, p. 408.

70. La constitution de partie civile peut être déclarée recevable mais pas bien fondée : saisie d'une demande d'indemnisation, la juridiction répressive doit renvoyer l'affaire devant la juridiction civile compétente en la laissant libre de son appréciation sur le fond (Cass. crim., 29 mars 2023, *Dr. pén.* 2023, n° 90, obs. A. MARON et M. HAAS).

civile, séparément de l'action publique (COJ, art. L. 217-6)[71]. Il en va notamment ainsi, mais pas exclusivement, pour les demandes d'indemnisation formées contre le Fonds de garantie des victimes des actes de terrorisme (C. ass., art. L. 126-1 et s.)[72]. Dans une telle hypothèse, la règle *electa una via*, énoncée à l'article 5, CPP n'est pas applicable.

Cela explique peut-être pourquoi, au stade de l'information judiciaire (où il suffit que les circonstances invoquées par la personne lésée permettent au juge d'instruction d'admettre comme possibles l'existence du préjudice allégué et la relation directe de celui-ci avec une infraction à la loi pénale), les Hauts magistrats font une interprétation si large du lien de causalité directe prévu par la loi : est recevable, en sa constitution de partie civile incidente, la personne qui n'a pas été visée par un acte de terrorisme mais qui a été blessée alors qu'elle tentait de neutraliser un terroriste[73].

219. Fichier. – Les condamnations, même non définitives, mises en examen (lorsque le juge d'instruction l'ordonne) ainsi qu'un certain nombre d'autres décisions (françaises ou étrangères), conduisent à l'enregistrement dans un fichier spécial de l'identité et de l'adresse des personnes en cause (CPP, art. 706-25-3 et s.). Il s'agit de prévenir le renouvellement d'infractions terroristes établies ou suspectées (y compris, désormais, en cas de provocation et d'apologie[74]) et, à défaut, d'identifier plus facilement leurs auteurs. Les personnes inscrites doivent justifier périodiquement de leur adresse et de leurs déplacements, ce qui constitue autant de mesures de sûreté[75]. La Cour de cassation a émis des doutes sur le caractère proportionné de telles mesures[76]. Mais le Conseil constitutionnel n'a pas vu où pouvait résider la difficulté[77].

B. L'adaptation des règles de compétence internationale

220. Compétence personnelle. – Un article 113-13 a été introduit dans le Code pénal pour élargir les conditions dans lesquelles la compétence personnelle active de la loi pénale française (entraînant celle des juridictions

71. Une infraction doit néanmoins être caractérisée (Cass. 2e civ., 20 mai 2020, *Gaz. Pal.*, 21 juill. 2020, p. 15, note D. Tapinos). – De surcroît, les seuls témoins, non directement exposés à la scène de violence, ne peuvent prétendre à réparation à ce titre (Cass. 2e civ., 27 oct. 2022, *D.* 2022, p. 2269, note S. Porchy-Simon ; *JCP* G 2022, 1437, note A. Pimbert ; *Gaz. Pal.*, 10 janv. 2023, p. 25, note A. Guégan).

72. J. Knetsch, « L'indemnisation des victimes d'actes de terrorisme », *in Quelles mutations pour la justice pénale du xxie siècle ?*, Dalloz, coll. T & C, 2020, p. 169.

73. Cass. crim., 15 févr. 2022, *JCP* G 2022, 560, note R. Parizot ; *Gaz. Pal.*, 19 avr. 2022, p. 18, note A. Gogorza ; *AJ pénal* 2022, p. 143, note J. Alix. – V. aussi, en matière de recel de malfaiteur terroriste Cass. crim., 15 févr. 2022, *Dr. pén.* 2022, n° 75, obs. A. Maron et M. Haas ; *RSC* 2022, p. 636, obs. P.-J. Delage, qui exclut tout au plus la recevabilité à agir du propriétaire des biens détruits à cette occasion.

74. Ce qui s'imposait, même s'il s'agit là de « signaux faibles de radicalisation » (J.-C. Muller, « Le point de vue du magistrat », *in Le terrorisme,* préc., p. 53). – Toutefois, principe de proportionnalité oblige, les auteurs de telles infractions ne sont pas tenus aux obligations complémentaires énumérées à l'art. 706-25-7, CPP (dern. al.).

75. D. Thomas-Taillandier, « Le nouveau fichier national des auteurs d'infractions terroristes », *AJ pénal* 2015, p. 523.

76. Cass. crim., 29 juin 2021, *Dr. pén.* 2021, n° 154, obs. V. Peltier.

77. Cons. const., déc. n° 2021-936 QPC du 7 oct. 2020, *M. Azziz J.*, § 14.

répressives françaises) peut être retenue. Désormais, elle s'applique à tout crime ou délit qualifié acte de terrorisme par ce même Code alors qu'il est commis à l'étranger par un français ou par une personne résidant habituellement sur le territoire français. De l'emplacement de ce texte, on déduit qu'il importe peu que l'acte en question ne soit pas punissable à l'endroit où il a été commis et, s'il est punissable à cet endroit, il importe peu qu'une décision ait déjà été rendue à son sujet à l'étranger. On en déduit également que la poursuite n'est pas réservée au ministère public ; elle n'est pas subordonnée à une plainte préalable de la victime ou de ses ayants droit ou à une dénonciation officielle de l'autorité du pays où l'acte a été commis. En effet, les articles 113-8 et -9 ne s'appliquent pas dans une telle hypothèse. L'objectif est de permettre aux juridictions répressives françaises de sanctionner, à leur retour, les Français ou résidents français partis s'entraîner à l'étranger dans des camps d'entraînement terroriste (ce qui témoignerait de leur participation à une association de malfaiteurs à caractère terroriste)[78].

221. Compétence universelle. - Par ailleurs, l'article 689-1, CPP ajoute un autre titre de compétence à ceux dont dispose déjà la loi pénale française. Il permet de poursuivre et de juger en France, en vertu de la loi française, toute personne qui se trouve sur le territoire de la République et qui s'est rendue coupable, hors de ce territoire, d'infractions énumérées par des conventions internationales auxquelles la France est partie. Il en va particulièrement ainsi, en vertu de l'article 689-3 du même Code, pour un certain nombre d'infractions énumérées dans deux textes européens pris afin de lutter contre le terrorisme. Il en va de même, en vertu des articles 689-9 et -10, pour les infractions énumérées dans deux conventions internationales faites à New York en 1998 et 2000 afin de mieux lutter contre les attentats et le financement du terrorisme.

Le seul élément de rattachement avec la France est alors la présence du responsable supposé d'actes de terrorisme sur le territoire français : peu importe qu'aucun fait constitutif de l'infraction ne puisse être localisé dans notre pays. Peu importe que ni l'auteur ni les victimes ne soient français. La France ne saurait être un sanctuaire pour les terroristes ; la solidarité internationale lui impose de juger tous ceux qui sont présents sur son territoire. *A priori*, c'est la loi pénale française qui est alors appliquée à une infraction commise à l'étranger, par un étranger, contre des étrangers, ce qui n'apparaît guère conforme au principe de légalité (comment justifier l'application d'une loi qui n'est pas en vigueur à l'endroit où les faits ont été commis ?). En toute hypothèse, dans ce cas comme dans le précédent, l'effectivité de cette compétence universelle est remise en cause par la difficulté à obtenir la preuve d'actes effectivement commis à l'étranger. La coopération judiciaire internationale n'est pas toujours aisée avec un pays lointain dévasté par le terrorisme.

78. V. aussi J. Alix, « Fallait-il étendre la compétence des juridictions pénales en matière de terrorisme ? », *D.* 2013, p. 518 et D. Brach-Thiel, « Le nouvel art. 113-13 du Code pénal, contexte et analyse », *AJ pénal* 2013, p. 90.

DEUXIÈME PARTIE

LES ACTES DE PRÉDATION

222. Au sens figuré, la prédation revient à prendre ce qu'autrui ne veut pas donner. Une telle approche repose sur deux éléments : est d'abord en cause le fait de s'emparer de quelque chose ; est ensuite en cause le fait d'agir contre la volonté d'autrui. Un lien évident existe entre les deux : l'action du prédateur pose problème parce qu'il agit sans droit. Or, une telle démarche se retrouve en d'assez nombreuses infractions. C'est le cas en matière sexuelle où l'agent s'arroge un avantage sur le corps d'autrui auquel il ne peut prétendre sans son consentement. C'est aussi le cas pour certaines appropriations forcées lorsque l'agent s'empare d'un bien dont il ne peut librement disposer. C'est enfin le cas pour les actes d'indiscrétion, lorsqu'une personne accède à une information sur autrui qui aurait dû rester secrète et en fait usage à son insu.

Titre 1
Les agressions sexuelles

223. Il existe une liberté sexuelle, qui ne livre pas l'homme à ses plus bas instincts, mais lui impose de les maîtriser. Le droit interne français n'ose pas se l'avouer[1]. Mais cette liberté dispose désormais d'un fondement européen sous couvert de protection de la vie privée[2]. C'est la liberté d'entretenir des relations sexuelles, au moment de son choix, et avec le/la partenaire de son choix[3]. Une telle liberté mérite l'attention du droit car, lorsqu'il en abuse, un individu méconnaît nécessairement la liberté d'un autre[4]. L'abus naît de ce que, en passant outre le défaut de consentement d'autrui, l'agent porte alors atteinte au respect dû à sa personne[5]. Le législateur n'hésite donc pas à incriminer cette première forme de prédation[6]. Il le fait en distinguant deux comportements de gravité différente : le viol et les autres agressions sexuelles. Ces comportements se distinguent par la nature des actes imposés à autrui. En revanche, le même mode opératoire est suivi dans les deux cas : le consentement d'autrui est forcé ou vicié grâce à l'emploi de certains moyens énumérés par la loi. Le recours à l'un de ces moyens doit être établi pour écarter toute discussion sur la licéité de l'acte accompli. On évoquera donc, en premier lieu, ces moyens de porter atteinte à la liberté sexuelle d'autrui. On étudiera en second lieu les

1. À l'origine, le viol et les autres agressions sexuelles ont été incriminés essentiellement pour prévenir les grossesses illégitimes et protéger l'honneur des familles (C. Bouglé-Le Roux, « Les atteintes portées aux femmes dans le Code pénal de 1810 », *in Le droit face aux violences sexuelles et/ou sexistes*, Dalloz, coll. T & C, 2021, p. 19).

2. CEDH, 17 févr. 2005, *K. A. et A. D. c/Belgique*, qui déduit le « droit d'entretenir des relations sexuelles » de l'autonomie personnelle (§ 83), garantie par l'art. 8, Conv. EDH, et juge « que le droit pénal ne peut, en principe, intervenir dans le domaine des pratiques sexuelles consenties qui relèvent du libre arbitre des individus » (§ 84). En revanche, le droit pénal doit garantir l'intégrité du consentement (v. aussi E. Birden, *La limitation des droits de l'homme au nom de la morale*, LGDJ, coll. Varenne, t. 120, 2015, p. 347 et s.).

3. V. sur le statut de cette liberté : D. Roman, « Le corps a-t-il des droits que le droit ne connaît pas ? », *D.* 2005, p. 1508.

4. V. aussi J.-P. Marguénaud, « Liberté sexuelle et droit de disposer de son corps », *Droits*, t. 49, 2009, p. 20. – C. Courtaigne-Deslandes, « À la recherche du fondement des infractions sexuelles contemporaines », *Dr. pén.* 2013, étude 5.

5. V. rattachant la lutte contre les violences sexuelles à la protection de la « dignité des personnes » et justifiant, en conséquence, la constitution de partie civile d'une association : Cass. crim., 23 mars 1982, *B.* n° 83.

6. V. aussi A. Darsonville, « Le surinvestissement législatif en matière d'infractions sexuelles », *in Violences sexuelles*, APC 2012, t. n° 34, p. 33.

caractéristiques propres à ces différentes formes d'abus : au viol, d'abord puis aux autres agressions sexuelles.

CHAPITRE 1

Les moyens de l'agression

224. Préalable. – Le comportement de l'agent est incriminé, sous la qualification générale d'agression sexuelle, car il passe outre le consentement d'autrui.

A minima, cela implique qu'autrui existe encore. La victime devait être vivante au moment des faits pour que la question de son consentement se pose. Il n'y a pas agression sexuelle sur un cadavre[1]. La solution est logique dès lors qu'il y va du respect de la personne d'autrui. Toutefois, on peut se demander si ce comportement ne pourrait être sanctionné – aujourd'hui – comme infraction impossible sous couvert de tentative de viol. Mais un tel raisonnement supposerait que l'agent ait cru la victime encore vivante au moment des faits, ce qui n'apparaît guère crédible. De plus, et en toute hypothèse, la solution ne respecterait pas le principe de légalité : l'acte, on le verra, doit être « imposé » à autrui. Or, on n'impose rien à un cadavre puisqu'il ne peut rien refuser. Sous cet aspect, l'existence d'autrui est un préalable à la démonstration tant de l'infraction consommée que de l'infraction tentée. Ce qui empêche de punir, sous couvert de tentative, le prétendu viol d'un individu décédé.

Peu importe, en revanche, que la victime ait été consciente ou non au moment des faits. On ne saurait ignorer cette exigence de consentement sous prétexte que la victime est simple d'esprit ou *infans*, de sorte que les actes accomplis n'ont pas de signification pour elle. Amenée à subir des actes sexuels, la personne privée de discernement est nécessairement victime d'une agression sexuelle dès lors qu'elle ne peut donner un consentement valable à de tels actes.

225. Adminicules. – En l'occurrence, l'article 222-22 du Code pénal débute de la manière suivante : « constitue une agression sexuelle toute atteinte commise avec violence, contrainte, menace ou surprise... » (al. 1). Lorsqu'un acte sexuel est accompli en utilisant l'un de ces moyens, il y a infraction car l'agent a nécessairement outrepassé les limites de sa liberté : violence, contrainte, menace et surprise témoignent en effet d'un abus[2]. La solution présente l'avantage de la sécurité juridique pour celui qui pourrait être amené à rendre des comptes : en principe, il n'y a pas agression sexuelle au seul motif que la

1. Cass. crim., 30 août 1877, *B.* n° 212. – V. aussi Cass. crim., 13 juill. 1965, *B.* n° 175.

2. Le flou de ces notions aurait pu être discuté au regard de l'article 7, Conv. EDH. Toutefois, la juridiction de Strasbourg a refusé d'ouvrir ce débat (CEDH, 27 sept. 1995, *G. c/France*, § 25). Notre Cour de cassation en a profité pour dire n'y avoir lieu à renvoi au Conseil constitutionnel de plusieurs questions prioritaires à ce sujet (Cass. crim., 7 août 2013, *Dr. pén.* 2013, n° 151, obs. M. Véron. – 3 oct. 2012, *Gaz. Pal.* 8 févr. 2013, p. 29, obs. E. Dreyer).

victime paraît crédible lorsqu'elle prétend ne pas avoir consenti à l'acte[3]. Peu importe que l'agent ne puisse pas justifier du consentement de son/sa partenaire. Il appartient au ministère public d'établir qu'un tel consentement faisait défaut parce qu'un moyen, incompatible avec l'expression d'une volonté libre et éclairée, a été employé[4]. La partie poursuivante doit démontrer que l'un des adminicules énumérés à l'article 222-22 a été utilisé. Il s'ensuit notamment que le partenaire qui, sans adhérer à l'acte, accepte de le subir tout en se convainquant qu'un tel acte lui répugne, ne peut s'estimer lésé *a posteriori*. Peu importe que l'autre ait voulu cet acte plus que lui ; peu importe que l'acte n'ait pas tenu toutes ses promesses ; peu importe même que l'acte ait été vécu comme une obligation[5]. S'il n'est pas possible de démontrer que l'un des moyens visés par la loi a été employé, il ne peut y avoir en principe viol ou autres agressions sexuelles.

Le défaut de consentement n'est donc pas pris en compte d'une manière générale. Il doit être prouvé dans des hypothèses particulières. Ce principe ne connaît qu'une seule exception : selon l'article 222-22, al. 1, constitue également une agression sexuelle l'« atteinte sexuelle..., dans les cas prévus par la loi, commise sur un mineur par un majeur ». Dans certains cas, en effet, lorsque l'atteinte sexuelle est commise par une personne majeure sur une personne mineure, elle peut être qualifiée agression sexuelle sans qu'il soit nécessaire d'établir l'emploi de la violence, contrainte, menace ou surprise. C'est là l'exception qui confirme la règle.

Distinguons donc ce qui relève des agressions prouvées puis ce qui relève de l'agression présumée.

Section 1
L'agression prouvée

226. En principe, une agression sexuelle suppose rapportée la preuve de ce qu'un acte sexuel a été imposé à autrui par violence, contrainte, menace ou surprise. Il s'agit là d'exigences de fond qui n'ont pas toujours été bien comprises, ce qui a amené le législateur à multiplier les directives d'interprétation.

3. Cass. crim., 25 janv. 2023, *JCP* G 2023, 454, note M. Bouchet ; *Gaz. Pal.*, 21 mars 2023, p. 21, note M. Mathieu et L. Saenko ; *AJ pénal* 2023, p. 138, obs. C. Liévaux.

4. Ce qui évite de fonder la répression sur les seules accusations de la victime dont la parole peut s'avérer fragile (Cour de révision et de réexamen, 15 déc. 2022, *AJ pénal* 2023, p. 81, note J.-B. Perrier).

5. V. admettant que le consentement peut être influencé par des facteurs variés (économiques, sociaux, émotionnels, etc.) mais qui sont trop incertains pour le remettre en cause devant un juge : R. Ogien, *L'éthique aujourd'hui*, Folio, coll. Essais, t. 485, 2007, p. 174. – Néanmoins, les féministes contestent cette approche qui permettrait de maintenir une domination masculine sur la société (C. MacKinnon, « Sexualité », *in Le féminisme irréductible*, Édition des femmes, 2005, p. 22). Le problème est celui d'actes sexuels formellement acceptés mais non réellement consentis (V. aussi C. Saas, « Quand céder n'est pas consentir », *in Mél. Danet*, Dalloz, 2020, p. 133). Or, contrairement à ce qu'indique une analyse caricaturale d'une jurisprudence dépassée, les magistrats contemporains apportent à cette difficulté une solution adéquate en mobilisant le concept de « surprise » (V. *infra*, n° 229). Le droit interne ne saurait donc être condamné par principe en comparaison de solutions différentes à l'étranger (V. pourtant J. Portier et F. Sobry, « Les enjeux d'une exigence de consentement sexuel explicite en droit pénal français », *AJ pénal* 2019, p. 431).

Tentons de préciser chacun de ces termes avant d'envisager les indications supplémentairement données aux juges.

§1. Les exigences de fond

227. Il convient de distinguer, au sein de l'énumération des moyens d'agresser autrui faite par l'article 222-22, ceux qui permettent de forcer son consentement (violence, contrainte, menace) de celui qui permet de le vicier (surprise).

228. Consentement forcé. – La violence citée en premier correspond à toutes formes de pression physique exercée sur autrui par l'agent pour assouvir son instinct sexuel[6]. Peu importe l'atteinte à l'intégrité d'autrui pouvant en résulter car il ne s'agit pas, ici, de sanctionner le comportement envisagé sous la qualification de « violences » au pluriel. À l'opposé, la contrainte correspond à une pression morale exercée sur la victime. Cette contrainte résulte, la plupart du temps, d'un abus d'autorité qui pousse autrui à se soumettre à une activité sexuelle déterminée[7]. La jurisprudence sur ce point a été partiellement consacrée par le législateur (art. 222-22-1)[8]. La menace évoquée ensuite peut être entendue comme tout comportement de nature à susciter la crainte, chez autrui, d'un dommage pour lui, ses proches ou ses biens[9]. Cette menace ne se distingue des menaces incriminées au pluriel que par le but spécifique dans lequel elle est exercée : elle est utilisée ici pour forcer la victime à « consentir » à un acte sexuel[10]. Il s'agit en réalité d'une pression morale exercée sur autrui qui... ne se distingue guère de la contrainte !

À travers ce triptyque, le législateur a entendu identifier différents moyens permettant de forcer le consentement de la victime à l'acte sexuel. Peu importe qu'ils passent par une emprise physique (violence) ou psychique (contrainte, menace). Il est acquis, lorsque l'un de ces moyens a été employé, que le consentement n'a pas été libre. En réalité, il n'y a pas eu de consentement du tout.

229. Consentement vicié. – Mais, à ces trois premières hypothèses, il faut en ajouter une quatrième dans laquelle le consentement apparemment libre n'est pas pour autant valable car il n'a pas été donné de manière éclairée : celle de la surprise. Celle-ci revient « à obtenir des faveurs sexuelles en trompant la victime sur la situation réelle ou en abusant de sa difficulté à

---

6. Cass. crim., 22 févr. 1984, *B.* n° 71.

7. V. admettant que se trouve en situation de contrainte, tant physique que morale, la femme victime d'attouchements par un thérapeute qui ne respecte pas les règles de son art : Cass. crim., 3 mars 2021, *Gaz. Pal.*, 11 mai 2021, p. 53, obs. E. Dreyer.

8. Le premier alinéa de l'art. 222-22-1 dispose que la contrainte « peut être physique ou morale », ce qui s'accorde mal avec la distinction précédemment établie. En réalité, il faut comprendre que cette pression morale peut avoir un retentissement physique (dépression) ou non (simple crainte). Les alinéas suivants du même texte évoquent des hypothèses particulières de contrainte exercée à l'encontre d'un mineur qui n'impliquent aucune atteinte à son intégrité physique ou psychique (v. *infra*, n° 232). Ce texte passe pour être purement interprétatif (Cass. crim., 25 mai 2016, *AJ pénal* 2016, p. 444, obs. J.-B. Thierry ; *Gaz. Pal.* 19 juill. 2016, p. 48, obs. S. Detraz ; *RSC* 2016, p. 268, obs. Y. Mayaud).

9. À ce titre, il a été jugé que « la menace n'est qu'une forme de la contrainte » : Cass. crim., 14 oct. 1998, *B.* n° 263. – Elle peut aussi résulter d'une « proximité relationnelle et affective » avec la victime la « plaçant dans une situation de dette » : Cass. crim., 18 févr. 2015, *Dr. pén.* 2015, n° 63, obs. M. Véron.

10. Cass. crim., 11 févr. 1992, *Dr. pén.* 1992, n° 174, obs. M. Véron.

appréhender celle-ci »[11]. Alors que les moyens précédents portaient essentiellement atteinte à la volonté de la victime, c'est son intelligence qui est en cause dans cette dernière hypothèse. La victime est trompée sur la portée de l'acte qui lui est demandé, soit parce qu'elle n'a pas la capacité de discernement nécessaire pour en comprendre la signification, soit parce que l'agent utilise un artifice pour dissimuler la signification véritable de cet acte (l'objectif sexuel qu'il poursuit). La surprise fut ainsi relevée contre un individu ayant profité de la naïveté de jeunes enfants[12]. Elle le fut également contre un individu ayant profité de la naïveté de personnes particulièrement vulnérables qui n'ont pas compris ses intentions réelles[13]. La surprise peut être également relevée lorsque l'acte est accompli durant le sommeil d'une victime[14]. *Idem* lorsque la victime était alcoolisée[15] ou en confiance compte tenu de la qualité de l'auteur des faits[16].

Peut-on aller au-delà et considérer qu'il y a encore surprise, au sens de l'article 222-22, lorsqu'autrui a été trompé, non sur le principe de la relation sexuelle (qu'il a acceptée), mais sur une qualité attendue de son partenaire (en cas d'erreur sur la personne) ? La question s'est posée dans une affaire où différentes femmes avaient été séduites à distance par un individu qui leur avait menti sur son âge, son apparence physique et son statut social, et qui avait réussi à leur faire accepter des relations sexuelles, yeux bandés. Lorsqu'elles ont réalisé qui avait été leur partenaire, elles ont estimé que leur consentement avait été vicié car elles n'auraient jamais accepté de pénétration avec cet individu. La Cour de cassation a admis qu'il pouvait y avoir viol dans un tel cas[17], ce qui fut discuté[18]. Pourtant, la solution n'était pas nouvelle car, plus d'un siècle auparavant, une condamnation pénale avait déjà été prononcée dans une affaire où une épouse endormie avait cru entretenir des relations sexuelles avec son mari alors qu'elle avait été abusée par un tiers : la qualification de viol avait été retenue même si la surprise portait moins sur l'acte que sur l'identité de son auteur[19]. Depuis lors, la solution a été réaffirmée dans une affaire où un individu est parvenu à se faire passer pour un autre en incitant sa

---

11. M.-L. Rassat, *Droit pénal spécial*, Dalloz, 8e éd., 2018, p. 686, n° 586.

12. Cass. crim., 22 janv. 1997, *RSC* 1998, p. 325, obs. Y. Mayaud.

13. Peu importe que ces personnes n'aient pas été « étonnées » : l'étonnement suppose que la victime ait été capable de comprendre la portée de l'acte sexuel qui lui a été imposé, ce qui n'est pas toujours le cas. Pour qu'il y ait surprise au sens juridique du terme, il suffit qu'un acte sexuel ait été accompli sur la victime sans violence, contrainte ou menaces, auquel elle n'a pourtant pas consenti. Peu importe que la victime ait été induite en erreur ou qu'elle n'ait pas eu les moyens de comprendre la signification d'un tel acte (Cass. crim., 25 avr. 2001, *JCP* G 2003, II, 10001, note A. Prothais).

14. Cass. crim., 9 janv. 2019, *Dr. pén.* 2019, n° 65, obs. P. Conte. – 21 janv. 2007, *Dr. pén.* 2007, n° 68, obs. M. Véron. – Ce sommeil peut avoir été provoqué par l'administration de substances médicamenteuses (Cass. crim., 9 août 2006, *Dr. pén.* 2006, n° 137, obs. M. Véron), ce qui constitue désormais une circonstance aggravant l'infraction (v. *infra*, n° 250). Lorsque l'acte n'a laissé aucun souvenir à la victime (anesthésiée), la prescription est suspendue jusqu'au jour où il est découvert (V. admettant l'existence d'un « obstacle insurmontable » : Cass. crim., 21 juin 2023, *D.* 2023, p. 1224).

15. Cass. crim., 11 janv. 2017, *Dr. pén.* 2017, n° 71, obs. P. Conte ; *Gaz. Pal.* 25 avr. 2017, p. 45, obs. S. Detraz.

16. V. s'agissant d'actes imposés sous prétexte d'un examen médical : Cass. ass. plén., 14 févr. 2003, *Dr. pén.* 2003, n° 55, obs. M. Véron.

17. Cass. crim., 23 janv. 2019, *D.* 2019, p. 361, note E. Dreyer ; *JCP* G 2019, 203, note J.-C. Saint-Pau ; *Gaz. Pal.* 26 févr. 2019, p. 20, avis S. Zientara-Logeay et note L. Saenko.

18. F. Rouvière, « Le viol interprété à la lumière du droit civil », *RTD civ.* 2019, p. 701.

19. Cass. crim., 31 déc. 1858, *B.* n° 328.

partenaire à engager une relation sexuelle avec lui, là encore yeux bandés[20]. Elle semble parfaitement justifiée. Il est sans doute possible de l'étendre à toute tromperie sur les circonstances d'un acte sexuel dès lors que ces circonstances ont déterminé le consentement de la victime (en cas de sabotage du préservatif dont l'emploi avait été requis, par ex.)[21].

230. Bilan. – Lorsque l'un de ces moyens est employé pour obtenir d'autrui un acte sexuel, il y a « agression sexuelle ». Mais une telle formule, utilisée dans l'intitulé de la section correspondante du Code pénal (art. 222-22 et s.), s'avère maladroite car elle ne fait pas ressortir la véritable nature de cette catégorie d'infractions. D'abord, on l'a vu, elle concerne non seulement des hypothèses dans lesquelles le consentement a été forcé (en ayant recours à la violence, la contrainte ou la menace) mais aussi des hypothèses dans lesquelles le consentement a été vicié (en ayant recours à la surprise). Ensuite, la formule « agression sexuelle » paraît d'autant plus contestable que l'agressivité, lorsqu'elle existe, ne constitue qu'un moyen et non une fin en soi. On ne cherche pas à sanctionner ici quelqu'un qui aurait fait mal volontairement à autrui. C'est moins l'intégrité physique de la victime que son intégrité morale qui se trouve affectée[22]. L'agent est sanctionné pour s'être arrogé une faveur sexuelle que sa/son partenaire lui refusait. Le résultat redouté par le législateur lorsqu'il a incriminé ce comportement tient essentiellement au fait d'obtenir un acte sexuel d'une personne qui n'y consent pas. La preuve de l'obtention de ce résultat est nécessaire à la consommation des infractions de cette catégorie qui se révèlent ainsi être matérielles. En revanche, on l'a dit, la consommation de ces infractions n'implique pas la survenance d'une atteinte à l'intégrité physique ou psychique d'autrui[23]. Du moins, la preuve d'une telle atteinte n'est-elle pas nécessaire à la consommation de ces infractions. Au mieux, l'atteinte à l'intégrité physique ou psychique permet-elle d'aggraver la répression (V. *infra*, n° 250, 265).

§2. Les exigences de forme

231. Démonstration. – En principe, l'utilisation de l'un des moyens énumérés à l'article 222-22 doit donc être prouvée afin d'établir l'absence de consentement (forcé ou vicié) de la victime à l'acte sexuel. La preuve de ce défaut de consentement doit être établie au moment dudit acte. Peu importe ce qui s'est passé avant ou après. La relation sexuelle, gage de réconciliation après une violente dispute, n'est ainsi pas punissable[24]. En effet, la question du recours à la

20. Cass. crim., 4 sept. 2019, *D.* 2019, p. 2071, note C. Dubois ; *Comm. com. électr.* 2019, n° 77, obs. A. Lepage ; *Gaz. Pal.* 19 nov. 2019, p. 41, obs. S. Detraz.

21. J.-C. Saint-Pau, « L'agression sexuelle par surprise », *in Mél. Teyssier*, LexisNexis, 2019, p. 538.

22. « La particularité des agressions sexuelles tient dans leur dimension psychologique particulièrement marquée qui hypothèque la qualité des futurs liens sociaux » : X. Bioy, *Le concept de personne humaine en droit public*, Dalloz, coll. NBT, 2003, t. 22, p. 332, n° 626.

23. V. aussi E. Halbardier, *Le crime sexuel*, Thèse Paris 11, 2009, p. 380, n° 804.

24. Cass. crim., 29 mars 2017, *RSC* 2017, p. 290, obs. Y. Mayaud.

violence, contrainte, menace ou surprise, ne se pose qu'au moment de l'acte sexuel[25].

Hors des hypothèses envisagées ci-dessous où la loi dispense de rapporter une telle preuve (V. *infra*, n° 233), aucune présomption ne peut donc être retenue : un défaut de consentement ne peut être déduit du seul sentiment d'infériorité ressenti par la victime à l'égard de l'agent[26], de l'âge de la victime[27] ou de la qualité de l'agent[28]. Pour qu'il y ait agression, il faut établir que la relation existant entre les partenaires a été l'occasion d'un abus, ce qui passe nécessairement par la preuve de l'un des adminicules précités[29]. En effet, toute relation sexuelle, fût-elle déséquilibrée, n'est pas punissable[30].

Néanmoins, une telle exigence de preuve est de nature à handicaper la répression. Aussi, le législateur a-t-il formulé plusieurs directives d'interprétation dans l'espoir de faciliter le travail du juge.

232. Précisions. – En effet, le législateur a cru pouvoir préciser l'objet de la preuve à rapporter en énonçant deux règles complémentaires à l'article 222-22-1 du Code pénal.

La première dispose : « lorsque les faits sont commis sur la personne d'un mineur de quinze ans, la contrainte morale ou la surprise sont caractérisées par l'abus de la vulnérabilité de la victime ne disposant pas du discernement nécessaire pour ces actes » (al. 3). Ce texte ne sert à rien : il rappelle tout au plus que tous les mineurs d'au plus 15 ans ne disposent pas forcément du discernement nécessaire pour comprendre la portée de leurs actes et que certains peuvent se trouver dans une situation de vulnérabilité telle qu'il y a abus à les faire participer à un acte sexuel[31]. Leur consentement est alors vicié par la contrainte ou la surprise. Ce qui ne pose aucun problème car l'objet de ce texte n'est pas d'édicter une présomption. Il rappelle tout au plus que la contrainte ou la surprise peut être déduite non du jeune âge d'un mineur mais de l'insuffisance de son discernement[32].

---

25. Ce qui interdit d'envisager la relation sexuelle comme un contrat : l'accord de principe donné avant l'acte ne peut justifier une exécution forcée de celui-ci (v. sur la différence entre accord et consentement : M. Fabre-Magnan, *L'institution de la liberté*, Puf, 2019, p. 60 et s., qui en profite pour mettre en doute la liberté de chacun à accepter certains actes).

26. Cass. crim., 21 févr. 2007, *Dr. pén.* 2007, n° 68, obs. M. Véron. – V. aussi Cass. crim., 21 juin 2017, *Dr. pén.* 2017, n° 118, obs. P. Conte.

27. Cass. crim., 1er mars 1995, *Dr. pén.* 1995, n° 171, obs. M. Véron.

28. Cass. crim., 25 janv. 2023, *Dr. pén.* 2023, n 59, obs. P. Conte. – 10 mai 2001, *Dr. pén.* 2001, n° 110, obs. M. Véron.

29. Cass. crim., 8 janv. 2013, *Gaz. Pal.* 8 mai 2013, p. 28, obs. E. Dreyer. – 4 janv. 2012, *Gaz. Pal.* 18 avr. 2012, p. 19, obs. E. Dreyer.

30. Ce qui est contesté comme favorisant l'oppression des femmes par les hommes (C. Le Magueresse, « Viol et consentement en droit pénal français », *APC* 2012, n° 34, p. 229). Toutefois, la référence à la surprise permet d'écarter l'argument selon lequel il n'y aurait viol qu'en cas de résistance de la victime. À ce titre, les juges se reconnaissent le pouvoir d'apprécier la validité de l'accord donné à l'acte sexuel, ce qui satisfait à l'exigence d'un consentement libre exprimée notamment à l'article 36 de la convention du Conseil de l'Europe sur la prévention et la lutte contre la violence à l'égard des femmes et la violence domestique.

31. V. soulignant que ce discernement « situationnel » implique non seulement la conscience de l'acte mais aussi la compréhension de sa signification : il y a agression sexuelle si l'acte n'est pas accepté par le mineur pour ce qu'il est (B. Le Dévédec, « Sexe, droit et minorité », *Dr. pén.* 2022, étude 13, n° 6).

32. Ce qui n'empêche pas, en pratique, une certaine perversion du raisonnement : plus le mineur est jeune et plus il paraît vulnérable ; plus le mineur est jeune et donc moins son discernement est important (Cass. crim., 24 nov. 2021, *Dr. pén.* 2022, n° 1, obs. P. Conte).

Il en va différemment de la règle suivante : « lorsque les faits sont commis sur la personne d'un mineur », la contrainte et la surprise « peuvent résulter de la différence d'âge existant entre la victime et l'auteur des faits et de l'autorité de droit ou de fait que celui-ci a sur la victime, cette autorité de fait pouvant être caractérisée par une différence d'âge significative entre la victime mineure et l'auteur majeur » (al. 2). Ce texte pose plusieurs problèmes. Il présente d'abord une difficulté d'interprétation. Pour qu'il s'applique, il faut démontrer une différence d'âge entre l'auteur des faits et sa victime ainsi qu'un rapport d'autorité exercé par le premier sur la seconde : *a priori*, ces exigences sont cumulatives mais, à la suite, il est précisé qu'une autorité de fait peut découler d'une différence d'âge significative, ce qui signifie qu'en réalité seule cette condition s'impose. Le texte en question a vocation à s'appliquer chaque fois qu'une différence d'âge existe entre l'agent majeur et sa victime mineure. Peu importe que l'agent dispose en plus d'une autorité de droit sur sa victime puisque l'autorité de fait résultant de la différence d'âge suffit. Ensuite, ce texte pose problème en ce qu'il semble établir une présomption[33]. En effet, il laisse entendre que le jeune âge de la victime (qui n'est pas simplement mineure mais a aussi une différence d'âge significative avec l'agent) ou l'autorité qui s'exerce sur une victime mineure permet au juge de déduire l'absence de consentement de celle-ci à l'acte. Ce texte paraît donc autoriser une déduction que la logique réprouve entre certaines circonstances aggravant l'acte (jeune âge, autorité) et l'un des éléments constitutifs (défaut de consentement) de l'infraction. Or, le jeune âge de la victime ou un rapport d'autorité exercé sur elle ne peuvent suffire à démontrer qu'un acte sexuel a été imposé[34]. Pour preuve : il peut y avoir simplement atteinte sexuelle dans une telle hypothèse (V. *infra*, n° 1403). Le jeune âge ou le rapport d'autorité doivent avoir été l'occasion d'un abus pour que l'on puisse admettre l'existence d'une agression, laquelle se trouve tout au plus ici aggravée dans ces circonstances particulières[35]. Le Conseil constitutionnel en a convenu lorsqu'il a jugé qu'une version antérieure de ce texte n'autorisait pas à déduire le défaut de consentement d'une des circonstances aggravantes potentiellement applicables[36]. Hélas, la Cour de cassation ne l'entend pas toujours de la sorte. Il lui est arrivé d'admettre que les juges du fond peuvent « déduire la contrainte morale subie par la victime, âgée de neuf ans lors de la commission des premiers faits poursuivis, de sa différence d'âge avec le prévenu »[37]. Souvent, aussi, elle allège son contrôle sur ce point au risque de dispenser les magistrats d'établir l'abus. En réalité, il semble qu'une distinction soit opérée par notre Haute juridiction en fonction de l'âge du mineur victime : lorsqu'il apparaît très jeune (moins de 15 ans), elle accepte de déduire son défaut de consentement de sa différence d'âge avec l'auteur des faits et de l'autorité qui a été exercée sur lui ; au contraire, lorsque le mineur a plus de 15 ans, la différence d'âge et l'autorité ne suffisent plus à établir la contrainte ou la surprise : les juges du fond doivent alors démontrer que l'auteur des faits a

33. C. Guéry, « Pour une redéfinition du viol », *RSC* 2020, p. 261.

34. V. soulignant « qu'il est seulement dit "peut résulter" » : S. Detraz, « L'inceste : l'inconnu du droit positif », *Gaz. Pal.* 3 mars 2010, p. 12. – *Contra* : F. Desprez, « Preuve et conviction du juge en matière d'agressions sexuelles », *in Violences sexuelles*, *APC* 2012, t. n° 34, p. 49.

35. Comp. E. Lajus-Thizon, *L'abus en droit pénal*, Dalloz, coll. NBT, t. 105, 2011, p. 213, n° 317 et M. Pariguet, « De l'autorité en droit pénal », *JCP* G 2013, étude 1 000, n° 7.

36. Déc. n° 2014-448 QPC du 6 févr. 2015, *M. Claude A.*, § 7.

37. Cass. crim., 15 avr. 2015, *AJ pénal* 2015, p. 421, obs. A. Darsonville. – V. aussi Cass. crim., 15 nov. 2017, *Dr. pén.* 2018, n° 24, obs. P. Conte.

effectivement abusé de la situation[38]. Ce qui peut paraître satisfaisant mais ne respecte pas les termes de la loi car la règle énoncée à l'alinéa 2 de l'article 222-22-1 concerne tous les mineurs (quel que soit leur âge). En revanche, la règle énoncée à l'alinéa suivant (al. 3) s'applique en l'absence de discernement des seuls mineurs de 15 ans. À partir de ces deux règles, la Cour de cassation semble en dégager une troisième, celle que n'a pas su énoncer clairement le législateur. Pourtant, il ne lui appartient pas de se substituer au Parlement en réécrivant la loi.

Section 2
L'agression présumée

233. Présentation. – En toute hypothèse, une loi du 21 avril 2021 a assimilé au viol ainsi qu'aux agressions sexuelles autres que le viol des comportements qui ont le même objet (pénétration, attouchements) mais qui ne nécessitent pas la preuve de l'utilisation par l'agent de la violence, contrainte, menace ou surprise, pour parvenir à ses fins. L'auteur des faits doit toujours être majeur et sa victime mineure. Mais la qualité respective de l'auteur et de sa victime ne suffit pas à identifier le domaine propre de ces infractions spécifiées. Le critère utilisé semble principalement être lié à l'âge des partenaires ou tenir au caractère incestueux de leur relation. Cette dernière hypothèse est toujours évoquée en second. Pourtant, plus simple que l'autre, elle mérite d'être étudiée en premier[39]. Commençons donc par l'envisager.

§1. L'inceste faisant présumer l'agression

234. Présentation. – L'article 222-23-2, en matière de viol, permet de retenir l'existence d'une agression incestueuse au seul constat que l'acte incriminé a été commis par « un majeur sur la personne d'un mineur ou commis sur l'auteur par le mineur, lorsque le majeur est un ascendant ou toute autre personne mentionnée à l'article 222-22-3 ayant sur le mineur une autorité de droit ou de fait ». De même, l'article 222-29-3 permet de retenir l'existence d'une agression sexuelle autre que le viol au seul constat que l'acte incriminé a été commis « par un majeur sur la personne d'un mineur, lorsque le majeur est un ascendant ou toute autre personne mentionnée à l'article 222-22-3 ayant sur le mineur une autorité de droit ou de fait ».

La logique de ces deux textes est la même : le caractère incestueux de l'acte sexuel dispense d'avoir à établir l'emploi de la violence, contrainte, menace ou

38. Cass. crim., 4 sept. 2019, *Dr. pén.* 2019, n° 179, obs. P. Conte ; *RSC* 2019, p. 812, obs. Y. Mayaud. – 17 oct. 2018, *Gaz. Pal.* 5 févr. 2019, p. 49, obs. E. Dreyer. – 8 juin 2017, *Dr. pén.* 2017, n° 119, obs. P. Conte.

39. D'autant que ces deux présomptions semblent entraîner une conséquence légèrement différente. Lorsque la relation sexuelle entre un majeur et un mineur s'avère incestueuse, l'article 222-23-2 chasse l'article 222-23 : il y a nécessairement viol. Lorsque la relation sexuelle entre un majeur et un mineur ne présente pas un tel caractère, l'article 222-23-1 s'ajoute à l'article 222-23. En effet, dans une telle hypothèse, « constitue *également* un viol... ». Le ministère public dispose alors d'une option : il peut soit établir l'agression, soit se réfugier derrière la présomption.

surprise, lorsque cet acte faisant une victime mineure est reprochable à un majeur[40]. Précisons d'abord son caractère incestueux puis la portée qui lui est ainsi reconnue.

235. Inceste. – À l'origine, le mot « inceste » n'était pas employé : « il s'agissait moins d'une lacune du Code que d'une pudeur souhaitée pour des raisons tenant à l'ordre public »[41]. Désormais, cette qualification apparaît à l'article 222-22-3 où il est précisé que sont incestueux le viol et les autres agressions sexuelles commis par : 1° un ascendant ; 2° un frère, une sœur, un oncle, une tante, un grand-oncle, une grand-tante, un neveu ou une nièce ; 3° un conjoint, concubin ou partenaire des personnes évoquées précédemment, lorsqu'il a une autorité de droit ou de fait sur la victime[42]. Cette définition est contestée pour deux raisons. Elle paraît d'abord lacunaire en ce qu'elle ne déclare pas incestueuses les relations sexuelles entretenues avec un cousin germain[43]. Elle paraît ensuite et à l'inverse excessive en ce qu'elle déclare incestueuses des relations sexuelles entretenues par des personnes qui n'ont aucun lien de sang (hypothèse dans laquelle l'acte sexuel est commis sur une victime mineure par le conjoint, concubin ou partenaire de l'un de ses proches parents). Toutefois, la Cour de cassation refuse de renvoyer au Conseil constitutionnel une question à son sujet[44]. Elle a, à la fois, tort et raison. Elle a tort parce qu'une approche aussi large dépasse celle à laquelle renvoie naturellement le terme « inceste »[45]. Mais elle a raison parce qu'en toute hypothèse il semble légitime de faire un sort particulier à ce type de relations sexuelles. Ce qui est en cause ce n'est pas l'impureté pouvant en découler, mais l'emprise tenant au fait que la relation sexuelle se noue entre proches[46]. Dès lors, il est difficile au mineur d'y échapper, de désobéir à un parent majeur (même par alliance) et de se placer en dehors de la famille ; inversement, la séduction qu'un mineur peut vouloir exercer sur un proche semble faussée par le devoir de protection découlant du lien de dépendance existant entre eux et qui n'a pas vocation à s'exprimer ainsi. Cette disposition permet de conforter le refus que le majeur est tenu d'opposer au mineur dans une telle hypothèse. Avec une telle disposition, ce n'est pas l'interdit social (tabou) mais le droit qui commande de dire « non ».

---

40. Ce qui vide en grande partie de leur substance les délits d'atteinte sexuelle sur mineur (art. 227-26 et 227-27. – V. *infra*, n° 1419).

41. C. Bouglé, *La Cour de cassation et le Code pénal de 1810*, LGDJ, coll. Bibl. sc. crim., t. 40, 2005, p. 49, n° 63.

42. Cette autorité ne peut résulter du seul constat que la victime a été invitée à passer une nuit chez sa tante où elle a été abusée par le compagnon de celle-ci (Cass. crim., 15 mars 2023, *Gaz.Pal.*, 16 mai 2023, p. 44, obs. E. Dreyer).

43. J. Léonhard, « Un nouveau zeste d'inceste », *Gaz. Pal.*, 31 août 2021, p. 75. – S. Pellé, « Infractions sexuelles contre les mineurs », *D.* 2021, p. 1393. – B. Py, « Infractions sexuelles et inceste », *Gaz. Pal.*, 22 juin 2021, p. 14.

44. Cass. crim., 20 juin 2018, *Dr. pén.* 2018, n° 173, obs. P. Conte.

45. R. Thery, « L'inceste, centaure du droit pénal », *in Le droit face aux violences sexuelles et/ou sexistes*, Dalloz, coll. T & C, 2021, p. 43. – C. Dubois, « L'inceste en droit pénal », *JCP* G 2021, étude 622.

46. Pour certains, cette idée d'emprise mériterait d'être envisagée plus largement (A. Darsonville, « Repenser le défaut de consentement dans les agressions sexuelles à l'aune de la pratique sportive », *APC* 2020, t. 42, p. 35).

Lorsque la qualification d'inceste a été introduite dans le Code pénal, elle n'avait qu'une dimension symbolique[47]. Il s'agissait de nommer un acte sur lequel le droit préférait garder jusqu'alors le secret mais aucune sanction ne lui était spécialement attachée : cette qualification pénale n'entraînait aucune aggravation de la répression. Alors que des faits de viol ou autres agressions sexuelles étaient établis, c'est la circonstance aggravante d'ascendant qui permettait d'élever les peines principales encourues. Lorsque de tels faits étaient commis par les collatéraux ou le conjoint, concubin ou partenaire, le même effet ne se produisait que s'il pouvait être démontré que ce proche exerçait une autorité de droit ou de fait sur la victime. Il en va d'ailleurs toujours ainsi s'agissant des agressions prouvées. L'aggravation de la répression est alors davantage conditionnée à un abus d'autorité qu'à un inceste (V. *infra*, n° 250). Mais l'affirmation du caractère purement symbolique d'une telle qualification n'est plus exacte depuis la réforme du 21 avril 2021 car un effet juridique lui est désormais reconnu. On va le voir, la nature incestueuse de la relation sexuelle conduit à envisager celle-ci comme une agression. Tout se passe alors comme si le mineur n'avait pas consenti aux faits imputables au majeur. Une agression sexuelle peut être retenue sans qu'il soit besoin d'établir que le majeur auquel elle est reprochable a utilisé la violence, contrainte, menace ou surprise[48].

236. Portée. – Que penser d'une telle solution ? Même si le texte ne le dit pas, il faut considérer que – l'objectif étant d'établir une agression sexuelle – l'agression du mineur est présumée dans une telle hypothèse. Il semble que, dans l'esprit du législateur, il soit impossible qu'un mineur consente à une relation sexuelle avec l'une des personnes énumérées à l'article 222-22-3. Partant de là, les moyens de l'agression importent peu. Un viol ou une autre agression sexuelle peut être retenu suivant l'objet de l'acte en cause. Mais est-ce toujours pertinent ? Un mineur de 17 ans ne peut-il jamais consentir à un acte sexuel avec un frère ou une sœur de 18 ans ou avec un oncle ou une tante de 22 ans ? Le nier, en donnant à la présomption d'agression un caractère irréfragable, crée une incohérence. En effet, cela revient à sanctionner des relations sexuelles entre parents sous prétexte que l'un est mineur et l'autre majeur alors que ces mêmes relations sexuelles ne posent aucun problème au droit pénal lorsque les deux parents consentants sont l'un et l'autre majeurs ou l'un et l'autre mineurs. Pourquoi le consentement n'est-il pas remis en cause dans ces autres hypothèses également ? Inversement, pourquoi ne pas admettre que la présomption d'agression puisse être débattue quand l'un des partenaires est mineur et l'autre majeur ? Reconnaître à cette présomption un caractère irréfragable paraît excessif[49]. La différence d'âge entre deux parents parties à la même relation sexuelle peut justifier ce renversement de la charge de la preuve de l'agression mais pas l'interdiction de rapporter la preuve contraire (en l'état de la tolérance que le droit pénal continue de manifester à l'égard de l'inceste lorsque les partenaires sont soit tous les deux majeurs, soit tous les deux mineurs).

---

47. A. Lepage, « Le retour de la qualification d'incestueux dans le Code pénal », *Dr. pén.* 2016, étude 11.

48. Une autre conséquence, on le verra, est reconnue à la qualification d'inceste appliquée aux agressions sexuelles : elle justifie le retrait de l'autorité parentale par le juge pénal lui-même (C. pén., art. 222-31-2. – V. *infra*, n° 254).

49. V. aussi, relevant que les peines encourues sont multipliées par sept à cette occasion : Coll. Raison garder, *Mineurs et sexualité, des lois en débat*, Dalloz, 2e éd., 2022, p. 211.

Certes, on peut estimer que, même consentie, une telle relation trouble l'ordre public lorsqu'elle concerne un majeur et un mineur car elle met ce dernier en danger. Toutefois, ce n'est pas une raison pour la qualifier « viol » ou « autre agression sexuelle ». Il existe une qualification pénale qui est spécialement applicable dans ces deux hypothèses, celle d'atteinte sexuelle, et qui ne doit pas être vidée de toute substance (V. *infra*, nº 1403). Le législateur gagnerait à restreindre la portée des agressions sexuelles présumées car incestueuses (s'il reste attaché à la dispense de preuve de la violence, contrainte, menace ou surprise) en ne l'appliquant que dans l'hypothèse où le mineur avait au plus 15 ans, de sorte que son consentement peut effectivement être mis en doute. Ce n'est pas un hasard en effet, si en matière d'atteintes sexuelles, ce seuil d'âge existe. On peut vouloir en durcir le régime en considérant qu'en dessous de l'âge en question il n'y a pas atteinte mais agression si la relation sexuelle présente un caractère incestueux. En revanche, on ne peut assimiler toutes les atteintes incestueuses, quel que soit l'âge du mineur, à des agressions. Pose problème le fait qu'à l'égard des mineurs de plus de 15 ans, l'atteinte sexuelle (C. pén., art. 222-27) s'efface désormais systématiquement derrière les agressions sexuelles. Il ne devrait pas en aller toujours ainsi.

§2. Les présomptions d'agression non incestueuse

237. Différence d'âge et autres critères. – La seconde hypothèse d'agression présumée s'avère beaucoup plus complexe à analyser car le critère utilisé paraît incertain. Ainsi, selon l'article 222-23-1, il y aurait également viol, donc un acte sexuel imposé, lorsque les faits ont été « commis par un majeur sur la personne d'un mineur de quinze ans ou commis sur l'auteur par le mineur, lorsque la différence d'âge entre le majeur et le mineur est d'au moins cinq ans ». Par ailleurs, selon l'article 222-29-2, il y aurait également agression sexuelle autre que le viol lorsque les faits ont été commis « par un majeur sur la personne d'un mineur de quinze ans, lorsque la différence d'âge entre le majeur et le mineur est d'au moins cinq ans ». Toutefois, ces deux textes précisent que « la condition de différence d'âge prévue au premier alinéa du présent article n'est pas applicable si les faits ont été commis en échange d'une rémunération, d'une promesse de rémunération, de la fourniture d'un avantage en nature ou de la promesse d'un tel avantage ». Il s'ensuit qu'une agression, donc l'absence de consentement du partenaire, peut être présumée dans plusieurs hypothèses lorsqu'une relation sexuelle est nouée par un mineur avec un majeur qui n'est pas son parent[50]. En matière de viol, trois situations doivent être distinguées, deux en matière d'autres agressions sexuelles. L'ensemble paraît excessivement complexe.

238. Présomptions d'agression dans le viol. – Hors les cas où la preuve d'un viol découle de l'emploi de violence, menace, contrainte ou surprise, il peut tout d'abord y avoir viol par agression présumée lorsqu'il est établi qu'un

50. Cette volonté de protéger les mineurs des excès des majeurs interroge alors que près de la moitié des condamnations prononcées en la matière sont le fait de mineurs abusant d'autres mineurs (F.-X. Roux-Demare, « La difficile détermination des comportements sexuels infractionnels à l'encontre des mineurs », *in Le droit face aux violences sexuelles et/ou sexistes*, Dalloz, coll. T & C, 2021, p. 145).

majeur a rémunéré l'acte sexuel accompli avec un mineur. Peu importe alors l'âge respectif du majeur et du mineur. La rémunération chasse nécessairement le consentement aux yeux du législateur. Ce qui participe de l'idée que le mineur qui se prostitue est nécessairement abusé[51].

Ensuite, il peut encore y avoir viol par agression présumée reprochable à un majeur dans deux autres hypothèses qui prennent essentiellement en compte l'âge du mineur. Mais cet âge ne joue pas le même rôle dans les deux cas. Il en va tout d'abord ainsi lorsque l'acte sexuel est accompli par une personne majeure sur un mineur d'au plus 15 ans[52]. Compte tenu du jeune âge du mineur, le législateur présume qu'il y a nécessairement eu agression par le majeur : l'accord du mineur a été forcé ou vicié[53]. Il en va de même ensuite lorsqu'un acte sexuel est accompli, cette fois, sur un majeur par un mineur dès lors qu'il existe une différence d'au moins 5 ans entre les deux protagonistes. Dans cette seconde hypothèse, il n'est pas nécessaire que le mineur ait au plus 15 ans ; l'absence de consentement du mineur est uniquement déduite de la différence d'âge avec son partenaire majeur[54]. Autrement dit : lorsque le mineur est le sujet passif de l'acte, il doit être très jeune pour que l'agression soit présumée (au plus 15 ans). Peu importe alors la différence d'âge entre les protagonistes[55]. Au contraire, lorsque le mineur est le sujet actif de l'acte, il peut être plus âgé. Pour que la présomption d'agression s'applique, il suffit que le protagoniste majeur soit de plus de 5 ans son aîné (acte sexuel accompli par un mineur de 17 ans sur un majeur de plus de 22 ans, par ex.).

239. Autre présomption d'agression sexuelle. – Le mécanisme est plus simple (et encore plus redoutable) s'agissant des agressions sexuelles présumées autres que le viol car celles-ci supposent nécessairement un acte accompli par un majeur sur un mineur de 15 ans. Le juge est alors dispensé d'avoir à établir l'emploi de la violence, menace, contrainte ou surprise, dans deux cas.

Il en va tout d'abord ainsi lorsque le juge peut relever une différence d'âge d'au moins 5 ans entre le majeur et ce mineur de 15 ans. En d'autres termes, deux critères – qui sont alternatifs en matière de viol suivant que l'acte est accompli sur le mineur ou sur le majeur – sont cumulatifs s'agissant des autres agressions sexuelles (nécessairement accomplies par un majeur sur un mineur même si cela ne devrait

51. Cela vide en grande partie de sa substance la qualification distincte de recours à la prostitution d'un mineur (art. 225-12-1, al. 2. – V. *infra*, n° 599).

52. Ce qui vide de toute substance la qualification d'atteinte sexuelle sur mineur de 15 ans (C. pén., art. 227-25. – V. *infra*, n° 1413).

53. Formellement, aucune présomption de non-consentement tenant à cette circonstance que le mineur avait au plus 15 ans au moment des faits n'est consacrée : elle ne pourrait expliquer les autres hypothèses dans lesquelles l'agression est présumée (concernant aussi les mineurs de plus 15 ans). De surcroît, elle risquait de rendre punissables les relations sexuelles entre adolescents, ce que les parlementaires n'ont pas admis (Coll. Raison garder, *Mineurs et sexualité, des lois en débat*, préc., p. 202). Il n'est donc écrit nulle part qu'en dessous de 15 ans le mineur ne peut consentir à un acte sexuel. La présomption d'agression envisagée ici le suggère néanmoins, ce qui surprend car le discernement est censé apparaître chez le mineur délinquant dès 13 ans (CJPM, art. L. 11-1). Mais cette différence de traitement s'explique peut-être par une différence de situation : la loi invite le juge à se montrer plus exigeant lorsqu'il s'agit d'apprécier la compréhension de l'acte subi que la compréhension de l'acte commis.

54. T. Besse, « Roméo, Juliette, le sexe et le droit pénal », *Gaz. Pal.* 12 oct. 2021, p. 10.

55. À noter toutefois que, dans sa décision n° 2023-1058 QPC, le Conseil constitutionnel a fait une autre interprétation de ce texte : il a considéré que la différence d'âge, comme la minorité de 15 ans, s'imposent pour rendre punissable les deux comportements pourtant distingués par le législateur (21 juillet 2023, *M. Roméo N.*, § 16).

pas avoir d'incidence sur la question du consentement), ce qui donne à la présomption une portée plus grande encore : tous les attouchements commis par un majeur de plus de 20 ans sont réputés ainsi imposés au mineur de 15 ans. Si le majeur a 20 ans au plus (entre 18 et 20 ans), les attouchements qu'il accomplit sont présumés agressifs dès lors que le mineur qui les subit a entre 13 et 15 ans.

Toutefois, la preuve de cette différence d'âge n'est pas requise lorsque la relation sexuelle a été tarifée. En effet, une présomption d'agression s'applique là aussi lorsque l'acte est rémunéré : si l'attouchement sexuel est accompli contre rémunération par un majeur sur un mineur de 15 ans, il constitue nécessairement une agression sexuelle autre que le viol.

240. Portée. – Se pose évidemment la question du caractère légitime de ces nouvelles incriminations. Est-il pertinent de traiter comme une agression un comportement dont le caractère imposé n'a pas besoin d'être établi sous prétexte qu'il met aux prises un majeur et un mineur qui parfois doit être âgé d'au plus 15 ans, qui parfois doit seulement avoir moins de 5 ans de différence d'âge avec le majeur, ou dont l'âge peut – parfois encore – être indifférent dès lors que l'acte sexuel en cause reçoit une contrepartie ? À nouveau, la difficulté tient au fait que la présomption d'agression, qui s'évince de ces textes d'incrimination, semble être une présomption irréfragable. En effet, la loi pénale n'a rien de conditionnel. C'est en toute hypothèse que le juge est fondé à admettre une agression dès lors que les autres exigences des articles 222-23-1 et 222-29-2 sont réunies. Un tel mécanisme manque de nuance[56]. Ou, plus exactement, il paraît acceptable en matière d'agression sexuelle autre que le viol dès lors que la présomption ne concerne qu'un mineur d'au plus 15 ans (confronté à un majeur de plus de 20 ans ou qui le rémunère) mais il prête à discussion en matière de viol. En effet, si l'on peut admettre une présomption d'agression lorsque l'acte est commis par un majeur sur un mineur de 15 ans, on peut avoir plus de doute lorsque l'acte est commis par le mineur lui-même (quel que soit son âge réel dès lors qu'une différence de plus de 5 ans existe avec le majeur) ou lorsque l'acte est rémunéré. Dans ces deux dernières hypothèses, la présomption devrait pouvoir être combattue, à charge pour le majeur poursuivi de démontrer qu'il n'a pas eu recours à la violence, menace, contrainte ou surprise. Le renversement du fardeau de la preuve semble constituer alors une protection suffisante.

Il ne s'agit pas de considérer comme nécessairement légitimes les actes sexuels en question mais d'observer qu'ils relèvent en partie d'autres qualifications dont ils ne peuvent être soustraits sans d'importantes raisons. En effet, les sanctions plus élevées qui s'appliquent en matière d'agressions sexuelles paraissent excessives dans les hypothèses où l'on ne peut exclure que le consentement du mineur existait. Ceux qui doutent d'un tel constat devraient se demander s'il est normal de punir de la même façon l'enseignante de 23 ans qui se laisse séduire par un lycéen

---

56. Il manque peut-être aussi de cohérence car si le jeune âge du mineur, ou sa différence d'âge avec son partenaire majeur ou l'existence d'une rémunération, est de nature à fausser son consentement et à expliquer qu'il n'en soit plus tenu compte, pourquoi n'appliquer une telle présomption qu'à l'occasion d'actes sexuels accomplis par un mineur avec un majeur ? L'âge du partenaire ne change rien à l'aptitude à consentir du mineur, de sorte que dans les circonstances évoquées ci-dessus la même absence de consentement devrait être retenue lorsque le partenaire est lui-même mineur (V. aussi S. Detraz, « Le dédoublement des agressions sexuelles », *Dr. pén.* 2021, étude 12, n° 5).

de 17 ans et le vieux barbon qui emploie violence, contrainte, menace ou surprise, pour imposer une pénétration sexuelle à une collégienne de 12 ans ? Est-il légitime de punir de la même façon le client adulte qui accepte de rémunérer une jeune fille de 17 ans pour avoir une relation sexuelle avec elle et l'individu qui obtient le même acte par violence, contrainte, menace ou surprise sur un mineur de 15 ans et demi ? L'aveuglement de la loi sur ce point constitue une régression. Certes, on peut estimer que le caractère disproportionné des sanctions applicables est sans conséquence car il appartient, en pratique, au juge d'individualiser les peines qu'il prononce[57]. Mais rappeler l'abstraction des peines encourues est un très mauvais argument car le juge amené à prononcer des sanctions sans rapport avec la gravité théorique des comportements en question contredit le message envoyé par la loi en portant atteinte à l'autorité de celle-ci. S'il la relativise par ses sanctions, comment attendre que chacun la respecte ?

Rétrospectivement, l'ancien système opposant nettement atteintes et agressions sexuelles, avait au moins l'avantage de marquer par des peines distinctes et qui, même en matière correctionnelle n'ont rien d'anodin, la différence pouvant exister entre un acte qu'un majeur impose à un mineur par violence, menace, contrainte ou surprise, et un acte qu'un majeur accomplit avec l'accord d'un mineur, même si cet acte n'aurait jamais dû lui être proposé. L'intérêt supérieur de l'enfant peut-il justifier que l'on ignore une distinction aussi fondamentale ?

57. Argument avancé par le Conseil constitutionnel qui ne semble pas avoir pris la mesure du problème (Cons. const., déc. n° 2023-1058 QPC du 21 juill. 2023, *M. Roméo N.*, § 27).

CHAPITRE 2

Le viol

241. Le viol est un crime. La gravité d'un tel acte n'est plus à démontrer[1]. Son caractère traumatisant est d'ailleurs reconnu au plus haut niveau. Ainsi, la juridiction de Strasbourg a-t-elle jugé qu'un viol « laisse chez la victime des blessures psychologiques profondes qui ne s'effacent pas aussi rapidement que pour d'autres formes de violence physique et mentale. La requérante a également subi la vive douleur physique que provoque une pénétration par la force, ce qui n'a pu manquer d'engendrer en elle le sentiment d'avoir été avilie et violée sur les plans tant physique qu'émotionnel »[2]. Dans certaines circonstances, le viol constitue une torture au sens de l'article 3, Conv. EDH[3].

Précisons à la fois la définition et la répression de cette infraction.

Section 1
La définition du viol

242. Le viol suppose un acte de pénétration sexuelle réalisé, comme toute agression sexuelle, avec violence, menace, contrainte ou surprise, par quelqu'un qui connaissait le caractère illégitime de son comportement. D'où la double analyse de l'acte en question : au plan matériel et au plan moral.

§1. La matérialité de l'acte

243. Définition. – L'article 222-23 du Code pénal définit le viol comme « tout acte de pénétration sexuelle, de quelque nature qu'il soit, ou tout acte

1. En pratique, les affaires de viol sont à l'origine de près de la moitié des condamnations pour crime (M. Iacub, *Le crime était presque sexuel*, Epel, 2002, p. 29). Il s'agirait du « mal suprême dans un monde constitué d'égaux, qui sacralise l'autonomie de la volonté » (A. Garapon, « La justice reconstructive », *in Et ce sera justice*, O. Jacob, 2001, p. 278).

2. CEDH, 25 sept. 1997, *Aydin c/Turquie*, § 83. – V. aussi, sur son effet psychologiquement destructeur : *Une femme à Berlin (Journal 20 avr.-22 juin 1945)*, Folio, 2011, [1954], p. 98 et s.

3. CEDH, 17 janv. 2012, *Zontul c/Grèce*, § 92. – V. aussi, sur l'atteinte à la dignité en résultant : P. Rousseau, *Autonomie personnelle et droit pénal*, L'Harmattan, coll. Bibliothèques de droit, 2016, p. 38.

bucco-génital commis sur la personne d'autrui ou sur la personne de l'auteur». Sauf exceptions, cet acte doit être imposé en ayant recours à différents moyens («par violence, contrainte, menace ou surprise») qui ont déjà été présentés (v. *supra,* n° 227). Peu importe que l'un de ces moyens ait été employé par l'auteur même de l'acte sexuel ou par un tiers (C. pén., art. 222-22-2)[4]. C'est donc bien une agression mais, c'est une agression qui permet d'obtenir un résultat déterminé : soit une pénétration sexuelle, soit un acte bucco-génital.

244. Pénétration. – Compte tenu du fait que la pénétration sexuelle reprochée à l'agent peut être «de quelque nature que ce soit», l'infraction s'entend largement. Il en va *a fortiori* de même depuis que la pénétration sur la personne de l'agent est assimilée à la pénétration par l'agent sur la personne d'autrui. La pénétration d'un sexe masculin dans un sexe féminin n'est plus exigée. Pour qu'il y ait viol, il suffit qu'il y ait pénétration forcée par un sexe (masculin) dans un autre sexe (féminin) ou dans tout autre orifice (pénétration anale ou buccale). Cela permet notamment de poursuivre les relations homosexuelles imposées. Cela permet aussi de poursuivre les fellations imposées (par un homme ou une femme à un homme).

Cette dernière solution a pourtant été discutée. Avant l'extension de l'incrimination par une loi du 3 août 2018 aux actes de pénétration commis sur la personne même de l'auteur, la jurisprudence exigeait que l'acte émane de l'agent : c'était lui qui devait avoir introduit son sexe dans le sexe, l'anus ou la bouche de sa victime[5]. Après avoir statué en sens contraire, la Cour de cassation avait estimé qu'une fellation pratiquée par une femme sur le sexe d'un jeune garçon non consentant ne constituait pas un viol mais une «autre» agression sexuelle[6]. Il s'ensuivait qu'une femme ne pouvait violer un homme. Au risque de méconnaître ce qui est de l'essence de cette infraction, le législateur est revenu sur une telle solution. Désormais, il faut sans doute admettre – comme l'avait antérieurement suggéré la doctrine[7] – qu'un viol peut résulter non seulement d'une pénétration sexuelle «active» (réalisée par l'agent) mais aussi d'une pénétration sexuelle «passive» (que la victime est contrainte de pratiquer sur l'agent). Peu importe alors le genre (masculin ou féminin) de celui qui l'effectue.

Dans cette logique est également légitimée une jurisprudence contestable ayant admis qu'il pouvait y avoir viol dans le fait pour l'agent (homme ou femme) d'introduire un doigt ou un objet dans le sexe d'une femme[8]. Parce qu'il y a pénétration dans un sexe, l'acte conserve une connotation sexuelle alors même qu'il n'est pas réalisé par le sexe de l'agresseur. L'article 222-22-2 permet même de voir une agression sexuelle dans le fait de contraindre une femme à « s'autopénétrer ». Mais on ne

4. Si ce tiers sait la victime contrainte, il est auteur matériel du viol et l'individu qui a fait pression sur la victime auteur moral mais un tel constat ne présente guère d'intérêt car l'auteur de la pression aurait sans doute pu être poursuivi comme complice dans une telle hypothèse. L'idée est plutôt de reprocher une agression sexuelle à l'individu qui a fait pression sur la victime alors que l'auteur de l'acte sexuel ne s'est pas rendu compte de son défaut de consentement (B. Auroy, *La consommation de l'infraction*, Th. Paris-Saclay, 2021, [LGDJ, coll. Bibl.sc.crim., t. 72, 2023], p. 170, n° 287. – S. Detraz et L. Saenko, « L'article 222-22-2 du Code pénal, hypothèse d'emprunt de matérialité », *Dr. pén.* 2014, étude 1).

5. Cass. crim., 21 oct. 1998, *D.* 1999, p. 75, note Y. Mayaud ; *JCP* G 1998, II, 10215, note D. Mayer.

6. Cass. crim., 22 août 2001, *B.* n° 169. – *Contra* : Cass. crim., 16 déc. 1997, *JCP* G 1998, II, 10074, note D. Mayer.

7. Y. Mayaud, « Le viol sur soi-même », *D.* 1998, p. 212.

8. Cass. crim., 31 janv. 2007, *Dr. pén.* 2007, n° 68, obs. M. Véron.

saurait aller plus loin. Il n'y a pas viol en l'absence de pénétration d'un sexe ou dans un sexe. L'anus ou la bouche n'étant pas des sexes, y enfoncer un bâton ne peut être qualifié ainsi[9]. Peu importe la forme de ce bâton ou le préservatif dont il est recouvert[10]. Selon les circonstances, de tels faits constituent soit des violences, soit des tortures ou actes de barbarie.

245. Assimilation. – À noter que la loi du 21 avril 2021 a cru pouvoir assimiler à l'acte de pénétration, caractéristique du viol, tout acte dit « bucco-génital ». Il semble qu'il faille entendre par là tout contact de la bouche avec un organe sexuel n'impliquant pas de pénétration[11]. Le législateur a voulu réagir ainsi à un arrêt de la Cour de cassation ayant exclu la qualification de viol dans le cas d'un cunnilingus imposé à autrui[12]. Le contact de la langue avec un organe sexuel féminin était trop superficiel pour que les magistrats admettent qu'il y ait viol dans une telle hypothèse, ce qui aurait choqué l'opinion. Le législateur est donc intervenu pour étendre la qualification de viol au risque de méconnaître ce qu'il y a d'essentiel dans la distinction entre le viol et les autres agressions sexuelles. Le cunnilingus imposé est ainsi traité comme la fellation imposée, ce qui – dans une perspective renouvelée des abus sexuels – serait plus satisfaisant[13]. Mais c'est alors accorder davantage d'importance à la bouche qu'à l'organe sexuel lui-même, ce qui ne manque pas d'étonner.

246. En toute hypothèse, il ne suffit pas d'établir une pénétration ou un acte bucco-génital pour qu'il y ait viol. Comme tout crime, cette infraction est intentionnelle. Cela commande de prendre en compte également la façon dont l'agent a perçu l'acte au moment de l'accomplir.

§2. La perception de l'acte

247. Intention. – Le ministère public doit établir la conscience et la volonté qu'a eues l'agent d'imposer à autrui une pénétration sexuelle ou un acte bucco-génital. Cet état d'esprit particulier est important pour distinguer l'élément moral du viol de l'élément moral des violences. Il n'est pas exigé ici de l'agent qu'il ait voulu faire mal ; en revanche, l'agent devait savoir que l'acte sexuel n'était pas accepté.

Une telle preuve se déduit le plus souvent des circonstances de l'acte. Celui qui obtient des relations sexuelles par la violence ou la ruse, en utilisant la contrainte ou des menaces, ne peut guère prétendre que sa victime était consentante. Dans une telle hypothèse, il y a nécessairement infraction. Mais, dans certains cas, la preuve de l'intention peut être difficile à rapporter. Lorsque la victime a d'abord toléré des privautés assez poussées de son agresseur ou n'a opposé qu'une résistance symbolique à l'acte de pénétration, l'accusé plaide l'erreur de fait et soutient qu'il a cru de

9. V. déjà Cass. crim., 21 févr. 2007, *Dr. pén.* 2007, n° 68, obs. M. Véron.

10. Cass. crim., 9 déc. 1993, *B.* n° 383. – *Contra* : Cass. crim., 6 déc. 1995, *Dr. pén.* 1996, n° 101, obs. M. Véron.

11. C. Ménabé, « Le viol sans pénétration », *Gaz. Pal.*, 31 août 2021, p. 72.

12. Cass. crim., 14 oct. 2020, *Dr. pén.* 2021, comm. 7, obs. P. Conte ; *AJ pénal* 2020, p. 590, obs. A. Darsonville ; *RSC* 2020, p. 933, obs Y. Mayaud.

13. F. Rousseau, « Le renforcement de la répression des infractions sexuelles contre les mineurs », *RSC* 2021, p. 456.

bonne foi en l'existence d'un accord : il n'a pas eu conscience de contraindre sa victime ou de surprendre son consentement. Ce qui est le plus souvent voué à l'échec. Dans la première hypothèse, peu importe le changement d'attitude de la victime car son consentement doit subsister jusqu'à la pénétration ou à l'acte bucco-génital. Dans la seconde hypothèse, peu importe l'attitude ambiguë de la victime. Sa passivité ne peut suffire à établir qu'elle consent. En effet, l'absence de réaction peut être la conséquence de la peur qui s'est emparée d'elle et l'a empêchée de se défendre[14]. Cette absence de réaction n'exonère donc pas l'agent. En l'absence d'accord, il doit renoncer. À défaut, il ne peut prétendre être de bonne foi, même si autrui n'a pas résisté violemment[15].

248. Légitimité du refus. – Enfin, on doit se demander si des relations sexuelles imposées entre époux peuvent être qualifiées viol compte tenu du devoir conjugal existant en la matière (C. civ., art. 215, imposant une « communauté de vie » qui est habituellement comprise comme impliquant des relations sexuelles). Un mari a-t-il l'intention de violer lorsqu'il se contente d'exécuter par la force ce devoir-là ? La Cour de cassation a fini par admettre que la présomption de consentement aux rapports sexuels existant dans ce cadre n'est qu'une présomption simple qui peut céder devant la preuve contraire[16]. Le législateur a consacré cette solution (L. 4 avril 2006) avant de la juger dangereuse et de supprimer, plus radicalement, toute présomption (L. 9 juillet 2010). Désormais, on peut considérer qu'un consentement s'impose en toute circonstance : un mari ne peut donc imposer à sa femme, sous prétexte qu'elle est sa femme, des relations sexuelles. L'intention de violer ne se dissout plus dans les relations maritales[17]. Pour dire les choses plus crûment, en cas de refus de l'épouse, l'époux ne peut se faire justice lui-même en procédant à l'exécution forcée du devoir conjugal. S'il utilise la force, il a nécessairement conscience de porter atteinte à la liberté sexuelle d'autrui. En cas de désaccord, il doit demander au juge civil de tirer les conséquences d'un tel refus en prononçant le divorce mais il ne peut passer outre[18]. À défaut, il s'expose à une sanction aggravée (art. 222-24, 11°). La principale difficulté est alors reportée du fond vers la forme : en l'absence de traces sur le corps de la victime, il peut être délicat d'établir les coups (violence) ou le chantage affectif (contrainte) l'ayant amené à subir l'acte sexuel.

14. V. sur cet effet de sidération : Cass. crim., 8 juin 1994, *B.* n° 226. – 13 mars 1984, *B.* n° 107, rejetant le pourvoi formé contre : CA Nîmes, 9 déc. 1983, *JCP* G 1985, II, 20482, note F.-J. Pansier.

15. Cass. crim., 13 janv. 2021, *JCP* G 2021, 354, note L. Saenko et M. Mathieu ; *RSC* 2021, p. 350, obs. Y. Mayaud.

16. Cass. crim., 11 juin 1992, *D.* 1993, p. 117, note M.-L. Rassat ; *JCP* G 1993, II, 22043, note T. Garé. – 5 sept. 1990, *JCP* G 1991, II, 21629, note M.-L. Rassat. – 17 juill. 1984, *D.* 1985, p. 7, note D. Mayer.

17. V. aussi T. Besse, « Les agressions sexuelles dans la sphère conjugale », *RSC* 2018, p. 21.

18. La solution s'impose même à Strasbourg : CEDH, 22 nov. 1995, *S. W. c/RU*, § 44.

Section 2
La répression du viol

§1. Les peines principales

249. Agression prouvée. – Le viol est puni de 15 ans de réclusion criminelle (art. 222-23). C'est la peine minimale en matière criminelle, ce qui peut surprendre compte tenu du caractère particulièrement déstabilisant d'un tel acte. En réalité, il existe un grand nombre de circonstances aggravantes tenant soit aux modalités ou au résultat du viol, soit à la qualité de la victime ou de l'auteur, qui permettent d'alourdir la sanction. Cette individualisation légale constitue un progrès. Plusieurs paliers de répression doivent être envisagés.

250. Aggravation. – Ainsi, la réclusion criminelle passe à 20 ans (art. 222-24) lorsque le viol : 1° a entraîné une mutilation ou une infirmité permanente ; 2° lorsqu'il a été commis sur un mineur de 15 ans[19] ; 3° et 3 *bis* lorsqu'il a été commis sur une personne dont la particulière vulnérabilité (exceptionnellement : dépendance), due à son âge, à une maladie, à une infirmité, à une déficience physique ou psychique, à un état de grossesse, ou résultant de la précarité de sa situation économique ou sociale, était apparente ou connue de l'auteur[20] ; 4° lorsque le viol a été commis par un ascendant (inceste) ou par toute autre personne ayant sur la victime une autorité de droit ou de fait[21] ; 5° lorsqu'il a été commis par une personne qui abuse de l'autorité que lui confèrent ses fonctions ; 6° lorsqu'il a été commis par plusieurs personnes agissant en qualité d'auteur ou de complice ; 7° lorsqu'il a été commis avec usage ou sous la menace d'une arme[22] ; 8° lorsque la victime a été mise en contact avec l'auteur des faits grâce à l'utilisation d'un réseau de communication publique électronique (protection des candidats au « coup de foudre » en ligne) ; 10° lorsqu'il est commis en concours avec un ou plusieurs autres viols commis sur d'autres victimes (viols « en série ») ; 11° lorsqu'il est commis par le conjoint ou le concubin de la victime ou le partenaire lié à la victime par un pacte civil de solidarité ; 12° lorsqu'il est commis par une personne en état d'ivresse manifeste ou sous l'emprise manifeste de produits stupéfiants ; 13° lorsqu'il est commis sur une

19. Circonstance aggravante qui, comme en matière de meurtre, jouerait de manière automatique, indépendamment de la connaissance que le violeur pouvait avoir de l'âge de sa victime, compte tenu de la gravité objective d'un tel acte (J. Francillon, *Code pénal annoté*, Dalloz, 1996, p. 225), ce qui paraît aussi discutable. En toute hypothèse, la légitimité de ce seuil est désormais débattue. Certains soutiennent que la seule minorité de la victime devrait suffire à aggraver la répression (C. Dubois, « L'autonomie du droit pénal et le droit de la famille », *CDE* juill. 2021, dossier 24, n° 10). D'autres défendent ce seuil au motif que la majorité civile importe moins que la majorité sexuelle en droit pénal et que la perception du viol est différente suivant que la victime mesure ou non la portée d'un tel acte (Coll. Raison garder, *Mineurs et sexualité*, préc., p. 61).

20. Cet état doit préexister au viol et non en être la conséquence : Cass. crim., 11 déc. 1996, *B.* n° 461. – 17 oct. 1984, *B.* n° 308. – De plus, il doit être avéré : relever le grand âge de la victime ne suffit pas pour établir sa « particulière » vulnérabilité : Cass. crim., 8 juin 2010, *D.* 2010, p. 2888, note H. Hasnaoui.

21. Cass. crim., 7 déc. 2005, *Dr. pén.* 2006, n° 50, obs. M. Véron.

22. Arme qui peut être réelle (Cass. crim., 7 févr. 2018, *Dr. pén.* 2018, n° 77, obs. P. Conte) mais aussi factice (Cass. crim., 5 juill. 1995, *Dr. pén.* 1995, n° 276, obs. M. Véron).

personne qui se livre à la prostitution, y compris de manière occasionnelle si les faits sont perpétrés dans l'exercice de cette activité ; 14° lorsqu'un mineur était présent au moment des faits et y a assisté ; 15° lorsqu'une substance a été administrée à la victime, à son insu, afin d'altérer son discernement ou le contrôle de ses actes.

L'application de certaines de ces circonstances peut s'avérer problématique, on l'a vu, lorsque le juge se sert des faits sur lesquels elles reposent pour établir l'absence de consentement (v. *supra,* n° 231). Non seulement, un même fait semble invoqué deux fois mais la circonstance aggravante paraît aussi, dans une telle hypothèse, caractérisée avant que l'infraction ne soit établie en tous ses éléments. Or, il appartient aux magistrats de distinguer ce qui relève de l'un et de l'autre : ce n'est pas parce que la victime avait moins de 15 ans qu'elle n'a pas consenti à l'acte ; ce n'est pas parce que l'agent était un ascendant de la victime qu'il lui a nécessairement imposé l'acte. Il appartient aux juges d'établir d'abord l'absence de consentement de la victime (en relevant qu'elle ne disposait pas de l'intelligence et de la volonté nécessaire pour consentir ou que le comportement menaçant de l'agent lui inspirait une crainte certaine). Ensuite, seulement, ils peuvent relever à titre de circonstance aggravante la minorité de la victime ou la qualité d'ascendant de l'agent.

251. Agression présumée. – Mais ce n'est pas tout car on sait qu'au viol, dont le caractère agressif est établi, le législateur assimile désormais un viol dont le caractère agressif est présumé (V. *supra,* n° 233). Malgré l'absence de preuve de l'emploi de la violence, contrainte, menace ou surprise, la pénétration sexuelle ou l'acte bucco-génital constaté dans la relation entre un majeur et un mineur est alors puni de 20 années de réclusion criminelle (art. 222-23-3), c'est-à-dire des mêmes peines que le viol aggravé dont il vient d'être question. La dispense de preuve du caractère agressif de l'acte ne produit donc aucune conséquence en termes de répression. Cet acte est considéré comme grave au seul motif que le mineur avait au plus 15 ans, avait plus de 5 ans d'écart avec le majeur ou a perçu une rémunération[23].

252. Sur-aggravation. – Par ailleurs, le viol – qu'il repose sur une agression prouvée ou présumée – est puni d'une peine de 30 ans de réclusion criminelle, assortie éventuellement d'une période de sûreté de plein droit, lorsqu'il a entraîné la mort de la victime (art. 222-25). La mort doit alors apparaître comme la conséquence directe du viol sans avoir été, pour autant, recherchée par l'agent. À défaut, il faudrait analyser les faits comme un meurtre précédé d'un autre crime au sens déjà étudié (v. *supra,* n° 27) qui fait encourir à son auteur la réclusion criminelle à perpétuité avec, là aussi, éventuellement une période de sûreté applicable de plein droit[24].

253. Suite. – Enfin, le viol – qu'il repose là encore sur une agression prouvée ou présumée – est puni de la réclusion criminelle à perpétuité, assortie

23. Les autres circonstances aggravantes du viol (art. 222-24) ne sont pas dupliquées dans une telle hypothèse, sans doute pour éviter un invraisemblable excès de répression. Il n'existe d'aggravation commune qu'aux art. 222-25 et 222-26 évoqués ci-dessous.

24. Sans oublier que, au titre du meurtre aggravé, la réclusion criminelle à perpétuité peut être assortie d'une période de sûreté de 30 ans, voire perpétuelle, lorsque la victime est un mineur de 15 ans qui a été préalablement ou concomitamment violé (art. 221-4, dernier al.).

éventuellement d'une période de sûreté de plein droit, lorsqu'il a été précédé, accompagné ou suivi de tortures ou d'actes de barbarie (art. 222-26)[25].

§2. Les autres peines

254. Présentation. – En outre, le coupable encourt la plupart des peines complémentaires envisagées par le Code pénal (énumérées aux art. 222-44, -45, -47 et -48) sous réserve de l'affichage ou de la diffusion de la décision de condamnation. Il s'expose notamment à l'interdiction d'exercer l'activité professionnelle ou sociale dans l'exercice ou à l'occasion de l'exercice de laquelle l'infraction a été commise (peine définitive, en principe obligatoire lorsqu'est victime un mineur : art. 222-48-4). Il peut également être condamné à un suivi socio-judiciaire (art. 222-48-1)[26].

Par ailleurs, en cas de viol incestueux – au sens de l'article 222-22-3 – commis contre un mineur par une personne titulaire sur lui de l'autorité parentale, la juridiction de jugement doit se prononcer sur le retrait total ou partiel d'une telle autorité. À cette occasion, elle peut aussi décider de retirer au coupable son autorité parentale à l'égard des frères et sœurs de la victime. Elle peut également ne statuer que sur l'exercice de cette autorité (art. 222-31-2 et 222-48-2). Toutefois, il s'agit là davantage de mesures de sûreté que de peines[27].

Enfin, lorsque les faits ont été commis à l'encontre d'un époux assuré (qui décède), le juge est en principe tenu de s'opposer à ce que le condamné puisse recevoir la pension due à tout conjoint survivant ou divorcé (art. 222-48-3).

§3. Les particularités de la poursuite

255. Responsabilité. – La tentative de viol est punissable comme celle de tout crime. Elle suppose un commencement d'exécution rendant vraisemblable l'acte sexuel[28]. Le seul fait d'arracher les vêtements d'autrui ne peut être pris en compte au titre du viol ; il s'agit d'un acte préparatoire. Il en va *a fortiori* de même pour « le fait d'administrer à une personne, à son insu, une substance de nature à altérer son discernement ou le contrôle de ses actes afin de commettre à son égard un viol ou une agression sexuelle ». Toutefois, cet acte préparatoire a été érigé en infraction autonome, à l'article 222-30-1, où il est puni de

25. Cass. crim., 5 sept. 1990, *D.* 1991, p. 13, note H. Angevin ; *JCP* G 1991, II, 21629, note M.-L. Rassat. – Évidemment, le comportement en question doit se distinguer des violences ayant permis d'imposer l'acte sexuel à autrui (Cass. crim., 28 juill. 2021, *Dr. pén.* 2021, n° 158, obs. P. Conte).

26. Pour certains, la prison serait inadaptée aux auteurs d'agressions sexuelles (P. Maurice, *De la haine à la vie*, Folio, coll. Documents, 2002, p. 344). D'autres pénalités devraient être recherchées. Le législateur préfère cumuler privation de liberté et traitement.

27. La Cour de cassation y voit des « dispositions de nature civile » sans les qualifier davantage (Cass. crim., 20 juin 2018, *Dr. pén.* 2018, n° 173, obs. P. Conte). Mais, parce qu'il ne s'agit pas de peines, la Haute juridiction considère que ces mesures n'ont pas à être spécialement motivées au regard des critères posés par l'art. 132-1, al. 3, C. pén. (Cass. crim., 24 nov. 2021, *Dr. pén.* 2022, n° 1, obs. P. Conte).

28. Cass. crim., 10 janv. 1996, *Dr. pén.* 1996, n° 97, obs. M. Véron. – V. aussi Cass. crim., 22 août 2001, *B.* n° 169.

5 ans d'emprisonnement et 75 000 € d'amende (7 ans et 100 000 € si la victime est un mineur de 15 ans ou une personne particulièrement vulnérable)[29].

Lorsque le viol est consommé ou, à tout le moins tenté, la complicité est punissable aux conditions du droit commun. Mais, dans un souci d'harmonisation européenne, le législateur a cru bon d'incriminer également : « le fait de faire à une personne des offres ou des promesses ou de lui proposer des dons, présents ou avantages quelconques afin qu'elle commette un viol, y compris hors du territoire national, ... lorsque ce crime n'a été ni commis, ni tenté » (art. 222-26-1). Une telle provocation non suivie d'effet expose son auteur à 10 ans d'emprisonnement et 150 000 € d'amende. L'intérêt de ce texte, qui a dû être réécrit[30], semble limité. Il incrimine le fait, pour un individu, de commanditer un viol (dont, le plus souvent, il suit à distance l'exécution *via* une *webcam*) alors même que la preuve de cette exécution ne peut être rapportée (parce que l'exécutant n'est pas passé à l'acte ou parce que l'acte n'a pas été correctement enregistré). Le phénomène serait en expansion depuis la pandémie de Covid 19 qui a paralysé le tourisme sexuel[31].

256. Mineurs. – Par ailleurs, lorsque le viol a été commis sur un mineur, la poursuite donne lieu à des règles particulières.

Les règles gouvernant la prescription de l'action publique sont doublement bouleversées : le délai est porté à 30 ans (CPP, art. 706-47, 3°) et il ne commence à courir qu'à compter de la majorité du mineur victime (CPP, art. 7, al. 3)[32]. De plus, exceptionnellement, s'il apparaît que la personne suspectée d'un viol sur mineur a commis un autre viol, une agression sexuelle autre que le viol ou une atteinte sexuelle sur un autre mineur, avant l'expiration du premier délai de prescription, celui-ci est prolongé jusqu'à la prescription de cette nouvelle infraction (prescription dite « glissante » devant permettre à toutes les victimes d'un même agresseur de se faire entendre). Par ailleurs, les actes interruptifs accomplis dans la première procédure produisent alors effet dans les autres (CPP, art. 9-2). Une sorte de « connexité » est admise entre toutes les infractions reprochables au même individu qui explique cette solution[33].

La personne suspecte doit également faire obligatoirement l'objet d'une expertise avant jugement (CPP, art. 706-47-1). Cette expertise peut intervenir aussi bien au stade de l'enquête de police qu'au stade de l'instruction[34]. Elle est utile pour

29. Le seul acte en cause ici consiste donc à faire ingurgiter à autrui, à son insu, une substance identifiée par son effet (drogue au sens large incluant l'alcool ou le cannabis ?). La simple altération (et non l'abolition) du discernement qui en résulte aurait dû faciliter la commission d'une agression sexuelle (viol ou autre) qui n'a toutefois pas eu lieu. Ce qui implique un dol spécial difficile à établir en l'absence de tout commencement d'exécution d'une telle agression. *A fortiori*, la tentative d'une telle infraction, prévue par la loi, semble impossible à démontrer (art. 222-31). Sauf à considérer toute personne entrant dans un bar ou une boîte de nuit avec du GHB comme un délinquant...

30. Comp., J.-C. Planque, « Live-streaming pédopornographique », *Dr. pén.* 2020, étude 27 et S. Detraz et L. Saenko, « L'article 222-22-2 du Code pénal, hypothèse d'emprunt de matérialité », *Dr. pén.* 2014, étude 1.

31. L. Saenko, « L'infraction sexuelle sur internet : quel rapport à l'espace ? », *in Les infractions sexuelles à l'épreuve du numérique*, Mare & Martin, 2023, p. 83.

32. En revanche, à l'égard des victimes majeures, la Cour de cassation n'admet aucun report de la prescription. – V. s'agissant d'une victime amnésique : Cass. crim., 18 déc. 2013, *Gaz. Pal.* 31 janv. 2014, p. 15, note E. Raschel.

33. H. Matsopoulou, « Les nouvelles règles de prescription applicables aux crimes et délits sexuels commis sur des mineurs », *JCP* G 2021, 514, p. 911.

34. Il ne peut donc y avoir requalification des faits de harcèlement sexuel en agression sexuelle sans expertise préalable : Cass. crim., 23 sept. 2015, *RSC* 2016, p. 885, obs. Y. Mayaud.

l'ajustement du suivi socio-judiciaire. Une expertise médico-psychologique peut aussi être décidée à l'égard de la victime (art. 706-48 : pour évaluer son préjudice et identifier les traitements ou soins nécessaires).

Enfin, les auditions d'une victime mineure font l'objet d'un enregistrement pour lui éviter d'avoir à réitérer ses déclarations (CPP, art. 706-52). Un administrateur *ad hoc* peut être désigné pour représenter le mineur lorsque « la protection des intérêts de celui-ci n'est pas complètement assurée par ses représentants légaux ou par l'un d'entre eux », notamment lorsque ses représentants légaux sont soupçonnés d'avoir participé aux faits ou d'avoir toléré ceux-ci (art. 706-50)[35]. De plus, devant la juridiction de jugement, le huis clos est de droit si la partie civile le demande. En toute hypothèse, les comptes rendus d'audience publiés dans la presse ne peuvent faire état du nom des victimes ni comporter des renseignements permettant leur identification (L. 1881, art. 39 : sous peine d'une amende de 18 000 €).

257. Cours criminelles. – Le renforcement de l'arsenal répressif évoqué ci-dessus serait à l'origine d'un engorgement des cours d'assises. Aussi, la loi du 23 mars 2019 a-t-elle créé, d'abord à titre expérimental, des cours criminelles chargées de juger selon une procédure allégée les crimes les moins graves (punis de 15 ou 20 ans de réclusion criminelle) commis par des individus non récidivistes (CPP, art. 380-16), au nombre desquels se trouvent principalement des viols[36]. Ensuite, ces dispositions ont été généralisées par une loi du 22 décembre 2021 sans que l'impact de la réforme n'ait véritablement été évalué[37].

Les cours criminelles départementales ont la particularité d'être composées exclusivement de magistrats professionnels : un président et quatre assesseurs (CPP, art. 380-17). L'éviction du jury en la matière reste contestée. Certains y voient une correctionnalisation déguisée[38].

258. Action civile. – La personne qui s'est vu imposer une pénétration sexuelle ou un contact bucco-génital justifie bien évidemment d'un préjudice personnel découlant directement de tels faits. À ce titre, elle est recevable à se constituer partie civile et peut être indemnisée par la juridiction répressive. Mais la Cour de cassation admet également la recevabilité de la constitution de partie civile de l'enfant né du viol de sa mère dans le cadre d'une procédure ouverte contre l'agresseur de celle-ci[39]. La solution fut critiquée au motif qu'un enfant ne peut demander réparation du dommage que constituerait, pour lui, sa naissance mais il ne s'agit pas de cela : il lui est accordé réparation d'un dommage tenant aux circonstances dans lesquelles il a été conçu et qui le privent d'un accueil dans une famille unie. Est *a fortiori* recevable à agir, l'enfant né d'un viol incestueux : s'ajoute ici le préjudice tenant à l'impossibilité d'établir

35. Toutefois, la preuve de l'infraction ne peut résulter des seules déclarations de la victime lorsqu'elle n'a pas été confrontée à son prétendu agresseur : CEDH, 14 juin 2005, *Mayali c/France*, § 37.

36. « Environ 88 % de leur contentieux » (Comité d'évaluation et de suivi de la cour criminelle départementale, *Rapport*, oct. 2022, p. 12).

37. V. pour une analyse économique de la réforme : S. Mechoulan et B. Monnery, « Les cours criminelles départementales », *AJ pénal* 2022, p. 596 et pour une analyse critique : B. Fiorini, « Vaincre les cours criminelles départementales ! », *Dr. pén.* mai 2023, dossier, étude 2.

38. M. Hedrich, « Le viol, la technocratie et le peuple », *Gaz. Pal.*, 21 juin 2022, p. 10.

39. Cass. crim., 23 sept. 2010, *AJ pénal* 2011, p. 27, note C. Ambroise-Castérot.

officiellement sa filiation[40]. La Haute juridiction admet également la recevabilité à agir de proches de la victime qui ne sont pourtant, ni directement, ni personnellement, concernés par les faits de viol[41].

Enfin, l'article 2-2, CPP reconnaît aux associations régulièrement déclarées depuis au moins 5 ans à la date des faits, dont l'objet statutaire comporte la lutte contre les violences sexuelles ou les violences exercées sur un membre de la famille, le droit de se constituer partie civile à condition d'avoir obtenu l'autorisation de la victime, de son représentant légal ou du juge des tutelles lorsque la victime est mineure[42]. Toutefois, ces associations sont dispensées de justifier d'une telle autorisation lorsque les faits ont été commis à l'étranger pour permettre une meilleure répression du tourisme sexuel.

40. Cass. crim., 4 févr. 1998, *D.* 1999, p. 445, note D. Bourgault-Coudevylle ; *JCP* G 1999, II, 10178, note I. Moine-Dupuis.

41. Cass. crim., 27 nov. 2019, *Dr. pén.* 2020, n° 21, obs. A. Maron et M. Haas. – 27 mai 2009, *Gaz. Pal.* 31 juill. 2009, p. 15, note S. Detraz.

42. V. aussi CPP, art. 2-3, s'agissant des associations protectrices de mineurs en danger.

CHAPITRE 3

Les autres agressions sexuelles

259. Après plusieurs dispositions consacrées à la répression du viol, l'article 222-27 se contente d'ajouter : « les agressions sexuelles autres que le viol sont punies de... » sans les définir. On peut s'interroger sur la pertinence d'une telle formule au regard du principe de légalité qui implique la « discontinuité » du droit pénal.

On retrouve ici l'ancien délit d'attentat à la pudeur que la doctrine présentait comme « tout acte impudique exercé directement sur une personne de l'un ou de l'autre sexe et qui ne constitue pas, par ailleurs, un viol »[1]. Il convient de préciser cette incrimination avant d'envisager les peines qui l'accompagnent.

Section 1
La définition des agressions sexuelles autres que le viol

260. En l'absence de définition légale, le seul élément certain des agressions sexuelles autres que le viol tient à ce qu'elles ne requièrent pas une pénétration sexuelle ou un contact bucco-génital. Néanmoins, en pratique, même cet élément négatif est discuté car les parquets profitent parfois du flou d'une telle incrimination pour correctionnaliser certains viols en évitant ainsi la saisine d'une cour d'assises ou d'une cour criminelle départementale. Or, un peu de rigueur s'impose : s'il résulte d'une décision correctionnelle que l'acte qualifié « agression sexuelle » impliquait une pénétration (ou un contact bucco-génital) qui aurait dû être envisagée sous la qualification de viol, la Cour de cassation fait rejuger l'affaire en rappelant, au visa des articles 381 et 519, CPP, « qu'en matière répressive, la compétence des juridictions est d'ordre public » et « qu'il

1. M.-L. Rassat, *Droit pénal spécial*, préc., p. 707, n° 608.

appartient aux juges correctionnels, saisis de la cause entière par l'appel du ministère public, de se déclarer incompétents, même d'office, lorsque les faits poursuivis ressortissent à la juridiction criminelle »[2]. Précisons donc ce qui fait la spécificité des agressions sexuelles autre que le viol au double plan matériel et moral.

§1. La matérialité de l'acte

261. Présentation. – Il s'agit en principe d'établir qu'un acte sexuel ne pouvant être qualifié viol (consommé ou simplement tenté) a été imposé par violence, contrainte, menace ou surprise.

Il s'ensuit, en premier lieu, qu'un contact physique doit s'être produit entre l'agresseur et sa victime (à défaut, il y aurait outrage, harcèlement ou exhibition sexuelle) même si ce contact n'a pas eu pour objet une pénétration sexuelle ou l'apposition d'une bouche sur un organe génital et ne tendait pas vers cela[3]. Le cunnilingus a longtemps été l'exemple typique de l'agression sexuelle autre que le viol[4] mais il est désormais envisagé sous la qualification de viol au terme de l'évolution législative ci-dessus décrite (V. *supra*, n° 245).

Il s'ensuit, en deuxième lieu, que ce contact physique doit avoir une dimension sexuelle. Ce qui ne pose aucune difficulté lorsqu'une caresse est effectuée, avec autre chose que la bouche, sur le sexe d'autrui[5]. Mais l'infraction est envisagée plus largement au risque d'en rendre les frontières incertaines[6]. Qu'est-ce qu'un acte sexuel en l'absence de contact avec le sexe d'autrui ? *A priori*, il s'agit de tout acte qui évoque la satisfaction d'un désir sexuel et qui doit, à ce titre, être accepté par autrui. Il appartient au juge de rechercher si une dimension sexuelle est attribuée à l'acte dans la société sans se préoccuper de l'éventuelle perversité de l'agent ou de la pruderie exagérée de sa prétendue victime. À ce stade, c'est *in abstracto* que la portée de l'acte doit être appréciée[7]. Ce qui limite le pouvoir d'appréciation du juge. Néanmoins, cela ne produit pas toujours un résultat satisfaisant (le référentiel pris en compte par le juge pouvant être plus ou moins rigoriste). Ainsi, une « main aux fesses » est-elle nécessairement une agression sexuelle ? En jurisprudence, il

---

2. Cass. crim., 14 sept. 2022, *AJ penal* 2022, p. 527, obs. A. Darsonville ; *RSC* 2022, p. 836, obs. Y. Mayaud. – 20 juin 2001, *Dr. pén.* 2002, n° 2, obs. M. Véron. – Toutefois, la portée d'une telle solution est désormais réduite si la victime était constituée partie civile et assistée d'un avocat quand le renvoi a été décidé (CPP, art. 469, al. 4). En effet, si elle ne conteste pas ce renvoi, la qualification des faits devient indiscutable (V. admettant la compétence d'un tribunal correctionnel pour juger, sous la qualification d'agression sexuelle autre que le viol, d'un acte de pénétration sexuelle imposé : Cass. crim., 8 févr. 2023, *D.* 2023, p. 631, note S. Detraz ; *RSC* 2023, p. 307, obs. Y. Mayaud).

3. L'infraction ne saurait donc être constituée dans l'hypothèse où l'agent pousse autrui à se masturber en ligne (comp. J.-C. Planque, « La répression du cyber-viol », *Dr. pén.* 2019, étude 4). Mais elle semble l'être lorsque l'agent éjacule sur autrui.

4. V. encore Cass. crim., 14 oct. 2020, *Dr. pén.* 2021, n° 7, obs. P. Conte ; *AJ pénal* 2020, p. 590, obs. A. Darsonville ; *RSC* 2020, p. 933, obs Y. Mayaud.

5. Cass. crim., 9 mai 2018, *Dr. pén.* 2018, n° 142, obs. V. Peltier.

6. V. aussi D. Dassa-Le Deist, « Les infractions en matière sexuelle à l'aune du principe de légalité pénale », *Gaz. Pal.* 26 oct. 2012, p. 5.

7. *Contra* : s'agissant d'un acte anodin mais qui semble avoir satisfait un fantasme sexuel de son auteur (Cass. crim., 3 mars 2021, *D.* 2021, p. 605, note E. Dreyer ; *JCP* G 2021, 407, note J.-C. Saint-Pau ; *Gaz. Pal.*, 20 avr. 2021, p. 15, note A. Dejean de la Bâtie). L'infraction devient alors putative.

semble que oui[8]. Pourtant, dans certains cas, on pourrait y voir davantage un acte de violence (ou un outrage sexiste) car sa finalité sexuelle est loin d'être avérée. À celui ou celle qui en doute, on fera observer qu'il ne devrait pas en aller différemment pour la main et pour le pied. Or, à notre connaissance, aucun « coup de pied au cul » n'a jamais été analysé comme une agression sexuelle alors qu'il est porté au même endroit...

Il s'ensuit, en troisième et dernier lieu, qu'un tel acte doit en principe avoir été réalisé (comme en matière de viol) en utilisant l'un des moyens énoncés par la loi (avec violence, contrainte, menace ou surprise), ce qui lui confère sa gravité[9]. L'infraction a par ex. été reprochée à un directeur d'hôtel qui avait tenté d'embrasser une femme de chambre en lui caressant les seins alors qu'elle se récriait[10]. *Idem* s'agissant d'un médecin qui, sous prétexte d'ausculter une patiente, l'avait amenée à subir des caresses obscènes[11]. Elle a même été retenue contre un individu qui s'était placé derrière une collègue de travail, « l'avait ceinturée et avait abaissé subitement le bustier de celle-ci pour dénuder sa poitrine, tandis que son frère situé face au groupe, photographiait la scène »[12]... Dans toutes ces hypothèses, l'un des moyens de réaliser une agression sexuelle a été employé par l'auteur même de l'attouchement. Mais une portée plus large peut être donnée désormais à l'incrimination. En effet, peu importe que la violence, contrainte, menace ou surprise ait été le fait de l'auteur de l'attouchement ou d'un tiers à son profit ; peu importe même que l'un de ces moyens ait été utilisé non pour contraindre la victime à subir l'attouchement d'un tiers mais pour accomplir sur elle-même un tel attouchement (art. 222-22-2). Enfin, comme en matière de viol, on a vu que l'agression sexuelle peut être présumée dans certaines circonstances exceptionnelles mettant aux prises un majeur avec un mineur : seul l'acte sexuel (autre qu'une pénétration ou un contact bucco-génital) doit alors être établi. La preuve de l'emploi de la violence, contrainte, menace ou surprise n'a pas à être rapportée (V. *supra*, n° 233).

262. Extension. – Nonobstant l'approche extensive de l'incrimination dénoncée ci-dessus, toutes les illustrations jurisprudentielles qui viennent d'être données concernent des actes accomplis sur le corps d'autrui (essentiellement par l'agent). Toutefois, l'évolution constatée en matière de viol pourrait conduire à admettre, ici aussi, la sanction de l'individu qui parvient à imposer à autrui d'accomplir sur lui un tel acte ou qui parvient à tromper autrui pour qu'il accomplisse sur lui un tel acte. Il y aurait alors également délit dans le fait de profiter d'une caresse sexuelle qui n'a pas été librement donnée[13].

---

8. Cass. crim., 9 mai 2018, *Gaz. Pal.* 24 juill. 2018, p. 43, obs. E. Dreyer.

9. Le défaut de consentement peut s'avérer d'autant plus difficile à apprécier que le comportement incriminé est moins net. Toutefois, la Cour de cassation exige que l'absence d'accord de la victime soit expressément constatée (Cass. crim., 17 mars 1999, *Dr. pén.* 1999, n° 96, obs. M. Véron).

10. Cass. crim., 31 mai 2000, *B.* n° 208.

11. Cass. ass. plén., 14 févr. 2003, *Dr. pén.* 2003, n° 55, obs. M. Véron. – V. aussi Cass. crim., 8 févr. 2017, *RSC* 2017, p. 291, obs. Y. Mayaud.

12. Cass. crim., 19 sept. 2006, *Comm. com. électr.* 2006, n° 164, obs. A. Lepage. – Néanmoins, la dimension sexuelle de l'acte aurait pu être discutée dans cette dernière hypothèse qui relèverait plus volontiers aujourd'hui d'un *happy slapping* doublant une scène de violences (v. *supra*, n° 88).

13. V. déjà Cass. crim., 1er juill. 1959, *B.* n° 336.

263. Transition. – Il faut en outre rapporter la preuve d'une intention coupable. Il convient donc de s'intéresser maintenant à la perception que l'agent devait avoir de son acte pour qu'il constitue une infraction.

§2. La perception de l'acte

264. Intention. – Sur le plan moral, le ministère public doit démontrer que l'agent avait conscience d'imposer à autrui un contact sexuel : la dimension sexuelle de son acte ne doit pas lui avoir échappé ainsi que l'absence de consentement d'autrui. Ce qui peut poser problème. En effet, la faible matérialité de l'acte contraint parfois le juge à rechercher la preuve d'une telle intention en dehors des circonstances de sa commission[14]. Il retient alors l'explication qui lui semble la plus vraisemblable en se désintéressant de l'agent. Partant du principe qu'une « main aux fesses » a toujours une dimension sexuelle, le juge estime que cette dimension n'a pu échapper à l'agent. Le raisonnement *in abstracto*, pourtant protecteur de la personne poursuivie (en ce qu'il est censé limiter l'arbitraire du juge), se retourne alors contre elle.

Section 2
La répression des agressions sexuelles autres que le viol

265. Agression prouvée. – Une agression sexuelle autre que le viol est en principe punie de 5 ans d'emprisonnement et 75 000 € d'amende (art. 222-27).

Mais ces peines sont portées à 7 ans d'emprisonnement et 100 000 € d'amende : 1° lorsque l'agression sexuelle a entraîné une blessure, une lésion ou une incapacité totale de travail supérieure à 8 jours[15] ; 2° lorsqu'elle a été commise par un ascendant ou par toute autre personne ayant sur la victime une autorité de droit ou de fait[16] ; 3° lorsqu'elle a été commise par une personne qui a abusé de l'autorité que lui conféraient ses fonctions[17] ; 4° lorsqu'elle a été commise par plusieurs personnes agissant en qualité d'auteur ou de complice ; 5° lorsqu'elle a été commise avec usage ou menace d'une arme ; 6° lorsque la victime a été mise en contact avec l'auteur des faits grâce à un réseau de communication électronique ; 7° lorsque l'agression a été commise par le conjoint ou le concubin de la victime ou son partenaire à un PACS ; 8° lorsqu'elle a été commise par une personne agissant en état d'ivresse manifeste ou sous l'emprise manifeste de produits stupéfiants ; 9° lorsqu'elle a été

14. CA Versailles, 3 avr. 1995, *JCP* G 1995, IV, 2327.

15. Ces deux termes sont *a priori* synonymes : « la blessure se définit dans son sens commun comme "la lésion locale du corps", et dans son sens juridique elle "n'est que l'expression juridique de ce que la médecine appelle une lésion" » (E. Halbardier, *Le crime sexuel*, préc., p. 342, n° 726).

16. Cass. crim., 26 avr. 2017, *Comm. com. électr.* 2017, n° 65, obs. A. Lepage. – 1er sept. 2011, *Dr. pén.* 2011, n° 132, obs. M. Véron. – V. sur la qualification d'inceste éventuellement applicable et ses conséquences sur l'autorité parentale : *supra*, n° 250.

17. V. s'agissant d'un toucher vaginal pratiqué par un médecin hors de propos : Cass. crim., 18 oct. 2017, *AJ pénal* 2018, p. 39, obs. J. Léonhard.

commise sur une personne qui se livre à la prostitution, y compris de façon occasionnelle, si les faits sont commis dans l'exercice de cette activité ; 10° lorsqu'un mineur était présent au moment des faits et y a assisté ou 11° lorsqu'une substance a été administrée à la victime, à son insu, afin d'altérer son discernement ou le contrôle de ses actes (art. 222-28).

La même aggravation s'applique lorsque l'agression sexuelle a été imposée à une personne particulièrement vulnérable au plan physique ou psychique comme au plan économique ou social (art. 222-29).

Ces peines passent à 10 ans d'emprisonnement et 150 000 € d'amende dans deux hypothèses. Il en va tout d'abord ainsi lorsque l'agression sexuelle a été imposée à un mineur de 15 ans (art. 222-29-1)[18]. Il en va de même ensuite lorsque, imposée à une personne particulièrement vulnérable, l'agression sexuelle a : 1° entraîné une blessure ou une lésion ; 2° été commise par un ascendant ou par toute autre personne ayant autorité sur la victime ; 3° été commise par une personne qui abusait de l'autorité que lui conféraient ses fonctions ; 4° été commise par plusieurs personnes agissant en qualité d'auteur ou de complice ; 5° été commise avec usage ou menace d'une arme ; ou lorsqu'elle a été commise 7° par une personne agissant en état d'ivresse manifeste ou sous l'emprise manifeste de produits stupéfiants, voire 8° grâce à une substance administrée à la victime à son insu afin d'altérer son discernement ou le contrôle de ses actes (art. 222-30). Ce qui revient à combiner une partie des circonstances aggravantes de l'article 222-29 et de l'article 222-28. Pourquoi pas toutes ? Notamment, dans cette dernière hypothèse, la circonstance aggravante tirée de l'utilisation d'un moyen de communication électronique pour entrer en contact disparaît, ce qui surprend, voire remet en cause sa nécessité dans les hypothèses précédentes.

En outre, le coupable encourt les mêmes peines complémentaires qu'en matière de viol (v. *supra*, n° 254).

266. Agression présumée. – Mais, lorsque l'auteur des faits est majeur et que sa victime est mineure, l'acte sexuel autre qu'une pénétration ou un contact bucco-génital est assimilé à une agression sexuelle (autre que le viol) sans qu'il soit besoin d'établir qu'il y a eu violence, contrainte, menace ou surprise, dans les trois cas évoqués ci-dessus (V. *supra*, n° 233). Le majeur poursuivi s'expose alors à 10 ans d'emprisonnement et 150 000 € d'amende (art. 222-9-2 et 222-29-3). Le quantum de ces peines coïncide avec celui de l'agression sexuelle « prouvée » (autre que le viol) commise sur un mineur de 15 ans. Ce qui paraît logique, à une réserve près : lorsqu'une telle présomption d'agression s'applique, le mineur en cause n'est pas toujours aussi jeune. Or, on vient de le voir, lorsqu'il a plus de 15 ans, les sanctions encourues au titre de l'agression sexuelle prouvée sont inférieures, que cette agression présente ou non un caractère incestueux. Ce qui est tout de même problématique : l'agression sexuelle présumée peut ainsi être sanctionnée plus sévèrement que l'agression sexuelle prouvée. La répression est alors facilitée et durcie.

18. La minorité de la victime n'est donc pas plus une circonstance aggravante de ces agressions sexuelles que du viol. En revanche, le très jeune âge a pour conséquence de doubler les peines principales encourues, ce qui est bien plus qu'en matière de viol (élévation d'un seul degré : v. *supra*, n° 250), au risque d'apparaître excessif.

267. Tentative. – En toute hypothèse, la tentative est déclarée punissable (art. 222-31), ce qui ne manque pas d'inquiéter compte tenu de la très faible matérialité du comportement en question. Certes, il n'y a pas de difficulté à admettre une tentative d'agression sexuelle autre que le viol lorsqu'un employeur essaye d'embrasser sur la bouche une salariée[19]. Mais, souvent, la tentative s'avère plus difficile à établir. L'infraction consommée n'ayant qu'une dimension sexuelle limitée (en l'absence de pénétration ou de contact bucco-génital), il s'avère délicat de démontrer qu'un geste *a priori* anodin tendait à réaliser une agression sexuelle autre que le viol et que son auteur a été empêché de l'accomplir ou n'a pas obtenu le résultat escompté. Le seul fait, pour un médecin, de demander à une femme de se déshabiller dans son cabinet, sous prétexte d'effectuer un examen médical préalable à son embauche, constitue-t-il une tentative d'agression sexuelle ? Un arrêt l'admit[20]. Mais une telle appréciation n'a-t-elle pas quelque chose de divinatoire ? Car, si ce médecin voulait seulement « se rincer l'œil » (comment l'exclure à ce stade ?), il se comportait en pervers, non en délinquant. Supposer qu'il allait ensuite nécessairement imposer à sa victime un contact sexuel relève plus de la voyance que du droit. Un comportement aussi moralement blâmable appelait peut-être une sanction disciplinaire mais pas une sanction pénale.

268. Compléments. – En toute hypothèse, comme en matière de viol, la répression est complétée sur ce point par l'incrimination à titre autonome d'un acte préparatoire. En effet, l'article 222-30-1 punit de 5 ans d'emprisonnement et 75 000 € d'amende (7 ans et 100 000 € si la victime est un mineur de 15 ans ou une personne particulièrement vulnérable) « le fait d'administrer à une personne, à son insu, une substance de nature à altérer son discernement ou le contrôle de ses actes afin de commettre à son égard un viol ou une agression sexuelle » (v. *supra*, n° 255).

Par ailleurs, la provocation non suivie d'effet à une agression sexuelle (autre que le viol) est également incriminée. Elle est punie de 5 ans d'emprisonnement et 75 000 € d'amende mais ces peines sont portées à 7 ans et 100 000 € lorsque la victime de l'agression aurait dû être mineure (C. pén., art. 222-30-2. – V. *supra*, n° 255).

269. Procédure. – Ici, aussi, lorsque l'agression sexuelle est commise sur un mineur, le délai de prescription ne commence à courir qu'à compter de sa majorité. De surcroît, ce délai est porté de 6 à 10 ans et, même, 20 ans en cas d'agression sexuelle imposée à un mineur d'au plus 15 ans (CPP, art. 8, al. 2). Par ailleurs, là aussi une prescription « glissante » est organisée : lorsque l'agression sexuelle poursuivie a été commise sur un mineur et que le même suspect se voit reprocher la commission d'une agression ou atteinte sexuelle sur un autre mineur dans le délai de prescription, ce délai est éventuellement prolongé jusqu'à la date de prescription de la nouvelle infraction (art. 8, al. 4. – V. *supra*, n° 256). Cela présente un intérêt lorsque la seconde victime est plus jeune que la première. Par ailleurs, les actes interruptifs de prescription accomplis dans une procédure produisent également effet dans l'autre (art. 9-2).

À noter enfin que le huis clos est également de droit si la victime, constituée partie civile, le demande.

---

19. Cass. crim., 19 juin 2019, *Gaz. Pal.* 19 nov. 2019, p. 42, obs. S. Detraz.

20. Cass. crim., 14 juin 1995, *Dr. pén.* 1995, n° 222, obs. M. Véron.

Titre 2
Les appropriations forcées

270. Perspectives. – La prédation peut également concerner moins la personne d'autrui que ses biens. Si l'agent n'est pas propriétaire d'un bien, il ne peut s'emparer de ce bien sans l'accord de celui qui le détient. Peu importe à cet égard la relation juridique de la victime au bien appréhendé[1]. La défense de l'ordre public commande de sanctionner toute appropriation forcée d'un bien entre les mains d'autrui[2]. Il ne s'agit donc pas de dire ici que le droit pénal défend la propriété : cette formule, trop souvent ressassée, s'avère inexacte[3]. Il s'agit de raisonner moins par rapport à la victime que par rapport à l'auteur de l'acte en constatant que sont incriminées différentes formes d'appropriation illégitime, parce qu'effectuées sans droit. L'exigence est purement négative : les droits d'autrui sur le bien importent moins que l'absence de droits de l'agent[4]. L'objectif est de fixer des limites à l'occupation (appréhension d'une chose avec la volonté d'en devenir propriétaire) en sanctionnant une entrée en possession abusive. Sont ainsi érigés en infractions différents modes d'acquérir inacceptables : le vol, l'extorsion et le chantage. Envisageons-les à la suite.

1. La propriété au sens strict n'est pas toujours en cause : la victime directe de l'infraction peut n'avoir sur le bien qu'une fraction de la propriété (usufruitier), voire détenir seulement le bien en vertu d'un droit personnel (locataire) : V. *infra,* n° 278.

2. D'autres formes d'appropriation frauduleuse seront évoquées ci-dessous mais elles relèvent davantage de l'idée de mensonge (v. *infra,* n° 753) ou de trahison (v. *infra,* n° 917) que de prédation.

3. E. Dreyer, *Droit pénal général,* LexisNexis, 6e éd, 2021, p. 151, n° 165. – D'ailleurs, le Code pénal actuel a abandonné la formule « crime et délits contre les propriétés » figurant dans l'ancien Code pour ne parler plus que d'infractions contre les biens.

4. V. constatant que « la propriété est saisie par le droit pénal à partir et sous le seul angle du comportement de celui qui agit comme propriétaire alors qu'il ne l'est pas » : T. Revet, « Regards d'un civiliste sur le droit pénal des biens », *in Droit pénal et autres branches du droit,* Cujas, 2012, p. 30.

CHAPITRE 1
Le vol

271. « Pour l'homme de la rue, toute atteinte à la propriété est un vol »[1]. Pour le juriste, le vol se définit comme « la soustraction frauduleuse de la chose d'autrui ». C'est l'article 311-1 du Code pénal qui le dit. Une telle formule évoque un comportement brutal consistant à s'emparer d'une chose contre la volonté de celui qui la détient. De cette définition classique du vol se dégagent une condition préalable – l'existence d'une chose entre les mains d'autrui – et des éléments constitutifs – consistant en une soustraction frauduleuse par l'agent. Mais il existe également, au-delà de l'infraction simple, des formes aggravées et spécifiées de vol qui appelleront des développements complémentaires.

Section 1
La chose objet du vol

272. Avant de pouvoir déterminer si les faits dont il est saisi sont constitutifs d'un vol, le juge doit s'assurer que ces faits ont porté sur la chose d'autrui. C'est la condition préalable du vol. En l'absence d'une chose susceptible de vol et d'un lien entre cette chose et autrui (plutôt que l'agent), l'infraction ne peut se concevoir ; le débat sur la culpabilité de la personne poursuivie tourne court. Il importe donc de préciser les deux aspects de cette condition préalable : son aspect matériel et son aspect juridique.

§1. La matérialité de la chose

273. L'article 311-1 parle d'une chose sans la définir. Or, la chose est une notion floue. Il faut préciser sa nature et ses caractères, postulés par le texte d'incrimination, pour qu'il y ait vol.

1. M.-L. Rassat, *Droit pénal spécial*, préc., p. 125, n° 98.

A. La nature de la chose susceptible de vol

274. Objet. – Le concept de chose a été choisi pour correspondre à la façon dont l'infraction se consomme. Alors qu'en droit civil, est chose tout ce qui n'est pas personne, en droit pénal prévaut une approche plus étroite[2]. Spécialement, en matière de vol, la chose doit pouvoir faire l'objet d'un acte de soustraction. La jurisprudence en déduit qu'elle correspond à un objet matériel. En effet, pour qu'il y ait soustraction, il faut que la chose puisse être appréhendée. Il ne saurait donc y avoir vol d'un immeuble (bâtiment, terrain, etc.[3]) ou de valeurs mobilières (créances, œuvres de l'esprit, etc.) qui ne peuvent être déplacées. Les services sont également exclus du champ de l'incrimination (il ne peut y avoir vol à tirer avantage d'une prestation de service en se faisant passer pour autrui[4]). En revanche, les animaux restent assimilés à des choses pour les besoins de la répression : ils peuvent donc être volés[5].

Par ailleurs, parce que la chose devait être – au moment du vol – appropriée, elle semble se définir comme un bien meuble corporel[6]. Cependant, même sous cet aspect, la référence au droit civil n'apparaît guère utile. En effet, le droit pénal n'en adopte pas les fictions. Il refuse d'appliquer les qualifications du droit des biens. À titre d'exemple, il admet que les lapins des garennes, les poissons des étangs ou les pigeons des colombiers constituent des choses susceptibles de vol car il est possible de les soustraire à autrui. Pourtant, il s'agit d'immeubles par destination au sens du droit civil, qui les assimile fictivement à la garenne, à l'étang ou au colombier où ils vivent[7]. La même solution s'impose en cas de vol d'éléments scellés dans un mur (portes, fenêtres, statues, etc.[8]) ou fixés au sol[9]. Peu importe qu'il s'agisse là aussi d'immeubles par destination au sens du droit civil.

275. Consistance. – Seule compte donc l'existence d'un support matériel susceptible d'être appréhendé. En revanche, peu importe la consistance de ce support : quelques poussières d'or peuvent faire l'objet d'un vol.

Mais, allant plus loin, la jurisprudence a très tôt sanctionné le vol d'électricité réalisé à partir d'un branchement clandestin au réseau ou à partir d'une manipulation du compteur permettant de ne pas enregistrer toute la consommation de

2. J. Dubarry, « Les pénalistes parlent-ils la même langue que les civilistes ? », *in Mél. Mayaud*, Dalloz, 2017, p. 172.

3. Est incriminé spécialement le fait « de s'installer en réunion, en vue d'y établir une habitation, même temporaire, sur un terrain appartenant à une commune [qui aurait respecté ses obligations envers les gens du voyage], soit à tout autre propriétaire... sans être en mesure de justifier de son autorisation ou de celle du titulaire du droit d'usage du terrain » (C. pén., art. 322-4-1). – V. aussi, s'agissant de la mise à disposition d'un terrain appartenant à autrui : art. 313-6-1.

4. V. s'agissant de communications téléphoniques : Cass. crim., 12 déc. 1990, *D.* 1991, p. 364, note S. Mirabail.

5. V. s'agissant du vol de 17 babouins et d'un ours : Cass. crim., 13 mai 1992, *Dr. pén.* 1992, n° 279, obs. M. Véron.

6. V. les critiques de J. Deveze : « À propos de l'évolution des "délits contre les biens" », *in Mél. Le Tourneau*, Dalloz, 2007, p. 369.

7. De la même façon, la Cour de cassation a admis qu'il pouvait y avoir vol d'arbres sur pied : Cass. crim., 27 févr. 1996, *Dr. pén.* 1996, n° 153, obs. M. Véron.

8. Cass. crim., 12 oct. 1976, *B.* n° 289.

9. La Cour de cassation a même admis qu'il y a vol dans le fait d'extraire du sable du rivage de la mer quand celui-ci appartient au domaine public de l'État : Cass. crim., 23 oct. 1980, *B.* n° 271.

l'agent[10]. Elle traitait alors l'électricité comme une chose. C'était pousser trop loin l'interprétation. Le Code actuel préfère indiquer que « la soustraction frauduleuse d'énergie au préjudice d'autrui est *assimilée* au vol » (art. 311-2). En effet, même si la quantité d'électricité détournée peut être évaluée, elle n'est pas véritablement appréhendée à l'occasion de son détournement.

Ce constat sème le doute sur la pertinence des décisions rendues en matière de vol d'informations. La jurisprudence sur le sujet est restée longtemps ambiguë, les magistrats ne distinguant pas nettement les données des supports sur lesquels elles étaient enregistrées[11]. Mais des arrêts plus récents ont admis le vol d'informations sans soustraction de leur support[12], ce qui pose difficulté. La solution n'est pas satisfaisante car l'information ne constitue pas une chose et, à ce titre, elle ne peut faire l'objet d'un vol. Elle est en principe de libre parcours : l'extraction d'une donnée ne peut être pénalement sanctionnée que de façon exceptionnelle (art. 323-3. – V. *infra*, n° 507). Protéger l'information indépendamment de sa matérialisation déstabilise également le droit des propriétés intellectuelles qui repose, lui, sur une approche sélective tenant compte de l'originalité ou de la nouveauté des données en question[13]. Ce droit spécial ne présenterait plus grand intérêt s'il était possible d'obtenir une protection pénale équivalente sur le fondement du droit commun. Et, indépendamment même de cette considération essentielle, la sanction d'un vol d'informations s'avère contestable car elle impose d'envisager autrement l'acte de soustraction. En effet, on ne soustrait pas une donnée ; on l'enregistre, c'est-à-dire qu'on la reproduit sans en priver pour autant celui qui en bénéficiait jusqu'alors. Une telle extension du champ de la répression transforme donc l'élément matériel du vol, ce qu'un juge ne peut décider dans le respect du principe de légalité[14]. En l'occurrence, on le verra, la Cour de cassation aurait tout intérêt à renoncer à une telle extension (v. *infra*, n° 291).

B. Les caractères de la chose susceptible de vol

276. Déterminant. – Dans l'approche très large qui est retenue de la chose susceptible de vol par les magistrats, seul un caractère est exigé : la chose doit être appropriée. Elle doit appartenir à quelqu'un d'autre que l'agent qui ne peut donc se comporter sur elle comme s'il en était propriétaire. On reviendra ci-dessous sur son statut juridique.

277. Indifférents. – En revanche, on peut constater dès maintenant que la valeur de la chose est indifférente ; toute appropriation abusive d'une chose est punissable, qu'elle enrichisse ou non son auteur. Une lettre missive peut ainsi être volée alors qu'elle ne présente aucun intérêt pour celui qui s'en

10. Cass. crim., 12 déc. 1984, *B.* n° 403.

11. Cass. crim., 1er mars 1989, *B.* n° 100. – 12 janv. 1989, *B.* n° 14.

12. Cass. crim., 24 janv. 2018, *AJ pénal* 2018, p. 150, obs. G. Beaussonie. – 20 mai 2015, *D.* 2015, p. 1466, note L. Saenko ; *JCP* G 2015, 887, note G. Beaussonie ; *AJ pénal* 2015, p. 413, note E. Dreyer ; *RSC* 2016, p. 887, obs. J. Francillon.

13. A. Szkopinski, *Droit de la propriété intellectuelle et matière pénale*, Thèse Versailles, 2018, [LGDJ, coll. Bibl. dr.privé, 2022, t. 616], p. 192 et s.

14. V. aussi S. Detraz, R. Ollard et J.-C. Saint-Pau, « Contre l'incrimination du vol d'information », *in La réforme du Code pénal et du Code de procédure pénale*, Dalloz, coll. T & C, 2009, p. 97. – *Contra* : F. Ghelfi, « Le vol d'informations », *in Mél. Bernardini*, L'Harmattan, 2017, p. 148. – G. Beaussonie, « La protection pénale de la propriété de l'information », *Dr. pén.* 2008, étude 19.

empare[15]. *Idem* pour des chutes de câble usagées[16] ou pour une attestation dérobée dans un dossier par celui qui en était l'auteur[17].

Pire : la jurisprudence pénale sanctionne le vol d'une marchandise illicite. Constitue ainsi une infraction, le fait de soustraire des stupéfiants. Pourtant, on aurait pu considérer l'infraction impossible car la drogue est une marchandise hors commerce qui ne peut appartenir à personne. Mais la Cour de cassation ne l'admet pas[18]. Ce qui tient au fait que « l'attention du droit pénal se porte uniquement sur le trouble porté à l'ordre public. Le trouble est identiquement constitué que la chose soit dans le commerce ou qu'elle en soit exclue »[19]. En toute hypothèse, il y a appropriation indue, ce qui appelle une sanction.

§2. Le statut de la chose

278. L'article 311-1 ajoute que le voleur doit avoir appréhendé la « chose d'autrui ». Il faut bien comprendre cette exigence : elle ne signifie pas que le vol est punissable dans la seule hypothèse où la chose a été enlevée à son propriétaire ; elle signifie que le vol est punissable dès qu'une chose est enlevée par quelqu'un qui, faute d'être propriétaire ou autorisé par lui, ne peut agir de la sorte (V. *supra*, n° 270). Une poursuite pour vol ne peut donc être l'occasion de discourir sur l'étendue du droit que le détenteur de la chose pouvait exercer sur celle-ci au moment où elle lui a été enlevée. Peu importe qu'il l'ait détenue pour en avoir été le légitime propriétaire ou pour avoir été autorisé à cette fin par son légitime propriétaire : il la détenait et cette détention de la chose ne pouvait être contrariée par quelqu'un qui se trouvait sans droit sur elle. De l'exigence d'une chose appartenant à autrui, il s'ensuit donc essentiellement que la chose soustraite devait être appropriée par un autre que l'agent. Le droit exercé sur la chose est envisagé de manière négative : pour faire ressortir, au titre du vol, l'absence de droit de celui qui soustrait.

Il n'en reste pas moins que la chose devait être appropriée. Cette exigence permet d'exclure qu'il y ait eu infraction dans quelques hypothèses marginales. Par ailleurs, cette exigence permet une simplification des règles de preuve applicables. Envisageons successivement cette question de fond et la question de forme qui l'accompagne.

A. L'exigence de fond

279. Chose d'autrui. – Il existe trois hypothèses dans lesquelles la qualification de vol ne peut être retenue car la chose soustraite par l'agent n'était pas la propriété de quelqu'un d'autre.

280. Hors commerce. – En premier lieu, la qualification de vol est nécessairement exclue lorsque la chose n'est pas appropriable : on ne peut voler une

15. V. s'agissant de courriers administratifs de portée générale : Cass. crim., 8 déc. 1998, *Dr. pén.* 1999, n° 67, obs. M. Véron.

16. Cass. crim., 17 nov. 2015, *Dr. pén.* 2016, n° 26, obs. P. Conte.

17. Cass. crim., 24 avr. 2001, *Dr. pén.* 2001, n° 114, obs. M. Véron.

18. Cass. crim., 5 nov. 1985, *B.* n° 340.

19. D. Auger, *Droit de propriété et droit pénal*, PUAM, 2005, p. 93, n° 135.

personne, ni même des éléments du corps humain. Dans le premier cas, il y a éventuellement séquestration (v. *infra*, n° 424) ; dans le second cas, il y a violences à raison de l'atteinte à l'intégrité physique d'autrui (v. *infra*, n° 59), mais il n'y a pas vol[20]. Quant au fait de dérober un cadavre, il peut être puni sous couvert de violation de sépulture (v. *infra*, n° 519).

281. Sans maître. – En deuxième lieu, ne constitue pas davantage un vol le fait d'appréhender une *res nullius*, c'est-à-dire une chose qui n'appartient (encore) à personne. Au contraire, l'appréhension d'une telle chose paraît naturelle et le droit civil admet qu'un droit de propriété peut en résulter : c'est la technique de l'occupation. Elle permet à l'agent de justifier de droits sur la chose et exclut tout délit. Hélas, la catégorie des choses appropriables se réduit de plus en plus[21]. Elle concerne essentiellement le gibier libre, les poissons de mer... et l'eau de pluie !

Souvent, on rapproche de ces *res nullius* les *res derelictae*, c'est-à-dire les choses abandonnées qui peuvent être, elles aussi, appréhendées par toute personne qui en acquiert aussitôt la propriété. Ce qui permet aux récupérateurs d'exercer licitement leur activité. Encore faut-il que la chose ait été réellement abandonnée[22] et non seulement perdue[23]. En effet, lorsque le détenteur d'une chose n'a pas renoncé à celle-ci, il y a vol à s'en emparer. Or, il n'est pas toujours évident de distinguer la chose abandonnée de la chose perdue : en cas de contestation, la jurisprudence recherche l'explication la plus vraisemblable. À ce titre, elle tend à considérer que les objets de valeur ou les objets neufs ont été perdus par celui qui les détenait car il n'avait aucune raison de s'en défaire[24] ; en revanche, les objets usagés, sans valeur, découverts dans des décharges ou poubelles sont présumés abandonnés[25]. Celui qui s'en empare commet un vol dans le premier cas, pas dans le second.

282. Propre chose. – En troisième et dernier lieu, en précisant que le vol consiste en la soustraction de la chose d'autrui, le législateur a indiqué qu'il n'y a pas vol dans le fait de s'emparer de sa propre chose. La propriété de l'agent suffit à rendre légitime l'acte qu'il accomplit. Ni les tiers ni la société elle-même ne peuvent lui en demander compte. Ainsi, le propriétaire qui a remis une chose à autrui à titre de prêt et qui la reprend avant terme ne commet pas un vol[26]. Il agit certes de manière abusive, au plan contractuel, mais ce manquement ne permet pas d'engager sa responsabilité pénale dès lors que l'emprunteur ne disposait, lui, d'aucun droit de propriété sur la chose. Inversement, il peut y avoir vol dans le fait, pour un vendeur à tempérament, de reprendre de

20. CA Amiens, 26 nov. 1996, *LPA* 17 juill. 1997, n° 83, p. 34, obs. X. Labbée.

21. V. spécialement C. Ambroise-Castérot, « Chasse, pêche, nature et... propriété », *in Mél. Mayaud*, Dalloz, 2017, p. 297.

22. V. s'agissant de marchandises dans une poubelle en attente de destruction : Cass. crim., 15 déc. 2015, *D.* 2016, p. 644, note G. Beaussonie ; *Gaz. Pal.* 9 févr. 2016, p. 16 note S. Detraz.

23. De surcroît, la pièce ne doit pas avoir été détruite : Cass. crim., 10 mai 2005, *JCP* G 2005, II, 10162, note M. Daury-Fauveau.

24. Cass. crim., 12 mai 2015, *AJ pénal* 2015, p. 548, obs. J. Gallois ; *Gaz. Pal.* 9 août 2015, p. 26, obs. S. Detraz. – 31 mai 1978, *Gaz. Pal.* 1979.1, somm. p. 150.

25. Rappelons, par ailleurs, que l'inventeur d'un trésor n'en est pas seul propriétaire. Il partage son droit avec le propriétaire du terrain où le trésor a été découvert (C. civ., art. 716) et commet donc un vol s'il s'abstient de déclarer sa trouvaille : Cass. crim., 20 nov. 1990, *B.* n° 395.

26. Cass. crim., 20 juin 2006, *B.* n° 190.

force la chose vendue et restée impayée[27]. En effet, au moment où il soustrait cette chose, il n'en est plus propriétaire, peu importe que la vente soit annulée ou résolue par la suite. Le droit pénal n'accepte pas la fiction civiliste de la rétroactivité selon laquelle les parties se trouvent remises en leur état initial par l'effet de l'annulation ou de la résolution[28]. C'est au moment de l'acte de soustraction que les droits de l'agent sur la chose sont vérifiés.

En toute hypothèse, la propriété revendiquée par le prévenu sur la chose doit être entière pour lui permettre d'échapper aux poursuites. Peu importe qu'une fraction de cette chose lui appartienne s'il n'en dispose pas totalement[29]. Il peut même y avoir vol dans le fait de s'emparer d'une chose prétendument « donnée » par quelqu'un qui n'en est pas seul propriétaire[30].

B. L'exigence de forme

283. Objet. – Sous cet aspect, reste discuté l'objet exact de la preuve à rapporter : le ministère public doit-il établir la propriété d'autrui en démontrant qu'un tiers était bien titulaire d'un droit sur la chose soustraite ou peut-il se contenter d'établir que le prévenu n'était pas propriétaire de la chose dont il s'est emparée ? En d'autres termes, suffit-il pour condamner un voleur d'établir qu'il n'avait aucun droit sur une chose appartenant nécessairement à autrui ou faut-il démontrer qu'il a porté atteinte au droit de propriété d'une personne déterminée ? Il a pu être soutenu que l'atteinte à la propriété doit être entièrement établie puisque le texte incriminant le vol fait référence à la chose d'« autrui ». Mais, on l'a dit, c'est exagérer l'importance de la propriété dans la définition du vol : une telle formule ne prend nullement position sur la nature du droit exercé par la victime sur la chose au moment de la soustraction. Le droit d'autrui sur la chose importe moins que l'absence de droits de l'agent. Il faut donc raisonner autrement et considérer, pour ne pas imposer à l'autorité de poursuite une preuve trop difficile à rapporter, qu'à partir du moment où la chose soustraite était appropriable elle est réputée appropriée : l'agent ne peut échapper au reproche de soustraction qu'en démontrant qu'il en était propriétaire au moment de l'acte. C'est à celui qui s'empare d'une chose contre le gré de celui qui la détient de prouver d'où vient le droit qu'il prétend exercer à cette occasion. Les circonstances de l'acte constituent des indices suffisants pour justifier un tel renversement de la charge de la preuve. Peu importe que le véritable propriétaire de la chose ne puisse pas être identifié[31].

284. Mode. – Lorsque sont contestés les droits dont l'agent se prévaut sur la chose soustraite, se pose ensuite la question des modes de preuve recevables

27. CA Colmar, 25 mars 1958, *D.* 1959, p. 196, note A. Chavanne.

28. Comp., s'agissant d'un transfert de propriété immédiat : Cass. crim., 25 oct. 2011, *Gaz. Pal.* 13 janv. 2012, p. 38, obs. S. Detraz.

29. Lorsqu'une chose appartient en indivision à plusieurs personnes, il y a vol si l'une d'elles s'en empare à l'insu des autres : Cass. crim., 12 mai 2015, *AJ pénal* 2015, p. 369, obs. G. Beaussonie ; *Gaz. Pal.* 9 août 2015, p. 26, obs. S. Detraz. – 27 févr. 1996, *Dr. pén.* 1996, n° 153, obs. M. Véron. – Peu importe que le bien soustrait avant l'ouverture d'une succession lui soit finalement attribué et que le voleur apparaisse ainsi rétroactivement propriétaire à compter du décès (C. civ., art. 883).

30. Cass. crim., 23 nov. 2004, *Dr. pén.* 2005, n° 39, obs. M. Véron.

31. Cass. crim., 27 avr. 1966, *D.* 1966, p. 489. – 23 déc. 1963, *B.* n° 376. – V. aussi Cass. crim., 25 oct. 2000, *JCP* G 2001, II, 10566, note P. Mistretta ; *D.* 2001, p. 1052, note T. Garé.

devant le juge répressif. S'agissant de la condition préalable d'une infraction, seules les règles du droit civil ont vocation à s'appliquer. Dans la majeure partie des cas, cela ne présente guère de difficultés car, au sujet d'objets matériels, la propriété peut être établie par tout moyen. Le juge répressif se montre alors peu exigeant : la propriété de la chose peut même s'établir par commune renommée[32]. Mais, dans le cas particulier où la contestation porte sur une chose qui s'analyse comme un immeuble par destination au sens du droit civil, le juge répressif doit surseoir à statuer et renvoyer le jugement de cette question préjudicielle aux juridictions civiles : si un débat s'instaure sur la propriété de lapins de garenne, le juge répressif ne peut trancher lui-même la question de la propriété de la garenne dont ces lapins sont issus (CPP, art. 384).

Section 2
Le comportement incriminé

285. Formellement, la définition du vol donnée à l'article 311-1 permet d'identifier sans difficulté l'élément matériel et l'élément moral d'une telle infraction. Toutefois, cette facilité d'accès relève de la fausse évidence. En effet, l'incrimination s'avère très générale et donne lieu à des extensions contestables[33]. À ce titre, elle pose difficulté. Envisageons donc avec circonspection l'acte reproché à l'agent (soustraction de la chose d'autrui) et la perception que l'agent devait en avoir lorsqu'il l'a accompli (esprit de fraude).

§1. La matérialité de l'acte

286. Infraction de commission. – Classiquement, la soustraction consiste à « prendre, enlever ou ravir » une chose à l'insu et contre le gré de celui qui la détient[34]. Il en va par ex. ainsi lorsqu'une chose est arrachée des mains d'autrui[35] ou dérobée à l'endroit où elle se trouve[36]. L'agent s'empare alors d'une chose dont il ne peut disposer[37]. À ce titre, la soustraction suppose un acte positif[38].

287. Consommation. – Mais ce n'est pas tout. Un vol suppose également que le détenteur de la chose en soit privé contre sa volonté[39]. Pour qu'un vol soit consommé, et non simplement tenté, il importe donc que le pouvoir exercé par le détenteur de la chose (quels que soient ses droits sur celle-ci) ait été

32. C'est davantage la possession que la propriété qui est alors établie : Cass. crim., 28 févr. 1990, *B.* n° 99.

33. V. aussi S. Jouniot, « Vol : avatars d'une infraction protéiforme », *AJ pénal* 2019, p. 26.

34. Cass. crim., 18 nov. 1837, *S.* 1838.1.366.

35. Cass. crim., 10 avr. 1995, *Gaz. Pal.* 1995.2, somm. p. 354. – 15 déc. 1959, *D.* 1960, p. 190.

36. Cass. crim., 13 avr. 2010, *D.* 2010, p. 2272, note G. Roujou de Boubée ; *Gaz. Pal.* 9 juin 2010, p. 15, note S. Detraz.

37. V. insistant sur l'absence de droits de l'agent : Cass. crim., 30 oct. 2012, *Gaz. Pal.* 8 févr. 2013, p. 36, obs. S. Detraz.

38. Cass. crim., 1er juin 1988, *JCP* G 1989, II, 21172, note J. Devèze.

39. Ce qui rend de plus belle inacceptable la jurisprudence précitée sur le « vol » d'informations qui implique une duplication et non la privation de la chose d'autrui (v. *supra*, n° 275).

effectivement tenu en échec : il doit avoir entièrement perdu la maîtrise de celle-ci. Le cambrioleur arrêté en flagrant délit au moment où il quitte les lieux de son forfait avec son butin, ne se rend pas coupable de vol mais de tentative de vol : grâce aux alarmes et à l'arrivée de la police, l'argent n'a jamais quitté la banque. *Idem* pour le client d'un supermarché appréhendé par un vigile alors qu'il dissimule un article dans son blouson au moment de passer aux caisses. La consommation de l'infraction ne correspond donc pas toujours à l'action de prendre, enlever, ravir. Une telle action est nécessaire mais elle ne peut s'envisager indépendamment de son résultat. Le vol supposant une appropriation frauduleuse, il n'y a soustraction qu'à partir du moment où le voleur est en mesure d'agir librement sur la chose car celle-ci échappe au contrôle de celui qui la détenait jusque-là. Les conditions de la légitime défense des biens le confirment : l'acte de défense serait nécessairement excessif si, le voleur s'étant emparé de la chose, l'infraction était déjà consommée au moment où il est accompli. Le détenteur d'un bien ne pourrait jamais empêcher légitimement un voleur de s'enfuir avec. La légitime défense suppose au contraire que le vol soit encore en cours d'exécution (C. pén., art. 122-5, al. 2), donc que le détenteur de la chose qui la défend n'ait pas perdu toute maîtrise sur elle[40]. Seule cette perte de maîtrise consomme l'infraction.

288. Diversification. – Le plus souvent, une telle soustraction est définitive. Cependant, la jurisprudence a fini par assimiler le vol d'usage au vol de la chose elle-même, ce qui permet de sanctionner un vol purement temporaire. Par ailleurs, la notion de soustraction semble exclure la remise de la chose : refuser de restituer, donc s'abstenir, n'équivaut pas à soustraire. Néanmoins, il arrive que l'attitude de celui qui s'est fait remettre une chose sur laquelle il n'a aucun droit soit sanctionnée sous la qualification de vol. La jurisprudence fait ainsi de la soustraction une application très large.

Évoquons ces deux formes particulières de vol modifiant l'approche qu'une doctrine respectueuse de la légalité peut en avoir. Envisageons d'abord le vol d'usage d'une chose puis la non-restitution d'une chose.

A. Le vol d'usage d'une chose

289. Origine. – Le seul fait de se servir d'une chose à l'insu d'autrui pendant un temps déterminé, puis de l'abandonner ou de la restituer, constitue désormais un vol. Une telle solution ne s'imposait pas, à l'origine, car la Cour de cassation ne sanctionnait au titre du vol que l'appropriation totale et définitive de la chose d'autrui : le voleur devait avoir soustrait la chose pour exercer sur elle aussi bien l'*usus* ou le *fructus* que l'*abusus*. Toutefois, depuis 1959, la Haute juridiction admet qu'il peut y avoir simplement vol d'usage, c'est-à-dire appréhension de la chose non pour la conserver, vendre ou détruire mais pour en tirer un avantage déterminé et pendant la durée nécessaire à l'obtention de cet avantage seulement : l'infraction est caractérisée par ex. lorsque le voleur s'empare du véhicule d'autrui qu'il abandonne arrivé à destination ou, plus

40. E. Le Moulec, *Pour un renouvellement du système répressif dit des atteintes juridiques aux biens*, LGDJ, coll. Bibl.sc.crim., t. 70, 2021, p. 82, n° 144.

rarement, qu'il ramène après avoir effectué un déplacement[41]. Peu importe le besoin que le voleur avait de la chose et le désintérêt du propriétaire à son égard (véhicule laissé en stationnement depuis plusieurs jours). Il suffit que l'agent usurpe quelques instants le pouvoir d'user de la chose revenant à autrui pour qu'un vol soit constaté.

290. Extension. – La même jurisprudence a été appliquée ensuite à l'appréhension temporaire de documents de l'entreprise par ses salariés agissant hors du cadre de leurs fonctions. En effet, comment sanctionner un salarié qui se sert de documents comptables à sa disposition pour établir des tableaux graphiques qu'il communique ensuite à des tiers à l'insu de son employeur ? Il a eu ces documents en main pendant le temps nécessaire pour recopier leurs données essentielles à des fins étrangères à sa mission. Faute d'accord préalable de l'employeur, des juges du fond ont vu là une usurpation temporaire de la possession de ces documents avec l'approbation de la Cour de cassation[42].

De la même façon, comment sanctionner le fait par un salarié de photocopier des documents laissés à sa disposition dans l'entreprise où il travaille, afin d'en conserver ultérieurement la trace, tout en les replaçant aussitôt après à l'endroit où ils doivent être rangés ? Le contenu de tels documents est rarement protégé par un droit d'auteur ; il ne saurait donc y avoir contrefaçon[43]. Quant à l'appréhension du support matériel, elle ne dure que pendant le temps nécessaire à la photocopie. Seul un vol d'usage peut être retenu. Là aussi, la Cour de cassation en a admis le principe[44]. Il en va de même encore s'agissant de la duplication de disquettes ou autres supports informatiques. Il n'y a pas vol, au sens classique, de la disquette puisqu'elle est aussitôt remise à sa place. Il n'y a pas davantage vol d'informations car on peut difficilement analyser les données que cette disquette contient comme des choses[45]. Il y a tout au plus vol d'usage : soustraction de la disquette pendant le temps nécessaire à sa duplication[46]. Pendant ce temps, l'agent usurpe l'une des prérogatives du propriétaire alors qu'il ne l'est pas. Dans la jurisprudence de la Cour, cette usurpation frauduleuse appelle aussi une sanction[47].

L'infraction est donc constituée même si la chose n'a été soustraite que pour un usage temporaire[48]. On peut l'admettre car ses éléments constitutifs sont vérifiés au moment de la soustraction. Ce qui se passe après reste sans conséquence sur la consommation du vol : la restitution de la chose ne constitue qu'un repentir actif. Néanmoins, on notera qu'aujourd'hui une autre qualification paraît s'imposer : en

41. Cass. crim., 19 févr. 1959, *D.* 1959, p. 331, note G. Roujou de Boubée ; *JCP* G 1959, II, 11178, note P. Chambon.

42. Cass. crim., 8 nov. 2011, *Dr. pén.* 2012, n° 18, obs. M. Véron. – 1er mars 1989, *D.* 1990, somm., p. 330, obs. J. Huet.

43. V. toutefois, cette décision ambiguë : Cass. crim., 19 janv. 1994, *Dr. pén.* 1994, n° 109, obs. M. Véron.

44. Cass. crim., 8 janv. 1979, *B.* n° 13.

45. CA Grenoble, 4 mai 2000, *JCP* G 2001, IV, 1473 et J. Francillon, « L'adaptation du droit pénal à certaines formes de délinquance informatique et audiovisuelle », *in Mél. Vitu*, Cujas, 1989, p. 215.

46. Cass. crim., 12 janv. 1989, *B.* n° 14.

47. Il ne s'agit pas de reconnaître ici au propriétaire le droit d'autoriser ou d'interdire la reproduction de l'information que ce support contient (v. cpdt Cass. crim., 3 mars 1992, *Dr. pén.* 1992, n° 254, obs. M. Véron et Cass. crim., 29 avr. 1986, *D.* 1987, p. 131, note M.-P. Lucas de Leyssac ; *JCP* G 1987, II, 20788, note H. Croze). Il s'agit de constater que l'agent s'est octroyé, sans droit, quelques instants, la maîtrise du support en question.

48. V. aussi F. Debove, « Information mal acquise ne profite jamais », *Dr. pén.* 1999, étude 24.

effet, dans la plupart des hypothèses évoquées ci-dessus, il existe une remise préalable. Il y a donc là davantage détournement d'une chose remise à titre précaire[49]. La qualification d'abus de confiance semble mieux adaptée que celle de vol.

291. Excès. – Par ailleurs, poursuivant son entreprise de réinterprétation, la jurisprudence a fini par admettre un vol d'informations indépendamment de toute soustraction du support sur lequel ces informations étaient initialement fixées (v. *supra,* n° 275). Parce que, dans les hypothèses précédentes, la soustraction temporaire permettait au salarié de reproduire les données enregistrées, des juges du fond ont admis, avec l'accord de la Cour de cassation, que l'acte de reproduction lui-même est délictueux lorsqu'il est réalisé à l'insu du propriétaire. Ils qualifient ainsi « vol » la reproduction sans droit d'une donnée. Peu importe qu'elle n'entraîne aucune soustraction[50]. Le propriétaire n'est pas privé de sa chose ; elle est simplement dupliquée. Ce qui s'avère contestable car une telle solution méconnaît doublement l'exigence de légalité : l'incrimination est forcée tant au niveau de la condition préalable (l'information n'étant pas une chose) que de l'élément matériel (faute de soustraction véritable) du vol. Mais ce n'est pas tout.

B. La non-restitution d'une chose

292. On s'est également demandé s'il y a vol lorsque l'agent accepte une chose sur laquelle il sait n'avoir aucun droit. L'exigence d'interprétation stricte, excluant tout raisonnement par analogie, devrait imposer une réponse négative. Néanmoins, au risque de méconnaître le principe de légalité, la jurisprudence distingue suivant que la remise a été faite involontairement ou volontairement à l'agent.

293. Chose involontairement remise. – La première hypothèse est celle dans laquelle une chose est involontairement remise à quelqu'un qui l'accepte et refuse de la rendre en sachant qu'il n'a aucun droit sur elle. Commet-il un vol en refusant de la restituer ? La réponse des magistrats dépend des circonstances de la remise.

Tout d'abord, la remise peut être la conséquence d'une erreur spontanée du remettant. Dans ce cas, celui qui reçoit la chose est étranger à sa fourniture. Il est alors jugé que le refus de restituer une chose remise par erreur ne constitue pas un vol. Peu importe que l'acceptant ait eu conscience de cette erreur dès l'origine et en ait profité en gardant le silence[51]. Sa réticence dolosive ne peut être sanctionnée. Néanmoins, cela suppose une totale neutralité de sa part. À défaut, il peut y avoir infraction, la qualification de celle-ci dépendant des moyens mis en œuvre pour obtenir la remise.

49. V. qualifiant abus de confiance la duplication à des fins personnelles de fichiers informatiques remis à un salarié pour un usage professionnel : Cass. crim., 22 oct. 2014, *D.* 2015, p. 415, note A. Mendoza-Caminade ; *JCP* G 2015, 52, note G. Beaussonie et G. Bargain.

50. Cass. crim., 7 nov. 2018, *Gaz. Pal.* 5 févr. 2019, p. 49, obs. S. Detraz ; *RSC* 2019, p. 119, obs. E. Dreyer. – 28 juin 2017, *D.* 2017, p. 1885, note G. Beaussonie ; *Gaz. Pal.* 24 oct. 2017, obs. S. Detraz ; *RSC* 2017, p. 752, obs. H. Matsopoulou.

51. Cass. crim., 22 janv. 1948, *D.* 1948, p. 143.

Car, ensuite, il faut prendre en compte l'hypothèse dans laquelle l'erreur commise par le remettant a été provoquée par l'agent : il a induit en erreur autrui pour s'approprier sa chose. L'acceptation de la chose en de telles circonstances est sans doute punissable mais sa sanction ne devrait pas être obtenue sur le terrain du vol, faute de soustraction. Si la remise a été déterminée par des manœuvres frauduleuses, il y a davantage escroquerie (v. *infra*, n° 773). Toutefois, on peut imaginer aussi que la remise ait été obtenue en exerçant une pression sur autrui : effrayée, la victime s'est sentie obligée de remettre à l'agent la chose qu'il convoitait. Dans une telle hypothèse, l'acceptation consomme le délit d'extorsion (v. *infra*, n° 325) en cas de pression physique et le délit de chantage (v. *infra*, n° 336) en cas de pression morale sur la victime. Mais la jurisprudence ne fait pas toujours preuve de rigueur dans la distribution de ces qualifications. Il lui est arrivé de retenir la qualification de vol lorsque la remise d'une chose avait été déterminée par la crainte exercée sur une victime soit très jeune ou vulnérable, soit impressionnée par l'usage de menaces et l'emploi de violences physiques[52]. Si une femme remet son sac à main à un individu qui la menace avec une seringue prétendument souillée par le virus du Sida, cette remise ne légitime pas l'appropriation qui suit[53]. La menace de contamination pour s'emparer de la chose d'autrui est assimilée à un acte de soustraction sous prétexte qu'elle produit le même résultat. Ce qui paraît contestable. Pourquoi forcer la qualification de vol lorsque celle d'extorsion s'avère applicable[54] ?

294. Chose volontairement remise. – La situation s'avère tout aussi complexe lorsque l'on envisage l'hypothèse dans laquelle l'agent a accepté une chose volontairement remise et refuse sans droit de la restituer. Y a-t-il vol à conserver cette chose ou abus de confiance ? Sous l'empire de l'ancien Code, la définition très étroite de l'abus de confiance conduisit les magistrats à admettre qu'il pouvait y avoir vol dans le fait de conserver pour soi une chose qui avait été remise sans transfert de la possession correspondante. Cette remise ne s'effectuant pas en exécution de l'un des contrats énumérés comme pouvant donner lieu à abus de confiance, le vol offrait une qualification subsidiaire, de secours, afin de réprimer un comportement perçu en toute hypothèse comme immoral[55]. Il en allait de même lorsque l'existence du contrat préalable n'avait pu être prouvée[56].

Encore fallait-il, pour relever la qualification de vol, que cette remise présente un caractère imparfait. Il fallait pouvoir la disqualifier en soulignant qu'elle avait été faite de façon nécessaire ou forcée. Parce que la remise n'apparaissait pas volontaire, elle pouvait alors être niée : celui qui profitait de la situation pour conserver la chose, pouvait se voir reprocher une soustraction indirecte[57]. Or, le même

52. Cass. crim., 16 mars 1989, *B.* n° 133. – 4 mai 1973, *B.* n° 207.

53. Comp. Cass. crim., 25 janv. 1973, *B.* n° 45.

54. V. pour une analyse détaillée S. Detraz, « La distinction de l'extorsion et du vol avec violences », *Gaz. Pal.* 13 oct. 2013, p. 17. – La difficulté tient au champ d'application réduit du délit d'extorsion dans l'ancien Code : la jurisprudence a utilisé la qualification de vol pour sanctionner les remises forcées non punissables à ce titre (V. aussi E. Le Moulec, *Pour un renouvellement du système répressif dit des atteintes juridiques aux biens*, préc., p. 487, n° 904). Mais elle ne devrait plus procéder de la sorte au regard de la généralité de l'incrimination d'extorsion aujourd'hui (v. *infra*, n° 322).

55. Cass. crim., 24 oct. 1972, *B.* n° 306.

56. V. au sujet du prêt d'un manuscrit d'une « valeur inestimable » : Cass. crim., 11 juin 1990, *B.* n° 238.

57. V. cette affaire où des acheteurs, après avoir discuté le prix de six chaises, les ont chargées dans leur camion puis ont éloigné le vendeur « sous un fallacieux prétexte » et sont partis « brusquement, en

raisonnement a été tenu dans d'autres hypothèses où il s'avère beaucoup moins légitime : des vols ont également été reprochés à des clients de supermarché ayant omis de payer le prix d'objets mis à leur disposition « en libre-service ». Dans un tel cas, la remise est volontaire mais conditionnée au paiement d'un prix. Peut-on assimiler le non-paiement de la chose conservée à un vol ? La jurisprudence l'a admis en considérant qu'une telle abstention est équivalente à l'acte positif produisant le même résultat[58]. La solution se défend en droit civil car la remise sous condition ne permet pas de conserver la chose si la condition ne se réalise pas. En revanche, elle apparaît contestable en droit pénal car elle empêche de reprocher à celui qui ne paie pas de matériellement soustraire la chose d'autrui. Pour dissimuler un raisonnement par analogie, comme tel illégitime, la doctrine a qualifié le refus opposé dans cette hypothèse de soustraction « au sens juridique »[59]. L'assimilation de la soustraction juridique à la soustraction matérielle connut à la suite un grand succès en jurisprudence...

Peu respectueuse du principe de légalité, cette transformation d'une infraction de commission en infraction d'omission appelle des réserves. D'autant qu'elle semble dénuée d'intérêt aujourd'hui. Plutôt que de nier l'existence d'une remise volontaire de la part de la victime et d'imaginer une soustraction qui n'est pas accomplie par l'agent, il serait préférable de voir là, à nouveau, un abus de confiance. En effet, le Code actuel a élargi cette incrimination qu'il permet d'appliquer chaque fois qu'une chose remise à titre précaire n'est pas restituée à l'échéance, peu importe le titre juridique en vertu duquel la remise est intervenue (v. *infra*, n° 919). Plutôt que de dénoncer un vol en admettant l'existence d'une soustraction dématérialisée (parce que l'acte porte alors moins sur la chose que sur sa possession), il serait préférable de dénoncer là un détournement[60]. Toutefois, la jurisprudence peine à s'y résoudre.

§2. La perception de l'acte

295. Intention. – Le vol est une infraction intentionnelle. L'article 311-1 le confirme en évoquant une soustraction « frauduleuse ». Le ministère public doit pouvoir établir la conscience qu'avait le prévenu de ne pas disposer des droits nécessaires sur la chose pour agir comme il l'a fait. Il n'y a évidemment pas vol à s'emparer d'une chose qui appartient à autrui mais que l'on croit être la sienne – c'est l'hypothèse classique de l'échange de manteaux. De la même façon, il y a erreur de fait si l'agent a légitimement cru que le propriétaire

emportant la marchandise sans en régler le prix » : « en effet, la remise des chaises aux prétendus acheteurs ne conférait à ces derniers, jusqu'au paiement du prix, qu'une détention purement matérielle, le vendeur conservant jusqu'à ce moment la propriété et même la possession desdits objets » : Cass. crim., 18 juill. 1963, *B.* n° 262. – V. aussi Cass. crim., 8 févr. 1993, *B.* n° 65. – 5 déc. 1984, *B.* n° 387.

58. T. corr. Dijon, 28 févr. 1973, *JCP* G 1974, II, 17803, note M. Puech.

59. On trouvera l'origine de ce raisonnement chez E. Garçon, *Code pénal annoté*, Rec. gén. lois et arrêts, 1901-1906, ss. art. 379, p. 1119, n° 40. – Il reposerait sur une mauvaise interprétation du droit romain invoqué à l'appui : G. Beaussonie, *La prise en compte de la dématérialisation des biens par le droit pénal*, LGDJ, coll. Bibl.dr.privé, t. 532, 2012, p. 96, n° 227.

60. Comp. Cass. crim., 11 oct. 1990, *B.* n° 341.

consentait à lui donner sa chose[61], qu'un usage permettait de s'en emparer[62] ou qu'il pouvait agir de la sorte compte tenu de ses fonctions[63].

296. Intensité. – Cependant, à ce dol général, faut-il ajouter un dol spécial ? Une telle preuve fut exigée à l'origine. On prétendit que le prévenu devait avoir eu l'intention de se comporter en propriétaire de la chose soustraite puisqu'il s'agissait de punir une appropriation frauduleuse. Puis, cette exigence a été contestée lorsque la sanction d'un simple vol d'usage a été admise. En réalité, si l'objet de l'intention a effectivement évolué, son intensité n'a pas été modifiée à cette occasion.

Certes, la soustraction s'analysant à l'origine comme une entrée en possession définitive, l'agent devait avoir eu la volonté de s'approprier définitivement la chose (d'appréhender à la fois l'*usus* et le *fructus* mais aussi l'*abusus*). Une telle exigence a disparu lorsque l'on a admis la sanction du vol d'usage. En effet, il est paru artificiel de soutenir que le salarié, qui photocopie des documents de l'entreprise, entend se comporter comme le véritable propriétaire de ces documents sans limitation de durée. Depuis lors, peu importe que l'agent ne prétende pas disposer de la chose (*abusus*) s'il prétend à tout le moins en user ou l'exploiter librement. En s'attribuant à tout le moins l'*usus* et, éventuellement, le *fructus* sur la chose d'autrui, il exerce sur elle une prérogative dont il est dénué, faute d'être propriétaire. Cela suffit à caractériser son intention coupable. Peu importe donc que l'agent n'ait soustrait la chose que pour la reproduire, la déplacer[64] ou la détruire[65]. Peu importe l'objectif poursuivi ; peu importent ces faits postérieurs à la consommation de l'infraction.

Mais cela ne signifie pas que l'exigence d'un dol spécial a disparu. Au contraire, il faut encore et toujours établir qu'il y a eu appropriation – même temporaire – frauduleuse d'une chose. Cela correspond, au-delà de la conscience et de la volonté d'agir sans droit, à la volonté d'exercer l'un des attributs de la propriété dont l'agent est dépourvu. Un dol spécial est donc toujours nécessaire. L'évolution décrite ci-dessus ne l'a pas remis en cause ; elle en a tout au plus réduit la portée. Peu importe que, en pratique, ce dol spécial se fasse très discret car, s'agissant d'une infraction matérielle, il accompagne nécessairement le dol général. Celui qui a conscience d'usurper l'un des attributs de la propriété, alors qu'il n'est pas propriétaire, a nécessairement conscience de s'approprier frauduleusement une chose. Le dol spécial se déduit du dol général qui, lui-même, se déduit des faits. Néanmoins, il est bel et bien requis.

297. Mobiles. – En toute hypothèse, le mobile est ici, comme ailleurs, indifférent. En l'occurrence, le droit canon interdit sans doute les ventes commerciales aux portes des églises, mais cela n'autorise pas des croyants à s'emparer de

61. Cass. crim., 4 mai 1995, *B.* n° 165 – Comp. Cass. crim., 28 oct. 1991, *B.* n° 383.

62. Cass. crim., 17 nov. 2015, *Dr. pén.* 2016, n° 26, obs. P. Conte.

63. Cass. crim., 26 févr. 2002, *B.* n° 44.

64. Cass. crim., 11 juin 2013, *Gaz. Pal.* 13 oct. 2013, p. 35, obs. S. Detraz.

65. Cass. crim., 8 févr. 1977, *B.* n° 52. – V. aussi CA Bordeaux, 5 mars 1992, *D.* 1994, p. 305, note S. Mirabail. – Toutefois, cette dernière solution est contestée car elle rend inutile l'incrimination distincte des actes de destruction (V. *infra*, n° 454) ou permet un cumul – discutable – de qualifications (T. Herrmann, *Unité d'action et concours d'infractions*, Th. Paris 1, 2022, p. 413, n° 857). En réalité, une telle objection remet moins en cause l'existence d'un concours de qualifications dans cette hypothèse que l'insuffisance des règles de solution d'un tel concours.

journaux offerts au public pour les jeter dans une rivière attenante[66]. De la même façon, les mauvais traitements infligés à des animaux n'autorisent pas les défenseurs de la cause animale à soustraire ceux qui souffrent à leur propriétaire[67]. Quant aux salariés grévistes, ils ne peuvent s'octroyer la rémunération que leur employeur leur refuse en vendant à son insu une partie de sa production[68].

Sur le mobile tiré de l'exercice des droits de la défense ou de la participation à un débat d'intérêt général, V. *infra*, n° 313.

Section 3
La répression

298. La répression du vol est complexe. De surcroît, quelques particularités dans le régime de l'infraction méritent d'être signalées.

§1. Les peines encourues

299. Les peines principales encourues permettent d'identifier différentes formes de vol. En effet, l'infraction simple connaît de nombreuses circonstances aggravantes qui peuvent même conduire à transformer ce délit en crime. Il s'agit d'adapter les peines encourues à une délinquance très variable compte tenu de la faible définition de l'infraction.

A. Vols punis de peines correctionnelles

300. Pénalités. – La personne physique qui se rend coupable d'un vol simple s'expose aux peines de 3 ans d'emprisonnement et 45 000 € d'amende prévues à l'article 311-3. Lui sont également applicables les peines complémentaires de l'article 311-14 dont l'interdiction des droits, l'interdiction d'exercer la fonction ou l'activité à l'occasion de laquelle l'infraction a été commise, la confiscation spéciale et l'interdiction de détenir ou porter une arme soumise à autorisation (qui est rendue obligatoire)[69].

La personne morale déclarée coupable de la même infraction s'expose, quant à elle, à une peine d'amende portée au quintuple. Elle s'expose également à

66. Cass. crim., 12 mars 1970, *D.* 1970, p. 385, note M. Delmas ; *JCP* G 1970, II, 16536, note R. de Lestang.

67. V. s'agissant du vol d'animaux de laboratoire : Cass. crim., 13 mai 1992, *Dr. pén.* 1992, n° 279, obs. M. Véron.

68. Cass. crim., 8 janv. 1992, *B.* n° 5.

69. Néanmoins, si le vol simple porte sur une chose dont la valeur est inférieure ou égale à 300 € et s'il apparaît, au moment de la constatation de l'infraction, que cette chose a été restituée ou que la victime a été indemnisée, l'action publique peut être éteinte, y compris en cas de récidive, par le versement d'une amende forfaitaire de 300 € (art. 311-3-1). Ce qui équivaut à une contraventionnalisation des petits vols dès lors que la victime n'a pas à en souffrir (M. Daury-Fauveau, « Loi n° 2022-52 du 24 janv. 2022 », *JCP* G 2022, 256, n° 32).

l'interdiction de poursuivre, pendant au plus 5 ans, l'activité dans l'exercice ou à l'occasion de laquelle l'infraction a été commise ainsi qu'à la confiscation spéciale (art. 311-16).

Mais il existe trois degrés d'aggravation en matière correctionnelle.

301. Aggravation. - Tout d'abord, les peines sont portées à 5 ans d'emprisonnement et 75 000 € d'amende lorsque la personne physique a commis un vol avec l'une des circonstances aggravantes énumérées à l'article 311-4.

Ce premier palier de répression est franchi lorsque le vol a été commis : 1° par au moins deux personnes agissant en qualité d'auteur ou de complice (sans qu'il y ait, pour autant, bande organisée[70]) ; 2° par une personne dépositaire de l'autorité publique ou chargée d'une mission de service public, dans l'exercice ou à l'occasion de l'exercice de ses fonctions ou de sa mission[71] ; 3° par une personne qui a pris indûment la qualité d'une personne dépositaire de l'autorité publique ou chargée d'une mission de service public ; 4° en étant précédé, accompagné ou suivi de violences sur autrui n'ayant pas entraîné une incapacité totale de travail[72] ; 5° sur du matériel destiné à prodiguer des soins de premiers secours ; 6° dans un local d'habitation ou dans un lieu utilisé ou destiné à l'entrepôt de fonds, valeurs ou marchandises ou matériels[73] ; 7° dans un véhicule affecté au transport collectif de voyageurs ou dans un lieu destiné à l'accès à un moyen de transport collectif de voyageurs ; 8° en étant précédé, accompagné ou suivi d'un acte de destruction, dégradation ou détérioration ; 10° par une personne dissimulant volontairement en tout ou partie son visage afin de ne pas être identifiée ; 11° dans un établissement d'enseignement ou d'éducation ainsi que, lors des entrées ou sorties des élèves ou dans un temps très voisin de celles-ci, aux abords d'un tel établissement ; 12° afin d'alimenter le commerce illégal d'animaux.

302. Suite. - Les peines sont portées à 7 ans d'emprisonnement et 100 000 € d'amende lorsque le vol a été commis avec deux des circonstances aggravantes qui viennent d'être évoquées (art. 311-4, dern. al.).

Ces sanctions aggravées sont également encourues lorsque le vol a été commis par un majeur avec l'aide d'un ou plusieurs mineurs d'au plus 13 ans, agissant en qualité d'auteurs ou complices (art. 311-4-1, al. 1). Il s'agit de lutter contre des pratiques d'entraînement. L'aggravation s'applique aussi lorsque le vol a porté sur l'un des biens culturels énumérés à l'article 311-4-2. Dans ce cas particulier, l'amende encourue peut même être élevée au-delà de 100 000 € jusqu'à la moitié de la valeur du bien en question.

Ces sanctions aggravées sont encore applicables lorsque le vol a été : 1° précédé, accompagné ou suivi de violences sur autrui ayant entraîné une incapacité totale de travail pendant huit jours au plus[74] ; 2° facilité par l'état d'une personne dont la

70. Cass. crim., 22 déc. 1970, *B.* n° 348.

71. Cass. crim., 25 oct. 2000, *JCP* G 2001, II, 10566, note P. Mistretta ; *D.* 2001, p. 1052, note T. Garé.

72. CA Paris, 31 mai 2000, *D.* 2000, IR p. 200. – Sachant que, comme pour l'infraction du même nom, « la circonstance aggravante de violences est constituée même sans atteinte physique de la victime, par tout acte de nature à impressionner celle-ci et à lui causer un choc émotif » : Cass. crim., 30 oct. 2012, *Dr. pén.* 2013, n° 21, obs. M. Véron.

73. Cass. crim., 15 oct. 1991, *B.* n° 345.

74. L'art. 311-11 dispose que constitue un vol suivi de violences « le vol à la suite duquel des violences ont été commises pour favoriser la fuite ou assurer l'impunité d'un auteur ou d'un complice » afin de couper court à toute discussion quant aux circonstances dans lesquelles les violences doivent avoir été commises

particulière vulnérabilité, due à son âge, à une maladie, à une infirmité, à une déficience physique ou psychique ou à un état de grossesse, était apparente ou connue de son auteur ; 3° commis dans un local d'habitation ou dans un lieu utilisé ou destiné à l'entrepôt de fonds, valeurs, marchandises ou matériels, en pénétrant dans les lieux par ruse, effraction ou escalade (art. 311-5).

303. Fin. – Enfin, ces peines principales sont portées à 10 ans d'emprisonnement et 150 000 € d'amende lorsque le vol a été commis avec trois des circonstances aggravantes énumérées à l'article 311-4, précité. Ces sanctions aggravées sont aussi encourues lorsque le vol de l'un des biens culturels énumérés à l'article 311-4-2 a été commis avec l'une des circonstances aggravantes de l'article 311-4. *Idem* lorsque le vol de l'article 311-5 a été commis dans deux des circonstances qu'il prévoit ou avec une des circonstances prévues à l'article 311-4.

Par ailleurs, les mêmes sanctions aggravées s'appliquent lorsque le vol a été commis par un majeur avec l'aide d'un ou plusieurs mineurs âgés de moins de 13 ans, agissant en qualité d'auteurs ou complices (art. 311-4-1, al. 2). Dans une telle hypothèse, l'acte d'entraînement paraît d'autant plus grave que le ou les mineurs sont particulièrement jeunes. Rappelons, pour mémoire, que le seuil de 13 ans correspond à l'âge à partir duquel une peine peut être prononcée contre un mineur délinquant. Ici, il s'agit donc d'éviter qu'un majeur ne s'entoure de jeunes enfants pour commettre des vols en sachant qu'ils ne s'exposent guère qu'à des mesures éducatives.

Les mêmes peines sont encore encourues lorsque le vol a été précédé, accompagné ou suivi de violences sur autrui ayant entraîné une ITT pendant plus de huit jours (art. 311-6). Une période de sûreté peut, éventuellement, s'appliquer de plein droit dans cette hypothèse.

De surcroît, pour certains vols, le coupable étranger s'expose à une interdiction du territoire français à titre définitif ou pour 10 ans au plus (art. 311-15). L'interdiction d'exercer encourue par les personnes morales peut également être prononcée à titre définitif ou provisoire (elle n'est plus limitée à 5 ans).

B. Vols punis de peines criminelles

304. Présentation. – En matière criminelle, on parle de vols qualifiés, ce qui sous-entend « qualifiés crimes ». Il s'agit de vols avec violences graves, de vols à main armée et de vols en bande organisée.

Dans tous les cas, une période de sûreté peut éventuellement s'appliquer de plein droit à la personne physique condamnée. Les peines complémentaires de l'article 311-14, déjà évoqué, s'appliquent. S'y ajoute l'interdiction du territoire français, à titre définitif ou pour 10 ans au plus, contre tout criminel étranger (art. 311-15).

La personne morale reconnue coupable de telles infractions s'expose, quant à elle, à une peine d'amende portée au quintuple, à la confiscation de la chose ainsi

(v. aussi A. Mihman, « Quelle place pour les violences dans les atteintes aux biens ? », *Gaz. Pal.* 13 oct. 2013, p. 10). Il s'agit de rompre avec le principe selon lequel un même fait ne peut être retenu comme élément constitutif d'un crime et comme circonstance aggravante d'une autre infraction (Cass. crim., 6 janv. 1999, *B.* n° 6).

qu'à une interdiction d'exercer à titre provisoire ou définitif la fonction ou l'activité au sujet de laquelle l'infraction a été commise (art. 311-16).

305. Vols avec violences graves. – La personne physique qui se rend coupable d'un vol précédé, accompagné ou suivi de violences ayant entraîné sur autrui une mutilation ou une infirmité permanente, s'expose à 15 ans de réclusion criminelle et 150 000 € d'amende (art. 311-7).

Cette réclusion criminelle est portée à la perpétuité lorsque les violences ont entraîné la mort de la victime ou lorsque le vol a été précédé, accompagné ou suivi de tortures ou actes de barbarie (art. 311-10).

306. Vols à main armée. – L'article 311-8 punit ensuite de 20 ans de réclusion criminelle, et toujours 150 000 € d'amende, le vol commis avec usage ou menace d'une arme. Peu importe la nature de l'arme : la circonstance aggravante s'applique qu'il s'agisse d'une arme par nature, par destination ou par simulation (au sens de l'art. 132-75) à partir du moment où elle a joué un rôle dans le vol[75]. Peu importe que cette arme ait ou non servi dès lors qu'elle a été sortie afin d'inspirer de la crainte à autrui[76].

Les mêmes peines sont encourues lorsque le vol a été commis par une personne porteuse d'une arme soumise à autorisation ou dont le port était prohibé. Cette hypothèse-là ne concerne que les vols commis avec une arme particulière : soumise à autorisation (essentiellement les armes à feu) ou dont le port était prohibé (notamment les armes blanches). Peu importe qu'une telle arme n'ait finalement joué aucun rôle dans le vol ; elle peut être restée cachée. Il s'agit de dissuader les voleurs de se donner du courage en s'armant et en prenant ainsi le risque de voir leur forfait dégénérer en bain de sang.

En toute hypothèse, la jurisprudence voit là une circonstance aggravante réelle, « inhérente au vol », qui se communique donc aux coauteurs et complices, même s'ils n'en étaient pas informés[77].

307. Vols en bande organisée. – Enfin, le vol commis en bande organisée est en principe puni de 15 ans de réclusion criminelle et 150 000 € d'amende (art. 311-9, al. 1). Mais la réclusion est portée à 20 ans lorsque le vol commis en bande organisée a été précédé, accompagné ou suivi de violences sur autrui et cette peine passe à 30 ans lorsque le vol en bande organisée a été commis à main armée.

Toutefois, le régime de faveur propre aux repentis s'applique dans une telle hypothèse : lorsqu'un individu a simplement tenté de commettre un vol en bande organisée, il est exempté de peine s'il avertit l'autorité administrative ou judiciaire en évitant ainsi que ses coauteurs ou complices commettent le vol, voire en facilitant leur identification. Lorsqu'un vol en bande organisée a été commis, seule une réduction de peine est accordée au coauteur ou complice qui, ayant averti l'autorité administrative ou judiciaire, permet d'éviter qu'il n'entraîne mort d'homme ou une infirmité permanente. Il en va de même lorsque ce repentir permet d'identifier les autres participants au vol (art. 311-9-1).

75. Cass. crim., 31 mai 1988, *B.* n° 233.

76. L'arme factice joue à cet égard le même rôle qu'une arme réelle et doit être envisagée de la même façon : Cass. crim., 5 août 1992, *B.* n° 276.

77. Cass. crim., 4 janv. 1985, *B.* n° 9.

§2. Le régime du vol

308. Il s'agit essentiellement de revenir ici sur l'incrimination de la tentative et de signaler tant l'existence d'une immunité familiale que le développement d'exceptions d'inconventionnalité qui empêchent la sanction de certains vols. On relèvera par ailleurs que les constitutions de partie civile sont assez largement admises[78].

A. La tentative de vol

309. Illustration. – La tentative de vol est toujours punissable. La solution s'impose en matière criminelle ; elle découle de l'article 311-13 en matière correctionnelle.

La tentative est constituée par ex. lorsque le voleur est surpris par la police dans une voiture en stationnement en train de bricoler son démarreur[79] ou lorsqu'il prend la fuite après le déclenchement d'une alarme alors qu'il pénètre par effraction chez autrui[80] ou lorsqu'il est arrêté au moment d'entrer dans une banque avec deux complices armés[81]. En revanche, on peut avoir des doutes sur l'existence d'un commencement d'exécution lorsque des individus armés sont arrêtés alors qu'ils convergent vers l'endroit où doit passer un fourgon blindé : l'attaque n'ayant pas débuté, il n'y a là encore que des actes préparatoires[82].

La tentative de vol s'avère punissable également lorsque la soustraction se solde par un échec : c'est l'hypothèse dans laquelle la poche, le tiroir ou la pièce est vide, de sorte qu'il n'y a rien à voler. La consommation de l'infraction s'avère impossible ; il y a infraction manquée[83].

B. L'immunité familiale

310. Principe. – L'article 311-12 consacre une immunité familiale en cas de vol commis : 1° au préjudice de son ascendant ou descendant (sans limitation de degré, ni distinction selon la nature de la filiation dès lors que celle-ci est légalement établie) ; 2° au préjudice de son conjoint (l'immunité ne joue donc pas au bénéfice du concubin ou du partenaire[84]), sauf lorsque les époux sont séparés de corps ou autorisés à résider séparément[85].

Il ne s'agit pas d'une cause de justification rendant légitime l'acte accompli : seules les poursuites pénales sont paralysées lorsqu'un auteur ou un complice

78. L'infraction peut, en outre, donner lieu à inscription au fichier national automatisé des empreintes génétiques (CPP, art. 706-55).

79. Cass. crim., 28 oct. 1959, *D.* 1960, p. 314, note A. Chavanne.

80. Cass. crim., 30 juin 2021, *Dr. pén.* 2021, comm. 164, obs. J.-H. Robert.

81. Cass. crim., 7 sept. 1993, *B.* n° 262.

82. V. toutefois Cass. crim., 9 mai 2019, *Dr. pén.* 2019, n° 142, obs. P. Conte ; *Gaz. Pal.* 16 juill. 2019, p. 25, note R. Mésa ; *AJ pénal* 2019, p. 380, obs. M. Lacaze.

83. Assimilation discutable à l'infraction manquée : Cass. crim., 15 mars 1994, *Dr. pén.* 1994, n° 153, obs. M. Véron.

84. V. le contestant S. Mirabail, « Conjugalité et répression », *D.* 2023, p. 405. – G. Clément, « L'immunité familiale d'ordre patrimonial », *in Mél. Robert*, LexisNexis, 2012, p. 116.

85. Peu importe la nature de la décision les autorisant à résider séparément : Cass. crim., 14 déc. 1999, *B.* n° 303.

entretient l'un de ces liens, de filiation ou matrimonial, avec la victime. Il s'ensuit que d'éventuels coauteurs ou complices, qui n'entretiennent pas les mêmes liens avec la victime, peuvent être poursuivis car l'infraction subsiste en tous ses éléments. Il s'ensuit également que cette immunité de procédure ne s'applique que sur le terrain pénal. Les victimes peuvent agir en responsabilité civile, devant une juridiction civile, contre leur père, fils ou mari, auteur d'un tel acte pour obtenir réparation.

L'idée à l'origine de cette immunité est double. Elle a, tout d'abord, été défendue au motif que le caractère frauduleux de la soustraction serait trop difficile à établir, compte tenu des incertitudes pouvant exister sur la propriété des biens au sein de la famille. Elle a ensuite été défendue au motif que le linge sale de la famille ne se lave pas devant les juridictions répressives : la justice pénale ne doit pas être utilisée pour résoudre ce type de conflits ; les débats auxquels ils donneraient lieu porteraient atteinte à son autorité.

Ces explications, même cumulées, restent insuffisantes[86]. En effet, commettre un vol au détriment d'un proche semble plus grave que commettre un vol à l'égard d'un inconnu. Pourtant, lors de l'adoption du Code actuel, au lieu de supprimer cette immunité, le législateur l'a étendue à l'escroquerie, à l'abus de confiance, à l'extorsion et au chantage. Son domaine fut paradoxalement élargi...

311. Limites. – Discutable, l'immunité familiale mériterait d'être abandonnée. Récemment, le législateur semble en avoir convenu en lui fixant des limites. Une telle immunité ne joue plus dans deux hypothèses énoncées à la fin de l'article 311-12.

Il en va d'abord ainsi « lorsque le vol porte sur des objets ou des documents indispensables à la vie quotidienne de la victime, tels que des documents d'identité, relatifs au titre de séjour ou de résidence d'un étranger, ou des moyens de paiement ou de télécommunication ». Lorsque le vol permet de maintenir un époux dans la dépendance de l'autre, la propriété n'est plus seule en cause ; les poursuites pénales redeviennent possibles[87].

Il en va de même ensuite lorsque l'auteur des faits est le tuteur, le curateur, le mandataire spécial désigné dans le cadre d'une sauvegarde de justice, la personne habilitée dans le cadre d'une habilitation familiale ou le mandataire exécutant un mandat de protection future de la victime. Dans cette seconde hypothèse, peu importe l'objet de la soustraction. La trahison du parent qui assumait une fonction spéciale de protection a nécessairement pour conséquence de le priver du bénéfice de l'immunité familiale.

C. Les exceptions d'inconventionnalité

312. Distinction. – Deux exceptions d'inconventionnalité ont été admises en matière de vol. Contre toute attente en effet la sanction d'une telle infraction a été empêchée aussi bien par le respect des droits de la défense que par le respect de la liberté d'expression, tels que la Cour européenne des droits de l'homme les reconnaît sur le fondement de la Convention du même nom.

86. V. aussi M. Azavant, « Regard civiliste sur la loi du 4 avr. 2006 », *Dr. fam.* 2006, étude 40, n° 35.
87. Comp. CA Angers, 24 févr. 2015, *JCP* G 2015, 738, obs. J.-Y. Maréchal.

1. La qualification de vol tenue en échec par les droits de la défense

313. Évolution. – La consécration jurisprudentielle du vol d'usage a suscité une difficulté. En effet, peut-on vraiment reprocher à un salarié qui fait l'objet d'une procédure de licenciement (ou qui pressent l'ouverture d'une telle procédure) et qui n'est pas immédiatement mis à pied, de photocopier, avant de quitter son poste, des documents de l'entreprise, à sa disposition, semant le doute sur l'existence, ou l'étendue, des faits qui lui sont reprochés ? Y a-t-il même vol à les emporter, purement et simplement ? Dans ces deux hypothèses, l'infraction apparaît constituée, dans sa dimension matérielle comme dans sa dimension morale. Admettre qu'elle puisse être poursuivie pose néanmoins difficulté car ce « risque pénal » est de nature à dissuader le salarié de se prévaloir de documents importants devant la juridiction prud'homale à l'occasion du litige qui va l'opposer à son employeur. Le respect de la propriété commande-t-il de tolérer des condamnations injustes ? Inversement, le risque est grand d'ouvrir la boîte de pandore en permettant à un salarié de photocopier ou emporter n'importe quel document de l'entreprise compromettant son employeur afin de le faire chanter. L'entreprise ne pourrait plus fonctionner si ses dirigeants devaient se méfier en permanence de leurs collaborateurs...

Longtemps, la Cour de cassation n'a donc pas voulu prendre en compte le mobile de celui qui prétend organiser ainsi sa défense. Elle répondait abstraitement « que toute appropriation de la chose appartenant à autrui, contre le gré de son propriétaire ou légitime détenteur, caractérise la soustraction frauduleuse constitutive de vol, quel que soit le mobile qui a inspiré son auteur et l'utilisation du bien appréhendé »[88]. Techniquement, la solution était irréprochable : en effet, le mobile est étranger à la constitution de l'infraction et le comportement postérieur à la consommation d'un vol ne doit pas influer sur son régime. Cependant, la Haute juridiction a dû évoluer. D'abord, parce que, en 1998, sa chambre sociale a jugé que « le salarié peut produire en justice, pour assurer sa défense dans le procès qui l'oppose à son employeur, les documents de l'entreprise dont il a connaissance à l'occasion de l'exercice de ses fonctions »[89]. Ensuite, parce que le droit européen renforce l'exigence d'un procès équitable et que le procès n'apparaît pas équitable, devant le conseil de prud'hommes, lorsqu'un salarié est condamné, ou voit sa demande rejetée, parce qu'il n'a pas osé produire le document qui accréditait ses dires. Aussi, au visa du « principe du respect des droits de la défense », sa chambre criminelle a-t-elle fini par juger qu'un vol de documents peut être justifié « si les documents dont s'agit étaient strictement nécessaires à l'exercice des droits de la défense de la prévenue dans le litige l'opposant à son employeur »[90]. En exigeant que les documents aient été strictement nécessaires (formule qui évoque la légitime défense des biens : C. pén., art. 122-5), la Cour de cassation a indiqué que le vol de documents sans rapport direct et immédiat avec l'objet du litige prud'homal

88. Cass. crim., 16 mars 1999, *JCP* G 1999, II, 10166, note P. Bouretz. – V. aussi Cass. crim., 24 oct. 1990, *Dr. pén.* 1991, n° 11, obs. M. Véron.

89. Cass. soc., 2 déc. 1998, *D.* 1999, p. 431, note H.-K. Gaba ; *JCP* G 1999, II, 10166, note P. Bouretz.

90. Cass. crim., 11 mai 2004, *D.* 2004, p. 2 327, note H.-K. Gaba ; *Rev. pénit.* 2004, p. 875, obs. J.-C. Saint-Pau. – Comp. Cass. crim., 4 janv. 2005, *B.* n° 5.

constitue toujours une infraction[91]. Le risque de chantage à l'égard de l'employeur est ainsi jugulé même si le lien des documents photocopiés peu après l'entretien préalable au licenciement et un contentieux prud'homal qui n'existe pas encore doit nécessairement être interprété par le juge répressif de façon souple[92].

314. Portée. – Néanmoins, l'admission d'un tel moyen de défense reste exceptionnelle[93]. Certes, par rapport à l'état de nécessité, dont il est facilement rapproché, aucune condition d'imminence ne semble exigée ici[94]. De même, l'objection tirée d'une faute antérieure du salarié ne semble pas invocable : peu importe que le salarié ait finalement raison ou tort. L'appréciation que porteront les conseillers prud'homaux sur la pièce produite par lui ne saurait le priver rétroactivement du bénéfice de cette exception. Mais le champ d'application d'un tel moyen de défense paraît limité aux seules relations entre employeur et salarié en conflit. La Cour de cassation a refusé par ex. d'admettre l'impunité d'un vol commis pour assurer la défense de son auteur dans le cadre d'une poursuite engagée contre lui pour diffamation[95]. Néanmoins, une telle restriction se comprend difficilement. En effet, le respect des droits de la défense est une exigence de portée générale[96]. Au regard de l'article 6 § 1, Conv. EDH, la seule question qui devrait se poser est celle de savoir si le vol était absolument nécessaire, c'est-à-dire si les documents en question étaient les seuls qui permettaient d'innocenter l'auteur de la soustraction des accusations portées contre lui.

En toute hypothèse, la nature de ce moyen de défense est aujourd'hui discutée. Analysé à l'origine comme une cause spéciale de justification, il correspond plus sûrement à une exception d'inconventionnalité[97]. Son fondement véritable tient à l'autorité supérieure du traité international sur la loi (Const., art. 55). Il appartient au juge de faire une application du droit national compatible avec les résultats attendus dans le cadre de la Convention EDH. Il y parvient soit par une interprétation conforme soit, en cas d'impossibilité, par une mise à l'écart de la disposition litigieuse. Dès lors que la difficulté ne tient pas au principe même de l'incrimination (qui n'a pas vocation à punir tout exercice d'un droit que garantit la Convention) mais à son application dans une hypothèse particulière, le juge doit s'assurer de l'opportunité de sanctionner le comportement poursuivi en veillant à la

91. Interprétation confirmée par la suite : Cass. crim., 21 juin 2011, *Gaz. Pal.* 9 nov. 2011, p. 16, obs. S. Detraz. – 4 mars 2008, *D.* 2008, p. 2213, note S. Detraz ; *RSC* 2009, p. 131, obs. J. Francillon.

92. Cass. crim., 15 févr. 2005, *Dr. pén.* 2005, n° 72, obs. M. Véron, et depuis Cass. crim., 16 juin 2011, *JCP* G 2011, 1020, note S. Detraz ; *D.* 2011, p. 2254, note G. Beaussonie.

93. V. aussi A. Bergeaud, *Le droit à la preuve*, LGDJ, coll. Bibl.dr.privé, t. 525, 2010, p. 398, n° 457 et s. – D. Thomas-Taillandier, « Faut-il généraliser la défense justificative ? », *in Faut-il « regénéraliser » le droit pénal ?*, LGDJ, 2015, p. 169.

94. Il suffit que le salarié ait été informé de son projet de licenciement : Cass. crim., 25 nov. 2014, *Gaz. Pal.* 22 févr. 2014, p. 36, obs. S. Detraz.

95. Cass. crim., 9 juin 2009, *Gaz. Pal.* 21 août 2009, p. 10, note S. Detraz.

96. D'ailleurs, il est admis qu'un journaliste peut, sans commettre un acte de recel, produire lors d'une poursuite en diffamation un document obtenu en violation du secret professionnel (Cass. crim., 11 juin 2002, *JCP* G 2003, II, 10061, note E. Dreyer). Pourquoi le salarié dénonçant les dysfonctionnements de son entreprise serait-il moins bien traité ? La juridiction de Strasbourg a déjà statué en sa faveur (CEDH, Gde ch., 12 févr. 2008, *Guja c/Moldova*, § 96). Plus récemment, notre Haute juridiction a admis que cette cause de justification ne s'applique pas « qu'en matière de droit du travail » (Cass. crim., 8 mars 2023, *Dr. pén.* 2023, n° 82, obs. P. Conte ; *Gaz. Pal.*, 16 mai 2023, p. 42, obs. S. Detraz).

97. E. Dreyer, « La Convention EDH comme cause d'irresponsabilité pénale ? », *D.* 2023, p. 124.

proportionnalité de la sanction susceptible de lui être appliquée. Une telle analyse est confirmée par la jurisprudence admettant également que peut être mise à l'écart la qualification de vol dans le périmètre de la liberté d'expression.

2. La qualification de vol tenue en échec par la liberté d'expression

315. Présentation. – En effet, la question s'est posée de savoir s'il y a vol punissable alors qu'est décroché le portrait du président de la République dans une mairie par des militants écologistes voulant protester contre une prétendue inaction du gouvernement face au réchauffement climatique. Le mobile de ces activistes peut-il faire oublier l'infraction commise à cette occasion ? Aucun état de nécessité n'existe dans une telle hypothèse. Certains juges du fond ont donc admis le vol alors que d'autres l'ont exclu en invoquant l'article 10 de la Convention EDH[98]. En effet, la juridiction de Strasbourg accepte que ce texte puisse légitimer des formes de protestation très variées[99].

Sur cette question de principe, la Cour de cassation a été saisie à plusieurs reprises. Elle a répondu qu'un tel moyen ne peut être ignoré par les premiers et seconds juges qui doivent s'assurer que la répression du vol est bien nécessaire et proportionnée à l'objectif poursuivi afin de ne pas porter une atteinte excessive à la liberté d'expression[100]. Ce qui constitue une avancée notable, même si à la suite cette Haute juridiction a suggéré une approche assez restrictive de l'exception en cause. En effet, elle a fini par juger « que, bien que l'action menée par les prévenus se soit inscrite dans le cadre d'une démarche militante et puisse être considérée comme une expression au sens de l'article 10 précité, la condamnation prononcée n'est pas disproportionnée au regard de la valeur symbolique du portrait du Président de la République et du refus de le restituer tant que leurs revendications ne seraient pas satisfaites, ainsi que de la circonstance que le vol a été commis en réunion »[101]. Seule une motivation renforcée au regard des critères dégagés par la Cour permet aux juges du fond d'écarter l'incrimination[102].

316. Conclusion. – En toute hypothèse, on le constate, le débat en la matière n'est pas de savoir si le vol peut être « justifié » mais si sa sanction est admissible alors qu'est en cause une modalité particulière d'exercice d'un droit fondamental (droits de la défense, dans le premier cas ; droit à la liberté d'expression, dans le second cas).

---

98. V. écartant l'exception CA Bordeaux, 16 sept. 2020, *Gaz Pal.*, 10 nov. 2020, p. 17, note J. Gazelix. – V. accueillant TJ Auch, 27 oct. 2020, *Légipresse* 2020, p. 680, obs. E. Dreyer.

99. V. s'agissant du fait de brûler un drapeau et la photographie d'un président : CEDH, 2 févr. 2010, *Parti populaire chrétien démocratie c/Moldavie*, § 30 et s'agissant du déversement de pots de peinture sur la statue d'un ancien président : CEDH, 13 févr. 2020, *Ibrahimov et Mammadov c/Azerbaijan*, § 167.

100. Cass. crim., 22 sept. 2021, *Comm. com. électr.* 2021, n° 82, obs. A. Lepage ; *Gaz. Pal.*, 23 nov. 2021, p. 15, note E. Le Moulec ; *RSC* 2022, p. 445, obs. E. Rubi-Cavagna.

101. Cass. crim., 18 mai 2022, *D.* 2022, p. 1186, note S. Pellé ; *Dr. pén.* 2022, n° 122, obs. P. Conte ; *RSC* 2022, p. 817, obs. X. Pin. – V. aussi Cass. crim., 30 nov. 2022, *Comm. com. électr.* 2023, n° 3, obs. A. Lepage.

102. V. rejetant le pourvoi formé contre un arrêt de relaxe ayant constaté « l'absence d'atteinte à la dignité de la personne du Président de la République et de sa fonction » et remis ainsi en cause la valeur symbolique du portrait remplacé par un tract soulignant l'urgence d'agir en matière climatique : Cass. crim., 29 mars 2023, *JCP* G 2023, 704, note J.-C. Saint-Pau ; *Dr. pén.* 2023, n° 102, obs. P. Conte ; *Comm.com.électr.* 2023, n° 34, obs. A. Lepage.

D. Action civile

317. Enfin, deux questions méritent d'être posées s'agissant de l'action civile susceptible d'être jointe à l'action publique dans une poursuite pour vol. La première concerne les personnes recevables à se constituer partie civile ; la seconde concerne l'étendue de la réparation pouvant être réclamée à ce titre.

318. Recevabilité de la plainte. – Si l'incrimination avait eu pour objet de protéger la propriété d'autrui, il aurait fallu considérer que seul le propriétaire peut prétendre avoir personnellement subi un dommage directement causé par le vol de sa chose[103]. Mais, on l'a dit, l'incrimination du vol tend moins à protéger la propriété d'autrui qu'à empêcher une appropriation indue par l'agent : lorsqu'une chose appropriée est ravie entre les mains d'autrui, il y a vol (V. *supra*, n° 278). Peu importe que cet autrui n'ait été que détenteur, emprunteur ou possesseur de la chose en question[104]. En conséquence, il est jugé que « la soustraction frauduleuse de la chose d'autrui n'est pas nécessairement préjudiciable au seul propriétaire de celle-ci »[105]. Le locataire de la chose volée doit pouvoir se constituer partie civile devant la juridiction répressive pour réclamer réparation des conséquences dommageables du vol dont il a été victime[106]. Plus largement, il nous semble que toute personne justifiant détenir légitimement une chose au moment de sa soustraction frauduleuse peut s'estimer victime d'un vol.

Par ailleurs, dans l'hypothèse d'un vol à main armée, la Cour de cassation admet la recevabilité de la plainte avec constitution de partie civile non seulement de celui qui détient la chose mais aussi des personnes qui ont assisté au vol et ont subi un dommage, ne serait-ce que moral, du fait de sa violence[107]. Le bénéfice de la solution est même étendu au tiers payeur qui a servi des prestations aux salariés traumatisés par les circonstances du vol[108]. Ce qui témoigne d'une conception large du lien de causalité direct devant exister entre le dommage et l'infraction (CPP, art. 2).

319. Étendue de la réparation. – En toute hypothèse, ici aussi, la jurisprudence donne son plein effet à l'article 3, al. 2, CPP aux termes duquel l'action civile est recevable pour tous chefs de dommage, aussi bien matériels que corporels ou moraux, qui découlent des faits, objets de la poursuite. En conséquence, lorsqu'un véhicule a été endommagé à l'occasion d'un vol, le juge répressif admet que les voleurs puissent être condamnés à indemniser la victime à raison des réparations ou du remplacement du véhicule rendu nécessaire[109]. Peu importe que seule la qualification de vol ait été retenue.

Par ailleurs, il a longtemps été jugé, au visa de l'article 1382, [devenu 1240], C. civ., « qu'aucune disposition de la loi ne permet de réduire, en raison d'une

103. Sauf dérogation légale à cette exigence (V. s'agissant des associations habilitées à agir : CPP, art. 2-1, et -17).

104. Comp. G. Beaussonie, *La prise en compte de la dématérialisation des biens par le droit pénal*, LGDJ, coll. Bibl.dr.privé, t. 532, 2012, p. 330, n° 814.

105. Cass. crim., 12 janv. 1994, *B.* n° 16.

106. Cass. crim., 9 mars 2016, *AJ pénal* 2016, p. 330, obs. J. Lasserre Capdeville.

107. Cass. crim., 17 mai 1995, *B.* n° 176.

108. Cass. crim., 7 avr. 1993, *B.* n° 150.

109. Cass. crim., 22 juin 1999, *B.* n° 140.

négligence de la victime, le montant des réparations civiles dues à celle-ci par l'auteur d'une infraction intentionnelle contre les biens »[110]. La négligence du propriétaire qui laissait traîner sa chose et permettait à autrui de s'en emparer plus facilement ne pouvait lui être reprochée[111]. Les magistrats réagissaient ainsi au prétendu « délit d'envie » dont s'estimaient victimes certains coupables. Cette dérogation au droit commun était d'autant plus choquante qu'elle ne pouvait s'expliquer par l'autonomie du droit pénal au regard du droit civil : la victime d'une infraction contre les personnes peut se voir opposer sa propre faute. Une telle jurisprudence est aujourd'hui abandonnée. Dans une poursuite engagée pour escroquerie et abus de confiance, la Cour de cassation a fini par admettre « que, lorsque plusieurs fautes ont concouru à la production du dommage, la responsabilité de leurs auteurs se trouve engagée dans une mesure dont l'appréciation appartient souverainement aux juges du fond »[112]. Une telle solution a désormais une portée générale. Elle s'applique également en cas de vol[113].

110. Cass. crim., 7 nov. 2001, *LPA* 16 oct. 2002, p. 15, note B. Jaluzot.

111. V. cpdt P. Bonfils, *L'action civile, essai sur la nature juridique d'une institution*, PUAM, 2000, p. 96, n° 72.

112. Cass. crim., 25 juin 2014, *JCP* G 2014, 893, note S. Detraz.

113. Cass. crim., 20 oct. 2020, *Dr. pén.* 2020, comm. 216, obs. A. Maron et M. Haas ; *AJ pénal* 2020, p. 584, obs. G. Beaussonie ; *Gaz. Pal.*, 16 mars 2021, p. 62, obs. N. Catelan.

CHAPITRE 2
Les autres appropriations forcées

320. En marge du vol, il existe deux hypothèses dans lesquelles une personne remet une chose à une autre suite aux pressions exercées sur elle. Dans ces deux hypothèses, l'agent ne s'empare donc pas de la chose ; il la reçoit de quelqu'un qui n'agit pas librement. Ces deux hypothèses sont incriminées sous les qualifications d'extorsion et de chantage.

En ce qu'ils supposent une pression exercée sur autrui, ces comportements évoquent les menaces. Toutefois, ils s'en distinguent fondamentalement car ils n'ont pas pour but d'impressionner autrui[1]. L'agent cherche moins à troubler sa victime qu'à s'enrichir à ses dépens (ou ne pas s'appauvrir). Il y parvient de façons différentes au titre de l'extorsion et du chantage. Distinguons donc maintenant ces deux infractions qui ne se réalisent pas de la même façon.

Section 1
L'extorsion

321. L'extorsion se distingue du vol parce que l'agent obtient une chose détenue par autrui ; il ne s'en empare pas. Il contraint sa victime à lui remettre la chose, ce qui confère à l'infraction une réelle spécificité[2]. L'extorsion correspond à ce que l'on désigne vulgairement par « racket ». Commençons par la définir avant d'envisager les modalités de sa répression.

1. Néanmoins, la distinction peut s'avérer délicate lorsque les menaces se doublent de l'ordre de remplir une condition (v. *supra*, n° 146).

2. V. aussi S. Detraz, « La distinction de l'extorsion et du vol avec violences », *Gaz. Pal.* 13 oct. 2013, p. 17.

§1. Le comportement incriminé

322. Intention. – Selon l'article 312-1 du Code pénal, l'extorsion est le « fait d'obtenir par violence, menace de violences ou contrainte, soit une signature, un engagement ou une renonciation, soit la révélation d'un secret, soit la remise de fonds, de valeurs ou d'un bien quelconque ». L'élément moral ne ressort pas expressément de cette définition. Il s'agit néanmoins d'une infraction intentionnelle. Évoquons-la dans ses deux dimensions.

A. La matérialité de l'acte

323. Au titre de l'extorsion, l'agent reçoit quelque chose (il « obtient »). Mais cette remise n'est pas libre. Elle est la conséquence de certains moyens mis en œuvre par l'agent. Ainsi, matériellement, le comportement requis au titre de l'extorsion doit-il présenter deux caractères : il suppose la mise en œuvre de moyens déterminés afin d'atteindre un but particulier.

1. Les moyens de la remise

324. Énumération. – L'extorsion suppose l'emploi de « violence, menace de violence ou contrainte ». En effet, une pression doit avoir été exercée sur autrui pour le déterminer à remettre un bien que l'agent convoite. Seuls les moyens ainsi énumérés permettent de peser avec une réelle chance de succès sur la volonté d'autrui. Le recours à l'un d'eux doit donc être établi[3].

Le singulier appliqué par l'article 312-1 à la violence et à la menace de violence laisse entendre qu'il faut moins établir ici des faits correspondant aux infractions de violences ou menaces qu'un comportement (peu importe lequel) permettant de forcer le consentement d'autrui[4]. La pression qui en résulte est uniquement prise en compte en ce qu'elle permet l'appropriation d'un bien. Cela explique aussi l'assimilation de la contrainte à la violence ou menace de violence : toute pression amenant autrui à se défaire d'un bien sans intention libérale relève de l'article 312-1, même si elle n'occasionne pas de dommage corporel. Il peut donc s'agir d'une contrainte que l'on suppose ici essentiellement morale. Le délit d'extorsion a par ex. été retenu alors que la violence avait été exercée sur un proche de la victime : par répercussion, il s'en était suivi une contrainte à son égard[5]. Ce délit fut également retenu dans l'hypothèse où un individu avait réclamé une somme d'argent à autrui en menaçant de dénoncer une infraction[6] ou, à tout le moins une faute[7], pouvant l'exposer à des sanctions. Plus récemment, l'exercice d'une pression de nature économique a été reproché au directeur d'une agence bancaire subordonnant au

3. À défaut, si l'agent s'est contenté de profiter d'une personne vulnérable, il y a – au mieux – abus de faiblesse (v. *infra*, n° 966).

4. Même si elles présentent les caractères requis, ces violences ou menaces de violences ne peuvent donner lieu à une déclaration de culpabilité distincte : elles « deviennent les simples éléments constitutifs des délits d'extorsion et de chantage qui les absorbent » (A. Valoteau, *La théorie des vices du consentement et le droit pénal*, PUAM, 2006, p. 121, n° 178).

5. Cass. crim., 3 oct. 1991, *Dr. pén.* 1992, n° 64, obs. M. Véron.

6. CA Douai, 21 avr. 2015, *JCP* G 2015, 1147, obs. J.-Y. Maréchal.

7. Cass. crim., 3 nov. 2016, *Dr. pén.* 2017, n° 56, obs. P. Conte.

paiement d'une commission indue le déblocage de prêts à la consommation dont ses clients avaient impérativement besoin[8].

À noter que si la contrainte peut résulter d'une pression économique, le caractère *a priori* limitatif de l'énumération des moyens de commettre l'infraction se trouve considérablement relativisé[9].

325. Degré. – Mais il ne suffit pas que l'un de ces moyens ait été employé pour admettre l'extorsion. Il faut en plus établir que la pression exercée à cette occasion a été suffisante pour déterminer autrui à répondre aux exigences de l'agent[10].

En premier lieu, un lien de causalité certain doit donc exister entre le comportement de l'agent et celui de sa victime[11]. La remise ne doit pas être le fruit du hasard.

En second lieu, le caractère provoqué de la remise doit également être établi. Elle doit clairement apparaître comme la conséquence de la pression exercée. Peu importe, alors, la collaboration du remettant à l'infraction : il est victime s'il a été forcé à agir de la sorte. Les juges du fond apprécient souverainement la vraisemblance de cette pression en fonction de l'âge, du degré de résistance de la victime et des circonstances de chaque espèce. Évidemment, son caractère déterminant est plus facilement admis à l'égard d'une personne vulnérable[12] qu'à l'égard d'un chef d'entreprise « rompu aux affaires »[13]. Cela relève moins d'une appréciation *in concreto* que d'une appréciation *in abstracto* atténuée (adaptation du modèle-type de victime par rapport auquel la pression est appréciée) garantissant une certaine objectivité.

2. L'objet de la remise

326. Les moyens évoqués ci-dessus doivent permettre à l'agent d'obtenir d'autrui « soit une signature, un engagement ou une renonciation, soit la révélation d'un secret, soit la remise de fonds, de valeurs ou d'un bien quelconque ». Cette formule de l'article 312-1 donne à l'incrimination un champ plus large qu'en matière de vol.

327. Objectifs. – La signature dont il est question en premier doit être apposée sur un écrit. Peu importe la nature et la portée juridique de celui-ci. L'agent peut vouloir obtenir d'autrui la signature non seulement d'un contrat mais aussi d'une reconnaissance de dette ou d'aveux, voire d'une déclaration d'amour[14]. Bien entendu, l'agent a intérêt à se faire remettre le document sur lequel cette signature a été apposée. Cependant, l'infraction se trouve établie dès qu'une signature est portée sur un document sous la contrainte. Peu importe que le document soit conservé par un tiers.

---

8. Cass. crim., 8 mars 2023, *Dr. pén.* 2023, n° 81, obs. P. Conte ; *Gaz. Pal.*, 16 mai 2023, p. 48, obs. E. Dreyer.

9. V. déjà Cass. crim., 4 nov. 1997, *B.* n° 372.

10. On n'extorque pas autrui en l'accablant d'injures : CA Paris, 16 avr. 1996, *Dr. pén.* 1996, n° 154, obs. M. Véron.

11. CA Paris, 27 sept. 1991, *D.* 1991, p. 635, note D. Fortin.

12. Cass. crim., 6 févr. 1997, *Dr. pén.* 1997, n° 94, obs. M. Véron.

13. T. corr. Paris, 16 déc. 1986, *Gaz. Pal.* 1987.2, p. 537, note J.-P. Marchi.

14. V. s'agissant de la souscription d'une police d'assurance-vie par une personne âgée de 88 ans : Cass. crim., 26 oct. 2005, *Dr. pén.* 2006, n° 25, obs. M. Véron.

L'engagement extorqué correspond, lui, au consentement donné par autrui à un acte indépendamment de toute signature. Le législateur envisage ici le *negotium* et non l'*instrumentum*. Dès qu'un acte est exécuté par une personne agissant sous la pression d'une autre, l'infraction est caractérisée[15]. À ce titre, l'engagement peut aussi bien être un engagement de faire qu'un engagement de ne pas faire. Il peut même s'agir d'un prêt, assurant un remboursement à la victime, dès lors que ce prêt n'a pas été accordé librement[16].

Est assimilée à un tel engagement l'hypothèse inverse : la renonciation. Sachant que celle-ci doit être entendue de manière large car, contrairement à la formule employée en matière d'escroquerie, il n'est pas exigé ici que la renonciation procède d'un acte opérant décharge. On en déduit qu'elle « n'a pas à présenter les traits d'un acte juridique patrimonial »[17]. La jurisprudence révèle à cet égard des pratiques inquiétantes[18].

L'objectif du coupable peut même être d'obtenir la révélation d'un secret – ce qui concerne tant les informations couvertes par un secret professionnel ou de fabrique que de simples indiscrétions. Peu importe là aussi leur absence de valeur patrimoniale dès lors que ces informations sont appréhendées frauduleusement. Un juge répressif pourrait fort bien admettre le délit d'extorsion dans l'hypothèse où une information sur la vie privée d'autrui a été dévoilée par la force. L'intégrité morale de la victime est alors seule en cause, ce qui relativise le classement d'un tel délit parmi les « infractions contre les biens » dans le Code pénal.

Enfin, l'objectif peut être la remise de fonds, de valeurs ou d'un bien quelconque – ce qui inclut la remise d'un chèque[19]. Une telle formule s'interprète comme en matière d'escroquerie (v. *infra*, n° 773). Elle n'implique pas que la victime ait été propriétaire dès lors qu'elle détenait les fonds, valeurs ou biens qu'elle a été forcée de remettre à l'agent. Cet acte de prédation est tout aussi condamnable à l'égard d'un locataire que d'un propriétaire. Peu importent donc les droits qu'autrui pouvait faire valoir sur le bien extorqué[20].

328. Résultat. – L'un de ces objectifs doit avoir été atteint pour que l'infraction, matérielle, soit consommée. Éventuellement, deux peuvent l'être à la suite. Il en va ainsi par ex. si, après avoir obtenu sous la contrainte, une reconnaissance de dette, l'agent obtient de force l'exécution de celle-ci.

Faute pour l'extorsion d'avoir atteint son but, il n'y a que tentative. Cette dernière est punissable en vertu de l'article 312-9. Elle existe notamment lorsque l'agent a échoué dans son projet parce que la victime ne s'est pas laissé impressionner[21].

15. CA Paris, 23 févr. 1990, *Dr. pén.* 1990, n° 323, obs. M. Véron.

16. Cass. crim., 23 mars 2016, *Dr. pén.* 2016, n° 123, obs. P. Conte ; *RSC* 2016, p. 776, obs. H. Matsopoulou.

17. R. Ollard, *La protection pénale du patrimoine*, Dalloz, coll. NBT, t. 98, 2010, p. 57, n° 74.

18. V. s'agissant de menaces sur un inspecteur du travail voulant dresser procès-verbal : Cass. crim., 9 janv. 1991, *B.* n° 17.

19. Cass. crim., 22 juin 1994, *Dr. pén.* 1994, n° 253, obs. M. Véron, arrêt rendu en matière de chantage où figure une formule identique.

20. Là aussi, il serait abusif d'y voir un moyen de protéger la propriété : « il n'est pas nécessaire que la chose extorquée appartienne à la personne même qui a été l'objet de la menace. Il suffit que la remise de la chose ait été la conséquence de cette menace » (E. Garçon, *Code pénal annoté*, Rec. gén. lois et arrêts, 1901-1906, ss. art. 400, p. 1265, n° 65).

21. Cass. crim., 4 nov. 1997, *B.* n° 372.

B. La perception de l'acte

329. Dol. – Comme tout délit pour lequel la loi n'en dispose pas autrement, l'extorsion est une infraction intentionnelle. Elle suppose la conscience « d'obtenir par la force, la violence ou la contrainte ce qui n'aurait pu être obtenu par un accord librement consenti »[22] et la volonté d'agir quand même. L'extorsion revient donc à exiger une chose tout en sachant que la victime ne l'aurait jamais spontanément fournie. La seule conscience d'obtenir une remise involontaire ne suffit pas. Il faut que l'agent ait su que cette remise était la conséquence des pressions qu'il a exercées sur la victime. Une telle preuve découle en principe aisément de l'élément matériel de l'infraction.

§2. Les modalités de la répression

330. Pénalités. – Compte tenu des moyens dont l'emploi est formellement exigé, l'extorsion s'avère plus lourdement réprimée que le vol. Ainsi, la personne physique qui se rend coupable d'extorsion simple est punie de 7 ans d'emprisonnement et 100 000 € d'amende (art. 312-1). Elle s'expose également aux peines complémentaires de l'article 312-13 ainsi qu'à une interdiction du territoire français si elle est de nationalité étrangère (art. 312-4).

La personne morale reconnue coupable de la même infraction s'expose, quant à elle, à une amende dont le montant est porté au quintuple ainsi qu'à l'ensemble des peines mentionnées à l'article 131-39 (art. 312-15).

331. Aggravation. – Ces peines sont aggravées en fonction du résultat des violences exercées ou des circonstances dans lesquelles elles ont été commises qui peuvent aller jusqu'à transformer le délit en crime.

Il en va tout d'abord ainsi lorsque la victime de l'extorsion a été atteinte dans son intégrité physique, voire dans sa vie. Les violences ayant produit un tel résultat peuvent avoir été de deux sortes. Elles pouvaient être le moyen de contraindre la victime à remettre le bien que l'agent convoitait. Dans cette première hypothèse, un même élément n'est pas pris en compte deux fois, à titre d'élément constitutif et de circonstance aggravante. C'est moins la violence qui justifie l'aggravation de la répression que son résultat : l'atteinte à l'intégrité physique ou à la vie qui s'en est suivie. Mais les violences prises en compte ici peuvent également avoir accompagné l'extorsion afin d'empêcher la poursuite de son auteur. Le législateur évoque spécialement une extorsion « à la suite de laquelle des violences ont été commises pour favoriser la fuite ou assurer l'impunité d'un auteur ou d'un complice » (art. 312-8). Ces violences sont distinctes des précédentes. Elles sont érigées en circonstance aggravante pour contourner le plafonnement de la répression applicable en cas de concours réel d'infractions. Mais, dans tous les cas (que l'on prenne en compte le résultat du comportement initial ou des violences qui se surajoutent à l'extorsion), les conséquences sur la répression sont les mêmes. L'extorsion est punie de 10 ans d'emprisonnement et 150 000 € d'amende lorsqu'elle a été précédée, accompagnée ou suivie de violences sur autrui ayant entraîné une ITT pendant au plus 8 jours (art. 312-2, 1°). Lorsque les violences ont entraîné une ITT pendant plus de 8 jours, cette peine est portée à 15 ans de réclusion criminelle (art. 312-3). Elle est

22. Cass. crim., 9 janv. 1991, *B.* n° 17.

portée à 20 ans lorsque ces violences ont entraîné une mutilation ou une infirmité permanente (art. 312-4), et à la réclusion criminelle à perpétuité lorsqu'elles ont entraîné la mort ou se sont transformées en tortures et actes de barbarie (art. 312-7)[23].

Mais ce n'est pas tout. Les sanctions applicables sont également portées à 10 ans d'emprisonnement et 150.000 € d'amende (art. 312-2) lorsque l'extorsion a été commise au préjudice d'une personne dont la particulière vulnérabilité, due à son âge, à une maladie, à une infirmité, à une déficience physique ou psychique ou à un état de grossesse, était apparente ou connue de son auteur (2°)[24]. *Idem* lorsque l'extorsion a été commise par une personne dissimulant volontairement en tout ou partie son visage afin de ne pas être identifiée (4°), lorsqu'elle a été commise dans un établissement d'enseignement ou d'éducation ainsi que, lors des entrées ou sorties des élèves ou dans un temps très voisin de celles-ci, aux abords d'un tel établissement (5°). Par ailleurs, la privation de liberté est portée à 30 ans de réclusion criminelle lorsque l'extorsion a été commise avec usage ou menace d'une arme ou par une personne porteuse d'une arme soumise à autorisation ou dont le port est prohibé (art. 312-5). Enfin, lorsque l'extorsion a été commise en bande organisée, elle est en principe punie de 20 ans de réclusion criminelle et 150 000 € d'amende mais la peine privative de liberté est portée à 30 ans de réclusion criminelle lorsque l'extorsion a été précédée, accompagnée ou suivie de violences sur autrui ayant entraîné une mutilation ou une infirmité permanente et à la réclusion criminelle à perpétuité lorsque l'extorsion a été commise soit avec usage ou menace d'une arme, soit par une personne porteuse d'une arme soumise à autorisation ou dont le port était prohibé (art. 312-6). Il s'agit alors de lutter contre de véritables pratiques mafieuses[25].

332. Divers. – Les mécanismes d'exemption et de réduction de peine, propres aux « repentis », sont applicables dans cette dernière hypothèse (art. 312-6-1).

Le bénéfice de l'immunité familiale prévue à l'article 311-12 peut être invoqué à l'égard de toutes les formes d'extorsion. Ce qui semble encore plus choquant qu'en matière de vol (v. *supra*, n° 310).

333. Complément. – Enfin, le législateur a cru bon d'incriminer distinctement « le fait, en réunion et de manière agressive, ou sous la menace d'un animal dangereux, de solliciter, sur la voie publique, la remise de fonds, de valeurs ou d'un bien » (art. 312-12-1). À la différence de l'extorsion, cette infraction est formelle : elle est donc consommée sans que la preuve d'une quelconque remise soit exigée. Cela explique sans doute pourquoi elle n'a été punie que de 6 mois d'emprisonnement et 3 750 € d'amende. Sa nécessité paraît néanmoins discutable[26].

23. Cass. crim., 9 déc. 1993, *B.* n° 383.

24. Il ne suffit pas au juge d'indiquer l'âge de la victime pour retenir cette circonstance aggravante : il doit montrer en quoi cet âge rendait la victime « particulièrement vulnérable » (Cass. crim., 23 juin 1999, *B.* n° 152).

25. Dans toutes ces hypothèses, l'infraction peut, en outre, donner lieu à inscription au fichier des empreintes génétiques : CPP, art. 706-55. – S'agissant des associations habilitées à agir, v. CPP, art. 2-8 et -17.

26. T. Firchow et A. Devos, « La criminalisation dérivée de la mendicité », *in Le nouveau Code pénal, dix ans après*, Pedone, 2005, p. 152.

Section 2
Le chantage

334. Présentation. – Le chantage doit être distingué de l'extorsion même si, dans le langage courant, on a tendance à les confondre et à parler de chantage en toute hypothèse. Au sens de l'article 312-10 du Code pénal, le chantage est « le fait d'obtenir, en menaçant de révéler ou d'imputer des faits de nature à porter atteinte à l'honneur ou à la considération, soit une signature, un engagement ou une renonciation, soit la révélation d'un secret, soit la remise de fonds, de valeurs ou d'un bien quelconque ». Ce délit est tenu pour moins grave que l'extorsion mais plus grave que le vol. Le maître chanteur ne s'expose donc qu'à 5 ans d'emprisonnement et 75 000 € d'amende. Toutefois, ces peines sont portées à 7 ans d'emprisonnement et 100 000 € lorsque la menace a été mise à exécution (art. 312-11). Les peines complémentaires encourues sont communes au chantage et à l'extorsion (v. *supra,* n° 330).

Comme dans l'hypothèse précédente, la personne morale reconnue coupable d'une telle infraction s'expose à une amende dont le montant est porté au quintuple ainsi qu'à l'ensemble des peines de l'article 131-39 (art. 312-15). La tentative et l'immunité familiale de l'article 311-12 sont également applicables (art. 312-12)[27].

Intéressons-nous essentiellement à l'élément matériel et à l'élément moral d'une telle infraction.

§1. La matérialité de l'acte

335. Est incriminée, à l'article 312-10, l'utilisation d'un moyen déterminé en vue d'atteindre un but précis. Il s'agit toujours d'obtenir quelque chose mais selon des modalités particulières. L'agent doit provoquer une remise de façon originale.

A. Le moyen de la remise

336. Forme. – À la différence de l'extorsion, le chantage ne peut être réalisé par différents moyens : c'est une infraction plus spécifique qui suppose la menace de révéler ou d'imputer des faits offensants pour autrui[28]. Cette infraction ne repose donc pas sur une violence physique ou morale mais sur un risque d'atteinte à la réputation : la menace de dévoiler des faits existants ou d'en annoncer de faux qui pourraient ternir l'honneur ou la considération d'autrui. Peu importe que ces faits visent personnellement l'individu que l'agent fait chanter ou ses proches.

27. V. admettant une tentative de chantage en l'absence de remise de fonds : Cass. crim., 8 nov. 2011, *Dr. pén.* 2012, n° 18, obs. M. Véron. – V. déclarant au contraire l'infraction consommée dès la remise d'un chèque, même non encaissé : Cass. crim., 22 juin 1994, *Dr. pén.* 1994, n° 253, obs. M. Véron.

28. CA Rouen, 4 mars 2002, *JCP* G 2003, IV, 1664.

La menace nécessaire au chantage peut être verbale ou écrite. Elle peut être anonyme ou non. Peu importent les précautions de langage utilisées[29]. Peu importe que l'agent menace de révéler les faits à une personne en particulier ou au public en général. Peu importe également que ces faits soient déjà connus de quelques-uns lorsque l'agent menace de les porter à la connaissance de tous[30].

337. Nature. – En revanche, les faits que l'agent menace de révéler doivent être de nature à porter atteinte à l'honneur ou à la considération. À ce titre, le champ de l'incrimination apparaît très étroit, sans rapport avec la signification du terme « chantage » dans le langage courant. Il s'agit d'éviter que la réputation d'autrui ne soit abusivement salie, non d'éviter qu'autrui ne soit injustement exposé à un risque de sanction[31]. Mais l'impact réel du propos est indifférent : « pour le législateur la menace de diffamer est estimée suffisamment grave *in abstracto* et le juge n'a donc pas à apprécier l'effet impressionnant de cette intimidation »[32].

Le plus souvent, les faits que le maître chanteur se propose de révéler sont constitutifs d'une infraction. Toutefois, ils peuvent aussi concerner une attitude ou un comportement contraire aux bonnes mœurs[33] ou à la probité[34]. L'objet du chantage est donc le même que l'objet de la diffamation. Néanmoins, ces deux infractions ne sont pas commises dans le même but[35]. Ici, l'objectif n'est pas de porter atteinte à la réputation d'autrui ; la menace d'une atteinte à l'honneur ou à la considération n'est que le moyen de réaliser une appropriation frauduleuse.

B. L'objet de la remise

338. Résultat. – L'objectif poursuivi par l'agent s'avère essentiel car il permet également de distinguer le chantage des menaces qui portent essentiellement atteinte à la tranquillité d'autrui. De la façon décrite ci-dessus, le maître chanteur recherche et obtient : « soit une signature, un engagement ou une renonciation, soit la révélation d'un secret, soit la remise de fonds, de valeurs ou d'un bien quelconque » (art. 312-10).

Le maître-chanteur doit poursuivre le même but que l'auteur d'un délit d'extorsion. L'avantage convoité peut donc être entendu largement (v. *supra*, n° 327). Des magistrats en ont déduit que la menace de révéler une relation homosexuelle pour obtenir le maintien de celle-ci constitue un chantage[36]. Cela les a conduits à envisager « l'engagement » pris par la victime de façon extensive (renvoi à un fait plutôt

29. Cass. crim., 18 déc. 1975, *B.* n° 289.

30. Cass. crim., 8 févr. 1994, *Dr. pén.* 1994, n° 135, obs. M. Véron.

31. V. cpdt, rapprochant le chantage de l'extorsion : Cass. crim., 8 sept. 2015, *Gaz. Pal.* 1 nov. 2015, p. 35, obs. S. Detraz.

32. A. Valoteau, *La théorie des vices du consentement et le droit pénal*, préc., p. 139, n° 221.

33. V. s'agissant de la menace de dénoncer une liaison entretenue avec un homme marié : Cass. crim., 28 janv. 2015, *Gaz. Pal.* 17 mai 2015, p. 45, obs. S. Detraz.

34. V. s'agissant de la menace de dénoncer un manquement professionnel : Cass. crim., 12 mars 1985, *B.* n° 110.

35. V. aussi A. Lepage, « Entre Code pénal et loi du 29 juillet 1881, la protection pénale l'honneur », *in Mél. Mayaud*, Dalloz, 2017, p. 409.

36. Cass. crim., 13 janv. 2016, *Dr. pén.* 2016, n° 54, obs. P. Conte ; *Comm. com. électr.* 2016, n° 25, obs. A. Lepage ; *RSC* 2016, p. 544, obs. J. Francillon.

qu'à un acte juridique) en admettant que le bénéfice retiré du délit puisse être extrapatrimonial. La solution est critiquée par ceux qui fondent la répression sur une valeur spécifiquement protégée par chaque incrimination.

En toute hypothèse, le but recherché par l'agent doit avoir été atteint pour que l'infraction, matérielle, soit consommée. À défaut, si la victime résiste, seule une tentative de chantage peut être relevée (C. pén., art. 312-7). Par ailleurs, un lien de causalité doit exister entre la menace de révélation et la remise constatée ou seulement envisagée[37]. Enfin, il importe que l'agent ait voulu produire un tel résultat.

§2. La perception de l'acte

339. Intention. - L'agent doit avoir eu conscience d'obtenir une remise indue en menaçant autrui. La seule conscience de menacer de révéler des faits attentatoires à l'honneur ou la considération d'autrui, indépendamment de toute volonté d'obtenir la remise d'un avantage, ne permet pas de retenir l'infraction même si la victime a remis spontanément cet avantage à l'agent pour qu'il cesse de l'importuner. L'agent doit avoir cherché à provoquer cette remise par un tel moyen.

Peu importe son mobile. On enseigne parfois que « il n'y a pas chantage de la part d'un créancier qui menace son débiteur de recourir aux voies de droit pour obtenir son paiement... »[38]. Néanmoins, ce principe cède devant l'abus de droit d'un créancier qui profiterait de la situation. Ainsi, il y a chantage lorsque le créancier réclame plus qu'il n'a droit (c'est le dirigeant d'un grand magasin qui menace de porter plainte si l'auteur d'un petit larcin ne lui rembourse pas 10 fois la valeur de la chose volée)[39]. Il y a également chantage si, pour recouvrer son dû, le créancier menace son débiteur de révéler des faits étrangers à leur relation d'affaires[40].

37. Il n'y a donc pas chantage à réclamer une somme d'argent pour retirer une plainte révélant d'ores et déjà un fait diffamatoire : Cass. crim., 22 avr. 1975, *JCP* G 1976, II, 18417, note D. Mayer.

38. M.-L. Rassat, *Droit pénal spécial*, préc., p. 263, n° 212.

39. Cass. crim., 20 févr. 1963, *Gaz. Pal.* 1963.2, p. 119. - V. aussi, en marge d'un conflit du travail : CA Toulouse, 26 mars 1981, *D.* 1981, p. 385, note R. Merle.

40. Cass. crim., 13 mars 1990, *B.* n° 116.

Titre 3
Les actes d'indiscrétion

340. Enfin, l'indiscrétion peut également être une forme de prédation. Il ne s'agit plus pour l'agent de forcer autrui à lui octroyer une faveur sexuelle, à lui remettre une chose, voire à s'en emparer. Il s'agit pour l'agent d'accéder à des informations qui ne lui sont pas destinées. Différentes formes d'espionnage sont ainsi incriminées pour protéger l'intimité d'autrui. Il s'agit de punir soit une atteinte à sa vie privée, soit une atteinte à son domicile ou à ses correspondances. Distinguons.

CHAPITRE 1
Les atteintes à la vie privée

341. Évolution. – Longtemps, la vie privée n'a été protégée qu'indirectement, à travers la sanction de publications injurieuses ou diffamatoires. Pourtant, ignorer les atteintes portées à la vie privée revenait à méconnaître la spécificité de cette forme de délinquance médiatique qui suppose d'épier autrui et de dévoiler ses instants d'intimité[1]. Une loi du 17 juillet 1970 finit par pallier cette lacune de la répression. Désormais, sont incriminées non seulement l'indiscrétion mais aussi ses suites : l'usage fait des enregistrements ou images réalisés à cette occasion. Les règles de poursuite ont été adaptées en conséquence et des comportements connexes menacés également d'une peine afin de satisfaire des besoins plus ponctuels de protection. D'où la nécessité d'envisager les atteintes à la vie privée dans quatre sections successives.

Section 1
Les atteintes primaires à la vie privée

342. L'article 226-1 du Code pénal incrimine « le fait au moyen d'un procédé quelconque volontairement de porter atteinte à l'intimité de la vie privée d'autrui » dans des conditions particulières. Matériellement, cette première infraction consiste donc à porter atteinte à l'intimité de la vie privée d'autrui. Elle suppose, par ailleurs, un élément moral expressément visé au texte.

§1. La matérialité de l'acte

343. Est incriminé le fait de porter atteinte à l'intimité de la vie privée d'autrui au moyen d'un procédé quelconque soit « en fixant, enregistrant ou transmettant, sans le consentement de celle-ci, l'image d'une personne se trouvant dans un lieu privé », soit « en captant, enregistrant ou transmettant, sans le consentement de leur auteur, des paroles prononcées à titre privé ou

1. J. Francillon, « L'adaptation du droit pénal à certaines formes de délinquance informatique et audiovisuelle », *in Mél. Vitu*, Cujas, 1989, p. 212.

confidentiel », soit « en captant, enregistrant ou transmettant, par quelque moyen que ce soit, la localisation en temps réel ou en différé d'une personne sans le consentement de celle-ci ». Les formes de l'atteinte sont ainsi précisément définies. Mais elles ne tombent sous le coup de la loi pénale que si elles affectent l'intimité de la vie privée de la personne qui en fait l'objet. Seuls les comportements les plus discutables sont ainsi incriminés.

A. Les formes de l'atteinte

344. L'atteinte à l'intimité de la vie privée peut rendre trois formes : elle varie suivant que l'agent accède à l'image, aux paroles ou à la localisation d'autrui sans l'avertir ou malgré son refus.

1. L'accès à l'image d'autrui

345. Définition. – L'image témoigne de l'apparence extérieure de la personne telle qu'elle s'offre au regard de chacun. Dans la majeure partie des cas, cette appréhension de l'image d'autrui est parfaitement licite. Il n'y a infraction que si l'image est appréhendée d'une façon et dans des conditions particulières.

346. Procédé mécanique. – Tout d'abord, il est certain que le simple regard indiscret porté sur autrui ne peut constituer une infraction, fût-il permis grâce à l'utilisation de moyens techniques particuliers[2]. Le danger n'est pas dans le fait de « prendre connaissance ». Le danger apparaît lorsqu'une trace peut être conservée de cet instant d'intimité volé. En conséquence, l'article 226-1 incrimine : i) une fixation – ce qui suppose une reproduction photographique ; ii) un enregistrement – ce qui suppose une reproduction audiovisuelle ; ou iii) une transmission – ce qui suppose l'envoi des images pour une consultation à distance[3]. L'infraction doit prendre l'une de ces trois formes. Mais elle peut être réalisée « au moyen d'un procédé quelconque »[4]. Sous cet aspect, seule la reproduction graphique (dessin, peinture, gravure) d'une scène d'intimité échappe donc à l'incrimination.

347. Lieu privé. – Par ailleurs, l'appropriation d'images représentant autrui ne constitue une infraction que si elle est réalisée dans des circonstances particulières. Il faut que la victime se trouve dans un lieu privé, c'est-à-dire dans un « endroit qui n'est ouvert à personne, sauf autorisation de celui qui l'occupe »[5]. Cette notion de « lieu privé » s'applique sans difficulté à une chambre d'hôpital dans laquelle des journalistes font irruption afin de photographier une actrice malade[6]. Il en va de même s'agissant d'un appartement dont les portes et fenêtres sont fermées mais dont les occupants sont visibles du dehors[7]. Il en va de

2. Peu importe par ex. l'usage de jumelles : Cass. crim., 23 août 1994, *Dr. pén.* 1994, n° 236, obs. M. Véron.

3. V. aussi R. Badinter, « La protection de la vie privée contre l'écoute électronique clandestine », *JCP* G 1971, I, 2435, n° 12.

4. L'usage d'un téléobjectif n'est pas un élément constitutif de l'infraction : TGI Paris, 13 janv. 1997, *D.* 1997, p. 255, note B. Beignier ; *JCP* G 1997, II, 22845, note M. Serna.

5. Cass. crim., 28 nov. 2006, *Comm. com. électr.* 2007, n° 45, obs. A. Lepage.

6. CA Paris, 17 mars 1986, *Gaz. Pal.* 1986.2, p. 429.

7. Cass. crim., 25 avr. 1989, *RSC* 1990, p. 78, obs. G. Levasseur.

même, encore, s'agissant du pont d'un bateau en croisière[8] et d'une voiture circulant sur la voie publique[9]. Mais qu'en est-il d'un local à usage professionnel ou collectif ? La salle d'un palais de justice où s'enferment des jurés pour délibérer semble constituer un lieu privé[10]. Il en va de même pour la réserve d'une pharmacie où le public n'est pas autorisé à entrer[11]. En revanche, un commissariat s'est vu refuser cette qualification[12]. *Idem* pour un lieu de culte, en l'occurrence une synagogue[13].

Quel est le critère ? Il existe vraisemblablement des lieux privés par nature comme il existe des lieux publics par nature. Mais la propriété du lieu en question ne constitue pas un critère suffisant car le public peut être accueilli dans une propriété privée, ce qui enlève au lieu tout caractère privé au sens de l'article 226-1. La qualification dépend davantage des pouvoirs et de la volonté de celui qui est susceptible d'exercer en ce lieu un contrôle : « le lieu privé ainsi défini par la loi pénale ne se confond pas avec le caractère privé de la propriété du lieu, mais se définit comme l'endroit n'étant ouvert à personne sauf autorisation de celui qui l'occupe, par opposition à un lieu accessible à tous »[14]. Cette définition fut confirmée s'agissant de la chambre mortuaire d'un ancien président de la République[15]. À l'inverse, la vocation d'une propriété publique étant d'être affectée à l'usage du public, des personnes photographiées à leur insu, alors qu'elles discutent dans la rue[16] ou sur une plage[17], ne peuvent se plaindre d'une captation de leur image entrant dans le champ de l'article 226-1.

S'agissant de protéger l'intimité de la vie privée d'autrui une telle restriction est-elle bien justifiée ? N'aurait-il pas été préférable d'admettre que la personne doit être protégée contre la réalisation de photographies sans son accord dans tous ses instants – et donc en tous lieux – d'intimité ? En effet, une promenade en amoureux dans un parc public peut correspondre à un moment d'intimité dès lors que les intéressés n'ont pas pour objectif de se donner en spectacle. Un auteur dénonce là une « conception spatiale de la vie privée »[18] que le législateur lui-même a écartée lorsqu'il a envisagé l'appropriation des paroles d'autrui (v. *infra*, n° 350). En renonçant à généraliser cette approche, il a introduit une distinction dans le régime de l'infraction qui s'avère discutable[19].

---

8. CA Paris, 2 nov. 2000, *Dr. pén.* 2001, n° 42, obs. M. Véron. – 5 févr. 1979, *JCP* G 1980, II, 19343, note R. Lindon.

9. Cass. crim., 12 avr. 2005, *Gaz. Pal.* 3 juin 2005, p. 9, concl. D. Commaret. – CA Aix-en-Provence, ch. corr., 9 janv. 2006, *JCP* G 2007, IV, 1499.

10. CA Amiens, 4 févr. 2009, *JCP* G 2009, II, 10063, note M. Benillouche.

11. TGI Paris, 7 nov. 1975, *D.* 1976, p. 270, note R. Lindon.

12. TGI Marseille, 23 mars 1995, *D.* 1996, p. 40, note J. Frayssinet.

13. Cass. crim., 25 oct. 2011, *Gaz. Pal.* 13 janv. 2012, p. 36, obs. E. Dreyer.

14. Cass. crim., 15 févr. 2006, *Comm. com. électr.* 2006, n° 163, obs. A. Lepage.– V. déjà CA Besançon, 5 janv. 1978, *D.* 1978, p. 357, note R. Lindon ; *JCP* G 1980, II, 19449, note D. Bécourt.

15. CA Paris, 2 juill. 1997, *D.* 1997, p. 597, note B. Beignier.

16. T. corr. Aix-en-Provence, 16 oct. 1973, *JCP* G 1974, II, 17623, note R. Lindon.

17. T. corr. Paris, 18 mars 1971, *D.* 1971, p. 447, note J. Foulon-Piganiol.

18. B. Beignier, « Réflexions sur la protection de la vie privée », *Dr. fam.* 1997, étude 11, p. 7.

19. J. Francillon, *Code pénal annoté*, Dalloz, 1996, p. 379.

2. L'accès aux paroles d'autrui

348. Définition. – Par parole, il faut comprendre l'expression d'un langage articulé émanant d'une personne humaine. Ce n'est pas la voix qui est protégée[20], ni même les sons émis par autrui[21]. Ce sont les propos tenus. Peu importe la langue utilisée dès lors que le message est compréhensible. Si la fixation ne permet pas l'écoute d'une voie audible, la poursuite ne peut sans doute avoir lieu que sur le terrain de la tentative (punissable sur le fondement de l'article 226-5). En effet, la preuve d'une atteinte à l'intimité de la vie privée ne peut alors être rapportée[22].

Mais, là aussi, toute curiosité malsaine n'est pas sanctionnée. L'acte doit satisfaire à deux exigences cumulatives.

349. Procédé mécanique. – Tout d'abord, l'appropriation se réalise « en captant, enregistrant ou transmettant » les paroles d'autrui « par un procédé quelconque ».

L'appareil utilisé n'a pas à être inscrit sur la liste de ceux dont la fabrication, la location ou la vente est interdite (art. 226-3).

Compte tenu de l'incrimination distincte de l'interception illicite de communications transmises par voie électronique (art. 226-15 al. 2. – V. *infra*, n° 416), le champ d'application de cette infraction « générale » concerne essentiellement l'appropriation des paroles d'autrui par tout procédé d'espionnage autre que les écoutes téléphoniques[23].

350. Expression des paroles. – Ensuite, les paroles appréhendées doivent avoir été prononcées « à titre privé ou confidentiel ». Cette exigence est une innovation du Code actuel, la loi du 17 juillet 1970 ayant eu recours au critère du « lieu privé » également dans cette hypothèse. Une telle modification a été justifiée par le fait « que la captation de la parole est plus dangereuse encore que celle de l'image »[24], ce qui n'est pas évident mais dénote toujours, dans notre société de tradition écrite, la conviction profonde que les mots exprimeraient plus, et donc trahiraient davantage, que les images.

Il en résulte une extension du champ de l'incrimination. Toutes les paroles tenues dans un lieu privé semblent protégées[25]. Il en va de même pour certaines paroles tenues dans un lieu public ou privé mais ouvert au public. La doctrine considère ainsi qu'un délit peut exister dès lors que des bribes de paroles sont volées à une personne même présente dans un lieu public. C'est la « preuve que l'espace du privé est bien distinct de l'espace matériel »[26]. Où qu'il se trouve, autrui a droit d'être laissé tranquille et dispose d'une sphère d'intimité sans être contraint de se cacher. Une telle approche mériterait d'être étendue à l'image.

---

20. D. Huet-Weiller, « La protection de la voix humaine », *RTD civ.* 1982, p. 500.
21. I. Loliès, *La protection pénale de la vie privée*, PUAM, 1999, p. 90, n° 96.
22. Cass. crim., 19 mai 1981, *D.* 1981, p. 544, note D. Mayer.
23. CA Paris, 19 mars 2002, *JCP* G 2002, IV, 2620.
24. J. Pradel et M. Danti-Juan, *Droit pénal spécial*, Cujas, 6e éd., 2014, p. 203, n° 247.
25. Cass. 1re civ., 29 oct. 2014, *Comm. com. électr.* 2014, n° 96, obs. A. Lepage.
26. D. Gutmann, *Le sentiment d'identité*, LGDJ, coll. Bibl.dr.privé, 2000, t. n° 327, p. 216, n° 244.

3. L'accès à la localisation d'autrui

351. Extension. – Plus récemment, le législateur a cru bon d'assimiler aux deux comportements précédents celui qui consiste à porter atteinte à l'intimité de la vie privée d'autrui « en captant, enregistrant ou transmettant, par quelque moyen que ce soit, la localisation en temps réel ou en différé d'une personne sans le consentement de celle-ci ».

Sont en cause des actes de captation, enregistrement et transmission, comme en cas d'accès abusif aux paroles prononcées par autrui. Un procédé mécanique est donc nécessaire : localiser une personne en ayant recours au témoignage de tiers n'est pas incriminé ici. Il s'agit d'identifier techniquement où se trouve une personne à son insu. Peu importe que cette « localisation », qui est le plus souvent une géolocalisation, s'effectue en temps réel ou qu'elle puisse être reconstituée *a posteriori*, donc en différé. Peu importe le lieu public ou privé où se trouve la personne ; peu importe qu'elle s'y trouve dans l'exercice d'une activité publique ou dans un instant de loisir. Le seul fait qu'il soit possible de la situer et *a fortiori* de conserver (enregistrer) ou communiquer (transmettre) cette information, est de nature à porter atteinte à l'intimité de sa vie privée.

L'objectif est de lutter contre l'installation de dispositifs de surveillances qui permettent à un employeur ou à un époux de déterminer, à son insu, où se trouve son salarié ou son conjoint. Il s'agit de prévenir certaines formes de surveillance perçues comme déloyales (géolocalisation des téléphones, not.).

B. Le résultat de l'atteinte

352. Toutefois, les actes ci-dessus décrits ne sont pris en compte que s'ils portent « atteinte à l'intimité de la vie privée d'autrui ». Un résultat redouté est ainsi clairement identifié. Néanmoins, l'alinéa 1er de l'article 226-1 prête à discussion. La consommation de l'infraction suppose-t-elle rapportée la preuve de l'obtention de ce résultat ? En d'autres termes, faut-il démontrer l'effectivité de l'atteinte à l'intimité de la vie privée d'autrui ou peut-on se contenter d'établir le comportement qui va nécessairement la produire ?

1. L'effectivité de l'atteinte

353. Problématique. – La doctrine s'est divisée sur la question de savoir si l'infraction est matérielle ou formelle. Pour certains auteurs, la preuve d'une atteinte à l'intimité de la vie privée d'autrui est requise par la lettre même de l'article 226-1[27]. Mais d'autres l'ont contesté au motif que, en exigeant une telle preuve, on restreindrait trop le champ de l'incrimination[28]. L'enjeu de ce débat est bien entendu celui de la consommation de l'infraction[29].

27. F. Cordier, « L'atteinte à l'intimité de la vie privée en droit pénal et les médias », *Légicom* n° 20, 1999/4, p. 86 et J. Pradel, « Les dispositions de la loi du 17 juill. 1970 sur la protection de la vie privée », *D.* 1971, p. 114, n° 25.

28. M. Contamine-Raynaud, « Le secret de la vie privée », *in L'information en droit privé*, LGDJ 1978, t. CLII, p. 421.

29. J.-C. Saint-Pau, note au : *D.* 1999, p. 152 et, pour de plus amples développements : *L'anonymat et le droit*, Thèse Bordeaux IV, 1998, p. 759, n° 785 et s.

354. Solution. – La jurisprudence a choisi une solution médiane. Les arrêts rappellent la nécessité d'une atteinte à l'intimité de la vie privée[30]. Mais la preuve de cette atteinte est déduite, la plupart du temps, des moyens employés ; la Cour de cassation admet ainsi une présomption[31], qui est susceptible de céder devant la preuve contraire[32]. Cette solution est plus conforme à la lettre du texte sans embarrasser pour autant la répression. Dans certaines hypothèses, elle la facilite même de façon discutable. Le délit a par ex. été reproché à un individu ayant enregistré la conversation de personnes placées dans un lieu privé alors que les dispositifs d'écoute avaient certes été retrouvés mais pas les enregistrements : le contenu des conversations enregistrées n'a donc pu être vérifié[33]. Affirmer qu'une telle captation de paroles portait nécessairement atteinte à l'intimité de la vie privée d'autrui revient à transformer une présomption simple en présomption irréfragable au risque de modifier la définition de l'infraction (tout enregistrement devenant punissable). Pire : le délit a été reproché à un individu ayant photographié un défunt[34]. De la réalisation du cliché dans un lieu privé, des juges du fond ont déduit une atteinte à l'intimité de la « vie » privée d'un mort[35]... Certes, il s'agit là de poursuites exceptionnelles. Toutefois, en statuant de la sorte, les magistrats protègent la personne par-delà son décès, voire la vie privée de ses proches qui n'est pourtant pas en cause[36]. Cela ne paraît guère compatible avec la lettre de l'article 226-1.

Quid en cas d'accès sans droit à la localisation d'autrui ? La preuve d'une atteinte à la vie privée de la personne épiée est-elle nécessaire à la consommation de l'infraction ? On pourrait, cette fois, en douter en relevant que la présomption d'atteinte évoquée ci-dessus repose sur des éléments qui la rendent vraisemblable lorsqu'elle concerne l'accès aux paroles (prononcées à titre privé ou confidentiel) ou à l'image (dans un lieu privé) d'autrui. Aucune exigence équivalente n'est formulée quant à la localisation d'une personne à son insu, ce qui interdit de raisonner de la même façon. Cependant, l'exigence d'une atteinte à la vie privée est formulée d'une manière générale à l'article 226-1, al. 1, et l'on ne voit guère ce qui permettrait d'y déroger ici. Pour la satisfaire, il suffit d'ailleurs de considérer que le traçage des déplacements d'une personne est en lui-même attentatoire à l'intimité de sa vie privée[37]. Il n'est nul besoin à cet égard de circonstances particulières qui rendent ce traçage encore plus inacceptable.

---

30. Cass. crim., 27 janv. 1981, *JCP* G 1982, II, 19742. – 3 mars 1982, *D.* 1982, p. 579, note R. Lindon.

31. Cass. crim., 21 avr. 2020, *AJ pénal* 2020, p. 297, obs. T. Besse ; *Gaz. Pal.*, 23 juin 2020, p. 24, note R. Mésa. – 7 oct. 1997, *D.* 1999, p. 152, note J.-C. Saint-Pau.

32. Cass. crim., 14 févr. 2006, *D.* 2007, p. 1184, note J.-C. Saint-Pau. – V. aussi Cass. crim., 16 janv. 1990, *B.* n° 25.

33. CA Montpellier, 7 mars 2002, *Comm. com. électr.* 2003, n° 43, obs. A. Lepage.

34. Cass. crim., 20 oct. 1998, *D.* 1999, p. 106, note B. Beignier ; *JCP* G 1999, II, 10 044, note G. Loiseau. – V. déjà Cass. crim., 21 oct. 1980, *B.* n° 262 ; *D.* 1981, p. 72, note R. Lindon.

35. CA Paris, 2 juill. 1997, *D.* 1997, p. 597, note B. Beignier.

36. V. aussi J.-C. Saint-Pau, « Droit au respect de la vie privée et droit pénal », *Dr. pén.* 2011, étude 20, n° 9.

37. Pour autant, compte tenu de sa spécificité, il n'est pas sûr que cette forme prise par l'infraction ait sa place ici : le législateur gagnerait à consacrer une catégorie d'infractions consistant à identifier une personne à son insu dans laquelle le comportement actuellement incriminé à l'article 226-1, 3° pourrait voisiner par ex. avec l'identification d'une personne grâce à ses empruntes génétiques (art. 226-28).

2. L'objet de l'atteinte

355. Illustrations. – L'intimité de la vie privée est définie de manière essentiellement négative. Apparaissent ainsi étrangers à celle-ci des propos ayant « trait exclusivement à des problèmes d'argent entre époux séparés de fait »[38]. *Idem* pour des propos strictement professionnels[39] ou scientifiques[40]. En revanche, relèvent de l'intimité de la vie privée : les relations sentimentales[41].

356. Explication. – La pauvreté de la jurisprudence sur ce point s'explique par le recours au mécanisme de présomption évoqué ci-dessus. La fixation d'une image est sanctionnée lorsqu'elle est réalisée dans un lieu privé sans que les magistrats précisent la scène qui s'y déroulait et dont ils affirment l'appartenance à l'intimité de la vie privée. *Idem* s'agissant de l'appropriation de paroles, certes prononcées à titre confidentiel, mais dont le contenu n'est pas toujours indiqué.

On peut reprocher là une certaine paresse au juge pénal alors que le juge des référés, statuant pourtant dans l'urgence, s'est efforcé de cerner les contours de l'intimité de la vie privée (C. civ., art. 9, al. 2)[42]. Mais on peut y voir aussi une preuve de sagesse dans la mesure où l'incertitude qui continue de régner sur l'intimité de la vie privée en droit civil paraît peu compatible avec le principe de légalité.

L'objectivation de la vie privée au regard de la forme des propos ou du lieu dans lequel est saisie l'image d'une personne simplifie également la détermination de l'élément moral d'une telle infraction.

§2. La perception de l'acte

357. Intention. – L'article 226-1 exige formellement l'intention de mal faire. On discute ainsi « l'originalité de la syntaxe qui a fait placer l'adverbe "volontairement" avant la proposition qui introduit le verbe »[43]. Toutefois, il n'est pas certain que cette insistance sur le caractère intentionnel de l'infraction ait des conséquences pratiques. En effet, nul n'est surpris par cette exigence s'agissant d'un délit. Fallait-il même la formuler ?

En pratique, l'intention n'est pas appréciée ici différemment du droit commun où elle se résume à la conscience, affirmée par le juge, que le prévenu avait de commettre une infraction et, en conséquence, la volonté de la commettre[44]. Peu importe que l'objectif de l'agent ait été, non de s'emparer d'instants d'intimité de la vie privée d'autrui, mais de secrets industriels ou d'obtenir l'aveu d'une faute

38. CA Besançon, 5 janv. 1978, *D.* 1978, p. 357, note R. Lindon ; *JCP* G 1980, II, 19449, note D. Bécourt.

39. Cass. crim., 12 avr. 2023, *Dr. pén.* 2023, n° 116, obs. P. Conte ; *Comm. com. électr.* 2023, comm. 53, obs. A. Lepage.

40. CA Paris, 26 mars 1987, *D.* 1987, IR, p. 104.

41. Cass. crim., 11 févr. 1987, *D.* 1987, somm. p. 142.

42. Mais il paraît s'en dispenser désormais en présumant lui aussi l'atteinte : Cass. 1re civ., 6 oct. 2011, *D.* 2011, p. 2771, note E. Dreyer. – V. cpdt Cass. 1re civ., 2 juill. 2014, *Comm. com. électr.* 2014, n° 80, obs. A. Lepage.

43. C. Atias, « La protection pénale de la vie privée », *in La liberté de la presse et le droit pénal*, PUAM, 1994, p. 90.

44. Cass. crim., 7 oct. 1997, *D.* 1999, p. 152, note J.-C. Saint-Pau.

professionnelle[45]. Il s'agit là encore d'une conséquence de la présomption d'atteinte à l'intimité de la vie privée évoquée ci-dessus[46]. Le dol spécial est déduit du dol général. Il est en réalité lui-même présumé.

A fortiori, les mobiles de l'agent sont indifférents[47] et ils abusent rarement le juge[48].

358. Transition. – En vérité, cette première infraction est peu sanctionnée pour elle-même. Elle n'apparaît souvent qu'à l'occasion de la diffusion des éléments ainsi obtenus.

Section 2 Les atteintes dérivées à la vie privée

359. En effet, caractériser l'infraction prévue à l'article 226-1 n'est souvent qu'un préalable avant d'établir l'infraction prévue à l'article suivant (art. 226-2). Supposant démontré le vol d'un instant d'intimité de la vie privée d'autrui, le législateur a incriminé là un second comportement qu'il faut également envisager dans sa double dimension matérielle et morale.

§1. La matérialité de l'acte

360. Est incriminé à l'article 226-2 : « le fait de conserver, porter ou laisser porter à la connaissance du public ou d'un tiers ou d'utiliser de quelque manière que ce soit », « tout enregistrement ou document obtenu à l'aide d'un des actes » énoncés précédemment.

A. Le comportement incriminé

361. Formes. – Il y a peu à dire sur « le fait de conserver, porter ou laisser porter à la connaissance du public ou d'un tiers ». Ces trois actions sont envisagées de manière alternative[49].

S'agissant de la conservation, le législateur érige en infraction spécifiée ce qui aurait pu caractériser un simple recel (si l'information avait constitué une chose au sens de l'article 321-1). Le délit reste encore clandestin. La conservation est envisagée ici, et non à l'article 226-1, parce qu'elle est perçue comme nécessaire à la publication ultérieure qui constitue le véritable danger. Un tel acte doit donc être compris moins comme la conséquence des précédents que comme le préalable de ceux qui suivent. C'est un acte préparatoire qui est, ici, érigé en infraction obstacle.

45. TGI Paris, 7 nov. 1975, *D.* 1976, p. 270, note R. Lindon. – Saint-Étienne, 19 avr. 1977, *D.* 1978, p. 123, note R. Lindon.

46. V. cpdt Cass. crim., 27 janv. 1981, *JCP* G 1982, II, 19742, note D. Bécourt.

47. Esprit de lucre ou simple curiosité malsaine : R. Lindon, « Les dispositions de la loi du 17 juill. 1970 relatives à la protection de la vie privée », *JCP* G 1970, 2357, n° 8.

48. Cass. crim., 24 janv. 1995, *Dr. pén.* 1995, n° 118, obs. M. Véron.

49. CA Montpellier, 7 mars 2002, *Comm. com. électr.* 2003, n° 43, obs. A. Lepage.

S'agissant du fait de porter à la connaissance d'une ou plusieurs personnes des instants d'intimité volés à autrui, le législateur veut appréhender la publication au sens large, incluant et dépassant éventuellement la sphère médiatique[50]. L'absence de toute référence technique mérite d'être notée. L'usage d'un appareil n'est même pas requis : « l'utilisation » des documents ou enregistrements peut se faire « de quelque manière que ce soit ». Il n'est donc pas nécessaire d'établir une publicité au sens de l'article 23 de la loi du 29 juillet 1881. Il suffit de montrer manuellement à autrui les images illicitement obtenues pour que l'infraction soit constituée[51]. *Idem* lorsque l'on fait entendre des paroles illicitement enregistrées. Ainsi jugé que, sous réserve d'une éventuelle justification de l'acte au nom des « droits de la défense », la production en justice de tels documents par un plaideur à l'appui de sa prétention caractérise le délit de l'article 226-2[52].

S'agissant, enfin, du fait de laisser porter à la connaissance d'une ou plusieurs personnes ces mêmes paroles ou images, le législateur permet de sanctionner l'auteur médiat de l'infraction. L'hypothèse « couvrirait par ex. le fait d'avoir laissé... appréhender l'enregistrement coupable par quelqu'un d'autre »[53]. Ce texte instaure une sorte de responsabilité pénale *avec* autrui reposant sur un défaut de surveillance.

B. L'objet litigieux

362. Définitions. – Les différentes formes de l'infraction qui viennent d'être évoquées concernent des documents ou enregistrements obtenus dans des conditions particulières.

Les documents sont le résultat des captations de paroles (transcriptions) ou des fixations d'images (clichés). Les enregistrements supposent, eux, des séquences de sons ou d'images. La première notion paraît statique ; la seconde dynamique. *Quid* s'agissant des données de localisation désormais visées à l'article 226-1, 3° ? Suivant la façon dont elles sont exprimées, elles relèvent sans doute de l'une ou l'autre de ces deux qualifications : document, si elles sont exprimées sur une carte géographique ou enregistrement si elles sont stockées dans un support informatique.

La vraie question est ailleurs : ces documents et enregistrements sont-ils nécessairement les produits de l'infraction de l'article 226-1 ou peuvent-ils être entendus plus largement ?

363. Infraction antérieure. – Le législateur indique que les documents ou enregistrements dont la conservation, l'utilisation ou la diffusion est incriminée à l'article 226-2 doivent avoir été obtenus « à l'aide de l'un des actes prévus par l'article 226-1 ». Il semble clore ainsi le débat suscité par l'ancienne rédaction de

50. V. s'agissant d'une photographie reproduite sur des affichettes : TGI Paris, 24 janv. 2003, *Légipresse* 2003, I, p. 87. – V. s'agissant d'une vidéo reproduite sur Internet : CA Paris, 24 avr. 2007, *Comm. com. électr.* 2007, n° 156, obs. A. Lepage.

51. V. aussi C. Debbasch (dir.), *Droit des médias*, Dalloz, 2e éd., 2002, p. 892, n° 2751.

52. Sachant que, devant les juridictions civiles, « l'enregistrement d'une conversation téléphonique privée, effectué et conservé à l'insu de l'auteur des propos invoqués, est un procédé déloyal rendant irrecevable en justice la preuve ainsi obtenue » (Cass. 2e civ., 7 oct. 2004, *D.* 2005, p. 122, note P. Bonfils). Mais ce principe de loyauté ne s'impose pas aux parties privées devant les juridictions répressives (Cass. crim., 30 mars 1999, *D.* 2000, p. 391, note T. Garé).

53. M.-L. Rassat, *Droit pénal spécial*, préc., p. 571, n° 497.

l'incrimination. En effet, sous l'empire du code antérieur, on s'est demandé si l'incrimination seconde exigeait que les paroles conservées, utilisées ou diffusées aient été prononcées à titre privé ou confidentiel et si elle exigeait que les images conservées, utilisées ou diffusées aient représenté une personne dans un lieu privé. Dans les deux cas, l'opération initiale de captation, fixation ou enregistrement devait-elle avoir été réalisée à l'insu de la personne ? Et volontairement ? Toutes ces questions se posaient car l'incrimination initiale renvoyait à l'« un des faits prévus à l'article 368 ». Ce n'est qu'en 1992 que les « actes » ont été substitués aux « faits ». Il s'est agi de trancher la difficulté : le renvoi ainsi opéré ne concerne pas seulement les faits matériels initialement énumérés mais l'incrimination primaire dans son ensemble. La réponse est donc claire désormais : seule peut être sanctionnée la conservation, l'utilisation ou la diffusion d'images ou de paroles appréhendées volontairement en violation de l'intimité de la vie privée d'autrui. La poursuite de l'infraction de l'article 226-2 suppose rapportée la preuve pleine et entière de l'infraction de l'article 226-1. Il en va sans doute de même à l'égard des données d'identification.

Favorable aux organes de presse, cette approche restrictive paraît discutable. Elle repose sur une exagération de la notion d'« actes » alors que l'incrimination de l'article 226-1 porte seulement sur des « faits » réalisés dans des conditions déterminées et non consubstantielles à ceux-ci. Elle procède d'un choix de politique criminelle visant à épargner aux journaux des poursuites pénales lors de la diffusion d'images ou de paroles d'une personne réalisées à son insu. C'est la même logique qui permet au diffuseur de bénéficier du consentement donné à la seule réalisation de l'enregistrement ou de la fixation (v. *infra,* n° 367). Elle tient au statut protecteur dont dispose la liberté de communication à Strasbourg (Conv. EDH, art. 10).

§2. La perception de l'acte

364. Intention. – Il serait certainement inexact, même en raisonnant *a contrario* par rapport à l'article 226-1, de dire que l'infraction apparaissant à l'article 226-2 n'a pas à être commise « volontairement »[54]. Faute de disposition légale contraire, on ne peut imaginer – s'agissant d'un délit – qu'une telle infraction soit non intentionnelle.

On l'a vu, l'adverbe « volontairement » utilisé à l'article 226-1 exprime la nécessité d'un dol spécial : l'intention de porter atteinte à l'intimité de la vie privée d'autrui à l'occasion de l'un des actes incriminés. Son absence à l'article 226-2 signifie, tout au plus, que ce dol spécial n'y est pas exigé[55]. Un dol général suffit : la conscience de conserver, d'utiliser ou de diffuser un contenu attentatoire à l'intimité de la vie privée d'autrui. Toutefois, une telle preuve peut être rapportée de deux façons suivant les circonstances de l'infraction. Hors de la sphère médiatique, la conscience d'accomplir l'un de ces faits doit être établie[56]. Dans la sphère médiatique, en revanche, cette conscience est présumée contre l'éditeur ou le directeur de la publication qui assume la responsabilité de tout ce qu'il a laissé paraître sans vérifier le

54. V. cpdt TGI Paris, 2 juill. 1981, *Gaz. Pal.* 1983.1, somm. p. 49.

55. V. aussi M. Serna, *L'image des personnes physiques et des biens*, Economica, 1997, p. 87.

56. Lorsque l'acte litigieux est susceptible de durer (conservation, utilisation), il faut sans doute, à l'instar de la solution retenue en matière de recel (v. *infra,* n° 1353), que la conscience de son illicéité existe dès l'origine.

consentement des personnes visées. En effet, ces professionnels ne peuvent invoquer une défaillance dans leur mission de contrôle : cette logique propre au droit de la presse doit être respectée ici compte tenu du renvoi fait au mécanisme de responsabilité en cascade qui simplifie également les poursuites en matière d'atteinte à la vie privée (v. *infra*, n° 373).

Section 3
Les poursuites

365. Le consentement de la victime peut faire obstacle à toute poursuite. Il doit être évoqué d'abord. Les modalités de la répression seront envisagées ensuite.

§1. Le consentement de la victime

366. Rôle. – L'absence de consentement de la victime est un élément constitutif de l'infraction prévue à l'article 226-1. On peut étendre ici l'analyse faite, au sujet d'autres infractions, selon laquelle : « la lésion consentie, dans les conditions légales, équivaut alors, pour la Société, à une absence d'atteinte. Elle n'a plus intérêt à réprimer car l'infraction consentie – qui n'est plus une infraction – n'est pas nuisible... Le respect de l'intérêt général se confond avec le respect de la liberté individuelle. Autrement dit, l'intérêt général et l'intérêt individuel ne s'opposent pas, ils se combinent »[57]. Il n'y a donc pas atteinte à l'intimité de la vie privée lorsque des images ont été fixées, des paroles captées ou une localisation relevée avec l'accord de la personne qu'elles concernent. Le consentement ainsi donné fait obstacle à la qualification pénale des faits.

367. Présomption. – Le 5e alinéa de l'article 226-1 pose une présomption d'accord assez contestable lorsque l'accès aux paroles ou à l'image s'effectue « au vu et au su des intéressés sans qu'ils s'y soient opposés, alors qu'ils étaient en mesure de le faire ». D'abord, on observera que cette présomption n'est pas étendue à l'accès en toute transparence aux données de localisation d'autrui. Installer en sa présence un logiciel de traçage sur son téléphone est sans doute un geste trop ambigu pour que l'on puisse être sûr qu'à cette occasion autrui consent à sa localisation ultérieure : il n'a pas forcément compris quelle était la portée du logiciel en question. Ensuite, on peut se demander – au regard de la précédente objection – si la présomption est réellement pertinente dans les autres hypothèses. Elle ne pose guère de difficulté lorsque « l'intéressé » parle dans un micro qui lui est tendu ou pose devant une caméra en sachant ainsi à quel média il s'adresse[58]. En revanche, cette présomption devient suspecte lorsque la personne représentée ou écoutée adopte une attitude passive qui sème le doute sur le point de savoir si elle a conscience d'être photographiée

57. X. Pin, *Le consentement en matière pénale*, LGDJ, coll. Bibl.sc.crim., t. 36, 2002, p. 117, n° 126.

58. Cass. crim., 12 févr. 2008, *Dr. pén.* 2008, n° 61, obs. M. Véron.

ou enregistrée[59]. Le bénéfice du doute ne semble pas lui profiter. Chacun doit donc se tenir sur ses gardes et manifester immédiatement son opposition à tout enregistrement de paroles ou à toute prise de photographies, lorsqu'il en a la volonté et les moyens[60]. N'est-ce pas beaucoup demander ? Enfin, et en toute hypothèse, la présomption n'est applicable que si l'intéressé, qui a eu conscience d'être photographié ou enregistré, a effectivement été en mesure de s'opposer. Lorsqu'il n'a pas eu le choix (parce que l'opération a été trop rapide ou lui a été imposée), la présomption de consentement cesse de s'appliquer mais il ne s'ensuit pas que l'intéressé était nécessairement hostile. Son défaut de consentement reste une condition de l'infraction qui doit être établie par la partie poursuivante[61].

Une telle présomption s'avère d'autant plus regrettable qu'elle légitime également les actes qui suivent. En effet, le délit de l'article 226-2 ne peut être relevé si celui de l'article 226-1 n'existe pas. Peu importe que la conservation, l'utilisation ou la diffusion n'ait pas été acceptée si un accord a été donné à l'enregistrement d'une image ou à la captation de paroles. Pourtant, on ne saurait dire que l'accord implicitement donné en de telles circonstances est éclairé car la personne qui consent ignore tout de l'usage qui sera fait à la suite de son image ou de ses paroles[62]. Seule la nature d'« infraction de conséquence » des actes incriminés à l'article 226-2 justifie cette solution : est nécessairement licite la diffusion d'un enregistrement obtenu licitement[63]. Néanmoins, cela entraîne une perte de maîtrise du sujet sur son image ou sa voix qui est de nature à le détourner du juge pénal au profit d'un juge civil plus respectueux de la volonté des personnes photographiées ou écoutées.

368. Charge de la preuve. – Paradoxalement, la doctrine considère que c'est au prévenu d'établir que l'image, les paroles ou les données d'identification ont été appréhendées avec l'accord de la personne concernée. À ce titre, elle analyse le consentement donné comme une cause justificative de l'infraction de conséquence et non l'absence de consentement comme un élément constitutif de l'infraction primaire[64]. Cette solution n'est pas conforme au mécanisme précédemment décrit. Néanmoins, elle n'a guère d'impact car, le plus souvent, le défaut de consentement à l'appréhension des images, paroles ou données se laisse induire des circonstances mêmes dans lesquelles cette appréhension a été réalisée.

369. Mineur. – En toute hypothèse, il est précisé à l'avant-dernier alinéa de l'article 226-1 que « lorsque les actes mentionnés au présent article ont été accomplis sur la personne d'un mineur, le consentement doit émaner des titulaires de l'autorité parentale ». Une telle solution peut paraître s'imposer mais il n'en est rien. Le pluriel utilisé laisse entendre que, lorsque l'autorité parentale est exercée par les deux parents, l'accord des deux est nécessaire, ce qui n'est en

59. CA Paris, 24 avr. 2007, *Comm. com. électr.* 2007, n° 156, obs. A. Lepage.

60. Comp. Cass. crim., 21 avr. 2020, *AJ pénal* 2020, p. 297, obs. T. Besse ; *Gaz. Pal.*, 23 juin 2020, p. 24, note R. Mésa.

61. Cass. crim., 28 mars 2023, *Dr. pén.* 2023, n° 115, obs. P. Conte.

62. CA Aix-en-Provence, 25 mars 2002, *Comm. com. électr.* 2003, n° 43, obs. A. Lepage.

63. Cass. crim., 16 mars 2016, *D.* 2016, p. 935, note A. Serinet ; *JCP* G 2016, 658, note J.-C. Saint-Pau ; *RSC* 2016, p. 96, obs, J. Francillon.

64. M.-L. Rassat, *Droit pénal spécial*, préc., p. 572, n° 499.

principe pas le cas : un double accord ne s'impose que pour les actes les plus graves concernant un mineur (C. civ., art. 372-2, *a contrario*). Ensuite, ce consentement nécessaire semble aussi suffisant. Or, on aurait pu s'attendre ici à ce que, en fonction du degré de développement du mineur, son consentement soit supplémentairement requis (C. civ., art. 371-1, al. 4). Pourtant, à la lettre, il ne semble pas nécessaire, ce qui paraît discutable.

§2. La répression des atteintes à l'intimité de la vie privée

370. Un certain nombre de dispositions doivent être signalées comme étant propres à la poursuite des atteintes à l'intimité de la vie privée. Il faut par ailleurs évoquer les sanctions susceptibles d'être prononcées.

A. Particularités procédurales

371. Indépendance des infractions. – Même si la jurisprudence traite le délit de l'article 226-2 comme une infraction de conséquence par rapport au délit de l'article 226-1, ils restent indépendants l'un de l'autre en termes de répression. Ainsi, il importe peu que l'auteur du cliché, de la prise de son ou de la localisation d'autrui n'ait pas été condamné, ni même poursuivi : l'auteur de la diffusion qui suit peut l'être s'il apparaît avec évidence que les images, les paroles ou les données en cause ont été volées à autrui[65]. *Idem* lorsque les actes concernant la première infraction ont été commis à l'étranger dès lors que l'utilisation de ces documents ou enregistrements caractérisant la seconde infraction a lieu en France[66]. Cette utilisation coupable au sens de l'article 226-2 peut être poursuivie en France par application de la loi pénale française territorialement compétente. Peu importe que les faits correspondant à l'infraction primaire ne soient pas punissables à l'endroit où ils ont été commis.

372. Point de départ de la prescription. – La prescription de droit commun s'applique ici. Reste à déterminer son point de départ. La question est de savoir si les délits des articles 226-1 et 226-2 sont instantanés ou continus. L'analyse logique des différents comportements incriminés par ces deux textes conduit à les traiter comme des infractions le plus souvent instantanées dont le délai de prescription commence aussitôt à courir. Néanmoins, il en va différemment pour la conservation qui, par nature, s'inscrit dans le temps. L'infraction paraît alors continue : le délai de prescription ne commence à courir qu'à compter du moment où l'agent se défait du support litigieux.

Toutefois, ces règles ont été quelque peu perturbées par la jurisprudence relative aux infractions clandestines. Si on ne peut qualifier ainsi la diffusion d'images ou paroles portant atteinte à l'intimité de la vie privée, il n'en va pas de même

65. TGI Paris, 13 janv. 1997, préc. – Inversement, il importe peu que le photographe auteur de la première infraction se soit opposé à la publication des clichés constituant la seconde infraction : Cass. crim., 20 nov. 2007, *Comm. com. électr.* 2008, n° 43, obs. A. Lepage.

66. CA Paris, 2 nov. 2000, *Dr. pén.* 2001, n° 42, obs. M. Véron.

s'agissant de leur réalisation[67] et de leur conservation[68]. Le point de départ du délai de prescription a ainsi été reporté au jour où l'infraction est apparue dans des conditions permettant l'exercice de l'action publique. Une telle solution n'est sans doute pas remise en cause par la loi du 27 février 2017 qui, pour légitimer un report de ce point de départ, généralise l'existence d'infractions occultes ou dissimulées, tout en fixant des délais butoirs afin d'éviter que ces infractions ne deviennent imprescriptibles (CPP, art. 9-1).

373. Responsables. – Par ailleurs, l'article 226-2, al. 2 dispose : « lorsque le délit prévu par l'alinéa précédent est commis par la voie de la presse écrite ou audiovisuelle, les dispositions particulières des lois qui régissent ces matières sont applicables en ce qui concerne la détermination des personnes responsables ». Il s'agit d'un renvoi au mécanisme de responsabilité en cascade prévu, en matière de presse écrite, par l'article 42 de la loi du 29 juillet 1881 et, en matière de communication au public par voie électronique, par l'article 93-3 de la loi du 29 juillet 1982. Il modifie les conditions d'imputation de l'infraction en cas de publication[69].

Seules sont concernées des personnes physiques. La possibilité de rechercher la responsabilité pénale d'une personne morale, fermée par ces textes spéciaux, ne peut donc se concevoir qu'en dehors de la sphère médiatique (hypothèse envisagée à l'article 226-7).

374. Tentative. – La répression de la tentative, exclue par la loi de 1881, est prévue ici (art. 226-5). Toutefois, elle n'est qu'exceptionnellement mise en œuvre[70]. Elle mériterait de l'être davantage, notamment chaque fois qu'il existe un doute sur l'effectivité de l'atteinte portée à l'intimité de la vie privée d'autrui[71].

375. Plainte. – La poursuite ne peut être exercée que sur la plainte de la personne dont la vie privée a été dévoilée (art. 226-6). L'idée sous-jacente est que le ministère public, en engageant d'office des poursuites sur ce fondement, risquerait d'aggraver l'atteinte alors que la victime aspire au secret et à l'oubli.

Cette plainte n'est soumise à aucun formalisme[72]. Son retrait a longtemps eu pour conséquence de mettre fin aux poursuites, conformément aux dispositions de l'article 6, al. 3, CPP[73]. Mais, plus récemment, la Cour de cassation a estimé au contraire que l'article 226-6 « subordonne au dépôt préalable d'une plainte de la victime le seul exercice, par le procureur de la République, de l'action publique »[74]. En d'autres termes, une fois l'action publique mise en mouvement avec l'accord de la victime, la poursuite doit aller à son terme, même si la victime se ravise. On peine à

67. Cass. crim., 30 sept. 2008, *D.* 2008, p. 2975, note H. Matsopoulou.

68. Cass. crim., 4 mars 1997, *Dr. pén.* 1997, n° 75, obs. M. Véron. – 8 juin 1999, *Dr. pén.* 1999, n° 146, obs. M. Véron.

69. E. Dreyer, *Droit de la communication*, LexisNexis, 2ᵉ éd., 2022, p. 860, n° 1484 et s.

70. CA Paris, 17 mars 1986, *Gaz. Pal.* 1986.2, p. 429.

71. V. s'agissant de la captation de propos qui se sont révélés professionnels : Cass. crim., 15 févr. 2011, *D.* 2012, pan. p. 765, obs. E. Dreyer.

72. CA Paris, 17 mars 1986, *Gaz. Pal.* 1986.2, p. 429.

73. Cass. crim., 14 janv. 1997, *B.* n° 9. – V. déjà Cass. crim., 8 déc. 1992, *B.* n° 406.

74. Cass. crim., 31 janv. 2012, *B.* n° 27.

comprendre, au regard de la rédaction de ces différents textes, ce qui justifie une telle distinction.

376. Suite. – Lorsque la victime est mineure, le consentement aux poursuites de l'un des titulaires de l'autorité parentale est nécessaire mais pas suffisant. Le consentement du mineur est requis dès qu'il est en mesure d'exprimer sa volonté puisque l'infraction le concerne directement. Ce retour au droit commun jure avec la solution retenue s'agissant du consentement à la fixation de l'image ou à l'enregistrement de paroles (v. *supra*, n° 369).

Lorsque la victime est décédée, la plainte requise peut être déposée par l'un quelconque de ses « ayants droit » (art. 226-6, *in fine*), formule dont la généralité contraste avec le petit nombre de personnes auxquelles l'action est ouverte en cas de diffamation envers la mémoire d'un mort (L. 1881, art. 34).

B. Sanctions encourues

377. Présentation. – Le recours à des sanctions pénales a été justifié, à l'origine, par la nécessité de stigmatiser les comportements les plus graves alors que l'indemnisation assurée par les juridictions civiles ne jouait pas un rôle suffisamment dissuasif et que l'effet de surprise empêchait le juge des référés saisi tardivement de remplir correctement son office[75]. Cependant, la France est l'un des rares pays à maintenir de telles sanctions. Notre Cour de cassation soutient que les articles 226-1 et s. ne sont contraires ni à l'article 10, Conv. EDH[76] ni à la Constitution[77]. Mais, le Conseil de l'Europe invite les États membres à se contenter d'une protection civile[78].

En l'occurrence, l'article 226-1 punit d'un an d'emprisonnement et 45 000 € d'amende le fait d'avoir, au moyen d'un procédé quelconque, porté atteinte à l'intimité de la vie privée d'autrui, en accomplissant l'un des actes qu'il énumère. Toutefois, le dernier alinéa de cet article ajoute que, lorsque les faits sont commis par le conjoint ou le concubin de la victime ou le partenaire de celle-ci lié par un PACS, ces peines sont portées à 2 ans d'emprisonnement et 60 000 € d'amende. Il s'agit d'éviter des actes pouvant aussi bien alimenter un harcèlement moral au sein du couple qu'envenimer une procédure de divorce. En revanche, aucune circonstance aggravante, tenant notamment à la qualité d'agent public de l'auteur des faits, n'est envisagée[79]. Ce qui paraît regrettable en l'absence d'incrimination autonome d'un tel comportement. En effet, « la captation, la fixation, l'enregistrement ou la transmission par les enquêteurs de l'image d'une personne se trouvant dans un lieu privé, ne sont autorisés que dans les cas et conditions prévus par l'article 706-96, CPP »[80]. Dans les autres cas, l'infraction devrait être aggravée par la qualité de

75. P. Kayser, « Les droits de la personnalité, aspects théoriques et pratiques », *RTD civ.* 1971, p. 506.

76. Cass. crim., 20 oct. 1998, *D.* 1999, p. 106, note B. Beignier; *JCP* G 1999, II, 10 044, note G. Loiseau. – V. également Cass. 1re civ., 15 janv. 2015, *Comm. com. électr.* 2015, n° 23, obs. A. Lepage.

77. V. refusant le renvoi d'une QPC : Cass. 1re civ., 3 sept. 2014, *Comm. com. électr.* 2014, n° 80, obs. A. Lepage. – 5 févr. 2014, *Comm. com. électr.* 2014, n° 39, obs. A. Lepage.

78. Résolution 1165 du Conseil de l'Europe du 16 juin 1998 concernant le « droit au respect de la vie privée », *Légicom* n° 20, 1999/4, p. 123, § 14.

79. V. s'agissant des écoutes de la « cellule anti-terroriste de l'Élysée » : CA Paris, 30 sept. 1996, *D.* 1997, p. 111, note E. Breen.

80. Cass. crim., 21 mars 2007, *Dr. pén.* 2007, n° 91, obs. A. Maron.

ceux qui la commettent ou un tel comportement devrait être incriminé spécialement, (comme c'est le cas pour les atteintes au domicile et aux correspondances).

Les mêmes peines sont encourues par celui qui conserve, porte ou laisse porter à la connaissance du public ou d'un tiers, ou utilise, les enregistrements ou documents illégalement obtenus (art. 226-2).

378. Critique. – Les sanctions encourues sont jugées insuffisantes par certains auteurs qui réclament, d'une manière plus générale, la refonte de ces incriminations ou l'introduction d'une circonstance aggravante de harcèlement médiatique[81]. D'autres dénoncent, à l'inverse, une atteinte excessive portée à la liberté de communication[82].

En réalité, une application plus fréquente des peines complémentaires prévues à l'article 226-31 devrait permettre d'assainir la profession journalistique sans nécessiter aucune réforme. Ce texte prévoit que les personnes physiques reconnues coupables des infractions que l'on vient d'évoquer encourent, outre l'interdiction des droits civiques, civils et de famille, l'affichage ou la diffusion de la décision prononcée ainsi que la confiscation de la chose qui a servi ou était destinée à commettre l'infraction (appareils d'écoute et de prise de vue) ou de la chose qui en est le produit (cliché, négatif, support d'enregistrement). De surcroît, ce texte permet au juge de prononcer une « interdiction d'exercer l'activité professionnelle ou sociale dans l'exercice ou à l'occasion de l'exercice de laquelle l'infraction a été commise » alors que l'article 131-27 interdit d'envisager une telle peine dans le cadre de la loi du 29 juillet 1881. Il suffirait que cette interdiction professionnelle soit plus souvent prononcée pour que la répression paraisse efficace en cas d'atteinte à l'intimité de la vie privée.

379. Réparation. – Les dommages-intérêts accordés par le juge pénal s'avèrent quant à eux plus modestes que ceux généralement accordés par le juge civil. En effet, le juge répressif tient à marquer son indépendance par rapport aux parties civiles et n'hésite pas à leur opposer leur propre comportement pour relativiser le préjudice qu'elles prétendent avoir subi[83].

Section 4
Les comportements voisins

380. La répression en la matière a été complétée par deux catégories d'infraction : la première permet de sanctionner différents actes lorsque les paroles ou images d'autrui présentent un caractère sexuel ; la seconde permet de sanctionner les montages de paroles ou d'images effectués à l'insu des personnes qu'ils concernent.

81. B. Beignier, « Réflexions sur la protection de la vie privée », préc., p. 7.

82. Sans condamner le principe d'une telle incrimination, la juridiction de Strasbourg limite considérablement ses possibilités d'application : CEDH, 24 févr. 2015, *Haldimann c/Suisse*, § 66.

83. TGI Paris, 28 avr. 1998, *Légipresse* 1998, n° 156-III, p. 158 et TGI Paris, 13 janv. 1997, préc.

§1. Les infractions liées aux paroles ou images à caractère sexuel

381. Captation ou enregistrement. – De façon maladroite, le législateur a introduit dans le Code pénal un article disposant que : « lorsque les délits prévus aux articles 226-1 et 226-2 portent sur des paroles ou des images présentant un caractère sexuel prises dans un lieu public ou privé, les peines sont portées à deux ans d'emprisonnement et à 60 000 € d'amende » (art. 226-2-1, al. 1). Ce texte n'aurait dû instaurer qu'une circonstance aggravante mais il est difficile de l'interpréter ainsi car le comportement en cause n'épouse pas fidèlement les contours des comportements qu'il aggrave. En effet, lorsque l'atteinte primaire à l'intimité de la vie privée est réalisée par l'image, elle doit en principe intervenir dans un lieu privé alors qu'il est indiqué ici que le lieu de l'atteinte peut également être public. Le périmètre de l'incrimination est alors élargi. Il faut donc voir là une infraction autonome permettant de sanctionner toute captation de paroles et fixation d'images présentant un caractère sexuel lorsque ces opérations sont réalisées à l'insu des intéressés. Peu importe l'endroit où ils se trouvent. *Idem* pour les actes de conservation, d'utilisation ou diffusion qui suivent. L'objectif est de réagir notamment contre les photographies prises à l'insu de personnes dans des cabines de douche ou d'essayage et l'abus fait à la suite de tels clichés. La référence aux articles 226-1 et 226-2 mériterait d'être effacée.

382. Espionnage. – Pour compléter cette première infraction, le législateur a ajouté un délit obstacle. En effet, il sanctionne aussi d'un an d'emprisonnement et 15 000 € d'amende : « le fait d'user de tout moyen afin d'apercevoir les parties intimes d'une personne que celle-ci, du fait de son habillement ou de sa présence dans un lieu clos, a caché à la vue des tiers, lorsqu'il est commis à l'insu ou sans le consentement de la personne » (art. 226-3-1). *A priori*, un tel comportement intervient avant le précédent ; sa sanction immédiate doit en empêcher la réalisation. Mais il a une portée encore plus large puisqu'il peut être réalisé « par tout moyen ». Il est constitué dès qu'un trou est fait dans une cloison ou une caméra installée dans un plafond afin de bénéficier, sans autorisation, du spectacle de la nudité d'autrui[84]. Peu importe que ce dispositif n'ait pas été en mesure de fonctionner (parce que l'angle de vue n'était pas bon ou parce que la caméra a refusé de démarrer).

À la différence du précédent, ce comportement est susceptible d'aggravation : les peines principales sont portées à 2 ans d'emprisonnement et 30 000 € d'amende en cas : 1° d'abus d'autorité ; 2° et 3° lorsque la victime est mineure ou particulièrement vulnérable ; 4° et 5° lorsque les faits sont commis en réunion ou dans un véhicule affecté au transport collectif de voyageurs et 6° « lorsque des images ont été fixées, enregistrées ou transmises », ce qui interpelle quant à l'articulation d'une telle infraction avec celle de l'article 226-2-1 précité. Il faut sans doute considérer ici que les images finalement réalisées ne doivent pas avoir de caractère sexuel : parce que la personne photographiée à son insu est restée en caleçon ou parce que les images sont de si mauvaise qualité qu'il n'est pas possible d'identifier leur contenu.

84. Il faut entendre par « parties intimes » les « zones sexuelles *stricto sensu* » (L. Saenko et S. Detraz, « La loi n° 2018-703 du 3 août 2018 », *D.* 2018, p. 2038, n° 25).

383. Diffusion. – Enfin, de façon aussi peu rigoureuse, le législateur menace cette fois de 2 ans d'emprisonnement et 60 000 € d'amende « le fait, en l'absence d'accord de la personne pour la diffusion, de porter à la connaissance du public ou d'un tiers tout enregistrement ou tout document portant sur des paroles ou des images présentant un caractère sexuel, obtenu, avec le consentement exprès ou présumé de la personne ou par elle-même, à l'aide de l'un des actes prévus à l'article 226-1 » (art. 226-2-1, al. 2). Cette incrimination est sans doute plus utile que la précédente car elle comble une lacune de la répression (qui ne peut s'exercer lorsque les paroles ou images ont été enregistrées avec l'accord du sujet). Mais, alors, la référence à l'article 226-1 ne s'impose plus. Seul est en cause un acte de diffusion effectué sans l'accord de la personne qui a consenti à la captation de ses paroles ou à la fixation de son image lors d'une activité sexuelle. L'objectif est de sanctionner l'amant éconduit qui se venge en mettant en ligne des documents réalisés dans l'intimité des partenaires (« sextapes »). Néanmoins, l'incrimination a une portée plus large. Elle ne requiert pas la démonstration d'un tel mobile. Toute diffusion non autorisée de ce type de documents tombe sous le coup de la loi pénale[85].

§2. Les montages de paroles ou d'images effectués à l'insu d'autrui

384. Est en cause ici une dernière incrimination, introduite en 1970, pour réagir contre les excès de ce que l'on appelait alors les « *mass medias* ». L'objectif est de lutter contre les montages pouvant donner une mauvaise idée d'autrui. Envisageons successivement la définition et la répression de cette infraction.

A. Le comportement incriminé

385. L'article 226-8 envisage : « le fait de publier, par quelque voie que ce soit, le montage réalisé avec les paroles ou l'image d'une personne sans son consentement, s'il n'apparaît pas à l'évidence qu'il s'agit d'un montage ou s'il n'en est pas expressément fait mention ». Un fait de publication est directement incriminé ici alors que la réalisation du montage échappe, elle, à toute sanction pénale. Ce montage constitue seulement la condition préalable de l'infraction de publication qui suit.

1. Le montage préalable

386. Présentation. – Le terme « montage » est employé deux fois à l'article 226-8. Il paraît synonyme de « truquage »[86]. Il consiste en la manipulation de paroles ou d'images. Peu importe l'origine licite ou non de celles-ci : « l'article 226-8 ne cherche pas à protéger l'intimité de la vie privée mais l'authenticité,

85. Il s'agit encore et toujours de protéger la personne plutôt que de lutter contre la diffusion d'images contraires à la décence. Le régime des poursuites le confirme : pour les deux délits de l'article 226-2-1, la mise en mouvement de l'action publique est subordonnée à une plainte préalable de la victime (art. 226-6).

86. R. Lindon, « Les dispositions de la loi du 17 juill. 1970 relatives à la protection de la vie privée », *JCP* G 1970, 2357, n° 19.

la dignité ou tout simplement la représentation de la personne »[87]. Cependant, deux infractions pourront sans doute être relevées en concours si le montage publié a été réalisé « à l'aide de l'un des actes prévus par l'article 226-1 »[88].

On peut retenir une conception large du montage. En effet, il n'est pas nécessaire d'établir qu'une représentation dévalorisante de la personne a été faite. Tout montage est susceptible d'être pris en compte dès lors qu'il concerne une personne reconnaissable au moins par ses proches. La manipulation peut donc se réduire à peu de chose. Il suffit que les magistrats considèrent que « l'insertion de la photographie dans un contexte d'images, de dessins ou de légendes en modifie la valeur artistique, la portée ou la signification »[89]. Les facilités d'accès aux technologies numériques pourraient conférer à cette incrimination une utilité insoupçonnée par le législateur de 1970.

387. Consentement. – En revanche, ce montage doit avoir été « réalisé avec les paroles ou l'image d'une personne sans son consentement ». L'absence de consentement de la victime est une condition préalable de l'infraction. Mais, à ce stade, il importe de souligner que cette absence de consentement concerne uniquement la fabrication du montage : peu importe l'opposition de la victime à la publication du montage lorsqu'elle a donné son accord à sa réalisation. Ce consentement initial empêche de sanctionner le comportement qui suit. Ce qui paraît d'autant plus regrettable que, en l'espèce, la réalisation du montage ne constitue pas une infraction : à ce moment, l'absence d'accord ne peut être sanctionnée. Pour donner un sens à une telle exigence, il faut considérer que, en acceptant le principe d'un montage, la personne accepte également l'éventualité de sa diffusion[90]. Chacun doit donc se montrer vigilant : en acceptant la réalisation d'un montage, il consent à le voir circuler.

Pour compenser la rigueur de cette solution, on relèvera que l'article 226-8, à la différence de l'article 226-1, al. 2, ne prévoit pas de présomption d'accord. Un consentement exprès doit donc être obtenu après, sans doute, une explication sur le sort du montage à réaliser.

2. Une publication trompeuse

388. Est en cause un délit de publication. Toutefois, toute publication d'un montage n'est pas concernée : une telle publication n'est punissable que si elle a pour objectif d'induire en erreur. Envisageons à la suite ces deux exigences.

a. Le fait de publication

389. Notion. – La publication est entendue largement. Il n'est fait aucune référence ici aux moyens de publication énumérés à l'article 23 de la loi du 29 juillet 1881. Elle équivaut donc au fait de « porter à la connaissance du

87. C. Debbasch (dir.), *Droit des médias*, Dalloz, 2e éd., 2002, p. 892, n° 2755.

88. J. Pradel, « Les dispositions de la loi du 17 juill. 1970 », *D.* 1971, p. 115, n° 28.

89. CA Toulouse, 26 févr. 1974, *D.* 1974, p. 736 – v., toutefois, estimant que la preuve d'un montage n'est pas rapportée : TJ Nanterre, 6 juin 2023, *Légipresse* 2023, p. 321.

90. R. Gassin, « La protection pénale des "informations sur la personne" en droit français contemporain », *in Mél. Vitu*, Cujas, 1989, p. 236.

public », comme en matière d'atteinte à l'intimité de la vie privée (v. *supra*, n° 361).

La jurisprudence se montre peu exigeante sur ce point. Ici aussi, la production en justice du document litigieux suffit à constituer l'infraction[91]. Il y a publication dans une telle hypothèse sous prétexte qu'il y a communication à autrui du montage. Peu importe le nombre limité des destinataires et la communauté d'intérêt existant entre eux.

A fortiori, la communication du montage par voie médiatique réalise cette publication[92].

b. Le caractère non discernable

390. Mise en garde. – Toutefois, la publication n'est un délit que si le montage n'est pas identifié comme tel : le législateur veut « éviter que le public soit induit en erreur »[93]. *A contrario*, échappe à toute sanction la séquence clairement signalée au public comme résultant d'un montage. C'est la fameuse mention : « réalisé avec truquage ». Mais l'avertissement n'est pas toujours aussi explicite. En effet, limitant la portée de l'incrimination, l'article 226-8 précise qu'une telle identification peut n'être qu'implicite. La publication d'une image retouchée peut donc rester licite lorsque cette manipulation paraît évidente[94]. Ainsi, seuls les montages effectivement trompeurs sont-ils pris en compte, ce qui sauvegarde la liberté des parodies et pastiches tout en abandonnant une marge d'appréciation importante au juge.

En toute hypothèse, le caractère trompeur du message se trouve aggravé par la dimension intentionnelle de l'infraction : elle suppose la conscience de publier un montage réalisé sans l'accord de la personne concernée avec la volonté de tromper. Peu importent les mobiles d'un tel acte qui repose sur un mensonge.

B. Les modalités de la répression

391. Pénalités. – L'individu qui publie un montage sans le consentement de la personne concernée encourt un an d'emprisonnement et 15 000 € d'amende (art. 226-8). Ces sanctions paraissent relativement faibles – en comparaison notamment de celles encourues pour atteinte à l'intimité de la vie privée – et cela a été critiqué : en effet, il s'agit de punir des entreprises de communication qui sont susceptibles de réaliser des profits importants grâce à des documents scandaleux. Mais il convient de rappeler que la consommation de cette infraction ne requiert pas une atteinte à la représentation d'autrui. Seul son consentement est en cause. Peu importe que son honneur ou sa considération ne soit pas affecté.

La personne morale déclarée coupable de la même infraction s'expose, quant à elle, à une amende portée au quintuple ainsi qu'à une interdiction d'exercer, définitive ou temporaire, et à l'affichage ou à la diffusion de la décision prononcée

91. Cass. crim., 30 janv. 1978, *Gaz. Pal.* 1978.2, p. 467.

92. C'est elle qui consomme le délit et fait donc courir le délai de prescription : T. corr. Paris, 9 juin 1972, *Gaz. Pal.* 1975.2, p. 680.

93. C. Debbasch (dir.), *Droit des médias*, préc., p. 892, n° 2756.

94. CA Paris, 29 oct. 1997, *Dr. pén.* 1998, n° 30, obs. M. Véron. – Toulouse, 26 févr. 1974, *D.* 1974, p. 736.

(art. 226-9, renvoyant à l'art. 226-7). Ce qui est rare dans le périmètre de la liberté d'expression et potentiellement excessif.

392. Régime. – L'article 226-8, al. 2 ajoute : « lorsque le délit prévu par l'alinéa précédent est commis par la voie de la presse écrite ou audiovisuelle, les dispositions particulières des lois qui régissent ces matières sont applicables en ce qui concerne la détermination des personnes responsables ». Il s'agit là d'un renvoi au mécanisme de responsabilité en cascade prévu, en matière de presse écrite, par l'article 42 de la loi du 29 juillet 1881 et, en matière de communication électronique, par l'article 93-3 de la loi du 29 juillet 1982. Il permet de modifier l'imputation du délit. Auteur naturel de l'infraction, l'éditeur ou le directeur de la publication en répond à titre principal pour avoir autorisé la publication du montage réalisé dans les conditions précitées (ce qu'il ne peut avoir ignoré compte tenu de sa mission de vérification[95]). À défaut, différents autres responsables sont désignés par la loi selon un mécanisme de report « en cascade ».

Il s'ensuit que, dans l'univers médiatique, seules sont concernées des personnes physiques. La possibilité de rechercher la responsabilité d'une personne morale, évoquée ci-dessus, ne peut se concevoir qu'à partir du moment où la publication n'est pas réalisée par un organe de presse ou de communication au public par voie électronique.

En revanche, la répression de la tentative, exclue par la loi de 1881, est admise ici en vertu d'une disposition spéciale (art. 226-9). Toutefois, elle se conçoit difficilement (publication empêchée par la victime qui s'est opposée au montage et a aussitôt saisi le juge des référés ?). De même, on notera que la poursuite n'est pas subordonnée à une plainte préalable de l'intéressé. Mais le ministère public en prend rarement l'initiative dès lors qu'il ignore les circonstances dans lesquelles le montage a été réalisé.

95. T. corr. Paris, 9 juin 1972, *Gaz. Pal.* 1975.2, p. 680.

CHAPITRE 2

Les atteintes au domicile et aux correspondances

393. Par extension, d'autres actes d'indiscrétion peuvent être réalisés qui portent, cette fois-ci, atteinte au domicile ou aux correspondances d'autrui. Leur incrimination s'impose pour lutter contre l'immixtion d'individus qui, sans droit, s'octroient une prérogative que l'occupant des lieux, l'émetteur et le destinataire d'un message, n'ont pas préalablement acceptée. Ce qui est l'occasion de souligner que toute révélation d'un secret n'est pas pénalement sanctionnée[1]. Et, lorsque le droit pénal intervient, il ne le fait pas toujours de la même façon. En effet, c'est moins l'atteinte portée à un secret qu'il prend alors en compte que les circonstances dans lesquelles cette atteinte est portée, ou susceptible de l'être[2]. La sanction des atteintes au domicile et aux correspondances en fournit une belle illustration[3].

Section 1
Les atteintes au domicile

394. La violation d'un domicile n'est pas punie de la même façon suivant qu'elle émane d'un particulier ou d'un agent public. En effet, la qualité de l'auteur des faits donne à ceux-ci une gravité particulière. Le Code pénal distingue ces deux hypothèses en ses articles 226-4 et 432-8. On les envisagera à la suite, sachant qu'elles partagent une même condition préalable qu'il faut logiquement évoquer en premier.

1. Si on excepte la protection spécifique des secrets de la Défense nationale (C. pén., art. 413-9 et s.) et du secret de fabrique (C. trav., art. L. 1227-1). – V. aussi les débats ayant amené le législateur à renoncer à punir l'atteinte au secret des affaires : D. Rebut : « Le secret des affaires », *JCP* G 2012, suppl. n° 47, p. 19.

2. Cass. crim., 4 déc. 2007, *Dr. pén.* 2008, n° 29, obs. M. Véron.

3. Plus spécifiquement envisagée comme un acte de trahison, l'atteinte portée au secret professionnel est étudiée plus loin. Néanmoins, on constatera là aussi que les circonstances de la révélation importent plus que la révélation elle-même (V. *infra*, n° 904).

§1. Le domicile en cause

395. Demeure. – Du domicile, le Code pénal ne retient pas la conception civiliste relative à l'état des personnes[4]. La Cour de cassation estime que « le terme de domicile ne désigne pas seulement le lieu où une personne a son principal établissement mais encore le lieu où, qu'elle y habite ou non, elle a le droit de se dire chez elle, quels que soient le titre juridique de son occupation et l'affectation donnée aux locaux »[5]. En l'occurrence, a été qualifié « domicile » l'appartement dans lequel était restée sans titre une concubine après décès de son concubin propriétaire. Le droit pénal retient ainsi une définition matérielle, et non juridique, du domicile. C'est l'endroit où une personne peut se dire chez elle ; où elle ne doit pas être dérangée[6]. C'est le lieu de son intimité[7]. Peu importe que cette personne soit présente ou absente au moment de l'infraction dès lors qu'elle a vocation à y revenir[8].

Les atteintes au domicile sont d'ailleurs incriminées parmi les atteintes aux personnes – plus particulièrement à la vie privée – et non aux biens. Le résultat redouté n'est pas une atteinte à la propriété immobilière[9]. Ce qui a permis à la Cour de cassation d'approuver la relaxe d'un squatter qui s'était introduit, entre deux locations, dans un appartement vide et inoccupé appartenant à un office HLM alors que cet office ne pouvait prétendre y exercer une activité quelconque et donc en avoir fait son domicile[10]. *Idem* au sujet d'un château, « ni habité ni habitable en l'état »[11]. Une simple atteinte à la propriété ne peut être sanctionnée sur ce fondement. Inversement, la qualité de propriétaire des lieux ne peut justifier une intrusion dans l'appartement donné à bail à autrui. Un bailleur ne peut pénétrer chez son locataire, chez un sous-locataire ou même un occupant précaire sans l'accord de celui-ci ou

4. Mais on ne peut voir là une manifestation de son autonomie. Au titre des droits – civils – de la personnalité, le domicile est présenté comme la demeure de la personne (F. Zenati-Castaing et T. Revet, *Manuel de droit des personnes*, PUF, coll. Dr. fond., 2006, p. 310, n° 362). Dans ce cadre, droit pénal et droit civil coïncident (v. également G. Beaussonie, « Immeuble et domicile en droit pénal », *AJ pénal* 2016, p. 59). Peu importe donc que le domicile connaisse également d'autres acceptions en droit civil (G. Dumenil, *Le domicile en droit pénal*, LGDJ, coll. Bibl.sc.crim., t. 68, 2021, p. 12 et s.).

5. Cass. crim., 4 janv. 1977, *B.* n° 6.

6. Cette définition présente l'avantage de coïncider avec celle que retient la juridiction de Strasbourg sur le fondement de l'art. 8, Conv. EDH : CEDH, 16 mai 2019, *Halabi c/France*, § 54. – 18 janv. 2018, *FNASS et a. c/France*, § 158.

7. À ce titre, on peut juger contestable l'arrêt ayant sanctionné une intrusion dans un local en travaux et donc, momentanément inoccupé : Cass. crim., 24 avr. 1985, *RSC* 1986, p. 103, obs. G. Levasseur.

8. Une loi n° 2023-668 du 27 juillet 2023 a consacré cette définition en ajoutant à l'art. 226-4 un dernier alinéa disposant que : « Constitue notamment le domicile d'une personne, au sens du présent article, tout local d'habitation contenant des biens meubles lui appartenant, que cette personne y habite ou non et qu'il s'agisse de sa résidence principale ou non ». Toutefois, la présence de biens meubles appartenant à l'occupant des lieux ne permet d'assoir qu'une présomption simple de domicile (Cons. const., déc. n° 2023-853 DC du 26 juill. 2023, *Loi visant à protéger les logements contre l'occupation illicite*, § 49).

9. Ce qui a conduit le législateur à incriminer distinctement le fait de « pénétrer sans autorisation dans la propriété privée rurale ou forestière d'autrui » lorsque le caractère privé du lieu est matérialisé physiquement (art. 226-4-3) et le fait de s'introduire dans un local à usage d'habitation ou à usage commercial, agricole ou professionnel à l'aide de manœuvres, de menaces, de voies de fait ou de contrainte, puis de s'y maintenir (art. 315-1 et 2).

10. Cass. crim., 22 janv. 1997, *Dr. pén.* 1997, n° 78, obs. M. Véron. – V. aussi Cass. crim., 30 oct. 2006, *AJ pénal* 2007, p. 32, obs. C. Saas. – 28 févr. 2001, *Dr. pén.* 2001, n° 85, obs. M. Véron.

11. Cass. crim., 26 juin 2002, *Dr. pén.* 2002, n° 136, obs. M. Véron.

sans une autorisation de justice[12]. Il ne peut évacuer ou faire évacuer lui-même des squatters ; il doit mettre en œuvre une procédure d'expulsion régulière[13].

396. Extensions. – Une approche fonctionnelle du domicile est donc retenue ici, ce qui permet de l'entendre largement. Peu importe la nature du lieu (maison, appartement, roulotte ou caravane). La jurisprudence étend même la notion de domicile aux dépendances immédiates de l'habitation comme les terrasses ou le jardin[14]. Peu importe que le domicile en cause soit permanent, temporaire ou épisodique : une chambre d'hôtel ou d'hôpital est le domicile de celui qui la loue ou qui y est soigné[15].

Une extension encore plus nette revient à faire du siège d'une société, et de ses dépendances, un domicile dès lors qu'il s'agit d'un endroit clos et gardienné soumis à contrôle d'accès. Les secrets protégés à ce titre ne sont évidemment plus ceux de la vie privée[16]... Néanmoins, cela permit de retenir la culpabilité d'un photographe ayant escaladé le mur d'enceinte du centre d'essai d'un grand constructeur automobile pour réaliser des clichés de ses nouveaux modèles[17]. Cela permit également de punir les militants d'une organisation écologiste qui avaient envahi un terminal ferroviaire[18] et une centrale nucléaire[19]. Mais il serait préférable d'adopter en la matière des textes spécifiques car, au terme d'une interprétation aussi extensive, le résultat redouté par le législateur n'apparaît plus avec évidence (v. déjà C. défense, art. L. 1333-13-12 et C. sport, art. R. 332-21).

Envisageons maintenant les atteintes au domicile reprochables à un particulier puis les atteintes reprochables à un agent public.

§2. L'infraction du particulier

397. Pénalités. – Cette première infraction est prévue à l'article 226-4 du Code pénal. Il n'est pas question dans ce texte d'un « particulier ». Aucune référence n'est faite à l'auteur du comportement incriminé. Toutefois, on ne saurait reconnaître à cette incrimination une portée générale. C'est la raison pour laquelle nous désignons ainsi l'auteur de l'infraction étudiée : est concernée toute personne n'agissant pas dans – ou à l'occasion – de l'exercice d'une fonction publique. Sont prises en compte toutes les personnes ne relevant pas de l'article 432-8 évoqué ci-après (V. *infra*, n° 404).

12. Même au motif de travaux urgents à effectuer : CA Metz, 9 févr. 1995, *JCP* G 1995, IV, 1925.

13. Le législateur incrimine spécialement « le fait de forcer un tiers à quitter le lieu qu'il habite sans avoir obtenu le concours de l'État dans les conditions prévues à l'article L. 153-1 du Code de procédures civiles d'exécution, à l'aide de manœuvres, menaces, voies de fait ou contraintes » (art. 226-4-2). Les peines encourues sont fixées pour l'occasion à 3 ans d'emprisonnement et 30 000 € d'amende.

14. Cass. crim., 8 févr. 1994, *Dr. pén.* 1994, n° 129, obs. M. Véron.

15. V. pour une chambre d'hôpital : CA Paris, 17 mars 1986, *Gaz. Pal.* 1986.2, p. 429.

16. La jurisprudence civile refuse de reconnaître une vie privée aux personnes morales : Cass. 1re civ., 16 mai 2018, *RTD civ.* 2018, p. 624, obs. D. Mazeaud ; *Gaz. Pal.* 23 oct. 2018, p. 30, obs. P. Piot. – 17 mars 2016, *D.* 2016, p. 1116, note G. Loiseau ; *Comm. com. électr.* 2016, n° 43, obs. A. Lepage ; *RTD civ.* 2016, p. 321, obs. J. Hauser.

17. Cass. crim., 23 mai 1995, *Dr. pén.* 1995, n° 220, obs. M. Véron.

18. CA Caen, 17 déc. 1997, *Dr. pén.* 1998, n° 82, obs. M. Véron.

19. Cass. crim., 19 mars 2014, *Gaz. Pal.* 8 juin 2014, p. 20, obs. C. Michalski.

Commise par un particulier, personne physique, l'atteinte au domicile d'autrui est punie de trois ans d'emprisonnement et 45 000 € d'amende. Le coupable encourt également les peines complémentaires de l'article 226-31, dont l'interdiction des droits, l'affichage ou la diffusion de la décision et l'interdiction d'exercer l'activité sociale ou professionnelle à l'occasion de laquelle l'infraction a été perpétrée. Commise par une personne morale, la violation de domicile est punie d'une peine d'amende portée au quintuple, de l'interdiction d'exercer l'activité en cause et de l'affichage ou de la diffusion de la décision prononcée (art. 226-7).

A. La matérialité de l'acte

398. L'article 226-4 incrimine deux types d'atteinte. Il envisage tout d'abord : « l'introduction dans le domicile d'autrui à l'aide de manœuvres, menaces, voies de fait ou contrainte ». Puis, il incrimine « le maintien dans le domicile d'autrui à la suite de l'introduction mentionnée au premier alinéa ». Mais, en toute hypothèse, l'infraction n'est punissable que si le particulier a agi « hors les cas où la loi le permet ». Le serrurier requis par un officier de police judiciaire pour ouvrir une porte à l'occasion d'une perquisition n'engage donc pas sa responsabilité pénale. Mais une telle précision n'était sans doute pas nécessaire car ce serrurier obéit alors au commandement d'une autorité légitime (art. 122-4, al. 2).

1. L'introduction au domicile d'autrui

399. Principe. – En premier lieu, l'atteinte au domicile d'autrui consiste à s'introduire, par différents moyens, dans un domicile sans le consentement de son occupant. C'est la forme la plus évidente que peut prendre le délit. Peu importe qu'une telle introduction s'effectue par la porte, une fenêtre ou la toiture. Elle correspond au résultat redouté de l'infraction. Lorsqu'il est atteint, le délit se consomme instantanément. Il n'est pas nécessaire que soit rapportée à cette occasion la preuve supplémentaire d'une atteinte effective à la vie privée ou, plus largement, à l'intégrité morale de l'occupant des lieux. Cette valeur protégée, qui semble se déduire du classement de l'infraction au sein du Code et des intitulés utilisés à cette fin, n'entre pas ici en ligne de compte. Elle reste extérieure à l'incrimination.

Pour autant, toute introduction au domicile d'autrui n'est pas punissable : une telle immixtion ne tombe sous le coup de la loi pénale que si l'agent a utilisé des moyens déterminés pour passer outre l'absence d'accord de l'occupant des lieux.

400. Moyens. – L'agent doit être entré au domicile d'autrui sans son consentement. La preuve du défaut d'autorisation doit résulter de l'emploi soit de la ruse, soit de la violence. Le simple fait d'entrer sans l'accord de l'occupant des lieux, alors que la porte était ouverte, ne constitue donc pas une infraction. Peu importe que cette porte ait été ouverte volontaire ou involontairement[20]. L'un des moyens énumérés par l'article 226-4 doit avoir été employé pour que l'on puisse être sûr que cette introduction s'est faite à l'insu d'autrui.

20. À l'occasion d'une action militante, la porte peut être forcée par une personne qui permet à d'autres de s'introduire dans les lieux : en l'absence de complicité, ces autres personnes ne peuvent être poursuivies (Cass. crim., 13 avr. 2016, *AJ pénal* 2016, p. 435, obs. F.-X. Roux-Demare ; *RSC* 2016, p. 263, obs. Y. Mayaud).

Pour qu'il y ait délit, l'introduction peut résulter tout d'abord de « manœuvres ». Ce qui évoque l'escroquerie (V. *infra*, n° 760) sans impliquer, pour autant, une approche commune car les circonstances dans lesquelles ces deux infractions se commettent semblent bien trop différentes pour justifier un quelconque rapprochement. Néanmoins, là aussi, des manœuvres supposent un mensonge (fausse recherche de fuite pour pénétrer en urgence chez autrui, par ex.) ou un stratagème (qui s'entend par ex. de l'utilisation de fausses clés, de clés volées ou trouvées). La jurisprudence a même considéré que l'utilisation non autorisée d'un double de clés pouvait relever de cette qualification[21]. L'idée de ruse est donc bien au cœur de cette première forme que peut prendre l'infraction.

À défaut, l'introduction au domicile d'autrui s'effectue par la force. Elle peut s'opérer sous la contrainte, laquelle s'entend d'une pression morale autre que celle pouvant résulter de menaces. En effet, les menaces sont distinctement évoquées à la suite. Elles correspondent à l'annonce d'un mal que l'agent prétend faire à l'occupant des lieux, à ses proches ou à ses biens. L'objectif est de l'intimider pour lui faire ouvrir sa porte. Enfin, l'agent peut encore entrer au domicile d'autrui en ayant recours à des voies de fait. Elles sont le résultat de la mise à exécution des menaces. À ce titre, la jurisprudence les envisage largement. Il peut s'agir de violences exercées aussi bien sur les occupants (frappés pour qu'ils ouvrent) que sur les choses composant leur domicile (porte fracturée). On en déduit qu'il y a voie de fait chaque fois qu'une personne pénètre de façon anormale au domicile d'autrui : escalade, effraction, bris de clôture, démontage d'une toiture[22]. Ce qui va bien au-delà des violences qui ne sont punies comme telles qu'à l'encontre des personnes.

En pratique, l'interprétation retenue par la jurisprudence de ces différents moyens de s'introduire au domicile d'autrui contre son gré paraît suffisamment large pour recouvrir toutes les formes de violation[23]. L'énumération est ainsi quasiment exhaustive. Néanmoins, un auteur a regretté la différence existant sur ce point avec l'infraction reprochable à l'agent public : dans une section du Code pénal consacrée à la protection de la vie privée, toute violation de domicile devrait être incriminée[24]. Il suffirait d'établir que l'introduction s'est opérée sans le consentement de l'occupant des lieux. Peu importent les moyens employés. Cependant, un tel raisonnement fondé sur la valeur protégée prouve trop : il oublie le caractère subsidiaire du droit pénal qui, à ce titre, n'a pas de dimension normative. Il ne protège pas le domicile en général mais permet de sanctionner les atteintes les plus graves qui lui sont portées. La sélection opérée ici semble donc justifiée. Peu importe que l'abus de fonction reproché à l'agent public permette d'envisager cette introduction de façon plus large (moyennant, on le verra, une autre réduction du champ de l'incrimination. – V. *infra*, n° 405).

21. Cass. crim., 30 mars 1977, *RSC* 1978, p. 636, obs. G. Levasseur.

22. Cass. crim., 8 févr. 1994, *Dr. pén.* 1994, n° 129, obs. M. Véron.

23. Sous réserve du fait que l'agent est passé outre le refus de l'occupant des lieux manifesté par un panneau interdisant l'accès (Cass. crim., 29 juin 2021, *Dr. pén.* 2021, n° 180, obs. P. Conte). Mais l'hypothèse ne se conçoit guère qu'à l'entrée d'un terrain que l'on peine à analyser comme un domicile.

24. A. Lepage, « Réflexions sur quelques incriminations dédoublées », *in Faut-il « regénéraliser » le droit pénal ?*, LGDJ, 2015, p. 62.

2. Le maintien au domicile d'autrui

401. Interrogation. - Auparavant, le maintien dans les lieux était punissable dès lors qu'il s'opérait contre la volonté de l'occupant à l'aide, là encore, de manœuvres, menaces, voies de fait ou contrainte. Peu importait la légitimité de l'entrée dans les lieux : commettait un délit la personne qui refusait de sortir en utilisant l'un de ces moyens, même si elle avait été invitée à entrer par l'occupant. Il s'agissait de punir essentiellement des dépassements d'autorisation. Cela permettait de sanctionner le mari en instance de divorce qui « s'incrustait » au domicile conjugal malgré une décision de justice[25] ou qui refusait d'en sortir malgré une ordonnance de non-conciliation attribuant ce domicile à son épouse[26].

Or, l'incrimination a été modifiée sur ce point par une loi du 24 juin 2015. Désormais, peu importent les moyens employés pour se maintenir au domicile d'autrui. En ce sens, l'infraction se consomme plus aisément. Le seul refus de quitter les lieux suffit à établir un délit. Toutefois, ce refus ne peut être pris en compte en toutes hypothèses. En effet, désormais, le maintien dans les lieux ne constitue une infraction que s'il intervient « à la suite de l'introduction mentionnée au premier alinéa ». Il s'ensuit que ce second délit a perdu toute autonomie par rapport au premier : il est transformé en infraction de conséquence. Le maintien n'est punissable que si l'introduction l'est également. Pour appliquer une sanction, le juge n'a plus à démontrer que l'agent s'est maintenu dans les lieux en recourant à la force ou à la ruse ; il doit établir que l'agent s'est introduit dans les lieux ainsi. On en déduit alors que non seulement l'introduction n'était pas consentie mais que le maintien lui-même ne s'est pas fait avec l'accord de l'occupant des lieux. Ce qui simplifie la lutte contre les squats. Peu importe que les personnes qui se maintiennent dans les lieux aient ou non été auteurs ou complices de l'introduction abusive (qui peut être le fait de tiers, militants défendant le droit au logement, par ex.). En revanche, en l'absence d'infraction primaire, cette infraction de conséquence ne peut être établie (maintien dans les lieux d'un locataire qui cesse de payer le loyer ou d'une personne qui est entrée par une porte crochetée par un voleur ou par une fenêtre cassée lors d'une tempête), ce qui contredit l'objectif précédemment affiché.

402. Enjeu. - Dans ces conditions, l'incrimination du maintien, au-delà de l'introduction, dans les lieux ne présente d'intérêt qu'au regard de la prescription : incriminer le maintien dans les lieux à la suite d'une introduction abusive permet d'ajouter à une infraction instantanée une infraction continue : le maintien dans les lieux est punissable aussi longtemps qu'il dure contre le gré de l'occupant initial. Le point de départ de la prescription est reporté d'autant.

B. La perception de l'acte

403. Intention. - Quelle que soit sa forme, l'infraction est intentionnelle. L'application de l'article 226-4 impose au ministère public d'établir que l'agent savait n'avoir aucun droit à l'entrée et/ou au maintien dans les lieux. Cet élément découlera le plus souvent des circonstances mêmes de l'infraction : on

25. Cass. crim., 9 déc. 1998, *Gaz. Pal.* 1999, chron. crim., p. 57.

26. Cass. crim., 6 nov. 1996, *D.* 1997, IR, p. 48 ; *RSC* 1997, p. 382, obs. Y. MAYAUD.

pénètre rarement chez quelqu'un qui vous invite en escaladant le mur d'enceinte de sa maison et en brisant ensuite un carreau de sa cuisine ou en défonçant sa porte d'entrée ! Dans une telle hypothèse, l'élément moral est déduit de la matérialité des faits. Il en va sans doute de même en cas de précautions prises par l'agent pour éviter d'attirer l'attention sur son maintien dans les lieux.

En revanche, les mobiles importent peu : le conjoint divorcé voulant récupérer sa brosse à dents doit avertir son ex-époux de sa venue et non crocheter la serrure de l'appartement en son absence[27].

§3. L'infraction de l'agent public

404. Présentation. – La violation de domicile reprochable à un agent public est prévue à l'article 432-8. L'expression « agent public » n'est pas utilisée par ce texte. Il vise, plus exactement, une personne « dépositaire de l'autorité publique ou chargée d'une mission de service public, agissant dans l'exercice ou à l'occasion de l'exercice de ses fonctions ou de sa mission ». Cette formule englobe toutes les personnes qui contribuent à la satisfaction de l'intérêt général, qu'elles disposent ou non d'un pouvoir de décision et de contrainte à ce titre : évidemment, les fonctionnaires de police ou des douanes, les militaires de la gendarmerie mais aussi les officiers ministériels (dont les huissiers), les maires ou les préfets titulaires d'un pouvoir de police. Peu importe que, dans l'exercice de leur fonction ou mission, ces personnes disposent ou non du droit d'entrer, sous certaines conditions, au domicile d'autrui. Dès lors qu'elles se prévalent de leurs fonctions ou mission pour entrer au domicile d'autrui alors qu'elles ne peuvent agir de la sorte (soit parce qu'elles n'ont aucun droit, soit parce qu'elles outrepassent leur droit), une violation de domicile est constituée[28]. L'acte incriminé réalise alors un abus de fonction ou de mission. Manifesté lors d'une perquisition, d'une saisie, d'une visite domiciliaire ou d'une expulsion, il est l'expression même de l'arbitraire de l'administration contre lequel les Révolutionnaires français ont voulu lutter en reconnaissant à chacun un droit à la sûreté et en encadrant précisément ces différentes mesures. À l'intimité violée, s'ajoute un mépris pour la légalité justifiant que l'agent soit puni de peines doubles par rapport aux peines initialement fulminées : 2 ans d'emprisonnement et 30 000 € d'amende[29]. Mais l'échelle des peines s'est inversée de manière incohérente depuis l'entrée en vigueur de la loi n° 2023-668 du 27 juillet 2023 qui a triplé les peines applicables aux particuliers en oubliant de faire de même ici.

L'infraction existe sans que les fonctions puissent produire aucun effet justificatif car l'agent en a abusé. La solution paraît évidente. Mais le texte d'incrimination préfère la rappeler : il indique que les faits incriminés ne sont pas punissables s'ils ont été commis dans « les cas prévus par la loi » (v. CPP, art. 56, 94, 134, 706-89 et 706-

27. Cass. crim., 16 avr. 1959, *JCP* G 1959, II, 11241, note A. Chavanne.

28. Traiter l'agent public comme un particulier sous prétexte qu'il n'aurait pas dans ses attributions le droit d'entrer au domicile d'autrui conduit à le punir moins sévèrement que l'agent public qui dispose d'un tel droit dans ses attributions mais le détourne, ce qui ne semble pas concevable (*contra* : G. Dumenil, *Le domicile en droit pénal*, LGDJ, coll. Bibl.sc.crim., t. 68, 2021, p. 48, n° 60). En pratique, ce point n'est pas vérifié.

29. De surcroît, le juge répressif reste exceptionnellement compétent pour statuer sur les intérêts civils que l'instance soit dirigée contre la collectivité publique ou ses agents : le conflit ne peut être élevé par l'autorité préfectorale (CPP, art. 136. – V. *infra*, n° 450).

91). On en déduit parfois qu'il n'y a pas délit lorsque la loi permettait cette introduction et que seules des règles de forme ont été méconnues ; l'acte accompli irrégulièrement pourrait seulement être annulé... Cependant, compte tenu de la gravité d'un tel acte, et de l'importance des exigences de forme à respecter, cette interprétation paraît contestable : pour l'écarter, il suffit de relever que l'introduction au domicile d'autrui sans l'autorisation par ex. d'un juge (lorsqu'elle est nécessaire) n'est pas accomplie « dans un cas prévu par la loi »[30].

405. Matérialité. – Cette atteinte au domicile présente trois spécificités par rapport au comportement reprochable à un particulier.

En premier lieu, l'infraction ne peut prendre la forme que d'une introduction au domicile d'autrui. L'infraction est alors instantanée. Le fait pour un agent public de refuser de quitter le domicile d'autrui n'est – lui – pas incriminé. Peu importe que ce maintien dans les lieux n'apparaisse pas justifié, ce que l'on peine à comprendre.

En deuxième lieu, l'introduction au domicile d'autrui qui est donc seule en cause peut se réaliser par tout moyen. La preuve de l'emploi de manœuvres, menaces, voies de fait ou contrainte n'est pas requise ici. Fréquemment, l'un de ces moyens aura été utilisé pour vaincre l'opposition de l'intéressé. Mais rapporter une telle preuve n'est pas nécessaire à la consommation du délit. Ce qui permet également de considérer comme vicié le consentement donné par l'occupant des lieux qui ouvre sa porte, impressionné à la seule vue d'un uniforme, sans que l'agent public ait eu besoin d'accomplir un acte ou de prononcer une parole quelconque. Dès lors qu'un agent public intervient hors les cas prévus par la loi, il ne peut entrer au domicile d'autrui sans y avoir été formellement invité. Peu importe l'absence de résistance de la victime. *A fortiori*, il est « tenu de s'arrêter devant une simple défense verbale »[31].

En troisième lieu, ici, la tentative de violation de domicile est punissable car assimilée à l'infraction consommée dans le texte même d'incrimination (art. 432-8 : « de s'introduire ou de tenter de s'introduire »)[32]. Difficile à concevoir, elle correspond sans doute à l'hypothèse dans laquelle l'agent public commence à forcer la porte d'entrée avant, soit d'y renoncer, soit de la voir s'ouvrir par l'occupant des lieux qui prend peur devant sa détermination.

406. Perception. – Enfin, cette infraction requiert un dol général. Elle suppose que l'agent public ait eu conscience de s'introduire au domicile d'autrui, contre le gré de son occupant, en abusant de ses fonctions. Cette dernière exigence ne devrait guère poser difficulté : devant faire respecter la loi, l'agent public ne peut prétendre avoir ignoré l'illicéité de son comportement. Toutefois, les exemples sont rares, ce qu'il faut regretter. Au visa de l'art. 78, CPP, il a certes été jugé « qu'il n'appartient pas à l'officier de police judiciaire, autorisé par le procureur de la République à contraindre une personne à comparaître par la force publique, de pénétrer de force dans un domicile, une telle atteinte à la vie privée ne pouvant résulter que de dispositions légales spécifiques

30. V. aussi P. Collet, *L'acte coercitif en procédure pénale*, Éd. Panthéon-Assas, 2018, p. 810, n° 1236.

31. E. Garçon, *Code pénal annoté*, Rec. gén. lois et arrêts, 1901-1906, ss. art. 184, p. 447, n° 37.

32. La tentative d'une violation de domicile commise par un particulier est également punissable mais elle n'est pas envisagée à l'art. 226-4 : elle apparaît à l'art. 226-5.

confiant à un juge le soin d'en apprécier préalablement la nécessité »[33]. En conséquence, la garde à vue d'une femme interpellée à son domicile après que sa porte a été défoncée à coups de bélier parce qu'elle avait refusé de l'ouvrir spontanément a été annulée. Mais l'infraction de l'article 432-8 était-elle constituée ? L'excès de zèle et la faible compétence juridique des officiers de police judiciaire expliquent un tel comportement. Les parquets hésitent à le poursuivre car il est un gage d'obéissance à leur service. Pourtant, il mérite d'être sanctionné : toutes ces explications ne peuvent faire disparaître une intention abstraitement appréciée.

Section 2
Les atteintes aux correspondances

407. Présentation. – Comme le secret du domicile, le secret des correspondances doit être garanti par l'État en vertu de l'article 8 § 1, Conv. EDH qui reconnaît à toute personne le droit d'en exiger le respect. Le droit pénal permet alors de sanctionner les atteintes les plus graves qui lui sont portées. La technique d'incrimination utilisée s'avère assez proche de la précédente : à l'instar des atteintes au domicile, les atteintes aux correspondances sont réprimées distinctement, dans le Code pénal, suivant qu'elles sont commises par une « personne dépositaire de l'autorité publique ou chargée d'une mission de service public agissant dans l'exercice ou à l'occasion de l'exercice de ses fonctions ou de sa mission » ou par un particulier, c'est-à-dire par toute autre personne. L'objectif est le même dans les deux cas : lutter contre les atteintes portées au système de distribution du courrier et au bon fonctionnement des services de communication électronique afin de permettre le libre-échange d'informations. Ce résultat redouté doit être obtenu, les infractions s'avérant matérielles : une perturbation dans l'échange des correspondances est requise. En revanche, il n'est pas nécessaire d'établir supplémentairement une atteinte au secret de la vie privée. Là aussi, la réflexion en termes de valeur protégée montre donc sa limite.

408. Pénalités. – Lorsque l'infraction est commise par un agent public qui abuse de sa fonction ou de sa mission, elle est punie de 3 ans d'emprisonnement et 45 000 € d'amende (art. 432-9)[34].

Lorsque l'infraction est commise par un particulier, elle n'est punie que d'un an d'emprisonnement et 45 000 € d'amende (art. 226-15)[35]. L'immunité familiale des

33. Cass. crim., 18 sept. 2019, *Dr. pén.* 2019, n° 189, obs. A. Maron et M. Haas ; *AJ pénal* 2019, p. 561, obs. E. Clément ; *Gaz. Pal.* 4 févr. 2020, p. 61, obs. F. Fourment.

34. À la différence de l'hypothèse précédente, ici, l'action civile ne peut en principe aboutir à une condamnation de l'agent public à réparer les conséquences dommageables de l'infraction : sauf faute personnelle détachable de la fonction, cette demande doit être formée contre l'administration devant le juge administratif (v. aussi P. Collet, *L'acte coercitif en procédure pénale*, Éd. Panthéon-Assas, 2018, p. 830 et s.).

35. Lorsqu'ils sont commis par le conjoint ou le concubin de la victime ou son partenaire lié par un PACS, les faits sont punis de deux ans d'emprisonnement et 60 000 € d'amende (art. 226-15, al. 3), ce qui étonne car l'amende n'est pas augmentée dans la même proportion que l'emprisonnement.

infractions contre les biens n'est pas applicable ici[36]. Au contraire, lorsque les faits sont commis par le conjoint ou le concubin de la victime ou son partenaire lié par un PACS, les peines principales sont portées à 2 ans d'emprisonnement et 60 000 € d'amende.

En toute hypothèse, ces deux infractions partagent une même condition préalable. On l'envisagera avant d'évoquer leurs dimensions matérielle et morale.

§1. Les correspondances en cause

409. Définitions. – Les correspondances ne sont pas définies par la loi. La jurisprudence voit dans ce terme un synonyme de message quel qu'en soit le support dès lors que ce message a vocation à circuler : lettre, colis (paquets empruntant la même voie de distribution que le courrier), carte postale, télégramme, télex, télécopie, courriel, SMS, etc. Néanmoins, il est jugé qu'une telle correspondance ne doit pas circuler à découvert[37]. Ce qui paraît contestable car cette publicité n'implique pas renonciation à un système de distribution performant. La solution tient sans doute à l'idée – douteuse ici – que la protection des correspondances est liée à leur caractère secret.

Peu importe la nature du message : professionnelles ou relatives à la vie privée, les correspondances bénéficient toutes de la même garantie de sécurité contre d'éventuelles interceptions[38]. Un auteur en a déduit que le secret des correspondances garantit indirectement la propriété des informations échangées[39]. En réalité, c'est moins la propriété que la maîtrise de ces informations qui est en cause, c'est-à-dire le consentement de ceux qui échangent des messages à titre confidentiel.

Cela retentit sur la durée de la protection : *a priori*, un projet de lettre n'est pas encore une « correspondance ». Pour accéder à ce statut, le courrier doit avoir été « émis », c'est-à-dire envoyé ou, plus exactement, remis à ceux qui se chargent de son envoi. Mais, dès cet instant, une infraction est punissable[40]. Peu importe que le message soit « arrivé ou non à destination »[41]. Ensuite, la protection perdure jusqu'à ce que le destinataire du courrier en décide autrement. L'atteinte peut donc se produire alors que la correspondance n'est plus acheminée. Les mêmes solutions s'appliquent au courrier électronique : enregistré parmi les « brouillons » de l'émetteur, il ne saurait être protégé ; « envoyé », il bénéficie nécessairement de la protection où qu'il se trouve (y compris dans le dossier « archivé » de son destinataire).

Peu importe enfin que la correspondance soit transmise par l'intermédiaire de *La Poste*, d'un coursier[42] ou d'un moyen de communication électronique. Toutefois,

36. CA Douai, 14 févr. 1995, *Gaz. Pal.* 1996.2, chron. crim., p. 112, obs. J.-P. Doucet.

37. Cass. crim., 16 oct. 2012, *Dr. pén.* 2012, n° 159, obs. M. Véron.

38. Cass. crim., 3 oct. 2006, *Dr. pén.* 2007, n° 3, obs. M. Véron.

39. V. Peltier, *Le secret des correspondances*, PUAM, 1999, p. 142, n° 129.

40. Cass. crim., 17 févr. 1988, *RSC* 1988, p. 787, obs. G. Levasseur.

41. Précisions résultant du seul article 226-15. Un auteur en déduit que l'infraction de l'article 432-9 ne se conçoit pas une fois la correspondance arrivée à destination (A. Lepage, « Réflexions sur quelques incriminations dédoublées », *in Faut-il « regénéraliser » le droit pénal ?*, LGDJ, 2015, p. 61). Seule la perturbation de son acheminement serait prise en compte. Mais on peut en douter car ce second texte ne contient aucune restriction. Or, les actes reprochés à l'agent public n'apparaissent pas moins graves une fois la correspondance parvenue à autrui.

42. Est une correspondance entrant dans le champ de l'incrimination la lettre remise par un médecin à son patient pour l'introduire auprès d'un autre médecin : Cass. crim., 24 mai 1960, *B.* n° 284.

l'interception de correspondances ne se réalise pas de la même façon dans ces différentes hypothèses.

§2. Les comportements incriminés

410. Envisageons d'abord la matérialité de l'acte reproché à l'agent sur le fondement des articles 226-15 et 432-9 du Code pénal. On précisera ensuite l'état d'esprit de l'agent à ces différentes occasions.

A. La matérialité de l'acte

411. Le législateur n'avait envisagé initialement que l'interception de correspondances « papier ». Il lui a fallu incriminer distinctement l'atteinte aux correspondances transmises par voie de communications électroniques.

1. L'atteinte aux communications « papier »

412. Les articles 226-15 et 432-9 n'incriminent pas exactement les mêmes atteintes au secret des correspondances. Il convient donc de distinguer.

413. Particulier. – Le premier alinéa de l'article 226-15 incrimine : i) non seulement le fait d'ouvrir et, éventuellement, de prendre connaissance de correspondances adressées à des tiers ; ii) mais aussi le fait de supprimer, de retarder ou de détourner ces correspondances. Peu importe alors qu'elles aient été ouvertes ou non. Dans la première hypothèse, l'incrimination tend à garantir la confidentialité de la correspondance ; dans la seconde hypothèse, elle tend à garantir son bon acheminement.

Matériellement, l'infraction peut donc affecter tant le contenu de la correspondance que son support. Elle est constituée par ex. lorsqu'un individu lit une lettre à l'insu (contre le gré) de l'émetteur et du destinataire[43]. Cette atteinte peut exister alors que le courrier n'a pas encore été ouvert par son destinataire ou après que celui-ci l'a décacheté. L'infraction est également constituée lorsque, même sans en avoir pris connaissance, un concierge retient le courrier d'autrui, ou le renvoie à l'expéditeur avec la mention « inconnu »[44]. De même, l'infraction est constituée lorsqu'un mari s'approprie la correspondance de sa femme ou un employeur celle de son salarié, ce qui revient à détourner le courrier de son véritable destinataire[45]. Ainsi, a-t-on fait remarquer que la protection concerne tant la sécurité que le secret de la correspondance car ces deux questions sont intimement liées : « c'est le secret du contenu qui impose que l'on édicte une interdiction de violation du support. Mais les deux protections doivent jouer cumulativement. C'est à ce prix que le secret de la correspondance sera sauf »[46].

En toute hypothèse, la protection commence au moment où l'émetteur se dessaisit du support et dure tant que le destinataire n'a pas décidé, avec l'accord de

43. TGI Paris, 1er juin 2007, *Comm. com. électr.* 2008, n° 46, obs. E.-A. Caprioli. – V. aussi, s'agissant d'une boîte aux lettres mise abusivement au nom d'une personne dont le courrier est relevé par une autre : Cass. crim., 8 janv. 2019, *Dr. pén.* 2019, n° 60, obs. P. Conte ; *RSC* 2019, p. 649, obs. E. Dreyer.

44. Cass. crim., 17 juin 1987, *B.* n° 254.

45. CA Paris, 9 juin 1995, *Dr. pén.* 1995, n° 221, obs. M. Véron.

46. V. Peltier, *Le secret des correspondances*, préc., p. 103, n° 72.

l'émetteur, de rendre public son contenu. L'infraction qui se commet durant cette période se consomme aussitôt, c'est-à-dire dès que la circulation de la correspondance est perturbée. Avant la réforme du 27 février 2017, la jurisprudence en déduisait que le point de départ du délai de prescription ne pouvait être reporté au jour où l'infraction clandestine était découverte dans des conditions permettant l'exercice de l'action publique[47]. Cette solution ne semble plus compatible avec la distinction introduite à l'article 9-1, al. 2, CPP : si, par nature, l'infraction n'est pas occulte, elle peut être dissimulée et justifier à ce titre le report du point de départ de la prescription.

414. Agent public. - Par ailleurs, l'article 432-9, al. 1, incrimine le fait par une personne dépositaire de l'autorité publique ou chargée d'une mission de service public (dont les agents de *La Poste*), agissant dans l'exercice ou à l'occasion de l'exercice de ses fonctions ou de sa mission, d'ordonner, de commettre ou de faciliter le détournement, la suppression ou l'ouverture de correspondances ou la révélation du contenu de ces correspondances[48]. Le délit est constitué par ex. lorsqu'un facteur jette une partie du courrier à distribuer parce qu'il n'arrive pas à effectuer sa tournée dans le délai imparti[49].

Là aussi, il n'est pas nécessaire que la lettre ait été postée. Mais, à la différence de l'hypothèse précédente, le simple fait de retarder l'acheminement du courrier n'est pas punissable (ce qui empêche de poursuivre la rétention du courrier par les postiers durant un mouvement de grève). Seuls sont en cause des faits de détournement (la correspondance étant adressée à un autre destinataire), suppression (destruction) ou ouverture du courrier (ce qui laisse entendre qu'il a pu être lu sans en imposer la preuve). Le champ d'application de ce délit est donc plus étroit que celui du précédent. En revanche, l'article 432-9 présente l'originalité d'incriminer aussi bien le fait de l'agent public, auteur direct de l'infraction, que le fait de l'agent public, auteur indirect d'une infraction qui serait commise par un autre agent public ou un particulier. À défaut, dans cette dernière hypothèse, il aurait fallu poursuivre l'agent public comme complice d'une infraction simple. En assimilant le fait de donner des ordres au fait d'agir soi-même, le législateur permet de sanctionner plus sévèrement l'agent public qui pousse un particulier à intercepter la correspondance d'autrui que ce particulier obéissant. En incriminant l'instigation, le législateur permet également d'atteindre la provocation non suivie d'effet émanant d'un agent public.

415. Justification. - En toute hypothèse, l'infraction disparaît lorsque l'agent peut se prévaloir de l'autorisation de la loi. Il en va par ex. ainsi après notification par un chef d'établissement à un détenu de la rétention d'une correspondance, reçue ou expédiée par lui (C. pénit., art. L. 345-3).

2. L'atteinte aux communications électroniques

416. Particulier. - Le second alinéa de l'article 226-15 assimile à l'atteinte aux communications « papier » reprochables à un particulier quatre

47. Cass. crim., 19 févr. 2013, *Dr. pén.* 2013, n° 87, obs. M. Véron.

48. Évoquer l'existence d'une correspondance n'équivaut pas au fait d'en révéler le contenu : Cass. crim., 27 févr. 2018, *AJ pénal* 2018, p. 252, obs. S. Sontag-Koenig.

49. CA Aix-en-Provence, 23 juin 2009, *Comm. com. électr.* 2010, n° 18, obs. A. Lepage. – Rouen, 17 juin 2009, *Comm. com. électr.* 2009, n° 119, obs. A. Lepage.

comportements menaçant les correspondances véhiculées électroniquement. Il vise : i) le fait de procéder à l'installation d'appareils (auxquels il faut sans doute assimiler aujourd'hui les logiciels) de nature à permettre l'interception de telles correspondances – ce qui revient à incriminer un acte préparatoire ; ii) le fait d'intercepter et de détourner des correspondances émises, transmises ou reçues par voie électronique (peu importe que l'agent ne prenne pas connaissance des propos tenus) ; iii) le fait d'utiliser ces mêmes correspondances (ce qui implique la prise en compte de leur contenu) ; et iv) le fait de divulguer ces mêmes correspondances (ce qui concerne tant la communication à un tiers que la communication à un ensemble indéterminé de personnes)[50].

Une telle incrimination est apparue dans le Code actuel. Elle permet d'adapter l'incrimination précédente aux nouvelles formes de communication par voie électronique. Là aussi, il n'est pas nécessaire de rapporter la preuve supplémentaire d'une atteinte à l'intimité de la vie privée[51]. La nature des propos échangés importe peu : comme d'autres, les correspondances professionnelles sont protégées[52]. L'essentiel est qu'un mode de communication électronique ait été utilisé (appel téléphonique, fax, sms/mms, courrier électronique). Peu importe que, à cette occasion, le destinataire ne soit pas privé du message qui lui a été adressé. Certes, le détournement peut consister à réacheminer une correspondance qui ne parviendra jamais à destination. Mais l'interception de la correspondance peut aussi n'être que temporaire (durer une fraction de seconde, le temps de permettre par ex. à un tiers non autorisé d'enregistrer son contenu) et n'occasionner qu'un retard mineur dans l'acheminement du message. En toute hypothèse, le procédé peut être automatisé. Il suffit qu'un « appareil » intercepte ou détourne la correspondance conformément à la volonté de celui qui l'a installé ou fait installer.

417. Agent public. – De la même façon, l'article 432-9, al. 2 incrimine le fait, par l'« agent d'un exploitant de réseaux ouverts au public de communications électroniques ou d'un fournisseur de services de télécommunications, agissant dans l'exercice de ses fonctions », d'ordonner, de commettre ou de faciliter, hors les cas prévus par la loi, l'interception ou le détournement des correspondances émises, transmises ou reçues par la voie de communications électroniques ainsi que l'utilisation ou la divulgation du contenu de ces correspondances. Les écoutes téléphoniques abusives et la consultation sans droit de messages électroniques échangés *via* Internet entrent dans le champ de l'incrimination. En effet, de tels actes peuvent être considérablement facilités par l'exercice de fonctions publiques, notamment judiciaires. Néanmoins, il a été jugé que « ne constituent pas une interception la lecture et la retranscription de messages dès lors que celles-ci ne nécessitent ni dérivation ou branchement et sont effectuées sans artifice ni stratagème » : ce qui légitime les actes accomplis par l'administrateur d'un réseau – public – de communications en ligne qui doit pouvoir accéder aux messageries pour assurer le fonctionnement normal de ce réseau et veiller à sa sécurité[53].

50. CA Besançon, 5 janv. 1978, *JCP* G 1980, II, 9449, note D. Bécourt.

51. À supposer qu'une telle atteinte existe, l'infraction de l'article 226-15 sera tout de même préférée à celle de l'article 226-1 si elle émane d'un tiers à la conversation écoutée (E. Gallardo-Gonggryp, *La qualification pénale des faits*, PUAM, 2013, p. 114, n° 153).

52. TGI Paris, 2 nov. 2000, *D.* 2000, IR p. 286.

53. CA Paris, 17 déc. 2001, *JCP* G 2002, II, 10087, note J. Devèze et M. Vivant.

Mais, bien entendu, échappent à toute sanction les interceptions de correspondances ordonnées et pratiquées par des autorités judiciaires ou administratives dans les conditions prévues par la loi (v. CPP, art. 100 et 706-95. – CSI, art. L. 852-1). Il appartient sans doute à l'autorité de poursuite d'établir le caractère illégal de l'acte en question. L'infraction comporte une sorte d'élément injuste[54].

B. La perception de l'acte

418. Intention. – Les comportements évoqués ci-dessus ne peuvent être sanctionnés que s'ils ont été commis sciemment. Sachant que « la mauvaise foi résulte de la connaissance qu'a le prévenu de ce que les lettres ne lui étaient pas destinées et de ce qu'il les a volontairement conservées pour empêcher ou retarder leur transmission à leur destinataire »[55]. Est, de la même façon, nécessairement de mauvaise foi l'individu qui ouvre un courrier en sachant qu'il ne lui est pas adressé[56]. En revanche, le fait de détourner ou d'ouvrir par erreur la correspondance d'autrui ne constitue pas une infraction. Il s'agit là d'une simple négligence ou imprudence qui ne permet pas de caractériser l'intention requise. Il en va de même lorsqu'un concierge débordé distribue le courrier avec retard ; il ne se rend coupable que de paresse.

Un dol général paraît donc nécessaire mais il s'avère également suffisant. Aucune intention de nuire n'est exigée. Il suffit au ministère public d'établir que l'agent savait qu'il n'était pas destinataire de la correspondance et qu'il en a néanmoins usé comme s'il avait des droits sur elle[57]. Cette preuve découle, le plus souvent, des moyens utilisés par l'agent pour arriver à ses fins. Dans le cas particulier où il aurait été mû par la volonté de s'approprier la correspondance interceptée, il n'y aurait plus interception illégale mais soustraction frauduleuse, c'est-à-dire vol.

Reste une question en suspens : y a-t-il infraction à supprimer ou conserver la correspondance d'autrui ouverte ou détournée par accident ? Si l'interception initiale est accomplie de bonne foi, elle ne saurait être sanctionnée. Mais, lorsqu'on s'est aperçu qu'un courrier a été ouvert par erreur, est-on tenu de le remettre à la personne à laquelle il est adressé sous peine de commettre un délit ? On pourrait le contester en relevant que le respect des correspondances implique une action plutôt qu'une abstention et que l'on ne peut faire assumer au réceptionnaire un rôle dans la distribution du courrier qui n'est pas le sien. Néanmoins, les termes de l'incrimination sont suffisamment généraux pour légitimer la répression dans une telle hypothèse[58].

419. Autres. – Les mobiles de l'auteur de l'acte sont bien sûr indifférents. Toutefois, le détournement d'une correspondance ou d'une conversation

54. Ce qui, à notre sens, concerne tant la forme que le fond : pratiquer une interception de correspondances sans l'autorisation d'un juge, ce n'est pas agir dans un cas prévu par la loi (v. aussi P. Collet, *L'acte coercitif en procédure pénale*, Éd. Panthéon-Assas, 2018, p. 812, n° 1240).

55. Cass. crim., 15 mai 1990, *RSC* 1991, n° 572, obs. G. Levasseur.

56. Cass. crim., 4 déc. 1974, *RSC* 1976, p. 409, obs. J. Larguier.

57. Ce n'est pas parce qu'une boîte aux lettres électronique n'est pas paramétrée comme « personnelle » que quiconque (en l'occurrence l'employeur du salarié épié) peut prendre connaissance des messages qui s'y trouvent (Cass. crim., 24 mars 2020, *RSC* 2020, p. 342, obs. A. Cerf-Hollender).

58. V. souvent cité en ce sens : Cass. crim., 26 janv. 1981, *JCP* G 1982, II, 19879, note W. Jeandidier, mais cet arrêt concerne en réalité une hypothèse dans laquelle le courrier a été ouvert de mauvaise foi.

téléphonique dans le but de se constituer une preuve à l'occasion d'une procédure judiciaire peut être « justifié » au titre des droits de la défense[59]. Encore, cela suppose-t-il qu'une telle interception reste proportionnée et nécessaire. Tel n'est pas le cas de la mise sur écoute d'une avocate par son mari pour établir son infidélité à l'occasion d'une procédure en divorce au risque de surveiller également ses conversations professionnelles[60] ! En toute hypothèse, il n'est pas sûr qu'il s'agisse là d'une véritable cause de justification (V. *supra*, n° 313).

59. Cass. crim., 17 juill. 1984, *RSC* 1985, p. 297, obs. G. Levasseur.

60. Cass. crim., 10 mai 2017, *Gaz. Pal.* 18 juill. 2017, p. 57, obs. E. Dreyer.

TROISIÈME PARTIE

LES ACTES DE DOMINATION

420. Les actes de domination sont essentiellement ceux par lesquels l'agent impose sa volonté à autrui. Pour une grande part, les comportements précédemment évoqués procédaient déjà d'une telle logique mais, ici, il s'agit d'envisager des actes dont la fin en soi est de contrarier autrui : il ne s'agit pas de lui faire du tort ou de lui prendre quelque chose. Du moins, l'avantage retiré de tels actes ne détermine-t-il pas les différentes qualifications qui vont être étudiées maintenant. À ce titre, on envisagera des actes d'entrave, différents actes de destruction ainsi que certains actes d'asservissement.

Titre 1

Les actes d'entrave

421. Il y a entrave en cas d'obstacle volontairement mis à l'action d'autrui. Lorsque l'action empêchée appelle protection, l'entrave trouble l'ordre public, ce qui justifie le prononcé d'une sanction. Il en va par ex. ainsi en cas d'entrave à l'arrivée de secours (C. pén., art. 223-5). Mais l'entrave peut s'entendre aussi de l'obstacle mis à l'exercice d'un droit ou d'une liberté. Il en va particulièrement ainsi dans l'entreprise s'agissant de la constitution et du fonctionnement des institutions représentatives du personnel ou de l'exercice des droits syndicaux (C. trav., art. L. 2317-1, L. 2146-1, L. 2335-1, L. 2346-1, etc.). Il en va de même s'agissant de l'entrave à la liberté des enchères (C. pén., art. 313-6) ou de l'entrave aux libertés d'expression, du travail, d'association, de réunion et de manifestation ainsi que d'enseignement (C. pén., art. 431-1).

Ici, le volume nécessairement limité de notre ouvrage ne permet d'envisager que les entraves à la liberté de mouvement d'autrui. Cette liberté correspond à la liberté de se déplacer mais aussi à celle de rester à un endroit déterminé. Les obstacles mis à son exercice sont doublement incriminés dans le Code pénal : aux articles 224-1 et s., lorsque l'entrave est le fait d'un particulier ; aux articles 432-4 et -5, lorsque l'entrave est le fait d'un agent public abusant de sa position. Très proches, ces deux catégories d'infractions peuvent être évoquées à la suite mais ne doivent pas être confondues.

CHAPITRE 1

Les entraves à la liberté de mouvement imputables aux particuliers

422. Différentes entraves à la liberté de mouvement d'autrui peuvent être reprochées à un particulier. Évoquons d'abord les comportements incriminés avant d'envisager les modalités de leur répression.

Section 1 Les comportements incriminés

423. Une fois de plus, nous désignons ici l'auteur de l'infraction comme étant un « particulier » afin de souligner le fait que les différents actes incriminés sont étrangers à l'exercice d'une fonction officielle ou mission publique. Relèvent de cette catégorie toutes les personnes auxquelles les articles 432-4 et 432-5, étudiés à la suite, ne sont pas applicables.

Envisager le comportement de ces personnes au pluriel s'impose car l'entrave incriminée peut prendre plusieurs formes. Néanmoins, dans tous les cas, il doit en résulter une atteinte à la liberté d'aller et de venir d'autrui et cette atteinte doit avoir été causée intentionnellement. L'objectif est de sanctionner l'individu qui empêche volontairement autrui de se mouvoir comme il le souhaite. Concentrons-nous sur ces deux éléments.

§1. La matérialité de l'acte

424. L'article 224-1 du Code pénal incrimine tout à la fois le fait « d'arrêter, d'enlever, de détenir ou de séquestrer une personne ». Il vise donc quatre formes *a priori* distinctes d'entrave à la liberté de mouvement d'autrui mais qui peuvent être reliées deux à deux[1]. Dans les deux premiers cas, il s'agit d'appréhender la personne et dans les deux autres de la retenir contre sa volonté[2]. La façon de parvenir à ce résultat n'est pas précisée par le législateur : autrui peut avoir été contraint ou trompé. Peu importe le procédé utilisé. Peu importe qu'il y ait ou non contact physique entre l'auteur de l'infraction et sa victime. L'entrave est punissable même si l'agent se contente de refermer une porte derrière autrui pour l'empêcher de sortir ou l'emmène dans un endroit différent du lieu demandé. Peu importe qu'autrui se soit laissé faire dès lors qu'il n'a pas consenti à être ainsi retenu ou déplacé. Lorsque de tels actes s'accompagnent de violences, celles-ci peuvent être supplémentairement relevées.

A. L'appréhension d'autrui contre son gré

425. Précisions. – L'appréhension suppose qu'une personne libre de ses mouvements soit soudain privée d'une telle liberté. Il en va ainsi en cas d'arrestation ou d'enlèvement.

L'arrestation consiste à appréhender physiquement une personne à l'endroit où elle se trouve et à l'empêcher, fût-ce un instant, de se déplacer. Elle est constituée dès que la volonté de cette personne a été contrariée. Peu importe qu'en résistant la victime parvienne à s'échapper[3] ; peu importe qu'elle soit aussitôt libérée ; peu importe qu'ensuite un tiers la séquestre. Peu importe également le lieu où l'atteinte est réalisée : privé ou public[4].

L'enlèvement consiste à appréhender physiquement une personne pour la déplacer d'un endroit à un autre. Comme l'arrestation, l'enlèvement est punissable du seul fait que la volonté d'autrui a été contrariée. Mais, à la différence de l'arrestation, infraction instantanée, l'enlèvement, infraction continue, s'inscrit dans la durée puisqu'il implique un déplacement de la personne jusqu'à l'endroit où elle pourra être retenue[5].

B. La rétention d'autrui contre son gré

426. Précisions. – À son tour, la rétention peut prendre deux formes : sont incriminées la détention et la séquestration. Dans les deux cas, l'atteinte à la liberté de mouvement d'autrui s'inscrit dans le temps ; l'infraction s'avère continue. Pour autant, il n'est pas facile de distinguer ce qui relève de l'une ou de l'autre hypothèse. Selon un auteur, il faudrait parler de détention lorsque la rétention s'opère dans des conditions de confort satisfaisantes (la personne n'est pas privée de toute autonomie : chef d'entreprise retenu dans son bureau) ;

1. Cass. crim., 18 mars 2015, *Gaz. Pal.* 17 mai 2015, p. 44, obs. E. Dreyer.

2. Formellement, l'absence de consentement d'autrui n'est pas exigée à l'article 224-1 mais, outre le fait qu'une telle infraction est envisagée dans le Code pénal au titre des « atteintes aux libertés de la personne », pareille exigence s'évince des termes de l'incrimination : il n'y a plus enlèvement ou séquestration si autrui consent. De surcroît, si autrui est d'accord, il s'arrête ; on ne l'arrête pas. Enfin, on ne conçoit pas que quelqu'un prétende « détenir » autrui alors qu'autrui choisit de rester.

3. Il n'y a pas tentative mais infraction consommée dès ce stade : Cass. crim., 4 juin 1982, *B.* n° 146.

4. Cass. crim., 11 mai 1995, *Gaz. Pal.* 1995.2, somm. p. 431, obs. J.-P. Doucet.

5. On pourrait donc soutenir que l'enlèvement implique une arrestation suivie d'une détention ou séquestration. Mais la Cour de cassation ne l'entend pas ainsi. Elle voit là des actes distincts susceptibles d'être reprochés cumulativement à la même personne : Cass. crim., 20 janv. 2010, *B.* n° 14.

on parlerait de séquestration lorsque, à la privation de liberté, s'ajoute l'inconfort (la personne est enfermée dans un endroit confiné : otage)[6]. Mais, selon un autre auteur, la séquestration supposerait une contrainte physique exercée sur autrui alors que la détention pourrait s'entendre de son seul enfermement[7]. La jurisprudence n'a jamais clarifié ce point. La Cour de cassation juge tout au plus que la séquestration « consiste à retenir en un lieu quelconque contre son gré la personne séquestrée »[8], ce qui ne suffit pas à distinguer la séquestration de la détention[9]. Sauf à considérer – troisième explication – que la détention suppose une pluralité de lieux, donc une fuite avec l'otage : nécessairement après son arrestation, prolongeant son enlèvement, avant sa séquestration ? Une telle incertitude semble peu compatible avec le respect du principe de légalité[10]. Mais peut-être exagère-t-on l'importance de ces différents termes ? La Cour de cassation le laisse entendre lorsqu'elle juge que « le fait de détenir illégalement et celui de séquestrer illégalement une personne constituant une seule et même infraction, punie par l'article 224-1 du Code pénal, la question unique demandant à la cour et au jury si la victime a été détenue ou séquestrée n'est pas entachée de complexité prohibée »[11]. On en déduit qu'est, en toute hypothèse, incriminée ici une privation de liberté s'inscrivant dans la durée. Plus largement, l'énumération de l'article 224-1 paraît seulement illustrative des différentes formes d'entrave à la liberté de mouvement qu'il s'agit de sanctionner : elle exprime la volonté du législateur de les envisager toutes.

427. Modalités. – Là aussi, l'endroit où la rétention s'opère est indifférent. Il peut s'agir du domicile de la victime comme du domicile de l'agent ou de tout autre lieu privé ou public[12]. Toutefois, le détournement d'un moyen de transport à bord duquel des personnes ont pris place constitue une infraction autonome (C. pén., art. 224-6 et s.).

La durée de la rétention est également indifférente. Cependant, on le verra, elle est prise en compte au titre de la répression (v. *infra*, n° 434).

L'une des hypothèses de rétention les plus fréquentes est celle de cadres ou dirigeants d'entreprises enfermés dans leurs bureaux par des salariés grévistes jusqu'à ce qu'ils acceptent leurs revendications[13]. Formellement, la rétention n'est pas alors précédée d'une arrestation. Ce qui justifie une fois de plus des incriminations distinctes. La participation à l'infraction peut résulter d'une simple inertie des salariés qui, sans commettre aucun acte de violence, se contentent d'attendre calmement mais volontairement, à la porte de son bureau, un changement d'attitude de leur

6. M.-L. Rassat, *Droit pénal spécial*, Dalloz, 8e éd., 2018, p. 503, n° 430.

7. R. Gassin, *La liberté individuelle devant le droit pénal*, Sirey, 1980, p. 104, n° 241.

8. Cass. crim., 12 juin 1981, *B.* n° 198.

9. V. semblant définir la séquestration par la détention d'autrui : Cass. crim., 12 oct. 1977, *B.* n° 302.

10. P. Morvan, « L'otage en droit », *in Incriminer et protéger*, Dalloz, coll. ICP, vol. 11, 2014, p. 141.

11. Cass. crim., 12 mai 2021, *Gaz. Pal.*, 31 août 2021, p. 51, obs. E. Dreyer.

12. V. pour la séquestration d'une avocate à son cabinet : Cass. crim., 3 oct. 2006, *Dr. pén.* 2007, n° 5, obs. M. Véron.

13. Précisons, incidemment, que seule la personne physique retenue est recevable à se constituer partie civile : la personne morale, dont elle est le représentant, et qui assume les conséquences financières de cette pression, ne justifie pas d'un dommage découlant directement d'une telle infraction (Cass. crim., 12 mars 1985, *B.* n° 107).

employeur[14]. Si ces salariés se montrent également menaçants, ils peuvent être poursuivis en outre pour violences à raison du choc psychologique subi par le chef d'entreprise. En pratique, cette dernière qualification est seule retenue lorsqu'il résulte des faits que le comportement des grévistes avait davantage pour but d'impressionner leur employeur que d'affecter sa liberté de mouvement[15].

428. Autonomie. – Lorsque l'arrestation ou l'enlèvement a été suivi d'une détention ou séquestration, la Cour de cassation estime que des infractions distinctes ont été commises, de sorte que des questions différentes doivent être posées par le président à la cour et au jury sur l'appréhension puis la rétention de la victime[16]. Une même personne peut être auteur d'une infraction à ces deux titres ou à l'un des deux seulement ou auteur d'une infraction et éventuellement complice de l'autre[17].

§2. La perception de l'acte

429. Intention. – Le ministère public doit établir à la fois le caractère intentionnel de l'entrave et la conscience qu'avait l'agent de son illégalité. L'infraction suppose que l'agent ait eu pleinement conscience qu'il ne pouvait affecter de la sorte la liberté d'autrui[18].

Cet élément moral disparaît en cas d'erreur de fait : l'individu qui enferme autrui dans un local qu'il croyait inoccupé ne commet pas le crime de séquestration. La maladresse ou l'inattention ne sont pas punissables à ce titre. Toutefois, dans l'hypothèse où une personne a été séquestrée dans sa chambre d'hôtel alors qu'une autre parvenait à se cacher dans la salle de bain où elle n'a pas été découverte, il a été jugé que l'intention de porter atteinte à la liberté d'aller et venir de la première victime « peut caractériser l'élément moral de l'infraction à l'égard de toutes les personnes qui ont été, de fait, privées de leur liberté en conséquence des agissements matériels volontaires de l'auteur des faits »[19]. Peu importe, selon la Cour, que l'auteur des faits en question n'ait pas su qu'il privait également de liberté une autre victime dès lors qu'il lui aurait nécessairement réservé le même sort. Ce qui paraît divinatoire : pour admettre également la recevabilité de la constitution de partie civile de la personne restée cachée, la Haute juridiction accepte de dénaturer l'élément moral de la séquestration.

14. Toutefois, la seule présence d'un salarié sur les lieux ne suffit pas à établir sa participation à l'infraction (Cass. crim., 6 sept. 1989, *Dr. pén.* 1990, n° 55, obs. M. Véron). Il faut à tout le moins démontrer son implication dans l'action de blocage, donc sa volonté d'y participer.

15. Cass. crim., 6 févr. 2002, *D.* 2002, p. 1510, note D. Mayer.

16. Cass. crim., 30 oct. 1996, *B.* n° 385. – 30 juin 1987, *B.* n° 273.

17. Cass. crim., 21 févr. 1979, *RSC* 1980, p. 435, obs. G. Levasseur. – Lorsqu'un accusé n'est renvoyé devant une cour d'assises que pour détention et séquestration, la cour et le jury ne peuvent donc le déclarer coupable d'arrestation illégale : Cass. crim., 24 janv. 1996, *B.* n° 42.

18. Cass. crim., 23 déc. 1986, *RSC* 1987, p. 696, obs. G. Levasseur.

19. Cass. crim., 15 mars 2023, *Gaz. Pal.*, 16 mai 2023, p. 44, obs. S. Detraz ; *AJ pénal* 2023, p. 238, obs. S. Vernaz ; *Lexbase* 25 mai 2023, A71559IT, note B. Auroy.

Section 2
Les modalités de la répression

430. Alors que l'infraction semble constituée, car le comportement répond aux exigences matérielle et morale présentées ci-dessus, il est possible qu'une cause justificative empêche la qualification des faits. Lorsqu'une telle preuve ne peut être rapportée, l'auteur des faits est déclaré coupable et s'expose aux peines prévues par la loi.

§1. La justification des entraves

431. Occurrences. – L'infraction est justifiée, et les faits lavés de tout caractère criminel, malgré l'absence de consentement de la victime, lorsque l'arrestation ou la détention est effectuée dans l'un des cas prévus par la loi, éventuellement sur ordre d'une autorité légitime. L'article 224-1 le rappelle : il incrimine « le fait, sans ordre des autorités constituées et hors les cas prévus par la loi... ».

Il en va notamment ainsi lorsque l'arrestation ou la détention sont effectuées par tout citoyen au détriment d'un délinquant en flagrant délit afin de le conduire devant l'officier de police judiciaire le plus proche (CPP, art. 73). La flagrance peut justifier aussi la détention du délinquant pendant le temps nécessaire à l'officier de police judiciaire pour se déplacer sur les lieux[20]. Mais elle ne saurait justifier une rétention de 7 heures accompagnée d'interrogatoires et de violences, puis de la signature d'une reconnaissance de vol, avant que ne soient appelés les gendarmes : les pouvoirs de police des agents de sécurité – vigiles – sont restreints[21]. Cela n'autorise pas davantage à pointer sur l'auteur de l'infraction flagrante une arme chargée, en maintenant son doigt sur la détente au risque de laisser partir un coup pouvant causer sa mort[22].

Est également justifié le comportement de parents et de toute personne investie d'un droit de garde sur un enfant mineur qui fixent l'endroit où il doit résider et les conditions dans lesquelles il peut en sortir (C. civ., art. 371-3). Toutefois, aucune vertu justificative n'est reconnue à l'autorité parentale lorsqu'elle s'exerce dans un contexte de chantage et de violence[23]. La jurisprudence semble aussi admettre qu'un employeur peut, dans l'exercice de son pouvoir disciplinaire, priver un salarié de sa liberté de mouvement le temps de vérifier une accusation de vol et de l'interroger sur celle-ci[24].

432. Bilan. – En l'état, on pourrait discuter l'intérêt de rappeler à l'article 224-1 la possible justification d'un comportement par le commandement d'une autorité légitime et/ou l'ordre de la loi alors qu'il s'agit de solutions déjà

20. Cass. crim., 1er oct. 1979, *RSC* 1980, p. 984, obs. G. Levasseur.
21. Cass. crim., 16 févr. 1988, *B.* n° 75.
22. Cass. crim., 28 mars 2006, *D.* 2006, p. 2721, obs. A.-S. Chavent-Leclere.
23. V. s'agissant de l'interdiction faite par un père à ses enfants de rejoindre leur mère voulant divorcer : Cass. crim., 14 déc. 2022, *Dr. pén.* 2023, n° 17, obs. P. Conte ; *Gaz. Pal.*, 14 févr. 2023, p. 40, obs. E. Dreyer ; *RSC* 2023, p. 303, obs. Y. Mayaud.
24. Cass. crim., 28 févr. 2018, *Dr. pén.* 2018, n° 73, obs. P. Conte ; *RSC* 2018, p. 415, obs. Y. Mayaud.

énoncées à l'article 122-4. En pratique, ce rappel joue essentiellement un rôle sur le terrain de la preuve puisqu'il en renverse la charge : c'est au ministère public d'établir ici que le comportement était illégal et non à la personne poursuivie d'établir qu'il était justifié. Tout se passe comme si l'absence de justification était érigée en élément constitutif - négatif - de l'infraction. Cependant, une telle exigence ne limite guère la répression car la justification du particulier dans une telle hypothèse reste exceptionnelle. Sauf contestation de la personne poursuivie, les magistrats ne s'attardent guère sur ce point.

§2. La sanction des entraves

433. La sanction des entraves portées à la liberté de mouvement d'autrui s'avère complexe. À côté des infractions ordinaires prenant l'une des formes évoquées ci-dessus, il existe des infractions spécifiées. En effet, différentes entraves à la liberté de mouvement ont été érigées en infractions autonomes compte tenu de leur originalité. Mais ce n'est pas tout. Ces infractions, ordinaires ou spécialisées mais en toute hypothèse « simples », peuvent en plus faire l'objet d'aggravations. Une présentation en trois temps s'impose donc.

A. Les infractions ordinaires

434. Pénalités. – En principe, la personne physique ayant porté atteinte à la liberté de mouvement d'autrui est punie de 20 ans de réclusion criminelle avec, éventuellement, une période de sûreté de plein droit[25].

Mais l'acte de détention ou de séquestration n'est sanctionné que de 5 ans d'emprisonnement et 75 000 € d'amende si la victime a été libérée volontairement avant la fin du 7e jour de privation de liberté (art. 224-1 al. 3)[26]. Dans cette hypothèse, les pénalités encourues deviennent correctionnelles. Il s'agit d'éviter les séquestrations qui durent en incitant leurs auteurs à y mettre fin dès que leur projet s'avère voué à l'échec[27]. Peu importe que la victime ait été rendue à ses proches ou mise en mesure de s'échapper par une levée de toute surveillance dès lors qu'il n'y a pas de doute sur le caractère volontaire de son élargissement[28]. On parlait, autrefois, d'excuse atténuante. Le terme était ambigu : la formule actuelle, plus neutre, de « cause d'atténuation de responsabilité » semble préférable.

En tout cas, renversant les termes de cette présentation, on ne peut voir dans la durée de plus de 7 jours une circonstance aggravante transformant l'apparent « délit » en crime. Le bénéfice de cette cause d'atténuation de responsabilité, lié à une libération volontaire et rapide, ne change rien à la nature criminelle des

25. En l'absence de précision, le délinquant personne morale s'expose à l'amende de 1 M€ prévue par l'art. 131-38, al. 2, sauf dans l'hypothèse de l'art. 224-5-2 où l'amende encourue est portée au quintuple.

26. *A priori*, l'auteur d'un acte d'arrestation ou d'enlèvement ne peut bénéficier d'une telle disposition. Ce qui tient à la dimension instantanée de son acte. Mais *quid* lorsque l'agent arrête une personne qu'il détient puis libère avant l'accomplissement du 7e jour ? Le mécanisme du concours réel d'infractions risque de le priver du bénéfice de cette réduction de peine contrairement à la volonté affichée par le législateur.

27. Cette réduction de peine ne peut être invoquée lorsque la victime a trouvé la mort quelques minutes après son enlèvement : Cass. crim., 12 oct. 1977, *B.* n° 302.

28. Cass. crim., 11 août 2021, *JCP* G 2021, 1097, note P. Collet ; *AJ pénal* 2021, p. 478 obs. J.-C. Planque ; *Gaz. Pal.*, 23 nov. 2021, p. 56, obs. S. Detraz.

faits[29]. Ainsi, l'infraction constitue-t-elle en toute hypothèse un crime mais elle peut, dans certaines circonstances, n'exposer qu'à des peines correctionnelles[30]. En effet, on ne comprendrait pas que l'arrestation et l'enlèvement, qui se consomment instantanément, restent de nature criminelle, alors que la détention et séquestration (*a priori* plus graves puisqu'elles s'inscrivent dans le temps) ne constitueraient que des délits sous prétexte qu'elles se sont achevées avant la fin du 7e jour. Peu importe que l'infraction dure plus ou moins de 7 jours révolus : elle constitue nécessairement un crime en ce qu'elle réalise une atteinte à la liberté d'aller et de venir d'autrui[31]. Il devrait donc s'ensuivre l'ouverture systématique d'une information judiciaire et un renvoi en cours d'assises. Toutefois, la pratique judiciaire semble assez peu claire en la matière et la doctrine s'avère divisée. Les esprits hostiles à cette analyse ne manquent pas de rappeler que les infractions sont en principe classées selon leur gravité en fonction de la peine principale qui leur est applicable (art. 111-1). Il s'ensuivrait qu'une infraction punie d'une peine correctionnelle est toujours un délit.

435. Autres. – En toute hypothèse, s'ajoutent à ces peines principales les peines complémentaires de l'article 224-9 (interdiction des droits civiques, civils et de famille ; interdiction d'exercer la fonction ou l'activité à l'occasion de laquelle l'infraction a été perpétrée ; interdiction pour 10 ans au plus de détenir ou porter une arme, cette dernière peine étant en principe obligatoire) ainsi qu'un suivi socio-judiciaire (art. 224-10) et une interdiction du territoire pour les seuls condamnés étrangers (art. 224-11).

436. Responsabilité. – La complicité et la tentative sont toujours punissables s'agissant de crimes. Est ainsi complice d'une séquestration l'individu qui fournit, en connaissance de cause, le local où la victime est détenue. Est coupable de tentative d'enlèvement le conducteur qui essaye de faire monter un enfant en voiture mais qui, devant sa résistance et ses cris, renonce à ce projet[32].

437. Diversification. – De surcroît, le Code pénal envisage spécialement certaines formes de séquestration et alourdit les peines applicables à leurs auteurs. Précisons ces deux points[33].

29. Cass. crim., 4 mai 1984, *B.* n° 157.

30. De même, lorsque la cour d'assises prononce à raison d'un crime une peine privative de liberté d'au plus 10 ans, elle doit la qualifier emprisonnement (art. 132-18. – Cass. crim., 11 janv. 2023, *D.* 2023, p. 75). Pour autant, l'infraction n'est pas transformée en délit.

31. S'agissant de l'exemption de peine applicable aux repentis dans une telle hypothèse, l'article 224-5-1 évoque la situation de « toute personne qui a tenté de commettre les crimes prévus par la présente section » : l'atteinte à la liberté d'autrui n'ayant, par définition, pas eu lieu au stade de la tentative, il est impossible d'évaluer sa durée. Néanmoins, la tentative en question est bien qualifiée tentative d'un crime et non possiblement d'un délit.

32. Cass. crim., 26 avr. 2000, *Dr. pén.* 2000, n° 137, obs. M. Véron.

33. Sachant qu'en toute hypothèse les mécanismes d'exemption ou de réduction de peine, applicables aux « repentis » qui ont tenté ou commis ces infractions, ordinaires, spécifiées ou aggravées, sont également applicables ici (art. 224-5-1).

B. Les infractions spécifiées

438. Le législateur a incriminé spécialement certaines entraves à la liberté de mouvement sans chercher à leur donner de noms particuliers[34]. Leur étude révèle qu'il existe une séquestration-prétexte ainsi que d'autres formes de séquestration particulièrement graves. Les peines complémentaires des articles 224-9 et -10, déjà évoquées, sont également applicables aux auteurs, personnes physiques, de ces crimes.

1. La séquestration-prétexte

439. Présentation. – L'article 224-4 incrimine la prise d'otage, lorsque la séquestration est voulue : i) soit pour préparer ou faciliter la commission d'un crime ou d'un délit ; ii) soit pour favoriser la fuite ou assurer l'impunité de l'auteur ou du complice d'un crime ou d'un délit ; iii) soit pour obtenir l'exécution d'un ordre ou d'une condition. Une telle infraction suppose un dol spécial. Elle est punie de 30 ans de réclusion criminelle.

440. Concours juridique. – Les deux premières hypothèses évoquent un concours réel d'infractions dont les effets seraient neutralisés.

S'agissant de la première hypothèse, on relèvera que la séquestration peut être concomitante à l'exécution du crime ou du délit (enfant d'une prostituée retenu par le proxénète pour inciter celle-ci à poursuivre son activité) mais qu'elle peut aussi être antérieure : l'exécution du crime ou du délit n'a pas besoin d'être commencée. Il suffit que la séquestration permette la consommation de ce crime ou délit (individu séquestré jusqu'à ce qu'il avoue la combinaison de son coffre-fort). En revanche, il ne doit y avoir aucun doute sur la qualification pénale des faits envisagés : cette forme de séquestration n'est pas applicable aux salariés qui retiennent leur employeur dans l'espoir d'obtenir de meilleures conditions de travail.

S'agissant de la deuxième hypothèse, la séquestration intervient au contraire après commission (ou, du moins, commencement d'exécution punissable) d'un crime ou d'un délit (conducteur d'un véhicule détourné par les malfaiteurs en cavale, par ex.).

Dans les deux cas, l'identité de l'auteur de l'autre crime ou du délit s'avère indifférente : il peut aussi bien s'agir de l'auteur de la séquestration que d'un tiers. Lorsque la séquestration est le fait de l'auteur même du crime ou du délit, il paraît normal de ne retenir que cette séquestration particulière. Mais la situation n'est guère différente lorsque l'auteur du crime ou du délit n'est pas l'auteur de la séquestration : on ne saurait lui reprocher à ce titre un recel de malfaiteurs (C. pén., art. 434-6). Il est préférable là aussi d'y voir une séquestration particulière. Cependant, dans les rares hypothèses où le crime commis en plus de la séquestration serait sanctionné plus sévèrement qu'elle, l'autorité de poursuite peut avoir la tentation de le retenir seul ou de le retenir à titre principal (art. 221-2, not.).

441. Prise d'otage. – Par ailleurs, s'agissant de la troisième hypothèse (où la séquestration doit permettre d'obtenir l'exécution d'un ordre ou d'une

34. Plutôt que des infractions autonomes, la Cour de cassation préfère y voir des séquestrations aggravées par prise d'otage (Cass. crim., 24 oct. 1984, *B.* nº 321) ou tortures et actes de barbarie (Cass. crim., 7 mai 1948, *RSC* 1949, p. 109, obs. L. Hugueney), ce qui semble peu respectueux de la volonté du législateur.

condition), on relèvera qu'elle est de nature différente des deux précédentes puisqu'elle n'implique pas une pluralité de faits. Il suffit que la libération de la victime soit subordonnée à une prestation, en numéraire (paiement d'une rançon) ou en nature (libération d'un prisonnier, reconnaissance d'un droit, abandon de poursuites, etc.). Peu importe la légitimité de la prétention ainsi exprimée. Peu importe sa forme écrite ou orale. L'infraction suit alors un régime partiellement distinct. Dans ce cas seulement, la responsabilité de l'agent peut être atténuée. La peine encourue est ramenée à 10 ans d'emprisonnement lorsque trois conditions sont cumulativement remplies : i) il faut que la victime soit libérée volontairement avant la fin du 7e jour de sa détention ; ii) qu'elle soit vivante et n'ait pas subi de torture ou actes de barbarie, mutilation ou infirmité permanente ; iii) que l'ordre ou la condition n'ait pas été exécuté[35]. Il s'agit toujours d'inciter à la libération d'autrui mais l'atténuation de peine est moindre qu'au titre de l'infraction ordinaire.

2. Autres formes de séquestration

442. Séquestration mutilante. – Est également punie de 30 ans de réclusion criminelle, la séquestration commise sur une victime qui a subi une mutilation ou une infirmité permanente provoquée volontairement (ravisseur coupant un doigt ou une oreille de la personne détenue pour convaincre les rançonnés de sa détermination) ou résultant soit des conditions de sa détention, soit d'une privation d'aliments ou de soins (art. 224-2, al. 1).

Peu importe, dans la première hypothèse, que la mutilation ou l'infirmité permanente ne découle pas de violences commises par l'agent lui-même (mais par un coauteur ou complice) dès lors qu'elles accompagnent une séquestration dont il assume la responsabilité ; il ne s'agit donc pas nécessairement d'un cumul réel d'infractions transformé en cumul juridique[36]. Peu importe, dans les deux autres hypothèses, que la mutilation ou l'infirmité n'ait pas été recherchée par l'agent : le résultat d'une telle mutilation ou infirmité suffit pour justifier l'aggravation de la répression. On pourrait considérer que sont exigées là des violences involontaires doublant la séquestration mais on peut douter, à nouveau, qu'un cumul juridique d'infractions soit en cause car il n'est pas exigé que les conditions de détention ou la privation d'aliments ou de soins soient le fait de l'agent lui-même. De surcroît, mutilation et infirmité permanente ne figurent pas au nombre des résultats spécialement pris en compte au titre des violences involontaires (V. *infra*, n° 1635). En envisageant ces préjudices, le législateur semble n'aggraver la répression qu'à raison des conséquences de la séquestration pour la victime.

Peu importe alors la durée de la séquestration : le législateur ne prévoit pas d'atténuation de peine si la victime est volontairement libérée avant la fin du 7e jour.

443. Séquestration collective. – Est encore punie de 30 ans de réclusion criminelle, la séquestration commise à l'égard de plusieurs personnes

35. Les faits de prise d'otage restent criminels même lorsque la libération de l'otage est intervenue avant la fin du 7e jour si l'ordre ou la condition a été exécuté (Cass. crim., 9 juill. 2008, *Dr. pén.* 2008, n° 126, obs. M. Véron. – 24 oct. 1984, *B.* n° 321). Peu importe qu'un arrêt ambigu ait suggéré le contraire (Cass. crim., 8 juin 2006, *JCP* G 2006, II, 10190, note P. Conte).

36. Mais, lorsque l'agent engage sa responsabilité pénale à ces deux titres, une double déclaration de culpabilité doit être prononcée car de telles violences ne sont nullement nécessaires à la séquestration.

(art. 224-3, al. 1). C'est une des rares hypothèses en droit pénal où la pluralité de victimes est prise en compte. Il s'agit d'éviter les surenchères et de combattre un comportement d'autant plus dangereux qu'il suppose une certaine organisation.

Néanmoins, la libération des victimes indemnes, avant la fin du 7e jour, peut entraîner l'atténuation de responsabilité déjà évoquée (al. 3).

444. Séquestration inhumaine. – Enfin, la réclusion criminelle est encourue à perpétuité lorsque la séquestration est précédée ou accompagnée de tortures ou actes de barbarie ou lorsqu'elle est suivie de la mort de la victime (art. 224-2, al. 2).

Dans le premier cas (torture et actes de barbarie), il s'agit *a priori* de neutraliser les règles applicables au concours réel d'infractions lorsque les deux crimes sont imputables à la même personne. Mais cela suppose de nettement distinguer l'acte de séquestration des tortures ou actes de barbarie perpétrés par ailleurs. Il faut démontrer que le premier crime a dégénéré au point d'amener l'agent à commettre le second. À défaut, seul le crime de torture et actes de barbarie (que l'on conçoit mal sans séquestration) doit être retenu. Par ailleurs, cette nécessaire indépendance devant exister entre les deux infractions conduit à envisager également l'hypothèse dans laquelle elles sont commises par des personnes distinctes. Le concours réel n'est plus transformé alors en concours juridique (sauf à considérer que l'auteur de la séquestration est nécessairement complice des tortures ou actes de barbarie qui ont suivi). Celui qui séquestre autrui en sachant qu'autrui a été torturé, ou qu'il va l'être par un tiers, s'expose à ces sanctions aggravées même s'il ne participe pas aux tortures en question.

Dans le second cas (mort), il s'agit de prendre en compte le résultat auquel la séquestration a involontairement conduit (à raison des mauvaises conditions de détention ou d'une fragilité de la victime). Cette éventualité ne saurait être retenue lorsque la mort a été intentionnellement donnée à l'otage : ce fait est alors appréhendé sous la qualification d'assassinat[37]. La mort dont il est question ici ne doit donc pas avoir été recherchée par l'agent ; elle peut même être le fait exclusif d'un coauteur[38], voire de la victime[39].

C. Les circonstances aggravantes

445. Présentation. – En outre, les entraves à la liberté de mouvement, qu'elles soient ordinaires ou spécifiées, peuvent encore donner lieu à aggravation dans deux hypothèses.

Tout d'abord, l'article 224-5 prévoit que, si la victime de l'un des crimes évoqués ci-dessus est un mineur de 15 ans, la peine est portée à la réclusion criminelle à perpétuité lorsque le crime est puni de 30 ans de réclusion criminelle et à 30 ans de réclusion criminelle lorsqu'il est puni de 20 ans de réclusion criminelle. Une

37. V. jugeant que la mort d'autrui ne pouvait être retenue à la fois au titre d'un assassinat et d'une circonstance aggravant la séquestration : Cass. crim., 20 févr. 2002, *RSC* 2002, p. 590, obs. Y. Mayaud, ce qui n'interdit pas de caractériser d'abord une arrestation illégale « ordinaire » puis un assassinat : Cass. crim., 3 mars 1960, *B.* n° 141.

38. Cass. crim., 16 nov. 2016, *Dr. pén.* 2017, n° 19, obs. P. Conte.

39. V. s'agissant d'une victime qui, ne supportant pas la vue de blessures survenues lors de son évasion, se suicide : Cass. crim., 29 mars 2023, *Dr. pén.* 2023, n° 100, obs. P. Conte ; *RSC* 2023, p. 303, obs. Y. Mayaud.

période de sûreté s'applique éventuellement de plein droit. L'atténuation de peine liée au repentir actif de celui qui libère le mineur de 15 ans avant la fin du 7e jour ne semble pas invocable ici[40]. Certes, dans une telle hypothèse, le dernier alinéa de l'article 224-1 indique que les peines sont ramenées à 5 ans d'emprisonnement et 75 000 € d'amende pour tous les actes de détention ou séquestration, sauf ceux de l'article 224-2. Mais la solution semble aussitôt oubliée puisque les articles 224-3 et 224-4 organisent une réduction différente de la peine d'emprisonnement. Comment imaginer que la réduction de peine à 5 ans et 75 000 € retrouve à s'appliquer à l'article 224-5 qui entend, au contraire, faire preuve de sévérité lorsque la victime est très jeune ? La Cour de cassation admet néanmoins qu'une telle atténuation de responsabilité s'applique en se prévalant de la volonté du législateur exprimée lors des débats parlementaires qui serait d'« inciter à la libération de la victime mineure dans un bref délai »[41]. Dans cette logique, il faudrait donc considérer que la détention ou séquestration d'un mineur de 15 ans n'expose son auteur qu'à 5 ans d'emprisonnement et 75 000 € d'amende lorsqu'elle s'est achevée avant la fin du 7e jour. L'article 224-5 n'introduirait ainsi une circonstance aggravante que dans l'hypothèse où, à défaut de libération au 8e jour, une peine criminelle serait encourue. Le jeune âge de la victime ne produirait effet que dans ce cas. Ce qui nous paraît discutable dès lors que toute détention ou séquestration arbitraire constitue un crime et que, en l'absence de rappel à l'article 224-5 de la possibilité de mitiger la peine en cas de libération rapide, une telle possibilité paraît nécessairement exclue. En effet, comment admettre que la qualité de mineur de 15 ans puisse à la fois aggraver la répression des crimes de détention ou séquestration et justifier la qualification correctionnelle des actes de détention ou séquestration ayant volontairement cessé avant la fin du 7e jour ?

Ensuite, l'article 224-5-2 prévoit la même aggravation de la peine privative de liberté lorsque l'infraction est commise en bande organisée (sauf dans l'hypothèse où la victime de plus de 15 ans est libérée indemne avant l'expiration du délai de 7 jours : art. 224-1, al. 3). Ce texte permet également d'y ajouter une peine d'amende de 1 M€. La procédure de l'article 706-73, CPP est alors applicable.

40. J. Francillon, *Code pénal commenté*, Dalloz, 1996, p. 319.

41. Cass. crim., 2 juin 2021, *Dr. pén.* 2021, n° 159, obs. P. Conte ; *AJ pénal* 2021, p. 429, obs. R. Mesa.

CHAPITRE 2

Les entraves à la liberté de mouvement imputables aux agents publics

446. Qualité. – Parmi les abus d'autorité commis contre des particuliers, le Code pénal incrimine différentes « atteintes à la liberté individuelle » qui recoupent et dépassent les comportements précédemment étudiés. La qualité de l'agent donne à ces actes leur spécificité. Ainsi, les articles 432-4 et 432-5 envisagent-ils le comportement d'une personne « dépositaire de l'autorité publique ou chargée d'une mission de service public ». Il s'agit de toute personne œuvrant à la satisfaction de l'intérêt général. Peu importe son statut. Peu importe qu'elle dispose à ce titre d'un pouvoir de décision ou de contrainte : fonctionnaires de police et militaires de la gendarmerie mais aussi préfets ou maires. Ces agents publics se doivent de respecter les règles sous peine de fragiliser la confiance qu'inspire l'exercice normal de leurs fonctions ou missions (obligation d'« exemplarité »). Peu importe qu'ils agissent « dans ou à l'occasion de l'exercice » de leurs fonctions ou missions : ils ne peuvent commettre d'excès de zèle, ni profiter de leur position. L'autorité publique en serait nécessairement affectée[1].

Envisageons d'abord le comportement principal, incriminé à l'article 432-4. On évoquera ensuite le comportement accessoire incriminé à l'article 432-5.

Section 1
Le comportement principal

447. Forme. – L'article 432-4 incrimine l'accomplissement arbitraire d'un acte attentatoire à la liberté individuelle. L'acte incriminé s'identifie donc de

1. L'agent public poursuivant la satisfaction d'un intérêt personnel doit être considéré comme un particulier : Cass. crim., 23 juin 1892, *D.* 1893.1.297.

deux façons : arbitraire, c'est nécessairement un acte illégal ; attentatoire à la liberté individuelle, c'est nécessairement un acte dangereux.

D'abord, l'acte accompli doit s'avérer illégal : soit l'agent n'avait pas dans ses attributions le pouvoir de l'accomplir ; soit il disposait de ce pouvoir mais l'a exercé hors de propos. À titre d'exemple, l'infraction est constituée lorsqu'un individu est retenu dans les locaux des douanes au mépris des règles de procédure normalement applicables[2] ; elle ne l'est pas si le transfèrement d'un détenu et sa mise à l'isolement sont conformes au droit pénitentiaire[3].

Ensuite, l'acte accompli doit avoir produit un résultat déterminé. Mais celui-ci n'est pas clairement identifié. En effet, la formule « atteinte à la liberté individuelle » utilisée à l'article 432-4, al. 1, paraît trop générale. Aussi, la Cour de cassation ramène-t-elle l'infraction à de plus justes proportions en interprétant le premier alinéa à la lumière du second alinéa du même texte (qui parle seulement de détention et de rétention, à l'instar de l'article 224-1) : l'abus de pouvoir doit entraver la liberté d'aller et de venir d'autrui[4]. Ce qui lui permet de juger que « des violences commises par une personne dépositaire de l'autorité publique et des actes attentatoires à la liberté individuelle constituent des infractions différentes qui peuvent justifier des poursuites distinctes »[5]. Il s'agit uniquement de réprimer ici les arrestations ou interpellations illégales, les contrôles d'identité abusifs et les reconduites à la frontière ne respectant pas les garanties prévues par la loi[6].

448. Participation. – L'article 432-4 incrimine tant le fait d'ordonner que le fait d'accomplir l'acte précédemment décrit. Il vise tant l'auteur moral (donneur d'ordre) que l'auteur matériel (exécutant). Le lien de causalité entre le comportement incriminé et le résultat redouté peut donc être aussi bien indirect (auteur moral) que direct (auteur matériel). Il semble que la preuve de ce lien suffise à justifier la répression alors que le comportement en cause s'avère différent dans les deux cas. Pour permettre cette distorsion, on l'a vu, le législateur n'a pas précisé comment l'entrave doit se commettre. Il s'ensuit une incrimination incertaine, laissant au juge un pouvoir d'appréciation important qui se veut protecteur de la liberté individuelle (celle de la victime de l'atteinte, non de l'agent public poursuivi)[7].

2. Peu importe l'utilité de cette retenue pour les contrôles en cours : Cass. crim., 8 févr. 2012, *D.* 2012, p. 723, note S. Detraz.

3. Cass. crim., 30 janv. 2001, *B.* n° 25. – De même, est justifiée l'hospitalisation d'office arrêtée par un préfet dans le respect de la loi (CSP, art. L. 3212-1 et s. – Cass. crim., 6 sept. 1990, *Dr. pén.* 1990, n° 320, obs. M. Véron). Mais tout dépassement d'autorisation permet de caractériser l'infraction (Cass. crim., 12 mars 1959, *B.* n° 175), ce qui paraît contestable compte tenu des incriminations spécifiques existant en la matière (CSP, art. L. 3215-1 et s.).

4. Il ne s'agit plus de punir des atteintes aux droits civiques ou à la Constitution (Cass. crim., 4 mars 1997, *Dr. pén.* 1997, n° 75, obs. M. Véron, rejetant le pourvoi formé contre : CA Paris, 30 sept. 1996, *D.* 1997, p. 111, note E. Breen). Il ne s'agit pas davantage de punir un maire qui ferme la vanne de raccordement en eau d'une propriété en construction (Cass. crim., 14 sept. 2004, *Dr. pén.* 2004, n° 170, obs. M. Véron) ou qui fait procéder à une expropriation dans des conditions illégales (Cass. crim., 8 nov. 2011, *Dr. pén.* 2012, n° 16, obs. M. Véron).

5. Cass. crim., 21 avr. 1998, *B.* n° 140.

6. Cass. crim., 24 mai 2016, *Gaz. Pal.* 21 juin 2016, p. 23, note R. Mésa ; *AJ pénal* 2016, p. 384, obs. J.-B. Perrier ; *RSC* 2019, p. 135, obs. P.-J. Delage. – CA Riom, 3 nov. 2004, *JCP* G 2006, IV, 3537.

7. L'infraction a été retenue par ex. suite à la rétention administrative d'un délinquant étranger ordonnée en l'absence de décision d'expulsion, « seule mesure à laquelle s'appliquait alors cette procédure » : Cass. crim., 12 oct. 1993, *D.* 1994, p. 129, note D. Mayer.

Subsiste par ailleurs une incertitude quant au point de savoir si l'ordre donné est punissable en l'absence d'exécution. Néanmoins, toujours dans le but de protéger la liberté individuelle (celle d'autrui), cet ordre mériterait d'être sanctionné de manière autonome car sa seule existence suffit à troubler l'ordre public. Dans le même sens, on ajoutera que la référence à l'instigation aurait été inutile si le législateur avait envisagé là un comportement punissable dans les mêmes conditions que la complicité par provocation.

Enfin, l'infraction suppose démontrée la conscience qu'a eue l'agent du caractère arbitraire de l'acte qu'il a ordonné ou accompli. Il suffit à cet égard d'établir que l'agent a mesuré la portée de son acte ; la preuve de la connaissance par lui de la règle violée se déduit des fonctions exercées. Peu importe le mobile de celui qui prétend avoir agi de la sorte pour satisfaire l'« intérêt de l'enquête »[8].

449. Pénalités. – De tels actes sont punis de 7 ans d'emprisonnement et 100 000 € d'amende. Ces peines sont portées à 30 ans de réclusion criminelle et 450 000 € d'amende lorsque la détention ou rétention a duré plus de 7 jours[9].

Curieusement, ici, la durée de la privation de liberté ne joue donc pas le même rôle que dans l'hypothèse précédente : une libération rapide n'entraîne pas une réduction de peine ; c'est une rétention longue qui constitue une circonstance aggravante. Il s'ensuit notamment que l'arrestation illégale paraît plus sévèrement sanctionnée lorsqu'elle est commise par un particulier (20 ans) que par un agent public (7 ans et 100 000 €). Comment l'expliquer ?

450. Procédure. – À noter que, dans l'hypothèse où ces infractions auraient été commises à l'occasion d'une poursuite judiciaire (impliquant donc la violation d'une disposition de procédure pénale), l'action publique ne peut être exercée que si le caractère illégal de la poursuite ou de l'acte spécialement accompli à cette occasion est préalablement constaté (CPP, art. 6-1). Cette question préjudicielle aux poursuites revient à instaurer un filtre en limitant les risques de plainte avec constitution de partie civile abusive.

Par ailleurs, ici comme aux articles 432-5 et 432-6 évoqués ci-après, la juridiction répressive est compétente pour statuer non seulement sur l'action publique mais aussi sur l'action civile : le conflit ne peut être élevé par l'autorité préfectorale (CPP, art. 136). Le juge judiciaire peut allouer réparation des conséquences dommageables d'un acte mettant pourtant en cause le bon fonctionnement de l'administration. Peu importe que l'instance civile soit dirigée contre la collectivité publique ou l'un de ses agents[10].

8. Cass. crim., 22 juill. 1959, *B.* n° 366.

9. Dans les deux cas, le coupable encourt en plus les peines complémentaires de l'article 432-17 : interdiction des droits civils, civiques et de famille ; interdiction d'exercer une fonction publique ; confiscation des sommes ou objets irrégulièrement reçus.

10. V. aussi P. Collet, *L'acte coercitif en procédure pénale*, Éd. Panthéon-Assas, 2018, p. 830 et s.

Section 2
Les comportements voisins

451. Abus. – L'article 432-5 incrimine à la suite deux autres comportements. Il envisage tout d'abord (al. 1) l'hypothèse où l'un des agents évoqués ci-dessus aurait connaissance d'une privation de liberté illégale et s'abstiendrait volontairement : i) d'y mettre fin (lorsqu'il en a le pouvoir) ou ii) de provoquer l'intervention d'une autorité compétente pour faire cesser cette privation de liberté (lorsqu'il ne peut le décider lui-même). L'article 432-5 envisage ensuite (al. 2) la même abstention alors que l'illégalité est seulement alléguée. Averti d'une prétendue privation de liberté illégale, l'agent ne peut s'abstenir volontairement : i) de procéder aux vérifications nécessaires s'il en a le pouvoir ou ii) de transmettre la réclamation à l'autorité compétente. *A priori*, compte tenu de l'appartenance de cet article 432-5 aux « abus d'autorité commis contre les particuliers », seules les privations de liberté imposées par une autorité publique sont en cause. Ne pas dénoncer la privation de liberté imposée à autrui par un particulier relève du délit de non-dénonciation de crime (art. 434-1. – V. *infra*, nº 1236). Dans la première hypothèse (atteinte avérée), l'agent s'expose à 3 ans d'emprisonnement et 45 000 € d'amende ; dans la seconde hypothèse (atteinte alléguée), il s'expose à un an d'emprisonnement et 15 000 € d'amende, outre les peines complémentaires de l'article 432-17 déjà évoquées.

À ces comportements, il faut ajouter celui qu'envisage l'article 432-6. Ce texte punit de 2 ans d'emprisonnement et 30 000 € d'amende le fait par un agent de l'administration pénitentiaire, de recevoir ou retenir une personne sans mandat, jugement ou ordre d'écrou régulier et le fait de prolonger indûment la durée d'une détention à l'origine régulière. Si on admet qu'un agent de l'administration pénitentiaire est une « personne dépositaire de l'autorité publique ou chargée d'une mission de service public », on peut estimer que le fait de « retenir » illégalement autrui relève davantage de l'article 432-4. Par contre, le fait de « recevoir » une personne illégalement détenue, sans faire cesser cette détention, mérite d'être plus sévèrement sanctionné ici qu'à l'article 432-5. L'articulation délicate de ces différents textes interpelle donc quant à la nécessité de la répression qu'ils organisent. Ils ont essentiellement une valeur symbolique en ce qu'ils soulignent l'importance du formalisme applicable lors de l'incarcération d'un individu.

452. Extension. – De surcroît, la ratification par la France de la Convention signée à New York, le 20 décembre 2006, pour la protection de toutes les personnes contre les disparitions forcées, a conduit le législateur à incriminer spécialement un dernier type de comportement dans le Code pénal. Il s'agit d'un acte d'une nature différente des précédents : à la privation de liberté sans droit accomplie par des agents publics au sens large s'ajoutent la disparition de la victime et le refus d'indiquer à ses proches le sort qui lui a été réservé (C. pén., art. 221-12). Ce comportement expose à la réclusion criminelle à perpétuité. L'abstention des supérieurs est déclarée punissable s'ils ont eu connaissance de l'infraction et ne l'ont pas empêchée (art. 221-13). Le délai de prescription est porté à 30 ans (CPP, art. 7, al. 2). Par ailleurs, une compétence universelle est reconnue aux juges français : une disparition forcée à l'étranger, contre une victime étrangère, à l'initiative d'un étranger qui se trouve en France peut y être jugée par application de la loi pénale française (CPP, art. 689-13) sans qu'il soit nécessaire d'établir que la « sur-qualification » de crime contre l'humanité est également applicable dans une telle hypothèse[11].

11. D. Brach-Thiel, « Et une compétence universelle de plus... », *AJ pénal* 2013, p. 520.

Titre 2
Les actes de destruction

453. Le Code pénal incrimine différents actes par lesquels une personne altère ou détruit un bien dont elle n'est pas propriétaire. La volonté de celui qui détient ce bien est ignorée par l'agent. On peut y voir là aussi une forme de domination : agissant comme s'il en était le maître, l'agent supprime ou altère le bien d'autrui. Ce qui n'est pas moins grave pour l'harmonie sociale que les comportements précédents. Toutefois, les sanctions encourues varient car la catégorie des biens est si vaste qu'il s'avère délicat de les soumettre tous au même régime. Ainsi, après les atteintes générales aux biens, il conviendra d'envisager les atteintes spécifiques aux systèmes de traitement automatisés de données, les actes de profanation et les dommages causés aux animaux.

CHAPITRE 1

Les atteintes générales aux biens

454. Préalable. – Le Code pénal consacre un chapitre entier aux « destructions, dégradations et détériorations » de biens[1]. Peu importe que ces biens soient mobiliers ou immobiliers dès lors qu'ils ont une matérialité permettant d'accomplir les actes incriminés[2]. En revanche, il est nécessaire qu'ils appartiennent à « autrui ». Mais, comme en matière de vol, la portée d'une telle exigence ne doit pas être exagérée (v. *supra*, n° 278). Il ne s'agit pas de vérifier à cette occasion les droits qui pouvaient être légitimement exercés sur les biens en question[3]. Il s'agit d'exclure du champ de l'incrimination l'atteinte portée par l'agent à ses propres biens. L'autorité de poursuite doit ainsi rapporter la preuve de ce que l'agent ne disposait pas de droits suffisants pour agir comme il l'a fait[4]. Le débat doit porter sur l'absence de droits de l'agent et non sur les droits de la personne qui détenait le bien[5]. Une telle analyse juridique s'impose au moment des faits, c'est-à-dire au moment de l'acte de destruction, dégradation ou détérioration[6]. La vérification opérée à cette occasion est relativement simple s'agissant des meubles dont la propriété s'établit par tous moyens. En revanche, la preuve de la propriété d'immeubles peut donner lieu à exception préjudicielle si « les faits invoqués sont de nature, dans le cas où ils seraient retenus par les juges compétents, à ôter aux faits qui servent de base à la poursuite,

1. V. not. D. Auger, *Droit de propriété et droit pénal*, PUAM, 2005, p. 63, n° 66.

2. V. aussi R. Ollard, « La dématérialisation des infractions contre le patrimoine », *in Droit pénal et autres branches du droit*, Cujas, 2012, p. 46.

3. L'atteinte peut être directe ou indirecte : peu importe que la chose ait été remise à un tiers (locataire, p. ex.) au moment de sa destruction. Les droits d'autrui sur le bien constituent une exigence négative. Elle sert à établir que l'agent ne pouvait accomplir l'acte reproché.

4. Ce qui permet à la Cour de cassation d'admettre la recevabilité de la constitution de partie civile de l'utilisateur du bien endommagé : Cass. crim., 21 janv. 1998, *B.* n° 25.

5. Sachant que l'agent devait en être seul propriétaire : il y a infraction lorsqu'un mari endommage volontairement le véhicule utilisé par son épouse si ce véhicule constitue un bien de la communauté (Cass. crim., 9 mars 1994, *Dr. pén.* 1994, n° 152, obs. M. Véron).

6. Peu importe l'évolution ultérieure des droits sur le bien en question (Cass. crim., 7 janv. 1998, *Gaz. Pal.* 1998.1, chron. crim., p. 71). Dans cette appréciation, il peut être fait référence à une loi – civile – étrangère (Cass. crim., 5 sept. 2001, *B.* n° 174).

tout caractère délictueux »[7]. Le juge répressif doit alors surseoir à statuer en attendant la réponse du juge civil (CPP, art. 384).

Plusieurs infractions peuvent être reprochées à celui qui agit sans droit. Tout dépend si les faits ont, ou non, mis également autrui en danger. Il convient à cet égard de distinguer les atteintes aux biens sans danger pour les personnes des atteintes aux biens dangereuses pour les personnes.

Section 1 Les atteintes aux biens sans danger pour les personnes

455. Distinction. – Même en l'absence de danger pour les personnes, le législateur incrimine différents comportements par lesquels un individu altère un bien sur lequel il ne dispose pas de tous les droits nécessaires. Il s'agit d'infractions matérielles : dans tous les cas, la preuve d'une atteinte à l'intégrité du bien doit être rapportée. Mais une distinction est introduite suivant que cette atteinte se traduit par un dommage léger ou plus sérieux. Envisageons donc les différentes infractions de cette catégorie par ordre croissant de gravité.

§1. Les atteintes d'où il résulte un dommage léger

456. Distinctions. – En principe, lorsque l'atteinte portée à un bien n'entraîne qu'un dommage léger, elle ne constitue qu'une contravention. Toutefois, le législateur érige certaines de ces atteintes en délits pour mieux lutter contre leur banalisation. Le critère de distinction est alors celui du moyen utilisé pour affecter l'intégrité matérielle du bien. Alors même qu'il n'en résulte qu'un dommage léger, il faut ainsi distinguer les atteintes commises par tout moyen des atteintes commises par « inscriptions, signes ou dessins ».

A. Les atteintes commises par tout moyen

457. Présentation. – L'article R. 635-1 du Code pénal punit de l'amende prévue pour les contraventions de la 5e classe « la destruction, la dégradation ou la détérioration volontaire d'un bien appartenant à autrui dont il n'est résulté qu'un dommage léger ». Dans une telle hypothèse, l'agent n'était pas propriétaire ou autorisé à agir de la sorte par le propriétaire. En portant atteinte à l'intégrité du bien, il s'est donc arrogé un pouvoir dont il ne disposait pas. Une telle attitude appelle une sanction lorsqu'elle est intentionnelle. Peu importe qu'elle n'occasionne qu'un dommage léger. Précisons ces différents aspects de l'infraction.

7. Cass. crim., 8 juill. 1986, *B.* n° 231.

458. Matérialité. – *A minima*, un acte positif est requis ; l'infraction est de commission : une simple abstention ne peut être prise en compte à ce titre. On ne reproche pas à l'agent d'avoir laissé se dégrader le bien d'autrui ; on lui reproche d'y avoir porté atteinte.

Cet acte positif semble pouvoir prendre trois formes différentes : la destruction évoque un anéantissement total de la chose ; la dégradation et la détérioration un anéantissement partiel. Plus précisément, il faudrait parler de dégradation lorsqu'il est seulement résulté de l'acte une perte de valeur pour le bien et de détérioration lorsque, à cette occasion, le bien a été rendu impropre à sa fonction première[8]. Mais ces variantes sont sans incidence sur la qualification de l'infraction[9]. En effet, celle-ci dépend essentiellement du dommage qui a pu en résulter.

459. Résultat. – En effet, dans tous les cas, l'acte ne doit avoir occasionné qu'un dommage léger. À défaut, il constitue un délit (V. *infra*, n° 467).

Opposer le dommage léger à un dommage qui serait plus sérieux a été contesté : ce critère apparaît incertain et la jurisprudence peu lisible en la matière. Toutefois, parce que l'on raisonne ici non sur l'existence du dommage mais sur son étendue, on doit considérer qu'un dommage est léger lorsqu'il n'affecte guère le patrimoine d'autrui. La contravention trouve alors essentiellement à s'appliquer dans deux hypothèses : lorsque la chose anéantie n'avait qu'une faible valeur ou lorsque la chose dégradée ou détériorée n'a pas été atteinte dans sa substance. Ainsi, en cas d'atteinte à la substance même d'un bien sans aucune valeur, le dommage reste-t-il léger. *Idem* en cas d'atteinte superficielle, sur une chose de valeur, de sorte que la remise en état peut s'effectuer sans difficulté ni frais particuliers (sans excéder les frais qu'une utilisation de la chose, fût-elle maladroite, aurait pu engendrer). En revanche, l'éraflure d'un bien de valeur, dépréciant ce bien, cause au propriétaire un dommage sérieux ; il y a alors délit[10]. *Idem* lorsque le bien recouvert de peinture est abîmé par le nettoyage dont il doit impérativement faire l'objet et ne peut dès lors être remis en vente[11]. L'article R. 635-1 n'a plus vocation à s'appliquer.

En toute hypothèse, ce dommage doit être évalué par le juge le plus objectivement possible et non par rapport à l'importance, parfois très subjective, que le propriétaire attache au bien en question[12].

460. Intention. – Exceptionnellement, la contravention dont il s'agit ici comporte un élément moral : l'atteinte portée au bien d'autrui doit être intentionnelle[13]. On reviendra plus tard sur la consistance d'une telle intention (v. *infra*, n° 471).

---

8. V. aussi, suggérant que la dégradation supposerait la mise hors d'usage d'une chose impliquant sa réparation alors que la détérioration n'impliquerait pas de réparation pour permettre à la chose de remplir à nouveau sa fonction : R. Ollard, *La protection pénale du patrimoine*, Dalloz, coll. NBT, t. 98, 2010, p. 399, n° 711 et s.

9. V. s'agissant d'une trace de rouge à lèvres laissée sur un tableau : T. corr. Avignon, 16 nov. 2007, *D.* 2008, p. 588, note B. Edelman.

10. De même, peu importe que la peinture utilisée n'ait pas été indélébile dès lors qu'elle atteint la substance même du revêtement sur lequel elle a été répandue : Cass. crim., 1er juin 1994, *Dr. pén.* 1994, n° 254, obs. M. Véron.

11. Cass. crim., 29 mars 2023, *Dr. pén.* 2023, n° 119, obs. P. Conte ; *Gaz. Pal.*, 23 mai 2023, p. 22, note R. Mésa.

12. Cass. crim., 8 juill. 1986, *B.* n° 231.

13. Cass. crim., 19 déc. 1989, *B.* n° 490.

461. Pénalités. – La personne physique contrevenante s'expose à une amende de 1 500 € ainsi qu'à tout ou partie des 6 peines complémentaires énumérées à l'article R. 635-1, al. 2 dont la confiscation de la chose ayant servi, ou destinée à commettre l'infraction, ainsi qu'un travail d'intérêt général pour une durée de 20 à 120 heures. Les mêmes peines sont encourues par la personne physique qui a provoqué à la commission de cette infraction, qui a donné des instructions, voire apporté aide ou assistance à son auteur. En effet, la complicité par fourniture de moyens est spécialement envisagée ici (al. 9).

La personne morale contrevenante s'expose, quant à elle, à une amende dont le montant est porté au quintuple ainsi qu'à la peine de confiscation spéciale.

Enfin, le texte d'incrimination ajoute que la récidive peut être relevée tant à l'encontre d'une personne physique que d'une personne morale dans les conditions fixées par les articles 132-11 et 132-15, C. pén.

B. Les atteintes commises au moyen d'inscriptions, signes et dessins

462. Présentation. – Compte tenu du développement des graffitis sauvages, plus souvent appelés « tags », et du coût très élevé de leur effacement, le législateur a incriminé « le fait de tracer des inscriptions, des signes ou des dessins, sans autorisation préalable sur les façades, les véhicules, les voies publiques ou le mobilier urbain... lorsqu'il n'en est résulté qu'un dommage léger » (art. 322-1, II). Il transforme à cette occasion la contravention précitée en délit. Son auteur s'expose à 3 750 € d'amende ainsi qu'à une peine de travail d'intérêt général. C'est l'une des rares infractions pour lesquelles cette sanction est applicable sur détermination de la loi et non en tant qu'alternative à un emprisonnement qui n'est pas encouru ici. Toutefois, elle semble très peu appliquée. En effet, le coût de son organisation s'avère sans rapport avec la gravité de l'infraction en cause. S'y ajoute le fait que la procédure d'amende forfaitaire est désormais applicable dans une telle hypothèse : le paiement d'une amende de 200 € suffit à éteindre l'action publique (150 € pour l'amende forfaitaire minorée ; 450 € pour l'amende forfaitaire majorée), même en récidive et sans qu'une consignation puisse être exigée en cas de contestation. La réponse pénale est allégée au maximum.

463. Matérialité. – L'infraction suppose une altération du bien au moyen d'inscriptions, signes ou dessins.

Cependant, tous les biens ne sont pas concernés. En effet, ce délit a un champ d'application plus étroit que la contravention précédemment évoquée. Au bénéfice de propriétaires privés, seuls sont visés les immeubles (façades) et les automobiles. Au bénéfice de l'État et des collectivités territoriales seuls sont visés les voies publiques et le mobilier urbain.

L'infraction consiste à laisser une marque sur le bien d'autrui (peu importe le moyen utilisé : inscription, signe ou dessin) dont le support peut conserver la trace. À défaut, il ne saurait y avoir infraction (insulte tracée sur la poussière d'une vitre)[14].

464. Résultat. – En effet, la consommation de l'infraction suppose une atteinte à l'intégrité du bien d'autrui, même si elle ne se traduit que par un dommage léger.

Comme dans l'hypothèse précédente, si le dommage est plus grave, une autre qualification pénale a vocation à s'appliquer (v. *infra*, n° 467).

Le critère de distinction semble pouvoir être trouvé dans le caractère indélébile ou non de l'inscription : si elle peut disparaître facilement sans affecter la substance (donc la valeur) de la chose, elle est considérée comme n'ayant engendré qu'un dommage léger ; si, au contraire, l'inscription ne peut être enlevée sans qu'il subsiste une marque, elle est considérée comme ayant engendré un dommage sérieux et punie comme telle[15]. Les formes les moins corrosives de peinture sont donc seules concernées. L'utilisation du verbe « tracer » pour décrire l'action incriminée renforce une telle analyse : les inscriptions, signes ou dessins gravés ou sculptés sortent du champ de cette incrimination.

465. Intention. – En toute hypothèse, l'infraction reste intentionnelle. L'agent doit vouloir produire le résultat redouté : il doit réaliser consciemment un tracé sur le bien d'autrui en sachant qu'il en résultera un dommage léger.

Le mobile, éventuellement artistique, de celui qui prétend avoir voulu compléter une fresque sans solliciter préalablement l'accord du propriétaire ne chasse pas l'intention[16]. Pour la Cour de cassation, la propriété intellectuelle née de cette création ne peut neutraliser la propriété matérielle sur le support en cause[17].

466. Aggravation. – Des circonstances aggravantes sont applicables ici. L'obligation d'accomplir un travail d'intérêt général est encourue sans changement mais l'amende est élevée à 7 500 € lorsque les traces sont portées sur « un registre, une minute ou un acte original de l'autorité publique » (art. 322-2). La procédure de l'amende forfaitaire ne semble plus applicable dans ce cas. Par ailleurs, l'amende est élevée à 15 000 € lorsque les traces sont portées dans différentes hypothèses sur lesquelles on reviendra ci-dessous (art. 322-3. – V. *infra*, n° 475).

§2. Les atteintes d'où il résulte un dommage sérieux

467. Le Code pénal n'évoque pas un dommage sérieux. Il se contente d'envisager tout dommage qui n'apparaît pas léger. Une qualification pénale subsidiaire est ainsi applicable en cas de destruction, dégradation ou détérioration volontaire d'un bien appartenant à autrui : par défaut, altérer la matérialité d'un bien dont on n'est pas propriétaire constitue un délit. À un comportement

14. Toutefois, la tentative est punissable, en vertu de l'article 322-4, alors qu'elle ne l'est pas pour la contravention de l'article R. 635-1. Le tagueur arrêté alors qu'il agite une bombe de peinture devant un mur où il s'apprête à déposer des inscriptions engage donc sa responsabilité pénale.

15. Cass. crim., 11 juill. 2017, *Dr. pén.* 2017, n° 159, obs. P. Conte. – 23 févr. 1972, *D.* 1973, p. 333, note M. Littmann. – 28 sept. 1970, *D.* 1971, p. 36, note F. Chabas.

16. Cass. crim., 20 juin 2018, *Gaz. Pal.* 6 nov. 2018, p. 52, obs. E. Dreyer.

17. G. Goffaux-Callebaut : *Comm. com. électr.* 2018, étude 5.

assez peu défini, correspond ainsi une répression complexe qui permet de préciser l'incrimination[18].

A. Le comportement incriminé

468. L'article 322-1 incrimine dans un premier paragraphe « la destruction, la dégradation ou la détérioration d'un bien appartenant à autrui... sauf s'il n'en est résulté qu'un dommage léger ». Sont évoquées ici les atteintes volontaires au bien d'autrui qui ne relèvent pas des qualifications précédentes. Précisons les différents aspects de l'infraction.

1. La matérialité de l'acte

469. Objet. – Là aussi, l'acte accompli par l'agent porte nécessairement sur un bien, meuble ou immeuble, pour peu qu'il soit doté d'une matérialité permettant d'agir sur son support. Ainsi, les biens incorporels ne peuvent qu'indirectement être pris en compte lorsqu'ils donnent lieu à un enregistrement ou une fixation permettant de constater leur altération ou disparition[19]. Par ailleurs, il importe là aussi que le bien ne soit pas la propriété exclusive de l'agent : on ne saurait reprocher à un propriétaire de détruire son bien, même s'il en résulte un dommage pour autrui (bien loué ou hypothéqué, par ex.). Le détournement d'objets saisis ou donnés en gage est incriminé distinctement (v. *infra*, n° 953).

470. Formes. – Il s'agit d'une infraction de commission. La destruction évoque un anéantissement total de la chose. La dégradation évoque une simple perte de valeur pour le bien et la détérioration une altération plus importante qui rend le bien impropre à sa fonction première. Mais ces variantes sont sans incidence sur la qualification de l'infraction. Ce ne sont pas de tels actes qui distinguent ce délit et de la contravention précédemment évoquée : ils sont identiques. La qualification de l'infraction dépend uniquement du dommage qui en est résulté : en l'espèce, il ne doit pas être léger. On le dit sérieux en ce que ses conséquences sur le patrimoine d'autrui sont notables (v. *supra*, n° 459).

Peu importe le procédé utilisé : l'infraction se commet à main nue[20] ou par l'intermédiaire d'une chose[21]. Les actes de vandalisme sont particulièrement concernés[22]. Mais la qualification peut être envisagée plus largement : elle s'applique aussi bien à l'individu qui, à l'occasion d'un règlement de compte, heurte volontairement le véhicule d'autrui pour le forcer à s'arrêter[23] qu'à l'individu qui, habitant à proximité d'un club d'aéromodélisme, s'amuse à brouiller les fréquences

18. Sachant qu'est incriminé en plus le « fait pour une personne de participer sciemment à un groupement, même formé de façon temporaire, en vue de la préparation, caractérisée par un ou plusieurs faits matériels, de violences volontaires contre les personnes ou de destructions ou dégradations de biens » (C. pén., art. 222-14-2). Ce qui permet de réprimer des comportements échappant à la qualification d'association de malfaiteurs lorsque l'emprisonnement encouru à raison de l'infraction projetée est inférieur à 5 ans.

19. Cass. crim., 16 déc. 2015, *D.* 2016, p. 587, note L. Saenko ; *JCP* G 2016, 336, note S. Detraz.

20. Cass. crim., 19 nov. 2002, *D.* 2003, p. 1315, note D. Mayer.

21. CA Bordeaux, 5 mars 1992, *D.* 1994, p. 305, note S. Mirabail.

22. Cass. crim., 30 oct. 1984, *B.* n° 326.

23. Cass. crim., 23 juin 1999, *Dr. pén.* 2000, n° 4, obs. M. Véron.

utilisées par les modèles réduits d'avion afin de provoquer leur chute[24]. *A priori*, les traces (graffitis) laissées sur le bien d'autrui qui n'occasionnent pas un dommage léger mais un dommage sérieux relèvent aussi de cette qualification.

2. La perception de l'acte

471. Dols. – Par ailleurs, l'infraction est intentionnelle. À ce titre, l'acte doit d'abord témoigner du fait que l'agent avait conscience de son absence de droit. Ce qui se déduit le plus souvent des circonstances de l'acte, notamment de sa précipitation et/ou de sa dissimulation.

Ensuite, l'acte doit exprimer la nocivité de l'agent. Lorsqu'un bien est endommagé par imprudence ou négligence, l'infraction de l'article 322-1, I, n'est pas constituée ; les faits doivent être envisagés sous une autre qualification (v. *infra*, nº 1663). Au contraire, ici, le ministère public doit établir que le prévenu avait conscience que son acte allait détruire, dégrader ou détériorer un bien, de sorte qu'il a nécessairement recherché ce résultat en agissant comme il l'a fait[25]. Plus précisément, la logique de l'incrimination voudrait que soit établie la volonté d'affecter la substance même du bien et non la volonté de lui causer un dommage léger. Mais la jurisprudence ne va pas jusque-là. D'ailleurs, la rédaction de l'article 322-1, I, paraît dispenser d'une telle preuve et permettre la sanction de tout comportement intentionnel indépendamment de la prévision du dommage qui a pu en résulter (« sauf s'il n'en est résulté qu'un dommage léger »). Le dommage permet uniquement d'arbitrer entre les différentes qualifications applicables ; il ne modifie pas la définition du délit et de la contravention qui se consomment de la même façon. Dans l'un et l'autre cas, il suffit d'établir que l'agent a voulu porter atteinte à l'intégrité d'un bien. Ce qui rejoint ici la solution retenue en matière de violences (v. *supra*, nº 80).

Évidemment, l'ébriété ne fait pas disparaître l'intention lorsque le fait reste imputable à son auteur[26].

472. Mobiles. – Enfin, en cette matière comme en toute autre, le mobile s'avère indifférent. Notamment, il n'est pas possible de se faire justice soi-même. Cela fut rappelé à un agriculteur ayant labouré des terres attribuées à un autre dans le cadre d'une opération de remembrement qu'il contestait[27]. Cela fut rappelé également à un individu chargé de l'aménagement d'un magasin qui a procédé au démontage d'équipements qu'il venait d'installer au motif que l'exploitante refusait d'en régler le prix en provoquant ainsi des dommages importants à l'immeuble[28]. Le principe de précaution n'autorise pas davantage à détruire volontairement une plantation de maïs génétiquement modifié[29].

B. Les modalités de la répression

473. Pénalités. – L'infraction simple de destruction, dégradation ou détérioration d'un bien appartenant à autrui est punie de 2 ans d'emprisonnement et

24. Cass. crim., 8 oct. 1997, *Dr. pén.* 1998, nº 56, obs. J.-H. Robert.
25. Cass. crim., 9 mars 1994, *B.* nº 94.
26. Cass. crim., 22 sept. 1999, *B.* nº 197.
27. Cass. crim., 11 oct. 1989, *B.* nº 346.
28. Comp. Cass. crim., 26 juin 2002, *Dr. pén.* 2002, nº 133, obs. M. Véron.
29. Cass. crim., 7 févr. 2007, *D.* 2007, p. 573, obs. A. Darsonville ; *JCP* G 2007, II, 10059, note F.-G. Trébulle.

30 000 € d'amende (art. 322-1, I). Elle expose également aux peines complémentaires de l'article 322-15 dont l'interdiction, pour une durée d'au plus 5 ans, d'exercer l'activité dans ou à l'occasion de laquelle l'infraction a été commise[30]. L'interdiction de détenir ou porter une arme soumise à autorisation est rendue obligatoire. Par ailleurs, lorsque les faits se sont déroulés à l'occasion d'une manifestation sportive, ils exposent leur auteur à une interdiction de pénétrer ou de se rendre aux abords d'une enceinte où se déroule une manifestation sportive, pour une durée n'excédant pas 5 ans (C. sport, art. L. 332-11). La condamnation pour une telle infraction donne lieu à inscription au fichier des empreintes génétiques (CPP, art. 706-55).

Mais les peines ainsi présentées sont susceptibles d'aggravation dans plusieurs hypothèses[31].

1. Premier degré d'aggravation

474. Occurrences. – Selon l'article 322-2, les peines principales encourues par une personne physique peuvent être portées à 3 ans d'emprisonnement et 45 000 € d'amende lorsque le bien détruit, dégradé ou détérioré était un registre, une minute ou un acte original de l'autorité publique (registre de l'état civil, minute d'un acte notarié, procès-verbal dressé par un officier public, etc.).

2. Deuxième degré d'aggravation

475. Occurrences. – Ces peines principales sont portées à 5 ans d'emprisonnement et 75 000 € d'amende en fonction des circonstances particulières dans lesquelles l'infraction a été commise (art. 322-3).

Une telle aggravation est tout d'abord encourue lorsque l'atteinte a été : 1° perpétrée par plusieurs personnes agissant en qualité d'auteur ou complice ; 2° facilitée par la particulière vulnérabilité de la victime – circonstance apparente ou connue par l'agent – tenant à son âge, sa maladie, son infirmité, ses déficiences physiques ou psychiques ou son état de grossesse ; 3° commise au préjudice de certaines personnes, dépositaires de l'autorité publique ou chargées d'une mission de service public, en vue d'influencer leur comportement dans l'exercice de leurs fonctions ou de leur mission[32] ; 4° commise au préjudice d'un témoin, d'une victime ou d'une partie civile, soit pour l'empêcher de dénoncer le fait, de porter plainte ou de déposer en justice (*a priori*), soit en raison de sa dénonciation, de sa plainte ou de sa déposition (*a posteriori*) ; 5° commise dans un local d'habitation ou dans un lieu utilisé ou destiné à l'entrepôt de fonds, valeurs, marchandises ou matériels, en pénétrant dans ce lieu par ruse, escalade ou effraction ; 6° commise à l'encontre d'un lieu classifié au titre du secret de la Défense nationale ; 7° commise par une

30. La personne morale déclarée coupable s'expose, en toute hypothèse, à une peine d'amende portée au quintuple ainsi que – au titre des art. 322-1 et 322-3 mais pas de l'art. 322-2 – à une interdiction d'exercer l'activité dans laquelle ou à l'occasion de laquelle l'infraction a été commise (art. 322-17).

31. Sachant que la tentative est déclarée punissable tant à l'égard de l'infraction simple que des infractions aggravées (art. 322-4. – Cass. crim., 15 juin 1994, *Dr. pén.* 1994, n° 255, obs. M. Véron). S'agissant des associations habilitées à agir, v. CPP, art. 2-1, -6, -20 et -21.

32. L'aggravation s'applique également lorsque l'infraction a été commise au préjudice d'un proche de ces agents toujours dans le but de les influencer (3 *bis*).

personne dissimulant volontairement en tout ou partie son visage pour ne pas être identifiée.

La même aggravation s'applique lorsque le bien détruit, dégradé ou détérioré était destiné à l'utilité ou à la décoration publique et appartenait à une personne publique ou chargée d'une mission de service public (8°)[33]. *Idem* lorsque les faits ont porté sur du matériel destiné à prodiguer des soins de premiers secours (9°) ou sur du matériel destiné à la vaccination (10°). Il en va de même encore lorsque l'atteinte a été commise à l'encontre d'un établissement scolaire, éducatif ou de loisirs ou à l'encontre d'un véhicule transportant des enfants (avant-dernier alinéa).

3. Autres degrés d'aggravation

476. Occurrences. – Par ailleurs, les peines principales sont portées à 7 ans d'emprisonnement et 100 000 € d'amende lorsque l'atteinte a été commise dans deux des circonstances prévues à l'article 322-3, précité.

La même aggravation s'applique (art. 322-3-1) lorsque la destruction, la dégradation ou la détérioration a porté sur : 1° un immeuble ou objet mobilier classé[34] ou inscrit (ou un document d'archives privées classé) ; 2° un élément du patrimoine archéologique ; 3° un bien culturel ; 4° un édifice affecté au culte. Mais ces peines sont portées à 10 ans d'emprisonnement et 150 000 € d'amende lorsque l'infraction qui vient d'être décrite a été commise par plusieurs personnes agissant en qualité d'auteur ou de complice. De surcroît, au-delà de ces montants, les peines d'amende fulminées par l'article 322-3-1 peuvent être élevées jusqu'à la moitié de la valeur du bien détruit, dégradé ou détérioré. Mais on peine à comprendre le sens de cette amende proportionnelle : dans une logique rétributive, pourquoi se limiter à la moitié ? Dans une logique économique, pourquoi l'appliquer à un acte négatif qui ne rapporte rien à son auteur ?

Enfin, l'article 322-3-2 menace quant à lui de 7 ans d'emprisonnement et 100 000 € d'amende « le fait d'importer, d'exporter, de faire transiter, de transporter, de détenir, de vendre, d'acquérir ou d'échanger un bien culturel présentant un intérêt archéologique, artistique, historique ou scientifique en sachant que ce bien a été soustrait d'un territoire qui constituait, au moment de la soustraction, un théâtre d'opérations de groupements terroristes et sans pouvoir justifier la licéité de l'origine de ce bien ». Si l'infraction est commise par plusieurs personnes agissant en qualité d'auteur ou de complice, ces peines sont portées à 10 ans d'emprisonnement et 150 000 €. L'emplacement donné à une telle infraction n'est pas très heureux car il s'agit d'une forme de recel d'actes de terrorisme : ce n'est pas l'anéantissement de biens culturels qui est en cause mais le trafic dont ils peuvent faire l'objet en marge d'activités terroristes (pour assurer le financement de celles-ci[35]). Toutefois, on ne peut y voir une infraction de conséquence : si l'agent doit connaître l'origine des biens en question et ne peut justifier d'un titre régulier de détention, il n'est pas nécessaire d'établir qu'il tient ces biens des terroristes eux-mêmes. Il suffit de démontrer qu'il tire profit de la déstabilisation politique résultant de leur activité.

---

33. Cass. crim., 9 nov. 1988, *B.* n° 385.

34. Cass. crim., 9 août 1993, *B.* n° 254.

35. L'organisation « État islamique » aurait trouvé dans le trafic de biens culturels une source importante de financement : C. Cutajar, « Le volet "Lutte contre le blanchiment et le financement du terrorisme" », *JCP* G 2016, 739, p. 1282.

Section 2
Les atteintes aux biens créant un danger pour les personnes

477. L'article 322-6 incrimine à la suite les atteintes aux biens créant un danger pour les personnes. Peu importe que l'exposition d'autrui à un risque n'ait pas été voulue à cette occasion. Définissons le comportement incriminé avant d'envisager les modalités de sa répression.

§1. Le comportement incriminé

478. Présentation. – L'article 322-6 incrimine « la destruction, la dégradation ou la détérioration d'un bien appartenant à autrui par l'effet d'une substance explosive, d'un incendie ou de tout autre moyen de nature à créer un danger pour les personnes » (al. 1). Peu importe le bien dès lors qu'il appartient à autrui[36]. Si le bien appartient à l'agent, la mise en danger d'autrui doit être punie sur un autre fondement[37]. Peu importe le dommage effectivement causé au bien : la mèche s'étant éteinte, le cocktail Molotov peut n'avoir occasionné qu'un dommage léger à la façade contre laquelle il a été lancé. Néanmoins, lors de ce geste, autrui a été mis en danger.

479. Matérialité. – Les actes de destruction, dégradation ou détérioration s'entendent ici comme dans les hypothèses précédentes. Il doit en résulter un anéantissement ou une altération du bien d'autrui. De tels actes ne présentent de spécificité qu'au regard du risque auquel ils ont supplémentairement exposé autrui.

L'article 322-6 évoque deux façons de porter atteinte aux biens en mettant autrui en péril : l'incendie et l'explosion. Toutefois, cette évocation du feu ou du gaz n'a qu'une valeur d'image comme l'atteste la fin de l'énumération : ou par « tout autre moyen ». Le procédé utilisé semble importer moins que ses conséquences. Il doit donc être possible d'imaginer d'autres hypothèses, comme le fait de percuter le véhicule d'autrui au risque de mettre en danger son conducteur[38] ou le fait d'abîmer l'installation électrique d'un immeuble au risque de mettre en danger ses occupants[39]. Mais alors qu'en matière d'incendie et d'explosion, la preuve d'un danger pour les personnes n'a pas besoin d'être rapportée (ces moyens paraissant intrinsèquement dangereux), elle doit être administrée lorsque d'autres moyens sont employés.

Comment s'apprécie le danger ainsi créé pour les personnes ? Le juge doit-il rechercher si, abstraitement, l'acte était de nature à créer un risque pour la vie ou

36. Commet l'infraction le gérant d'une SCI dès lors qu'il détruit un bien appartenant à celle-ci car il « n'est à titre personnel titulaire d'aucun droit réel sur le bien » : Cass. crim., 20 juin 2018, *Gaz. Pal.* 6 nov. 2018, p. 52, obs. S. Detraz.

37. Cass. crim., 21 sept. 2016, *Dr. pén.* 2016, n° 171, obs. P. Conte. – V. *infra*, n° 1643.

38. CA Toulouse, 19 sept. et 3 oct. 2002, *Dr. pén.* 2003, n° 2, obs. M. Véron.

39. CA Grenoble, 21 janv. 2005, *JCP* G 2005, IV, 3376.

l'intégrité physique d'autrui ou doit-il démontrer concrètement que ce danger a bien existé ? Il semble que c'est le principe même de l'utilisation d'un procédé dangereux qui est en cause ici, de sorte qu'un péril réel pour autrui n'a pas à être établi. En effet, il suffit que l'atteinte portée au bien ait été « de nature à créer un danger » pour les personnes[40]. Peu importe que la preuve d'une exposition effective à un tel risque ne soit pas rapportée[41]. Il en va *a fortiori* de même pour la réalisation du risque. Les qualifications d'homicide et violences, volontaires ou involontaires, seraient alors applicables.

480. Perception. – Comme dans les hypothèses précédentes, l'agent doit avoir cherché à détruire, dégrader ou détériorer un bien qui ne lui appartenait pas. Mais cela suffit-il ? Il ne s'agit pas d'exiger ici une volonté de porter atteinte à l'intégrité physique ou psychique d'autrui. En revanche, on peut se demander s'il est nécessaire d'établir en plus que l'agent a eu conscience du danger auquel il a exposé autrui en agissant de la sorte et voulu, en conséquence, l'exposer à un risque. Cette preuve supplémentaire paraît s'imposer dès lors que le risque en question fait entièrement partie de la définition du délit[42]. Un dol spécial s'ajoute alors au dol général[43]. Toutefois, en pratique, une telle exigence ne limite guère la répression car le risque est apprécié *in abstracto* : ce dol spécial n'implique aucune conscience de la présence effective d'autrui et de la réalité du danger auquel il se trouve exposé. Sa preuve s'évince de l'utilisation consciente et libre de moyens de destruction dangereux. Elle semble incluse dans le dol général. La Cour de cassation n'exige pas d'élément supplémentaire[44].

§2. Les modalités de la répression

481. L'infraction de l'article 322-6 est sanctionnée de façon complexe. Mais elle est complétée par d'autres qui dissuadent en principe l'agent d'aller jusque-là.

A. La sanction de l'infraction

482. Généralités. – Le délit d'atteinte aux biens créant un danger pour les personnes connaît une forme simple et des formes aggravées. Nous les envisagerons à la suite.

Signalons toutefois, préalablement, au titre des règles communes, que la tentative est punissable, soit en vertu de l'article 322-11, soit en raison de la nature

40. V. jugeant que l'art. 322-6 n'exige pas « la présence effective d'une personne dans les lieux où l'infraction est commise » : Cass. crim., 30 sept. 2003, *Dr. pén.* 2004, n° 1, obs. M. Véron. – V. aussi Cass. crim., 24 juin 1998, *Dr. pén.* 1998, n° 153, obs. M. Véron.

41. Cass. crim., 12 déc. 2007, *Dr. pén.* 2008, n° 28, obs. M. Véron.

42. Cass. crim., 22 janv. 2020, *Gaz. Pal.* 12 mai 2020, p. 50, obs. E. Dreyer.

43. Il ne s'agit pas d'un dol éventuel car le risque est envisagé ici indépendamment de sa réalisation : la création de ce risque constitue un fait certain vers lequel la volonté doit être tendue (Comp. E. Martin-Hocquenghem, « Le dol éventuel », *in Code pénal et Code d'instruction criminelle*, Dalloz, coll. UPA, 2010, p. 467).

44. Cass. crim., 28 mars 2017, *Dr. pén.* 2017, n° 106, obs. P. Conte ; *Gaz. Pal.* 18 juill. 2017, p. 59, obs. S. Detraz. – V. aussi, se contentant de l'affirmation du caractère volontaire de l'incendie d'une habitation : Cass. crim., 20 oct. 2021, *Dr. pén.* 2021, n° 213, obs. A. Maron et M. Haas ; *Gaz. Pal.*, 22 févr. 2022, p. 64, obs. F. Fourment.

criminelle de l'acte. Par ailleurs, le fait que des paillotes aient été illégalement construites sur le domaine public ne peut justifier l'ordre donné par un préfet à des gendarmes de les incendier : l'auteur de cet ordre manifestement illégal a vu sa responsabilité pénale engagée comme complice par provocation alors que les exécutants étaient poursuivis comme incendiaires[45].

483. Pénalités. – L'infraction simple commise par une personne physique est punie de 10 ans d'emprisonnement et 150 000 € d'amende (art. 322-6, al. 1). Elle expose en outre son auteur aux peines complémentaires de l'article 322-15 dont l'interdiction de détenir ou de porter, pour une durée de cinq ans au plus, une arme soumise à autorisation qui présente la particularité d'être obligatoire[46], l'interdiction d'exercer la fonction ou l'activité à l'occasion de laquelle l'infraction a été commise, soit de façon définitive, soit pour 5 ans au plus. Le coupable peut également être condamné à un suivi socio-judiciaire (art. 322-18) ainsi que – quand les faits se sont déroulés à l'occasion d'une manifestation sportive – à une interdiction de pénétrer ou de se rendre aux abords d'une enceinte où se déroule une manifestation équivalente, pour une durée n'excédant pas 5 ans (C. sport, art. L. 332-11). L'interdiction du territoire est applicable aux coupables étrangers (C. pén., art. 322-16). En toute hypothèse, cette infraction donne lieu à une inscription au fichier des empreintes génétiques (CPP, art. 706-55).

Mais le délit est transformé en crime et la privation de liberté portée à 15 ans de réclusion – outre la peine d'amende qui subsiste – en cas d'« incendie de bois, forêts, landes, maquis, plantations ou reboisements d'autrui intervenu dans des conditions de nature à exposer les personnes à un dommage corporel ou à créer un dommage irréversible à l'environnement » (art. 322-6, al. 2). Cette dernière formule n'est pas très heureuse : si exposer des personnes à un dommage corporel – et *a fortiori*, sans doute, à la mort – revient à créer un danger pour elles, il n'en va plus de même pour le fait de créer un dommage irréversible à l'environnement. Un tel excès de zèle dans la lutte contre les incendies de forêt rompt le lien existant entre les deux alinéas de l'article 322-6.

484. Aggravation. – Néanmoins, les articles suivants du Code pénal élèvent les peines encourues dans les deux hypothèses évoquées précédemment lorsqu'une atteinte aux personnes est effectivement constatée[47]. Cela suppose que le risque pris se soit réalisé. Un dol *praeter* intentionnel est alors requis : la destruction est intentionnelle mais le dommage causé à autrui n'a pas été recherché. Il est reproché à l'agent sur la base de dispositions légales expresses

45. Cass. crim., 13 oct. 2004, *Dr. pén.* 2005, n° 2, obs. M. Véron.

46. Toutefois, le tribunal correctionnel peut, par une décision spécialement motivée, décider de ne pas prononcer cette peine, en considération des circonstances de l'infraction et de la personnalité de son auteur (v. plus largement : P. Belloir et L. Belfanti, « La violence dans les infractions contre les biens », *Gaz. Pal.* 13 oct. 2013, p. 23).

47. Les personnes morales s'exposent en toute hypothèse à une peine d'amende portée au quintuple ainsi que (mais seulement pour l'infraction de l'art. 322-5, ce qui est inexplicable) à une peine d'interdiction d'exercer pendant 5 ans au plus l'activité dans ou à l'occasion de laquelle l'infraction a été commise (art. 322-17). – V. s'agissant des personnes habilitées pour exercer l'action civile : CPP, art. 2-1, -6, -7 et -20.

qui permettent de fulminer contre lui des peines supérieures à celles encourues en matière de violences ou meurtre[48].

Ainsi, lorsque l'infraction de l'article 322-6, al. 1 a entraîné pour autrui une ITT de 8 jours au plus, la privation de liberté est portée à 15 ans de réclusion criminelle (art. 322-7, al. 1). Elle est portée à 20 ans de réclusion criminelle lorsqu'il en est résulté pour autrui une ITT de plus de 8 jours (art. 322-8, 2°), à 30 ans lorsqu'il en est résulté une mutilation ou une infirmité permanente (art. 322-9, al. 1) et à la réclusion criminelle à perpétuité lorsqu'il en est résulté la mort d'autrui (art. 322-10, al. 1). Une période de sûreté peut éventuellement s'appliquer de plein droit dans ces trois dernières hypothèses. La peine d'amende de 150 000 € reste, dans tous les cas, applicable.

De la même façon, lorsque l'infraction de l'article 322-6, al. 2 a entraîné une ITT de 8 jours au plus, les peines sont portées à 20 ans de réclusion criminelle et 200 000 € d'amende (art. 322-7, al. 2). La réclusion criminelle est portée à 30 ans lorsqu'il est résulté de l'incendie de forêt une ITT pour autrui de plus de 8 jours (art. 322-8, al. 5). La réclusion atteint la perpétuité lorsqu'il en est résulté une mutilation ou une infirmité permanente (art. 322-9, al. 2). Des peines équivalentes sont encourues lorsqu'il en est résulté la mort d'autrui (art. 322-10, al. 1). Une période de sûreté peut également s'appliquer de plein droit dans ces différentes hypothèses.

Les coupables étrangers peuvent en outre faire l'objet d'une mesure d'interdiction du territoire français, soit à titre définitif, soit pour une durée de 10 ans au plus (art. 322-16).

485. Autre. – Ajoutons que, en vertu de l'article 322-8, les peines encourues sont portées à 20 ans de réclusion criminelle et 150 000 € d'amende lorsque l'infraction « est commise en bande organisée » (1°) ou commise à raison de la qualité d'agent public de la personne propriétaire ou utilisatrice du bien détruit (3°).

B. La sanction de comportements voisins

486. Détention et transport. – Plus récemment, a également été incriminé : « la détention ou le transport de substances ou produits incendiaires ou explosifs ainsi que d'éléments ou substances destinés à entrer dans la composition de produits ou engins incendiaires ou explosifs en vue de la préparation, caractérisée par un ou plusieurs faits matériels, des infractions définies à l'article 322-6 ou d'atteintes aux personnes » (art. 322-11-1). Il s'agit d'atteindre là un acte préparatoire (ou une forme de complicité par aide ou assistance) que l'on rend punissable indépendamment de ses suites. Une telle infraction suppose démontrée la conscience qu'avait le détenteur ou le transporteur de préparer ou faciliter des actes dangereux pour autrui. Elle évoque l'association de malfaiteurs (le projet devant s'être extériorisé à travers un ou plusieurs faits matériels) sans requérir la preuve d'une entente ou d'un groupement préalable. Elle peut donc être reprochée aux exécutants d'un projet plus large qui n'en connaissent pas tous les détails. Toutefois, un véritable dol spécial est requis : le détenteur

48. V. ne prenant en compte la conscience de mettre en danger la vie des occupants d'un immeuble incendié que pour exclure la qualification de meurtre : Cass. crim., 22 janv. 2020, *Gaz. Pal.*, 12 mai 2020, p. 50, obs. E. Dreyer.

ou transporteur doit à tout le moins savoir à quoi les produits ou substances sont destinés. Il s'agit en toute hypothèse d'une infraction de prévention.

En principe, un tel comportement est puni de 7 ans d'emprisonnement et 100 000 € d'amende. Mais ces peines sont portées à 10 ans d'emprisonnement et 500 000 € d'amende lorsque l'infraction a été commise en bande organisée. Néanmoins, lorsque la détention ou le transport de ces substances ou produits n'a pas servi à préparer des actes dangereux pour les personnes, les peines sont ramenées à 3 ans d'emprisonnement et 45 000 € d'amende. Le prévenu peut même échapper à ces peines en justifiant d'un motif légitime (al. 3).

487. Diffusion. – Le fait de diffuser par tout moyen, sauf à des professionnels, des procédés permettant la fabrication d'engins de destruction est également érigé en infraction et puni de 3 ans d'emprisonnement et 45 000 € d'amende (art. 322-6-1, al. 1). Les instructions sont ainsi punissables alors même qu'elles n'ont pas été sollicitées, ni suivies d'effet. Il s'agit d'un délit obstacle dont la sanction doit permettre de prévenir des actes violents, notamment de terrorisme.

Les peines encourues sont portées à 5 ans d'emprisonnement et 75 000 € d'amende en cas d'utilisation d'un réseau de communication électronique à destination d'un public indéterminé (al. 2). Toutefois, il peut s'avérer délicat d'identifier, et appréhender, les auteurs d'une telle diffusion sur Internet.

CHAPITRE 2

Les atteintes aux STAD

488. Présentation. – Dans une société où l'informatique est devenue omniprésente, il n'était pas concevable de laisser les ordinateurs sans protection adaptée. Le législateur a réagi très tôt et avec une certaine sagesse : en assurant une protection aux « systèmes de traitement automatisé de données », il a essayé d'échapper à l'obsolescence rapide des supports et techniques de communication informatique. Les dispositions de la loi du 5 janvier 1988, dite loi Godfrain, ont été reprises aux articles 323-1 à 323-8 du Code actuel. Elles ont été ponctuellement modifiées pour tirer les conséquences de la ratification par la France de la Convention de Budapest sur la cybercriminalité du 23 novembre 2001 et pour transposer la directive 2013/40/UE du 12 août 2013 relative aux attaques contre les systèmes d'information[1]. Toutefois, ces modifications ont concerné essentiellement la poursuite de telles incriminations qui restent inchangées dans leur contenu malgré une évolution considérable des techniques depuis lors[2].

489. Définition. – Ces infractions ont en commun une même notion de « système de traitement automatisé de données » (STAD) que le législateur n'a pas pris le soin de définir. À l'occasion des travaux parlementaires, elle avait été présentée comme correspondant à « tout ensemble composé d'une ou plusieurs unités de traitement, de mémoires, de logiciels, de données, d'organes d'entrées-sorties et de liaisons, qui concourent à un résultat déterminé, cet ensemble étant protégé par des dispositifs déterminés »[3]. Mais les députés ont mis en doute la pertinence d'une telle définition et craint qu'elle ne restreigne l'interprétation du juge en l'empêchant d'adapter les incriminations à l'évolution des techniques[4]. Ils ont donc préféré abandonner aux magistrats le soin de définir l'objet protégé !

En pratique, on continue de voir dans le STAD un ensemble d'éléments matériels et logiciels, doté d'une capacité de mémoire et de traitement de l'information, capable d'accomplir des tâches plus ou moins évoluées et d'en restituer les résultats

1. P. Cazalbou, « La criminalité informatique, façonnée par le droit de l'Union européenne ? », in *La transposition du droit de l'Union européenne dans la loi pénale interne,* Ceprisca, coll. Colloques, 2017, p. 119.

2. V. critiquant avec sévérité cette législation : H. Christodoulou, « Les attaques informatiques dans le Code pénal », *Gaz. Pal.*, 13 juin 2023, p. 8.

3. Rapp. Thyraud, *Doc. Sénat* n° 3, 1978-1988, p. 52.

4. J.-P. Buffelan, « La répression de la fraude informatique », *Expertises* 1988, p. 55.

à celui qui les a commandés. Un auteur a pu parler « d'universalité de fait »[5], ce qui est un peu exagéré dans la mesure où il ne s'agit pas de doter ces différents éléments d'un régime propre. *A fortiori*, aucun « passif » n'est à la charge de cet « actif » là. La réunion de ces éléments ne bénéficie d'une protection pénale qu'à partir du moment où elle permet un traitement de données. Ce qui est alors en cause, ce n'est pas tant le contenu que le contenant et, plus particulièrement, ce qui permet de traiter automatiquement des données. C'est non seulement la machine, ses boîtiers et composants mais aussi les programmes, ou logiciels, qui en assurent le bon fonctionnement[6]. Avec le temps, l'importance des seconds l'emporte même sur les premiers qui font l'objet d'une miniaturisation constante.

Les « données » traitées s'entendent, quant à elles, « d'informations présentées sous une forme conventionnelle destinée à faciliter leur traitement »[7].

Par rapport à la définition parlementaire évoquée ci-dessus, seule l'exigence d'un dispositif de sécurité restreignant l'accès au système et/ou empêchant son fonctionnement a été abandonnée. Le STAD peut ainsi être entendu largement[8]. La qualification s'applique même à un réseau constitué de plusieurs « machines » communiquant entre elles[9]. *A priori*, la même solution devrait profiter au réseau Wifi qui permet la connexion hertzienne d'appareils électroniques afin de les raccorder à un intranet ou à l'Internet[10]. Toutefois, l'ensemble de ces caractères ne suffit pas pour identifier un STAD au sens des articles 323-1 et s. Il faut encore qu'un accès soit possible au système, physiquement (les données étant directement enregistrées ou retranchées à l'intérieur, ou enregistrées depuis un support) ou à distance (en ligne aujourd'hui), et que cet accès soit susceptible d'être contrôlé. Il ne s'ensuit pas que tout STAD est nécessairement un système fermé. Il peut être ouvert mais le maître du système ne doit pas avoir renoncé à faire valoir ses droits sur lui : il doit veiller à son bon fonctionnement, ce qui justifie la protection qui lui est accordée.

490. Diversité. – Les principales atteintes qui peuvent être portées à un STAD ont été incriminées. *A priori*, elles sont toujours punissables sauf dans l'hypothèse visée par l'article 323-8 du Code pénal disposant que : « le présent chapitre n'est pas applicable aux mesures mises en œuvre, par les agents habilités des services de l'État désignés par arrêté du Premier ministre parmi les services spécialisés de renseignement mentionnés à l'article L. 811-2 du Code de la sécurité intérieure, pour assurer hors du territoire national la protection des intérêts fondamentaux de la Nation mentionnés à l'article L. 811-3 du même Code ». En réalité, cette disposition, qui se contente de rappeler que

5. R. Gassin, « Commentaire de la loi du 5 janvier 1988 relative à la fraude informatique », *ALD* 1989, comm. lég., p. 5.

6. CA Douai, 7 oct. 1992, *JCP* E 1994, I, n° 359, obs. M. Vivant.

7. Arr. 22 déc. 1981, relatif à l'enrichissement du vocabulaire informatique, *JO* 17 janv. 1982.

8. V. pour un site web : TGI Lyon, 27 mai 2008, *Comm. com. électr.* 2009, n° 30, obs. É. A. Caprioli. – V. aussi, pour une plateforme de téléchargement payant : TGI Nîmes, 28 juin 2013, *Comm. com. électr.* 2014, n° 11, obs. E. A. Caprioli.

9. V. pour réseau « cartes » de France Télécom : TGI Paris, 26 juin 1995, *LPA* 1996, n° 27, p. 4, note V. Alvarez. – V. aussi, pour le réseau « Carte bleue » avec lequel il est possible de communiquer grâce à des terminaux et d'effectuer des paiements, des retraits ou des transferts d'argent : CA Paris, 6 déc. 2000, *Comm. com. électr.* 2001, n° 28, obs. C. Le Stanc, confirmant TGI Paris, 25 févr. 2000, *D.* 2000, p. 219, obs. X. Delpech.

10. V. aussi E. Stella, *L'adaptation du droit pénal aux réseaux sociaux en ligne*, Thèse Nancy, 2019, p. 110, n° 123, appliquant cette qualification à un compte utilisateur et, même, à un réseau social.

l'autorisation de la loi justifie les faits entrant dans le champ de l'une des incriminations en cause ici, s'avère inutile. Il est bien évident que les atteintes aux STAD réalisées par les agents des services de renseignement, à l'instar de celles réalisées par les officiers de police judiciaire, sont légitimes dès lors qu'elles s'inscrivent dans un cadre légal, qui a été respecté (C. pén., art. 122-4). On regrettera d'autant plus ce rappel d'une solution évidente qu'il ouvre la voie à un raisonnement *a contrario* stupide consistant à prétendre que seules les atteintes réalisées par les services de renseignement seraient justifiées. Telle n'a pas été la volonté du législateur qui a tout au plus cherché à « officialiser » l'action de ces services au-delà de celle des services de police judiciaire.

Sous cette réserve, la plupart des atteintes portées aux STAD est donc punissable. Elles peuvent être internes ou externes suivant qu'elles sont réalisées de l'intérieur ou de l'extérieur du système. La tentative est punissable en toute hypothèse (art. 323-7). Les actes préparatoires accomplis à plusieurs sont également punissables sous une qualification particulière d'association de malfaiteurs (art. 323-4). À ce sujet, on indiquera seulement ici qu'il suffit d'être au moins deux pour constituer une telle « association »[11]. *A priori*, une coordination, donc un accord express, entre les participants est nécessaire mais la Cour de cassation semble se contenter d'un accord tacite : l'internaute qui laisse à la disposition de pirates informatiques ses capacités de stockage sans réagir peut se voir reprocher de s'être associé à leur projet[12]. L'originalité d'une telle infraction tient au fait qu'elle est applicable à la préparation de délits passibles de seulement 2 ans d'emprisonnement et plus (contre 5 ans minimum pour l'association « générale » de l'art. 450-1) et ne dispose pas de sanctions propres : ses sanctions sont déterminées par renvoi aux sanctions de l'infraction préparée ou, en cas de pluralité, de la plus grave d'entre elles. Nous n'en dirons pas davantage ici (V. *infra*, n° 1367).

491. Complément. – À noter qu'une loi n° 2023-22 du 24 janvier 2023 a ajouté à ce chapitre une infraction sans rapport avec lui. Désormais, l'article 323-3-2, I, du Code pénal incrimine « le fait, pour un opérateur de plateforme en ligne... qui restreint l'accès à cette dernière aux personnes utilisant des techniques d'anonymisation des connexions ou qui ne respecte pas les obligations mentionnées au VI de l'article 6 de la loi n° 2004-575 du 21 juin 2004 pour la confiance dans l'économie numérique, de permettre sciemment la cession de produits, de contenus ou de services dont la cession, l'offre, l'acquisition ou la détention sont manifestement illicites ». Sont donc concernés deux types d'opérateurs de plateforme (au sens de l'art. L. 117-1, C. consom.) : ceux qui s'adressent à des internautes dissimulant leur identité et ceux qui ne respectent pas leurs obligations au regard de la loi pour la confiance dans l'économie numérique – LCEN (s'agissant not. de la conservation des données de connexion et de l'exécution des réquisitions judiciaires à leur sujet). Sont ciblés là des prestataires œuvrant sur le « darknet ». Dès lors qu'ils permettent en connaissance de cause (ce qui semble inhérent à ce type d'activité) des opérations illicites, ils s'exposent à 5 ans d'emprisonnement et 150 000 € d'amende.

Les mêmes peines sont déclarées applicables au « fait de proposer, par l'intermédiaire de ces plateformes ou au soutien de transactions qu'elles permettent, des

11. V. en matière informatique T. corr. Limoges, 14 mars 1994, *Expertises* 1994, p. 338, obs. C. Teboul.

12. Cass. crim., 7 nov. 2017, *RSC* 2018, p. 114, obs. E. Dreyer ; *AJ pénal* 2018, p. 44, obs. J.-B. Thierry.

prestations d'intermédiation ou de séquestre qui ont pour objet unique ou principal de mettre en œuvre, de dissimuler ou de faciliter les opérations mentionnées au même I » (II).

On le constate ces dispositions auraient sans doute été bien mieux placées dans la LCEN car, si elles supposent l'utilisation d'un STAD, elles ne sanctionnent pas des comportements réalisés à l'insu du maître de celui-ci. Elles n'ont pas pour but d'en protéger l'intégrité. Il n'en sera donc pas davantage question ici.

492. Envisageons d'abord les actes d'intrusion qui n'impliquent aucune perturbation dans le fonctionnement du STAD puis les actes d'obstruction qui entraînent au contraire une telle perturbation.

Section 1
Les actes d'intrusion

493. Deux types d'intrusion sont incriminés : dans le premier cas, l'intrusion est sanctionnée pour elle-même ; dans le second cas, elle est sanctionnée en ce qu'elle conduit à porter atteinte à l'intégrité d'un STAD.

§1. L'immixtion dans un STAD

494. Présentation. – L'article 323-1 incrimine en premier lieu « le fait d'accéder ou de se maintenir, frauduleusement, dans tout ou partie d'un système de traitement automatisé de données ». Il s'agit de protéger les droits du maître du système. Lorsqu'il a décidé d'en restreindre l'accès, ne pas solliciter son autorisation, ou dépasser les termes de celle-ci, constitue une infraction.

La formule « accéder ou se maintenir frauduleusement » évoque l'incrimination de la violation de domicile (art. 226-4). Mais la logique qui anime ces deux incriminations s'avère différente. Certes, un STAD peut jouer le rôle de domicile virtuel pour celui qui en est le maître et veut s'y sentir « chez lui » : s'il en contrôle l'accès, il doit pouvoir faire fonctionner son STAD sereinement malgré l'importance des données qui y sont enregistrées. On en déduit que cette première infraction ne se conçoit pas lorsque le système est ouvert au public sans restriction aucune[13]. Toutefois, cela ne signifie pas que la protection pénale est réservée aux hypothèses où l'accès au STAD était restreint par un système de sécurité. On l'a vu, la définition initialement donnée par les parlementaires du STAD semblait exiger un tel dispositif pour que des sanctions s'appliquent en cas d'immixtion non autorisée (V. *supra*, n° 489). Cependant, un arrêt l'a très vite exclu[14]. Sans doute à bon droit. Il suffit qu'un acte (accès ou maintien) ait été accompli contre la volonté du maître du système (c'est-à-dire sans respecter les conditions mises à cet accès). Le fait de passer outre un dispositif de sécurité facilite cette preuve[15]. Néanmoins, le fait d'agir contre la volonté du maître du système peut également être établi en dehors de cette

13. CA Paris, 15 sept. 2017, *Comm. com. électr.* 2018, comm. 16, obs. E.-A. Caprioli.
14. CA Paris, 5 avr. 1994, *D.* 1994, I. R., p. 130 ; *RSC* 1998, p. 142, obs. J. Francillon.
15. CA Paris, 30 oct. 2002, *Comm. com. électr.* 2003, n° 5, L. Grynbaum.

circonstance particulière. Il en va ainsi chaque fois que le prévenu a agi « sans droit » (c'est-à-dire sans l'autorisation nécessaire) ou « au-delà » de son droit[16]. Le responsable informatique d'une grande entreprise qui, dans l'exercice de ses fonctions, intervient sur le réseau de celle-ci ne commet donc pas d'infraction ; pas plus que le prestataire de services remplissant la mission qui lui a été confiée[17]. Il en va tout autrement pour les hackers, crackers et autres flibustiers de l'informatique.

Peu importe que les données en cause ne concernent pas la vie privée du maître du système : est moins en cause ici un acte d'indiscrétion qu'un usage non autorisé. C'est une immixtion dans le système qu'il s'agit de prévenir et, à défaut, de réprimer. Cette immixtion peut prendre deux formes appelant également des sanctions.

A. Les comportements incriminés

495. Matérialité. – Techniquement, l'infraction correspond à l'accès ou au maintien dans un STAD sans autorisation. Aucune de ces deux formes n'est précisée par le législateur.

Faute de mieux, on définira l'accès comme étant le fait de s'introduire dans un STAD sans y être autorisé. La notion peut être envisagée au sens matériel (lorsque l'agent dispose d'un accès physique à la machine exploitant le système ou agit à distance) comme au sens intellectuel (accès aux fonctionnalités plus qu'au système lui-même). L'infraction a par ex. été relevée contre un individu qui est parvenu à forcer les codes limitant l'accès à un STAD[18]. Mais, en l'absence de restriction légale, aucun mode d'accès ne peut être exclu dès lors que l'agent passe outre la volonté du maître du système (alors que le système n'était pas ouvert à tous sans conditions particulières à respecter)[19]. Ainsi, l'accès frauduleux dans un STAD a été reproché à un ancien salarié qui est retourné dans le système informatique de l'entreprise où il travaillait en utilisant les codes qui lui avaient été remis lors de son embauche[20]. L'infraction a également été reprochée à un salarié en activité qui utilisait ses codes d'accès au STAD de son employeur à des fins personnelles[21]. Il y a donc infraction chaque fois qu'une personne accède « sans droit » au système. Peu importent les modalités de l'accès en cause. Peu importe le procédé utilisé : on l'a vu, outrepasser les termes d'une autorisation peut suffire. *A fortiori*, il en va de même lorsque le prévenu a recours à un procédé d'espionnage pour entrer[22].

Quant au maintien dans un STAD, il peut être envisagé comme le fait pour l'agent de rester dans le système alors qu'il a dépassé les termes de son autorisation[23] ou alors qu'il n'était pas autorisé à entrer. Toutefois, un tel comportement ne peut procéder d'une simple abstention : ne pas quitter le système. S'y maintenir suppose un acte positif permettant de profiter des fonctionnalités du système[24]. En effet, à cette condition seulement, l'intention coupable – requise par

16. Cass. crim., 8 déc. 1999, *Dr. pén.* 2000, n° 53, obs. M. Véron.
17. CA Grenoble, 4 mai 2000, *JCP* G 2001, IV, 1473.
18. CA Paris, 14 janv. 1997, *RSC* 1998, p. 142, obs. J. Francillon.
19. Cass. crim., 27 mars 2018, *Comm. com. électr.* 2018, n° 59, obs. E.-A. Caprioli.
20. TGI Paris, 16 déc. 1997, *Gaz. Pal.* 29 juill. 1998, 2, p. 433, note C. Rojinsky.
21. CA Paris, 19 févr. 2010, *Dr. pén.* 2010, chron. 10, n° 14, obs. A. Lepage.
22. Cass. crim., 16 janv. 2018, *Dr. pén.* 2018, n° 74, obs. P. Conte ; *RSC* 2018, p. 101, obs. E. Dreyer.
23. CA Paris, 15 déc. 1999, *D.* 2000, I. R., p. 44.
24. Cass. crim., 10 mai 2017, *Gaz. Pal.* 18 juill. 2017, p. 57, obs. E. Dreyer.

ailleurs – peut être établie. Le délit ne saurait donc résulter d'un simple retard dans la déconnexion.

Dans le cas particulier où il y a d'abord accès puis maintien frauduleux dans un STAD, les deux formes de l'infraction peuvent-elles être reprochées à l'agent ? À l'encontre d'une telle solution, on peut faire valoir que l'individu qui accède de manière illégale, se maintient nécessairement dans le système de façon illégale. La seconde infraction semble donc dans la dépendance de la première à tel point que retenir un concours réel d'infractions paraît heurter le principe *non bis in idem*. La première qualification a vocation à l'emporter ici sur la seconde. Mais, inversement, on peut aussi soutenir, lorsqu'un accès irrégulier a précédé un maintien irrégulier, que celui-ci mérite d'être seul retenu (la qualification-fin l'emportant sur la qualification-moyen). En jurisprudence, la difficulté n'apparaît pas tranchée[25]. En effet, certains juges du fond refusent de relever un maintien frauduleux en plus d'un accès frauduleux[26]. Toutefois, d'autres acceptent de prononcer plusieurs déclarations de culpabilité, notamment pour écarter une éventuelle exception de prescription[27]. Ce qui ne résout qu'imparfaitement la difficulté car, en toute hypothèse, le maintien frauduleux est une infraction continue qui peut donc produire cet effet même si elle est relevée seule.

496. Perception. – Par ailleurs, l'infraction suppose l'intention d'agir de la sorte : l'adverbe « frauduleusement » utilisé par l'article 323-1 ne fait que souligner l'importance de cette condition, sans en élever le degré. Il s'ensuit que l'agent doit avoir eu conscience d'accéder ou de se maintenir dans le système contre le gré du maître de celui-ci[28]. L'accès par erreur, possible lorsque le système n'est pas ou est mal protégé, ne peut donc être pénalement sanctionné[29]. Néanmoins, la vraisemblance de cette erreur est appréciée par les juges en fonction des compétences en informatique de chaque prévenu. La bonne foi ne peut donc être invoquée par des étudiants qui s'introduisent dans le serveur de leur université en violation d'une charte informatique dont ils ont expressément accepté les termes en la signant[30]. Elle ne peut davantage être invoquée par un ancien prestataire qui, après rupture brutale de ses relations avec l'entreprise qui l'employait, s'introduit dans le système de celle-ci pour récupérer des données en créant « un compte au nom d'un tiers pour réactiver le sien, dissimulant ainsi sciemment son action aux autres utilisateurs du STAD »[31]. Par ailleurs, l'erreur qui existe au moment de l'accès peut disparaître ensuite (l'agent finissant par se rendre compte de l'illicéité de son comportement), rendant ainsi frauduleux le maintien dans le système[32].

---

25. D'autant que le revirement du 15 déc. 2021 (V. *supra*, n° 4) pourrait conduire à cumuler toutes ces qualifications.

26. CA Paris, 5 avr. 1994, *D.* 1994, I. R., p. 130 ; *RSC* 1998, p. 142, obs. J. Francillon.

27. CA Paris, 6 déc. 2000, *Comm. com. électr.* 2001, n° 28, obs. C. Le Stanc.

28. CA Paris, 15 déc. 1999, *D.* 2000, I. R., p. 44.

29. CA Paris, 20 oct. 2002, *Comm. com. électr.* 2003, n° 5, obs. L. Grynbaum. – V. aussi TGI Créteil, 23 avr. 2013, *Comm. com. électr.* 2013, n° 96, obs. E.-A. Caprioli.

30. TGI Vannes, 13 juill. 2005, *Comm. com. électr.* 2006, n° 74, obs. É.-A. Caprioli.

31. Cass. crim., 5 avril 2022, *Comm. com. électr.* 2022, n° 54, obs. E.-A. Caprioli ; *RSC* 2022, p. 609, obs. E. Dreyer.

32. Cass. crim., 20 mai 2015, *D.* 2015, p. 1466, note L. Saenko ; *JCP* G 2015, 887, note G. Beaussonie ; *AJ pénal* 2015, p. 413, note E. Dreyer. – CA Paris, 5 févr. 2014, *Comm. com. électr.* 2014, n° 40, E.-A. Caprioli.

Peu importe le mobile prétendument scientifique (étude) invoqué par l'agent ou sa volonté de « rendre service » en démontrant les faiblesses du système[33]. Peu importent également son absence d'esprit de lucre et sa volonté de s'amuser.

B. Les modalités de la répression

497. Pénalités. – La personne physique qui s'est rendue coupable de l'infraction d'accès ou maintien frauduleux dans un STAD s'expose à 3 ans d'emprisonnement et 100 000 € d'amende à titre principal. La juridiction peut, en outre, prononcer contre elle les peines complémentaires de l'article 323-5 dont la confiscation de la chose qui a servi à commettre l'infraction (matériel informatique) ainsi que l'affichage ou la diffusion de sa décision[34].

498. Circonstances aggravantes propres. – Mais ces peines principales sont portées à 5 ans d'emprisonnement et 150 000 € d'amende « lorsqu'il en est résulté soit la suppression ou la modification de données contenues dans le système, soit une altération du fonctionnement de ce système » (art. 323-1, al. 2). En effet, l'intrusion s'avère d'autant plus grave qu'elle a eu des répercussions (soit sur le contenu des données enregistrées, soit sur le système lui-même). Cependant, ces répercussions ne doivent pas avoir été voulues : elles doivent être une conséquence malheureuse de l'infraction, et non l'objectif poursuivi par l'agent. Ce dernier a voulu accéder ou se maintenir dans le système, sans se préoccuper des conséquences de son acte... Peu importe qu'il n'ait pu ou su l'empêcher. Un dol spécial – la volonté de nuire – n'est pas exigé à ce titre. On le verra : la perturbation « active » est punie par un autre texte (art. 323-3, ci-dessous). Est-ce à dire qu'à tout le moins un dol éventuel est requis ? Si l'on considère que l'infraction aggravée est une infraction nouvelle, distincte de l'infraction simple, une telle conclusion s'impose : il faut alors établir que le prévenu a agi volontairement en ayant conscience du dommage qui pourrait survenir sans le rechercher pour autant. Au contraire, si on considère que la circonstance aggravante influe sur la seule peine encourue (à raison du dommage occasionné), on peut se contenter ici comme dans l'hypothèse précédente d'un dol général, c'est-à-dire de la conscience d'accéder ou de se maintenir sans droit dans un STAD.

En toute hypothèse, les peines sont élevées à 7 ans et 300 000 € (art. 323-1, al. 3) lorsque le STAD ainsi atteint portait sur des données à caractère personnel et était mis en œuvre par l'État. Une telle aggravation semble justifiée par le caractère sensible des données qui ont pu, ainsi, être consultées. Il en va par ex. ainsi en cas d'accès non autorisé au casier judiciaire.

499. Circonstances aggravantes communes. – Par ailleurs, il existe deux circonstances aggravantes qui opèrent de la même façon pour toutes les atteintes aux STAD. Elles sont envisagées ici mais on les retrouvera également lorsque la répression des infractions suivantes sera évoquée.

Ainsi, la circonstance de bande organisée a-t-elle pour effet, en toute hypothèse, de porter les peines principales encourues à 10 ans d'emprisonnement et 300 000 €

33. TGI Paris, 13 févr. 2002, *Comm. com. électr.* 2002, n° 72, obs. L. Grynbaum.

34. À l'égard de cette seule catégorie d'atteintes aux STAD, le tribunal correctionnel peut statuer à juge unique (CPP, art. 398-1, 1°, 17e al.).

d'amende (art. 323-4-1). L'atteinte à un STAD peut alors être poursuivie selon le régime applicable à la délinquance organisée tel que prévu à l'article 706-73-1, CPP.

De surcroît, la même aggravation s'opère lorsque l'atteinte à un STAD a « pour effet d'exposer autrui à un risque immédiat de mort ou de blessures de nature à entraîner une mutilation ou une infirmité permanente ou de faire obstacle aux secours destinés à faire échapper une personne à un péril imminent ou à combattre un sinistre présentant un danger pour la sécurité des personnes » (art. 323-4-2). Peu importe que ce ne soit pas là son objet. L'objectif est de dissuader ce type de comportement en direction des services de secours et établissements de santé.

500. Groupements. – Les personnes morales reconnues coupables de l'infraction de l'article 323-1 s'exposent, quant à elles, à une amende dont le montant est porté au quintuple ainsi qu'à l'ensemble des peines énoncées à l'article 131-39, C. pén.

501. Action civile. – Bien évidemment, le maître du système est recevable à se constituer partie civile du fait de la perturbation dénoncée. Mais les enjeux sont tels que des polices d'assurance couvrent désormais les risques de cyberattaque. Pour autant, une indemnisation obtenue à ce titre ne doit pas dissuader l'exercice de l'action civile, au moins pour corroborer l'action publique. Les victimes y sont encouragées. Le législateur subordonne ainsi le versement de toute indemnité au dépôt d'une plainte auprès des autorités compétentes dans les 72 heures de la découverte de l'atteinte (C. ass., art. L. 12-10-1). De tels faits doivent être portés à la connaissance des parquets pour faciliter les poursuites et leur permettre, *a minima*, de mieux appréhender cette forme nouvelle de délinquance.

§2. L'atteinte à l'intégrité du STAD

502. Présentation. – L'article 323-3 incrimine « le fait d'introduire frauduleusement des données dans un système de traitement automatisé, d'extraire, de détenir, de reproduire, de transmettre, de supprimer ou de modifier frauduleusement les données qu'il contient ». Peu importe que l'agent ait eu un accès licite au système de traitement de données (autorisation expresse ou tacite). Il ne s'agit pas ici d'une infraction de conséquence (supposant au préalable une introduction ou un maintien frauduleux). Néanmoins, cette infraction peut éventuellement se commettre à la suite de la précédente, en concours réel.

À l'origine, l'article 323-3 se contentait d'incriminer l'introduction, la suppression ou modification frauduleuse de données. Le flou d'une telle disposition a été dénoncé. Néanmoins, la Cour de cassation a refusé de transmettre au Conseil constitutionnel une question prioritaire dénonçant une incrimination non conforme au principe de légalité. Elle a jugé « que les termes de l'article 323-3 du Code pénal sont suffisamment clairs et précis pour que son interprétation et sa sanction, qui entrent dans l'office du juge pénal, puissent se faire sans risque d'arbitraire »[35]. À la suite, elle a jugé de même au regard de l'article 7, Conv. EDH[36]. Pour prévenir toute contestation et assurer l'efficacité de la

35. Cass. crim., 10 avr. 2013, *RSC* 2013, p. 559, obs. J. Francillon.

36. Cass. crim., 30 oct. 2013, *Gaz. Pal.* 11 févr. 2014, p. 27, obs. E. Dreyer.

répression, le législateur a néanmoins complété ce texte. Mais il l'a fait d'une façon particulièrement maladroite, en ajoutant aux comportements déjà incriminés l'extraction, la détention, la reproduction et la transmission frauduleuses de données. Il n'est pas sûr, on le verra, que cela suffise à dissiper les doutes sur la légitimité de l'incrimination. Envisageons d'abord les comportements en cause ; on traitera ensuite des modalités de leur répression.

A. Les comportements incriminés

503. Résultat. – L'article 323-3 suppose un acte positif d'ajout ou de suppression effectué à l'insu du maître du système[37]. Peu importe qu'il n'en résulte aucune perturbation, apparente ou immédiate, du fonctionnement dudit système. D'ailleurs, si elle provoque volontairement un dysfonctionnement, l'infraction de l'article 323-2, évoquée ci-dessous, paraît mieux convenir (celle-ci n'étant que le moyen de réaliser celle-là).

1. La matérialité de l'acte

504. Ajout. – L'article 323-3 évoque en premier lieu le fait d'introduire frauduleusement des données dans un STAD. Ce fait a pu être défini comme « l'incorporation de caractères informatiques nouveaux sur un support du système »[38]. L'exemple le plus évident d'introduction de données correspond à l'enregistrement d'un logiciel espion dans un STAD[39].

505. Altération. – Ensuite, l'article 323-3 évoque le fait de supprimer ou modifier des données présentes dans le STAD. La suppression peut résulter de l'effacement de données[40] ou de leur déplacement[41]. Elle peut résulter également de la désinstallation d'un logiciel[42] ou de l'écrasement de fichiers. La modification conduit, quant à elle, à une transformation des données présentes dans le STAD. L'exemple le plus évident est fourni par la manipulation de noms ou chiffres dans un listing informatique[43]. *Idem* lorsqu'un étudiant parvient à s'introduire dans le système informatique de son université pour y relever les notes obtenues par lui-même, sa sœur et une amie à un examen[44]. Mais l'infraction s'applique également aux phénomènes de « défaçage » consistant en la

37. Les modifications à l'initiative du maître du système ne relèvent pas de cette qualification pénale : Cass. crim., 7 janv. 2020, *JCP* G 2020, 267, note E. Dreyer ; *Dr. pén.* 2020, n° 93, obs. P. Conte ; *Gaz. Pal.* 12 mai 2020, p. 52, obs. S. Detraz.

38. TGI Paris, 5 oct. 2010, *Comm. com. électr.* 2011, n° 16, obs. E.-A. Caprioli.

39. Cass. crim., 12 déc. 1996, *RSC* 1998, p. 144, obs. J. Francillon, cassant CA Paris, 15 mars 1995, *JCP* G 1995, IV, 1425.

40. V. s'agissant d'un *trader* ayant cru pouvoir ainsi dissimuler les opérations fictives auxquelles il s'était livré : Cass. crim., 19 mars 2014, *JCP* G 2014, 449, note V. Wester-Ouisse. – CA Paris, 24 oct. 2012, *JCP* G 2012, 1371, note J. Lasserre Capdeville.

41. V. en cas d'aspiration partielle d'un site : TGI Paris, 18 sept. 2008, *Comm. com. électr.* 2009, n° 10, obs. E.-A. Caprioli.

42. Cass. crim., 9 déc. 2015, *Dr. pén.* 2016, n° 20, obs. P. Conte.

43. Cass. crim., 8 déc. 1999, *Dr. pén.* 2000, n° 53, obs. M. Véron.

44. Cass. crim., 9 mars 2016, *RSC* 2016, p. 540, obs. J. Francillon.

suppression ou modification de la page d'accueil d'un site sans autorisation[45]. Peu importe la banalité ou la complexité de la technique employée[46].

À noter que l'infraction peut également être caractérisée lorsque la suppression ou modification des données est le fait d'une personne habilitée à cette fin mais qui outrepasse ses droits. C'est le cas par ex. lorsqu'un fichier, dont la tenue relève de la responsabilité de deux personnes, se trouve modifié par l'une à l'insu de l'autre[47].

506. Copie. – Par ailleurs, à l'origine, la simple copie de données ne rentrait pas dans le champ de cette incrimination dès lors qu'elle était réalisée sans suppression, ni modification. Toutefois, une loi du 13 novembre 2014 a permis de la sanctionner : en effet, cette loi a ajouté aux comportements incriminés par l'article 323-3 la reproduction, terme général qui concerne tant les reproductions temporaires, que les reproductions permanentes, quel que soit l'usage fait des données ainsi appréhendées. Néanmoins, là n'est peut-être pas l'essentiel car, à l'occasion de cette réforme, ont également été incriminées l'extraction, la détention et la transmission de données. On imagine difficilement que ces comportements puissent être réalisés sans reproduction ; l'incrimination autonome de la reproduction ne se justifie donc qu'en l'absence d'extraction, détention ou transmission. *A priori*, essentiellement à des fins techniques d'observation... L'hypothèse visée s'avère finalement marginale.

507. Extraction. – *Quid* des autres comportements ajoutés à l'article 323-3 ? L'extraction de données suppose leur reproduction dans l'intérêt de l'agent sans que ces données ne disparaissent dans le STAD : elle n'équivaut donc pas à la suppression de données déjà incriminée. Mais elle semble à ce point liée à la détention et à la transmission, incriminées par ailleurs, qu'il est difficile de l'envisager dans une hypothèse qui lui serait propre. De même, comment imaginer la détention de données sans extraction ou transmission consécutive ? Comment imaginer de transmission, sans extraction ni détention préalable ? Le législateur a multiplié les termes pour n'envisager, en réalité, qu'un seul et même comportement de pillage du contenu d'un STAD. Ce faisant, loin de clarifier l'incrimination, il l'a au contraire obscurcie. D'autant que l'incrimination de tels comportements n'est plus destinée à protéger les STAD. Il s'agit bien davantage de protéger les informations qu'ils traitent, ce qui relève d'une autre logique[48]. En l'occurrence, ces dispositions nouvelles semblent faire double emploi avec celles du Code de propriété intellectuelle protégeant les bases de données. Pire : elles perturbent celles-ci car, ici, la protection n'est pas subordonnée à l'existence d'un droit *sui generis* sur la base de données (CPI, art. L. 341-1) ; de surcroît, il y a délit même si la reproduction ne concerne pas « la totalité ou une partie qualitativement ou quantitativement substantielle du contenu d'une base de données sur un autre support » (CPI, art. L. 342-1). L'extraction de n'importe quelle donnée semble punissable (alors que la

45. TGI Paris, 18 déc. 2014, *Comm. com. électr.* 2015, n° 37, obs. E.-A. Caprioli ; *RSC* 2015, p. 101, obs. J. Francillon. – Lyon, 27 mai 2008, *Comm. com. électr.* 2009, n° 30, obs. E.-A. Caprioli.

46. TGI Paris, 5 oct. 2010, *Comm. com. électr.* 2011, n° 16, obs. E.-A. Caprioli.

47. Cass. crim., 8 juin 2021, *Dr. pén.* 2021, n° 142, obs. P. Conte ; *Gaz. Pal.*, 31 août 2021, p. 53, obs. S. Detraz.

48. V. aussi A. Szkopinski, *Droit de la propriété intellectuelle et matière pénale*, Thèse Versailles, 2018, [LGDJ, coll. Bibl.dr.privé, 2022, t. 616], p. 232 et s. – E. Chauvin et F. Vadillo, « Quand la lutte antiterroriste fait évoluer la notion de vol », *Gaz. Pal.* 16 avr. 2015, p. 6.

possible réservation d'une information isolée était jusqu'alors contestée), ce qui remet en cause un droit d'extraction que l'on considérait jusque-là acquis aux utilisateurs de bases de données (CPI, art. L. 342-3).

2. La perception de l'acte

508. Dol. – Là encore, le comportement incriminé est intentionnel. Ce qui signifie deux choses. Cela implique d'abord (l'adverbe « frauduleusement » permet de le souligner) que l'agent doit être intervenu sans droit. Tel n'est pas le cas d'un informaticien chargé de la maintenance d'un STAD, qui supprime ou ajoute des données dans l'exercice de ses fonctions : il bénéficie nécessairement de l'autorisation du maître du système et ne peut donc se voir reprocher aucune infraction. Il est nécessairement de bonne foi. Cela implique ensuite que, parmi les personnes non autorisées, l'infraction ne soit reprochable qu'à celles qui ont agi en connaissance de cause : l'introduction ou le retranchement de données ne doit pas être la conséquence d'erreurs ; un tel résultat doit avoir été recherché. L'infraction ne peut donc être retenue contre une personne qui transmet un fichier infecté par un virus en ignorant la présence de celui-ci[49]. En pratique, il est néanmoins difficile à la personne qui dispose de quelques compétences en informatique de prétendre que cette anomalie lui a échappé.

Dans les faits, une telle intention s'avère d'autant plus facile à établir qu'elle n'implique aucune volonté de nuire. La seule conscience d'introduire, supprimer ou modifier des données, au moment où le prévenu agit, suffit à consommer l'infraction[50]. Il en va de même, désormais, pour la conscience de reproduire, extraire, détenir ou transférer sans droit des données présentes dans le système. Celui qui agit ainsi sans l'autorisation du maître du système, le fait nécessairement de manière frauduleuse. C'est là une différence importante par rapport au délit d'entrave prévu à l'article 323-2 évoqué ci-dessous.

Bien entendu, peu importe là encore la volonté de s'amuser : elle ne constitue qu'un mobile ne remettant pas en cause la conscience et la volonté de l'agent d'accomplir les faits qui lui sont reprochés. Peu importe également que la faille de sécurité dont a profité l'agent ait été connue et identifiée depuis plusieurs mois par le gestionnaire du site qui aurait dû la corriger : « l'éventuelle négligence de ce dernier ne fait pas disparaître le délit »[51]. En revanche, rien ne permet d'exclure l'application du moyen tiré de la nécessaire protection des droits de la défense. On sait que ce moyen peut faire obstacle à la sanction du vol commis par un salarié emportant des documents de l'entreprise à la suite d'un licenciement dont il conteste la cause devant le conseil de prud'hommes « si les documents dont il s'agit étaient strictement nécessaires à l'exercice des droits de la défense de la prévenue dans le litige l'opposant à son employeur » (V. *supra*, n° 313). De portée générale, ce moyen devrait également être applicable ici, même si la Cour de cassation vient d'écarter un pourvoi qui en dénonçait la mauvaise application dès lors qu'« il ne résulte pas des constatations de l'arrêt que les comportements poursuivis étaient justifiés par

49. CA Paris, 15 mars 1995, *JCP* E 1995, pan., p. 596.

50. Cass. crim., 8 déc. 1999, *Dr. pén.* 2000, n° 53, obs. M. Véron.

51. TGI Paris, 18 déc. 2014, *Comm. com. électr.* 2015, n° 37, obs. E.-A. Caprioli ; *RSC* 2015, p. 101, obs. J. Francillon.

l'exercice des droits de la défense »[52]. Une telle réponse ne doit pas être comprise comme écartant l'application de ce moyen aux infractions des articles 323-1 et s. du Code pénal. Elle doit uniquement être prise pour ce qu'elle est : le rappel du caractère exceptionnel d'un tel moyen de défense qui ne saurait être admis lorsque toutes ses conditions ne sont pas réunies.

B. Les modalités de la répression

509. Pénalités. – La personne physique qui se rend coupable de l'une des infractions prévues à l'article 323-3 s'expose en principe à 5 ans d'emprisonnement et 150 000 € d'amende. On observera que ces peines principales sont plus élevées qu'au titre de l'accès et du maintien frauduleux : les conséquences d'un tel acte le font paraître plus dangereux. Mais ce n'est pas tout car ces peines sont portées à 7 ans et 300 000 € lorsque le STAD perturbé concernait des données à caractère personnel et était mis en œuvre par l'État (art. 323-3, al. 2). Elles sont même portées à 10 ans d'emprisonnement et 300 000 € d'amende lorsque l'infraction a été commise en bande organisée (art. 323-4-1). Il s'agit toujours de protéger des données sensibles (celles des fichiers de police ou du casier judiciaire, not.) mais aussi et plus spécialement ici de lutter contre l'usurpation d'identité. Par ailleurs, des peines identiques s'appliquent encore lorsque l'infraction a eu « pour effet d'exposer autrui à un risque immédiat de mort ou de blessures de nature à entraîner une mutilation ou une infirmité permanente ou de faire obstacle aux secours destinés à faire échapper une personne à un péril imminent ou à combattre un sinistre présentant un danger pour la sécurité des personnes » (V. *supra*, n° 499).

Les peines complémentaires sont celles prévues à l'article 323-5, déjà évoqué.

Quant aux personnes morales, elles s'exposent, à ce titre, à une amende dont le montant est porté au quintuple ainsi qu'à l'ensemble des peines de l'article 131-39.

Section 2
Les actes d'obstruction

510. Les actes d'obstruction correspondent à des hypothèses dans lesquelles le fonctionnement d'un STAD est affecté par le comportement de l'agent. Ils sont également de deux ordres. En effet, est incriminée tant l'obstruction directe que l'obstruction indirecte.

§1. L'obstruction directe

511. Présentation. – L'article 323-2 incrimine « le fait d'entraver ou de fausser le fonctionnement d'un système de traitement automatisé de

52. Cass. crim., 5 avril 2022, *Comm. com. électr.* 2022, n° 54, obs. E.-A. Caprioli ; *RSC* 2022, p. 609, obs. E. Dreyer.

données »[53]. Peu importe que le système entravé ou faussé ait été fermé (accès soumis à autorisation) ou ouvert (accès permis à tous). Peu importent donc l'accès et le maintien abusif dans le système qui ont pu éventuellement précéder. Il ne s'agit pas là d'une infraction de conséquence : sa répression ne dépend pas de la preuve du délit préalable de l'article 323-1. Même en l'absence de cette première infraction, on ne saurait tolérer que le fonctionnement du système soit perturbé.

A. La matérialité de l'acte

512. Distinction. – Là-encore, le comportement incriminé est nommé mais pas défini. Intuitivement, on perçoit que l'agent doit avoir pour but d'affecter le fonctionnement d'un STAD, par ex. en envoyant de façon massive des messages qui le ralentissent[54] ou en introduisant un programme malveillant (virus, vers, etc.) qui le paralyse[55]. *A minima*, il découle des termes employés qu'est en cause une infraction de commission : le simple fait pour un salarié de refuser de restituer à son ancien employeur une partie des codes d'accès au système ne suffit donc pas à caractériser ce délit[56]. Le défaut d'information sur l'existence d'un virus ne peut davantage être assimilé à un acte d'entrave. Mais que faut-il entendre par ce terme, surtout lorsque le fait d'entraver est distingué du fait de fausser le fonctionnement d'un STAD ? Il est difficile de distinguer ces deux comportements. Comme souvent en matière d'entrave, la légalité de l'incrimination paraît douteuse. Néanmoins, on formulera l'hypothèse que les deux actes incriminés à l'article 323-2 se distinguent par l'objectif que poursuit leur auteur. En effet, le dysfonctionnement du système peut être obtenu de deux façons : il peut tenir au fait que soit le système a cessé purement et simplement de fonctionner, soit il fonctionne encore mais en échappant au contrôle de son titulaire. Dans le premier cas, le fonctionnement du système semble « entravé » alors que, dans le second cas, il est « faussé ».

En pratique, les exemples d'entrave ne manquent pas. Il en va ainsi lorsqu'un serveur est inondé de requêtes afin de provoquer sa paralysie[57]. Il en va de même lorsqu'un mot de passe est modifié à l'insu du maître du système afin d'empêcher l'accès à celui-ci[58]. En revanche, le fonctionnement faussé d'un STAD est moins souvent relevé (insertion d'un « cheval de Troie » permettant de modifier un programme, par ex.). Mais il n'est pas impossible que les magistrats parlent d'entrave en toute hypothèse, sans distinguer suivant l'objectif poursuivi par l'agent.

53. L'infraction est punie de 5 ans d'emprisonnement et 150 000 € amende à titre principal. Mais ces peines sont portées à 7 ans et 300 000 € lorsque le STAD portait sur des données à caractère personnel et était mis en œuvre par l'État. S'appliquent également les deux circonstances aggravantes déjà évoquées car fonctionnant de la même façon pour toutes les atteintes aux STAD (V. *supra*, n° 499).

54. TGI Paris, 19 mai 2006, *Gaz. Pal.* 17 janv. 2007, p. 573, note J.-F. Forgeron et A. Fievée.

55. Cass. crim., 12 déc. 1996, *RSC* 1998, p. 133, obs. J. Francillon.

56. CA Poitiers, 20 janv. 1998, *Gaz. Pal.* 14 janv. 2000, 1, p. 301, note V. Prat.

57. T. corr. Le Mans, 7 nov. 2003, *Gaz. Pal.* 18 juill. 2004, p. 4, obs. E. Barbry.

58. Lorsqu'une somme d'argent est réclamée en contrepartie de la levée de cet obstacle au bon fonctionnement du STAD, la qualification d'extorsion semble applicable en sus de celle-ci (E. Le Moulec, « La qualification pénale de l'utilisation d'un rançongiciel », *Lexbase* 2021, N6367BYH).

513. Consommation. – Quelle que soit sa forme, le délit en cause est matériel. Le résultat redouté par le législateur est intégré ici à la définition de l'infraction. Elle suppose que l'acte positif incriminé ait atteint son but, c'est-à-dire que le STAD dysfonctionne. En l'absence de résultat « sensible », l'infraction n'est pas consommée[59]. En revanche, sa tentative est punissable (art. 323-7).

Le dysfonctionnement en question peut être total ou partiel (même si, ici, le législateur n'a pas rappelé que ce dysfonctionnement doit affecter « tout ou partie d'un système de traitement automatisé de données »), permanent ou temporaire, voire cyclique[60]. Le simple ralentissement du système peut également être pris en compte à ce titre[61].

B. La perception des actes d'obstruction

514. Dol. – Là encore, l'infraction est intentionnelle, même si le législateur n'a pas cru bon, cette fois, de le préciser tant il semble évident que l'individu agissant de la sorte a conscience de l'illicéité de son comportement. Il n'est même pas indiqué qu'il doit avoir agi « sans droit » !

En toute hypothèse, cette forme de perturbation se distingue de la perturbation « passive » évoquée ci-dessus (art. 323-1, al. 2) car son auteur a voulu atteindre le résultat redouté. Un dol spécial est donc requis : au-delà de la conscience d'agir de façon illicite, le prévenu doit avoir eu la volonté de porter atteinte au fonctionnement du STAD[62]. Cette exigence ne pose guère de difficultés en pratique. En effet, l'intention de nuire se déduit des moyens employés, dès lors que l'agent est intervenu en connaissance de cause. *A fortiori*, la réitération des attaques contre un même système confirme la mauvaise foi de l'agent.

§2. L'obstruction indirecte

515. Présentation. – À l'occasion d'une loi du 21 juin 2004, les incriminations évoquées ci-dessus ont été complétées pour permettre la sanction du « fait, sans motif légitime..., d'importer, de détenir, d'offrir, de céder ou de mettre à disposition un équipement, un instrument, un programme informatique ou toute donnée conçus ou spécialement adaptés pour commettre une ou plusieurs des infractions prévues par les articles 323-1 à 323-3 » (C. pén., art. 323-3-1). L'objectif a été d'empêcher la diffusion de moyens permettant de porter atteinte aux STAD[63]. Les juges doivent pouvoir sanctionner par ex. la détention d'un programme malveillant et sa transmission à autrui. L'autorité judiciaire peut alors intervenir avant toute introduction frauduleuse du programme dans un STAD. Le comportement en cause est érigé en infraction de prévention. Cette infraction peut également être retenue en concours réel avec celle d'accès

59. CA Paris, 18 déc. 2001, *D.* 2002, I. R., p. 940.

60. CA Paris, 15 mars 1994, préc.

61. Cass. crim., 12 déc. 1996, *B.* n° 465.

62. TGI Bordeaux, 6 janv. 2011, *Comm. com. électr.* 2011, n° 109, obs. E.-A. CAPRIOLI.

63. Il s'ensuit que ce moyen doit être destiné à un tiers, non autorisé, et non au maître du système. Peu importe que, en permettant à celui-ci de supprimer des lignes passées en compatibilité, le logiciel facilite une fraude fiscale (Cass. crim., 7 janv. 2020, *JCP* G 2020, 267, note E. DREYER ; *Dr. pén.* 2020, n° 93, obs. P. CONTE ; *Gaz. Pal.* 12 mai 2020, p. 52, obs. S. DETRAZ).

frauduleux si, à l'occasion d'une perquisition, d'autres dispositifs, non encore utilisés, sont découverts au domicile de la personne suspectée de s'être introduite sans droit dans un STAD[64].

En fait, le législateur a incriminé, ici, de manière autonome, la fourniture de moyens de commettre une atteinte aux STAD, c'est-à-dire la complicité d'une infraction qui n'existe pas encore à ce stade. En droit commun, ce comportement accessoire ne peut donc être relevé. Néanmoins, il faut pouvoir lutter contre ce type d'agissements dont l'existence facilite et banalise la délinquance informatique[65]. Il est donc envisagé ici pour lui-même, indépendamment de ses suites.

516. Éléments. – Matériellement, le comportement incriminé est susceptible de prendre plusieurs formes : importation, détention, offre, cession ou mise à disposition (art. 323-3-1). Il s'agit de tenir compte de l'objet de l'acte qui peut porter non seulement sur un bien corporel (équipement, instrument) mais aussi sur un bien incorporel (programme). Ainsi, le fait de diffuser sur le portail Internet de sa société des écrits accessibles à tous permettant d'exploiter des failles de sécurité informatique constitue l'infraction[66]. Mais, on l'a dit, l'infraction est également constituée indépendamment de toute mise à disposition : le simple fait de se procurer (importation) de tels éléments et de les détenir peut être réprimé à ce titre. Ce qui ne va pas sans poser quelques difficultés dans la mesure où le pirate lui-même détient ces éléments. Lorsqu'il les a effectivement employés, il paraît vain de relever ces deux infractions en concours. La première n'est sans doute que le moyen de réaliser la seconde qui sera, alors, seule constatée. D'autant qu'elles sont punies de la même façon (par renvoi d'une incrimination à l'autre). En revanche, lorsque le pirate a été appréhendé avant d'avoir pu employer les éléments en question, l'infraction de l'article 323-3-1 permet de le poursuivre à raison de cet acte préparatoire.

Par ailleurs, au plan psychologique, le comportement incriminé suppose conscience et volonté : le prévenu doit avoir su qu'il importait, détenait, offrait, cédait ou mettait à disposition un équipement, un instrument, un programme informatique ou toute donnée « conçus ou spécialement adaptés pour commettre une ou plusieurs des infractions prévues par les articles 323-1 à 323-3 ». Il doit s'être déterminé en connaissance de cause. Une telle preuve sera déduite, le plus souvent, de sa qualité et de son expérience dans l'univers informatique.

517. Justification. – Néanmoins, le législateur a réservé dans ce cas particulier l'hypothèse d'un « motif légitime » ayant pu animer l'agent. Son analyse juridique s'avère délicate. *A priori*, ce motif ne détruit pas l'intention coupable telle qu'elle a été caractérisée ci-dessus : en toute hypothèse, l'agent a eu conscience de ce qu'il faisait et décidé de le faire quand même. Il a tout au plus poursuivi un objectif particulier. Ce qui appelle deux observations. D'abord, l'absence de motif légitime est présentée comme une condition de l'infraction, de sorte que la preuve en incombe au ministère public : c'est à lui d'établir le caractère abusif de l'acte et non au prévenu de s'expliquer. Ensuite, compte tenu de ce qui précède, on a regretté que ce motif légitime n'ait pas été précisé à

64. Cass. crim., 16 janv. 2018, *Dr. pén.* 2018, n° 74, obs. P. Conte ; *RSC* 2018, p. 101, obs. E. Dreyer.

65. Au plan répressif, le législateur maintient là une sorte d'emprunt de pénalité puisque cette infraction est punie comme l'infraction que l'agent a permise ou aurait pu permettre.

66. Cass. crim., 27 oct. 2009, *D.* 2010, p. 806, note J. Lasserre Capdeville ; *RSC* 2010, p. 178, obs. J. Francillon.

l'origine. Ainsi, le législateur est-il intervenu, le 18 décembre 2013, en indiquant qu'un tel motif s'entend « notamment » d'un motif « de recherche ou de sécurité informatique ». Il s'agit de réserver l'hypothèse où les « éléments » litigieux peuvent être utilisés pour accomplir des actes licites, de sorte que celui qui fait ainsi office d'intermédiaire ne s'inscrit pas dans une logique de piratage : l'objectif est de laisser un espace au développement de la recherche en informatique sous le contrôle du juge qui apprécie, au cas par cas, la sincérité de la démarche. Le laboratoire qui travaille à renforcer les systèmes de sécurité peut détenir de tels équipements, instruments ou programmes ; pas le pirate qui développe une nouvelle génération de virus. On aura d'ailleurs observé que c'est la seule infraction « informatique » pour laquelle ce mobile est pris en compte. La Cour de cassation refuse de l'étendre à d'autres[67].

67. Cass. crim., 16 janv. 2018, *Dr. pén.* 2018, n° 74, obs. P. Conte ; *RSC* 2018, p. 201, obs. E. Dreyer.

CHAPITRE 3

Les autres atteintes aux biens

518. Parmi les autres atteintes aux biens, il convient d'envisager deux catégories d'infraction : celles qui affectent les morts et celles qui affectent les animaux. Peu importent alors les droits que l'agent pouvait faire valoir sur ces choses. Lorsqu'elles sont intentionnelles, les atteintes qui leur sont portées constituent des infractions.

Section 1 Les atteintes aux morts

519. L'article 225-17 du Code pénal permet de sanctionner le manque de respect dû aux morts en incriminant « toute atteinte à l'intégrité du cadavre, par quelque moyen que ce soit » ainsi que « la violation ou la profanation, par quelque moyen que ce soit, de tombeaux, de sépultures, d'urnes cinéraires ou de monuments édifiés à la mémoire des morts ». Dans cette seconde hypothèse, c'est également la douleur des survivants que le droit prend en compte en essayant de protéger leurs souvenirs et l'endroit où ils se recueillent[1].

On croyait oubliées les infractions en question dans la mesure où elles n'avaient plus guère connu d'application depuis le XIXe siècle mais le développement des jeux de rôle dans les cimetières ainsi que certains comportements xénophobes ou sectaires les ont remises à l'honneur.

1. L'article 3, Conv. EDH n'est pas applicable en cas de profanation d'une dépouille (CEDH, 27 févr. 2007, *Akpınar et Altun c/Turquie*, § 82). En revanche, s'ils ne peuvent se plaindre au nom de la dépouille, les proches auxquels un corps mutilé a été remis peuvent invoquer ce texte pour dénoncer le traitement indigne qui leur est ainsi réservé.

§1. Les comportements incriminés

520. L'article 225-17 envisage deux comportements distincts : i) l'atteinte à l'intégrité du cadavre ; ii) la violation et la profanation de tombeaux, de sépultures, d'urnes cinéraires ou de monuments édifiés à la mémoire des morts. Lorsqu'elle prend l'une ou l'autre de ces formes, l'infraction doit être consommée pour être punissable car la sanction d'une simple tentative n'est pas envisagée.

Précisons en quoi consistent ces deux comportements dans leurs dimensions à la fois matérielle et morale.

A. La matérialité des actes

521. Dépouille. – Matériellement, dans le premier cas, c'est une dépouille humaine qui est protégée. Le droit pénal apporte ici sa garantie à un principe de droit naturel rappelé dans le Code civil. En effet, l'article 16-1-1 de ce Code dispose que « le respect dû au corps humain ne cesse pas avec la mort » et que « les restes des personnes décédées, y compris les cendres de celles dont le corps a donné lieu à crémation, doivent être traités avec respect, dignité et décence ».

Il y a délit à porter atteinte, par quelque moyen que ce soit, à l'ancien support d'une vie humaine : attouchement ou vol d'objets dont la dépouille serait encore porteuse, nécrophilie aussi bien qu'expérimentation ou prélèvement intempestif d'organes.

Il n'est pas nécessaire d'attendre que le corps soit inhumé pour qu'il y ait infraction : le corps du défunt est protégé indépendamment de tout apprêt funéraire. L'atteinte pourrait donc être constatée alors que le corps vient d'arriver à la morgue ou se trouve encore exposé aux yeux de tous à l'endroit du décès. Néanmoins, la jurisprudence récente révèle des pratiques plus tardives. L'infraction a ainsi été déclarée constituée contre des fossoyeurs auxquels il était reproché de « sauter sur des cercueils ou [de] les forcer avec un instrument, pour y prendre des bijoux ou des dents en or »[2]. L'infraction fut également reprochée à des individus qui avaient exhumé le cadavre d'une jeune fille pour prendre des clichés indécents[3].

522. Monuments. – Le délit peut consister également en la destruction du lieu où le corps du défunt a été déposé (y compris après incinération : urne), enterré (sépulture) ou non (tombeau). La protection semble même s'étendre aux monuments aux morts qui ne comportent pas de sépulture[4]. Les actes reprochés sont, ici, plus précisément désignés : à l'atteinte succèdent la violation et la profanation (là aussi, « par quelque moyen que ce soit »).

La « violation » est constituée en cas de bris d'un cercueil ou d'une pierre tombale. Elle peut résulter également d'une simple dégradation (éclats, inscriptions, dessins, etc.)[5]. Une atteinte superficielle à la sépulture suffit. Il n'est pas nécessaire,

---

2. Cass. crim., 25 oct. 2000, *JCP* G 2001, II, 10566, note P. Mistretta ; *D.* 2001, p. 1052, note T. Garé.

3. TGI Paris, 27 oct. 1998, *D.* 1999, p. 511, note X. Labbée. – En revanche, la publication de clichés à l'insu de la gendarmerie qui les a réalisés ne saurait constituer l'infraction faute d'appréhension du cadavre lui-même : Cass. crim., 1er mars 2017, *Dr. pén.* 2017, n° 88, obs. P. Conte ; *Comm. com. électr.* 2017, n° 36, obs. A. Lepage.

4. V. sur cette dimension symbolique : A. Gailliard, *Les fondements du droit des sépultures*, Inst. Univ. Varenne, coll. Thèses, vol. 150, 2017, p. 206 et s.

5. Cass. crim., 8 févr. 1977, *B.* n° 52.

pour que l'infraction soit constituée, qu'il y ait atteinte au cadavre (c'est une circonstance aggravante : V. *infra*, n° 524). Dans cette logique, on a longtemps enseigné qu'il faut qu'existent des violences ou une voie de fait : de simples paroles ne suffiraient pas ; elles pourraient au mieux constituer une diffamation ou une injure publique envers la mémoire du mort (L. 29 juill. 1881, art. 34). En réalité, la façon de commettre l'atteinte importe moins que son résultat : c'est l'absence de résultat tangible qui exclut les paroles irrespectueuses envers un mort du champ de l'article 225-17, al. 2.

La « profanation » s'entend, quant à elle, de tout acte affectant la dimension sacrée du lieu ou des objets qui s'y trouvent : c'est pénétrer sans autorisation dans un lieu consacré et, éventuellement, le dégrader.

B. La perception des actes

523. Intention. – Il s'agit, en toute hypothèse, d'une infraction intentionnelle. Elle n'est constituée que si l'agent a eu conscience de porter – à l'occasion des actes précédemment décrits – atteinte au respect dû aux morts. Il n'en va pas ainsi lorsque, à la suite d'une erreur, un corps est déterré avec une pelleteuse mécanique devant accomplir des travaux de terrassement[6]. L'infraction ne serait pas davantage constituée s'il était reproché à un agent des pompes funèbres d'avoir exhumé un corps pour le déplacer d'un caveau provisoire à sa sépulture définitive. *A fortiori*, aucune infraction n'est constituée lorsque le caveau est ouvert et le corps exhumé sur décision de justice à des fins d'autopsie[7]. Mais il paraît plus exact de voir dans cette dernière hypothèse une justification de l'infraction par l'exécution du commandement d'une autorité légitime (art. 122-4, al. 2).

§2. Les modalités de la répression

524. Pénalités. – Les deux comportements définis ci-dessus sont punis d'un an d'emprisonnement et de 15 000 € d'amende (art. 225-17, al. 1 et 2). Ces peines sont doublées lorsqu'il y a eu à la fois atteinte à l'intégrité du cadavre et violation du tombeau ou de la sépulture (al. 3). Les peines de stage et de sanction-réparation ont naturellement vocation à s'appliquer ici soit en lieu et place de l'emprisonnement, soit en plus d'une peine d'emprisonnement symbolique (art. 131-5-1 et 131-8-1). En revanche, aucune peine complémentaire n'est expressément prévue[8].

525. Justification. – L'autorisation de la loi (art. 122-4, al. 1) justifie les dissections pratiquées par un médecin légiste (CPP, art. 74 et 81) et les prélèvements d'organes pratiqués conformément aux articles L. 1232-1 et s. CSP.

526. Procédure. – Les associations de défense des intérêts moraux et de l'honneur des anciens combattants et victimes de guerre peuvent exercer les

6. Cass. crim., 3 avr. 1997, *Dr. pén.* 1997, n° 122, obs. M. Véron.

7. CA Pau, 24 févr. 2005, *JCP* G 2005, IV, 3041.

8. À signaler que, contrastant avec cette relative modération des peines applicables aux personnes physiques, les personnes morales s'exposent à l'intégralité des peines prévues par le Code, dissolution comprise (art. 225-18-1), ce qui interroge.

droits reconnus à la partie civile pour provoquer la mise en mouvement de poursuites ou corroborer l'action publique (CPP, art. 2-11). Il n'en va pas de même pour les associations de lutte contre le racisme. Peu importe que la profanation présente un caractère raciste[9].

Section 2
Les atteintes envers les animaux

527. Les animaux ne sont pas des biens comme les autres. D'ailleurs, le Code pénal n'en traite pas dans son Livre troisième consacré aux « crimes et délits contre les biens ». Les incriminations qui protègent les animaux ont été placées dans son Livre cinquième consacré aux « autres crimes et délits » où elles apparaissent après celles applicables en matière... de santé publique ! L'unique intérêt de ce classement est de souligner qu'il s'agit de doter ces « êtres sensibles » d'une protection à mi-chemin entre celle reconnue aux personnes et celle accordée aux biens (C. rur., art. L. 214-1. – V. aussi C. civ., art. 515-14, parlant d'« êtres vivants doués de sensibilité »)[10].

Il existe en la matière deux degrés de protection : suivant la nature de l'acte accompli, l'atteinte peut constituer un délit ou une contravention. Distinguons.

Sous-section 1
Les atteintes portées aux animaux de nature correctionnelle

528. En matière correctionnelle, le législateur a multiplié les incriminations dans l'espoir de mieux défendre la cause animale. Elles sont désormais structurées en deux catégories : celle des atteintes à l'intégrité physique d'une part et celle des atteintes à la vie d'autre part. Là aussi, il importe de distinguer non en fonction de la valeur protégée (ôter la vie d'un animal étant puni moins sévèrement que lui infliger des souffrances) mais en fonction de la gravité du comportement incriminé (torturer un animal s'avérant plus grave que lui donner la mort).

9. En effet, cette infraction n'est pas comprise dans l'habilitation de l'art. 2-1, CPP (Cass. crim., 4 avr. 2023, *D.* 2023, p. 689).

10. Ces incriminations sont complétées par de nombreuses autres dans le Code rural qui ne seront pas envisagées ici (art. R. 215-3 et s.). Les associations défendant la cause animale peuvent exercer les droits reconnus à la partie civile en ce qui concerne toutes ces infractions (CPP, art. 2-13).

§1. Les atteintes à l'intégrité physique de l'animal

529. Plusieurs comportements doivent être envisagés sous cette rubrique. Il s'agit de punir, dans tous les cas, des individus à l'origine d'une souffrance animale mais selon des modalités très variables d'une incrimination à l'autre.

A. Les sévices et autres comportements sans dimension sexuelle

530. Animaux. – L'article 521-1 s'intéresse à l'animal domestique, apprivoisé ou tenu en captivité (al. 1 et 5). Habituellement, on oppose à l'animal domestique l'animal sauvage. Mais celui-ci entre dans le champ de l'incrimination dès lors qu'il est apprivoisé ou en captivité. Inversement, les faisans élevés en enclos puis lâchés dans la nature perdent le bénéfice de cette protection pénale[11]. En effet, l'animal sauvage, ou redevenu sauvage, doit pouvoir être chassé ou abattu, *a fortiori* s'il se montre menaçant[12].

À l'égard des animaux domestiques, apprivoisés ou tenus en captivité, trois comportements sans dimension sexuelle sont incriminés : les sévices et actes de cruauté proprement dits, la création de gallodromes et l'abandon.

1. Les sévices graves et actes de cruauté

531. Incrimination. – Est donc incriminé tout d'abord (al. 1) le fait, publiquement ou non, d'exercer des sévices graves, ou de commettre un acte de cruauté envers un animal au sens précité.

On entend par sévices des actes de violence dès lors qu'ils sont graves[13] ainsi que des actes de cruauté[14]. Ces références à la gravité et à la cruauté laissent au juge une marge d'appréciation importante. Loin de défendre le caractère sacré de toute vie animale[15], le juge doit apprécier la légitimité des comportements en cause[16]. Il perd ce pouvoir, on le verra, dans l'hypothèse particulière où les sévices sont de nature sexuelle. Ceux-ci semblent toujours punissables, mais à un autre titre désormais (V. *infra*, n° 536).

En toute hypothèse, les sévices en question doivent résulter d'un acte positif car l'infraction est de commission[17]. Cet acte positif doit être précisé indépendamment de son résultat. Des magistrats ne peuvent donc se contenter de relever, pour caractériser une telle infraction, qu'une pouliche « se trouvait dans un état lamentable et

11. Cass. crim., 22 oct. 1980, *JCP* G 1981, II, 19621, note J. de Malafosse.

12. V. aussi J.-Y. Maréchal, « L'animal dangereux et la loi pénale », *Dr. pén.* 2018, étude 1.

13. Sont en cause des actes « accomplis intentionnellement dans le but de provoquer la souffrance ou la mort » : Cass. crim., 30 mai 2006, *Dr. pén.* 2006, n° 119, obs. M. Véron.

14. V. parlant de méchanceté : CA Paris, 2 févr. 1977, *JCP* G 1978, II, 18843, obs. R. de Lestang, et de perversité : T. corr. Nîmes, 29 juin 1973, *Gaz. Pal.* 1973.2, p. 879.

15. V. cpdt P.-J. Delage, *La condition animale*, Mare & Martin, coll. Bibl. des thèses, 2015, p. 770 et s.

16. T. pol. Bordeaux, 20 févr. 1984, *D.* 1984, p. 383, note J. Pradel ; *JCP* G 1985, II, 20380, note G. Mémeteau.

17. Cass. crim., 28 févr. 1989, *B.* n° 93. – V. aussi CA Pau, 24 avr. 2001, *JCP* G 2001, IV, 3102.

que le certificat du vétérinaire qui lui a prodigué des soins est éloquent »[18]. Par ailleurs, cet acte positif doit être le fait même de la personne poursuivie car il ne saurait exister en la matière de responsabilité du fait d'autrui[19].

532. Répression. – En l'occurrence, ce premier délit est puni de 3 ans d'emprisonnement et 45 000 € d'amende. Mais différentes circonstances en aggravent désormais la sanction[20]. Ainsi, les peines principales encourues passent-elles à 5 ans d'emprisonnement et 75 000 € d'amende « lorsque les faits ont entraîné la mort de l'animal » (al. 2). Par ailleurs, de façon assez déroutante, le législateur énonce à la suite différentes circonstances dont il n'indique pas aussitôt l'effet aggravant[21]. Ainsi, l'alinéa 3 du même article dispose-t-il : « est considéré comme circonstance aggravante du délit mentionné au premier alinéa le fait de le commettre en présence d'un mineur » et son alinéa 4 ajoute : « est considéré comme circonstance aggravante le fait d'être le propriétaire ou le gardien de l'animal ». L'alinéa 5 ajoute : « est considéré comme circonstance aggravante du délit mentionné au premier alinéa le fait de le commettre sur un animal détenu par des agents dans l'exercice de missions de services publics ». Et ce n'est qu'à l'avant-dernier alinéa de l'article 521-1 qu'il est finalement indiqué que : « lorsqu'ils sont commis avec circonstance aggravante, sauf lorsque les faits ont entraîné la mort de l'animal, les délits mentionnés au présent article sont punis de quatre ans d'emprisonnement et de 60 000 euros d'amende » (al. 14). La technique est nouvelle. Elle ne semble pas aberrante mais elle n'est pas mise en œuvre ici de façon rigoureuse : pourquoi séparer ces différentes circonstances aggravantes les unes des autres ; *a fortiori*, pourquoi les séparer de l'indication de leur effet ?

Par ailleurs, aussi bien en cas de condamnation du propriétaire qu'en cas de propriétaire resté inconnu, le tribunal doit statuer sur le sort de l'animal (son éventuelle restitution s'il a été saisi ou retiré au cours de la procédure judiciaire : CPP, art. 99-1). La référence à un propriétaire inconnu peut surprendre ici. Elle suppose des poursuites engagées contre un individu qui n'est pas propriétaire. Cette circonstance ne doit pas empêcher le tribunal de statuer et de prononcer éventuellement la confiscation de l'animal en prévoyant sa remise à une fondation ou une association de protection (reconnue d'utilité publique ou à tout le moins déclarée) qui pourra librement en disposer. En outre, le coupable s'expose à l'interdiction, à titre définitif ou non, de détenir un animal ainsi qu'à l'interdiction, à titre définitif ou pour 5 ans au plus, d'exercer une activité professionnelle ou sociale (autre qu'un mandat électif ou des responsabilités syndicales) dès lors qu'il a utilisé les facilités que lui procurait cette activité pour commettre l'infraction. Ces interdictions, prévues à l'alinéa 7 de l'article 521-1, sont déclarées applicables à toutes les infractions du chapitre concernant les sévices et actes de cruauté. Elles y sont donc mal placées.

---

18. Cass. crim., 13 janv. 2004, *B.* n° 7. – V. aussi Cass. crim., 4 mai 2010, *Gaz. Pal.* 17 nov. 2010, p. 22, obs. E. Dreyer.

19. Cass. crim., 18 févr. 1987, *RSC* 1987, p. 903, obs. J.-H. Robert.

20. De surcroît, pour assurer l'effectivité de la répression, l'obligation de secret professionnel incombant aux vétérinaires (rappelée à l'art. L. 241-5, CRPM) est levée pour leur permettre (simple faculté) de porter à la connaissance du procureur de la République toute information relative à des sévices graves, à un acte de cruauté, une atteinte sexuelle ou des mauvais traitements sur un animal, constatés dans l'exercice de leur profession (C. pén., art. 226-14, 5°. – V. *infra*, n° 909).

21. Les personnes morales s'exposent quant à elles à une amende dont le montant est porté au quintuple ainsi qu'à toutes les peines de l'article 131-39, sauf la dissolution (al. 8, 9, 10).

533. Justification. – Enfin, sur habilitation de la loi, la coutume justifie deux types de sévices graves ou actes de cruautés envers des animaux, ce qui suffit à montrer qu'une telle incrimination n'a rien d'absolu même si ses limites sont étroitement définies. En effet, le 11e alinéa de l'article 521-1 exclut l'application de l'incrimination « aux courses de taureaux lorsqu'une tradition locale ininterrompue peut être invoquée » ainsi qu'aux « combats de coqs dans les localités où une tradition ininterrompue peut être établie »[22]. Le Conseil constitutionnel a admis la légitimité de ces exceptions[23]. La Cour de cassation ne juge pas légitime d'en étendre l'application à d'autres hypothèses sous prétexte de liberté religieuse[24].

2. Création de gallodrome

534. Extinction. – Ensuite, l'article 521-1, al. 12 incrimine « toute création d'un nouveau gallodrome ». Si les combats de coqs sont tolérés dans les localités où il existe une tradition ininterrompue, il n'est pas question d'encourager ce type de spectacle en permettant l'ouverture de nouvelles enceintes où ils pourraient être organisés... La légitimité d'une telle disposition a été contestée, notamment au regard du principe d'égalité car le législateur n'a pas incriminé, par ailleurs, la création de nouvelles arènes où pourraient être organisées des corridas en l'absence de tradition locale les légitimant. Les combats de coqs paraissent ainsi soumis à un régime moins favorable que les combats de taureaux. Néanmoins, le Conseil constitutionnel a admis une telle différence de traitement au regard de la différence de situation dans laquelle se trouvent ces deux types de combats : il s'agit, dans un cas, d'une pratique en sursis, pas dans l'autre[25].

3. Abandon de l'animal

535. Assimilation. – Enfin, l'article 521-1, al. 13, menace des mêmes peines, le fait d'abandonner un animal domestique, apprivoisé ou tenu en captivité. Dans cette dernière hypothèse, quoi qu'en dise l'intitulé du chapitre où l'incrimination apparaît, le délit « est constitué sans que ne soit requis l'existence de sévices ou d'actes de cruauté accomplis dans le but de provoquer la souffrance ou la mort »[26]. L'objectif est au contraire d'assimiler une simple

22. *A priori*, il suffit qu'une commune appartienne à un « ensemble démographique... où se retrouvent la permanence et la persistance d'une tradition tauromachique qui a donné lieu dès le milieu du XIXe siècle à des corridas avec mises à mort », et où « cette tradition n'est pas localement tombée en désuétude », pour que la justification s'applique (Cass. crim., 16 sept. 1997, *B.* n° 295). Au-delà de l'ancienneté et de la régularité des corridas, l'attachement du public à ce spectacle est également pris en compte (Cass. crim., 6 déc. 2022, *Dr. pén.* 2023, n° 15, obs. P. Conte). Peu importe que, dans la ville même, des corridas n'aient pas été organisées depuis près de 50 ans (Cass. crim., 8 juin 1994, *JCP* G 1995, II, 22483, note E. de Monredon). L'existence d'une tradition locale ininterrompue est appréciée souverainement par les juges du fond (Cass. 1re civ., 7 févr. 2006, *JCP* G 2006, II, 10073, note E. de Monredon).

23. Déc. n° 2012-271 QPC du 21 sept. 2012, *Comité radicalement anti-corrida Europe et a.*, § 6 et J.-Y. Maréchal : *Dr. pén.* 2012, étude 25.

24. Cass. crim., 5 mars 2019, *Dr. pén.* 2019, n° 86, obs. P. Conte. – V. auparavant, admettant la noyade de chiens destinés à être mangés conformément à une coutume polynésienne : CA Papeete, 19 févr. 1998, *Dr. pén.* 1999, n° 51, obs. M. Véron.

25. Déc. n° 2015-477 QPC du 31 juill. 2015, *M. Jismy R.*, § 5.

26. Cass. crim., 16 juin 2015, *Dr. pén.* 2015, n° 121, obs. P. Conte.

abstention à des actes positifs. Le délit est constitué par ex. lorsqu'un propriétaire se désintéresse d'ânes parqués dans un enclos où ils manquent de nourriture et sont blessés au point que l'un d'entre eux finit par mourir faute de soins[27]. Toutefois, ce délit reste intentionnel : l'abstention n'est punissable que si elle est consciente. *In fine*, le treizième alinéa de l'article 521-1 réserve également l'hypothèse, de bon sens, dans laquelle les animaux abandonnés sont « destinés au repeuplement ». Il aurait pu envisager, de la même façon, la remise en liberté des animaux sauvages tenus en captivité ou la remise d'un animal domestique à un refuge. Il aurait alors été plus juste de qualifier l'infraction de délaissement plutôt que d'abandon car ce sont davantage les circonstances entourant l'acte que l'acte lui-même qui justifient la répression (v. *infra*, n° 1459). Le législateur a-t-il craint ici qu'on lui reproche de trop assimiler l'animal à l'homme ou s'est-il laissé aller à une facilité de langage ?

En réalité, la détermination des peines encourues à raison de ce comportement n'a plus rien d'évident. En effet, on ne parvient pas à savoir si les circonstances aggravantes prévues aux alinéas qui précèdent sont également applicables ici. Certes, les peines portées à 4 ans et 60 000 € sont déclarées applicables (al. 14) à tous les délits visés par l'article 521-1, ce qui paraît signifier que les circonstances précitées aggravent également la sanction de l'abandon... à une réserve près : l'abandon se voit ajouter une circonstance aggravante qui lui est propre au dernier alinéa de ce même texte (lorsqu'il est perpétré « en connaissance de cause, dans des conditions présentant un risque de mort immédiat ou imminent pour l'animal domestique, apprivoisé ou tenu en captivité »). Qu'a voulu dire le législateur exactement ? Cette circonstance aggravante s'ajoute-t-elle aux précédentes ou ne constitue-t-elle que la seule forme d'aggravation possible de l'abandon ? Et quel peut bien être son effet ? Car le législateur ne l'a pas indiqué. Or, on l'a vu, l'article 521-1 comporte deux degrés d'aggravation suivant qu'il en est ou non résulté la mort de l'animal. Faut-il considérer que l'aggravation varie suivant que le risque de mort lié à l'abandon s'est ou non réalisé ? Une telle incertitude rend cette circonstance aggravante inapplicable.

B. Les atteintes sexuelles

536. Présentation. – Par ailleurs, une incrimination est désormais consacrée aux atteintes sexuelles sur certains animaux. En effet, l'article 521-1-1, al. 1, dispose : « les atteintes sexuelles sur un animal domestique, apprivoisé ou tenu en captivité sont punies de trois ans d'emprisonnement et de 45 000 euros d'amende »[28]. Les animaux en question sont les mêmes que dans l'hypothèse précédente. Mais les comportements incriminés changent. Sont visées ici des atteintes sexuelles sans autre précision. Tout au plus, l'alinéa 2 du même article ajoute-t-il que « les soins médicaux et d'hygiène nécessaires ainsi que les actes nécessaires à l'insémination artificielle ne peuvent être considérés comme des atteintes sexuelles ». Ce qui tombe sous le sens et ne palie pas l'absence de définition.

27. Cass. crim., 4 mai 2010, *Dr. pén.* 2010, n° 88, obs. M. Véron.

28. Les peines complémentaires sont identiques aux précédentes. *Idem* pour les sanctions applicables aux personnes morales (al. 4 et s.).

537. Limites. – Évidemment, il ne s'agit pas de sanctionner un animal qui aurait abusé de sa force pour en pénétrer sexuellement un autre mais un individu qui accomplit un acte sexuel sur un animal[29]. Dans une telle hypothèse, la question du consentement de l'animal ne peut se poser : toute atteinte est donc une agression. Mais faut-il envisager l'agression sexuelle aussi souplement qu'à l'égard des humains (V. *supra*, n° 261) ? Sans doute, une distinction s'impose. La sanction paraît justifiée lorsqu'il y a agression par le sexe (d'un individu) ou dans le sexe (d'un animal), ce qui correspond à des hypothèses équivalentes au viol d'une personne[30]. Les puristes y assimileront peut-être l'acte bucco-génital. Mais, s'agissant des autres agressions sexuelles, on hésitera à transposer les solutions applicables des victimes humaines aux victimes animales tellement elles sont envisagées largement : à la différence de la « main aux fesses », la tape sur la croupe d'un cheval n'appelle sans doute pas une peine. *Quid* du fermier qui caresse un peu trop longtemps sur le pis d'une chèvre ? Il n'est pas sûr que toutes ces hypothèses aient été clairement envisagées par le législateur. En réalité, il n'est même pas sûr que la bonne solution soit de raisonner pour les animaux comme pour les humains en qualifiant de la même façon les comportements dont ils peuvent être victimes. L'anthropomorphisme s'avère déplorable ici.

538. Aggravation. – Pour la complète information du lecteur, il sera par ailleurs précisé que les peines encourues sont portées à 4 ans d'emprisonnement et 60 000 € d'amende « lorsque les faits sont commis en réunion, en présence d'un mineur ou par le propriétaire ou le gardien de l'animal ». Ce qui prête à confusion. Si la première hypothèse envisagée par ce texte évoque une « tournante » dont l'animal serait victime, les suivantes évoquent d'autres circonstances aggravantes qui auraient mérité d'être plus clairement distinguées : l'atteinte sexuelle pouvant être commise en présence d'un mineur et/ou par le propriétaire ou gardien de l'animal sans que cela n'implique un acte accompli à plusieurs.

539. Complément. – Par ailleurs, le législateur s'est également senti obligé (sans doute pour faire bonne mesure par rapport à la répression des atteintes sexuelles sur « humains ») d'incriminer : « le fait de proposer ou de solliciter des actes constitutifs d'atteintes sexuelles sur un animal définies à l'article 521-1-1, par quelque moyen que ce soit ». Ce fait est puni d'un an d'emprisonnement et 15 000 € d'amende (art. 521-1-3). Il s'agit *a priori* d'une forme de provocation dont l'incrimination autonome ne présente d'intérêt que dans l'hypothèse où elle n'a pas été suivie d'effet (à défaut, elle mérite – cette fois-ci – d'être punie au titre de la complicité de l'atteinte sexuelle en question). Bien malin sera le juge qui saura distinguer entre le fait de proposer et le fait de solliciter. Cette précaution de langage paraît d'autant plus vaine qu'une telle incitation peut se réaliser « par quelque moyen que ce soit ». Seules les hypothèses de « menace, ordre, abus d'autorité ou de pouvoir » envisagées à l'article 121-7, C. pén., paraissent donc exclues, sans que l'on ne sache très bien pourquoi. En tout cas, l'objet

29. Ce qui justifie, semble-t-il, que cette infraction ait été ajoutée à la liste de celles qui permettent l'application de la procédure dérogatoire propre aux infractions de nature sexuelle (CPP, art. 706-47, 15°). – V. aussi J. Leroy, « Renforcement de la lutte contre la maltraitance animale », *JCP* G 2021, 1339, n° 38.

30. V. pour une illustration sous l'empire du droit antérieur : Cass. crim., 4 sept. 2007, *D.* 2008, p. 524, note J. Chacornac ; *JCP* G 2008, II, 10054, note J. Segura.

même d'une telle incrimination reste incertain. On imagine qu'est en cause le fait, par un individu de proposer à un autre (et non à l'animal) ou de solliciter d'un autre (le propriétaire ou gardien de l'animal ou quelqu'un pouvant fournir un animal à cette fin ?) une atteinte sexuelle sur un animal mais on ne parvient pas à déterminer, en l'état, si l'atteinte attendue a vocation à être accomplie par l'auteur même de la provocation ou par le tiers auquel il s'adresse. Une fois de plus, la bonne conscience animaliste semble l'avoir emporté sur la technique juridique...

C. Le *Happy slapping* animalier

540. Extension. – Par ailleurs, une hypothèse particulière de *happy slapping* est incriminée. Un nouvel article 521-1-2 dispose que : « Est constitutif d'un acte de complicité des sévices graves, actes de cruauté ou atteintes sexuelles sur un animal domestique, apprivoisé ou tenu en captivité, prévus au premier alinéa des articles 521-1 et 521-1-1, et est puni des peines prévues aux mêmes articles 521-1 et 521-1-1 le fait d'enregistrer sciemment, par quelque moyen que ce soit et sur quelque support que ce soit, des images relatives à la commission des infractions mentionnées au présent alinéa. Est constitutif d'un acte de complicité de mauvais traitements sur un animal et est puni de l'amende prévue pour les contraventions de la quatrième classe le fait d'enregistrer sciemment, par quelque moyen que ce soit et sur quelque support que ce soit, des images relatives à la commission de l'infraction de mauvais traitements précitée ». On sait – même si le législateur persiste à ne pas l'entendre – qu'il ne s'agit pas là d'une véritable hypothèse de complicité mais d'un mécanisme de renvoi aux pénalités encourues à raison des infractions dont la commission est filmée (celles visées au texte ainsi que celle de l'art. R. 654-1) (V. *supra*, n° 88).

À la suite, le même article 521-1-2 se sent obligé d'ajouter que « le fait de diffuser sur internet l'enregistrement de telles images est puni de deux ans d'emprisonnement et de 30 000 euros d'amende » (al. 2) mais que « le présent article n'est pas applicable lorsque l'enregistrement, la détention, la diffusion ou la consultation de ces images vise à apporter une contribution à un débat public d'intérêt général ou à servir de preuve en justice » (al. 3). Cette dernière précision est destinée à rassurer les associations de défense de la cause animale qui cherchent à heurter les (mauvaises) consciences en diffusant des images insoutenables. Toutefois, elle ne fait que rappeler une limite à la répression déjà acquise sur le fondement des articles 6 et 10, Conv. EDH. Par ailleurs, l'incrimination de la diffusion des images en question interroge en ce qu'elle ne s'applique que sur internet : pourquoi la diffusion des mêmes images serait-elle légitime lorsqu'elle intervient dans un journal à gros tirage ou à une heure de grande écoute dans une émission de radio ou de télévision ? Au contraire, l'impact démultiplié de ces médias semble davantage appeler une sanction que la diffusion confidentielle d'un site simplement consulté par quelques sadiques ou pervers[31]. En toute hypothèse, cette restriction ne semble tenir aucun compte de la convergence entre les différents médias qui rendra intenable à brève échéance une approche aussi segmentée.

31. Il convient néanmoins de préciser que l'art. 227-24, C. pén. est complété d'une référence aux « images pornographiques impliquant un ou plusieurs animaux » : les différents actes visés par ce texte sont donc punissables dès lors que de telles images sont susceptibles d'être vues par un mineur (V. *infra*, n° 1568).

D. Les expériences et recherches sur tous les animaux

541. Expérimentations. – Pour finir, l'article 521-2 incrimine le fait de pratiquer des expériences ou recherches scientifiques ou expérimentales « sur les animaux » sans se conformer aux prescriptions fixées par décret en Conseil d'État. Tout type d'animal est, cette fois-ci, concerné : domestique ou sauvage ; apprivoisé ou non ; en captivité ou pas (ce qui permet d'inclure les expériences en milieu naturel). Même les animaux nuisibles entrent dans le champ de cette protection (souris, rats, etc.).

Toutefois, ces faits sont déclarés légitimes s'ils respectent des exigences aujourd'hui codifiées dans le Code rural aux articles R. 214-95 et s. *A contrario*, constitue un délit toute recherche sur l'animal susceptible de porter atteinte à son intégrité physique qui sort de ce champ réglementaire. Les sanctions prévues à l'article 521-1, sont alors applicables.

§2. L'atteinte à la vie d'un animal

542. Présentation. – Ce qui ne constituait jusqu'à présent qu'une contravention (C. pén., art. R. 655-1, à abroger), devient un délit. En effet, un nouvel article 522-1 menace de 6 mois d'emprisonnement et de 7 500 € d'amende « le fait, sans nécessité, publiquement ou non, de donner volontairement la mort à un animal domestique, apprivoisé ou tenu en captivité, hors du cadre d'activités légales ».

Une réflexion abstraite sur les nouvelles peines principales applicables n'a sans doute pas beaucoup de sens. Néanmoins, au cas particulier, on s'étonnera de la modestie des sanctions retenues[32]. Quoiqu'il en dise, la vie d'un animal ne vaut pas cher aux yeux du législateur. Pire, l'échelle des peines en question interroge. En effet, celui qui donne – sans nécessité – la mort à un animal s'expose à des sanctions moins sévères que l'auteur de sévices graves et actes de cruauté simples (constat plus encore exact lorsque ces sévices ou actes de cruauté ont entraîné la mort de l'animal sans intention de la donner !). Cela paraît incohérent.

En toute hypothèse, est applicable ici aussi la justification coutumière des courses de taureaux et combats de coqs déjà évoqués (al. 2). Sur délégation de la loi, la tradition rend légitime la mort donnée à ces animaux conformément à des règles ancestrales.

543. Incrimination. – Tout acte permettant de donner la mort sans faire spécialement souffrir est concerné dès lors qu'il concerne un animal domestique, apprivoisé ou tenu en captivité au sens évoqué ci-dessus. Cet acte doit être volontaire. Des auteurs ont qualifié l'infraction d'« animalicide » en soulignant qu'elle suppose un « *animus necandi* à l'égard de l'animal »[33]. Il s'agit

32. On ajoutera que l'art. 522-2 fulmine, à titre complémentaire, l'interdiction, pour une durée de 5 ans ou désormais à titre définitif, de détenir un animal et d'exercer une activité professionnelle ou sociale dès lors que les facilités que procure cette activité ont été sciemment utilisées pour préparer ou commettre l'infraction (sauf hypothèse d'un « animalicide » commis dans l'exercice d'un mandat électif ou de responsabilités syndicales que l'on peine à imaginer).

33. J. Pradel et M. Danti-Juan, *Droit pénal spécial*, Cujas, 6e éd., 2014, p. 712, n° 1156. – V. aussi V. Bouchard, « Les infractions animales », *in Mél. Bernardini*, L'Harmattan, 2017, p. 56.

donc d'une infraction matérielle supposant rapportée la preuve de la mort d'une bête et l'intention d'atteindre ce résultat.

Toutefois, cela ne suffit pas à constituer un délit car le propriétaire de l'animal peut l'abattre, si besoin. Ce que l'incrimination admet dès lors que les faits doivent avoir été accomplis « sans nécessité ». Cette nécessité, qui exclut l'infraction, ne s'entend sans doute pas au sens de la cause justificative du même nom[34]. Elle doit être admise de façon plus souple dès lors qu'il relève des prérogatives d'un propriétaire de disposer de son animal. Une telle exigence permet essentiellement de punir les actes de mort sans justification objective. Tout dépend donc des caractéristiques présentées par l'animal. À la campagne, il est possible de mettre la poule au pot ou de passer à la casserole un lapin d'élevage sans commettre d'infraction. De même, les préposés des abattoirs échappent à toute sanction dans l'exercice de leur activité. Peu importe que la population ne meure pas de faim et ne doive pas être ravitaillée de toute urgence. *A fortiori*, abattre un animal dangereux ou malade ne saurait constituer une infraction[35]. En revanche, noyer une portée de chatons parce que l'on ne veut pas s'en occuper, constitue désormais un délit.

Cette référence à l'absence de nécessité peut sembler évidente. Cependant, elle perturbe les règles de preuve relatives à l'infraction : alors que l'état de nécessité doit être invoqué par la personne poursuivie, ici, il appartient au ministère public de démontrer que l'acte n'a pas de justification. C'est l'autorité de poursuites qui assume la charge de cette preuve. Le Code rural facilite sa tâche en précisant les conditions dans lesquelles un abattage peut être légitiment pratiqué (art. R. 214-73 et s.). En dehors de ces conditions, de prétendus sacrifices religieux ne sauraient être tolérés[36].

Sous-section 2
Les atteintes portées aux animaux de nature contraventionnelle

544. Présentation. – Dans sa partie réglementaire, le Code pénal contient plusieurs incriminations assurant une protection complémentaire aux animaux domestiques, apprivoisés ou tenus en captivité. Alors même qu'il s'agit d'infractions de police, un élément moral est exigé. Les comportements involontaires portant atteinte à la vie ou à l'intégrité d'un animal seront étudiés plus tard (v. *infra*, n° 1668). Au contraire, sont envisagées ici des atteintes intentionnelles. Longtemps, une distinction s'est imposée à cet égard. En effet, le Code pénal incriminait là mais distinctement les atteintes à la vie et à l'intégrité physique d'un animal. Les premières ayant été correctionnalisées (l'article R. 655-1 ayant vocation à être abrogé), il ne reste plus à envisager que les secondes.

34. Dans cette logique, a tout de même été justifiée une prévenue qui avait tué un lapin à coups de bâton alors qu'il dévorait ses légumes : CA Grenoble, 22 oct. 1999, *Dr. pén.* 2000, n° 136, obs. M. Véron.

35. Cass. crim., 5 avr. 2011, *Dr. pén.* 2011, n° 92, obs. M. Véron. – 8 mars 2011, *Dr. pén.* 2011, n° 75, obs. M. Véron.

36. Cass. crim., 5 nov. 2019, *Dr. pén.* 2020, n° 1, obs. P. Conte ; *Gaz. Pal.* 4 févr. 2020, p. 47, obs. S. Detraz.

545. Mauvais traitements. – L'article R. 654-1 punit de l'amende prévue pour les contraventions de la 4e classe (soit 750 €) « le fait, sans nécessité, publiquement ou non, d'exercer volontairement des mauvais traitements envers un animal domestique ou apprivoisé ou tenu en captivité »[37]. Un tel comportement est punissable sous réserve, là encore, de l'exception tenant aux courses de taureaux et combats de coqs déjà évoqués (al. 3). Quant à la nécessité, elle s'apprécie ici aussi de façon large. Les bestiaux transportés dans la remorque d'un poids lourd ou dans le wagon d'un train ne sont pas à leur aise. Toutefois, le mauvais traitement qui en découle ne saurait être reproché au chauffeur dès lors qu'il ne dépasse pas les inconvénients inhérents à ce type de déplacement[38]... La nécessité est également admise lorsque le propriétaire d'un troupeau tire sur un chien qui égorge l'un de ses agneaux mais l'infraction est caractérisée lorsqu'il tire, avant toute attaque, sans avoir préalablement cherché à mettre l'animal en fuite[39].

Matériellement, la notion de mauvais traitements est difficile à préciser. En parlant d'exercer de mauvais traitements, le texte d'incrimination semble requérir des actes positifs. En conséquence, la jurisprudence la plus récente voit là une infraction de commission[40]. Paraît ainsi condamnée la jurisprudence antérieure qui avait tendance à qualifier mauvais traitement tout acte ne pouvant être justifié objectivement par l'intérêt de l'animal sans qu'un tel acte soit nécessairement accompli dans le but de le faire souffrir : l'absence de soins et de nourriture suffisante était ainsi été assimilée à un mauvais traitement[41]. *Idem* pour l'absence d'« abreuvement » du bétail alors « que les conditions climatiques étaient exceptionnellement rigoureuses »[42]. Une telle approche, extensive, paraît aujourd'hui remise en cause (sans doute pour laisser un domaine propre aux incriminations du Code rural qui ont précisément vocation à s'appliquer dans de telles hypothèses).

Moralement, cette contravention comporte un élément moral. Les mauvais traitements étant volontaires, l'agent doit avoir eu conscience de causer du tort à un animal domestique, apprivoisé ou tenu en captativité[43].

546. Complément. – À noter que le fait de laisser divaguer un animal n'est punissable que si l'animal est dangereux. L'article R. 622-2 incrimine ainsi « le fait, par le gardien d'un animal susceptible de présenter un danger pour les personnes, de laisser divaguer cet animal ». Ce fait est déclaré passible de l'amende prévue pour les contraventions de la 2e classe, soit 150 €. Ici aussi, il est prévu que, en cas de condamnation du propriétaire de l'animal ou si le propriétaire est

---

37. Le deuxième alinéa de l'article R. 654-1 permet au tribunal d'ordonner la remise de la bête à une œuvre de protection animale reconnue d'utilité publique ou déclarée, laquelle en dispose ensuite librement. Plus que d'une peine complémentaire, il s'agit d'une mesure de sûreté puisque le tribunal peut statuer même « si le propriétaire est inconnu ». En revanche, à la différence de l'article 521-1, l'article R. 654-1 ne permet pas à la juridiction d'interdire au contrevenant de détenir un animal. Cette lacune dans la répression ne peut être comblée par les juges du fond (Cass. crim., 11 juin 2014, *Dr. pén.* 2014, n° 117, obs. M. Véron).

38. De la même façon, l'écornage de jeunes bovins a pu être justifié alors qu'ils allaient être livrés à eux-mêmes selon la pratique de la « stabulation libre » : CA Poitiers, 18 déc. 1964, *Gaz. Pal.* 1965.1, p. 234.

39. Comp. CA Riom, 22 juin 1966, *D.* 1966, p. 514 et Cass. crim., 11 oct. 1978, *D.* 1979, IR, p. 101.

40. Cass. crim., 11 juin 2014, *Dr. pén.* 2014, n° 117, obs. M. Véron.

41. Cass. crim., 4 déc. 2001, *Dr. pén.* 2002, n° 38, obs. M. Véron.

42. Cass. crim., 23 janv. 1989, *B.* n° 23.

43. L'art. L. 215-11, C. rur. transforme cette contravention en délit dans certaines circonstances (v. aussi ses art. R. 214-17 et R. 215-4).

inconnu, le tribunal peut décider la remise de l'animal à une association reconnue d'utilité publique ou déclarée, laquelle est alors libre d'en disposer.

Titre 3

Les actes d'humiliation

547. Présentation. – L'humiliation est d'abord une action. Comprise comme un acte de domination, l'action d'humilier existe indépendamment du sentiment d'abaissement qui peut en résulter mais qui s'avère trop subjectif pour intéresser directement le droit (d'autant qu'un tel sentiment peut naître aussi d'actes qui n'ont pas été accomplis dans ce but). Cette action peut être définie comme le fait de traiter autrui sans égard pour son statut de personne[1]. Sous-jacente est l'idée d'atteinte à la dignité. Les incriminations se multiplient pour lutter contre ce type de comportements.

Tout d'abord, il en va ainsi pour le délit de bizutage. Introduit dans le Code pénal par une loi du 17 juin 1998, ce comportement est désormais sanctionné pour lui-même, c'est-à-dire indépendamment de toutes les infractions qui peuvent être relevées lorsqu'il dégénère. Est incriminé, « hors les cas de violences, de menaces ou d'atteintes sexuelles, le fait pour une personne d'amener autrui, contre son gré ou non, à subir ou à commettre des actes humiliants ou dégradants ou à consommer de l'alcool de manière excessive, lors de manifestations ou de réunions liées aux milieux scolaire, sportif et socio-éducatif » (art. 225-16-1). La nécessité et l'effectivité d'une telle incrimination ont été contestées[2]. Elle n'est guère réprimée mais elle joue un rôle préventif qu'il ne faudrait pas négliger.

Ensuite, il en va de même s'agissant de l'exploitation de la mendicité par une loi du 18 mars 2003. Désormais, l'article 225-12-5 punit le fait, « par quiconque de quelque manière que ce soit : 1° d'organiser la mendicité d'autrui en vue d'en tirer profit ; 2° de tirer profit de la mendicité d'autrui, d'en partager les bénéfices ou de recevoir des subsides d'une personne se livrant habituellement à la mendicité ; 3° d'embaucher, d'entraîner ou de détourner une personne en vue de la livrer à la mendicité, ou d'exercer sur elle une pression pour qu'elle mendie ou continue de le faire ; 4° d'embaucher, d'entraîner ou de détourner à des fins d'enrichissement personnel une personne en vue de la livrer à l'exercice d'un service moyennant un don sur la voie publique ». Le même texte assimile par ailleurs à l'exploitation de la mendicité d'autrui le fait de ne pouvoir justifier de ressources correspondant à son train de vie tout en exerçant une influence de fait, permanente ou non, sur une ou

1. X. Bioy, *Le concept de personne humaine en droit public*, Dalloz, coll. NBT, 2003, t. 22, p. 453, n° 866.

2. V. not. C. Lazerges, « De la fonction déclarative de la loi pénale », *RSC* 2004, p. 195. – V. aussi CEDH, 14 janv. 2020, *Soares Campos c/Portugal*, § 171.

plusieurs personnes se livrant à la mendicité ou en étant en relation habituelle avec cette ou ces dernières. Dans son esprit comme dans sa forme, cette incrimination rappelle celle du proxénétisme qu'elle suit d'ailleurs dans le classement opéré par le Code pénal (section II *ter* du chapitre consacré aux « atteintes à la dignité de la personne »). Là aussi, le comportement de référence – la mendicité – n'est pas pénalement sanctionné : peu importe le consentement donné à l'acte ; le mendiant est présumé victime et l'exploitant puni pour avoir abusé de sa détresse[3]. Néanmoins, il est délicat de punir la mère de famille qui utilise ainsi ses enfants et difficile de remonter les réseaux pour sanctionner les véritables coupables[4].

On consacrera ce titre à d'autres catégories d'infraction qui sont plus souvent poursuivies : différentes formes d'asservissement, de harcèlement ainsi que d'offense.

3. À la suite, une incrimination équivalente a été introduite dans le Code pénal pour permettre aux juges de sanctionner l'exploitation de la vente à la sauvette mais, à la différence de l'exploitation de la prostitution ou de la mendicité, le comportement d'origine constitue alors une infraction : le vendeur s'avère à la fois coupable (art. 446-1) et victime (art. 225-12-8).

4. Rappelons que l'ancien Code incriminait, lui, la mendicité. L'actuel s'y est refusé. Il punit uniquement ceux qui en tirent profit : T. Firchow et A. Devos, « La criminalisation dérivée de la mendicité », *in Le nouveau Code pénal, dix ans après*, Pedone, 2005, p. 141.

CHAPITRE 1

Les actes d'asservissement

548. L'asservissement est un traitement que l'on réserve à ceux que l'on ne considère pas comme ses égaux. Sont refusées à cette occasion certaines garanties élémentaires en partant du prétendu constat de l'infériorité d'autrui. Ce manque d'égard envers ses semblables a conduit le législateur à incriminer l'exploitation de la prostitution d'autrui ainsi que la soumission à des conditions de travail ou d'hébergement indignes. Mais ce n'est pas tout. Il doit être possible de rattacher également à cette catégorie d'actes les pratiques discriminatoires lorsqu'elles sont pénalement sanctionnées.

Section 1 L'exploitation de la prostitution

549. Les personnes qui se prostituent sont doublement exploitées : par les proxénètes qui profitent de leur vulnérabilité, mais aussi par les clients qui obtiennent, moyennant le paiement d'un prix, un service qui ne devrait pas être tarifé. Le législateur entend désormais punir aussi bien les uns que les autres.

Sous-section 1 Les faits imputables au proxénète

550. Présentation. – De la liberté sexuelle, on déduit que l'activité prostitutionnelle est libre. Se prostituer ne constitue pas une infraction : « Chacun est libre de faire ce qu'il veut de son corps et de sa dignité »[1]. Après avoir réglementé cette activité, la France a supprimé en 1946 toute restriction[2]. L'impunité qu'offre le droit français à la personne prostituée tient au fait qu'il la considère

1. J. Pradel et M. Danti-Juan, *Droit pénal spécial*, Cujas, 6e éd. 2014, p. 492, n° 788.

2. En droit communautaire, il s'agit d'une prestation de service au sujet de laquelle la liberté d'établissement doit être garantie : dès lors que l'activité des prostituées nationales n'est pas condamnée, l'exception

d'abord comme une victime qui ne peut avoir choisi son état[3]. À supposer qu'elle y ait consenti, la validité de son consentement est mise en doute[4].

Inversement, le proxénétisme est considéré comme dangereux pour l'ordre public parce qu'il est suspecté d'exploiter la détresse humaine. Apparaît symptomatique, à cet égard, le fait que les incriminations de proxénétisme figurent dans un chapitre du Code pénal consacré aux atteintes à la dignité de la personne. On sanctionne ici le fait de soumettre autrui à un traitement dégradant[5]. En outre, le proxénétisme est combattu parce qu'il incite la population à se livrer à des activités sexuelles regrettables sur le terrain de l'harmonie sociale. Enfin, le proxénétisme doit être réprimé parce qu'il accompagne bien souvent d'autres formes de délinquance liées au grand banditisme et notamment au trafic de stupéfiants. L'impunité de la personne qui se prostitue contraste ainsi avec la sévérité de la répression qui s'abat sur le proxénète.

551. Définitions. – Toutefois, la prostitution et le proxénétisme sont deux notions intimement liées. La définition du proxénétisme dépend étroitement de celle de la prostitution. L'existence d'une personne prostituée apparaît comme la condition préalable des infractions de proxénétisme.

Afin d'atteindre toutes les formes de proxénétisme, la Cour de cassation s'est d'abord ralliée à une définition large de la prostitution. En 1912, elle a ainsi jugé que « constitue un fait de prostitution, le fait d'employer, moyennant une rémunération, son corps à la satisfaction des plaisirs du public, quelle que soit la nature des actes de lubricité accomplis »[6]. Ensuite, cette Haute juridiction a adopté une définition plus restrictive, jugeant que « la prostitution consiste à se prêter, moyennant une rémunération, à des contacts physiques de quelque nature qu'ils soient, afin de satisfaire les besoins sexuels d'autrui »[7]. La prostitution ne nécessite donc pas l'accomplissement d'un rapport sexuel complet mais elle implique tout de même un contact physique par lequel une personne, moyennant rémunération, satisfait le plaisir sexuel d'autrui[8]. Elle est prise en compte quel que soit le sexe de la personne qui se prostitue et quel que soit le nombre de ses clients (il en suffit d'un : la

d'ordre public ne saurait être invoquée pour restreindre l'activité de prostituées venues d'autres États européens : CJCE 20 nov. 2001, aff. C-268/99, *Aldona Malgorzata Jany e. a.*, pt. 61.

3. De même, la Convention pour la répression de la traite des êtres humains et de l'exploitation de la prostitution d'autrui, du 2 décembre 1949, exprime dès son intitulé un lien entre prostitution et asservissement. Mais la juridiction de Strasbourg adopte une attitude plus libérale puisqu'elle déclare : « la prostitution incompatible avec les droits et la dignité de la personne humaine *dès lors qu'elle est contrainte* » (CEDH, 11 sept. 2007, *Tremblay c/France*, § 25). Une atteinte à la dignité n'est admise qu'en l'absence d'accord donné à cette activité (V. aussi S. Papillon, *Les mœurs sexuelles et le droit pénal*, Th. Lyon III, 2021, p. 353 et s.).

4. Cette approche justifie également l'incrimination du fait reprochable au client (V. *infra*, n° 589). Elle est toutefois remise en cause dans certains pays voisins du nôtre qui, distinguant entre prostitution choisie et prostitution imposée, prétendent concentrer leurs efforts contre ceux qui abusent de cette dernière (V. s'agissant de la loi belge du 21 mars 2022 : J.-M. Hausman, *AJ pén.* 2023, p. 23).

5. À noter également que les délits de proxénétisme et celui de traite des êtres humains sont considérés, au regard de la récidive, comme une même infraction (art. 132-16-3).

6. Cass. civ., 19 nov. 1912, *D.* 1913.1.353, note G. Le Poittevin.

7. Cass. crim., 27 mars 1996, *Dr. pén.* 1996, n° 182, obs. M. Véron.

8. Maintenant cette définition, la Cour estime que le « *caming* », c'est-à-dire l'accomplissement d'actes sexuels à distance que le client suit derrière son écran, moyennant rémunération, n'équivaut pas à de la prostitution (Cass. crim., 18 mai 2022, *D.* 2022, p. 1735, note N. Jouenne-Peyrat ; *AJ pén.* 2022, p. 368, note B. Le Dévédec ; *RSC* 2022, p. 606, obs. E. Dreyer). L'opinion inverse avait pourtant pu être soutenue (A. Casado, *La prostitution en droit français*, IRJS Éditions, coll. A. Tunc, t. 62, 2015, p. 61, n° 98).

« femme entretenue » est une prostituée). Peu importe le caractère habituel ou occasionnel d'une telle activité.

À partir de cette définition générale, les articles 225-5 et s. du Code pénal incriminent tant le proxénétisme direct que le proxénétisme indirect. De très nombreux comportements sont ainsi sanctionnés[9]. Cela tient aux difficultés de preuve d'une infraction souvent clandestine : pour atteindre tous ceux qui favorisent ou profitent de la prostitution d'autrui, le législateur a multiplié les incriminations[10].

§1. Le proxénétisme direct

552. C'est le proxénétisme du souteneur, c'est-à-dire de l'individu qui profite de la prostitution d'autrui, moyennant une aide, une protection ou une entremise. Si la prostitution avait constitué une infraction, le proxénète aurait pu être poursuivi pour complicité par provocation ou par fourniture de moyens. Faute d'incrimination de la prostitution, il a fallu ériger son comportement en infraction autonome.

On envisagera successivement les différentes formes que peut prendre le proxénétisme direct puis les modalités de sa répression.

A. Les différentes formes du proxénétisme direct

553. Intention. – Le proxénétisme direct constitue toujours une infraction intentionnelle. Le ministère public doit pouvoir établir que l'agent connaissait l'activité exacte de la personne qu'il a aidée à se prostituer ou dont il a profité. La plupart du temps, cette preuve se laisse induire des circonstances de fait de chaque espèce. Ce type de déduction se justifie facilement à l'égard du proxénétisme par nature (art. 225-5). Elle est plus contestable lorsqu'il s'agit de sanctionner un proxénétisme par assimilation comme l'autorise le législateur pour faciliter la répression (art. 225-6). Revenons sur ces deux formes de proxénétisme direct.

1. Proxénétisme direct par nature

554. L'article 225-5 incrimine trois types de comportement sous couvert de proxénétisme. Envisageons-les dans l'ordre chronologique où ils peuvent se commettre.

a. L'incitation à la prostitution d'autrui

555. Énumération. – L'article 225-5, 3°, incrimine le fait « d'embaucher, d'entraîner ou de détourner une personne en vue de la prostitution ou d'exercer sur elle une pression pour qu'elle se prostitue ou continue de le faire ».

Est tout d'abord en cause l'embauche d'autrui en vue de la prostitution : entendu largement, ce terme est applicable non seulement à l'individu qui recrute autrui

9. La provocation directe à commettre ces délits à l'encontre d'un ou plusieurs mineurs, non suivie d'effet, est érigée en infraction et punie de 3 ans d'emprisonnement et 45 000 € d'amende (C. pén., art. 227-28-3).

10. Ce qui constitue l'une des premières manifestations de l'internationalisation du droit pénal car le principe de cette incrimination diversifiée est posé aux articles 1 et 2 de la Convention (onusienne) du 2 déc. 1949 précitée.

pour qu'il se prostitue, mais aussi à l'individu qui accepte qu'autrui se prostitue pour son compte (ou pour le compte d'un tiers). Peu importe de qui vient cette initiative dès lors qu'une personne est amenée à se prostituer sous l'autorité d'une autre.

Est ensuite en cause le fait d'entraîner ou détourner autrui en vue de la prostitution : d'après Garçon, l'entraînement et le détournement « supposent et exigent un déplacement matériel de la victime »[11]. Selon lui, lorsque le proxénète entraîne une prostituée, il l'emmène d'un lieu à un autre ; au contraire, lorsqu'il la détourne, il l'envoie d'un lieu vers un autre sans l'accompagner. Toutefois, on peine à comprendre ce qui justifie une approche aussi restrictive. Ces termes peuvent également être pris au sens figuré : détourner autrui en vue de la prostitution, c'est tromper autrui sur l'activité exacte qu'il va devoir exercer ; entraîner autrui en vue de la prostitution, c'est amener progressivement autrui à exercer cette activité[12]. De mauvais conseils, voire un mauvais exemple amenant autrui à se prostituer, suffisent alors. L'exigence d'un déplacement fait obstacle à cette interprétation mais elle n'a jamais été consacrée en jurisprudence.

Est enfin en cause le fait d'exercer une pression pour qu'autrui se prostitue : *a priori*, toute pression, physique ou morale, est susceptible d'être prise en compte[13]. L'individu assez malin pour exploiter la misère économique ou sociale d'autrui en lui promettant une avance sur ses gains s'il se prostitue, exerce sur lui une pression suffisante pour commettre l'infraction. Menacer de s'en prendre aux proches d'une personne pour qu'elle se prostitue relève également d'une telle qualification[14].

556. Consommation. – En toute hypothèse, la consommation du délit n'implique pas la preuve de l'obtention du résultat redouté (la prostitution d'autrui). Il s'agit d'une infraction formelle.

Dans ces conditions, peu importe le consentement de la personne qui se prostitue à la suite de l'un de ces agissements. Son accord a nécessairement été obtenu lorsqu'elle est recrutée à cette fin[15]. Mais il existe également en cas de détournement lorsque, après son embauche dans une boîte de nuit, une serveuse est amenée à se prostituer pour satisfaire la clientèle. Le consentement subsiste même en cas d'incitation : les « pressions » dont il s'agit ici ne doivent pas atteindre le degré de la « contrainte » qui conduit à une aggravation de la répression (art. 225-7, 8°). Dans tous ces cas, la personne qui se prostitue paraît donc consentante, mais son accord ne fait pas disparaître le trouble à l'ordre public né de l'activité d'un proxénète perçu comme profitant de la détresse d'autrui. En réalité, cet accord est postérieur aux faits reprochés. Émanant d'une personne privée, il ne saurait enlever aux faits du proxénète leur dimension pénale.

557. Profit. – Enfin, dans la même logique, peu importe à ce stade que l'agent ne tire encore aucun avantage de la prostitution d'autrui : l'infraction

11. *Code pénal annoté*, Rec. gén. Lois et arrêts, t. 1, 1901-1906, ss. art. 334-335, p. 881, n° 123.

12. Cass. crim., 29 juin 1960, *B.* n° 349. – À noter que l'incrimination de l'embauche, de l'entraînement et du détournement est imposée par l'art. 1, § 1, de la Convention du 2 déc 1949 précitée.

13. V. s'agissant d'une femme séquestrée jusqu'à ce qu'elle accepte de se prostituer : Cass. crim. 22 janv. 1963, *D.* 1963, p. 389.

14. Mais le délit de traite des êtres humains (art. 225-4-1) semble également constitué. Dans une telle hypothèse, la Cour de cassation admet qu'il puisse y avoir deux déclarations de culpabilité (Cass. crim., 11 déc. 2019, *RSC* 2020, p. 73, obs Y. Mayaud), ce qui ne convainc guère car les faits retenus dans l'un et l'autre cas semblent indissociables.

15. CA Montpellier, 17 nov. 2004, *JCP* G 2005, IV, 3637.

est constituée même si l'embauche intervient pour le compte d'un tiers ou si la victime se ravise après avoir accepté de se prostituer.

Sûrement parce qu'il s'agit là d'une infraction instantanée difficile à établir, les illustrations jurisprudentielles sont rares. C'est essentiellement à travers leurs suites que l'embauche, l'entraînement, le détournement ou les pressions exercées sur une personne en vue de la prostitution se manifestent et peuvent être sanctionnés.

b. L'aide, l'assistance et la protection de la prostitution d'autrui

558. Formes. - L'article 225-5, 1°, incrimine le fait : « d'aider, d'assister ou de protéger la prostitution d'autrui ». Il envisage le métier de souteneur dans ce qu'il a de plus traditionnel : le stade du recrutement passé, la relation avec la personne qui se prostitue s'installe dans la durée. L'agent veille alors à ce que cette personne exerce correctement son activité.

Peu importent les modalités de cette aide, assistance ou protection. Il suffit d'établir qu'une personne est intervenue pour favoriser la prostitution d'autrui[16]. À ce titre, il peut lui être reproché d'avoir aidé au racolage, publié des petites annonces, voire géré une plateforme sur internet annonçant différents services et tarifs, encaissé le prix des passes auprès de clients, réservé une chambre d'hôtel et organisé le déplacement de la personne qui se prostitue, réglé le conflit avec un importun, etc.[17].

Peu importe qu'une telle aide, assistance ou protection n'ait pas été rémunérée (ou que la preuve d'une telle rémunération n'ait pu être rapportée) : le partage des produits de la prostitution ne constitue pas un élément constitutif de cette forme de proxénétisme. Peut donc être poursuivie pour proxénétisme la prostituée qui met à la disposition d'une amie son véhicule pour qu'elle y exerce occasionnellement son activité[18]. Peut, de même, être poursuivi pour aide ou assistance à la prostitution d'autrui le titulaire d'un compte postal qui accepte qu'y soit déposé le produit de cette activité[19]. La légitimité d'une telle incrimination a été contestée car elle aboutit à isoler la personne qui se prostitue[20].

559. Caractères. - Ce délit se distingue du précédent en ce que la victime se livre déjà à la prostitution au moment où il est accompli. Le proxénète se contente de faciliter une telle activité. Mais, là aussi, l'infraction est une infraction de commission instantanée. Elle est constituée dès qu'un acte positif d'aide, d'assistance ou de protection est établi. Aucune condition d'habitude n'est requise.

---

16. Néanmoins, est incriminé distinctement le fait de vendre ou mettre à disposition un local pour qu'autrui s'y prostitue (v. *infra*, n° 582).

17. Des juges sont allés jusqu'à reprocher l'infraction à l'épouse d'un hôtelier qui avait continué à faire le ménage à l'intérieur de l'établissement après avoir constaté la présence de prostituées (Cass. crim., 27 nov. 1984, *D.* 1985, p. 241, note D. Mayer). En revanche, ce délit ne peut être reproché à la prostituée qui se rend au domicile d'une autre pour participer, à sa demande, à des scènes de débauche collectives et rétribuées (Cass. crim., 7 nov. 1973, *B.* n° 408). On en déduit que l'aide doit avoir joué un rôle causal dans la prostitution d'autrui.

18. Cass. crim., 12 oct. 1994, *Dr. pén.* 1995, n° 38, obs. M. Véron.

19. Cass. crim., 25 mars 1998, *Dr. pén.* 1998, n° 112, obs. M. Véron.

20. V. doutant de sa nécessité : B. Lavaud-Legendre, « Le droit pénal, la morale et la prostitution », *Droits*, t. 49, 2009, p. 77.

Faut-il y voir une infraction matérielle ou formelle ? Il semble qu'il s'agisse d'une infraction matérielle parce que la victime, qui se livre déjà à la prostitution, doit continuer à le faire. Le législateur cherche à éviter que persiste une atteinte à sa dignité. Mais l'obtention d'un tel résultat est assez théorique. Abstrait, il se déduit du comportement en cause, de sorte que la nécessité d'une telle preuve ne handicape guère la répression.

c. Le profit tiré de la prostitution d'autrui

560. Parasitisme. - Enfin, l'article 225-5, 2°, incrimine le fait « de tirer profit de la prostitution d'autrui, d'en partager les produits ou de recevoir des subsides d'une personne se livrant habituellement à la prostitution ». Dans une telle hypothèse, le proxénète n'est plus poursuivi à raison de son action en faveur d'une ou plusieurs personnes qui se prostituent, mais simplement à raison des avantages qu'il retire de leur activité.

De tels avantages sont entendus largement. Le prévenu peut se voir reprocher aussi bien un partage des profits directs de la prostitution que des subsides reçus d'une personne qui se livre habituellement à cette activité : dons d'argent ou dépenses prises en charge par la prostituée (mise à disposition d'un appartement dont cette personne est propriétaire ou locataire, par ex.). En pratique, une telle incrimination permet de poursuivre pour proxénétisme le mari ou le concubin de la personne prostituée ainsi que les parents ou enfants majeurs qui vivent à son crochet[21]. Le proxénète est alors dans une situation proche de celle d'un receleur, à la différence près - essentielle - que le comportement dont il tire profit (la prostitution) ne constitue pas une infraction[22].

Le fait que les subsides émanent d'une personne se livrant habituellement à la prostitution ne transforme pas cette forme de proxénétisme en infraction d'habitude. L'infraction est consommée dès que le bénéficiaire a accepté - fusse une seule fois - des subsides d'une personne en sachant qu'elle se prostituait au moins pour la seconde fois[23].

561. Bilan. - Malgré cet effort pour incriminer les différents comportements par lesquels se manifeste l'activité du souteneur, le proxénétisme reste une infraction difficile à établir. Aussi, pour faciliter la répression, le législateur incrimine-t-il également d'autres actes que l'on qualifiera de proxénétisme direct par assimilation.

2. Proxénétisme direct par assimilation

562. L'article 225-6 assimile à la suite quatre comportements à du proxénétisme ; il établit quatre présomptions de proxénétisme. Elles fonctionnent, on le

---

21. Cass. crim., 18 oct. 1995, *Gaz. Pal.* 1996.1, chron. crim., p. 37. - Néanmoins, la Cour de cassation impose aux juges du fond de vérifier « qu'il n'est pas porté une atteinte disproportionnée à l'exercice des droits précités [vie privée et vie familiale], qui ne serait pas justifiée par les nécessités de la lutte contre le proxénétisme » (Cass. crim., 14 mars 2012, *Gaz. Pal.* 27 juill. 2012, p. 17, obs. S. Detraz).

22. Le profit retiré est exclusivement économique ou matériel. Il ne saurait être moral, au risque de traiter le client, qui profite lui aussi de la prostitution d'autrui, en souteneur (R. Ollard et F. Rousseau, *Droit pénal spécial*, Bréal, 2015, 2e éd., p. 199). Le client commet une autre infraction (v. *infra*, n° 589).

23. Cass. crim., 17 mars 2004, *B.* n° 72.

verra, sur le même principe que celles facilitant la répression du trafic de produits stupéfiants (v. *infra*, n° 1503).

a. L'office d'intermédiaire

563. Formes. – L'article 225-6, 1°, déclare tout d'abord proxénète l'individu qui, de quelque manière que ce soit, fait « office d'intermédiaire entre deux personnes dont l'une se livre à la prostitution et l'autre exploite ou rémunère la prostitution d'autrui ». Deux formes de médiation sont assimilées ici à du proxénétisme. Est en cause non seulement le fait de servir d'intermédiaire entre la personne prostituée et celui qui « exploite » son activité, mais aussi le fait de servir d'intermédiaire entre la personne prostituée et ses clients. Sachant qu'il résulte des termes de l'incrimination « que le délit prévu par ce texte n'est constitué que si la personne qui se livre à la prostitution exerçait déjà cette activité au moment de l'entremise »[24]. Non définis par la loi, ces comportements peuvent être envisagés largement par le juge.

La médiation entre la personne prostituée et le proxénète « en chef » peut consister dans le fait de déposer celle-ci chaque soir à son carrefour puis de la surveiller. Cette médiation peut consister également dans le fait de transmettre au proxénète en chef le produit des « passes » effectuées par la personne qui se prostitue.

Quant à la médiation entre la personne prostituée et ses clients, elle peut consister dans le fait de jouer les rabatteurs[25]. Néanmoins, elle peut prendre des formes plus originales. Elle fut ainsi reprochée au directeur d'un journal gratuit qui publiait des annonces à connotation sexuelle sous l'intitulé « relaxation »[26]. Elle fut reprochée aussi à la société exploitant un service télématique que des prostituées utilisaient pour racoler en indiquant leurs mensurations, les prestations offertes et les tarifs pratiqués[27]. Ces activités se poursuivant sur Internet, l'infraction est désormais reprochable au responsable d'un site qui laisse paraître des annonces équivalentes.

Subsiste toutefois un angle mort dans la répression : offrir à autrui les services d'une personne qui se prostitue, ne tombe pas sous le coup de l'article 225-6, 1° dès lors qu'il n'y a médiation ni avec une personne qui exploite, ni avec une personne qui rémunère, la prostitution d'autrui[28].

564. Caractères. – En toute hypothèse, ce proxénétisme médian ne constitue pas une infraction d'habitude[29]. Il peut donc découler du simple fait de transmettre à un client potentiel le numéro de téléphone ou l'adresse électronique d'une personne qui se prostitue.

L'infraction ne nécessite même pas la preuve d'un profit tiré de cette activité d'intermédiaire. Le ministère public est dispensé d'avoir à établir un tel élément, vraisemblable mais qui rendrait la répression trop incertaine.

24. Cass. crim., 22 sept. 1999, *Dr. pén.* 2000, n° 44, obs. M. Véron.

25. Cass. crim., 22 nov. 1994, *Dr. pén.* 1995, n° 140, obs. M. Véron. – V. aussi Cass. crim., 9 nov. 2011, *Gaz. Pal.* 13 janv. 2012, p. 31, obs. E. Dreyer.

26. Cass. crim., 9 oct. 1996, *Dr. pén.* 1997, n° 36, obs. M. Véron.

27. Cass. crim., 25 oct. 2000, *B.* n° 317.

28. Cass. crim., 28 févr. 2018, *AJ pénal* 2018, p. 315, obs. A. Darsonville ; *RSC* 2018, p. 690, obs. Y. Mayaud.

29. Cass. crim., 18 juill. 1989, *RSC* 1990, p. 73, obs. G. Levasseur.

b. L'impossibilité de justifier l'origine de ses ressources

565. Déductions. – L'article 225-6, 3°, assimile à du proxénétisme le fait de ne pouvoir justifier de ressources correspondant à son train de vie tout en vivant avec une personne qui se livre habituellement à la prostitution ou tout en étant en relations habituelles avec une ou plusieurs personnes se livrant à la prostitution.

Peu importe que l'agent vive avec une prostituée ou entretienne simplement des relations suivies avec elle : partant de ces éléments, la loi pénale présume qu'il tire profit de la prostitution d'autrui dès lors qu'il ne peut justifier de son train de vie. Elle opère là un véritable renversement de la charge de la preuve qui facilite le travail de l'autorité de poursuites. Cependant, la justification des ressources fait tomber la présomption : le mari ou le concubin d'une prostituée n'encourt pas, en cette seule qualité, les foudres de la loi pénale s'il dispose de ses propres moyens de subsistance. La simple cohabitation avec une personne se livrant à la prostitution ne suffit donc pas à caractériser ce délit.

Une telle présomption suppose la preuve d'une communauté de vie ou de « relations habituelles » avec la personne prostituée. Elle doit reposer sur des bases suffisantes pour rendre crédible le proxénétisme. La communauté de vie évoquée en premier, si elle est entendue au sens de l'article 215 du Code civil, renvoie à une résidence commune ainsi qu'à des relations sexuelles : c'est le fait de se comporter en mari et femme. S'il n'est pas exigé ici du proxénète qu'il soit marié avec la personne qui se prostitue, il doit néanmoins agir comme tel. Tout porte à croire alors qu'il ne partage pas seulement sa couche mais aussi ses revenus. Les « relations habituelles », évoquées en second, permettent d'assouplir cette exigence. En se contentant de telles relations, le législateur permet au juge de présumer le proxénétisme d'individus assez malins pour ne pas cohabiter avec leurs victimes. Toutefois, dès lors que des contacts réguliers peuvent être établis avec une ou plusieurs personnes qui se prostituent, le suspect est contraint lui aussi d'expliquer l'origine de son train de vie. Cet élément de répétition inscrit l'infraction dans le temps sans la rendre continue. Certes, elle peut être reprochée tant que les relations de l'agent avec une personne qui se prostitue n'ont pas pris fin[30]. Mais elle reste instantanée car ce ne sont pas ces relations que le législateur incrimine. C'est l'absence de justification de ressources.

Une telle incrimination évoque un recel-profit « présumé ». On peut y renvoyer (v. *infra*, n° 887). Cependant, elle ne se définit pas par rapport à une infraction principale mais par rapport à une situation de vulnérabilité. En toute hypothèse, sa répression est complétée par une autre qui en garantit l'efficacité.

c. La justification de ressources fictives

566. Dissimulation. – Compte tenu de l'importance de la justification de ressources évoquée ci-dessus, le législateur est également intervenu pour assimiler au proxénétisme cette forme particulière de « complicité » qui consiste à fournir des documents falsifiés, des attestations de complaisance ou des témoignages inexacts en justice afin de permettre à un proxénète de justifier son train de vie (art. 225-6, 2°). Dans les réseaux les mieux organisés, une telle aide peut

30. Cass. crim., 29 juin 1983, *B.* n° 207.

aller jusqu'à la fourniture d'un emploi fictif : contrat de travail et fiches de paie sans objet réel.

Il s'agit là d'une forme particulière de blanchiment (v. *infra*, n° 867). Elle n'est bien entendu punissable que si l'agent a conscience de faciliter ainsi la dissimulation des produits du proxénétisme.

d. L'entrave à l'action de prévention ou de rééducation

567. Intimidation. – Enfin, est assimilé à du proxénétisme le fait d'entraver l'action de prévention, de contrôle, d'assistance ou de rééducation entreprise par les organismes qualifiés à l'égard de personnes en danger de prostitution ou se livrant à la prostitution (art. 225-6, 4°) : sont en cause les menaces et actes d'intimidation à l'encontre de travailleurs sociaux qui cherchent à dissuader autrui de tomber dans la prostitution ou qui s'efforcent d'aider autrui à en sortir[31]. En effet, les proxénètes ont tout intérêt à contrarier ces activités de salubrité publique. De telles entraves suffisent donc à caractériser le délit, même si aucun lien n'a pu être démontré entre leur auteur et une personne se livrant à la prostitution ou au proxénétisme. L'apologie de cette activité (incluant une critique de l'action de certaines associations venant en aide aux personnes qui se prostituent sur la base de considérations morales ou religieuses) pourrait éventuellement entrer dans le champ de l'incrimination si les magistrats n'exigeaient un obstacle effectivement mis à l'activité des services d'aide et d'insertion précités. En conséquence, une critique un peu trop vive du principe ou des modalités d'exécution de la peine de « stage de sensibilisation à la lutte contre l'achat d'actes sexuels » ne devrait pas relever d'une telle incrimination...

B. La répression du proxénétisme direct

568. Divers. – La répression du proxénétisme est marquée par une grande sévérité. On le constatera : les sanctions fulminées sont redoutables et connaissent de nombreux degrés d'aggravation. Par ailleurs, le législateur incrimine la tentative (art. 225-11), multiplie les habilitations d'association recevable à se constituer partie civile[32] et assouplit les conditions mises à la compétence personnelle active de la loi pénale française (art. 225-11-2). Toutefois, cela n'empêche pas l'application des mécanismes d'exemption ou de réduction de peine propres aux « repentis » (art. 225-11-1).

Envisageons d'abord les sanctions applicables à l'infraction simple puis leur aggravation.

1. Les sanctions du proxénétisme direct

569. Infraction simple. – La personne physique reconnue coupable de proxénétisme direct s'expose à 7 ans d'emprisonnement et 150 000 € d'amende (art. 225-5 et -6). Ces peines principales peuvent s'accompagner de peines

31. L'aide qu'ils apportent aux personnes qui se prostituent ne saurait être analysée comme du proxénétisme car elle vise à décourager et non à encourager la prostitution d'autrui. En toute hypothèse, cette aide est autorisée par la loi (CASF, art. L. 121-9 et R. 121-12-11 et s.).

32. Un certain nombre d'associations sont également habilitées à exercer les droits reconnus à la partie civile suite à la découverte de faits de proxénétisme (CPP, art. 2-3, -17, -22).

complémentaires qui empêchent le proxénète de reprendre ses activités. À ce titre, le coupable s'expose notamment : à une interdiction des droits civiques, civils et de famille ; à l'interdiction d'exercer l'activité professionnelle ou sociale à l'occasion de laquelle l'infraction a été commise ; à l'interdiction de séjour, etc. (art. 225-20). Le délinquant étranger s'expose en outre à une interdiction du territoire français, définitive ou temporaire (art. 225-21).

La personne morale reconnue coupable des mêmes infractions s'expose à une amende portée au quintuple ainsi qu'à l'ensemble des peines prévues à l'article 131-39 (art. 225-12).

Enfin, qu'il s'agisse d'une personne physique ou morale, le coupable s'expose à la confiscation des biens mobiliers ou immobiliers ayant servi directement ou indirectement à commettre l'infraction ainsi qu'à la confiscation des produits de la prostitution détenus par toute personne autre que la personne prostituée elle-même (cette personne ne peut être privée du fruit de son travail dès lors que son activité ne lui est pas reprochable)[33]. Le coupable peut aussi être condamné au remboursement des frais de rapatriement de la ou des victimes (art. 225-24). Il peut même se voir infliger une peine de confiscation générale (confiscation de tout ou partie de ses biens ou de ceux dont il a la disposition, « quelle qu'en soit la nature, meubles ou immeubles, divis ou indivis ») lorsque le juge veut avoir la certitude qu'il ne conservera aucun bénéfice de son comportement (art. 225-25).

2. L'aggravation du proxénétisme direct

570. Dans un certain nombre d'hypothèses, les peines complémentaires évoquées ci-dessus continuent à s'appliquer mais les peines principales encourues par le proxénète sont relevées. Parfois même, le délit est transformé en crime[34].

a. L'aggravation du proxénétisme direct correctionnel

571. Présentation. – L'emprisonnement est porté à 10 ans (avec éventuellement application d'une période de sûreté de plein droit) et l'amende à 1,5 M€ pour trois séries de raisons énumérées à l'article 225-7.

572. Détail. – Cette aggravation se justifie d'abord pour des raisons tenant à la ou aux personnes amenées à se prostituer. Le proxénétisme est plus sévèrement puni lorsqu'il est commis : 1° à l'égard d'un mineur (de plus de 15 ans, au regard de ce qui suit) ; 2° à l'égard d'une personne dont la particulière vulnérabilité, due à son âge, à une maladie, à une infirmité, à une déficience physique ou psychique ou à un état de grossesse était apparente ou connue de l'agent ; 3° à l'égard de plusieurs personnes ; 4° à l'égard d'une personne qui a été incitée à se livrer à la prostitution soit hors du territoire de la République, soit à son arrivée sur le territoire de la République.

33. V. jugeant que les produits de la prostitution peuvent être saisis et confisqués « peu important que leur propriétaire ait été poursuivi ou condamné » : Cass. crim., 8 avr. 2009, *Dr. pén.* 2009, n° 106, obs. M. Véron.

34. Les infractions des art. 225-7 à 225-12 relèvent de la procédure applicable à la criminalité et à la délinquance organisées (CPP, art. 706-73, 6°). Le délit aggravé de l'art. 225-7, 1° et le crime de l'art. 225-7-1 relèvent également de la procédure applicable aux infractions sexuelles (CPP, art. 706-47, 6°) : la prescription de l'action publique, respectivement portée à 10 et 30 ans, court à compter de la majorité du mineur victime (CPP, art. 7, al. 3 et 8, al. 2).

L'aggravation peut se justifier également à raison de la qualité du proxénète. Elle s'applique lorsque celui-ci est : 5° un ascendant légitime, naturel ou adoptif de la personne qui se prostitue ou quelqu'un qui a une autorité sur cette personne ou qui abuse de l'autorité que lui confèrent ses fonctions ; 6° une personne appelée à participer, de par ses fonctions, à la lutte contre la prostitution, à veiller à la protection de la santé ou au maintien de l'ordre public.

Enfin, cette aggravation peut encore se justifier à raison des circonstances dans lesquelles l'infraction est commise. Le proxénète sera ainsi plus sévèrement sanctionné s'il : 7° était porteur d'une arme au moment du fait qui lui est reproché (indépendamment de tout usage) ; 8° a employé la contrainte, la violence ou des manœuvres dolosives ; 9° a agi avec d'autres en qualité d'auteur ou de complice ; 10° a diffusé des messages à destination d'un public indéterminé grâce à un réseau de communication électronique[35].

b. L'aggravation du proxénétisme direct criminel

573. Présentation. – Par ailleurs, il existe deux paliers de répression du proxénétisme en matière criminelle. Ce n'est plus le « julot » de quartier qu'il s'agit d'atteindre mais des individus violents appartenant, bien souvent, à des réseaux organisés. Le montant des amendes – rares en matière criminelle – est à la hauteur des profits susceptibles d'être obtenus.

574. Détail. – Tout d'abord, le proxénétisme est puni de 20 ans de réclusion criminelle et de 3 M€ d'amende lorsqu'il est commis à l'égard d'un mineur de 15 ans (art. 225-7-1). Curieusement, aucune période de sûreté ne peut s'appliquer de plein droit dans une telle hypothèse. Ensuite, le proxénétisme s'expose aux mêmes peines (mais avec, cette fois, éventuellement, une période de sûreté de plein droit) lorsqu'il est commis en bande organisée (art. 225-8). Enfin, le proxénétisme est puni de la réclusion criminelle à perpétuité, assortie éventuellement d'une période de sûreté de plein droit, et de 4,5 M€ d'amende, lorsqu'il est accompagné de tortures ou d'actes de barbarie (art. 225-9).

§2. Le proxénétisme indirect

575. Il s'agit d'appréhender ici le comportement de ceux qui profitent de la prostitution d'autrui en mettant certains biens à sa disposition. L'expression de « proxénétisme hôtelier », parfois employée, est réductrice : peuvent être concernés aussi bien les dirigeants d'un établissement accueillant du public que de simples bailleurs peu regardants sur la moralité de leurs locataires ; peuvent être concernés les vendeurs d'un appartement comme les loueurs d'un véhicule. La loi ne les déclare pas proxénètes, même si leur comportement est incriminé dans une section du Code pénal principalement consacrée au proxénétisme[36]. Elle laisse entendre que les infractions en cause « résultent » du proxénétisme, ce qui est assez discutable car elles supposent la prostitution d'autrui et non un délit de proxénétisme préalable. Il nous semble plus exact

35. CA Paris, 2 juin 2009, *Comm. com. électr.* 2009, n° 118, obs. A. Lepage.

36. L'incrimination de ces comportements est également imposée par la Convention onusienne pour la répression de la traite des êtres humains et de l'exploitation de la prostitution d'autrui du 2 déc. 1949.

d'évoquer des formes indirectes de proxénétisme en ce qu'elles « équivalent » à du proxénétisme sans en présenter nécessairement tous les caractères.

Envisageons ces différentes formes de proxénétisme indirect puis les modalités de leur répression.

A. Les différentes formes de proxénétisme indirect

576. Différentes formes de proxénétisme indirect sont énumérées à l'article 225-10. Elles relèvent de catégories distinctes suivant que le local en cause est ouvert au public ou non.

1. La fourniture de locaux ouverts au public

577. Le 13 avril 1946, a été adoptée une loi tendant à la fermeture des maisons de tolérance et au renforcement de la lutte contre le proxénétisme. L'exploitation d'un établissement de prostitution est désormais incriminée. De surcroît, l'interdiction de tels établissements a été complétée par la sanction de toute indulgence envers la prostitution d'autrui dans des établissements qui n'ont pas vocation à l'accueillir. Ces deux infractions subsistent dans le Code pénal.

a. L'exploitation d'un établissement de prostitution

578. Bordels. – L'article 225-10, 1°, incrimine le fait de détenir, gérer, exploiter, diriger, faire fonctionner, financer ou contribuer à financer un établissement de prostitution[37]. Il s'agit d'atteindre ceux qui exploitent cette activité de manière « industrielle »[38]. En effet, un « établissement » doit être consacré ici à la prostitution d'autrui, ce qui laisse entendre que plusieurs personnes y travaillent. Un tel « établissement » peut être envisagé largement mais il s'agit d'une condition préalable essentielle pour distinguer cette forme de proxénétisme de celle prévue à l'article 225-5 évoqué ci-dessus (notamment l'aide à la prostitution d'autrui ou le profit retiré de la prostitution d'autrui)[39]. Peu importe la dissimulation de l'activité réelle d'un tel établissement derrière un objet social licite : un cabaret est un établissement de prostitution dès lors que son dirigeant a pris l'initiative de passer commande de 3 000 préservatifs et de confisquer le passeport des « hôtesses » recrutées pour son compte en Russie[40].

L'acte d'exploitation reproché à ce titre peut être envisagé largement. C'est d'abord la direction, en droit ou en fait, d'un établissement de prostitution, dans le cadre d'une structure individuelle ou sociale, de façon directe ou indirecte. Il n'est pas nécessaire que le prévenu le dirige personnellement. L'infraction peut être reprochée à celui qui est assez prudent pour confier la direction de l'établissement

37. Cass. crim., 16 janv. 1991, *B.* n° 28.

38. P. Conte, *Droit pénal spécial*, LexisNexis, 6e éd., 2019, p. 373, n° 483. – En conséquence, l'infraction n'est pas reprochable à la gérante d'un bar qui invite un client à entretenir avec elle des relations sexuelles tarifées : Cass. crim., 17 janv. 1963, *B.* n° 31.

39. Cette seconde infraction est susceptible d'englober la première. Aussi, la Cour de cassation a-t-elle considéré qu'une double déclaration de culpabilité ne peut intervenir sur ces deux fondements (Cass. crim., 28 mars 2018, *Dr. pén.* 2018, n° 103, obs. P. Conte). Toutefois, il n'est pas certain que la solution puisse être maintenue à l'aune du revirement limitant la portée du principe *ne bis in idem* (V. *supra*, n° 4).

40. CA Montpellier, 17 nov. 2004, *JCP* G 2005, IV, 3637.

à un intermédiaire (sa maîtresse ou un quelconque homme de paille). L'infraction n'est pas moins reprochable à celui qui tire les ficelles dans une telle hypothèse. Il est aussi coupable en tant que dirigeant de fait que le dirigeant de droit. Peu importe qu'il n'ait pas de contact avec les personnes qui se prostituent et qui sont « managées » par des cadres, selon une hiérarchie propre à l'établissement (eux-mêmes susceptibles d'être poursuivis pour proxénétisme direct), dès lors qu'il n'a aucun doute sur leur activité. Mais ce n'est pas tout. L'infraction peut consister également dans le fait de financer, en tout ou partie, un établissement de prostitution. Tout investissement opéré en connaissance de cause est punissable[41]. Comme toute activité illicite, le proxénétisme procure en effet des rendements importants et attire les investisseurs peu scrupuleux. En revanche, la responsabilité pénale des actionnaires ou associés d'une société constituée pour exploiter un tel établissement ne peut être recherchée s'il n'est pas établi qu'ils en connaissaient l'activité exacte.

b. La tolérance à la prostitution ou au racolage

579. Présentation. – L'article 225-10, 2°, permet ensuite d'atteindre les individus qui – directement ou indirectement – gèrent, dirigent ou financent des établissements qui, sans être dédiés à la prostitution, accueillent habituellement une ou plusieurs personnes qui se livrent à cette activité ou y recherchent simplement des clients (racolage)[42].

Cette seconde forme de proxénétisme indirect se distingue de la précédente par le fait que l'établissement exploité ici n'est pas destiné *a priori* à accueillir des personnes qui se prostituent ou racolent. Mais les dirigeants de cet établissement acceptent, ou tolèrent, que de telles activités s'y développent. En effet, la tentation peut être grande dans certains lieux tels que les hôtels, restaurants, clubs ou salles de spectacles, d'attirer ainsi la clientèle. Est alors moins en cause une infraction de commission qu'une infraction d'abstention[43].

Il n'est pas nécessaire que l'activité litigieuse (prostitution ou racolage) se déroule à l'intérieur. Le texte vise aussi les annexes, c'est-à-dire les toilettes, la terrasse et peut-être même la cour.

580. Habitude. – La matérialité de ce délit-là requiert l'habitude. Accepter ou tolérer exceptionnellement qu'une personne se livre à la prostitution ou fasse du racolage dans son établissement n'est pas répréhensible. En revanche, l'infraction est constituée si des faits de prostitution ou de racolage sont acceptés (approbation) ou tolérés (indifférence) en un même endroit, au moins deux fois de suite, durant une période que la loi ne précise pas mais qui a pu être fixée à une journée[44].

581. Perception. – Enfin, l'infraction suppose que l'agent ait connu l'activité de la ou des prostituées et géré, dirigé ou financé l'établissement en connaissance de cause. On lui reproche d'avoir fermé les yeux[45]. On lui

41. Cass. crim., 30 oct. 1990, *B.* n° 365.

42. Cass. crim., 12 juin 1968, *JCP* G 1969, II, 15850, note M. Sacotte.

43. Il a été jugé que ce délit ne peut être retenu en plus de celui consistant à tirer profit de la prostitution d'autrui (Cass. crim., 17 juin 2020, *Gaz. Pal.*, 1er sept. 2020, p. 54, obs. E. Dreyer). Mais, là aussi, la réduction du périmètre de *ne bis in idem* remet sans doute en cause cette solution.

44. CA Grenoble, 15 mai 1996, *Dr. pén.* 1996, n° 242, obs. M. Véron.

45. Cass. crim., 18 avr. 1989, *Dr. pén.* 1990, n° 53, obs. M. Véron.

reproche de s'être délibérément abstenu de prendre les mesures qui s'imposaient pour faire cesser cette utilisation détournée de son établissement.

Peu importent les difficultés financières rencontrées qui peuvent expliquer une telle attitude[46]. Il ne s'agit que d'un mobile.

2. La fourniture de locaux fermés au public

582. Local. – L'incrimination des comportements précédemment évoqués a provoqué un changement d'habitude chez les prostituées. Chassées des lieux ouverts au public, elles ont loué ou acheté des appartements et exercé leur activité « à domicile », c'est-à-dire dans des lieux privés, accessibles à leurs clients mais pas au public en général. Le législateur a dû intervenir pour incriminer, aujourd'hui à l'article 225-10, 3°, du Code pénal, le fait « de vendre ou de tenir à la disposition d'une ou de plusieurs personnes des locaux ou emplacements en sachant qu'elles s'y livreront à la prostitution ». L'incrimination a été étendue ensuite aux véhicules (4°).

Précisons à la fois l'élément matériel et l'élément moral de cet ultime délit.

a. La matérialité de l'acte

583. Formes. – Dans l'ancien Code, l'incrimination ne concernait que la mise à disposition, ce qui a été l'occasion pour la Cour de cassation de préciser « que "mettre à la disposition", c'est conférer à quelqu'un l'usage et l'utilisation d'une chose tout en conservant sur cette dernière le droit de la reprendre à plus ou moins brève échéance ; que tel n'est pas le cas de la vente, par laquelle le vendeur, en délivrant la chose vendue, la transporte en la puissance et la possession de l'acheteur, aux termes de l'article 1604, C. civ. ; que par ce contrat, le vendeur cède définitivement tous les droits qu'il a sur la chose à l'acheteur, et, ce faisant, épuise les siens ; qu'il ne saurait, dès lors, "mettre à la disposition" au sens de l'article 335-6, C. pén. [ancien] »[47]. Cette décision, rendue au visa du principe de légalité, a provoqué l'intervention du législateur. Désormais, la vente s'ajoute au fait de tenir à disposition, c'est-à-dire de remettre à titre précaire, prêter ou louer, un local ou un emplacement.

La vente implique nécessairement une cession à titre onéreux mais elle donne à l'infraction un caractère instantané qui handicape la répression. Au contraire, le fait de tenir à disposition est suffisamment général pour concerner toute autorisation d'occuper les lieux, même à titre gratuit, et se perpétuer aussi longtemps que dure cette occupation. L'infraction présente alors un caractère continu qui permet de repousser le point de départ du délai de prescription au jour où la mise à disposition cesse. Sanctionner le profit indirectement tiré de la prostitution d'autrui est bien entendu l'objectif du législateur. Toutefois, il ne s'agit pas d'un critère permettant de restreindre le champ d'application de ce délit[48].

46. Cass. crim., 6 sept. 2006, *B.* n° 214.

47. Cass. crim., 7 mai 1969, *JCP* G 1969, II, 16103, note M. Sacotte.

48. Ce qui est confirmé s'agissant des véhicules dont la location est également incriminée : cette précision, qui ne s'imposait sans doute pas au regard de l'explication précédente, confirme que le fait de « tenir à disposition » s'entend alors exclusivement à titre gratuit. En tout cas, l'autorité de poursuites est dispensée à ce titre d'avoir à établir une contrepartie.

584. Objet. – L'essentiel est qu'une telle opération, juridique (vente) ou matérielle (mise à disposition), porte sur un local ou un emplacement où les bénéficiaires se livreront à la prostitution. Par local, on entend aussi bien le mobile-home que l'appartement ou la maison ; par emplacement, on entend tout endroit privatif, aménagé ou non, où une personne peut se livrer à la prostitution. Il s'agit par ex. d'une place de parking ou d'un garage que la personne prostituée peut louer pour stationner son camping-car.

L'infraction a été étendue ensuite aux véhicules eux-mêmes dès lors qu'il est possible de s'y livrer à la prostitution, ce qui s'entend aussi bien de l'automobile ou de la camionnette que de la caravane qui en est l'accessoire (art. 225-10, 4°).

b. La perception de l'acte

585. Intention. – L'élément moral joue ici un rôle essentiel : l'infraction n'est constituée que si l'agent a su que la personne avec laquelle il est entré en relation recherchait un local ou un véhicule pour s'y livrer à la prostitution[49]. L'infraction est intentionnelle : un dol général paraît nécessaire mais on ne peut exiger plus. La volonté d'aider autrui ou, au contraire, de profiter de la situation précaire d'autrui, n'est pas requise.

586. Preuve. – La preuve d'une telle intention peut poser difficulté. En effet, l'infraction n'est pas constituée si le vendeur, au moment de l'acte, ignorait l'activité de la personne avec laquelle il a contracté et ne pouvait se douter qu'elle se livrerait à la prostitution dans le local ou véhicule. Il en va *a fortiori* de même lorsque le bien est acquis par l'intermédiaire d'un tiers qui fait écran entre le vendeur/bailleur et les personnes qui se livrent à la prostitution. La plupart du temps, le vendeur ignore l'affectation ultérieure du bien qui ne le concerne plus. Cette forme particulière de l'infraction est donc rarement constatée.

En revanche, l'infraction peut être relevée lorsque le propriétaire d'un appartement donné à bail découvre sans réagir que le preneur se livre à la prostitution dans les locaux loués[50]. Il doit résilier le contrat ou, à tout le moins, exiger la cessation immédiate de cette activité au risque d'être assimilé à un proxénète.

B. La répression du proxénétisme indirect

587. Pénalités. – La personne physique déclarée coupable de l'un des comportements énumérés à l'article 225-10 s'expose à 10 ans d'emprisonnement et 750 000 € d'amende. Une période de sûreté de plein droit accompagne éventuellement l'emprisonnement de celui qui a dirigé un établissement de prostitution ou toléré la prostitution d'autrui dans son établissement. Cette personne physique encourt également les peines complémentaires de l'article 225-20 déjà évoqué (V. *supra*, n° 569).

La personne morale déclarée coupable de l'un de ces comportements s'expose, quant à elle, à une amende portée au quintuple ainsi qu'à l'ensemble des peines mentionnées à l'article 131-39 (art. 225-12).

49. Ce qui garantit la légitimité de la répression (Cons. const., déc. n° 2003-467 DC du 13 mars 2003, *Loi pour la sécurité intérieure*, § 67).

50. Cass. crim., 25 nov. 1971, *JCP* G 1972, II, 17142.

Par ailleurs, à l'égard d'une personne physique comme d'une personne morale, le juge peut prononcer les mesures de confiscation, spéciale ou générale, et de remboursement des frais de rapatriement des victimes déjà évoquées (v. *supra*, n° 569). Mais il peut en plus ici prononcer le retrait définitif de la licence de boissons ou de restaurant, la fermeture définitive ou temporaire (5 ans au plus) de tout ou partie de l'établissement utilisé en vue de la prostitution – ce qui entraîne le retrait pour une durée équivalente de la licence de débit de boisson ou de restaurant[51] – ainsi que la confiscation du fonds de commerce (art. 225-22 et 225-23)[52].

588. Divers. – La tentative est là aussi punissable (art. 225-11). Néanmoins, sont également applicables ici les mécanismes d'exemption et de réduction de peine au profit des « repentis » (art. 225-11-1).

Les règles de poursuite ont été aménagées pour faciliter la preuve de ce proxénétisme indirect. L'article 706-35, CPP prévoit ainsi la possibilité de procéder à des visites, perquisitions ou saisies à toute heure du jour et de la nuit, dans tous les lieux ouverts au public, dès lors qu'il est constaté que des personnes se livrant à la prostitution y sont reçues habituellement[53]. À la suite, l'article 706-36 permet au juge d'instruction d'ordonner, à titre provisoire, pour une durée de 3 mois renouvelable, la fermeture totale ou partielle d'un établissement suspect[54]. Par ailleurs, lorsqu'un local a été pris à bail par une personne se livrant habituellement à la prostitution, le ministère public, le propriétaire ou même des occupants ou voisins de l'immeuble peuvent demander au juge des référés, sur le fondement de l'article 706-40, CPP, la résiliation du bail et l'expulsion de l'individu qui se prostitue. Le propriétaire ou le bailleur est informé, à la diligence du ministère public, que ses locaux servent à la prostitution (v. aussi : CPP, art. 706-37).

Enfin, des associations peuvent se constituer parties civiles dans les conditions rappelées ci-dessus (v. *supra*, n° 568).

Sous-section 2
Les faits imputables aux clients

589. Distinction. – On l'a dit, la personne qui se prostitue ne commet pas d'infraction. Pour autant, elle n'assure pas une prestation de service comme les autres. Pour preuve : ses clients commettent une infraction lorsqu'ils proposent ou acceptent et, éventuellement, fournissent une rémunération en échange d'une telle prestation. En effet, le législateur incrimine tout recours à la prostitution d'autrui. Mais il convient d'envisager à ce titre deux infractions distinctes, l'une contraventionnelle, l'autre délictuelle.

51. Cass. crim., 11 oct. 1995, *Dr. pén.* 1996, n° 58, obs. M. Véron.

52. La fermeture de l'établissement ne peut être prononcée que si le propriétaire du fonds a été cité à la diligence du ministère public : peu importe, s'agissant d'une personne morale, que son dirigeant soit déjà dans la cause (Cass. crim., 6 sept. 2006, *B.* n° 214).

53. Sachant qu'« aucun texte n'exige que les personnes se livrant à la prostitution soient identifiées préalablement aux visites et perquisitions » (Cass. crim., 18 avr. 1989, *Dr. pén.* 1990, n° 53, obs. M. Véron).

54. Cass. crim., 5 nov. 1985, *B.* n° 344.

§1. Le recours contraventionnel à la prostitution d'autrui

590. Incrimination. – Le législateur a érigé en infraction le recours à la prostitution de toute personne dans les termes suivants : « le fait de solliciter, d'accepter ou d'obtenir des relations de nature sexuelle d'une personne qui se livre à la prostitution, y compris de façon occasionnelle, en échange d'une rémunération, d'une promesse de rémunération, de la fourniture d'un avantage en nature ou de la promesse d'un tel avantage est puni de l'amende prévue pour les contraventions de la cinquième classe » (C. pén., art. 611-1). Cette disposition a été introduite dans le livre VIe du Code pénal, laissé vide jusqu'alors. C'est la première contravention d'origine législative figurant dans ce Code.

Est ainsi érigé en infraction de police le comportement du client – majeur ou mineur – qui suggère ou accepte de fournir une contrepartie à un acte sexuel. Peu importe que ce client ait eu un comportement actif (sollicitation) ou passif (acceptation) : céder aux avances d'une prostituée racoleuse n'est pas moins grave que solliciter autrui pour obtenir des relations sexuelles tarifées. *A priori*, peu importe que la rémunération soit versée à la personne prostituée ou directement au proxénète chargé de veiller sur elle. Peu importe qu'une telle rémunération soit versée avant ou après la relation sexuelle. Peu importe même que la relation sexuelle n'ait pas lieu si elle a été sollicitée ou convenue. La structure de cette infraction, pouvant être à la fois formelle (sollicitation et agrément) ou matérielle (obtention), évoque celle de la corruption active (v. *infra*, n° 1029). Dès lors qu'un individu accepte de fournir une contrepartie à une prestation sexuelle, il engage sa responsabilité pénale[55]. Confirmant la nécessité d'envisager largement le comportement en question, l'article 611-1 se contente d'une référence à la « nature » de la relation sexuelle (plutôt qu'à une relation sexuelle), ce qui laisse entendre que tout acte à connotation sexuelle peut être pris en compte dès lors qu'il est ou a vocation à être rémunéré[56].

La justification d'une telle incrimination n'est pas aisée[57]. Néanmoins, il se confirme là que, plus que jamais dans l'esprit du législateur contemporain, une personne qui se prostitue, même occasionnellement (précision légale sans intérêt ici), se trouve en situation de détresse. Son consentement n'est pas pris en compte parce qu'il existe un doute sur sa validité. L'intéressé(e) ne peut avoir accepté librement un comportement perçu comme attentatoire au respect de la dignité humaine. La violence économique, si ce n'est physique ou morale (de la part d'un proxénète) qui s'exerce sur la personne prostituée, empêche de voir dans son activité un exercice normal de la liberté sexuelle. Tout client mérite donc d'être puni parce qu'en

55. La question de la mise à exécution de l'accord présente donc peu d'intérêt. La responsabilité pénale du client est engagée du seul fait de l'acceptation ou de la proposition. Il en va tout autrement s'il apparaît que la personne qui se prostitue subit l'acte (soit parce qu'il lui est imposé par son proxénète, soit parce que le législateur oblitère son consentement). Les qualifications de viol ou autres agressions sexuelles peuvent alors se substituer à celle-ci (V. *infra*, n° 599).

56. A. Casado, « Brèves remarques à la lecture de la loi du 13 avr. 2016 », *Dr. pén.* 2016, étude 12, n° 10.

57. B. Lavaud-Legendre, « Quand le législateur se veut pédagogue... », *RSC* 2016, p. 731. – P. Morvan, « La pénalisation des clients des prostitué(e)s », *JCP* G 2016, 487. – V. aussi, sous l'angle philosophique : R. Ogien, *L'État nous rend-il meilleurs ?* Folio, coll. Essais, t. 578, 2013, p. 207 et s.

agissant de la sorte il abuse d'autrui[58]. Le constat de l'exploitation des prostituées dans le cadre de réseaux de traite des êtres humains accrédite cette idée que mettent à mal les déclarations – beaucoup plus exceptionnelles – de quelques personnes prétendant avoir « choisi » d'exercer cette activité libérale[59]. Néanmoins, certains dénoncent l'effet pervers d'une telle pénalisation poussant les personnes qui se prostituent à agir dans la clandestinité pour conserver leur clientèle, ce qui rend les actions de prévention et de soins plus difficiles[60]. En toute hypothèse, cette prétendue valeur protégée n'est pas intégrée à l'incrimination : la contravention reprochée au client existe indépendamment de toute démonstration d'une atteinte effective à la dignité d'autrui. Le résultat redouté ici correspond à une relation sexuelle rémunérée. La preuve de l'obtention de ce résultat n'étant pas nécessaire à la consommation de l'infraction, il est possible d'y voir une contravention formelle, sans grand rapport avec les débats qu'une telle incrimination a suscités[61].

591. Sanctions. – Simple infraction de police, ce comportement est puni de l'amende de 1 500 € prévue pour les contraventions de la 5e classe. Le coupable s'expose en plus à l'ensemble des peines complémentaires mentionnées à l'article 131-16. Il s'expose également à la peine de travail d'intérêt général pour une durée de vingt à cent vingt heures (art. 131-17, al. 2). La lourdeur de ces peines complémentaires compense la relative faiblesse de la peine d'amende encourue pour une prétendue atteinte à la dignité de la personne humaine. En pratique, un stage, notamment de sensibilisation à la lutte contre l'achat d'actes sexuels, peut être substitué à la peine d'amende (art. 131-18).

§2. Les recours délictueux à la prostitution d'autrui

592. Incriminations. – Néanmoins, le législateur a prévu la transformation de cette contravention en délit dans deux hypothèses particulières. Celles-ci constituent moins des circonstances aggravantes que l'occasion de caractériser de nouvelles infractions qui sont, par ailleurs, au moins pour l'une des deux, susceptibles d'aggravation et peuvent être poursuivies selon des modalités spécifiques. Dans tous ces cas, un stage, notamment de sensibilisation à la lutte contre l'achat d'actes sexuels, peut être substitué ou ajouté à la peine d'emprisonnement encourue (art. 131-5-1).

58. V. cpdt P. Mistretta, « Les bonnes mœurs sexuelles », *RSC* 2017, p. 277.

59. V. écartant en conséquence l'argument tiré d'une atteinte excessive dans leur droit au respect de la vie privée : CE, 7 juin 2019, n° 423892, *Médecins du Monde et a.*, *D.* 2019, p. 1483, note A. Casado.

60. Argument insuffisant pour amener le Conseil constitutionnel à déclarer cette « pénalisation » non nécessaire : déc. n° 2018-761 QPC du 1er févr. 2019, *Médecins du monde et a.*, § 7.

61. Débats d'autant moins sérieux que « la loi pénale s'arrête à la porte de la très puissante industrie pornographique » (Coll. Raison garder, *Mineurs et sexualité, des lois en débat*, Dalloz, coll. Les sens du droit, 2020, p. 87). En effet, au regard de ces débats, on ne comprend guère pourquoi le fait de produire un film pornographique et le fait de payer pour le regarder ne constituent pas des infractions alors que, là aussi, un bénéfice est retiré de relations sexuelles tarifées.

A. Les comportements incriminés

593. Récidive. - Tout d'abord, la contravention est transformée en délit lorsque le coupable agit en récidive (art. 225-12-1, al. 1). Il s'expose, dans une telle hypothèse, à une amende de 3 750 euros ainsi qu'aux peines complémentaires figurant à l'article 225-20, également applicable en matière de proxénétisme (v. *supra*, n° 569).

594. Personnes fragiles. - Ensuite, la contravention est transformée en délit lorsque le coupable recourt à la prostitution ou accepte la prostitution d'une personne qui « est mineure ou présente une particulière vulnérabilité, apparente ou connue de son auteur, due à une maladie, à une infirmité, à un handicap ou à un état de grossesse » (art. 225-12-1, al. 2). La minorité (plus de 15 ans, au regard de ce qui suit) ou la vulnérabilité doit être établie au moment de l'acceptation ou de la proposition et le client doit, s'agissant d'une infraction intentionnelle, en avoir eu conscience[62]. Spécialement, la vulnérabilité doit être particulière car on considère comme étant en situation de faiblesse toute personne qui se prostitue. Pour justifier ici l'aggravation de la répression, il faut donc établir plus qu'une simple déficience psychique expliquant le comportement de la personne qui se prostitue, au risque d'imposer au juge une appréciation délicate. Mais, curieusement, il n'est fait aucune référence à la précarité de sa situation économique ou sociale (Comp., en matière de viol : art. 222-24, 3° *bis*).

Le majeur qui prétend s'offrir les services d'une personne mineure ou particulièrement vulnérable s'expose à 5 ans d'emprisonnement et 75 000 € d'amende ainsi qu'aux peines de l'article 225-20 ci-dessus évoqué.

595. Aggravation. - Mais ce n'est pas tout. En effet, l'article 225-12-2 permet à la suite d'élever les peines principales encourues dans quatre hypothèses qui n'ont été pensées, semble-t-il, qu'en considération du comportement de l'article 225-12-1, al. 2. L'auteur de ce délit-là (et non le récidiviste) s'expose à 7 ans d'emprisonnement et 100 000 € d'amende lorsque l'infraction a été commise de façon habituelle ou à l'égard de plusieurs personnes (mineures ou particulièrement vulnérables). Il en va de même lorsque le client a été mis en contact avec la personne prostituée grâce à l'utilisation, pour la diffusion de messages à destination d'un public non déterminé, d'un réseau de communication[63]. Il en va de même encore lorsque les faits ont été commis par une personne qui a abusé de l'autorité que lui conféraient ses fonctions. Enfin, l'aggravation s'applique « lorsque l'auteur des faits a délibérément ou par imprudence mis la vie de la personne en danger ou a commis contre elle des violences ». Cette dernière hypothèse érige en infraction aggravée un concours réel d'infractions mais elle le fait de façon assez contestable : d'abord, parce que l'on comprend mal comment un délit intentionnel peut être générateur d'une faute, fût-elle

62. Une telle preuve ne saurait être admise par voie de présomption (Cass. crim., 21 août 2013, *Dr. pén.* 2013, n° 153, obs. M. Véron). Néanmoins, l'agent ne peut prétendre qu'il a été abusé lorsque la minorité ou la particulière vulnérabilité de la personne qui se prostitue paraît au juge « évidente » (Cass. crim., 29 mars 2006, *Dr. pén.* 2006, n° 97, obs. M. Véron).

63. Sachant que la seule proposition sexuelle adressée par un majeur à un mineur sur Internet constitue encore un autre délit (art. 227-22-1. - V. *infra*, n° 1446).

délibérée ; ensuite, parce qu'assimiler une prise de risque pour la vie d'autrui à des violences effectives ne convainc pas en termes de répression.

In fine, le même texte ajoute que le client s'expose à 10 ans d'emprisonnement et 150 000 € d'amende lorsque le mineur qui se prostitue est âgé d'au plus 15 ans au moment des faits.

B. Les modalités de la répression

596. Groupements. – La personne morale déclarée coupable de l'infraction simple ou de l'une de ses formes aggravées encourt une amende dont le montant est porté au quintuple ainsi que l'ensemble des peines de l'article 131-39 (art. 225-12-4).

597. Procédure. – La procédure applicable aux infractions de nature sexuelle peut être mise en œuvre ici (CPP, art. 706-47, 7°).

Là aussi, le délai de prescription de l'action publique est porté à 10 ans et ne commence à courir qu'à compter de la majorité du mineur victime (CPP, art. 8, al. 2). Par ailleurs, sont habilitées à agir les associations régulièrement déclarées depuis au moins cinq ans à la date des faits dont l'objet statutaire comporte la lutte contre l'esclavage, la traite des êtres humains, le proxénétisme ou l'action sociale en faveur des personnes prostituées (CPP, art. 2-22) : ces associations peuvent exercer les droits reconnus à la partie civile dès lors que l'action publique a été mise en mouvement par le ministère public ou la personne qui se prétend lésée. En principe, ces associations doivent avoir obtenu l'accord de la victime mais elles peuvent s'en dispenser lorsqu'elles ont été reconnues d'utilité publique.

En toute hypothèse, sauf si la qualification délictuelle des faits tient à la circonstance de récidive, les délits simples et aggravés de recours à la prostitution d'autrui sont punissables, même s'ils ont été commis à l'étranger par un français ou une personne résidant habituellement en France, indépendamment du point de savoir s'ils sont également incriminés à l'endroit où ils ont été commis et sans qu'il soit besoin d'une plainte préalable de la victime ou d'une dénonciation officielle (C. pén., art. 225-12-3). Peu importe donc la légitimité du tourisme sexuel à l'endroit où il a lieu lorsque ce sont des Français ou assimilés qui s'y livrent.

598. Protection. – Les départements ont pour mission de protéger les personnes victimes de la prostitution, du proxénétisme et de la traite des êtres humains (CASF, art. L. 121-9)[64]. Par ailleurs, un mineur qui se prostitue est réputé en danger et doit être placé par le juge des enfants sous le régime de l'assistance éducative (C. civ., art. 375 et s.). Cette protection civile s'ajoute à la protection administrative justifiée par le nécessaire respect de la dignité humaine.

Ce statut de « victime » reconnu à la personne qui se prostitue fut confirmé, en 2016, par l'abrogation du délit de racolage qui permettait, indirectement, de réprimer l'exercice de la prostitution (art. 225-10-1, ancien) ainsi que par la création d'une nouvelle circonstance aggravante en matière de violences, de viol et autres

64. À ce titre des mesures sociales peuvent être proposées dans le cadre d'un « parcours de sortie de la prostitution et d'insertion » ainsi que des mesures sanitaires dans le cadre d'une politique de réduction des risques ayant donné lieu à l'élaboration d'un référentiel national (V. le dossier de l'*AJ pénal* 2023, p. 8 et s.). Mais les résultats ne semblent pas à la hauteur des attentes.

agressions sexuelles : la répression est renforcée lorsque les faits ont été commis « sur une personne qui se livre à la prostitution, y compris de façon occasionnelle, si les faits sont commis dans l'exercice de cette activité ». On ne saurait donc envisager de poursuivre l'intéressée sous couvert de complicité de la contravention ou du délit dont il vient d'être question[65]. Cela contreviendrait à la logique de protection qui est désormais à l'œuvre[66].

599. Complément. – Si la prestation sexuelle est exécutée, les qualifications de viol ou autre agression sexuelle peuvent l'emporter lorsque l'acte met en cause un client majeur et une personne mineure qui se prostitue. En effet, on l'a vu, il y a nécessairement viol dans deux cas (hors inceste) : lorsque l'acte est accompli par un majeur sur un mineur de 15 ans ; lorsque l'acte est accompli par le mineur sur le majeur. Dans cette seconde hypothèse, aucune différence d'âge n'est exigée dès lors que la relation sexuelle est tarifée (art. 222-23-1, al. 2). De même, il y a nécessairement agression sexuelle autre que le viol dès lors que l'attouchement est réalisé par un majeur sur un mineur de 15 ans. Peu importe la différence d'âge entre eux lorsque, là aussi, la relation sexuelle est tarifée (art. 222-29-2, al. 2). Peu importe que le recours à la violence, contrainte, menace ou surprise ne puisse pas être établi (V. *supra*, nº 238).

Il ne s'ensuit pas que les articles 225-12-1 et s. sont devenus inutiles. Ils conservent un intérêt évident lorsque la prestation sexuelle n'a pas été exécutée (il ne saurait y avoir tentative de viol ou d'autre agression sexuelle au stade de la négociation du tarif). Et, même lorsque cette prestation a été exécutée, ces textes s'appliquent encore lorsque la personne apparemment consentante qui se prostitue est une personne majeure et vulnérable ou, même, lorsqu'il s'agit d'une personne mineure, dès lors que le majeur a pénétré un mineur de plus de 15 ans ou dès lors que des attouchements ont été réalisés par le mineur sur le majeur (V. aussi, *infra*, nº 1419). Dans ces deux dernières hypothèses, en effet, les présomptions d'agression sexuelle évoquées ci-dessus n'ont pas vocation à s'appliquer. *A fortiori,* ces incriminations conservent un intérêt lorsque la relation sexuelle tarifée concerne un client mineur (auquel les présomption précitées ne sont pas davantage applicables).

Section 2 La soumission à des conditions de travail ou d'hébergement indignes

600. Les articles 225-13 et 225-14 du Code pénal incriminent deux façons différentes de porter atteinte à la dignité d'une personne « dont la vulnérabilité ou l'état de dépendance sont apparents ou connus de l'auteur ». Toutefois, la preuve de l'obtention d'un tel résultat n'est formellement exigée que par le

65. *Contra* J. Léonhard, « La pénalisation des clients de la prostitution », *in Mél. Seuvic,* PUN, 2018, p. 306.

66. Néanmoins, la situation des personnes qui se prostituent est si peu enviable qu'un auteur estime qu'il y aurait là « une infraction sans texte » (R. Parizot : *RSC* 2016, p. 373).

second de ces textes. La définition de ces deux infractions s'avère donc sensiblement différente alors qu'elles sont réprimées de manière identique.

Sous-section 1
Les comportements incriminés

601. Présentation. – Les infractions des articles 225-13 et 225-14 ont un élément commun : la qualité de la victime qui doit être une personne « dont la vulnérabilité ou l'état de dépendance sont apparents ou connus de l'auteur ». La situation de faiblesse dans laquelle se trouve ainsi la victime l'empêche de se défendre correctement. En tirer profit s'avère d'autant plus choquant.

602. Vulnérabilité. – Un auteur a vu dans ces deux incriminations un écho pénal des abus de dépendance économique apparus en droit civil : « c'est plus vraisemblablement à des personnes aux revenus minimes ou dont les possibilités de trouver un emploi sont particulièrement réduites qu'il est possible d'imposer soit de fournir des services peu ou pas rétribués, soit des conditions de travail ou d'hébergement contraires à la dignité humaine »[67]. Mais ces incriminations ont une portée plus grande. En effet, à la différence d'autres hypothèses, le Code pénal n'énumère pas ici les causes de vulnérabilité susceptibles d'être prises en compte (comp. article 221-4, 3° évoquant la vulnérabilité d'une personne « due à son âge, à une maladie, à une infirmité, à une déficience physique ou psychique ou à un état de grossesse »). Il n'est même pas nécessaire que cette vulnérabilité soit « particulière » (comp., art. 223-15-2). Elle peut donc être envisagée largement : elle peut tenir à une faiblesse physique ou psychique de la victime ; elle peut résulter aussi des circonstances, notamment du contexte dans lequel la victime évolue. La vulnérabilité se distingue alors difficilement des situations de dépendance qui sont propres à la créer[68]. Héberger dans des conditions indignes des saisonniers ne parlant pas le français ayant ponctuellement quitté leur pays pour faire les vendanges en France, c'est abuser d'une situation de dépendance qui les rend vulnérables[69].

603. Preuve. – Par ailleurs, pour lutter plus efficacement contre l'exploitation des personnes vulnérables, qui évoque un esclavage « moderne », le législateur a établi une présomption. Désormais, « pour l'application des articles 225-13 et 225-14, les mineurs ou les personnes qui ont été victimes des faits décrits par ces articles à leur arrivée sur le territoire français sont considérés comme des personnes vulnérables ou en situation de dépendance » (art. 225-15-1)[70]. Tous les mineurs (même émancipés) et les personnes (le plus souvent étrangères) attirées en France pour y être exploitées sont ainsi protégés. La présomption est *a priori* irréfragable. Mais des infractions peuvent être caractérisées au-

67. A. Valoteau, *La théorie des vices du consentement et le droit pénal*, PUAM, 2006, p. 123, n° 180.

68. Constat fait par le juge de Strasbourg (CEDH, 26 juill. 2005, *Siliadin c/France*, § 128 et 11 oct. 2012, *C. N. et V. c/France*, § 91).

69. Cass. crim., 7 avr. 2021, *RSC* 2022, p. 68, obs. C. Ambroise-Castérot.

70. V. pour des faits équivalents à ceux de l'affaire *Siliadin* évoquée ci-dessus : Cass. crim., 29 mars 2011, *Dr. pén.* 2011, n° 86, obs. M. Véron.

delà des prévisions de ce texte pour peu que la vulnérabilité ou la dépendance des victimes soit alors prouvée. Il en va ainsi pour toute personne majeure, quelle que soit sa nationalité, qui est exploitée en France indépendamment de sa venue sur le territoire français : étranger déjà installé et dont la situation dégénère après son arrivée[71] ou Français dont la situation se précarise dans les mêmes conditions[72].

Dans ce cadre, les juges du fond disposent d'un pouvoir d'appréciation important. Ce qui n'apparaît guère satisfaisant car l'issue des poursuites engagées pour obtention de services sans contrepartie réelle ou pour soumission à des conditions de travail et d'hébergement indignes en dépend.

§1. L'obtention de services sans contrepartie réelle

604. Objectif. – L'article 225-13 incrimine le fait d'obtenir d'une personne, que l'on sait vulnérable ou dépendante, « la fourniture de services non rétribués ou en échange d'une rétribution manifestement sans rapport avec l'importance du travail accompli ». Il s'agit de sanctionner ceux qui abusent de la fragilité d'autrui et en profitent pour l'exploiter[73].

605. Forme. – Sur le plan matériel, l'infraction requiert l'exécution d'un travail (la fourniture de « services ») par autrui qui ne trouve aucune contrepartie ou une contrepartie dérisoire. Ce qui appelle plusieurs observations.

Tout d'abord, l'incrimination parle de services au pluriel. Pour éviter tout risque d'arbitraire, l'article 225-13 exige que l'abus reprochable à l'agent soit apprécié par rapport à une pluralité de services rendus et non de façon ponctuelle. On en déduit que le travail fourni par la victime doit s'être s'inscrit dans la durée : sa réitération facilite la preuve de l'abus[74]. Pour autant, cela ne fait pas de l'infraction un délit continu ou d'habitude : la réitération concerne les services ; elle est attendue de la victime. Au contraire, l'agent se voit reprocher une absence de rémunération, ou une rémunération insuffisante, à l'issue de la période travaillée. C'est à ce moment qu'il faut se placer pour apprécier l'infraction qui s'avère, dès lors, instantanée. Tout au plus, si l'employé est reconduit dans ses fonctions et perçoit différentes rémunérations dérisoires, on peut admettre que le délit se répète et identifier là des infractions successives.

Ensuite, l'absence ou l'insuffisance de la rémunération doit être établie. Peu importe le gîte et le couvert offerts à la victime si les services fournis ne donnent lieu à aucune autre contrepartie. Plus délicate est l'appréciation d'une rémunération manifestement sans rapport avec le travail fourni. Une embauche irrégulière et des horaires excessifs moyennant une faible rémunération ne suffisent pas à rapporter la preuve de cette disproportion[75]. L'inobservation du SMIC ou le non-paiement

71. Cass. crim., 11 févr. 1998, *Dr. pén.* 1998, n° 65, obs. M. Véron.

72. Cass. crim., 23 avr. 2003, *JCP* G 2004, II, 10015, note M.-B. Salgado. – 3 déc. 2002, *Dr. pén.* 2003, n° 30, obs. M. Véron.

73. CA Bordeaux, 7 janv. 1997, *JCP* G 1997, IV, 2420.

74. Cass. crim., 3 déc. 2002, *Dr. pén.* 2003, n° 30, obs. M. Véron.

75. Cass. crim., 11 déc. 2001, *Dr. pén.* 2002, n° 65, obs. M. Véron.

d'heures supplémentaires ne peut davantage être sanctionné par ce biais. C'est une forme atténuée de réduction en esclavage qu'il s'agit de sanctionner ici[76]. Pour que l'infraction soit constituée, il importe donc que la rémunération soit inexistante ou à ce point réduite qu'elle semble sans rapport avec le travail fourni. Un indice de cette disproportion peut être trouvé dans le fait que la rémunération permet difficilement à la personne de satisfaire ses besoins élémentaires[77]. En la maintenant ainsi dans une situation de dépendance par rapport à lui, l'employeur peut l'exploiter de plus belle.

606. Perception. – Intentionnelle, l'infraction suppose que le prévenu ait agi en connaissance de cause. Logiquement, l'élément moral épouse ici tous les contours de l'élément matériel.

Tout d'abord, l'agent doit parfaitement mesurer la vulnérabilité ou l'état de dépendance de la victime à son égard. Lorsque cette situation de faiblesse est apparente, la preuve de l'état d'esprit de l'agent peut être aisément rapportée. À défaut, le ministère public doit démontrer que l'agent connaissait la situation exacte de la personne exploitée. Une telle solution paraît s'imposer même lorsque la vulnérabilité ou la situation de dépendance est présumée car l'article 225-15-1, précité, concerne uniquement la condition préalable de l'infraction. Mais raisonner ainsi limite l'intérêt d'une telle présomption. En effet, la difficulté de preuve réapparaît au stade de l'élément moral. Pour la résoudre, il faut considérer que l'individu qui abuse d'un mineur ou d'un majeur arrivant sur le territoire français sait nécessairement qu'il profite d'une personne vulnérable ou en situation de dépendance. Mais cette seconde présomption ne peut être admise qu'à partir du moment où l'agent conserve la possibilité de la renverser en établissant la preuve contraire (en démontrant qu'il ignorait l'âge exact du mineur ou que le majeur venait de débarquer).

Ensuite, l'agent doit savoir qu'il exige la fourniture de services non rétribués ou rétribués manifestement sans rapport avec le travail accompli. Néanmoins, « tout travail méritant salaire », un employeur peut difficilement prétendre s'être mépris, sauf – pour lui à démontrer que la rémunération devait être versée par un tiers mettant à sa disposition la ou les victimes. À défaut, l'absence de rémunération ou son caractère dérisoire parle de lui-même. En acceptant de faire ainsi travailler autrui, l'agent a nécessairement conscience de l'exploiter et veut donc en abuser. L'erreur de fait est difficilement concevable ici : l'agent ne peut guère prétendre avoir cru en une intention libérale de la victime alors que les services rendus, envisagés au pluriel, s'inscrivent dans un rapport d'asservissement. Le bénévolat, qui n'est pas remis en cause par cette incrimination, suppose le respect des personnes qui s'y livrent. Il ne peut être imposé.

Enfin, l'agent doit être conscient de n'obtenir des services à un tel prix qu'à raison de la vulnérabilité ou de l'état de dépendance de la victime à son égard. Cependant, une fois de plus, compte tenu des circonstances, ce lien de causalité peut difficilement lui avoir échappé : l'éventuel consentement donné par un travailleur à cette relation asymétrique ne peut avoir abusé celui qui l'emploie.

---

76. Cass. crim., 15 juin 2010, *Dr. pén.* 2010, n° 104, obs. M. Véron.

77. L'article 23 de la Déclaration universelle des droits de l'homme ne dispose-t-il pas : « quiconque travaille a droit à une rémunération équitable et satisfaisante lui assurant ainsi qu'à sa famille une existence conforme à la dignité humaine, et complétée, s'il y a lieu, par tous autres moyens de protection sociale » (§ 3) ?

607. Limite. – En revanche, peu importe que l'agent n'ait pas cherché, à cette occasion, à porter atteinte à la dignité de la victime : cette atteinte n'est pas davantage prise en compte au titre de l'élément moral qu'au titre de l'élément matériel. L'agent peut donc avoir été guidé par un simple esprit de lucre qui l'a rendu indifférent à la détresse humaine. Le résultat redouté ne consiste pas en une atteinte à cette valeur mais dans le fait d'obtenir des prestations sans contrepartie réelle, ce qui évite de donner à l'appréciation du juge un caractère divinatoire.

§2. La soumission à des conditions de travail ou d'hébergement indignes

608. Spécificité. – L'article 225-14 incrimine à la suite le fait de « soumettre » une personne en situation de faiblesse « à des conditions de travail ou d'hébergement incompatibles avec la dignité humaine ».

Ce texte recoupe en partie le précédent. En effet, la preuve de ce qu'autrui a été soumis à des conditions de travail incompatibles avec la dignité humaine peut découler du fait qu'autrui a dû fournir des services non rétribués ou en échange d'une rétribution manifestement sans lien avec l'importance du travail accompli. Mais dans l'hypothèse précédente, la preuve d'une atteinte à la dignité humaine n'avait pas à être rapportée alors qu'elle doit être démontrée ici. Cette différence justifie la survie d'infractions distinctes[78]. Par ailleurs, ici, l'infraction peut résulter de circonstances autres que l'absence ou la faiblesse de la rémunération rendant les conditions de travail indignes (horaires excessifs ou conditions d'hygiène et de sécurité déplorables). L'infraction peut également découler des conditions d'hébergement proposées à autrui, ce qui paraît cette fois sans rapport avec l'incrimination précédente[79]. Néanmoins, la notion d'hébergement n'est pas plus facile à préciser. Sans doute, faut-il l'envisager largement : l'hébergement correspond à l'accueil. Peu importe que ce soit au domicile même de l'agent ou dans tout autre local fourni par lui. Peu importent les droits que l'hébergé est susceptible de faire valoir sur ce local (ou son absence de droits). Un tel hébergement doit présenter un caractère à ce point exigu ou insalubre qu'il met en danger la santé physique ou psychique d'autrui[80]. Il doit également, selon la Cour de cassation, avoir été fourni contre rémunération : cela ne résulte pas de l'article 225-14 mais permet d'écarter toute sanction chaque fois qu'une personne privée de liberté se plaint de ses conditions de détention[81]. Une telle exigence s'avère regrettable. Il faut en réduire autant que possible la portée en considérant qu'elle est satisfaite dès lors que l'hébergement a

78. Infractions pouvant néanmoins être relevées en concours : Cass. crim., 30 mai 2006, *Dr. pén.* 2006, n° 117, obs. M. Véron.

79. V. sur cette notion : G. Dumenil, « Réflexions autour du délit de soumission d'une personne à des conditions d'hébergement incompatibles avec la dignité humaine », *Dr. pén.* 2020, étude 2, n° 10.

80. V. aussi F. Safi, « La répression des marchands de sommeil », *Dr. pén.* 2019, étude 15. – F.-X. Roux-Demare, « La réponse pénale contre l'habitat dégradé », *AJ pénal* 2016, p. 63.

81. Comp., s'agissant de détenus : CA Nancy, 1er mars 2007, *D.* 2007 p. 2218, note J. Danet et Cass. crim., 20 janv. 2009, *Dr. pén.* 2009, n° 42, obs. A. Maron. – V. aussi, s'agissant de militaires placés aux arrêts : Cass. crim., 9 mai 2019, *D.* 2020, p. 367, note L. Saenko ; *JCP* G 2019, 704, note E. Dreyer ; *AJ pénal* 2019, p. 383, obs. F.-X. Roux-Demare.

eu une contrepartie, fût-elle indirecte (hébergement présenté comme un avantage en nature justifiant qu'une moindre rémunération soit accordée à des salariés).

609. Résultat. – Ici, le non-respect de la dignité humaine joue donc un rôle central : il correspond au résultat redouté par le législateur. L'incrimination fait exceptionnellement référence à une valeur[82]. Elle suppose un résultat plus lointain que le résultat requis dans l'hypothèse précédente (service fourni sans rémunération ou contre une rémunération dérisoire) mais la preuve de son obtention est là aussi nécessaire pour que l'on puisse admettre la consommation d'une telle infraction (matérielle). Une telle exigence paraît d'autant plus cruciale que la simple tentative de soumission à des conditions de travail ou d'hébergement indignes n'est pas punissable.

Mais comment rapporter la preuve de l'incompatibilité d'un comportement avec la dignité humaine ? Sauf à introduire un débat purement théorique et abstrait qui n'a pas lieu d'être ici[83], il faut considérer que cela suppose d'établir qu'autrui a été traité non comme une personne mais comme un animal ou une chose[84]. Le flou d'une telle appréciation ne semble pas inquiéter la Cour de cassation[85]. En pratique, elle utilise des présomptions[86]. Visant l'article 4, Conv. EDH prohibant l'esclavage, elle juge par ex. que « tout travail forcé est incompatible avec la dignité humaine »[87]. Par ailleurs, s'agissant des conditions d'hébergement, il existe des critères qui interdisent la location d'appartements de faible surface[88], *a fortiori* sans chauffage, avec des moisissures[89]. Ces critères servent de repères aux juges du fond[90], même s'il est en toute hypothèse acquis que « l'article 225-14 du Code pénal ne subordonne pas la caractérisation de l'indignité desdites conditions d'hébergement à la preuve de la violation d'une norme d'hygiène ou de sécurité imposée par une disposition légale ou réglementaire spéciale »[91].

610. Matérialité. – L'infraction consiste à « soumettre » autrui à des conditions de travail ou d'hébergement incompatibles avec la dignité humaine. Il

82. Mais le législateur n'en tire pas toutes les conséquences car rien ne justifie alors de limiter l'incrimination aux abus commis à l'encontre de mineurs ou de personnes vulnérables.

83. V. not. E. Dreyer, « Les mutations du concept juridique de dignité », *RRJ* 2005, p. 19. – G. Lebreton, « Les ambiguïtés du droit français à l'égard de la dignité de la personne humaine », *in Mél. Gélard*, Montchrestien, 2000, p. 58.

84. R. Kœring-Joulin, « La dignité de la personne humaine en droit pénal », *in La dignité de la personne humaine*, Economica 1999, p. 83. – P. Mistretta, « La protection de la dignité de la personne et les vicissitudes du droit pénal », *JCP* G 2005, I, 100.

85. V. jugeant que les termes de cette incrimination « ne sont pas incompatibles avec l'art. 7, Conv. EDH » : Cass. crim., 30 mai 2006, *Dr. pén.* 2006, n° 117, obs. M. Véron. – *Idem* sur le fondement de l'art. 14, PIDCP : Cass. crim., 4 mars 2003, *Dr. pén.* 2003, n° 83, obs. M. Véron.

86. Ce que le législateur semble encourager en n'évoquant pas ici une « atteinte » à la dignité humaine mais un comportement « incompatible » avec le respect dû à celle-ci : il suggère à cette occasion de retenir l'approche la plus objective possible (V. cpdt G. Dumenil, *Le domicile en droit pénal*, LGDJ, coll. Bibl.sc.crim., t. 68, 2021, p. 278 et s.).

87. Cass. crim., 13 janv. 2009, *D.* 2009, p. 1935, note B. Lavaud-Legendre.

88. Décret du 30 janvier 2002 relatif aux caractéristiques du logement décent pris pour l'application de l'article 187 de la loi du 13 décembre 2000 relative à la solidarité et au renouvellement urbains. – V. aussi Cass. crim., 23 avr. 2003, *Dr. pén.* 2003, n° 107, obs. M. Véron.

89. Cass. crim., 4 déc. 2018, *Dr. pén.* 2019, n° 27, obs. P. Conte.

90. Ils suffisent à la Cour pour juger que l'appréciation sur ce point n'est pas arbitraire et pour refuser le renvoi d'une QPC (Cass. crim., 27 mai 2021, *Dr. pén.* 2021, n° 141, obs. P. Conte).

91. Cass. crim., 22 juin 2016, *Dr. pén.* 2016, n° 139, obs. P. Conte.

s'agit donc d'une infraction de commission. Elle suppose un acte positif qui n'est pas plus défini ici qu'en matière de torture et actes de barbarie (art. 222-1. – V. *supra*, n° 114). Là aussi, est en cause un fait permettant à l'agent de plier autrui à sa volonté. Peu importe l'apparent accord d'une victime en situation de faiblesse qui ne peut défendre correctement ses intérêts. Ici, les conditions de travail[92] ou d'hébergement[93] doivent être telles qu'il n'est pas concevable qu'autrui les ait valablement acceptées. Soumettre équivaut donc à imposer, ce qui contraint le ministère public à établir que la victime n'avait, en réalité, pas d'autre choix.

Peu importe que l'agent n'ait pas été formellement employeur ou bailleur des victimes dès lors qu'il était en mesure de profiter de la situation pour leur dicter ses conditions[94].

Cette approche conduit à voir dans ce délit « une infraction continue, qui se poursuit tant que dure l'hébergement illicite »[95]. Ce qui a permis de sanctionner le maintien de conditions d'hébergement incompatibles avec la dignité humaine après l'entrée en vigueur du Code actuel. Cela doit permettre également de reporter le point de départ du délai de prescription au jour où cet hébergement, ou ces conditions de travail indignes, cessent.

611. Perception. – L'infraction est intentionnelle.

D'abord, cela suppose que l'agent ait eu une parfaite conscience de la situation de vulnérabilité ou de dépendance de la victime : soit cette situation était apparente et l'agent ne peut prétendre l'avoir ignorée ; soit elle était dissimulée et l'agent doit en avoir eu connaissance. Néanmoins, là encore, la présomption de vulnérabilité figurant à l'article 225-15-1 pourrait atténuer cette exigence (sauf à la priver d'intérêt. – Comp. *supra*, n° 603).

Ensuite, l'agent doit avoir eu conscience de soumettre autrui à des conditions de travail ou d'hébergement incompatibles avec la dignité : il doit avoir pleinement mesuré le caractère abusif du travail demandé ou le caractère inacceptable du logement fourni[96]. Peu importe que ce comportement n'apparaisse pas indigne au regard des coutumes du pays d'origine de l'agent et/ou de la victime, dès lors que l'infraction est commise sur le territoire français et trouble des exigences d'ordre public que nul ne peut ignorer sur ce territoire[97]. En revanche, l'élément moral fait défaut si l'agent n'a pas été averti d'une éventuelle détérioration des conditions de travail ou d'hébergement de victimes avec lesquelles il n'était pas en contact direct[98].

92. Cass. crim., 4 mars 2003, *Dr. pén.* 2003, n° 83, obs. M. Véron.

93. Cass. crim., 16 févr. 2010, *Dr. pén.* 2010, n° 57, obs. M. Véron. – 11 févr. 1998, *Dr. pén.* 1998, n° 65, obs. M. Véron.

94. Cass. crim., 5 sept. 2012, *Dr. pén.* 2012, n° 155, obs. M. Véron.

95. Cass. crim., 11 févr. 1998, *Dr. pén.* 1998, n° 65, obs. M. Véron, rejetant le pourvoi formé contre : CA Paris, 26 juin 1996, *Dr. pén.* 1996, n° 243, obs. M. Véron.

96. Lorsqu'est en cause la taille du logement, cela implique que l'agent connaisse le nombre de personnes qui vont l'occuper : Cass. crim., 4 déc. 2018, préc.

97. CA Paris, 19 janv. 1998, *Dr. pén.* 1998, n° 64, obs. M. Véron.

98. Cass. crim., 10 mai 2000, *B.* n° 183. – Comp., Cass. crim., 27 mai 2014, *Dr. pén.* 2014, n° 118, obs. M. Véron.

Peu importe le mobile de l'agent. Il n'est pas nécessaire d'établir qu'il a agi de la sorte pour humilier autrui. Ce qui conserve aux incriminations – distinctes – de harcèlement moral une spécificité (comp. *infra*, n° 671).

Sous-section 2
Les modalités de la répression

612. Peines. – Les peines principales encourues sont identiques à l'article 225-13 et à l'article 225-14. La personne physique déclarée coupable de l'une ou l'autre de ces infractions s'expose à 5 ans d'emprisonnement et 150 000 € d'amende. Il s'agit de peines très élevées alors que l'intégrité physique ou psychique d'autrui n'est pas en cause. En effet, de tels comportements paraissent inacceptables au législateur contemporain. Celui qui est assez lâche pour abuser des plus faibles s'expose aux rigueurs du droit pénal. D'autant que de telles peines sont portées à 7 ans d'emprisonnement et 200 000 € d'amende lorsque l'une ou l'autre de ces infractions a été commise à l'égard de plusieurs personnes ou à l'égard d'un mineur (art. 225-15, I et II). Et ces peines sont portées à 10 ans d'emprisonnement et 300 000 € d'amende lorsque l'une ou l'autre de ces infractions est commise « à l'égard de plusieurs personnes parmi lesquelles figurent un ou plusieurs mineurs » (III).

De surcroît, le coupable personne physique s'expose aux peines complémentaires de l'article 225-19 dont la fermeture, temporaire ou définitive, de l'établissement dans lequel l'infraction a été commise et, éventuellement, la confiscation du fonds de commerce destiné à l'hébergement de personnes lorsqu'il a servi à commettre l'infraction de l'article 225-14. L'article 225-26 impose également au juge de prononcer, dans cette dernière hypothèse, la confiscation de tout autre bien ayant servi à commettre l'infraction et l'interdiction, pour une durée de 10 ans au plus, d'acheter un bien immobilier à usage d'habitation (hormis pour une occupation personnelle) ou un fonds permettant l'exploitation d'un établissement permettant d'héberger du public. De surcroît, le même texte permet la confiscation de tous les biens appartenant au condamné ou dont il a la libre disposition.

Par ailleurs, la personne morale déclarée coupable de ces infractions, simples ou aggravées, s'expose à une amende portée au quintuple ainsi qu'à l'ensemble des peines énumérées à l'article 131-39. Elle s'expose également à la confiscation de tout fonds de commerce destiné à l'hébergement de personnes lorsqu'il a servi à commettre l'infraction de l'article 225-14 (art. 225-16).

613. Mesures conservatoires. – Mais, sans attendre une éventuelle condamnation, l'autorité administrative compétente (*a priori*, le préfet) peut demander au président du tribunal judiciaire de désigner, pour la durée de la procédure, un administrateur provisoire chargé de s'occuper de l'établissement hébergeant les personnes dans des conditions qui semblent incompatibles avec la dignité humaine. L'objectif est de mettre fin au plus vite à une telle situation. Une mesure de police (administrative) double ainsi la poursuite. Il appartient au ministère public d'informer d'une telle désignation le propriétaire de l'immeuble et le propriétaire du fonds dans lequel cet établissement est exploité (CCH, art. L. 651-10, I et II. – art. R. 651-2). En effet, ils ne sont pas nécessairement mis en cause dans la procédure engagée contre l'exploitant. Le ministère public les informe ensuite de l'éventuelle décision de confiscation du fonds. Il fait également mentionner cette décision au registre du commerce et des sociétés ainsi qu'aux registres sur lesquels sont inscrites les sûretés. La décision qui prononce la confiscation du fonds transfère sa propriété à l'État qui se trouve alors subrogé dans tous les droits et devoirs du propriétaire (CCH, art. L. 651-10, IV). L'absence de tout recours ouvert au propriétaire de bonne foi contre cette décision sème le doute sur sa légitimité.

614. Complément. – À noter que, sommé d'apporter une réponse efficace aux victimes d'esclavage moderne par la juridiction de Strasbourg et de lutter contre les trafics d'êtres humains par l'Union européenne (Directive n° 2011/36/UE du 5 avril 2011) et le Conseil de l'Europe (Convention du 16 mai 2005), le législateur français a également incriminé dans le Code pénal le travail forcé et la réduction en servitude lorsque la victime est une personne vulnérable (art. 225-14-1 et -2), la réduction en esclavage et l'exploitation de personnes réduites en esclavage (art. 224-1 A, B et C) ainsi que la traite des êtres humains (art. 225-4-1 à -5). Ce qui pourra, à l'avenir, poser de délicats problèmes de qualification.

Section 3
Les pratiques discriminatoires

615. Présentation. – Pendant longtemps, l'illusion égalitariste a conduit à nier les différences existant dans le corps social. Il ne s'agit pas de la remettre en cause car l'affirmation de droits égaux reconnus à tous est l'une des grandes avancées du XIXe siècle. Mais il s'agit de mesurer l'insuffisance d'une telle approche : l'égalité en droit a conduit à se désintéresser des inégalités en fait ; la dogmatique a pris le pas sur la réalité. Il a donc fallu, après la Seconde Guerre mondiale, consacrer une seconde génération de droits de l'homme dans le but d'ajouter à la logique commutative prévalant jusqu'alors une logique distributive afin de donner à l'idée de Justice une dimension plus concrète[99]. Des situations de faiblesse ont ainsi été reconnues par le droit auxquelles la société s'efforce d'apporter désormais une réponse en luttant notamment contre les discriminations. Dans ce cadre, le droit pénal a un rôle à jouer. Il ne s'agit pas, pour lui, d'encourager le communautarisme mais, au contraire, de favoriser l'égalité en luttant contre certains propos et pratiques discriminatoires. L'incrimination des premiers s'avère essentielle pour éviter que la liberté du discours n'aboutisse à une banalisation d'actes ségrégationnistes. Toutefois, son étude relève d'un texte spécifique, la loi du 29 juillet 1881 sur la liberté de presse,

99. D'où la signature à New York d'une convention sur l'élimination de toutes les formes de discrimination raciale, le 21 décembre 1965, qui définit celle-ci comme « toute distinction, exclusion, restriction ou préférence fondée sur la race, la couleur, l'ascendance ou l'origine nationale ou ethnique, qui a pour but ou pour effet de détruire ou de compromettre la reconnaissance, la jouissance ou l'exercice, dans des conditions d'égalité, des droits de l'homme et des libertés fondamentales dans les domaines politique, économique, social et culturel ou dans tout autre domaine de la vie publique » (art. 1, § 1).

qui n'est pas envisagée ici[100]. Seules les pratiques prévues et réprimées par le Code pénal seront prises en compte.

616. Notion. – Selon la Cour européenne, une distinction se révèle discriminatoire « si elle "manque de justification objective et raisonnable", c'est-à-dire si elle ne poursuit pas un "but légitime" ou si fait défaut un "rapport raisonnable de proportionnalité entre les moyens employés et le but visé" »[101].

L'article 225-1, al. 1, du Code pénal précise cette définition en indiquant que « constitue une discrimination toute distinction opérée entre les personnes physiques sur le fondement de leur origine, de leur sexe, de leur situation de famille, de leur grossesse, de leur apparence physique, de la particulière vulnérabilité résultant de leur situation économique, apparente ou connue de son auteur, de leur patronyme, de leur lieu de résidence, de leur état de santé, de leur perte d'autonomie, de leur handicap, de leurs caractéristiques génétiques, de leurs mœurs, de leur orientation sexuelle, de leur identité de genre, de leur âge, de leurs opinions politiques, de leurs activités syndicales, de leur qualité de lanceur d'alerte, de facilitateur ou de personne en lien avec un lanceur d'alerte..., de leur capacité à s'exprimer dans une langue autre que le français, de leur appartenance ou de leur non-appartenance, vraie ou supposée, à une ethnie, une Nation, une prétendue race ou une religion déterminée »[102]. La discrimination est donc une différence de traitement (« distinction ») faite entre personnes qui n'appartiennent pas aux mêmes groupes[103]. Peu importe que cette appartenance d'une personne à un groupe ait été volontaire ou pas : ce n'est pas parce qu'une personne a choisi telle opinion politique, activité syndicale ou orientation sexuelle qu'elle doit être moins bien traitée qu'une autre. Sa liberté de choix serait remise en cause. Mais il en va *a fortiori* de même lorsque l'appartenance à un groupe s'est imposée à la personne : il apparaît encore plus injuste de tirer prétexte de son origine, de sa race ou de son sexe pour lui refuser ce qui est accordé aux autres[104]. L'objectif est d'éviter que des caractéristiques personnelles différentes conduisent à des différences de traitement au plan social.

617. Extension. – Dans cette dernière perspective, le législateur a cru bon d'ajouter deux autres formes de discrimination.

Tout d'abord, constitue également une discrimination « toute distinction opérée entre les personnes parce qu'elles ont subi ou refusé de subir des faits de harcèlement sexuel tels que définis à l'article 222-33 ou témoigné de tels faits, y compris, dans le cas mentionné au I du même article, si les propos ou comportements n'ont pas été répétés » (art. 225-1-1). Le traumatisme du délit de harcèlement sexuel ne doit pas être revécu par la victime à l'occasion de pratiques discriminatoires ultérieures. Si de telles pratiques sont accomplies pour sanctionner son refus initial ou

100. V. not. E. Dreyer, *Droit de la communication*, LexisNexis, 2e éd., 2022, p. 638, n° 1122 et s.

101. CEDH, 13 juin 1979, *Marckx c/Belgique*, § 33. – *Idem* pour le Comité des droits de l'homme des Nations unies : déc. 26 juill. 2002, *Wackenheim c/France*, *RTDH* 2003, p. 1017, note M. Levinet.

102. Le second alinéa du même article définit, lui, la discrimination à l'égard des personnes morales : elle apparaît lorsqu'une distinction est faite à raison d'une caractéristique personnelle commune à l'ensemble de ses membres ou, au moins, à certains d'entre eux.

103. V. sur le caractère partiellement redondant de ces termes : A. Cerf-Hollender, « L'extension du champ pénal de lutte contre les discriminations », *in Mél. Ottenhof*, Dalloz, 2006, p. 371.

104. À ce titre, il est jugé « qu'une discrimination fondée sur la race peut constituer en soi un traitement dégradant au sens de l'art. 3 de la Convention » : CEDH, 12 juill. 2005, *Moldovan c/Roumanie*, § 111.

pour faire pression sur la victime afin de l'amener à changer d'avis (ou sur les témoins pour qu'ils se taisent), elles méritent elles aussi une sanction.

Ensuite et dans la même veine, le législateur a indiqué que constitue également une discrimination « toute distinction opérée entre les personnes parce qu'elles ont subi ou refusé de subir des faits de bizutage définis à l'article 225-16-1 ou témoigné de tels faits » (art. 225-1-2).

Si on comprend bien l'intérêt de telles extensions[105], on ne peut s'empêcher de les trouver elles aussi arbitraires. Pourquoi ne sanctionner des pratiques discriminatoires qu'à la suite de ces deux types d'infraction ?

618. Distinction. – En toute hypothèse, une réaction énergique s'impose lorsque, à l'occasion de certains actes, sont ainsi opérées des distinctions inacceptables entre les personnes. Mais une telle réaction varie suivant que les actes en question sont reprochés à un particulier ou à un agent public. Il convient maintenant de distinguer.

§1. Les pratiques discriminatoires reprochables à un particulier

619. Évoquons d'abord les comportements incriminés à ce titre puis les modalités de leur répression.

A. Les comportements incriminés

620. Dans le Code pénal, le texte incriminant les pratiques discriminatoires ne correspond pas aux articles 225-1, 225-1-1 ou 225-1-2, précités, mais à l'article 225-2. En effet, le droit rencontre des difficultés pour punir ce type de comportements. Il ne veut pas trop altérer la liberté individuelle qui repose sur une liberté de choix et donc sur des distinctions permanentes. Conformément au caractère subsidiaire du droit pénal, seuls les actes les plus graves ont donc été incriminés lorsqu'ils réalisent une distinction inacceptable entre les personnes.

Envisageons successivement l'élément matériel et l'élément moral de ce délit.

1. La matérialité de l'acte

621. L'adhésion à une doctrine raciste, sectaire, politique, ou autre, ne relève pas du droit pénal mais de la liberté d'opinion : dans son for intérieur, chacun est libre de se penser supérieur aux autres et de les mépriser. Il encourt au pire l'asile mais pas la prison. Pour que le seuil d'intervention du droit pénal soit franchi, il faut que cette conviction personnelle s'extériorise et se matérialise dans un ou plusieurs actes. Cependant, on l'a dit, l'article 225-2 n'incrimine

105. Justifications contestées au motif que la lutte contre les discriminations reposerait sur le souci de protéger la dignité des personnes (S. Detraz, « Le harcèlement sexuel, nouveau motif de discrimination pénalement illicite », *Gaz. Pal.* 26 oct. 2012, p. 15). Toutefois, cette réflexion téléologique ne doit pas être exagérée car, auparavant déjà, on peinait à voir où réside l'atteinte à la dignité humaine dans une discrimination fondée sur des motifs politiques ou syndicaux. En droit du travail, la lutte contre les discriminations est plus justement fondée sur le principe d'égalité (B. Gauriau, « Dignité du salarié et droit pénal du travail », *in La norme pénale et les relations de travail*, Éd. Panthéon-Assas, 2015, p. 168). C'est l'atteinte à ce principe qui semble être ici le véritable résultat redouté par le législateur.

pas tous les comportements discriminatoires. Refuser de serrer la main de quelqu'un ou de le renseigner pour des raisons tenant à sa race, sa religion ou ses convictions politiques ne heurte pas la loi pénale. Une distinction illégitime entre les personnes (prohibée par les articles 225-1, 225-1-1 et 225-1-2) n'est sanctionnée que si elle intervient à l'occasion de certains actes perçus comme particulièrement importants dans la vie économique et sociale. Trois types de comportements sont ainsi pris en compte.

a. Le refus de fournir un bien ou un service

622. Illustration. – « Refuser la fourniture d'un bien ou d'un service » à une personne, au risque d'opérer une distinction prohibée, est sans doute la pratique discriminatoire la plus courante (art. 225-2, 1°). Y est assimilé le fait de subordonner la fourniture d'un bien ou d'un service à une exigence discriminatoire (4°). Le refus n'est pas alors pur et simple mais dissimulé derrière une condition. Toutefois, cela revient au même : refuser l'accès d'une boîte de nuit aux personnes de couleur équivaut à réserver l'accès de cette même boîte de nuit aux personnes si elles sont de type occidental[106].

Peu importe la nature du bien ou service. En jurisprudence, l'infraction fut admise en cas de refus de vente d'un terrain à une personne compte tenu de son appartenance à la communauté des gens du voyage[107]. Elle le fut également en cas de refus d'embarquer dans un avion[108] ou de louer un appartement[109] à une personne handicapée. *Idem* en cas de refus de louer une chambre d'hôtel[110] ou de fournir des soins[111] à un étranger. En revanche, l'infraction disparaît lorsque le « service » refusé pour un motif discriminatoire est en réalité un simple conseil[112].

Peu importe que le bien ou le service ait été fourni à titre gratuit ou à titre onéreux[113]. Néanmoins, par nature, une « faveur » doit pouvoir « être, à tout moment, accordée ou retirée par son auteur »[114]. En l'absence d'un véritable engagement, il ne saurait donc y avoir infraction.

Enfin, peu importe que l'auteur de la discrimination soit professionnel ou non[115]. Peu importe également que l'acte reste isolé : il ne s'agit pas de réprimer ici une infraction d'habitude[116]. Peu importe même que la discrimination soit indirecte[117].

---

106. Cass. crim., 27 nov. 2012, *Dr. pén.* 2013, n° 37, obs. M. Véron.

107. Cass. crim., 28 nov. 2006, *Dr. pén.* 2007, n° 31, obs. M. Véron.

108. Cass. crim., 15 déc. 2015, *D.* 2016, p. 828, note S. Detraz ; *AJ pénal* 2016, p. 263, obs. M. Bénéjat-Guerlin. – CA Paris, 19 sept. 1994, *JCP* G 1995, II, 22511, note I. Moine.

109. TGI Paris, 28 juin 2005, *Gaz. Pal.* 2006, p. 2634, note A. Paulin.

110. CA Douai, 25 juin 1974, *D.* 1975, p. 492, note J. Foulon-Piganiol.

111. Cass. crim., 11 juin 2013, *Gaz. Pal.* 13 oct. 2013, p. 34, obs. S. Detraz.

112. Cass. crim., 11 mars 2009, *Dr. pén.* 2009, n° 81, obs. M. Véron.

113. V. s'agissant d'une prime de naissance dont l'octroi était subordonné à la condition que l'un des parents soit de nationalité française : Cass. crim., 17 déc. 2002, *Dr. pén.* 2003, n° 44, obs. M. Véron.

114. CA Paris, 25 janv. 2005, *Gaz. Pal.* 2005, jurispr., p. 1268, note Y. Monnet.

115. CA Besançon, 27 janv. 2005, *D.* 2006, p. 357, note A. Paulin.

116. Cass. crim., 25 nov. 1997, *RSC* 1998, p. 543, obs. Y. Mayaud.

117. Une discrimination indirecte existe lorsque l'utilisation d'un critère apparemment neutre permet de soumettre une catégorie de personnes à un traitement défavorable (Cass. crim., 8 janv. 2019, *Gaz. Pal.* 7 mai 2019, p. 56, obs. S. Detraz et E. Dreyer : *Dr. soc.* 2020, p. 328). Imposer le port de la cravate dans un restaurant revient à exclure les clients en djellaba. S'il est possible de démontrer que la condition est énoncée dans ce but, un délit existe. Cette discrimination indirecte ne doit pas être confondue avec la

L'opinion est souvent contestée mais, dès lors qu'à l'occasion de la fourniture d'un bien ou d'un service il est possible d'établir une distinction prohibée par les articles 225-1, 225-1-1 ou 225-1-2, l'infraction peut être relevée[118].

b. Le refus d'embauche, la sanction ou le licenciement d'une personne

623. Illustration. – Une autre pratique discriminatoire consiste « à refuser d'embaucher, à sanctionner ou à licencier une personne » lorsqu'il s'ensuit là encore une distinction prohibée (art. 225-2, 3°). De ce comportement négatif peut être rapproché le fait de « subordonner une offre d'emploi, une demande de stage ou une période de formation en entreprise » à une condition discriminatoire (5°). *Idem* s'agissant du refus d'accorder à une personne l'un des stages visés par l'article L. 412-8, 2° CSS (stages offerts aux élèves ou étudiants et stages de formation professionnelle continue). Dans les deux cas, il s'agit d'incriminer des discriminations commises dans le monde du travail : peuvent être sanctionnés aussi bien l'employeur[119] que le dirigeant d'une agence de travail temporaire[120] qui procèdent à la sélection de candidats sur la base d'un critère inacceptable. L'infraction est également constituée lorsqu'un chef d'entreprise refuse, dans une logique discriminatoire, le salarié dont la mise à disposition lui est proposée par une agence de travail temporaire[121]. En effet, l'embauche est entendue largement[122]. Pire : celle-ci ne revêtant un caractère définitif qu'à l'expiration de la période d'essai, la Cour de cassation admet que constitue encore une discrimination à l'embauche le fait de congédier un salarié, à raison de sa nationalité, au cours de cette période[123].

Mais ce n'est pas tout. Est également considéré comme discriminatoire le licenciement d'un salarié justifié par une prétendue insubordination qui découle, en réalité, de l'exercice d'un droit reconnu aux représentants syndicaux[124]. L'extension de

discrimination par ricochet consistant à soumettre une personne à un traitement défavorable à raison d'une caractéristique reprochée à un proche : refus de fournir un bien ou un service à une femme à raison de l'engagement politique ou syndical de son mari, par ex. Il s'agit néanmoins là aussi d'une discrimination punissable (Cass. crim., 21 juin 2016, *Dr. pén.* 2016, n° 136, obs. P. Conte ; *Gaz. Pal.* 4 oct. 2016, p. 48, obs. S. Detraz et du même : *Dr. pén.* 2008, étude 10).

118. La Cour de cassation juge du contraire au nom du principe d'interprétation stricte (Cass. crim., 8 juin 2021, *D.* 2021, p. 1409, note E. Dreyer ; *Gaz. Pal.*, 31 août 2021, p. 52, obs. S. Detraz ; *RSC* 2021, p. 613, obs. Y. Mayaud). Mais celui-ci n'est pas en cause car une discrimination indirecte reste fondée sur l'un des motifs énumérés à l'art. 225-1 : il ne s'agit pas d'étendre cette liste de motifs mais d'atteindre des comportements qui reposent sur une dissimulation de l'un d'eux. La seule difficulté à ce titre (mais convenons qu'elle est de taille !) est d'établir le caractère volontaire de la discrimination indirecte car il ne s'agit pas de sanctionner alors une simple imprudence ou négligence.

119. Cass. crim., 20 janv. 2009, *D.* 2009, p. 997, note S. Detraz.

120. Cass. crim., 23 juin 2009, *Dr. pén.* 2009, n° 121, obs. M. Véron. – *Idem* s'agissant de l'ANPE mais l'action civile ne peut alors prospérer devant les juridictions répressives : Cass. crim., 30 sept. 2008, *Dr. pén.* 2008, n° 151, obs. M. Véron.

121. Cass. crim., 2 sept. 2003, *Dr. pén.* 2004, n° 3, obs. M. Véron.

122. Le rejet d'une lettre de candidature spontanée, inspiré par un mobile discriminatoire, ne peut être pris en compte en l'absence de processus d'embauche – offre d'emploi – initié par l'agent : CA Montpellier, 17 févr. 2000, *Dr. pén.* 2000, n° 125, obs. M. Véron.

123. Cass. crim., 14 oct. 1986, *B.* n° 287.

124. Cass. crim., 6 mai 2008, *Dr. pén.* 2008, n° 109, obs. M. Véron.

l'incrimination aux pratiques frappant les lanceurs d'alerte tend, de la même façon, à les protéger des représailles sur leur lieu de travail[125].

Enfin, entre aussi dans le champ de l'incrimination le prononcé d'une sanction en opérant ainsi une distinction prohibée par les articles 225-1, 225-1-1 ou 225-1-2. L'hypothèse se rencontre par ex. lorsque l'absence de promotion ou d'augmentation de salaire tient à l'appartenance syndicale de l'intéressé[126].

624. Participation. – L'évidence de ces solutions ne saurait masquer le fait qu'il est parfois difficile de déterminer qui en est responsable lorsque l'initiative de la discrimination tient à un agent d'exécution au sein d'une organisation qui n'est pas nécessairement en cause (l'infraction n'ayant pas été commise pour le compte de la personne morale employeur par un organe ou représentant de celle-ci). Aussi, la Cour de cassation juge-t-elle qu'« il ne résulte pas de l'article 225-1 du code pénal que le fait pour quiconque d'opérer une distinction se traduisant par une discrimination prohibée implique qu'il la mette directement en œuvre » : « il suffit que ladite distinction ait été proposée par une personne participant, de par ses fonctions, au pouvoir de direction de la personne morale qui met en œuvre la mesure discriminatoire, ou de l'un de ses organes, pour que cette personne physique soit susceptible de faire l'objet de poursuites à raison de ces textes »[127]. En d'autres termes, l'un des actes énumérés à l'article 225-2 doit bien exister mais il n'est pas nécessaire qu'il ait été accompli par la personne même qui lui a conféré un caractère discriminatoire, ce qui est tout de même discutable car l'infraction suppose l'accomplissement d'un acte dont l'élément moral et l'élément matériel sont alors appréciés sur la tête d'individus différents.

c. L'entrave à l'exercice normal d'une activité économique

625. Présentation. – En dernier lieu, l'article 225-2, 2°, incrimine le fait d'« entraver l'exercice normal d'une activité économique quelconque » au regard de l'une des caractéristiques d'autrui énoncées à l'article 225-1 précité. Il s'agit d'une infraction de nature et d'ampleur très différente des précédentes.

L'objectif est ici de punir tous les obstacles mis (action ou abstention) à l'exercice normal d'une activité industrielle ou commerciale lorsqu'il en résulte une distinction inacceptable entre les personnes qui exercent cette activité. En revanche, « l'exercice d'un mandat électif, fût-il assorti du versement à l'élu d'une indemnité, ne constitue pas une activité économique au sens de ce texte »[128].

---

125. Une loi du 21 mars 2022 a précisé, à l'article 225-1, C. pén., que constitue également une discrimination la distinction opérée entre personnes physiques sur le fondement de « de leur qualité de lanceur d'alerte, de facilitateur ou de personne en lien avec un lanceur d'alerte au sens, respectivement, du I de l'article 6 et des 1° et 2° de l'article 6-1 de la loi n° 2016-1691 du 9 décembre 2016 relative à la transparence, à la lutte contre la corruption et à la modernisation de la vie économique ».

126. Cass. crim., 28 avr. 2009, *B.* n° 74.

127. Cass. crim., 8 juin 2021, *D.* 2021, p. 1409, note E. Dreyer ; *Gaz. Pal.*, 31 août 2021, p. 52, obs. S. Detraz ; *RSC* 2021, p. 613, obs. Y. Mayaud.

128. Le délit ne saurait donc être constitué lorsqu'une personne est écartée d'une liste de candidatures à des élections municipales à raison de son origine : Cass. crim., 22 nov. 2011, *Dr. pén.* 2012, n° 31, obs. M. Véron.

Une telle infraction est rarement caractérisée[129]. À l'origine, il s'agissait de sanctionner le « boycott » d'entreprises placées sur une « liste noire » pour l'une des raisons discriminatoires exposées ci-dessus. Cette incrimination avait été introduite, en 1977, afin de lutter « contre les manœuvres de boycottage économique international que certains États de la Ligue arabe imposaient à leurs cocontractants français » en exigeant un certificat d'origine israélienne négative des marchandises vendues[130]. Formuler une telle exigence constituait un délit, reprochable par ex. aux entreprises françaises soucieuses de décrocher des marchés au Moyen-Orient qui répercutaient une telle clause à leurs sous-traitants. Désormais, lorsque la France participe à des actions collectives internationales prenant la forme d'un embargo à l'encontre d'un pays déterminé, les directives gouvernementales et circulaires ministérielles ont une vertu justificative pour peu qu'un texte, national ou international, autorise cet embargo[131]. Ne pas en respecter les termes peut même constituer une infraction (C. douanes, art. 459, § 1 *bis*).

Plus récemment s'est posée la question – distincte – de savoir si l'appel au boycott des produits israéliens est punissable en vertu de l'article 24, al. 8 de la loi du 29 juillet 1881 réprimant notamment la provocation publique à la discrimination. Estimant que ce texte renvoie notamment à l'article 225-2, 2°, C. pén. une juridiction l'a admis[132] ; une autre l'a exclu[133]. Ce débat paraît néanmoins faussé. Le droit de la presse tend à protéger des personnes, non des produits. Peu importe l'origine de ces derniers. Ils ne peuvent être visés par une provocation à la discrimination raciale. Il en va, en revanche, différemment de leurs producteurs. À leur égard, l'appel au boycott constitue incontestablement une infraction[134]. Mais, lorsque celle-ci est commise à l'occasion d'un débat d'intérêt général, elle ne peut être relevée et punie s'il en résulte une atteinte excessive à la liberté d'expression[135]. Ce qui restreint considérablement la répression.

2. La perception de l'acte

626. Mobiles. – Les comportements incriminés à l'article 225-2 sont intentionnels. Le prévenu doit avoir sciemment agi ou s'être abstenu de façon consciente : il doit avoir mesuré la portée de son acte au regard d'une ou plusieurs victimes déterminées. Il doit donc avoir su qu'à l'occasion de l'une des actions ou abstentions évoquées par ce texte, il mettait en œuvre une distinction prohibée par les articles 225-1, 225-1-1 ou 225-1-2. Ce qui semble aller au-delà d'un simple dol général (conscience et volonté d'accomplir l'acte). L'acte accompli

129. D'autant que la preuve d'une entrave effective doit être rapportée : il ne suffit pas qu'un mobile discriminatoire ait été exprimé lorsque la victime renonce à l'opération pour des raisons qui lui sont propres : Cass. crim., 21 nov. 1994, *Dr. pén.* 1995, n° 62, obs. M. Véron.

130. Pratique qui semble perdurer : Cass. crim., 18 déc. 2007, *D.* 2008, p. 893, note S. Detraz. – 9 nov. 2004, *Dr. pén.* 2005, n° 35, obs. M. Véron.

131. L. n° 77-574 du 7 juin 1977, art. 32-III. – Ce qui n'est pas le cas de lettres du ministre de l'Industrie et du Commerce extérieur adressées aux présidents des assemblées permanentes de chambres de commerce : Cass. crim., 9 nov. 2004, préc.

132. CA Bordeaux, 22 oct. 2010, *D.* 2011, p. 931, note G. Poissonnier.

133. TGI Paris, 8 juill. 2011, *Gaz. Pal.* 28 août 2011, p. 15, note G. Poissonnier.

134. Cass. crim., 20 oct. 2015, *JCP* G 2015, 1356, note F. Dubuisson et *Gaz. Pal.* 9 déc. 2015, p. 7, note L. Sermet. – 22 mai 2012, *Gaz. Pal.* 27 juill. 2012, p. 22, obs. S. Detraz. – V. aussi CEDH, 16 juill. 2009, *Willem c/France*, § 42.

135. CEDH, 11 juin 2020, *Baldassi et a. c/France*, § 81.

doit s'expliquer par le souci de discriminer. Cette raison concrète qui explique l'acte constitue un mobile.

La liste des distinctions prohibées évoquée ci-dessus (v. *supra*, n° 616) s'avère limitative : les multiples interventions du législateur confirment qu'il ne reconnaît pas au juge le soin de l'allonger ou de la corriger. Elle s'avère néanmoins longue, ce qui permet de prendre en compte la plupart des motivations contraires au principe d'égalité. Ainsi, les chauves ou les roux semblent protégés contre les discriminations car on ne peut distinguer selon « l'apparence physique » ; les chômeurs et les insolvables semblent également protégés car on ne peut distinguer en fonction « de la particulière vulnérabilité résultant de leur situation économique », etc. Cette liste s'avère également ambiguë, ce qui pose davantage problème[136]. En effet, les termes utilisés à l'article 225-1 sont très larges, parfois incertains et redondants. *Quid* de la discrimination selon les origines (discrimination distincte de la discrimination selon l'appartenance à une race, une ethnie, une nation déterminée)[137] ? *Quid* de la discrimination selon les mœurs (distincte de la discrimination selon l'orientation sexuelle)[138] ? Le principe de légalité n'est guère respecté en cas d'énumération d'aussi piètre qualité. Si la liste devait continuer à croître (au profit des porteurs de minijupes ou de bermudas, des végétaliens, des antispécistes ?), il serait peut-être préférable d'envisager le mobile discriminatoire de façon synthétique (lorsqu'un critère de distinction entre les personnes ne trouve aucune justification acceptable) en laissant au juge le soin de vérifier si la sélection opérée dispose d'une base légitime ou non[139]. Un tel pouvoir d'appréciation paraît certes contestable en matière pénale mais, plus simple, il ne rendrait pas l'application du droit moins incertaine que le dispositif actuel.

627. Démonstration. – Il reste à déterminer comment établir l'un de ces mobiles. Sa preuve est facile à rapporter lorsque le mobile en question s'est lui-même matérialisé dans un fait. Il en va ainsi lorsque le fondement de la distinction a été clairement exprimé[140]. Ce qui est rare. Plus souvent, c'est l'absence de toute autre justification objective de la distinction opérée entre différentes personnes qui permet d'établir le mobile discriminatoire de l'auteur des faits sur la base d'une déduction délicate : le *motif* de l'acte (sa cause la plus vraisemblable) permet de déterminer le *mobile* (état d'esprit) qui animait

136. V. aussi A. Lepage, « Les motifs discriminatoires, regard du pénaliste », *Dr. soc.* 2020, p. 298. – S. Detraz, « La cohérence des infractions de discrimination », *Gaz. Pal.* 8 mai 2013, p. 4.

137. *A priori*, non : l'origine renvoie à la provenance géographique et non au statut social. Ce que conforte la prise en compte distincte des discriminations en fonction du lieu de résidence ou d'une situation économique génératrice de vulnérabilité.

138. En toute hypothèse, le juge administratif a précisé que les termes orientation sexuelle « désignent l'attirance affective et sexuelle d'une personne envers d'autres personnes à raison de leur sexe » et que les termes identité de genre « visent le genre auquel s'identifie une personne, qu'il corresponde ou non au sexe indiqué sur les registres de l'état civil ou aux différentes expressions de l'appartenance au sexe masculin ou au sexe féminin » (CE, 11 juill. 2018, n° 414819, *Ass. Résistance républicaine et a., Comm. com. électr.* 2018, n° 84, obs. A. Lepage).

139. La juridiction de Strasbourg prétend rechercher si une différence de traitement dispose d'une « justification objective et raisonnable » (CEDH, Gde ch., 15 mars 2012, *Aksu c/Turquie*, § 43). Le juge national devrait pouvoir le faire également (v. cpdt J.-B. Perrier, « L'adaptation des incriminations », *RSC* 2017, p. 375).

140. Cass. crim., 14 nov. 1989, *B.* n° 416.

l'agent. Un changement d'attitude ou le caractère anormal d'un comportement envers autrui peut également trahir ce mobile[141].

Le renversement partiel de charge de la preuve, prévu à l'article L. 1134-1, C. trav., est inapplicable en matière pénale[142]. Néanmoins, là aussi, le constat objectif d'une distinction prohibée entre les personnes auxquelles l'agent s'adressait peut conduire celui-ci à s'expliquer. Ce qui revient, à peu près, au même[143].

En toute hypothèse, peu importe que l'agent se soit trompé sur l'appartenance de la victime au groupe auquel il l'a associée. La solution est certaine s'agissant de l'appartenance, « vraie ou supposée » à une ethnie, une nation, une race ou une religion déterminée[144]. Mais elle s'impose également à l'égard des autres critères de distinction pouvant expliquer l'acte : la discrimination n'apparaît pas moins grave lorsque l'agent s'est lui-même laissé abuser par le critère qu'il a choisi et qui s'est révélé impraticable.

628. Fausses justifications. – Enfin, l'attitude de tiers ne saurait en aucun cas justifier une pratique discriminatoire : elle ne peut être mise en œuvre pour devancer de prétendues réactions négatives de clients ou de collègues de travail[145]. De la même façon, des objections d'ordre économique (surcoût lié à la création d'une rampe d'accès à une salle de cinéma, par ex.) ne peuvent légitimer le refus d'accueillir des personnes en fauteuil roulant : dans une société solidaire, le souci de réduire ses charges ne peut légitimer le refus de fournir une prestation de service à des handicapés[146].

B. Les modalités de la répression

629. Il s'agit d'évoquer ici non seulement les sanctions encourues mais aussi quelques particularités de la poursuite ainsi que l'existence d'incriminations complémentaires.

1. Les sanctions encourues

630. Individu. – Assez curieusement, malgré leur diversité, toutes les pratiques discriminatoires reprochables à une personne physique sont punies de la même façon : l'agent s'expose à 3 ans d'emprisonnement et 45 000 € d'amende (art. 225-2, al. 1), outre les peines complémentaires de l'article 225-19 comprenant l'interdiction de certains droits, la fermeture temporaire ou définitive de tout ou partie des établissements appartenant à la personne condamnée ainsi que l'affichage ou la diffusion de la décision de condamnation.

141. Cass. crim., 25 nov. 1997, *RSC* 1998, p. 543, obs. Y. Mayaud.

142. V. interdisant tout renversement de la charge de la preuve : Cass. crim., 11 avr. 2012, *JCP* G 2012, 862, note S. Brissy ; *Gaz. Pal.* 4 juill. 2012, p. 8, note J. Lasserre Capdeville et L. Mourey. – Même le raisonnement indiciaire est affecté : on ne saurait déduire de la qualité de la victime la preuve de la discrimination dont elle a fait l'objet : Cass. crim., 14 nov. 2017, *Gaz. Pal.* 23 janv. 2018, p. 50, obs. S. Detraz.

143. La Haute juridiction encourage le recours à cette méthode « comparative » : Cass. crim., 9 nov. 2004, *B.* n° 279.

144. V. rappelant que le Code accepte de sanctionner ici une infraction « putative » : J. Francillon, *Code pénal commenté*, Dalloz, 1996, p. 337.

145. Cass. crim., 14 oct. 1986, *B.* n° 287.

146. Cass. crim., 20 juin 2006, *Dr. pén.* 2006, n° 133, obs. M. Véron. – CA Poitiers, 1er sept. 2005, *JCP* G 2006, IV, 2296.

Ces peines sont portées à 5 ans d'emprisonnement et 75 000 € d'amende lorsque le refus de fournir un bien ou un service intervient dans un lieu accueillant du public ou aux fins d'en interdire l'accès. La discrimination semble ainsi plus grave lorsqu'elle est ostensible.

Logiquement, le complice s'expose à des peines identiques[147].

631. Groupement. – La personne morale déclarée coupable d'une pratique discriminatoire s'expose, quant à elle, à une amende portée au quintuple ainsi qu'à l'ensemble des peines de l'article 131-39, sous réserve de la dissolution et de l'interdiction de faire appel public à l'épargne (art. 225-4). Encore faut-il établir que l'infraction a bien été commise pour son compte par un organe ou représentant[148].

2. Les particularités de la poursuite

632. La poursuite des pratiques discriminatoires présente deux particularités : le législateur a voulu les faciliter mais il a aussi multiplié les causes justificatives spéciales tenant la responsabilité pénale en échec.

a. Les poursuites facilitées

633. Régime. – En premier lieu, il convient de signaler que, légitimant un acte dépassant la provocation à la preuve pour constituer une véritable provocation à l'infraction, le législateur a précisé que les délits de discrimination « sont constitués même s'ils sont commis à l'encontre d'une ou plusieurs personnes ayant sollicité l'un des biens, actes, services ou contrats mentionnés à l'art. 225-2 dans le but de démontrer l'existence du comportement discriminatoire, dès lors que la preuve de ce comportement est établie » (art. 225-3-1). Passant outre l'exigence de loyauté dans l'administration de la preuve, ce texte présente l'avantage de clarifier la situation du « *testing* » au regard du droit[149]. Pour la Cour de cassation, il ne pose aucun problème de constitutionnalité dès lors qu'« il ne confère pas au procureur de la République la faculté de provoquer à la commission d'une infraction et ne remet pas en cause le pouvoir du juge d'apprécier la valeur probante des éléments à charge produits par les parties, après les avoir soumis à la discussion contradictoire »[150].

En deuxième lieu, il faut relever que le Défenseur des droits est informé de certaines pratiques discriminatoires : il reçoit des réclamations sur lesquelles il peut enquêter. Il dispose de pouvoirs de recommandation, médiation, transaction mais il peut aussi transmettre les dossiers aux parquets concernés[151]. Différentes

---

147. Cass. crim., 28 nov. 2006, *Dr. pén.* 2007, n° 31, obs. M. Véron.

148. Cass. crim., 11 juill. 2017, *Dr. pén.* 2017, n° 144, obs. P. Conte. – V. aussi H. Matsopoulou : *Dr. soc.* 2020, p. 343.

149. V. déjà Cass. crim., 11 juin 2002, *B.* n° 131. – V. depuis Cass. crim., 27 nov. 2012, *Dr. pén.* 2013, n° 37, obs. M. Véron.

150. Cass. crim., 4 févr. 2015, *JCP* G 2015, 440, note S. Detraz. – V. aussi J. Lasserre Capdeville : *Dr. soc.* 2020, p. 338.

151. V. spécialement D. Baudis, « Le Défenseur des droits et le parquet », *Gaz. Pal.* 8 mai 2013, p. 22. – V. aussi, soulignant qu'un pôle anti-discriminations est constitué dans chaque parquet afin d'améliorer l'efficacité de la lutte contre ce fléau : P. Belloir, « Les difficultés de preuve des motifs discriminatoires », *Gaz. Pal.* 8 mai 2013, p. 15. Néanmoins, le recours aux alternatives aux poursuites semble particulièrement fréquent en la matière.

passerelles sont ainsi prévues entre cette autorité administrative indépendante et l'autorité judiciaire (v. L. org. n° 2011-333 du 29 mars 2011 relative au Défenseur des droits, art. 29 et 33).

En troisième lieu, il convient d'ajouter que toute association régulièrement déclarée depuis au moins 5 ans à la date des faits et qui se propose statutairement de combattre les discriminations ou d'assister les victimes peut exercer les droits reconnus à la partie civile dans les termes fixés par le Code de procédure pénale (art. 2-1, 2-6, 2-8 et 2-10). Il peut s'agir de syndicats professionnels, d'associations de lutte contre le racisme, de défense des femmes, des handicapés, etc. L'action civile leur est largement ouverte afin d'épauler le ministère public et d'obtenir la sanction de comportements humiliants mais sans grand enjeu économique pour des victimes qui finissent, souvent, par se résigner. Toutefois, lorsque l'infraction a atteint une personne individuellement, ces associations doivent en principe recueillir son accord avant d'agir par voie d'action ou d'intervention[152].

b. L'infraction justifiée

634. Présentation. – Les infractions de l'article 225-2 disparaissent et les discriminations sont « légitimées » dans plusieurs hypothèses étroitement définies par le Code pénal[153].

Certaines relèvent du simple bon sens. Ainsi, sont admises en vertu de l'article 225-3, 4°, les « discriminations fondées, en matière d'accès aux biens et services, sur le sexe lorsque cette discrimination est justifiée par la protection des victimes de violences à caractère sexuel, des considérations liées au respect de la vie privée et de la décence, la promotion de l'égalité des sexes ou des intérêts des hommes ou des femmes, la liberté d'association ou l'organisation d'activités sportives ». Il s'agit d'une disposition dont on regrettera tout au plus l'imprécision des termes (*quid* des considérations liées au respect de la vie privée et de la décence ?). L'objectif est de couper court à toute discussion sur la légitimité de textes, et donc de pratiques, organisant des discriminations positives[154]. Dans le même esprit, le dernier alinéa de l'article 225-3 dispose que : « les mesures prises en faveur des personnes résidant dans certaines zones géographiques et visant à favoriser l'égalité de traitement ne constituent pas une discrimination ». Par ailleurs, le 6° du même article 225-2 exclut désormais toute poursuite à raison de « discriminations liées au lieu de résidence lorsque la personne chargée de la fourniture d'un bien ou service se trouve en situation de danger manifeste ». On peut y voir une application particulière de l'état de nécessité.

Mais d'autres justifications semblent plus techniques, en rapport avec le droit des assurances et le droit du travail[155].

635. Droit des assurances. – Sont considérées comme fondées sur un motif légitime les discriminations à raison de l'état de santé lorsqu'elles ont

152. Cass. crim., 25 nov. 2008, *B.* n° 238.

153. La doctrine considère le plus souvent que l'autorisation de la loi justifie de tels comportements. Toutefois, il faudrait se demander s'il ne s'agit pas, plus simplement, de limites imparties à l'incrimination car aucun contrôle de proportionnalité n'est exercé à cette occasion.

154. V. sur lesquelles D. Tharaud, *Contribution à une théorie générale des discriminations positives*, PUAM, 2013.

155. V. aussi S. Detraz, « La justification des faits de discrimination en droit pénal », *Dr. soc.* 2020, p. 315.

pour objet la prévention ou la couverture du risque « décès » et des risques « accidents ou maladie du travail » (art. 225-3, 1°). En effet, le propre de l'assurance est de reposer sur un aléa. Le contrat paraît sans cause si la réalisation du risque, tout en étant future, s'avère d'ores et déjà certaine. L'équilibre économique de l'opération serait remis en question si, après le versement de quelques primes, l'assureur devait verser une rente ou un capital. Pour éviter une contestation *a posteriori*, on lui accorde le droit de faire effectuer un bilan de santé sur son futur client dans certains cas. Le refus d'assurances pour raisons médicales qui peut s'ensuivre ne constitue pas un délit.

Toutefois, le législateur encadre cette pratique. Il a d'abord précisé qu'échappent à la justification (doivent donc être sanctionnées) les discriminations « lorsqu'elles se fondent sur la prise en compte de tests génétiques prédictifs ayant pour objet une maladie qui n'est pas encore déclarée ou une prédisposition génétique à une maladie ». Il s'agit de risques sur lesquels, bien souvent, le client n'est pas informé et dont la réalisation paraît trop lointaine pour qu'il puisse être privé d'assurance[156]. D'autant que cette sélection sur la base de caractéristiques génétiques ranime la crainte de pratiques eugéniques. La loi ne peut en admettre le principe, fût-ce dans une hypothèse particulière. Ensuite, la même exclusion s'applique lorsque les discriminations « se fondent sur la prise en compte des conséquences sur l'état de santé d'un prélèvement d'organe tel que défini à l'art. L. 1231-1, CSP ou de données issues de techniques d'imagerie cérébrale ». Les discriminations opérées sur cette base restent punissables car il faut dissuader ce type de prélèvements et limiter le recours aux techniques d'imagerie cérébrale qui peut s'avérer beaucoup trop intrusif (et d'interprétation encore trop incertaine).

636. Droit du travail. - Dans les relations de travail, certaines discriminations sont également considérées comme reposant sur un motif légitime (art. 225-3, 2°, 3° et 5°).

Il en va tout d'abord ainsi pour certaines discriminations fondées sur l'état de santé ou le handicap : un refus d'embauche ou un licenciement reposant sur une inaptitude médicalement constatée à un poste ou à une fonction déterminée ne constitue pas une infraction. L'inaptitude physique à l'emploi, constatée par les médecins du travail, reste un motif légitime pour refuser l'embauche d'un salarié ou pour le licencier.

Il en va de même pour les discriminations fondées, en matière d'embauche, sur un motif discriminatoire « lorsqu'un tel motif constitue une exigence professionnelle essentielle et déterminante et pour autant que l'objectif soit légitime et l'exigence proportionnée ». L'article R. 1142-1, C. trav. dresse une liste de ces activités : celles i) des artistes appelés à interpréter un rôle soit féminin, soit masculin ; ii) des mannequins chargés de présenter des vêtements et accessoires ; iii) des modèles masculins et féminins. Apparaissent également justifiés les « refus d'embauche fondés sur la nationalité lorsqu'ils résultent de l'application des dispositions statutaires relatives à la fonction publique ».

156. Au-delà, l'identification d'une personne à son insu sur la base de caractéristiques génétiques est érigée en infraction pénale (art. 226-25 et s.).

c. Les incriminations complémentaires

637. Doublons. – Différents textes du Code du travail sanctionnent pénalement le fait de méconnaître des dispositions relatives à l'égalité professionnelle entre les femmes et les hommes (art. L. 1146-1) et la discrimination syndicale (art. L. 2146-2). Sont également incriminés les faits de discrimination commis à la suite d'un harcèlement sexuel (art. L. 1155-2). Le champ d'application de ces incriminations recoupe partiellement celui des incriminations du Code pénal. La logique voudrait sans doute que, à l'intersection de ces différents textes, les qualifications spéciales prévalent sur la qualification générale de l'article 225-2 (C. pén.) mais cela aboutirait à un résultat paradoxal : celui d'une minoration de la répression pour les faits auxquels elle s'applique le mieux ! La démarche du législateur paraît difficile à saisir[157]. En revanche, il faut considérer que ces différentes qualifications pénales ne peuvent s'appliquer cumulativement à un même fait.

638. Compléments. – Par ailleurs, le Code pénal contient d'autres incriminations en lien avec la lutte contre les discriminations. Il en va notamment ainsi de l'article 226-19 punissant de 5 ans d'emprisonnement et 300 000 € d'amende « le fait, hors les cas prévus par la loi, de mettre ou de conserver en mémoire informatisée, sans le consentement exprès de l'intéressé, des données à caractère personnel qui, directement ou indirectement, font apparaître les origines raciales ou ethniques, les opinions politiques, philosophiques ou religieuses, ou les appartenances syndicales des personnes, ou qui sont relatives à la santé ou à l'orientation ou identité sexuelle de celles-ci ». Peu importe ici le mobile de l'agent dès lors qu'il a conscience du contenu des données enregistrées et du refus des personnes concernées. On peut y voir une infraction obstacle. En interdisant ce type de fichier, le législateur espère limiter les pratiques discriminatoires opérées sur la base des informations qui y sont enregistrées.

Est aussi incriminé « le fait pour toute personne d'imposer à une ou plusieurs autres personnes de dissimuler leur visage par menace, violence, contrainte, abus d'autorité ou abus de pouvoir, en raison de leur sexe » (art. 225-4-10). Un tel fait est puni d'un an d'emprisonnement et 30 000 € d'amende. Ces peines sont doublées lorsque l'infraction est commise à l'encontre d'un mineur. Il s'agit de réprimer une pratique discriminatoire qui ne pouvait relever des hypothèses précédentes mais qui est insupportable dans la mesure où elle consacre la domination d'un sexe sur l'autre. En effet, elle ne revient pas à exclure mais à imposer (en l'occurrence la dissimulation du visage). En ce qu'elle repose sur un mobile discriminatoire, elle se distingue d'une autre infraction de dissimulation du visage relative à la police de la rue[158]. Est spécialement incriminé à ce titre « le fait pour une personne, au sein ou aux abords immédiats d'une manifestation sur la voie publique, de dissimuler volontairement son visage afin de ne pas être identifiée dans des circonstances faisant craindre des atteintes à l'ordre public ». Il ne suffit pas à ce titre

157. V. aussi E. Raschel, *La pénalisation des atteintes au consentement dans le champ contractuel*, Thèse Poitiers, 2013, [LGDJ, coll. Fac. Poitiers, 2014], p. 340, n° 370. – A. Casado, « Les actes discriminatoires », *Dr. soc.* 2020, p. 304.

158. C. pén., art. R. 645-14. – M. Lacaze, « La contravention de port d'une tenue destinée à dissimuler le visage dans l'espace public », *Dr. pén.* 2012, étude 5. – Cass. crim.., 5 mars 2013, *Dr. pén.* 2013, n° 70, obs. M. Véron. – CE 23 févr. 2011, *Gaz. Pal.* 23 mars 2011, p. 6, note F. Desprez.

que l'agent dissimule son visage ; il faut démontrer en plus qu'il veut ainsi éviter d'être identifié à l'occasion d'atteintes à l'ordre public qui peuvent s'ensuivre[159].

Enfin, sont incriminées les pratiques, comportements ou propos répétés visant à modifier ou à réprimer l'orientation sexuelle ou l'identité de genre, vraie ou supposée, d'une personne et ayant pour effet une altération de sa santé physique ou mentale (art. 225-4-13). Il s'agit de sanctionner une éducation ou un traitement infligé à autrui à raison de cette circonstance particulière, donc au mépris du droit qu'a autrui de revendiquer son orientation ou identité et de la souffrance qu'engendre ce refus des autres de l'admettre ainsi. Par sa répétition et ses effets, une telle infraction évoque le harcèlement moral dont elle ne semble constituer qu'une application particulière (v. *infra*, n° 670)[160].

§2. Les pratiques discriminatoires reprochables à un agent public

639. Présentation. – L'article 432-7 du Code pénal punit de peines sensiblement plus élevées (5 ans d'emprisonnement et 75 000 € d'amende) certaines pratiques discriminatoires commises « à l'égard d'une personne physique ou morale par une personne dépositaire de l'autorité publique ou chargée d'une mission de service public, dans l'exercice ou à l'occasion de l'exercice de ses fonctions ou de sa mission ». Sont également applicables les peines complémentaires de l'article 432-17 dont l'interdiction d'exercer l'activité en cause ainsi que l'affichage ou la diffusion de la décision de condamnation.

Par personne dépositaire de l'autorité publique ou chargée d'une mission de service public, il faut entendre toute personne œuvrant à la satisfaction de l'intérêt général, qu'elle dispose ou non de prérogatives de puissance publique. Les personnes titulaires d'un mandat électif public ne sont pas visées mais certaines sont indirectement prises en compte, en qualité de dépositaires de l'autorité publique, lorsqu'elles sont dotées d'un pouvoir de décision ou de contrainte. Bien entendu, seules rentrent dans le champ de cette incrimination les pratiques discriminatoires accomplies ou facilitées par l'exercice de la fonction ou de la mission en cause[161].

Les critères de discrimination sont ceux des articles 225-1 et 225-1-1 précités[162]. En revanche, tous les actes de discrimination de l'article 225-2 ne sont pas envisagés. À l'initiative d'un agent public, la discrimination n'est punissable que si « elle consiste : 1° à refuser le bénéfice d'un droit accordé par la loi ; 2° à entraver l'exercice normal d'une activité économique quelconque ». *A priori*, les refus d'embauche et de stage ou de prestations complémentaires accomplis avec un mobile discriminatoire sortent du champ de cette incrimination... Sans doute, le législateur a-t-il pensé que les modes de recrutement de la fonction publique ne permettent pas ce

159. Peu importe que ces atteintes ne soient pas le fait de l'agent lui-même (V. s'agissant d'un individu dissimulant son visage tout en photographiant des policiers pour avertir des manifestants de leur présence : Cass. crim., 23 nov. 2021, *Gaz. Pal.*, 1er févr. 2022, p. 25, note R. Mésa ; *AJ pénal* 2022, p. 92, obs. J.-B. Thierry).

160. V. sur l'inutilité d'une telle incrimination : P. Conte, *Dr. pén.* 2022, étude 10.

161. L'offre d'embauche discriminatoire faite par un candidat avant son élection relève en conséquence du seul article 225-2 : Cass. crim., 11 mars 2014, *Gaz. Pal.* 11 mai 2014, p. 34, obs. S. Detraz.

162. Aucune référence n'est faite ici à l'article 225-1-2, C. pén. On le regrettera d'autant plus que le bizutage n'est pas une pratique étrangère à la fonction publique.

type d'abus, ce qui paraît discutable. D'ailleurs, on ne comprend pas pourquoi il faudrait faire confiance aux agents publics à ce titre[163] alors qu'il est possible de dénoncer leurs pratiques discriminatoires dans les deux hypothèses visées par l'article 432-7[164]. En réalité, on le verra, le flou des comportements incriminés permet d'envisager ces pratiques largement.

640. Refus d'un droit. – En premier lieu, la discrimination punissable peut consister pour un agent public à refuser à autrui le bénéfice d'un droit que la loi lui accorde.

Il appartient d'abord à la juridiction de s'assurer qu'autrui pouvait effectivement prétendre à un droit en vertu de la loi. C'est une condition préalable. En effet, même discriminatoire, le simple rejet d'une demande[165] et, *a fortiori*, l'échec à un concours ne peuvent suffire à caractériser l'infraction[166]. C'est un droit « acquis » qui doit avoir été refusé de façon discriminatoire. L'autorité publique devait être en mesure d'accorder ce droit pour que les motifs de son refus puissent être discutés. Ainsi jugé « que l'exercice d'un droit de préemption, fût-il abusif, ne saurait constituer le refus du bénéfice d'un droit accordé par la loi au sens de l'article 432-7, C. pén. »[167]. En effet, « ne pas être préempté » ne constitue pas un droit pour l'acheteur potentiel.

Ensuite, seulement, la juridiction peut vérifier la motivation de ce refus. Elle doit alors s'interroger sur son motif pour en déduire l'éventuel mobile de l'agent. Une référence aux critères de distinction entre les personnes déclarés illégitimes aux articles 225-1 et 225-1-1 s'avère nécessaire ici. En conséquence, il a pu être jugé qu'un maire ne peut refuser, sans commettre le délit, de célébrer un mariage entre personnes remplissant les conditions prévues par la loi sous prétexte de leur orientation sexuelle[168]. Il ne peut davantage refuser de donner la parole à une élue du groupe d'opposition sous prétexte qu'elle porte une croix autour du cou[169]. La Cour de cassation a semblé aller plus loin encore en admettant la sanction prononcée contre un maire ayant subordonné des offres d'emploi à une condition discriminatoire tenant aux opinions politiques des candidats. Pour assimiler cette pratique discriminatoire au refus d'un droit accordé par la loi, les juges du fond avaient relevé « que ces faits constituent une pratique clientéliste ayant pour effet d'écarter tout autre candidat et de rompre ainsi le principe d'égalité ». Cela a suffi à la Haute juridiction pour rejeter le pourvoi formé contre l'arrêt de condamnation[170], au risque d'aligner l'infraction de l'article 432-7 sur celle de l'article 225-2 nonobstant leurs différences de rédaction. Ce qui paraît discutable car, dans une telle hypothèse, le refus du bénéfice d'un droit à autrui n'a plus à être concrètement vérifié. Il découle du fait qu'un tiers a été avantagé. Or, l'objectif n'est pas de sanctionner toute rupture d'égalité.

---

163. Néanmoins, l'infraction de l'art. 225-2 peut être caractérisée : Cass. crim., 17 déc. 2002, *B.* n° 227.

164. V. s'agissant du refus d'inscrire un enfant d'origine étrangère dans une école maternelle : CA Paris, 12 mars 1992, *JCP* G 1992, IV, 2001.

165. CA Aix-en-Provence, 18 juin 2001, *JCP* G 2002, IV, 2173.

166. Cass. crim., 24 mars 1998, *Dr. pén.* 1998, n° 95, obs. M. Véron.

167. Cass. crim., 21 juin 2011, *Gaz. Pal.* 14 août 2011, p. 11, note J. Lasserre Capdeville et L. Mourey. – 17 juin 2008, *Dr. pén.* 2008, n° 125, obs. M. Véron.

168. CA Papeete, 1er sept. 2011, *JCP* G 2011, 1132, note P. Gourdon.

169. Cass. crim., 1er sept. 2010, *D.* 2010, p. 2624, note S. Detraz ; *JCP* G 2010, 1208, note E. Dreyer.

170. Cass. crim., 11 mars 2014, *Dr. pén.* 2014, n° 86, obs. M. Véron.

641. Entrave économique. – En second lieu, la discrimination punissable peut constituer une entrave à l'exercice normal d'une activité économique. Elle s'entend comme à l'article 225-2, 2° évoqué ci-dessus. Mais les exemples sont encore plus rares à l'initiative d'un agent public. D'autant que, pour écarter tout délit à l'occasion de pressions exercées par un élu sur un vendeur afin qu'il ne cède pas son terrain à des gens du voyage, la Cour de cassation a jugé « que la vente d'un bien immobilier par un particulier à un autre, ne caractérise pas l'exercice d'une activité économique au sens de l'article 432-7, 2°, C. pén. »[171]. Un tel motif s'avère ambigu. Dans une première approche, on peut en déduire le rejet d'une interprétation large de la notion d'« activité économique » qui ne doit pas être étendue au transfert d'un bien à titre onéreux car le législateur n'a pas voulu incriminer ici le refus discriminatoire de fournir un bien ou un service. Mais, dans une seconde approche, réduisant la portée de cet arrêt, on peut y voir simplement le rappel de ce qu'il n'y a pas d'infraction sans activité matérielle de l'agent conforme au texte d'incrimination : ici, l'élu local s'est contenté de provoquer un particulier à commettre l'infraction de l'article 225-2 ; il n'a personnellement accompli aucun acte d'entrave. Dès lors, l'infraction de l'article 432-7 ne peut lui être reprochée.

171. Cass. crim., 24 mai 2005, *AJ pénal* 2005, p. 415, obs. J. LEBLOIS-HAPPE.

CHAPITRE 2

Les actes de harcèlement

642. Le législateur a multiplié les incriminations de harcèlement. Tout a commencé avec l'incrimination du harcèlement sexuel plusieurs fois remaniée. Malgré les difficultés rencontrées à cette occasion, le mouvement s'est poursuivi avec l'incrimination de plusieurs formes de harcèlement moral. Même si la frontière entre ces différents comportements n'apparaît pas clairement, il convient de distinguer car la répression repose sur des textes différents.

Section 1
Le harcèlement sexuel

643. Le délit de harcèlement sexuel a connu en législation une histoire courte et mouvementée. Il est apparu avec le Code actuel mais il ne figurait pas dans le projet présenté par le gouvernement. Il résulte d'un amendement parlementaire destiné à mettre fin aux abus de fonction, commis à l'occasion ou dans l'exercice d'une activité professionnelle, quand ils ont un but sexuel[1]. L'article 222-33 l'envisageait alors comme « le fait de harceler autrui en usant d'ordres, de menaces ou de contraintes, dans le but d'obtenir des faveurs de nature sexuelle, par une personne abusant de l'autorité que lui confèrent ses fonctions ». Une telle définition se heurta à de nombreuses critiques. Elle aurait remis en cause la grivoiserie et l'esprit français impliquant un « droit » à la séduction pouvant aller jusqu'à l'indélicatesse. On craignit une aseptisation de notre société ; d'autres stigmatisèrent le « politiquement correct » à l'origine de cette proposition. En toute hypothèse, on dénonça une incrimination à la mode et un effet d'affichage. On s'inquiéta aussi d'une possible judiciarisation « à l'américaine » entraînant des risques de conflit et de chantage permanents, rendant ingérables les entreprises, nuisant à leur management, etc. Même la doctrine juridique a présenté l'incrimination de harcèlement sexuel comme

1. Il s'agirait d'une victoire des thèses féministes (M. Pichard, « Dispositifs de lutte contre les violences sexuelles et/ou sexistes et théories féministes », *in Le droit face aux violences sexuelles et/ou sexistes*, Dalloz, coll. T & C, 2021, p. 89).

relevant d'un droit pénal de « confort » qui constituerait une dérive de notre société[2]...

Une loi du 17 juin 1998 a ajouté aux moyens de commettre cette infraction les « pressions graves ». L'objectif était de tenir compte de comportements qui, quoique non constitutifs d'ordres, de contraintes ou de menaces, pèsent sur la volonté d'autrui. Cependant, un tel élargissement n'a pas produit l'effet attendu. Aussi, toujours par voie d'amendement, des parlementaires ont-ils estimé nécessaire de simplifier l'article 222-22 du Code pénal pour le rendre plus efficace. De façon radicale, sans véritable discussion, ils ont supprimé, à l'occasion d'une loi du 17 janvier 2002, à la fois l'énumération des moyens de commettre l'infraction et la référence au rapport hiérarchique de travail dans le cadre duquel elle devait être perpétrée. L'incrimination fut ainsi réduite aux termes suivants : « le fait de harceler autrui dans le but d'obtenir des faveurs de nature sexuelle est puni de... ». Un auteur a dénoncé là une atteinte au principe de légalité des délits et des peines aboutissant à une formule tautologique et donc ridicule[3]. Il s'agissait d'objections sérieuses mais d'une portée limitée car, on l'a vu, en matière d'infractions sexuelles, le principe de légalité n'a jamais été correctement respecté (v. *supra*, n° 259).

C'est dans ce contexte que, quelques années plus tard, le Conseil constitutionnel s'est vu transmettre une question prioritaire discutant la légitimité formelle de l'article 222-33. Il a abrogé ce texte en constatant qu'il « permet que le délit de harcèlement sexuel soit punissable sans que les éléments constitutifs de l'infraction soient suffisamment définis »[4]. À cette occasion, le Conseil a déclaré abusive la simplification opérée par le législateur en 2002. Un « vide juridique » a été dénoncé à la suite qui a suscité beaucoup d'émotion et justifié la préparation en urgence d'un nouveau texte. Désormais, l'article 222-33 du Code pénal incrimine deux actes. Il envisage un premier comportement qualifié « harcèlement sexuel » puis un second qui évoque le chantage sexuel mais qui n'a pas officiellement ce nom. L'adoption de cette réforme par une loi du 6 août 2012, à l'unanimité, a évité la saisine *a priori* du Conseil constitutionnel. Toutefois, la distinction ainsi opérée n'est guère satisfaisante. Elle a été conservée malgré des modifications de détail introduites en 2018.

On évoquera d'abord les deux comportements en question puis les conditions identiques de leur répression.

§1. Le délit qualifié « harcèlement sexuel »

644. L'article 222-33, § I dispose : « le harcèlement sexuel est le fait d'imposer à une personne, de façon répétée, des propos ou comportements à connotation sexuelle ou sexiste qui soit portent atteinte à sa dignité en raison de leur caractère dégradant ou humiliant, soit créent à son encontre une situation intimidante, hostile ou offensante ». Il s'agit d'un texte de définition. Les pénalités sont précisées au § III du même article. Ce texte de définition témoigne du souci de suivre les recommandations du Conseil constitutionnel. Toutefois, il n'est

2. A. Lepage et P. Maistre du Chambon, « Les paradoxes de la protection pénale de la vie humaine », *in Mél. Bouloc*, Dalloz, 2006, p. 615.

3. P. Conte, « Une nouvelle fleur de légistique, le crime en boutons », *JCP* G 2002, I, 320.

4. Déc. n° 2012-240 QPC du 4 mai 2012, *M. Gérard D.*, § 5.

pas sûr que l'abondance de mots satisfasse le principe de légalité[5]. Ici, n'est-on pas passé d'un extrême à l'autre ?

Traitons d'abord de l'acte matériellement reproché à l'agent puis de la perception qu'il doit en avoir eue pour qu'un délit soit constitué.

A. La matérialité de l'acte

645. Le harcèlement sexuel consiste à exercer des pressions sur autrui dans un objectif devenu incertain. Distinguons.

1. Les pressions exercées sur autrui

646. Les pressions exercées sur autrui postulent la répétition de propos ou comportements déterminés.

647. Répétition. – En premier lieu, le harcèlement sexuel postule l'insistance. Pour écarter le reproche d'une définition tautologique qui avait été adressé à la précédente version de l'incrimination, le législateur a précisé que le harcèlement sexuel est « le fait d'imposer à une personne, de façon répétée » quelque chose. Autrement dit, l'agent « ne cherche pas simplement à séduire, mais à dominer »[6]. Peu importe le contexte de tels agissements. Si l'infraction se commet le plus souvent dans le monde du travail, elle peut également être relevée dans les milieux sportifs ou universitaires. L'essentiel est que, conformément à l'étymologie du terme « harcèlement », le fait en question ait été répété, peu important que ce soit « dans un court laps de temps »[7]. Cette insistance facilite la preuve de l'atteinte portée à la volonté d'autrui[8]. Désormais, le harcèlement sexuel est clairement pensé comme une infraction d'habitude. L'incertitude du texte antérieur sur ce point est levée.

Mais le législateur contemporain a ultérieurement introduit une autre incertitude. En effet, il ne s'est pas contenté d'exiger que cette répétition soit le fait d'une même personne à l'égard d'une même victime. Complétant l'incrimination, il a ajouté que « l'infraction est également constituée : 1° lorsque ces propos ou comportements sont imposés à une même victime par plusieurs personnes, de manière concertée ou à l'instigation de l'une d'elles, alors même que chacune de ces personnes n'a pas agi de façon répétée ; 2° lorsque ces propos ou comportements sont imposés à une même victime, successivement, par plusieurs personnes qui, même en l'absence de concertation, savent que ces propos ou comportements caractérisent une répétition ». Ce qui apparaît beaucoup moins heureux. En effet,

5. V. aussi J. Danet, « Économie de la sexualité et droit pénal au début du XXIe siècle », *in Mél. Guidicelli-Delage*, Dalloz, 2017, p. 499. – *Contra*, refusant de transmettre une QPC à ce sujet : Cass. crim., 25 mai 2016, *Gaz. Pal.* 19 juill. 2016, p. 53, obs. S. Detraz.

6. G. Beaussonie, « Loi relative au harcèlement sexuel », *RSC* 2012, p. 907. – Comp., CA Douai, 10 sept. 1997, *JCP* G 1998, II, 10037, note T. Garé.

7. V., acceptant qu'ils procèdent d'une même action coupable : Cass. crim., 29 mars 2023, *Dr. pén.* 2023, n° 120, obs. P. Conte.

8. Pour autant, il ne s'ensuit pas qu'un acte isolé échappe à toute sanction pénale. Il constitue simplement une infraction *a priori* moins grave d'outrage sexiste ou sexuel (V. *infra*, n° 683). Ce qui est caractéristique du fait, on le verra, qu'il s'agit moins de lutter ici contre une violence sexuelle qu'à l'encontre d'une violence sexiste (J. Charruau, « Des violences sexuelles aux violences sexistes ? », *in Le droit face aux violences sexuelles et/ou sexistes*, Dalloz, coll. T & C, 2021, p. 79).

il s'ensuit que les propos ou comportements litigieux peuvent être imposés par plusieurs personnes soit simultanément (de manière concertée ou à l'instigation de l'une d'elles), soit successivement (sans concertation mais en connaissance de cause). L'objectif a, semble-t-il, été de lutter contre les « raids » numériques[9]. Cependant, il s'agit alors moins de harcèlement que d'acharnement[10]. Or, la preuve de cet acharnement pose difficulté : si la concertation implique une entente préalable qui doit pouvoir être matériellement établie, le fait d'agir « à l'instigation » d'autrui semble flou. La formule renvoie moins à un acte de provocation qu'à son pendant : au fait d'accepter d'agir à l'initiative d'autrui, ce qui semble très général et donc incertain. Quant à la conscience d'inscrire son action à la suite d'autres de même nature, elle suppose une appréciation encore plus subjective. Sauf le cas où un mot d'ordre a été suivi d'effet (ce qui évoque essentiellement la première hypothèse), il paraît difficile de rapporter la preuve de cet élément fédérateur. De surcroît, à quel titre engager la responsabilité pénale des différents participants ? Faudra-t-il les déclarer coauteurs alors que, pris individuellement, faute de répétition, leur comportement ne tombe pas sous le coup de la loi pénale ? Ce serait dénaturer l'idée même de coaction[11]. Une autre approche doit donc être suggérée : plutôt que d'admettre une responsabilité collective contraire aux principes généraux du droit pénal, il est sans doute préférable d'envisager ici une responsabilité du fait personnel à raison de la participation à un groupe au sein duquel une infraction de harcèlement sexuel peut être caractérisée. Toutefois, la lettre de l'incrimination nouvelle ne permet guère de l'interpréter ainsi car les dispositions en question prétendent définir l'infraction elle-même et non les conditions de participation au groupe qui la commet.

648. Formes. - Ensuite, il faut se demander en quoi consistent les pressions exercées sur autrui. Il s'agit de « propos ou comportements ». La possibilité d'un harcèlement sexuel « oral » ou « par écrit » avait été discutée ; elle est désormais consacrée. La répétition de propos salaces est donc bien susceptible de rentrer dans le champ de l'incrimination[12]. Peu importe qu'ils soient proférés, publiquement ou non, ou rédigés dans des courriers, électroniques ou postaux. Mais les propos ne sont pas seuls en cause puisque le législateur y assimile les « comportements ». Ce terme, rarement employé dans une incrimination, surprend par sa généralité. Il ressort des travaux préparatoires que les parlementaires ont envisagé là « par exemple le fait de placer sur le bureau d'une personne des revues à caractère pornographique »[13]. On aurait pu imaginer aussi de multiples attentions (cadeaux) témoignant de l'attente par l'agent de faveurs déterminées. En toute hypothèse, propos et comportements peuvent se combiner : une parole accompagnant une attitude déplacée devrait suffire à constituer l'habitude qui ne suppose pas la répétition d'actes identiques, ni même l'écoulement

9. V. évoquant aussi un « cyberharcèlement » : E. Stella, *L'adaptation du droit pénal aux réseaux sociaux en ligne*, Thèse Nancy, 2019, p. 141 et s.

10. V. aussi, parlant de « lynchage collectif » : L. Saenko, « Nouvelles technologies et liberté d'expression », *APC* 2018, n° 40, p. 71.

11. D'autant qu'ici le législateur semble confondre élément constitutif et circonstance aggravante de l'infraction : L. Saenko et S. Detraz, « La loi n° 2018-703 du 3 août 2018 », *D.* 2018, p. 2037, n° 20.

12. V. déjà Cass. crim., 30 sept. 2009, *Dr. pén.* 2009, n° 149, obs. M. Véron.

13. *Rapport AN*, par Mme Pascale Crozon, n° 86, 18 juill. 2012, p. 96.

d'un délai minimum entre deux actes[14]. Joindre aussitôt le geste à la parole peut donc faire du séducteur sans scrupule un délinquant s'il agit sans se préoccuper de la volonté d'autrui.

Enfin, il importe que ces propos ou comportements aient une « connotation sexuelle ou sexiste ». Ce qui permet d'opérer un tri et de préciser les moyens de commettre l'infraction. Envisagée comme un caractère de l'acte en question, cette dimension sexuelle ou sexiste aurait dû être appréciée objectivement. Ce qui aurait permis de limiter l'incrimination aux propos ou comportements évoquant l'activité sexuelle ou le sexe d'autrui. Cela aurait permis d'écarter du champ de l'incrimination l'expression maladroite d'une inclination amoureuse ou d'un sentiment amical. Mais ce n'est pas ainsi que le législateur a conçu l'incrimination. En parlant de connotation, plutôt que de dimension, sexuelle ou sexiste, il invite le juge à rechercher quel sens l'agent a voulu donner aux faits qui lui sont reprochés. Ainsi, dans la circulaire du garde des Sceaux éclairant initialement ce texte, on pouvait lire que les agissements en cause n'ont pas à « présenter un caractère explicitement et directement sexuel »[15]. En effet, la « connotation » évoque un sens second qui dépasse le sens premier attaché à un propos ou un comportement. Il suffirait donc que, dans son esprit, la démarche de l'agent soit sexuelle pour qu'il y ait infraction, ce qui permet un procès d'intention. Néanmoins, le législateur a confirmé cette approche lorsqu'il a assimilé la connotation sexiste à la connotation sexuelle au risque d'introduire une suspicion permanente dans les relations entre hommes et femmes[16].

2. Le résultat des pressions

649. Dualité. – Des pressions exercées sur autrui, sous forme de propos ou comportements à connotation sexuelle ou sexiste, auraient pu suffire à identifier un harcèlement sexuel ou sexiste. Mais le législateur ne s'en est pas contenté. En effet, soucieux de distinguer la tentative de séduction de l'atteinte à la liberté d'autrui, il a ajouté que, pour être punissables, de telles pressions exercées sur autrui doivent « soit porter atteinte à sa dignité en raison de leur caractère dégradant ou humiliant, soit créer à son encontre une situation intimidante, hostile ou offensante »[17]. Une telle précision affecte considérablement la perception que l'on peut avoir de ce comportement : le harcèlement sexuel n'a plus pour objectif l'obtention de faveurs sexuelles[18]. La formule antérieure a été condamnée comme vieillotte et, surtout, réductrice. Le harcèlement sexuel n'est désormais punissable que s'il a pour résultat de porter atteinte à la dignité d'autrui ou s'il place autrui dans une situation délicate[19]. En ce sens, l'extension

14. Comp., Cass. crim., 26 févr. 2002, *Dr. pén.* 2002, n° 67, obs. M. Véron.

15. Circ. CRIM 2012-15/E8, 7 août 2012, p. 4.

16. « L'auteur réifie alors sa victime, non pas tant en la considérant comme un objet désirable, qu'à l'inverse, en la percevant comme un sujet inférieur » (G. Beaussonie, « L'égalité entre les femmes et les hommes », *RSC* 2018, p. 953).

17. Pour la Cour de cassation, chaque propos ou comportement doit porter l'atteinte ou réaliser la situation en cause (Cass. crim., 11 déc. 2019, *Dr. pén.* 2020, n° 30, obs. P. Conte. – 16 nov. 2016, *Dr. pén.* 2017, n° 53, obs. 53, obs. P. Conte ; *Gaz. Pal.* 24 janv. 2017, p. 48, obs. S. Detraz). Ce n'est donc pas globalement que cet effet doit naître de la répétition de tels propos ou comportements.

18. T. corr. Versailles, 27 janv. 2014, *AJ pénal* 2014, p. 236, obs. C. Saas.

19. Ce qui correspond à la définition retenue par l'art. 40 de la Convention du Conseil de l'Europe dite d'Istamboul sur la prévention et la lutte contre la violence à l'égard des femmes et la violence domestique (signée en 2011 et ratifiée par la France en 2014).

du harcèlement au sexisme n'a rien d'aberrante mais la dimension sexuelle de l'acte passe alors au second plan. Elle relève de l'ordre des moyens et non des fins[20]. C'est moins une atteinte à la liberté sexuelle d'autrui qu'à son intégrité morale qu'il s'agit désormais de punir[21]. Cette transformation du harcèlement sexuel en harcèlement moral rend l'infraction incertaine.

L'atteinte à la dignité n'a pas été discutée par les parlementaires au motif qu'il s'agit d'une notion courante en droit pénal, laquelle ne poserait donc pas de difficulté... Il ne fait pas de doute que cette notion est, depuis longtemps, présente dans notre législation. Mais cela ne signifie pas qu'elle échappe à tout reproche. En effet, elle est susceptible de recevoir plusieurs sens. Particulièrement ici la discussion pourrait rebondir car le législateur n'a pas fait référence à une dignité humaine universelle mais à la dignité « actuée » de la victime en utilisant l'adjectif possessif « sa ». Cela signifie-t-il que le caractère inacceptable des propos ou comportements en cause doit être apprécié par le juge au regard de la conception qu'autrui se fait de sa propre dignité ? On peut en douter en relevant que de tels agissements doivent présenter un caractère « dégradant ou humiliant », ce qui commande une appréciation objective. Néanmoins, un doute subsiste que cette formule ne permet pas de dissiper : le respect de la dignité n'implique-t-il pas l'absence de dégradation et d'humiliation ? La réponse affirmative qui devrait s'imposer suffit à montrer que cette fausse précision relève du verbiage.

Mais il y a plus grave. En effet, comment appréhender à la suite la « situation intimidante, hostile ou offensante » dans laquelle les propos ou comportements doivent avoir placé la victime ? L'interprète est plongé dans un abime de perplexité. D'abord, parce que ce second résultat semble recouper le premier : une victime placée dans une situation offensante par des agissements à connotation sexuelle ou sexiste répétés n'est-elle pas atteinte dans sa dignité ? Ensuite, parce que, si on tient à distinguer ce second résultat du premier, on peut craindre une interprétation extensive qui privera de tout intérêt l'exigence même d'un résultat. Car le fait d'imposer à autrui de subir des paroles ou comportements réitérés à connotation sexuelle ou sexiste n'a-t-il pas toujours pour conséquence de placer autrui dans une situation intimidante ou hostile ? Dès lors que le résultat n'est pas nécessairement une atteinte à la dignité de la victime, aucune exigence de gravité ne peut être formulée, ce qui permet la répression de toutes formes de harcèlement sexuel[22].

650. Enjeu. – Reste une dernière difficulté. Ainsi définie, l'infraction est-elle matérielle ou formelle ? Les travaux préparatoires ne permettent guère de répondre à cette question. Cependant, l'analyse lexicale conduit à opter pour la première solution. La consommation de l'infraction semble bien impliquer la preuve de l'obtention de l'un des deux résultats redoutés par le législateur : il n'est pas dit que les propos ou comportements à connotation sexuelle ou sexiste

20. Ce qui n'a pas empêché le législateur d'inclure le harcèlement sexuel dans la catégorie des « infractions de nature sexuelle » auxquelles des règles particulières de poursuite s'appliquent (CPP, art. 706-47 et s.).

21. V. aussi L. Leturmy, « La définition des violences sexuelles et/ou sexistes à l'épreuve des principes constitutionnels du droit pénal », *in Le droit face aux violences sexuelles et/ou sexistes*, Dalloz, coll. T & C, 2021, p. 127. – C. Courtaigne-Deslandes, « À la recherche du fondement des infractions sexuelles contemporaines », *Dr. pén.* 2013, étude 5, n° 7.

22. V. reprochant l'infraction à un policier qui, en uniforme, n'a pas hésité à contrôler sa victime, à son domicile après l'avoir invitée à des relations sexuelles par SMS : Cass. crim., 27 mars 2019, *Dr. pén.* 2019, n° 100, obs. P. Conte.

doivent être « susceptibles de », « de nature à » ou commis « en vue de » produire l'un de ces résultats (ce qui dispenserait d'avoir à rapporter la preuve qu'il s'est effectivement produit). Il est clairement indiqué que l'un de ces résultats doit avoir été atteint. C'est d'ailleurs cette preuve qui confère toute sa gravité aux propos ou comportements en question. Faut-il s'en inquiéter ? Pas nécessairement : au regard de l'analyse faite précédemment, l'obtention de l'un des résultats redoutés ne devrait pas être difficile à établir. Les juges ne manqueront pas de déduire de la répétition de propos ou comportements à connotation sexuelle ou sexiste la preuve d'une atteinte à la dignité et, plus souvent encore, la preuve du placement de la victime dans une situation intimidante, hostile ou offensante.

B. La perception de l'acte

651. Dols. – Il ne saurait faire de doute que le délit de harcèlement sexuel est une infraction intentionnelle. Mais la portée de son élément moral prête encore à discussion.

Un dol général est requis. Il suppose d'abord la conscience chez l'agent de tenir des propos ou d'avoir un comportement à connotation sexuelle ou sexiste de façon répétée. Cette preuve sera déduite de la double exigence de matérialité et d'imputabilité des faits en question. Elle ne devrait pas poser difficulté. Toutefois, ce dol général suppose également d'établir que l'agent avait conscience d'imposer sa volonté à autrui. Il essayera peut-être de le contester en prétendant que la victime n'était pas insensible à sa tentative de séduction, qu'elle lui a laissé croire qu'elle appréciait d'être ainsi courtisée et qu'il ne s'est donc pas rendu compte qu'il employait une « technique de drague » inappropriée. Néanmoins, de tels arguments devraient faire long feu au regard des circonstances dans lesquelles propos et comportements sont intervenus. Leur répétition – pour peu qu'elle ne s'accomplisse pas en un trait de temps – devrait suffire à démontrer que l'agent a insisté parce qu'il savait que son attitude n'était pas bien accueillie.

Faut-il établir, en plus, que l'agent a recherché le résultat auquel ont abouti ses agissements ? En d'autres termes, faut-il établir qu'il a agi de la sorte afin de porter atteinte à la dignité de la victime ou pour la placer dans une situation délicate ? Sur ce point, l'incrimination pose une fois de plus difficulté. *A priori*, une telle preuve est requise[23]. En effet, au regard des canons du droit pénal général, lorsque le législateur vise expressément un résultat dont il redoute la production à l'occasion d'un acte qu'il incrimine, il ajoute à l'exigence d'un dol général celle d'un dol spécial. La volonté de l'agent doit être tendue vers ce résultat. Mais s'agit-il vraiment de cela ici ? Ne serait-il pas préférable d'admettre que l'obtention d'un tel résultat peut seulement avoir été perçue comme possible par l'agent qui a eu tout au plus conscience des moyens qu'il employait pour créer un « risque » ? Cette seconde analyse cadrerait beaucoup mieux avec l'esprit de l'incrimination nouvelle où l'atteinte à la dignité et le placement dans une situation délicate semblent constituer davantage des conséquences du harcèlement sexuel que l'objectif de son auteur. Toutefois, rien dans les termes employés à l'article 222-33-I ne permet d'envisager ici un dol éventuel à substituer au dol spécial. Spécialement, on ne retrouve pas la distinction

23. *Contra* J.-Y. Maréchal, « Harcèlement sexuel, nouvelle définition et nouvelles malfaçons », *JCP* G 2012, 953.

introduite à la suite, aux articles 222-33-2 et 222-33-2-1, entre agissements répétés « ayant pour objet ou pour effet » une dégradation des conditions de travail ou des conditions de vie (v. *infra,* n° 671). La dimension « morale » de cette forme de harcèlement sexuel en sort renforcée au détriment de son efficacité car la preuve d'une telle intention risque de poser difficulté. En pratique, en effet, l'essentiel des débats se concentre sur ce point. Or, si les faits ne parlent pas d'eux-mêmes, il devient difficile au juge de motiver sa décision. Sans doute, un supérieur hiérarchique ou toute autre personne exerçant une fonction particulière, qui se permet de tels propos ou comportements, doit-il avoir conscience des conséquences qu'ils produisent chez autrui. En agissant de la sorte, il cherche nécessairement à atteindre le résultat redouté. Cependant, l'infraction n'est pas limitée à ce type d'hypothèses. L'individu, qui raille une voisine de palier chaque fois qu'il la rencontre dans l'ascenseur en lui proposant de mettre fin à son célibat, agit-il nécessairement dans le but de porter atteinte à sa dignité ou de la placer en situation délicate ? S'il souhaite effectivement l'épouser, on ne peut le soupçonner de vouloir l'humilier[24].

En toute hypothèse, ces difficultés sont démultipliées quand on prend en compte la répétition de propos ou comportements à l'initiative non d'une personne mais de plusieurs : pour que l'infraction existe, il faut que l'auteur de chaque parole ou comportement ait conscience d'agir avec d'autres au détriment d'une victime déterminée dans un même but. Or, cela paraît fort délicat à établir.

§2. Le délit assimilé au harcèlement sexuel

652. Dans un deuxième paragraphe, l'article 222-33 du Code pénal ajoute : « Est assimilé au harcèlement sexuel le fait, même non répété, d'user de toute forme de pression grave dans le but réel ou apparent d'obtenir un acte de nature sexuelle, que celui-ci soit recherché au profit de l'auteur des faits ou au profit d'un tiers ». Cette infraction a été présentée, lors des débats, comme un délit de « chantage sexuel »[25]. Sa nécessité paraît beaucoup moins contestable que celle du texte précédent. En réalité, l'assimilation dont il est question ne concerne que les peines applicables car ce second comportement est distinct du premier aux plans matériel et moral[26].

A. La matérialité de l'acte

653. Le comportement incriminé à l'article 222-33, II, n'est pas nécessairement répété. Cette seconde infraction ne constitue donc pas un délit d'habitude, ce qui en fait d'ailleurs tout l'intérêt. Peu importe que l'acte en cause ait été unique ou que ses précédents n'aient pu être établis. Il suppose en revanche l'emploi d'un moyen particulier dans un but précis.

654. Moyen. – La matérialité du comportement en cause n'est pas clairement indiquée : toute forme de pression peut être prise en compte. À nouveau,

24. La Cour de cassation semble, elle, simplifier les termes de ce débat afin de faciliter la sanction du délit : Cass. crim., 18 nov. 2015, *JCP* G 2016, 219, note B. Lapérou.

25. *Rapport AN* n° 86, préc., p. 101.

26. V. dénonçant une assimilation qui « confine au mensonge » : X. Pin, « De l'interprétation législative à l'assimilation légale », *in Histoire et méthodes d'interprétation en droit criminel*, Dalloz, 2015, p. 40.

il s'agit pour l'agent de peser sur la volonté d'autrui et donc de porter atteinte à sa liberté[27]. Mais, pas plus ici que dans l'ancienne rédaction de l'article 222-33, les formes de la pression exercée sur autrui ne sont détaillées. Peu importe, cette fois, qu'il y ait « propos » ou « comportement » dès lors que l'acte est suffisamment explicite pour que l'objectif de son auteur paraisse nettement. Cependant, la pression ainsi exercée ne peut être physique car l'infraction ne se distinguerait plus alors d'une tentative de viol ou d'une agression sexuelle autre que le viol[28]. Cette pression doit être morale, ce qui justifie le rapprochement avec le chantage déjà évoqué. Néanmoins, à ce titre, elle risque d'être difficile à établir...

Par ailleurs, le législateur a cru pouvoir simplifier l'appréciation des juges en exigeant que la pression soit grave. La formule avait été introduite en 1998 dans l'incrimination initiale sans réellement convaincre puisqu'elle a été supprimée dès 2002. Une telle garantie s'est avérée illusoire car une pression morale ne se mesure pas : à partir de quand devient-elle grave ? Le danger, en l'espèce, est que les magistrats tiennent moins compte de l'intensité de la pression que de son but pour la qualifier de grave. Or, dans cette perspective, toute pression exercée sur autrui pour obtenir un acte de nature sexuelle s'avère grave. Il paraît donc aisé de contourner cette restriction. Une fois de plus, l'utilisation de ce type de standard s'avère peu compatible avec le respect de la légalité.

655. But. – Cependant, la pression grave n'est prise en compte que si elle est exercée dans un but particulier : obtenir un acte de nature sexuelle. Ce qui restreint le champ de l'incrimination.

Le comportement incriminé ici a le même objectif que le comportement incriminé par l'ancien délit de harcèlement sexuel (commis en vue d'obtenir des « faveurs sexuelles »). Mais il peut être établi plus simplement puisqu'il ne requiert aucune répétition. En pratique, est incriminé le fait pour une personne de subordonner la fourniture d'un bien ou la prestation d'un service à la réalisation d'une condition de nature sexuelle. Exiger une relation sexuelle de la candidate à un emploi ou à un examen constitue une infraction. Il en va de même pour le fait de menacer de licenciement ou de redoublement une personne qui ne consentirait pas à une relation sexuelle. Le délit réside tout entier dans la formulation de cette condition.

La preuve n'en sera pas toujours facile à rapporter (sauf provocation à l'infraction de la part de membres d'associations de défense des femmes, comme en matière de lutte contre les discriminations)[29]. D'autant que la formule objective utilisée par l'article 222-33, II, a pour conséquence d'exclure du champ de l'incrimination les pressions tendant à l'accomplissement d'un acte sans dimension sexuelle

27. V. cpdt P. Conte, « Lecture critique de la nouvelle définition du harcèlement sexuel », *Dr. pén.* 2012, étude 24, n° 8.

28. *A priori*, lorsque le harcèlement dégénère, seule une agression sexuelle peut être retenue (Cass. crim., 18 sept. 2019, *Dr. pén.* 2019, n° 195, obs. P. Conte ; *Gaz. Pal.* 19 nov. 2019, p. 41, obs. S. Detraz ; *RSC* 2019, p. 818, obs. Y. Mayaud). Mais si des violences accompagnent le harcèlement, elles peuvent être relevées en concours avec lui car elles témoignent d'une autre intention coupable (Cass. crim., 21 sept. 2010, *Gaz. Pal.* 5 janv. 2011, p. 20, obs. E. Dreyer).

29. Comp. Cass. crim., 10 nov. 2004, *Dr. pén.* 2005, n° 53, obs. M. Véron.

apparente[30]. En effet, ici, à la différence de l'hypothèse précédente, il ne suffit pas d'une simple « connotation » sexuelle. Se prétendre amoureux d'autrui et tirer profit d'une situation (de travail not.) pour revendiquer des égards auxquels autrui ne consent pas spontanément ne constitue pas un délit. Il y a là une marge d'appréciation considérable laissée au juge. Des avocats ne manqueront pas de plaider, à l'occasion d'une nouvelle QPC, que la séduction implique un certain chantage aux sentiments, de sorte que la frontière entre permis et interdit paraît ici trop floue pour que la répression soit légitime.

Enfin, le législateur a cru utile de préciser que les faveurs sexuelles peuvent avoir été réclamées par l'agent pour lui-même ou autrui. Cette formule évoque celle utilisée en matière de corruption (C. pén., art. 433-1, par ex.). Mais elle présente un intérêt limité car le risque d'interposition de personnes semble, ici, peu vraisemblable. On ne conçoit guère que le chantage soit effectué au profit d'un tiers et, même dans cette hypothèse, un tel comportement aurait été punissable sans cette précision car le bénéficiaire des pressions importe peu au regard de la façon dont l'incrimination est rédigée.

B. La perception de l'acte

656. Fond. – En toute hypothèse, ce chantage sexuel constitue lui aussi une infraction intentionnelle. Au dol général (conscience d'exercer des pressions graves sur autrui afin de vaincre son hostilité) s'ajoute un dol spécial (souci d'obtenir un acte de nature sexuelle). Peu importe que cette infraction reste formelle. La volonté n'en doit pas moins être tendue vers le résultat redouté par le législateur : la référence au « but » poursuivi par l'agent et à la « recherche » d'un acte de nature sexuelle le confirme. Peu importe que la preuve de l'obtention d'un tel acte n'ait pas à être rapportée. Ce résultat entre dans le champ de l'incrimination au titre de l'élément moral.

Une telle conclusion semble remise en cause par le fait que, selon les termes mêmes de l'incrimination, l'objectif poursuivi peut être « réel ou apparent ». Ce qui sème le doute sur l'existence d'un dol spécial. En réalité, il faut comprendre que la pression grave reste punissable même si son auteur n'a pas réellement eu l'intention d'entretenir des relations sexuelles avec la victime[31]. Il s'agit d'atteindre le manipulateur qui trouverait une satisfaction à faire croire à un tel projet tout en prétendant mystifier autrui au dernier moment[32]. Une telle précision ne s'imposait pas car le mobile qui anime alors l'agent ne saurait réduire sa responsabilité pénale. Il suffit, au regard des éléments constitutifs de l'infraction, d'établir qu'il a objectivement agi dans le but précisé par la loi.

657. Forme. – Comment démontrer la volonté de l'agent, réelle ou apparente, d'obtenir un acte de nature sexuelle ? C'est là que réside toute la difficulté. La condition sera rarement exprimée devant témoin ou de manière tangible. En cas de réitération, la victime n'aura guère le choix que de subir les

30. Toutefois, la circulaire retient une interprétation plus large : « il peut s'agir de tout acte de nature sexuelle, notamment les simples contacts physiques destinés à assouvir un fantasme d'ordre sexuel, voire à accentuer ou provoquer le désir sexuel » (Circ. CRIM 2012-15/E8, 7 août 2012, p. 6).

31. Circ. CRIM 2012-15/E8, 7 août 2012, p. 6.

32. Interprétation qualifiée d'« absurde » par A. Lepage et H. Matsopoulou, *Droit pénal spécial*, PUF, coll. Thémis, 2015, p. 313, n° 450, qui raisonnent néanmoins par rapport à un mobile de plaisanterie.

avances de l'agent en tentant de l'enregistrer. À défaut, une telle preuve s'avérera impossible. En effet, ce dol spécial ne peut être établi comme en matière de discrimination. On ne saurait admettre que l'explication la plus vraisemblable du comportement de l'agent soit déclarée révélatrice de son intention : on ne peut soutenir qu'à partir du moment où l'agent n'avait aucune autre raison de refuser le bien ou le service à la victime de l'infraction, il a nécessairement cherché à exercer sur elle une pression dans le but d'obtenir un acte de nature sexuelle. En effet, d'autres considérations, tout aussi subjectives et inavouables, peuvent expliquer son refus. Or, il n'a pas à s'en expliquer. Une présomption en la matière n'apparaîtrait pas suffisamment vraisemblable pour asseoir légitimement une condamnation.

§3. Les modalités de la répression

658. Principe. – L'article 222-33, § III, fulmine les peines principales applicables aux deux comportements qui viennent d'être définis : 2 ans d'emprisonnement et 30 000 € d'amende[33]. Ce qui revient à élever au double les peines principales prévues par le texte antérieur.

On constatera qu'en procédant de la sorte, le législateur renonce à établir une hiérarchie entre des agissements répétés qui nuisent à l'intégrité morale d'autrui et un agissement unique destiné à provoquer l'octroi d'une faveur sexuelle. Il y a dans cette assimilation une grande part d'artifice. En effet, les comportements incriminés ne sont pas les mêmes et les résultats qu'ils provoquent non plus.

659. Aggravation. – Mais ce n'est pas tout. Car ces peines sont portées à 3 ans d'emprisonnement et 45 000 € d'amende lorsque les faits sont commis : 1° par une personne qui abuse de l'autorité que lui confèrent ses fonctions ; 2° sur un mineur de quinze ans[34] ; 3° sur une personne dont la particulière vulnérabilité, due à son âge, à une maladie, à une infirmité, à une déficience physique ou psychique ou à un état de grossesse, est apparente ou connue de leur auteur ; 4° sur une personne dont la particulière vulnérabilité ou dépendance résultant de la précarité de sa situation économique ou sociale est apparente ou connue de leur auteur[35] ; 5° par plusieurs personnes agissant en qualité d'auteur ou de complice ; 6° par l'utilisation d'un service de communication au public en ligne ou par le biais d'un support numérique ou électronique[36] ; 7° alors qu'un mineur était présent et a assisté aux faits ; 8° par un ascendant ou par toute autre personne ayant sur la victime une autorité de droit ou de fait.

33. Les peines complémentaires applicables restent celles des articles 222-44 et s. Elles n'ont pas été modifiées.

34. Il n'est pas nécessaire d'établir distinctement la vulnérabilité résultant de ce jeune âge, ni la conscience que l'agent pouvait en avoir. L'objectif est, semble-t-il, de renforcer la sanction des pratiques humiliantes qui auraient lieu dans certains clubs sportifs au détriment des enfants.

35. Il faut déplorer la complexité de ce texte (qui distingue vulnérabilité ou dépendance d'une part et précarité d'autre part), d'autant que la précarité d'une personne liée à sa situation économique ou sociale, qui génère vulnérabilité ou dépendance, semble difficile à apprécier objectivement.

36. V. sur ce harcèlement numérique : A.-S. Chavent-Leclère, « Le renouveau des infractions sexuelles à l'ère d'Internet », *in Mél. Mayaud*, Dalloz, 2017, p. 345.

660. Complément. – Le *happy slapping* est punissable ici aussi (v. *supra*, nº 88). Ce qui paraît curieux car le harcèlement sexuel ne semble guère photogénique.

Section 2
Le harcèlement moral

661. Présentation. – Les critiques adressées à l'infraction de harcèlement sexuel n'ont pas dissuadé le législateur d'incriminer à la suite quatre formes de harcèlement « moral ». Mais elles l'ont poussé à une extrême prudence en multipliant les textes d'incrimination. Évoquons d'abord la diversité des comportements en cause puis leur sanction.

§1. La diversité des incriminations

662. Le harcèlement moral est incriminé dans quatre circonstances : d'abord, au travail puis, au sein du couple ou en milieu scolaire et, enfin, en toute hypothèse. *A priori*, cette dernière incrimination doit être retenue lorsqu'aucune des trois autres ne s'avère applicable.

A. Le harcèlement moral au travail

663. Conditions. – Cette première forme de harcèlement moral se distingue très nettement des trois autres. C'est le fait de « harceler autrui par des propos ou comportements répétés ayant pour objet ou pour effet une dégradation des conditions de travail susceptible de porter atteinte à ses droits et à sa dignité, d'altérer sa santé physique ou mentale ou de compromettre son avenir professionnel » (art. 222-33-2). Pour la Cour de cassation, une telle rédaction est satisfaisante : elle a refusé de transmettre au Conseil une question prioritaire de constitutionnalité critiquant ce texte au regard de l'exigence de légalité car elle l'estime rédigé en termes suffisamment clairs et précis pour que son interprétation « puisse se faire sans risque d'arbitraire »[37]. Mais elle est à la fois juge et partie lorsqu'elle l'affirme, ce qui sème le doute sur la pertinence d'une telle réponse.

Ce délit se commet à l'occasion d'une relation de travail. Toutefois, il n'implique pas nécessairement la conclusion d'un contrat de travail entre l'agent et sa victime : un contexte professionnel suffit[38], voire des « relations institutionnelles »[39]. *A minima*, l'infraction de l'article 222-33-2 suppose qu'une activité ait été exercée par la ou les victimes pour autrui[40]. L'objectif poursuivi est de sanctionner les stratégies

37. Cass. crim., 9 mai 2018, *Dr. pén.* 2018, nº 153, obs. P. Conte.

38. Cass. crim., 26 nov. 2019, *Gaz. Pal.* 4 févr. 2020, p. 58, obs. E. Dreyer.

39. Cass. crim., 7 mai 2019, *Gaz. Pal.* 3 sept. 2019, p. 46, obs. S. Detraz.

40. Ce délit n'est donc pas constitué si les deux protagonistes se contentent de partager des locaux en exerçant leur activité de façon indépendante l'une de l'autre : Cass. crim., 13 déc. 2016, *RSC* 2017, p. 281, obs. Y. Mayaud.

managériales consistant à pousser à bout des salariés afin de les contraindre à la démission plutôt que de les licencier[41]. De tels comportements étaient, autrefois, punis sous la qualification de violences lorsque la preuve d'une atteinte à l'intégrité physique d'autrui pouvait être rapportée[42]. L'intervention du législateur se justifia par le fait qu'il n'est pas bon d'attendre le suicide, ou la tentative de suicide d'un salarié, pour réprimer un comportement abusif[43]... En tout cas, il n'est pas pertinent de subordonner la répression à une telle preuve. Ce délit est formel : il n'est pas nécessaire d'établir que la dégradation des conditions de travail (résultat immédiat) découlant du harcèlement a produit le résultat redouté final (non seulement une altération de la santé physique ou mentale d'autrui mais aussi, dans une vision élargie du délit, une atteinte à ses droits et à sa dignité ou la remise en cause de son avenir professionnel)[44]. Il suffit de démontrer que des propos ou comportements répétés ont eu pour objet ou pour effet une dégradation des conditions de travail d'autrui (dégradation qui doit être établie lorsque les agissements ont cet effet mais qui peut n'être que potentielle lorsqu'ils ont cet objet)[45] et qu'un tel harcèlement a été fait dans le but de produire ce résultat (résultat redouté final)[46]. À notre sens, la prudence avec laquelle doit être sanctionnée une infraction aussi difficile à établir commande de n'admettre son existence que dans les hypothèses où une relation interpersonnelle déviante peut être démontrée. Néanmoins, confrontés à certains excès de management, les juges du fond ont pu admettre un harcèlement « institutionnel », c'est-à-dire lié à l'organisation même d'une entreprise[47].

En pratique, la preuve du caractère abusif de l'exercice par l'employeur de son pouvoir de direction s'avère souvent déterminante[48]. À ce sujet, il doit être précisé que la Cour de cassation a posé en principe : « que la tenue de propos humiliants et vexatoires à un subordonné excède les limites du pouvoir de direction »[49]. Dans une

41. V. contestant les modalités d'exercice d'un pouvoir de direction : Cass. crim., 27 mai 2015, *Dr. pén.* 2015, n° 124, obs. P. Conte. – Mais il a été curieusement admis que cette infraction peut également être le fait d'un subordonné à l'égard de son supérieur : Cass. crim., 6 déc. 2011, *JCP* G 2012, 410, note P. Mistretta.

42. TGI Roche-sur-Yon, 22 avr. 2002, *Gaz. Pal.* 2002, jur. p. 1 017. – V. encore, préférant la qualification de violences psychologiques dans une hypothèse où le stress post-traumatique en résultant était établi : Cass. crim., 25 juill. 2018, *Gaz. Pal.* 6 nov. 2018, p. 48, obs. E. Dreyer.

43. Ajoutons que, par une réserve d'interprétation, le Conseil constitutionnel a estimé que les « droits » auxquels il peut être porté atteinte sont « les droits de la personne au travail, tels qu'ils sont énoncés à l'art. L. 120-2, C. trav. » (déc. n° 2001-455 DC du 12 janv. 2002, *Loi de modernisation sociale*, § 83). Le problème est que ce texte, devenu art. L. 1121-1, ne contient aucune énumération car il se contente d'évoquer « les droits des personnes » !

44. Cass. crim., 14 janv. 2014, *Dr. pén.* 2014, n° 53, obs. M. Véron. – 6 déc. 2011, *JCP* G 2012, 410, note P. Mistretta.

45. C'est l'hypothèse où, de retour de congé maladie, un salarié n'est pas réintégré dans ses fonctions et découvre qu'il est privé de bureau ainsi que de matériel informatique (Cass. crim., 23 mai 2018, *RSC* 2019, p. 443, obs. P. Mistretta). C'est aussi l'hypothèse dans laquelle il n'est plus adressé la parole à un salarié auquel aucune tâche nouvelle n'est confiée (Cass. crim., 13 nov. 2018, *Dr. pén.* 2019, n° 22, obs. P. Conte). Plus rarement, c'est l'hypothèse où un salarié objet de propos racistes ou sexistes est « enveloppé dans de la cellophane et placé sur une transpalette » (Cass. crim., 17 oct. 2017, *Dr. pén.* 2018, n° 8, obs. P. Conte).

46. L'existence du délit n'est donc pas subordonnée à la preuve d'une intention de nuire : Cass. crim., 13 nov. 2019, *D.* 2020, p. 916, note C. Duvert. – 13 déc. 2016, *Dr. pén.* 2017, n° 52, obs. P. Conte.

47. CA Paris, 30 sept. 2022, *Gaz. Pal.*, 8 nov. 2022, p. 16, note L. Saenko. – Comp., Cass. crim., 19 oct. 2021, *Gaz. Pal.*, 22 févr. 2022, p. 53, obs. S. Detraz.

48. V. aussi Cass. crim., 19 févr. 2019, *RSC* 2019, p. 411, obs. A. Cerf-Hollender. – 13 nov. 2018, *Dr. pén.* 2019, n° 22, obs. P. Conte. – 28 nov. 2017, *Dr. pén.* 2018, n° 35, obs. J.-H. Robert.

49. Cass. crim., 19 juin 2018, *Dr. pén.* 2018, n° 172, obs. P. Conte ; *Gaz. Pal.* 6 nov. 2018, p. 48, obs. S. Detraz.

telle hypothèse, il y a donc nécessairement abus et, en cas de répétition, harcèlement moral.

664. Répression. – Ce délit est puni de 2 ans d'emprisonnement et 30 000 € d'amende.

Le point de départ du délai de prescription de l'action publique doit être logiquement fixé au jour du dernier fait constitutif du harcèlement poursuivi[50].

Un syndicat est recevable à se constituer partie civile dans la mesure où un tel comportement affecte, au-delà du salarié victime, les intérêts collectifs de la profession qu'il représente[51].

B. Les autres formes de harcèlement moral

665. Autres. – Ensuite, trois autres formes de harcèlement moral ont été ajoutées à la précédente mais elles n'en constituent pas de simples applications dans des domaines particuliers. En effet, même si elle paraît tout aussi complexe, la structure de ces délits diffère d'une hypothèse à l'autre. Évoquons-les dans l'ordre où ils ont intégré le Code pénal.

666. Au sein du couple. – Est ainsi incriminé le fait « de harceler son conjoint, son partenaire lié par un pacte civil de solidarité ou son concubin par des propos ou comportements répétés ayant pour objet ou pour effet une dégradation de ses conditions de vie se traduisant par une altération de sa santé physique ou mentale » (art. 222-33-2-1). Il s'agit de punir le harcèlement moral au sein du couple pour compléter l'arsenal répressif applicable aux violences conjugales (quels que soient les liens entre les membres du couple)[52]. Évidemment, les propos ou comportements litigieux doivent être répétés pour qu'il y ait harcèlement. Mais une telle exigence semble envisagée assez souplement. Ainsi, les propos vexants pour le conjoint adressés à un tiers peuvent être pris en compte dès lors que le conjoint a vocation à en être informé[53]. Il en va *a fortiori* de même lorsqu'un comportement humiliant se double de propos vexatoires, d'une surveillance indue et de tentatives pour convaincre les proches du couple que le conjoint doit être interné[54].

D'aucuns ont pu juger cette incrimination inutile dans la mesure où elle ferait doublon avec celles applicables en matière de violences (qui peuvent n'être que morales et qui peuvent ne produire qu'une atteinte à l'intégrité psychique d'autrui). Ce qui méconnaît la logique différente du harcèlement moral au sein du couple : l'objectif est moins, alors, de punir une atteinte à la santé du partenaire qu'une perturbation dans ses conditions de vie. Certes, une telle incrimination n'est pas sans ambiguïté car la dégradation des conditions de vie suite au harcèlement doit aussi entraîner (« se traduire ») une altération de la santé du partenaire qui peut être physique ou mentale (ce qui implique une atteinte à l'intégrité physique ou psychique de la victime). Toutefois, le délit existe quelle que soit la gravité de cette atteinte. De

50. Cass. crim., 18 juin 2019, *Gaz. Pal.* 19 juin 2019, p. 55, obs. F. Fourment ; *RSC* 2019, p. 623, obs. Y. Mayaud.

51. Cass. crim., 5 févr. 2013, *Dr. pén.* 2013, n° 81, obs. A. Maron et M. Haas.

52. Les mêmes peines sont encourues lorsque cette infraction est commise par un ancien conjoint ou concubin de la victime, voire un ancien partenaire lié à la victime par un PACS.

53. Cass. crim., 9 mai 2018, préc.

54. Cass. crim., 2 sept. 2020, *Gaz. Pal.*, 17 nov. 2020, p. 47, obs. E. Dreyer.

plus, l'altération de la santé d'autrui ne doit pas avoir été directement recherchée[55]. Elle est la conséquence d'une dégradation des conditions de vie et non des propos ou agissements dont la répétition caractérise le harcèlement : ceux-ci entraînent une dégradation des conditions de vie (la victime perdant l'illusion d'une union harmonieuse, voire étant dévalorisée, humiliée par son partenaire) et seulement, par contre-coup, une altération de la santé d'autrui. On ne saurait donc assimiler harcèlement moral et violences psychiques. En toute hypothèse, le résultat final (« altération de la santé ») sert essentiellement ici à souligner l'importance du résultat immédiat (« dégradation des conditions de vie »). Il permet d'évaluer la gravité de l'infraction car, à la différence du harcèlement moral au travail, cette infraction de harcèlement moral là semble matérielle : elle suppose que le résultat redouté (dégradation des conditions de vie) ait été grave au point d'altérer la santé de la victime ; la répression est indexée sur l'étendue de ce dommage : dès lors que la dégradation des conditions de vie s'est traduite par une altération de la santé de l'un des partenaires, l'autre s'expose à 3 ans d'emprisonnement et 45 000 € d'amende. Mais, s'il en est résulté une ITT supérieure à huit jours, le harcèlement est puni de 5 ans d'emprisonnement et 75 000 € d'amende[56]. Et, si le harcèlement a conduit autrui à se suicider ou à tenter de le faire, les peines sont portées à 10 ans d'emprisonnement et 150 000 € d'amende.

667. Délit général. – Par ailleurs, aux deux formes particulières de harcèlement moral qui viennent d'être étudiées, le législateur en a ajouté une troisième, de portée plus générale. En effet, l'article 222-33-2-2 permet de punir le « fait de harceler une personne par des propos ou comportements répétés ayant pour objet ou pour effet une dégradation de ses conditions de vie se traduisant par une altération de sa santé physique ou mentale... ». Il n'est plus fait aucune référence ici à un contexte professionnel ou conjugal[57]. En revanche, à nouveau, une répétition est nécessaire[58]. Par ailleurs, là aussi, il s'agit d'une infraction matérielle : la dégradation des conditions de vie d'autrui doit avoir produit (« s'être traduite ») une altération de l'état de santé de la victime[59]. Ce qui influe sur la répression. En l'absence d'ITT, ou lorsque celle-ci est inférieure ou égale à 8 jours, les faits incriminants sont punis d'1 an d'emprisonnement et 15 000 € d'amende. Mais ces peines sont doublées (2 ans d'emprisonnement et 30 000 € d'amende) lorsque de tels faits : 1° ont causé une ITT supérieure à huit jours ; ou 2° lorsqu'ils ont été commis sur un mineur ou 3° sur une personne particulièrement vulnérable ; 4° lorsqu'ils ont été commis grâce à l'utilisation d'un service de communication au public en ligne ou par le biais d'un support

55. V. soulignant que ce délit aussi ne suppose pas une volonté de nuire : Cass. crim., 2 sept. 2020, préc.

56. La même aggravation s'applique lorsque les faits ont été commis alors qu'un mineur était présent ou a assisté.

57. V. ce harcèlement d'un père envers ses filles pour établir que leur mère est folle : Cass. crim., 2 sept. 2020, préc.

58. Ce qui suppose des propos ou comportements distincts et suffisants pour produire le résultat redouté (v. l'excluant au sujet de deux « doigts d'honneur » adressés à autrui dans la même journée : Cass. crim., 9 juin 2021, *Dr. pén.* 2021, n° 157, obs. P. Conte). Le régime protecteur de la liberté d'expression cesse de s'appliquer dans une telle hypothèse (TJ Nice, 21 juin 2021, *Légipresse* 2021, p. 386).

59. V. rappelant cette nécessité dans une affaire de harcèlement moral d'un père envers sa fille : Cass. crim., 9 mai 2018, préc. – *Contra* : Cass. crim., 23 janv. 2018, *Gaz. Pal.* 30 avr. 2018, p. 56, obs. S. Detraz.

numérique ou électronique[60] ; ou 5° lorsqu'un mineur était présent et y a assisté. Ces peines sont même portées à 3 ans d'emprisonnement et 45 000 € d'amende lorsque le harcèlement moral a été commis avec deux des circonstances aggravantes ainsi énumérées.

Une telle incrimination, de portée générale, avait sans doute vocation à absorber les autres[61]. Elle aurait pu se substituer sans difficulté au délit de harcèlement moral au sein du couple car elle partage la même structure[62]. Toutefois, elle ne l'a pas supprimé sans doute parce que les sanctions encourues sont différentes (il aurait pourtant suffi d'ériger en circonstance aggravante la relation entre les partenaires pour souligner la spécificité de cette forme de harcèlement). Par ailleurs, le législateur a hésité à substituer ce délit général de harcèlement moral au délit spécial de harcèlement moral au travail parce que, cette fois-ci, leurs structures ne sont pas identiques. Transformer le harcèlement moral au travail en infraction matérielle limiterait la répression (sauf à incriminer une tentative, difficile à caractériser), ce qui est apparu impossible à assumer au plan politique. Néanmoins, la refonte de ces incriminations mériterait d'être envisagée car les mérites d'un tel éclatement peinent à convaincre.

668. Scolaire. – Un tel constat s'impose d'autant plus qu'à la suite une nouvelle forme de harcèlement moral a encore été introduite dans le Code pénal. En effet, l'article 222-33-2-3 du Code pénal déclare constitutif de harcèlement scolaire les faits de harcèlement moral évoqués précédemment (donc aussi bien le harcèlement « individuel » que les harcèlements « collectifs ») « lorsqu'ils sont commis à l'encontre d'un élève par toute personne étudiant ou exerçant une activité professionnelle au sein du même établissement d'enseignement ». *A priori*, tous les établissements d'enseignement sont concernés, quels que soient leur niveau (de la maternelle à l'université), leur caractère professionnel ou général, public ou privé. Les faits de harcèlement peuvent être commis à l'encontre d'un élève par un ou plusieurs autres élèves ou par des professionnels intervenant dans l'établissement. Le dernier alinéa du même article ajoute qu'il y a également délit lorsque la commission des faits « se poursuit alors que l'auteur ou la victime n'étudie plus ou n'exerce plus au sein de l'établissement ». La précision est d'importance puisqu'elle permet de maintenir l'application de peines remarquablement élevées alors que l'origine scolaire du harcèlement a disparu. Plus sévères que celles du harcèlement moral général, ces peines sont calquées sur celles du harcèlement moral au sein du couple (alors même que la structure de ces délits diffère) : 3 ans d'emprisonnement et 45 000 € d'amende en l'absence d'ITT ou en présence d'une ITT inférieure ou égale à 8 jours ; 5 ans et 75 000 € en présence d'une ITT supérieure à 8 jours ; 10 ans et 150 000 € en cas de suicide ou de tentative de suicide. La volonté du législateur de marquer les esprits dans les cours de récréation apparaît certaine. Mais elle

60. V. s'agissant d'un déferlement de haine contre une internaute : TJ Paris, 7 juill. 2021, *Légipresse* 2021, p. 581, qui évoque un « lynchage numérique ».

61. V. aussi D. Chauvet, « Mérites ou démérites du délit général de harcèlement moral », *D.* 2015, p. 174. – M. Benillouche, « Pour la création d'une qualification unique de harcèlement », *Dr. pén.* 2015, étude 18.

62. Sous réserve du fait qu'ici le législateur admet désormais un possible harcèlement « collectif » qu'il a sans doute estimé peu vraisemblable au sein du couple. Mais l'hypothèse d'un harcèlement commis à plusieurs, également présente en matière de harcèlement sexuel, pose plus de difficultés qu'elle ne résout de problèmes (v. *supra*, n° 647).

semble en grande partie contredite par la réalité de la justice pénale des mineurs. Or, ce sont principalement les adolescents qui sont exposés à ce fléau. Les rodomontades de la loi pénale d'un côté et sa faible application de l'autre risquent de priver la parole du législateur de toute crédibilité à l'égard de mineurs aussi bien victimes que coupables de harcèlement. En toute hypothèse, là aussi, la question de l'éclatement de ces incriminations se pose. Il aurait sans doute été plus explicite d'incriminer le harcèlement moral d'une manière générale en faisant de l'environnement scolaire une circonstance aggravante.

§2. Les dénominateurs communs

669. Harcèlement. – En toute hypothèse, dans ces quatre cas, le harcèlement présente un certain nombre d'éléments communs : il suppose des propos ou comportements répétés ayant pour objet ou pour effet une dégradation des conditions de travail ou de vie de la victime se traduisant ou pouvant se traduire notamment par une altération de sa santé physique ou mentale. Ce qui interroge à la fois sur la forme du harcèlement et sur son élément moral.

670. Forme. – Le harcèlement suppose des propos ou comportements répétés. Il s'agit donc d'actes positifs successivement accomplis en direction de la même personne[63]. Peu importe qu'ils soient identiques ou de nature différente[64]. La signification de ces actes n'est pas davantage précisée. Il faut la déduire du pouvoir causal qui leur est attribué : la dégradation des conditions de travail ou de vie d'autrui. Les propos ou comportements en question doivent donc dévaloriser autrui ; leur répétition à sens unique doit permettre de l'humilier. Ils peuvent aussi bien prendre la forme d'appels téléphoniques répétés, accompagnés de menaces ou de compliments immérités[65], que d'insultes et de hurlements[66], de « sobriquets désobligeants et d'attitudes disqualifiantes »[67], voire de sanctions disciplinaires abusives[68]. La jurisprudence envisage aussi sous cette qualification le refus systématique de consentir à un salarié les avantages accordés aux autres[69]. En toute hypothèse, ces faits doivent être expressément établis[70]. On ajoutera qu'ils doivent être illégitimes[71].

671. Psychologie. – *A priori*, le harcèlement moral est une infraction intentionnelle : aucun des textes d'incrimination ne permet de sanctionner une dégradation de conditions de vie ou de travail par imprudence ou négligence.

63. La mise en cause d'autrui auprès de plusieurs personnes n'implique aucune répétition (Cass. crim., 9 mai 2018, *AJ pénal* 2018, p. 367, obs. C. Saas ; *RSC* 2018, p. 681, obs. Y. Mayaud).

64. Cass. crim., 16 janv. 2016, *Dr. pén.* 2016, n° 58, obs. P. Conte.

65. Cass. crim., 8 juin 2010, *Dr. pén.* 2010, n° 115, obs. M. Véron.

66. Cass. crim., 30 sept. 2009, *Dr. pén.* 2009, n° 149, obs. M. Véron. – V. aussi Cass. crim., 12 déc. 2006, *Dr. pén.* 2007, n° 48, obs. M. Véron.

67. Cass. crim., 8 sept. 2015, *Gaz. Pal.* 1er nov. 2015, p. 30, obs. S. Detraz. – V. aussi Cass. crim., 19 juin 2012, *Dr. pén.* 2012, n° 141, obs. M. Véron.

68. Cass. crim., 25 sept. 2007, *JCP* G 2007, II, 10004, note J. Colonna. – V. aussi Cass. soc., 24 sept. 2008, *JCP* G 2008, II, 10178, note C. Leborgne-Ingelaere.

69. Forme d'abstention dans l'action : Cass. crim., 6 févr. 2007, *RSC* 2007, p. 818, obs. Y. Mayaud.

70. Cass. crim., 1er sept. 2010, *Gaz. Pal.* 17 nov. 2010, p. 22, obs. E. Dreyer.

71. Cass. crim., 18 janv. 2011, *JCP* G 2012, 410, note P. Mistretta.

Toutefois, l'analyse est compliquée ici par une distinction introduite dans chaque texte d'incrimination : les faits de harcèlement sont pris en compte soit parce qu'ils ont pour objet, soit parce qu'ils ont pour effet une dégradation des conditions de travail ou de vie[72]. Ce qui pose problème.

On comprend que le délit soit constitué lorsque les propos ou comportements répétés ont eu pour objet, c'est-à-dire pour but, cette dégradation. L'objectif de l'agent apparaît ainsi clairement et on peut admettre que sa volonté ait été tendue vers un tel résultat.

Mais, y a-t-il aussi « harcèlement » lorsque l'agent a accompli des actes qui ont eu seulement pour effet la dégradation des conditions de vie ou de travail d'autrui sans rechercher, pour autant, ce résultat ? La technique utilisée paraît défaillante. Le législateur semble avoir voulu contourner ici la difficulté de preuve tenant à l'objectif poursuivi mais il a introduit, ce faisant, un doute sur la légitimité de telles incriminations[73] qui deviennent incohérentes : si l'agissement a seulement pour effet une dégradation des conditions de vie ou de travail, on ne peut dire qu'il est accompli dans ce but et que son auteur a voulu produire un tel résultat. N'est-ce pas plutôt son insistance maladroite qui a fini par dégrader les conditions de vie ou de travail d'autrui ? Or, on l'a dit, c'est une intention et non une faute qui est requise ici. L'impasse semble totale. Sauf à accepter une transformation de l'élément moral de ces infractions dans une telle hypothèse. Ne serait plus en cause un dol général (conscience et volonté de harceler) doublé d'un dol spécial (volonté de porter atteinte aux droits ou à la santé de la victime) mais un dol éventuel. Il faudrait admettre que, sans avoir cherché à dégrader les conditions de vie ou de travail d'autrui (et, *a fortiori*, les conséquences d'une telle dégradation), l'agent a, par ses agissements répétés, pris le risque de les dégrader[74]. Il n'a pas spécifiquement agi dans ce but mais il l'a envisagé et n'a pas exclu sa réalisation dès lors qu'il n'a pas modifié son comportement. Toutefois, cette exigence exceptionnelle d'un dol éventuel semble peu compatible avec les termes de l'article 121-3, C. pén. (qui ne distingue pas différents degrés dans l'intention). Le législateur est ainsi à l'origine d'une difficulté dont il n'a sans doute pas pris toute la mesure. Quant à la jurisprudence, elle paraît l'ignorer pour l'instant en envisageant globalement les différents termes de chaque incrimination. Les magistrats se contentent du plus petit dénominateur commun en sanctionnant des comportements sans préciser s'ils ont eu pour objet ou pour effet une dégradation des conditions de travail ou de vie[75]. Ils évitent ainsi d'avoir à s'expliquer. Ce qui s'avère tout aussi discutable (compte tenu de l'incertitude subsistant sur l'élément moral requis pour l'occasion).

72. Cass. crim., 24 mai 2011, *Dr. pén.* 2011, n° 118, obs. M. Véron.

73. V. aussi M. Wagner, *Les effets de l'infraction*, LGDJ, coll. Bibl.sc.crim., t. 50, 2011, p. 142, n° 344.

74. Cass. crim., 25 juin 2013, *Gaz. Pal.* 13 oct. 2013, p. 34, obs. E. Dreyer.

75. Cass. crim., 25 nov. 2008, *Dr. pén.* 2009, n° 30, obs. M. Véron.

CHAPITRE 3
Les actes d'offense

672. Si, d'une manière générale, la personne doit être respectée, le droit pénal incrimine deux types de comportement qui témoignent du souci de l'offenser : l'exhibition sexuelle et l'outrage sexiste ou sexuel.

Section 1
L'exhibition sexuelle

673. Présentation. – Cette infraction renouvelle l'ancien délit d'outrage public à la pudeur que Feydeau et Courteline ont si bien tourné en dérision. Sa portée est réduite. Ce n'est plus la moralité publique qu'il s'agit de préserver mais la tranquillité des personnes qui sont confrontées à des spectacles immoraux sans l'avoir souhaité : « la loi cherche moins désormais à réparer le scandale public causé par l'outrage qu'à protéger la personne contre les déviances de la sexualité d'autrui »[1]. Une telle différence est soulignée par le fait que le législateur de 1992 a rangé l'infraction dans le chapitre du Code pénal consacré aux agressions sexuelles. Il s'agit d'insister sur le fait qu'un tel acte est imposé à autrui. Mais, pour autant, il ne s'agit pas d'un acte de prédation : il ne s'agit pas de prendre à autrui quelque chose (une faveur sexuelle) mais de l'indisposer.

Prévu par l'article 222-32 du Code pénal, ce délit est en principe puni d'un an d'emprisonnement et 15 000 € d'amende. Toutefois, ces peines principales sont doublées lorsque les faits ont été commis au préjudice d'un mineur de 15 ans. En toute hypothèse, peuvent s'y ajouter les peines complémentaires des articles 222-44 et -45. Cependant, il appartient aux magistrats de faire preuve de modération dans la distribution de ces peines lorsque l'exhibition s'inscrit dans le cadre d'un débat d'intérêt général. En effet, ils ne doivent pas à cette occasion porter une atteinte excessive à la liberté d'expression[2]. La tentative de ce délit n'est, quant à elle, pas punissable.

1. J. Francillon, *Code pénal annoté*, préc., p. 231.

2. La Cour européenne ne se dit pas hostile à une telle incrimination (CEDH, 17 juill. 2018, *Mariya Alekhina et a. c/Russie*, § 214). En revanche, les peines d'emprisonnement, même avec sursis, lui semblent excessives (CEDH, 13 oct. 2022, *Bouton c/France*, § 65). Tenus de veiller au respect de l'art. 10, Conv. EDH, les juges répressifs doivent donc renoncer à prononcer de telles peines lorsqu'ils ne peuvent

Sa prescription est celle du droit commun. L'insuffisance des règles de poursuite a été dénoncée[3]. On pourrait ajouter que si le *happy slapping* est punissable en cas de harcèlement sexuel, il ne l'est pas en cas d'exhibition sexuelle, ce que l'on peine à comprendre dès lors qu'une telle infraction semble beaucoup plus photogénique[4]. Enfin, l'action civile est en principe ouverte aux victimes dont la pudeur a été surprise. Mais leur préjudice est alors difficilement évaluable en argent.

Revenons sur l'élément matériel et sur l'élément moral d'une telle infraction.

§1. La matérialité de l'acte

674. L'article 222-32 ne comporte aucune définition. Il incrimine simplement « l'exhibition sexuelle imposée à la vue d'autrui dans un lieu accessible aux regards du public ». Néanmoins, la jurisprudence déduit de l'idée même d'exhibition que ce délit doit présenter deux caractères : il suppose un spectacle à connotation sexuelle qui a été imposé à la vue d'autrui.

A. Un spectacle particulier

675. Présentation. - Est en cause un spectacle à connotation sexuelle : c'est le fait pour un couple de montrer ses relations sexuelles à autrui comme le fait pour un individu isolé d'imposer à autrui l'observation de gestes ou caresses obscènes (masturbation).

676. Nature. - En effet, l'agent doit tout d'abord s'exhiber, c'est-à-dire s'exposer lui-même, seul ou avec d'autres mais concrètement, aux yeux d'autrui : une simple description, écrite ou orale, ou son illustration grâce à des images ou des objets à connotation sexuelle, ne suffisent pas à constituer une exhibition sexuelle. *Idem* pour les seuls cris d'un transport amoureux qui seraient accessibles aux oreilles du public. Se faire entendre, ce n'est pas se montrer.

Il faut ensuite que l'exhibition ait une dimension sexuelle. Pour éviter tout procès d'intention, la Cour de cassation a - dans un premier temps - envisagé une telle exigence de manière objective : elle a estimé qu'elle renvoie moins à la signification de l'acte dans l'esprit de l'agent ou de ceux qui le regardent qu'à sa matérialisation. Seul comptait ce qui était effectivement montré : « le délit d'exhibition sexuelle suppose que le corps ou la partie du corps volontairement exposé à la vue d'autrui soit ou paraisse dénudé »[5]. Une telle approche était prudente mais elle surprit d'autant plus qu'elle s'avérait contraire à la démarche retenue en matière d'agression sexuelle (V. *supra*, n° 261). De surcroît, elle posa difficulté car elle permit - paradoxalement - de reprocher également le délit à une femme qui avait dénudé sa

en justifier de manière convaincante la nécessité et la proportionnalité (faute d'attitude injurieuse ou violente). Ils tardent à l'admettre (V. encore Cass. crim., 15 juin 2022, *Dr. pén.* 2022, n° 137, obs. P. Conte ; *Comm. com. électr.* 2022, n° 68, obs. A. Lepage ; *RSC* 2022, p. 817, obs. X. Pin).

3. L. Belfanti, « Poursuite et répression du délit d'exhibition sexuelle », *Gaz. Pal.* 26 oct. 2012, p. 19. - Toutefois, l'exhibition sexuelle figure désormais parmi les infractions auxquelles les art. 706-47 et s., CPP sont applicables.

4. Art. 222-33-3. - V. *supra*, n° 88. - La position différente dans laquelle sont placées les victimes suffirait-elle à expliquer une telle solution ?

5. Cass. crim., 4 janv. 2006, *Dr. pén.* 2006, n° 33, obs. M. Véron.

poitrine en public[6]. Peu importe qu'un homme se montrant « torse nu » dans une même situation ne commette pas d'exhibition sexuelle[7]. Une telle solution est apparue à ce point excessive que la Haute juridiction fut obligée d'exclure du champ de l'incrimination les revendications politiques exprimées de cette façon[8]. Aussi, le législateur est-il intervenu pour condamner cette approche en ajoutant un alinéa 3 à l'article 222-32 qui désormais dispose : « Même en l'absence d'exposition d'une partie dénudée du corps, l'exhibition sexuelle est constituée si est imposée à la vue d'autrui, dans un lieu accessible aux regards du public, la commission explicite d'un acte sexuel, réel ou simulé ». Ce qui apporte une double précision : peu importe que le corps soit dévoilé ou non (d'autant que l'acte peut être réel ou simulé) ; l'essentiel est qu'un acte sexuel soit explicitement commis.

Il s'ensuit que l'exposition du corps, et même d'un sexe, n'est pas en soi punissable. Ce qui permet d'expliquer l'impunité dont profitent les naturistes qui prétendent échapper à leurs bas instincts en vivant dans le plus simple appareil. Ce qui assure également l'impunité aux Femen qui dévoilent leur poitrine à des fins politiques et non à des fins sexuelles[9]. Mais il s'ensuit également qu'il peut désormais y avoir délit alors que rien n'est montré, l'acte sexuel étant seulement suggéré. Reste à savoir ce qu'il faut entendre par là. Se masturber (ou faire semblant) sous ses vêtements devient punissable mais prendre ses parties génitales dans sa main à travers ses vêtements ne l'est pas s'il s'agit là d'un acte de défi lancé à l'appui d'un sonore « va te faire enc... ». La difficulté d'appréciation à laquelle la Cour de cassation avait cru pouvoir échapper s'avère plus que jamais présente. *A fortiori*, la référence à un « acte sexuel, réel ou simulé » accompli en public paraît critiquable dès lors que « de nombreux spectacles de danse contemporaine, des concerts ou tout simplement des soirées en discothèques pourraient fournir l'occasion de relever des milliers de faits commis par des hommes comme par des femmes et qui tomberaient sous le coup de cette formulation bien vague »[10].

677. Exclusion. – Pour autant, si l'acte doit avoir une connotation sexuelle, il n'est pas nécessaire d'établir qu'il est immoral. En ce sens, l'incrimination s'avère plus large que celle figurant dans l'ancien Code. Le juge n'a pas à démontrer à cette occasion que la pudeur publique a été outragée. C'est uniquement l'effet de surprise qu'il s'agit de combattre à l'occasion d'un spectacle imposé[11].

6. Cass. crim., 9 janv. 2019, *D.* 2019, p. 738, note L. Saenko ; *Gaz. Pal.* 26 févr. 2019, p. 28, note R. Mésa ; *AJ pénal* 2019, p. 152, obs. C. Ménabé. – 10 janv. 2018, *D.* 2018, p. 1061, note L. François ; *Comm. com. électr.* 2018, n° 28, obs. A. Lepage ; *RSC* 2018, p. 417, obs. Y. Mayaud.

7. Différence de traitement qui serait légitime car liée à une différence de situation des hommes et des femmes (V. prenant en compte non seulement « leurs différences anatomiques » mais aussi « les représentations qui y sont associées » : Cass. crim., 16 févr. 2022, *Gaz. Pal.*, 10 mai 2022, p. 40, obs. S. Detraz).

8. Cass. crim., 26 févr. 2020, *JCP* G 2020, 699, note J.-C. Saint-Pau ; *Gaz. Pal.* 17 mars 2020, p. 16, note D. Roets ; *RSC* 2020, p. 307, obs. Y. Mayaud et p. 659, obs. E. Dreyer.

9. V. déjà CA Douai, 28 sept. 1989, *D.* 1991, somm. p. 65, note G. Azibert.

10. Coll. Raison garder, *Mineurs et sexualité,* Dalloz, 2e éd., 2022, p. 226. – V. aussi se demandant si un « doigt d'honneur » ne relève pas d'une telle qualification : B. Py, « Infractions sexuelles et inceste », *Gaz. Pal.*, 22 juin 2021, p. 16.

11. Ce qu'admet la juridiction de Strasbourg : CEDH, 28 oct. 2014, *Gough c/RU*, § 176.

B. Un spectacle imposé

678. Surprise. – En effet, toute exhibition sexuelle n'est pas punissable. Entre partenaires majeurs et consentants, la sexualité est libre. Une infraction n'est constituée qu'à partir du moment où un acte à dimension sexuelle est « imposé à la vue d'autrui », c'est-à-dire mis sous les yeux de personnes qui n'ont pas recherché ce spectacle. L'article 222-32 se contente d'évoquer l'absence de consentement d'autrui. Il n'exige pas l'emploi de violences, de menaces, de la contrainte ou de la surprise. Mais, en pratique, le délit implique le plus souvent cette dernière. Il s'agit de protéger les témoins involontaires. Leur liberté sexuelle à eux aussi doit être préservée[12].

En théorie, cette exigence aurait pu suffire à atteindre l'objectif recherché par le législateur. Toutefois, il n'a pas su l'exprimer correctement. Une réminiscence de l'ancien délit d'outrage « public » à la pudeur réapparaît ici : pour rendre plus crédible l'absence de consentement d'autrui, l'article 222-32 exige en outre que le spectacle imposé à sa vue ait été réalisé « dans un lieu accessible aux regards du public ».

679. Publicité. – Non seulement le spectacle doit donc être imposé mais il doit aussi se dérouler dans un lieu spécifique qui garantit à l'acte une certaine audience. Ainsi, la publicité donnée à l'exhibition doit être entendue largement. Elle peut être intervenue soit dans un lieu effectivement public[13], soit dans un lieu privé ouvert au public[14], soit dans un lieu fermé au public mais où les événements qui s'y déroulent sont visibles depuis l'extérieur (à travers les fenêtres, baies vitrées ou portes laissées ouvertes)[15].

Précisons que le public correspond à un ensemble indéterminé de personnes : l'indétermination concerne aussi bien leur nombre que l'absence de lien entre elles. L'infraction suppose donc que l'exhibition ait pu être vue par un ou plusieurs individus qui ne s'étaient pas spécialement rassemblés à cette fin[16]. Il suffit qu'un membre de ce public potentiel ait été confronté à l'exhibition sexuelle pour qu'une infraction puisse être relevée. Mais une telle constatation s'impose : il importe qu'un tel spectacle ait été « imposé à la vue d'autrui », c'est-à-dire à une personne au moins qui ne l'a pas sollicité. Il n'y a pas infraction si le lieu public est vide au moment de l'exhibition[17]. Personne n'a pu être offensé à la vue du spectacle en question. Matériellement, l'infraction suppose rapportée la preuve de l'obtention de ce résultat redouté. Inversement, échappe également à toute sanction l'exhibition sexuelle commise, dans un lieu privé fermé au public, devant des personnes qui se sont rassemblées pour y assister : aucun consentement n'est alors surpris ; aucune infraction n'est constituée car l'exhibition n'a pas été « imposée » au regard d'autrui[18]. Ainsi, tant que leur accès est étroitement contrôlé, les salles de *strip-tease* et les

12. V. dans l'entreprise : CA Grenoble, 7 juill. 2000, *JCP* G 2001, IV, 1469.

13. V. sur la voie publique : CA Versailles, 3 mai 2000, *JCP* G 2001, IV, 1032.

14. Cass. crim., 12 mai 2004, *RSC* 2004, p. 879, obs. Y. Mayaud.

15. Cass. crim., 7 déc. 2011, *Dr. pén.* 2012, n° 32, obs. M. Véron.

16. *A priori*, les collaborateurs et salariés d'un cabinet d'avocats constituent un « public » potentiel qui n'a pas à être exposé à l'exhibition sexuelle d'un client (Cass. crim., 31 mars 1999, *Dr. pén.* 1999, n° 127, obs. M. Véron). Ils ne se sont pas réunis pour y assister.

17. V. sur la signification d'une telle exigence : S. Detraz, « La publicité dans l'exhibition sexuelle », *Gaz. Pal.*, 17 nov. 2020, p. 77.

18. V. déjà Cass. crim., 14 nov. 1903, *Dr. pén.* 1903.1.592.

clubs échangistes peuvent fonctionner librement. À défaut, la responsabilité de leurs dirigeants peut être engagée en tant que complices des délits d'exhibition sexuelle commis par leurs membres.

Une telle exigence de publicité mérite de disparaître. À partir du moment où il s'agit de protéger les témoins involontaires, la question du lieu ne devrait pas se poser.

§2. La perception de l'acte

680. Intention. – L'intention coupable n'est plus envisagée aussi largement que dans l'hypothèse de l'ancien outrage public à la pudeur où il suffisait que l'agent ait eu conscience que son exhibition était susceptible de heurter la morale publique. Désormais, il faut établir que l'agent a eu conscience de la présence involontaire d'au moins une personne et su qu'il l'offensait en lui imposant un spectacle à connotation sexuelle non désiré[19]. Peu importe qu'il n'ait pas agi spécialement dans ce but, c'est-à-dire par goût de la provocation[20]. La solution est certaine sur le fondement l'alinéa 1 de l'article 222-32. Toutefois, on peut se demander si elle est également pertinente sur le fondement de l'alinéa suivant. En effet, il ne s'agit plus seulement alors d'avoir conscience de montrer une partie sexuelle (ou sexuée) à un témoin involontaire mais de « commettre » un acte sexuel, réel ou simulé, devant un témoin involontaire. Peut-on imaginer qu'il y ait simulation d'un acte sexuel sans volonté de choquer ? On peine à l'admettre en pratique. Néanmoins, cette exigence supplémentaire n'est pas expressément formulée... sauf à considérer que l'exhibition suppose un état d'esprit exhibitionniste, ce qui devrait valoir pour les deux formes prises par ce délit. Au cas particulier, il s'ensuivrait une réduction considérable du champ d'application de ce délit et le juge serait confronté à une délicate question de preuve.

681. Preuve. – En l'état du seul dol général évoqué ci-dessus que requiert la jurisprudence, la preuve de l'intention coupable est facilement rapportée lorsque l'exhibition a lieu en public : le juge déduit de tels faits que l'agent, nécessairement conscient de la publicité donnée à son comportement, a voulu s'exhiber devant des témoins involontaires. L'intention coupable est plus difficile à établir lorsque l'infraction a été commise dans un lieu privé accessible au public ou dans un lieu privé mais ouvrant sur l'extérieur. Il faut alors supplémentairement établir la volonté d'être vu (ce qui peut découler de l'éclairage utilisé ou de la position adoptée par rapport à une fenêtre). En revanche, échappe à toute sanction l'imprudence de celui, ou ceux, qui n'ont pas pris toutes les précautions pour échapper aux regards d'autrui[21].

682. Mobile. – Une intention est donc nécessaire. Elle ne disparaît pas sous prétexte que la performance filmée sert à alimenter un débat d'intérêt général[22]. Il s'agit là d'un mobile, qui peut être pris en compte dans le cadre d'une exception d'inconventionnalité (dénonçant l'incompatibilité de la sanction requise

19. Cass. crim., 27 janv. 2016, *Dr. pén.* 2016, n° 56, obs. P. Conte ; *Gaz. Pal.* 26 avr. 2016, p. 58, obs. S. Detraz.
20. Cass. crim., 24 nov. 2021, *Gaz. Pal.*, 22 févr. 2022, p. 52, obs. S. Detraz.
21. CA Paris, 13 déc. 1994, *Dr. pén.* 1995, n° 89, obs. M. Véron.
22. V. s'agissant d'une Femen se dévoilant à Lourdes : TJ Tarbes, 6 août 2020, *Légipresse* 2020, p. 470.

avec l'art. 10, Conv. EDH) mais qui suppose la démonstration préalable de l'infraction.

Section 2
L'outrage sexiste ou sexuel

683. Présentation. – L'outrage sexiste ou sexuel fait partie de ces infractions récemment introduites dans un souci de communication sans souci d'efficacité répressive car ses promoteurs ne croyaient guère en la pertinence de la sanction « classique » (L. 3 août 2018). Il s'est agi de répondre à une difficulté réelle par application d'une loi en espérant que la dimension pénale de celle-ci suffirait à faire évoluer les mentalités[23]. Ne pouvant s'appuyer sur une réprobation suffisante du comportement en cause, le législateur a cherché à développer le blâme social à son sujet en l'incriminant[24].

684. Incrimination. – En l'occurrence, l'outrage sexiste et sexuel est défini comme le fait – en l'absence d'autre qualification applicable – « d'imposer à une personne tout propos ou comportement à connotation sexuelle ou sexiste qui soit porte atteinte à sa dignité en raison de son caractère dégradant ou humiliant, soit crée à son encontre une situation intimidante, hostile ou offensante » (art. 222-33-1-1, I et art. R. 625-8-3). Est en cause un propos ou comportement isolé. Est également en cause un comportement qui n'entraîne pas de répercussion sur l'intégrité physique ou psychique de la victime : seule son intégrité morale est menacée. Il s'agit de la dévaloriser ou de lui inspirer de la crainte en ayant recours à un propos ou comportement à connotation sexuelle ou sexiste. *A priori*, contrairement à ce qu'indique le nom de l'infraction (est évoqué un outrage sexiste « et » sexuel), ces exigences ne sont pas cumulatives. Elles s'entendent sans doute comme en matière de harcèlement sexuel où figure une formule identique (V. *supra*, nº 648).

Toutefois, le domaine de l'incrimination n'est pas aisé à saisir car il semble recouper beaucoup d'autres. En réalité, elle présente un caractère subsidiaire qui en limite l'intérêt.

685. Exclusions. – En effet, il est expressément prévu que cette nouvelle qualification s'applique « hors les cas prévus aux articles 222-13, 222-32, 222-33, 222-33-2-2 et 222-33-2-3 », c'est-à-dire en l'absence de violences n'ayant pas entraîné d'ITT ou ayant entraîné une ITT de moins de 8 jours, d'exhibition sexuelle, de harcèlement sexuel ou de harcèlement moral (sous ses différentes

23. C. Saas, « Harcèlement de rue ou le droit à être dans l'espace public », *Gaz. Pal.* 30 avr. 2018, p. 81.

24. Cette dimension politique de l'incrimination explique l'intervention du législateur alors qu'il s'agissait à l'origine de punir l'outrage sexiste de l'amende prévue pour les contraventions de la 4e classe, ou de la 5e classe en cas d'aggravation (C. pén., art. 621-1, abrogé) : le législateur espérait lui donner ainsi un poids symbolique plus important au mépris du critère de répartition des compétences (entre loi et règlement) fixé par les articles 34 et 37 de la Constitution. L'ineffectivité de ce texte a conduit le Parlement à transformer la forme aggravée de cette contravention en délit (art. 222-33-1-1, issu L. 24 janv. 2023). Sa forme simple a, quant à elle, été incriminée à nouveau (art. R. 625-8-3)... mais par décret (D. 30 mars 2023), cette fois !

formes)[25]. Il faut comprendre que la qualification d'outrage sexuel ou sexiste s'efface derrière celle de violences commises « à raison du sexe, de l'orientation sexuelle ou de l'identité de genre vraie ou supposée de la victime » (5 *ter*) dès qu'il en résulte une atteinte à l'intégrité physique ou psychique d'autrui. Ce qui ne paraît justifié qu'au regard des sanctions plus sévères encourues à ce titre. En toute hypothèse, il s'ensuit que l'outrage n'est le moyen de commettre une violence morale, sanctionnée pour elle-même, qu'à partir du moment où il n'en résulte aucune atteinte à l'intégrité physique ou psychique du destinataire. Alors que les deux qualifications auraient pu être cumulées (parce qu'une atteinte à l'intégrité psychique peut être la conséquence d'une atteinte à la dignité ou d'une exposition à une situation intimidante, hostile ou offensante), elles sont déclarées ainsi exclusives l'une de l'autre. Il en va de même s'agissant de l'exhibition sexuelle : si l'outrage sexuel et sexiste passe par une exhibition sexuelle, seule cette qualification pénale plus grave a vocation à s'appliquer. Or, la définition de l'exhibition sexuelle a été récemment élargie à la « commission explicite d'un acte sexuel, réel ou simulé » (V. *supra*, n° 676), ce qui est de nature à réduire là aussi le champ d'application de l'outrage (qualification exclue dès lors que l'acte en cause est imposé « à la vue d'autrui dans un lieu accessible aux regards du public »). Plus justifiée est sans doute l'exclusion de la qualification d'outrage sexuel et sexiste lorsque le comportement punissable à ce titre est l'un des moyens de commettre un délit de harcèlement, sexuel ou moral. Compte tenu de leurs finalités très proches si ce n'est identiques (suivant les formes de harcèlement considéré), il n'aurait pas fallu que chacune des composantes d'un délit de harcèlement (impliquant une répétition de « propos ou comportements ») puisse être distinctement poursuivie[26]. Il en va *a priori* de même dans l'hypothèse du harcèlement sexuel « assimilé » supposant un acte éventuellement unique accompli dans le but d'obtenir une faveur sexuelle (V. *supra*, n° 652). Un même fait ne peut être cumulativement envisagé sous cette qualification et sous la qualification d'outrage sexiste ou sexuel. Toutefois, il n'est pas sûr que ce chantage chasse légitimement un tel outrage car il suppose une « pression grave » que l'outrage sexiste ou sexuel produira sans doute rarement et, surtout, le chantage sexuel doit être accompli « dans le but réel ou apparent d'obtenir un acte de nature sexuelle » (art. 222-33-II). Or, tel n'est pas l'objectif poursuivi au titre de l'outrage, qu'il soit sexiste ou sexuel (le propos ou comportement reproché à l'agent devant soit porter atteinte à la dignité de la personne qu'il vise, soit créer à son encontre une situation intimidante, hostile ou offensante). Il se confirme là que l'incrimination aura fort peu à s'appliquer[27].

686. Délimitation. – Par ailleurs, il convient de distinguer le domaine de l'outrage sexiste ou sexuel du domaine de l'injure, publique ou non publique, commise à raison de l'orientation sexuelle ou de l'identité de genre d'autrui

25. À tous ces textes, l'article R. 625-8-3 ajoute l'article 222-33-1-1 pour signaler, ce qui tombait sous le sens, que la forme simple et la forme aggravée de cet outrage ne peuvent se cumuler.

26. *A priori*, un unique propos ou comportement connoté relève donc de l'outrage mais leur succession relève du harcèlement sexiste ou sexuel (V. *supra*, n° 644. – V. aussi L. Leturmy, « La définition des violences sexuelles et/ou sexistes à l'épreuve des principes constitutionnels du droit pénal », *in Le droit face aux violences sexuelles et/ou sexistes*, Dalloz, coll. T & C, 2021, p. 129).

27. V. aussi G. Beaussonie, « L'égalité entre les femmes et les hommes », *RSC* 2018, p. 954.

(L. 29 juill. 1881, art. 33, al. 3 et 4. – C. pén., art. R. 625-8-1). Une analyse trop rapide pourrait laisser croire que ces incriminations se recoupent et que les sanctions plus élevées applicables en matière d'injure vont chasser la qualification d'outrage. Mais il n'est pas sûr qu'un véritable risque de conflit existe. En effet, le champ de ces différentes incriminations ne coïncide pas exactement.

Ainsi, l'infraction d'outrage sexiste ou sexuel peut seule être relevée lorsqu'un propos à connotation sexiste ou sexuelle a été (non seulement « imposé » mais aussi) adressé à la personne qu'il vise, et à elle seule. Adressé directement ou indirectement à l'intéressé, il ne peut être poursuivi comme injure même s'il présente un caractère injurieux. En effet, l'injure, qu'elle soit publique ou non publique, est un message transmis non à la personne injuriée mais à un ou plusieurs tiers auprès desquels elle est déconsidérée[28]. Par ailleurs, le geste, qui peut relever de la qualification d'outrage, n'est pas pris en compte par le droit de la presse (v. aussi, *infra*, n° 1196). Sous ces différents aspects, l'outrage dispose bien d'un champ d'application qui lui est propre[29]. Un plus grand respect envers les femmes interdit désormais de tolérer certaines manifestations de vulgarité masculine. On peut s'en féliciter (tout en regrettant le défaut d'éducation de nos concitoyens qui contraint le droit pénal à assurer cette fonction). On peut déplorer aussi l'incertitude d'une incrimination qui n'identifie le geste punissable qu'à travers sa connotation et son effet en laissant à la police, puis au juge, le soin de dire s'il est légitime ou non[30].

687. Peines principales. – En toute hypothèse, il existe désormais deux infractions d'outrage sexiste et sexuel. La première, « simple », conserve une nature contraventionnelle (art. R. 625-8-3). Elle est punie de l'amende prévue pour les contraventions de la 5e classe (1 500 €). Toutefois, cette peine sera sans doute peu appliquée car, pour faciliter la répression, il est permis de recourir ici à la procédure de l'amende forfaitaire (CPP, art. R 48-1, II, 2°). Tout officier de police judiciaire qui constate un tel comportement peut en dresser aussitôt procès-verbal et obtenir le paiement immédiat d'une amende forfaitaire minorée (ramenée à 150 €). Le paiement de cette amende éteint l'action publique. Recourir à ce mode de traitement semble paradoxal car il ignore les droits de la personne outragée. Il se confirme néanmoins là qu'est en cause un instrument de police de la rue applicable dans une logique essentiellement disciplinaire.

Par ailleurs, il existe une seconde infraction d'outrage sexuel et sexiste qui est de nature correctionnelle (art. 222-33-1-1). Elle se consomme de la même façon que la précédente mais constitue un délit puni de 3 750 € d'amende lorsqu'elle est commise : 1° par une personne qui abuse de l'autorité que lui confèrent ses fonctions ; 2° sur un mineur ; 3° sur une personne dont la particulière vulnérabilité, due à son âge, à une maladie, à une infirmité, à une déficience physique ou psychique ou à un état de grossesse, est apparente ou connue de son auteur ; 4° sur une personne dont la particulière vulnérabilité ou dépendance résultant de la précarité de sa situation économique ou sociale est apparente ou connue de son auteur ; 5° par plusieurs personnes agissant en qualité d'auteur ou de complice ; 6° dans un véhicule affecté

28. E. Dreyer, *Droit de la communication*, LexisNexis, 2e éd., 2022, p. 683 et s.

29. V. écartant en conséquence toute atteinte au principe d'égalité Cons. const., déc. n° 2022-846 DC du 19 janv. 2023, *Loi d'orientation et de programmation du ministère de l'Intérieur*, § 60.

30. M.-L. Rassat, « De la création d'un outrage sexiste et sexuel », *Dr. pén.* 2018, étude 7. – Comp., en Belgique, J. Charruau, « Le sexisme (enfin) devant la Cour de cassation belge », *D.* 2022, p. 1565.

au transport collectif de voyageurs ou dans un lieu destiné à l'accès à un moyen de transport collectif de voyageurs ; 7° en raison de l'orientation sexuelle ou de l'identité de genre, vraie ou supposée, de la victime ; 8° par une personne déjà condamnée pour la contravention d'outrage sexiste et sexuel et qui commet la même infraction en étant en état de récidive (c'est-à-dire dans le délai de trois ans à compter de l'expiration ou de la prescription de la précédente peine : art. 132-11, al. 2). Toutefois, même dans cette hypothèse, le recours à l'amende forfaitaire est permis, y compris en cas de récidive : l'action publique est alors éteinte par le versement d'une somme de 300 € (pouvant être minorée à 250 € et majorée à 600 €), ce qui relativise considérablement l'aggravation de la répression résultant de la loi du 24 janvier 2023 évoquée ici. D'autant que, là aussi, le recours à l'amende forfaitaire permet au coupable d'échapper aux peines complémentaires par ailleurs envisagées.

688. Peines complémentaires. – En effet, l'auteur de la contravention d'outrage s'expose, à titre complémentaire, à une obligation de stage (stage de citoyenneté, de prévention de la violence au sein du couple, de lutte contre l'achat d'actes sexuels ou de lutte contre le sexisme) et à une obligation de travail d'intérêt général (20 à 120 H).

De la même façon, l'auteur d'un délit d'outrage s'expose à titre complémentaire à une obligation de stage comparable à la précédente ainsi qu'à une obligation de travail d'intérêt général pour une durée de 20 à 150 H (art. 222-48-5). Ce qui ne manque pas de surprendre car, en matière correctionnelle, ces peines s'appliquent en principe à la place de l'emprisonnement ou, au mieux, avec celui-ci s'agissant des stages (C. pén., art. 131-5-1 et 131-8). De surcroît, la durée de l'obligation d'accomplir un TIG est ici abrégée. Le législateur a, sans doute, voulu ne pas appauvrir la répression alors que l'ancienne contravention aggravée (qui comprenait déjà ces peines) était transformée en délit. En toute hypothèse, un tel attachement à ces sanctions alternatives confirme que, dans l'esprit des défenseurs du délit, les auteurs de comportements outrageants sont davantage des mal élevés que des délinquants. La société doit prendre en charge leur éducation ou rééducation (stages) et les sensibiliser à la situation délicate des personnes auxquelles ils manquent de respect (TIG). Néanmoins, la mise en œuvre de telles sanctions pourrait coûter fort cher et cette même société, moralisatrice, ne semble pas prête à en assumer le coût. Le recours à l'amende forfaitaire en atteste. Les poursuites sont, pour l'instant, inexistantes[31].

31. Ce qui rassurera ceux qui voient dans l'incrimination une atteinte à la liberté d'opinion : L. Saenko et S. Detraz, « La loi n° 2018-703 du 3 août 2018 », *D.* 2018, p. 2036, n° 17.

QUATRIÈME PARTIE

LES ACTES MENSONGERS

689. Le mensonge est une faute morale ; ce n'est pas une infraction. Toutefois, dans certaines circonstances, des actions reposant sur un mensonge peuvent être incriminées. Il en va ainsi lorsqu'une falsification entraîne un défaut d'authenticité ; il en va de même lorsqu'une mystification entraîne une appropriation frauduleuse. Mais ce n'est pas tout car il existe encore bien d'autres hypothèses dans lesquelles le fait de déguiser volontairement la vérité peut être réprimé. L'approche pénale du mensonge s'opérera ainsi en trois titres successifs.

Titre 1

Les falsifications

690. La falsification pose spécialement problème dans les documents valant titres. Mais la falsification d'autres documents peut aussi être sanctionnée. Il convient donc de préciser d'abord cette notion de titre qui donne sa spécificité à une catégorie particulière d'infractions. On envisagera ensuite les infractions de cette catégorie et d'autres falsifications portant sur des documents de moindre importance.

CHAPITRE 1

Le document valant titre

691. L'article 441-1 du Code pénal, qui incrimine le faux, évoque une altération de la vérité « dans un écrit ou tout autre support d'expression de la pensée qui a pour objet ou qui peut avoir pour effet d'établir la preuve d'un droit ou d'un fait ayant des conséquences juridiques ». Ce texte ne parle pas de « titre ». Pourtant, il comporte les éléments nécessaires à sa définition. En effet, il découle de l'article 441-1 qu'un faux suppose un document, c'est-à-dire un « écrit ou tout autre support d'expression de la pensée ». Mais la falsification de n'importe quel document ne permet pas d'établir un faux car, pour être punissable, l'altération de la vérité doit concerner un document susceptible de produire des effets au plan juridique. Les magistrats exigent qu'elle porte sur un document « faisant titre »[1]. Précisons à la fois le support et la fonction de ce document.

Section 1
Le support du document

692. Matérialité. – En premier lieu, l'article 441-1 évoque la matérialité du document nécessaire à l'identification d'un titre : il peut être fixé sur tout support d'expression de la pensée. Longtemps, le papier a été l'unique support envisageable. Il est donc assez naturel d'associer le titre à l'écrit. Dans une telle hypothèse, peu importe que la pensée soit exprimée (contenu) de façon manuscrite ou dactylographiée. Mais, aujourd'hui, le support papier n'est plus seul en cause. « Tout » support d'expression de la pensée pouvant être pris en compte, un titre peut aussi exister sur bande magnétique ou support informatique[2]. La pensée est alors exprimée par des sons ou des images, par des signes ou des données.

1. Cass. crim., 8 janv. 2014, *Dr. pén.* 2014, n° 38, obs. M. Véron.
2. Cass. crim., 24 janv. 2001, *B.* n° 24.

Section 2
La fonction du document

693. En second lieu, l'article 441-1 évoque la fonction du document : le titre est un document « qui a pour objet ou qui peut avoir pour effet d'établir la preuve d'un droit ou d'un fait ayant des conséquences juridiques ». Le support d'expression de la pensée n'est donc pris en compte qu'à raison de son contenu et tout contenu n'est pas pris en compte. Il doit établir la preuve d'un droit ou d'un fait ayant des conséquences juridiques, ce qui confère au document une portée particulière. Toutefois, cette portée est entendue assez largement : elle peut être intrinsèque ou extrinsèque. En effet, elle peut découler soit du contenu même du document, soit de l'usage qui en est fait. Distinguons.

§1. Le contenu du document

694. Exigence. – Il découle de l'article 441-1 rappelé ci-dessus que, pour valoir « titre », le document doit permettre d'établir soit un droit, soit un fait dont il est possible de tirer des conséquences juridiques. L'écrit, ou tout autre support d'expression de la pensée, doit donc avoir un contenu qui lui confère une valeur probatoire[3]. *A contrario*, la falsification de documents non définitifs[4] ou soumis à vérification[5] n'est pas prise en compte ici. *Idem* pour l'ordonnance de désignation d'un juge d'instruction qui « ne constitue pas un acte juridictionnel mais une mesure d'administration judiciaire dont les parties ne peuvent discuter ni la régularité ni l'existence »[6]. Évidemment, vaut encore moins titre la télécopie faussement envoyée au nom d'un conseil général à un quotidien pour annoncer le départ d'un préfet[7]. Ces documents n'établissent ni un droit, ni un fait dont il serait possible de tirer des conséquences en droit. *Idem* pour les différentes déclarations que l'on peut être amené à établir de façon unilatérale,

3. Peu importe que l'établissement du document en question n'ait rien d'obligatoire (Cass. crim., 16 juin 2021, *Dr. pén.* 2021, n° 160, obs. P. Conte).

4. Cass. crim., 23 nov. 1995, *B.* n° 357. – 8 mars 1988, *D.* 1989, p. 528, note E.-S. de la Marnierre ; *JCP* G 1989, II, 21162, note W. Jeandidier. – V. aussi, s'agissant d'effets de commerce non acceptés : Cass. crim., 5 nov. 1998, *D.* 2000, p. 431, note J. Djoudi. – Au contraire, acceptée par le tiré, la lettre de change vaut titre : Cass. crim., 8 janv. 2014, *Dr. pén.* 2014, n° 38, obs. M. Véron.

5. Cass. crim., 2 sept. 2014, *Dr. pén.* 2014, n° 135, obs. M. Véron. – V. aussi, s'agissant de factures pouvant être contestées par le client : Cass. crim., 29 juin 2016, *Gaz. Pal.* 4 oct. 2016, p. 52, obs. S. Detraz. – 13 févr. 2002, *D.* 2003, p. 448, note B. Bouloc. – 25 sept. 1997, *Dr. pén.* 1998, n° 3, obs. M. Véron. – Mais il n'en va pas de même pour les « honoraires fondés sur l'application du tarif minimal prévu par la loi et non discutable » : Cass. crim., 9 mars 2005, *Dr. pén.* 2005, n° 93, obs. M. Véron. – De surcroît, les factures valent « titres » lorsqu'elles ont été acceptées par leur destinataire et passées en compatibilité : Cass. ass. plén., 4 juill. 2008, *B.* n° 2. – 19 sept. 1995, *Dr. pén.* 1996, n° 34, obs. M. Véron.

6. Cass. crim., 6 janv. 2021, *Dr. pén.* 2021, n° 42, obs. P. Conte ; *Gaz Pal.*, 11 mai 2021, p. 54, obs. S. Detraz.

7. Cass. crim., 27 oct. 1999, *Dr. pén.* 2000, n° 42, obs. M. Véron. – *Idem* s'agissant d'un télégramme signé d'un faux nom : CA Paris, 1er juin 1948, *S.* 1948.2, p. 164.

pour soi-même, et qui doivent entraîner la suspicion plutôt que la confiance des tiers[8].

§2. La portée du document

695. Pour autant, un document vaut titre non seulement s'il a pour objet mais aussi s'il a pour effet d'établir la preuve d'un droit ou d'un fait ayant des conséquences juridiques. Il s'ensuit que la portée juridique du document peut se révéler dès l'origine ou n'apparaître qu'ensuite. La pratique distingue ainsi les documents qui valent titres en eux-mêmes parce qu'ils ont pour objet d'établir un droit ou un fait ayant des conséquences juridiques (documents « d'origine ») des autres (documents de « circonstance ») qui ne valent titres qu'à raison de l'usage auquel ils sont affectés.

696. *A priori*. – Constitue ainsi un document valant titre un bulletin de salaire dès lors qu'il s'agit d'un « document pouvant établir la preuve de faits ayant des conséquences juridiques »[9]. Constitue également un document valant titre une sentence arbitrale condamnant une partie à verser une somme déterminée à une autre[10]. *Idem* pour les livres d'une agence bancaire où sont inscrits les versements effectués par les titulaires sur leurs comptes[11], pour un contrat[12] et une convention de stage[13], un chèque de guichet[14], des bons de commande[15], des pièces comptables[16], un avis d'imposition[17], le registre des mandats d'un agent immobilier[18] ainsi qu'un testament instituant une personne légataire universelle[19]. Chacun est naturellement amené à faire confiance à ces documents.

697. *A posteriori*. – Cela étant dit, la portée de certains documents s'apprécie moins en elle-même qu'au regard de l'usage auquel ils sont destinés. Il a ainsi été jugé qu'une fausse attestation sur laquelle la signature d'un salarié a été reproduite « par décalquage », présentée en photocopie, peut constituer un faux titre dès lors qu'elle est « de nature à établir la preuve d'un droit et à entraîner des effets juridiques »[20]. Si, en principe, les fausses attestations ne relèvent pas de l'article 441-1 (mais de l'article 441-7 lorsqu'elles sont faites en faveur d'autrui. – V. *infra*, n° 730), la règle connaît donc des exceptions, spécialement

8. Cass. crim., 7 mars 1972, *D.* 1972, p. 341. – 23 nov. 1972, *Gaz. Pal.* 1973.1, p. 248. – Solution étendue au formulaire sur lequel un débiteur indique un faux motif d'opposition au paiement d'un chèque : Cass. crim., 7 déc. 2022, *Gaz. Pal.*, 14 févr. 2023, p. 43, obs. E. Dreyer.

9. Cass. crim., 7 sept. 2005, *Dr. pén.* 2005, n° 176, obs. M. Véron.

10. Cass. crim., 11 janv. 1996, *B.* n° 17.

11. Cass. crim., 8 juin 1994, *B.* n° 228.

12. Cass. crim., 26 févr. 1990, *B.* n° 94.

13. Cass. crim., 17 déc. 2008, *Dr. pén.* 2009, n° 45, obs. M. Véron.

14. Cass. crim., 3 janv. 1991, *B.* n° 2.

15. Cass. crim., 10 mars 2004, *B.* n° 64.

16. Cass. crim., 6 mars 1989, *B.* n° 103. – V. aussi, rappelant que la comptabilité d'une entreprise est destinée à servir de preuve : Cass. crim., 3 juill. 1991, *Dr. pén.* 1992, n° 2, obs. M. Véron.

17. Cass. crim., 15 mai 2018, *RSC* 2019, p. 373, obs. E. Monteiro.

18. Cass. crim., 25 janv. 1988, *B.* n° 30.

19. Cass. crim., 25 nov. 1992, *B.* n° 391.

20. Cass. crim., 12 nov. 1998, *Dr. pén.* 1999, n° 37, obs. M. Véron.

lorsqu'une attestation fausse peut produire des effets de droit à l'encontre d'une personne qui ne l'a pas établie[21].

La jurisprudence contemporaine a tendance à élargir le champ de ces documents valant titres *a posteriori*. Il est ainsi jugé que « constitue un faux en écriture de commerce pénalement punissable, le fait par une personne, tenue de justifier sur le plan comptable les mouvements de fonds effectués en vertu de son mandat, de porter dans ses écritures des mentions inexactes concernant les opérations correspondantes »[22]. Peu importe qu'à l'égard d'autres personnes le même relevé d'opérations effectuées sur un compte bancaire ne puisse être analysé de la même façon compte tenu des vérifications auxquelles il aurait dû donner lieu[23]. De la même façon, a été qualifié de faux titre une lettre faussement signée du médecin-conseil et du directeur général d'une CPAM attestant que tous les praticiens du département avaient subi une baisse de l'ordre de 60 % de leur chiffre d'affaires au cours d'une période déterminée. Les magistrats ont admis qu'un tel document était « de nature à avoir valeur probatoire et à entraîner des effets juridiques »[24]. *Idem* pour des courriers électroniques censés émaner de tiers et destinés à figurer dans les dossiers d'une banque[25].

21. La même logique a conduit la Cour de cassation à admettre qu'il pouvait y avoir faux titre dans un *curriculum vitae* falsifié : Cass. crim., 5 déc. 2012, *JCP* G 2013, 206, note O. Décima et S. Detraz.

22. Cass. crim., 14 mai 1990, *B.* n° 188.

23. Cass. crim., 17 déc. 2003, *Dr. pén.* 2004, n° 60, obs. M. Véron. – V. aussi Cass. crim., 28 nov. 2017, *Dr. pén.* 2018, n° 35, obs. J.-H. Robert.

24. Cass. crim., 16 nov. 1995, *Dr. pén.* 1996, n° 103, obs. M. Véron. – Comp. Cass. crim., 25 févr. 2009, *Dr. pén.* 2009, n° 78, obs. M. Véron.

25. Cass. crim., 19 mars 2014, *JCP* G 2014, 449, note V. Wester-Ouisse. – CA Paris, 24 oct. 2012, *JCP* G 2012, 1371, note J. Lasserre Capdeville.

CHAPITRE 2

Les comportements liés aux faux titres

698. Il existe une infraction principale qui consiste en l'établissement d'un faux titre et des infractions de conséquence qui consistent en la détention et l'usage de ce faux titre. Distinguons.

Section 1 L'établissement d'un faux titre

699. Cette première infraction se consomme par une altération préjudiciable de la vérité faite, dans un document valant titre, avec la volonté de tromper. Elle est soumise à une répression variable en fonction de la nature du titre falsifié et de la qualité de son auteur. Envisageons successivement l'acte accompli par l'agent, la perception qu'il devait avoir de son acte et les sanctions encourues.

§1. La matérialité de l'acte

700. Selon l'article 441-1, la falsification d'un titre n'est prise en compte que s'il en est résulté une « altération de la vérité, de nature à causer un préjudice ». Cette altération de la vérité semble constituer le résultat d'une action qui n'est pas davantage précisée. L'élément matériel du faux s'envisage ainsi essentiellement à travers ces deux caractères : c'est un acte à la fois trompeur et nuisible. Traitons-en à la suite.

A. L'altération de la vérité

701. Présentation. – « Toute » altération de la vérité dans un document valant titre est prise en compte mais elle doit affecter le contenu même du document en question : seule une altération de la vérité dans la substance de l'acte donne lieu à sanction. Peu importent les mensonges concernant des mentions complémentaires. Ainsi, il n'y a pas faux en écriture à désigner l'épouse du *De cujus* sous une fausse qualité dans le certificat de décès de son mari[1]. Peu importe également une modification de date sans conséquence sur la signification d'un document valant titre[2]. La falsification importe peu lorsqu'elle intervient sur l'*instrumentum*, sans que le *negotium* ne soit affecté.

702. Formes. – La forme prise par la falsification est indifférente. En effet, selon l'article 441-1, l'altération de la vérité peut être réalisée « par quelque moyen que ce soit ». À proprement parler, la matérialité de l'infraction n'est donc pas définie : le législateur s'intéresse au résultat, non à la façon d'y parvenir. Cependant, les magistrats ne peuvent se contenter de ce constat : « une telle altération ne saurait se déduire de la seule irrégularité ou illicéité de l'acte incriminé »[3]. Les juges du fond doivent démontrer qu'un titre contraire à la vérité a bien été établi ou modifié[4]. Peu importe que cette altération de la vérité s'effectue de façon positive (par l'introduction d'une mention inexacte, par ex.) ou de façon négative (par l'oubli d'une information attendue compte tenu de la nature de l'acte)[5].

703. Faux intellectuel ou matériel. – La pratique oppose les faux matériels aux faux intellectuels.

On parle ainsi de faux matériel lorsque l'altération de la vérité résulte d'une atteinte portée à l'intégrité physique d'un titre préexistant. Cela recouvre non seulement l'hypothèse dans laquelle l'agent signe le document d'un faux nom mais aussi l'hypothèse dans laquelle l'agent procède à des additions, surcharges, ratures, suppressions ou intercalations. Il peut y avoir encore faux matériel lorsqu'une signature véritable a été apposée par surprise[6]. Peu importe que le fait énoncé soit exact dès lors qu'il résulte d'une expertise que le document est affecté d'un défaut d'authenticité[7]. Commet ainsi un faux le créancier qui, ayant perdu son titre, en fabrique un autre en contrefaisant la signature de son débiteur. Dans une telle hypothèse, même si la substance de l'acte n'est pas modifiée, il existe tout de même un défaut de sincérité qui appelle une sanction[8].

À l'opposé, on parle de faux intellectuel lorsque ce n'est pas l'intégrité physique de l'acte mais l'exactitude de son contenu qui est en cause. Le document est alors spécialement constitué pour l'occasion. Son support atteste tout au plus du mensonge qu'il contient[9]. Il en va ainsi lorsqu'un expert automobile atteste qu'un véhicule – réparé après un accident – est en état de circuler alors qu'il ne l'a pas

1. Cass. crim., 19 mars 1957, *B.* n° 263.

2. Cass. crim., 1er avril 2020, *Dr. pén.* 2020, n° 137, obs. P. Conte; *Gaz. Pal.*, 1er sept. 2020, p. 57, obs. S. Detraz. – V. aussi pour des précisions inopposables au cocontractant : Cass. crim., 26 sept. 1995, *Dr. pén.* 1996, n° 35, obs. M. Véron.

3. Cass. crim., 27 janv. 1992, *B.* n° 28.

4. Cass. crim., 23 janv. 1997, *B.* n° 35.

5. Cass. crim., 5 févr. 2008, *Dr. pén.* 2008, n° 42, obs. M. Véron.

6. V. s'agissant d'une personne âgée trompée sur le contenu de l'acte qu'elle a signé : Cass. crim., 1er oct. 1990, *Gaz. Pal.* 1991.1, p. 300, note J.-P. Doucet.

7. Cass. crim., 3 juin 2004, *Dr. pén.* 2004, n° 141, obs. M. Véron.

8. Cass. crim., 12 sept. 2018, *Dr. pén.* 2018, n° 210, obs. P. Conte. – 24 sept. 2008, *Dr. pén.* 2009, n° 11, obs. J.-H. Robert.

9. Cass. crim., 18 mai 2005, *AJ pénal* 2005, p. 370, obs. C. Saas.

examiné[10]. Il en va de même lorsqu'un faux procès-verbal de délibérations est établi pour faire croire en la réussite d'un étudiant à l'examen auquel il a échoué[11]. *Idem* lorsqu'un notaire atteste faussement qu'une personne était présente au moment de l'établissement d'un acte[12] ou lorsqu'aucune créance du tireur sur le tiré n'existait au moment de l'émission d'une lettre de change[13]. N'est donc plus dénoncé là un défaut d'authenticité mais un défaut de véracité du document. Ce faux intellectuel est « nécessairement contemporain de la rédaction de l'acte tandis que le faux matériel lui est postérieur »[14].

La distinction entre faux matériel et faux intellectuel peut sembler utile mais elle reste sans incidence sur la répression. Tous ces faux sont soumis au même régime[15]. À une réserve près. En effet, il arrive à la Cour de cassation de juger que « le faux matériel qui a occasionné un préjudice à la personne dont il est censé émaner est punissable, qu'il ait eu ou non pour objet ou pour effet d'établir la preuve d'un droit ou d'un fait ayant des conséquences juridiques »[16]. Une telle formule ne doit pas être comprise comme dispensant les juges du fond d'établir l'existence d'un titre lorsque la falsification est matérielle. Au contraire, il faut la comprendre comme permettant de reconnaître l'existence d'un titre dès lors que les modifications apportées sur un document préexistant se sont avérées préjudiciables à la personne qui est censée l'avoir rédigé. Il est alors possible de déduire du préjudice postérieur à la falsification la dimension juridique du document falsifié. Ce qui procède néanmoins, à l'initiative de la Cour de cassation, d'une interversion des termes du raisonnement peu respectueuse du principe de légalité.

704. Causalité. – Enfin, du caractère personnel de la responsabilité pénale, on déduit que le faussaire doit avoir confectionné lui-même le faux document. Toutefois, la généralité des termes de l'incrimination permet à la jurisprudence d'assimiler à un faussaire celui qui utilise un tiers rédacteur qui n'a pas conscience de commettre un faux pour autrui[17]. Dans une telle hypothèse, en effet, la complicité ne peut être retenue, faute d'infraction principale alors que l'instigateur a montré toute sa dangero0sité. Pour qu'un tel individu ne reste pas impuni, il est poursuivi comme s'il avait falsifié lui-même, en se servant d'autrui pour atteindre son but.

Lorsque l'exécutant s'est rendu compte de la fausseté du titre qu'il établissait, celui qui en a donné l'ordre peut être poursuivi comme coauteur[18] mais il serait plus juste de voir en lui un complice[19].

10. Cass. crim., 18 mai 2005, *Dr. pén.* 2005, n° 131, obs. M. Véron.

11. Cass. crim., 26 janv. 2011, *Dr. pén.* 2011, n° 46, obs. M. Véron.

12. Cass. crim., 7 avr. 2009, *Dr. pén.* 2009, n° 90, obs. M. Véron.

13. Cass. crim., 8 janv. 2014, *Dr. pén.* 2014, n° 38, obs. M. Véron.

14. Y. Mayaud, *Le mensonge en droit pénal*, L'Hermès, 1977, n° 81.

15. V., toutefois, suggérant de les incriminer distinctement : T. Herrmann, « La définition légale du faux à l'aune de la distinction du faux matériel et du faux intellectuel » : *RSC* 2023, p. 255.

16. Cass. crim., 27 juin 2018, *Dr. pén.* 2018, n° 152, obs. P. Conte ; *Gaz. Pal.* 6 nov. 2018, p. 53, obs. S. Detraz. – V. aussi Cass. crim., 6 avr. 2016, *Dr. pén.* 2016, n° 106, obs. P. Conte.

17. Cass. crim., 30 nov. 1971, *B.* n° 326.

18. Cass. crim., 12 nov. 1998, *Dr. pén.* 1999, n° 37, obs. M. Véron.

19. Cass. crim., 22 août 1995, *Dr. pén.* 1996, n° 2, obs. M. Véron.

B. Le préjudice potentiel

705. Portée. – De surcroît, l'article 441-1 exige que l'altération de la vérité ait été « de nature à causer un préjudice ». Le législateur semble donc redouter un dommage à ce titre. Toutefois, on ne saurait voir dans le préjudice qui en découle le résultat justifiant l'incrimination d'un tel comportement. En effet, seule l'altération de la vérité dans un document valant titre détermine la consommation de l'infraction. Aucun dommage ne résulte d'une telle falsification. Un dommage ne peut découler que de l'usage fait du titre falsifié, ce qui renvoie à une autre infraction (v. *infra*, n° 723). Ici, le résultat redouté correspond à une altération de la vérité préjudiciable et non à une altération de la vérité doublée d'un préjudice. Le trouble à l'ordre public né d'une telle infraction reste purement théorique ; le dommage (social) aussi. Ce qui permet de renouveler l'analyse juridique du faux et de l'envisager comme une infraction matérielle. Cette qualification s'impose sans qu'il soit nécessaire de subordonner la consommation de l'infraction à la preuve d'un dommage effectif. En effet, on l'a dit, la falsification désigne autant un acte que le résultat auquel cet acte aboutit. En conséquence, elle peut être envisagée indépendamment de ses suites dès lors que celles-ci sont encore incertaines. Il suffit pour que l'infraction soit consommée de démontrer la falsification : tant le processus que l'altération de la vérité qui en résulte. Une telle solution s'impose pour ne pas favoriser l'impunité du coupable lorsque le faux est découvert avant qu'il ait pu être utilisé[20].

Toutefois, la jurisprudence semble introduire à cet égard une distinction entre faux en écriture publique ou authentique et faux en écriture privée.

706. Écriture publique ou authentique. – Les faux en écriture publique ou authentique se commettent dans des documents officiels bénéficiant d'une crédibilité accrue à raison de l'autorité dont ils émanent ou sont censés émaner (décision de justice, procès-verbal dressé par un OPJ, procès-verbal de délibération dressé par le président d'un jury d'examen, extraits d'un acte de l'état civil, etc.). À l'égard de ces documents, le caractère préjudiciable de la falsification a toujours été irréfragablement présumé[21]. Il est de principe « que le préjudice auquel peut donner lieu un faux dans un acte authentique résulte nécessairement de l'atteinte portée à la foi publique et à l'ordre social par une falsification de cette nature »[22]. En conséquence, il est jugé « que le préjudice causé par la falsification d'un permis de conduire, qui découle de la nature de l'acte falsifié, n'a pas à être expressément constaté »[23]. En effet, un tel préjudice importe peu. Il est inhérent à la falsification de ce type d'écritures[24].

707. Écriture privée. – Mais une solution différente semble retenue à l'égard des écritures privées, c'est-à-dire à l'égard des actes relevant du droit

20. M. Véron, « La répression du faux », *Dr. pén.* 1999, étude 7. – Comp. M.-L. Lanthiez, « Du préjudice dans quelques infractions contre les biens », *D.* 2005, p. 464.

21. Cass. crim., 29 oct. 1990, *Dr. pén.* 1991, n° 71, obs. M. Véron.

22. Cass. crim., 24 mai 2000, *B.* n° 202.

23. Cass. crim., 12 nov. 1998, *Dr. pén.* 1999, n° 37, obs. M. Véron.

24. V. aussi J.-Y. Maréchal, *Essai sur le résultat dans la théorie de l'infraction pénale*, L'Harmattan, « Logiques juridiques », 2003, p. 72, n° 82. – Y. Mayaud, « La résistance du droit pénal au préjudice », *in Mél. Bouloc*, Dalloz, 2006, p. 807.

privé (contrats, quittances, relevés de comptes, etc.). À leur sujet, on ne retrouve pas la même affirmation du caractère nécessairement préjudiciable de la falsification. Faut-il en déduire qu'un tel caractère doit alors être établi ? Nullement car, dans cette hypothèse comme dans la précédente, la seule altération de la vérité dans un document valant titre ne peut causer aucun dommage (en l'absence d'usage[25]). Au mieux, la falsification est-elle susceptible de causer un préjudice si le document falsifié circule[26]. On ne saurait donc exagérer les différences entre ces deux types de falsification.

708. Rapprochement. – En examinant les hypothèses dans lesquelles la présomption de préjudice est tenue en échec, on s'aperçoit qu'elles correspondent à des cas où la défense de l'agent parvient à établir que la prétendue écriture privée falsifiée... ne valait pas titre, ce qui laisse apparaître une évidente convergence de solutions : tous les faux se consomment de la même façon.

Dans les faux en écriture publique, l'existence d'un préjudice semble inhérente à la falsification car il ne peut y avoir de doute sur le fait que le document falsifié valait bien titre. Ces écritures valent titres d'origine. À l'inverse, on discute parfois le caractère préjudiciable de la falsification lorsque celle-ci concerne une écriture privée car la portée juridique de tels documents semble plus fragile. Toutefois, en prouvant que la falsification n'a pas causé de préjudice, on établit seulement que le document ne valait pas titre[27]. En effet, la faiblesse des écritures privées ne tient pas au fait que leur falsification n'occasionne pas toujours un préjudice mais au fait que ces écritures peuvent ne valoir titre que par l'usage qui en est fait et qui n'est pas nécessairement préjudiciable[28]. Lorsque ce statut leur a été un peu trop vite accordé, il doit pouvoir être remis en cause à l'occasion de la discussion sur le caractère préjudiciable de la falsification.

Distinguées par l'article 441-1, les exigences d'un titre et d'un préjudice s'avèrent ainsi liées. On cherche en vain les arrêts où l'existence d'un titre falsifié aurait été admise mais l'infraction écartée faute de préjudice. Dès lors qu'il y a titre, la falsification est nécessairement préjudiciable, peu importe qu'il s'agisse d'une écriture publique ou privée. Le résultat redouté est donc bien l'altération de la vérité dans un document faisant titre et non un préjudice qui en découlerait et qui est indémontrable à ce stade.

§2. La perception de l'acte

709. Degré. – La falsification dont il vient d'être question n'est prise en compte que si elle a été intentionnelle. Cet élément moral suit logiquement les contours de l'élément matériel. Si on voit dans le préjudice dont parle l'article 441-1 le résultat redouté au titre d'une telle incrimination, il faut établir, au-

25. Cass. crim., 13 oct. 1999, *Dr. pén.* 2000, n° 42, obs. obs. M. Véron. – Comp. Cass. crim., 19 mars 2014, *Gaz. Pal.* 11 mai 2014, p. 38, obs. E. Dreyer et 27 mars 2007, *Dr. pén.* 2007, n° 99, obs. M. Véron.

26. À ce stade, le préjudice potentiel correspond à l'atteinte portée à la force probante du document falsifié (v. s'agissant d'écritures comptables : Cass. crim., 14 nov. 2013, *Dr. pén.* 2014, n° 21, obs. M. Véron. – V. s'agissant de factures : Cass. crim., 25 juin 2008, *Dr. pén.* 2008, n° 140, obs. M. Véron).

27. Cass. crim., 20 mars 2007, *Dr. pén.* 2007, n° 86, obs. J.-H. Robert.

28. D'où l'affirmation selon laquelle « le préjudice causé par la falsification d'un écrit peut résulter de la nature même de la pièce falsifiée » (Cass. crim., 16 juin 2021, *Dr. pén.* 2021, n° 160, obs. P. Conte, au sujet de la falsification de PV d'assemblée générale).

delà du dol général, c'est-à-dire de la conscience et de la volonté qu'a eu l'agent d'altérer la vérité dans un document valant titre, un dol spécial consistant en une volonté de nuire. Mais, on l'a dit, ce n'est pas ainsi qu'il convient de raisonner : la conscience et la volonté d'altérer la vérité dans un document valant titre suffisent. Libre à ceux qui le souhaitent d'en déduire que l'agent a cherché à causer un préjudice potentiel[29]. Quiconque falsifie en connaissance de cause un document valant titre veut en effet tromper sur le droit ou le fait qu'il concerne. Il le fait donc nécessairement avec la volonté de causer un préjudice (qui reste théorique à ce stade)[30]. Toutefois, ce dol spécial découle du dol général sans rien apporter à la définition de l'infraction.

Comme toujours, le mobile s'avère indifférent. Ainsi, commet un faux le débiteur qui, après avoir payé sa dette, perd la quittance et en fabrique une autre pour ne pas avoir à payer deux fois. Commet également un faux l'individu qui falsifie un titre « pour plaisanter ». Cependant, on peut s'interroger sur la légitimité de cette dernière solution car le document ne remplit pas alors la fonction attendue d'un titre et la falsification ne semble pas de nature à causer un préjudice[31].

710. Preuve. – La plupart du temps, cet élément moral se déduit de l'altération de la vérité.

Cela est incontestable en cas de faux matériel : les ratures, surcharges, imitations d'écriture, contrefaçons de signature, montages ou autres collages réalisés par un individu conscient dans un document valant titre suffisent à établir sa volonté de réaliser un faux.

En revanche, la preuve d'une telle intention peut s'avérer plus difficile à établir en cas de faux intellectuel. En effet, la négligence conduisant à porter dans un acte une mention inexacte, non vérifiée, ne saurait être sanctionnée : la Cour de cassation le rappelle en jugeant « que le seul manquement du prévenu à ses obligations professionnelles ne suffit pas à caractériser l'intention frauduleuse exigée par l'article 441-1, C. pén. »[32]. Il en va de même lorsqu'une mention a été apposée par erreur dans un acte de cession de parts sociales et n'a abusé aucune des parties qui l'ont supprimée par la suite[33]. En cas de faux intellectuel, le ministère public doit démontrer que l'agent avait conscience de falsifier et a agi de la sorte afin de tromper autrui.

§3. La sanction de l'acte

711. Le faux donne lieu à une répression complexe. En effet, l'établissement d'un faux est un acte dont la gravité varie suivant la qualité de celui qui a entrepris la falsification et suivant la nature du document falsifié. La tentative est punissable en toutes hypothèses (art. 441-9).

Distinguons le faux établi par un particulier du faux établi par un agent public.

29. Cass. crim., 24 févr. 1972, *B.* n° 78.

30. Cass. crim., 7 déc. 2022, *Gaz. Pal.*, 14 févr. 2023, p. 43, obs. E. Dreyer.

31. Cass. crim., 23 nov. 1995, *B.* n° 357.

32. Cass. crim., 7 sept. 2004, *Dr. pén.* 2004, n° 180, obs. M. Véron. – *Idem* : Cass. crim., 29 janv. 1998, *D.* 2000, somm. p. 128, obs. M.-H. Gozzi.

33. CA Colmar, 17 mars 2006, *JCP* G 2006, IV, 2967.

A. Le faux établi par un particulier

712. Distinction. – Trois délits de faux distincts doivent être évoqués. C'est ici que l'on retrouve la distinction entre les faux en écritures privées, les faux documents administratifs et les faux en écritures publiques. Distinguons.

713. Écriture privée. – Les écritures privées ont été définies ci-dessus (V. *supra*, n° 707). En application de l'article 441-1, la personne physique qui commet un faux en écriture privée s'expose à 3 ans d'emprisonnement et 45 000 € d'amende, outre diverses peines complémentaires (art. 441-10) dont l'interdiction des droits civiques, civils et de famille, l'interdiction d'exercer la fonction ou l'activité à l'occasion de laquelle l'infraction a été commise, l'exclusion des marchés publics ainsi que la confiscation spéciale. L'interdiction du territoire français peut également être prononcée, à titre définitif ou pour 10 ans au plus, contre un coupable étranger (art. 441-11).

Les personnes morales s'exposent, quant à elles, à une amende dont le montant est porté au quintuple ainsi qu'à l'ensemble des peines de l'article 131-39 (art. 441-12).

714. Document administratif. – Par ailleurs, l'article 441-2, al. 1, expose à 5 ans d'emprisonnement et 75 000 € d'amende le particulier qui commet un faux « dans un document délivré par une administration publique aux fins de constater un droit, une identité ou une qualité ou d'accorder une autorisation ». Peu importe l'administration en question.

Ici, le titre est constitué par un acte administratif présenté le plus souvent sous une forme normalisée (formulaires) : carte d'identité et titre de séjour[34], certificat d'immatriculation d'un véhicule ou permis de conduire[35], certificat de mariage[36], procurations de vote[37], ordres de mission[38], bons de commande[39], etc. L'essentiel est que ce document reconnaisse un droit ou fasse état d'un fait dont l'existence ou la fausseté peut produire des effets au plan juridique[40]. En conséquence, il n'y a pas délit lorsque la falsification porte sur un avis de vérification fiscale qui ne constate pas un droit, une identité ou une qualité et n'accorde pas une autorisation[41].

La falsification s'opère dans les mêmes conditions que ci-dessus. Elle doit tromper sur la portée du document : elle ne doit pas être immédiatement identifiable[42].

Cette incrimination autonome est justifiée par le fait qu'ici la falsification est susceptible de remettre en cause l'autorité de l'État. L'usage du document falsifié risque de tromper les tiers d'autant plus facilement qu'il présente une apparence officielle. Les peines sont portées à 7 ans d'emprisonnement et 100 000 € d'amende, si le

34. Peu importe qu'ils soient français ou étrangers : Cass. crim., 17 janv. 1984, *B.* n° 21.

35. V. respectivement Cass. crim., 7 déc. 1965, *D.* 1966, somm. p. 59 et Cass. crim., 8 nov. 1972, *B.* n° 331.

36. Cass. crim., 22 oct. 2003, *B.* n° 200.

37. Cass. crim., 24 oct. 2018, *Dr. pén.* 2019, n° 4, obs. P. Conte.

38. Cass. crim., 18 oct. 2000, *B.* n° 301.

39. Cass. crim., 22 sept. 2004, *JCP* G 2005, II, 10042, note F. Linditch.

40. V. s'interrogeant sur la portée d'une reconnaissance de paternité : Cass. crim., 23 nov. 2022, *Dr. pén.* 2023, n° 18, obs. P. Conte.

41. Cass. crim., 5 janv. 2017, *Dr. pén.* 2017, n° 37, obs. P. Conte.

42. V. s'agissant d'un document fantaisiste : CA Aix-en-Provence, 24 sept. 1998, *JCP* G 1999, IV, 2310.

particulier a agi de manière habituelle ou « dans le dessein de faciliter la commission d'un crime ou de procurer l'impunité à son auteur ».

715. Écritures publiques. – Enfin, l'article 441-4, al. 1, punit de 10 ans d'emprisonnement et 150 000 € d'amende le particulier qui commet un faux « dans une écriture publique ou authentique ou dans un enregistrement ordonné par l'autorité publique ».

Par opposition aux documents administratifs falsifiés, le contenu de ces écritures ou enregistrements n'est pas prédéterminé (V. *supra*, n° 706). Il s'agit d'actes uniques confectionnés – quel qu'en soit le support – par un représentant de l'autorité publique agissant dans l'exercice de ses fonctions. Dans une telle hypothèse, l'atteinte à l'autorité de l'État risque de s'avérer d'autant plus grande (en cas d'usage) que le document falsifié semble avoir été spécialement dressé pour l'occasion.

B. Le faux établi par un agent public

716. Présentation. – Des sanctions particulières sont prévues lorsque le faux est commis par une personne dépositaire de l'autorité publique ou chargée d'une mission de service public agissant dans l'exercice de ses fonctions ou de sa mission. Traditionnellement, la catégorie des dépositaires de l'autorité publique correspond aux personnes disposant d'un pouvoir de décision et de contrainte, permanent ou temporaire, dans l'exécution d'un service public : cadres de la fonction publique, préfets, officiers publics ou ministériels, dirigeants d'exécutifs locaux. La catégorie des chargés d'une mission de service public correspond, quant à elle, aux personnes accomplissant, directement ou indirectement, des actes tendant à la satisfaction de l'intérêt général sans disposer d'une parcelle d'autorité publique. Il s'agit de fonctionnaires subalternes ainsi que de collaborateurs occasionnels du service public.

L'altération de la vérité interpelle alors car autrui risque d'être d'autant plus facilement trompé qu'il fait confiance aux auteurs de tels actes. Or, ceux-ci commettent un véritable abus de pouvoir en agissant ainsi dans l'exercice de leurs fonctions ou missions. Cela justifie les sanctions plus élevées qui sont fulminées contre eux. Cela justifia également, pendant longtemps, que les constitutions de partie civile soient déclarées irrecevables de ce chef : les magistrats voyaient dans ces faux des infractions d'intérêt général[43]. Toutefois, cette solution est désormais abandonnée[44].

Deux infractions sont à distinguer. Il existe là aussi une falsification de documents administratifs et d'écritures publiques. Les écritures privées ne sont pas concernées puisqu'ici l'agent public agit dans l'exercice de ses fonctions ou de sa mission.

717. Documents administratifs. – L'article 441-2, al. 3, punit tout d'abord de 7 ans d'emprisonnement et 100 000 € d'amende l'agent public qui commet un faux « dans un document délivré par une administration publique aux fins de constater un droit, une identité ou une qualité ou d'accorder une autorisation » (1°). Seule la qualité de l'agent distingue cette infraction de celle reprochable à un particulier (v. *supra*, n° 714).

43. Cass. crim., 23 mai 1977, *B.* n° 182.

44. Cass. crim., 7 mars 1996, *B.* n° 107.

718. Écritures publiques. – Ensuite, l'article 441-4, al. 3, punit de 15 ans de réclusion criminelle et 225 000 € d'amende l'agent public qui commet un faux « dans une écriture publique ou authentique ou dans un enregistrement ordonné par l'autorité publique ». Le délit est ainsi transformé en crime lorsqu'il est commis par un agent public. L'auteur d'une telle falsification devient passible de la cour d'assises. La prescription de l'action publique est également portée à 20 ans, ce qui est souvent le principal enjeu des débats[45].

Ainsi jugé que « l'altération frauduleuse de la vérité affectant la substance d'un procès-verbal dressé par un commissaire de police, fonctionnaire public, dans l'exercice de ses fonctions revêt la qualification criminelle » prévue à l'article 441-4, al. 3[46]. Il en va de même lorsqu'un receveur-percepteur falsifie un registre de sa perception[47] et lorsqu'un notaire falsifie un registre obligatoirement ouvert dans son étude[48]. L'infraction est encore constituée contre un maire qui adresse à un préfet, dans le cadre d'une procédure d'acquisition pour cause d'utilité publique, un « extrait » du registre des délibérations de son conseil municipal relatant une délibération dont ce registre ne contient aucune trace et qui n'a donné lieu à aucun procès-verbal[49]. En revanche, « ne constitue pas un tel faux l'ordonnance rendue par un magistrat au seul motif allégué qu'elle a été mise en forme à une date ultérieure par rapport à celle que mentionne l'acte, laquelle correspond au jour effectif où la formalité indiquée avait été accomplie. En effet, il ne s'agit pas dans ce cas de la fabrication d'une pièce par le magistrat mais de la simple matérialisation par lui de sa décision, au moyen d'un support prévu par la loi »[50]. Il n'en résulte aucune altération de la vérité dès lors que le rédacteur est bien le magistrat qui a rendu la décision dont le dispositif et la date ne sont pas modifiés[51].

Section 2
Les suites de la falsification

719. Afin d'empêcher toute circulation du document falsifié, le législateur a incriminé distinctement la détention et l'usage d'un tel document. Il s'agit d'infractions de conséquence. Elles supposent la démonstration d'une falsification préalable. L'existence de cette première infraction doit être établie dans son élément matériel comme dans son élément moral. Peu importe que l'auteur d'une

45. À défaut, les parquets peuvent être tentés de ne retenir que le délit de faux dans un document administratif afin de simplifier la poursuite mais la Cour de cassation s'oppose à cette correctionnalisation : Cass. crim., 20 juill. 2011, *Gaz. Pal.* 13 janv. 2012, p. 41, E. Dreyer.

46. Cass. crim., 28 oct. 2003, *B.* n° 201. – *Idem* lorsqu'un gendarme se contente de relever une contravention au lieu du délit constaté : Cass. crim., 19 déc. 2012, *Dr. pén.* 2013, n° 54, obs. M. Véron.

47. Cass. crim., 29 avr. 1996, *B.* n° 172.

48. Cass. crim., 13 nov. 1991, *B.* n° 405. – Mais il n'en va pas de même pour un clerc de notaire, qui n'est pas dépositaire de l'autorité publique : Cass. crim., 15 mai 2007, *Dr. pén.* 2007, n° 118, obs. M. Véron.

49. Cass. crim., 27 févr. 1984, *B.* n° 75.

50. CA Nancy, 18 nov. 2004, *JCP* G 2005, II, 10158, note Y. Mayaud.

51. V. aussi Cass. crim., 29 janv. 2020, *Dr. pén.* 2020, n° 110, obs. P. Conte.

telle falsification soit demeuré inconnu ou échappe à la répression pour une raison qui lui est propre.

§1. La détention d'un titre faux

720. Incrimination. – Le champ d'application d'une telle incrimination est réduit. Toute détention d'un faux n'est pas prise en compte. L'article 441-3, C. pén. permet uniquement de sanctionner l'individu qui détient un faux « commis dans un document délivré par une administration publique aux fins de constater un droit, une identité ou une qualité ou d'accorder une autorisation ». La détention d'un tel document, lorsqu'il est falsifié, paraît inacceptable. Elle constitue une menace pour l'ordre public et chacun doit en être dissuadé. La Cour de cassation l'envisage donc souplement. Pour reprocher l'infraction aux deux membres d'un couple voyageant ensemble alors que le faux passeport au nom du mari était transporté dans une valise roulée par sa femme, la Haute juridiction a estimé que « la détention, qui se définit comme un pouvoir de fait exercé sur un bien, n'implique pas une appréhension matérielle des documents, qui peuvent être détenus par l'intermédiaire d'autrui »[52]. N'aurait-il pas été plus simple de considérer que le mari était complice (par provocation ou fourniture de moyens) de son épouse ?

Par ailleurs, l'infraction suppose démontrée que l'agent avait connaissance de la nature du document qu'il détenait et de sa falsification. Il prétendra sans doute n'avoir jamais ouvert le sac ou le tiroir où il est découvert...

721. Utilité. – Il arrive que ce soit la personne même qui réalise le faux qui, ensuite, le détienne. Dans une telle hypothèse, le juge ne peut relever deux infractions car il apparaît difficile de reprocher un fait de détention distinct du fait de falsification à l'auteur de cette dernière. Par respect pour la règle *non bis in idem*, les qualifications de faux et de détention d'un faux ne peuvent se cumuler mais une décision, au moins, a statué en sens contraire (sans doute pour justifier un report du point de départ de la prescription, la détention étant à la différence de la falsification une infraction continue)[53]. L'intérêt d'une telle incrimination est ailleurs. Il s'agit de punir quelqu'un dont la participation à la falsification n'est pas établie mais qui est trouvé en possession du document falsifié. C'est une forme particulière de recel qui est incriminée.

722. Pénalités. – Lorsque cette détention frauduleuse ne concerne qu'un seul document, elle est punie de 2 ans d'emprisonnement et 30 000 € d'amende. Lorsqu'elle concerne plusieurs documents, elle est punie de 5 ans d'emprisonnement et 75 000 € d'amende.

L'objectif est de dissuader autrui d'accepter la remise d'un document faux parce qu'il peut être ensuite tenté de s'en servir. Même si elle ne cause, en tant que telle, aucun trouble à l'ordre public, cette détention présente en effet un danger.

52. Cass. crim., 6 janv. 2021, *AJ pénal* 2021, p. 151, obs. J. Lasserre Capdeville ; *Gaz. Pal.*, 11 mai 2021, p. 54, obs. S. Detraz.

53. Cass. crim., 22 mai 1997, *B.* n° 201.

§2. L'usage d'un titre faux

723. En pratique, toutefois, le faux est principalement révélé par son usage. Il n'est donc pas surprenant que les mêmes textes incriminent ces deux infractions. Toutefois, là aussi, un concours réel d'infractions peut être constaté : il se peut que l'utilisateur du faux soit la personne même qui l'a réalisé. Mais, à la différence de l'hypothèse précédente, on admet alors qu'en usant du titre qu'il vient de falsifier l'agent commet une seconde infraction. En effet, l'usage est factuellement distinct de la falsification : il n'est pas établi au terme d'une analyse différente du même fait. *A fortiori*, l'infraction peut être relevée lorsque l'usage est le fait d'une autre personne.

Envisageons successivement les éléments constitutifs puis la répression de cette infraction.

A. L'incrimination de l'usage de faux

724. Matérialité. – L'« usage » n'est pas défini par le Code pénal. Néanmoins, la jurisprudence considère qu'il y a usage de faux chaque fois qu'une personne se prévaut d'un document falsifié pour lui faire produire un effet juridique. Cela suppose un acte positif[54] et confère à l'infraction un caractère instantané[55].

Constitue un usage de faux la comptabilisation d'une fausse facture[56], la transmission d'une fausse facture à la trésorerie générale d'un département pour en obtenir le paiement sur les deniers d'un conseil général[57], le dépôt auprès du service du Registre du commerce et des sociétés de procès-verbaux d'assemblée générale falsifiés[58], etc. Constitue également un usage de faux la production d'un titre falsifié lors d'un procès. Peu importe que cette production ait été spontanée ou effectuée en exécution d'une décision de justice dès lors qu'elle concerne un document dont le prévenu se prévalait antérieurement[59]. L'usage de faux se renouvelle même aux différents stades de la procédure où une partie se prévaut du document falsifié[60].

En revanche, ne constitue pas un usage de faux l'invocation par un journaliste d'un contrat argué de faux à l'appui d'un article dénonçant des faits de corruption[61]. En effet, il ne s'agit pas alors de faire produire au faux titre un effet juridique mais d'informer le public dans l'exercice normal de la liberté d'expression.

725. Perception. – Par ailleurs, ce délit requiert un élément intentionnel. Ne commet donc pas d'infraction l'individu qui se sert d'un titre dont il ignore la fausseté. Mais toutes les circonstances qui peuvent faire naître un doute sur la

54. L'auteur d'un faux qui laisse autrui s'en prévaloir ne se rend donc pas complice d'usage de faux : Cass. crim., 4 nov. 2010, *Dr. pén.* 2011, n° 17, obs. M. Véron.

55. Cass. crim., 3 mai 1993, *B.* n° 162.

56. Cass. crim., 1er déc. 2010, *Gaz. Pal.* 13 avr. 2012, p. 16, obs. E. Dreyer.

57. Cass. crim., 5 oct. 1994, *B.* n° 318. – V. aussi J. Djoudi, « Les fausses factures et le délit du faux », *RSC* 1996, p. 357.

58. Cass. crim., 20 mars 2007, *Dr. pén.* 2007, n° 86, obs. J.-H. Robert.

59. Cass. crim., 3 mai 2012, *Gaz. Pal.* 27 juill. 2012, p. 25, obs. E. Dreyer.

60. Cass. crim., 19 janv. 2000, *Dr. pén.* 2000, n° 73, obs. M. Véron.

61. Cass. crim., 30 janv. 2019, *RSC* 2019, p. 635, obs. E. Dreyer.

véracité ou l'authenticité du document trahissent la conscience qu'a eue l'agent d'utiliser un faux[62].

En toute hypothèse, la conscience d'utiliser un document falsifié suffit à caractériser l'intention coupable[63]. La preuve d'un dol spécial – volonté de causer un préjudice – n'est pas exigée. Cela est logique car la matérialité de l'usage de faux ne requiert pas la démonstration du préjudice pouvant en résulter.

Bien entendu, le mobile est, ici comme ailleurs, indifférent[64].

B. La répression de l'usage de faux

726. Renvoi. – Les sanctions encourues sont les mêmes qu'au titre de l'établissement du faux : l'usage de faux est puni comme le faux, qu'il soit simple ou aggravé (v. *supra*, n° 711).

727. Prescription. – La répression de cette infraction de conséquence est indépendante de celle de l'infraction primaire. Elles sont localisées dans le temps l'une après l'autre : le faux peut être prescrit au moment où l'usage de faux est commis. Cela ne fait pas obstacle à la poursuite de cette seconde infraction[65].

En revanche, la jurisprudence a longtemps refusé de reporter le point de départ du délai de prescription à raison d'un usage de faux au jour où la fausseté du titre a été découverte[66]. Mais une telle solution semble condamnée, au moins lorsque l'infraction a été dissimulée, depuis une réforme du 27 février 2017. L'article 9-1, CPP présente à cet égard une portée générale.

Enfin, chaque acte d'usage d'un même document falsifié renouvelle l'infraction. Toutefois, un tel renouvellement ne transforme pas ces infractions successives en une infraction continuée[67]. Les différents actes d'usage font *a priori* courir des délais de prescription distincts les uns des autres.

728. Divers. – La tentative est punissable même si on l'imagine mal compte tenu de l'approche extensive de l'acte d'usage prévalant en jurisprudence (art. 441-9).

La personne contre laquelle le faux a été utilisé peut se constituer partie civile pour demander réparation de ses conséquences dommageables[68].

62. Cass. crim., 22 oct. 2003, *B.* n° 200.

63. Cass. crim., 3 mai 1995, *Gaz. Pal.* 1995.2, somm. p. 437.

64. Cass. crim., 9 mars 2004, *D.* 2005, p. 43, note J. Daniel.

65. Cass. crim., 14 oct. 1991, *Dr. pén.* 1992, n° 56, obs. M. Véron.

66. Cass. crim., 25 mai 2004, *Dr. pén.* 2004, n° 183, obs. M. Véron.

67. Cass. crim., 19 janv. 2000, *Dr. pén.* 2000, n° 73, obs. M. Véron. – V. critiquant cette solution : C. Guéry, « De l'escroquerie et de l'usage de faux envisagés sous l'angle d'un régime dérogatoire à la prescription de l'action publique », *D.* 2012, p. 1839.

68. Cass. crim., 11 janv. 1996, *B.* n° 17. – Mais tous les préjudices ne sont pas réparables à ce titre : Cass. crim., 6 sept. 2011, *Gaz. Pal.* 13 janv. 2012, p. 41, obs. E. Dreyer.

CHAPITRE 3

Les comportements voisins du faux

729. Le Code pénal rapproche plusieurs comportements de ceux qui viennent d'être décrits. Il s'agit tout d'abord de l'établissement et de l'usage de faux certificats ou attestations. Il s'agit ensuite du trafic de documents administratifs. Envisageons-les à la suite.

Section 1
Les infractions liées aux faux certificats ou attestations

730. L'article 441-7 du Code pénal incrimine l'établissement et l'usage de faux certificats ou attestations. Ces infractions partagent une même condition préalable : elles postulent l'existence d'un certificat ou d'une attestation falsifiée.

§1. Les certificats ou attestations en cause

731. Définition. – Les certificats ou attestations ne sont pas définis à l'article 441-7 ni distingués les uns des autres. La jurisprudence considère qu'il s'agit de toute déclaration écrite, quelle que soit sa forme, faite en faveur d'autrui dans un but probatoire[1].

732. Support. – L'écrit peut être entendu largement (manuscrit ou tapuscrit) mais il s'impose : l'infraction ne se conçoit pas au sujet de fausses déclarations verbales[2]. Un support est donc nécessaire mais tout support peut-il être

1. Lorsque l'attestation est falsifiée au détriment d'autrui, elle est susceptible de valoir « titre » et relève de l'art. 441-1. – V. *supra*, n° 697.

2. Cass. crim., 21 févr. 1985, *B.* n° 84.

pris en compte (informatiques notamment), comme en matière de faux ? La solution devrait s'imposer. Cependant, elle ne résulte pas clairement de l'article 441-7 et les magistrats estiment qu'une telle infraction suppose « que le document faisant état de faits matériellement inexacts comporte la signature authentique de son auteur »[3]. Son nom ou son tampon ne suffisent pas. *A priori*, un tracé manuscrit est nécessaire, ce qui semble condamner tout recours à une signature électronique. Le législateur gagnerait à intervenir pour moderniser ce texte.

733. Objet. – Ensuite, la déclaration doit porter sur un fait que son auteur prétend avoir constaté : l'auteur du certificat ou de l'attestation litigieuse ne doit pas se contenter d'y donner un avis provisoire[4]. Il doit s'y engager et dire s'il a constaté ou non un fait matériel déterminé[5]. L'infraction n'est pas constituée lorsqu'est en cause, non l'affirmation d'un fait, mais une appréciation erronée sur un fait : il ne s'agit pas de sanctionner un jugement de valeur manquant de sincérité[6]. Il n'y a pas davantage infraction lorsque l'attestation porte moins sur un fait que sur la personnalité de son auteur[7].

734. Destinataire. – En toute hypothèse, il est nécessaire que la déclaration ait été établie en faveur d'autrui et non dans l'intérêt du déclarant. Ne constitue pas une infraction la déclaration sur l'honneur faussement établie par l'agent dans son intérêt[8].

§2. Les comportements incriminés

735. Matérialité. – L'article 441-7 incrimine deux actes de falsification et un acte d'usage. Il s'agit de comportements proches de ceux qui sont sanctionnés en matière de faux mais leur portée diffère[9]. En effet, les certificats ou attestations en question ne valent pas titres. Pour autant, on peut voir là aussi des délits matériels, la preuve de l'obtention du résultat redouté (altération de la vérité) étant nécessaire à leur consommation.

Est puni tout d'abord le fait de falsifier une attestation ou un certificat originellement sincère (1°). L'hypothèse est celle d'une falsification matérielle. L'infraction est constituée par ex. contre un individu qui surcharge la date de validité du certificat provisoire d'immatriculation de son véhicule[10] ou qui modifie le résultat d'une analyse de sang sur le certificat qui vient de lui être délivré[11].

Est puni ensuite le fait d'établir une attestation ou un certificat faisant état de faits matériellement inexacts (2°). L'hypothèse est celle d'une falsification

3. Cass. crim., 15 mars 2000, *Dr. pén.* 2000, n° 86, obs. M. Véron.
4. Cass. crim., 16 mars 1994, *B.* n° 104.
5. Cass. crim., 2 déc. 1991, *D.* 1993, p. 218, note H. Fenaux. – Ce fait peut être extérieur au certificat mais aussi relatif aux circonstances dans lesquelles le certificat a été établi : Cass. crim., 5 janv. 2017, *RSC* 2017, p. 356, obs. P. Mistretta.
6. Comp. Cass. crim., 2 déc. 1997, *B.* n° 407.
7. Cass. crim., 25 juin 2019, *Gaz. Pal.* 19 nov. 2019, p. 49, obs. E. Dreyer.
8. V. not. Cass. crim., 7 mars 2012, *Gaz. Pal.* 27 juill. 2012, p. 26, obs. E. Dreyer.
9. Cass. crim., 24 juin 1997, *Gaz. Pal.* 1998.2, p. 650, note S. Petit.
10. Cass. crim., 14 févr. 1973, *B.* n° 80.
11. CA Rouen, 22 sept. 1999, *JCP* G 2000, IV, 2736.

intellectuelle. Peu importe que le prévenu ait prétendu, ou non, avoir lui-même constaté ces faits[12]. En revanche, l'inexactitude doit être avérée[13]. Par ailleurs, comme en matière de faux, il arrive que l'individu qui dicte la fausse attestation engage seul sa responsabilité pénale[14]. Il est considéré comme auteur, lorsque l'exécutant apparaît de bonne foi, pour s'être servi de lui.

Enfin, est puni l'usage d'une attestation ou d'un certificat falsifié (3°). Comme en matière de faux, l'usage s'entend ici du fait de se prévaloir d'une attestation ou d'un certificat falsifié. Il en va notamment ainsi lorsque la fausse attestation ou le faux certificat est versé aux débats d'une procédure de licenciement[15] ou de divorce[16].

736. Perception. – Ces différentes infractions constituent des délits intentionnels. Le juge doit établir la conscience qu'avait l'agent de l'illicéité de son comportement. Il doit démontrer « que les prévenus connaissaient l'inexactitude matérielle des faits certifiés dans les attestations par eux établies »[17]. Un dol général suffit. Peu importe que l'auteur de la falsification n'ait pas prévu l'usage qu'un tiers pourrait faire du document par lui altéré[18]. En revanche, il n'y a pas infraction si l'auteur d'un faux certificat s'est lui-même laissé abuser et a procédé à une déclaration imprudente.

§3. Les modalités de la répression

737. Pénalités. – La personne physique reconnue coupable de tels actes s'expose, en vertu de l'article 441-7, à un an d'emprisonnement et 15 000 € d'amende[19].

Néanmoins, lorsque les faits sont commis « en vue de porter » préjudice au Trésor public ou au patrimoine d'autrui, ces peines sont élevées à 3 ans d'emprisonnement et 45 000 € d'amende. L'aggravation résulte de ce seul mobile : le ministère public n'a pas à rapporter la preuve d'un préjudice effectif. De surcroît, l'aggravation peut ne s'appliquer qu'au stade de l'usage de ces faux certificats ou attestations et non au stade de leur établissement[20].

Les peines complémentaires encourues par les personnes physiques sont déterminées comme en matière de faux (v. *supra*, n° 713).

738. Divers. – La tentative est également incriminée (art. 441-9). Elle fut relevée par ex. dans une affaire où un détenu avait remis à l'administration

---

12. Cass. crim., 1er juin 2005, *Dr. pén.* 2005, n° 141, obs. M. Véron. – Mais celui qui prétend avoir constaté un fait auquel il n'a pas personnellement assisté commet nécessairement l'infraction : Cass. crim., 22 mars 1989, *B.* n° 147.
13. Cass. crim., 18 févr. 2003, *Dr. pén.* 2003, n° 70, obs. M. Véron.
14. Cass. crim., 8 oct. 1996, *Dr. pén.* 1997, n° 45, obs. M. Véron.
15. Cass. crim., 16 mars 1994, *B.* n° 104.
16. Cass. crim., 31 janv. 2007, *Dr. pén.* 2007, n° 98, obs. M. Véron.
17. Cass. crim., 15 janv. 1990, *B.* n° 23.
18. Cass. crim., 14 mars 1972, *B.* n° 98.
19. Les peines encourues par les personnes morales sont fixées comme en matière de faux (v. *supra*, n° 713).
20. Cass. crim., 26 sept. 2001, *Dr. pén.* 2002, n° 15, obs. M. Véron.

pénitentiaire un certificat d'hébergement à l'appui d'une demande de permission de sortir dont la fausseté a été immédiatement décelée[21].

Les règles en matière de prescription sont les mêmes qu'à l'égard des faux titres : l'établissement d'un faux certificat ou attestation constitue une infraction instantanée[22]. L'usage de ce faux certificat ou de cette fausse attestation renouvelle l'infraction chaque fois que le prévenu s'en prévaut[23].

Section 2
Le trafic de documents administratifs

739. La répression des actes de falsification est complétée dans le Code pénal par un certain nombre d'incriminations qui permettent de sanctionner le trafic de documents administratifs. L'objectif est d'atteindre l'obtention ou la transmission frauduleuse d'un document émanant d'une administration publique. Précisons d'abord de quels documents il s'agit avant d'envisager les comportements incriminés.

§1. Les documents protégés

740. Retrouvailles. – Sont en cause des documents délivrés « par une administration publique aux fins de constater un droit, une identité ou une qualité ou d'accorder une autorisation ». Il en va ainsi par ex. pour un livret de famille[24] ou pour un document administratif autorisant l'extension d'une surface commerciale[25].

On retrouve ici les documents « formulaires » déjà évoqués (v. *supra*, n° 714). Mais, à la différence de l'hypothèse précédente, les documents ainsi délivrés ne constituent pas des faux. Seules les circonstances de leur délivrance sont litigieuses.

§2. Les comportements incriminés

741. Deux types de comportement sont incriminés. Il s'agit d'abord de l'obtention irrégulière des documents précités. Il s'agit ensuite de la fourniture irrégulière de ces mêmes documents.

A. L'obtention irrégulière d'un document administratif

742. Présentation. – L'article 441-6, al. 1, punit « le fait de se faire délivrer indûment par une administration publique ou par un organisme chargé d'une mission de service public, par quelque moyen frauduleux que ce soit, un

21. Cass. crim., 30 mars 1994, *Dr. pén.* 1994, n° 154, obs. M. Véron.
22. Cass. crim., 25 oct. 1983, *B.* n° 261.
23. Cass. crim., 7 janv. 1970, *B.* n° 16.
24. Cass. crim., 26 oct. 1994, *B.* n° 341.
25. Cass. crim., 11 déc. 1989, *Dr. pén.* 1990, n° 186, obs. M. Véron.

document destiné à constater un droit, une identité ou une qualité ou à accorder une autorisation ». L'objectif est de sanctionner la personne qui se fait remettre par un organisme étatique (administration) ou non (sécurité sociale), sans droit, un document dont elle va pouvoir tirer des conséquences juridiques. Peu importe à ce stade qu'il n'en résulte aucun préjudice[26]. Il faut prévenir les escroqueries qui pourraient s'ensuivre.

743. Mensonge. – Ce comportement a nécessairement un mensonge ou, en tout cas, une dissimulation à sa base. Il peut être commis « par quelque moyen frauduleux que ce soit ». L'administration peut avoir été leurrée par une fausse déclaration écrite ou orale du demandeur ou d'un tiers[27], ou par la production de documents falsifiés.

744. Délivrance. – Toutefois, le mensonge n'est sanctionné que s'il produit un résultat déterminé. L'infraction s'avère matérielle. Elle suppose la délivrance indue de l'un des documents évoqués ci-dessus.

Sont notamment sanctionnés par ce biais les étrangers qui participent à des « mariages blancs » afin d'obtenir abusivement un titre de séjour[28]. La solution était pourtant discutée dès lors que le fait pour l'heureux époux de se dire « marié » ne semble pas constituer, tant que le mariage subsiste, une fausse déclaration. Mais la Cour de cassation n'a pas voulu admettre ce « simulacre de mariage » et a dénoncé, dans une telle hypothèse, la prise d'une fausse « qualité de conjoint d'une ressortissante française »[29]. Elle n'a donc pas fait de l'appréciation de la validité du mariage une exception préjudicielle au jugement des étrangers. Elle a d'emblée considéré que ce type de mariage est fictif et admis, en conséquence, l'obtention indue d'un document administratif lorsqu'il a effectivement permis la délivrance d'un titre de séjour[30]. Toutefois, l'application de l'article 441-6, al. 1, n'est pas réservée à cette hypothèse. On la conçoit également lorsqu'un dirigeant de magasin obtient sur la base de fausses déclarations une autorisation administrative d'extension de surfaces commerciales[31].

Peu importe que l'agent ait finalement pu obtenir le même document en utilisant des moyens « normaux » dès lors qu'il n'avait pas accès à la procédure – accélérée – qu'il a utilisée. L'incrimination est rédigée en termes suffisamment larges pour s'appliquer à toute délivrance indue : parce que l'agent ne pouvait prétendre au document en question ou parce que la procédure utilisée était irrégulière.

745. Perception. – L'infraction est intentionnelle : l'agent devait avoir conscience qu'il ne pouvait agir de la sorte. Cette intention se déduit, la plupart du

---

26. Cass. crim., 7 avr. 1994, *Dr. pén.* 1994, n° 207, obs. M. Véron.

27. Cass. crim., 2 juin 1999, *Dr. pén.* 2000, n° 2, obs. M. Véron. – Comp. Cass. crim., 30 avr. 2003, *Dr. pén.* 2003, n° 119, obs. M. Véron.

28. Cass. crim., 26 oct. 1994, *B.* n° 341. – *Idem* : Cass. crim., 14 juin 1995, *Dr. pén.* 1995, n° 219, obs. M. Véron.

29. Cass. crim., 4 nov. 1992, *B.* n° 357.

30. Cass. crim., 18 mai 1993, *B.* n° 185.

31. Cass. crim., 11 déc. 1989, *Dr. pén.* 1990, n° 186, obs. M. Véron. – V. aussi, s'agissant d'un titre de séjour obtenu grâce à une fausse domiciliation : Cass. crim., 22 janv. 2014, *Gaz. Pal.* 11 mai 2014, p. 36, obs. S. Detraz et, s'agissant d'une personne qui s'est déclarée atteinte de cécité pour accéder au statut d'invalide : Cass. crim., 30 avr. 2003, *Dr. pén.* 2003, n° 119, obs. M. Véron.

temps, des moyens utilisés pour abuser l'administration. Leur anormalité suffit à établir que l'agent savait ne pas avoir droit au document en question.

746. Pénalités. – La personne physique coupable d'une telle infraction s'expose, selon l'article 441-6, à 2 ans d'emprisonnement et 30 000 € d'amende. Cette amende est portée au quintuple pour les personnes morales. Les peines complémentaires encourues par les personnes physiques et les autres peines encourues par les personnes morales sont identiques à celles applicables en matière de faux (v. *supra*, n° 713).

747. Compléments. – Ajoutons que, en termes de répression, le législateur assimile à ce premier comportement un second : « le fait de fournir sciemment une fausse déclaration ou une déclaration incomplète en vue d'obtenir ou de tenter d'obtenir, de faire obtenir ou de tenter de faire obtenir d'une personne publique, d'un organisme de protection sociale ou d'un organisme chargé d'une mission de service public une allocation, une prestation, un paiement ou un avantage indu » (art. 441-6, al. 2). Il s'agit d'un comportement proche du précédent puisqu'il repose lui aussi sur un mensonge adressé à une administration. Pourtant, l'objectif poursuivi est différent. En effet, il ne s'agit plus, ici, d'obtenir un document mais directement un avantage indu (allocation, prestation, paiement ou autre)[32]. Alors que l'hypothèse précédente correspond à un acte préparatoire, ici, on peut voir un commencement d'exécution du délit d'escroquerie érigé en infraction autonome. Il n'est pas sûr qu'une telle incrimination soit à sa place dans le Code pénal (et, même, dans ce manuel !)[33]. En toute hypothèse, la fourniture consciente d'une déclaration fausse ou incomplète n'est réprimée que si elle est faite « en vue d'obtenir » un avantage indu. Il ne suffit donc pas, pour caractériser le délit, d'établir une omission dans la déclaration : il faut démontrer que l'élément oublié aurait dû entraîner le refus de l'avantage attendu[34].

Par ailleurs, l'article 441-8 incrimine le fait d'utiliser un document d'identité ou de voyage, un titre de séjour ou tout document provisoire assimilé (CESEDA, art. L. 431-3) appartenant à un tiers, avec ou sans son consentement, aux fins d'entrer, de circuler ou de se maintenir sur le territoire français ou d'obtenir indûment un titre, une qualité, un statut ou un avantage. Il s'agit là encore d'une sorte d'escroquerie dans laquelle l'avantage retiré n'est pas un bien mais un droit. Une telle infraction est punie de 5 ans d'emprisonnement et 75 000 € d'amende. Celui qui la facilite sciemment s'expose aux mêmes peines. Celles-ci sont portées à 7 ans d'emprisonnement et 100 000 € d'amende lorsque l'utilisation des documents litigieux est faite de manière habituelle.

L'usage d'autres documents délivrés par une administration publique (documents sincères à l'origine) aux fins de constater un droit, une identité ou une qualité ou d'accorder une autorisation, n'est puni quant à lui que de l'amende prévue pour

32. Cass. crim., 7 nov. 2017, *Gaz. Pal.* 23 janv. 2018, p. 48 obs. E. Dreyer. – 8 déc. 2015, *Dr. pén.* 2016, n° 29, obs. J.-H. Robert.

33. Néanmoins, ce classement a permis à la Cour de cassation de juger que présentent un caractère indu « les prestations versées par un organisme de sécurité sociale à une personne prise en charge sous une fausse identité, quels que soient les droits auxquels l'intéressée peut prétendre en son nom propre » (Cass. crim., 8 août 2018, *Dr. pén.* 2018, n° 182, obs. J.-H. Robert ; *RSC* 2018, p. 924, obs. A. Cerf-Hollender).

34. Cass. crim., 15 sept. 2021, *Dr. pén.* 2021, n° 201, obs. P. Conte.

les contraventions de la 5e classe « lorsque les mentions invoquées par l'intéressé sont devenues incomplètes ou inexactes » (art. R. 645-8), c'est-à-dire lorsque l'agent se prévaut d'un tel document en sachant qu'il ne correspond plus à sa situation.

B. La fourniture irrégulière d'un document émanant d'une administration publique

748. Présentation. – Enfin, l'article 441-5 incrimine « le fait de procurer frauduleusement à autrui un document délivré par une administration publique aux fins de constater un droit, une identité ou une qualité ou d'accorder une autorisation ». Il s'agit d'une forme particulière de complicité érigée en infraction autonome : elle est punissable alors même que l'infraction principale n'est pas constituée (parce que celui qui a obtenu le document n'avait pas l'intention coupable requise ou parce qu'il a pu justifier d'un état de nécessité).

749. Matériellement. – Cette infraction suppose que l'agent ait procuré à autrui un document administratif dans des conditions irrégulières. Il s'agit d'une infraction matérielle : la preuve de l'obtention de ce résultat redouté doit pouvoir être rapportée. L'infraction a été reprochée par ex. à un maire qui avait accepté de célébrer un « mariage blanc » en l'absence du marié et d'un témoin[35] !

Par ailleurs, la tentative est incriminée, ce qui permet de punir également l'agent public qui a préparé le document indu et qui a été interpellé avant d'avoir pu le transmettre à autrui. Plus largement, cela permet aussi d'atteindre tous ceux qui prétendent faire office d'intermédiaire entre une administration et des administrés. De tels comportements risquent d'alimenter des trafics douteux favorisant la délivrance de documents à des individus qui n'y ont pas droit. L'administration perd alors tout contrôle sur les conditions de leur attribution.

750. Perception. – L'infraction n'est constituée que si le prévenu a agi « frauduleusement », c'est-à-dire en sachant qu'il n'avait aucun droit pour procurer de tels documents qui ne peuvent être émis qu'au terme d'une procédure administrative régulière. L'adverbe frauduleusement évoque moins, ici, un degré supplémentaire d'intention que l'idée de fraude, c'est-à-dire de détournement[36]. La fourniture des documents en question se trouve perturbée.

751. Pénalités. – La personne physique qui se rend coupable d'un tel comportement s'expose, selon l'article 441-5, à 5 ans d'emprisonnement et 75 000 € d'amende. L'importance de ces peines souligne la gravité de l'infraction. Elles sont même portées à 7 ans d'emprisonnement et 100 000 € d'amende dans trois cas : lorsque l'infraction est commise i) par une personne dépositaire de l'autorité publique ou chargée d'une mission de service public agissant dans l'exercice de ses fonctions (mais sans en respecter les règles !)[37] ; ii) de manière habituelle (pour la deuxième fois au moins) ; iii) dans le dessein de faciliter la commission d'un crime ou de procurer l'impunité à son auteur.

35. CA Agen, 11 sept. 1997, *Dr. pén.* 1998, n° 116, obs. M. Véron.

36. Cass. crim., 8 déc. 1999, *B.* n° 297.

37. Cass. crim., 26 janv. 1993, *B.* n° 40.

Les peines complémentaires encourues par les personnes physiques et les peines encourues par les personnes morales déclarées coupables d'une telle infraction sont celles applicables en matière de faux (v. *supra*, n° 713).

Titre 2
Les mystifications

752. Différentes mystifications peuvent conduire à une appropriation frauduleuse. L'astuce déployée par l'agent appelle alors une sanction car seule une possession légitime peut conduire à la propriété. Un mode d'acquérir ne saurait être fondé sur le mensonge. D'où l'incrimination de l'escroquerie et de la filouterie.

CHAPITRE 1

L'escroquerie

753. Notion. – Presque aussi fréquent que le terme « voleur », le terme « escroc » est lui aussi passé dans le langage courant où il évoque une personne machiavélique dont le comportement fait d'innombrables dupes. Toutefois, l'appropriation frauduleuse s'opère ici de façon bien différente. Il ne s'agit plus d'une délinquance violente reposant sur l'engagement physique de l'agent. Il s'agit d'un acte subtil : le délinquant ne soustrait pas ; il obtient. Il parvient à faire croire vraie une chose fausse afin d'obtenir d'autrui la remise d'un bien, la fourniture d'un service ou le consentement à un acte. La victime participe ainsi à la réalisation de son propre dommage.

Autant dire que l'escroquerie constitue un comportement complexe[1]. Il conviendra de préciser d'abord tant l'acte accompli par l'agent que la perception que l'agent devait en avoir pour que l'infraction soit constituée. On s'intéressera ensuite à sa répression.

Section 1
La matérialité de l'acte

754. Selon l'article 313-1 du Code pénal, « l'escroquerie est le fait... de tromper une personne physique ou morale et de la déterminer ainsi, à son préjudice ou au préjudice d'un tiers, à remettre des fonds des valeurs ou un bien quelconque, à fournir un service ou à consentir un acte opérant obligation ou décharge ». L'escroquerie suppose donc que l'agent recourt à une tromperie en vue d'atteindre un résultat déterminé.

1. Ce qui, on le verra, n'en fait pas une infraction complexe au sens du *Droit pénal général*. – V. aussi M. Joly-Caudal, « L'escroquerie, la plus complexe des infractions simples », *in Mél. Mayaud*, Dalloz, 2017, p. 388.

§1. La tromperie à la base de l'escroquerie

755. Moyens. – L'escroquerie suppose une tromperie. Mais toute tromperie conduisant autrui à se dépouiller ne constitue pas une escroquerie. L'escroquerie est une infraction de commission. Ne pas détromper la victime qui remet par erreur un bien ne relève pas de cette qualification. La réticence dolosive n'est pas sanctionnée : il n'y a escroquerie que si l'agent a recouru à certains moyens limitativement énumérés pour provoquer la remise d'un bien, la fourniture d'un service ou le consentement à un acte[2]. Ces moyens sont assez largement définis mais le juge, tenu par le principe de légalité, doit établir que l'un d'eux a été employé avant d'entrer en voie de condamnation.

Selon l'article 313-1, ce fait de tromperie se réalise « soit par l'usage d'un faux nom ou d'une fausse qualité, soit par l'abus d'une qualité vraie, soit par l'emploi de manœuvres frauduleuses ». Dans tous les cas, l'agent ment. Mais si, dans les trois premières hypothèses, le mensonge suffit à caractériser la tromperie à la base de l'escroquerie, dans la quatrième hypothèse il s'avère insuffisant. En effet, aux premières hypothèses, « s'attache une présomption légale de crédibilité, la preuve de leur matérialité emportant en principe celle de leur force persuasive. Les manœuvres frauduleuses, au contraire, ne sont porteuses d'aucune crédibilité intrinsèque et leur caractère trompeur doit être expressément établi »[3].

Il existe donc deux degrés dans la tromperie. Distinguons-les.

A. Les mensonges qualifiés, éléments suffisants de la tromperie

756. Présentation. – L'article 313-1 énumère trois hypothèses de mensonge suffisant à caractériser la tromperie dont l'escroc doit s'être rendu coupable. Le mensonge est alors, à lui seul, le moyen de commettre l'infraction mais il doit être spécialisé dans son objet[4]. L'escroc doit s'être attribué soit un faux nom, soit une fausse qualité, soit avoir abusé d'une qualité vraie. En effet, le nom et la qualité sont des instruments de police qui suscitent, par nature, la confiance. À leur égard, chacun est fondé à relâcher sa vigilance : on ne peut imposer à une personne, dans ses relations quotidiennes, de vérifier préalablement le nom et la qualité de tous ses interlocuteurs. Le mensonge sur ces éléments essentiels est donc pris en compte indépendamment de toute autre manœuvre. Peu importe que l'utilisation faite du nom ou de la qualité ait été orale ou écrite.

Revenons sur les trois formes de mensonge suffisant à établir la tromperie à la base de l'escroquerie.

757. Faux nom. – Il y a utilisation d'un faux nom chaque fois qu'un individu se présente sous un nom autre que le sien sans en prévenir autrui[5]. Par

2. Cass. crim., 14 avr. 2015, *Gaz. Pal.* 9 août 2015, p. 25, obs. S. Detraz.

3. Y. Mayaud, *Le mensonge en droit pénal*, L'Hermès, 1977, n° 264.

4. En conséquence, les poursuites engagées à raison d'une forme particulière d'escroquerie ne peuvent aboutir à raison d'une autre forme sans que le prévenu ait été informé de cette requalification : Cass. crim., 22 oct. 2014, *JCP* G 2014, 1305, note J.-Y. Maréchal.

5. Il n'y a pas infraction à faire un usage abusif de son vrai nom : Cass. crim., 2 avr. 2014, *Gaz. Pal.* 27 juill. 2014, p. 31, obs. S. Detraz.

faux nom, on entend tout nom de famille et/ou prénom autre que les noms et prénoms véritables de la personne qui les utilise. C'est donc le fait de prendre une autre identité lorsque ce fait suffit à convaincre une victime de remettre à l'escroc un bien qu'il convoite. Peu importe que le faux nom soit réel ou imaginaire, c'est-à-dire peu importe qu'il soit emprunté à quelqu'un (si ce tiers y a donné son accord, il peut être poursuivi comme complice) ou créé de toutes pièces (dès lors qu'il est évocateur)[6].

Pour tromper autrui et le déterminer à remettre un bien ou à fournir un service, il faut que le nom soit connu ou évoque un nom connu. Mais plus la notoriété du nom est grande et plus il s'avère difficile de rendre le mensonge crédible. Aussi, ce premier moyen de l'escroquerie est rarement suffisant pour duper autrui. En pratique, le faux nom sert essentiellement à l'escroc afin de dissimuler sa véritable identité alors que la tromperie est réalisée d'une autre façon.

Par ailleurs, une difficulté supplémentaire apparaît en cas d'homonymie. La volonté de se faire passer pour autrui pourra être admise aisément si l'agent substitue à son prénom le prénom d'une personne célèbre portant le même patronyme que lui. Mais, lorsque les prénom et nom sont identiques, on ne saurait reprocher un mensonge à l'homonyme en l'absence de tout autre indice d'un comportement consistant à se faire passer pour autrui. Une tromperie ne peut être caractérisée qu'en démontrant que l'agent a également usurpé un ou plusieurs autres traits distinctifs de la personne désignée comme lui, notamment qu'il a menti sur sa qualité.

758. Fausse qualité. – Un mensonge qualifié peut également avoir pour objet la qualité. Celle-ci est plus difficile à cerner que le nom. Elle semble envisagée largement en jurisprudence. Elle correspond à tous les éléments pouvant susciter la confiance des tiers et les tromper lorsqu'ils s'avèrent inexacts. Cette indétermination a été critiquée dans la mesure où elle ruine les efforts du législateur pour limiter les hypothèses dans lesquelles un mensonge qualifié suffit à commettre l'escroquerie[7].

Nécessairement, la qualité inclut tous les éléments de l'état des personnes. À ce titre, il y a utilisation d'une fausse qualité en cas de mensonge sur l'âge, sur la nationalité, la situation matrimoniale ou la situation de famille, le domicile. Un mensonge sur l'un de ces éléments peut être le moyen pour un individu d'obtenir par ex. une prestation sociale à laquelle il n'a pas droit. Mais, on l'a dit, la jurisprudence a étendu la notion de qualité au-delà de l'état civil. Ainsi, peut-il y avoir également usage d'une fausse qualité en cas de mensonge sur sa profession[8] ou sur les fonctions que l'on exerce[9], sur ses titres et diplômes[10], sur une certification[11], sur ses compétences[12] ou aptitudes physiques[13]. En ce sens, peu importe là aussi que la

6. Cass. crim., 27 oct. 1999, *B.* n° 235.

7. V. not. A. Chavanne, « Le délit d'escroquerie et la politique criminelle contemporaine », *in Mél. Donnedieu de Vabres*, Cujas, 1960, p. 151.

8. V. jugeant que « le fait de ne pas déclarer l'exercice d'une activité professionnelle constitue un acte positif de prise de la fausse qualité de travailleur privé d'emploi » : Cass. crim., 8 avr. 1999, *Dr. pén.* 1999, n° 126, obs. M. Véron.

9. Cass. crim., 18 janv. 2017, *Gaz. Pal.* 25 avr. 2017, p. 49, obs. S. Detraz.

10. Cass. crim., 26 avr. 1994, *RSC* 1994, p. 773, obs. G. Giudicelli-Delage.

11. Cass. crim., 17 juin 2014, *Gaz. Pal.* 19 oct. 2014, p. 37, obs. S. Detraz.

12. Cass. crim., 11 janv. 2006, *Dr. pén.* 2006, n° 48, obs. M. Véron.

13. Cass. crim., 30 avr. 2003, *Dr. pén.* 2003, n° 119, obs. M. Véron.

qualité invoquée existe (référence à une profession réglementée, par ex.) ou soit imaginaire (revendication d'un titre de docteur en télépathie cognitive extrasensorielle, par ex.).

Néanmoins, cette approche extensive de la fausse qualité connaît des limites. Le seul mensonge sur un droit que l'on prétend avoir ne semble pas suffire pour caractériser la tromperie requise au titre de l'escroquerie. En effet, ne commet pas l'infraction celui qui, en l'absence de manœuvres venant corroborer son mensonge, se prétend faussement propriétaire[14] ou créancier[15] afin d'exiger d'autrui la remise d'un bien, la fourniture d'un service ou le consentement à un acte. La solution s'explique sans doute par le fait qu'il est toujours possible de vérifier ou de réclamer une justification du droit invoqué : lorsque l'on reçoit une facture à raison d'une somme qui n'est pas due, il faut la contester plutôt que de payer les yeux fermés.

En toute hypothèse, peu importe que la qualité prise soit réelle ou imaginaire. Il y a même usage d'une fausse qualité lorsqu'une personne use d'une qualité qu'elle a réellement possédée antérieurement mais qu'elle n'a plus au moment des faits[16]. La confiance d'autrui est trompée de la même façon.

759. Qualité vraie. – En cas d'abus d'une qualité vraie, le mensonge s'avère encore plus pernicieux car l'agent use alors d'une qualité dont il dispose réellement afin de mieux tromper sa victime.

On s'est longtemps demandé si le seul fait de profiter de sa qualité pour tromper autrui constituait une escroquerie. La jurisprudence semblait l'exclure[17]. C'est le Code actuel qui a érigé cet abus en moyen autonome de commettre l'infraction dès lors qu'un tel mensonge s'est révélé déterminant de la remise d'un bien, de la fourniture d'un service ou du consentement à un acte. Depuis, l'incrimination de l'abus d'une qualité vraie permet de sanctionner tous ceux dont la profession ou la fonction inspire confiance au public et qui profitent de la crédulité d'autrui pour obtenir l'un de ces résultats. La « réticence », c'est-à-dire le silence gardé, devient un moyen de tromper autrui à l'instar de la solution déjà retenue en matière de vices du consentement. Se rend ainsi coupable d'escroquerie par abus d'une qualité vraie le notaire, gérant d'affaires, qui ne détrompe pas sa cliente sur la valeur réelle du bien qu'elle s'apprête à vendre par son intermédiaire[18]. Dans une telle hypothèse, l'infraction reste une infraction de commission car elle suppose toujours un acte positif qui, en créant une fausse apparence, abuse autrui.

B. Le mensonge simple, élément insuffisant de la tromperie

760. Présentation. – Dans les autres hypothèses, un mensonge n'est pris en compte au titre de l'escroquerie que s'il est corroboré par des manœuvres frauduleuses. Il doit être renforcé par un ou plusieurs éléments extérieurs qui

14. Cass. crim., 5 oct. 2005, *Dr. pén.* 2006, n° 15, obs. M. Véron.

15. Cass. crim., 23 févr. 2005, *Dr. pén.* 2005, n° 98, obs. M. Véron. – V. cpdt, lorsque l'affirmation mensongère se double de la production d'une fausse facture : Cass. crim., 17 déc. 2014, *Gaz. Pal.* 22 févr. 2015, p. 39, obs. E. Dreyer. – V. aussi, s'agissant de la fraude aux prestations sociales (art. 441-6, al. 2), *supra*, n° 747.

16. Cass. crim., 10 avr. 1997, *B.* n° 137.

17. Cass. crim., 21 mars 1996, *Dr. pén.* 1996, n° 155, obs. M. Véron.

18. Cass. crim., 12 sept. 2018, *D.* 2018, p. 2217, note A. Dejean de la Bâtie.

lui donnent « force et crédit »[19]. En effet, tout menteur n'est pas un escroc. Certes, le mensonge est dangereux pour la société mais une excessive naïveté ne l'est pas moins. Certaines dupes ne méritent pas la protection de la loi. On ne peut s'empêcher de penser qu'elles ont contribué à leur propre malheur. Leur manque de vigilance témoigne d'une crédulité fautive. C'est, bien souvent, l'appât du gain qui les a conduits à l'aveuglement. L'incrimination de l'escroquerie n'a pas pour fonction de protéger ces cupides. Une sanction pénale ne doit être prononcée, sous la qualification d'escroquerie, que si la victime a été injustement trompée.

Ainsi, pour qu'il y ait infraction, au-delà d'un simple mensonge, la victime doit-elle avoir été abusée par des manœuvres frauduleuses. Elles sont exigées par l'article 313-1 mais pas définies par lui. Ce flou permit initialement à la jurisprudence de sanctionner pour escroquerie la publicité mensongère, la production ou l'utilisation de faux bilans et l'émission de chèques sans provision. En effet, non sans forcer quelque peu l'incrimination, les magistrats estimaient que la crédibilité qui s'attache à la publicité, à la forme du bilan ou à la formule du chèque permettait de caractériser l'élément extérieur au mensonge (inhérent au contenu du document) venu le corroborer. De tels comportements ayant, ensuite, été érigés en infractions autonomes (ou dépénalisés), l'escroquerie par manœuvres frauduleuses ne remplit plus qu'une fonction subsidiaire : pour fréquente qu'elle soit, elle n'est relevée qu'en l'absence de comportement plus précis incriminé spécialement. Néanmoins, la doctrine continue d'évoquer quatre types de manœuvres susceptibles d'accréditer le mensonge et de caractériser la tromperie à la base d'une escroquerie[20]. En effet, l'observation de la jurisprudence laisse apparaître qu'il y a essentiellement manœuvre par publicité, par production d'un ou plusieurs documents, par mise en scène ou par intervention d'un tiers. Cette typologie n'a pas été consacrée dans le Code mais elle conserve sa pertinence.

Évoquons successivement ces différentes formes de manœuvres.

1. Le recours à la publicité

761. Amplification. – Sauf lorsqu'il porte sur le nom ou la qualité, le mensonge ne suffit en principe pas à caractériser la tromperie à la base de l'escroquerie. Néanmoins, la jurisprudence déroge à cette règle lorsque le mensonge est exprimé publiquement. Peu importe alors qu'il soit écrit ou oral. La publicité que lui donne le menteur est analysée comme une manœuvre frauduleuse. La jurisprudence y voit un fait distinct, extérieur au mensonge[21].

En effet, un crédit particulier s'attache à tout ce qui est rendu public : je l'ai « vu à la télé », lu « sur internet », entendu « à la radio »... Les médias, tous genres

19. Cass. crim., 19 mai 2021, *RSC* 2021, p. 842, obs. H. Matsopoulou.

20. Elles supposent en principe un ou plusieurs actes positifs. Néanmoins, l'infraction a été retenue contre un fils ayant laissé fonctionner, pendant près de 7 ans, le compte en banque de son père défunt sur lequel un organisme de sécurité sociale versait une pension de retraite (Cass. crim., 20 mars 1997, *Dr. pén.* 1997, n° 108, obs. M. Véron). À cette occasion, a été sanctionné le manquement de celui qui s'était abstenu d'effectuer les déclarations nécessaires.

21. Cass. crim., 5 mars 2014, *Dr. pén.* 2014, n° 71, obs. M. Véron. – CA Rennes, 28 sept. 2000, *JCP* G 2001, II, 10592, note C. Geffroy et P. Belloir.

confondus, ont un impact considérable sur la population et le fait d'utiliser cet impact afin de rendre crédible un propos mensonger présente une dangerosité certaine[22].

Ici, la manœuvre consiste à exploiter la naïveté du public en jouant sur l'apparente notoriété donnée au mensonge. Mais il existe d'autres moyens, moins coûteux, d'induire autrui en erreur.

2. La production d'un document

762. Principe. – En principe, le seul fait qu'un mensonge soit exprimé par écrit ne suffit pas davantage à crédibiliser la tromperie à la base d'une escroquerie[23]. À lui seul, un document mensonger peut éventuellement constituer un faux et son emploi un usage de faux mais pas une « manœuvre ». Cela fut rappelé notamment dans une affaire où un prévenu avait, sciemment, remis à l'encaissement plusieurs chèques sans provision[24]. En agissant de la sorte, il s'est prétendu créancier mais cela n'a pas suffi à faire de lui un escroc[25]. *A fortiori,* il ne saurait y avoir escroquerie lorsque l'on se prétend faussement sans emploi, dans un formulaire, et que l'on perçoit une prestation sans avoir été obligé de produire aucun élément de justification[26].

En revanche, la qualification d'escroquerie peut être retenue lorsqu'un écrit a corroboré un premier mensonge. Produire un document mensonger à l'appui de ses dires revient à commettre une manœuvre frauduleuse[27]. La confiance de la victime est alors plus facilement surprise par l'autorité supplémentaire qui s'attache au document. Ainsi jugé lorsqu'un infirmier demande à son patient de contresigner les feuilles de soins qu'il lui délivre alors qu'elles mentionnent des prestations fictives : présenter ces feuilles de soins à l'appui d'une demande de remboursement, c'est tenter de commettre une escroquerie[28]. *Idem* pour la production de fausses factures accréditant l'idée qu'une garantie est due[29] et pour de faux ordres de mission accréditant l'idée que des frais pourtant inexistants doivent être remboursés[30].

---

22. C. Carreau, « Publicité et escroquerie », *D.* 1996, p. 256. – V. néanmoins C. Ouerdane-Aubert de Vincelles, *Altération du consentement et efficacité des sanctions contractuelles,* Dalloz, coll. NBT, t. 19, 2002, p. 285, n° 357.

23. Même si le mensonge est réitéré : Cass. crim., 28 sept. 2016, *Dr. pén.* 2016, n° 159, obs. J.-H. Robert.

24. Cass. crim., 1er juin 2005, *Dr. pén.* 2005, n° 147, obs. M. Véron. – Il en va différemment en cas de remises croisées de chèques tirés sur plusieurs comptes afin, en jouant sur les dates de compensation, de créer fictivement de la trésorerie au préjudice d'un établissement bancaire : Cass. crim., 17 janv. 2018, *Dr. pén.* 2018, n° 75, obs. P. Conte ; *Gaz. Pal.* 30 avr. 2018, p. 59, obs. S. Detraz ; *RSC* 2018, p. 907, obs. H. Matsopoulou.

25. V. aussi, s'agissant d'un professionnel de santé indiquant, sur des feuilles de soins, que les actes accomplis relèvent d'une cotation supérieure à celle prévue par la nomenclature générale : Cass. crim., 24 sept. 1998, *Dr. pén.* 1999, n° 19, obs. M. Véron. – Mais le mensonge est désormais tenu pour corroboré lorsque la télétransmission d'une feuille de soins fictifs a supposé le recours à la carte Vitale de l'assuré : Cass. crim., 11 juill. 2017, *Dr. pén.* 2017, n° 140, obs. S. Fournier ; *RSC* 2017, p. 754, obs. H. Matsopoulou.

26. Cass. crim., 16 janv. 2019, *Dr. pén.* 2019, n° 62, obs. P. Conte.

27. La Haute juridiction admet que la qualification d'usage de faux puisse également être retenue dès lors qu'une seule peine d'emprisonnement et d'amende est prononcée : Cass. crim., 14 nov. 2013, *AJ pénal* 2014, p. 296, obs. J. Lasserre Capdeville. – v. aussi, *infra,* n° 790.

28. Cass. crim., 20 mai 2009, *Dr. pén.* 2009, n° 124, obs. M. Véron.

29. Cass. crim., 12 sept. 2006, *Dr. pén.* 2006, n° 157, obs. M. Véron.

30. CA Pau, 29 avr. 2004, *D.* 2004, p. 2 401, note P. Nérac.

763. Atténuation. - Néanmoins, de façon discutable, la jurisprudence considère que l'invocation de certains documents constitue en soi une manœuvre frauduleuse. Il en va notamment ainsi pour la production d'un faux bilan. D'après la Cour de cassation, il ne s'agit pas d'un simple mensonge écrit : d'abord, parce que l'établissement d'un tel document suppose le plus souvent l'aide et la certification d'un tiers (expert-comptable ou commissaire aux comptes) ; ensuite, parce que ce document établit un fait extérieur - le résultat de l'entreprise - qui accroît la confiance que l'on peut mettre en lui[31]. Indépendamment de tout discours mensonger pour en appuyer les conclusions et obtenir le prêt censé sauver l'entreprise, la présentation d'un faux bilan équivaudrait donc à une manœuvre frauduleuse[32]. Ce qui appelle des réserves. C'est de façon assez artificielle que le juge répressif admet que l'apparence du faux bilan corrobore son contenu inexact. Il dissocie à cette occasion le mensonge de sa formulation : si le faux bilan fait apparaître des bénéfices inexistants, le juge considère qu'il est extérieur au mensonge relatif à la prospérité de l'entreprise. L'écrit qui se contente de matérialiser le mensonge en question, sans rien n'y ajouter, en est ainsi fictivement dissocié[33]. Ce qui ne semble guère respectueux des termes de l'article 313-1. En toute hypothèse, cette jurisprudence jure avec celle qui refuse d'admettre que le mensonge sur un droit ne suffit pas pour caractériser la tromperie à la base d'une escroquerie (V. *supra*, n° 758).

3. La mise en scène

764. Scénario. - Par ailleurs, la tromperie peut également résulter d'un mensonge donnant lieu à une véritable « mise en scène ». Celle-ci suppose un scénario plus ou moins élaboré afin de berner autrui sur l'exactitude d'une situation à laquelle il est confronté. Il faut plus que la répétition du même mensonge pour réaliser cette mise en scène[34]. Des éléments extérieurs doivent s'ajouter au mensonge qui lui donnent « force et crédit »[35]. Une mise en scène est réalisée par ex. lorsqu'une déclaration de sinistre est effectuée après dépôt de plainte à la police et simulation d'un cambriolage, ou destruction d'un véhicule, pour déterminer une compagnie d'assurance à verser l'indemnité prévue au contrat[36].

Il y a également mise en scène lorsqu'un commerçant, disposant du terminal électronique de paiement que sa banque lui a remis, utilise à plusieurs reprises sa carte bancaire « à débit différé » pour faire croire à des achats (fictifs), dans le but de créditer son compte d'une somme importante et de disposer ainsi d'une somme

31. Il semble en aller de même pour des factures fictives produites à l'appui de bordereaux de cession de créances « Dailly » (Cass. crim., 22 févr. 1993, *B.* n° 83) ainsi que pour la confection de billets à ordre faussement signés par des tiers et présentés à l'escompte (Cass. crim., 24 sept. 2008, *Dr. pén.* 2008, n° 156, obs. J.-H. Robert).

32. Cass. crim., 16 mars 1970, *JCP* G 1971, II, 16813, note B. Bouloc.

33. Comp. Cass. crim., 16 janv. 2013, *Gaz. Pal.* 8 mai 2013, p. 29, obs. S. Detraz.

34. V. aussi J. Larguier, « Théorie des ensembles et qualification pénale », *in Mél. Chavanne*, Litec, 1990, p. 102.

35. Cass. crim., 19 mai 2021, *RSC* 2021, p. 842, obs. H. Matsopoulou.

36. Cass. crim., 21 mars 2012, *Dr. pén.* 2012, n° 97, obs. M. Véron.

indue[37]. C'est de même le cas du médecin qui prescrit à ses patients des médicaments injustifiés en leur demandant de les lui rapporter, ce qui lui permet d'obtenir remboursement des vignettes par l'assurance-maladie[38] ou le cas de tiers payants font état de fausses factures en demandant à l'assurance-maladie le remboursement de produits qui n'ont jamais été livrés à leurs destinataires[39].

Plus curieusement, une mise en scène a également été reprochée à un vendeur de mauvais tableaux qu'il exposait à son domicile plutôt qu'en galerie pour persuader les victimes qu'il s'agissait d'une importante collection privée d'origine familiale[40]. Elle a aussi été reprochée au président d'une association soucieuse d'aider à l'adoption d'enfants orphelins qui prétendait, moyennant le versement d'une cotisation, mettre en œuvre différentes actions pourtant incapables de produire un tel résultat[41].

4. L'intervention d'un tiers

765. Formes. – Enfin, l'escroquerie peut encore résulter de la confirmation d'un mensonge par une personne qui semble désintéressée. Grâce à cette intervention, le mensonge acquiert un degré de certitude plus élevé et convainc plus facilement[42].

À l'instar du mensonge lui-même, cette confirmation peut être écrite ou orale : témoignage ou attestation de complaisance, par ex.[43]. Elle peut être positive ou résulter d'une simple abstention : le fait, pour un tiers, de ne pas détromper la victime à qui est tenu un discours mensonger revient à corroborer ce discours[44].

Cette ultime forme de manœuvres est admise même si le tiers est imaginaire. On est alors proche du simple mensonge. Il en va par exemple ainsi lorsque l'agent réussit à convaincre la dupe de l'existence du tiers, en simulant une conversation téléphonique avec lui ou en produisant un écrit censé émaner de lui (hypothèse de lettres émanant de prétendus clients satisfaits ou de prétendus acheteurs intéressés par le bien et prêts à faire une offre[45]). En revanche, la menace de l'intervention d'un tiers ne suffit en principe pas à corroborer le mensonge[46].

766. Indépendance. – L'essentiel est que le tiers semble être une personne indépendante de l'agent : il ne doit exister entre eux ni lien de subordination ni lien de représentation, évidents. En effet, si l'intervenant apparaît comme le porte-parole de l'agent, il ne rend pas le mensonge de celui-ci plus crédible.

37. Cass. crim., 13 sept. 2006, *JCP* G 2007, II, 10033, note J. Lasserre Capdeville. – Comp. s'agissant de l'utilisation d'un chéquier : Cass. crim., 1er juin 2011, *D.* 2011, p. 2008, note J. Lasserre Capdeville.

38. Cass. crim., 19 mars 2014, *AJ pénal* 2014, p. 299, obs. C. Renaud-Duparc ; *RSC* 2015, p. 93, obs. H. Matsopoulou. – 29 juin 2010, *Dr. pén.* 2010, n° 105, obs. M. Véron.

39. Cass. crim., 17 déc. 2014, *Dr. pén.* 2014, n° 17, obs. M. Véron.

40. Cass. crim., 24 mars 2010, *RSC* 2010, p. 629, obs. H. Matsopoulou.

41. Cass. crim., 17 févr. 2016, *Gaz. Pal.* 26 avr. 2016, p. 60, obs. E. Dreyer.

42. V. créant une fausse espérance de gain au jeu : Cass. crim., 25 mars 2015, *AJ pénal* 2015, p. 423, obs. J. Gallois. – 8 juill. 2015, *Gaz. Pal.* 1 nov. 2015, p. 33, obs. S. Detraz.

43. Cass. crim., 15 mai 1997, *B.* n° 189.

44. Cass. crim., 2 juin 1986, *B.* n° 186.

45. Cass. crim., 23 avr. 1991, *B.* n° 192. – V. aussi, s'agissant de feuilles de soins adressées par un médecin à la sécurité sociale avec la signature imitée ou anticipée de ses patients : Cass. crim., 8 sept. 2020, *Gaz. Pal.*, 17 nov. 2020, p. 46, obs. E. Dreyer.

46. Cass. crim., 6 nov. 1991, *B.* n° 399.

Mais l'infraction peut être constituée lorsqu'un époux utilise son conjoint comme tiers certificateur en taisant les liens qui existent entre eux[47]. Elle est également constituée lorsque le dirigeant d'une agence de travail temporaire embauche 165 personnes en « contrat de qualification » et charge une entreprise fictive d'assurer leur formation puis demande le remboursement du coût de cette formation en produisant des attestations de présence qu'il avait fait signer en blanc par ses stagiaires[48]. Ces derniers ne sont pas censés avoir signé sur son ordre. Il a également été jugé « que le mandataire infidèle qui trompe volontairement son mandant en participant aux manœuvres frauduleuses destinées à le dépouiller ne saurait être assimilé à ce mandant et intervient comme un tiers, complice de l'escroc »[49]. La solution se justifie pleinement : l'indépendance est requise entre l'escroc et le tiers certificateur, pas entre la victime et ce tiers.

767. Complicité. – Lorsque le tiers est réel, peu importe qu'il soit de bonne ou de mauvaise foi.

Cependant, lorsque le tiers est de mèche avec l'agent, il engage lui aussi sa responsabilité comme complice de l'infraction qu'il aide à commettre[50]. Mais les escrocs habiles savent utiliser les tiers à leur insu et obtenir d'eux une certification qui apparaît d'autant plus crédible aux victimes que la bonne foi de ces tiers ne peut être suspectée. À titre d'exemple, trompé par les éléments que son client lui transmet, un comptable risque de confirmer l'exactitude du bilan sur la base duquel un crédit est accordé[51]. S'il ne pouvait déceler la fausseté de ces éléments, il échappe à toute sanction alors même qu'il a aidé le chef d'entreprise à commettre une escroquerie en transmettant un faux bilan à son banquier[52].

Par contre, il est nécessaire que l'intervention du tiers, de bonne ou mauvaise foi, ait été provoquée par l'agent : à défaut, même si elle contribue à duper la victime, l'intervention spontanée d'un tiers ne peut être considérée comme une manœuvre de l'agent. Il n'a pas à répondre d'un acte naturellement réalisé par autrui. *A fortiori*, ce tiers ne peut donc être poursuivi pour complicité.

768. En toute hypothèse, que le mensonge soit qualifié ou accompagné de manœuvres, il ne suffit pas pour caractériser un délit. L'escroquerie est une infraction matérielle : elle suppose la preuve de l'obtention d'un résultat déterminé. La tromperie dont il vient d'être question doit avoir atteint son but.

47. Cass. crim., 5 mai 1997, *Dr. pén.* 1997, n° 123, obs. M. Véron.

48. Cass. crim., 21 nov. 1996, *B.* n° 421.

49. Cass. crim., 28 mars 1996, *B.* n° 142.

50. V. s'agissant de parieurs s'étant entendus avec des joueurs pour truquer le résultat d'un match : Cass. crim., 21 nov. 2018, *AJ pénal* 2019, p. 89, note G. Beaussonie ; *Gaz. Pal.* 5 févr. 2019, p. 51, obs. S. Detraz. – V. s'agissant de l'auteur du faux document produit pour abuser autrui : Cass. crim., 8 avr. 2021, *Dr. pén.* 2021, n° 104, obs. P. Conte ; *RSC* 2021, p. 839, obs. H. Matsopoulou.

51. Cass. crim., 18 janv. 1988, *B.* n° 22.

52. Cass. crim., 23 janv. 1997, *Dr. pén.* 1997, n° 93, obs. M. Véron.

§2. Le résultat de la tromperie à la base de l'escroquerie

769. Pour que l'infraction soit constituée, le ministère public doit établir que la tromperie a créé une croyance erronée dans l'esprit d'autrui qui fut incité à répondre favorablement à l'agent. Le résultat produit par la tromperie se dédouble donc. Pour être prise en compte, la tromperie doit avoir produit un résultat immédiat (fausse croyance dans l'esprit de la victime) et un résultat final, conséquence du précédent (obtention d'un bien, fourniture d'un service, prise d'un engagement par la victime induite en erreur). Matériellement, l'infraction n'est consommée qu'à partir du moment où la preuve de l'obtention de ce second résultat peut être rapportée.

A. Le résultat immédiat : la croyance erronée de la victime

770. Méprise. – Le mensonge qualifié, ou les manœuvres qui accompagnent un mensonge simple doivent avoir atteint un premier but : la victime doit avoir été trompée, c'est-à-dire engagée dans une fausse croyance. L'ancien Code pénal disait à ce sujet que l'escroc devait avoir persuadé la victime « de l'existence de fausses entreprises, d'un pouvoir ou d'un crédit imaginaire, ou faire naître l'espérance ou la crainte d'un succès, d'un accident ou de tout autre événement chimérique ». Le Code actuel n'a pas repris cette énumération qui signifie tout au plus que la victime doit avoir été induite en erreur.

L'infraction suppose que la victime ait été effectivement trompée, de sorte qu'il n'y a aucun doute sur le fait que la remise du bien, la fourniture du service ou le consentement à un acte, espéré par l'agent, a été la conséquence du mensonge qualifié ou des moyens frauduleux qu'il a employés[53]. Si la production de documents pour corroborer un mensonge intervient après la remise, ce lien de causalité fait nécessairement défaut[54].

Mais il y a plus car ce premier résultat doit être relié à un second : il faut pouvoir établir qu'une fausse croyance a permis à l'agent d'obtenir de la victime ce qu'il convoitait.

B. Le résultat final : l'obtention d'un bien, d'un service ou d'un engagement

771. Présentation. – Le but de l'escroc est d'obtenir un bien, un service ou un engagement, pour lui-même ou pour un tiers[55], directement ou par l'intermédiaire d'un tiers[56].

53. Cass. crim., 2 sept. 2015, *Gaz. Pal.* 1er nov. 2015, p. 34, obs. S. Detraz.

54. Cass. crim., 8 mars 2023, *Dr. pén.* 2023, n° 81, obs. P. Conte ; *Gaz. Pal.* 16 mai 2023, p. 48, obs. E. Dreyer. – 8 janv. 2014, *Gaz. Pal.* 11 mai 2014, p. 35, obs. S. Detraz.

55. Cass. crim., 4 mai 1987, *B.* n° 175.

56. Cass. crim., 4 mai 2016, *JCP* G 2016, 717, note J. Lasserre Capdeville ; *AJ pénal* 2016, p. 436, obs. J. Gallois.

Il est même admis que la tromperie peut avoir été dirigée contre une personne différente de celle qui est finalement amenée à remettre le bien convoité. Il en va ainsi lorsque la production d'une fausse pièce ou d'une fausse attestation permet à une partie d'abuser un juge et d'obtenir une décision défavorable à son adversaire[57]. Là encore, il doit en résulter un mensonge déterminant mais il n'est pas nécessaire qu'un faux et un usage de faux soient commis à cette occasion[58]. Il s'agit de réprimer une escroquerie au jugement. Il suffit donc que, en exécution d'un jugement rendu sur la base d'éléments mensongers, une partie (victime) soit contrainte de remettre à l'autre (l'agent) la chose que celle-ci convoite. L'escroquerie est constituée alors que c'est le juge qui a été trompé[59]. Elle est consommée au jour où la décision ainsi obtenue devient exécutoire[60].

L'obtention d'un bien, la fourniture d'un service ou la prise d'un engagement par autrui constitue ainsi un élément à part entière du délit. Il correspond au résultat redouté lors de l'incrimination de ce comportement. La preuve de l'obtention d'un tel résultat doit être rapportée, ce qui fait de l'escroquerie une infraction matérielle. Une telle exigence permet de distinguer l'escroquerie d'autres infractions, telles que les pratiques commerciales trompeuses et la tromperie (C. consom., art. L. 132-2 et L. 213-1), qui reposent également sur des mensonges mais qui sont sanctionnées indépendamment de toute remise ultérieure. Il faut ici que l'agent soit parvenu à ses fins.

Précisons à la fois la forme prise par ce résultat et les caractères qui en sont attendus.

1. La forme du résultat final

772. Distinction. – Le résultat final peut prendre différentes formes. Il s'agit, le plus souvent, de la remise d'un bien. Mais il peut également s'agir de la fourniture d'un service ou du consentement à un acte donné par la victime à l'escroc. Tout dépend en effet de l'objet de l'escroquerie.

---

57. Cass. crim., 27 juin 2018, *Dr. pén.* 2018, n° 152, obs. P. Conte ; *Gaz. Pal.* 6 nov. 2018, p. 53, obs. S. Detraz. – 2 avr. 2014, *Dr. pén.* 2014, n° 102, obs. M. Véron. – 19 sept. 1995, *Dr. pén.* 1996, n° 34, obs. M. Véron. – Néanmoins, le juge appréciant librement les pièces versées aux débats, toute production abusive ne saurait tomber sous cette qualification : Cass. crim., 6 oct. 2010, *Gaz. Pal.* 5 janv. 2011, p. 23, obs. E. Dreyer. – 24 sept. 2008, *Dr. pén.* 2008, n° 157, obs. J.-H. Robert.

58. Cass. crim., 31 janv. 2018, *Dr. pén.* 2018, n° 75, obs. P. Conte ; *Gaz. Pal.* 30 avr. 2018, p. 59, obs. S. Detraz ; *RSC* 2018, p. 907, obs. H. Matsopoulou. – Toutefois, il a été précisé qu'« un simple courrier adressé à un juge d'instruction par l'avocat d'une partie pour contester la valeur d'une charge ne peut s'assimiler à la production en justice d'un document mensonger destiné à tromper la religion du juge » (Cass. crim., 8 mars 2023, *Dr. pén.* 2023, n° 80, obs. P. Conte ; *Gaz. Pal.* 16 mai 2023, p. 48, obs. E. Dreyer).

59. Le jugement est alors analysé comme l'un des actes « opérant obligation ou décharge » visés à l'art. 313-1 et présenté comme un moyen de tromper l'adversaire qui est tenu de l'exécuter (v. cpdt J.-H. Robert, « Contre l'escroquerie au jugement », *in Mél. Béguin*, Litec 2005, p. 686). Il ne peut s'agir que d'un jugement sur le fond et non d'une décision rejetant une demande de non-lieu (Cass. crim., 8 mars 2023, préc.). L'escroquerie au jugement opère alors une véritable « instrumentalisation judiciaire » (Cass. crim., 8 avr. 2021, *Dr. pén.* 2021, n° 104, obs. P. Conte ; *RSC* 2021, p. 839, obs. H. Matsopoulou).

60. V. s'agissant d'une sentence arbitrale : Cass. crim., 30 juin 2004, *Dr. pén.* 2004, n° 156, obs. M. Véron et, sur l'extension de cette solution aux arbitres : D. Chilstein, « Droit pénal et arbitrage », *Rev. arbitrage* 2009, n° 1, p. 51.

a. La remise d'un bien

773. Énumération. – Tout d'abord, le résultat de la tromperie peut être une remise lorsque l'agent convoite des fonds, des valeurs ou un « bien quelconque ». Les fonds et les valeurs envisagés en premier ne sont que des biens, éventuellement dématérialisés (monnaie scripturale ou fiduciaire). Ils sont nécessairement inclus dans la formule « bien quelconque » qui suit.

774. Biens. – Cette formule, très générale, semble concerner les biens corporels comme les biens incorporels. Sans doute, la notion de « remise » évoque-t-elle une emprise matérielle sur une chose qui doit pouvoir être déplacée. Mais une telle approche paraît condamnée par le législateur lorsqu'il évoque la remise de fonds ou valeurs qui résulte plus souvent d'une inscription en compte (transfert) que d'une tradition. La jurisprudence contemporaine amplifie ce mouvement. Elle tend à faire prévaloir une conception plus juridique que matérielle de la remise qui permet d'envisager très largement son objet. Les magistrats admettent ainsi qu'une remise peut s'opérer par équivalent, notamment en cas d'escroquerie à la TVA, où l'octroi indu d'un crédit d'impôt est assimilé au remboursement indu d'impôts par l'administration. Le commerçant qui recourt à ce type de pratiques frauduleuses n'obtient aucune remise en numéraire. Son avantage tient en l'imputation de sommes fictives sur les sommes réellement dues par lui. Néanmoins, pour la Cour de cassation, ce résultat équivaut à la remise exigée au titre de l'escroquerie[61]. De même, elle a admis une possible remise de biens incorporels (créances) sur le fondement de l'article 313-1 dès lors que l'agent est parvenu à obtenir d'autrui une cession de droits sur ces biens[62].

S'est également posée la question de l'inclusion des immeubles dans le champ de l'incrimination. Dans la conception initiale supposant un déplacement, l'infraction paraissait inconcevable à l'égard de tels biens[63]. Mais, ensuite, la jurisprudence a évolué. En effet, à partir du moment où elle a admis l'escroquerie de meubles incorporels, elle n'a plus eu de raisons d'exclure celle des immeubles qui se heurtait aux mêmes objections[64]. Il fut ainsi jugé que « l'escroquerie peut porter sur un immeuble, lequel constitue un bien au sens de l'article 313-1 du Code pénal »[65]. En conséquence, des magistrats ont admis là aussi que la tradition de la chose – sa délivrance – n'est plus nécessaire. La remise peut s'effectuer de manière symbolique au moment de la vente. Ainsi, est-il désormais possible d'escroquer un immeuble lorsque son propriétaire a été trompé et n'a consenti à l'acte que par l'effet de cette tromperie.

---

61. Cass. crim., 3 déc. 2014, *RSC* 2015, p. 96, obs. H. Matsopoulou. – 6 avr. 2011, *AJ pénal* 2011, p. 367, obs. J. Lasserre Capdeville. – 7 oct. 2009, *Dr. pén.* 2010, n° 22, obs. M. Véron. – L'expert-comptable qui établit les comptes annuels et le commissaire aux comptes qui les certifie se rendent complices de cette escroquerie dès lors qu'ils permettent au système de perdurer : Cass. crim., 31 janv. 2007, *D.* 2007, p. 1843, note B. Bouloc.

62. Cass. crim., 6 avr. 1994, *RSC* 1994, p. 773, obs. G. Giudicelli-Delage.

63. Cass. crim., 27 mars 1995, *B.* n° 124. – Mais on pouvait escroquer un titre de propriété, ou un acte de transfert : Cass. crim., 23 janv. 1997, *Dr. pén.* 1997, n° 93, obs. M. Véron.

64. V. cpdt R. Ollard, « La dématérialisation des infractions contre le patrimoine », *in Droit pénal et autres branches du droit*, Cujas, 2012, p. 50.

65. Cass. crim., 28 sept. 2016, *D.* 2016, p. 2382, note S. Detraz ; *JCP* G 2016, 1389, note V. Malabat ; *AJ pénal* 2016, p. 582, note G. Beaussonie.

En toute hypothèse, la valeur du bien concerné importe peu. Si le bien attise d'autant plus la convoitise des escrocs que sa valeur paraît importante, elle ne constitue pas un élément de l'infraction. C'est une appropriation frauduleuse qu'il s'agit de sanctionner. La question se pose au niveau des principes, indépendamment de tout enrichissement pour l'agent et/ou appauvrissement pour la victime.

775. Droits. – L'article 313-1 ne précise pas, à la différence d'autres textes incriminant des appropriations frauduleuses, que les fonds, valeurs ou biens quelconques, doivent appartenir à autrui. Il suffit que leur remise s'effectue « au préjudice » du remettant ou « au préjudice d'un tiers » (v. *infra*, n° 783), ce qui semble plus satisfaisant. En effet, une fois de plus, il n'est pas nécessaire que le propriétaire lui-même soit dépouillé. Il suffit d'établir que l'agent ne pouvait agir de la sorte, faute d'être lui-même propriétaire. L'objectif est uniquement ici de sanctionner une appropriation frauduleuse, c'est-à-dire un mode d'acquisition illégitime de la propriété. Toute personne qui détient une chose (locataire, p. ex.) et qui, sur la base d'une fausse croyance, la remet à une autre qui la convoite illégitimement, peut donc se prétendre victime d'une escroquerie : l'agent ne saurait échapper à sa responsabilité pénale en contestant les droits que la dupe pouvait exercer sur la chose. Peu importe que soit affecté, à cette occasion, un droit réel ou un droit personnel. En ce sens, il nous semble parfaitement inexact de présenter la sanction de l'escroquerie comme un moyen de protéger la propriété d'autrui (comp. *supra*, n° 278). Ce qui est encore plus vrai lorsque l'on s'aperçoit qu'une escroquerie peut correspondre également à une tromperie déterminant la fourniture d'un service.

b. La fourniture d'un service

776. Fourniture. – De telles extensions paraissent d'autant moins contestables que l'article 313-1 admet également l'escroquerie lorsqu'une tromperie a déterminé l'exécution d'une prestation de service. Le résultat de la tromperie n'est pas alors une remise mais la fourniture du service attendu par l'escroc. Il y a escroquerie, par ex., si l'agent obtient, par tromperie, un transport, une place de spectacle ou la mise à disposition d'une chambre d'hôtel[66]. L'infraction est également constituée lorsqu'un individu obtient frauduleusement un crédit en utilisant le nom d'un tiers[67] ou utilise le code d'un tiers pour accéder gratuitement à Internet[68].

777. Services. – Ce qui confirme, par ailleurs, la fragilité des réflexions engagées en termes de valeurs protégées : on ne saurait définir, d'une manière générale, l'escroquerie comme une atteinte à la propriété[69]. D'autant qu'une autre extension encore semble possible : de même que la valeur économique du bien remis importe peu, la valeur économique du service fourni semble indifférente. Il n'est pas impossible que, demain, la Cour de cassation finisse par admettre que l'avantage retiré par l'escroc puisse être exclusivement moral. Cela permettra de reprocher à leur bénéficiaire les services rendus à

66. Cass. crim., 16 janv. 2019, *Dr. pén.* 2019, n° 66, obs. P. Conte.

67. Cass. crim., 30 oct. 2013, *Dr. pén.* 2014, n° 3, obs. M. Véron.

68. TGI Paris, 16 déc. 1997, *Gaz. Pal.* 1998, somm. p. 433, note C. Rojinsky.

69. V. encore E. Raschel, *La pénalisation des atteintes au consentement dans le champ contractuel*, Thèse Poitiers, 2013, [LGDJ, coll. Fac. Poitiers, 2014], p. 84, n° 70.

titre gratuit sur la base d'une fausse croyance. Rien dans l'esprit ou la lettre de l'article 313-1 ne semble s'y opposer.

c. Le consentement à un acte

778. Actes. – Enfin, l'agent peut avoir pour seul objectif d'obtenir le consentement de sa victime à un acte opérant obligation ou décharge.

Une escroquerie est ainsi constituée lorsque la manœuvre a poussé une personne à accepter de s'engager dans une opération à laquelle elle n'aurait pas consenti si l'escroc n'avait pas agi comme il l'a fait. C'est un véritable vice du consentement qu'il s'agit alors de sanctionner. Peu importe que l'acte opérant obligation prenne la forme d'un contrat synallagmatique ou d'un contrat unilatéral[70]. En revanche, il ne saurait correspondre à un testament, par nature révocable jusqu'au décès du testateur.

Quant à l'acte opérant décharge, il doit s'entendre de tout acte libérant l'agent de son ou de ses obligations. Le plus souvent, il prendra la forme d'une transaction ou d'une remise de dette[71]. Dans l'hypothèse particulière de l'escroquerie à la TVA, c'est la déclaration frauduleuse d'opérations non imposables au titre de la TVA qui vaut décharge lorsqu'elle est acceptée par l'administration[72].

779. Consentement. – Dans une telle hypothèse, le délit porte sur le *negotium* et non sur l'*instrumentum*. Peu importe qu'il n'y ait pas remise d'un titre. Il faut et il suffit que la victime s'engage auprès de l'escroc ou le libère. Il suffit d'établir qu'elle a consenti à un acte opérant obligation (en l'exécutant) ou décharge (en détruisant une reconnaissance de dette, par ex.).

2. Les caractères du résultat final

780. Distinction. – Deux caractères sont attendus de ce résultat final pour que son obtention consomme un délit d'escroquerie. Il doit d'abord être postérieur à la tromperie ; il doit s'avérer ensuite préjudiciable à autrui.

a. Le caractère postérieur

781. Moment. – Il n'y a escroquerie que si l'un des résultats précités est la conséquence de la tromperie dont l'agent s'est rendu coupable. Le juge doit pouvoir remonter de ce résultat jusqu'aux mensonges qui l'ont provoqué par un lien de causalité certain[73]. La remise du bien, la fourniture du service ou le consentement à l'acte doit donc être postérieur à la tromperie[74]. Ainsi, un gérant de société qui accomplit des manœuvres frauduleuses afin de dissimuler les détournements de fonds qu'il vient de commettre ne se rend pas coupable

70. V. s'agissant d'un branchement téléphonique permettant d'obtenir une quittance minorée, « le montant de la minoration constituant la décharge » : Cass. crim., 4 mai 1987, *B.* n° 175 – *Idem* pour le fait d'introduire une rondelle métallique sans valeur dans un parcmètre : Cass. crim., 10 déc. 1970, *D.* 1972, p. 155, note G. Roujou de Boubée ; *JCP* G 1972, II, 17277, note R. Gassin.

71. Cass. crim., 6 janv. 1970, *B.* n° 11.

72. Cass. crim., 16 mai 2018, *Dr. pén.* 2018, n° 148, obs. P. Conte ; *Gaz. Pal.* 10 juill. 2018, p. 22, note R. Mésa ; *AJ pénal* 2018, p. 365, obs. G. Beaussonie.

73. Cass. crim., 14 mai 1990, *B.* n° 187.

74. Cass. crim., 10 nov. 1999, *B.* n° 253.

d'escroquerie mais d'abus de biens sociaux. De même, l'individu qui reçoit une marchandise puis émet un chèque portant une signature non conforme ne commet pas une escroquerie mais un faux.

b. Le caractère préjudiciable

782. Présomption. – On enseigne aussi que l'escroquerie suppose rapportée la preuve supplémentaire d'un préjudice. Or, cette exigence, tirée d'une analyse peut-être excessivement littérale, a suscité beaucoup d'interrogations. Certes, l'article 313-1 évoque un mensonge qui a permis de tromper une personne « et de la déterminer ainsi, *à son préjudice ou au préjudice d'un tiers*, à remettre... ». Sous l'empire de l'ancien Code, cette condition avait été dégagée par la jurisprudence[75] mais, contre toute attente, la Cour de cassation l'a vidée de toute substance lorsqu'elle a été consacrée par le législateur. Elle estima que « le préjudice, élément constitutif de l'escroquerie, est établi, dès lors que les versements n'ont pas été librement consentis mais obtenus par des manœuvres frauduleuses »[76]. En effet, « le préjudice, élément constitutif du délit d'escroquerie, n'est pas nécessairement pécuniaire et est établi lorsque l'acte opérant obligation n'a pas été librement consenti par la victime mais a été obtenu par des moyens frauduleux »[77]. En conséquence, les juges du fond n'ont plus à s'expliquer spécialement sur lui...

783. Signification. – En réalité, une telle dispense de preuve n'a qu'une incidence limitée. La formule de style « à son préjudice ou au préjudice d'un tiers », figurant à l'article 313-1, sert moins à exprimer une condition supplémentaire qu'à indiquer – il s'agit d'élargir le champ de l'incrimination et non de le réduire ! – qu'il y a escroquerie indépendamment du point de savoir si la victime était ou non propriétaire de la chose remise[78]. Peu importent les droits que la victime pouvait exercer sur elle : l'agent ne pouvait la déterminer à remettre une chose qui ne lui appartenait pas (v. aussi, *supra*, n° 775). Dans cette perspective, le préjudice paraît inhérent à la remise du bien. Et l'on peut sans doute raisonner de même s'agissant de la fourniture du service ou du consentement à un acte opérant obligation ou décharge qui ont été déterminés par la tromperie de l'agent (lequel ne pouvait revendiquer aucun droit à ce titre). La Cour de cassation a certes admis que la remise par l'administration d'un titre de séjour, à la suite de manœuvres frauduleuses, ne constituait pas une escroquerie car elle « ne porte pas atteinte à la fortune d'autrui »[79]. Mais aucune conséquence particulière ne peut être tirée de cet arrêt resté isolé. D'abord, parce qu'il contredit la présomption de préjudice qui vient d'être exposée. Ensuite, parce que, s'il y avait bien une erreur de droit dans une telle hypothèse, l'économie de moyen qui caractérise la technique de cassation interdisait de la sanctionner : la cour d'appel aurait dû se poser préalablement la question

75. Cass. crim., 3 avr. 1991, *B.* n° 155.

76. Cass. crim., 15 juin 1992, *B.* n° 234.

77. Cass. crim., 28 janv. 2015, *D.* 2015, p. 845, note L. Saenko ; *AJ pénal* 2015, p. 311, note G. Beaussonie.

78. Dans le même sens, il n'a jamais été soutenu que la soustraction frauduleuse d'énergie suppose la preuve distincte d'un préjudice alors que cette forme de vol doit, elle aussi, se réaliser « au préjudice d'autrui » (art. 311-2. – V. *supra*, n° 275).

79. Cass. crim., 26 oct. 1994, *B.* n° 341.

de savoir si un titre de séjour pouvait constituer un bien susceptible d'escroquerie. Et c'est en répondant négativement à cette question qu'elle aurait dû justifier la relaxe du prévenu. Son arrêt n'allait pas être cassé pour qu'une cour de renvoi confirme la relaxe sur le bon fondement ! L'intérêt de cette décision est ailleurs, en ce qu'elle admet la condamnation du prévenu du chef d'obtention indue d'un document administratif (v. *supra*, n° 742).

La référence au préjudice d'autrui sert donc uniquement à souligner que l'appropriation est indue car l'agent n'avait pas le droit de se comporter comme il l'a fait. En agissant ainsi, il a nécessairement causé préjudice à autrui. Peu importe que ce préjudice soit matériel ou moral, en fonction des droits d'autrui et de la valeur de la chose ou du service fourni[80]. Pire : le préjudice pouvant être simplement moral, il apparaît caractérisé chaque fois que la remise d'un bien, la fourniture d'un service ou la prise d'un engagement a été faite à l'insu d'autrui. Cette déloyauté suffit à établir le préjudice[81]. Il ne faut donc pas voir là un élément constitutif supplémentaire : il se confond avec les autres éléments de l'infraction. Raison pour laquelle les juges du fond n'ont pas à s'expliquer spécialement sur ce point.

Section 2
La perception de l'acte

784. Intention. – En toute hypothèse, l'infraction suppose, outre une tromperie déterminant matériellement la remise d'un bien, la fourniture d'un service ou le consentement à un acte, un élément moral qui en épouse les contours. À ce titre, l'escroquerie postule tout d'abord un dol général : la conscience de tromper autrui. Cette preuve ne pose guère de difficulté : celui qui fait consciemment usage d'un faux nom ou d'une fausse qualité, qui abuse d'une qualité vraie ou double son mensonge de manœuvres frauduleuses, agit nécessairement de mauvaise foi[82]. L'évidence d'une telle preuve disparaît seulement dans les hypothèses où l'agent s'est trompé lui-même en abusant ses victimes. Ainsi, l'intention coupable manque aux fondateurs d'une société qui croient investir dans une entreprise sérieuse, dont ils attendent effectivement des bénéfices, et qui empruntent à cette fin des capitaux importants alors que l'activité se révèle non rentable et que la société dépose rapidement son bilan : malgré leur enthousiasme, ces associés fondateurs n'ont pas voulu tromper le banquier qui leur a prêté des fonds. En revanche, un doute existe en ce qui concerne les sorciers, voyants, cartomanciens, guérisseurs et autres astrologues qui, malgré d'importantes rémunérations, prétendent être les premiers trompés par leur art lorsque l'on en démontre la fausseté. Le ministère public doit établir qu'ils ne

80. Ce qui donne lieu à des discussions oiseuses sur l'intérêt protégé par l'incrimination (E. Raschel, « À la recherche des valeurs protégées par les délits d'escroquerie et d'abus de confiance », *Gaz. Pal.*, 14 sept. 2021, p. 57).

81. Cass. crim., 14 mai 2014, *Gaz. Pal.* 27 juill. 2014, p. 31, obs. S. Detraz. – 27 avr. 2000, *Dr. pén.* 2000, n° 137, obs. M. Véron.

82. Cass. crim., 28 janv. 2015, *Dr. pén.* 2015, comm. 47, obs. M. Véron.

pouvaient être abusés par leurs propres divinations[83]. *Idem* à l'égard des dirigeants de mouvements sectaires qui, en contrepartie de satisfactions assez illusoires, lèvent des fonds auprès de leurs adeptes[84].

Mais ce dol général ne suffit pas. Un dol spécial paraît également requis. Le ministère public doit pouvoir établir que l'agent a recherché tant le résultat immédiat que le résultat final nécessaire à la consommation de l'infraction. Il doit avoir voulu induire sa victime en erreur afin de la déterminer à lui remettre un bien, à lui fournir un service ou à consentir à un acte. En pratique, cette preuve se déduit bien souvent du lien de causalité déjà établi entre ce résultat final et la tromperie qui l'a provoqué : l'agent peut difficilement avoir voulu les moyens (tromper) sans rechercher la fin (bien, service, consentement).

En revanche, classiquement, peu importent les mobiles qui poussent à agir de la sorte : l'escroc qui prétend tromper les riches pour mieux aider les pauvres commet un délit[85].

Section 3 La répression de l'acte

785. De ce qui précède, il suit que l'escroquerie peut prendre des formes variées. La tromperie peut se révéler plus ou moins grave en fonction des circonstances dans lesquelles elle est réalisée. Le législateur en tient compte dans le choix des peines applicables. Par ailleurs, la poursuite obéit à quelques règles particulières.

§1. Les peines encourues

786. Pénalités. – La personne physique qui se rend coupable d'escroquerie s'expose à 5 ans d'emprisonnement et 375 000 € d'amende (art. 313-1). De telles sanctions sont plus élevées que celles du vol simple car l'escroquerie suppose la préméditation : « l'escroc, parvenu à étouffer en lui tout sentiment de honte, fait son unique étude des moyens de tromper les autres, et d'échapper au châtiment »[86]. Par ailleurs, il s'expose aux peines complémentaires des articles 313-7 et 313-8, dont l'interdiction pour 5 ans au plus d'exercer l'activité professionnelle ou sociale dans le cadre de laquelle l'infraction a été commise ainsi que la fermeture, pour une durée identique, de l'établissement ayant servi à commettre l'infraction[87].

83. Cass. crim., 19 févr. 2013, *Gaz. Pal.* 8 mai 2013, p. 30, obs. S. Detraz. – 9 juill. 1996, *Dr. pén.* 1997, n° 32, obs. M. Véron.

84. Cass. crim., 30 juin 1999, *D.* 2000, p. 655, note B. Giard. – CA Lyon, 28 juill. 1997, *JCP* G 1998, II, 10025, note M.-R. Renard.

85. Comp. Cass. crim., 23 nov. 1976, *B.* n° 335.

86. J.-P. Marat, *Plan de législation criminelle*, Rochette impr., 1790, p. 73.

87. L'infraction peut donner lieu à une inscription au fichier national automatisé des empreintes génétiques : CPP, art. 706-55.

La personne morale reconnue coupable de la même infraction s'expose, quant à elle, au paiement d'une amende dont le montant est porté au quintuple ainsi qu'à l'ensemble des peines de l'article 131-39 (art. 313-9).

787. Aggravation. – Mais il existe des circonstances aggravantes prévues à l'article 313-2. Elles ont pour conséquence de porter les peines principales encourues à 7 ans d'emprisonnement et 750 000 € d'amende lorsque l'escroquerie est commise : 1° par une personne dépositaire de l'autorité publique ou chargée d'une mission de service public, dans l'exercice ou à l'occasion de l'exercice de ses fonctions ou de sa mission ; 2° par une personne qui prend indûment la qualité de dépositaire de l'autorité publique ou de chargée d'une mission de service public[88] ; 3° par une personne qui fait appel au public en vue de l'émission de titres (ce qui vise toute offre de souscription d'actions, d'obligations ou même d'effets de commerce) ou en vue de la collecte de fonds à des fins d'entraide humanitaire ou sociale (peu importe le moyen utilisé pour faire appel au public : prospectus, démarchage, annonces ou articles dans la presse)[89] ; 4° au préjudice d'une personne dont la particulière vulnérabilité, due à son âge, à une maladie, une infirmité, une déficience physique ou psychique ou à un état de grossesse, était apparente ou connue de l'agent[90] ; 5° au préjudice d'une personne publique, d'un organisme de protection sociale ou d'un organisme chargé d'une mission de service public, pour l'obtention d'une allocation, d'une prestation, d'un paiement ou d'un avantage indu.

Ces peines principales sont même portées à 10 ans d'emprisonnement et 1 M€ d'amende lorsque l'escroquerie est commise en bande organisée[91]. Ce qui suppose que l'infraction ait été préméditée et réalisée au moyen d'une organisation structurée, « peu important que les diverses fonctions nécessaires à la mise en œuvre du mode opératoire ainsi conçu n'aient pas été exercées par les mêmes personnes pendant toute la période de commission des faits poursuivis »[92]. La procédure propre à la délinquance organisée est alors applicable (CPP, art. 706-73 et s.).

§2. Les particularités de la poursuite

788. Prescription. – On l'a vu, la remise du bien convoité, la fourniture du service attendu ou le consentement à l'acte opérant obligation ou décharge consomme l'escroquerie qui n'existe pas avant cette date[93]. Ce délit matériel est aussi un délit instantané (peu importe la durée des manœuvres qui ont précédé). Il ne commence donc à se prescrire qu'au jour de cette remise, de cette fourniture ou de ce consentement.

88. L'acte préparatoire est éventuellement punissable à un autre titre : V. *infra*, n° 852.

89. Cass. crim., 10 juin 1991, *B.* n° 247.

90. Les sanctions encourues sont plus sévères qu'en matière d'abus frauduleux de l'état d'ignorance ou de faiblesse alors que le préjudice n'a pas à être « grave » ici (v. *infra*, n° 973). Mais il doit être certain.

91. Cass. crim., 16 oct. 2013, *AJ pénal* 2013, p. 665, note J. Lasserre Capdeville.

92. Cass. crim., 16 mai 2018, *Dr. pén.* 2018, n° 148, obs. P. Conte.

93. Lorsque la remise porte sur une somme d'argent, payée par chèque, l'infraction est consommée au jour de la présentation du chèque par l'agent et non au jour où le montant de ce chèque est porté à son compte (Cass. crim., 30 juin 1999, *Dr. pén.* 2000, n° 13, obs. M. Véron), car ce n'est pas l'agent qui accomplit ce dernier acte.

Toutefois, lorsque la tromperie a déclenché des versements périodiques, la Cour de cassation accepte de reporter le point de départ du délai de prescription de l'action publique au jour du dernier versement : elle y voit « une opération délictueuse unique »[94]. Ce qui suppose de traiter les différentes remises comme formant un ensemble indivisible[95]. Cela est possible lorsqu'elles sont déterminées par un même mensonge. À défaut, si le mensonge – même identique – est réitéré, il faut plutôt y voir des infractions successives, au risque de limiter l'objet de la poursuite lorsque les premières étaient déjà prescrites au moment où l'action publique a été engagée.

789. Tentative. – Cependant, la tentative d'escroquerie est incriminée (art. 313-3, al. 1). Elle est caractérisée par exemple lorsque des manœuvres frauduleuses auraient dû permettre à l'agent d'obtenir la remise du bien convoité si elles n'avaient pas été déjouées avant. Ainsi, constitue une tentative d'escroquerie le fait de déposer un chèque que l'on sait frappé d'opposition, ce que découvre la banque avant d'avoir crédité le compte[96]. *Idem* lorsque, avant d'indemniser son assuré, une compagnie d'assurance s'aperçoit grâce à une expertise que la déclaration de vol qui lui a été transmise avec un certificat de dépôt de plainte n'a aucune réalité[97] ou qu'elle est accompagnée d'un faux certificat de marquage des vitres du véhicule[98]. En revanche, le fait d'incendier un camion assuré ne constitue qu'un acte préparatoire échappant à toute sanction s'il est poursuivi avant que l'agent ait adressé à sa compagnie d'assurances la déclaration de sinistre nécessaire au déclenchement du processus d'indemnisation[99].

790. Concours réel d'infractions. – Même si la jurisprudence a beaucoup varié sur la question, elle semble considérer dans son dernier état qu'un usage de faux peut être retenu supplémentairement à l'escroquerie lorsque le moyen de tromper autrui pour le déterminer à remettre un bien, fournir un service ou consentir à un acte, a été la production d'un faux titre portant sur le nom ou la qualité ou renforçant un mensonge simple[100]. Le fait qu'il existe un rapport d'utilité rendant ces deux infractions indivisibles ne suffit plus pour imposer au juge de choisir entre l'infraction-moyen et l'infraction-fin. Pour la Cour de cassation, non seulement « la caractérisation des éléments constitutifs de l'une des infractions n'exclut pas la caractérisation des éléments constitutifs de l'autre », mais aussi : « aucune de ces infractions n'est un élément constitutif ou une circonstance aggravante de l'une des autres ». Elle estime donc qu'il n'y a aucune incompatibilité à appliquer ces deux qualifications car « l'article 313-1, qui incrimine l'escroquerie, vise les manœuvres frauduleuses et non

94. Cass. crim., 26 sept. 1995, *Dr. pén.* 1996, n° 61, obs. M. Véron.

95. Cass. crim., 2 févr. 2016, *Gaz. Pal.* 26 avr. 2016, p. 54, obs. E. Dreyer. – 6 oct. 2004, *Dr. pén.* 2005, n° 27, obs. M. Véron. – 20 juin 1994, *Dr. pén.* 1994, n° 260, obs. M. Véron.

96. Cass. ass. plén., 18 janv. 2006, *JCP* G 2006, II, 10075, note J. Leblois-Happe ; *D.* 2006, p. 1950, note D. Père. – V. aussi Cass. crim., 7 oct. 2009, *Dr. pén.* 2010, n° 1, obs. M. Véron.

97. Cass. crim., 8 sept. 2004, *Dr. pén.* 2005, n° 13, obs. M. Véron. – 3 oct. 1996, *D.* 1998, p. 68, note B. de Lamy.

98. Lorsque l'application de la garantie est subordonnée à l'existence d'un tel marquage : Cass. crim., 22 févr. 1996, *Dr. pén.* 1996, n° 184, obs. M. Véron.

99. Cass. crim., 17 déc. 2008, *D.* 2009, p. 1796, note A. Prothais. – 22 mai 1984, *D.* 1984, p. 602, note J.-M. Robert. – V. cpdt Cass. crim., 28 févr. 2012, *RSC* 2012, p. 865, obs. H. Matsopoulou.

100. Cass. crim., 15 déc. 2021, *D.* 2022, p. 154, note G. Beaussonie ; *Gaz. Pal.*, 1er févr. 2022, p. 21, note R. Parizot ; *RSC* 2022, p. 311, obs. X. Pin. – V. *supra*, n° 4.

spécifiquement le faux ou l'usage de faux comme élément constitutif de ce délit », ce qui comporte à notre sens une grande part d'artifice.

791. Réparation. - Enfin, l'action civile appartient à celui qui a remis le bien, fourni le service ou consenti à un acte sur la base d'une fausse croyance. Il peut agir même s'il a lui-même commis une infraction à cette occasion (ainsi pour la victime qui remettrait de l'argent à un faux trafiquant de produits stupéfiants et qui n'obtiendrait pas son dû). Il faut et il suffit qu'une telle victime justifie d'un préjudice personnel en relation directe avec l'escroquerie[101]. Peu importent les droits (ou l'absence de droits) en vertu desquels elle détenait le bien remis.

Autre particularité : dans le cadre de l'escroquerie à la TVA, l'État peut se constituer partie civile pour demander réparation d'un préjudice correspondant au montant de la TVA éludée tout en disposant par ailleurs d'une action en recouvrement de celle-ci[102]. Une telle solution est pourtant douteuse. Certes, ces deux actions sont indépendantes mais cela ne permet pas de les envisager de manière cumulative : l'exigence de réparation intégrale, sans perte ni profit, devrait exclure au contraire que la première puisse être exercée lorsque la seconde a déjà abouti[103].

Enfin, l'article L. 621-1, C. consom. dote les associations de consommateurs régulièrement déclarées du pouvoir d'exercer les droits reconnus à la partie civile relativement aux faits portant un préjudice direct ou indirect à l'intérêt des consommateurs (v. aussi CPP, art. 2-8 et -17).

792. Neutralisation. - Dans l'hypothèse où une journaliste s'était infiltrée au sein d'un parti politique pour en observer le fonctionnement, se faisant remettre des documents et informations en adoptant un faux nom, une fausse qualité et un faux profile, la Cour de cassation a admis que la sanction de tels agissements sous couvert d'escroquerie constituerait « une ingérence disproportionnée dans l'exercice de la liberté d'expression »[104], ce qui a surpris[105]. Une telle solution est pourtant la contrepartie nécessaire à l'extension du délit à toute forme de remise, même lorsque celle-ci porte sur de simples renseignements, sauf à contester le journalisme d'investigation. Plutôt qu'une cause justificative tirée de l'exercice légitime de la liberté d'expression, il est sans doute préférable de voir ici le résultat d'une exception d'inconventionnalité : une

---

101. Cass. crim., 11 mai 1999, *B.* n° 89.

102. Cass. crim., 16 juin 2021, *Dr. pén.* 2021, n° 149, obs. J.-H. Robert ; *Gaz. Pal.*, 14 sept. 2021, p. 49, obs. N. Catelan.

103. Il en va d'autant plus ainsi que, pour la Cour de cassation, il peut y avoir à la fois escroquerie à la TVA et fraude fiscale (V. considérant que ces deux infractions peuvent être cumulativement retenues car elles reposent sur des faits distincts : Cass. crim., 25 nov. 2020, *Dr. pén.* 2021, n° 20, obs. P. Conte). Or, au titre de la fraude fiscale, il est admis que l'administration fiscale ne se constitue partie civile que pour corroborer l'action publique car son préjudice est déjà réparé par les majorations fiscales et intérêts de retard qu'elle met à la charge des fraudeurs (LPF, art. L. 232. – Cass. crim., 29 janv. 2020, *JCP* G 2020, 633, obs. S. Detraz ; *AJ pénal* 2020, p. 302, obs. C. Litaudon ; *RTD com.* 2020, p. 497, obs. L. Saenko). Si cela suffit à compenser ses pertes, l'administration fiscale ne devrait pouvoir invoquer qu'un préjudice de principe au titre de l'escroquerie.

104. Cass. crim., 26 oct. 2016, *JCP* G 2016, 1314, note G. Beaussonie et B. de Lamy ; *Gaz. Pal.* 24 janv. 2017, p. 51, obs. S. Detraz ; *RSC* 2016, p. 767, obs. H. Matsopoulou.

105. Auparavant, une relaxe avait été prononcée au motif – beaucoup plus radical – que le mensonge sur le nom n'est pas déterminant dans une telle hypothèse et que s'affirmer faussement militant ne revient pas à prendre une fausse qualité : Cass. crim., 30 mars 2016, *Légipresse* 2016, p. 351, note G. Beaussonie, *Dr. pén.* 2016, n° 104, obs. P. Conte ; *RSC* 2016, p. 767, obs. H. Matsopoulou.

déclaration de culpabilité et des sanctions prononcées sur le fondement de l'article 313-1 auraient été contraires au résultat normalement attendu de l'application de l'article 10, Conv. EDH (lequel n'autorise qu'exceptionnellement des restrictions à la liberté d'expression).

Par ailleurs, l'immunité familiale de l'article 311-12 est applicable ici (art. 313-3, al. 2. – V. *supra,* n° 310). On rappellera tout au plus qu'elle empêche les poursuites contre ses bénéficiaires mais ne fait pas disparaître l'infraction.

CHAPITRE 2

Les filouteries

793. Présentation. – Il existe de nombreuses situations dans lesquelles une personne peut être abusée par autrui[1]. Au titre des filouteries, l'hypothèse envisagée a ceci d'original que l'agent ne commet aucun acte positif de tromperie. Il se contente de profiter de la situation dans laquelle se trouve sa victime. En effet, certaines remises apparaissent nécessaires, inévitables compte tenu des conditions dans lesquelles quelques professionnels exercent leurs activités. En profiter peut alors constituer une infraction.

D'une manière générale, la filouterie consiste à obtenir la remise d'un bien ou la fourniture d'un service en se sachant dans l'impossibilité de payer ou en étant déterminé à ne pas payer. Au XIXe siècle, la sanction de ce comportement posa difficulté car la remise volontaire de la chose excluait qu'il puisse y avoir vol. Par ailleurs, en l'absence de mensonge qualifié ou de manœuvres, il ne pouvait y avoir escroquerie. Enfin, aucune obligation de restitution n'était contractée par l'agent à l'égard de sa victime permettant de retenir un abus de confiance. Aucune de ces qualifications majeures ne permettait donc de sanctionner l'obtention indue d'un bien ou d'une prestation de services. Le législateur a été contraint d'intervenir afin d'incriminer spécialement celui qui abuse de la confiance que certains professionnels sont obligés de lui faire. Plusieurs textes furent successivement adoptés qui ont été réunis à l'article 313-5 du Code actuel.

Toutes les hypothèses de filouterie y sont sanctionnées de la même manière : la personne physique qui se rend coupable d'une telle infraction s'expose à 6 mois d'emprisonnement et 7 500 € d'amende. Elle encourt également les peines complémentaires de l'article 313-7 dont l'interdiction de séjour et l'affichage ou la diffusion de la décision prononcée[2]. Toutefois, la procédure de l'article 495-17, CPP est applicable dans une telle hypothèse qui permet d'éteindre l'action publique, y compris en cas de récidive, par le simple paiement d'une amende forfaitaire de 300 €.

1. V. not. G. Vermelle, « Le resquilleur », *in Mél. Lombois*, PULIM, 2004, p. 563.
2. Dans une telle hypothèse, la responsabilité pénale d'une personne morale ne donne pas lieu à sanctions spécifiques : seule l'amende portée au quintuple est donc applicable (art. 131-38, al. 1).

Section 1
La matérialité de l'acte

794. Plusieurs comportements sont incriminés. En effet, le Code a rapproché les différentes formes de filouterie incriminées antérieurement mais n'a pas jugé nécessaire de les fondre en une incrimination unique permettant de sanctionner d'une manière générale l'obtention d'un bien ou d'un service sans pouvoir, ou vouloir, en payer le prix. Dans la limite de l'énumération précédente, l'article 313-5 continue donc de punir ceux qui se montrent déloyaux envers certains professionnels qui ne peuvent se faire payer d'avance ou qui n'ont pas les moyens d'évaluer la solvabilité de leurs cocontractants préalablement à l'exécution de leurs prestations. Les autres n'ont qu'à prendre leurs précautions : refuser de payer sa mise en plis en sortant du coiffeur ne constitue pas une infraction !

De ce qui précède, on peut déduire déjà des caractéristiques communes à ces quatre formes de filouterie ; il conviendra ensuite de les envisager distinctement.

§1. Les caractéristiques communes aux différentes filouteries

795. Présentation. – Les filouteries correspondent à des comportements *a priori* anodins mais qui deviennent punissables compte tenu de l'objectif poursuivi par l'agent. Elles ont en commun trois caractéristiques.

Tout d'abord, elles supposent la remise d'un bien ou l'exécution d'un service par un professionnel. Ce que l'on protège là, c'est le professionnel qui est contraint de faire confiance à sa clientèle et de s'exécuter avant d'avoir été payé. À titre d'exemple, on le verra, il existe une filouterie de logement : elle ne protège que les hôteliers de profession et non le particulier qui louerait ponctuellement une chambre à un étudiant. Si l'étudiant refuse de payer son loyer, il commet une faute civile mais pas une infraction pénale.

Ensuite, les filouteries supposent une remise ou une exécution spontanée par le professionnel. Cette remise ou exécution ne doit pas avoir été provoquée par la crainte, par un mensonge qualifié ou des manœuvres. Il y aurait alors extorsion, chantage ou escroquerie.

Enfin, cela ne signifie pas que l'agent est étranger à la remise. Au contraire, il doit l'avoir sollicitée en dissimulant le fait qu'il ne va pas payer, parce qu'il ne le peut pas ou ne le veut pas[3]. Quand cette décision est prise dès l'origine, le professionnel est trompé sur la démarche de son client qui s'avère déloyale. Mais ce mensonge est d'une nature particulière ; il procède d'un silence. Il consiste à taire l'intention de ne pas payer.

3. L'infraction est, à cet égard, matérielle : « en l'absence d'incrimination de la tentative, le restaurateur qui prépare les plats commandés mais exige un paiement au moment de les servir ne peut engager la responsabilité pénale de son client [en cas de refus] » (E. Garçon, *Code pénal annoté*, Rec. gén. lois et arrêts, 1901-1906, ss. art. 401, p. 1283, n° 11). Dans une telle hypothèse, le plat n'ayant pas été servi, l'infraction n'est pas consommée.

§2. Les caractéristiques propres à chaque filouterie

796. Boissons ou d'aliments. – Est tout d'abord incriminé le « fait de se faire servir des boissons ou des aliments dans un établissement vendant des boissons ou des aliments » sans pouvoir ou vouloir en payer le prix (art. 313-5, 1°). Cette première forme de l'infraction est souvent qualifiée grivèlerie. Elle tend à protéger les professionnels de la restauration qui risquent de s'exposer à un refus de paiement lorsqu'ils présentent la note au client après lui avoir servi à boire et/ou à manger[4].

Peu importe que la boisson ou les mets n'aient finalement pas été consommés : la bouteille n'est pas rebouchée pour le client suivant ; le plat n'est pas réchauffé. Ils sont perdus et le professionnel abusé.

797. Logement. – Est incriminé ensuite le fait, sans pouvoir ou vouloir en payer le prix, « de se faire attribuer et d'occuper effectivement une ou plusieurs chambres dans un établissement louant des chambres, lorsque l'occupation n'a pas excédé dix jours » (2°).

La logique est la même que dans l'hypothèse précédente : commercialement, il est difficile à un hôtelier d'exiger un paiement d'avance ; ce professionnel est contraint de faire confiance à ses clients. Du moins, jusqu'à leur complète installation. En effet, à partir du moment où l'occupation de la chambre est susceptible d'excéder 10 jours, l'hôtelier doit s'assurer de la solvabilité de son client en exigeant un premier paiement. À ce titre, il ne peut se contenter de lui présenter la note à l'issue du dixième jour[5]. Il doit exiger un paiement avant cette date et ne peut se prétendre victime d'un délit que s'il justifie d'une sommation de payer restée infructueuse avant l'expiration de ce délai. À défaut, il dispose certes d'une créance contre l'occupant indélicat, qu'il pourra tenter de recouvrer devant les juridictions civiles, mais il ne peut engager sa responsabilité pénale[6]. Par ailleurs, si l'occupation de la chambre se prolonge après un premier paiement dans les dix jours, une nouvelle demande doit être adressée au client avant qu'un autre délai de dix jours n'expire à la suite.

En revanche, l'interprétation stricte du texte d'incrimination exclut que l'on puisse en étendre l'application au fait de ne pas payer les communications téléphoniques passées par un client depuis sa chambre d'hôtel[7].

798. Carburant ou lubrifiant. – Est également incriminé le fait, sans pouvoir ou vouloir en payer le prix, « de se faire servir des carburants ou lubrifiants dont on a fait remplir tout ou partie des réservoirs d'un véhicule par des professionnels de la distribution » (3°). Cela correspond à l'hypothèse dans laquelle le garagiste fait un plein ou une vidange que le client refuse ensuite de payer[8]. Les autres services fournis par le garagiste ne bénéficient pas de la même protection (en cas de refus de payer la révision du véhicule, par ex.).

4. Cass. crim., 17 mars 1987, *Gaz. Pal.* 1987.2, somm. p. 294, note J.-P. Doucet.
5. Cass. crim., 25 mars 1965, *D.* 1965, p. 452 ; *JCP* G 1965, II, 14235, rapport R. Combaldieu.
6. Cass. crim., 29 nov. 2005, *Dr. pén.* 2006, n° 35, obs. M. Véron.
7. CA Rennes, 3 mai 2000, *Dr. pén.* 2000, n° 125, obs. M. Véron.
8. CA Douai, 14 oct. 2004, *Dr. pén.* 2005, n° 21, obs. M. Véron.

Lorsque c'est le client lui-même qui remplit le réservoir de son véhicule et part sans payer, il n'y a pas remise volontaire émanant de la victime mais soustraction frauduleuse. Le client se rend alors coupable de vol, non de filouterie[9]. Une telle solution est imposée par le principe de légalité. Toutefois, elle a été contestée car les sanctions encourues au titre du vol sont trois fois plus élevées que les sanctions encourues au titre de la filouterie pour un résultat identique[10]. Est-ce choquant ? Nullement. Il n'y a pas rupture d'égalité devant la loi pénale car le fait de refuser de payer après s'être fait servir n'équivaut pas au fait de soustraire. Il nous semble normal qu'une abstention soit punie moins sévèrement qu'une action. Peu importent leurs conséquences identiques.

799. Taxi. – Enfin, est incriminé le fait sans pouvoir ou vouloir en payer le prix « de se faire transporter en taxi ou en voiture de place » (4°). Il s'agit de protéger les professionnels du transport individuel[11]. Les sanctions encourues ne peuvent être appliquées à la location de voiture sans chauffeur.

Le fait de voyager en métro, en autobus ou en train, sans payer son billet, est puni quant à lui par des textes spéciaux non envisagés ici.

Section 2
La perception de l'acte

800. Intention. – Un dol général est requis. Ce dol s'apprécie au moment de la remise du bien ou de la fourniture du service[12]. Il s'avère d'autant plus important que l'acte incriminé (refus de payer ce qui a été fourni) ne présente pas nécessairement un caractère anormal. C'est cet état d'esprit particulier qui donne à l'acte sa gravité et justifie sa qualification pénale.

Initialement, seule était sanctionnée la personne qui avait eu l'un des quatre comportements incriminés en sachant qu'elle était « dans l'impossibilité absolue de payer ». Il fallait que le ministère public établisse qu'au moment de la remise du bien ou de la fourniture du service, l'agent se savait insolvable. On ne lui reprochait pas alors cette insolvabilité mais le fait d'avoir agi sans s'en préoccuper. Il s'agissait de sanctionner ceux qui, vivant au-dessus de leurs moyens, se comportaient de manière irresponsable. Mais cette restriction profitait aux riches malhonnêtes qui refusaient de payer en se prétendant mensongèrement insolvables. Eux ne s'exposaient à aucune sanction puisqu'ils invoquaient une insolvabilité de façade.

Le Code actuel a remanié l'incrimination dans le sens de la sévérité. Il a assimilé à l'hypothèse du consommateur insolvable l'hypothèse d'une personne

9. Cass., avis, 4 mai 2010, *B* avis, n° 2.

10. T. Herrmann, *Unité d'action et concours d'infractions*, Th. Paris 1, 2022, p. 505, n° 1067.

11. Par « voiture de place », il faut entendre les véhicules dont le propriétaire est titulaire d'un droit de place sur la voie publique, c'est-à-dire d'une autorisation de stationnement. Il s'agit des taxis. L'incrimination ne peut être étendue au refus de paiement d'une ambulance (Cass. crim., 15 mai 1973, *B.* n° 220) ou d'un car de transport en commun (CA Toulouse, 12 oct. 2000, *D.* 2001, p. 2 349, obs. S. Mirabail). Échappe également à toute poursuite de ce chef celui qui n'honore pas sa réservation de véhicule de transport avec chauffeur (VTC).

12. Cass. crim., 21 avr. 1976, *B.* n° 120.

« déterminée à ne pas payer ». Il suffit désormais, pour caractériser l'intention coupable, d'établir que l'agent a décidé à l'avance qu'il ne payerait pas le service commandé. Peu importe qu'il ait agi de la sorte parce qu'il n'en avait pas les moyens, ou n'en avait pas l'envie. Ce comportement déloyal peut ainsi être sanctionné pour lui-même. Tombe désormais sous le coup de la loi, le client qui, pour ne pas payer la note, ergote sur la qualité des produits qui lui ont été servis. Dès lors que les critiques paraissent infondées, son attitude établit qu'il n'a jamais eu l'intention de payer et s'est comporté en filou. En revanche, échappe toujours à la punition l'étourdi qui s'aperçoit au moment de payer qu'il a oublié son portefeuille. Il en va de même s'il découvre *a posteriori* qu'il a perdu, ou qu'on lui a volé, sa carte bleue. On ne peut soutenir alors qu'il s'est fait servir en sachant qu'il ne payerait pas. Un tel client a peut-être fait preuve d'imprudence ou négligence (en ne vérifiant pas qu'il dispose bien de ses instruments de paiement) mais pas de fraude[13]. Néanmoins, entre ces deux hypothèses, il existe des situations plus délicates conduisant les magistrats à faire preuve d'une grande fermeté. Ils considèrent par ex. qu'une cliente refusant de payer sa note de restaurant faute d'argent suffisant ne peut contester le caractère intentionnel de son refus dès lors qu'elle « avait commandé des plats coûteux et devait savoir, en voyant leur prix, qu'elle ne pourrait les payer »[14]. Commander ce que l'on ne peut payer, c'est vouloir se faire servir gratuitement… L'absence d'argent suffisant est ravalée ici au rang de simple mobile, indifférent à la constitution de l'infraction.

13. Cass. crim., 24 janv. 1996, *Gaz. Pal.* 1996.1, chron. crim., p. 78.

14. Cass. crim., 28 févr. 2018, *Dr. pén.* 2018, n° 79, obs. P. Conte ; *RSC* 2018, p. 912, obs. H. Matsopoulou.

Titre 3

Les autres mensonges punissables

801. D'autres incriminations encore permettent de sanctionner certains mensonges commis dans des circonstances particulières. Il s'agit de lutter contre les mensonges en justice et la dénonciation calomnieuse. Il s'agit aussi de lutter contre différents actes d'usurpation ou de dissimulation. Envisageons ces faits dans quatre chapitres successifs.

CHAPITRE 1

Les mensonges en justice

802. La subornation de témoin et les faux serments sont deux comportements indépendants, même si le premier peut conduire aux seconds. L'objectif est, en toute hypothèse, de fausser le cours de la justice.

Section 1
La subornation de témoin

803. Présentation. – L'article 434-15 du Code pénal incrimine : « le fait d'user de promesses, offres, présents, pressions, menaces, voies de fait, manœuvres ou artifices au cours d'une procédure ou en vue d'une demande ou défense en justice afin de déterminer autrui soit à faire ou délivrer une déposition, une déclaration ou une attestation mensongère, soit à s'abstenir de faire ou délivrer une déposition, une déclaration ou une attestation ». Il s'agit d'une forme particulière de provocation à s'exprimer ou à ne pas s'exprimer dans un cadre judiciaire en faussant l'établissement de la vérité.

Peu importe que le provoqué n'ait pas, juridiquement, le statut de « témoin », faute d'avoir prêté serment. Le nom habituellement donné à l'infraction s'avère donc inexact. Son champ d'application est plus large[1]. Elle s'applique tant à la subornation d'un véritable témoin (susceptible d'être éventuellement poursuivi comme auteur d'un faux serment au sens de l'article 434-13 évoqué ci-dessous) qu'à la subornation de l'auteur d'une fausse attestation en matière civile[2]. La jurisprudence semble même retenir l'infraction en cas de simple concertation entre co-prévenus afin d'abuser la justice[3]. Malgré le flou que permet cette approche extensive, ou plus exactement pour sauvegarder cette interprétation, la Cour de cassation refuse qu'il puisse en être discuté devant le Conseil constitutionnel[4].

1. D'autant que les art. 434-19 et 434-21 assimilent respectivement la subornation d'interprète et d'expert à cette subornation de témoin.
2. Cass. crim., 28 juin 2011, *Dr. pén.* 2011, n° 119, obs. M. Véron.
3. Cass. crim., 25 janv. 1984, *B.* n° 33. – V. cpdt Cass. crim., 26 janv. 1972, *Gaz. Pal.* 1972.2, p. 718.
4. Cass. crim., 7 oct. 2015, *Dr. pén.* 2015, n° 160, obs. P. Conte.

Peu importe le moment où survient la subornation : au cours d'une procédure (déjà engagée) ou en vue d'une demande en justice (c'est-à-dire avant que la procédure ne soit engagée). Bien entendu, peu importe l'objet pénal, civil ou administratif de la procédure en question. Mais, on le verra, il ne peut s'agir que d'une procédure engagée ou à venir devant une juridiction française (V. *infra*, n° 808).

Essentiellement, l'infraction suppose l'emploi de moyens particuliers dans un but spécifique.

804. Moyens. – La subornation de témoin suppose l'utilisation de certains moyens : une simple sollicitation ne suffit pas à la caractériser[5]. On retrouve ici les adminicules classiques de la provocation : promesses, offres, présents, pressions, menaces, voies de fait, manœuvres ou artifices. Les présents correspondent sans doute aux dons de l'article 121-7 et les pressions aux ordres ou abus d'autorité ou de pouvoir envisagés par le même texte[6]. Par ailleurs, subsistent ici les manœuvres et l'artifice que l'ancien Code analysait comme des formes de provocation mais que le Code actuel a jugé inutile de rappeler à ce titre[7]. On en déduit, s'agissant de la subornation, qu'elle peut résulter d'une supercherie amenant le témoin à renoncer à s'exprimer.

En toute hypothèse, quelle que soit la forme prise par cet acte de provocation, l'agent doit avoir voulu peser sur la volonté d'autrui[8]. Un rapport de cause à effet doit pouvoir être établi entre le moyen employé et l'attitude d'autrui. Mais cela n'implique pas de contact direct : il n'est pas nécessaire « que les promesses ou offres, faites pour déterminer un témoin à des dépositions ou à des déclarations mensongères, lui soient adressées personnellement »[9]. En revanche, cette exigence d'un lien de causalité rend douteuse l'affirmation selon laquelle l'ordre entre la demande de déposition mensongère et la pression exercée importe peu dès lors que le résultat recherché a été obtenu[10].

805. But. – En l'occurrence, la provocation doit avoir poussé autrui : i) soit à faire ou délivrer une déposition, une déclaration ou une attestation mensongère ; ii) soit à s'abstenir de faire ou délivrer une déposition, une déclaration ou une attestation. La subordination peut donc avoir pour objectif aussi bien une action qu'une abstention[11]. Dans tous les cas, il risque d'en résulter une altération de la vérité[12]. Toutefois, on observera que l'appréciation du caractère mensonger de la déclaration ou de l'attestation est assez subjective. Pour la Cour de cassation, « le fait d'exercer des pressions sur une personne pour l'inciter à déclarer autre chose que ce qu'elle pense être la vérité caractérise le délit de

5. Cass. crim., 2 nov. 2005, *Dr. pén.* 2006, n° 24, obs. M. Véron.

6. V. p. ex. Cass. crim., 2 mars 2016, *Dr. pén.* 2016, n° 124, obs. P. Conte.

7. Manœuvres et artifice sont des tromperies permettant d'obtenir une attestation d'une personne qui n'en comprend pas les termes et ignore l'usage qui va en être fait : Cass. crim., 3 avr. 1974, *B.* n° 145.

8. Cass. crim., 27 oct. 1997, *B.* n° 352.

9. Cass. crim., 20 oct. 1999, *B.* n° 230.

10. V. cpdt Cass. crim., 4 févr. 1997, *Gaz. Pal.* 1997.1, p. 225, note J.-P. Doucet.

11. Sachant que l'individu cité par un juge d'instruction pour être entendu comme témoin et qui refuse de comparaître, de prêter serment ou de déposer, sans excuse ni justification, s'expose à une amende de 3 750 € (art. 434-15-1). Cette infraction-là est constituée indépendamment de toute subornation préalable.

12. Cass. crim., 11 déc. 1991, *B.* n° 472.

subornation »[13]. Peu importe donc le point de savoir si le fait finalement déclaré ou attesté est vrai ou faux : il ne s'agit pas de transformer le juge de la subornation en juge du fait en question.

On peut voir dans la délivrance d'une telle déposition, déclaration ou attestation (ou dans la renonciation à s'exprimer) autant de résultats redoutés. Il reste à déterminer si la consommation de l'infraction dépend de leur obtention. L'article 434-15 l'exclut *in fine* : ce texte énonce les peines applicables « même si la subornation n'est pas suivie d'effet ». En effet, dans ce qui précède l'incrimination n'exige pas tant l'obtention de ces résultats que la preuve de pressions accomplies « afin de déterminer autrui » à agir ou à s'abstenir. Peu importe donc que l'un de ces résultats redoutés se produise ou non. Et, heureusement, car la tentative de ce délit n'est pas déclarée punissable !

806. Perception. – Intentionnelle, la subornation de témoin suppose la conscience chez l'agent d'agir dans le cadre d'une procédure présente ou à venir mais aussi la volonté d'en fausser le cours. Il s'agit là d'un dol spécial qui confère toute sa spécificité à l'infraction par rapport à la corruption active (lorsque des promesses, offres ou présents sont employés), aux menaces avec ordre de remplir une condition (lorsqu'un mal est annoncé à autrui pour le pousser à faire quelque chose) et à l'escroquerie (lorsqu'un mensonge qualifié ou un mensonge simple accompagné de manœuvres ou artifices est employé). L'agent doit souhaiter l'obtention de l'un ou l'autre des résultats redoutés ici.

807. Pénalités. – L'infraction est punie de 3 ans d'emprisonnement et 45 000 € d'amende ainsi que des peines complémentaires de privation des droits et confiscation (art. 434-44). Mais, dans le cas particulier où cette subornation conduit à un faux témoignage au sens de l'article 434-14, les sanctions plus sévères prévues par ce texte sont sans doute applicables au suborneur poursuivi alors en tant que complice.

808. Compléments. – Signalons, pour finir, l'incrimination de plusieurs comportements voisins.

Ainsi, les peines de 3 ans d'emprisonnement et 45 000 € d'amende sont également applicables en cas de subornation d'un témoin « à l'occasion d'une procédure ou en vue d'une demande ou défense en justice, dans un État étranger ou devant une cour internationale » (art. 435-12). Cette disposition spéciale ne fait qu'élargir le champ de l'incrimination précédente.

Par ailleurs, les mêmes peines sont encourues par l'auteur d'une menace ou d'un acte d'intimidation « commis en vue de déterminer la victime d'un crime ou d'un délit à ne pas porter plainte ou à se rétracter » (art. 434-5) ou « commis envers un magistrat, un juré ou toute autre personne siégeant dans une formation juridictionnelle, un arbitre, un interprète, un expert ou l'avocat d'une partie, en vue d'influencer son comportement dans l'exercice de ses fonctions » (art. 434-8). L'article 435-13 porte même ces peines à 10 ans d'emprisonnement et 150 000 € d'amende lorsqu'un acte d'intimidation est accompli « pour obtenir d'un magistrat, d'un juré, de toute personne siégeant dans une formation juridictionnelle ou participant au service public de la justice, ou d'un agent des services de détection ou de répression des

13. Cass. crim., 12 juin 2019, *JCP* G 2019, 892, note J.-C. Saint-Pau ; *AJ pénal* 2019, p. 447, obs. J.-B. Thierry ; *Gaz. Pal.* 19 nov. 2019, p. 49, obs. S. Detraz.

infractions dans un État étranger ou dans une cour internationale, qu'il accomplisse ou s'abstienne d'accomplir un acte de sa fonction, de sa mission ou facilité par sa fonction ou sa mission ».

Section 2
Les faux serments

809. Tout mensonge en justice ne constitue pas une infraction. En matière pénale, la personne poursuivie, réfugiée derrière la présomption d'innocence, n'est nullement tenue de dire la vérité ; aucun serment ne peut lui être déféré. En matière civile, en revanche, une partie peut déférer le serment à son adversaire. Mentir sous serment constitue alors une infraction. Par ailleurs, en toute matière, les tiers qui confortent mensongèrement les dires d'une partie commettent eux aussi une infraction lorsqu'ils déposent sous serment[14]. En pratique, c'est même le faux serment de ces tiers qui est le plus souvent sanctionné. Inversons donc l'ordre des présentations.

§1. Le faux serment d'un tiers

810. Étendue. – L'article 434-13 du Code pénal punit le témoignage mensonger fait sous serment devant une juridiction française ou devant un officier de police judiciaire français lorsque celui-ci agit en exécution d'une commission rogatoire.

La formule « juridiction quelconque » employée par le texte d'incrimination présente un caractère général. Les juridictions en question sont donc tant les juridictions pénales que les juridictions civiles, dès lors que, à l'occasion d'une enquête civile, des tiers sont amenés à déposer sous serment[15]. Les attestations, au sens de l'article 202, CPC, lorsqu'elles sont fausses relèvent de l'article 441-7 (v. *supra*, n° 730) et non de ce texte d'incrimination[16]. Néanmoins, le plus souvent, les témoignages mensongers sont exprimés devant une juridiction pénale. Peu importe qu'il s'agisse d'une juridiction de jugement ou d'instruction dès lors qu'un serment est prêté par celui qui dépose. L'article 434-13 étend même, on l'a vu, la sanction aux faux serments prêtés devant les officiers de police judiciaire agissant sur commission rogatoire, c'est-à-dire sur délégation d'un juge d'instruction.

En revanche, les commissions parlementaires n'étant pas des juridictions, ce texte n'est pas applicable aux faux serments prêtés devant elles[17].

14. Par ailleurs, il existe dans le Code pénal des incriminations spécifiques qui permettent de punir l'interprète qui dénature volontairement la substance des paroles ou documents traduits (art. 434-18) ainsi que l'expert qui falsifie volontairement les données ou résultats de ses travaux (art. 434-20).

15. Cass. crim., 11 oct. 1989, *B.* n° 354. – Une infraction équivalente s'applique en cas d'atteinte à l'administration de la justice par la Cour pénale internationale (art. 434-23-1).

16. Cass. crim., 3 févr. 1982, *RSC* 1983, p. 74, obs. A. Vitu.

17. V. aussi excluant la sanction de ce délit devant un conseil de l'ordre réuni en formation disciplinaire : CA Aix en Provence, 5 févr. 1985, *Gaz. Pal.*, 1985.1, p. 350, obs. A. D.

811. Caractères. – L'essentiel est que la déposition ait été faite sous serment. Il découle d'une telle exigence que l'infraction ne peut être constituée lorsque les propos mensongers ont été tenus par une personne dispensée ou exclue du serment (condamnés privés du droit de témoigner en justice, mineurs de 16 ans, parents ou alliés de la personne poursuivie) ou entendue à titre de simple renseignement (essentiellement au cours de l'enquête de police).

Par ailleurs, la déposition doit concerner un fait faux[18] et être exprimée dans le but de tromper la justice. La jurisprudence antérieure au Code actuel en déduisait que ce faux témoignage devait être de nature à exercer une « influence » sur la décision du juge. En conséquence, elle exigeait qu'il présente un caractère déterminant, c'est-à-dire que le témoignage soit en rapport direct avec l'objet de la poursuite[19]. Une telle limitation du champ de l'incrimination paraissait légitime et doit être maintenue, même si elle n'a pas été consacrée à l'article 434-13. Elle est conforme à son esprit, si ce n'est à sa lettre, et opère *in favorem*. Peu importe en revanche qu'il ne résulte aucun préjudice de ce faux témoignage[20]. Peu importe donc qu'aucune décision n'ait été rendue sur la foi de cet élément de preuve. C'est un risque (d'entrave à la justice) que l'on cherche ici à sanctionner : le faux serment est puni pour lui-même, indépendamment de ses suites. L'infraction est formelle.

Enfin, il est nécessaire que l'agent ait eu conscience de témoigner sous serment d'un fait inexact. L'infraction est intentionnelle : l'agent doit avoir eu conscience de la solennité du serment ; il doit également avoir eu conscience de l'importance et de la fausseté de sa déposition. Il doit avoir su qu'elle était de nature à tromper le juge et agi quand même avec la volonté d'atteindre un tel résultat. En revanche, on ne saurait reprocher à un témoin influençable de s'être mépris alors que sa mémoire commençait à vaciller. Le témoin de bonne foi n'engage pas sa responsabilité pénale à raison de l'imprudence de ses déclarations.

812. Pénalités. – La personne physique qui se rend coupable d'une telle infraction s'expose à 5 ans d'emprisonnement et 75 000 € d'amende (art. 434-13, al. 1) ainsi qu'à l'interdiction des droits et à la confiscation à titre complémentaire (art. 434-44).

Toutefois, ces peines sont portées à 7 ans d'emprisonnement et 100 000 € d'amende : i) lorsque le témoignage mensonger a été provoqué par la remise d'un don ou d'une récompense quelconque (le témoin ayant cédé à un acte de subornation) ou ii) lorsque le témoignage mensonger concernait un fait de nature criminelle (art. 434-14).

813. Limites. – Les magistrats refusent de prendre en compte le risque de sanction qu'encourt la personne déposant sous serment, si elle révèle la vérité sur des faits qui la mettent également en cause. Il a ainsi été jugé « que le faux témoignage ne peut être excusé sous le prétexte que le témoin n'aurait pu dire la vérité sans s'exposer à un dommage grave et inévitable à sa liberté, ou à son honneur »[21]. Une telle solution paraît peu respectueuse des droits de la défense.

18. Peu importe que le témoin conteste la réalité d'un fait exact ou affirme l'existence d'un fait imaginaire : Cass. crim., 6 mars 1973, *B.* n° 108.

19. Cass. crim., 11 déc. 1957, *B.* n° 827.

20. Cass. crim., 17 déc. 2002, *Dr. pén.* 2003, n° 32, obs. M. Véron.

21. Cass. crim., 11 avr. 1964, *JCP* G 1964, II, 13770, note J. Larguier.

Elle serait justifiée par l'intérêt primordial qui s'attache au serment[22]. Mais elle heurte le droit de ne pas s'auto-incriminer qui est désormais garanti tant au niveau constitutionnel qu'au niveau européen[23]. La qualification pénale des faits devrait être neutralisée dans une telle hypothèse.

En revanche, l'auteur d'un faux témoignage prêté sous serment est exempté de peine – l'infraction restant constituée – s'il se rétracte spontanément avant la décision mettant fin à la procédure devant la juridiction d'instruction ou de jugement. L'objectif est de l'inciter à le faire. Toutefois, la faveur accordée est réduite par rapport au droit antérieur. Est ainsi condamnée la jurisprudence estimant que l'infraction n'est constituée qu'à partir du moment où le témoignage est devenu irrévocable, c'est-à-dire en pratique au jour du délibéré[24]. Désormais, l'infraction est constituée du seul fait de la déposition mensongère sous serment. Il s'ensuit notamment que « les dispositions de l'article 434-13, al. 2, C. pén., qui prévoient une exemption de peine si le faux témoin a rétracté spontanément son témoignage, n'ont pas pour effet de reporter le point de départ de la prescription à la date à laquelle le témoignage est devenu irrévocable »[25].

§2. Le faux serment d'une partie

814. Présentation. – On le sait, en matière pénale, les parties privées à la procédure s'expriment librement. Par souci des droits de la défense et pour leur éviter de « s'auto-incriminer », elles ne sont pas tenues de dire toute la vérité en prêtant serment. Il en va différemment en matière civile où le serment peut, exceptionnellement, être déféré par une partie à une autre. C'est à cette hypothèse exceptionnelle, et distincte de la précédente, qu'est consacré l'article 434-17 du Code pénal.

Rappelons qu'en matière civile le serment peut s'avérer décisif de l'issue d'un procès (C. civ., art. 1384 et s.). Le recours à ce mode de preuve devant les juridictions civiles est devenu rare, ce qui réduit la portée d'une telle incrimination. D'autant que, ici, les juridictions pénales renoncent à toute autonomie. Elles estiment qu'une fausse déclaration, en matière civile, n'est punissable que dans les hypothèses où le Code civil permet de déférer le serment. Ainsi jugé : « qu'à l'égard des faits civils, la loi civile détermine le genre de preuve qui en peut être admis ; que cette loi doit être respectée et observée par les juges répressifs même dans le cas où le fait autorisé par la loi civile se liant par des rapports nécessaires et absolus au fait puni par la loi pénale, la preuve de l'infraction ne peut être établie que par celle du fait civil et doit en être la conséquence ; que ce principe est général et absolu »[26]. L'infraction est constituée par ex. lorsque, à l'occasion d'une contestation civile, une partie défère le serment décisoire à l'autre, qui l'accepte tout en faisant à la suite

22. Y. Mayaud, « Les droits de la défense, cause d'irresponsabilité pénale », *in Mél. Gassin*, PUAM, 2007, p. 303.

23. Comp., Cons. const., déc. n° 2016-594 QPC du 4 nov. 2016, *Mme Sylvie T.*, § 8 et CEDH, 25 févr. 1993, *Funke c/France*, § 44.

24. Cass. crim., 11 oct. 1973, *B.* n° 354.

25. Cass. crim., 17 déc. 2002, *Dr. pén.* 2003, n° 32, obs. M. Véron.

26. Cass. crim., 15 juill. 1964, *JCP* G 1964, II, 13817.

une déclaration inexacte[27]. L'infraction n'est pas constituée si cette procédure, spécifique et solennelle, n'a pas été respectée.

De surcroît, la preuve de la fausseté de ce serment doit être rapportée conformément aux articles 1359 et s. du Code civil et non par tout moyen[28]. Cette preuve incombe au ministère public car, en vertu de l'article 1363 du Code civil, « lorsque le serment déféré ou référé a été fait, l'autre partie n'est pas admise à en prouver la fausseté ». *A priori*, cette autre partie n'est même pas recevable à se constituer partie civile[29]. Ce qui ne l'encourage guère à susciter des poursuites.

815. Pénalités. – L'enjeu purement privé du litige réduit l'importance de ce mensonge. Les sanctions encourues sont donc de moindre gravité que dans l'hypothèse précédente. La personne physique déclarée coupable d'un faux serment ne s'expose qu'à 3 ans d'emprisonnement et 45 000 € d'amende à titre principal ainsi qu'aux peines d'interdiction des droits et de confiscation à titre complémentaire (art. 434-44). Néanmoins, ces peines restent élevées compte tenu de la portée symbolique du serment.

27. Cass. crim., 26 avr. 1988, *B.* n° 174.

28. Cass. crim., 15 juill. 1964, préc.

29. V. néanmoins suggérant de contourner l'autorité de la chose jugée qui s'attache à la décision ayant mis fin au procès civil : E. Garçon, *Code pénal annoté*, Rec. gén. lois et arrêts, 1901-1906, ss. art. 366, p. 1037, n° 23.

CHAPITRE 2

La dénonciation calomnieuse

816. La dénonciation calomnieuse consiste « à porter à la connaissance d'une autorité intéressée un fait répréhensible »[1] en sachant qu'il est inexact, c'est-à-dire « à imputer à une personne, auprès de quelqu'un qui peut en tirer des conséquences défavorables pour elle, un fait dont [l'agent] connaît la fausseté »[2]. Longtemps, on a considéré que cette incrimination servait à défendre non seulement l'honneur des personnes mais aussi l'autorité de la justice dont les moyens ne doivent pas être inutilement gaspillés. Mais la défense des particuliers semble aujourd'hui prédominante dans la lutte contre ce type de comportements car, on le verra, le destinataire de la dénonciation peut aussi bien être une autorité privée (employeur) que publique (judiciaire ou administrative). L'objectif est essentiellement d'éviter qu'autrui ne soit exposé à un risque de sanctions injustifiées.

Envisageons la définition de cette infraction puis les modalités de sa répression.

Section 1
Le comportement incriminé

817. L'article 226-10 du Code pénal donne une définition longue et complexe de la dénonciation calomnieuse. Il punit la dénonciation « effectuée par tout moyen et dirigée contre une personne déterminée, d'un fait qui est de nature à entraîner des sanctions judiciaires, administratives ou disciplinaires et que l'on sait totalement ou partiellement inexact, lorsqu'elle est adressée soit à un officier de justice ou de police administrative ou judiciaire, soit à une autorité ayant le pouvoir d'y donner suite ou de saisir l'autorité compétente, soit aux supérieurs hiérarchiques ou à l'employeur de la personne dénoncée ». Le

1. Y. Mayaud, *Le mensonge en droit pénal*, L'Hermès, 1977, n° 251.
2. M.-L. Rassat, *Droit pénal spécial*, Dalloz, 8e éd., 2018, p. 595, n° 520.

comportement ainsi décrit laisse apparaître tant l'élément matériel que l'élément moral de ce délit. Envisageons-les successivement.

§1. La matérialité de l'acte

818. Matérialité. – L'infraction suppose une déclaration : l'agent porte un fait à la connaissance d'autrui. La forme prise par cette déclaration est indifférente. L'article 226-10 indique d'ailleurs qu'une dénonciation calomnieuse peut être effectuée « par tout moyen », c'est-à-dire aussi bien par écrit qu'oralement. Elle peut donc être exprimée aussi bien à l'occasion d'une plainte simple que d'une plainte avec constitution de partie civile. Elle peut également être exprimée dans une lettre, signée ou anonyme, dans une pétition, publique ou non, dans une déposition faite à l'autorité de police et enregistrée sur procès-verbal, etc.

Il importe en revanche de s'interroger sur les circonstances et sur le contenu de cette dénonciation.

A. Les circonstances de la dénonciation

819. Présentation. – En principe, une dénonciation calomnieuse est reprochable à toute personne qui prétend révéler un fait mettant faussement en cause autrui auprès d'une ou plusieurs autres personnes qui sont en mesure de sanctionner, directement ou indirectement, ce fait. Mais il n'en va pas toujours ainsi. Avant d'en apprécier le contenu, il est donc nécessaire de vérifier les circonstances dans lesquelles une telle déclaration est faite et reçue. Cela commande de s'interroger non seulement sur les destinataires de la dénonciation mais aussi sur ceux qui l'émettent.

1. Les destinataires de la dénonciation

820. Autorités. – L'article 226-10 énumère trois catégories de personnes auprès desquelles une dénonciation calomnieuse devient punissable. Il y a délit lorsque cette dénonciation a été adressée : i) à un officier de justice (magistrat) ou à un officier de police administrative ou judiciaire ; ii) à une autorité ayant le pouvoir d'y donner suite ou de saisir l'autorité compétente[3] ; iii) à un supérieur hiérarchique ou à l'employeur de la personne dénoncée.

L'infraction ne se réduit donc pas à une simple atteinte à l'honneur ou la considération. Elle n'est pas caractérisée lorsqu'un fait faussement imputable à autrui est évoqué entre amis ou dans un cercle de famille, exprimé en public, à la cantonade, ou en réponse aux questions d'un journaliste. L'identité du destinataire est importante car le fait dénoncé doit exposer autrui à un risque de sanctions. En cela, la dénonciation calomnieuse constitue une infraction plus grave que la diffamation, publique ou non, qui se contente de répandre la calomnie. Peu importe que la sanction encourue soit administrative, judiciaire ou disciplinaire (licenciement ou perte

3. V. pour des faits d'atteinte sexuelle mensongèrement dénoncés à un médecin hospitalier et une assistante sociale : Cass. crim., 22 oct. 2002, *B.* n° 189. – *Idem* pour des faits dénoncés au président d'un tribunal de commerce : Cass. crim., 26 juin 2007, *Dr. pén.* 2007, n° 123, obs. M. Véron ou au président de l'AMF : Cass. crim., 12 avr. 2016, *Dr. pén.* 2016, n° 108, obs. P. Conte. – *Idem* encore s'agissant de faits dénoncés à un commissaire aux comptes : Cass. crim., 26 mai 2010, *Gaz. Pal.* 28 juill. 2010, p. 24, obs. E. Dreyer.

d'un avantage accordé[4]). En effet, le destinataire peut être une autorité privée dès lors que celle-ci est dotée d'un pouvoir de sanction[5].

2. Les émetteurs de la dénonciation

821. Restriction. – *A priori*, une dénonciation calomnieuse peut être reprochée à toute personne qui en accomplit les éléments constitutifs. Aucune qualité n'est exigée par le texte d'incrimination ou exclusion formulée par lui. Pourtant, la jurisprudence retranche du champ d'application de l'article 226-10 certaines personnes compte tenu des circonstances dans lesquelles elles sont amenées à s'exprimer. Il est ainsi traditionnellement jugé qu'une telle infraction ne peut être reprochée qu'à « celui qui a pris l'initiative de porter, devant les autorités, des accusations mensongères contre un tiers »[6]. On en déduit que la déclaration doit être « spontanée ». Néanmoins, cet adjectif s'avère ambigu.

Il ne signifie pas que la qualification pénale des faits est levée lorsqu'une dénonciation calomnieuse est faite sous la pression d'un tiers. La Cour de cassation rappelle ici, comme en toute matière, que « l'ordre reçu d'un supérieur hiérarchique ne constitue pour l'auteur d'une infraction, ni un fait justificatif, ni une excuse lui permettant d'échapper aux conséquences de cette infraction »[7]. Partant de là, une salariée qui dénonce un vol imaginaire sur l'ordre du chef d'entreprise qui l'emploie commet bien une infraction.

L'exigence de spontanéité signifie seulement qu'une dénonciation calomnieuse ne peut être reprochée aux personnes qui soit sont tenues de dénoncer, soit sont autorisées à le faire. Peu importe que le fait dénoncé se révèle finalement inexact ; ce point n'a pas à être vérifié car les intéressés sont exclus du champ de la répression[8].

822. Exclusions. – La première hypothèse (devoir) correspond au cas où l'agent était obligé d'en référer à son supérieur. On soutient alors que la nécessité d'encourager l'« obéissance » fait obstacle aux poursuites. Et il est vrai qu'en pratique la jurisprudence semble consacrer ici une véritable immunité. Ainsi, n'est pas prise en compte sous couvert de dénonciation calomnieuse la transmission d'un rapport mettant en cause des gendarmes par un policier qui « n'a fait que porter à la connaissance de son supérieur hiérarchique un incident dont il avait le devoir de l'informer »[9]. En conséquence, le mensonge éventuellement commis à cette occasion n'est pas punissable. N'est pas davantage prise en compte au titre de la dénonciation calomnieuse la déclaration faite par un professionnel tenu de s'exprimer en exécution d'une obligation d'information spécifique[10]. Peu importe qu'il mente à cette occasion. De même encore, on

4. Cass. crim., 22 juin 1999, *Dr. pén.* 1999, n° 147, obs. M. Véron.

5. Cass. crim., 18 sept. 2012, *Dr. pén.* 2012, comm. 154, obs. M. Véron.

6. Cass. crim., 16 juin 1988, *RSC* 1989, p. 509, obs. G. Levasseur.

7. Cass. crim., 4 oct. 1989, *RSC* 1990, p. 570, obs. Y. Mayaud. – *Contra*, s'agissant d'un fils dénonçant des faits inexacts sur interpellation de ses parents : Cass. crim., 7 janv. 2020, *Dr. pén.* 2020, n° 75, obs. P. Conte.

8. Cass. crim., 8 juin 1999, *B.* n° 121.

9. Cass. crim., 3 mai 2000, *Dr. pén.* 2000, n° 111, obs. M. Véron. – *Idem* pour un pompier : Cass. crim., 8 nov. 2005, *Dr. pén.* 2006, n° 22, obs. M. Véron.

10. V. s'agissant de faits dénoncés par un mandataire judiciaire dans le cadre d'une procédure collective : Cass. crim., 14 janv. 2014, *AJ pénal* 2014, p. 234, obs. J. Gallois. – La solution semble profiter à toute personne entendue comme témoin : Cass. crim., 17 mars 2015, *Gaz. Pal.* 17 mai 2015, p. 43, obs. E. Dreyer.

considère qu'un avocat est tenu de formaliser et transmettre une plainte établie à la demande de son client[11]. Parce qu'il agit dans l'exercice de sa mission, il ne dénonce pas. Même s'il connaît le caractère inexact de la plainte ainsi déposée, il échappe à toute sanction.

La seconde hypothèse (droit) correspond au cas où une immunité est conférée au dénonciateur car on ne saurait lui reprocher de se défendre en mettant faussement en cause un tiers. En effet, la présomption d'innocence interdit de considérer qu'un suspect a l'obligation de dire la vérité : il peut se traire mais aussi mentir. On ne saurait en conséquence lui reprocher une dénonciation calomnieuse effectuée en réponse aux accusations d'autrui[12]. Toutefois, la Cour de cassation entend ce moyen de défense de façon stricte : elle juge qu'« une dénonciation faite par un prévenu n'est privée de spontanéité que si elle se rattache étroitement à sa défense »[13]. Il s'ensuit notamment qu'il n'est pas légitime de déposer plainte contre le rédacteur d'un procès-verbal pour faux et usage de faux lorsqu'il est possible de contester la valeur probante du procès-verbal devant la juridiction où l'on est attrait.

823. Discussion. – Dans l'un ou l'autre de ces cas (devoir ou droit), lorsque l'absence de spontanéité de la dénonciation est admise, elle génère une sorte de droit à la calomnie : celui qui s'exprime peut le faire librement, c'est-à-dire sans crainte d'éventuelles sanctions liées au caractère partiellement ou totalement inexact des faits révélés.

Pourtant, cette exclusion des dénonciations non spontanées du champ de la répression n'a jamais été exprimée par le Code pénal. Elle est d'origine jurisprudentielle et sa justification n'a rien d'évident. Dans la seconde hypothèse évoquée ci-dessus, la solution paraît s'expliquer par l'exercice des droits de la défense[14]. Mais c'est davantage alors l'exception d'inconventionnalité qui empêche de déclarer les faits constitutifs d'une infraction qu'un élément négatif de l'infraction qui empêche d'admettre que celle-ci est effectivement constituée. Le mécanisme mis en place semble donc inadapté ; en tout cas, il ne suffit pas à justifier toutes les solutions évoquées ci-dessus. En effet, comment justifier la première hypothèse ? L'autorisation de la loi ne saurait jouer car elle ne peut légitimer que la révélation de faits exacts. Il n'y a jamais obligation à calomnier autrui[15]. Ce n'est pas parce qu'une personne est tenue d'informer son supérieur ou une autorité quelconque de faits déterminés qu'elle peut impunément mentir à cette occasion[16]. Ce n'est pas parce qu'un avocat est rémunéré par son client qu'il peut déposer une plainte qu'il sait mensongère. Dès lors qu'elle se révèle calomnieuse, la dénonciation devrait constituer un

11. Cass. crim., 19 févr. 2019, *Dr. pén.* 2019, n° 83, obs. P. Conte.

12. Cass. crim., 14 nov. 2017, *Dr. pén.* 2018, n° 25, obs. P. Conte. – 3 mai 2000, *Dr. pén.* 2000, n° 111, obs. M. Véron.

13. Cass. crim., 19 juin 2018, *Dr. pén.* 2018, n° 146, obs. P. Conte. – 11 mars 2003, *Dr. pén.* 2003, n° 84, obs. M. Véron.

14. Il faut éviter la sanction de l'individu qui, dans le cadre d'une procédure engagée contre lui, tenterait d'abuser l'autorité de police en la mettant sur la piste de faux coauteurs ou complices : on ne peut lui imposer de dire la vérité au risque de renverser la charge de la preuve de sa culpabilité.

15. Une telle objection ne disparaît pas lorsque l'on préfère rattacher cette exigence à l'élément moral de l'infraction (v. cpdt L. Mongin-Archambeaud, « Le caractère spontané de la dénonciation », *Gaz. Pal.* 14 nov. 2012, p. 6).

16. F. Fourment, « Dénonciation calomnieuse et justification », *Gaz. Pal.*, 11 mai 2021, p. 80. – R. Gassin, « Le délit de dénonciation calomnieuse et l'obligation de dénonciation », *D.* 1998, p. 196.

délit car il n'y a jamais nécessité à dénoncer un fait que l'on sait totalement ou partiellement inexact[17].

Il est regrettable qu'une telle démonstration soit empêchée par l'affirmation *a priori* selon laquelle les personnes tenues de parler doivent le faire sans crainte d'être poursuivies pour dénonciation calomnieuse, de sorte qu'il faut les exclure d'emblée du champ d'application de ce délit[18]. Les personnes de bonne foi ne s'exposent à aucune sanction à ce titre ; les autres devraient être punies afin de garantir la sincérité des déclarations faites en exécution de la loi.

B. Le contenu de la dénonciation

824. Victime. – Une dénonciation calomnieuse suppose, à l'occasion d'une déclaration, la mise en cause autrui. Elle fait donc une victime, personne identifiée ou du moins identifiable – ce qui permet d'atteindre des plaintes faussement présentées contre X qui imputent en réalité directement à autrui un comportement passible de sanctions[19]. La personne ainsi mise en cause peut être physique ou morale[20]. En effet, il faut aussi protéger les groupements contre la dénonciation calomnieuse dès lors que leur responsabilité pénale peut être engagée à raison de tout fait dénoncé.

Mais toute mise en cause ne relève pas de la dénonciation calomnieuse. En effet, une telle dénonciation suppose i) l'imputation à autrui d'un fait, qui ii) se révèle inexact. Il y a là deux exigences tenant à la nécessité et à la fausseté du fait dénoncé. Ces exigences de fond peuvent poser problème sur le terrain de la forme. Après les avoir évoquées, il conviendra donc d'indiquer comment s'établit la fausseté du fait en question.

1. Les exigences de fond

825. Imputation d'un fait. – La dénonciation calomnieuse suppose le reproche adressé à quelqu'un d'avoir fait quelque chose. Peu importe la forme prise par ce reproche : « une dénonciation ne perd pas son caractère parce que les faits imputés n'y auraient pas été énoncés d'une manière affirmative mais seulement sous une forme dubitative ou parce qu'ils auraient été présentés comme un bruit qui courait dans le pays sans en affirmer la réalité ; il n'en est pas moins vrai que les faits sont ainsi portés à la connaissance de l'autorité »[21].

En revanche, le fait dénoncé doit être précis et vérifiable dans le temps comme dans l'espace. Ce qui évoque davantage la diffamation que l'injure.

17. V. d'ailleurs, excluant toute justification possible sur le fondement de l'art. 10, Conv. EDH : Cass. crim., 12 avr. 2016, *Dr. pén.* 2016, n° 108, obs. P. Conte. – V. aussi, s'agissant de faits abusivement dénoncés par une ONG : CEDH, Gde ch., 27 juin 2017, *Medžlis Islamske Zajednice Br⊠ko et a. c/Bosnie-Herzégovine*, § 114. – Néanmoins, la juridiction de Strasbourg considère qu'en toute hypothèse un contrôle de proportionnalité s'impose : CEDH, 26 mars 2020, *Tête c/France*, § 69.

18. Ce qui semble être le raisonnement tenu tant par la jurisprudence que par le législateur à l'art. L. 561-22, CMF (disposant qu'« aucune poursuite fondée sur les articles 226-10, 226-13 et 226-14 du code pénal ne peut être intentée contre... ») s'agissant de l'obligation d'information dans la lutte contre le blanchiment.

19. Cass. crim., 16 oct. 2012, *Gaz. Pal.* 8 févr. 2013, p. 30, obs. E. Dreyer. – 26 juin 2007, *Dr. pén.* 2007, n° 123, obs. M. Véron.

20. Cass. crim., 22 juin 1999, *Dr. pén.* 1999, n° 147, obs. M. Véron.

21. E. Garçon, *Code pénal annoté*, Rec. gén. lois et arrêts, 1901-1906, ss. art. 373, p. 1052, n° 119.

826. Fait punissable. – Le fait dénoncé doit également être passible de sanctions[22]. Celles-ci peuvent être judiciaires (peines, amendes civiles, etc.), administratives (sanction pécuniaire, retrait ou suspension d'autorisation, etc.) ou disciplinaires (avertissement, blâme, révocation, etc.) dès lors qu'elles présentent un caractère de punition[23].

Peu importe que la personne visée par la dénonciation ne puisse finalement être sanctionnée à raison de la prescription[24], d'une immunité familiale[25] ou d'une amnistie[26]. Il suffit qu'elle ait été exposée à un « risque » de sanction pour que la dénonciation soit punissable[27]. Ce délit est formel : la dénonciation porte sur un fait « de nature à » entraîner des sanctions. Il s'agit de protéger la victime contre des poursuites injustifiées mais la preuve de l'obtention de ce résultat redouté n'a pas à être établie. Ce qui permet les plus grands errements quant à la valeur prétendument protégée par l'incrimination : la tranquillité d'autrui plus que son honneur ou l'autorité de la justice ?

827. Fait inexact. – Enfin, le fait dénoncé doit s'avérer inexact. C'est sa fausseté qui rend calomnieuse la dénonciation. Cette inexactitude peut être caractérisée aussi bien lors de la relation d'un fait matériellement inexact que lors de la relation d'un fait exagéré ou revêtu d'une fausse qualification juridique[28]. Peu importe que le fait en cause soit déjà connu : le reprendre à son compte pour conforter une rumeur accroît le risque de sanction car ce fait paraît d'autant plus crédible qu'il a déjà convaincu plusieurs personnes. L'existence d'une dénonciation calomnieuse a même été admise s'agissant d'une plainte adressée à un procureur de la République après mise en mouvement de l'action publique à raison du fait dénoncé[29]. Peu importe donc que la dénonciation n'ait pas été à l'origine de poursuites.

Il reste à déterminer comment la fausseté du fait dénoncé peut être établie : c'est désormais une question de forme.

2. L'exigence de forme

828. Distinction. – La fausseté du fait dénoncé peut être établie de façons différentes suivant que des poursuites ont, ou non, été engagées après la dénonciation.

829. Absence de suites. – Lorsqu'aucune poursuite n'a été engagée après la dénonciation, la juridiction devant statuer sur son caractère calomnieux

---

22. Cass. crim., 17 mai 1994, *B.* n° 184.

23. En conséquence, n'est pas punissable la dénonciation calomnieuse d'un fait imputé à un mineur de 8 ans, qui ne l'expose ni à une sanction éducative ni à une peine : Cass. crim., 19 juin 2012, *D.* 2012, note S. Detraz ; *Gaz. Pal.* 12 sept. 2012, p. 7, note E. Dreyer, solution contestable dès lors que ce mineur pouvait tout de même engager sa responsabilité pénale à raison du fait dénoncé en encourant une mesure éducative.

24. Cass. crim., 11 mars 2008, *Dr. pén.* 2008, n° 81, obs. M. Véron.

25. CA Bordeaux, 24 juin 2004, *JCP* G 2004, IV, 3544.

26. C. Hardouin-Le Goff, *L'oubli de l'infraction*, LGDJ, coll. Bibl.sc.crim., t. 44, 2008, p. 487, n° 1019.

27. Si le fait dénoncé n'est pas susceptible de sanctions, sa dénonciation ne constitue pas un délit : Cass. crim., 7 déc. 2004, *Dr. pén.* 2005, n° 34, obs. M. Véron.

28. Cass. crim., 9 janv. 1975, *B.* n° 8.

29. Cass. crim., 27 oct. 1987, *B.* n° 373.

apprécie librement la pertinence des déclarations faites par l'agent[30]. Il appartient à cette juridiction de dire si l'accusation portée contre autrui était exacte ou mensongère[31]. Peu importe la décision de classement sans suite dont la plainte a éventuellement fait l'objet[32] ou l'abstention de l'employeur qui n'a pas réagi à l'accusation de vol dirigée par un tiers jaloux contre l'un de ses salariés[33]. Dans cette perspective, les magistrats peuvent tenir compte d'éléments postérieurs au dépôt de la plainte confirmant que l'agent connaissait l'inexactitude des faits dénoncés[34].

830. Poursuite du fait dénoncé. – Au contraire, lorsque des poursuites pénales ont été engagées, la juridiction saisie de l'infraction de dénonciation calomnieuse doit surseoir à statuer en attendant qu'une décision soit rendue sur le principal[35]. En effet, l'article 226-11 dispose qu'« il ne peut être statué sur les poursuites exercées contre l'auteur de la dénonciation qu'après la décision mettant définitivement fin à la procédure concernant le fait dénoncé »[36]. La prescription de l'action publique engagée à raison de la dénonciation est logiquement suspendue durant ce délai à l'occasion duquel aucun acte témoignant d'une volonté de poursuivre ne peut être accompli[37]. À la suite, trois hypothèses sont à distinguer[38].

Lorsqu'est rendue une décision constatant les faits dénoncés et les reprochant à la personne visée, il faut considérer que la preuve de la vérité est rapportée : la juridiction saisie de la poursuite pour dénonciation calomnieuse est liée par cette appréciation. Elle doit dire que la dénonciation était fondée et contester son caractère calomnieux[39]. Peu importe que le dénonciateur n'ait pas disposé de toutes les preuves au moment où il s'est exprimé. Son intuition ne peut lui être reprochée dès lors qu'elle s'avère exacte et, donc, utile à la justice.

En revanche, lorsque, sur les faits dénoncés, est rendue une décision « devenue définitive, d'acquittement, de relaxe ou de non-lieu, déclarant que le fait n'a pas été commis ou que celui-ci n'est pas imputable à la personne dénoncée » (art. 226-10, al. 2), la juridiction saisie des faits de dénonciation doit considérer que leur

30. Sachant que l'initiative prise par le ministère public de poursuivre du chef de dénonciation calomnieuse implique que, sur les faits dénoncés, il ait renoncé à agir : Cass. crim., 30 mai 2000, *RSC* 2000, p. 821, obs. Y. Mayaud. – 19 avr. 1989, *Dr. pén.* 1989, n° 64, obs. M. Véron.

31. Cass. crim., 11 mars 2008, *Dr. pén.* 2008, n° 81, obs. M. Véron.

32. Cass. crim., 16 oct. 2012, *Gaz. Pal.* 8 févr. 2013, p. 30, obs. E. Dreyer. – 12 oct. 2010, *Gaz. Pal.* 5 janv. 2011, p. 21, obs. S. Detraz.

33. Cass. crim., 23 juin 1992, *RSC* 1994, p. 558, obs. G. Levasseur.

34. Cass. crim., 12 janv. 2016, *Dr. pén.* 2016, n° 55, obs. P. Conte.

35. Cass. crim., 20 mai 2003, *Dr. pén.* 2003, n° 108, obs. M. Véron.

36. Décision à laquelle il faut assimiler l'arrêt d'appel rendu sur la seule action civile lorsque le ministère public n'a pas contesté la relaxe dont a bénéficié le prévenu en première instance (Cass. crim., 21 avr. 2020, *RSC* 2020, p. 314, obs. Y. Mayaud). En effet, la cour reste saisie des faits, dans une telle hypothèse, et doit vérifier s'ils constituent une faute pouvant correspondre à l'infraction dénoncée.

37. Cass. crim., 22 mai 2012, *Dr. pén.* 2012, n° 125, obs. M. Véron. – 27 oct. 1998, *Dr. pén.* 1999, n° 36, obs. M. Véron. – Il s'agit là d'une exception préjudicielle, non à l'action, mais au jugement de la poursuite : Cass. crim., 3 mars 2009, *Dr. pén.* 2009, n° 62, obs. M. Véron.

38. La juridiction saisie de la dénonciation ne peut refuser de statuer au motif qu'aucune décision n'est produite sur les faits dénoncés : elle doit s'assurer auprès du ministère public, au besoin en renvoyant l'affaire à une audience ultérieure, de l'issue des poursuites et se déterminer en conséquence (Cass. crim., 17 oct. 2017, *Dr. pén.* 2017, n° 175, obs. P. Conte ; *RSC* 2018, p. 126, obs. P.-J. Delage).

39. Cass. crim., 22 janv. 2002, *Dr. pén.* 2002, n° 50, obs. M. Véron.

dimension mensongère est irrévocablement établie[40] ; elle peut alors entrer en voie de condamnation contre le dénonciateur[41]. En effet, dans une telle hypothèse, soit il est établi que le fait dénoncé ne s'est pas produit, soit l'existence de ce fait est admise mais il s'avère reprochable à un tiers : la personne dénoncée est, elle, hors de cause. Dans les deux cas, la fausseté de la dénonciation est donc démontrée. Néanmoins, il faut que la décision soit explicite pour qu'une telle solution s'impose au juge saisi de la dénonciation calomnieuse. Le juge statuant sur le fait dénoncé ne doit pas s'être contenté de relever qu'il n'existe pas de preuves ou de charges suffisantes, reconnaissant ainsi à l'auteur de ce fait le bénéfice du doute ; il doit avoir constaté que le fait dénoncé n'a pas été commis ou que la personne visée ne peut en être l'auteur[42].

Enfin, lorsque la décision rendue apparaît étrangère aux faits dénoncés (rendue sur un motif de droit étranger à la matérialité des faits ou à l'identification de leur auteur), le juge saisi de la dénonciation retrouve sa liberté d'appréciation comme si aucune poursuite n'avait eu lieu[43]. À nouveau, c'est un véritable « procès dans le procès » qui est ouvert : celui de la prétendue victime qui se défend d'être l'auteur du ou des faits dénoncés.

§2. La perception de l'acte

831. La dénonciation calomnieuse est une infraction intentionnelle. Toutefois, à l'instar de son élément matériel, son élément moral s'avère complexe. En effet, même s'il n'est pas nécessaire d'établir que le résultat redouté a été atteint, puisque l'infraction est formelle, il faut démontrer que l'agent l'a recherché, ce qui ajoute au dol général un dol spécial.

832. Dol général. – L'infraction suppose tout d'abord que le dénonciateur ait eu conscience, au moment où il s'est exprimé, que les faits dénoncés étaient totalement ou partiellement faux[44]. Il suffit, pour qu'il y ait délit, que l'agent ait

40. Cass. crim., 20 févr. 1996, *RSC* 1996 p. 653, obs. Y. Mayaud. – Le fait que les juges saisis de la dénonciation calomnieuse ne puissent, dans une telle hypothèse, apprécier la pertinence des accusations portées n'est jugé contraire ni à la Convention EDH (Cass. crim., 25 mars 2003, *Dr. pén.* 2003, n° 84, obs. M. Véron), ni à la Constitution (Cass. crim., 8 avr. 2014, *Gaz. Pal.* 27 juill. 2014, p. 29, obs. S. Detraz) car les magistrats restent tenus d'établir que le prévenu connaissait la fausseté des faits en question, ce qui suffit – selon eux – à ménager les droits de la défense.

41. La modification de ce texte par une loi du 9 juill. 2010 permit de combattre la jurisprudence antérieure qui appliquait cette présomption même lorsque la relaxe ou l'acquittement avait été prononcé au bénéfice du doute (ce qui donnait une portée excessive à la présomption : CEDH, 30 juin 2011, *Klouvi c/France*, § 54). Désormais, non seulement la décision de non-lieu mais aussi les décisions d'acquittement ou de relaxe doivent être justifiées par l'inexistence des faits ou leur imputation à un tiers : Cass. crim., 14 sept. 2010, *Gaz. Pal.* 17 nov. 2010, p. 167 obs. E. Dreyer. – V. aussi, sur l'impact de cette réforme : A. Lepage, « Le diable est dans la virgule », *in Mélanges Teyssié*, LexisNexis, 2019, p. 846.

42. Cass. crim., 25 oct. 2022, *Dr. pén.* 2023, n° 2, obs. P. Conte. – 11 juill. 2017, *Dr. pén.* 2017, n° 160, obs. P. Conte ; *AJ pénal* 2017, p. 444, obs. J. Lasserre Capdeville ; *RSC* 2017, p. 510, obs. Y. Mayaud. – *A fortiori*, aucune présomption de fausseté ne s'évince d'une décision rendue au motif que les faits ne sont pas susceptibles de qualification pénale (Cass. crim., 9 déc. 2014, *Dr. pén.* 2015, n° 16, obs. M. Véron) ou qu'ils sont justifiés (Cass. crim., 19 févr. 2019, *Dr. pén.* 2019, n° 85, obs. P. Conte ; *JCP* G 2019, 786, n° 6, obs. O. Mouysset).

43. Cass. crim., 21 janv. 1997, *Dr. pén.* 1997, n° 74, obs. M. Véron.

44. Cass. crim., 17 févr. 2009, *Dr. pén.* 2009, n° 76, obs. M. Véron. – 7 juin 2005, *Dr. pén.* 2005, n° 156, obs. M. Véron.

présenté comme certain un fait sur lequel il savait qu'il existait un doute[45]. En revanche, il n'y a pas dénonciation calomnieuse lorsqu'une plainte avec constitution de partie civile est déposée après enquête de police à raison de faits révélés par cette enquête[46]. Dans une telle hypothèse, l'auteur de la dénonciation peut avoir légitimement cru à la réalité des faits en question.

En principe, la témérité ou la légèreté de celui qui ne vérifie pas l'exactitude de son propos ne suffit pas à caractériser l'élément moral du délit[47]. Peu importe que l'agent découvre son erreur par la suite ; c'est au moment de la dénonciation que sa mauvaise foi doit être appréciée[48].

Néanmoins, tout dépend de la qualité de l'agent : s'il n'avait pas les moyens de vérifier, les magistrats acceptent qu'il ait pu être abusé. En revanche, si l'agent avait les moyens de vérifier l'exactitude du fait dénoncé et ne l'a pas fait, les magistrats ont du mal à admettre qu'il ait pu lancer une telle accusation à la légère : ils supposent que l'agent savait que le fait imputé n'était pas exact et déduisent des pouvoirs de vérification dont il disposait (et qu'il n'a pas exercés) la preuve de sa mauvaise foi.

833. Dol spécial. – L'infraction suppose ensuite la conscience chez l'agent que, en agissant de la sorte, il expose la personne dénoncée à un risque de sanction[49]. Un dol spécial est ainsi supplémentairement exigé. Néanmoins, comme souvent, ce dol spécial se déduit du dol général : quel autre but poursuivrait l'auteur d'une dénonciation qu'il sait inexacte ? Cette exigence réserve tout au plus l'hypothèse dans laquelle l'agent se serait exprimé devant une autorité dont il ignorait qu'elle disposait d'un pouvoir de sanction à l'égard de la personne visée.

834. Preuve. – Bien entendu, c'est au ministère public de rapporter la preuve d'une telle intention. Aucune présomption ne saurait être admise ici : l'animosité personnelle du dénonciateur envers le dénoncé ne suffit pas à établir qu'il a su que sa dénonciation était inexacte et voulu exposer autrui à une sanction[50]. Peu importe donc que l'intention de nuire soit avérée[51]. De même, la découverte *a posteriori* de l'inexactitude des faits dénoncés ne suffit pas pour établir la mauvaise foi du dénonciateur, ou pour le contraindre à se justifier[52]. Il ne suffit pas davantage, pour établir sa mauvaise foi , de relever qu'un dénonciateur n'a pas contesté le classement sans suite de sa plainte[53]. L'absence de recours hiérarchique ne vaut pas reconnaissance de l'exactitude du fait dénoncé.

D'une manière générale, la dénonciation calomnieuse semble être l'une des rares infractions pour laquelle la Cour de cassation contrôle aussi attentivement la façon dont l'élément moral a été établi par les juges du fond.

45. M.-C. Nagouas-Guérin, *Le doute en matière pénale*, Dalloz, coll. NBT, 2002, t. 18, p. 21, n° 22.
46. Cass. crim., 13 mars 1984, *B.* n° 105.
47. Cass. crim., 7 janv. 1987, *B.* n° 5.
48. Cass. crim., 7 déc. 2004, *Dr. pén.* 2005, n° 33, obs. M. Véron.
49. V. aussi S. Ceccaldi, « Sur la nature conjecturale de l'élément moral », *RSC* 2010, p. 587.
50. Cass. crim., 29 nov. 2016, *RSC* 2017, p. 509, obs. Y. Mayaud.
51. Cass. crim., 28 juin 2017, *Dr. pén.* 2017, n° 127, obs. P. Conte ; *Gaz. Pal.* 24 oct. 2017, p. 49, obs. S. Detraz.
52. Cass. crim., 19 févr. 2019, préc.
53. Cass. crim., 13 sept. 2005, *Dr. pén.* 2005, n° 168, obs. M. Véron.

Section 2
Les modalités de la répression

835. Pénalités. – La personne physique déclarée coupable de dénonciation calomnieuse s'expose à 5 ans d'emprisonnement et 45 000 € d'amende (art. 226-10) ainsi qu'aux peines complémentaires de l'article 226-31 comprenant notamment l'interdiction des droits, l'affichage ou la diffusion de la décision et l'interdiction d'exercer l'activité sociale ou professionnelle à l'occasion de laquelle l'infraction a été commise[54].

La personne morale déclarée coupable de la même infraction s'expose, elle, à une amende portée au quintuple ainsi qu'à l'interdiction, définitive ou provisoire, d'exercer l'activité dans le cadre de laquelle l'infraction a été commise. Elle encourt également l'affichage ou la diffusion de la décision prononcée (art. 226-12).

Ces peines peuvent sembler sévères. Cela tient à la nocivité d'un tel comportement qui, sur la base d'un mensonge, expose injustement autrui à un risque de sanction. Historiquement, on justifiait également la sévérité de ces peines par le fait que la justice a mieux à faire que d'enquêter sur des faits dont le dénonciateur connaît la fausseté.

836. Consommation de l'infraction. – La tentative n'est pas incriminée. Elle est d'ailleurs difficilement concevable[55]. En effet, l'infraction est consommée dès l'instant où la dénonciation parvient à l'autorité destinataire. Peu importent ses suites. C'est également à compter de cet instant, et non à compter du moment où la victime prend connaissance de l'accusation portée contre elle et, encore moins, à compter du moment où la fausseté de cette accusation est établie, que le délai de prescription commence à courir[56]. Si l'autorité récipiendaire ne réagit pas à la dénonciation, l'infraction est donc prescrite 6 ans après sa réception. Peu importe l'absence d'information de la personne visée durant ce délai. La réforme du 27 février 2017 ne semble pas remettre en cause cette solution car on peine à voir là un délit occulte ou dissimulé au sens de l'article 9-1, CPP. Seul l'engagement de poursuites à raison des faits dénoncés peut suspendre le cours de la prescription[57].

En revanche, l'infraction peut être doublement localisée : non seulement à l'endroit où la dénonciation a été faite mais aussi à l'endroit où elle a été reçue. Sont donc territorialement compétents non seulement le tribunal dans le ressort duquel se trouve le dénonciateur mais aussi le tribunal dans le ressort duquel se trouve l'autorité destinataire[58].

54. Il faut ajouter que l'art. 727, C. civ. permet de déclarer indigne de succéder « celui qui est condamné pour dénonciation calomnieuse contre le défunt lorsque, pour les faits dénoncés, une peine criminelle était encourue » (5°).

55. Sauf à voir dans l'envoi d'une lettre de dénonciation calomnieuse qui ne parvient pas à son destinataire une infraction manquée. En revanche, la rédaction de cette lettre ne semble constituer qu'un acte préparatoire non punissable en l'absence d'envoi.

56. Cass. crim., 24 sept. 2002, *Dr. pén.* 2003, n° 17, obs. M. Véron. – V. aussi S. Detraz, « La prescription de l'action publique en matière de dénonciation calomnieuse », *Gaz. Pal.*, 11 mai 2021, p. 77.

57. Cass. crim., 17 oct. 2006, *Dr. pén.* 2007, n° 2, obs. M. Véron.

58. Cass. crim., 10 mai 1983, *B.* n° 134.

837. Procédure. – Enfin, le ministère public peut agir d'office, conformément au droit commun, indépendamment de toute plainte de la victime. C'est une différence importante, par rapport au régime de la diffamation et de l'injure publiques. Mais la victime peut également provoquer des poursuites en se constituant partie civile. Ces poursuites ne font pas double emploi avec celles qui permettent de sanctionner une procédure abusive. Selon la Cour de cassation, elles peuvent se cumuler sans porter atteinte au principe *non bis in idem*[59]. En effet, des actions spécifiques sont également ouvertes aux victimes d'une dénonciation calomnieuse qui peuvent obtenir ainsi, plus rapidement, une première indemnisation du juge ayant statué sur les faits qui leur étaient faussement imputés (CPP, art. 91, 472, 516).

838. Compléments. – En toute hypothèse, l'infraction de dénonciation calomnieuse doit être distinguée de l'infraction de dénonciation mensongère figurant à l'article 434-26. Selon ce texte, « le fait de dénoncer mensongèrement à l'autorité judiciaire ou administrative des faits constitutifs d'un crime ou d'un délit qui ont exposé les autorités judiciaires à d'inutiles recherches est puni de 6 mois d'emprisonnement et de 7 500 € d'amende ». L'auteur de cette dénonciation-là ne met en cause personne en particulier, même de façon indirecte. Il agit dans le seul but de perturber les autorités judiciaires ou administratives (fausse alerte à la bombe, par ex.)[60]. Il fait état d'une infraction imaginaire qui suppose des vérifications. Peu importe l'ampleur de celles-ci[61]. On ne peut accepter qu'elles soient effectuées pour rien.

La juridiction doit apprécier la pertinence du fait dénoncé même lorsque ce fait a donné lieu à un classement sans suite[62]. Elle ne saurait être liée par une telle décision sans caractère juridictionnel.

Sur le plan moral, le délit suppose la conscience de la fausseté du fait dénoncé (ce qui rend la dénonciation « mensongère ») et la volonté d'agir quand même. La seule conscience de l'absence d'une circonstance aggravante qui accompagne ce fait ne suffit pas à établir une telle intention[63].

59. Cass. crim., 22 sept. 2015, *JCP* G 2015, 1285, note E. Dreyer.

60. L'agent judiciaire du Trésor n'est pas fondé à se constituer partie civile pour autant : Cass. crim., 20 janv. 2009, *B.* n° 17.

61. Pour la Haute juridiction, l'article 434-26 « n'exige pas que les autorités judiciaires aient effectivement conduit les recherches inutiles auxquelles la dénonciation mensongère reçue les exposait » (Cass. crim., 18 oct. 2016, *Gaz. Pal.* 24 janv. 2017, p. 54, obs. E. Dreyer), ce qui prend tout de même quelques libertés avec le texte d'incrimination.

62. Cass. crim., 30 mars 2016, *Dr. pén.* 2016, n° 125, obs. P. Conte.

63. Cass. crim., 20 déc. 2006, *Dr. pén.* 2007, n° 30, obs. M. Véron.

CHAPITRE 3

Les actes d'usurpation

839. L'usurpation peut conduire à une appropriation indue. Ce n'est pas dans cette première approche, trop large, que le terme est entendu ici mais dans un sens plus étroit, celui de l'usurpation d'identité. L'usurpation se caractérise alors par un mensonge qui appelle une sanction compte tenu de ses conséquences potentielles. Peu importe qu'une telle usurpation affecte une autre personne, une fonction ou un symbole particulier. Elle peut être commise au détriment de particuliers ou de l'administration. Il convient à cet égard de distinguer.

Section 1
L'usurpation au détriment des particuliers

840. Présentation. – L'article 226-4-1 du Code pénal incrimine : « le fait d'usurper l'identité d'un tiers ou de faire usage d'une ou plusieurs données de toute nature permettant de l'identifier en vue de troubler sa tranquillité ou celle d'autrui, ou de porter atteinte à son honneur ou à sa considération » (al. 1). L'objectif est de prévenir et, à défaut, de sanctionner l'individu qui, en se faisant passer pour quelqu'un d'autre, expose la personne ainsi faussement identifiée à un risque de sanctions, juridiques (atteintes à sa tranquillité) ou non (atteintes à son honneur). Une telle manipulation n'est pas simple à réaliser dans l'univers physique mais elle semble facilitée par les techniques numériques. Le texte d'incrimination ne manque d'ailleurs pas de souligner que l'infraction peut être commise sur un réseau de communication au public en ligne (al. 2). Pour autant, l'usurpation d'identité « numérique » n'est pas érigée en circonstance aggravante ; elle n'est que l'une des formes possibles de cette infraction[1]. En toute hypothèse, son auteur s'expose à un an d'emprisonnement et 15 000 € d'amende. Toutefois, ces peines sont doublées lorsque de tels faits « sont commis par le conjoint ou le concubin de la victime ou par le partenaire lié à la victime par un pacte civil de solidarité » (al. 3).

1. V. aussi A. Lepage, « Le délit d'usurpation d'identité », *JCP* G 2011, 913, n° 9.

841. Précisions. – Le tiers dont il est parlé ici correspond à une personne distincte de l'agent. C'est *a priori* la victime de l'infraction, celle que les autres textes d'incrimination désignent comme étant « autrui ». Mais, ici, la faible compétence technique des rédacteurs de l'article 226-4-1 les conduit à désigner par « autrui » un (véritable) tiers, à savoir une personne différente de l'agent et de la victime : l'usurpation d'identité peut aussi servir à troubler la tranquillité ou la réputation d'une personne qui n'est pas celle dont l'identité est usurpée. Il conviendra donc à la suite de se méfier de termes aussi maladroitement employés.

Par ailleurs, il convient donc de se demander liminairement si la personne dont l'identité est usurpée doit être réelle ou non. Usurper l'identité d'un tiers imaginaire, est-ce punissable ? La réponse s'avère incertaine. Compte tenu des résultats redoutés ici, on pourrait penser qu'il doit s'agir d'un véritable tiers : si l'identité usurpée n'est pas celle d'une personne vivante au moment des faits, il ne peut y avoir d'atteinte à sa tranquillité ou à sa réputation. Mais le délit n'est pas réservé à ces deux hypothèses. On peut tout à fait concevoir que l'agent usurpe l'identité d'un tiers imaginaire en vue de troubler la tranquillité d'autrui, voire de porter atteinte à l'honneur ou à la considération de cet autrui. Dans une telle perspective, l'usurpation de l'identité d'un tiers imaginaire se conçoit parfaitement : elle permet à l'agent de dissimuler sa véritable identité tout en poursuivant (contre « autrui ») les fins du délit. L'hypothèse ne saurait donc être exclue.

Peu importe, en revanche, que l'agent n'ait pas connu la personne dont il a usurpé l'identité. Peu importe qu'il s'agisse d'une personne physique ou d'une personne morale (dès lors que l'agent agit pour le compte d'une personne morale ou en se faisant passer pour une personne morale)[2].

Traitons d'abord de la matérialité de l'acte puis de sa perception par l'agent.

§1. La matérialité de l'usurpation d'identité

842. L'acte peut prendre deux formes et poursuivre deux objectifs différents. À l'usurpation d'identité au sens strict est assimilé l'usage d'une ou plusieurs données d'identification. Par ailleurs, à la tranquillité troublée est assimilée l'atteinte à la réputation. Toutes les combinaisons sont possibles entre ces moyens et les objectifs ainsi poursuivis, ce qui donne à l'infraction une géométrie très variable pouvant nuire à sa bonne compréhension. Distinguons.

A. Les moyens employés

843. Distinctions. – On l'a dit, l'infraction peut se commettre de deux façons. Dans ces deux cas, elle ne comprend pas exactement les mêmes éléments.

844. Usurpation. – En premier lieu, l'infraction peut prendre la forme d'une usurpation d'identité au sens strict[3]. Ce qui suppose que l'agent se fasse passer pour quelqu'un d'autre. L'identité qu'il usurpe à cette occasion ne

2. V. l'admettant TJ Paris, 11 mars 2022, *Légipresse* 2022 p. 209.

3. *A priori*, il n'y a donc pas infraction en cas d'homonymie : Cass. crim., 17 févr. 2016, *Dr. pén.* 2016, n° 76, obs. P. Conte ; *AJ pénal* 2016, p. 267, obs. D. Aubert.

renvoie pas seulement à des éléments de l'état civil. Elle correspond plus largement à l'ensemble des éléments, de droit et de fait, qui permettent d'individualiser quelqu'un : au-delà des nom et prénom, date et lieu de naissance, cela peut concerner son surnom ou pseudo, son domicile, ses proches, son réseau de relations, ses caractéristiques physiques (apparences), ses loisirs, son passé, etc. Mais, bien entendu, lorsqu'il s'agit de se faire passer pour autrui, les nom et prénom jouent un rôle essentiel[4]. Les autres éléments, lorsqu'ils sont invoqués, ne servent sans doute qu'à dissimuler l'identité réelle de l'agent.

845. Usage. – En second lieu, l'infraction peut passer par l'usage d'une ou plusieurs données d'identification. Les éléments évoqués au paragraphe précédent peuvent déjà être analysés comme des données car celles-ci doivent être envisagées largement (« de toute nature »). Cependant, ce terme sert plus sûrement à désigner ici des éléments d'information indirecte : les données en question n'identifient pas immédiatement une personne ; elles doivent être décryptées. À ce titre, on évoquera les différents codes secrets, identifiants ou mots de passe, l'adresse IP et, éventuellement, la signature électronique.

A priori, l'usage de cette ou ces donnée(s) doit là aussi se faire sans le consentement de la personne concernée, compte tenu de la proximité entre cette seconde forme de l'infraction et la première. Toutefois, le texte ne l'indique pas (puisqu'il utilise le terme plus neutre d'usage et non d'usurpation). En réalité, on peut difficilement imaginer – au regard des objectifs poursuivis par l'agent – que la personne dont les données sont détournées ait consenti à cet usage (sauf hypothèse où une personne accepte qu'une autre se fasse passer pour elle, en utilisant ses données d'identification, afin de troubler une troisième).

En toute hypothèse, un tel acte n'a pas besoin d'être réitéré pour être punissable[5]. Il n'est pas davantage nécessaire qu'il soit accompli publiquement.

846. Rapprochement. – Néanmoins, une différence apparaît entre ces deux formes de l'infraction : l'usurpation est statique alors que l'usage est dynamique. Faut-il en déduire que l'infraction existe du seul fait de l'usurpation de l'identité d'autrui, indépendamment de tout emploi de l'identité usurpée ? La difficulté de preuve suffit à rendre vaine une telle interrogation. Il faut sans doute considérer que même l'usurpation suppose l'emploi de l'identité d'autrui car, à défaut, il ne paraît pas possible de vérifier l'objectif poursuivi[6].

B. Les résultats redoutés

847. Distinction. – L'usurpation d'identité ou l'usage de données d'identification doit être réalisé « en vue de troubler sa tranquillité ou celle d'autrui, ou de

4. V. s'agissant de la création de faux profils sur les réseaux sociaux contenant des informations injurieuses envers les intéressés : TGI Paris, 21 nov. 2014, *Comm. com. électr.* 2015, n° 85, obs. E.-A. Caprioli. – *Idem*, pour la création d'un faux site attribué à autrui : Cass. crim., 16 nov. 2016, *Comm. com. électr.* 2016, n° 6, obs. A. Lepage. – TGI Paris, réf., 12 août 2016, *Comm. com. électr.* 2016, n° 105, obs. E.-A. Caprioli et TGI Paris, 18 déc. 2014, *RSC* 2015, p. 101, obs. J. Francillon.

5. V. aussi M. Monteil, « L'usurpation d'identité à l'épreuve du numérique », *D.* 2020, p. 101. – F. Mattatia, « L'usurpation d'identité sur Internet dans tous ses états », *RSC* 2014, p. 331.

6. Nous partons ici du principe que l'usurpation d'identité n'est pas incriminée pour elle-même, c'est-à-dire que les objectifs évoqués à la suite doivent également être poursuivis à ce titre et non au seul titre de l'usage de données d'identification. Mais une autre interprétation est syntaxiquement possible.

porter atteinte à son honneur ou à sa considération » (art. 226-4-1, al. 1). Est donc incriminé ici un comportement qui peut produire deux résultats : soit perturber (inquiéter sans aller jusqu'à porter une atteinte à l'intégrité psychique qui relève de la qualification de violences) ou ternir la réputation (l'atteinte à l'honneur ou à la considération évoquant la diffamation sans qu'il soit exigé ici qu'elle passe par l'allégation ou l'imputation d'un fait[7]). Peu importe, on l'a vu, que soit visée la personne même dont l'identité ou les données d'identification sont détournées ou une autre personne.

Dans les deux cas, l'infraction est formelle : sa consommation ne suppose pas rapportée la preuve de l'obtention de l'un ou de l'autre de ces résultats redoutés[8]. Est donc essentiellement en cause un comportement pouvant avoir des conséquences défavorables pour une personne autre que l'agent.

848. Identification. – Se pose tout au plus la question de savoir comment un tel objectif doit se matérialiser pour apparaître crédible. En effet, toute usurpation d'identité ou usage de données d'identification à l'insu d'autrui n'expose pas nécessairement aux risques envisagés par le législateur. C'est ici que la rédaction du texte paraît insuffisante car elle repose sur une ellipse : elle laisse au juge le soin de déterminer les comportements qui sont susceptibles de troubler la tranquillité d'autrui ou sa réputation. Tout comportement illicite ou immoral accompli sous le nom ou en adoptant l'apparence d'un tiers est-il susceptible d'être pris en compte ? Suffit-il qu'à cette occasion autrui soit exposé à un risque de sanction ou de déconsidération[9] ? Il appartiendra à la jurisprudence de préciser le degré de gravité du comportement en question qui rend inacceptable la dissimulation de l'agent sous une autre identité que la sienne[10]. La Cour de cassation n'y voit pas une objection suffisante pour renvoyer au Conseil constitutionnel une question prioritaire relative au respect du principe de légalité[11].

§2. La perception de l'usurpation d'identité

849. L'infraction est nécessairement intentionnelle. À ce titre, elle suppose au minimum un dol général, c'est-à-dire la conscience et la volonté de se faire passer pour quelqu'un d'autre au risque d'affecter sa tranquillité ou sa réputation. Faut-il aller plus loin et exiger ici un dol spécial, c'est-à-dire la volonté d'agir dans ce but ? La solution paraît s'imposer au regard de la nature formelle de l'infraction : le résultat redouté influe sur l'élément matériel (qui doit avoir été susceptible de le produire) mais aussi sur l'élément moral (la volonté devant

7. Comp. E. Dreyer, *Droit de la communication*, LexisNexis, 2e éd., 2022, p. 593 et s.

8. V. évoquant « ce qui pourrait s'assimiler à des tentatives de diffamation ou d'injure, lesquelles ne sont naturellement pas punissables au sens de la loi de 1881 » : L. Saenko, « Nouvelles technologies et liberté d'expression », *APC* 2018, n° 40, p. 68.

9. La question se pose particulièrement lorsqu'un amant éconduit se venge en mettant en ligne, sous le nom de son ancienne compagne, des photographies ou vidéos de leurs ébats (v. sur ce « *revenge porn* » : E. Stella, *L'adaptation du droit pénal aux réseaux sociaux en ligne*, Thèse Nancy, 2019, p. 208, n° 274).

10. Sachant que le fait de prendre le nom d'un tiers, dans des circonstances qui ont déterminé ou auraient pu déterminer contre lui des poursuites pénales est incriminé de façon distincte dans le Code pénal au titre des entraves à l'exercice de la justice (art. 434-23. – Cass. crim., 12 nov. 2015, *Gaz. Pal.* 26 janv. 2016, p. 56, obs. E. Dreyer. – 20 janv. 2009, *Comm. com. électr.* 2009, n° 59, obs. A. Lepage).

11. Cass. crim., 20 juin 2018, *Dr. pén.* 2018, n° 177, obs. P. Conte.

être tendue vers sa réalisation, même si celle-ci n'a pas besoin d'être établie)[12]. En pratique, cette preuve supplémentaire ne pose guère de difficulté car les magistrats considèrent que l'individu qui est conscient d'un risque et agit quand même veut nécessairement sa réalisation[13]. Cela suffit à renverser la charge de la preuve sur un prévenu qui aura alors du mal à démontrer qu'il a pris toutes les précautions nécessaires pour qu'un tel risque ne se réalise pas.

En revanche, comme toujours, le mobile de l'agent est indifférent. Peu importe qu'il ait agi de la sorte afin de dissimuler sa propre identité (pour échapper à la sanction ou à la déconsidération inhérente à son action) ou pour nuire à autrui (voire pour égarer l'opinion publique ou ses proches qui auront alors une opinion différente de lui).

Section 2
L'usurpation au détriment de l'administration

850. Le Code pénal incrimine également d'autres formes d'usurpation suivant leur objet : usurpation de fonctions, de signes réservés à l'autorité publique ou de titres. Ces trois incriminations sont complétées par une quatrième qui concerne l'usage irrégulier d'une qualité (celle de membre ou ancien membre du gouvernement, du Parlement, de la magistrature ou d'un ordre particulier) dans une publicité commerciale (C. pén., art. 433-18) qui ne présente guère d'intérêt et ne sera pas envisagée ici.

Les deux premières incriminations ont en commun de compromettre l'administration en permettant à autrui d'accomplir sous son autorité apparente des actes qu'elle ne maîtrise pas. La troisième incrimination porte atteinte à un intérêt privé sur lequel l'administration exerce un contrôle. Mais, dans toutes ces hypothèses, il s'agit de réagir à un travestissement de la vérité.

§1. Les usurpations affectant directement l'administration

851. On l'a dit, ces usurpations correspondent à des comportements distincts envisagés à la suite par le Code pénal.

A. L'usurpation de fonctions

852. Il existe en la matière un délit principal et des délits dérivés. Si les seconds ne présentent pas la même gravité que le premier, ils s'avèrent également dangereux.

12. TGI Paris, 18 déc. 2014, *RSC* 2015, p. 101, obs. J. Francillon.
13. TGI Paris, 28 mai 2015, *Légipresse* 2016, p. 146, note I. Soskin.

1. Le délit principal

853. Présentation. – L'article 433-12 incrimine « le fait, par toute personne agissant sans titre, de s'immiscer dans l'exercice d'une fonction publique en accomplissant l'un des actes réservés au titulaire de cette fonction ». Est en cause le comportement de celui qui, tout en sachant qu'il n'y est pas autorisé, va accomplir un acte réservé à quiconque exerce une fonction publique. Cette dernière peut être entendue largement : elle correspond sans doute tant à l'activité des dépositaires de l'autorité publique que des personnes chargées d'une mission de service public ou titulaires d'un mandat électif public.

Le verbe « s'immiscer » souligne l'habileté avec laquelle l'auteur de l'infraction intervient. Il doit se faire passer pour le titulaire de la fonction alors qu'elle lui est totalement étrangère : un simple abus de fonction ne peut être sanctionné à ce titre[14]. Ce n'est pas tout. En effet, cette usurpation de fonction n'est pas envisagée pour elle-même mais à raison du danger qu'elle représente : les juges doivent pouvoir relever des actes positifs trahissant l'exercice de la fonction usurpée. Ainsi, il ne suffit pas de se présenter en uniforme et de se faire passer pour un gendarme auprès d'autrui pour usurper une telle fonction[15]. De même, il ne suffit pas d'agiter une carte tricolore et de se présenter comme policier pour usurper une telle fonction[16]. Faute d'actes de la fonction abusivement accomplis, ces deux hypothèses relèvent plutôt de l'art. 433-13 évoqué ci-dessous. En revanche, dès lors qu'un acte de la fonction usurpée est réalisé « sans titre », l'infraction est constituée. Peu importe l'apparente régularité de l'acte en question[17]. Il n'est pas nécessaire d'établir qu'autrui a été effectivement trompé dès lors que l'immixtion dans une fonction publique pose essentiellement problème ici à l'administration[18].

L'infraction a par ex. été reprochée à un adjoint au maire qui, se prétendant officier de police judiciaire, avait dressé un procès-verbal d'infraction alors qu'il savait ne pouvoir agir de la sorte[19]. Elle a aussi été reprochée à un maire qui, usurpant le pouvoir d'apprécier l'opportunité des poursuites reconnu au procureur de la République, avait conservé certains procès-verbaux d'infraction pour les soustraire à la justice[20]. Elle fut même reprochée à un détective privé qui s'était fait passer pour un notaire chargé d'ouvrir une succession afin de recueillir des renseignements sur la situation d'un débiteur[21].

854. Pénalités. – La personne physique reconnue coupable d'une telle infraction s'expose à 3 ans d'emprisonnement et 45 000 € d'amende. Les peines

14. Cass. crim., 14 sept. 2004, *B.* n° 205. – V. aussi Cass. crim., 9 sept. 1998, *Dr. pén.* 1999, n° 4, obs. M. Véron.

15. Cass. crim., 2 févr. 1994, *B.* n° 53.

16. Cass. crim., 13 oct. 2009, *Dr. pén.* 2010, n° 5, obs. M. Véron.

17. Cass. crim., 20 mai 2009, *Dr. pén.* 2009, n° 134, obs. M. Véron. – Comp. Cass. crim., 21 févr. 2001, *B.* n° 46.

18. Cass. crim., 11 juin 1964, *B.* n° 202.

19. Cass. crim., 24 mars 1987, *JCP* G 1988, II, 20953, note E. Walton.

20. Cass. crim., 21 mars 2018, *Dr. pén.* 2018, n° 103, obs. P. Conte ; *AJ pénal* 2018, p. 244, note G. Roussel ; *Gaz. Pal.* 24 juill. 2018, p. 52, obs. F. Fourment.

21. Cass. crim., 10 juill. 1968, *RSC* 1969, p. 136, obs. A. Vitu. – V. aussi Cass. crim., 3 nov. 1970, *RSC* 1971, p. 413, obs. A. Vitu.

complémentaires de l'article 433-22 lui sont également applicables (interdiction des droits, interdiction d'exercer, affichage ou diffusion de la décision).

La personne morale qui se rend coupable de la même infraction s'expose, quant à elle, à une amende dont le montant est porté au quintuple ainsi qu'aux peines prévues à l'article 433-25.

855. Escroquerie. – Par ailleurs, si ce comportement est le moyen d'obtenir d'autrui la remise de fonds, de valeurs ou d'un bien quelconque, ou la fourniture d'un service ou le consentement à un acte opérant obligation ou décharge, il peut y avoir escroquerie. Il s'agit même d'une hypothèse d'escroquerie aggravée puisque l'article 313-2, 2°, porte à 7 ans d'emprisonnement et 750 000 € d'amende les peines encourues lorsque l'escroquerie a été commise « par une personne qui prend indûment la qualité d'une personne dépositaire de l'autorité publique ou chargée d'une mission de service public ». Cette qualification devrait alors prévaloir sur la précédente, l'usurpation n'étant que le moyen de tromper autrui. Toutefois, la nouvelle solution donnée aux cumuls idéaux de qualification pourrait remettre en cause une telle analyse (v. *supra*, n° 4).

2. Les diminutifs

856. Faux semblants. – L'article 433-13 incrimine à la suite deux comportements. Sans qu'il y ait usurpation, il peut y avoir, à tout le moins, exercice d'une « activité dans des conditions de nature à créer dans l'esprit du public une confusion avec l'exercice d'une fonction publique ou d'une activité réservée aux officiers publics ou ministériels » (1°). La mention de ces derniers ne s'imposait sans doute pas dès lors qu'elle a été jugée superfétatoire au titre de l'article 433-12 qui protège les officiers publics ou ministériels en tant que titulaires d'une « fonction publique » *lato sensu* (v. *supra*, n° 853)...

L'agent peut également avoir usé « de documents ou d'écrits présentant, avec des actes judiciaires ou extrajudiciaires ou avec des documents administratifs, une ressemblance de nature à provoquer une méprise dans l'esprit du public » (2°).

Dans les deux cas, celui qui agit dans le but de tromper le public mérite une sanction si sa conduite, ou les papiers qu'il utilise, sont de nature à créer un risque de confusion. Peu importe que ce risque ne se réalise pas[22]. La consommation de l'infraction (formelle) ne dépend pas d'une telle preuve.

857. Pénalités. – En toute hypothèse, la personne physique s'expose aux peines d'un an d'emprisonnement et 15 000 € d'amende prévues par l'article 433-13. Les peines complémentaires et la responsabilité des personnes morales obéissent aux mêmes règles que dans l'hypothèse précédente (v. *supra*, n° 854).

Là aussi, les sanctions propres à l'escroquerie sont applicables dès lors que l'agent a obtenu une remise ou tenté de la provoquer.

22. Cass. crim., 9 avr. 2002, *Dr. pén.* 2002, n° 109, obs. M. Véron. – V. déjà Cass. crim., 22 avr. 1969, *RSC* 1970, p. 642, obs. A. Vitu.

B. L'usurpation de signes réservés à l'autorité publique

858. Sur le modèle des infractions précédentes, la répression est complétée par deux autres permettant de lutter contre l'abus de certains signes.

859. Délit principal. – Ainsi, l'article 433-14 punit d'un an d'emprisonnement et 15 000 € d'amende le fait, par toute personne, publiquement et sans droit : i) de porter un costume, un uniforme ou une décoration réglementés par l'autorité publique ; ii) d'user d'un document justificatif d'une qualité professionnelle ou d'un insigne réglementé par l'autorité publique ; iii) d'utiliser un véhicule dont les signes extérieurs sont identiques à ceux utilisés par les fonctionnaires de la police nationale ou les militaires ; iv) d'user d'emblèmes ou dénominations définis par les Conventions de Genève du 12 août 1949 ou leurs protocoles additionnels (textes internationaux protégeant les militaires blessés, prisonniers et civils en temps de guerre).

Alors que l'usurpation de fonctions requiert la discrétion, l'usurpation de signes réservés à l'autorité publique doit être ostensible. Mais ces différents actes aboutissent au même résultat : abuser le public et permettre, en conséquence, toutes sortes de manipulation. On observera néanmoins un élargissement du champ de cette dernière incrimination à la défense d'intérêts privés : habits et cartes professionnels[23], véhicules de secours également.

Bien entendu, il s'agit de comportements intentionnels : l'agent doit comprendre la portée des « signes » en question et savoir qu'il ne remplit pas les conditions légales ou réglementaires pour en faire usage.

860. Complément. – L'article 433-15 punit de peines réduites de moitié (6 mois d'emprisonnement et 7 500 € d'amende) ceux qui auront publiquement utilisé certains attributs réservés aux policiers ou militaires (auxquels sont désormais assimilées les personnes protégées par les Conventions de Genève sur le droit de la guerre) alors qu'ils présentent « une ressemblance de nature à causer une méprise dans l'esprit du public ». Ce qui relève de la parodie ou du déguisement échappe à l'incrimination s'il ne peut y avoir aucun doute sur la démarche de l'agent. En revanche, l'infraction est constituée dès lors que la ressemblance est assez nette pour tromper une victime normalement attentive. La référence à un modèle moyen de comportement suffit sans doute pour apprécier ce qui peut abuser autrui. Toutefois, l'obtention de ce résultat redouté n'a pas à être établie : il s'agit toujours d'un délit formel. Il s'agit par ailleurs d'un délit intentionnel. L'agent doit avoir eu conscience de ce qu'il n'avait pas le droit d'agir de la sorte parce que cela pouvait créer une méprise dans l'esprit du public. Néanmoins, le champ d'application de ce délit est réduit : seuls peuvent être usurpés, on l'a dit, les signes par lesquels s'identifient les fonctionnaires de la police nationale et les militaires (costumes ou uniformes, véhicules, insignes, documents) ou les personnes protégées par le droit de la guerre. L'importance des fonctions exercées ou la précarité des personnes en cause rend le risque de

23. Cass. crim., 5 nov. 1997, *B.* n° 377.

confusion particulièrement grave[24]. À défaut, les faits dégénèrent en une contravention de 3e classe (art. R. 643-1).

861. Aggravations. – Lorsque les délits des articles 433-14 et 433-15 ont eu « pour objet de préparer ou de faciliter la commission d'un crime ou d'un délit », les peines principales encourues sont portées à 3 ans d'emprisonnement et 45 000 € d'amende (art. 433-16).

§2. Les usurpations affectant indirectement l'administration

862. Présentation. – L'article 433-17 incrimine « l'usage, sans droit, d'un titre attaché à une profession réglementée par l'autorité publique ou d'un diplôme officiel ou d'une qualité dont les conditions d'attribution sont fixées par l'autorité publique ». En effet, « le droit de nommer aux fonctions publiques constitue essentiellement un attribut de la puissance publique... L'usurpation de ces fonctions constitue donc une attaque directe et une entreprise réelle contre l'autorité elle-même »[25].

Le titre est délivré à ceux qui doivent justifier d'une investiture pour accéder à certaines professions ; le diplôme atteste, lui, d'une compétence (son caractère « officiel » excluant la protection des diplômes délivrés par les établissements privés hors de tout contrôle) ; enfin, la qualité évoque une reconnaissance par l'autorité publique (qualité d'ancien combattant ou de résistant, de membre de l'Académie française, etc.).

Cette incrimination complète les précédentes en protégeant indirectement l'administration à travers sa mission certificatrice. Elle n'a pas d'autre objet[26]. Des incriminations spécifiques peuvent également exister pour lutter contre l'usurpation de certains titres, diplômes ou qualités[27].

Bien entendu, l'acte d'usage doit être personnel : l'infraction n'est pas constituée si le titre usurpé est apposé, par autrui, sur une publicité sans que l'accord de l'intéressé ait pu être établi[28]. De surcroît, cet acte d'usage doit être trompeur[29].

863. Illustrations. – L'infraction a été reprochée à un individu qui, sans avoir la qualité de mandataire judiciaire à la liquidation des entreprises, exerçait à titre habituel une activité d'assistance et de représentation des parties devant le tribunal de commerce en se présentant comme « mandataire »[30]. *Idem* s'agissant d'un agent d'affaires qui se présentait comme

24. Les entreprises de transport de fonds, les agences privées de recherche (détectives) ainsi que les entreprises de surveillance et de gardiennage (vigiles) font l'objet de réglementations particulières afin de prévenir ce risque d'infraction.

25. E. Garçon, *Code pénal annoté*, Rec. gén. lois et arrêts, 1901-1906, ss. art. 258, p. 609, n° 1.

26. Il ne s'agit pas de protéger le consommateur contre l'utilisation trompeuse d'autres termes : Cass. crim., 15 nov. 2011, *Gaz. Pal.* 13 janv. 2012, p. 42, obs. E. Dreyer.

27. V. par ex. pour les experts-comptables : ord. du 19 sept. 1945, art. 20 et, pour les avocats : loi du 31 déc. 1971, art. 72. – L'incrimination de droit commun s'avère indépendante de ces incriminations spéciales : Cass. crim., 14 févr. 1991, *B.* n° 80.

28. Cass. crim., 31 mars 1993, *B.* n° 142.

29. Cass. crim., 2 avr. 2019, *Dr. pén.* 2019, n° 134, obs J.-H. Robert. – 7 mars 2017, *Dr. pén.* 2017, n° 73, obs. J.-H. Robert.

30. Cass. crim., 1er févr. 2000, *B.* n° 53.

« avocat-conseil »[31] et s'agissant d'un individu qui s'est faussement présenté comme capitaine de police pour s'entretenir d'un dossier en cours avec un juge d'instruction[32].

Par ailleurs, l'infraction a été reprochée à un médecin qui avait continué à effectuer des diagnostics après sa radiation par le conseil de l'ordre : continuer d'user d'un titre auquel on n'a plus droit équivaut donc, pour la Cour de cassation, à prendre un titre auquel on n'a jamais eu droit[33].

864. Perception. – Il suffit que l'agent ait eu une claire perception de son acte pour que l'infraction soit constituée. En effet, il ne s'agit pas ici de prévenir un risque de confusion dans l'esprit du public[34]. L'autorité de poursuite n'a pas besoin d'établir que l'agent avait l'intention de tromper autrui[35]. Il s'agit seulement de veiller au respect des conditions d'attribution des titres, diplômes ou qualités officiels. Dès lors, la Cour de cassation peut juger que « la seule constatation de la violation, en connaissance de cause, d'une prescription légale ou réglementaire implique, de la part de son auteur, l'intention coupable exigée par l'article 121-3, al. 1er, C. pén. »[36], ce qui, en pratique, réduit à une pétition de principe l'élément moral de ce délit.

865. Pénalités. – Sur le fondement de l'article 433-17, la personne physique auteur d'une telle infraction s'expose à un an d'emprisonnement et 15 000 € d'amende ainsi qu'aux peines complémentaires de l'article 433-22 déjà évoqué. Les personnes morales s'exposent, quant à elles, aux mêmes peines que dans l'hypothèse précédente (art. 433-25).

Si un acte est accompli par l'usurpateur, une incrimination d'exercice illégal de l'activité réglementée peut être supplémentairement retenue. Et, si l'usurpateur en profite pour se faire remettre un bien ou fournir un service, la qualification d'escroquerie peut s'y ajouter[37]. À notre sens, elle devrait même s'appliquer seule, les précédentes infractions servant uniquement à commettre celle-ci.

31. Cass. crim., 14 févr. 1991, *B.* n° 80. – V. depuis Cass. crim., 14 janv. 2015, *Gaz. Pal.* 17 mai 2015, p. 45, obs. S. Detraz. – 20 nov. 2001, *Dr. pén.* 2002, n° 54, obs. M. Véron.

32. Cass. crim., 28 janv. 2014, *Gaz. Pal.* 11 mai 2014, p. 37, obs. S. Detraz.

33. Cass. crim., 12 janv. 2010, *Dr. pén.* 2010, n° 45, obs. M. Véron.

34. Cass. crim., 27 mars 1996, *B.* n° 141. – 23 mai 1995, *Dr. pén.* 1995, n° 258, obs. M. Véron.

35. Cass. crim., 30 oct. 1995, *Dr. pén.* 1996, n° 102, obs. M. Véron.

36. Cass. crim., 8 juin 1995, *B.* n° 211.

37. Cass. crim., 8 févr. 1995, *B.* n° 61.

CHAPITRE 4

Les actes de dissimulation

866. Il existe deux hypothèses dans lesquelles la dissimulation du produit d'une infraction est spécialement incriminée. La première correspond au blanchiment. La structure de cette infraction est assez proche de celle du recel alors qu'elle procède d'une démarche différente. Une seconde incrimination permet d'atteindre les individus qui ne peuvent justifier de ressources correspondant à leur train de vie. Ce comportement apparaît à mi-chemin entre recel et blanchiment. Distinguons, sachant que l'étude du recel est renvoyée à plus tard car il s'agit là d'une incrimination de portée plus générale (v. *infra*, n° 1333).

Section 1
Le blanchiment

867. Présentation. – Blanchir est une tentation assez compréhensible pour tout individu cherchant à profiter de l'infraction qu'il vient de commettre. Il lui faut dissimuler l'origine des biens ou revenus provenant de son acte. Ce « blanchiment » apparaît donc comme le prolongement naturel de l'infraction primaire. Il devrait exister ici la même incompatibilité qu'entre la qualité d'auteur d'une infraction d'origine et celle de receleur (v. *infra*, n° 1335). Mais la Cour de cassation a jugé du contraire, admettant que l'auteur de l'infraction primaire peut voir sa responsabilité également engagée lorsqu'il tente de masquer son forfait en dissimulant l'origine des sommes ou des biens qu'il détient[1]. Cette interprétation est acquise au terme d'un raisonnement spécieux : elle part du constat que les faits de blanchiment sont distincts des faits à l'origine de l'infraction dont le produit est recyclé, ce qui est exact car, quoique liées, les deux infractions sont commises successivement. La Cour de cassation en déduit que le principe *non bis in idem* ne s'oppose pas à ce que les deux infractions soient reprochées à la même personne[2]. Toutefois, ce n'est pas ce principe qui est en

1. Cass. crim., 14 janv. 2004, *D.* 2004, p. 1377, note C. Cutajar ; *JCP* G 2004, II, 10081, note H. Matsopoulou.
2. Cass. crim., 17 janv. 2018, *Dr. pén.* 2018, n° 60, obs. P. Conte. – V. aussi CJUE, 2 sept. 2021, aff. C-790/19, *Parchetul de pe lângă Tribunalul Braşov c/LG, MH*, pt. 81.

cause ici mais le principe de légalité[3]. En effet, une telle interprétation se heurte à la lettre de l'article 324-1 du Code pénal qui, dans ces deux alinéas, incrimine non les actes ayant directement pour résultat de blanchir mais une aide apportée à la commission de tels actes : c'est la justification mensongère de l'origine des biens ou des revenus de l'auteur d'un crime ou d'un délit (al. 1), donc le fait de fournir à cet auteur des éléments de justification que l'on sait ne pas correspondre à la réalité[4] ; c'est également le fait d'apporter un concours à une opération de blanchiment (al. 2), donc le fait d'aider l'auteur d'un crime ou d'un délit à réaliser une telle opération. Il devrait s'ensuivre que le délit de blanchiment (bien mal nommé) ne peut pas correspondre au fait, pour l'auteur d'une infraction, de masquer le produit de celle-ci mais à l'aide que les tiers peuvent lui apporter à cette occasion. Parce qu'elle doit émaner d'un autre que l'auteur de l'infraction primaire, cette aide ne peut lui être reprochée : il est absurde d'affirmer qu'il s'aide à blanchir le produit de ses propres infractions[5]. Il ne saurait y avoir d'« autoblanchiment » car celui qui dissimule le produit de l'infraction qu'il vient de commettre est en réalité un receleur qui échappe, on l'a indiqué, à toute sanction à ce titre. L'acharnement de la Cour de cassation à juger du contraire témoigne d'un curieux mépris envers la lettre du texte appliqué[6]. Comme souvent, la fin justifie ici les moyens[7]. En effet, il est en toute hypothèse certain que le blanchiment constitue une activité particulièrement néfaste : non seulement il permet la dissimulation de l'infraction d'origine et donc l'impunité de son auteur, encouragé à recommencer, mais il perturbe aussi les cycles économiques par des placements de capitaux tout à fait illégitimes. Le blanchiment permet aux mafias de tout poil d'acquérir une vitrine officielle, voire d'exercer une influence qui peut s'avérer désastreuse sur la vie économique et sociale[8]. Les pouvoirs publics ont donc l'obligation d'intervenir pour limiter ce phénomène de gangrène.

868. Évolution. – Tout d'abord, a été incriminé à l'article 222-38, C. pén. le fait de faciliter, par tout moyen, la justification mensongère de l'origine des biens ou des revenus de l'auteur d'une infraction relevant du trafic de produits stupéfiants ainsi que le fait d'apporter son concours à une opération de

3. V. aussi L. Saenko, *Le temps en droit pénal des affaires*, Thèse Paris 1, 2008, p. 154, n° 215 et, depuis, S. Detraz, « L'indépendance des délits de fraude fiscal et de blanchiment consécutif », *in Mél. Néau-Leduc*, LGDJ, 2018, p. 364. – G. Beaussonie, « Quelques observations à partir de l'autoblanchiment », *AJ pénal* 2016, p. 192. – D. Chilstein, « Retour sur la question de l'auto-blanchiment », *in Mél. Robert*, LexisNexis, 2012, p. 95. – J.-H. Robert, « Réflexions sur la nature de l'infraction de blanchiment d'argent », *JCP* G 2008, I, 146.

4. Le bénéficiaire de ces justifications mensongères engage, quant à lui, sa responsabilité pénale sur le fondement du recel présumé (art. 321-6) dès lors que de telles justifications apparaissent insuffisantes et qu'aucune autre infraction ne peut lui être reprochée. Notre interprétation ne tend donc pas à favoriser une scandaleuse impunité.

5. V. aussi P. Cazalbou, *Étude de la catégorie des infractions de conséquence*, Thèse Toulouse, [LGDJ, coll. Bibl. sc.crim., t. 63, 2016], p. 439, n° 681, qui y voit une forme de complicité de recel (p. 441, n° 684).

6. V. encore Cass. crim., 14 juin 2017, *Dr. pén.* 2017, n° 120, obs. P. Conte ; *RSC* 2017, p. 750, obs. H. Matsopoulou. – 9 déc. 2015, *Gaz. Pal.* 16 févr. 2016, p. 18, note R. Mésa. – 17 déc. 2014, *Gaz. Pal.* 22 févr. 2015, p. 37, obs. E. Dreyer, etc.

7. Sur le fondement de l'art. 324-1, la confiscation de tout ou partie des biens du condamné peut être ordonnée, ce qui n'est pas forcément le cas au titre de l'infraction d'origine : en punissant l'auto-blanchiment, les juridictions répressives s'assureraient donc que le crime ne paie pas, ce qui semble imposé par le droit européen (T. Herrmann, *Unité d'action et concours d'infractions*, Th. Paris 1, 2022, p. 452, n° 943).

8. V. not. M. Delmas-Marty, *Le relatif et l'universel*, Seuil, 2004, p. 277-285.

placement, de dissimulation ou de conversion du produit de ces infractions (v. *infra*, n° 1505). Le concours apporté au « lessivage » des fonds provenant d'autres infractions échappait, lui, à toute sanction dès lors qu'il n'était pas possible de caractériser à l'encontre de leur auteur un acte de recel. Une telle solution n'était pas satisfaisante. Pour permettre à la France de remplir ses engagements européens et internationaux en la matière, le Parlement a donc adopté, le 13 mai 1996, une loi incriminant le fait de participer au blanchiment du produit de tout crime ou délit[9]. Cette incrimination, de portée générale, figure désormais à l'article 324-1, C. pén. Néanmoins, l'infraction spéciale de l'article 222-38 conserve son autonomie : elle peut toujours être établie selon les règles de poursuites propres au trafic de stupéfiants (CPP, art. 706-26 à 706-33)[10].

Il convient par ailleurs de signaler que différents mécanismes de prévention et détection du blanchiment ont été mis en œuvre, à la lisière du droit pénal : obligations de vigilance (C. mon. fin., art. L. 561-5[11]) et déclarations de soupçon (C. mon. fin., art. L. 561-1[12]) dont l'étude dépasse les limites étroites de ce manuel.

869. Structure. – Le blanchiment constitue une infraction de conséquence. Il suppose la commission d'une première infraction à titre de condition préalable. Ensuite, il peut se consommer de deux façons différentes.

§1. Le préalable au blanchiment

870. Infraction d'origine. – À titre de condition préalable, il faut commencer par établir qu'un crime ou un délit a été commis procurant à son auteur, selon l'article 324-1, des « biens ou revenus » (al. 1) ou un « produit » quelconque (al. 2). Peu importe qu'une telle infraction (primaire) ait été commise en France ou à l'étranger ; peu importe que les juridictions françaises soient ou non compétentes pour la poursuivre[13] ; peu importe son éventuelle prescription[14]. En revanche, quelle que soit sa forme, le délit de blanchiment « nécessite que soient relevés précisément les éléments constitutifs d'un crime ou d'un délit principal ayant procuré à son auteur un profit direct ou indirect »[15]. Pour la Cour de cassation, c'est au regard de la loi pénale française – même non applicable – que s'effectue une telle vérification[16]. Peu importe la nature de

9. Plusieurs directives ont été adoptées en la matière, dont une 2018/1673 du 23 octobre 2018 visant à lutter contre le blanchiment de capitaux au moyen du droit pénal : v. not. M. Segonds, « De l'incrimination *a minima* du blanchiment », *Dr. pén.* pén. 2019, étude 10.

10. Il en va de même en matière de proxénétisme (art. 225-6, 2°). – En réalité, la vraie raison du maintien d'une incrimination autonome de blanchiment des produits du trafic de stupéfiants tient aux pénalités qui sont portées au double ici.

11. P. Conte, « Aspect pénal des obligations de vigilance tendant à prévenir le blanchiment », *JCP* G 2005, I, 126.

12. C. Mascala, « Les évolutions en matière de blanchiment », *RLDA* 2011, suppl. n° 63, p. 18.

13. Cass. crim., 16 janv. 2013, *Dr. pén.* 2013, n° 34, obs. M. Véron. – 24 févr. 2010, *JCP* G 2010, 629, note C. Cutajar. – V. toutefois Cass. crim., 4 mai 2016, *Dr. pén.* 2016, n° 128, obs. J.-H. Robert ; *AJ pénal* 2016, p. 434, obs. G. Roussel et D. Chilstein, « L'autonomie du blanchiment en droit pénal international », *in Mél. Koering-Joulin*, Anthemis, 2014, p. 138.

14. Cass. crim., 31 mai 2012, *RSC* 2012, p. 868, obs. H. Matsopoulou.

15. Cass. crim., 25 juin 2003, *Dr. pén.* 2003, n° 142, obs. M. Véron.

16. Cass. crim., 28 juill. 2021, *JCP* G 2021, 1023, note C. Cutajar. – Peu importe qu'une telle infraction (primaire) ne soit pas punissable dans le pays où elle a été commise (Cass. crim., 21 oct. 2020, *Dr. pén.* 2021,

l'infraction primaire en question. Peut ainsi être poursuivi en France le blanchiment de capitaux provenant d'abus de faiblesse, de corruption active ou passive, de détournement de biens publics[17], de fraude fiscale[18] ou douanière, etc., commis en France ou à l'étranger.

Mais ce n'est pas tout. Car, en plus, le ministère public doit établir l'opération de blanchiment mise en œuvre par l'auteur même de l'infraction primaire ou des receleurs auxquels il s'est d'ores et déjà adressé. En effet, c'est par rapport à cette opération que la participation de l'agent est appréciée. Sont incriminés à ce titre deux types d'aide.

§2. Les différentes formes de blanchiment

871. Avertissement. – Il faut revenir ici sur les termes employés afin de dénoncer une malfaçon législative. En effet, la loi du 13 mai 1996, adoptée dans la précipitation et pour répondre à des préoccupations dépassant le seul cadre national (transposition d'une convention du Conseil de l'Europe signée à Strasbourg le 8 nov. 1990), a introduit de façon impropre le terme de blanchiment. Il faut déplorer un abus de langage de la part du législateur qui, sous cet aspect, confond le résultat de l'opération consistant à blanchir et l'aide qui est apportée à celui qui blanchit. En effet, même si l'infraction figurant à l'article 324-1 est expressément qualifiée « blanchiment » dans le Code, elle ne concerne que des actes accessoires : ce n'est pas l'auteur de l'infraction de conséquence qui blanchit mais l'auteur de l'infraction d'origine ou un tiers auquel il a transmis la chose, c'est-à-dire un receleur. Les actes énumérés à l'article 324-1 se contentent de faciliter une telle opération. À cet égard, l'imprécision du vocabulaire masque de façon déplorable la réalité du comportement incriminé. Sous couvert de blanchiment est seulement incriminée la participation à une opération qui en principe est initiée par quelqu'un d'autre.

872. Précision. – Insistons également sur le fait que la chose issue d'un crime ou d'un délit ne doit en principe pas passer entre les mains de celui qui participe à l'opération de blanchiment. Sous cet aspect, l'infraction figurant à l'article 324-1 se distingue nettement du délit de recel incriminé à l'article 321-1. Les diligences de l'agent ont pour seul but de permettre à l'auteur de l'infraction d'origine, ou au receleur qui s'est substitué à lui, de tirer profit de son acte[19]. Alors qu'en matière de recel, on le verra, l'auteur de l'infraction d'origine est soumis aux conditions imposées par le receleur, le rapport de force s'inverse ici : l'agent se contente d'apporter son aide à l'auteur de l'infraction d'origine

---

n° 23, obs. P. Conte), ce qui interroge tout de même sur l'illicéité des actes de placement accomplis à la suite.

17. Cass. crim., 1er avr. 2020, *Dr. pén.* 2020, n° 135, obs. P. Conte ; *Gaz. Pal.*, 1er sept. 2020, p. 56, obs. S. Detraz ; *RSC* 2020, p. 950, obs. H. Matsopoulou.

18. Dans une telle hypothèse, il n'est pas nécessaire que l'administration fiscale ait préalablement porté plainte pour le délit de fraude et obtenu l'avis conforme de la Commission des infractions fiscales : Cass. crim., 9 avr. 2015, *AJ pénal* 2015, p. 382, obs. D. Brach-Thiel. – 20 févr. 2008, *D.* 2008, p. 1585, note C. Cutajar ; *JCP* G 2008, II, 10103, note J. Lasserre Capdeville.

19. V. s'agissant du blanchiment d'un recel de vol : Cass. crim., 21 janv. 2020, *AJ pénal* 2020, p. 309, obs. D. Miranda ; *Gaz. Pal.* 12 mai 2020, p. 62, obs. F. Fourment.

(ou au receleur qu'il s'est substitué). Il lui rend service. Il est seulement puni pour cette connivence entretenue avec l'auteur d'une infraction antécédente.

Cependant, on l'a vu, une telle approche est remise en cause par la jurisprudence admettant l'« autoblanchiment » (v. *supra*, n° 867). Dans une telle hypothèse, en effet, celui qui blanchit agit directement sur le produit de l'infraction primaire alors qu'il est auteur de celle-ci. Mais, dans un tel cas, on peine à distinguer son comportement de celui qui recèle en dissimulant le produit d'une infraction. La solution semble avoir été inventée pour contourner le principe selon lequel l'infraction primaire et l'infraction de recel doivent avoir des auteurs différents. Ce qui n'apparaît guère satisfaisant.

873. Répression. – En toute hypothèse, la sanction d'une telle infraction s'avère redoutable. L'individu qui participe à une opération de blanchiment s'expose à 5 ans d'emprisonnement et 375 000 euros d'amende (art. 324-1). Toutefois, ces peines principales sont doublées (art. 324-2) lorsque l'infraction est commise en bande organisée ou lorsqu'elle est commise de façon habituelle ou en utilisant les facilités que procure l'exercice d'une activité professionnelle. Par ailleurs, les peines d'amende encourues pour l'infraction simple ou aggravée peuvent être portées, au-delà de ces montants, jusqu'à la moitié de la valeur des biens ou des fonds sur lesquels ont porté les opérations de blanchiment (art. 324-3). Quant à la peine privative de liberté, elle peut s'effacer devant la peine privative de liberté d'une durée supérieure encourue pour le crime ou délit, éventuellement aggravé, dont proviennent les biens ou fonds blanchis (art. 324-4). Aider, en connaissance de cause, au blanchiment du produit d'une infraction grave se révèle ainsi particulièrement risqué[20]. Mais il y a plus encore car l'article 324-5 ajoute que « le blanchiment est assimilé, au regard de la récidive, à l'infraction à l'occasion de laquelle ont été commises les opérations de blanchiment », ce qui permet d'étendre considérablement le champ de cette circonstance aggravante qui est spéciale en matière correctionnelle[21].

Les peines complémentaires des articles 324-7 et 324-8 sont également applicables. Dans cette longue liste, on signalera plusieurs formes de confiscation (6°, 7° et 8°), ce qui paraît curieux dès lors que le produit de l'infraction primaire ne passe en principe pas entre les mains de celui qui a participé à l'opération de blanchiment. Quant au produit de l'opération de blanchiment elle-même, c'est-à-dire de l'aide apportée, il est souvent sans rapport avec le produit de l'infraction primaire, ce qui rend ces confiscations spéciales assez peu opératoires. Par ailleurs, le législateur autorise une confiscation générale (12°) qui peut sembler totalement excessive mais résout bien des difficultés pratiques.

---

20. En revanche, il semble difficile à une partie civile d'établir un préjudice personnel découlant directement de la participation de l'agent à une opération de blanchiment. En pratique, les poursuites sont essentiellement engagées par le ministère public (v. cpdt CPP, art. 2-17).

21. Ajoutons que le mécanisme d'exemption ou réduction de peine en faveur des repentis est déclaré applicable en matière de blanchiment (art. 324-6-1). Par ailleurs, la tentative est incriminée (art. 324-6). De surcroît, le seul fait de proposer, par l'intermédiaire d'une plateforme en ligne, ou au soutien de transactions que cette plateforme permet, « des prestations d'intermédiation ou de séquestre qui ont pour objet unique ou principal de mettre en œuvre, de dissimuler ou de faciliter les opérations mentionnées au même I » (à savoir « la cession de produits, de contenus ou de services dont la cession, l'offre, l'acquisition ou la détention sont manifestement illicites ») est puni de 5 ans d'emprisonnement et 150 000 € d'amende (art. 323-3-2, II).

Les personnes morales sont encore moins bien traitées. Outre la traditionnelle amende dont le montant est porté au quintuple, elles s'exposent à la totalité des peines prévues à l'article 131-39 (dissolution comprise), ainsi que, elles aussi, à une mesure de confiscation générale (art. 324-9).

Revenons maintenant aux deux formes que peut prendre l'infraction.

A. L'aide à la justification mensongère de ressources

874. Selon l'article 324-1, al. 1, est tout d'abord incriminé le fait de « faciliter, par tout moyen, la justification mensongère de l'origine des biens ou des revenus de l'auteur d'un crime ou d'un délit ayant procuré à celui-ci un profit direct ou indirect ».

1. La matérialité de l'acte

875. Matérialité. – Est en cause la « facilitation » par tout moyen de la dissimulation de l'origine illicite de biens ou revenus. Est ainsi clairement incriminée l'aide apportée à l'auteur d'un crime ou d'un délit qui cherche à masquer son forfait : l'agent lui fournit de fausses justifications quant à l'origine de ses biens ou revenus.

Cette aide peut consister en la fourniture à l'auteur de l'infraction primaire de fausses attestations de gain au jeu ou d'un faux contrat de travail, accompagné de faux bulletins de paie, permettant d'expliquer toutes les sommes transitant sur ses comptes[22]. Elle peut prendre aussi la forme d'une justification apparemment exacte mais, en réalité, partielle (justification de portée générale omettant d'indiquer qu'elle n'est pas applicable au bien ou revenu posant difficulté).

Peu importe que cette aide ait été fournie à titre gratuit ou onéreux : le ministère public n'a pas à établir qu'elle a reçu une contrepartie. Peu importe que cette aide intervienne immédiatement ou non. En effet, le profit tiré de l'infraction primaire, qu'il s'agit de dissimuler, peut être direct ou indirect. Il s'ensuit que l'aide apportée dans le cadre d'une opération de blanchiment est punissable non seulement lorsqu'elle concerne la chose appropriée frauduleusement (délivrance d'un faux certificat d'origine, par ex.) mais aussi lorsqu'elle porte sur le prix de vente de cette chose. Pire : subsiste une ambiguïté dans le texte d'incrimination qui semble distinguer les « biens et revenus » à dissimuler du profit illicite par ailleurs obtenu. Dans une interprétation maximaliste, un juge pourrait admettre que la justification mensongère de ressources est punissable même s'il n'est pas établi que les biens ou revenus dont l'origine illicite est ainsi dissimulée proviennent d'un crime ou d'un délit à partir du moment où il est tout de même certain qu'elle profite à un criminel ou à un délinquant.

En toute hypothèse, l'intervention de l'« aidant » paraît dangereuse car elle permet à l'auteur de l'infraction primaire d'en profiter sans crainte d'être inquiété. Le produit de cette première infraction se trouve dissimulé juridiquement au lieu de l'être matériellement. Il a fallu incriminer ce comportement de manière autonome car l'aide ainsi apportée est postérieure à la consommation de l'infraction primaire. Il ne s'agit donc pas de complicité.

22. Cass. crim., 30 avr. 2014, *Gaz. Pal.* 13 juin 2014, p. 17, note R. Mésa. – 7 oct. 2009, *Dr. pén.* 2010, n° 22, obs. M. Véron.

2. La perception de l'acte

876. Intention. – Même si le législateur ne l'a pas précisé, l'infraction de l'article 324-2, al. 1, est nécessairement intentionnelle. Le ministère public doit donc établir non seulement que l'agent a menti en attribuant des revenus à une personne qui n'en avait pas mais aussi que l'agent savait que la personne dont il a facilité la justification des ressources était l'auteur d'un crime ou d'un délit lui ayant procuré un profit direct ou indirect. La Cour de cassation n'exige pas la preuve de ce que l'agent avait conscience d'aider à la dissimulation du produit d'une infraction déterminée ; il suffit d'établir qu'il avait conscience d'aider un criminel ou délinquant à masquer l'origine de tout ou partie de ses ressources[23].

B. L'aide apportée à la gestion de fonds illicites

877. L'article 324-1, al. 2, incrimine « le fait d'apporter un concours à une opération de placement, de dissimulation ou de conversion du produit direct ou indirect d'un crime ou d'un délit ». Cette seconde forme prise par le délit pose encore plus de difficultés.

1. La matérialité de l'acte

878. Présentation. – Très générale, la formule employée à l'alinéa 2 de l'article 324-1 pourrait absorber l'hypothèse visée dans son alinéa 1. Pour éviter un tel chevauchement, il faut considérer que l'objectif poursuivi par l'« aidant » n'est pas le même dans les deux cas : ici, il s'agit uniquement d'aider l'auteur de l'infraction primaire (ou un receleur) à réinjecter le produit de cette infraction dans un circuit financier normal.

879. Produit. – L'identification du produit de l'infraction d'origine peut poser difficulté. Cette notion de « produit » n'est pas définie par la loi. Confondue avec l'objet sur lequel porte le comportement incriminé, elle risque de donner une portée exagérée au délit de blanchiment. Aussi, la Cour de cassation adopte-t-elle une position plus raisonnable en envisageant le produit d'une infraction primaire comme le bénéfice retiré d'une telle infraction par son auteur. C'est ce bénéfice qu'il s'agit d'aider à dissimuler. À titre d'exemple, la Haute juridiction a ainsi affirmé que « le produit de la fraude fiscale est constitué de l'économie qu'elle a permis de réaliser et dont le montant est équivalent à celui des impôts éludés »[24]. Il ne s'agit donc pas de prendre en compte ici la somme dissimulée à l'impôt par l'auteur de la fraude mais le montant de l'impôt qu'il n'a pas été amené à payer sur cette somme. De même, la Cour de cassation juge-t-elle « que le produit du délit de travail dissimulé ne pouvait consister que dans le montant des cotisations et contributions sociales à la charge de l'employeur qui ont été éludées ». Il ne s'agit donc pas de confondre ce produit avec les sommes destinées à rémunérer en liquide les salariés non déclarés.

23. Cass. crim., 20 mai 2015, *Gaz. Pal.* 9 août 2015, p. 27, obs. S. Detraz.

24. Cass. crim., 11 sept. 2019, *JCP* G 2019, 1086, note S. Detraz et E. Dezeuse ; *Gaz. Pal.*, 8 oct. 2019, p. 23, note R. Mésa ; *AJ pénal* 2019, p. 498, note J. Lasserre Capdeville.

Le produit, au sens de l'article 324-1, correspond au profit retiré de l'infraction primaire[25].

880. Origine. – Peu importent les transformations que ce produit a subies (produit direct ou « indirect » d'un crime ou d'un délit). Mais elles ne sauraient rendre incertaine son origine illicite. Un lien entre la chose dissimulée et l'infraction primaire doit pouvoir être toujours établi[26].

Néanmoins, pour simplifier cette preuve, le législateur a consacré ici une présomption : « pour l'application de l'article 324-1, les biens ou les revenus sont présumés être le produit direct ou indirect d'un crime ou d'un délit dès lors que les conditions matérielles, juridiques ou financières de l'opération de placement, de dissimulation ou de conversion ne peuvent avoir d'autre justification que de dissimuler l'origine ou le bénéficiaire effectif de ces biens ou revenus » (art. 324-1-1). L'absence d'explication légitime à la remise de liasses de billets dans le cadre d'une opération de conversion[27] ou, à l'inverse, un montage financier excessivement complexe[28], donne à penser que les participants ont eu pour seul objectif de dissimuler l'origine des fonds en question. Il en va *a fortiori* de même lorsqu'une transaction est réalisée au moyen d'une solution de cryptologie dédiée aux organisations criminelles[29].

En réalité, une telle déduction était depuis longtemps pratiquée[30]. Les magistrats se sont toujours contentés de l'explication la plus vraisemblable des faits[31]. Cette explication suffit à renverser la charge de la preuve sur le prévenu (car, pour être légitime, la présomption qui en découle doit rester simple même si elle est fort difficile à combattre)[32].

881. Opérations. – Mais, répétons-le, parce que l'agent se contente de fournir une aide, il ne procède pas lui-même aux « opérations de placement, dissimulation ou conversion ». La chose ou les fonds ne transitent pas par lui car, alors, il y aurait recel[33]. L'agent se contente « d'apporter son concours » à de

25. V. les contributions de G. Beaussonie et de M. Segonds, *in Annales ICSP R. Merle*, vol. 1/2020, PU Toulouse, p. 122 et p. 135.

26. Sauf à considérer que toute opération de placement anormal réalise un blanchiment (V. s'y opposant : Cass. crim., 15 sept. 2021, *Gaz. Pal.*, 5 avr. 2022, p. 48, obs. L. Saenko).

27. Cass. crim., 12 janv. 2022, *AJ pénal* 2022, p. 208, obs. J.-C. Michard ; *Gaz. Pal.*, 5 avr. 2022, p. 46, obs. N. Catelan ; *RSC* 2022, p. 611, obs. E. Dreyer. – Comp., s'agissant de conditions de transport suspectes : Cass. crim., 8 déc. 2021, *AJ pénal* 2022, p. 87, obs. J. Goldszlagier et Cass. crim., 26 janv. 2022, *Dr. pén.* 2022, n° 43, obs. P. Conte ; *AJ pénal* 2022, p. 156, obs. E. Clément ; *RSC* 2022, p. 845, obs. H. Matsopoulou.

28. Cass. ass. plén., 4 oct. 2002, *Dr. pén.*, 2003, n° 34, obs. M. Véron.

29. Cass. crim., 15 févr. 2023, *AJ pénal* 2023, p. 184, obs. J.-C. Michard.

30. A. Létocart, « La revitalisation du traitement judiciaire du blanchiment », *JCP* G 2015, 899, n° 6. – S. Brimbeuf et E. Bornstein, « La présomption de blanchiment » : *D.* 2023, p. 1371.

31. V. l'admettant : Cass. crim., 9 déc. 2015, *Dr. pén.* 2016, n° 41, obs. P. Conte et, l'excluant : Cass. crim., 6 mars 2019, *AJ pénal* 2019, p. 323, note J. Goldszlagier ; *RSC* 2019, p. 825, obs. H. Matsopoulou.

32. En conséquence, la juridiction correctionnelle n'est pas tenue d'identifier le crime ou le délit qui a procuré le produit ainsi dissimulé (Cass. crim., 18 déc. 2019, *Dr. pén.* 2020, n° 46, obs. P. Conte ; *AJ pénal* 2020, p. 132, obs. J. Goldszlagier). C'est au prévenu d'établir que les sommes trouvées en sa possession ne proviennent pas d'un crime ou d'un délit (Cass. crim., 15 sept. 2021, *Dr. pén.* 2021, n° 200, obs. P. Conte).

33. Les deux infractions peuvent être retenues si elles reposent sur des faits distincts (Cass. crim., 12 juin 2019, *AJ pénal* 2019, p. 44, obs. Y. Mayaud, précisant par ailleurs qu'il n'est pas nécessaire que le produit de l'infraction primaire soit « chiffré »).

telles opérations. L'infraction est constituée lorsque ces opérations sont menées par un ou plusieurs tiers grâce à lui, c'est-à-dire grâce à son assistance ou ses conseils.

Dans le silence de la loi, la doctrine envisage le placement comme « l'emploi d'argent et le profit qui peut en résulter »[34], la dissimulation comme la réalisation d'un montage financier « permettant d'occulter le véritable bénéficiaire de l'opération »[35] et la conversion comme le fait de changer (dans une autre monnaie) ou transformer (des espèces en chèques ou titres) le produit d'un crime ou d'un délit[36].

À ce titre, on peut reprocher à l'agent les recherches et les montages juridiques ou financiers qu'il a proposés[37] ; on peut lui reprocher aussi son entremise entre l'auteur de l'infraction primaire et un receleur ou des tiers de bonne foi[38]. Peut-être parce que l'agent ne réalise pas lui-même ces opérations, le législateur n'a pas cru bon de définir chacune des opérations qu'il énumère, ce qui est regrettable.

882. Nature. – Enfin, ce délit, qui s'exécute en un trait de temps, constitue en principe une infraction instantanée[39]. Mais la Cour de cassation tend à considérer qu'elle peut aussi s'inscrire dans le temps et s'entendre « non seulement de l'opération de placement initial des fonds sur les comptes occultes mais également des opérations de réemploi de ces fonds durant cette période aux fins, notamment, de les convertir dans de nouveaux placements financiers, toutes ces actions formant ainsi une opération unique de dissimulation, placement ou conversion »[40]. Ce qui semble consacrer le principe d'une infraction continuée, c'est-à-dire consommée au moment du dernier acte qui la caractérise.

Par ailleurs, il s'agit d'une infraction occulte (clandestine par nature) pour laquelle le point de départ du délai de prescription de l'action publique peut donc être légalement reporté au jour où elle est apparue dans des circonstances permettant les poursuites[41]. C'est l'une des premières applications de cette notion nouvelle figurant à l'art. 9-1, CPP.

883. Réserve. – Certaines conséquences de l'admission de l'« autoblanchiment » ont déjà été évoquées (v. *supra*, n° 872). Il s'ensuit une transformation regrettable de l'incrimination mettant en péril la distinction entre blanchiment et recel par dissimulation. La qualification de blanchiment devrait être réservée au banquier qui donne, en connaissance de cause, les coordonnées d'une filiale

34. V. s'agissant du dépôt d'espèces sur un compte bancaire : Cass. crim., 18 mars 2020, *Dr. pén.* 2020, n° 107, obs. P. Conte ; *RSC* 2020, p. 945, obs. H. Matsopoulou.

35. Comp., s'agissant du franchissement d'une frontière avec une grosse somme en liquide sans déclaration : Cass. crim., 18 mars 2020, *Dr. pén.* 2020, n° 107, obs. P. Conte ; *AJ pénal* 2020, p. 298, obs. M. Lassalle ; *RSC* 2020, p. 945, obs. H. Matsopoulou.

36. A. Lepage et H. Matsopoulou, *Droit pénal spécial*, PUF, coll. Thémis, 2015, p. 648, n° 915. – M.-C. Guérin, « La liberté d'entreprendre limitée par la rigueur du blanchiment », *Dr. pén.* 2009, étude 21.

37. V. cpdt Cass. ass. plén., 4 oct. 2002, *Dr. pén.* 2003, n° 34, obs. M. Véron.

38. Cass. crim., 26 janv. 2011, *Dr. pén.* 2011, n° 44, obs. M. Véron.

39. Il ne dure pas aussi longtemps que la dissimulation (Cass. crim., 11 sept. 2019, *JCP* G 2019, 1086, note S. Detraz et E. Dezeuse ; *Gaz. Pal.* 8 oct. 2019, p. 23, note R. Mésa ; *AJ pénal* 2019, p. 498, note J. Lasserre Capdeville).

40. Cass. crim., 21 oct. 2020, *Dr. pén.* 2021, n° 23, obs. P. Conte.

41. Cass. crim., 11 sept. 2019, *Dr. pén.* 2019, n° 181, obs. P. Conte ; *Gaz. Pal.* 22 oct. 2019, p. 14, note E. Dezeuze et M. Horion.

à l'étranger de son établissement de crédit où un compte peut être ouvert sans trop de vérifications ou à l'agent immobilier qui suggère des biens pouvant aisément être achetés puis revendus afin de dissimuler l'origine de fonds douteux[42]. Mais, plus souvent, en pratique, elle est reprochée à l'auteur d'une infraction primaire qui ouvre des comptes au nom de sociétés plus ou moins fictives qu'il dirige afin de faire transiter des fonds dont il dissimule ainsi l'origine tout en conservant leur libre disposition[43].

2. La perception de l'acte

884. Intention. – Là aussi, l'infraction est intentionnelle. Son élément moral suppose la connaissance de l'origine criminelle ou délictueuse des fonds et la volonté d'aider à leur placement, dissimulation ou conversion. *A priori*, l'agent doit avoir une perception plus fine de son acte que dans l'hypothèse précédente : l'autorité de poursuite doit démontrer qu'il savait que les fonds qu'il a aidés à blanchir provenaient directement ou indirectement d'un crime ou d'un délit. Il ne suffit pas d'établir qu'il a eu conscience d'aider l'auteur d'une infraction à dissimuler le produit de celle-ci. Mais, en pratique, la Cour de cassation se contente de la « conscience de l'origine frauduleuse des fonds et non de la nature exacte des infractions d'origine »[44]. La volonté de dissimuler l'origine illicite de fonds suffit[45]. La Haute juridiction estime même qu'il importe peu que les auteurs des délits d'origine « ne soient pas connus et que les circonstances de leur commission n'aient pas été entièrement déterminées »[46]. Cet affaiblissement de l'élément moral n'apparaît pas sans rapport avec la présomption consacrée par l'article 324-1-1 précité. En effet, il est difficile de se montrer plus exigeant au plan matériel qu'au plan moral. L'explication la plus vraisemblable, quant à l'origine des fonds, s'impose à ces deux niveaux[47]. Celui qui réalise une opération de placement, dissimulation ou conversion dans des « conditions matérielles, juridiques ou financières » suspectes, ne peut prétendre avoir ignoré agir sur le produit d'un crime ou d'un délit. Son intention coupable est nécessairement avérée. Mais il en résulte une extension contestable du champ d'application de ce délit qui finit par être totalement détaché de l'infraction primaire dont il est censé masquer le produit.

885. Déclarations. – Certains professionnels ont la possibilité de s'exonérer de toute responsabilité en procédant « de bonne foi » à la déclaration de l'article L. 561-1, C. mon. fin. auprès du procureur de la République lorsqu'ils « réalisent, contrôlent ou conseillent des opérations entraînant des mouvements de capitaux » bien que ces opérations « portent sur des sommes qu'ils savent provenir de l'une des infractions mentionnées à l'article L. 561-15 » (à savoir « une

42. Cass. crim., 25 oct. 2017, *RSC* 2018, p. 429, obs. H. Matsopoulou.

43. V. les arrêts du 11 sept. 2019, préc. – V. aussi, s'agissant d'un transfert de fonds à l'étranger sans déclaration analysé comme un acte de dissimulation : Cass. crim., 18 mars 2020, *AJ pénal* 2020, p. 298, obs. M. Lassalle.

44. Cass. crim., 18 janv. 2017, *AJ pénal* 2017, p. 189, obs. P. de Combles de Nayves.

45. Cass. crim., 28 oct. 2015, *Dr. pén.* 2015, n° 3, obs. P. Conte. – 17 mars 2015, *Gaz. Pal.* 17 mai 2015, p. 46, obs. E. Dreyer.

46. Cass. crim., 4 déc. 2019, *Dr. pén.* 2020, n° 28, obs. P. Conte.

47. Cass. crim., 26 oct. 2016, *Dr. pén.* 2017, n° 1, obs. P. Conte ; *AJ pénal* 2017, p. 35, obs. J. Gallois.

infraction passible d'une peine privative de liberté supérieure à un an ou sont liées au financement du terrorisme »)[48].

Néanmoins, nonobstant l'accomplissement formel de cette déclaration, l'infraction de blanchiment reste punissable lorsque les magistrats parviennent à établir une concertation frauduleuse entre le professionnel et le propriétaire des sommes à placer[49].

Section 2
La non-justification de ressources

886. D'autres situations sont à ce point « douteuses » que le législateur les a également transformées en délit.

Il en va tout d'abord ainsi lorsque, sans qu'aucune participation ne puisse être reprochée à la personne suspecte, il existe suffisamment d'indices pour considérer qu'elle n'est pas étrangère aux infractions reprochables à ceux qui l'entourent. Dès lors qu'elle ne peut justifier de ressources correspondant à son train de vie, cette personne est *a minima* présumée avoir tiré profit d'infractions commises par d'autres[50].

La tentation peut être grande, alors, pour le suspect d'invoquer des ressources fictives. En soi, la fourniture de justificatifs mensongers en justice n'apporte rien par rapport à l'infraction précédente : la fausseté de ces documents étant établie, le suspect est considéré comme ne justifiant pas de ressources correspondant à son train de vie. Mais le fait de fournir ces justificatifs mensongers au suspect est, lui, érigé en infraction. Il s'agit d'une forme particulière de blanchiment puisque l'« aidant » procure à l'auteur d'une infraction les moyens de dissimuler celle-ci. Il doit être dissuadé de le faire pour que la non-justification de ressources puisse être efficacement sanctionnée.

§1. L'impossibilité de justifier son train de vie ou l'origine d'un bien

887. Diversité. – L'article 321-6, al. 1, du Code pénal incrimine « le fait de ne pas pouvoir justifier de ressources correspondant à son train de vie ou de ne pas pouvoir justifier de l'origine d'un bien détenu, tout en étant en relations habituelles avec une ou plusieurs personnes qui soit se livrent à la commission de crimes ou de délits punis d'au moins 5 ans d'emprisonnement et procurant à celles-ci un profit direct ou indirect, soit sont des victimes d'une de ces

48. C. Cutajar, « Blanchiment d'argent : quel risque pénal en cas d'inobservation par les professionnels des obligations de vigilance ? », *Gaz. Pal.* 2005, doctr. p. 294. – E. Leverbe, « Le banquier et l'article 324-1, C. pén. », *Dr. pén.* 2004, étude 4.

49. V. écartant toute bonne foi : Cass. crim., 3 déc. 2003, *JCP* G 2004, II, 10066, note C. Cutajar.

50. V. pour une requalification des faits justifiée par le doute apparu lors des débats sur la participation d'un prévenu au trafic qui lui était originellement reproché : Cass. crim., 13 mai 2014, *Gaz. Pal.* 27 juill. 2014, p. 32, obs. S. Detraz.

infractions ». Des incriminations équivalentes existent en matière de terrorisme (art. 421-2-3. – V. *supra*, n° 202) et de trafic de stupéfiants (art. 222-38. – V. *infra*, n° 1505). Elles subsistent malgré l'extension de cette incrimination principale à tous les crimes ou délits punis d'au moins 5 ans d'emprisonnement car elles sont plus sévèrement réprimées et poursuivies. Des incriminations distinctes sont également maintenues en matière de proxénétisme (art. 225-6, 3°. – V. *supra*, n° 565) et d'exploitation de la mendicité (art. 225-12-5. – V. *supra*, n° 547) car, dans ces deux cas, le comportement des « relations » de l'agent n'appelle pas de sanctions pénales[51].

888. Présentation. – En l'occurrence, le comportement litigieux suppose rapportée une triple preuve.

Ce délit suppose, d'une part, une absence de justification crédible – peu importent donc les justifications fantaisistes – de son train de vie en général ou de l'origine d'un bien en particulier[52]. On notera tout de même que justifier n'est pas prouver. Le délit ne saurait être retenu au motif qu'une preuve complète (*a fortiori* licite !) n'a pas été rapportée. Dès lors qu'une justification sérieuse est avancée, elle suffit à tenir en échec la présomption : ni le délit de non-justification ni le délit éventuellement avoué par un délinquant pour expliquer sa bonne fortune ne peuvent servir de base à une condamnation[53].

Le délit suppose, d'autre part, des relations habituelles soit avec des « infracteurs » (auteurs de crimes ou de délits graves : punis d'au moins 5 ans d'emprisonnement[54]), soit avec leurs victimes (personnes soumises à des conditions de travail indignes ou mineurs contraints de mendier, par ex.[55]). Peu importe qu'aucune condamnation définitive n'ait encore été prononcée[56] dès lors qu'il est établi que l'agent a effectivement été en relation, au moins deux fois de suite, avec l'auteur ou les auteurs d'une ou plusieurs infractions graves ou avec leurs victimes[57]. En effet, il arrive que les services de police judiciaire ne parviennent pas à établir qu'il existe un rapport entre la fortune d'un suspect et ses mauvaises fréquentations. La loi le fait alors pour eux : elle permet d'induire le lien de causalité existant entre l'enrichissement de l'un et l'activité des autres. Le recel est en quelque sorte présumé[58]. Une telle présomption apparaît d'autant plus vraisemblable que les relations sont régulières : même s'il s'agit d'une question de fait difficilement quantifiable, l'habitude exigée ici ne devrait pas se réduire à une simple réitération. Deux rencontres fortuites ne devraient pas suffire pour contraindre un suspect à

51. V. aussi S. Detraz, « Le profit présumé délictueux en droit pénal de fond », *Gaz. Pal.* 11 mai 2014, p. 18.

52. Cass. crim., 8 févr. 1989, *RSC* 1989, p. 491, obs. A. Vitu.

53. Sauf à porter atteinte au principe selon lequel on ne peut s'auto-incriminer, une condamnation ne saurait reposer sur l'aveu d'une infraction (de moindre gravité) fait par le prévenu pour expliquer son train de vie ou l'origine d'un bien détenu.

54. Cass. crim., 20 févr. 2008, *Dr. pén.* 2008, n° 80, obs. M. Véron.

55. Ce qui n'en fait pas une infraction d'habitude car l'acte incriminé – non-justification de ressources – peut être unique (C. Claverie-Rousset, *L'habitude en droit pénal*, Thèse Bordeaux IV, 2011, [LGDJ, coll. Bibl. sc.crim., t. 57, 2014], p. 62, n° 52).

56. Cass. crim., 27 févr. 2013, *Gaz. Pal.* 8 mai 2013, p. 32, obs. S. Detraz, solution qui porte en germe un risque de contradiction de décisions.

57. La juridiction doit en outre préciser la nature des infractions que ces mauvaises relations ont pu commettre (Cass. crim., 15 mars 2023, *Gaz. Pal.* 16 mai 2023, p. 50, obs. S. Detraz).

58. V. critiquant cette curieuse forme d'auto-recel : R. Parizot, *La responsabilité pénale à l'épreuve de la criminalité organisée*, LGDJ, coll. Bibl.sc.crim., t. 48, 2010, p. 137, n° 181.

se justifier[59]. Néanmoins, il n'est pas sûr que la Cour de cassation soit de cet avis, elle qui n'exige même pas que ces rencontres aient été volontaires. Elle admet ainsi que, lorsque l'auteur des infractions primaires est un proche, ses relations avec le suspect (individu peinant à justifier ses ressources) puissent ne pas excéder celles qui sont normalement entretenues dans un cadre familial[60].

Le délit suppose en dernière part une intention coupable. Celle-ci n'implique pas la connaissance des crimes ou délits commis par (ou sur) la personne avec qui l'agent est en relations habituelles[61]. Mais elle suppose à tout le moins la conscience de fréquenter des criminels, délinquants ou leurs victimes : ne commet donc pas ce délit la compagne d'un trafiquant de drogue qui « croit » être en ménage avec un honnête dirigeant de société[62]. Ce qui limite quelque peu la portée d'une telle infraction tout en laissant un pouvoir d'appréciation considérable aux magistrats.

889. Légitimité. – La légitimité de cette incrimination a été contestée[63]. Néanmoins, la Cour de cassation considère, au regard du principe de légalité, que les termes utilisés sont suffisamment précis pour permettre au juge de remplir son office[64]. Par ailleurs, les objections avancées au nom du respect de la présomption d'innocence ne lui apparaissent pas déterminantes : les indices retenus (ressources suspectes, mauvaises fréquentations) s'avèrent assez troublants pour qu'il soit demandé à l'agent de s'expliquer[65]. En effet, la présomption d'innocence n'apparaît guère menacée dès lors que le renversement de la charge de la preuve qui s'opère ici repose sur des circonstances de fait rendant crédible la culpabilité de l'agent ; de surcroît, le lien de causalité ainsi établi peut toujours être contesté car il ne s'agit là que d'une présomption simple.

Une autre objection paraît plus sérieuse. Elle tient au respect de la vie privée de chacun. En effet, cette incrimination place tout suspect en situation de justification permanente : il suffit à un officier de police judiciaire de lui reprocher des fréquentations douteuses pour lui imposer de se montrer soudain transparent quant aux principaux éléments de son patrimoine. Ce n'est donc pas tant la phase judiciaire du constat de l'infraction qui pose difficulté que son préalable policier. Il peut s'ensuivre une pression excessive et fort peu légitime de la part de services d'enquête qui trouveront là une occasion en or de simplifier leur travail d'investigation. Il serait bon, pour limiter les abus (harcèlement policier tendant à la justification de la moindre ressource ou à l'explication de l'origine de n'importe quel bien détenu), que le législateur précise la procédure au terme de laquelle l'infraction se commet[66]. Au regard des garanties prévues à l'article 8, Conv. EDH, il serait pertinent

59. S. Detraz, « Observations sur le délit de non-justification de ressources », *Gaz. Pal.* 4 févr. 2020, p. 84.

60. Cass. crim., 5 avr. 2018, *Dr. pén.* 2018, n° 107, obs. P. Conte ; *Gaz. Pal.* 15 mai 2018, p. 23, note S. Almaseanu.

61. Cass. crim., 23 mai 2018, *Dr. pén.* 2018, n° 155, obs. P. Conte. – 3 nov. 2016, *Dr. pén.* 2017, n° 18, obs. P. Conte.

62. Cass. crim., 25 juin 2003, *Dr. pén.* 2003, n° 142, obs. M. Véron.

63. J. Danet, *Justice pénale, le tournant*, Folio-Le Monde, n° 119, 2006, p. 34.

64. Cass. crim., 28 juin 2022, *Dr. pén.* 2022, n° 162, obs. P. Conte.

65. Cass. crim., 26 sept. 2012, *Dr. pén.* 2013, n° 2, obs. M. Véron. – 13 juin 2012, *Gaz. Pal.* 26 oct. 2012, p. 37, obs. S. Detraz.

66. Pour justifier la mise en mouvement de l'action publique puis la compétence de la juridiction de jugement, l'infraction doit exister au stade antérieur de l'enquête (un juge ne peut être saisi si l'infraction n'existait pas avant qu'il la constate). Mais on peine à admettre qu'elle puisse exister dès la première interpellation du suspect par un OPJ laissée sans réponse convaincante.

d'encadrer cette procédure en subordonnant à l'autorisation d'un juge la mise en demeure d'avoir à s'expliquer et en limitant l'explication attendue aux seules ressources ou biens sans rapport avec la situation économique apparente d'un suspect.

En toute hypothèse, il faut relever que seule une abstention est incriminée : l'infraction est d'omission. La justification de ressources fictives par la personne suspectée de tirer profit d'infractions commises par d'autres n'est punissable que si on l'assimile à l'absence de justification de ressources réelles, ce qui n'est guère satisfaisant. Sans doute, ne pas justifier et justifier faussement reviennent-ils au même mais, en principe, une action ne peut être assimilée à une abstention produisant le même résultat et *vice versa*. Il serait bon que le législateur, là aussi, intervienne pour incriminer distinctement deux types de non-justification de ressources : celle qui résulte d'une simple absence de justification et celle qui résulte d'une justification frauduleuse destinée à égarer la justice. Il pourrait fulminer des sanctions plus sévères dans cette seconde hypothèse.

890. Pénalités. – L'infraction simple est punie de 3 ans d'emprisonnement et 75 000 € d'amende (art. 321-6, al. 1). Toutefois, elle connaît trois paliers d'aggravation.

Ces peines principales sont portées à 5 ans d'emprisonnement et 150 000 € d'amende lorsque l'agent, qui ne peut justifier son train de vie, était en relation habituelle avec des mineurs, sur lesquels il avait autorité, et qui ont commis des crimes ou délits (art. 321-6-1, al. 1). Il s'agit de lutter notamment contre les individus qui utilisent des enfants pour commettre des infractions. Peu importe qu'il s'agisse de leurs parents ou de tiers, disposant dans le cadre de véritables réseaux, d'une autorité de fait sur de jeunes criminels ou délinquants. Ces peines sont portées à 7 ans d'emprisonnement et 200 000 € d'amende lorsque les infractions commises par les « relations » de l'agent participent à la traite des êtres humains, à des délits d'extorsion ou d'association de malfaiteurs, aux trafics d'armes ou de stupéfiants. Il en va de même lorsque l'agent entretient simplement des relations habituelles avec une ou plusieurs personnes faisant usage de stupéfiants (art. 321-6-1, al. 2). Ces peines sont même portées à 10 ans d'emprisonnement et 300 000 € d'amende lorsque les infractions qui viennent d'être évoquées ont été commises par un ou plusieurs mineurs (art. 321-6-1, al. 3).

La peine complémentaire de confiscation générale est applicable[67]. La juridiction de Strasbourg n'en conteste pas le principe[68]. Peuvent également être prononcées les peines complémentaires encourues pour les crimes ou les délits commis par la ou les personnes avec lesquelles l'auteur des faits était en relations habituelles (art. 321-10-1)[69]. Lorsque le prononcé de ces peines complémentaires est rendu obligatoire à l'égard de l'auteur de l'infraction primaire (en matière d'armes), ce caractère doit être également respecté à l'égard du receleur présumé, sous réserve d'une décision contraire et motivée de la juridiction correctionnelle.

67. Cass. crim., 20 févr. 2008, *Dr. pén.* 2008, n° 80, obs. M. Véron.

68. CEDH, déc., 4 nov. 2014, *Aboufadda c/France*, § 44.

69. Cass. crim., 5 mars 2014, *Dr. pén.* 2014, n° 88, obs. M. Véron.

§2. La justification de ressources fictives

891. Présentation. – Enfin, l'article 321-6, al. 2, assimile au comportement précédent « le fait de faciliter la justification de ressources fictives pour des personnes se livrant à la commission de crimes ou de délits punis d'au moins 5 ans d'emprisonnement et procurant à celles-ci un profit direct ou indirect ». En effet, afin de ne pas éveiller les soupçons, un délinquant peut souhaiter dissimuler ses véritables occupations derrière des activités plus respectables. Celui qui, en connaissance de cause, l'aide (« facilite ») à justifier de ressources fictives (faux contrat de travail accompagné de faux bulletins de paie, par ex.) s'expose aux mêmes peines que l'individu qui a dissimulé l'origine de son train de vie.

892. Critique. – Si l'hypothèse précédente faisait présumer le recel-bénéfice, celle-ci coïncide avec le blanchiment de l'article 324-1, al. 1. Elle ne présente d'intérêt que dans ses formes aggravées car cette infraction simple est moins sévèrement punie que le blanchiment évoqué précédemment qui dispose, par ailleurs d'un champ d'application plus large (puisque, ici, seuls les délits punis d'au moins 5 ans d'emprisonnement sont pris en compte).

Il s'agit d'un regrettable « doublon » législatif mais qui annonce peut-être un repli de la qualification de blanchiment sur le seul concours à une opération de placement, de dissimulation ou de conversion du produit direct ou indirect d'un crime ou d'un délit (art. 324-1, al. 2) ?

CINQUIÈME PARTIE

LES ACTES DE TRAHISON

893. La trahison correspond au fait de tromper la confiance d'autrui. La trahison prend une dimension pénale lorsque cette confiance était inspirée par deux types de devoirs qui s'imposaient à l'agent : un devoir de loyauté ou un devoir de probité. Dans les deux cas, il a été fait confiance à l'agent, qui en a abusé : en méconnaissant l'un ou l'autre de ces devoirs, il a trahi autrui.

Titre 1
Les manquements au devoir de loyauté

894. Un devoir de loyauté s'impose dans différentes circonstances. Il en va tout d'abord ainsi pour les professionnels qui reçoivent les confidences de leurs clients et sont tenus de les garder secrètes ou de ne les utiliser qu'avec leur accord et dans leur intérêt. De telles confidences ne sont faites à ces professionnels qu'à raison de la confiance qu'ils inspirent et dont chacun est porté à croire qu'elle ne sera pas détrompée. Il en va de même pour les cocontractants tenus de s'exécuter de bonne foi. Tous ne commettent pas d'infraction en manquant à cette obligation mais ceux qui reçoivent un bien à titre précaire et s'engagent à le rendre, à le représenter ou à en faire un usage déterminé, engagent leur responsabilité pénale en plus de leur responsabilité civile lorsqu'ils s'en abstiennent de mauvaise foi. Enfin, un devoir de loyauté s'impose encore à tous ceux qui entrent en relation avec des personnes vulnérables et ne doivent pas en profiter pour les amener à faire ou s'abstenir d'un acte contraire à leurs intérêts. Revenons successivement sur ces trois hypothèses appelant une sanction pénale dans la mesure où l'agent s'y montre déloyal.

CHAPITRE 1

L'atteinte au secret professionnel

895. Contradictions. – Il semble exister une ambiguïté dans le texte incriminant l'atteinte au secret professionnel. En effet, l'article 226-13 du Code pénal ne précise pas si la divulgation « doit ou non avoir lieu contre le gré d'un individu »[1]. Il s'ensuivrait une incertitude quant au résultat redouté à ce titre dont témoignent des solutions apparemment contradictoires en jurisprudence.

Dans une première approche, l'obligation de secret professionnel est présentée comme générale et absolue parce qu'il s'agit de protéger la confiance que le public place en certaines professions. L'incrimination de sa violation aurait donc un fondement social : « ce que la loi a voulu garantir c'est la sécurité des confidences qu'un particulier est dans la nécessité de faire à une personne dont l'état ou la profession dans un intérêt général et d'ordre public fait d'elle un confident nécessaire »[2]. Il en irait de la crédibilité de ceux qui recueillent les secrets d'autrui et de la possibilité pour eux d'exercer pleinement leurs activités[3]. En ce sens, on fait valoir que toutes les confidences ne sont pas protégées par nature ; seules celles faites à un professionnel dans l'exercice de son activité sont couvertes par le secret. L'incrimination de l'atteinte au secret professionnel serait donc un instrument déontologique de discipline professionnelle. Mais cette première approche produit une conséquence discutable : si seul l'intérêt de la profession est pris en compte, le client/patient ne peut délier de son obligation le professionnel dont il a fait son confident pour qu'il lui vienne en aide en révélant l'information confiée. En effet, le public, qui ne connaît pas cet accord, ne doit pas avoir l'impression que le professionnel trop bavard manque à la confiance placée en lui[4]. L'obligation de secret se retourne alors contre celui qui a transmis une information à titre confidentiel.

Aussi, une seconde approche a-t-elle été suggérée dans laquelle l'intérêt privé du déposant paraît prédominant. L'obligation de secret présente alors un caractère

1. X. Pin, *Le consentement en matière pénale*, LGDJ, coll. Bibl.sc.crim., 2002, t. 36, p. 171, n° 200.

2. Cass. crim., 19 nov. 1985, *B.* n° 364.

3. « Si la confidence n'était pas quasiment inviolable, la pratique en viendrait rapidement à présumer que celui qui s'en tient au principe du secret a quelque chose à cacher sur le sujet en cause » (J.-P. Doucet, *La protection de la personne humaine, Gaz. Pal.*, 3e éd., 1999, p. 370, n° II-231).

4. Cass. crim., 5 juin 1985, *D.* 1988, p. 106, note H. Fenaux.

relatif ; c'est la relation individuelle du confident avec le professionnel qui paraît seule protégée : le résultat redouté au moment de l'incrimination serait donc uniquement la trahison de celui qui s'est confié et qui constate qu'un professionnel s'exprime à son insu. À l'opposé, le client/patient pourrait délier le professionnel de son obligation et lui demander de témoigner en sa faveur puisque le secret protège ses intérêts : « l'intéressé est maître de son secret et peut lui-même le divulguer... Pourquoi n'aurait-il pas le droit d'autoriser un confident à faire ce qu'il pourrait faire lui-même ? »[5]. En souhaitant la divulgation d'une information, en renonçant à la maîtrise que le droit lui confère sur elle, le confident ôterait à cette information son caractère secret et lèverait ainsi tout obstacle à sa transmission[6]. Le professionnel ne commettrait pas d'infraction dans une telle hypothèse. Les juridictions civiles inclinent en ce sens. Et le droit pénal leur offre de bons arguments. Ainsi, l'incrimination de l'atteinte portée au secret professionnel figure au nombre des infractions contre les personnes et non contre la chose publique[7]. Plus particulièrement, elle figure dans un chapitre du Code pénal consacré aux « atteintes à la personnalité », avec l'atteinte à la vie privée et au secret des correspondances, qui font jouer à la volonté un rôle essentiel[8]. En conséquence, il est admis que le secret professionnel n'est pas opposable au confident : à son égard, le professionnel doit toujours parler, au risque de modifier la perception des faits révélés (infraction ou maladie qui se révèle plus grave qu'imaginée initialement), car il lui doit la vérité. Quant à l'opposabilité du secret aux tiers, les hypothèses se multiplient en législation où le professionnel est en effet dégagé de son obligation de se taire « avec l'accord de la victime » (C. pén., art. 226-14, 2°. – V. aussi CSP, art. L. 1110-4-IV. – C. mon. fin., art. L. 511-33, al. 12[9]). Au moins lorsque la loi le prévoit, le consentement de la personne qui s'est confiée permet donc de neutraliser l'incrimination.

896. Clarification. – En l'état, ces deux approches paraissent incompatibles. Leur opposition est surtout excessive car elles n'ont, en réalité, pas le même objet[10]. Toute la difficulté tient au fait que la seule disposition de portée générale concernant le secret professionnel figure dans le Code pénal qui ne définit pourtant pas le régime de ce secret puisqu'il a seulement vocation à incriminer l'atteinte pouvant lui être portée (donc, la violation d'une obligation qui devrait être définie en dehors de lui). En d'autres termes, faute de texte énonçant clairement l'obligation préexistante (norme sous-jacente à l'incrimination), l'article 226-13 étudié ici sert de base à tout raisonnement sur le secret professionnel au risque de prendre beaucoup plus d'importance qu'il n'en mérite. C'est ainsi que, dans les hypothèses où la loi impose à tous de parler (soit sur le fondement d'un texte spécial, soit en tant que témoin tenu de

5. E. Garçon, *Code pénal annoté*, Rec. gén. lois et arrêts, 1901-1906, ss. art. 378, p. 1094, n° 78.

6. La première chambre civile va jusqu'à juger « que la finalité du secret professionnel étant la protection du non-professionnel qui a confié [des informations], leur révélation peut être faite non seulement à ce dernier mais également aux personnes ayant un intérêt légitime à faire valoir cette protection » : Cass. 1re civ., 22 mai 2002, *Defrénois* 2002, p. 1477, note J. Massip.

7. V. aussi P. Conte, « Remarques sur la conception contemporaine de l'ordre public pénal », *in Mél. Béguin*, Litec, 2004, p. 145.

8. V. sur cette notion A. Lepage, « Le Code pénal et la protection de la personnalité », *in Code pénal et Code d'instruction criminelle*, Dalloz, coll. UPA, 2010, p. 507. – G. Beaussonie, « Recherche sur la notion de personnalité en droit pénal », *RSC* 2010, p. 528.

9. Cass. crim., 8 mars 2000, *Dr. pén.* 2000, n° 100, obs. M. Véron.

10. V. aussi F. Warembourg-Auque, « Réflexions sur le secret professionnel », *RSC* 1978, p. 245.

comparaître et de déposer en justice), les professionnels se prévalent des sanctions pénales auxquelles ils s'exposent en cas de trahison de leur client/patient pour refuser de le faire. C'est à cette occasion qu'ils invoquent le caractère absolu du secret professionnel. Ils ont raison de le faire. Tant qu'un texte ne lève pas cette obligation de secret, les professionnels doivent garder le silence : ils doivent à celui qui s'est confié sous le sceau du secret de rester taisants. L'obligation de loyauté sert alors aux professionnels de cause de justification[11]. Mais, on le voit, ce constat est étranger à l'article 226-13. Les professionnels qui invoquent le caractère absolu du secret ne sont pas poursuivis à ce titre, mais sommés de participer à la manifestation de la vérité.

Inversement, lorsque la question du secret professionnel se pose à l'occasion d'une poursuite pour atteinte portée à ce secret, il n'y a alors aucun doute sur le fait que l'on punit un acte de trahison, c'est-à-dire une révélation faite sans l'accord de celui qui s'est confié. On reproche à ce titre au professionnel d'avoir manqué de loyauté à l'égard de son client ou patient[12]. Dans une telle hypothèse, l'obligation de secret présente un caractère relatif : un avocat n'a jamais été condamné pour avoir, en accord avec son client, révélé dans sa plaidoirie un fait confié par celui-ci ou un médecin pour avoir, à la demande de son patient, attesté d'une pathologie dont souffre celui-ci. Dès lors que la révélation est faite dans l'exercice normal de la profession (qui ne commande pas nécessairement de se taire en toute hypothèse), la validité du consentement à la levée du secret ne peut être mise en doute. Partant, il n'y a plus matière à sanction[13]. Sur le fondement de l'article 226-13, seul un acte déloyal est incriminé, ce qui limite la portée de la discussion évoquée ci-dessus[14].

897. Au bénéfice de ces observations, il convient d'envisager maintenant la définition de l'infraction d'atteinte au secret professionnel puis son régime.

11. Justification admise au demeurant par la loi (V. « exceptant » du champ de leurs dispositions les personnes tenues au secret : art. 434-1 et 434-3). – L'affirmation du caractère absolu du secret professionnel peut aussi être reliée à l'art. 109, CPP disposant que « toute personne citée pour être entendue comme témoin est tenue de comparaître, de prêter serment et de déposer *sous réserve des dispositions des art. 226-13 et 226-14, C. pén.*. ».

12. V. reconnaissant formellement ce lien entre obligation de secret et devoir de loyauté : CJUE, Gde ch., 8 déc. 2022, aff. C-694/20, *Orde van Vlaamse Balies et a., c/Vlaamse Regering*, pt. 28.

13. Évidemment, la question ne se pose que dans les hypothèses où un texte particulier ne tranche pas la difficulté. En effet, certaines professions font interdiction à leurs membres de parler en toute hypothèse (v. s'agissant des policiers qui ne peuvent s'exprimer sur les enquêtes en cours : Cass. crim., 23 mars 2020, *Légipresse* 2020, p. 227, note E. Dreyer. – V. aussi, s'agissant d'un contribuable qui ne peut délier un inspecteur des impôts de son obligation de secret : Cass. crim., 1er mars 2016, *Dr. pén.* 2016, n° 91, obs. P. Conte). Dans de telles hypothèses, où les confidences sont provoquées, voire imposées, le législateur considère que le déposant n'a aucun intérêt à la révélation des informations confiées : il présume en conséquence son refus, ce qui permet de généraliser la sanction de ceux qui parlent au lieu de se taire.

14. Il ne s'ensuit pas qu'un confident peut demander en toutes circonstances à un professionnel de parler. Le professionnel n'est fondé à s'exprimer à la demande de son client que dans l'intérêt de celui-ci. Cet intérêt s'apprécie au regard de ce que commande l'exercice normal de la profession considérée. Un avocat ne saurait donc transmettre à un tiers, fût-ce à la demande de son client, une information couverte par le secret (Cass. crim., 10 janv. 2023, *Dr. pén.* 2023, n° 43, obs. P. Conte ; *Gaz. Pal.* 16 mai 2023, p. 46, obs. E. Dreyer. – 18 sept. 2001, *B.* n° 179 ; *Dr. pén.* 2002, n° 16, obs. M. Véron. – 16 déc. 1992, *B.* n° 424 ; *Dr. pén.* 1993, n° 106, obs. M. Véron). Dans une telle hypothèse, l'accord donné ne délie pas le professionnel de son obligation de se taire. Mais on ne lui reproche pas alors une déloyauté (art. 226-13) ; on lui reproche une révélation inopportune (art. 434-7-2). Si ces deux fondements n'ont pas toujours été clairement distingués, ils ne sauraient plus être confondus.

Section 1
La définition de l'atteinte au secret professionnel

898. L'article 226-13 du Code pénal incrimine « la révélation d'une information à caractère secret par une personne qui en est dépositaire soit par état ou par profession, soit en raison d'une fonction ou d'une mission temporaire »[15]. C'est donc la révélation d'un secret qui consomme l'infraction. Peu importe que cette révélation soit verbale ou écrite. Encore faut-il qu'elle émane d'une personne effectivement tenue au secret et que l'information ait bien été couverte par le secret. Ce sont les deux conditions préalables du délit.

§1. Les conditions préalables

A. La personne tenue au secret

899. Incrimination ouverte. – Tout d'abord, selon l'article 226-13, ne peut révéler un secret la personne « qui en est dépositaire soit par état ou par profession, soit en raison d'une fonction ou d'une mission temporaire ». Cette formule synthétique évite le rappel de la longue liste des personnes tenues au secret professionnel en vertu d'un texte spécial : les avocats et les huissiers ; les policiers[16] et les inspecteurs des impôts[17] ; les magistrats, jurés et greffiers[18] ; les médecins, sage-femmes, pharmaciens ; les banquiers[19], expert-comptable[20], etc.

Mais cette formule synthétique va aussi plus loin – sans trop se soucier du principe de légalité ! – en permettant au juge pénal d'envisager la violation d'obligations de secret qui ne sont pas prévues par un texte mais qui s'imposent nécessairement à ceux dont l'activité requiert la confiance du public : ce qui dépasse le cadre strict des professions réglementées. En citant « l'état » à côté de la profession, l'article 226-13 prend ainsi acte du fait que sont également tenus au secret les stagiaires qui prennent part à des activités supposant la discrétion. Il en va *a fortiori* de même pour les titulaires de certaines fonctions qui, sans en faire un métier, agissent dans un cadre réglementé : un maire ne peut révéler le nom des bénéficiaires de l'aide sociale sur le territoire de sa commune ; un ministre ne peut révéler des informations qui lui sont transmises par ses services ès-qualités[21]. *Idem* au sujet de

15. Pour la Cour de cassation, ce texte échappe à tout reproche en termes de légalité : Cass. crim., 5 sept. 2012, *Comm. com. électr.* 2012, n° 127, obs. A. Lepage.

16. Cass. crim., 26 oct. 1995, *B.* n° 328.

17. Cass. crim., 9 déc. 2015, *Dr. pén.* 2016, n° 60, obs. P. Conte.

18. Cass. crim., 25 janv. 1968, *B.* n° 25.

19. Cass. crim., 30 janv. 2001, *B.* n° 29.

20. V. aussi J.-H. Robert, « Secrets professionnels », *JCP* G 2012, suppl. n° 47, p. 23 et s.

21. V. s'agissant du garde des Sceaux, informé par un procureur général de poursuites en cours : CJR, 30 sept. 2019, *JCP* G 2019 1224, note J.-C. Saint-Pau ; *RSC* 2019, p. 816, obs. Y. Mayaud ; *AJ pénal* 2020, p. 244, note J. Leblois-Happe.

personnes chargées de missions temporaires qui sont, dans ce cadre, amenées à recueillir elles aussi les confidences d'autrui (jurés[22], bénévoles dans une association humanitaire, etc.). Le juge apprécie alors, au cas par cas, si celui qui reçoit une information doit se considérer - ou non - dépositaire d'un secret de la part de celui qui se confie. Ainsi, pour la jurisprudence, les ministres du culte sont tenus au secret professionnel, au-delà du secret de la confession que leur impose leur religion[23]. En revanche, il a été jugé qu'un assureur n'est pas tenu de garder le secret sur le nom du bénéficiaire d'un contrat d'assurance sur la vie[24]. De la même façon, le dirigeant d'une société par actions ne commet aucune infraction lorsqu'il révèle la répartition du capital social de son entreprise et le nom de ses actionnaires[25]. La transparence semble plus importante que le secret en matière économique[26].

B. L'information couverte par le secret

900. Confidence. - En pratique, est couverte par le secret toute information arrivée à la connaissance du professionnel de manière confidentielle. Cette information peut lui avoir été transmise de façon spontanée (médecin, avocat) ou forcée (magistrat, policier). Il n'est même pas nécessaire qu'elle ait été « communiquée » au bénéficiaire. En effet, l'article 226-13 est rédigé de façon suffisamment compréhensive pour imposer au professionnel une obligation de secret, non seulement à l'égard des informations qui lui sont formellement transmises mais aussi à l'égard des informations qu'il découvre par lui-même dans l'exercice de son activité. Ainsi, les professionnels de santé sont tenus de garder le silence sur « l'ensemble des informations concernant la personne » parvenues à leur connaissance (CSP, art. L. 1110-4, I, al. 2)[27]. De même, l'avocat, qui s'aperçoit que son client a commis une seconde infraction en examinant les pièces transmises pour organiser sa défense à raison d'une première infraction, doit garder le silence sur ces nouveaux faits même s'il n'ouvre pas un autre dossier à leur sujet[28]. Il n'est donc pas toujours exact d'analyser la relation de la personne concernée par l'information avec la personne qui en prend connaissance comme un contrat de dépôt (*a fortiori* à l'égard des agents de l'administration !). Si l'article 226-13 évoque la personne « dépositaire » d'une information à caractère secret, cette formule a essentiellement une valeur d'image.

901. Tiers. - En revanche, l'information étrangère à la relation du confident et du professionnel n'est couverte par aucun secret. Ce qui est appris d'un tiers ou sur un tiers relève de la rumeur et non du secret à garder. Le

22. V. protégeant ainsi le secret du délibéré : Cass. crim., 25 mai 2016, *Comm. com. électr.* 2016, n° 63, obs. A. Lepage ; *AJ pénal* 2016, p. 390, obs. J.-B. Thierry ; *RSC* 2016, p. 265, obs. Y. Mayaud.

23. V. les décisions (anciennes) citées par : J. Pradel, « La religion face au droit criminel », *in Mél. Chavanne*, Litec, 1990, p. 156. - V. aussi M.-E. Cartier, « Le secret religieux », *RSC* 2003, p. 485.

24. Cass. crim., 28 sept. 1999, *Dr. pén.* 2000, n° 16, obs. M. Véron.

25. Cass. crim., 5 févr. 1970, *B.* n° 56.

26. V. aussi M. Bénéjat, *La responsabilité pénale professionnelle*, Dalloz, coll. NBT, 2012, t. 111, p. 62, n° 34.

27. Cass. crim., 27 avr. 2011, *Dr. pén.* 2011, n° 77, obs. M. Véron.

28. V. jugeant que sont couvertes par le secret non seulement les confidences faites par le client à son avocat mais aussi les déductions que celui-ci opère dans l'exercice de sa mission : CA Paris, 1er juill. 1999, *D.* 1999, IR, p. 230. - Néanmoins, cette jurisprudence trouve sa limite dans les relations d'amitiés qui peuvent se nouer entre un avocat et son client (Cass. crim., 2 mars 2010, *B.* n° 40). Ce qui est appris dans un cadre non-professionnel n'est pas couvert par le secret.

tribunal correctionnel de Caen l'a rappelé par jugement du 4 septembre 2001 dans une affaire mettant en cause un évêque, qu'il a condamné à 3 mois d'emprisonnement avec sursis pour non-dénonciation d'infractions[29]. En l'occurrence, à l'occasion d'une procédure qui aboutit à la condamnation d'un prêtre pour viols et agressions sexuelles sur mineurs, il était apparu que cet évêque avait été informé des faits et ne les avait pas dénoncés alors qu'il pouvait empêcher ainsi leur renouvellement. L'évêque tenta de justifier son silence en invoquant le secret professionnel mais l'argument a été écarté car il n'avait jamais reçu la confidence de ce prêtre qui s'était uniquement confié au vicaire général. C'est celui-ci qui avait averti l'évêque lequel ordonna alors une enquête qui confirma les faits. Les résultats de cette enquête, qui n'équivalaient pas à une confidence du prêtre à son évêque, auraient dû être transmis à l'autorité judiciaire[30]. Le secret professionnel n'était pas opposable dans une telle hypothèse.

Inversement, ne viole pas son obligation de secret le médecin qui révèle des faits concernant le mari de sa patiente pourtant appris dans un contexte médical. Une telle solution a été rappelée dans une affaire à l'occasion de laquelle un psychiatre avait délivré à sa patiente un certificat où il faisait état de sa maladie, des origines de celle-ci dues au sadisme de son mari et aux violences commises par lui contre leurs enfants. Ce certificat avait vocation à être produit dans le cadre d'une instance en divorce. Le psychiatre concluait à la nécessité de refuser un droit d'hébergement au conjoint violent. Celui-ci a dénoncé une atteinte au secret professionnel : tout renseignement relatif à son état de santé mental devait être, selon lui, couvert par le secret médical. Mais il lui a été répondu que l'infraction n'était pas constituée car le médecin s'était borné à rapporter les propos confiés par sa patiente et à émettre un avis sans pour autant trahir la confiance du mari qu'il n'a jamais examiné et dont il n'a jamais recueilli les confidences. La Cour de cassation a confirmé que, faute d'avoir lui-même consulté ce médecin, le mari ne pouvait s'estimer trompé et prétendre qu'une obligation de secret avait été violée[31].

§2. Le comportement incriminé

902. L'atteinte portée au secret professionnel suppose, matériellement, la révélation d'une information et, moralement, une parfaite conscience de ce que l'information en question ne pouvait être révélée.

A. La matérialité de l'acte

903. Formes. – Matériellement, le comportement n'est pas défini par la loi. Il est identifié essentiellement à travers son résultat, qui doit être obtenu (ce qui fait de ce délit une infraction matérielle) : l'atteinte au secret professionnel. La révélation d'une information couverte par le secret peut donc être envisagée largement. Peu importe sa forme. L'infraction est reprochable au professionnel trop bavard qui s'exprime à l'insu de son client : elle se commet donc par la

29. *Dr. pén.* 2001, n° 46. – V. aussi, sur l'art. 434-3, *infra*, n° 1245.

30. Y. Mayaud, « La condamnation de l'évêque de Bayeux pour non-dénonciation, ou le tribut payé à César... », *D.* 2001, p. 3454.

31. Cass. crim., 23 janv. 1996, *Dr. pén.* 1996, n° 136, obs. M. Véron.

parole. Mais elle est également reprochable au professionnel qui transmet à un tiers un document confidentiel ou qui met volontairement sous ses yeux un document confidentiel pour permettre à ce tiers d'en prendre connaissance. Peu importe qu'il ne s'en dessaisisse pas totalement[32]. Cette forme détournée aboutit au même résultat qu'une communication orale, lorsque le client n'y a pas préalablement consenti.

904. Portée. – Même le terme « révélation » peut être discuté en ce qu'il suppose littéralement une information précédemment ignorée. Or, ici, peu importe que les faits aient déjà été connus par d'autres personnes et que la révélation ne fasse en définitive que confirmer ou préciser des soupçons déjà largement répandus[33]. Ce qui est essentiel, c'est la transmission à autrui d'une information dont le professionnel ne devait pas faire état. Ce qui est sanctionné, c'est davantage le manquement à l'obligation de se taire que la divulgation d'une information secrète. La publicité déjà donnée à l'information n'autorise donc pas un professionnel à la confirmer ou à l'infirmer sans l'accord de son client[34]. Il doit être puni si, en communiquant une information remise à titre confidentiel, il trahit la confiance de celui qui l'a confiée. Dans la même logique, il faut considérer que l'infraction existe même lorsque la révélation est faite à une autre personne également tenue au secret professionnel si le confident n'y a pas donné son accord[35]. Peu importe l'absence de publicité conférée à cette information : il suffit qu'elle soit transmise à un tiers non autorisé pour qu'il y ait délit[36].

B. La perception de l'acte

905. Dol. – Intentionnelle, l'infraction ne peut résulter d'une simple imprudence ou négligence. Elle suppose que l'agent ait su qu'il était dépositaire d'un secret et ait eu conscience de trahir la confiance d'autrui en révélant l'information ainsi confiée[37]. Toutefois, une telle preuve peut difficilement être contestée par un professionnel, nécessairement conscient de ses obligations à cet égard, qui ne dispose pas de l'autorisation préalable du confident.

En revanche, aucune intention de nuire n'est exigée. Peu importe le mobile qui anime l'agent. Il en va de même pour la volonté de satisfaire le droit du public à l'information, le souci de rétablir la vérité, etc.

32. Cass. crim., 20 juin 2006, *Dr. pén.* 2006, n° 120, obs. M. Véron.

33. Cass. crim., 7 mars 1989, *RSC* 1990, p. 73, obs. G. Levasseur.

34. Cass. crim., 8 févr. 1994, *Dr. pén.* 1994, n° 135, obs. M. Véron.

35. Toutefois, l'art. L. 1110-4, CSP consacre la théorie du « secret partagé » : il légitime ainsi l'échange d'informations médicales entre professionnels de santé. Il en va de même pour l'art. L. 226-2-2, CASF concernant les professionnels de la protection de l'enfance dès lors que les parents sont informés (Cass. crim., 8 juin 2021, *Dr. pén.* 2021, n° 181, obs. P. Conte ; *AJ pénal* 2021, p. 421, obs. B. Py).

36. Cass. crim., 16 mai 2000, *Dr. pén.* 2000, n° 127, obs. M. Véron.

37. Cass. crim., 7 mars 1989, *RSC* 1990, p. 73, obs. G. Levasseur.

Section 2
Le régime de l'atteinte au secret professionnel

906. Deux questions méritent d'être spécialement envisagées ici : la première concerne les hypothèses dans lesquelles de tels faits ne peuvent être punis ; la seconde concerne les modalités de la répression lorsque les faits sont punissables.

§1. Les faits échappant à toute sanction

907. S'agissant de faits pouvant constituer une atteinte au secret professionnel, deux types de moyens de défense peuvent être développés : le premier concerne la justification des faits par l'autorisation de la loi ; le second concerne l'obstacle mis à leur sanction par une exception d'inconventionnalité.

A. La justification des faits par l'autorisation de la loi

908. Renvoi. – L'ordre ou la permission de la loi ont naturellement vocation à s'appliquer ici. L'article 226-14 commence par le rappeler : « l'article 226-13 n'est pas applicable dans les cas où la loi impose ou autorise la révélation du secret » (al. 1). On peut y voir un renvoi aux termes non seulement de l'article 122-4 (ordre ou autorisation de la loi) mais aussi de l'article 122-9 du Code pénal (lanceur d'alerte divulguant un secret dans le respect des procédures de signalement prévues par la loi). Il n'est pas sûr qu'une telle précision s'imposait. D'autant qu'elle est rappelée par les textes mêmes auxquels il est ainsi renvoyé et qui, le plus souvent, font obligation de parler aux professionnels qu'ils concernent. Ainsi, le commissaire aux comptes est-il tenu de dénoncer au procureur de la République les faits délictueux relevés à l'occasion de ses contrôles (C. com., art. L. 820-7). De même, les banquiers et autres gestionnaires de fonds sont tenus de déclarer au ministère de l'Économie et des Finances les mouvements de fonds qui leur paraissent provenir d'infractions passibles de plus d'un an d'emprisonnement, ceci dans une perspective de lutte contre le blanchiment d'argent et le financement du terrorisme (C. mon. fin., art. L. 561-1 et -2)[38]. Il est bien clair que le professionnel qui parle dans l'une ou l'autre de ces deux hypothèses ne s'expose pas aux sanctions de l'article 226-13. D'une manière plus générale, les banquiers et autres gestionnaires de fonds ne peuvent opposer aucun secret professionnel à l'autorité judiciaire agissant dans le cadre d'une procédure pénale (C. mon. fin., art. L. 511-33, al. 2). Il en va de même pour les membres des services éducatifs devant rendre compte au juge des enfants de l'évolution des mineurs qui leur sont confiés (CPC, art. 1199-1)[39]. Cela signifie

38. Obligation étendue notamment aux avocats sans susciter d'opposition de la juridiction de Strasbourg : CEDH, 6 déc. 2012, *Michaud c/France*, § 132.

39. Cass. crim., 8 oct. 1997, *Dr. pén.* 1998, n° 50, obs. M. Véron.

que là aussi ces professionnels sont tenus de parler et ne commettent pas d'infractions lorsqu'ils le font.

909. Autorisations spéciales. – Ce n'est pas tout. À côté de ces applications particulières de l'ordre de la loi, l'article 226-14 ajoute des causes spéciales de justification qui fonctionnent comme autant de limites à l'incrimination tout en présentant un caractère facultatif : le Code pénal n'impose pas aux professionnels de parler dans ces différentes hypothèses mais il leur permet de le faire avec, le plus souvent, l'accord préalable de leur client/patient. Ainsi, les médecins et autres professionnels de santé peuvent-ils informer le procureur de la République de sévices ou privations qu'ils constatent dans l'exercice de leur profession et qui les conduisent à penser que des « violences physiques, sexuelles ou psychiques » ont été commises (art. 226-14, 2°) ou que des violences sont commises au sein d'un couple qui mettent la vie d'une victime majeure en danger immédiat alors qu'elle est sous l'emprise de l'auteur des faits (art. 226-14, 3°)[40]. Ils peuvent également, comme les professionnels de l'action sociale, informer le préfet du caractère dangereux d'une personne qui les consultent et dont ils savent qu'elle détient une arme ou veut en acquérir une (art. 226-14, 4°)[41]. Plus récemment, il a été ajouté que les vétérinaires peuvent aussi informer le procureur de la République des mauvais traitements infligés à des animaux qu'ils constatent dans l'exercice de leur activité (art. 226-14, 5°). Dans tous ces cas, le législateur permet au professionnel de soulager sa conscience en parlant, s'il le souhaite, sans lui imposer de le faire. S'il parle, le professionnel ne commet pas d'infraction (d'atteinte au secret) mais il n'est pas tenu de s'exprimer car son obligation de secret n'est pas levée pour autant.

910. Autorisations croisées. – Dans certains cas, toutefois, il existe une obligation de parler qui s'impose sous la menace de sanctions pénales. *Quid* lorsque le débiteur de cette obligation est un professionnel ? La question se pose quand un médecin s'aperçoit que sa patiente fait l'objet de tortures et actes de barbarie (crime en train de se commettre) ou découvre que cette personne, mineure ou vulnérable, a fait l'objet de privations, mauvais traitement, agressions ou atteintes sexuelles (crimes ou délits passés). La question se pose aussi lorsqu'un avocat découvre que son client poursuivi pour agression sexuelle à l'égard de l'un de ses enfants continue d'abuser de son frère ou de sa sœur ou lorsqu'il se rend compte que son client poursuivi pour de simples violences s'est rendu en réalité coupable de privations ou sévices infligés à un mineur ou à une personne vulnérable. Dans les deux cas, toute personne doit *a priori* informer l'autorité administrative ou judiciaire du crime en train de se commettre (art. 434-1) ou des infractions commises sur une personne mineure ou hors d'état de se protéger (art. 434-3). Mais appliquer des peines ici reviendrait à imposer à un professionnel de violer son obligation de secret : doit-il

40. B. Le Devedec, « Levée du secret médical et accessibilité aux mineurs à la pornographie en ligne », *Dr. pén.* 2020, étude 26.

41. Les médecins sont par ailleurs tenus de déclarer les maladies contagieuses (« maladies nécessitant une intervention urgente locale, nationale ou internationale » et « maladies exigeant une surveillance particulière pour la protection de la santé de la population ») ainsi que les troubles mentaux justifiant un placement sous sauvegarde de justice qu'ils constatent dans l'exercice de leur activité (CSP, art. L. 3113-1 et L. 3211-6).

s'exposer aux sanctions pénales prévues à ce titre pour échapper aux sanctions pénales applicables en cas de non-dénonciation ?

Le législateur l'a exclu. Il organise ici un mécanisme de justification croisée. En l'occurrence, l'article 226-14, 1°, autorise – sans l'imposer – l'information des autorités judiciaires, médicales ou administratives sur des sévices ou privations infligés à un mineur ou à une personne qui n'est pas en mesure de se protéger en raison de son âge ou de son état physique ou psychique (« y compris lorsqu'il s'agit d'atteintes ou mutilations sexuelles »). La révélation de tels faits est licite mais elle n'est pas obligatoire[42]. Il en va de même, on l'a vu, sous certaines conditions (tenant not. au consentement de l'intéressée), pour les autres dispositions de l'article 226-14 concernant essentiellement les médecins. Dans ces différentes hypothèses, le professionnel peut donc parler mais il n'y est jamais tenu. En effet, par ailleurs, les articles 434-1 et 434-3 « exceptent » du champ des incriminations de non-dénonciation qu'ils prévoient « les personnes astreintes au secret dans les conditions prévues par l'article 226-13 » (V. *infra*, n° 1243). Ainsi, n'est pas tenu de parler le médecin ou l'avocat qui constate que des sévices ont été accomplis sur une patiente ou par un client. Il peut se taire sans s'exposer aux sanctions de l'article 434-3 mais il peut aussi révéler ces faits sans s'exposer aux sanctions prévues à l'article 226-13. Il existe de bonnes raisons à cela : si le patient craint l'ouverture d'une enquête de police susceptible de mettre en cause l'un de ses proches, il renoncera aux soins[43] ; si le client craint que l'avocat ne révèle des faits supplémentaires le concernant, il renoncera à lui expliquer sa conduite. La révélation des faits ne saurait être acquise à ce prix. En de telles hypothèses, seul le professionnel peut déterminer, au regard de l'urgence et de la gravité des faits, s'il est pertinent d'alerter les autorités judiciaires ou administratives.

B. L'exception d'inconventionnalité empêchant la sanction des faits

911. Droits de la défense. – Par ailleurs, on a longtemps considéré que l'exercice des droits de la défense pouvait lui aussi avoir un effet justificatif[44]. Si le client produit une lettre adressée à son avocat en l'accusant d'une infraction, l'avocat doit pouvoir produire son courrier en réponse afin de se défendre[45]. Il ne saurait y avoir atteinte punissable au secret professionnel dans une telle hypothèse. En réalité, la solution est plus sûrement commandée par l'incompatibilité de l'éventuelle condamnation avec les exigences découlant de la Convention européenne des droits de l'homme. Si la sanction d'un professionnel pour violation de son obligation de secret risque d'affecter sa défense (art. 6, § 1), elle doit être empêchée. Mais une telle mise à l'écart de la

42. M. Carrasco-Daëron, *La dissimulation en droit pénal*, Inst. Univ. Varenne, coll. Thèses, vol. 131, 2016, p. 145, n° 207. – *Contra* : C. Roca, « La non-dénonciation des atteintes sexuelles sur mineur et le secret professionnel », *in Mél. Lapoyade-Deschamps*, PUB, 2003, p. 559.

43. B. Py, « Le secret professionnel et le signalement de la maltraitance sexuelle », *in Violences sexuelles*, APC 2012, t. n° 34, p. 79.

44. Cass. crim., 29 mai 1989, *RSC* 1990, p. 76, obs. G. Levasseur. – Il avait déjà été statué en ce sens à l'égard d'un médecin impliqué dans une escroquerie : Cass. crim., 20 déc. 1967, *B.* n° 338.

45. V. soulignant l'originalité de ce moyen de défense alors que ni les conditions de l'état de nécessité, ni celles de la légitime défense ne semblent réunies : F. Warembourg-Auque, « Réflexions sur le secret professionnel », préc., p. 252.

qualification pénale n'a rien d'automatique. L'ingérence dans l'exercice des droits de la défense, résultant d'une condamnation pour violation du secret professionnel, peut apparaître proportionnée par rapport à l'objectif poursuivi qui est de protéger un autre droit fondamental (le droit au secret professionnel relevant, pour le client, de l'art. 8, Conv. EDH)[46]. Dans une telle hypothèse, la qualification pénale des faits ne saurait donc être empêchée[47]. Les magistrats doivent tout au plus veiller à ne pas prononcer de sanction excessive au regard de l'objectif légitime recherché.

De l'hypothèse précédente, on distinguera celle dans laquelle un avocat s'entend avec un coaccusé afin de définir une stratégie de défense commune. Pour la Cour de cassation, il y a délit dans une telle hypothèse (davantage au sens de l'art. 434-7-2 que de l'art. 226-13, selon nous) car « aucun texte du Code de procédure pénale ou du règlement intérieur normalisé de la profession d'avocat n'autorise l'avocat à communiquer des renseignements tirés d'une procédure pénale à une personne qui n'est pas son client, fût-elle par ailleurs partie à la procédure »[48]. Le même arrêt réserve néanmoins le cas où il serait établi que la communication d'éléments du dossier d'instruction à cette autre personne « aurait été indispensable à l'exercice des droits de la défense du client de l'avocat ». En effet, une coordination des différentes stratégies de défense ne peut être totalement empêchée. Cependant, le risque d'abus est tel que la Haute juridiction ne l'envisage que de façon exceptionnelle en imposant à l'avocat de s'expliquer.

§2. La sanction applicable aux faits

912. Pénalités. – La personne physique reconnue coupable d'atteinte au secret professionnel s'expose aux peines d'un an d'emprisonnement et 15 000 € d'amende (art. 226-13). Ce sont les mêmes peines qu'au titre de l'atteinte au domicile, à cette réserve près que le comportement de l'agent public n'est pas spécialement incriminé ici. La qualité publique de l'agent n'est même pas érigée en circonstance aggravante, ce qui paraît discutable dans la mesure où les confidences forcées à un agent de l'administration sont *a fortiori* couvertes par le sceau du secret : l'exécution d'un service public peut justifier la circulation de ces informations entre les agents mais pas leur révélation en dehors. Poursuivre un agent public comme n'importe quel membre trop bavard d'une profession réglementée semble donc insuffisant.

Les peines complémentaires de l'article 226-31, également évoqué en matière d'atteinte au domicile, sont là aussi applicables (v. *supra*, n° 397).

En revanche, la tentative d'atteinte au secret professionnel n'est pas punissable. Certes, on l'envisage difficilement : même si la révélation n'a eu qu'une faible audience, elle suffit à consommer l'infraction (hypothèse d'un ouvrage révélant des informations couvertes par le secret professionnel dont la diffusion est dès lors interdite par le juge des référés au moment de sa sortie) ; inversement, en l'absence de révélation, il ne saurait y avoir délit tenté ou consommé (hypothèse d'un manuscrit contenant des informations secrètes qui est détruit avant d'avoir été lu par

46. Cass. crim., 24 avr. 2007, *Gaz. Pal.* 1er août 2007, p. 8, note M. Benillouche. – V. aussi, sur cet arrêt : A. Bergeaud, *Le droit à la preuve*, LGDJ, coll. Bibl.dr.privé, t. 525, 2010, p. 536, n° 625.

47. Cass. crim., 28 oct. 2008, *RSC* 2009, p. 97, obs. Y. Mayaud.

48. Cass. crim., 10 janv. 2023, *Dr. pén.* 2023, n° 43, obs. P. Conte ; *Gaz. Pal*, 16 mai 2023, p. 46, obs. E. Dreyer.

quiconque). Mais *quid* si le manuscrit contenant des révélations est adressé à un éditeur et perdu ou détruit accidentellement ? Il y a infraction manquée dans une telle hypothèse mais cette infraction ne semble pas punissable faute d'incrimination de sa tentative.

913. Prescription. – Le délai de prescription de l'action publique court à compter de la révélation car « le délit de violation du secret professionnel est un délit instantané, indépendamment de la permanence de ses effets »[49]. La jurisprudence antérieure estimait donc qu'il importait peu qu'un document violant le secret professionnel subsista dans la procédure à l'occasion de laquelle il avait été produit si le délai de prescription s'était écoulé depuis sans susciter aucune réaction judiciaire[50]. Mais il n'est pas sûr qu'une telle solution survive à la réforme du 27 février 2017 qui donne une portée générale au report de la prescription de l'action publique, en cas d'infraction dissimulée, en contrepartie de délais butoirs (CPP, art. 9-1).

914. Réparation. – Le confident trahi peut évidemment demander réparation des conséquences dommageables de cette infraction. D'après la Cour de cassation, il en va de même pour le syndicat professionnel chargé de défendre les intérêts de tous les praticiens discrédités par l'un d'eux trop bavards[51]. Mais la solution ne saurait être étendue au-delà. Ainsi jugé que « le secret médical étant un droit propre au patient, son médecin n'est pas recevable à se constituer partie civile du chef de violation du secret professionnel, dans l'intérêt de celui-ci »[52]. Peu importe que la violation du secret médical soit le fait d'un salarié du médecin en question. L'atteinte à la réputation du médecin (trahi par son assistant) n'est pas un dommage directement causé par l'infraction.

915. Complément. – À noter que l'atteinte au secret de l'enquête ou de l'instruction est spécialement incriminée – et sanctionnée beaucoup plus sévèrement. Ainsi, l'article 434-7-2 incrimine-t-il « le fait pour toute personne qui, en raison de ses fonctions, a connaissance, en application du code de procédure pénale, d'informations issues d'une enquête ou d'une instruction en cours concernant un crime ou un délit de révéler sciemment ces informations à des tiers ». Ce fait qui est reprochable tant à un officier de police judiciaire, qu'à un avocat, un magistrat ou un greffier, est puni de trois ans d'emprisonnement et 45 000 € d'amende (c'est-à-dire de peines trois fois supérieures aux peines encourues pour l'atteinte au secret professionnel. – V. *supra*, n° 912). Mais ce n'est pas tout car de telles peines sont portées à 5 ans et 75 000 € lorsque la révélation est faite à des personnes que l'agent « sait susceptibles d'être impliquées comme auteurs, coauteurs, complices ou receleurs dans la commission de ces infractions, et que cette révélation est réalisée dans le dessein d'entraver le déroulement des investigations ou la manifestation de la vérité ». Les peines sont mêmes portées à 7 ans et 100 000 € lorsque l'enquête ou l'instruction concerne un crime ou un délit puni de dix ans d'emprisonnement relevant de la criminalité ou délinquance organisée.

49. Cass. crim., 30 avr. 1968, *B.* n° 135.

50. Cass. crim., 17 mars 2015, *Gaz. Pal.* 17 mai 2015, p. 43, obs. E. Dreyer.

51. Cass. crim., 27 mai 1999, *B.* n° 109.

52. Cass. crim., 13 oct. 2020, *JCP* G 2020, 151, note J.-C. Saint-Pau ; *AJ pénal* 2020, p. 591, obs. B. Py ; *RSC* 2021, p. 427, obs. P. Mistretta.

Ce texte, adopté à l'origine en réaction à des abus prétendument reprochables à des avocats peu scrupuleux, fut vivement critiqué. Il ne semble pas avoir donné lieu à des applications nombreuses, soit parce qu'il a suffi à rappeler à l'ordre ceux qui avaient tendance à oublier leur obligation de secret, soit parce qu'il est impuissant à punir une pratique nécessairement clandestine et donc difficile à prouver. Dans l'hypothèse où l'infraction est aggravée, il faut notamment rapporter la preuve d'un dol spécial (le « dessein d'entraver le déroulement des investigations ou la manifestation de la vérité ») ce qui s'avère délicat[53]. C'est la contrepartie, symbolique, au rappel désormais introduit dans le Code de procédure pénale du principe selon lequel « le respect du secret professionnel de la défense et du conseil, prévu à l'article 66-5 de la loi n° 71-1130 du 31 décembre 1971 portant réforme de certaines professions judiciaires et juridiques, est garanti au cours de la procédure pénale dans les conditions prévues par le présent code » (art. prélim., dern. al.)[54].

916. Conséquences. – En toute hypothèse, la déclaration d'un témoin tenu au secret professionnel entraîne la nullité du procès-verbal de déposition et, le cas échéant, de tout ou partie de la procédure ultérieure si elle s'appuie sur la révélation d'une information protégée[55].

53. V. aussi H. Matsopoulou, « Loi du 22 décembre 2021 pour la confiance dans l'institution judiciaire », *JCP* G 2022, 114, n° 29.

54. G. Beaussonie, « Le secret professionnel de la défense et du conseil », *Gaz. Pal.*, 22 févr. 2022, p. 70. – C. Porteron, « Le secret professionnel de la défense et du conseil », *AJ pénal* 2022, p. 20.

55. Cass. crim., 15 sept. 1987, *JCP* G 1988, II, 21047, note P. Chambon.

CHAPITRE 2

L'abus de confiance

917. L'abus de confiance est souvent présenté à la suite du vol et de l'escroquerie comme portant atteinte à la propriété. Mais il y a, là encore, une grande part d'artifice dans la justification de ce rapprochement (v. *supra*, n° 278). En effet, il suffit que le détournement s'opère « au préjudice d'autrui ». Or, cet « autrui » n'est pas nécessairement propriétaire : c'est la personne qui a « remis » la chose détournée. Peu importe qu'elle ait disposé d'un droit d'usage à l'égard de cette chose ou d'un droit réel, total ou démembré. L'ancien Code l'indiquait fort bien. Dans son article 408, il incriminait à ce titre un acte commis « au préjudice des propriétaires, possesseurs ou détenteurs ». Il en va toujours ainsi, même si l'article 314-1 du Code actuel ne rappelle pas cette solution évidente. On sanctionne ici une appropriation frauduleuse lors de l'exécution de mauvaise foi d'une obligation, non une atteinte directement portée au droit d'un propriétaire[1]. Lorsqu'une atteinte portée au droit d'autrui est relevée, c'est essentiellement pour établir l'absence de droit qu'avait l'auteur du détournement d'agir de la sorte[2].

En toute hypothèse, la spécificité de ce comportement par rapport au vol et à l'escroquerie tient au fait que l'auteur d'un abus de confiance se contente de manquer à l'engagement qu'il a pris. Il aurait dû faire quelque chose et ne l'a pas fait ou a fait autre chose. Bref, une fois de plus, il s'est comporté de manière déloyale. C'est un traître et, surtout, un lâche car il prend beaucoup moins de risques que le voleur ou l'escroc. Le Code voit néanmoins dans l'abus de confiance une infraction de gravité équivalente aux précédentes pour souligner sans doute le danger qu'elle aussi présente.

Distinguons ce qui relève de sa définition et de sa répression. On envisagera à la suite deux infractions voisines (le détournement d'objet saisi et le détournement d'objet gagé)[3].

---

1. V. aussi E. Raschel, *La pénalisation des atteintes au consentement dans le champ contractuel*, Thèse Poitiers, 2013, [LGDJ, coll. Fac. Poitiers, 2014], p. 92, n° 83 et, du même : « À la recherche des valeurs protégées par les délits d'escroquerie et d'abus de confiance », *Gaz. Pal.*, 14 sept. 2021, p. 60. – Y. Muller, « La protection pénale de la relation de confiance », *RSC* 2006, p. 809.

2. Cass. crim., 5 déc. 2012, *Gaz. Pal.* 8 févr. 2013, p. 37, obs. S. Detraz. – 20 oct. 2010, *Dr. pén.* 2011, n° 1, obs. M. Véron.

3. Le rapprochement de ces infractions est également pratiqué par le Code (art. 314-5 et s.), nonobstant le fait qu'il parle ici aussi d'appropriations frauduleuses (ce que ne sont pas nécessairement les

Section 1
La définition de l'abus de confiance

918. L'infraction suppose démontrée l'existence d'un rapport de confiance préalable. À cette occasion, il importe qu'une chose ait été remise à titre précaire par la future victime à l'agent[4]. Il y a infraction si, ensuite, l'agent détourne cette chose en connaissance de cause.

Envisageons d'abord la condition préalable puis les éléments constitutifs de ce délit.

§1. La remise préalable du bien

919. Présentation. – L'article 314-1 du Code pénal suppose un rapport de confiance à l'occasion duquel intervient la remise « de fonds, de valeurs, ou d'un bien quelconque ». Sans cette remise préalable, aucun abus de confiance ne peut être envisagé : toute violation d'une obligation envers autrui ne relève donc pas d'une telle qualification[5].

Il convient de s'interroger d'abord sur l'objet de cette remise puis sur son caractère précaire et, enfin, sur le fondement en vertu duquel elle doit être intervenue (puisqu'elle est préalable).

A. L'objet de la remise

920. Énumération. – *A priori*, l'objet de la remise peut être entendu largement. En effet, les fonds et les valeurs évoqués en premier par l'article 314-1 ne sont que des biens, éventuellement dématérialisés (monnaie scripturale ou fiduciaire)[6]. Ces fonds et valeurs sont donc nécessairement inclus dans la formule « bien quelconque » qui suit. Or, on ne saurait trouver une formule autorisant une interprétation plus extensive. Sont concernés tant les biens corporels[7] que les biens incorporels[8]. Ainsi, un abus de confiance a-t-il été reproché à un commerçant ayant réutilisé un numéro de carte bancaire sans l'accord de son titulaire[9]. Un abus de confiance a également été reproché à un salarié ayant utilisé au profit d'une société concurrente des informations relatives à la

---

détournements de gage ou d'objet saisis, pouvant être reprochés au propriétaire lui-même), mais avec l'intuition de ce qu'il s'agit essentiellement de punir un acte de trahison.

4. V. parlant d'un « présupposé » : Cass. crim., 1er juill. 1992, *B.* n° 263.

5. Un abus de confiance ne saurait donc être reproché à un notaire qui ne transmet pas au tribunal le PV de difficulté qu'il a lui-même établi : Cass. crim., 25 oct. 2017, *Gaz. Pal.* 23 janv. 2018, p. 51, obs. S. Detraz.

6. Cass. crim., 30 mai 1996, *Dr. pén.* 1996, n° 186, obs. M. Véron.

7. Même s'ils disposent d'une matérialité ténue, comme dans le cas d'un enregistrement d'images et de sons : Cass. crim., 16 déc. 2015, *D.* 2016, p. 587, note L. Saenko ; *JCP* G 2016, 336, note S. Detraz ; *LPA* 6 avr. 2016, p. 16, note B. Auroy.

8. Cependant, la Cour de cassation juge que « le détournement d'un contrat n'est pénalement punissable que s'il porte sur l'écrit le constatant, mais non sur les stipulations qu'il contient » : Cass. crim., 1er déc. 2010, *Dr. pén.* 2011, n° 29, obs. M. Véron.

9. Cass. crim., 14 nov. 2000, *D.* 2001, p. 1423, note B. de Lamy. – Comp. Cass. crim., 19 mai 2004, *Dr. pén.* n° 129, obs. M. Véron.

clientèle de son entreprise[10]. Cette infraction a même été reprochée à un salarié ayant vendu à une société un projet développé pour le compte d'une autre[11]. Il n'est pourtant pas sûr qu'il s'agisse là de biens au sens du droit civil... À la suite, un abus de confiance a été reproché à un salarié qui avait utilisé la connexion Internet mise à sa disposition dans l'entreprise pour consulter des sites pornographiques[12]. Or, cette connexion Internet constituait davantage un service qu'un bien. Toutefois, l'objection n'a pas arrêté la Cour de cassation qui semble assimiler l'ensemble des services à des biens incorporels[13]. Elle a jugé à la suite que « l'utilisation, par un salarié, de son temps de travail à des fins autres que celles pour lesquelles il perçoit une rémunération de son employeur constitue un abus de confiance »[14]. Peut-on dire que le temps de travail d'un salarié est un bien appartenant à son employeur, remis par celui-ci à celui-là, susceptible de détournement ? La solution paraît mieux justifiée au plan moral qu'au plan juridique[15].

D'autant que, dans cette logique, la formule « bien quelconque » devrait concerner tant les biens meubles que les biens immeubles. Mais, paradoxalement, les magistrats continuent à penser qu'il n'est pas possible de détourner un immeuble, ce qui rend l'incrimination sans objet à leur égard[16]. Cependant, comme en matière d'escroquerie, l'analyse pourrait évoluer (V. *supra*, n° 774). D'abord, parce que tous les actes constitutifs de détournement n'impliquent pas un déplacement du « bien » confié : il y a détournement également lorsque le bien n'a pas été affecté à l'usage initialement convenu, ce qui peut concerner tant les immeubles que les meubles[17]. Ensuite, parce que – on vient de le voir – s'agissant des biens meubles, il est acquis désormais que le détournement peut concerner tant les meubles incorporels que les meubles corporels, de sorte qu'une emprise matérielle sur le bien n'est pas nécessaire pour qu'il y ait détournement[18]. Il reste à déterminer si une telle extension, permettant par ex. de sanctionner un locataire qui se maintient dans les lieux

10. Cass. crim., 22 mars 2017, *AJ pénal* 2017, p. 232, obs. G. Beaussonie ; *RSC* 2017, p. 747, obs. H. Matsopoulou. – 16 nov. 2011, *D.* 2012, p. 137, note G. Beaussonie ; *JCP* G 2012, 322, note S. Detraz.

11. Cass. crim., 22 sept. 2004, *JCP* G 2005, II, 10034, note A. Mendoza-Caminade ; *D.* 2005, p. 411, note B. de Lamy.

12. Cass. crim., 19 mai 2004, *D.* 2004, p. 2 748, note B. de Lamy.

13. Leur « remise » est alors caractérisée par l'exécution de l'obligation de faire qui les concerne : Cass. crim., 20 oct. 2004, *D.* 2005, p. 411, note B. de Lamy.

14. Cass. crim., 19 juin 2013, *D.* 2013, p. 1936, note G. Beaussonie ; *JCP* G 2013, 933, note S. Detraz. – V. aussi, qualifiant ce revirement de prévisible compte tenu d'arrêts antérieurs allant « dans le sens d'une conception dématérialisée de l'objet détourné » : Cass. crim., 30 juin 2021, *D.* 2021, p. 1708, note C. Ballot-Squirawski ; *Gaz. Pal.*, 14 sept. 2021, p. 46, obs. L. Saenko ; *RSC* 2021, p. 845, obs. H. Matsopoulou.

15. V. aussi L. Saenko, « Abus de confiance par détournement du temps de travail du salarié », *Dr. soc.* 2013, p. 1008. – S. Detraz et R. Ollard, « La dissociation de l'objet de l'abus de confiance », *Dr. pén.* 2014, études 20 et 22.

16. Cass. crim., 14 janv. 2009, *JCP* G 2009, 166, note G. Beaussonie. – 10 oct. 2001, *Dr. pén.* 2002, n° 1, obs. M. Véron.

17. V. déjà Cass. crim., 19 sept. 2007, *Dr. pén.* 2007, n° 156, obs. J.-H. Robert. – Ajoutons que l'abus de bien social peut, lui, concerner des immeubles sans que cela ne soulève de difficultés particulières.

18. V. aussi N. Thomassin, « Le bien susceptible d'abus de confiance », *D.* 2012, p. 964. – R. Ollard, « Du sens de l'évolution de l'abus de confiance », *Dr. pén.* 2012, étude 9.

malgré une cause légitime d'éviction, est opportune en pratique. D'aucuns contestent cette possible pénalisation du contentieux locatif[19].

B. La précarité de la remise

921. Caractère. – Mais toute remise de fonds, valeurs ou d'un bien quelconque n'est pas prise en compte à l'article 314-1. Ce texte, dont il faut regretter à cet égard le caractère elliptique, suppose une remise à titre précaire dans la mesure où celui qui reçoit les fonds, valeurs ou biens assume la « charge de les rendre, de les représenter ou d'en faire un usage déterminé ». On en déduit que la remise dont parle l'article 314-1 n'est pas celle qui accompagne un plein transfert de propriété, lequel mettrait aussitôt fin à la relation entre les partenaires. Bien au contraire, à cette occasion, le bénéficiaire prend un engagement envers le remettant qui suppose d'inscrire leur rapport de confiance dans la durée. Encore, une telle affirmation peut-elle passer pour excessive. Distinguons.

1. La remise sans transfert de propriété

922. Obligation de restituer. – Il n'y a pas de doute sur le caractère précaire des remises intervenues en vertu de contrats comprenant une obligation de restituer. Il en va par ex. ainsi au titre du dépôt régulier que l'article 1915, C. civ. définit comme « un acte par lequel on reçoit la chose d'autrui à charge de la garder et de la restituer en nature ». L'impossibilité de restituer la chose remise en dépôt constitue le détournement nécessaire à la sanction d'un abus de confiance[20]. Il en va de même au titre du louage de chose (C. civ., art. 1709). Au terme convenu, le locataire doit rendre la chose. Il peut donc y avoir abus de confiance si le locataire n'y parvient pas parce qu'il l'a détournée[21]. *Idem* dans le cadre d'un contrat de crédit-bail. Celui-ci correspond à un louage avec possibilité pour le locataire d'acquérir le bien loué moyennant un prix convenu qui tient compte, pour partie au moins, des versements effectués à titre de loyer[22]. La jurisprudence admet qu'il peut aussi y avoir abus de confiance en marge d'un contrat de dépôt-vente, lorsque ni le prix, ni le bien ne peuvent être restitués à l'échéance[23]. La solution a même été étendue au bail à ferme d'une exploitation agricole, malgré le droit reconnu au preneur de vendre sans l'autorisation du bailleur le cheptel, dès lors que les animaux n'ont pas été remplacés par d'autres et ne peuvent être représentés en valeur[24].

923. Obligation de faire. – Mais il est rare qu'une remise intervienne à charge seulement de restituer les fonds, valeurs ou biens en cause. Souvent, le bien doit être affecté à un usage déterminé avant d'être restitué. Il en va par ex.

19. R. Ollard et F. Rousseau, *Droit pénal spécial*, Bréal, 2015, 2e éd., p. 307. – V., cpdt, s'agissant du changement d'affectation de l'immeuble : E. Le Moulec, *Pour un renouvellement du système répressif dit des atteintes juridiques aux biens*, LGDJ, coll. Bibl.sc.crim., t. 70, 2021, p. 225, n° 421.

20. Cass. crim., 2 mars 1994, *Dr. pén.* 1994, n° 159, obs. M. Véron.

21. Cass. crim., 25 nov. 1985, *B.* n° 371.

22. CA Douai, 2 oct. 2008, *Gaz. Pal.*, 2009, 2, p. 3107, note J. Lasserre-Capdeville.

23. Cass. crim., 20 févr. 2008, *Dr. pén.* 2008, n° 66, obs. M. Véron.

24. Cass. crim., 8 janv. 1969, *B.* n° 15.

ainsi au titre du dépôt : si le dépositaire fait alors de la chose un usage différent de celui qui avait été convenu, il peut y avoir abus de confiance[25]. Peu importe que la chose soit restituée à temps.

Cela se vérifie également, et sans doute plus souvent en pratique, lorsque la remise d'une chose s'accompagne d'un mandat (C. civ., art. 1984). La chose remise ne saurait alors être utilisée à d'autres fins que ce qui a été convenu (avec ou sans restitution programmée à la suite). Ainsi, peut-il y avoir abus de confiance si un individu, qui s'est fait remettre des chèques signés en blanc pour régler diverses factures, les emploie au règlement de dépenses personnelles[26]. *Idem* si un intermédiaire financier, chargé de la gestion de portefeuilles de valeurs mobilières, modifie unilatéralement l'affectation des fonds qui lui ont été confiés[27] C'est aussi sur cette base qu'il a été possible de sanctionner, initialement, un comportement relevant aujourd'hui de la qualification d'abus de bien social : le dirigeant d'une société commerciale est un mandataire auquel les biens de cette société ne sont remis qu'à titre précaire pour en faciliter la gestion. Les détournements qu'il commet dans ce cadre constituent désormais des infractions autonomes (C. com., art. L. 241-3, 4° et 5°. – art. L. 242-6, 3° et 4°). Mais, hors du droit des sociétés commerciales, la qualification d'abus de confiance reste applicable[28]. L'article 314-1 a ainsi été appliqué à un dirigeant d'association qui s'est octroyé des augmentations de rémunération sans autorisation de son conseil d'administration et qui a employé à son domicile des salariés de l'association[29]. Il fut jugé de même à l'encontre de gérants d'une SCI[30], d'une SNC[31] et du président d'un GIE[32]. Il y a abus de confiance dès lors qu'ils n'ont pas fait des fonds un usage conforme à leur mandat.

Sans doute, en va-t-il encore de même lorsqu'une chose n'a été remise qu'en vue d'une mission à accomplir sur ou avec elle en exécution d'un contrat d'entreprise ou d'un contrat de travail. Ainsi, commet un abus de confiance le transporteur qui refuse de livrer la marchandise sans le versement d'un surcoût pour sa prestation[33]. Se rend également coupable d'abus de confiance le salarié qui omet, à l'issue de son contrat, de restituer un véhicule de fonction[34]. *Idem* pour le salarié d'un magasin « libre-service » qui permet à l'une de ses relations d'acquérir un bien à un prix inférieur à celui auquel il était mis en vente[35]. Toutefois, la portée d'une telle solution ne doit pas être exagérée : toute défaillance dans l'exécution d'un

25. Cass. crim., 11 oct. 2006, *Dr. pén.* 2007, n° 1, obs. M. Véron.

26. Cass. crim., 20 oct. 2010, *Gaz. Pal.* 5 janv. 2011, p. 21, obs. S. Detraz. – *Idem* si un faux ami conserve une partie des gains provenant d'un billet gagnant de la *Loterie nationale* souscrit en participation avec autrui : Cass. crim., 20 mai 1985, *B.* n° 189. – Comp. Cass. crim., 5 mai 2010, *D.* 2010, p. 2494, note Y. Muller.

27. Cass. crim., 30 mai 1996, *Dr. pén.* 1996, n° 186, obs. M. Véron. – V. aussi, reprochant l'infraction à un exécuteur testamentaire : Cass. crim., 22 janv. 2014, *Gaz. Pal.* 11 mai 2014, p. 36, obs. S. Detraz.

28. Elle s'applique également au dirigeant salarié d'une société commerciale : Cass. crim., 16 janv. 2019, *Dr. pén.* 2019, n° 59, obs. P. Conte ; *Gaz. Pal.* 7 mai 2019, p. 61, obs. S. Detraz.

29. Cass. crim., 17 janv. 2018, *Gaz. Pal.* 30 avr. 2018, p. 60, obs. S. Detraz. – 20 oct. 2004, *D.* 2005, p. 411, note B. de Lamy.

30. Cass. crim., 29 juin 2016, *Dr. pén.* 2016, n° 121, obs. P. Conte.

31. Cass. crim., 10 avr. 2002, *Dr. pén.* 2002, n° 119, obs. M. Véron.

32. Cass. crim., 27 janv. 1986, *B.* n° 34.

33. Cass. crim., 2 mars 1992, *B.* n° 93.

34. Cass. crim., 2 déc. 2009, *Dr. pén.* 2010, n° 42, obs. M. Véron.

35. Cass. crim., 9 mars 2005, *Dr. pén.* 2005, n° 107, obs. M. Véron. – *Idem* : Cass. crim., 5 oct. 2011, *Gaz. Pal.* 9 nov. 2011, p. 9, note S. Detraz.

contrat de prestation de service ne constitue pas un abus de confiance. Ainsi, le simple fait de percevoir le prix d'une prestation qu'un professionnel sait ne pouvoir effectuer ne relève pas de l'art. 314-1 dès lors que cette somme lui est versée en pleine propriété[36]. De même, ne constitue pas un abus de confiance le fait d'accepter un dédommagement à raison de frais qui n'ont pas été engagés[37]. Dans ces dernières hypothèses, il y a davantage escroquerie qu'abus de confiance.

2. La remise doublée d'un transfert de propriété

924. Principe. – Le constat fait au paragraphe précédent permet de souligner qu'en principe, lorsque la remise s'accompagne d'un transfert de propriété, elle sort du champ d'application de l'article 314-1. Peu importe l'insatisfaction du particulier, voire les difficultés d'exécution rencontrées. La solution peut sembler évidente lorsque la cession ne s'accompagne effectivement d'aucune autre obligation. Elle pose davantage difficulté dans d'autres hypothèses.

925. Hésitations. – Ainsi, la remise intervenue dans le cadre d'une vente à tempérament n'est-elle pas assimilable à la remise qui peut intervenir dans le cadre d'un louage de choses[38]. En effet, il s'agit d'une véritable vente, même si le paiement du prix est échelonné et le transfert de propriété retardé au jour du complet paiement[39]. Partant de l'idée que la chose a été remise pour être, à terme, acquise par le client et non pour être restituée au vendeur, les magistrats estiment qu'un abus de confiance ne peut être reproché à l'acheteur défaillant[40]... Néanmoins, une telle solution n'est pas exempte de critique car une obligation de restituer la chose remise existe dans la vente à tempérament en l'absence de complet paiement du prix dès lors que la propriété n'est pas encore acquise à l'acheteur. Peu importe qu'une telle obligation ne soit pas exigible au moment de la conclusion du contrat dès lors qu'elle s'inscrit dans la logique même de la clause de réserve de propriété dont ce contrat est assorti[41]. L'acheteur sait, au moment de l'acte, qu'il pourra être contraint de restituer la chose s'il ne paie pas la totalité du prix. Dans ces conditions, il ne serait pas aberrant de considérer que le refus de restituer opposé par un acheteur défaillant constitue aussi un abus de confiance. Nécessairement, dans une telle hypothèse, la remise se trouve fragilisée par la clause de réserve de propriété ; on peine à comprendre pourquoi elle n'est pas considérée elle aussi comme précaire.

Une réflexion du même ordre peut être développée au sujet du dépôt dit irrégulier, c'est-à-dire d'un dépôt qui n'oblige qu'à une restitution en valeur. Faute d'obligation de restituer la chose elle-même, les magistrats renoncent à punir un abus de confiance en cas de détournement. Ainsi, le compte courant permet au banquier de disposer des fonds remis, à charge de restituer l'équivalent à l'échéance ; une

36. Cass. crim., 5 avr. 2018, *D.* 2018, p. 930, note G. Beaussonie ; *Gaz. Pal.* 29 mai 2018, p. 15, note L. Saenko ; *AJ pénal* 2018, p. 312, obs. B. Auroy.

37. Cass. crim., 28 juin 2017, *Gaz. Pal.* 24 oct. 2017, p. 51, obs. S. Detraz.

38. CA Toulouse, 2 mars 2000, *JCP* G 2001, IV, 1127.

39. Cass. crim., 9 nov. 1987, *Gaz. Pal.* 1988.2, p. 561, note E.-M. Bey.

40. V. encore Cass. crim., 9 mars 2011, *Gaz. Pal.* 27 juill. 2011, p. 19, obs. S. Detraz.

41. Comp. Cass. crim., 8 avr. 2009, *Dr. pén.* 2009, n° 108, obs. M. Véron.

défaillance de sa part constitue une faute civile, pas un délit pénal[42]. Cependant, cette interprétation restrictive s'avère contestable car la remise initiale se double d'une obligation de restituer, même si ce n'est pas la même chose mais une autre identique à la précédente. Dès lors que la chose en question est fongible, c'est-à-dire interchangeable avec toute autre de même nature, pourquoi attacher de l'importance au transfert de propriété ? Cette analyse formelle, issue du droit civil, paraît excessive ici où l'article 314-1 se contente d'exiger une remise de fonds ou valeurs qui doivent ensuite être rendus, représentés ou affectés à un usage déterminé. Peu importe que ce soient les mêmes pièces ou billets ou des pièces ou billets différents. Cette distinction est d'ailleurs privée de tout sens lorsque l'on ne prend plus en compte la monnaie fiduciaire mais la monnaie scripturale. À nouveau, sur ce point, une évolution est souhaitable[43]. Quelques arrêts ont pu l'admettre[44]. Mais la solution ne semble pas avoir acquis une portée générale.

Cela se vérifie dans une dernière hypothèse. Si le « commodat » (prêt à usage de l'article 1875, C. civ.), implique une restitution qui donne à la remise initiale un caractère précaire, une solution différente est retenue en matière de prêt bancaire. En effet, l'emprunteur a alors seulement l'obligation de rendre l'équivalent de la somme prêtée[45]. En conséquence, s'agissant d'un prêt immobilier qui n'avait pas été totalement affecté à l'usage convenu, la Cour de cassation a jugé qu'il ne pouvait y avoir abus de confiance car l'emprunteuse « était devenue propriétaire des fonds prêtés »[46]. Elle maintient ainsi que « l'abus de confiance ne peut porter que sur des fonds, valeurs ou biens remis à titre précaire »[47]. En statuant de la sorte, notre Haute juridiction considère que l'infraction est incompatible avec un transfert de propriété, peu important qu'il s'accompagne de l'obligation d'affecter la chose à un usage déterminé et/ou de la restituer par équivalent. Ce qui paraît une fois de plus restrictif. On ne conteste pas ici l'exigence d'une remise à titre précaire mais la façon dont cette précarité est appréciée.

926. Prospective. – En contradiction avec la solution exposée ci-dessus, on pourrait tout à fait soutenir que l'article 314-1 a vocation à s'appliquer chaque fois qu'a été contractée une obligation de « re-présenter » la chose elle-même ou son équivalent, voire chaque fois qu'a été contractée l'obligation – malgré un éventuel transfert de propriété – d'affecter la chose remise à un usage déterminé (donation avec charge, par ex.)[48]. En effet, on le verra, c'est la méconnaissance de ces obligations qui rend possible un abus de confiance. Peu importe à notre sens l'éventuel transfert de propriété qui a pu accompagner la remise s'il

42. Cass. crim., 28 janv. 1991, *B.* n° 42. – Sachant néanmoins « que l'appropriation indue par la banque du solde créditeur d'un compte clôturé caractérise le délit d'abus de confiance, peu important que durant le fonctionnement du compte, l'établissement ait eu la libre disposition des fonds » : Cass. crim., 20 juill. 2011, *D.* 2011, p. 2242, note J. Lasserre Capdeville.

43. V. aussi B. Bouloc, *Code pénal annoté*, Dalloz, 1996, p. 560. – *Contra* T. Samin et S. Torck, « Retour sur le délit d'abus de confiance et le dépôt de fonds en banque », *JCP* G 2011, 1226.

44. Cass. crim., 22 févr. 2017, *Dr. pén.* 2017, n° 70, obs. P. Conte ; *Gaz. Pal.* 25 avr. 2017, p. 50, obs. S. Detraz. – 7 sept. 2005, *Dr. pén.* 2005, n° 175, obs. J.-H. Robert. – 22 oct. 1990, *Dr. pén.* 1991, n° 110, obs. M. Véron.

45. Cass. crim., 5 sept. 2007, *JCP* G 2007, II, 10186, note S. Detraz.

46. Cass. crim., 14 févr. 2007, *Dr. pén.* 2007, n° 84, obs. M. Véron.

47. Cass. crim., 19 sept. 2007, *D.* 2008, p. 958, note D. Rebut.

48. V. aussi R. Ollard, « La fiducie : aspects de droit pénal », *RSC* 2009, p. 550.

subsiste des obligations de cette sorte à la charge de l'acquéreur[49]. L'idée que de telles obligations seraient incompatibles avec une cession est démentie par l'expérience. Une telle approche ne correspond plus à l'état du droit civil ; elle n'est pas davantage satisfaisante en droit pénal car, on l'a dit, sous couvert d'abus de confiance, il ne s'agit pas de sanctionner une atteinte à la propriété d'autrui (peu importe que le remettant soit propriétaire ou non) mais un manque de loyauté (lorsque le bénéficiaire ne respecte pas son obligation de restituer, représenter ou affecter la chose à l'usage convenu). Il faut mettre fin aux incohérences, trop nombreuses, qu'une telle jurisprudence suscite en admettant que c'est le non-respect de l'engagement pris qui appelle une sanction ici. Cela n'implique aucune modification de l'incrimination. Cela commande seulement d'affiner l'analyse en distinguant suivant le type d'obligations qui accompagne la remise et non suivant que celle-ci se double ou pas d'un transfert de propriété. Certes, lorsque la restitution de la chose même qui a été confiée est attendue à l'échéance, sa remise n'a pu se doubler d'un transfert de propriété et la non-restitution peut être sanctionnée au titre de l'abus de confiance. Mais il ne s'ensuit pas que, lorsque la représentation ou l'affectation de la chose est contractuellement prévue, sa remise serait incompatible avec un transfert de propriété. Peu importe celui-ci. La non-représentation ou la non-affectation devrait pouvoir être sanctionnée en toute hypothèse au titre de l'abus de confiance car l'article 314-1 ne contient aucune restriction à cet égard[50]. Pour atténuer la sévérité d'une telle solution, il suffirait que la Cour de cassation se montre un peu plus exigeante dans l'appréciation du caractère intentionnel de ce délit (v. *infra*, n° 941).

C. Le fondement de la remise

927. Élargissement. – Enfin, une dernière question se pose. Sur quel fondement la remise à titre précaire doit-elle être intervenue pour que l'on puisse envisager un abus de confiance ? L'article 314-1 ne le précise pas. On en déduit que la remise peut être intervenue aussi bien sur le fondement d'un titre contractuel que sur le fondement d'un titre légal ou judiciaire. En effet, l'essentiel est, qu'en vertu de ce titre, le bénéficiaire de la remise ait accepté de rendre la chose, de la représenter ou d'en faire un usage déterminé.

1. La remise en vertu d'un titre contractuel

928. Qualification. – L'ancien Code pénal donnait une liste de contrats à l'occasion desquels une remise intervient nécessairement à titre précaire. Dans son dernier état, l'article 408 évoquait ainsi une remise qui n'a été faite « qu'à titre de louage, de dépôt, de mandat, de nantissement, de prêt à usage, ou pour un travail salarié ou non salarié ». Cette liste était considérée comme

49. Ce que la Cour de cassation admet parfois (Cass. crim., 9 janv. 2008, *Dr. pén.* 2008, n° 50, obs. M. Véron) mais pas toujours (Cass. crim., 6 mars 2019, *Gaz. Pal.* 7 mai 2019, p. 61, obs. S. Detraz. – 29 juin 2016, *Gaz. Pal.* 4 oct. 2016, p. 51, obs. S. Detraz).

50. V. aussi, suggérant de distinguer suivant que l'affectation est de nature réelle ou personnelle : A. Touzain, « L'autonomie du droit pénal et le droit des biens », *CDE* juill. 2021, dossier 25, n° 13. – Mais une telle opinion reste contestée : E. Le Moulec, *Pour un renouvellement du système répressif dit des atteintes juridiques aux biens*, préc., p. 447, n° 827.

limitative, ce qui contraignit les magistrats à sanctionner sous couvert de vol des refus de restituer une chose remise à titre précaire en exécution d'autres contrats (V. *supra*, n° 294). La situation n'était guère satisfaisante. Aussi, lors de l'adoption du code actuel, le législateur a-t-il allégé la définition de l'abus de confiance en dispensant le juge d'établir que le titre en exécution duquel la remise est intervenue relève de la liste des seuls contrats arrêtée par lui. Désormais, le juge répressif n'est plus tenu de qualifier spécialement le contrat afin d'établir que sa violation peut être envisagée au titre de l'article 314-1. Il lui suffit de constater que, en vertu d'un contrat, l'agent a pris l'engagement de rendre, de représenter ou de faire un usage déterminé du bien qui lui a été remis (et qu'il n'a pas respecté cet engagement). La simplification paraît considérable.

Néanmoins, lorsqu'est contestée l'existence d'un tel engagement, le juge répressif doit toujours en vérifier la portée[51]. S'il n'est pas tenu de surseoir à statuer en attendant que le juge civil se prononce sur cette question, il doit rechercher si le prévenu a bien souscrit une obligation de rendre, de représenter ou de faire un usage déterminé de la chose remise selon les règles du droit civil[52]. À titre d'exemple, la Cour de cassation admet désormais qu'il peut y avoir abus de confiance lorsqu'un agent immobilier refuse, sans justification, de rendre à sa cliente des fonds qu'elle « ne lui avait remis qu'à charge pour lui de les restituer dans l'hypothèse où les conditions suspensives de la promesse d'achat qu'elle avait signée ne seraient pas levées »[53]. L'infraction fut reprochée également à un promoteur qui s'est trouvé dans l'impossibilité de restituer les avances versées par l'acquéreur d'une maison individuelle alors que le chantier n'avait pu débuter[54]. Mais il n'est pas jugé de même lorsque les sommes ont été versées à titre d'acompte, c'est-à-dire en pleine propriété[55]. Ce qui démontre une fois de plus la limite d'une telle appréciation. En effet, il n'est pas certain que la précarité de la remise s'entende nécessairement en droit pénal comme en droit civil où les enjeux sont différents. Le juge pénal devrait tirer les conséquences de l'absence de référence à un contrat particulier dans l'article 314-1 pour revendiquer enfin une autonomie d'appréciation en la matière que commande le respect du principe de légalité[56].

929. Preuve. – À noter que, sous l'ancien Code, l'exigence d'un contrat particulier en vertu duquel la remise devait être intervenue a conduit la jurisprudence pénale à admettre l'application à ce contrat des règles civiles de preuve[57]. Il appartenait au juge pénal de vérifier l'existence de l'un des contrats énumérés par l'ancien article 408 en vertu des règles de preuve civile ou commerciale

51. Cass. crim., 3 nov. 1994, *B.* n° 345.

52. Cass. crim., 26 janv. 2005, *Dr. pén.* 2005, n° 60, obs. M. Véron.

53. Cass. crim., 18 oct. 2000, *Dr. pén.* 2001, n° 28, obs. M. Véron.

54. Cass. crim., 24 févr. 2010, *B.* n° 36. – V. aussi Cass. crim., 6 avr. 2016, *D.* 2016, p. 1409, note N. Balat et F. Safi ; *JCP* G 2016, 854, note N. Catelan ; *RSC* 2016, p. 773, obs. H. Matsopoulou. – 3 févr. 2016, *Dr. pén.* 2016, n° 72, obs. P. Conte ; *Gaz. Pal.* 26 avr. 2016, p. 62, obs, S. Detraz.

55. Cass. crim., 15 déc. 2021, *Dr. pén.* 2022, n° 44, obs. P. Conte. – 25 nov. 2020, *Gaz. Pal.*, 16 févr. 2021, p. 58, obs. S. Detraz. – 19 déc. 2018, *Dr. pén.* 2019, n° 41, obs. P. Conte.

56. Une telle proposition peut sembler paradoxale car, trop souvent, la revendication d'autonomie conduit à méconnaître le principe de légalité. Mais, ici, au contraire, elle le servirait en donnant son plein effet à un texte qui n'évoque plus aucun contrat particulier.

57. Cass. crim., 3 oct. 1991, *B.* n° 326. – V. aussi M. Véron, « L'abus de confiance, son extension dans l'espace et dans le temps », *in Mél. Bouloc*, Dalloz, 2006, p. 1153.

suivant la nature civile ou commerciale du contrat en question[58]. L'enjeu était essentiellement celui de la pré-constitution d'un écrit pour les actes civils portant sur une chose d'une valeur supérieure à 1 500 € (C. civ., art. 1359) ou, à tout le moins de l'existence d'un commencement de preuve par écrit, d'une impossibilité matérielle ou morale de se procurer un écrit, ou de la perte du titre par cas fortuit ou force majeure[59].

Or, depuis la réforme, ce détour par les règles civiles de preuve ne semble plus pratiqué : la liberté de la preuve, propre au droit pénal, s'applique sur ce point comme ailleurs[60], ce qui est peut-être le signe d'une évolution en faveur de l'autonomie souhaitée ci-dessus.

2. La remise en vertu d'un autre titre

930. Fondement législatif ou judiciaire. – Enfin, la simplification des termes de l'incrimination permet également d'envisager une remise à titre précaire sur un fondement autre que contractuel. En effet, on l'a dit, l'article 314-1 n'exige pas que cette remise intervienne en vertu d'un titre particulier, ce qui permet de prendre tous les titres en compte. Ce titre peut donc également présenter un caractère légal (mandat conféré par la loi à un tuteur de gérer les biens d'un incapable, par ex.) ou judiciaire (séquestre, par ex.). Il suffit pour cela que l'agent « accepte » le bien qui lui est remis à charge de le rendre, de le représenter ou d'en faire un usage déterminé. Cette acceptation peut n'être qu'implicite et résulter de la façon dont l'agent accomplit sa mission[61]. La jurisprudence incline en ce sens. A ainsi été sanctionné pour abus de confiance un tuteur ayant prélevé des émoluments injustifiés sur les revenus des majeurs protégés qui lui étaient confiés[62]. A de même été sanctionnée pour abus de confiance l'entreprise attributaire d'un marché public ayant accepté de reverser la moitié du prix du marché à une autre mais qui ne l'a pas fait[63]. L'infraction a également été reprochée à un mandataire judiciaire à la liquidation d'entreprises en difficulté qui détournait une partie de leurs actifs[64]. Elle a enfin été reprochée à un maire « titulaire d'un mandat en tant qu'ordonnateur des dépenses de la commune, en application de l'article L. 2122-21, CGCT, qui [avait] donné l'ordre de payer des dépenses étrangères au fonctionnement de ladite commune »[65].

§2. Le comportement incriminé

931. Le comportement incriminé au titre de l'abus de confiance n'est pas n'importe quel manquement lors de la remise de fonds, de valeurs ou d'un

58. Cass. crim., 1er juill. 1992, *B.* n° 263.

59. Cass. crim., 29 avr. 1996, *Dr. pén.* 1996, n° 187, obs. M. Véron.

60. Cass. crim., 2 sept. 2015, *Gaz. Pal.* 1 nov. 2015, p. 35, obs. S. Detraz.

61. S. Fournier, « Quel domaine pour l'abus de confiance ? », *in La réforme du Code pénal et du Code de procédure pénale*, Dalloz, 2009, p. 113.

62. Cass. crim., 3 déc. 2003, *B.* n° 232.

63. Cass. crim., 13 avr. 2022, *JCP* G 2022, 742, note G. Beaussonie ; *AJ pénal* 2022, p. 371, obs. O. Décima ; *RSC* 2022, p. 845, obs. H. Matsopoulou.

64. Cass. crim., 20 avr. 2005, *Dr. pén.* 2005, n° 113, obs. J.-H. Robert.

65. Cass. crim., 19 juin 2002, *B.* n° 140. – *Idem* : Cass. crim., 13 sept. 2006, *B.* n° 220.

bien quelconque. Il suppose la violation consciente et libre, donc intentionnelle, de l'engagement pris à cette occasion de restituer ou représenter ces fonds, valeurs ou biens ou d'en faire un usage déterminé. En s'abstenant de le faire, l'agent transforme alors la détention précaire qu'il avait de la chose remise en une possession *animo domini*. Il se comporte, comme s'il était le maître de la chose, au préjudice d'autrui (celui qui, détenant la chose, a effectué la remise). C'est cette déloyauté qu'il s'agit de punir.

A. La matérialité de l'acte

932. Présentation. – Selon l'article 314-1, « l'abus de confiance est le fait par une personne de détourner, au préjudice d'autrui, des fonds, des valeurs ou un bien quelconque qui lui ont été remis et qu'elle a acceptés à charge de les rendre, de les représenter ou d'en faire un usage déterminé ». L'abus de confiance consiste donc à « détourner ». À ce titre, il implique nécessairement un acte positif[66]. Mais, au-delà, cette notion de détournement, « âme » de l'abus de confiance[67], s'avère délicate à cerner. En effet, le même terme sert à désigner le manquement à des obligations différentes : restituer ou représenter d'une part, affecter à un usage déterminé d'autre part. Il convient de revenir sur ces deux formes que peut prendre l'infraction.

1. La non-restitution ou non-représentation du bien remis

933. Distinctions. – L'article 314-1 distingue, on l'a vu, l'obligation faite au bénéficiaire de restituer ou de représenter les fonds, valeurs ou bien remis. En revanche, la jurisprudence se refuse à distinguer ; elle ne donne pas de contenu propre à chacune de ces deux obligations. Pourtant, on aurait pu imaginer que la restitution implique un retour de la chose à celui qui l'a remise alors que la représentation implique seulement de la lui montrer pour lui permettre de constater que les conditions de la remise sont toujours d'actualité (conservation par ex. d'une œuvre d'art dans le coffre d'une banque auquel le remettant doit toujours avoir accès). En pratique, ces deux hypothèses sont ramenées l'une à l'autre : un abus de confiance est caractérisé dès lors que le remettant est privé d'accès aux fonds, valeurs ou biens en question, soit par un acte de dissipation, soit par un acte de rétention.

a. La dissipation du bien remis

934. Formes. – On parle de dissipation lorsque, du fait de l'agent (bénéficiaire de la remise), la restitution ou représentation du bien est devenue impossible. Cette dissipation peut être juridique : le bien remis à titre précaire a été vendu, donné ou remis en gage[68]. Mais elle peut également être matérielle : le bien confié a été caché pour échapper à tout contrôle du remettant.

66. Il ne saurait donc y avoir abus de confiance au seul motif qu'un prestataire payé pour accomplir une tâche déterminée s'est abstenu de le faire : Cass. crim., 14 janv. 2015, *Gaz. Pal.* 17 mai 2015, p. 45, obs. S. Detraz.

67. A. Lepage et H. Matsopoulou, *Droit pénal spécial*, PUF, coll. Thémis, 2015, p. 552, n° 782.

68. Cass. crim., 12 sept. 2018, *RSC* 2018, p. 904, obs. H. Matsopoulou ; *AJ pénal* 2018, p. 509, obs. J.-M. Brigant. – 14 mai 2014, *Gaz. Pal.* 27 juill. 2014, p. 31, obs. S. Detraz.

Peut-il également y avoir détournement alors que le bien a été détruit, abandonné ou perdu ? Un arrêt l'admit[69]. Mais la solution paraît étrange s'agissant d'un comportement qui suppose une appropriation frauduleuse. S'approprie-t-on quelconque en agissant de la sorte ? De surcroît, en matière de détournement d'objet saisi ou gagé, la destruction est supplémentairement incriminée, ce qui tend à démontrer qu'elle n'est pas incluse dans le détournement. Enfin, on le verra, l'élément intentionnel requis semble incompatible avec ce type d'actes (V. *infra*, n° 941).

935. Préjudice. – Néanmoins, toute dissipation n'est pas prise en compte à l'article 314-1. En effet, pour être sanctionnée, elle doit être intervenue « au préjudice d'autrui ». Toutefois, il ne faut pas exagérer l'importance de cette exigence. En pratique, elle pose peu de difficulté car le seul manquement de l'agent à son obligation de restituer ou représenter ce qui a été remis à titre précaire s'avère de nature à causer un préjudice. Dès lors qu'il n'était pas autorisé à vendre ou dissimuler le bien moyennant l'obligation de restituer un bien équivalent, il s'est montré déloyal en agissant de la sorte et cela suffit à caractériser un abus de confiance. Peu importe qu'*a posteriori* l'agent propose de restituer ou représenter une chose équivalente à la chose remise qu'il a détournée. En effet, en dissipant la chose, il a pris le risque de ne pas pouvoir la restituer ou la représenter. Il a agi à l'insu de celui qui la lui avait confiée, donc à son préjudice.

936. Profit. – En revanche, l'exigence d'un préjudice causé à autrui n'implique pas la démonstration corrélative d'un profit personnel pour l'auteur de l'abus. Une appropriation frauduleuse est en cause mais pas un enrichissement personnel. L'infraction est constituée même si l'abus de confiance commis par un dirigeant a profité à sa société[70] ou s'il a porté sur une chose sans valeur aucune.

b. La rétention du bien remis

937. Forme. – C'est l'hypothèse d'un abus dans le temps. Elle n'implique pas la dissipation du bien mais sa restitution ou représentation au-delà du délai convenu. En effet, il peut y avoir également abus de confiance lorsque l'agent (bénéficiaire de la remise) s'exécute avec retard. Sachant qu'« une mise en demeure n'est pas exigée pour que l'abus de confiance soit constitué »[71]. Sur ce point, le droit pénal se montre plus sévère que le droit civil (C. civ., art. 1231). En effet, la mise en demeure apparaît inutile à l'égard d'un individu qui est censé connaître la date à laquelle il doit restituer ou représenter, les fonds, valeurs ou biens remis à titre précaire[72].

Toutefois, tout retard dans la restitution ou représentation de la chose remise n'implique pas nécessairement le détournement de celle-ci[73]. Un retard, même après mise en demeure, n'établit pas nécessairement un abus de confiance. Le

69. Cass. crim., 10 févr. 1986, *B.* n° 48.

70. Cass. crim., 30 avr. 2014, *Gaz. Pal.* 27 juill. 2014, p. 31, obs. S. Detraz.

71. Cass. crim., 17 nov. 2004, *Dr. pén.* 2005, n° 78, obs. M. Véron.

72. Cass. crim., 16 nov. 2005, *Dr. pén.* 2006, n° 47, obs. M. Véron.

73. Cass. crim., 15 déc. 2021, *Dr. pén.* 2022, n° 44, obs. P. Conte.

ministère public doit démontrer que l'agent était en mesure de s'exécuter à l'échéance, de sorte qu'en ne le faisant pas il a interverti son titre et s'est abusivement comporté comme un propriétaire[74]. Il n'est pas facile de rapporter une telle preuve dès lors que des circonstances diverses et variées peuvent expliquer un simple retard. En pratique, néanmoins, le caractère coupable d'un retard peut résulter du fait qu'il a été érigé en « système de fonctionnement ». L'infraction fut ainsi retenue contre le greffier d'un tribunal de commerce qui tardait systématiquement à restituer des fonds[75].

938. Préjudice. – Là aussi, on considérera qu'un préjudice de principe existe du seul fait de l'appropriation frauduleuse. Peu importe que ce soit à titre temporaire. La personne à qui le bien n'a pas été restitué à temps a nécessairement souffert d'un préjudice puisqu'elle en a été privée.

En toute hypothèse, la restitution après la date convenue n'exprime qu'un repentir actif qui n'efface pas le détournement lorsque ce retard apparaît volontaire[76].

2. L'usage non autorisé du bien remis

939. Forme. – Enfin, il arrive que, sans dissiper la chose remise ni la retenir après l'échéance, le bénéficiaire en fasse un usage qui n'est pas celui initialement prévu. Il arrive même qu'il en use alors qu'aucun usage n'était pas permis, la remise s'imposant aux seules fins de faciliter la conservation de la chose. Dans les deux cas, il y a détournement au sens strict : le remettant s'aperçoit, pendant la mise à disposition ou lorsque la chose lui est rendue, qu'elle a été affectée à un usage différent de l'usage convenu[77]. Peu importe qu'elle ait été restituée sans retard à l'échéance. Il y a là encore trahison du rapport de confiance ayant conduit à sa remise.

940. Préjudice. – Peu importe que cette utilisation non autorisée ne cause aucun préjudice matériel au remettant. Là encore, le préjudice moral lié à la violation d'une stipulation contractuelle, voire le préjudice éventuel né du risque de perte ou dégradation de la chose, suffit à satisfaire l'exigence légale d'un acte accompli « au préjudice d'autrui »[78]. Pour la Cour de cassation, l'existence d'un préjudice « se trouve nécessairement incluse dans la constatation du détournement »[79]. Une telle exigence ne restreint pas la répression.

B. La perception de l'acte

941. Intention. – L'abus de confiance est un délit intentionnel : il n'y a pas délit lorsque le défaut de restitution ou représentation procède d'une simple

74. Cass. crim., 22 janv. 2003, *Dr. pén.* 2003, n° 69, obs. M. Véron.

75. Cass. crim., 6 sept. 2000, *Dr. pén.* 2001, n° 14, obs. M. Véron.

76. Cass. crim., 16 déc. 2015, *RSC* 2016, p. 273, obs. H. Matsopoulou.

77. Cass. crim., 16 oct. 2013, *D.* 2013, p. 2755, note L. Saenko.

78. Si le bien donné en gage est finalement restitué, son propriétaire a subi, à tout le moins, un préjudice éventuel : le créancier gagiste lui a fait courir le risque d'une perte de son bien (Cass. crim., 12 avr. 1967, *B.* n° 115).

79. Cass. crim., 31 janv. 2018, *JCP* G 2018, 576, note H. Robert ; *D.* 2018, p. 1361, note G. Beaussonie et B. de Lamy. – 13 janv. 2010, *JCP* G 2010, 500, note J. Lasserre Capdeville.

négligence ou imprudence dans l'exécution d'une obligation[80]. De même, il n'y a pas abus de confiance s'il a été fait de la chose remise un usage différent de l'usage convenu dans l'ignorance de ce dernier[81]. En effet, l'infraction suppose que le prévenu ait agi sciemment, c'est-à-dire qu'il ait détourné la chose alors qu'il connaissait le caractère précaire de sa détention et qu'il avait conscience de ne pouvoir agir de la sorte.

Il s'agit d'établir ici un acte déloyal : il faut démontrer que l'agent a voulu s'approprier le bien remis en trahissant ainsi la confiance du remettant. Il faut établir que, en intervertissant la possession, l'agent s'est comporté comme s'il était devenu le maître de ce bien[82]. Une telle preuve est libre. Le ministère public peut se contenter de justifier d'une prise de risque consciente. Il lui suffit de démontrer que l'agent s'est délibérément placé dans l'impossibilité de restituer, de représenter ou d'affecter la chose à l'usage prévu[83]. En effet, seul un propriétaire peut agir de la sorte. L'agent, lui, ne le pouvait pas sur la base d'une détention précaire.

À l'égard d'un non-professionnel, la preuve de cette intention peut poser difficulté. Les circonstances de l'acte, notamment sa dissimulation, facilitent néanmoins souvent la démonstration de son caractère déloyal[84]. À l'égard d'un professionnel, la preuve de cette mauvaise foi découle du fait que l'agent a adopté un comportement incompatible avec son engagement initial[85]. La Cour de cassation se montre très sévère en retenant facilement la trahison[86]. Ainsi, elle déduit l'intention coupable du fait que le professionnel ayant reçu une chose aurait dû prévoir qu'il ne pourrait la restituer compte tenu de l'usage à laquelle il la destinait[87] ou du fait que, en agissant de manière hasardeuse, au mépris des règles de prudence qui s'imposaient à lui, il « s'est sciemment mis en situation de ne pouvoir représenter l'objet qu'il était chargé de vendre ou d'en restituer la valeur »[88]. Parce qu'il aurait dû savoir, le professionnel a nécessairement su, de sorte qu'en agissant comme il l'a fait (en s'appropriant la chose remise à titre précaire), il a nécessairement manqué à son engagement envers autrui.

942. Mobile. – Ici comme ailleurs, le mobile s'avère indifférent. Les membres d'un comité d'entreprise qui utilisent les fonds de ce comité pour financer un voyage d'études ne peuvent échapper à la sanction en soulignant l'intérêt de ce voyage alors qu'ils n'ont pas obtenu l'accord dudit comité[89]. *Idem* pour le mandataire qui prétend que son mandant aurait, le premier, manqué à ses

80. Cass. crim., 10 avr. 1995, *Dr. pén.* 1995, n° 197, obs. M. Véron.

81. Cass. crim., 16 juin 2011, *Dr. pén.* 2011, n° 116, obs. M. Véron.

82. Formule empruntée à M. Delmas-Marty (*Les sociétés de construction devant la loi pénale*, LGDJ, coll. Bibl. sc.crim., t. XIV, 1972, p. 80).

83. Cass. crim., 9 févr. 2011, *Dr. pén.* 2011, n° 59, obs. M. Véron. – 1er avr. 2008, *Dr. pén.* 2008, n° 140, obs. M. Véron.

84. Cass. crim., 12 oct. 1995, *Dr. pén.* 1996, n° 33, obs. M. Véron. – V. aussi CA Toulouse, 26 avr. 2001, *D.* 2002, p. 1795, obs. B. de Lamy.

85. Cass. crim., 16 mars 1987, *B.* n° 122.

86. Cass. crim., 12 mai 2009, *Dr. pén.* 2009, n° 108, obs. M. Véron.

87. Cass. crim., 3 juill. 1997, *Dr. pén.* 1998, n° 15, obs. M. Véron.

88. Cass. crim., 7 mars 2012, *Gaz. Pal.* 27 juill. 2012, p. 23, obs. S. Detraz.

89. Cass. crim., 16 oct. 1997, *B.* n° 341. – *Idem* : Cass. crim., 30 juin 2010, *D.* 2010, p. 2820, note J. Lasserre Capdeville.

obligations[90]. Enfin, on l'a vu, la restitution tardive ne fait pas disparaître l'intention dès lors que l'agent a volontairement méconnu son obligation de restituer à la date convenue[91]. Elle témoigne, tout au plus, d'un repentir actif.

Section 2 La répression de l'abus de confiance

§1. Les peines encourues

943. Pénalités. – La personne physique déclarée coupable d'abus de confiance s'expose à 5 ans d'emprisonnement et 375 000 € d'amende (art. 314-1). À titre complémentaire, elle s'expose également à tout ou partie des peines énumérées par l'article 314-10 dont la fermeture de l'établissement pour une durée de 5 ans au plus, diverses interdictions professionnelles et l'exclusion des marchés publics.

La personne morale déclarée coupable de la même infraction s'expose, quant à elle, à une amende dont le montant est porté au quintuple ainsi qu'à l'ensemble des peines prévues à l'article 131-39 (art. 314-12).

Par ailleurs, il existe trois niveaux d'aggravation de la répression.

944. Aggravation. – En vertu de l'article 314-2, l'emprisonnement est porté à 7 ans et l'amende à 750 000 € dans quatre cas.

Il en va tout d'abord ainsi lorsque l'abus de confiance est réalisé par une personne qui fait appel au public afin d'obtenir la remise de fonds ou de valeurs soit pour son propre compte, soit comme dirigeant ou préposé de droit ou de fait d'une entreprise industrielle ou commerciale. Il s'agit de protéger les épargnants contre les agissements de personnes promettant souvent des intérêts énormes pour attirer les capitaux et qui détournent finalement les fonds remis. Cet appel au public suppose une publicité, quelle qu'en soit la forme (presse, prospectus, brochures, démarchage, conférences). L'infraction se rapproche alors de l'escroquerie sans se confondre avec elle car, ici, il n'y a pas de mensonge à sa base : la décision de détourner est prise après la publicité. Au moment où elle est faite, cette publicité ne présente donc aucun caractère trompeur. Néanmoins, elle justifie une aggravation de la répression compte tenu de l'importance des détournements qui peuvent s'ensuivre.

L'aggravation s'applique également lorsque l'abus de confiance est commis par une personne qui, de manière habituelle, se livre ou prête son concours, même à titre accessoire, à des opérations portant sur les biens de tiers pour le compte desquels elle recouvre des fonds ou des valeurs. Cela vise les courtiers, les intermédiaires et autres conseils professionnels ou rédacteurs d'actes.

Il en va de même encore lorsque l'abus de confiance a été commis au préjudice d'une association qui fait appel public en vue de la collecte de fonds à des fins d'entraide humanitaire ou sociale. Cela concerne une hypothèse proche de l'escroquerie

90. Cass. crim., 27 nov. 1997, *B.* n° 405.

91. Cass. crim., 17 nov. 2004, *Dr. pén.* 2005, n° 78, obs. M. Véron.

à la charité mais qui ne saurait être confondue avec celle. En effet, là aussi, il n'y a pas mensonge à l'origine de la collecte des fonds. Les fonds sont bien encaissés pour être affectés à une œuvre mais ils sont détournés ensuite par un dirigeant indélicat.

Enfin, la même aggravation s'applique lorsque l'abus de confiance a été commis au préjudice d'une personne dont la particulière vulnérabilité, due à son âge, à une maladie, à une infirmité, à une déficience physique ou psychique ou à un état de grossesse, était apparente ou connue de l'agent. Il s'agit de protéger la personne sans défense rencontrant encore plus de difficultés que les autres pour réclamer un bien qui ne lui est pas spontanément restitué ou qui est affecté à un usage autre que l'usage convenu.

945. Autres aggravations. – Les mêmes peines de 7 ans d'emprisonnement et 750 000 € d'amende sont également applicables lorsque l'infraction a été commise en bande organisée (art. 314-1-1).

Enfin, en application de l'article 314-3, les peines de l'abus de confiance sont portées à 10 ans d'emprisonnement et 1,5 M€ d'amende lorsque le coupable est un mandataire de justice, un officier public ou ministériel (ainsi pour un notaire ou un huissier qui aurait commis l'infraction dans l'exercice ou à l'occasion de l'exercice de ses fonctions). Ces peines peuvent paraître sévères mais elles résultent d'une correctionnalisation de l'infraction qui, sous l'ancien Code pénal, constituait un crime[92].

§2. Les particularités de la poursuite

946. Évoquons d'abord les obstacles qui peuvent être mis à la poursuite puis la sanction de la tentative et de la complicité d'abus de confiance[93].

A. Les obstacles à la poursuite

947. Un obstacle de forme peut se présenter ainsi que plusieurs obstacles de fond.

1. L'obstacle de forme

948. Prescription. – Lorsqu'il est commis à l'aide d'actes matériels tels que des jeux d'écriture comptable, l'abus de confiance est difficile à déceler. L'infraction reste clandestine ; elle n'apparaît bien souvent qu'à la suite d'une vérification des comptes, c'est-à-dire parfois assez longtemps après le détournement. Or, il s'agit d'une infraction instantanée, consommée au jour du détournement et prescrite 6 ans plus tard. Si le prévenu a réussi à retarder ou déjouer les contrôles, il peut espérer que son forfait ne sera découvert qu'après acquisition de la prescription[94].

Pour éviter cette solution profitant aux délinquants les plus pervers – ceux qui ne se contentent pas de léser leur victime mais réussissent à dissimuler leur forfait –, la

92. V. pour un notaire : Cass. crim., 13 nov. 1991, *B.* n° 405, et pour un huissier : Cass. crim., 10 janv. 1984, *B.* n° 11.

93. V. s'agissant des associations habilitées à agir : CPP, art. 2-17.

94. V. aussi A. Tsarpalas, *Le moment et la durée des infractions pénales*, LGDJ, coll. Bibl.sc.crim., 1967, t. VII, p. 113, n° 184.

Cour de cassation a accepté très tôt de modifier le point de départ du délai de prescription de l'action publique lorsque des manœuvres ou une attitude dilatoire ont masqué l'agissement frauduleux[95]. Dans une telle hypothèse, le délai ne court pas du jour où le détournement a été commis, mais du jour où le délit est apparu et a pu être constaté dans des conditions permettant l'exercice de l'action publique[96]. En l'absence de texte l'y autorisant, une telle solution pouvait sembler contestable. Le législateur a fini par la consacrer tout en l'encadrant par des délais butoirs (CPP, art. 9-1).

2. Les obstacles de fond

949. Divers. – Il faut rappeler tout d'abord que l'immunité familiale de l'article 311-12 est applicable en cas d'abus de confiance (C. pén., art. 314-4. – V. *supra*, n° 310). Mais cette immunité est écartée lorsque l'auteur des faits a la qualité de mandataire de justice à l'égard de la victime protégée[97]. Par ailleurs, la compensation ne peut être invoquée pour justifier le refus de restituer à l'échéance : l'autorisation de la loi civile (C. civ., art. 1347) ne saurait produire effet dans une telle hypothèse[98]. Quant à la novation, lorsque l'obligation de restituer non respectée à l'échéance est remplacée par une reconnaissance de dette, elle est elle aussi sans conséquence sur l'infraction mais pour une autre raison : parce qu'elle intervient après sa consommation[99].

Les causes de non-imputabilité sont également rarement admises. Certes, la force majeure faisant obstacle à la restitution empêche l'infraction d'être constituée. Toutefois, la preuve doit en être rapportée (au-delà d'une simple négligence de l'agent qui aura facilité la disparition de la chose). Or, la Cour de cassation veille à ce que les juges du fond ne se laissent pas trop facilement apitoyer[100]. Par ailleurs, l'erreur sur le droit dispose elle aussi d'une portée limitée. En théorie, le fait que l'on a cru pouvoir garder la chose, faute de délai de restitution expressément prévu, devrait empêcher l'abus de confiance d'être constitué. Cependant, le juge pénal doute, très souvent, de la vraisemblance d'une telle affirmation à l'égard des professionnels. De surcroît, la Cour de cassation refuse d'admettre que le mandataire impayé puisse conserver le dossier d'un client alors qu'il ne fait qu'exercer le droit de rétention que lui reconnaît le droit civil. Cette dernière solution s'avère particulièrement contestable : on aurait pu voir dans l'autorisation de la loi civile une cause de justification de tels faits. À tout le moins, on aurait pu imaginer que le mandataire poursuivi puisse invoquer une erreur sur le droit... qui lui est pourtant refusée[101].

95. Cass. crim., 5 juill. 1945, *B.* n° 76.

96. V. depuis Cass. crim., 11 déc. 2013, *AJ pénal* 2014, p. 132, obs. J. Gallois. – 8 févr. 2006, *D.* 2006, p. 2 297, note L. Saenko.

97. Cass. crim., 18 janv. 2017, *Gaz. Pal.* 25 avr. 2017, p. 42, obs. S. Detraz, refusant néanmoins l'application rétroactive de cette restriction.

98. Cass. crim., 15 févr. 1982, *JCP* G 1982, IV, 157. – 2 nov. 1972, *B.* n° 317.

99. Cass. crim., 21 déc. 1971, *B.* n° 363.

100. Cass. crim., 11 oct. 1993, *B.* n° 282.

101. Cass. crim., 9 avr. 1991, *Dr. pén.* 1991, n° 257, obs. M. Véron.

B. La tentative et la complicité

950. La tentative d'abus de confiance est désormais punissable (art. 314-1-1, al. 2). Mais elle se conçoit mal[102]. Le refus de restituer à la date prévue consomme le délit : il est inutile de parler de tentative. En effet, on l'a vu, restituer avec retard n'empêche pas l'infraction d'exister (v. *supra*, n° 937).

La complicité est également punissable. Elle est fréquemment poursuivie. La complaisance de ceux qui, étant chargés d'une mission de contrôle (les commissaires aux comptes, par ex.) ferment les yeux sur un détournement qu'ils ont nécessairement constaté s'analyse comme un acte d'aide ou d'assistance à l'auteur principal. Cet acte est nécessairement punissable dès lors qu'il a été convenu d'avance[103]. Il en va *a fortiori* de même pour la fourniture du montage, juridique et financier, permettant à l'auteur principal de dissimuler le détournement qu'il s'apprête à réaliser[104].

C. Les constitutions de partie civile

951. Enfin, la Cour de cassation accepte facilement qu'un dommage personnel puisse découler directement d'une telle infraction. Elle juge qu'un abus de confiance « peut préjudicier et ouvrir droit à réparation, non seulement aux propriétaires, mais encore aux détenteurs et possesseurs des effets ou deniers détournés ». En conséquence, elle a admis qu'un expert-comptable dont un salarié a détourné des chèques établis par ses clients à l'ordre du Trésor public, « était détenteur de ces effets et subissait un préjudice direct du fait de leur détournement »[105]. De la même façon, elle a approuvé une cour d'appel pour avoir jugé, dans une affaire où un salarié avait été déclaré coupable de détournements au préjudice de clients d'une banque, que « la qualification d'abus de confiance ouvre droit à réparation, non seulement aux propriétaires, mais encore aux détenteurs et aux possesseurs des effets ou deniers détournés et, qu'ainsi, la banque est fondée, en sa qualité de détentrice de ces deniers, à invoquer un préjudice direct dont elle doit être dédommagée »[106]. Le préjudice invoqué par la banque aurait été indirect si elle s'était présentée comme subrogée dans les droits de clients qu'elle a préalablement indemnisés en qualité de commettant responsable[107]. Mais le caractère direct de son préjudice a été reconnu dans une hypothèse où elle a agi en tant que détentrice des fonds[108]. Il se confirme là que la valeur protégée n'est pas la propriété (du moins pas directement : l'atteinte à la propriété d'autrui reste extérieure à l'incrimination). Le résultat redouté ici est une appropriation frauduleuse (détournement) témoignant de la déloyauté du bénéficiaire envers le remettant.

102. *Contra* E. Le Moulec, *Pour un renouvellement du système répressif dit des atteintes juridiques aux biens*, préc., p. 110, n° 190.

103. Comp. Cass. crim., 25 févr. 2004, *Dr. pén.* 2004, n° 91, obs. M. Véron.

104. Cass. crim., 31 janv. 2007, *RSC* 2007, p. 310, obs. D. Rebut.

105. Cass. crim., 6 mars 1997, *Dr. pén.* 1997, n° 105, obs. M. Véron. – *Idem* : Cass. crim., 5 mars 2003, *Dr. pén.* 2003, n° 94, obs. M. Véron. – V. cpdt Cass. crim., 17 déc. 2008, *B.* n° 257.

106. Cass. crim., 8 janv. 1998, *Dr. pén.* 1998, n° 73, obs. A. Maron.

107. Comp. Cass. crim., 16 nov. 2005, *B.* n° 297.

108. V. aussi Cass. crim., 20 mars 2019, *RSC* 2019, p. 824, obs. H. Matsopoulou. – 11 déc. 2013, *AJ pénal* 2014, p. 132, obs. J. Gallois.

À noter que, revenant sur une jurisprudence antérieure, la Cour de cassation admet désormais que la faute de la victime lui est opposable lorsqu'elle sollicite la réparation des conséquences dommageables d'un abus de confiance : sans effet sur la responsabilité pénale de l'auteur du détournement, la négligence ou l'imprudence du remettant peut limiter ainsi son droit à réparation[109].

Section 3
Les infractions voisines

952. Le Code pénal rapproche de l'abus de confiance deux autres comportements : le détournement d'objet saisi et le détournement d'objet gagé. La déloyauté y est moins nette que dans l'hypothèse précédente. Néanmoins, la façon dont ces infractions se consomment justifie qu'elles soient envisagées à la suite.

§1. Le détournement d'objet saisi

953. Présentation. – Lorsque certains biens font l'objet d'une saisie conservatoire, ils restent pour quelque temps encore la propriété du débiteur. Si celui-ci cède à la tentation de les reprendre ou de les détruire plutôt que de les voir attribués à un tiers, il réduit encore les chances de son créancier d'obtenir remboursement. Or, la société ne doit pas permettre à un mauvais payeur d'entraîner autrui dans sa perte. Pour éviter qu'un tel comportement ne dissuade le crédit et ne nuise à l'économie tout entière, l'article 314-6 du Code pénal menace la personne physique qui s'en rendrait coupable de 3 ans d'emprisonnement et 375 000 € d'amende[110]. Les peines complémentaires de l'article 314-11 (confiscation de la chose et affichage ou diffusion de la décision) sont également applicables. La tentative est déclarée punissable.

Envisageons d'abord la condition préalable de cette infraction puis le comportement incriminé.

A. Le préalable de l'objet saisi

954. Chose. – L'objet dont parle l'article 314-6 peut être assimilé à une chose : c'est tout bien meuble corporel.

Si les immeubles peuvent être saisis, il paraît délicat de les traiter comme des objets[111]. Il en va *a fortiori* de même pour les meubles incorporels qui obéissent à

109. Cass. crim., 25 juin 2014, *JCP* G 2014, 893, note S. Detraz. – 19 mars 2014, *JCP* G 2014, 449, note V. Wester-Ouisse. – V. sur cette justification de la jurisprudence antérieure : D. Dassa-Le Deist, « *Cui bono* ? À qui profite le crime ? », *Gaz. Pal.* 11 mai 2014, p. 5.

110. La personne morale déclarée coupable de la même infraction s'expose, quant à elle, à une amende portée au quintuple ainsi qu'aux peines de confiscation de la chose et d'affichage ou diffusion de la décision prononcée (art. 314-13).

111. Une décision ancienne l'a admis (Cass. crim., 8 nov. 1894, *D.* 1896.1.55) sans emporter la conviction.

des régimes de protection particuliers. *A priori*, ils sortent du champ de l'incrimination.

955. Saisie. – En toute hypothèse, un objet doit avoir été saisi. Peu importe que la saisie en question soit une saisie conservatoire (éventuellement une saisie-attribution) ou exécutoire (saisie vente, par ex.). Un arrêt ancien a même assimilé un séquestre judiciaire à une saisie[112]. Mais on ne saurait aller plus loin et étendre le champ de l'incrimination aux saisies opérées dans le cadre de procédures pénales afin de servir à la manifestation de la vérité ou de permettre une confiscation ultérieure[113]. Il ne s'agirait plus de sanctionner l'atteinte portée aux droits d'un créancier[114].

La saisie évoquée ci-dessus peut avoir été pratiquée entre les mains du propriétaire ou entre les mains d'un tiers à qui la garde de l'objet avait été confiée. Dans cette seconde hypothèse, non seulement le propriétaire doit être informé de la saisie mais aussi le tiers, sachant toutefois que « le consentement exprès du tiers saisi, à sa qualité de gardien n'est pas un élément constitutif de l'infraction poursuivie »[115]. Ces formalités n'ont d'effet que sur l'opposabilité de la saisie à l'encontre du tiers saisi, pas à l'encontre du propriétaire. D'ailleurs, il est jugé, plus largement, que la validité de la saisie importe peu. Il suffit que les formes en aient été respectées pour lui donner une apparence de régularité[116]. Le saisi qui conteste cette mesure doit exercer les voies de droit prévues à cet effet et non rendre justice lui-même en disposant de la chose.

B. Le comportement incriminé

956. Aux termes de l'article 314-6, l'infraction consiste à « détruire ou détourner » l'objet saisi. Elle n'est reprochable qu'au propriétaire de l'objet : toute autre personne qui anéantirait l'objet saisi ou le soustrairait se rendrait coupable de destruction ou de vol de la chose d'autrui (y compris le tiers à qui la garde de l'objet saisi a été confiée)[117].

Précisons le comportement incriminé dans sa matérialité et dans sa dimension psychologique.

1. La matérialité de l'acte

957. Formes. – L'infraction est assez mal nommée car, si la section du Code où figure l'article 314-6 parle de détournement, ce texte incrimine aussi bien le détournement de l'objet saisi que sa destruction. Il se confirme là que le détournement n'inclut pas la destruction (contrairement à la solution parfois

112. Cass. crim., 14 avr. 1961, *B.* n° 197.

113. Cass. crim., 11 nov. 1904, *D.* 1905, p. 147, note A. L. – Des textes particuliers incriminent le détournement d'objets placés sous scellés ou sous main de justice (art. 434-22, al. 2. – V. Cass. crim., 8 nov. 2022, *Dr. pén.* 2023, comm. 1, obs. S. Detraz. – 4 mai 2011, *JCP* G 2011, 894, note E. Dreyer) ainsi que le détournement d'objets confisqués (art. 434-41, al. 2. – V. aussi C. route, art. L. 234-12, III). Ce qui exclut l'application de l'art. 314-6 (*Contra* : P. Conte, *Droit pénal spécial*, LexisNexis, 6e éd., 2019, p. 530, n° 679).

114. But exclusif de l'incrimination selon Garçon : *Code pénal annoté*, Rec. gén. lois et arrêts, 1901-1906, ss. art. 400, p. 1273, n° 140.

115. Cass. crim., 24 sept. 1997, *Dr. pén.* 1998, n° 18, obs. M. Véron.

116. Cass. crim., 6 mai 1998, *Dr. pén.* 1998, n° 126, obs. M. Véron.

117. Cass. crim., 5 janv. 2017, *Gaz. Pal.* 25 avr. 2017, p. 49, obs. S. Detraz.

enseignée en matière d'abus de confiance). Le détournement s'entend aussi bien de la dissipation (cession résultant d'une vente ou donation) que de la dissimulation de l'objet[118]. La destruction implique, quant à elle, l'anéantissement de l'objet saisi avec ou sans déplacement préalable. On peut sans doute y assimiler la dégradation de l'objet au point de le priver de toute valeur. L'essentiel est que l'acte en question soit susceptible de tenir en échec les droits d'un créancier.

De tels faits sont faciles à commettre lorsque le débiteur a conservé la garde de l'objet saisi. Ils supposent une soustraction préalable lorsque cette garde a été confiée à un tiers.

En toute hypothèse, il importe que les droits des créanciers soient remis en cause à cette occasion. Le délit ne saurait donc être constitué avant que la saisie n'ait été pratiquée ou après sa mainlevée. Il ne saurait davantage être établi après adjudication de l'objet initialement saisi.

2. La perception de l'acte

958. Intention. – Un tel comportement n'est délictueux que s'il est accompli par un propriétaire qui sait que son bien est saisi. En effet, l'infraction suppose établie la volonté de porter atteinte aux droits du saisissant.

L'administration de cette preuve ne pose guère de difficulté lorsque la saisie a été signifiée au propriétaire et qu'il a, malgré tout, vendu ou donné l'objet à autrui. Cette preuve peut s'avérer plus délicate en cas de destruction ou dissimulation : la destruction peut être accidentelle ; quant au déplacement de l'objet, il peut également avoir de nombreuses explications[119]. Le ministère public doit alors établir que l'acte a été accompli dans des circonstances telles que son auteur voulait nécessairement faire échec à une mesure d'exécution.

Peu importe le rachat ultérieur du bien vendu au mépris de la saisie dont ce bien faisait l'objet. Il ne s'agit là que d'un repentir actif du propriétaire confirmant sa parfaite conscience de ce qu'il ne pouvait agir de la sorte[120].

959. Mobile. – Avec sévérité, la Cour de cassation juge : « que, l'indisponibilité des biens saisis après un acte opéré dans les formes prévues par la loi se poursuivant tant qu'une décision n'a pas prononcé la nullité ou la mainlevée de la saisie, il suffit, pour caractériser le délit prévu par l'article 314-6, C. pén., que le détournement ait été commis en connaissance de cause »[121]. Peu importe donc que le prévenu ait été convaincu de la nullité de la saisie pratiquée...

§2. Le détournement d'objet gagé

960. Le détournement d'objet donné en gage, incriminé à l'article 314-5 du Code pénal, est puni des mêmes peines que le détournement d'objet saisi (v. *supra*, n° 953). La structure de ces deux infractions est d'ailleurs comparable.

118. Pour un bien vendu par un débiteur à sa femme après saisie : Cass. crim., 6 mai 1998, *Dr. pén.* 1998, n° 126, obs. M. Véron.

119. Cass. crim., 28 avr. 1982, *B.* n° 107.

120. Cass. crim., 24 sept. 1997, *Dr. pén.* 1998, n° 18, obs. M. Véron.

121. Cass. crim., 1er sept. 2004, *Dr. pén.* 2004, n° 171, obs. M. Véron.

A. Le préalable de l'objet gagé

961. Chose. – L'objet est, là aussi, assimilable à une chose. Les immeubles, qui ne peuvent être gagés, sont exclus du champ d'application de ce délit. Il en va de même pour les meubles incorporels qui ne peuvent être concernés que par un nantissement (C. civ., art. 2329)[122].

Mais, à la différence de l'hypothèse précédente, cet objet n'appartient pas nécessairement au débiteur qui consent le gage. En effet, l'article 314-5 envisage aussi bien le cas où le débiteur a remis en gage sa propre chose que le cas où le débiteur a emprunté la chose d'autrui pour la remettre en gage ou même a sollicité autrui afin qu'il remette une chose en gage pour sûreté de sa dette. Le créancier dispose alors d'un droit réel accessoire sur l'objet remis en gage, même si le propriétaire de cet objet n'est pas son débiteur. C'est ce droit réel accessoire qui est atteint par le comportement incriminé.

À cet égard, il faut préciser que « l'indisponibilité de biens gagés par une société, placée ultérieurement en redressement judiciaire, s'impose au repreneur de celle-ci dans le cadre d'un plan de cession lui donnant la qualité de débiteur du créancier gagiste »[123]. En effet, le repreneur se substitue au débiteur initial dont il doit respecter les engagements.

962. Gage. – Toutefois, là encore, l'existence d'un objet gagé est une condition nécessaire et suffisante.

Peu importe qu'il s'agisse d'un gage avec ou sans dépossession : il suffit d'un « objet constitué en gage » selon l'article 314-5.

Peu importe l'origine légale ou contractuelle d'une telle sûreté. Et, dans cette seconde hypothèse, peu importe sa nature civile ou commerciale. La preuve du contrat s'opère conformément aux règles civiles ou commerciales de preuve normalement applicables[124].

Peu importe enfin la valeur juridique de cette sûreté[125]. Tant qu'il n'a pas été annulé, le gage doit être respecté, sauf à admettre que l'agent puisse faire justice lui-même.

B. Le comportement incriminé

963. Matérialité. – Comme dans l'hypothèse précédente, l'incrimination ne protège pas l'objet donné en gage contre les agissements de quiconque s'en emparerait pour le détruire ou le céder. Il y aurait alors vol. Elle permet de sanctionner le débiteur (propriétaire de la chose), l'emprunteur (débiteur qui loue une chose pour la remettre en gage) ou le tiers donneur de gage, qui reprend l'objet de façon prématurée en privant ainsi le créancier de la garantie qu'il s'était fait consentir.

Là aussi, la dénomination usuelle d'une telle infraction, issue de l'intitulé de la section dans laquelle prend place l'article 314-5, s'avère réductrice. L'infraction peut

122. V. cpdt Cass. crim., 12 avr. 1995, *B.* n° 155.

123. Cass. crim., 16 mai 2001, *Dr. pén.* 2001, n° 127, obs. M. Véron.

124. H. Matsopoulou, « Les spécificités du délit de détournement de gage », *in Mél. Mayaud*, Dalloz, 2017, p. 431.

125. Cass. crim., 10 mars 1976, *Gaz. Pal.* 1976.2, p. 460.

consister en une destruction comme en un détournement de l'objet gagé par celui qui a fourni cette garantie au créancier : elle est consommée quand le gage ne peut être réalisé suite à la disparition, totale ou partielle, de l'objet. Peu importe que cette impossibilité découle d'un anéantissement ou de la dissipation/dissimulation dudit objet[126]. Peu importe que le bien ait disparu entre les mains du créancier ou – dans l'hypothèse d'un gage sans dépossession – entre les mains du débiteur[127]. La Cour de cassation accepte même que soit puni, à ce titre, le fait de changer d'adresse sans en informer le créancier gagiste[128]. Peu importe qu'en définitive il n'en résulte aucun préjudice pour le créancier qui est normalement remboursé à l'échéance[129].

C'est une atteinte de principe qui consomme cette infraction matérielle : il suffit que l'acte positif reproché à l'agent ait privé le créancier de la possibilité de réaliser la sûreté dont il disposait.

964. Perception. – Intentionnelle, l'infraction suppose la conscience de ce que l'acte prive le créancier du droit réel accessoire qui lui a été conféré sur une chose et la volonté d'agir quand même. La preuve d'une telle mauvaise foi est facile à établir chez un débiteur qui, sauf à prouver un vice du consentement, ne peut prétendre avoir ignoré la portée de son engagement.

Compte tenu du caractère instantané de l'infraction, il est jugé que « le paiement, postérieur au détournement du gage, ne fait pas disparaître le délit ni le préjudice en résultant, celui-ci ne se confondant pas avec la créance préexistante »[130]. En effet, le désintéressement postérieur du créancier ne constitue qu'un repentir actif et ne répare pas le préjudice né du fait que la garantie a disparu, l'exposant ainsi à un risque. Le débiteur ne peut donc invoquer ce désintéressement pour preuve de sa bonne foi.

---

126. Cass. crim., 26 févr. 1970, *JCP* G 1970, II, 16446. – CA Pau, 6 juill. 2006, *JCP* G 2007, IV, 1398.
127. Cass. crim., 14 juin 1994, *Dr. pén.* 1994, n° 233, obs. M. Véron.
128. Cass. crim., 6 mai 1975, *Gaz. Pal.* 1975.2, somm. p. 205.
129. Cass. crim., 5 mai 1993, *B.* n° 164.
130. Cass. crim., 19 nov. 2014, *Dr. pén.* 2015, n° 3, obs. M. Véron.

CHAPITRE 3
Les abus de faiblesse

965. Dualité. – Il existe deux incriminations d'abus de faiblesse : la première, qui se trouve dans le Code pénal, a une portée générale ; la seconde, qui se trouve dans le Code de la consommation, ne concerne que certains actes abusifs.

On peut sans doute penser qu'il y a là un texte de trop et que l'incrimination spéciale mériterait de disparaître au profit de l'incrimination générale puisque le champ d'application de l'une absorbe celui de l'autre[1]. Le principe de nécessité des incriminations, corollaire du principe de légalité, semble le justifier (Décl. 1789, art. 8). Néanmoins, l'objection n'est pas nouvelle et a beaucoup de mal à prévaloir. En effet, le délit spécial a pour lui l'ancienneté, une relative simplicité par rapport à l'incrimination de droit commun, et une plus grande efficacité dans la mesure où il peut être établi conformément aux règles de preuve du droit de la consommation. Comment se priver d'un tel instrument ?

Envisageons, tour à tour, les deux incriminations.

Section 1
L'abus de droit commun

966. Présentation. – C'est une innovation du Code actuel. Elle témoigne d'une évolution des préoccupations de la société. Il s'agit de lutter contre ceux qui pourraient trop facilement tirer parti de certaines situations de dépendance. Dans le Code, l'infraction a d'ailleurs été déplacée, des infractions contre les biens où elle figurait initialement, vers les infractions contre les personnes, où elle est censée mieux exprimer l'intérêt protégé[2]. Désormais, c'est à l'article 223-

1. V. not. C. Ouerdane-Aubert de Vincelles, *Altération du consentement et efficacité des sanctions contractuelles*, Dalloz, coll. NBT, t. 19, 2002, p. 312, n° 397.

2. L'incrimination complète, à ce titre, celles qui consistent à soumettre des personnes vulnérables à des conditions de travail ou d'hébergement indignes (art. 225-13 et -14. – V. *supra*, n° 600). Mais, en pratique, c'est toujours un intérêt essentiellement patrimonial qui est en cause.

15-2 qu'on la retrouve sous une forme élargie[3]. Le premier alinéa de ce texte punit « l'abus frauduleux de l'état d'ignorance ou de la situation de faiblesse soit d'un mineur, soit d'une personne dont la particulière vulnérabilité, due à son âge, à une maladie, à une infirmité, à une déficience physique ou psychique ou à un état de grossesse, est apparente ou connue de son auteur, soit d'une personne en état de sujétion psychologique ou physique résultant de l'exercice de pressions graves ou réitérées ou de techniques propres à altérer son jugement, pour conduire ce mineur ou cette personne à un acte ou à une abstention qui lui sont gravement préjudiciables ». Le second alinéa du même texte contient une circonstance aggravante.

Commençons par définir le comportement incriminé avant d'envisager sa répression.

§1. Le comportement incriminé

967. L'article 223-15-2 est un curieux mélange de dispositions floues et précises à la fois. En effet, il identifie avec un luxe de détails les personnes victimes d'un comportement qui est, lui, appréhendé essentiellement à travers son résultat.

A. Les victimes de l'infraction

968. Situation. – On affirme parfois que le droit pénal ne protège pas les imbéciles. Comme toute boutade, celle-ci se révèle vraie et fausse. Elle est pertinente lorsqu'il s'agit d'indiquer que chacun doit veiller à défendre ses intérêts, de sorte que celui qui était en mesure de se protéger et s'est montré exceptionnellement naïf ne peut prétendre avoir été trompé. Il en va particulièrement ainsi en matière d'escroquerie (v. *supra*, n° 760). Mais cette boutade s'avère inexacte, voire injurieuse, envers les plus fragiles qui requièrent une attention redoublée du droit pénal. C'est tout l'objet de l'article 223-15-2 qui tente de préciser, en premier lieu, l'état d'ignorance ou la situation de faiblesse dans lequel/laquelle une personne n'est plus en mesure de défendre normalement ses intérêts[4].

Pour définir un seuil à partir duquel il devient trop facile de tromper autrui, le législateur a rédigé un texte à tiroir. En premier lieu, il suppose l'exploitation d'un état d'ignorance ou d'une situation de faiblesse, lesquels évoquent une perte d'intelligence ou de volonté : dans le premier cas, la victime risque de ne pas prendre toute la mesure de l'acte qui lui est demandé ; dans le second cas, la victime comprend la signification de cet acte mais ne peut pas nécessairement résister à la sollicitation de l'agent. Toutefois, l'exploitation de cet état d'ignorance ou de cette situation de faiblesse n'est pas prise en compte en toute hypothèse. Le juge ne sanctionne l'abus éventuellement commis que si cet état ou cette situation de la victime était dû à sa minorité, à sa vulnérabilité ou à une sujétion psychique[5].

3. Plus sévère, le nouveau texte n'a pu être appliqué rétroactivement : Cass. crim., 23 juin 2009, *Gaz. Pal.* 20 déc., 2009, p. 12, note R. Mésa.

4. Sans faire disparaître tout libre arbitre, la particulière vulnérabilité empêche la personne d'agir « de son plein gré » : Cass. crim., 16 oct. 2007, *Dr. pén.* 2008, n° 9, obs. M. Véron.

5. Cass. crim., 26 mai 2009, *JCP* G 2009, 261, note P. Salvage ; *Gaz. Pal.* 20 déc., 2009, p. 12, note R. Mésa.

969. Minorité. – La minorité suppose que la victime ait été âgée de moins de 18 ans au moment des faits. Mais, à elle seule, cette minorité ne suffit pas à établir l'état d'ignorance ou la situation de faiblesse dans lequel la victime doit s'être trouvée. Le texte d'incrimination semble trop exigeant pour que l'on puisse admettre de présomptions à cet égard. C'est son jeune âge (moins de 15 ans ?) ou sa situation familiale difficile qui, se surajoutant à sa minorité, permet au juge d'établir que la victime a été dépassée par les propositions de l'agent et n'en a pas mesuré les conséquences.

Compte tenu de l'incapacité qui protège les mineurs au plan civil, on supposera que l'agent a profité de son état d'ignorance ou de sa situation de faiblesse pour lui demander de consentir à un fait plutôt qu'à un acte juridique. L'infraction pourrait, par ex., être reprochée à un producteur ayant invité un enfant à participer à un spectacle dégradant en s'abstenant de solliciter l'accord de ses parents[6].

970. Vulnérabilité. – La vulnérabilité est infiniment plus difficile à appréhender. Aussi, le législateur tente-t-il de mettre le juge sur différentes pistes en lui indiquant que cette vulnérabilité peut être due à l'âge, à la maladie, à l'infirmité, à une déficience physique ou psychique ou à l'état de grossesse de la victime.

L'âge dont il est question ici ne peut être le jeune âge puisque la minorité est envisagée distinctement. Il ne peut s'agir que du grand âge[7]. Il doit être constaté dans des circonstances particulières établissant là aussi la vulnérabilité d'autrui[8]. En effet, la vieillesse n'est pas en soi une cause de vulnérabilité[9].

Ensuite sont envisagées des hypothèses où la vulnérabilité d'autrui est due à une altération de sa santé (maladie, infirmité, déficience physique)[10] ou à un état de grossesse[11]. La détresse morale est également prise en compte sous couvert de déficience psychologique[12]. Mais ce n'est pas tout. Dans ces différentes hypothèses, il faut établir que la victime s'est trouvée ébranlée au point de ne plus pouvoir défendre normalement ses intérêts.

Enfin, quelle que soit la cause de la vulnérabilité invoquée, il ne doit exister aucun doute sur sa réalité. En précisant qu'elle doit être particulière, le législateur n'a pas voulu signifier que cette vulnérabilité devait être d'un genre particulier (qu'il n'a pas précisé) mais d'une gravité certaine. Il a exprimé là une exigence de preuve assez surprenante en droit pénal dont on trouve, pourtant, une autre illustration s'agissant du comportement incriminé (v. *infra*, nº 973). À nouveau, l'objectif est d'exclure toute preuve par voie de présomption.

6. Un bel avenir est également promis à cette incrimination sur les réseaux (R. Mésa, « La réponse pénale au cyber-délit commis à l'encontre d'un mineur », *D.* 2023, p. 30).

7. Cass. crim., 30 avr. 1996, *Dr. pén.* 1996, nº 217, obs. M. Véron.

8. Cass. crim., 17 janv. 2001, *B.* nº 16.

9. Il faut démontrer qu'il en est résulté un affaiblissement des défenses psychiques de la victime, sans qu'il soit pour autant besoin d'établir une altération de ses facultés mentales : Cass. crim., 11 juill. 2017, *Dr. pén.* 2017, nº 143, obs. P. Conte ; *Gaz. Pal.* 24 oct. 2017, p. 51, obs. S. Detraz ; *RSC* 2017, p. 507, obs. Y. Mayaud.

10. Cass. crim., 5 oct. 2004, *AJ pénal* 2005, p. 71, obs. J. Leblois-Happe.

11. X. Pin, « La vulnérabilité en matière pénale », *in Vulnérabilité et droit*, PUG, 2000, p. 122. – V. aussi P. Bonfils, « Le discernement de la victime en droit pénal », *in Mél. Seuvic*, PUN, 2018, p. 529. – P. Renaud-Durand, « La prise en compte de la vulnérabilité », *in Réflexions sur le nouveau Code pénal*, Pédone, 1995, p. 125.

12. CA Nîmes, 15 nov. 2002, *RSC* 2003, p. 340, obs. R. Ottenhof.

971. Sujétion. – De ce qui précède, on pourrait déduire que les personnes majeures, en parfaite possession de leurs moyens physiques et intellectuels, sortent du champ de l'incrimination. Toutefois, il n'en est rien. Elles peuvent elles aussi être lésées par l'infraction mais à un autre titre. Le législateur a complété l'incrimination à cet égard en envisageant le cas d'adultes fragilisés car placés dans un état de sujétion psychologique ou physique résultant de l'exercice de pressions graves ou réitérées ou de techniques propres à altérer leur jugement. La déficience psychique dont il est question ici ne résulte pas d'une maladie ; elle est créée par l'agent dans le but de dépouiller sa victime. L'hypothèse envisagée est celle d'individus sous l'emprise de sectes qui perdent tout libre arbitre compte tenu des manipulations dont ils font l'objet[13]. Cet état de sujétion psychologique suppose l'emploi de « manœuvres et techniques destinées à soumettre la victime à l'emprise de son auteur »[14]. Pour autant, l'infraction ne consiste pas en la création de cet état de sujétion. Il s'agit d'un préalable. L'état de sujétion ainsi créé doit être établi pour expliquer que la victime s'est trouvée, comme dans les hypothèses précédentes, en situation de faiblesse[15]. L'infraction apparaît ensuite lorsque l'agent abuse de la situation de faiblesse née d'un tel état de sujétion.

Dans cette ultime hypothèse, le ministère public doit donc d'abord établir que la victime a été « conditionnée », c'est-à-dire qu'elle a subi des pressions graves ou réitérées ou qu'elle a fait l'objet d'une manipulation mentale (par l'utilisation de « techniques propres à altérer son jugement »). Peu importe que ce soit à l'initiative du gourou ou d'adeptes zélés[16]. Ce conditionnement apparaît nécessaire pour « fragiliser » la victime et l'amener à un niveau de faiblesse équivalent à celui des mineurs ou personnes particulièrement vulnérables. Mais ce n'est pas lui qui consomme l'infraction. À lui seul, un tel acte n'est pas incriminé car le législateur a craint que le juge ne puisse distinguer les pratiques abusives de mouvements sectaires de l'exercice radical de certaines religions « établies ». Il ne s'agit donc que d'une première étape dont la victime doit sortir ébranlée. Cet affaiblissement permet de priver de toute portée le consentement qu'autrui donne ensuite aux actes qui l'appauvrissent et qui matérialisent l'abus[17].

B. Le contenu de l'infraction

972. Matérialité. – L'infraction consiste à abuser de l'état d'ignorance ou de la situation de faiblesse d'autrui, tel qu'évoqué ci-dessus, pour le conduire « à un acte ou à une abstention qui lui sont gravement préjudiciables ». Le singulier aurait sans doute été mieux indiqué car autrui doit avoir été poussé, soit à une action, soit à une abstention. Ces exigences sont bien entendu alternatives. Par cette faute d'accord, le législateur a tout au plus voulu souligner que l'action *et* l'abstention attendues de la victime doivent produire le même résultat.

13. A. Martin, D. Ferro et F. Trichet, « La répression des dérives sectaires en droit pénal », *AJ pénal* 2022, p. 393.

14. CA Toulouse, 4 janv. 2005, *Contrats, conc. consom.* 2005, n° 174, obs. G. Raymond. – V. aussi CA Paris, 8 mars 2010, *JCP* G 2010, act., 835, obs. J.-Y. Maréchal.

15. V. cpdt Cass. crim., 27 oct. 2015, *Gaz. Pal.* 26 janv. 2016, p. 52, obs. E. Dreyer.

16. Cass. crim., 5 nov. 2019, *Dr. pén.* 2020, n° 1, obs. P. Conte ; *Gaz. Pal.* 4 févr. 2020, p. 47, obs. S. Detraz.

17. V. aussi G.-X. Bourin, « L'incrimination de la manipulation mentale préjudiciable par le Code pénal », *in Le nouveau Code pénal*, Pedone, 2005, p. 118.

Le comportement de l'agent est assez mal défini : il doit « conduire » la victime à accomplir un acte ou une abstention sans que les moyens employés aient été précisés[18]. Il peut s'agir aussi bien de manœuvres grossières (trop flagrantes pour être prises en compte au titre de l'escroquerie) que d'un simple mensonge (voir le simple fait de ne pas détromper une victime dans l'erreur) qui échapperait à toute autre forme de sanction. Peut-être s'agit-il aussi de pressions qui suscitent la crainte de la victime et l'amènent à se dépouiller mais ces pressions ne doivent pas atteindre la gravité de celles requises au titre de l'extorsion ou du chantage. À la limite, il suffit que la victime ait cédé par lassitude ou épuisement pour échapper à l'insistance d'autrui. En effet, « l'abus » qu'il s'agit de combattre ici n'est pas précisé[19]. Le flou qui l'entoure tient au fait qu'il recouvre des actes qui échapperaient à toute sanction à l'égard d'une personne intelligente et libre, capable de défendre ses intérêts : ces actes « normaux » deviennent « anormaux » en fonction des circonstances, lorsque leur auteur feint de ne pas remarquer l'état d'ignorance ou la situation de faiblesse dans laquelle se trouve sa victime et en profite pour obtenir qu'elle agisse à son détriment.

On a fait remarquer que l'abus semble résider moins dans un comportement malhonnête que dans un profit injustifié au regard des circonstances : « la jurisprudence paraît le plus souvent déduire l'existence de l'abus du constat de la vulnérabilité de la victime et des avantages que l'auteur a su en retirer sans relever précisément en quoi consistent les agissements de ce dernier »[20]. Ainsi, a été qualifié d'abusif le fait d'obtenir d'une personne « fragile » un prêt impossible à rembourser[21] ou des cadeaux en numéraire et en nature[22]. Il peut également y avoir « abus » lorsqu'un propriétaire obtient la substitution d'un nouveau bail à l'ancien beaucoup moins favorable pour sa locataire qui ne prend pas la mesure de ses nouvelles obligations[23]. L'infraction est même constituée lorsque l'agent a œuvré pour faire consentir la victime à un acte essentiellement profitable à un tiers[24]. Mais ici, c'est moins le bénéfice retiré de l'acte que le préjudice en découlant qui consomme l'infraction.

973. Préjudice. – Le préjudice en question correspond aux conséquences de l'atteinte portée au consentement d'autrui. Dans la plupart des cas, ce préjudice est d'ordre patrimonial. Néanmoins, l'infraction ne relevant plus de la catégorie des infractions contre les biens mais de la catégorie des infractions contre les personnes, d'autres préjudices peuvent être retenus, d'ordre psychologique ou moral, liés par ex. à un refus de s'alimenter ou de suivre le traitement prescrit par un médecin, voire à l'exercice d'activités à risques (consommation de produits stupéfiants, spiritisme, relations sexuelles consenties à regret, etc.).

---

18. V. critiquant cette rédaction F. Safi, *Le prosélytisme intellectuel et le droit pénal*, LGDJ, coll. Fond. Varenne, vol. 93, 2014, p. 335, n° 496.

19. E. Lajus-Thizon, *L'abus en droit pénal*, Dalloz, coll. NBT, t. 105, 2011, p. 128, n° 178. – F.-X. Roux-Demare, « La caractérisation de l'état de faiblesse », *AJ pénal* 2018, p. 226.

20. A. Valoteau, *La théorie des vices du consentement et le droit pénal*, préc., p. 41, n° 50. – V. admettant que la contrainte morale exercée sur deux personnes âgées « se déduit de la nature des actes accomplis à leur préjudice » : Cass. crim., 11 déc. 2013, *Dr. pén.* 2014, n° 20, obs. M. Véron !

21. Cass. crim., 5 oct. 2004, *AJ pénal* 2005, p. 71, obs. J. Leblois-Happe. – Comp. Cass. crim., 16 avr. 2019, *Gaz. Pal.* 3 sept. 2019, p. 48, obs. E. Dreyer.

22. Cass. crim., 30 avr. 1996, *Dr. pén.* 1996, n° 217, obs. M. Véron.

23. Cass. crim., 17 janv. 2001, *B.* n° 16.

24. Cass. crim., 20 mars 2019, *Dr. pén.* 2019, n° 84, obs. P. Conte.

La Cour de cassation l'a reconnu en jugeant que « l'acte auquel a été conduite la personne vulnérable, au sens de l'article 223-15-3 du Code pénal, peut être tant matériel que juridique »[25].

En toute hypothèse, afin d'exclure la référence à un préjudice de principe (affirmé plus que démontré), le législateur a exigé ici que l'acte ou l'abstention ait été gravement préjudiciable à la victime, ce qui induit une exigence de preuve supplémentaire[26]. Une telle preuve est rapportée lorsque des prélèvements successifs ont vidé le patrimoine de la victime « de toute substance »[27]. Mais il n'est pas nécessaire que l'abus soit aussi marqué dès lors que l'appauvrissement paraît en toute hypothèse significatif[28]. Peu importe que la victime conserve des moyens de subsistance[29]. De surcroît, la Cour de cassation admet que ce préjudice puisse être seulement potentiel : « si l'article 313-4, C. pén. [devenu 225-15-3] prévoit que l'acte obtenu de la victime doit être de nature à lui causer un grave préjudice, il n'exige pas que cet acte soit valable, ni que le dommage se soit réalisé »[30]. En conséquence, elle juge de façon assez paradoxale que « constitue un acte gravement préjudiciable ouvrant droit à réparation le fait pour une personne vulnérable de disposer de ses biens par testament en faveur de la personne l'ayant conduite à cette disposition »[31]. *Idem* pour la désignation de l'abuseur en qualité de bénéficiaire d'une assurance-vie[32]. Ce qui s'avère discutable car l'incrimination n'envisage pas, ici, un acte « susceptible de » ou « de nature à » causer un préjudice, en dispensant d'avoir à démontrer la lésion effective d'un intérêt. L'article 225-15-3 exige un préjudice d'autant plus réel qu'il doit être grave. La solution contraire, retenue en jurisprudence, s'expliquerait par le fait que « préjudiciable » ne signifie pas « qui a préjudicié » : en s'exprimant ainsi, le législateur n'aurait pas exigé une action ou une abstention qui a réellement causé un préjudice grave. D'ailleurs, il exige un abus « pour conduire » et non « ayant conduit » à un comportement préjudiciable. Toutefois, ces nuances ne suffisent pas à emporter la conviction dès lors que la rédaction de l'article 223-15-2 est affirmative (actes qui « sont » gravement préjudiciables) et que, en matière pénale, le législateur peut parler d'actes « préjudiciables » pour désigner des actes qui vont nécessairement préjudicier dès lors qu'il ne s'agit pas de réparer les conséquences de tels actes : pour sanctionner une infraction, la démonstration d'un préjudice, abstraitement apprécié, suffit. L'acte préjudiciable est donc l'acte qui

25. Cass. crim., 19 févr. 2014, *Dr. pén.* 2014, n° 52, obs. M. Véron.

26. D'autant que cette gravité conforte le lien de causalité existant entre l'action ou l'abstention reprochée à l'agent et le préjudice subi par la victime en rendant invraisemblable toute intention libérale et spontanée. – Comp. Cass. crim., 29 nov. 2005, *Contrats, conc. consom.* 2006, n° 53, obs. G. Raymond.

27. Cass. crim., 27 mai 2004, *RSC* 2004, p. 881, obs. Y. Mayaud.

28. Cass. crim., 8 févr. 2012, *Dr. pén.* 2012, n° 65, obs. M. Véron. – 29 nov. 2005, *Contrats, conc. consom.* 2006, n° 53, obs. G. Raymond.

29. Cass. crim., 20 janv. 2021, *Dr. pén.* 2021, n° 65, obs. P. Conte ; *Gaz. Pal.*, 11 mai 2021, p. 54, obs. S. Detraz.

30. Cass. crim., 12 janv. 2000, *D.* 2001, p. 813, note J.-Y. Maréchal.

31. Cass. crim., 16 déc. 2014, *Gaz. Pal.* 22 févr. 2015, p. 34, obs. E. Dreyer, solution doublement critiquable : du vivant de son auteur, le testament est toujours révocable ; à sa mort, il ne le prive de rien. Ce sont les héritiers et non le testateur qui peuvent alors invoquer un préjudice (v. aussi A. Cerf-Hollender, « Le délit d'abus de l'état d'ignorance ou de faiblesse, un nouveau contentieux successoral », *in Mél. Guidicelli-Delage*, Dalloz, 2017, p. 475. – V. Malabat, « L'incrimination d'abus de faiblesse ou de la pénalisation des dissensions familiales », *in Mél. Hauser*, LexisNexis, 2012, p. 353).

32. Cass. crim., 18 sept. 2019, *D.* 2019, p. 2335, note A. Dejean de la Bâtie ; *Gaz. Pal.* 19 nov. 2019, p. 45, obs. S. Detraz ; *AJ pénal* 2019, p. 554, obs. J.-B. Thierry.

engendre nécessairement un préjudice. En utilisant une telle formule, le texte d'incrimination suppose que l'acte cause un dommage d'ores et déjà certain dans son principe. Peu importe que l'étendue de ce dommage ne puisse pas être entièrement déterminée au moment de l'abus[33]. En jugeant du contraire, la Cour de cassation semble méconnaître cette exigence au risque de transformer une infraction matérielle en infraction formelle[34]. On le regrettera d'autant plus qu'il est difficile d'établir l'atteinte portée au consentement en cas d'abus de faiblesse : la nécessité de rapporter la preuve d'un préjudice grave doit permettre de limiter ce qu'il peut y avoir de subjectif dans l'appréciation de l'abus[35].

974. Perception. – En toute hypothèse, est incriminé ici un comportement intentionnel. L'adjectif « frauduleux » le souligne. Cependant, il n'est pas aisé de savoir en quoi consiste cette intention coupable compte tenu des différentes strates dont se compose l'infraction. Il convient dès lors de raisonner en deux temps.

En premier lieu, il faut établir que l'agent avait conscience de traiter avec une personne fragile. Certes, l'observateur est troublé par le fait que seule la vulnérabilité d'autrui devait être « apparente ou connue » de l'agent[36]. Toutefois, on ne peut en déduire que, dans les autres hypothèses, l'agent a pu ignorer la minorité ou l'état de sujétion de sa victime. En effet, l'agent doit avoir su à tout le moins qu'il profitait de l'état d'ignorance ou de la situation de faiblesse d'autrui. Il doit donc avoir su que sa victime était mineure ou en état de sujétion[37]. En pratique, cette preuve est d'autant plus facilement rapportée qu'une telle infraction est essentiellement commise par des proches[38] ou des professionnels[39] qui accompagnent la personne fragile. Celle-ci reporte sur eux sa confiance et son affection. Peuvent-ils raisonnablement soutenir qu'ils n'ont rien remarqué ? La Cour de cassation n'hésite pas à admettre l'intention de celui qui dépouille une personne particulièrement vulnérable alors qu'il « la voyait quotidiennement » et ne pouvait ignorer son état[40]. En toute hypothèse, le prévenu qui a fait des études médicales ne peut prétendre avoir ignoré l'affaiblissement psychique de la personne qu'il a spoliée[41].

En second lieu, il convient d'établir que l'agent a également eu conscience de pousser la personne évoquée ci-dessus à accomplir un acte ou une abstention qui lui est gravement préjudiciable. En d'autres termes, il doit avoir su que l'intérêt de sa victime était de refuser sa proposition et avoir agi quand même. Il a voulu produire le résultat redouté. Toute la dangerosité de l'acte naît de cette asymétrie entre la situation de l'agent et celle de sa victime : non seulement, il ne l'a pas dissuadée mais il l'a poussée à agir à son détriment.

33. V. aussi L. Saenko, « L'abus de faiblesse et le testament », *RLDCiv.* avr. 2013, p. 51.

34. Cass. crim., 21 oct. 2008, *D.* 2009, p. 911, note G. Roujou de Boubée. – 15 nov. 2005, *JCP* G 2006, II, 10057, note J.-Y. Maréchal.

35. Comp. F. Safi, *Le prosélytisme intellectuel et le droit pénal*, LGDJ, coll. Fond. Varenne, vol. 93, 2014, p. 363, n° 538.

36. Cass. crim., 27 mai 2004, *Dr. pén.* 2004, n° 130, obs. M. Véron.

37. M.-L. Izorche, « La genèse du délit d'abus de faiblesse », *in Réflexions sur le nouveau Code pénal*, Pédone, 1995, p. 118.

38. V. s'agissant d'un neveu Cass. crim., 17 oct. 2018, *Dr. pén.* 2018, n° 220, obs. E. Bonis.

39. Cass. crim., 6 sept. 2005, *Contrats, conc. consom.* 2005, n° 209, obs. G. Raymond.

40. Cass. crim., 5 avr. 2011, *Dr. pén.* 2011, n° 91, obs. M. Véron.

41. Cass. crim., 7 oct. 2009, *Dr. pén.* 2010, n° 1, obs. M. Véron.

§2. Les modalités de la répression

975. Pénalités. – En principe, la personne physique reconnue coupable d'une telle infraction s'expose à 3 ans d'emprisonnement et 375 000 € d'amende (art. 223-15-2, al. 1). Elle s'expose également aux peines complémentaires de l'article 223-15-3 dont l'interdiction d'exercer la fonction ou l'activité à l'occasion de laquelle l'infraction a été commise et, indépendamment de cette circonstance, l'interdiction d'exercer l'activité de prestataire de formation professionnelle continue. Est par ailleurs fulminée la fermeture de l'établissement ainsi que l'affichage ou la diffusion de la décision prononcée.

Les personnes morales reconnues coupables de la même infraction s'exposent, quant à elles, à une amende portée au quintuple ainsi qu'à l'ensemble des peines de l'article 131-39 (art. 223-15-4).

976. Aggravation. – Mais les peines principales encourues par le délinquant personne physique sont portées à 5 ans d'emprisonnement et 750 000 € d'amende « lorsque l'infraction est commise par le dirigeant de fait ou de droit d'un groupement qui poursuit des activités ayant pour but ou pour effet de créer, de maintenir ou d'exploiter la sujétion psychologique ou physique des personnes qui participent à ces activités » (art. 223-15-2, al. 2). Cette circonstance aggravante ne concerne que l'une des hypothèses dans lesquelles l'infraction peut être commise. Est visé là le gourou, le grand maître, le chef de la secte. Peu importe son statut juridique : dirigeant de droit ou de fait, d'un groupement qui peut, lui-même, être de droit ou de fait dès lors qu'il poursuit le but ou obtient le résultat voulu. On postule dans une telle hypothèse que les exécutants au sein du groupement sont eux-mêmes manipulés et ne s'exposent pas aux sanctions précitées. Mais, s'ils participent au contraire en connaissance de cause aux activités du groupement, l'infraction peut s'avérer commise en bande organisée et chacun de ses membres s'expose alors à 7 ans d'emprisonnement et 1 M€ d'amende (art. 225-15-2, al. 3). L'infraction relève par ailleurs, dans cette dernière hypothèse, de la délinquance organisée au sens de l'article 706-73, CPP.

977. Procédure. – Ajoutons que pour favoriser la poursuite d'une telle infraction, la Cour de cassation accepte de reporter le point de départ du délai de prescription de l'action publique au jour du dernier versement lorsque plusieurs infractions « procèdent d'un mode opératoire unique »[42]. Une telle référence au mode opératoire est curieusement propre à cette infraction. Évidemment, la solution s'impose lorsque les prélèvements bancaires sont réalisés « au moyen de la même procuration »[43]. En revanche, on ne saurait voir là une infraction occulte permettant de reporter le point de départ du délai au jour où elle est découverte, par exemple au jour de l'ouverture de la succession de la victime. La prescription court donc au plus tard « à partir du dernier prélèvement effectué sur le patrimoine de la victime lorsque l'abus frauduleux procède

42. Cass. crim., 5 oct. 2004, *AJ pénal* 2005, p. 71, obs. J. Leblois-Happe. – 29 nov. 2005, *Contrats, conc. consom.* 2006, n° 53, obs. G. Raymond.

43. Cass. crim., 27 mai 2004, *Dr. pén.* 2004, n° 130, obs. M. Véron.

d'un mode opératoire unique »[44]. Mais une solution différente sera peut-être admise s'il apparaît que l'infraction a été dissimulée (CPP, art. 9-1).

Enfin, l'action civile est assez largement ouverte aux proches de la victime[45].

Section 2 L'abus du droit de la consommation

978. Cet autre abus de faiblesse est un des délits fondateurs du droit pénal de la consommation. Il fut incriminé à l'occasion d'une loi du 22 décembre 1972. Il figurait aux articles L. 122-8 et suivants du premier Code de la consommation ; il figure aux articles L. 132-14 et s. du Code actuel. Précisons à la fois son contenu et les modalités de sa répression.

§1. Définition

979. L'article L. 132-14 du Code de la consommation incrimine par renvoi aux articles L. 121-8 à L. 121-10 du même code plusieurs comportements, aboutissant à des résultats comparables. Malgré son éclatement, l'incrimination conserve donc une unité réelle. Évoquons les différentes formes prises par cet abus avant d'envisager le résultat qu'elles produisent.

A. Les formes de l'abus

980. Victimes. – Aucune victime n'est d'emblée exclue du champ de l'incrimination. À la différence de l'article 223-15-2, C. pén., les articles L. 121-8 et s., C. consom. ne limitent pas leur domaine à la protection des seuls mineurs ou personnes vulnérables, voire en état de sujétion. Il suffit que le juge constate l'ignorance ou la faiblesse de la victime pour que la question d'un éventuel abus de la part de l'agent puisse être posée[46].

981. Appréciation. – L'âge est sans doute un indice mais il ne suffit pas pour établir la situation d'infériorité dans laquelle se trouve autrui[47]. Il en va différemment lorsque la victime est une personne très âgée et isolée par son veuvage[48] ou par la maladie[49]. *Idem* lorsque, au moment des faits, une mesure de protection judiciaire était demandée à l'égard de la victime par un entourage

44. Cass. crim., 8 mars 2023, *Gaz. Pal.* 9 mai 2023, p. 22, note L. Saenko.

45. Cass. crim., 3 nov. 2009, *Dr. pén.* 2010, n° 2, obs. M. Véron. – V. s'agissant des associations habilitées pour agir : CPP, art. 2-8 et -17.

46. Un tel état doit être antérieur à l'infraction et non résulter de celle-ci : Cass. crim., 19 févr. 1997, *Dr. pén.* 1998, n° 71, obs. J.-H. Robert.

47. CA Rennes, 17 oct. 2003, *Contrats, conc. consom.* 2004, n° 85, obs. G. Raymond.

48. Cass. crim., 1er févr. 2000, *Dr. pén.* 2000, n° 59, obs. J.-H. Robert.

49. V. s'agissant d'une personne sourde « inapte à entretenir une conversation normale » : CA Angers, 11 mars 1999, *Contrats, conc. consom.* 2000, n° 15, obs. G. Raymond, et s'agissant d'une victime de la maladie d'Alzheimer : CA Riom, 11 juin 2003, *Contrats, conc. consom.* 2004, n° 48, obs. G. Raymond.

ayant constaté qu'elle n'était plus en état de gérer son patrimoine[50]. Une mauvaise maîtrise de la langue, pour les victimes d'origine étrangère, est également de nature à établir cette situation d'infériorité[51]. Une excessive naïveté – sensibilité aux discours commerciaux et publicitaires – peut sans doute également être prise en compte, transformant l'incrimination en moyen de lutte contre la violence économique.

982. Comportements. – L'article L. 121-8 envisage tout d'abord « le fait d'abuser de la faiblesse ou de l'ignorance d'une personne pour lui faire souscrire, par le moyen de visites à domicile, des engagements au comptant ou à crédit sous quelque forme que ce soit, lorsque les circonstances montrent que cette personne n'était pas en mesure d'apprécier la portée des engagements qu'elle prenait ou de déceler les ruses ou artifices déployés pour la convaincre à y souscrire ou font apparaître qu'elle a été soumise à une contrainte ». Cette première hypothèse concerne le démarchage à domicile. Parlant de visites au pluriel, elle évoque l'insistance du représentant de commerce mettant un pied dans l'entrebâillement de la porte, laissant les objets à la disposition de victimes qui n'osent pas lui demander de les reprendre et qui repasse peu de temps après pour en exiger le prix[52]. En effet, il y a abus à faire souscrire à autrui un contrat dont il ne mesure pas la portée, faute d'intelligence : lorsque les biens vendus sont sans rapport avec les moyens et les besoins de la personne démarchée, il est facilement admis qu'elle n'a pas compris le contrat qu'elle signait[53]. Il y a aussi abus à faire souscrire à une personne un contrat qu'elle est censée comprendre mais qu'elle ne peut analyser correctement compte tenu des techniques utilisées pour la faire consentir. Enfin, il y a encore abus lorsque la victime a compris que ce contrat la dépassait et n'y a véritablement adhéré que pour échapper aux pressions dont elle a fait l'objet[54]. Néanmoins, il n'est pas nécessaire qu'un état de contrainte résulte des agissements du prévenu ; l'abus est apprécié plus souplement en tenant éventuellement compte de la situation préexistante (non imputable à l'agent) dans laquelle se trouvait la victime[55].

983. Suite. – Ce n'est pas tout. En effet, l'article suivant permet également de sanctionner le fait d'abuser de la faiblesse ou de l'ignorance d'une personne pour obtenir des engagements : 1° soit à la suite d'un démarchage par téléphone ou télécopie ; 2° soit à la suite d'une sollicitation personnalisée (mais pas nécessairement nominative), à se rendre sur un lieu de vente, effectuée à domicile et assortie de l'offre d'avantages particuliers ; 3° soit à l'occasion de réunions ou d'excursions organisées par l'auteur de l'infraction ou à son profit[56] ; 4° soit lorsque la transaction a été faite dans des lieux non destinés à la commercialisation du bien ou du service proposé ou dans le cadre de foires ou de salons ; 5° soit lorsque la transaction a été conclue dans une situation d'urgence ayant mis la victime de l'infraction dans l'impossibilité de consulter un ou plusieurs

50. Cass. crim., 26 oct. 1999, *B.* n° 232.
51. Cass. crim., 5 août 1997, *Dr. pén.* 1998, n° 37, obs. J.-H. Robert.
52. Cass. crim., 19 avr. 2005, *B.* n° 138.
53. Cass. crim., 19 nov. 2019, *Dr. pén.* 2020, n° 14, obs. J.-H. Robert.
54. Cass. crim., 12 juin 2019, *AJ pénal* 2019, p. 44, obs. Y. Mayaud.
55. Cass. crim., 21 nov. 2001, *Dr. pén.* 2002, n° 46, obs. J.-H. Robert.
56. Cass. crim., 1er févr. 2000, *Dr. pén.* 2000, n° 59, obs. J.-H. Robert.

professionnels qualifiés, tiers au contrat[57] (art. L. 121-9). Le législateur a énuméré là les techniques de vente les plus dangereuses à l'occasion desquelles un abus peut être facilement commis[58]. Ces différentes techniques de vente étant, par ailleurs, réglementées, la victime doit conserver la trace d'un contrat. À partir de là, le juge peut déduire l'abus du rapport entre sa vulnérabilité, telle que définie ci-dessus, et le contrat souscrit dont l'objet paraît sans lien avec ses besoins réels.

Enfin, l'article L. 121-10 envisage le fait de profiter de la faiblesse ou de l'ignorance d'une personne pour se faire remettre, sans contrepartie réelle, un paiement (« des sommes en numéraire ou par virement, des chèques bancaires ou postaux, des ordres de paiement par carte de paiement ou carte de crédit ou bien des valeurs mobilières, au sens de l'article 529 du Code civil »).

B. Les résultats de l'abus

984. Résultat. – Le Code de la consommation n'exige pas que l'acte abusif ait été « gravement préjudiciable » pour autrui. Son article L. 121-8 se contente d'envisager l'hypothèse dans laquelle une personne est amenée à souscrire « des engagements au comptant ou à crédit sous quelque forme que ce soit ». Il en va *a fortiori* de même pour l'article L. 121-9 qui se contente de parler d'engagement. Dans ces deux hypothèses, l'infraction est donc constituée dès qu'une obligation est contractée, indépendamment de son exécution et, partant, du préjudice pouvant en résulter pour la victime.

En revanche, l'article L. 121-10, on l'a vu, exige une remise mais il n'en précise pas le montant. Il en résulte donc nécessairement un préjudice pour la victime. Peu importe qu'il soit grave ou non. C'est davantage le principe d'un abus que son résultat qui est sanctionné[59].

En toute hypothèse, si préjudice il y a, celui-ci est exclusivement patrimonial, à la différence du préjudice envisagé dans le Code pénal[60].

985. Perception. – Est en cause une infraction intentionnelle. Néanmoins, la preuve de cet élément moral se déduit aisément de l'élément matériel lorsqu'il est caractérisé.

L'agent ne manquera sans doute pas de rappeler que nous sommes tous égaux et qu'il n'avait aucune raison d'imaginer que ses clients ne pouvaient mesurer la portée de l'engagement qu'ils prenaient, déceler les ruses et artifices employés (de si bonne guerre dans le commerce !) ou résister à l'amicale pression qui leur a été faite. Toutefois, il aura du mal à se faire passer, à son tour, pour un imbécile alors qu'il est un professionnel de la vente, rompu à ce type de négociations et parfaitement capable d'évaluer le plus ou moins grand degré de résistance d'autrui à ses arguments.

---

57. CA Paris, 12 févr. 2001, *BID* 2002, n° 2, p. 12.

58. V. critiquant cette liste E. Bazin, « L'abus de faiblesse dans le Code de la consommation », *Dr. pén.* 2015, étude 19, n° 9. – V. aussi C. Ambroise-Castérot, « L'abus de faiblesse, infraction bicéphale », *AJ pénal* 2018, p. 220.

59. Cass. crim., 19 févr. 1997, *Dr. pén.* 1998, n° 71, obs. J.-H. Robert.

60. E. Raschel, *La pénalisation des atteintes au consentement dans le champ contractuel*, Thèse Poitiers, 2013, [LGDJ, coll. Fac. Poitiers, 2014], p. 54, n° 153.

§2. Répression

986. Pénalités. – La personne physique reconnue coupable d'abus de faiblesse au sens précité s'expose à 3 ans d'emprisonnement et 375 000 € d'amende (art. L. 132-14, al. 1). Sachant que le montant de l'amende peut dépasser ce maximum pour être porté, de manière proportionnée aux avantages tirés du manquement, à 10 % du chiffre d'affaires moyen annuel, calculé sur les trois derniers chiffres d'affaires annuels connus à la date des faits. Peuvent également être prononcées, pour une durée de 5 ans, tout ou partie des interdictions suivantes : interdiction d'exercer une fonction publique, interdiction d'exercer l'activité professionnelle ou sociale dans l'exercice ou à l'occasion de laquelle l'infraction a été commise ; interdiction d'exercer une profession commerciale ou industrielle ou de diriger une entreprise commerciale ou industrielle (art. L. 132-15).

987. Poursuites. – Mais le grand intérêt de cette incrimination tient aux moyens susceptibles d'être mis en œuvre pour établir les faits (art. L. 511-1 et s.). Des pouvoirs d'enquête importants sont confiés à des fonctionnaires spécialisés qui disposent notamment d'un droit d'accès et de communication propre à faciliter la preuve des pratiques dénoncées. L'entrave à leurs fonctions est elle-même érigée en infraction.

Par ailleurs, les associations de consommateurs sont recevables à se constituer parties civiles à raison de tels faits (art. L. 621-1).

Titre 2

Les manquements au devoir de probité

988. Définition. – La probité ne doit pas être confondue avec l'honnêteté, voire la morale. En droit, une exigence d'intégrité s'impose à toute personne qui agit pour le compte d'une autre qu'elle semble incarner aux yeux du public. Peu importe la nature du lien existant entre ces deux personnes : il ne s'agit pas nécessairement de représentation. En revanche, il importe que l'une soit l'agent d'exécution de l'autre pour que l'on puisse admettre que, vis-à-vis des tiers, celle-ci agit à travers celle-là. À cette occasion, l'autorité – le plus souvent publique – doit être assurée de la fidélité de ses agents. C'est la condition *sine qua non* pour que la confiance du public à son égard ne soit pas remise en cause par les agissements de ceux qui la servent[1]. Le droit administratif fait ainsi de la probité une valeur supérieure qui s'impose spécialement à certaines personnes mais que toutes doivent respecter[2]. On parle de « devoir », plutôt que « d'obligation » de probité, pour souligner que son fondement n'est pas contractuel mais social : ce devoir de probité ne pèse que sur quelques-uns mais il est opposable à tous[3].

Le sujet revêt une telle importance que le législateur pénal a incriminé les principaux manquements reprochables aux agents publics. Ce n'est pas tout. Il incrimine également les comportements de particuliers qui aident ou incitent des agents publics à manquer de probité. Ils ne sont pas complices des précédents mais assument à ce titre une responsabilité pénale autonome car le devoir de probité des agents publics leur est indirectement opposable.

Il convient donc de distinguer.

1. A. Bavitot, *Les manquements au devoir de probité*, Thèse Lyon III, 2016, [PUAM, 2019], p. 346, n° 590.
2. J.-M. Brigant, *Contribution à l'étude de la probité*, PUAM, 2012, p. 219, n° 346.
3. V. aussi M. Véron, « Les manquements au devoir de probité, entre la morale et l'argent », *Gaz. Pal.* 27 avr. 2007, p. 3. – R. Salomon, « La rigueur du droit pénal de la probité », *Dr. pén.* 2012, étude 2.

CHAPITRE 1

Les manquements reprochables à un agent public

989. Distinction. – Le sujet est d'une grande actualité. Les tentatives de modernisation de l'État ont mis en lumière certaines pratiques désormais inacceptables : même si la compétition économique entre entreprises apparaît de plus en plus rude et même si les campagnes électorales sont de plus en plus difficiles à financer, on ne peut tolérer sans risque grave pour le bon fonctionnement de la démocratie la perversion des mécanismes institutionnels les plus essentiels[1]. Afin d'appréhender ce phénomène dans sa globalité, le législateur a donc multiplié les incriminations[2].

De nombreux comportements douteux ont été érigés en infractions formelles ou obstacles : il s'agit de sanctionner l'agent public qui ne respecte pas ses obligations sans attendre qu'un manquement avéré à son devoir de probité soit établi. On envisagera ces infractions ultérieurement (v. *infra*, nº 1097).

Pour l'heure, constatons qu'il existe deux catégories d'infractions à l'occasion desquelles un agent public est sanctionné pour s'être servi, ou avoir profité, de sa fonction, de sa mission ou de son mandat, afin d'obtenir un avantage indu. Elles sont qualifiées corruption passive et trafic d'influence commis par une personne exerçant une fonction publique. De tels comportements sont de nature à miner le système tant politique qu'économique en portant atteinte au fonctionnement normal de l'État et du marché[3].

1. V. liant le développement de ces pratiques à l'élection du président de la République au suffrage universel : H. Matsopoulou, « L'éthique et le droit pénal », *in Mél. Ottenhof*, Dalloz, 2006, p. 319.

2. T. Cassuto, « Pour une approche étendue des systèmes corruptifs », *Gaz. Pal.* 20 avr. 2012, p. 5.

3. Sur les dangers du phénomène, v. not. M. Segonds, « L'internationalisation de l'incrimination de la corruption », *Dr. pén.* 2006, étude 12.

Section 1
La corruption passive

990. Présentation. – Le terme « corruption » a plusieurs sens. Dans le langage courant, une fois n'est pas coutume, c'est un sens étroit qui prévaut. La corruption est le fait de corrompre ; c'est donc l'action du corrupteur. Dans le langage juridique, au contraire, c'est un sens large qui doit être retenu. La corruption n'est pas à proprement parler une infraction. C'est une situation de fait dans le cadre de laquelle deux infractions distinctes peuvent être caractérisées : celle du corrupteur et celle du corrompu. Ces deux personnages sont également coupables : ils participent au même concert frauduleux mais chacun répond d'une infraction qui lui est propre. Dans une telle hypothèse, il n'y a pas un auteur principal et son complice mais deux auteurs principaux. La « criminalité » de l'un n'est donc pas subordonnée à celle de l'autre[4]. Chacun répond de son fait indépendamment de l'autre. Il peut même y avoir infraction d'un côté et pas de l'autre[5]. Il en va ainsi lorsque l'un des protagonistes refuse la proposition de l'autre[6]. Le « pacte de corruption » n'a pas été conclu mais ce n'est pas une condition de la répression : l'auteur de la proposition peut toujours être déclaré coupable de l'infraction qui lui est propre.

Ainsi, on parle de corruption passive lorsque l'on envisage l'infraction du corrompu – celui qui « rend service » en contrepartie d'un avantage – et de corruption active lorsque l'on envisage l'infraction du corrupteur, celui qui fournit le « pot-de-vin ». Il importe peu de savoir qui a pris l'initiative de l'acte délictueux. Les termes « passifs » et « actifs » se révèlent donc trompeurs. La corruption passive est toujours la corruption envisagée du côté du corrompu, même si c'est lui qui est allé solliciter le corrupteur (provoquant la remise d'un avantage). Inversement, on le verra plus tard, la corruption active est toujours la corruption envisagée du côté du corrupteur, même s'il a été démarché par le corrompu (v. *infra*, nº 1029).

En ce qui nous concerne ici, la corruption passive est donc l'agissement par lequel un agent public propose ou accepte un avantage en vue d'accomplir, ou de ne pas accomplir, un acte relevant de (ou facilité par) ses attributions. Cette infraction illustre un manquement grave au devoir de probité. L'identification des personnes tenues à ce devoir s'avère essentielle. On l'envisagera à titre préalable. Ensuite, on s'intéressera au comportement incriminé, dans sa dimension matérielle et psychologique. Enfin, on évoquera les sanctions et particularités de la poursuite relatives à un tel comportement.

4. Cass. crim., 11 juill. 1956, *JCP* G 1956, II, 9540.

5. En conséquence, il a été jugé, de façon discutable, que la relaxe de l'agent public ne justifie pas la révision de la condamnation antérieurement prononcée contre un particulier qui aurait fourni à cet agent public un avantage « désintéressé » (Cass. crim., 6 juin 2011, *B. revision* nº 1).

6. Cass. crim., 22 avr. 1937, *Gaz. Pal.* 1937, 2, jurispr. p. 272.

§1. La qualité préalable du corrompu

991. La lutte contre la corruption s'est considérablement durcie[7]. Elle s'est également internationalisée. Le législateur en a pris acte en incriminant non seulement la corruption passive des agents publics nationaux mais aussi celle d'agents publics étrangers ou internationaux. Désormais, il est nécessaire d'envisager la corruption passive à ces deux niveaux.

A. Les coupables au plan interne

992. Au plan interne, il faut faire état de deux incriminations. En effet, tous les agents publics corrompus ne relèvent pas du même texte. Le Code pénal contient une incrimination principale qui est complétée par une autre dont l'objet s'avère plus spécifique. Ainsi, du champ d'application général de l'article 432-11, il faut retrancher ce qui relève du champ d'application spécial de l'article 434-9.

1. Les auteurs de l'infraction principale

993. Énumération. - L'article 432-11 envisage la corruption d'une personne dépositaire de l'autorité publique, investie d'un mandat électif public, ou chargée d'une mission de service public. On découvre là un triptyque classique présent également en matière de prise illégale d'intérêt (art. 432-12. - V. *infra*, n° 1156) ou de favoritisme (art. 432-14. - V. *infra*, n° 1101). Il ne peut s'agir *a priori* que de personnes physiques[8]. Sous cette réserve, l'énumération peut être envisagée souplement mais elle procède tout de même d'une liste limitative. Il appartient donc au juge de vérifier en quelle qualité est intervenue la personne poursuivie.

La catégorie des dépositaires de l'autorité publique comprend les agents publics qui disposent d'un pouvoir de décision et de contrainte, permanent ou temporaire. Elle s'applique à la plupart des cadres de l'État[9] et des collectivités territoriales[10]. Cette qualification est également applicable au président de la République, aux ministres et secrétaires d'État[11], aux préfets et sous-préfets, ainsi qu'aux personnes représentant la France à l'étranger : ambassadeurs, consuls, chargés de mission auprès d'organismes internationaux, etc. Il ne faut donc pas chercher à dégager

7. V. évoquant le passage d'une approche libérale à une approche autoritaire : A. Vitu, « Les préoccupations actuelles de la politique criminelle française dans la répression de la corruption », *in Mél. Donnedieu de Vabres*, Cujas, 1960, p. 129. - V. néanmoins, contestant ce résultat : O. Cahn, « La politique criminelle de lutte contre la corruption en France », *in Mél. Lazerges*, Dalloz, 2014, p. 501.

8. D'abord, parce que l'infraction en cause est une infraction attitrée ; ensuite, parce que, à supposer qu'une telle infraction puisse être commise pour leur compte par un organe ou représentant, on ne conçoit pas de responsabilité pénale de l'État ou des collectivités territoriales (qui est strictement limitée aux activités susceptibles de délégation).

9. V. pour un brigadier-chef de police : Cass. crim., 28 janv. 1987, *B.* n° 47, et pour des inspecteurs des impôts : Cass. crim., 17 nov. 1986, *B.* n° 342.

10. V. pour un ingénieur subdivisionnaire à la direction de l'Équipement : Cass. crim., 1er oct. 1984, *D.* 1985, p. 380, note H. Fenaux, et pour l'huissier-vaguemestre d'un conseil départemental : CA Toulouse, 31 janv. 2002, *JCP* G 2002, IV, 2014.

11. V. s'agissant de l'affaire du canal de Panama : Cass. crim., 24 févr. 1893, *S.* 1893, 1, p. 217, concl. Boudouin, note E. Villey.

une définition statutaire des personnes dépositaires de l'autorité publique. C'est à une approche fonctionnelle qu'invite l'article 432-11, manifestant ici l'autonomie du droit pénal par rapport au droit administratif (droit de la fonction publique). L'objectif est d'atteindre tous ceux qui, pouvant engager l'administration, abuseraient de leur pouvoir à des fins personnelles.

Quant à la catégorie des personnes investies d'un mandat électif public, elle recouvre les élus au sens large. Peu importe qu'ils disposent ou non d'un pouvoir de contrainte : les maires et leurs adjoints relèvent aussi bien de cette catégorie que de la précédente. Mais, précisément, l'adjonction des « personnes investies d'un mandat électif public », à la catégorie des « personnes dépositaires de l'autorité publique » se justifie pour étendre la répression à d'autres élus tels que les députés et sénateurs, parlementaires européens, conseillers municipaux, généraux ou régionaux, etc. La qualification a été appliquée également au président d'une chambre des métiers[12].

Enfin, les personnes chargées d'une mission de service public poursuivent une mission d'intérêt général sans détenir un pouvoir de contrainte, ni être élues. Elles relèvent d'ailleurs, la plupart du temps, d'un statut de droit privé. Les recueils de jurisprudence en livrent un florilège qui va des inspecteurs de la RATP[13], aux mandataires judiciaires[14] en passant par les salariés d'EDF[15] et les journalistes pigistes du secteur public de l'audiovisuel[16]. Peu importe qu'ils ne disposent d'aucun pouvoir de décision au nom de la puissance publique[17].

2. Les auteurs de l'infraction complémentaire

994. Énumération. – Bien que l'article 432-11 ne contienne aucune réserve, ni exclusion, il faut retrancher de son champ d'application les manques de probité imputables au personnel judiciaire. En effet, ces manquements-là sont incriminés par un autre texte. L'objectif est, semble-t-il, de souligner la spécificité de l'intérêt qui est alors menacé par la corruption. Il ne s'agit plus seulement de garantir la confiance que chacun doit avoir en son administration et l'égalité de traitement des usagers qui est de l'essence des différents services publics. Il s'agit de protéger l'action de la justice (intitulé du Chapitre IV du Titre III du Livre IV du Code pénal) et, notamment, de lutter contre les entraves qui peuvent être portées à son exercice (intitulé de la section II de ce Chapitre IV). Nul ne disconviendra du danger que présente cette forme particulière de corruption qui, plus encore que toutes les autres, affecte les droits fondamentaux en empêchant la sanction des atteintes portées à ces droits[18]. Mais était-il nécessaire de multiplier à ce point les incriminations ?

12. Cass. crim., 8 mars 1965, *B.* n° 83.

13. Cass. crim., 2 avr. 1998, *B.* n° 127.

14. Cass. crim., 16 juin 2011, *Gaz. Pal.* 9 nov. 2011, p. 19, obs. E. Dreyer. – 23 janv. 1973, *RSC* 1973, p. 684, obs. A. Vitu.

15. Cass. crim., 29 juin 2011, *Gaz. Pal.* 9 nov. 2011, p. 19, obs. E. Dreyer.

16. Cass. crim., 19 mars 2003, *RSC* 2004, p. 124, obs. J. Francillon.

17. Cass. crim., 26 sept. 2001, *Dr. pén.* 2002, n° 34, obs. J.-H. Robert.

18. M. Segonds, « La lutte contre la corruption et les droits de l'homme », *in Mél. Guidicelli-Delage*, Dalloz, 2017, p. 658.

En l'occurrence, l'article 434-9 du Code pénal envisage spécialement le reproche de corruption adressé à : i) un magistrat, un juré ou toute autre personne siégeant dans une formation juridictionnelle ; ii) un fonctionnaire au greffe d'une juridiction ; iii) un expert nommé, soit par une juridiction, soit par les parties ; iv) une personne chargée par l'autorité judiciaire ou par une juridiction administrative d'une mission de conciliation ou de médiation ; v) un arbitre exerçant sa mission sous l'empire du droit national sur l'arbitrage[19]. Dès lors, « c'est tout le personnel judiciaire qui se trouve soumis à l'incrimination de corruption passive »[20]. En réalité, les interprètes ont été oubliés. On se demande pourquoi, même si cela ne prête guère à conséquence car l'article 434-18 punit par ailleurs « le fait, par un interprète, en toute matière, de dénaturer la substance des paroles ou documents traduits ». Quant aux officiers de police judiciaire et agents de l'administration pénitentiaire, ils ne relèvent pas de cet article 434-9 mais de l'incrimination générale figurant à l'article 432-11[21].

Il convient de préciser que tous ces agents doivent exercer leurs fonctions devant des juridictions françaises[22] ou, s'agissant des arbitres, en étant soumis au droit français. Toutes ces personnes n'appartiennent pas nécessairement à la fonction publique (jurés, experts, arbitres, conciliateurs et médiateurs), mais on peut considérer qu'elles participent toutes à une mission de service public (sous réserve des experts « nommés par les parties » qui sont curieusement assimilés ici aux experts « nommés par les juridictions » : il faut sans doute n'envisager là que les experts dont la mission est acceptée par toutes les parties dans une phase pré-contentieuse). Parmi les agents publics, certains peuvent être considérés comme dépositaires de l'autorité publique (magistrats), d'autres pas (fonctionnaires aux greffes des juridictions).

995. Détails. – La catégorie des magistrats doit être entendue largement. Elle inclut les magistrats de l'ordre judiciaire (du parquet et du siège) comme les magistrats de l'ordre administratif. La Cour de cassation estime que sont également des magistrats au sens de l'article 434-9 les conseillers près une chambre régionale des comptes[23]. Est par ailleurs assimilée à ces magistrats, et aux jurés, « toute autre personne siégeant dans une formation juridictionnelle ». Il faut entendre par là toute personne appelée, de façon non professionnelle, à statuer sur des litiges et à rendre des décisions revêtues de l'autorité de la chose jugée : juges des tribunaux de commerce[24], conseillers prud'hommes, assesseurs des tribunaux paritaires des baux ruraux ou des tribunaux pour enfants.

S'agissant des personnes chargées d'une mission de conciliation ou de médiation, on ajoutera que la précision peut sembler bien venue à raison du développement actuel de ces modes alternatifs de règlement des conflits. Il s'agit de garantir le bon

19. V. spécialement D. Chilstein, « Droit pénal et arbitrage », *Rev. arbitrage* 2009, n° 1, p. 52.

20. P. Bonfils, « Loi du 13 nov. 2007 relative à la lutte contre la corruption », *RSC* 2008, p. 378.

21. Cass. crim., 2 sept. 2015, *Gaz. Pal.* 1er nov. 2015, p. 36, obs. S. Detraz. – En toute hypothèse, l'énumération de l'art. 434-9 paraît d'autant plus dérisoire que les peines encourues pour cette forme de corruption passive sont identiques à celles prévues par l'art. 432-11.

22. Néanmoins, l'art. 434-23-1 déclare cet art. 434-9 applicable aux atteintes à l'administration de la justice par la Cour pénale internationale. Ce qui est curieux : l'hypothèse semble davantage relever de l'art. 435-7 évoqué ci-dessous (v. *infra*, n° 1000).

23. Cass. crim., 16 nov. 1999, *Dr. pén.* 2000, n° 40, obs. M. Véron.

24. Cass. crim., 14 nov. 2013, *Dr. pén.* 2014, n° 1, obs. M. Véron.

fonctionnement des médiations pénales (CPP, art. 41-1, 5°) ou familiales (C. civ., art. 255) et le bon fonctionnement de la conciliation dans les petits litiges civils (CPC, art. 127 et s.). En revanche, l'incrimination n'est pas applicable au Défenseur des droits, qui est une autorité administrative indépendante. Mais ce Défenseur, ainsi que ses délégués, constituent sans doute des personnes chargées d'une mission de service public dont les manquements au devoir de probité relèvent de l'article 432-11. Ils peuvent être poursuivis à ce titre, même s'ils ne participent pas directement à l'exercice de la justice (mais la même observation aurait pu être formulée s'agissant des experts désignés par les parties...).

B. Les coupables au niveau international

996. Présentation. – On l'a dit, la corruption s'est internationalisée : l'apparition d'administrations supranationales a permis le développement de nouveaux manquements au devoir de probité auxquels le droit interne français ne pouvait répondre seul. De surcroît, le développement des échanges commerciaux internationaux a accru les risques de corruption d'agents publics étrangers alors que l'instabilité politique de certains pays (pays de l'Est et pays émergents) les empêche d'exercer des contrôles suffisants. Or, dans cet univers mondialisé, les enjeux peuvent être colossaux en matière d'armement, de travaux publics, de modernisation des moyens de transport, de production d'énergie et d'exploitation des ressources naturelles. Ce n'est plus seulement le fonctionnement régulier des administrations qui est alors menacé par la corruption ; c'est aussi et surtout le libre jeu de la concurrence. C'est la liberté et l'égalité dans l'accès à ces nouveaux marchés qui sont remis en cause. Les bonnes relations entre États, et les valeurs qui les sous-tendent peuvent en être éprouvées[25]. D'où l'inscription à l'article 29 du traité de Maastricht sur l'Union européenne de la lutte contre la corruption parmi les objectifs à atteindre pour réaliser un Espace européen de liberté, de sécurité et de justice[26]. La nécessaire protection des marchés, alliée au souci de préserver l'État de droit et de dissuader les fraudes aux budgets européens[27], a favorisé la signature de plusieurs conventions internationales, ratifiées par la France[28]. Elles ont conduit à quatre réformes du Code pénal sur ce point (2000, 2007, 2010 et 2016).

Une telle évolution mérite d'être approuvée[29]. Toutefois, il faut, dans le même temps, regretter la façon dont elle s'opère : ces conventions internationales ont été

25. La juridiction de Strasbourg a reconnu que « la corruption constitue une menace pour la prééminence du droit, la démocratie et les droits de l'homme, sape les principes de bonne administration, d'équité et de justice sociale, fausse la concurrence, entrave le développement économique et mette en danger la stabilité des institutions démocratiques et les fondements moraux de la société » (CEDH, 24 mai 2007, *Dragotoniu et Militaru-Pidhorni c/Roumanie*, § 41).

26. V. aussi O. Cahn, « La politique criminelle de lutte contre la corruption en France », *in Mél. Lazerges*, Dalloz, 2014, p. 501. – T. Cassuto, « Législation de l'Union européenne en matière de corruption et de trafic d'influence », *AJ pénal* 2015, p. 345.

27. Fraudes évaluées à 120 milliards d'euros chaque année, soit l'équivalent du budget annuel de l'Union : *Rapport anticorruption de l'UE*, févr. 2014, p. 3.

28. V. aussi J. Tricot, « La corruption internationale », *RSC* 2005, p. 753. – F. Baillet, « Corruption et trafic d'influence en droit pénal des affaires », *Gaz. Pal.* 24 mars 2006, p. 3.

29. Malgré quelques doutes sur l'effectivité de telles incriminations (v. soulignant que l'extradition demandée par la France d'un agent public étranger corrompu risque de poser difficulté au plan diplomatique : J. Lelieur, « La loi du 13 nov. 2007 relative à la lutte contre la corruption », *Dr. pén.* 2008, étude 25, n° 6).

transposées en droit français de manière particulièrement brouillonne, au risque d'insupportables redondances... En effet, le Code pénal consacre désormais un chapitre entier aux « atteintes à l'administration publique et à l'action de la justice des Communautés européennes, des États membres de l'Union européenne, des autres États étrangers et des autres organisations internationales publiques » (Chapitre V du Titre III du Livre IV). Sur le plan de la technique législative, les incriminations trop nombreuses figurant dans ce chapitre aboutissent à un éclatement excessif des infractions dans leurs dimensions passive et active. Il aurait été plus judicieux de raisonner par rapport à un texte principal d'incrimination puis d'y renvoyer dans les différentes hypothèses où une infraction spécifiée s'imposait.

En l'état, le souci de symétrie du législateur impose d'envisager là aussi les agents publics étrangers ou internationaux dont la corruption est réprimée d'une manière générale, et ceux dont la corruption est réprimée dans un texte particulier.

1. Les auteurs de l'infraction principale

997. Présentation. – Faisant écho à l'article 432-11, 1°, l'article 435-1 du Code pénal incrimine la corruption passive reprochable à « une personne dépositaire de l'autorité publique, chargée d'une mission de service public ou investie d'un mandat électif public dans un État étranger ou au sein d'une organisation internationale publique ».

998. Loi applicable. – Les termes « personne dépositaire de l'autorité publique, chargée d'une mission de service public ou investie d'un mandat électif public » ont déjà été précisés. Néanmoins, est-ce aux définitions françaises qu'il faut se référer ici ? Certes, la corruption en question doit avoir été, en tout ou partie commise en France pour justifier l'application de la loi pénale française en vertu du principe de territorialité. Longtemps, il n'a pas été concevable d'en appliquer une autre[30]. Mais lorsqu'est en cause l'agent d'une organisation internationale n'est-il pas plus judicieux de se référer au texte international de référence pour vérifier son statut ? La solution paraît imposée par la convention de Bruxelles du 26 mai 1997 (art. 1, *c*) et par la directive 2017/1371 du 5 juillet 2017 (art. 4 § 4). Par ailleurs, lorsqu'est en cause un agent public étranger n'est-il pas plus judicieux d'appliquer la loi de l'État dont cet agent est le serviteur ? La solution paraît, cette fois, imposée par la convention de Paris (OCDE) du 17 décembre 1997 (art. 1, § 4, a).

Cependant, les juridictions répressives françaises refusent d'appliquer une autre loi que la leur[31]. Il leur semble contestable, au regard du principe de légalité, que le périmètre d'une infraction ne soit pas entièrement déterminé par la loi en vigueur à l'endroit où cette infraction est sanctionnée[32]. Elles hésitent d'autant plus à franchir

30. V. not. A. Vitu, « La protection des intérêts publics étrangers par le droit criminel français », *in Mél. Larguier*, Pug, 1993, p. 361.

31. Cass. crim., 14 mars 2018, *Dr. pén.* 2018, n° 110, obs. J.-H. Robert ; *JCP* E 2018, 1363, note E. Dreyer ; *AJ pénal* 2018, p. 254, obs. P. de Combles de Nayves. – V. cpdt, annonçant peut-être une évolution : Cass. crim. 7 déc. 2022, *JCP* E 2023, 1027, note E. Dreyer.

32. Le juge administratif atténue une telle solution. Selon lui, le juge pénal français doit apprécier la qualité de l'agent public étranger par rapport au droit français « même si, eu égard à l'objet de l'infraction comme aux stipulations des conventions internationales tendant à sa répression et que l'article 435-3 met en œuvre, il lui appartient de tenir compte des éléments pertinents issus notamment de la législation de l'État dans lequel la personne exerce ses fonctions » (CE, 6 avr. 2018, n° 417192, *M. B... A...* : *D.* 2018,

le pas que les articles 435-1 et s. ne contiennent plus aucune référence aux conventions dont la ratification a provoqué leur adoption[33].

Toutefois, on n'est guère convaincu par une telle résistance[34]. En effet, il s'agit moins ici d'identifier le comportement punissable que la condition préalable d'une infraction bénéficiant d'un régime propre. Ce n'est pas une loi pénale étrangère que le juge répressif français devrait prendre en compte à ce titre mais une disposition « civile » qu'il peut regarder comme un élément de fait plutôt que de droit et interpréter librement[35]. Seules des solutions radicalement différentes du droit français, et incompatibles avec lui, devraient justifier la mise à l'écart de la loi étrangère applicable à cette condition préalable[36].

999. Cas particulier. – L'article 435-5 précise tout au plus que « les organismes créés en application du traité sur l'Union européenne sont considérés comme des organisations internationales publiques pour l'application des dispositions de la présente section ». Relèvent donc de cette catégorie aussi bien l'ONU, l'OMC, l'OIT, l'UNESCO que la Commission et les différentes agences européennes. Le Parlement européen en fait sans doute également partie, mais pas la Cour de justice de l'Union européenne ni la Cour des comptes, dont les membres sont envisagés dans un texte distinct (v. *infra*, n° 1000). *Quid* du Conseil européen, formé des chefs d'État et de gouvernement des États membres ? *Quid* du conseil des ministres composé des ministres compétents, selon les questions traitées, des États membres de l'Union ? Ils n'étaient pas envisagés dans la rédaction initiale des articles 435-1 et 435-2 issue d'une loi du 30 juin 2000 mais il n'y a aucune raison – juridique – pour qu'une corruption passive ou un trafic d'influence reprochable à leurs membres sorte du champ des nouvelles incriminations. L'extension de la répression aux décisions prises sous influence par une personne exerçant une fonction publique dans un État étranger le confirme. Cependant, l'hypothèse de poursuites en France contre un ministre ou un chef d'État étranger s'avère peu vraisemblable...

En tout cas, il n'y a pas à distinguer parmi le personnel des organisations internationales publiques les agents directement recrutés par elles des agents mis à leur disposition par les différents États membres (comp., convention de Bruxelles, du 26 mai 1997, art. 1er, *b*).

2. Les auteurs de l'infraction complémentaire

1000. L'article 435-7 punit, lui, la corruption passive de : « 1° toute personne exerçant des fonctions juridictionnelles dans un État étranger ou au sein ou auprès d'une cour internationale ; 2° tout fonctionnaire au greffe d'une juridiction étrangère ou d'une cour internationale ; 3° tout expert nommé par une telle juridiction ou une telle cour ou par les parties ; 4° toute personne chargée d'une

p. 1534, note E. Dreyer). Raisonnement contraire à celui que suggère la directive 2017/1371 évoquée ci-dessus et qui ne semble pas séduire la Cour de cassation.

33. M. Segonds, « À propos de la onzième réécriture des délits de corruption », *D.* 2008, p. 1071, n° 16.

34. V. aussi A. Lepage et H. Matsopoulou, *Droit pénal spécial*, PUF, coll. Thémis, 1995, p. 722, n° 1009.

35. J. Le Calvez, « Compétence législative et compétence judiciaire en droit pénal », *RSC* 1980, p. 344.

36. A. Bavitot, *Les manquements au devoir de probité*, Thèse Lyon III, 2016, [PUAM, 2019], p. 353, n° 603, faisant également référence à la réserve découlant de l'article 1, *c*) de la convention pénale sur la corruption du 27 janvier 1999.

mission de conciliation ou de médiation par une telle juridiction ou par une telle cour ; 5° tout arbitre exerçant sa mission sous l'empire du droit d'un État étranger sur l'arbitrage ». Ce texte est le pendant de l'article 434-9 auquel il peut être tentant de renvoyer. Toutefois, comme dans l'hypothèse précédente, il paraît abusif d'appliquer une loi française à la condition préalable de cette infraction. Pour les personnes appartenant à une Cour internationale ou nommées par elle, il semble préférable de se référer aux dispositions du traité instituant cette Cour. Pour les personnes appartenant à une juridiction étrangère, il semble préférable d'appliquer le droit étranger. Une telle solution est confortée en l'espèce par la référence aux arbitres « exerçant [leur] mission sous l'empire du droit d'un État étranger sur l'arbitrage ». Il n'y a aucune raison de réserver l'application du droit étranger à cette seule hypothèse.

De surcroît, là aussi, aucune place n'est réservée dans cette énumération aux interprètes. On a vu qu'ils ne sont pas davantage concernés par l'incrimination de corruption passive lorsqu'ils interviennent devant une juridiction française (art. 434-9. – V. *supra*, n° 994). Mais, alors, cet oubli ne prête pas à conséquence car l'article 434-18 punit par ailleurs « le fait, par un interprète, en toute matière, de dénaturer la substance des paroles ou documents traduits ». Or, il n'en va pas de même ici : l'équivalent de cette dernière incrimination n'existe pas lorsque l'interprète véreux prête son concours à une juridiction étrangère ou internationale. Pour sanctionner l'éventuelle corruption passive d'un interprète à ce niveau, il faut oublier qu'il relève du personnel judiciaire et se souvenir qu'il accomplit à tout le moins sa mission dans l'exercice d'un service public, de sorte qu'il peut rentrer dans le champ d'application de l'incrimination générale figurant à l'article 435-1 précédemment évoquée[37]. Le parallélisme des incriminations voulu par le législateur trouve alors sa limite. Il s'ensuit, au détriment de l'interprète, une considérable aggravation de la répression.

§2. Le comportement incriminé

1001. Malgré l'éclatement des incriminations, la corruption passive est toujours définie de la même façon. Est en cause le fait, par l'une des personnes évoquées ci-dessus, « de solliciter ou d'agréer, sans droit, à tout moment, directement ou indirectement, des offres, des promesses, des dons, des présents ou des avantages quelconques pour elle-même ou pour autrui... pour accomplir ou avoir accompli, pour s'abstenir ou s'être abstenue d'accomplir un acte de sa fonction, de sa mission ou de son mandat ou facilité par sa fonction, sa mission ou son mandat ». Il faut se féliciter du travail d'harmonisation intervenu en la matière.

Évoquons à la suite l'acte accompli par l'agent (A) et la perception que l'agent devait avoir de son acte au moment où il l'a accompli (B).

A. La matérialité de l'acte

1002. C'est le fait, de la part du corrompu, de proposer ou d'accepter de faire quelque chose moyennant la fourniture d'un avantage déterminé.

37. V. aussi A. Bavitot, *Les manquements au devoir de probité*, préc., p. 347, n° 594.

L'infraction n'existe que si le comportement poursuit cet objectif. Matériellement, l'établissement de la corruption passive suppose donc qu'une double preuve puisse être rapportée : celle de l'engagement pris par le corrompu et celle de l'avantage obtenu ou attendu par lui.

1. L'engagement pris par le corrompu

1003. La corruption passive suppose un engagement du corrompu d'accomplir ou de s'abstenir d'accomplir un acte relevant de (ou facilité par) sa fonction, sa mission ou son mandat[38]. On s'interrogera successivement sur la forme, l'objet et la nécessité de mettre à exécution cet engagement.

1004. Forme. – L'engagement pris par le corrompu doit être envisagé largement. Il peut s'agir d'abord d'un acte unilatéral de l'agent public qui fait à un particulier une proposition, même non suivie d'effet (il « sollicite » autrui). À titre d'exemple, l'infraction a été déclarée constituée s'agissant d'un adjoint au maire qui subordonnait la délivrance des autorisations nécessaires à une opération d'aménagement urbain au versement d'une commission à son profit[39]. Peu importe que la proposition n'ait pas été formellement exprimée dès lors qu'est établi « le lien de causalité entre les dons sollicités et l'attribution des marchés »[40].

Sous cette première forme, la corruption passive évoque l'escroquerie par abus d'une qualité vraie, reprochable à une « personne dépositaire de l'autorité publique ou chargée d'une mission de service public, [agissant] dans l'exercice ou à l'occasion de l'exercice de ses fonctions ou de sa mission » (art. 313-2, 1°. – V. *supra*, n° 787). Toutefois, cette escroquerie aggravée n'est pas reprochable à une personne simplement investie d'un mandat électif public. De surcroît, elle suppose un mensonge qui n'est pas nécessaire sur le fondement de l'article 432-11, 1°. L'« abus » ne saurait avoir le même sens dans ces deux textes. Afin de préciser le champ d'application propre à chacune de ces incriminations, on peut dire qu'il y a escroquerie aggravée lorsque, désireux d'obtenir un avantage, l'agent public propose à autrui d'accomplir un acte, ou de s'abstenir d'accomplir un acte, qu'il sait ne pouvoir réaliser[41]. Au contraire, il y a corruption passive lorsque l'agent public est prêt à accomplir l'acte litigieux moyennant gratification[42]. Un raisonnement équivalent peut également être tenu lorsque l'agent public accompagne sa proposition de menaces : s'il se contente de suggérer qu'on lui fournisse un avantage pour fermer les yeux sur une infraction bien réelle, la corruption passive doit être préférée ; s'il menace de dresser procès-verbal d'une infraction imaginaire en sortant ainsi totalement de ses fonctions, il y a plus sûrement chantage (art. 312-10. – v *supra*, n° 334)[43]. Néanmoins, une telle analyse aboutit paradoxalement à une minoration de la répression car,

38. Ne sont pas évoqués à l'art. 434-9 les actes relevant de la mission ou du mandat de l'agent concerné, ce qui peut sembler contestable : il paraît difficile d'admettre que l'expert ou l'arbitre exerce une « fonction » au même titre qu'un magistrat professionnel...

39. Cass. crim., 1er mars 2000, *Dr. pén.* 2000, n° 110, obs. M. Véron.

40. Cass. crim., 30 juin 1999, *B* 1999, n° 168.

41. Ch. réunies, 31 mars 1827, *B.* n° 71.

42. Cass. crim., 13 juill. 1934, *DH* 1934, p. 510.

43. CA Paris, 17 mars et 16 juin 1922, *Dr. pén.* 1922, 2, p. 145, note G. Leloir et Cass. crim., 6 janv. 1923, *Dr. pén.* 1923, 1, p. 238.

dans les deux cas, l'infraction contre les biens s'avère moins sévèrement réprimée que l'infraction contre la chose publique alors que, au terme d'une analyse subjective, elle semble plus grave.

Mais « l'engagement », au cœur de l'infraction, peut résulter également d'un accord donné par l'agent public à autrui (il a « agréé » la proposition qui lui était faite). En effet, il importe peu de savoir qui a pris l'initiative dès lors que l'agent public a accepté de rendre un service moyennant une contrepartie[44]. Il y a délit non seulement lorsque le corrompu accepte ce qu'autrui lui offre mais aussi lorsqu'il décide de provoquer cette offre. Peu importe, même, l'éventuelle interposition d'une tierce personne pour dissimuler le lien entre la sollicitation ou l'agrément d'une rémunération illicite et l'acte de la fonction qu'il s'agit d'accomplir : selon l'article 432-11, cette sollicitation ou cet agrément peut être intervenu « directement ou indirectement »[45]. Le tiers servant d'intermédiaire en connaissance de cause se rend tout au plus complice de l'agent public ayant eu recours à un tel stratagème.

1005. Objet. – L'agent public doit avoir proposé ou accepté, en contrepartie d'un avantage, d'accomplir ou de s'abstenir d'accomplir un acte relevant de sa fonction, de son mandat ou de sa mission. L'acte en question doit être précisé : la prise d'un tel engagement ne saurait se déduire de l'avantage reçu par le corrompu d'un particulier sur lequel il a été en mesure d'exercer un contrôle[46].

Toutefois, la Cour de cassation se montre compréhensive pour faciliter la répression. Elle y est d'ailleurs encouragée par la rédaction des différents textes d'incrimination qui, envisageant le comportement du corrompu, assimilent aux actes « de sa fonction, de sa mission ou de son mandat », les actes « facilité(s) par sa fonction, sa mission ou son mandat », ce qui autorise une approche large de l'engagement pris. Cela permet de sanctionner des agents publics qui, abusant de leur position, accomplissent des actes ne pouvant être rattachés à l'exercice normal de leurs fonctions. La Cour de cassation a accepté ainsi la sanction d'un agent de police ayant communiqué le nom de ses collègues victimes d'accidents à un tiers qui leur proposa ensuite de les représenter en justice[47]. Un tel acte était certes étranger aux attributions du policier mais il avait été permis par elles, ce type d'informations devant rester confidentiel[48].

Sur cette base, la Cour de cassation considère également que l'infraction est caractérisée, même si l'agent public sollicité n'avait pas le pouvoir d'accomplir l'acte attendu de lui[49]. Il suffit que l'acte rémunéré contribue à satisfaire le particulier corrupteur[50]. Toutefois, prononcer alors une sanction sur le fondement de la corruption passive vide en grande partie de sa substance la qualification distincte de trafic d'influence passif, qui consiste précisément, pour un agent public, à abuser de ses fonctions afin d'obtenir d'une autorité tierce une décision en faveur d'autrui[51].

44. Cass. crim., 20 févr. 2008, *B.* n° 44.

45. Cass. crim., 5 mai 1916, *D.* 1921, 1, p. 63.

46. Cass. crim., 25 mai 2022, *Gaz. Pal.*, 20 sept. 2022, p. 40, obs. L. Saenko.

47. Cass. crim., 6 févr. 1969, *JCP* G 1969, II, 16004, note P. Chambon.

48. Cass. crim., 3 juin 1997, *Dr. pén.* 1997, n° 150, obs. M. Véron.

49. V. jugeant qu'il « n'importe que le corrompu n'ait pas accompli lui-même ledit acte dès lors qu'il entrait dans ses attributions d'en proposer ou préparer la réalisation » : Cass. crim., 29 juin 2005, *Dr. pén.* 2005, n° 163, obs. M. Véron.

50. Cass. crim., 16 mai 2001, *Dr. pén.* 2001, n° 125, obs. M. Véron.

51. Comp. Cass. crim., 26 janv. 2011, *Dr. pén.* 2011, n° 45, obs. M. Véron.

1006. Suites. – Enfin, on l'a dit, il y a corruption passive dès qu'un agent public propose à autrui d'accomplir un acte de sa fonction, ou de ne pas accomplir un tel acte, moyennant la fourniture d'un avantage ou dès qu'un agent public accepte la proposition d'autrui de lui fournir un avantage en contrepartie d'une telle action ou abstention.

Dans la première hypothèse, il s'ensuit qu'il importe peu que le particulier refuse la proposition de l'agent public, de sorte que l'engagement pris par celui-ci n'est pas mis à exécution.

Dans la seconde hypothèse, il s'ensuit également qu'il importe peu que le pacte de corruption ne soit pas mis à exécution. L'infraction est caractérisée dès l'acceptation, donc la formation du pacte. Elle reste formelle. Elle ne suppose pas administrée la preuve de l'obtention du résultat redouté par le législateur (action ou abstention de l'agent public accomplie moyennant rémunération). La mise à exécution du pacte permet essentiellement le report du point de départ du délai de prescription (v. *infra*, n° 1016).

2. L'avantage attendu par le corrompu

1007. Présentation. – Pour que l'engagement conduise à la sanction de l'agent public, il faut encore établir que ledit agent public en attendait ou en a obtenu un avantage. Un lien de causalité doit pouvoir être admis entre l'engagement pris et l'avantage sollicité ou perçu : un acte totalement extérieur aux fonctions exercées ne peut être puni sur le fondement de la corruption passive alors même qu'il a été « monnayé »[52].

Peu importe qu'un tel avantage soit ou non fourni : l'infraction existe dès qu'un avantage a été sollicité par un agent public ou dès qu'un agent public a accepté d'agir ou de s'abstenir moyennant la promesse d'un avantage. En revanche, il est nécessaire que la preuve du lien de causalité entre l'engagement pris par l'agent et la fourniture de l'avantage ainsi escompté puisse être rapportée car « la circonstance que lesdites offres et promesses aient eu ce résultat ne suffit pas à établir que tel était le but en vue duquel elles avaient été faites et agréées »[53]. L'autorité de poursuites doit démontrer que l'agent public a été, ou devait être, récompensé pour son acte. Il n'est pas punissable à ce titre s'il s'est contenté de céder aux demandes, prières et autres supplications insistantes d'un particulier sans en tirer aucun bénéfice[54].

La corruption passive suppose donc que l'on puisse reprocher à un agent public d'avoir sollicité ou agréé « des offres, des promesses, des dons, des présents ou des avantages quelconques pour lui-même ou pour autrui ».

1008. Nature. – La plupart du temps, l'agent public est récompensé par l'octroi d'une somme d'argent, d'objets de valeur, d'appartements, de voiliers, de croisières ou de voyages d'agrément, de droits de chasse, etc.

Sous l'empire de l'ancien Code, on prétendait que l'avantage moral sortait du champ de l'incrimination[55]. Ce qui s'avérait contestable : peu importe la nature de l'avantage dès lors qu'il conditionne un abus de fonction. Une telle restriction ne

52. Cass. crim., 19 févr. 1953, *D.* 1953, jurispr. p. 284.

53. Cass. crim., 21 nov. 1972, *B.* n° 350.

54. Cass. crim., 10 juin 1948, *Gaz. Pal.* 1948, 2, jurispr. p. 35.

55. Cass. crim., 14 oct. 1975, *RSC* 1976, 415, obs. A. Vitu.

semble plus guère applicable aujourd'hui car la rédaction du nouveau texte d'incrimination ne permet pas de réduire la portée de l'avantage attendu... On l'a dit, l'infraction peut même exister sans qu'il soit fourni ! La *ratio legis* de l'incrimination permet donc d'envisager l'avantage de façon large, à l'instar de l'intérêt personnel en matière d'abus de bien social ou du profit en matière de recel[56].

1009. Régime. – Lorsqu'un avantage est fourni à l'agent public, il importe peu qu'il intervienne avant ou après l'accomplissement de l'acte de la fonction qu'il rémunère[57]. Néanmoins, pendant longtemps, la solution a été contestée : il était nécessaire d'établir que l'acte de la fonction était intervenu en exécution d'un pacte de corruption antérieur. Il en résultait un angle mort de la répression : pouvait-on tolérer qu'un inspecteur des impôts indique au contribuable qu'il contrôlait la marche à suivre afin de contester efficacement ses conclusions puis lui suggère de le rémunérer en toute impunité[58] ? La solution choquait d'autant plus que, en l'absence de tout pacte, l'infraction aurait été punissable sur la base de la seule proposition faite. Aussi, le législateur a-t-il précisé que le pacte de corruption peut intervenir « à tout moment » : l'agent public peut se voir reprocher d'avoir proposé qu'un particulier le rémunère « pour accomplir ou avoir accompli, pour s'abstenir ou s'être abstenu d'accomplir » l'acte prohibé. L'infraction existe donc même si l'avantage a été réclamé ou accepté postérieurement au manque de probité. Intellectuellement, une telle solution apparaît plus satisfaisante et, pratiquement, la tâche du ministère public s'en trouve facilitée[59].

Ajoutons qu'il importe peu que l'avantage ait été réitéré ou non ; qu'il ait été versé directement au corrompu ou à un tiers. Dans cette dernière hypothèse, peu importe également que l'objectif ait été de gratifier ce tiers (parent, ami, parti) ou de dissimuler l'avantage en question (en cas recours à un prête-nom ou à une société-écran).

B. La perception de l'acte

1010. Intention. – La corruption passive constitue un délit, de sorte qu'en l'absence d'indication contraire au texte d'incrimination, l'acte reproché à l'agent public doit présenter un caractère intentionnel.

Au dol général, correspondant – pour l'agent – à la conscience et à la volonté d'agir en violation de son devoir de probité, il faut ajouter un dol spécial consistant en la conscience et la volonté d'obtenir un avantage déterminé. En réalité, ces deux dols se confondent dès lors que l'on admet la coïncidence de l'élément moral et de l'élément matériel de l'infraction. L'intention est aisément établie lorsque le corrompu a proposé d'accomplir ou de s'abstenir d'accomplir un acte de sa fonction moyennant la fourniture d'un avantage déterminé[60]. La preuve de l'intention peut s'avérer plus difficile à rapporter lorsque le corrompu s'est contenté d'accepter la

56. A. Roger, « La notion d'avantage injustifié », *JCP* G 1998, I, 102, p. 68.

57. Cass. crim., 27 oct. 1997, *D.* aff. 1997, p. 1429, note M. Boizard ; *JCP* G 1998, II, 10017, note M. Pralus.

58. Cass. crim., 14 mai 1986, *B.* n° 163.

59. Sous réserve du lien de cause à effet devant exister entre l'acte de la fonction et l'avantage fourni. L'antériorité du pacte facilite incontestablement cette preuve : Cass. crim., 20 mai 2009, *Dr. pén.* 2009, n° 138, obs. M. Véron.

60. Cass. crim., 21 mai 1997, *B.* n° 193.

proposition qui lui a été faite[61]. Dans une telle hypothèse, l'autorité de poursuites doit démontrer que l'agent public suspecté de corruption a accepté un avantage en sachant qu'il avait pour contrepartie l'accomplissement d'un acte de sa fonction ou le non-accomplissement d'un tel acte. Mais, là encore, c'est la solution la plus vraisemblable qui est retenue et la convention de Mérida du 31 oct. 2003 n'y voit aucune objection. Au contraire, son article 28 dispose que « la connaissance, l'intention ou la motivation nécessaires en tant qu'éléments d'une infraction établie conformément à la présente Convention peuvent être déduites de circonstances factuelles objectives ».

Peu importe le mobile. Peu importe le souci qu'a eu l'agent de participer à une « bonne cause ». Peu importe qu'il n'ait pas tiré un bénéfice personnel direct de son acte[62]. Bien entendu, la banalisation du phénomène et la faiblesse des rémunérations dans la fonction publique ne peuvent justifier une telle action !

§3. Les modalités de la répression

1011. Tentative. – Pour intéresser le droit pénal, la corruption passive doit être consommée. En effet, sa tentative n'est pas punissable, faute d'avoir été spécialement prévue. Elle se conçoit d'ailleurs difficilement car la seule proposition formulée par un agent public, ou émise par lui, suffit à caractériser l'infraction. Il s'ensuit néanmoins que n'est pas punissable l'agent public qui, voulant proposer à un particulier de monnayer un acte de sa fonction, s'adresse à un tiers pour transmettre son offre si ce tiers refuse de servir d'intermédiaire.

Évoquons successivement les peines encourues et les particularités la poursuite.

A. Les peines encourues

1012. Principales. – La corruption « interne » des articles 432-11 et 434-9 expose son auteur à 10 ans d'emprisonnement et 1 M€ d'amende à titre principal. Mais ce n'est pas tout car le montant de l'amende peut, au-delà de ce maximum, être porté au double du produit tiré de l'infraction[63]. Une telle amende proportionnelle semble remplir une double fonction : elle présente un caractère expiatoire certain en punissant le coupable par là où il a pêché et une fonction confiscatoire en lui enlevant le profit retiré de l'infraction et même beaucoup plus (à supposer que ce bénéfice ait été sous-évalué, le coupable n'en conserve ainsi aucun avantage). Sachant qu'une telle amende se cumule avec la peine complémentaire de confiscation envisagée ci-dessous, on admettra que la répression atteint ici un paroxysme. Par son excès même, une telle sanction se veut dissuasive. Elle est la réponse à une prétendue passivité des autorités françaises dans la lutte contre la corruption. Toutefois, elle malmène quelque peu le principe de proportionnalité sans que son efficacité soit garantie car il n'a jamais été démontré que cette supposée indulgence envers les corrompus se

61. *A fortiori*, lorsque cette proposition émane d'un intermédiaire plus ou moins officiel : J. Lelieur, « L'entreprise et la loyauté des échanges internationaux », *in L'entreprise dans la société internationale*, Pédone, 2010, p. 162.

62. Cass. crim., 9 nov. 1995, *B.* nº 346.

63. Par ailleurs, le montant de l'amende passe à 2 M€ ou, s'il excède ce montant, au double du produit de l'infraction lorsqu'elle est commise en bande organisée (dern. al.).

manifestait en France par des peines insuffisantes (dix ans d'emprisonnement correspondent au maximum encouru en matière correctionnelle), ni que l'amende portée à un niveau très élevé suffise à endiguer la corruption dans le reste du monde. Bien au contraire, cet effet d'affichage détourne l'attention des véritables difficultés qui tiennent à la rigueur des contrôles et à l'importance de la déontologie applicable aux agents publics.

Des peines identiques sont encourues lorsque le corrompu est un agent public étranger ou international, principe d'assimilation oblige (art. 435-1). En revanche, des sanctions différentes sont applicables lorsque la corruption passive est reprochée à un magistrat - français - au bénéfice, ou au détriment, d'une personne faisant l'objet de poursuites criminelles (art. 434-9, al. 3). Le coupable s'expose alors à 15 ans de réclusion criminelle et 225 000 € d'amende. L'alourdissement de la peine privative de liberté témoigne de la gravité de l'acte accompli. Quant à la minoration de l'amende, elle s'explique essentiellement par un oubli du législateur qui n'a pas songé à la relever en même temps que les autres... Curieusement, la même aggravation n'est pas prévue en cas d'atteinte à l'action de la justice étrangère ou internationale (art. 435-7)[64]. Ce qui affecte l'identité de traitement voulue par les conventions que cette incrimination s'efforce de transposer.

1013. Peines complémentaires. - Par ailleurs, le délit de l'article 432-11 expose son auteur aux peines complémentaires de l'article 432-17, dont : l'interdiction des droits civils, civiques et de famille[65] ; l'interdiction d'exercer la fonction ou l'activité à l'occasion de laquelle l'infraction a été commise, pendant au plus cinq ans ; la confiscation spéciale ; l'affichage ou la diffusion de la décision de condamnation. Ces peines complémentaires poursuivent un double objectif. Elles doivent tout d'abord permettre d'accentuer l'aspect infamant de la déclaration de culpabilité en privant le condamné de ses droits civils, civiques et de famille ainsi qu'en accroissant la publicité d'une telle condamnation. Elles doivent ensuite l'empêcher de recommencer en lui interdisant de poursuivre l'activité dans le cadre de laquelle l'infraction a été constatée. Des possibilités équivalentes sont prévues à l'article 434-44 pour les magistrats et assimilés ainsi qu'à l'article 435-14 pour les corrompus étrangers ou « internationaux ».

En plus, l'article L. 7 du Code électoral prévoyait un refus automatique d'inscription sur les listes électorales, pendant un délai de 5 ans à compter de la décision définitive. Mais ce texte a été abrogé à la suite d'une question prioritaire de constitutionnalité : une sanction pénale ne peut s'appliquer de plein droit, c'est-à-dire sans être prononcée par le juge, au regard du principe constitutionnel d'individualisation des peines[66]. Cette peine accessoire a donc cessé de s'appliquer. Toutefois, une loi du 15 septembre 2017 a rendu obligatoire le prononcé de la peine d'inéligibilité pour différentes infractions dont celles de corruption (C. pén., art. 131-26-2, précisant également que cette condamnation est mentionnée au bulletin n° 2 du casier judiciaire pendant toute la durée de l'inéligibilité). Par une décision spécialement motivée, la

64. L'art. 435-7 prévoit les mêmes peines que l'art. 435-1, ci-dessus, sous réserve du fait que, sur le fondement de l'art. 435-1, la peine d'amende est portée à 2 M€ ou, s'il excède ce montant, au double du produit de l'infraction lorsque celle-ci est commise en bande organisée.

65. Peine d'une durée en principe de 5 ans mais qui peut être portée à 10 ans « à l'encontre d'une personne exerçant une fonction de membre du gouvernement ou un mandat électif public au moment des faits » (C. pén., art. 131-26-1).

66. Déc. n° 2010-6/7 QPC du 11 juin 2010, *M. Stéphane A. et a.*, § 5.

juridiction saisie des faits peut tout au plus décider de ne pas prononcer cette sanction « en considération des circonstances de l'infraction et de la personnalité de son auteur ».

B. Les particularités de la poursuite

1014. Justification. – L'expression « sans droit », dans les différents textes d'incrimination, laisse entendre qu'un élément injuste serait exceptionnellement requis ici. Le ministère public se verrait imposer d'établir que l'agent public n'était pas autorisé à agir comme il l'a fait.

Au regard de la corruption interne, cette formule paraît superfétatoire : « est nécessairement sans droit la sollicitation de la part d'un élu, de fonds destinés au financement d'activités politiques, en vue d'accomplir un acte de sa fonction »[67]. En France, il n'existe pas de texte autorisant un agent public à solliciter ou recevoir pour son propre compte un avantage de la personne bénéficiant d'un acte de sa fonction. L'hypothèse envisagée par la loi paraît donc sans application[68].

Au regard de la corruption internationale, la solution est plus discutée. Sauf à assimiler les agents publics internationaux ou étrangers à des agents publics français (mais pourquoi multiplier alors les incriminations ?), on ne peut exclure qu'ils puissent être en droit de percevoir un avantage en contrepartie d'un acte de leur fonction dans certaines hypothèses. D'ailleurs, lorsque la formule « sans droit » fut introduite par la loi du 30 juin 2000 aux articles 435-3 et 435-4, elle permettait de légitimer, sur la base d'un raisonnement *a contrario*, la pratique des paiements de facilitation, c'est-à-dire des paiements « qui ont pour but d'inciter les agents publics étrangers à accomplir les actes qui dépendent de leur fonction »[69]. En effet, la légitimité de cette pratique avait été admise par la convention de Paris du 17 décembre 1997, inspirée du droit américain[70]. Dans cette logique, on pourrait considérer qu'il appartient au ministère public d'établir supplémentairement que l'agent étranger ou international, prévenu de corruption passive, ne pouvait, au regard de son droit étranger ou de la Convention qui le régit, agir comme il l'a fait. Mais cela risquerait de restreindre considérablement la répression en favorisant une corruption d'agent public étranger qui n'est guère plus tolérable en France que la corruption d'agent public français. D'ailleurs, cette interprétation paraît aujourd'hui condamnée par d'autres instruments internationaux ratifiés par notre pays (conventions de Strasbourg et de Mérida) qui ne permettent pas d'échapper à la sanction de la corruption et du trafic d'influence sous prétexte de son faible enjeu. La formule « sans droit » mériterait donc de disparaître purement et simplement[71]. On prétend que son maintien se justifierait pour distinguer, d'une manière générale, la corruption passive de la concussion, infraction dans laquelle l'agent « exige ou perçoit une

67. Cass. crim., 30 juin 1999, *B.* n° 168.

68. W. Jeandidier, « Du délit de corruption et des défauts qui l'affectent », *JCP* G 2002, I, 166, p. 1670.

69. B. Fillion-Dufouleur, « La lutte contre la corruption dans le commerce international », *JCP* G 1999, I, 184, n° 5.

70. V. aussi P. Moulette, « Le rôle de l'OCDE dans la lutte contre la corruption », *AJ pénal* 2013, p. 82. – J. Lelieur et M. Pieth, « Dix ans d'application de la convention OCDE contre la corruption transnationale », *D.* 2008, p. 1090.

71. On pourrait ajouter que, au-delà de sa portée symbolique déplorable, cette restriction s'avère impraticable. À partir de quand sort-on de la « petite » corruption pour entrer dans la « grande » ? On ne peut admettre que la « promotion commerciale » emprunte ces chemins-là.

somme d'argent comme un droit prétendument fondé sur la loi »[72]. Mais la distinction de ces deux comportements s'impose en réalité sans elle. Il serait donc préférable de la supprimer.

1015. Compétences législatives. – En principe, les infractions évoquées ci-dessus sont poursuivies en application de la loi pénale française devant les juridictions répressives françaises lorsqu'elles ont été commises en tout ou partie sur le territoire de la République (C. pén., art. 113-2). Toutefois, deux titres de compétence extraterritoriale de la loi pénale française ont été adoptés pour étendre l'application de celle-ci.

En premier lieu, la compétence de la loi pénale française est spécialement prévue par l'article 689-8, CPP pour permettre le jugement, en France, de faits de corruption passive commis hors du territoire de la République par : 1° « tout fonctionnaire communautaire au service d'une institution des Communautés européennes ou d'un organisme créé conformément aux traités instituant les Communautés européennes et ayant son siège en France, coupable du délit prévu aux articles 435-1 et 435-7 du Code pénal » ; 2° « tout Français ou toute personne appartenant à la fonction publique française coupable d'un des délits prévus aux articles 435-1, 435-3, 435-7 et 435-9 du Code pénal » ; ainsi que par 3° « toute personne coupable du délit prévu aux articles 435-3 et 435-9 du Code pénal ». Pour justifier des poursuites en France sur le fondement de ce titre de compétence, il suffit que les auteurs de tels délits se trouvent sur le territoire français, c'est-à-dire qu'ils y aient été arrêtés : la référence faite par l'article 689-8, CPP à l'article 689-1 du même Code laisse entendre qu'il s'agit d'une hypothèse de compétence universelle[73]. Néanmoins, le premier cas peut également être analysé comme une adaptation de la compétence territoriale et le deuxième comme une adaptation de la compétence personnelle active[74]. En toute hypothèse, cette compétence singulière ne peut être mise en œuvre que pour défendre les intérêts de l'Union européenne : l'article 689-8 en question a été adopté « pour l'application du protocole à la convention relative à la protection des intérêts financiers des Communautés européennes fait à Dublin le 27 septembre 1996 et [pour l'application] de la convention relative à la lutte contre la corruption impliquant des fonctionnaires des Communautés européennes ou des fonctionnaires des États membres de l'Union européenne faite à Bruxelles le 26 mai 1997 ». Le même engagement n'a pas été pris lors de la ratification des autres conventions internationales de lutte contre la corruption. Au contraire, en vertu de l'article 4 de la Convention de Mérida, les États parties doivent exécuter leurs obligations « d'une manière compatible avec les principes de l'égalité souveraine et de l'intégrité territoriale des États et avec celui de la non-intervention dans les affaires intérieures d'autres États ».

Cela a déterminé une seconde intervention du législateur. Une loi du 9 décembre 2016 a ajouté au Code pénal un article 435-6-2 dont le premier alinéa dispose : « Dans le cas où les infractions prévues aux articles 435-1 à 435-4 sont commises à l'étranger par un Français ou par une personne résidant habituellement ou exerçant tout ou partie de son activité économique sur le territoire français, la loi française

72. F. Chopin, « La place actuelle de la répression de la corruption dans les politiques pénales et législatives françaises », *in Le nouveau Code pénal, dix ans après*, Pédone, 2005, p. 160.

73. P. Bonfils, « La loi du 13 novembre 2007 relative à la lutte contre la corruption », *RSC* 2008, p. 381.

74. V. aussi R. Koering-Joulin, « Droit pénal et droit international public », *in Droit pénal et autres branches du droit*, Cujas, 2012, p. 469.

est applicable en toutes circonstances, par dérogation au deuxième alinéa de l'article 113-6, et l'article 113-8 n'est pas applicable ». Une disposition équivalente a été introduite à l'article 435-11-2 pour faciliter la poursuite des infractions prévues aux articles 435-7 à 435-10. Il faut comprendre que, pour les délits de corruption fragilisant un État étranger ou une organisation internationale publique, les règles de compétence personnelle sont simplifiées (sans condition de réciprocité d'incrimination, ni action du seul ministère public sur plainte préalable de la victime ou dénonciation officielle) et étendues (au français est assimilée une personne résidant habituellement en France ou exerçant une partie au moins de son activité économique sur le territoire de la République, ce qui est nouveau). La spécificité des infractions en question semble justifier les nouvelles entorses ainsi apportées à ce titre de compétence : elles étaient attendues pour garantir l'effectivité de ces incriminations particulières[75]. On notera que ces dispositions recoupent en partie le champ d'application de l'article 689-8, CPP précité (poursuite d'un français coupable d'un délit prévu aux articles 435-1 ou -3). Toutefois, leur application présente l'avantage de n'être pas subordonnée à une arrestation préalable en France. Par ailleurs, ce nouveau titre de compétence permet d'innover s'agissant de la compétence de la loi pénale française applicable au complice. En effet, le second alinéa des articles 435-6-2 et 435-11-2 du Code pénal ajoute que : « pour la poursuite de la personne qui s'est rendue coupable sur le territoire français, comme complice, d'une infraction prévue aux articles 435-1 à 435-4 [ou 435-7 à 435-10] commise à l'étranger, la condition de constatation de l'infraction par une décision définitive de la juridiction étrangère prévue à l'article 113-5 n'est pas applicable ». Pour la première fois, il est ainsi dérogé à cette condition particulière mise à l'application de la loi pénale française au complice par l'article 113-5, C. pén. : la condition de double incrimination du fait principal, en France et à l'endroit où il a été commis, subsiste mais il n'est plus nécessaire que des poursuites aient été engagées contre l'auteur principal ; *a fortiori*, il n'est plus nécessaire d'établir que ces poursuites ont permis de constater l'infraction à l'étranger. Les poursuites en France du complice ne sont donc plus tributaires de la plus ou moins grande diligence d'autorités judiciaires étrangères. On y verra sans doute un gage d'efficacité[76].

1016. Prescription. – Le délai de prescription court, en principe, dès la consommation de l'infraction, donc à compter de la sollicitation par l'agent public ou de l'acceptation par lui de la proposition émanant d'un particulier[77]. Mais, lorsqu'un pacte de corruption a été conclu et vient à être exécuté, la Cour de cassation a longtemps accepté de reporter le point de départ de ce délai au jour où l'agent public a accompli l'acte, ou s'est abstenu d'accomplir l'acte, attendu de lui. En effet, elle considérait que « l'accomplissement par le corrompu d'un acte de sa fonction ou facilité par sa fonction constitue un acte d'exécution du pacte conclu entre le corrupteur et le corrompu renouvelant le

75. F. Stasiak, « Les règles de forme du délit de corruption », *in Mél. J.-H. Robert*, LexisNexis, 2012, p. 747. – Toutefois, on se permettra d'observer que la rédaction de ces textes est défaillante car ils renvoient tant aux incriminations de la corruption active que de la corruption passive, tout en visant une personne de nationalité française ou résidant en France, ce qui s'entend davantage du particulier corrupteur que de l'agent public corrompu (dans un État étranger ou une organisation internationale publique).

76. L'objectif est de faciliter la poursuite de sociétés mère ayant donné des instructions à leurs filiales à l'étranger en vue de corrompre autrui : M. Segonds, « Les apports de la loi du 9 décembre 2016 à l'anticorruption », *Dr. pén.* 2016, étude 4, note 84.

77. V. aussi J. Lelieur, « La prescription des infractions de corruption », *D.* 2008, p. 1076.

délit de corruption »[78]. Il en allait de même pour l'acceptation de l'avantage fourni par le corrupteur[79]. Plus largement, si des relations suivies s'instauraient, marquées par une succession de services rendus et rémunérés, la Haute juridiction admettait que la prescription ne commence à courir qu'à compter du dernier de ces agissements[80]. Traditionnellement, la corruption passive était ainsi traitée comme une infraction continuée[81]. La question se pose de savoir si ces solutions sont remises en cause par la réforme de la prescription qu'a opérée une loi du 27 février 2017. La réponse devrait être affirmative car, en contrepartie du doublement du délai applicable en matière correctionnelle (passé de 3 à 6 ans), cette loi a réaffirmé que la prescription court « à compter du jour où l'infraction a été commise » (CPP, art. 8) et limité les hypothèses où il peut être dérogé à ce principe (CPP, art. 9-1). Or, l'hypothèse d'une infraction continuée n'a pas été envisagée par ce texte qui prétend ramener les solutions jurisprudentielles à de plus justes proportions. On pourrait donc l'estimer disparue. Cependant, il n'est pas sûr que la Cour de cassation l'entende de la sorte : n'ayant pas respecté les termes tout aussi clairs de l'article 8, CPP dans sa rédaction précédente, elle ne se laissera sans doute pas enfermer dans le cadre plus strict que le législateur veut maintenant lui imposer. Rien ne dit que la jurisprudence évoquée ci-dessus soit obsolète, même si l'allongement du délai de prescription rend sa réactivation moins urgente.

En toute hypothèse, cette réforme a admis l'hypothèse d'un report possible du point de départ de la prescription lorsque l'infraction a été commise de manière occulte ou dissimulée. La solution devrait s'appliquer en matière de corruption car, par essence, celle-ci reste cachée : il s'agit de faire passer pour légitime un acte qui ne l'est pas[82].

1017. Régime des poursuites. – La clandestinité de la corruption passive la rapproche des infractions relevant de la criminalité et de la délinquance organisée[83]. Afin d'en faciliter la preuve, le législateur a donc décidé de lui étendre certaines règles dérogatoires applicables aux mafias. Celles-ci concernent tant l'enquête, la poursuite, l'instruction que le jugement (CPP, art. 706-1-1, renvoyant aux art. 706-80 à 706-87, 706-95 à 706-103, 706-105 et 706-106 du même Code). Peu importe que l'infraction n'ait pas été commise en bande organisée. La concertation, qui est de l'essence de ce délit, semble postuler cette organisation préalable, laquelle n'a pas à être vérifiée. Un tel « durcissement » de la réponse pénale s'applique en toute hypothèse et semble approuvé[84]. Mais la

78. Cass. crim., 29 juin 2005, *Dr. pén.* 2005, n° 163, obs. M. Véron.

79. Cass. crim., 13 déc. 1972, *B.* n° 391.

80. Cass. crim., 16 juin 2011, *Gaz. Pal.* 9 nov. 2011, p. 19, obs. E. Dreyer. – 27 oct. 1997, *D.* aff. 1997, p. 1429, note M. Boizard ; *JCP* G 1998, II, 10017, note M. Pralus.

81. Cass. crim., 20 mai 2009, *Dr. pén.* 2009, n° 138, obs. M. Véron. – 8 oct. 2003, *Dr. pén.* 2004, n° 16, obs. M. Véron. – Ce qui facilite également la répression de la complicité : Cass. crim., 9 nov. 1995, *B.* n° 346.

82. H. Matsopoulou, « La prescription pénale en matière de corruption », *in Le risque de corruption*, Dalloz, coll. T & C, 2018, p. 134.

83. V. sur les difficultés pour établir cette infraction : V. Lemoine, « Les aspects policiers de la lutte contre la corruption », *Gaz. Pal.* 20 avr. 2012, p. 23. – C. Mirabel, « L'enquête de police en matière de corruption », *AJ pénal* 2006, p. 198.

84. P. Bonfils, « Loi du 13 novembre 2007 relative à la lutte contre la corruption », *RSC* 2008, p. 382.

méthode utilisée à cette fin reste contestable[85]. En effet, faute d'assimilation complète à la criminalité et délinquance organisée, les dispositions des articles 706-75 et suivants ne sont toujours pas applicables en matière de corruption. Il s'ensuit notamment que la durée de la garde à vue ne peut être étendue à 96 heures et que les enquêteurs ne peuvent procéder à des perquisitions nocturnes (CPP, art. 706-88 à 706-94). La solution paraît incohérente et contraire aux engagements de la France pris lors de la signature et de la ratification de la Convention de Palerme sur la criminalité transnationale organisée[86]. Toutefois, elle semble s'imposer au regard du principe constitutionnel de proportionnalité. En effet, le Conseil refuse que ces dérogations ultimes soient appliquées à des « délits qui ne sont pas susceptibles de porter atteinte en eux-mêmes à la sécurité, à la dignité ou à la vie des personnes ». La gravité des délits de corruption ne suffit donc pas à justifier l'application de règles aussi dérogatoires[87].

Par ailleurs, certains professionnels ont souhaité que l'on étende ici l'application des mécanismes d'exemption – ou à tout le moins de réduction – de peines, pour les « repentis » afin d'encourager à le faire ceux qui souhaitent sortir d'un « système » de corruption et de démanteler aussi plus facilement les réseaux sous-jacents. Il s'agit de briser un engrenage : « le couple corrupteur-corrompu devient vite infernal car l'on ne peut plus se passer l'un de l'autre et l'on ne sait même plus qui a commencé le premier. Chacun coopère aux infractions commises par l'autre, créant des situations foncièrement perverses »[88]. Le législateur a fini par entendre cette suggestion. Une loi du 6 décembre 2013 a ainsi introduit dans le Code pénal un article 432-11-1 rédigé de la sorte : « la peine privative de liberté encourue par l'auteur ou le complice de l'infraction prévue à l'article 432-11 est réduite de moitié si, ayant averti l'autorité administrative ou judiciaire, il a permis de faire cesser l'infraction ou d'identifier, le cas échéant, les autres auteurs ou complices » (v., aussi, 434-9-2, 435-6-1 et 435-11-1). Est promise une réduction de peine, non une exemption. De plus, la générosité du législateur reste mesurée : la réduction de moitié de la peine ne concerne que la privation de liberté ; par ailleurs, elle suppose que l'infraction se consomme encore (puisqu'il s'agit de la faire cesser), donc un repentir actif très rapide. À défaut, l'agent doit permettre l'identification de ses coauteurs ou complices. Il n'est pas sûr que le marché soit suffisamment attrayant pour remettre en cause la loi du silence prévalant en la matière. Mais cette disposition n'est pas seule en cause.

Le droit s'emploie à protéger également les lanceurs d'alerte[89]. L'article L. 1132-3-3, C. trav. pose ainsi un principe de non-rétorsion à l'égard de toute personne « ayant témoigné, de bonne foi, de faits constitutifs d'un délit ou d'un crime dont elle a eu connaissance dans l'exercice de ses fonctions ou ayant relaté de tels faits » (al. 1). Il accorde à la suite à ces personnes le bénéfice des protections prévues aux I et III de l'article 10-1 et aux articles 12 à 13-1 de la loi n° 2016-1691 du 9 décembre

85. P. Conte, « Le régime procédural de la criminalité organisée étendu à la corruption », *Dr. pén.* 2008, étude 1, n° 3.

86. M. Segonds, « À propos de la onzième réécriture des délits de corruption », *D.* 2008, p. 1075, n° 34 et, depuis : « Les failles dans la lutte contre la corruption », *in Comprendre et lutter contre la corruption*, PUAM, coll. *DPS*, 2015, p. 76.

87. Cons. const., déc. n° 2013-679 DC du 4 déc. 2013, § 77.

88. A. Dekeuwer, « Défense et illustration de l'incrimination d'abus de biens sociaux dans un système de corruption », *JCP* E 1998, p. 310.

89. E. Daoud et S. Sfoggia, « Lanceurs d'alerte et entreprise », *AJ pénal* 2017, p. 71.

2016 relative à la transparence, à la lutte contre la corruption et à la modernisation de la vie économique (al. 2). Enfin, l'article 122-9, C. pén. dispose désormais que : « n'est pas pénalement responsable la personne qui porte atteinte à un secret protégé par la loi, dès lors que cette divulgation est nécessaire et proportionnée à la sauvegarde des intérêts en cause, qu'elle intervient dans le respect des procédures de signalement définies par la loi et que la personne répond aux critères de définition du lanceur d'alerte prévus à l'article 6 de la loi n° 2016-1691 du 9 décembre 2016 relative à la transparence, à la lutte contre la corruption et à la modernisation de la vie économique » et il ajoute : « n'est pas non plus pénalement responsable le lanceur d'alerte qui soustrait, détourne ou recèle les documents ou tout autre support contenant les informations dont il a eu connaissance de manière licite et qu'il signale ou divulgue dans les conditions mentionnées au premier alinéa du présent article ». Dans cette perspective, les sanctions de l'atteinte au secret professionnel cessent de menacer celui qui dénonce des faits de corruption. Il y a peut-être plus à attendre de ce côté-là que du côté des repentis.

1018. Action civile. – L'action civile est assez largement ouverte[90]. Ainsi, la Cour de cassation a-t-elle admis la recevabilité de la constitution de partie civile d'une commune à raison de la corruption passive reprochée à son ancien maire : la commune peut lui demander réparation de son préjudice non seulement matériel[91] mais aussi moral[92]. De même, lors d'une poursuite pour trafic d'influence – aisément transposable en matière de corruption passive – la constitution de partie civile de l'État a été déclarée recevable au motif que « ces agissements, détachables de la fonction à l'occasion de laquelle ils ont été commis, jettent le discrédit sur l'ensemble de la fonction publique, affaiblissent l'autorité de l'État dans l'opinion publique et lui causent un préjudice personnel direct »[93]. Une telle atteinte constituerait donc la lésion d'un intérêt privé comme un autre ?

Par ailleurs, la jurisprudence déclare recevable l'action civile de la personne qui, sur demande de l'agent, lui a remis l'avantage attendu : le corrupteur peut donc se présenter comme victime dès lors qu'il n'a pas provoqué le corrompu et n'a pas été son complice[94]. Cette solution est moralement contestable. Néanmoins, elle prend en compte les rapports de force qui peuvent exister entre de petites entreprises et certains décideurs publics puissants. Il s'agit d'inciter également les particuliers ou entreprises qui participent à de telles pratiques à les dénoncer. Peu importe que ces particuliers ou entreprises aient retiré de l'acte du corrompu un bénéfice personnel[95].

Enfin, l'action civile est ouverte à deux types d'association. Il en va tout d'abord ainsi pour les associations agréées, déclarées depuis au moins 5 ans, qui ont pour objet statutaire la lutte contre la corruption (CPP, art. 2-23). Le législateur a consacré

90. V. cpdt C. Cutajar, « Le droit à réparation des victimes de la corruption », *D.* 2008, p. 1081. – V. aussi, déclarant indirect le préjudice né de la non-perception d'une taxe : Cass. crim., 14 mars 2007, *Dr. pén.* 2007, n° 85, obs. M. Véron.

91. V. s'agissant des surcoûts occasionnés : Cass. crim., 20 mai 2009, *Dr. pén.* 2009, n° 138, obs. M. Véron.

92. Cass. crim., 8 févr. 2006, *Dr. pén.* 2006, n° 73, obs. M. Véron.

93. Cass. crim., 10 mars 2004, *LPA* 26 nov. 2004, p. 6, note P. Bonfils.

94. Cass. crim., 1er déc. 1992, *Dr. pén.* 1993, n° 126, obs. M. Véron.

95. V. toutefois, en matière de trafic d'influence : Cass. crim., 7 févr. 2001, *Dr. pén.* 2001, n° 82, obs. M. Véron.

là et – pour certains – limité la portée d'une solution dégagée par la Cour de cassation en l'absence de toute habilitation législative[96]. Les conditions de l'agrément peuvent laisser craindre un contrôle de l'autorité publique sur les associations en question et, en tout cas, une limitation de leur nombre. Ensuite, sont également recevables à agir les associations de consommateurs (C. consom., art. L. 621-1). Leur habilitation peut sembler plus large mais elles sont rarement informées de tels faits[97].

Section 2
Le trafic d'influence passif

1019. Le trafic d'influence passif, reprochable à une personne dépositaire de l'autorité publique, chargée d'une mission de service public, ou investie d'un mandat électif public, est très proche de la corruption passive imputable à la même personne. D'ailleurs, lorsqu'elles sont reprochables à un agent public français, ces deux infractions sont envisagées dans le Code pénal par le même article 432-11 et punies de la même façon. S'agissant des pénalités et particularités de la poursuite, on renverra donc à ce qui vient d'être dit (v. *supra*, n° 1012).

Seul le comportement de l'agent public diffère. Ici, l'agent public ne dispose pas du pouvoir d'accomplir ou de s'abstenir d'accomplir l'acte convoité par un tiers. Il se contente de suggérer ou d'accepter, moyennant une récompense – d'exercer son influence auprès de la personne qui, de par sa fonction, peut prendre ou s'abstenir de prendre l'acte en question. En d'autres termes, « c'est le tiers qui a le pouvoir, mais il est ignorant de la relation illicite qui se joue dans son dos. La personne sollicitée ou qui propose ce pacte malhonnête, elle, n'a qu'une influence »[98].

Commençons donc par identifier l'agent public auteur d'une telle infraction. Ensuite, on s'intéressera à l'acte qui lui est reproché.

§1. L'auteur du trafic d'influence

1020. L'infraction n'est reprochable qu'à un agent public français et tous ne sont pas concernés. L'agent public en question doit disposer d'une capacité d'influence particulière. On craint que l'intéressé n'abuse de sa position pour monnayer son influence auprès de collègues.

A. L'agent concerné

1021. Énumération. – L'auteur de l'infraction est un agent public ou assimilé au sens de l'article 432-11. Ce texte concerne, rappelons-le, toute

96. Cass. crim., 9 nov. 2010, *D.* 2010, p. 2707, note M. Perdriel-Vaissière.

97. V. cpdt Cass. crim., 27 oct. 1997, *D.* aff. 1997, p. 1429, note M. Boizard ; *JCP* G 1998, II, 10017, note M. Pralus.

98. C. Ambroise-Castérot, *Droit pénal spécial et des affaires*, Gualino, 2019, 7e éd., p. 312, n° 587.

« personne dépositaire de l'autorité publique, chargée d'une mission de service public ou investie d'un mandat électif public ». On retrouve là un triptyque classique servant à désigner les principaux serviteurs de la République (v. *supra*, nº 993). La personne exerçant une fonction publique peut donc être entendue largement. L'infraction a même été retenue contre un modeste fonctionnaire territorial qui avait accepté, moyennant rémunération, d'utiliser son « réseau de relations » en intervenant auprès d'un assistant parlementaire pour faire avancer des dossiers de régularisation d'étrangers[99].

1022. Exclusions. - En revanche, il n'existe pas d'infraction spécifique, propre au personnel judiciaire, permettant - à l'instar de l'article 434-9 en matière de corruption passive - de punir spécialement un magistrat qui accepterait, moyennant rémunération, d'intervenir auprès d'un collègue pour permettre à autrui d'obtenir une décision favorable. Doit-on considérer que ce magistrat, en tant que personne dépositaire de l'autorité publique peut à tout le moins être puni, pour trafic d'influence, sur le fondement de l'article 432-11, 2° ? Une réponse affirmative s'imposerait si cela ne rendait incohérent le régime dédoublé de la corruption passive. D'autant que l'article 434-9-1 incrimine, dans un premier alinéa, « le fait, par quiconque, de solliciter ou d'agréer, à tout moment, directement ou indirectement, des offres, des promesses, des dons, des présents ou des avantages quelconques, pour lui-même ou pour autrui, pour abuser ou avoir abusé de son influence réelle ou supposée en vue de faire obtenir d'une des personnes visées à l'article 434-9 toute décision ou tout avis favorable ». Lorsqu'un magistrat trafique son influence auprès d'un autre magistrat, il semble relever davantage de cet article 434-9-1 que de l'article 432-11, 2°. Toutefois, les peines encourues au titre de l'article 434-9-1 sont réduites de moitié par rapport à celles encourues au titre de l'article 432-11, ce qui pourrait inspirer une solution en sens contraire dans une logique purement répressive.

Le même raisonnement doit être tenu s'agissant des agents publics internationaux ou étrangers : les articles 435-1 et 435-7 ne permettent de reprocher à ces agents que des actes de corruption passive. Un trafic d'influence passif ne peut leur être imputé, sauf à leur appliquer à eux aussi soit l'article 432-11, ce qui paraît encore plus difficile que dans l'hypothèse précédente, soit les articles 435-2 et 435-8 mais dont les peines sont réduites de moitié.

B. L'influence exercée

1023. Pression. - En vertu de l'article 432-11, 2°, l'agent public poursuivi doit disposer d'une influence réelle ou supposée auprès d'une « autorité ou d'une administration publique ». Cette influence doit être directe : le prévenu est censé l'exercer lui-même auprès de l'agent ou du service en question. Peu importe que le « destinataire » à influencer soit un individu intervenant ès-qualités (parlementaire, magistrat, maire, etc.) ou une pluralité d'individus (commission, jury, etc.) dès lors qu'il(s) dispose(nt) d'un pouvoir de décision.

On discute du point de savoir si l'« autorité ou administration publique » dont il est question ici ne pourrait pas également être privée, voire étrangère. Rien ne

99. CA Toulouse, 31 janv. 2002, *JCP* G 2002, IV, 2014.

l'interdit, hormis la place de l'incrimination au sein d'un chapitre concernant « l'administration publique » lui-même inclus dans un Titre 3 consacré aux « atteintes à l'autorité de l'État » qui, historiquement, a toujours été compris comme étant la seule République française. De surcroît, on l'a indiqué, est incriminé ailleurs et distinctement le trafic, « par quiconque », d'une influence en direction d'un État étranger et d'une organisation internationale publique (art. 435-2) ou d'une cour internationale (art. 435-8). Cela ne suffit pas à résoudre le vide juridique déjà signalé mais cela empêche d'interpréter trop largement la formule de l'article 432-11.

Enfin, l'assimilation de l'influence supposée à une influence réelle permet la sanction d'un trafic d'influence impossible, sans qu'il soit nécessaire de passer par le mécanisme de la tentative (au demeurant non incriminée ici). On en déduit que le résultat de l'influence promise importe peu. Le fait, pour un agent public, de prétendre qu'il dispose d'une influence qui se révèle être inexistante entre donc également dans le champ de l'incrimination. Toutefois, pour être punissable au titre du trafic d'influence, un tel comportement suppose que l'agent se soit lui-même mépris sur sa capacité d'influence. Si, au contraire, l'agent savait que cette capacité d'influence n'existait pas ou était très exagérée, et s'il ne s'en est prévalu que pour tromper autrui, il y a plus vraisemblablement escroquerie aggravée (art. 313-2, 1°. – v. *supra*, n° 1004).

§2. L'incrimination du trafic d'influence

1024. En réalité, ce trafic d'influence passif ne se distingue de la corruption passive que par la nature du service rendu. On précisera donc l'objet spécifique de cette infraction avant d'évoquer sa forme comparable à la précédente.

A. L'objet de l'infraction

1025. Objectif. – En application de l'article 432-11, 2°, on reproche à l'une des personnes identifiées ci-dessus d'avoir sollicité ou agréé, « sans droit, à tout moment, directement ou indirectement, des offres, des promesses, des dons, des présents ou des avantages quelconques pour elle-même ou pour autrui... pour abuser ou avoir abusé de son influence réelle ou supposée en vue de faire obtenir d'une autorité ou d'une administration publique des distinctions, des emplois, des marchés ou toute autre décision favorable ». Il s'ensuit trois différences par rapport à la corruption passive.

D'abord, si l'agent public en matière de corruption passive peut s'engager à ne pas accomplir un acte de sa fonction, il doit nécessairement s'engager en matière de trafic d'influence à une action : l'infraction n'est pas constituée s'il s'engage seulement à ne pas intervenir en faveur d'une entreprise déterminée (la concurrente de l'entreprise qui le sollicite, par ex.). Toutefois, Garçon était d'un avis différent, assimilant ces deux comportements l'un à l'autre[100].

Ensuite, ce qui est accordé, ce n'est pas directement une décision favorable mais une recommandation auprès de l'autorité qui peut accorder cette décision. À titre d'exemple, l'infraction est constituée lorsque l'agent public intervient auprès d'une autre personne ou d'un autre service public pour faciliter l'obtention d'une

100. *Code pénal annoté*, Sirey, 2e éd. par M. Rousselet, M. Patin et M. Ancel, art. 177, n° 201.

subvention[101], d'un agrément[102], d'un marché public[103], la délivrance d'un permis de construire[104], le classement sans suite d'un procès-verbal d'infraction[105], l'obtention d'un passeport[106], etc. L'infraction ne porte donc pas sur un acte de la fonction. Elle s'avère plus diffuse[107].

Enfin, l'influence ne doit pas simplement pousser l'autorité ou l'administration publique à accomplir ou s'abstenir d'accomplir un acte indéterminé. L'objectif est défini plus précisément comme l'obtention de distinctions, d'emplois, de marchés ou de toute autre décision favorable. Il s'ensuit que, là aussi, l'influence ne doit pas être exercée en vue d'une simple abstention. Il s'ensuit également qu'elle suppose un acte administratif accompli en faveur de l'intéressé : l'influence ne doit pas être exercée en vue d'obtenir simplement des documents ou des informations de l'administration couvertes par un secret[108]. Tout trafic d'influence n'expose donc pas son auteur à une sanction.

Peu importe que la démarche s'avère légitime ou non. L'infraction est ainsi constituée lorsque l'intervention a eu pour résultat d'avantager un dossier par rapport à un autre même si ce dossier remplissait intrinsèquement les conditions requises et n'aurait pas eu besoin d'une telle intervention pour l'emporter. Inversement, peu importe que l'intervention ait été vouée à l'échec : la sanction ne dépend pas de la capacité d'influence de l'agent[109].

B. La forme de l'infraction

1026. Résultat. – Le délit existe dès qu'un agent public propose à un administré d'abuser de son influence en sa faveur, indépendamment des suites données à une telle proposition. Mais le délit peut résulter également de l'acceptation par l'agent public d'une sollicitation dans le même sens exprimée par un administré[110].

La contrepartie obtenue ou escomptée par l'agent public correspond, comme en matière de corruption passive, à « des offres, des promesses, des dons, des présents ou des avantages quelconques » pour lui-même ou pour autrui (art. 432-11, al. 1). Peu importe le moment où ces avantages sont sollicités ou acceptés par l'agent public : avant l'abus d'influence (pour le provoquer) ou après (pour le récompenser). En effet, l'agent public en cause peut avoir demandé ou accepté un avantage « pour abuser ou avoir abusé de son influence ». Mais il ne doit exister aucun doute sur le lien de causalité entre la sollicitation ou acceptation d'un avantage et l'influence proposée ou exercée pour permettre à l'administré d'obtenir ce qu'il convoite[111].

101. Cass. crim., 27 févr. 2002, *B.* n° 48.
102. Cass. crim., 15 mars 2000, *B.* n° 115.
103. Cass. crim., 16 déc. 1997, *B.* n° 428.
104. Cass. crim., 4 juill. 1974, *RSC* 1975, p. 411, obs. A. Vitu.
105. Cass. crim., 6 juin 1989, *Dr. pén.* 1990, n° 44, obs. M. Véron.
106. Cass. crim., 26 nov. 1927, *DH* 1928, p. 6.
107. Cass. crim., 19 mars 2008, *AJ pénal* 2008, p. 319, obs. J. Lelieur.
108. Cass. crim., 25 oct. 2017, *Dr. pén.* 2018, n° 23, obs. P. Conte ; *AJ pénal* 2018, p. 34, note S. Jouniot.
109. Cass. crim., 20 mars 1997, *B.* n° 117.
110. Cass. crim., 12 déc. 1989, *B.* n° 474.
111. Cass. crim., 10 mars 2004, *LPA* 26 nov. 2004, p. 6, note P. Bonfils.

CHAPITRE 2

Les comportements reprochables aux particuliers

1027. Présentation. – La participation de « particuliers » aux manques de probité des agents publics a été spécialement incriminée. À cette fin, le législateur a érigé en infractions autonomes des comportements qu'il aurait été fort délicat de sanctionner sur le terrain de la complicité[1].

On retrouve tout d'abord différentes infractions de corruption active qui, s'agissant des particuliers, sont le pendant des infractions de corruption passive reprochables aux agents publics. On découvre ensuite différentes formes de trafic d'influence, actif et passif, reprochables à des particuliers et mettant – plus largement que dans l'hypothèse précédente – en cause le fonctionnement d'administrations nationales, internationales ou étrangères.

1028. Aparté sur la corruption privée. – Ne seront pas approfondies à la suite les formes de corruption purement privée qui ne perturbent pas l'activité administrative. Il suffit de relever ici qu'un devoir de probité paraît s'imposer à tous ceux qui exercent un pouvoir, fût-il privé, dans l'intérêt d'autrui.

Ainsi, la corruption, active et passive, est punissable aux articles 445-1 et -2, C. pén. lorsqu'elle vise toute « personne qui, sans être dépositaire de l'autorité publique, ni chargée d'une mission de service public, ni investie d'un mandat électif public exerce, dans le cadre d'une activité professionnelle ou sociale, une fonction de direction ou un travail pour une personne physique ou morale ou pour un organisme quelconque ». Ces textes élargissent le champ de l'ancienne « corruption d'employé »[2]. Désormais, la corruption peut concerner non seulement un salarié mais aussi un dirigeant au sens large : représentant légal, administrateur, etc. Peu importe que cette personne soit de nationalité française ou étrangère dès lors que l'infraction est commise en France, conformément au principe de territorialité de la

1. Comp., Cass. crim., 7 sept. 2005, *D.* 2006, p. 835, note E. Dreyer.

2. Plus sévères, ils ne peuvent rétroagir : Cass. crim., 19 mai 2010, *RSC* 2010, p. 868, obs. A. Cerf-Hollender.

loi pénale française[3]. Il faut, au titre de la corruption passive, dissuader un salarié, ou dirigeant, d'accomplir des actes de sa fonction à l'insu d'une entreprise qui lui fait confiance. Peu importe que l'acte en question ne soit pas préjudiciable à celle-ci : ce n'est pas un abus de bien social que l'on réprime ici mais un manque de probité. Il faut également, au titre de la corruption active, éviter que certaines entreprises déloyales ne parviennent à fausser la concurrence en recourant à ce type de sollicitations[4]. À titre d'exemple, un dirigeant ne doit pas être soudoyé par une autre entreprise pour mettre fin au contrat d'approvisionnement conclu avec un fournisseur et pour réattribuer à l'entreprise bienfaitrice ce contrat[5]. Peu importe, là aussi, la chronologie des faits dès lors qu'un lien peut être établi entre l'avantage promis, fourni ou accepté et l'action ou l'abstention promise ou réalisée, par le dirigeant. *Idem* lorsque ces faits concernent un salarié corrompu[6]. La seule spécificité de ces délits de corruption tient au fait que l'acte relevant de l'activité ou de la fonction (ou facilité par l'activité ou la fonction) doit être accompli par le dirigeant ou salarié « en violation de ses obligations légales, contractuelles ou professionnelles ». Une telle exigence n'apparaît pas lorsque la corruption concerne un agent public. Toutefois, elle n'a sans doute pas pour fonction de restreindre le périmètre du délit car tout dirigeant ou salarié qui agit, non dans l'intérêt de l'entreprise qui l'a nommé ou l'emploie mais dans l'intérêt d'un tiers, le fait nécessairement « sans droit », c'est-à-dire en violation de ses obligations. En effet, on ne peut admettre qu'il serve deux maîtres à la fois. Il suffit donc de démontrer qu'un salarié ou dirigeant a agi à l'insu de son entreprise pour qu'une telle condition soit remplie.

Personnes privées, le corrompu et le corrupteur s'exposent à 5 ans d'emprisonnement et 500 000 € d'amende (montant qui, au-delà, peut être porté au double du produit tiré de l'infraction)[7].

Section 1 La corruption reprochable aux particuliers

1029. La corruption des particuliers mettant en cause le bon fonctionnement de l'administration s'entend d'une corruption « active » : c'est la corruption envisagée du côté du corrupteur. Tentons de la définir avant d'envisager les modalités de sa répression.

§1. L'incrimination de la corruption active

1030. L'auteur de la corruption active est toujours un particulier. Cela signifie que sa qualité est indifférente : à supposer qu'il en ait une, l'acte qui lui est

3. Cass. crim., 1er mars 2000, *Dr. pén.* 2000, n° 110, obs. M. Véron.

4. Cass. crim., 18 juill. 1985, *B.* n° 269.

5. Comp., Cass. crim., 29 juin 2011, *Gaz. Pal.* 9 nov. 2011, p. 18, obs. E. Dreyer.

6. Cass. crim., 7 avr. 1986, *B.* n° 115.

7. V. aussi, en matière de paris sportifs : C. pén., art. 445-1-1 et 445-2-1. – V. P. Belloir, « La corruption de paris sportifs », *AJ pénal* 2013, p. 314 et, plus généralement, M. Segonds, « Pour un retour aux qualifications générales de la corruption pour lutter contre la corruption dite 'sportive' », *APC* 2020, t. 42, p. 21.

reproché n'a pas été accompli à raison de cette qualité ou facilité par elle. L'infraction est même reprochable désormais aux personnes morales de droit privé (v. *infra*, n° 1043).

En revanche, la corruption active suppose que le corrupteur ait été en relation avec des personnes dotées de pouvoirs, chargées d'une mission ou investies d'un mandat particulier. L'identification de ces personnes est un préalable nécessaire avant de s'interroger sur l'acte accompli et la conscience que le particulier en a eu.

A. Les relations du corrupteur

1031. Présentation. – Le Code pénal incrimine à quatre reprises la corruption active. Il s'agit d'incriminations « parallèles » qui se distinguent par leur condition préalable : la qualité de l'agent public corrompu. Pour souligner l'intérêt protégé en chaque occasion, le Code a cru bon de distinguer ainsi la corruption active en direction d'un agent public « national » et la corruption active en direction d'un agent public « étranger ou international ». De surcroît, à l'intérieur de ces catégories, il a distingué, chaque fois, une incrimination générale et une incrimination propre à la corruption active du personnel judiciaire.

1. Les relations « nationales » du corrupteur

1032. Distinction. – L'article 433-1 correspond à une incrimination générale qui sert de pendant à celle figurant à l'article 432-11. Le particulier, auteur de l'infraction de corruption active, doit donc avoir été en relation avec une personne « dépositaire de l'autorité publique, chargée d'une mission de service public ou investie d'un mandat électif public ». Ces différentes personnes sont celles auxquelles un délit de corruption passive peut être reproché (v. *supra*, n° 993).

Malgré la généralité d'une telle incrimination, une catégorie d'agents publics doit être retranchée de son champ d'application pour permettre à l'article 434-9, al. 8 de conserver un sens. En effet, pour protéger « l'action de la justice » (intitulé du Chapitre IV du Titre III du Livre IV du Code pénal), le législateur a spécialement incriminé, la corruption du personnel judiciaire, à savoir la corruption d' : « 1° un magistrat, un juré ou toute autre personne siégeant dans une formation juridictionnelle ; 2° un fonctionnaire au greffe d'une juridiction ; 3° un expert nommé, soit par une juridiction, soit par les parties ; 4° une personne chargée par l'autorité judiciaire ou par une juridiction administrative d'une mission de conciliation ou de médiation ; 5° un arbitre exerçant sa mission sous l'empire du droit national sur l'arbitrage ». S'agissant de la corruption active, l'article 434-9, al. 8 envisage donc spécialement le comportement du particulier qui sollicite ou qui accepte de s'associer au manque de probité d'un agent du service public de la justice. Chacune de ces personnes corrompues a déjà été envisagée. Il suffit de renvoyer ici aux définitions précédemment données (v. *supra*, n° 994).

2. Les relations « internationales » du corrupteur

1033. Distinction. – On retrouve ici la même dualité d'incriminations censée souligner l'intérêt protégé.

En vertu de l'article 435-3, al. 1, un particulier peut encore commettre l'infraction de corruption active en étant en relation avec « une personne dépositaire de l'autorité publique, chargée d'une mission de service public ou investie d'un mandat électif public dans un État étranger ou au sein d'une organisation internationale publique ». Cet article est le pendant de l'article 435-1 évoqué ci-dessus qui incrimine la corruption passive des mêmes personnes. Il suffit donc d'y renvoyer pour la définition de chacun de ses termes et le choix de la loi applicable (v. *supra*, n° 997). Mais il faut, là encore, soustraire du champ de cette première incrimination le personnel judiciaire.

En effet, l'article 435-9 incrimine spécialement la corruption d'un particulier en contact avec « 1° toute personne exerçant des fonctions juridictionnelles dans un État étranger ou au sein ou auprès d'une cour internationale ; 2° tout fonctionnaire au greffe d'une juridiction étrangère ou d'une cour internationale ; 3° tout expert nommé par une telle juridiction ou une telle cour ou par les parties ; 4° toute personne chargée d'une mission de conciliation ou de médiation par une telle juridiction ou une telle cour ; 5° tout arbitre exerçant sa mission sous l'empire du droit d'un État étranger sur l'arbitrage ». Ce texte incriminant la corruption active du personnel judiciaire étranger ou international est le pendant de l'article 435-7 précité incriminant la corruption passive de ce même personnel. Là aussi, il suffit d'y renvoyer pour préciser son champ d'application (v. *supra*, n° 1000).

B. La matérialité de l'acte

1034. Quelle que soit la qualité de l'agent public à corrompre, l'infraction du particulier corrupteur est définie de la même façon. Ce particulier se voit toujours reprocher d'avoir soit proposé, soit accepté d'adresser à un agent public, tel que défini ci-dessus, un avantage en contrepartie d'un acte que cet agent public pouvait s'engager ou s'était engagé à accomplir ou à s'abstenir d'accomplir. Une telle présentation conduit à s'interroger à la fois sur la forme de l'acte en question, puis sur la contrepartie attendue et, enfin, sur l'objectif recherché par le particulier.

1. La forme de l'acte reproché

1035. Présentation. – On vient de l'indiquer l'auteur d'une infraction de corruption active n'est pas nécessairement à l'origine de la situation de corruption. On lui reproche soit d'avoir proposé à un agent public la contrepartie d'un acte qu'il pouvait accomplir ou s'abstenir d'accomplir, soit d'avoir accepté, à la demande de cet agent public, de fournir une telle contrepartie. Cela ne change rien à la gravité de l'acte dès lors que, devant un tel manque de probité de la part d'un agent public, tout particulier est censé résister.

1036. Proposition. – L'article 433-1 incrimine, d'abord, le fait d'adresser à un agent public – pour lui-même ou pour autrui – des offres, des promesses, des dons, des présents ou de proposer des avantages quelconques, dans l'espoir qu'il accomplisse ou s'abstienne d'accomplir un acte de sa fonction, de sa mission ou de son mandat ou un acte facilité par sa fonction, sa mission ou son mandat. Peu importe que l'offre n'ait pas été agréée ; elle suffit à constituer le délit. Et si l'offre a été agréée, peu importe que l'avantage promis à l'agent public ne soit pas fourni. Peu importe également que l'agent public corrompu n'accomplisse pas l'acte pour lequel il s'est engagé ou que cet acte ne produise pas l'effet escompté : la proposition faite par le corrupteur suffit à caractériser un délit qui s'avère formel. Tous les manuels évoquent à ce sujet le cas d'un étudiant de deuxième année en droit, désireux d'obtenir la note de 13 sur 20 à son examen, et qui avait adressé à son professeur un chèque de 10 000 F en sollicitant son « indulgence ». La proposition fut refusée, de sorte que l'honneur du corps enseignant est sauf. L'étudiant fut, quant à lui, poursuivi pour corruption active et... émission de chèque sans provision car il n'était même pas en mesure d'honorer sa proposition[8] ! On pourrait évoquer aussi le cas de cet étranger offrant une somme d'argent à des douaniers pour éviter le constat d'une infraction[9] ou de ce détenu proposant là encore de l'argent à un surveillant de prison pour introduire un téléphone portable dans sa cellule[10].

Par ailleurs, le moment où la proposition est faite s'avère indifférent : proposer un avantage à un agent public est délictueux « à tout moment », c'est-à-dire même si cet agent a déjà accompli l'acte qu'il s'agit de récompenser. Mais l'infraction est *a fortiori* constituée si l'avantage est proposé afin de déterminer un agent public à accomplir l'acte attendu de lui[11].

1037. Acceptation. – La corruption active peut également prendre la forme d'une simple acceptation par le particulier corrupteur de la proposition émise par l'agent public corrompu. Est en effet assimilé au comportement précédent le fait de « céder » à un agent public « qui sollicite ».

Peu importe, là aussi, que le particulier accepte directement ou indirectement (par personne interposée) de fournir un avantage à l'agent public.

2. L'avantage fourni ou proposé

1038. Présentation. – Le corrupteur propose ou accepte de fournir l'un des avantages suivants : « des offres, des promesses, des dons, des présents ou des avantages quelconques ». La plupart du temps, l'avantage est constitué d'une somme d'argent. Mais, à l'instar de ce qui a déjà été signalé, la contrepartie peut aussi être purement morale (v. *supra*, n° 1008).

Cet avantage n'a pas à être effectivement fourni. Toutefois, s'il l'est, peu importe qu'une telle pratique soit isolée ou régulière, puisque seule la proposition suffit à caractériser l'infraction. Néanmoins, là aussi, un paiement échelonné est susceptible d'avoir des conséquences sur le point de départ du délai de prescription (V. cpdt, *supra*, n° 1016). Par ailleurs, peu importe que l'avantage ait été versé directement au corrompu ou à un tiers. Dans cette dernière hypothèse, peu importe que le versement ait eu pour but de gratifier ce tiers (parent, ami, parti) ou de dissimuler l'avantage accordé à l'agent public (prête-nom, société-écran). L'essentiel est qu'un tel acte ait été accompli par le particulier dans un but précis.

8. Cass. crim., 16 oct. 1985, *Gaz. Pal.* 1986.1, p. 152.
9. CA Nancy, 2 déc. 1992, *JCP* G 1993, IV, 2439.
10. Cass. crim., 2 sept. 2015, *Gaz. Pal.* 1er nov. 2015, p. 36, obs. S. Detraz.
11. Cass. crim., 22 janv. 2014, *Gaz. Pal.* 11 mai 2014, p. 36, obs. S. Detraz.

3. L'objectif recherché

1039. Acte de la fonction ou facilité par elle. – Pour le particulier, l'enjeu d'une telle opération doit être l'accomplissement, ou le non-accomplissement, par l'agent public corrompu d'un « acte de sa fonction, de sa mission ou de son mandat » ou d'un acte « facilité » par sa fonction, sa mission ou son mandat. Peu importe que ce soit à son bénéfice ou au bénéfice d'un tiers.

Comme en matière de corruption passive, cette formule peut être entendue largement : elle permet même d'atteindre un particulier qui pousse un agent public à abuser de sa position pour accomplir un acte ne pouvant être rattaché à l'exercice normal de ses fonctions (v. *supra*, nº 1005).

C. La perception par le corrupteur de son acte

1040. Intention. – La corruption active est une infraction intentionnelle. Le plus souvent, la preuve de cet élément moral est aisément rapportée. En proposant ou acceptant de fournir un avantage au corrompu, le corrupteur poursuit nécessairement un but déterminé : provoquer l'accomplissement ou le non-accomplissement par cet agent public d'un acte de sa fonction. C'est, en tout cas, l'explication la plus vraisemblable. Il s'ensuit une quasi-présomption qui facilite la répression.

Néanmoins, une difficulté apparaît lorsque le corrupteur a déguisé l'objectif de sa démarche. Notamment lorsque sa proposition n'a pas été suivie d'effet, il peut tenter de jouer sur l'ambiguïté de son offre en prétendant qu'il a été mal compris ou qu'il voulait simplement gratifier un agent public qu'il admire et dont il apprécie le travail. Dans une telle hypothèse, le ministère public doit démontrer que l'avantage proposé ou conféré à cet agent public n'avait d'autre but que de l'inciter à agir d'une façon déterminée.

Peu importe, là aussi, les mobiles du corrupteur et la banalisation du phénomène. Trop souvent, est invoquée l'urgence de sauver l'entreprise et l'emploi en décrochant artificiellement un marché jugé indispensable. Ce qui en dit long sur la morale du monde des affaires... à l'unisson de celle du reste de la population !

§2. La répression de la corruption active

1041. Évoquons non seulement les peines encourues mais aussi les particularités de la poursuite en la matière.

A. Les peines encourues

1042. Individu. – La personne physique reconnue coupable des infractions figurant aux articles 433-1 et 434-9 s'expose à 10 ans d'emprisonnement et 1 M€ d'amende à titre principal. Néanmoins, l'amende peut être portée, au-delà de ce maximum, au double du produit tiré de l'infraction. Les mêmes peines s'appliquent à la corruption active d'agents publics internationaux ou étrangers (art. 435-3 et 435-9). Par ailleurs, l'amende encourue sur le fondement des articles 433-1 et 435-3 peut être portée à 2 M€, ou au-dessus de ce montant au double du produit de l'infraction, lorsque l'infraction est commise en bande organisée.

Le coupable s'expose également à diverses peines complémentaires dont l'interdiction des droits civiques, civils et de famille[12] ainsi que l'interdiction d'exercer la fonction ou l'activité à l'occasion de laquelle l'infraction a été commise (art. 433-22, 434-44 et 435-14). L'affichage ou la diffusion de la décision prononcée est fulminé par les mêmes textes. Est aussi encourue la peine de confiscation des sommes ou objets irrégulièrement reçus par l'auteur de l'infraction, à l'exception des objets susceptibles de restitution (art. 433-23, 434-44 et 435-14). S'agissant de la corruption active du personnel judiciaire, national ou international, est même encourue par les coupables étrangers la peine d'interdiction du territoire (art. 434-46 et 434-14).

1043. Groupement. – La personne morale reconnue coupable de corruption active s'expose, quant à elle, non seulement à une amende dont le montant est porté au quintuple mais aussi, pour une durée en principe de cinq ans au plus, aux peines de l'article 131-39 (2° à 7°) du Code pénal (dont, 5°, l'exclusion des marchés publics qui, lorsqu'elle est prononcée, apparaît au bulletin n° 2 du casier judiciaire de la personne morale condamnée) ainsi qu'à la confiscation spéciale et à l'affichage ou à la diffusion de la décision de condamnation (art. 433-25). Curieusement, n'est pas encourue la peine d'interdiction de percevoir une aide publique introduite par la loi du 10 juillet 2014 à l'article 131-39, 12° du Code pénal. En revanche, s'ajoute aux peines précédemment énumérées l'obligation de se soumettre à un programme de mise en conformité destiné à prévenir les faits de corruption ou trafic d'influence (art. 131-39-2) introduite par une loi du 9 décembre 2016 aux articles 433-26, 434-48 et 435-15 du Code pénal. Cette obligation est qualifiée « peine ». Toutefois, elle constitue plus sûrement une mesure de sûreté car elle semble exclusivement tournée vers l'avenir. On se contentera de rappeler ici que son exécution est placée sous le contrôle de l'Agence française anticorruption[13]. Néanmoins, son non-respect est érigé en infraction : le fait, pour la personne physique exerçant les fonctions d'organe ou représentant d'une personne morale à laquelle cette sanction est infligée « de s'abstenir de prendre les mesures nécessaires ou de faire obstacle à la bonne exécution des obligations qui en découlent est puni de deux ans d'emprisonnement et de 50 000 € d'amende » (art. 434-43-1, al. 1). Si cette infraction est reprochée à la personne morale elle-même, celle-ci s'expose alors à une amende portée au quintuple (250 000 €) ainsi qu'à l'ensemble des autres peines encourues au titre du délit de corruption active pour lequel cette personne morale vient d'être condamnée (art. 434-43-1, al. 2). Les mêmes peines peuvent donc être prononcées deux fois à raison de ces faits connexes. Plus que jamais, on peut dénoncer là « le passage de l'optique libérale en vigueur au début du XIXe siècle, à cette politique criminelle complexe, marquée par un autoritarisme

12. La peine complémentaire d'inéligibilité est obligatoirement prononcée (C. pén., art. 131-26-2, 5°). Cette condamnation est mentionnée au bulletin n° 2 du casier judiciaire pendant toute la durée de l'inéligibilité. Toutefois, la juridiction saisie peut, par décision spécialement motivée, ne pas prononcer cette sanction « en considération des circonstances de l'infraction et de la personnalité de son auteur ».

13. J. Walther, « La loi Sapin II et l'Agence anticorruption », *LPA* 26 déc. 2016, n° 257, p. 7. – R. Jaune, « L'agence française anticorruption », *in Le risque de corruption*, Dalloz, coll. T & C, 2018, p. 16.

d'inspiration socialisante, qui est la caractéristique de l'époque actuelle »[14]. Encore, faudrait-il, pour qu'un tel dispositif s'applique, que la responsabilité pénale d'une personne morale puisse être effectivement engagée. Or, la jurisprudence actuelle de la Cour de cassation qui, faisant une interprétation littérale de l'article 121-2 du Code pénal, exige la preuve expresse d'une infraction commise par un organe ou représentant pour son compte (et non plus une preuve indiciaire équivalente à une présomption), handicape considérablement les poursuites[15]. De surcroît, en pratique, le recours à des filiales *a fortiori* à l'étranger pour nouer les pactes de corruption risque de rendre vaines les tentatives de responsabilisation des sociétés mères en France. Il semble illusoire d'envisager ici une possible coaction ou complicité dont la preuve s'avère, en pratique, très difficile à rapporter[16]. La rareté des décisions publiées en atteste. Il y a là un véritable angle mort de la répression.

En toute hypothèse, est-il besoin d'ajouter que l'article 39 § 2 *bis*, CGI dispose désormais : « À compter de l'entrée en vigueur sur le territoire de la République de la convention sur la lutte contre la corruption d'agents publics étrangers dans les transactions commerciales internationales, les sommes versées ou les avantages octroyés, directement ou par des intermédiaires, au profit d'un agent public au sens du 4 de l'article 1er de ladite convention ou d'un tiers pour que cet agent agisse ou s'abstienne d'agir dans l'exécution de fonctions officielles, en vue d'obtenir ou conserver un marché ou un autre avantage indu dans des transactions commerciales internationales, ne sont pas admis en déduction des bénéfices soumis à l'impôt » ? Quelle que soit l'importance des sommes ou avantages octroyés, ils s'avèrent illégitimes. Il est dommage qu'un tel principe ait été posé au regard de la seule Convention de l'OCDE pour rassurer son groupe de travail au moment des évaluations... En toute hypothèse, le dirigeant qui engage de telles sommes pour le compte de son entreprise commet, en plus, un abus de bien social[17]. Ce qui méritait d'être rappelé car tout le monde ne paraît pas convaincu[18].

B. Les particularités de la poursuite

1044. Rappels. – La tentative de corruption active n'est pas punissable, faute d'avoir été spécialement incriminée. Si le tiers missionné pour intervenir auprès d'un agent public refuse de transmettre la proposition du corrupteur, cette infraction manquée échappe donc à toute sanction.

Par ailleurs, l'expression « sans droit », utilisée dans les différents textes incriminant la corruption, laisse entendre qu'un élément injuste doit être démontré par le ministère public. En réalité, elle s'avère sans objet (v. *supra*, nº 1014). En revanche, une réduction de moitié de la peine d'emprisonnement encourue est applicable aux

14. A. Vitu, « Les préoccupations actuelles de la politique criminelle française dans la répression de la corruption », *in Mél. Donnedieu de Vabres*, Cujas, 1960, p. 129.

15. E. Dreyer, *Droit penal général*, LexisNexis, 6e éd., 2021, p. 947 et s.

16. V. essentiellement, admettant que la responsabilité pénale d'une holding puisse être engagée pour des faits de corruption d'agent public étranger par des salariés d'une filiale, « représentants de fait de cette dernière » : Cass. crim., 16 juin 2021, *JCP* E 2021, 1368, note E. Dreyer ; *Gaz. Pal.*, 14 sept. 2021, p. 37, obs. N. Catelan et L. Saenko ; *AJ pénal* 2021, p. 413, note E. Mercinier et M. Snitsar.

17. Cass. crim., 19 sept. 2007, *Dr. pén.* 2007, nº 156, obs. J.-H. Robert.

18. V. encore P. Didier, « Observations finales », *in La justice pénale face à la délinquance économique et financière*, Dalloz, 2001, p. 72.

auteurs ou complices qui, ayant averti l'autorité administrative ou judiciaire, ont permis de faire cesser l'infraction et d'identifier, éventuellement, des comparses (art. 433-2-1, 434-9-2, 435-6-1, 435-11-1).

Ensuite, la pluralité de comportements incriminés au titre de la corruption active peut conduire à un report du point de départ du délai de prescription : l'infraction est consommée soit au moment de la proposition faite par le corrupteur, soit lorsque le corrupteur cède à la sollicitation faite par le corrompu. Envisageant alors la conclusion d'un véritable « pacte de corruption », la jurisprudence estime que le délit est réitéré à chaque exécution du pacte, c'est-à-dire chaque fois que des avantages sont fournis par le particulier à l'agent public ou que l'agent public agit dans l'intérêt du particulier. Il ne serait même pas nécessaire qu'une volonté soit spécialement réitérée en ce sens[19]. De telles solutions paraissent contestables. En toute hypothèse, la réforme de la prescription pourrait bien les remettre en cause (v. *infra*, n° 1016).

Les infractions évoquées ci-dessus peuvent, bien entendu, être poursuivies en application de la loi française devant les juridictions répressives françaises dès lors qu'elles ont été commises en tout ou partie sur le territoire de la République. Tel est le principe de territorialité de la loi pénale française. Mais il convient d'indiquer que la compétence de la loi pénale française a également été étendue pour permettre le jugement, en France, de faits de corruption active commis hors du territoire de la République par « toute personne coupable du délit prévu aux art. 435-3 et 435-9, C. pén. » dès lors que cette personne se trouve en France (CPP, art. 689-8. – V. *supra*, n° 1015).

Le ministère public a perdu le monopole des poursuites qui lui avait été initialement reconnu à l'égard de certaines infractions de corruption. L'engagement de l'action publique peut être provoqué par une constitution de partie civile, y compris à l'initiative d'une association agréée, déclarée depuis au moins 5 ans, prétendant lutter contre ce phénomène (CPP, art. 2-23. – V. *supra*, n° 1018).

Enfin, pour faciliter la preuve de ces infractions, le législateur étend ici l'application des principales dispositions permettant de lutter contre la criminalité organisée (CPP, art. 706-1-1. – V. *supra*, n° 1017).

1045. CJIP. – On ajoutera essentiellement qu'il existe une procédure propre aux personnes morales suspectées de corruption active : celle qui conduit à la signature d'une convention judiciaire d'intérêt public. Elle a été introduite par la loi du 9 décembre 2016 à l'article 41-1-2, CPP[20]. Cette procédure permet au procureur de la République de proposer une convention au terme de laquelle le groupement mis en cause accepte le paiement d'une amende d'intérêt public (dont le montant n'est pas défini par rapport à l'amende encourue pour l'infraction reprochée mais par rapport aux avantages tirés des faits, dans la limite de 30 % du chiffre d'affaires réalisé) et/ou de se soumettre à un programme de mise en conformité destiné à prévenir tout risque de corruption (sous le contrôle de l'Agence française anticorruption). Cette convention peut prendre en compte les intérêts de la victime lorsqu'elle a été identifiée. En cas d'accord, le procureur de la République saisit par requête le président du tribunal

19. Cass. crim., 8 oct. 2003, *Dr. pén.* 2004, n° 16, obs. M. Véron.

20. V. déjà TGI Nanterre, ord., 23 févr. 2018, 2 ord., *Dr. pén.* 2018, n° 83, obs. M. Segonds. – TGI Paris, 4 juin 2018 et TGI Nanterre, 25 mai 2018, *JCP* G 2018, 952, note G. Daïeff et G. Poissonnier.

judiciaire aux fins de validation. En audience publique, ce magistrat procède alors à l'audition de la personne morale mise en cause et de la victime, assistées le cas échéant l'une et l'autre de leur avocat. À la suite, il prend la décision de valider ou non la proposition de convention, en vérifiant le bien-fondé du recours à cette procédure, la régularité de son déroulement, la conformité du montant de l'amende aux limites fixées par la loi et la proportionnalité des autres mesures prévues aux avantages tirés des manquements[21]. Cette décision n'est pas susceptible de recours (mais la personne morale mise en cause dispose d'un droit de rétractation). L'intérêt d'une telle procédure est double : pour l'autorité de poursuite, elle évite d'avoir à rapporter la preuve d'infractions clandestines d'autant plus difficiles à établir qu'elles sont bien souvent, en tout ou partie, commises à l'étranger, tout en assurant des ressources substantielles au Trésor public et en garantissant un retour à la légalité grâce aux mesures de conformité mises en place par le groupement et au contrôle exercé sur lui. Pour celui-ci, l'intérêt d'une telle procédure apparaît à l'alinéa 4, § 2, de l'article 41-1-2, CPP : « l'ordonnance de validation n'emporte pas déclaration de culpabilité et n'a ni la nature ni les effets d'un jugement de condamnation ». Cette convention n'implique aucune reconnaissance formelle des faits et n'impute pas les infractions en cause au groupement signataire. La signature d'une telle convention n'est donc pas mentionnée au casier judiciaire de la personne morale. Elle donne tout au plus lieu à un communiqué de presse du procureur de la République (et à une publication sur le site Internet de l'Agence française anticorruption). La personne morale évite les tracas d'un procès et la stigmatisation pouvant résulter d'une condamnation qui peut se révéler dramatique dans la compétition internationale[22]. Ainsi, le processus est-il volontaire de part et d'autre. On peut y voir une nouvelle forme de procédure alternative aux poursuites[23]. Elle conduit à l'infliction non d'une peine mais de mesures de sûreté : l'amende d'intérêt public présente un caractère confiscatoire (donc neutralisateur) et la mise en conformité équivaut à un traitement. C'est l'une des expressions pénales de la *compliance* à la française[24]. Elle permet une réaction judiciaire à des infractions graves qui ne sauraient être tolérées. Mais relève-t-elle encore de la justice pénale ? C'est essentiellement l'expression d'une dérive managériale où le souci d'efficacité l'emporte sur toute autre considération. Or, il n'est pas sûr que le droit ait beaucoup à y gagner : si les faits ne sont pas reconnus, ils ne sont pas davantage établis, ce qui pose problème en termes de qualification[25] et, parfois même, d'imputation[26]. Le souci d'écarter le spectre pénal qui menace la valorisation boursière des plus grandes entreprises ne les conduit-il pas à accepter un peu trop rapidement ce type d'accord ?

---

21. M. Segonds, « Les apports de la loi du 9 décembre 2016 à l'anticorruption », *Dr. pén.* 2016, étude 4.

22. J. Minkowski, « La part de la négociation dans le procès pénal », *Gaz. Pal.* 18 mai 2018, hors série, p. 21.

23. A. Gallois, « La convention judiciaire d'intérêt public », *in Le risque de corruption*, Dalloz, coll. T & C, 2018, p. 122.

24. M. Galli, « Une justice pénale propre aux personnes morales », *RSC* 2018, p. 363. – E. Vergès, « La procédure pénale hybride », *RSC* 2017, p. 579.

25. V. évoquant des faits de « compromission » qui ne correspondent à aucune infraction pénale : CJIP, 15 déc. 2021, *Prf c/Sté LVMH, Gaz. Pal.*, 5 avr. 2022, p. 53, obs. N. Catelan.

26. V. s'agissant de l'accord passé par une société absorbante à raison de faits reprochés à la société absorbée : CJIP, 20 juin 2022, *Prf c/Soc. Idemia, Gaz. Pal.*, 20 sept. 2022, p. 46, obs. L. Saenko.

Section 2
Les trafics d'influence reprochables aux particuliers

1046. Dans le Code pénal, plusieurs formes de trafic d'influence peuvent être reprochées à des particuliers. La première est très proche de la corruption active évoquée ci-dessus. Elle correspond à une forme active de trafic d'influence. En effet, ce n'est pas le particulier qui « trafique » son influence à l'article 433-1, 2°. Il se contente d'inciter un agent public à user (ou d'accepter qu'un agent public use) de son influence auprès d'une autorité ou administration pour lui permettre d'obtenir une décision favorable.

Mais le Code pénal envisage aussi une autre forme de trafic d'influence. Il prend également en compte l'hypothèse dans laquelle un particulier se fait rémunérer (ou propose de l'être) pour – cette fois – abuser lui-même de son influence auprès d'une autorité publique capable de rendre une décision favorable à autrui. Ce particulier commet une première infraction de trafic d'influence « passif ». De surcroît, le tiers qui l'aurait sollicité, ou qui accepterait sa proposition, en commet une seconde : de trafic d'influence « actif ». En effet, à l'instar de la corruption, le trafic d'influence est une situation de fait susceptible d'être analysée de deux façons sur le plan juridique : à l'égard du titulaire de l'influence, le trafic est toujours dit « passif » ; à l'égard du bénéficiaire, le trafic est toujours dit « actif ». Là aussi, ces qualifications peuvent être trompeuses car elles n'indiquent pas qui a pris l'initiative des faits en question.

Il convient donc de distinguer deux situations. Dans la première, un particulier est poursuivi pour s'être associé à un agent public trafiquant son influence. Dans la seconde, un particulier est poursuivi pour s'être s'associé à un autre particulier trafiquant son influence. La plupart des règles de poursuite concernant la corruption active sont également applicables ici (v. *supra*, n° 1044).

§1. Le recours à une capacité d'influence publique

1047. Présentation. – L'article 433-1, 2°, envisage le cas d'un particulier qui propose, sans droit, à une personne dépositaire de l'autorité publique, chargée d'une mission de service public ou investie d'un mandat électif public, des avantages « pour qu'elle abuse, ou parce qu'elle a abusé, de son influence réelle ou supposée en vue de faire obtenir d'une autorité ou d'une administration publique des distinctions, des emplois, des marchés ou toute autre décision favorable ». Le dernier alinéa de l'article 433-1 assimile, par ailleurs, à ce comportement le fait, pour un particulier, de céder à une personne dépositaire de l'autorité publique, chargée d'une mission de service public ou investie d'un mandat électif public qui solliciterait des offres, des promesses, des dons, des présents ou des avantages quelconques, afin d'abuser ou après avoir abusé de son influence dans les mêmes conditions.

La « relation » du particulier doit être envisagée comme précédemment. Il n'y a pas lieu de donner ici une interprétation différente de la formule « personne dépositaire de l'autorité publique, chargée d'une mission de service public ou investie d'un mandat électif public » (v. *supra*, n° 993). Néanmoins, on aura observé que l'article 434-9 n'incrimine pas un comportement équivalent : la logique formelle de ces différentes incriminations devrait donc conduire à déclarer non punissable le fait, pour un particulier, de solliciter ou de céder à un magistrat ou assimilé pour qu'il exerce, moyennant rémunération, son influence sur une juridiction afin de faire obtenir une décision favorable...

Est, de même, commune à la corruption active et à cette forme de trafic d'influence actif, l'énumération des avantages proposés ou promis : « des offres, des promesses, des dons, des présents ou des avantages quelconques » (v. *supra*, n° 1007). Peu importe que le particulier ait pris l'initiative de proposer de tels avantages à l'agent public ou se soit contenté d'accepter, à sa demande, de les fournir.

Enfin, ici aussi, l'incrimination est entendue largement. Il s'ensuit que, dans l'hypothèse où un pacte a été conclu entre le particulier et l'agent public, l'avantage peut avoir été proposé ou promis avant ou après l'abus d'influence (« à tout moment »). Il en va *a fortiori* de même pour la fourniture de cet avantage (v. *supra*, n° 1009). De surcroît, l'avantage peut avoir été fourni à l'agent public ou à un tiers (« pour lui-même ou pour autrui »), éventuellement par personnes interposées (« directement ou indirectement »). Toute discussion sur ces différents points est vaine ; le législateur a levé les principaux obstacles à la répression.

1048. Distinction. – L'élément distinctif tient au but poursuivi. En effet, le particulier s'adresse à un agent public qui n'est pas en mesure de lui apporter immédiatement satisfaction : cet agent public ne peut accomplir lui-même, ou s'abstenir d'accomplir, l'acte convoité parce qu'un tel acte ne relève pas de sa fonction, de sa mission ou de son mandat. Néanmoins, le particulier souhaite que cet agent public abuse de son influence « en vue de faire obtenir d'une autorité ou d'une administration publique des distinctions, des emplois, des marchés ou toute autre décision favorable ». Cette infraction du particulier constitue donc le pendant « actif » du trafic d'influence passif reprochable à un agent public sur le fondement de l'article 432-11.

Précisons tout d'abord que l'influence en question peut être « réelle ou supposée ». Peu importe que le particulier ait mal analysé les fonctions de l'agent public ou qu'il ait été abusé par lui sur sa capacité d'influence. La première hypothèse correspond à celle d'une infraction putative, donc d'une infraction qui n'existe que dans l'esprit du particulier qui sollicite l'agent public. Dans la seconde hypothèse, l'agent public semble plus sûrement coupable d'escroquerie aggravée que de trafic d'influence passif (v. *supra*, n° 1023), mais cette responsabilité qui lui est propre ne fait pas disparaître la responsabilité du particulier pour trafic d'influence actif.

Ensuite, par « autorité ou administration publique », il faut entendre la fonction publique au sens large. L'essentiel est qu'il s'agisse d'une administration nationale. En effet, sont protégés distinctement contre ce type d'influence les États étrangers et organisations internationales publiques (art. 435-2 et -4). Les organismes créés en application du traité sur l'Union européenne sont assimilés à ces derniers (art. 435-5).

Enfin, le bénéfice attendu doit lui-même être envisagé largement : « des distinctions, des emplois, des marchés ou toute autre décision favorable »[27]. Il a même été jugé que « le fait "d'aplanir" auprès d'une administration publique, toutes difficultés liées à l'exécution d'un contrat, constitue l'attribution d'une décision favorable d'un droit ou d'une faveur, au sens des articles 432-11 et 433-1, C. pén. »[28].

1049. Consommation. – Là aussi, l'infraction est consommée dès la sollicitation qu'adresse le particulier au titulaire de l'influence, indépendamment de son acceptation ultérieure et de la fourniture de l'avantage. Peu importe « que la décision favorable escomptée du trafic d'influence s'avère inutile ou sans objet, dès lors que le prévenu a usé des moyens prévus par la loi en vue du but qu'elle définit »[29].

Toutefois, lorsque, entre le particulier et l'agent public trafiquant son influence, un accord a été trouvé qui donne lieu à des versements successifs, la Cour de cassation estime que le délit se renouvelle à chaque exécution de l'accord. Cela permet de faire échapper à l'amnistie le trafic d'influence récompensé après la date prévue pour bénéficier du pardon du législateur alors que l'engagement d'abuser de son influence a été obtenu au cours de la période considérée[30]. Le même raisonnement permet de repousser le point de départ du délai de prescription au jour du dernier acte d'exécution mais il n'est pas sûr qu'une telle solution survive à la réforme du 27 février 2017 (v. *supra*, n° 1016). En revanche, la Haute juridiction a pu estimer que l'infraction peut présenter un caractère clandestin qui justifie de retarder ce point de départ au jour où « l'infraction est apparue et a pu être constatée dans des conditions permettant l'exercice des poursuites »[31]. Cette dernière solution est, elle, consacrée désormais par la loi (CPP, art. 9-1).

§2. Le recours à une capacité d'influence privée

1050. Le Code pénal a multiplié de façon assez surprenante les incriminations permettant d'atteindre également les proches, parents ou amis, voire simples relations professionnelles, d'agents publics, nationaux ou étrangers, qui prétendraient abuser (ou à qui on demanderait d'abuser) de leur influence sur ces agents publics pour attribuer des avantages à autrui. Dégagées d'abord dans une perspective nationale, ces incriminations ont été multipliées ensuite pour permettre la sanction du trafic d'influences privées en direction d'administrations « internationales ».

A. Le trafic d'influences privées à l'égard d'administrations nationales

1051. Présentation. – Les articles 433-2 et 434-9-1 tout en réduisant de moitié les peines encourues par rapport à l'article 433-1 précité, étendent la répression au cas où c'est un particulier qui propose d'abuser de son influence ou qui

27. Cass. crim., 7 févr. 2001, *Dr. pén.* 2001, n° 82, obs. M. Véron.
28. Cass. crim., 19 mars 2008, *AJ pénal* 2008, p. 319, obs. J. Lelieur.
29. Cass. crim., 20 mars 1997, *Dr. pén.* 1997, n° 95, obs. M. Véron.
30. Cass. crim., 15 mars 2000, *B.* n° 115.
31. Cass. crim., 19 mars 2008, préc.

accepte d'abuser de son influence auprès d'une autorité ou administration publique[32]. On retrouve ici deux incriminations parallèles, le législateur ayant envisagé séparément le risque encouru par les administrations en général et par l'administration de la justice en particulier.

En effet, l'article 433-2 incrimine tout d'abord « le fait, par quiconque, de solliciter ou d'agréer, à tout moment, directement ou indirectement, des offres, des promesses, des dons, des présents ou des avantages quelconques, pour lui-même ou pour autrui, pour abuser ou avoir abusé de son influence réelle ou supposée en vue de faire obtenir d'une autorité ou d'une administration publique des distinctions, des emplois, des marchés ou toute autre décision favorable » (al. 1). À ce premier comportement est ensuite assimilé « le fait de céder aux sollicitations prévues au premier alinéa ou de proposer, sans droit, à tout moment, directement ou indirectement, des offres, des promesses, des dons, des présents ou des avantages quelconques à une personne, pour elle-même ou pour autrui, pour qu'elle abuse ou parce qu'elle a abusé de son influence réelle ou supposée en vue de faire obtenir d'une autorité ou d'une administration publique des distinctions, des emplois, des marchés ou toute autre décision favorable » (al. 2). Le premier alinéa du texte d'incrimination envisage donc le fait pour un particulier disposant d'une influence de proposer ou d'accepter de la trafiquer auprès de l'administration ; le second alinéa du même texte envisage le fait pour un tiers d'accepter ou de suggérer au précédent de trafiquer son influence. Même si l'intitulé de la section en cause évoque au singulier un « trafic d'influence commis par les particuliers », il s'agit bien d'infractions différentes. Mais, dans les deux cas, la contrepartie du trafic est là encore « des offres, des promesses, des dons, des présents ou des avantages quelconques ».

Toutefois, parmi les autorités ou administrations publiques visées à l'article 433-2, précité, il faut retrancher l'autorité judiciaire au sens de l'article 434-9 puisque le trafic d'influence de particuliers en sa direction fait désormais l'objet d'une incrimination distincte à l'article 434-9-1. Comme le précédent, ce texte comporte deux alinéas. En réalité, là aussi, sont incriminés deux comportements : celui du particulier qui, disposant d'une influence auprès d'une autorité judiciaire, propose ou accepte de la trafiquer (trafic d'influence « passif ») et celui du particulier qui accepte ou suggère au précédent de trafiquer son influence auprès d'une autorité judiciaire (trafic d'influence « actif »). Là encore, il s'agit de situations différentes.

1052. Trafic d'influence passif. – Celui qui trafique son influence au sens des articles 432-2, al. 1, et 434-9-1, al. 1, n'est pas un agent public mais « quiconque », c'est-à-dire un particulier au sens évoqué plus haut (v. *supra*, n° 1030). Par cette formule, le législateur a entendu souligner qu'aucune qualité spécifique n'est exigée et que, lorsque cette qualité existe, elle est restée étrangère aux faits : le trafic d'influence n'a été ni permis, ni facilité par la qualité de l'agent car, à défaut, l'infraction de l'article 432-11, 2°, aurait plus justement vocation à s'appliquer.

---

32. Le fait, pour un particulier, de proposer ou d'accepter de trafiquer son influence, comme le fait pour le particulier bénéficiaire de proposer ou d'accepter un tel acte, est puni de 5 ans d'emprisonnement et 500 000 € d'amende. Les peines complémentaires, prévues aux art. 433-22, 433-23 et 434-44, sont les mêmes que dans les hypothèses précédentes. La responsabilité pénale des personnes morales suit également le même régime (art. 433-25 et 434-47). Enfin, celui qui pousse un particulier à abuser de son influence peut être poursuivi pour complicité de trafic d'influence actif (Cass. crim., 8 janv. 1998, *Dr. pén.* 1998, n° 98, obs. M. Véron).

À l'instar de ce qui est prévu pour les autres formes de trafic d'influence, il est indifférent que le « trafiquant » ait pris l'initiative de l'opération : il est aussi coupable s'il démarche autrui en ce sens (« solliciter ») que s'il se contente d'accepter sa proposition (« agréer »). Celui qui dispose d'une telle influence doit savoir qu'il ne peut en abuser.

L'exemple le plus célèbre est fourni par l'affaire *Urba*. La société Urba était un bureau d'études constitué à l'initiative d'un parti politique. Elle proposait à des entreprises de les aider à obtenir des marchés publics, en leur servant d'intermédiaire auprès de diverses collectivités publiques. En fait, la société Urba intervenait auprès des élus du parti qui l'avait constituée pour qu'ils avantagent les entreprises ayant eu recours à ses services lors des commissions d'appel d'offres. En l'échange de cette « intervention », les entreprises reversaient l'équivalent de 2 % du prix des marchés qui leur avaient été attribués. Ces sommes étaient transmises au parti organisateur afin de financer les campagnes des élus ayant rendu les décisions souhaitées. Malgré la complexité de ce montage, l'infraction apparaît aisément : les dirigeants d'Urba avaient proposé, sans droit, des avantages pour obtenir de personnes investies d'un mandat électif public qu'elles abusent de leur influence au sein des commissions d'appel d'offres en vue de l'attribution de marchés aux entreprises qui recouraient à leurs services. Le fait que la contrepartie de cet abus d'influence n'ait pas été directement versée aux élus importe peu, dès lors qu'ils en ont indirectement profité[33]. Plus récemment, l'infraction a également été retenue contre le dirigeant d'une société de conseil qui, sous couvert de lobbying, avait accepté de faire bénéficier sa cliente de son réseau de relations auprès d'autorités militaires[34].

1053. Trafic d'influence actif. – Par ailleurs, les articles 433-2, al. 2, et 434-9-1, al. 2, ont érigé en infraction autonome le fait par un particulier soit de pousser autrui à trafiquer son influence en sa faveur, soit d'accepter qu'autrui trafique son influence en sa faveur, moyennant contrepartie.

Comme dans l'hypothèse précédente, il importe peu de savoir qui est à l'origine du « trafic ». L'hypothèse est proche de celle visée à l'article 433-1, 2°, sous réserve du fait qu'ici le titulaire de l'influence est un particulier et non un agent public.

B. Le trafic d'influences privées à l'égard d'administrations étrangères ou internationales

1054. Distinctions. – On retrouve des incriminations équivalentes aux articles 435-2, 435-4, 435-8 et 435-10. Elles permettent de sanctionner non seulement le trafic d'influence passif mais aussi le trafic d'influence actif en direction d'agents publics étrangers ou « internationaux », qu'ils participent à des activités juridictionnelles ou non[35]. Ces comportements sont punis de la même façon que les précédents (5 ans d'emprisonnement et 500 000 € d'amende). L'absence d'enjeu, sur le plan répressif, fait regretter une fois de plus l'éclatement de ces incriminations.

33. Cass. crim., 16 déc. 1997, *Gaz. Pal.* 1998, chron. crim., p. 34, obs. J.-P. Doucet.

34. Cass. crim., 4 mai 2011, *Gaz. Pal.* 27 juill. 2011, p. 21, obs. E. Dreyer.

35. F. Stasiak, « Une incrimination attendue : le trafic d'influence auprès d'agents publics étrangers », *in Le risque de corruption*, Dalloz, coll. T et C, 2018, p. 81.

Ainsi, s'agissant de trafic d'influence passif, l'article 435-2 incrimine-t-il le fait, pour un particulier, de trafiquer son influence auprès d'« une personne dépositaire de l'autorité publique, chargée d'une mission de service public ou investie d'un mandat électif public dans un État étranger ou au sein d'une organisation internationale publique ». Les cibles de l'influence ont déjà été évoquées ci-dessus (v. *supra*, n° 997). L'article 435-2 est le pendant de l'article 433-2 s'agissant du trafic d'influence passif des particuliers en direction d'une autorité ou administration publique nationale (v. *supra*, n° 1051). Mais il faut retrancher de son champ d'application les comportements relevant de l'article 435-8 qui tend à protéger un intérêt distinct. Il incrimine, lui, le fait pour un individu de proposer (ou accepter) d'abuser de son influence à l'égard d'une personne exerçant ses fonctions au sein ou auprès d'une cour internationale ou à l'égard d'une personne nommée par une telle cour. Ce texte est le pendant de l'article 434-9-1 du Code pénal s'agissant du trafic d'influence passif en direction du seul personnel judiciaire international : le trafic d'influence en direction du personnel judiciaire étranger ne donne pas lieu à sanction. L'assimilation, opérée par une loi du 9 décembre 2016, des agents publics étrangers aux agents publics internationaux ne s'applique pas ici. On en cherche en vain la raison : il semble que le législateur se perde lui-même dans le dédale de ces incriminations.

Par ailleurs, s'agissant de trafic d'influence actif, l'article 435-4 incrimine en miroir, dans un premier alinéa, « le fait, par quiconque, de proposer, sans droit, à tout moment, directement ou indirectement, des offres, des promesses, des dons, des présents ou des avantages quelconques à une personne, pour elle-même ou pour autrui, pour qu'elle abuse ou parce qu'elle a abusé de son influence réelle ou supposée en vue de faire obtenir des distinctions, des emplois, des marchés ou toute autre décision favorable d'une personne dépositaire de l'autorité publique, chargée d'une mission de service public ou investie d'un mandat électif public dans un État étranger ou au sein d'une organisation internationale publique ». Dans un second alinéa, le même texte assimile au fait de « proposer » le fait « de céder » à la sollicitation du trafiquant dont il vient d'être question. Il suffit de renvoyer à l'étude du texte qui précède pour identifier le champ de cette incrimination. Quant au comportement en cause, il est identique à celui qu'incrimine l'article 433-1 dans une perspective purement nationale (v. *supra*, n° 1034). Néanmoins, là aussi, il faut retrancher du champ d'application de cet article 435-4, les dispositions nécessaires pour garantir l'autonomie de l'article 435-10. Ce texte incrimine le même trafic d'influence en direction d'une personne exerçant ses fonctions au sein ou auprès d'une cour internationale ou nommée par une telle cour. En revanche, les personnes exerçant leurs fonctions dans ou auprès d'une juridiction étrangère ont été oubliées.

SIXIÈME PARTIE

LES ACTES IRRESPECTUEUX

1055. Les actes évoqués précédemment témoignaient d'un manque de respect pour l'ordre public. Mais de tels manques de respect étaient incriminés à l'occasion de comportements particuliers qui leur donnaient une allure spécifique. Seuls les comportements portant les atteintes les plus graves aux normes sous-jacentes à ces incriminations étaient pris en compte. Ici, au contraire, toute violation de la norme sous-jacente est désormais incriminée. L'irrespect semble puni pour lui-même, réduisant le droit pénal à un rôle plus que jamais accessoire. Cependant, tout manque de respect ne saurait être sanctionné pénalement. Seuls les manquements à certaines normes sous-jacentes sont pris en compte en ce qu'ils affectent l'organisation de la famille ou l'autorité de l'État. Sous cet aspect, le droit pénal reste l'*ultima ratio* de la réaction sociale : si les incriminations ne témoignent plus d'une sélection entre différents comportements pour ne menacer de peines que les plus graves d'entre eux, elles témoignent encore d'une sélection entre les normes dont la violation doit être pénalement sanctionnée en conservant ainsi au droit pénal un caractère subsidiaire.

Titre 1

Les atteintes à l'organisation de la famille

1056. Famille. – Perçue comme un « pilier » de la société, la famille n'a pourtant jamais fait l'objet d'incriminations de portée générale. Distincte des individus qui la composent, la famille aurait pu être protégée pour elle-même dans la partie du Code pénal consacrée aux « crimes et délits contre la Nation, l'État et la paix publique » mais il n'en a rien été : « depuis la Révolution de 1789, la majorité des législateurs successifs se sont efforcés d'anéantir la famille traditionnelle, dans le but affiché de libérer l'individu d'une tutelle présentée comme attentatoire à sa liberté, mais bien plutôt dans l'espoir de supprimer le principal obstacle à l'établissement d'un pouvoir absolu de l'État sur l'individu »[1]. C'est à l'intérieur du Livre deuxième, consacré aux crimes et délits contre les personnes, que l'on trouve un chapitre (VII) intitulé « Des atteintes aux mineurs et à la famille ». L'objectif est alors moins de protéger la famille, en tant qu'institution, que ses membres et notamment les plus faibles d'entre eux, les enfants. À cette occasion, le droit pénal apporte essentiellement sa sanction à certaines règles de droit civil[2].

1. J.-P. Doucet, *La protection de la personne humaine*, éd. *Gaz. Pal.*, 3e éd., 1999, p. 74, n° I-104. – Ce constat surprend d'autant plus que l'art. 23 § 1 du PIDCP dispose : « La famille est l'élément naturel et fondamental de la société et a droit à la protection de la société et de l'État ».

2. V. cpdt M. Azavant, « Regard civiliste sur la loi du 4 avr. 2006 », *Dr. pén.* 2006, étude 40, n° 3.

CHAPITRE 1

Les atteintes à la filiation

1057. La filiation biologique et la filiation juridique ne coïncident pas toujours. L'adoption est précisément le moyen d'établir la seconde indépendamment de la première. Or, l'adoption est étroitement encadrée dans le Code civil. Son caractère exceptionnel souligne l'importance encore attachée à la coïncidence de la nature et du droit. Subsiste sans doute là quelque chose d'assez primitif remontant aux époques les plus archaïques où les liens du sang assuraient la cohésion du groupe et où les enjeux liés à la filiation s'exprimaient de manière particulièrement vive en matière successorale, lors de la transmission du patrimoine des familles. Il n'est donc pas surprenant de retrouver ici un droit pénal imposant mais d'application plus que jamais accessoire (au regard du rôle principal joué en la matière par le droit civil et le droit sanitaire).

Vérifions-le en étudiant à la suite différentes formes d'incitation à l'abandon d'enfants puis leur résultat, c'est-à-dire les atteintes à l'état civil d'un enfant.

Section 1 L'incitation à l'abandon d'enfant

1058. L'abandon d'un enfant, même lorsqu'il ne menace ni sa vie ni sa santé, est regardé avec suspicion par le droit. S'il n'est pas illicite (v. *infra,* n° 1462), il ne saurait être banalisé. L'article 227-12, C. pén. incrimine ainsi trois types de comportements qui peuvent l'encourager. Il s'agit, tout d'abord, de la provocation directe à l'abandon d'enfant ; il s'agit ensuite de deux comportements d'entremise susceptibles de faciliter l'abandon.

§1. La provocation directe à l'abandon d'enfant

1059. Présentation. – Dans un premier alinéa, l'article 227-12 incrimine « le fait de provoquer soit dans un but lucratif, soit par don, promesse, menace ou abus d'autorité, les parents ou l'un d'entre eux à abandonner un enfant né ou à naître ». Il s'agit d'une provocation directe en ce qu'elle porte sur un acte précis et déterminé. Il s'agit d'une provocation ciblée (en ce qu'elle vise les deux parents d'un enfant né ou à naître, ou l'un des deux parents) et non d'une provocation collective (*a priori*, elle ne se commet pas publiquement).

En revanche, faute d'exigence particulière au texte, il n'est pas nécessaire que cette provocation ait été suivie d'effet. Le législateur souhaite que le juge puisse intervenir très tôt : peu importe qu'aucun parent n'ait cédé aux pressions de l'agent. L'infraction est formelle[1]. Cette provocation doit pouvoir être sanctionnée pour elle-même[2].

1060. Objet. – Plus précisément, l'article 227-12, al. 1, incrimine deux formes de provocation du ou des parents à abandonner leur enfant. Des adminicules sont requis qui confèrent toute sa gravité à un tel acte. Pour qu'une telle provocation soit réprimée, elle doit avoir été commise soit dans un but lucratif (incitation financière à l'abandon d'enfant) ; soit par don, promesse, menace ou abus d'autorité. On retrouve dans cette dernière hypothèse les principales formes de complicité par provocation punissable sur le fondement de l'article 121-7, al. 2 (hormis les ordres ou l'abus de pouvoir que l'on ne conçoit guère ici). Cependant, une telle incrimination ne fait pas double emploi car le droit commun n'est pas applicable dans une telle hypothèse. En effet, on l'a dit, le comportement principal – l'abandon – ne constitue pas une infraction.

Peu importe que cette provocation s'inscrive dans le cadre d'une procédure légale d'adoption ou en dehors d'une telle procédure. Peu importe que la provocation concerne l'abandon d'un enfant déjà né (auprès d'un tiers, de l'Aide sociale à l'enfance ou d'une association) ou d'un enfant à naître (incitation de la mère à accoucher sous X, par ex.).

Une telle provocation peut être reprochée aussi bien à un tiers qu'à un parent candidat à l'adoption qui tente de faire pression sur une mère biologique pour qu'elle lui « cède » son enfant.

1061. Pénalités. – La personne physique reconnue coupable de provocation directe à l'abandon d'enfant s'expose à 6 mois d'emprisonnement et 7 500 € d'amende, ainsi qu'aux peines complémentaires de l'article 227-29 et à l'affichage ou à la diffusion de la décision de condamnation (art. 227-30).

La personne morale reconnue coupable de la même infraction s'expose, quant à elle, à une amende portée au quintuple, ainsi qu'aux peines mentionnées aux 1°, 2°, 3°, 8° et 9° de l'article 131-39 : dissolution, interdiction d'exercer, placement sous surveillance judiciaire, confiscation spéciale, affichage ou diffusion de la décision (art. 227-14).

---

1. Cette qualification doit être préférée à celle d'infraction-obstacle dans la mesure où le résultat redouté (abandon d'enfant) est clairement identifié et a nécessairement vocation à se produire compte tenu du pouvoir causal exigé de la provocation pour qu'elle constitue un délit.

2. Si la provocation est suivie d'effet, l'attribution des responsabilités n'est pas modifiée car l'acte provoqué ne constitue pas une infraction. Toutefois, si les circonstances de l'abandon ont menacé la santé ou la sécurité de l'enfant, des poursuites peuvent être engagées contre les parents pour délaissement et contre le provocateur pour complicité de ce délit (art. 227-1. – V. *infra*, n° 1459).

§2. L'entremise en vue de l'abandon et de l'adoption

1062. Présentation. – Dans un deuxième alinéa, l'article 227-12 incrimine le fait de s'entremettre, dans un but lucratif, entre une personne désireuse d'adopter un enfant et un parent désireux d'abandonner son enfant déjà né ou à naître. Cette entremise paraît dangereuse car, en facilitant l'abandon, elle peut l'inciter. Néanmoins, l'abandon n'étant pas une infraction et le sort de l'enfant n'étant pas nécessairement compromis auprès de la personne désireuse de l'accueillir, il s'avère délicat de punir cette activité de médiation. Ce qui a paru inacceptable au législateur, c'est qu'un profit puisse être réalisé dans une telle situation révélant la détresse aussi bien du parent qui abandonne que de la personne souhaitant adopter.

1063. Comportement. – Seule l'entremise est incriminée ici. À la différence du comportement précédent (provocation à l'abandon), il n'est donc pas nécessaire d'établir qu'une pression a été exercée sur autrui. Peu importe également que cette entremise ait été, ou non, couronnée de succès : la preuve d'un abandon et d'une adoption consécutive ne doit pas être établie. Il ne faut pas davantage établir qu'une rémunération, ou une gratification *a posteriori*, a été versée dès lors qu'elle avait vocation à l'être. Cette infraction aussi s'avère donc formelle : sa consommation ne requiert pas la preuve de l'obtention du résultat redouté par le législateur au moment de l'incrimination.

En revanche, le ministère public doit pouvoir établir que l'agent poursuivait un objectif particulier : non seulement l'agent avait conscience de s'entremettre entre un parent désireux d'abandonner son enfant et une personne désireuse de l'adopter mais, en plus, l'agent recherchait à cette occasion une satisfaction de nature patrimoniale. Le résultat redouté par le législateur influe ainsi tant sur l'élément matériel que sur l'élément moral de l'infraction, ce qui laisse en dehors du champ de cette incrimination-là l'activité désintéressée des associations d'aide aux parents désirant adopter un enfant[3].

1064. Pénalités. – Les peines principales encourues sont doublées par rapport à l'hypothèse précédente. Elles passent à 1 an d'emprisonnement et 15 000 € d'amende outre les peines complémentaires de l'article 227-29. Les personnes morales restent punissables dans les conditions de l'article 227-14 (V. *supra*, n° 1061).

La tentative est incriminée à l'article 227-12, al. 4, ce qui permet de sanctionner une simple prise de contact lorsque son objectif est clairement identifié (entremise en vue d'un abandon-adoption moyennant rémunération). Quant aux parents qui ont poussé ou aidé autrui à s'entremettre de la sorte, ils peuvent être poursuivis pour complicité. Toutefois, ils apparaissent plus victimes que coupables dans une telle hypothèse, de sorte que le ministère public hésitera sans doute à agir.

Ajoutons que l'article L. 225-19, CASF punit des mêmes peines « le fait d'exercer l'activité d'intermédiaire pour l'adoption de mineurs résidant habituellement à l'étranger sans avoir obtenu l'autorisation préalable prévue au premier alinéa de l'article L. 225-11 ou l'habilitation prévue à l'article L. 225-12 ou malgré une

3. V. cpdt TGI Paris, 4 mai 1998, *D.* 1999, p. 15, note E. Poisson-Drocourt.

interdiction d'exercer » (al. 1). Il s'agit de sanctionner la méconnaissance des règles régissant l'autorisation en question[4]. En pratique, le champ d'application de ces deux incriminations se recoupe fréquemment. En effet, on n'imagine guère qu'une autorisation ait été obtenue par une association exerçant cette activité d'entremise dans un but lucratif. Deux infractions peuvent alors être retenues dans le cadre d'un cumul idéal de qualifications dont l'intérêt pratique paraît limité[5].

§3. L'entremise en vue de la gestation pour autrui

1065. Présentation. – Dans un troisième alinéa, l'article 227-12 incrimine, lui, le fait de s'entremettre entre une personne ou un couple désireux d'accueillir un enfant et une femme acceptant de porter un enfant en vue de le remettre à sa naissance. Cette infraction apparaît encore plus grave que la précédente – ce qui explique l'extension de son champ d'application aux actes à titre gratuit – dès lors qu'elle favorise un usage du corps d'autrui qui dérange[6]. Ainsi, à tort ou à raison, le droit civil estime-t-il que la relation de la mère à l'enfant qu'elle porte doit être protégée[7]. En conséquence, le droit pénal sanctionne le comportement de celui qui voudrait rompre ce lien.

L'infraction peut être envisagée largement : la preuve d'un projet d'adoption n'a pas à être rapportée ; il n'est pas davantage nécessaire d'établir que l'entremise a été rémunérée. Mais, comme dans l'hypothèse précédente, seule l'activité d'intermédiaire est incriminée : le fait de porter un enfant pour autrui n'est pas punissable. Les associations de mères porteuses sont visées, non les « mères » qui acceptent de « louer » leur utérus dans ce cadre. Elles ne sont ni complices (l'entremise étant préalable) ni receleuses (en l'absence de profit tiré de l'entremise). Leur responsabilité pénale peut tout au plus être engagée en cas d'atteinte à l'état civil de l'enfant (v. *infra*, n° 1067). En revanche, les parents qui auraient provoqué cette entremise peuvent être poursuivis sur le fondement de la complicité ou de l'article 227-12, alinéa 1.

1066. Pénalités. – La personne physique reconnue coupable d'une telle entremise s'expose aux peines d'1 an d'emprisonnement et 15 000 € d'amende. La personne morale reconnue coupable de la même infraction est punissable selon les modalités de l'article 227-14 déjà évoqué.

Néanmoins, ces peines principales sont doublées lorsque l'entremise est réalisée soit à titre habituel, soit dans un but lucratif.

La tentative est déclarée punissable par l'article 227-12, al. 4.

4. Cass. crim., 17 fev. 2016, *Gaz. Pal.* 26 avr. 2016, p. 60, obs. E. Dreyer.

5. V. ne retenant que la seconde qualification, sans doute pour ne pas avoir à vérifier le dol spécial requis au titre de la première : Cass. crim., 18 mars 2008, *B.* n° 66.

6. Peu importe que l'embryon soit formé des gamètes du couple pour lequel l'enfant est porté ou constitué grâce à un don d'ovocytes (de la mère porteuse ou d'une tierce personne).

7. Ces accords sont privés d'effet au plan civil. Ils ont été jugés contraires au principe de l'indisponibilité du corps humain (Cass. ass. plén., 31 mai 1991, *D.* 1991, p. 417, rapport Y. Chartier ; *JCP* G 1991, II, 21752, concl. H. Dontenwille, note F. Terré). La solution est aujourd'hui consacrée à l'art. 16-7, C. civ. disposant que « toute convention portant sur la procréation ou la gestation pour le compte d'autrui est nulle ». Toutefois, la juridiction de Strasbourg invite à faire évoluer cette solution (CEDH, 26 juin 2014, *Labassée c/France*, § 78 et *Mennesson c/France*, § 99).

Section 2
Les atteintes à l'état civil de l'enfant

1067. Présentation. – L'article 227-13 incrimine ensemble « la substitution volontaire, la simulation ou dissimulation ayant entraîné une atteinte à l'état civil d'un enfant ». Il ne définit aucun de ces termes[8]. Seul un résultat est exigé : une atteinte à l'état civil d'au moins un enfant[9]. Cette atteinte devant être établie, il s'ensuit que les infractions en question sont matérielles. Il s'ensuit également que leurs auteurs doivent avoir agi dans ce but particulier.

1068. Définitions. – La substitution volontaire correspond au remplacement de l'enfant né d'une femme par celui né d'une autre femme dans le but de dissimuler leur filiation. Un tel acte permet de fausser les déclarations faites à l'état civil.

La dissimulation et la simulation évoquées à la suite ne sont pas moins volontaires que la substitution mais elles correspondent à une hypothèse différente. Il s'agit là de deux aspects d'un même comportement que l'ancien Code qualifiait de supposition d'enfant. Un seul enfant est alors en cause. En l'occurrence, la dissimulation consiste à taire le lien de filiation réel d'un enfant (en gardant le silence sur l'accouchement de sa mère) pour permettre l'attribution de cet enfant à une autre femme[10]. La simulation consiste, à l'inverse, à attribuer un enfant à une mère fictive qui prétend en avoir accouché. La déclaration à l'état civil qui intervient dans cette hypothèse est nécessairement mensongère. De telles infractions peuvent être relevées par ex. en cas de recours à une mère porteuse et d'accouchement à l'étranger suivis d'une déclaration de naissance mensongère en France ou auprès d'autorités consulaires françaises à l'étranger[11].

1069. Objectif. – La première de ces infractions concerne donc deux enfants, l'un étant pris pour l'autre et *vice versa*. On reproche à l'agent cette interversion. Mais elle n'est punissable que si elle est accomplie dans le but de modifier la filiation des enfants en question. Elle est donc destinée à contrarier les déclarations faites à l'état civil. Tel est le résultat redouté. La substitution d'enfants n'est consommée qu'à l'occasion d'un échange de nouveau-nés. L'agent doit avoir su qu'il empêchait ainsi les deux enfants de bénéficier d'une filiation exacte[12]. L'erreur commise, dans une maternité, par une sage-femme échappe donc à toute sanction pénale ; en revanche, un délit est constitué en cas de remise volontaire de nourrissons à des parents qui ne

8. V. aussi C. Bouglé, *La Cour de cassation et le Code pénal de 1810*, LGDJ, coll. Bibl.sc.crim., t. 40, 2005, p. 89, n° 115.

9. Celui-ci doit être né vivant et viable (Cass. crim., 1er août 1836, *S.* 1836.1.545). En effet, l'enfant mort-né n'a pas d'état civil, de sorte que la question de sa filiation ne peut se poser (A. Vitu, « Le crime de suppression d'enfant », *in Mél. Bouzat*, Pédone, 1980, p. 387).

10. Cass. crim., 12 janv. 2000, *Dr. pén.* 2000, n° 84, obs. M. Véron.

11. V. aussi M. Lobe Lobas, « La répression pénale de la gestation pour autrui dans l'étau de l'intérêt de l'enfant », *in Mél. Neirinck*, LexisNexis, 2015, p. 585. – C. Blanchard, « Le droit pénal », *in La famille en mutation*, APD, t. 57, 2014, p. 355.

12. Ce qui permet de distinguer ces infractions de celles de détournement ou d'enlèvement : M. Carrasco-Daëron, *La dissimulation en droit pénal*, Inst. Univ. Varenne, coll. Thèses, vol. 131, 2016, p. 263, n° 401.

sont pas les leurs au mépris des déclarations de naissance faites ou à venir à l'état civil.

Les infractions suivantes ne concernent qu'un seul enfant. Elles se commettent par des moyens différents mais s'accompagnent dans les deux cas d'une fausse déclaration à l'état civil lors de la naissance dudit enfant (après dissimulation de cette naissance d'un côté et simulation d'un accouchement de l'autre)[13]. En effet, là aussi, la preuve d'une atteinte à l'état civil de l'enfant s'avère nécessaire. Toutefois, l'obtention d'un tel résultat n'est pas difficile à établir : cette preuve découle du seul enregistrement de la fausse déclaration à l'état civil. Une telle exigence influe également sur l'élément moral de l'infraction. L'atteinte à l'état civil doit avoir été voulue. Mais cela ne pose guère de difficultés là aussi. L'inexactitude de la déclaration faite lors de la naissance de l'enfant ne peut avoir échappé à la femme qui a dissimulé sa grossesse (en s'abstenant de déclarer la naissance), ni à celle qui a simulé une grossesse (en déclarant la naissance ou faisant procéder à cette déclaration à son seul profit).

En toute hypothèse, la Cour de cassation a jugé que les faits de simulation et de dissimulation d'enfant constituent des infractions clandestines par nature dont le délai de prescription court au jour où elles sont apparues et ont pu être constatées dans des conditions permettant l'exercice de l'action publique[14]. En effet, ces infractions ont vocation à rester cachées : il s'agit d'attribuer fictivement une filiation à un enfant. Une révélation pouvant entraîner le rétablissement de la filiation biologique devant la juridiction civile, la publicité ferait perdre à ces délits tout leur sens... En l'occurrence, dans l'affaire ayant donné lieu à l'énoncé de ce principe, le point de départ du délai de prescription a été fixé non au jour de la majorité de l'enfant, ni au jour où sa mère biologique l'a informé des faits, mais au jour où elle les a portés à la connaissance du procureur de la République. Il en irait sans doute de même en application des nouvelles règles de prescription, ces infractions semblant occultes au sens de l'article 9-1 du Code de procédure pénale. Il en résulte une situation curieuse car un délit peut ainsi être relevé des années après l'expiration du délai ouvert pour contester une filiation officielle et inexacte (10 ou 5 ans : C. civ., art. 321 et 333). Le droit pénal semble prendre mieux en compte l'intérêt de l'enfant que le droit civil[15], au risque d'introduire une grave incohérence dans le système juridique.

1070. Pénalités. – En application de l'article 227-13, la personne physique déclarée coupable de l'un de ces délits, quelle que soit sa forme, s'expose à 3 ans d'emprisonnement et 45 000 € d'amende. S'y ajoutent les peines complémentaires de l'article 227-29.

La personne morale reconnue coupable des mêmes infractions reste punissable selon les modalités de l'article 227-14.

La tentative est incriminée à l'article 227-13, al. 2. Elle est constituée par ex. si l'officier d'état civil est aussitôt alerté et refuse en conséquence d'enregistrer les déclarations.

---

13. V. excluant tout délit dès lors qu'une atteinte à la filiation ne pouvait être constatée en vertu du droit étranger qui était seul applicable : TGI Créteil, non-lieu, 30 sept. 2004, *D.* 2005, p. 476, note V. Depadt-Sebag. – Les arrêts européens *Mennesson* et *Labassée*, précités, confortent cette solution dans l'intérêt de l'enfant.

14. Cass. crim., 23 juin 2004, *D.* 2005, p. 1399, note M. Royo.

15. F. Fenouillet et V. Malabat, « Droit pénal et droit de la famille », *in Droit pénal et autres branches du droit*, Cujas, 2012, p. 67.

Toute contestation de la filiation relève de la compétence des juridictions civiles (C. civ., art. 319).

1071. Complément. – La répression est complétée par l'incrimination du « fait, par une personne ayant assisté à un accouchement, de ne pas faire la déclaration prescrite par l'article 56, C. civ. dans les délais fixés par l'article 55 du même Code » (C. pén., art. R. 645-4) ainsi que du « fait, par une personne ayant trouvé un enfant nouveau-né, de ne pas faire la déclaration prescrite à l'article 58, C. civ. ou, si elle ne consent pas à se charger de l'enfant, de ne pas le remettre à l'officier d'état civil » (art. R. 645-5). Ces faits sont punis de l'amende prévue pour les contraventions de la 5e classe.

CHAPITRE 2

Les atteintes à l'autorité parentale

1072. On rappellera que l'autorité parentale est « un ensemble de droits et de devoirs ayant pour finalité l'intérêt de l'enfant » : « elle appartient aux parents jusqu'à la majorité ou l'émancipation de l'enfant pour le protéger dans sa sécurité, sa santé et sa moralité, pour assurer son éducation et permettre son développement, dans le respect dû à sa personne » (C. civ., art. 371-1, al. 1 et 2). En principe, la séparation des parents ne modifie pas la dévolution de cette autorité. Toutefois, « si l'intérêt de l'enfant le commande, le juge peut confier l'exercice de l'autorité parentale à l'un des deux parents » (art. 373-2-1, al. 1). Sauf motif grave, l'autre parent dispose alors d'un droit de visite et d'hébergement. Il conserve le droit et le devoir de surveiller l'entretien et l'éducation de l'enfant. Il doit être informé des choix importants relatifs à sa vie.

Néanmoins, les relations entre parents séparés dont l'enfant est l'unique objet peuvent donner lieu à des comportements répréhensibles qu'il appartient au droit pénal de réprimer afin que l'esprit de tolérance inspirant la législation civile soit respecté[1]. Deux grandes catégories d'infractions retiennent ainsi l'attention. Il s'agit, tout d'abord, de la non-représentation d'enfant ; il s'agit, ensuite, de différents actes de soustraction.

Section 1
La non-représentation d'enfant

1073. L'enfant en cause ici est nécessairement mineur car, on vient de le rappeler, l'autorité parentale – qu'il s'agit essentiellement de protéger – cesse avec sa majorité. Même si l'incrimination ne le précise pas, il faut également considérer que ce mineur n'est pas émancipé.

1. Cependant, l'intérêt de cette protection pénale est discuté : C. Pomart-Nomdédéo, « Droit pénal et droit de la famille, les liaisons dangereuses », *Dr. fam.* 2010, étude 20.

En l'occurrence, l'article 227-5 du Code pénal incrimine « le fait de refuser indûment de représenter un enfant mineur à la personne qui a le droit de le réclamer ». La condition préalable de cette infraction correspond au droit qu'a une personne de réclamer l'enfant : le juge pénal doit s'assurer de l'existence d'une telle prérogative, selon les règles du droit civil, car l'infraction naît de sa méconnaissance consciente et appelle des sanctions spécifiques.

§1. Le droit de réclamer l'enfant

1074. Fondement judiciaire. – Le plus souvent, le droit de réclamer l'enfant aura été constaté par une décision de justice ou une convention judiciairement homologuée. Peu importe que cette décision soit provisoire ou définitive dès lors qu'elle est exécutoire[2] et qu'elle permet d'exiger la restitution de l'enfant[3]. Peu importe que la juridiction à l'origine de cette décision soit une juridiction civile (statuant à titre principal sur une demande de divorce, séparation de corps, annulation du mariage, tutelle ou garde) ou une juridiction pénale (statuant sur l'exercice de l'autorité parentale ou son retrait après constat de certaines infractions). Peu importe que le droit ainsi reconnu soit un droit de garde (au sens résiduel de l'art. 380, C. civ.) ou, plus généralement, un droit de visite ou d'hébergement[4]. Logiquement, lorsque ce droit est conditionnel, l'obstacle mis à son exercice ne constitue une infraction que si les conditions fixées par le juge étaient toutes réunies. Ainsi, le juge de l'application des peines peut-il décider qu'un droit de visite s'exercera en présence d'un tiers digne de confiance dont le nom n'est pas immédiatement indiqué. En l'absence d'une telle information, le parent chez qui les enfants ont leur résidence habituelle peut refuser de représenter les enfants à l'autre sans commettre de délit[5].

1075. Fondement légal ou contractuel. – Mais, l'article 227-5 ne faisant pas référence à une décision judiciaire ou à une convention judiciairement homologuée, il faut considérer que le droit de réclamer l'enfant peut aussi n'avoir qu'un fondement légal. L'infraction paraît constituée lorsqu'une personne à qui l'enfant a été ponctuellement remis refuse de le représenter au titulaire de l'autorité parentale. Le droit de réclamer l'enfant peut même faire l'objet d'un aménagement contractuel. Ainsi, l'infraction paraît reprochable à celui des deux parents qui ne respecte pas l'accord directement passé avec l'autre au sujet de l'enfant (leur séparation n'excluant pas un exercice conjoint de l'autorité parentale)[6]. Toutefois, cette approche extensive de l'incrimination ne semble pas ratifiée par la jurisprudence[7].

En pratique, lorsque le droit de réclamer l'enfant est seulement d'origine légale ou contractuelle, l'atteinte qui lui est portée donne davantage lieu à poursuites sous

2. Cass. crim., 4 janv. 1983, *RSC* 1983, p. 672, obs. G. Levasseur.

3. Cass. crim., 7 déc. 1972, *RSC* 1973, p. 695, obs. G. Levasseur.

4. Cass. crim., 13 mars 1996, *RSC* 1997, p. 103, obs. Y. Mayaud.

5. Cass. crim., 3 oct. 2012, *Dr. pén.* 2012, n° 158, obs. M. Véron.

6. V. aussi A. Gouttenoire, « L'autorité parentale dans le Code pénal », *in Mél. Mayaud*, Dalloz, 2017, p. 369. – M. Véron, « La non-représentation d'enfants et les hasards du calendrier », *Dr. pén.* avr. 1991, p. 2.

7. V. exigeant en toute hypothèse une décision du JAF « qui préserve justement l'intérêt de l'enfant et l'équilibre familial » : Cass. crim., 27 nov. 2019, *Gaz. Pal.* 4 févr. 2020, p. 54, obs. E. Dreyer ; *RSC* 2020, p. 80, obs. Y. Mayaud.

la qualification de soustraction de mineur (v. *infra,* nº 1087), ce qui s'avère discutable car il ne s'agit pas ici de punir un acte positif mais, au contraire, une abstention. Néanmoins, l'incertitude quant au droit de réclamer l'enfant lorsqu'un tel droit n'a pas été judiciairement constaté paraît justifier cette solution : les magistrats ne punissent celui qui conserve l'enfant qu'à partir du moment où il manifeste ainsi positivement sa volonté de ne pas respecter le droit d'autrui. Dès lors, comme sous l'ancien Code, les tribunaux n'ont à connaître – au titre de la non-représentation d'enfants – que d'hypothèses dans lesquelles ce sont les termes d'une décision de justice qui n'ont pas été respectés. Peu importe qu'ici le Code ait cherché à élargir en vain le champ d'application de l'infraction en renonçant à toute référence au titre fondant le droit de réclamer l'enfant. Une telle modification permet essentiellement de souligner que l'objectif principal est désormais d'agir dans l'intérêt de l'enfant.

§2. Le comportement incriminé

1076. Est en cause le fait de refuser indûment de représenter un mineur. C'est un acte contraire au droit qu'il faut caractériser au double plan, matériel et moral.

A. La matérialité de l'acte

1077. Présentation. – La représentation ne s'entend pas ici au sens de la technique contractuelle. Est en cause le fait de s'abstenir de « représenter », c'est-à-dire de ne pas mettre à disposition l'enfant pour l'exercice d'un droit de visite ou de ne pas le rendre à celui qui l'héberge après l'exercice de ce droit. Un respect scrupuleux des droits de visite et hébergement s'impose à tous : pour que celui qui héberge l'enfant laisse le droit de visite s'exercer, il est nécessaire que le retour de l'enfant soit garanti. Et *vice versa* : pour que l'enfant soit rendu par celui qui exerce son droit de visite, il faut le convaincre qu'il pourra exercer ce droit à nouveau sans difficulté. À défaut, la défiance d'un parent à l'égard de l'autre risque de tenir en échec la décision de justice ou convention judiciairement homologuée à ce sujet. Le droit pénal permet donc de punir tous ceux qui voudraient remettre en cause l'appréciation judiciaire qui a été faite de l'intérêt de l'enfant. Spécialement, la contestation des décisions du JAF doit intervenir selon les règles appropriées ; substituant la force au droit, un parent ne peut décider de faire justice lui-même[8]. Peu importe qu'il lui soit donné raison – par un juge civil – *a posteriori* dès lors que les éléments constitutifs de l'infraction s'apprécient au moment des faits[9].

1078. Forme. – En l'occurrence, une abstention suffit à caractériser le délit. L'infraction existe au seul constat que l'enfant n'a pas été remis à la personne qui était en droit de le réclamer. L'obtention du résultat redouté est alors

8. V. jugeant en conséquence que la décision ultérieure, modifiant la résidence du mineur « fût-elle avec effet rétroactif » ne peut faire disparaître le délit de non-représentation d'enfant qui a été commis : Cass. crim., 14 mars 2012, *Dr. pén.* 2012, nº 2, M. Véron ; *Gaz. Pal.* 29 avr. 2012, p. 8, note R. Mésa.

9. V. critiquant cette solution C. Dubois, « L'autonomie du droit pénal et le droit de la famille », *CDE* juill. 2021, dossier 24, nº 14.

établie, consommant cette infraction matérielle. Peu importe que la personne devant recevoir l'enfant ait été titulaire d'un droit de visite ou d'hébergement[10].

B. La perception de l'acte

1079. Intention. – L'agent doit avoir conscience qu'il conserve l'enfant indûment, c'est-à-dire sans droit, au mépris de la décision de justice ou convention judiciairement homologuée qui impose sa remise à l'autre parent.

Pour établir cet élément moral, il suffit au ministère public de démontrer que l'agent connaissait la décision ou convention précisant les conditions d'exercice du droit de visite ou d'hébergement[11]. Dès lors qu'une telle décision est exécutoire, peu importe qu'elle ait été signifiée ou non à l'agent s'il a commencé à l'exécuter spontanément ou en a interjeté appel[12], reconnaissant ainsi en avoir pris connaissance. À défaut, le ministère public doit établir que l'agent a accepté de rendre l'enfant dans des conditions déterminées qu'il ne respecte pas.

1080. Bonne foi. – Le flou d'une ordonnance du juge aux affaires familiales, quant aux week-ends au cours desquels un père peut exercer son droit de visite, permet d'exclure la responsabilité pénale de la mère qui y fait obstacle[13].

En revanche, peu importe l'absence de réaction du juge des enfants, et du ministère public, à un premier acte de non-représentation faussement décidé dans l'intérêt de l'enfant[14]. Leur passivité ne peut suffire à créer une tolérance que, à la suite, le prévenu pourrait invoquer pour contester sa culpabilité.

1081. Mobiles. – Peu importent enfin les mobiles de l'agent en l'absence de tout danger actuel ou imminent menaçant la personne ou la santé de l'enfant[15]. De simples soupçons d'atteintes sexuelles commises par un père sur sa fille ne peuvent justifier le refus de lui représenter celle-ci alors que son ex-épouse n'a pas demandé la suspension de l'exécution provisoire attachée à la décision du juge aux affaires familiales et a refusé de se rendre aux convocations de l'association chargée d'une mesure de médiation avant poursuites pénales[16]. Faute de preuve d'un risque réel pour l'enfant, les raisons ayant poussé cette mère à agir de la sorte ne peuvent être prises en compte (v. *infra*, n° 1084).

§3. Les modalités de la répression

1082. Pénalités. – En application de l'article 227-5, une personne physique reconnue coupable de non-représentation d'enfant s'expose aux peines d'un an d'emprisonnement et 15 000 € d'amende outre les peines complémentaires de l'article 227-29. La peine d'emprisonnement peut, bien évidemment, être

10. Cass. crim., 18 déc. 2002, *B.* n° 237.

11. Cass. crim., 5 juill. 1995, *Dr. pén.* 1995, n° 277, obs. M. Véron.

12. Cass. crim., 23 juin 1999, *B.* n° 155.

13. CA Aix-en-Provence, 17 avr. 2002, *Dr. pén.* 2002, n° 122, obs. M. Véron. – V. aussi CA Douai, 26 sept. 1996, *Dr. pén.* 1997, n° 60, obs. M. Véron.

14. Cass. crim., 3 juill. 1984, *RSC* 1985, p. 301, obs. G. Levasseur.

15. Cass. crim., 8 sept. 1999, *Dr. pén.* 2000, n° 14, obs. M. Véron. – 3 sept. 1996, *RSC* 1997, p. 104, obs. Y. Mayaud.

16. Cass. crim., 2 sept. 2004, *Dr. pén.* 2004, n° 172, obs. M. Véron.

prononcée avec sursis, éventuellement un sursis probatoire dont le contenu est adapté pour l'occasion[17]. Faute de disposition propre aux personnes morales, celles-ci n'encourent qu'une peine d'amende portée au quintuple pour avoir éventuellement provoqué à la commission de ce délit.

La tentative – difficilement concevable s'agissant d'une abstention – n'est pas incriminée : soit l'enfant a été remis, au jour et à l'heure dite, à la personne qui était en droit de le réclamer et il ne saurait y avoir infraction, même tentée ; soit il n'a pas été remis et le simple retard suffit à consommer l'infraction dès lors qu'il est intentionnel.

La complicité est punissable dans les conditions du droit commun (proche qui pousse à la non-représentation du mineur, par ex.). Il n'existe en la matière aucune immunité familiale car l'incrimination a « pour objet de protéger l'intérêt de l'enfant »[18].

1083. Aggravation. – Les peines principales encourues par l'agent sont portées à 3 ans d'emprisonnement et 45 000 € d'amende dans plusieurs hypothèses. Il en va ainsi lorsque l'enfant a été retenu au-delà de 5 jours sans que ceux qui avaient le droit de le réclamer sachent où il se trouvait ou lorsqu'il a été retenu indûment hors du territoire de la République (art. 227-9). Il en va de même lorsque la personne qui a refusé de représenter l'enfant était déchue de l'autorité parentale ou s'était vue retirer l'exercice de celle-ci (art. 227-10).

1084. Justification. – Enfin, « la résistance d'un mineur à l'égard de celui qui le réclame ne saurait constituer, pour celui qui a l'obligation de le représenter, ni une excuse légale ni un fait justificatif, à moins de circonstances exceptionnelles »[19]. En effet, l'exercice du droit de visite ou d'hébergement s'impose à l'enfant autant qu'à ses parents : en cas de refus de l'enfant, un parent qui est tenu de le remettre à l'autre doit faire preuve d'autorité pour respecter ses engagements[20]. Un caprice de l'enfant ne peut lui servir de prétexte pour ignorer la décision du juge et les droits d'autrui. Il en va d'autant plus ainsi que la volonté de l'enfant est souvent influencée par le discours du parent auprès duquel il se trouve et qui peut l'avoir incité à refuser le droit de visite ou d'hébergement revendiqué par l'autre[21].

Néanmoins, la jurisprudence admet des dérogations exceptionnelles à cette règle. L'infraction de non-représentation peut ainsi être justifiée par la maladie de l'enfant dûment constatée par un certificat médical[22]. La non-représentation d'enfant peut également être justifiée par des craintes sérieuses d'enlèvement à l'étranger[23]. Cela suppose démontrée l'existence d'un danger actuel et imminent.

17. Peut être ordonnée à ce titre la remise de l'enfant « entre les mains de ceux auxquels la garde a été confiée par décision de justice » (C. pén., 132-45, 17°. – Cass. crim., 23 sept. 2022, *Gaz. Pal.*, 19 juill. 2022, p. 70, C. Torchy).

18. Cass. crim., 12 déc. 2018, *Dr. pén.* 2019, n° 25, obs. P. Conte.

19. Cass. crim., 17 juin 1992, *Dr. pén.* 1993, n° 7, obs. M. Véron.

20. La Cour de cassation rappelle que chaque parent doit « faciliter l'exercice des droits de l'autre parent, sans instrumentalisation de l'enfant » : Cass. crim., 27 nov. 2019, préc. – Comp., C. civ., art. 372-2, al. 2.

21. V. cpdt T. corr. Châteauroux, 9 janv. 1963, *D.* 1963, p. 578, note J. Pradel.

22. Cass. crim., 28 nov. 1973, *RSC* 1974, p. 367, obs. G. Levasseur. – Mais l'utilisation d'un stratagème (en l'occurrence, l'indication à un père que sa fille est malade, « de façon qu'il n'aille pas la chercher pour exercer son droit de visite ») suffit à caractériser le délit : Cass. crim., 18 déc. 2002, *B.* n° 237.

23. CA Dijon, 19 déc. 1984, *Gaz. Pal.* 1985.1, p. 256.

Autrement dit, on retrouve ici la logique d'ultime recours inhérente à toutes les causes de justification[24].

1085. Localisation. – En toute hypothèse, ce délit « est commis au lieu où doit être accomplie la remise du mineur, conformément aux dispositions de la décision de justice dont l'exécution doit être assurée »[25] et, à défaut, « au lieu du domicile de la personne ayant le droit de réclamer l'enfant »[26], « les dispositions prises par les parties à cet égard n'ayant aucune incidence »[27]. Peu importent également les décisions rendues à l'étranger si elles ont été obtenues par fraude (sur la base de déclarations mensongères) « en méconnaissance de l'ordre public international procédural français »[28].

L'inconvénient d'une telle solution apparaît clairement dans l'hypothèse où un tribunal français a ordonné le divorce d'un français et d'une étrangère qui est rentrée dans son pays après s'être vu confier l'hébergement des enfants et qui refuse soudain de laisser leur père exercer son droit de visite : le prétendu délit étant consommé à l'étranger – au lieu où le père devait chercher et ramener les enfants –, le principe de territorialité ne permet plus d'appliquer la loi pénale française[29]. Il faut alors recourir aux règles plus aléatoires régissant la compétence personnelle passive. Pour l'éviter, une autre solution est retenue, on le verra, en matière de soustraction d'enfants (v. *infra*, n° 1095).

1086. Complément. – Enfin, la répression est complétée par l'incrimination du fait, par le parent chez qui l'enfant réside habituellement de transférer son domicile sans notifier son changement d'adresse, dans un délai d'un mois, à ceux qui peuvent exercer à l'égard des enfants un droit de visite ou d'hébergement en vertu d'un jugement, d'une convention judiciairement homologuée ou de la convention sous signature privée du divorce par consentement mutuel (C. pén., art. 227-6). Il s'agit de rendre effective une obligation d'information dont le principe est arrêté à l'article 373-2, al. 4, C. civ.

Est réprimée ici une infraction obstacle, équivalente à celle que l'on retrouve à l'article 227-4 afin de prévenir un abandon de famille (V. *infra*, n° 1322). Ce souci de transparence imposé au parent déménageur doit le dissuader de commettre ensuite l'infraction de non-représentation[30]. Sachant que « le délit de défaut de notification de changement de domicile prévu par l'article 227-6, C. pén., est commis au lieu du domicile de la personne qui peut exercer un droit de visite ou d'hébergement à l'égard de l'enfant » : ce qui signifie que, à la différence de l'hypothèse précédente, l'infraction est commise en France alors même que le parent est parti avec l'enfant s'établir à l'étranger[31]. La poursuite échappe ainsi aux exigences des articles 113-6, al. 2 et 113-8, C. pén. propres à la compétence personnelle passive de la loi pénale

24. Toutefois, contrariant cette logique, l'article D. 47-11-3, CPP, impose au procureur de la République de procéder à la vérification de ces allégations.

25. Cass. crim., 4 janv. 1990, *RSC* 1990, p. 788, obs. G. Levasseur.

26. Cass. crim., 24 juin 1992, *RSC* 1993, p. 104, obs. G. Levasseur. – V. aussi Cass. crim., 23 juin 2010, *Dr. pén.* 2010, n° 129, obs. A. Maron.

27. Cass. crim., 14 avr. 1999, *Dr. pén.* 1999, n° 111, obs. M. Véron.

28. Cass. crim., 21 juin 2023, *D.* 2023, p. 1262.

29. Cass. crim., 27 oct. 1966, *B.* n° 244.

30. V. toutefois Cass. crim., 20 févr. 1991, *RSC* 1993, p. 104, obs. G. Levasseur.

31. Cass. crim., 21 janv. 2004, *Dr. pén.* 2004, n° 81, obs. M. Véron.

française (double incrimination et poursuites à la requête du seul ministère public après plainte ou dénonciation officielle). Néanmoins, la décision rendue en France ne peut, sur l'action publique, être exécutée à l'étranger.

Cette absence de notification du changement de domicile est punie de 6 mois d'emprisonnement et 7 500 € d'amende.

Section 2
La soustraction d'enfant

1087. Au titre de la soustraction d'enfant, est en cause un acte positif, parfois qualifié « détournement », dont la gravité est diversement appréciée suivant la qualité de son auteur. En effet, le Code pénal distingue la soustraction commise par un ascendant de la soustraction commise par toute autre personne.

§1. La soustraction par ascendant

1088. Présentation. – L'article 227-7 du Code pénal incrimine le fait, par tout ascendant, de soustraire un enfant mineur des mains de ceux qui exercent l'autorité parentale ou auxquels cet enfant a été confié ou chez qui il a sa résidence habituelle. Cependant, là-aussi, il faut exclure du champ de l'incrimination le mineur émancipé car l'autorité parentale disparaît à la suite de cette émancipation.

L'ascendant en question est un père ou mère, grand-père ou grand-mère, etc., de l'enfant qui n'exerce pas l'autorité parentale ou chez qui l'enfant n'avait pas sa résidence habituelle au moment de l'acte. Cette qualité d'ascendant suppose démontrée un lien de filiation entre l'agent et le mineur. Malgré la compétence exclusive reconnue au tribunal judiciaire sur ce point (C. civ., art. 318-1), la Cour de cassation estime qu'il n'y a pas là matière à question préjudicielle. Le juge pénal peut donc vérifier lui-même la qualité d'ascendant d'un prévenu[32].

Peu importe que l'individu entre les mains duquel l'enfant est soustrait ne soit pas titulaire d'un droit de visite ou d'hébergement[33]. L'objectif de l'incrimination dépasse la seule protection de l'autorité parentale. Une infraction est bien entendu constituée lorsqu'un parent détourne l'enfant dont l'hébergement a été confié à l'autre[34]. Mais elle est constituée également si un parent ou un grand-parent détourne son fils ou sa petite-fille du foyer ou de la famille d'accueil où il/elle a été placé(e). Il s'agit d'éviter une perturbation indue des conditions de vie de l'enfant.

32. Cass. crim., 9 mai 1977, *B.* n° 158.

33. Cass. crim., 16 févr. 2005, *Dr. pén.* 2005, n° 87, obs. M. Véron. – V. aussi, s'agissant de la soustraction d'un mineur par sa mère, *a priori* titulaire de l'autorité parentale sur le fondement d'une décision étrangère, chez son père où il avait jusqu'alors sa résidence habituelle : Cass. crim., 1er juin 2022, *Gaz. Pal.*, 26 juill. 2022, p. 19, note M. Pirrotta ; *AJ pénal* 2022, p. 372, obs. R. Mesa ; *RSC* 2022, p. 594, obs. Y. Mayaud.

34. Cass. crim., 27 nov. 1984, *RSC* 1985, p. 812, obs. G. Levasseur.

1089. Comportement. – Matériellement, l'infraction est de commission : elle suppose un acte positif. L'agent doit être allé chercher l'enfant[35]. Peu importe qu'il ait, ou non, agi avec violence ou fraude à l'égard de ceux qui exercent l'autorité parentale sur l'enfant, à qui l'enfant a été confié ou chez qui l'enfant a sa résidence habituelle. En revanche, aucune pression (dépassant ce que permet l'autorité normale d'un parent sur son enfant) ne doit avoir été exercée sur le mineur. À défaut, il y aurait enlèvement et/ou séquestration. Mais, en toute hypothèse, l'infraction étant matérielle, les magistrats doivent établir que le comportement de l'agent a effectivement eu pour conséquence de séparer l'enfant du titulaire de l'autorité parentale ou des personnes qui l'accueillent.

Psychologiquement, l'infraction est intentionnelle : l'agent doit avoir su qu'en agissant de la sorte, il soustrayait l'enfant à ceux qui exerçaient sur lui l'autorité parentale, auxquels l'enfant était confié ou chez qui il avait sa résidence habituelle[36]. Ce point là-aussi s'avère essentiel pour distinguer le délit de soustraction de mineur des crimes d'enlèvement et séquestration : l'agent ne doit pas avoir eu pour objectif de porter atteinte à la liberté du mineur ; il doit avoir seulement cherché à « soustraire l'enfant à l'exercice de l'autorité qui s'exerce légitimement sur lui »[37]. Si, pour y parvenir, l'agent a privé de liberté le mineur (non consentant), les qualifications d'enlèvement et de séquestration doivent être préférées (v. *supra*, nº 424).

1090. Pénalités. – Les peines principales et complémentaires applicables à cette soustraction d'enfant par ascendant sont identiques à celles encourues pour non-représentation (v. *supra,* nº 1082).

Néanmoins, est spécialement incriminée ici la tentative de soustraction, qui se conçoit plus facilement que la tentative de non-représentation dès lors qu'est en cause une infraction de commission (art. 227-11).

§2. La soustraction par toute autre personne

1091. Présentation. – Le Code pénal incrimine également le fait par toute autre personne « de soustraire, sans fraude ni violence, un enfant mineur des mains de ceux qui exercent l'autorité parentale ou auxquels il a été confié ou chez qui il a sa résidence habituelle » (art. 227-8).

Les auteurs de cette seconde infraction peuvent être aussi bien des tiers que des membres de la famille (collatéraux, tels que frère et sœur) dès lors qu'il ne s'agit pas d'ascendants.

1092. Matérialité. – L'acte de soustraction reste un acte positif mais il est expressément indiqué ici qu'il doit être intervenu sans fraude ni violence (à l'égard des adultes veillant sur l'enfant). Une telle précision ne manque pas de surprendre. En effet, pour être acceptable, elle devrait s'accompagner d'une

35. L'infraction n'est pas constituée si l'agent, après avoir légitimement accueilli l'enfant chez lui, refuse de le rendre : Cass. crim., 23 déc. 1968, *B.* nº 353. – Les arrêts à l'occasion desquels il est jugé du contraire (V. not. Cass. crim., 16 févr. 2005, préc.) statuent en réalité sur des faits de non-représentation d'enfants.

36. Ce qui est le cas lorsqu'un père disparait avec ses enfants en refusant d'indiquer à leur mère où ils se trouvent (Cass. crim., 25 janv. 2023, *Dr. pén.* 2023, nº 61, obs. P. Conte).

37. J. Francillon, *Code pénal annoté*, Dalloz, 1996, p. 461.

aggravation de la répression lorsque l'enfant est soustrait, par fraude ou violence, entre les mains de ceux auprès desquels il se trouve. Mais le législateur ne l'a pas prévu, considérant sans doute qu'il y a alors enlèvement et/ou séquestration. Ce qui contrarie la logique de cette incrimination... et celle de la précédente !

En effet, le délit de soustraction suppose une atteinte à l'autorité des adultes veillant sur l'enfant, non une atteinte à la liberté de l'enfant lui-même. La question de l'enlèvement et de la séquestration ne se pose donc pas ici. De tels crimes s'inscrivent dans un rapport différent : ils sont liés à l'attitude de l'agent à l'égard de l'enfant. Si l'enfant suit l'agent spontanément, seule l'infraction de soustraction est envisageable... dès lors qu'il n'y a pas eu violence ou ruse à l'égard de ceux qui veillaient sur lui[38]. Si l'enfant ne suit pas spontanément l'agent, les crimes d'enlèvement et séquestration peuvent alors être relevés (crimes aggravés lorsque la victime est un mineur de 15 ans : art. 224-5. – V. *supra*, n° 445). Mais de telles qualifications en sauraient être retenues alors que le mineur a suivi spontanément l'agent, sous prétexte que celui-ci a agi avec violence ou fraude envers ceux qui l'accueillaient (hypothèse très moyenâgeuse du rapt d'une jeune fille en vue de l'épouse...). Il existe dans ce cas un vide juridique difficilement compréhensible.

1093. Perception. – Cette soustraction de mineur constitue là encore une infraction intentionnelle supposant que l'agent, informé de l'âge du mineur, ait eu conscience de le soustraire à ceux qui exerçaient sur lui l'autorité parentale, à qui le mineur était confié ou chez qui il avait sa résidence habituelle. Une telle preuve découlera le plus souvent des arguments utilisés par l'agent pour convaincre le mineur de le suivre alors qu'aucune fraude ou violence n'a été exercée sur les adultes qui l'entouraient. Peu importe, bien entendu, le consentement du mineur à l'acte[39].

1094. Pénalités. – Paradoxalement, une telle infraction est punie plus sévèrement que celle de l'article 227-7 : en application de l'article 227-8, la personne physique déclarée coupable s'expose à 5 ans d'emprisonnement et 75 000 € d'amende, outre les peines complémentaires de l'article 227-29. La soustraction apparaît plus grave, et surtout, les risques courus par l'enfant plus importants, car l'auteur de l'acte n'est pas un ascendant. Il est suspecté de plus mauvaises intentions. En revanche, aucune aggravation de ces sanctions n'est prévue à raison de la durée de la soustraction (plus de cinq jours) ou de son lieu (à l'étranger), contrairement à l'hypothèse précédente.

Mais, ici aussi, la tentative est déclarée punissable (art. 227-11).

1095. Localisation. – Signalons enfin deux décisions difficilement conciliables s'agissant de la localisation de l'infraction dans le temps et dans l'espace.

Ainsi, la Cour de cassation a tout d'abord jugé que « le délit de détournement de mineur se renouvelle chaque fois que son auteur démontre sa volonté de persévérer dans son attitude » : « les principes admis en matière de chose jugée ne

38. Le consentement donné par l'enfant à l'acte apparaît inopérant : il ne lui appartient pas plus qu'aux tiers de contrarier l'attribution de l'autorité parentale ou la décision de placement prise par un juge : Cass. crim., 12 mai 1959, *JCP* G 1959, II, 11148.

39. « Ainsi une personne qui accueillerait un adolescent en fugue pourrait être poursuivie du chef de soustraction de mineur » (A. Gouttenoire, « L'autorité parentale dans le Code pénal », *in Mél. Mayaud*, Dalloz, 2017, p. 367). Mais cet accueil ne saurait être puni sans volonté de dissimuler l'adolescent.

s'opposent pas, dès lors, à ce qu'une infraction qui a été réprimée par une première condamnation soit l'objet d'une nouvelle poursuite et d'une nouvelle condamnation lorsque cette infraction s'est renouvelée depuis la précédente condamnation et présente, par sa nature, le caractère d'une infraction successive »[40]. Il s'ensuit qu'un couple condamné une première fois pour soustraction de mineurs qui, au lieu de restituer les enfants, les transfère à l'étranger commet une nouvelle infraction. Ce transfert constitue un nouvel acte positif qui appelle une sanction sans porter atteinte à la règle *non bis in idem* dans l'espoir d'impressionner l'auteur des faits pour qu'il restitue les enfants.

Toutefois, plus récemment, la Haute juridiction a aussi jugé que « le délit de soustraction de mineur présente le caractère d'un délit continu qui se poursuit aussi longtemps que son auteur persévère dans sa volonté de porter atteinte à l'exercice de l'autorité parentale »[41]. Il s'ensuit que sont territorialement compétents tous les tribunaux dans le ressort desquels l'enfant a pu séjourner. Cette solution est sans doute plus respectueuse de la structure de l'infraction mais elle semble difficilement conciliable avec la précédente puisqu'elle est susceptible de ramener une pluralité de délits à l'unité : l'infraction ne se renouvelle pas ; elle se consomme au moment où elle cesse...

40. Cass. crim., 30 juin 1981, *B.* n° 223.

41. Cass. crim., 23 févr. 2000, *Dr. pén.* 2000, n° 83, obs. M. Véron.

Titre 2
Les atteintes à l'autorité de l'État

1096. Présentation. – Les incriminations sont nombreuses qui affectent un intérêt public plutôt que privé. Le Livre quatrième du Code pénal leur est consacré. Il est intitulé « Des crimes et délits contre la Nation, l'État et la paix publique ». Son hétérogénéité relativise considérablement l'intérêt d'un tel classement.

N'ayant pas suivi un tel plan, nous avons déjà évoqué certaines des dispositions en cause. Il en va ainsi pour l'atteinte au domicile (v. *supra,* n° 394) et aux correspondances (v. *supra,* n° 407), pour les atteintes à la liberté de mouvement (v. *supra,* n° 446) et les pratiques discriminatoires (v. *supra,* n° 639) commises par des personnes dépositaires de l'autorité publique ou chargées d'une mission de service public abusant de leurs fonctions. Ont également été envisagés plusieurs actes d'usurpation (v. *supra,* n° 852) et les principaux manquements au devoir de probité (v. *supra,* n° 988). *Idem* pour les actes de terrorisme (v. *supra,* n° 185) et différentes infractions en matière de faux (v. *supra,* n° 716), etc.

Mais le Livre quatrième du Code pénal contient bien d'autres infractions encore, notamment au titre « Des atteintes à l'autorité de l'État » (Titre III), qui méritent notre attention. On se propose d'envisager ici les principales en distinguant suivant qu'elles sont commises par des personnes exerçant une fonction publique ou non. Dans tous les cas, c'est une indifférence volontaire à l'égard de la chose publique qui est incriminée. On y ajoutera l'étude d'une ultime infraction, difficilement classable ailleurs : celle de recel.

CHAPITRE 1

Les comportements reprochables aux agents publics

1097. Sélection. – Au titre des atteintes à l'autorité de l'État commises par des agents publics, le Code pénal incrimine de nombreux comportements qui ne peuvent être tous envisagés ici. À titre d'exemple, il est bien évident que les personnes dépositaires de l'autorité publique ne peuvent prendre, dans l'exercice de leurs fonctions, des mesures destinées à faire échec à l'exécution des lois (art. 432-1) et que les magistrats ne peuvent dénier de rendre la justice après en avoir été requis et persévérer dans leur déni après avertissement ou injonction de leurs supérieurs (art. 434-7-1). Mais, en pratique, la commission de telles infractions s'avère trop exceptionnelle pour être envisagée dans le cadre de cet ouvrage. Au titre des atteintes à l'autorité de l'État commises par ses agents, on s'intéressera exclusivement aux infractions obstacles dont la sanction tend à prévenir des « manquements au devoir de probité ». Ces manquements ont déjà été évoqués (v. *supra*, nº 990). Cependant, il reste à envisager différents comportements, moins typés, dont la sanction tend essentiellement à empêcher leur réalisation.

À ce titre, certaines violations de la loi paraissent suspectes. En effet, même si un tel objectif n'a pas à être démontré, il est vraisemblable que l'agent public a méconnu une règle qui s'imposait à lui parce qu'il en attendait, ou en avait déjà obtenu, une contrepartie. De la même façon, certains cumuls de fonctions paraissent douteux ; le risque d'abus s'avère trop grand pour que de tels cumuls puissent être tolérés. Traitons-en à la suite.

Section 1
Les violations de la loi

1098. Le respect de la loi est une exigence absolue pour tout agent public. Néanmoins, toute violation de la loi à l'initiative d'un agent public n'est pas pénalement sanctionnée. Il faut plus pour que le juge répressif s'en mêle. Il faut que l'on puisse suspecter un manque de probité. Ainsi, la violation d'une loi par un agent public n'est suspecte, et ne justifie l'application de sanctions pénales, que dans trois hypothèses : celle du favoritisme, de la concussion et des atteintes portées à certains biens. Distinguons-les.

§1. Le favoritisme

1099. Le non-respect des conditions d'attribution de marchés publics constitue, depuis une loi du 3 janvier 1991, une infraction désormais prévue et réprimée à l'article 432-14 du Code pénal. Cette infraction que le législateur n'a pas pris le soin de nommer a été incluse, par lui, dans la catégorie des manquements au devoir de probité, ce qui apparaît discutable car, juridiquement, une telle irrégularité est sanctionnée pour elle-même, indépendamment de tout esprit de lucre imputable à son auteur[1].

Le terme « favoritisme » s'est imposé pour désigner cette infraction alors qu'il serait plus exact de l'identifier sous l'expression « d'octroi d'un avantage injustifié » à autrui.

Son champ d'application est assez étendu. Il est déterminé par rapport aux personnes susceptibles d'être poursuivies. Vérifier que ces personnes ont bien la qualité requise par le texte d'incrimination revient à établir sa condition préalable. Ensuite seulement, on peut envisager les éléments constitutifs et la répression de ce délit.

A. La qualité de l'agent

1100. L'article 432-14 dispose d'un champ d'application large. S'agissant de l'attribution de marchés publics ou de contrats de concession, un devoir de probité incombe non seulement aux personnes qui incarnent traditionnellement l'autorité de l'État mais aussi à celles qui collaborent ponctuellement avec les précédentes.

1. Les débiteurs traditionnels du devoir de probité

1101. Présentation. – L'infraction de favoritisme peut être reprochée, tout d'abord, à une personne dépositaire de l'autorité publique, chargée d'une mission de service public ou investie d'un mandat public électif. Ces personnes sont les principales débitrices du devoir de probité dont le législateur entend

1. La doctrine s'interroge sur la pertinence de cette dénomination en relevant qu'elle correspond au mobile de l'agent alors que sa preuve n'est pas une condition de l'infraction : « il peut donc y avoir favoritisme sans intention de favoriser ! » (M. Véron : *Dr. pén.* 2004, obs. n° 50).

punir la violation. On retrouve ce triptyque dans la plupart des incriminations mettant en cause un agent public. Le Code pénal a fait, ici, « le choix de critères fonctionnels plutôt que statutaires, identifiant les auteurs possibles des infractions qu'il définit, moins par leur position au sein de la fonction publique, que par référence aux missions qu'ils exercent pour le compte de la collectivité publique »[2].

1102. Définitions. – La catégorie des personnes dépositaires de l'autorité publique ne comprend pas tous les fonctionnaires car ces personnes doivent disposer d'un pouvoir de décision et de contrainte, permanent ou temporaire, dans l'exécution d'un service public. Néanmoins, sous réserve des agents subalternes, cela recouvre la plupart des agents de l'État et des collectivités territoriales. En effet, on a déjà constaté que la jurisprudence fait de la notion de personnes dépositaires de l'autorité publique une interprétation très large (v. *supra*, n° 993). Suivant les actes qu'ils accomplissent, les préfets ainsi que les officiers publics et ministériels peuvent également revêtir la qualité de personnes dépositaires de l'autorité publique.

À l'opposé, la catégorie des personnes investies d'un mandat électif public correspond aux élus nationaux et locaux. Peu importe que ces élus disposent d'un pouvoir de décision ou de contrainte ou qu'ils en soient dépourvus. Lorsqu'ils en disposent, cette catégorie de personnes ne se distingue de la catégorie précédente que par l'origine dudit pouvoir (s'agissant des maires et de leurs adjoints agissant par délégation, notamment) et les décisions rendues ne précisent pas nécessairement à quelle catégorie l'agent public appartenait[3].

Entre les deux, apparaît encore plus informelle la notion de personnes chargées d'une mission de service public. Il s'agit de toute personne « qui accomplit, directement ou indirectement, des actes ayant pour but de satisfaire à l'intérêt général »[4] sans disposer d'une parcelle d'autorité publique ni exercer un mandat électif public. Il s'agit d'agents, titulaires ou contractuels, de la fonction publique n'exerçant pas de fonction d'autorité[5], d'officiers publics ou ministériels (n'exerçant pas de prérogatives de puissance publique au moment de l'acte), voire de simples particuliers, volontaires (collaborateurs occasionnels) ou non (intervenant sur réquisition). Il s'agit, en principe, de personnes physiques mais la Cour de cassation a admis qu'il pouvait aussi s'agir de personnes morales tout en excluant que leur responsabilité pénale puisse être engagée à ce titre dès lors que l'attribution d'un marché public n'est pas une activité susceptible de faire l'objet d'une convention de délégation de service public au sens de l'article 121-2 du Code pénal[6]. Une telle extension paraît donc inutile.

Constatons, une fois de plus, que ce triptyque classique manque de clarté. Un auteur relève ainsi que « sous couvert de précisions, le législateur dilue dans de la

2. Y. Mayaud, *Code pénal annoté*, Dalloz, 1996, p. 697. – V. aussi C. Tukov, « La définition pénale du fonctionnaire », *in Fonctionnaires et droit pénal*, l'Harmattan, 2015, p. 19.

3. Cass. crim., 16 mai 2001, *Dr. pén.* 2001, n° 125, obs. M. Véron.

4. Cass. crim., 27 juin 2018, *D.* 2018, p. 1791, note G. Beaussonie et H. Rassafi-Guibal ; *JCP* G 2018, 1148, note M. Segonds ; *AJ pénal* 2018, p. 465, note P. de Combles de Nayves.

5. V. s'agissant d'une fonctionnaire de catégorie C mais qui disposait d'informations privilégiées lui ayant permis de procurer à une société un avantage injustifié lors de l'attribution d'un marché : Cass. crim., 7 sept. 2022, *JCP* G 2022, 1196, note H. Matsopoulou ; *AJ pénal* 2022, p. 478, obs. J. Lasserre Capdeville.

6. Cass. crim., 19 déc. 2018, *JCP* G 138, note J.-M. Brigant ; *Gaz. Pal.* 5 févr. 2019, p. 19, note J.-Y. Maréchal.

prose filandreuse un concept qui pourrait tenir en quelques mots, soit : une personne, nommée ou élue, exerçant une fonction publique »[7]. La critique s'avère d'autant plus pertinente ici qu'à ces débiteurs traditionnels du devoir de probité, l'incrimination du favoritisme en ajoute d'autres.

2. Les débiteurs occasionnels du devoir de probité

1103. Extension. – En effet, l'article 432-14 envisage encore le cas de personnes « exerçant les fonctions de représentant, administrateur ou agent de l'État, des collectivités territoriales, des établissements publics, des sociétés d'économique mixte d'intérêt national chargées d'une mission de service public et des sociétés d'économie mixte locales ». Il étend même l'incrimination à « toute personne agissant pour le compte de l'une de celles susmentionnées ».

La liste des personnes susceptibles de se voir reprocher un acte de favoritisme a donc été complétée. En fait, elle est suffisamment large pour permettre la sanction de tout individu intervenant, à quelque niveau que ce soit, dans une procédure d'attribution de marchés publics ou de contrats de concession[8]. À titre d'exemple, il a été précisé qu'« entre dans la catégorie des personnes visées à l'article 432-14, C. pén., le secrétaire général d'une commune, agissant en qualité de représentant ou agent d'une collectivité territoriale, qui a le pouvoir d'intervenir dans le déroulement d'une procédure d'attribution de marchés, en vue de préparer ou de proposer les décisions prises par d'autres », alors qu'il est dénué de pouvoir décisionnel et ne peut fournir que des conseils sur les procédures à suivre[9]. *Idem* pour le « directeur général d'un CHU, ordonnateur principal des recettes et des dépenses de ce dernier, qui a le pouvoir d'intervenir dans le déroulement d'une procédure d'attribution de marchés, en vue de préparer ou de proposer les décisions prises par d'autres »[10].

En s'intéressant à tous ceux qui peuvent disposer d'un pouvoir d'influence sur les décisions prises, le législateur a donné ainsi le champ d'application le plus large possible à l'incrimination. La référence aux personnes agissant « pour le compte » d'une autorité adjudicatrice permet même de reprocher ce délit à un architecte ou à l'administrateur d'un bureau d'études associé à un achat public[11].

B. Le comportement incriminé

1104. Présentation. – Le favoritisme est un abus de fonction commis par l'une des personnes qui viennent d'être évoquées. Un tel acte pourrait sans doute tomber sous la qualification de corruption passive ou de trafic d'influence commis par un agent public s'il était établi que son auteur s'est comporté de la

7. W. Jeandidier, « Du délit de corruption et des défauts qui l'affectent », *JCP* G 2002, I, 166, p. 1669. – V. aussi A. Bavitot, *La probité publique en droit pénal*, Lyon III, 2016, [PUAM, 2019], p. 357 et s.

8. L'incrimination peut être utilisée ainsi comme substitut à celle d'entente anticoncurrentielle qui ne semble pas applicable lorsqu'elle met en cause une personne ou une autorité publique (TC, 6 juin 1989, *Ville de Pamiers, RFDA* 1989, p. 457, concl. B. Stirn. – V. cpdt CE, 3 nov. 1997, *Soc. Million et Marais, RFDA* 1997, p. 1242, concl. J.-H. Stahl). – Il a été souligné qu'elle réalise une « pénalisation indirecte du droit de la concurrence » (P. Réis, « Le délit de favoritisme dans les marchés publics », *LPA* 4 juill. 2003 n° 133, p. 4).

9. Cass. crim., 20 avr. 2005, *Dr. pén.* 2005, n° 102, obs. M. Véron.

10. Cass. crim., 12 sept. 2018, *JCP* G 2018, 1213, note H. Matsopoulou ; *AJ pénal* 2018, p. 509, note J.-M. Brigant.

11. Cass. crim., 4 mai 2011, *B.* n° 91.

sorte pour obtenir une contrepartie quelconque[12]. Mais, précisément, l'intérêt de l'incrimination est de dispenser d'une telle preuve lorsqu'un avantage injustifié est accordé à autrui lors de l'attribution d'un marché public ou d'un contrat de concession.

Cette évolution s'imposa, au moment des premières grandes vagues de décentralisation, afin d'encadrer les pratiques nouvelles et de responsabiliser les décideurs publics[13]. En effet, le contrôle de légalité qu'exerce en parallèle la juridiction administrative n'a pas de conséquence directe sur eux. L'objectif a été d'ajouter à ce contentieux objectif (légalité) un contentieux subjectif (responsabilité) permettant de sanctionner « une fraude qui heurte la conscience morale »[14]. Il y avait urgence : le volume d'affaires que représentent les marchés publics s'avère considérable et suscite la convoitise d'entreprises soumissionnaires pouvant être tentées de pousser des agents publics à manquer de probité[15]. En pratique, toutefois, l'effectivité d'une telle incrimination reste à démontrer car les condamnations sont plutôt rares[16], ce qui témoigne soit de la résistance des agents précités à la tentation, soit de la difficulté pour le juge pénal à appréhender la violation des règles régissant la commande publique.

1. La matérialité de l'acte

1105. Définition. – Le favoritisme consiste, pour les personnes relevant de l'article 432-14, à « procurer ou tenter de procurer à autrui un avantage injustifié par un acte contraire aux dispositions législatives ou réglementaires ayant pour objet de garantir la liberté d'accès et l'égalité des candidats dans les marchés publics et les contrats de concession ». De cette définition, on déduit que l'acte accompli par l'agent consiste à donner à un candidat, lors d'une procédure d'attribution d'un marché public ou d'une concession, un avantage injustifié en violation des règles applicables à cette procédure qui sont censées préserver la liberté d'accès auxdits marchés et garantir l'égalité de traitement de tous les candidats (pour identifier celui qui présente objectivement le meilleur rapport qualité-prix). Il s'ensuit, le plus souvent, l'attribution abusive à la personne avantagée du marché ou de la concession. Mais ce n'est pas là un élément constitutif de l'infraction[17]. Celle-ci existe au seul constat d'un avantage injustifié procuré en violation des règles précitées.

Précisons à la suite les deux caractères requis par ce texte d'incrimination : le délit se commet à l'occasion de l'attribution d'un marché public ou d'un contrat de

12. Cass. crim., 1er déc. 1992, *Dr. pén.* 1993, no 126, obs. M. Véron.

13. V. aussi M. Mazars, « Gestion publique locale et devoir de probité », *Gaz. Pal.* 20 avr. 2012, p. 8. – H. Portelli, « La pénalisation de la vie politique », *in La pénalisation*, Seuil, coll. Pouvoirs, t. 128, 2009, p. 113.

14. A. Roger, « La notion d'avantage injustifié », *JCP* G 1998, I, 102, p. 71.

15. Il s'agissait également de compenser la disparition du pouvoir de tutelle exercé par les préfets qui soumettaient, jusque-là, les collectivités locales à un véritable contrôle préalable. Un auteur ajoute que, « sur le plan politique, il s'agissait de faire oublier les effets psychologiques néfastes de la loi d'amnistie du 15 janv. 1990 par l'institution de ce nouveau délit » (H. Matsopoulou, « L'éthique et le droit pénal », préc., p. 319).

16. V. relativisant ainsi les critiques adressées à l'incrimination : S. Corioland, « Commande publique et risque pénal », *AJ pénal* 2022, p. 564.

17. Cass. crim., 22 juin 2022, *AJ pénal* 2022, p. 419, note M. Hy ; *Gaz. Pal.*, 20 sept. 2022, p. 52, obs. N. Catelan.

concession ; il suppose que l'agent public procure à l'un des participants à cette procédure un avantage injustifié.

a. L'attribution d'un marché ou d'une concession

1106. Marché. – Est essentiellement en cause un comportement pouvant aboutir à l'attribution irrégulière d'un marché public. Peu importe qu'une telle intervention soit directe ou indirecte dès lors que « l'implication personnelle » de l'un des agents publics évoqués ci-dessus est établie[18].

À l'origine, un doute a pu naître sur les textes par rapport auxquels l'irrégularité dans l'attribution du marché devait être appréciée. En effet, la matière – principalement comprise dans le Code des marchés publics – restait éclatée : l'article 432-14 ne faisant aucune référence à ce Code, d'aucuns se sont demandé s'il y avait également délit punissable en cas d'attribution d'un marché public au mépris d'une disposition, législative ou réglementaire, non codifiée (hypothèse assez fréquente en pratique). Refusant de distinguer entre les marchés publics, la Cour de cassation a estimé que le favoritisme pouvait également être réprimé lorsqu'un avantage irrégulier est accordé à l'occasion de la passation de marchés publics régis par d'autres textes[19]. La question semble réglée depuis l'adoption du nouveau Code de la commande publique qui a désormais vocation à régir tous les marchés publics : non seulement les marchés au sens strict (marchés de travaux, de fournitures, de services) mais aussi les marchés de partenariat et les marchés de défense ou de sécurité.

Il appartient donc aux juges du fond d'établir que, à l'occasion de l'attribution d'un marché public, l'une ou l'autre des dispositions de ce Code a été violée par un agent public[20]. Ces dispositions peuvent être précises et techniques. Le jugement de condamnation doit indiquer en quoi a consisté leur violation[21]. Il en va ainsi lorsqu'un élu, mécontent du choix arrêté par une commission d'appel d'offres, décide de lancer un second appel d'offres sur de nouvelles bases afin d'écarter la candidature de la société retenue et qui s'impose à lui[22]. *Idem* en cas de recours à la procédure simplifiée des marchés négociés hors les cas prévus par la loi (notamment au-dessus des seuils fixés par elle)[23] ou lorsqu'un élu tire prétexte de la participation de sa collectivité au capital d'une société pour lui attribuer directement un marché[24]. Mais la Cour de cassation a également accepté que le délit soit caractérisé à l'occasion de la violation des « principes fondamentaux de l'article 1er du Code des marchés publics »[25] qui sont principalement dégagés par le juge[26]. Elle jugera sans doute de même au sujet des principes désormais énoncés dans le titre préliminaire du Code de la commande publique. Ce qui sème le trouble sur la légitimité de la

18. Cass. crim., 12 juill. 2016, *Gaz. Pal.* 4 oct. 2016, p. 54, obs. E. Dreyer.

19. Cass. crim., 20 mars 2019, *AJ pénal* 2019, p. 386, obs. M.-C. Sordino. – 17 févr. 2016, *Dr. pén.* 2016, n° 57, obs. C. Claverie-Rousset ; *AJ pénal* 2016, p. 266, obs. A. Février et E. Cazenave.

20. Cass. crim., 10 mars 2004, *LPA* 26 nov. 2004, p. 6, note P. Bonfils.

21. Cass. crim., 5 déc. 2018, *JCP* G 2019, 13, obs. J.-M. Brigant.

22. Cass. crim., 21 sept. 2005, *Dr. pén.* 2006, n° 26, obs. M. Véron.

23. Cass. crim., 17 déc. 2008, *Dr. pén.* 2009, n° 36, obs. M. Véron.

24. Cass. crim., 25 juin 2008, *B.* n° 166.

25. Cass. crim., 5 déc. 2012, *Gaz. Pal.* 8 févr. 2012, p. 39, obs. E. Dreyer. – V. aussi Cass. crim., 4 mars 2020, *Dr. pén.* 2020, n° 111, obs. P. Conte.

26. Ce rattachement lui suffit pour affirmer que le principe de légalité est respecté (Cass. crim., 24 juin 2020, *JCP* G 2020, 889, obs. J.-M. Brigant).

répression. En effet, dans une telle hypothèse, les obligations à respecter ne sont plus définies clairement et préalablement, au risque d'exposer les agents de l'administration à l'arbitraire d'un juge judiciaire qui dispose alors d'un considérable pouvoir d'appréciation[27].

1107. Concession. – Par ailleurs, l'infraction peut également être constituée lors de l'attribution d'un contrat de concession, c'est-à-dire – d'après le Code de la commande publique – d'un « contrat par lequel une ou plusieurs autorités concédantes soumises confient l'exécution de travaux ou la gestion d'un service à un ou plusieurs opérateurs économiques, à qui est transféré un risque lié à l'exploitation de l'ouvrage ou du service, en contrepartie soit du droit d'exploiter l'ouvrage ou le service qui fait l'objet du contrat, soit de ce droit assorti d'un prix » (art. L. 1121-1). Cette assimilation a été rendue nécessaire afin d'éviter que le recours à la concession s'opère dans le seul but de contourner des exigences plus strictes applicables aux marchés publics[28]. Une procédure équivalente (appel d'offres) doit être respectée à l'occasion de laquelle le délit se commet de la même façon que dans l'hypothèse précédente. Il suppose là aussi une irrégularité devant permettre l'attribution de ce contrat.

1108. Transition. – Mais toute irrégularité ne suffit pas à caractériser l'infraction. La violation d'une règle de la commande publique n'est prise en compte que si elle procure un avantage injustifié à l'un des candidats à l'attribution d'un marché public ou d'un contrat de concession, rompant ainsi l'égalité entre eux.

b. L'avantage injustifié conféré à autrui

1109. Notion. – L'avantage conféré par l'irrégularité n'est déclaré injustifié que si l'accès du bénéficiaire à un marché public ou contrat de concession a été effectivement facilité par rapport à ses concurrents : peu importe que l'avantage prenne la forme de l'attribution de ce marché ou contrat ou qu'il corresponde à une aide démultipliant les chances du bénéficiaire dans la procédure d'attribution[29].

Observons que l'expression « avantage injustifié » est reprise, en substance, de l'article L. 442-1, C. com. qui interdit et sanctionne – civilement – des pratiques discriminatoires restrictives de concurrence. Ce qui n'a rien de fortuit : « lorsque l'irrégularité commise par le pouvoir adjudicateur dans la passation d'un marché est volontaire, elle vise à procurer un avantage dans la concurrence à un des candidats et par contrecoup à désavantager les autres concurrents »[30]. L'incrimination pénale sert ici à sanctionner une atteinte au principe d'égalité. Il ne s'agit donc pas de déduire l'existence de l'avantage de la violation d'une règle gouvernant les marchés publics ou contrats de concession ; le juge doit apprécier les conséquences de cette violation et s'assurer qu'elle a effectivement eu pour résultat de porter

27. Néanmoins, pour la Cour de cassation, la prévisibilité de la loi n'est pas en cause : Cass. crim., 18 déc. 2019, *Dr. pén.* 2020, n° 50, obs. P. Conte.

28. V. aussi R. Mésa, « Les délégations de service public vues par le juge pénal », *JCP* A 2013, étude 2058, n° 12.

29. A. Roger, « La notion d'avantage injustifié », préc., p. 70.

30. P. Réis, « Le délit de favoritisme dans les marchés publics », préc., p. 4.

atteinte à l'égalité de traitement des candidats[31]. C'est une pratique discriminatoire qu'il faut établir[32].

1110. Formes. – L'infraction est constituée par ex. si un maire, désireux d'avantager une entreprise à l'occasion d'une procédure d'appel d'offres, organise avec elle une réunion dans les locaux d'un bureau d'études, où sont fournis des renseignements qui permettront à cette entreprise de présenter un dossier susceptible d'être retenu[33]. Il en va de même lorsqu'un maire révèle le nom des candidats déjà déclarés dont les propositions peuvent être aisément devinées. Cette transmission d'informations est une forme courante de favoritisme car elle apporte une aide, non seulement efficace mais aussi difficile à détecter, à l'entreprise qu'il s'agit d'avantager[34].

Le délit est également constitué si un maire décide de procéder à un appel d'offres selon la procédure d'urgence, limitant ainsi le nombre de candidats susceptibles de répondre[35] ou s'il fait insérer dans le cahier des charges une clause technique « sur mesure » que seule l'entreprise qu'il souhaite avantager s'avère capable de respecter[36].

L'interposition d'une personne morale, pour masquer cette irrégularité, n'y change rien dès lors que le caractère frauduleux du montage est établi[37]. Il a même été jugé « lorsqu'une association est créée à l'initiative d'une personne publique qui en contrôle l'organisation et le fonctionnement et lui procure l'essentiel de ses ressources, le juge pénal est compétent pour qualifier cette personne privée d'association "transparente" et en déduire que les contrats qu'elle conclut pour l'exécution de la mission qui lui est confiée sont des contrats administratifs soumis au Code des marchés publics »[38]. Dans une telle hypothèse, l'attribution de contrats selon les règles du droit privé constitue nécessairement un acte de favoritisme.

2. La perception de l'acte

1111. Intention. – En l'absence de précision contraire à l'article 432-14, le délit de favoritisme requiert nécessairement l'intention. *A priori*, celle-ci se décompose en deux éléments : un dol général (la conscience de violer une règle applicable à l'attribution d'un marché public ou d'un contrat de concession) et un dol spécial (la volonté de privilégier à cette occasion un candidat par rapport aux autres). Toutefois, pour la Cour de cassation, l'élément moral du délit « est caractérisé par l'accomplissement, en connaissance de cause, d'un

31. La Cour de cassation admet parfois que la pratique illégale relevée par les juges du fond « procure nécessairement un avantage injustifié à l'entreprise attributaire » (Cass. crim., 16 nov. 2011, *Dr. pén.* 2012, n° 29, obs. M. Véron) ou que « cet avantage injustifié s'induit nécessairement de la violation de la norme légale ou réglementaire gouvernant la commande publique » (Cass. crim., 19 mai 2021, *Dr. pén.* 2021, n° 179, obs. P. Conte ; *JCP* G 2021, 572, obs. J.-M. Brigant). Ce qui dispense d'établir l'avantage au mépris des termes de l'incrimination.

32. V. aussi J. Savoye, « De la répression du délit de favoritisme », *D.* 1999, p. 169.

33. Cass. crim., 20 avr. 2005, *B.* n° 139.

34. V. aussi H. Matsopoulou, « Quelques aspects du délit de "favoritisme" », *in Mél. Robert*, LexisNexis, 2012, p. 477.

35. Cass. crim., 19 nov. 2003, *Dr. pén.* 2004, n° 32, obs. M. Véron.

36. Cass. crim., 20 mai 2009, *Dr. pén.* 2009, n° 138, obs. M. Véron.

37. Cass. crim., 30 juin 2004, *AJ pénal* 2004, p. 369, obs. C. Girault.

38. Cass. crim., 7 nov. 2012, *Gaz. Pal.* 8 févr. 2013, p. 39, obs. E. Dreyer.

acte contraire aux dispositions législatives ou réglementaires ayant pour objet de garantir la liberté d'accès et l'égalité des candidats dans les marchés publics et les délégations de service public »[39]. Ce qui semble n'impliquer qu'un dol général.

1112. Preuve. – En réalité, la preuve de ce que l'acte a été accompli sciemment permet aux magistrats d'admettre que l'agent a voulu favoriser une entreprise plutôt qu'une autre. C'est en effet l'explication la plus vraisemblable qui peut être donnée de son attitude. Comme souvent, le dol spécial se déduit du dol général.

Néanmoins, en pratique, une telle déduction réduit considérablement la portée de cet élément moral : compte tenu de leurs fonctions, les agents publics ont nécessairement agi de façon consciente et libre. Ils ne peuvent invoquer leur ignorance de la loi dès lors qu'ils ont pour fonction de veiller à ce qu'elle soit correctement appliquée. L'erreur qu'ils ont éventuellement commise ne peut être prise en compte[40].

Ces déductions en chaîne réduisent l'intention à l'imputabilité des faits[41]. Elles reviennent à dire que, nécessairement, l'agent a perçu son comportement comme l'envisageait le texte d'incrimination, de sorte qu'il est évidemment coupable !

1113. Critique. – S'agissant d'une incrimination ouverte, dont l'élément matériel est aussi peu défini, la légèreté du contrôle exercé par le juge sur cet élément moral paraît inquiétante. Elle revient à faire assumer aux personnes en cause toutes les irrégularités commises dans l'attribution des marchés ou concessions. Ce qui exagère la portée d'une telle incrimination[42]. Aussi, certaines décisions atypiques concèdent-elles au prévenu qu'il est intervenu « dans l'urgence » à l'occasion par ex. d'un marché de prestations informatiques dans le cadre duquel il a « dû » accepter le partenaire financier qu'un constructeur lui imposait sans pouvoir procéder à un appel d'offres[43]... Ces décisions compréhensives doivent être approuvées dès lors qu'il s'agit de sanctionner le comportement précurseur d'un manque de probité et non une simple irrégularité. Le Conseil d'État lui-même admet que, compte tenu de la complexité des règles de la commande publique, il est possible de s'interroger sur le caractère volontaire de certains manquements[44].

---

39. Cass. crim., 14 déc. 2011, *Dr. pén.* 2012, n° 29, obs. M. Véron. – 14 janv. 2004, *AJ pénal* 2004, p. 113, obs. A. Pitoun. – *Contra*, reprochant à des juges du fond de ne pas avoir recherché si, bien qu'ayant connaissance de l'irrégularité, le prévenu « a eu conscience de procurer un avantage injustifié » à la société bénéficiaire : Cass. crim., 9 sept. 2020, *JCP* G 2020, 1072, obs. J.-M. Brigant.

40. V. jugeant que « l'incompétence du prévenu n'était nullement exclusive de sa mauvaise foi dans la gestion des deniers publics » : Cass. crim., 24 oct. 2001, *Dr. pén.* 2002, n° 26, obs. M. Véron. – La même sévérité a été manifestée à l'égard d'un ordonnateur des recettes et des dépenses, poursuivi comme complice pour avoir accepté de donner suite à une décision d'attribution irrégulière : Cass. crim., 29 janv. 2020, *JCP* G 2020, 193, obs. J.-M. Brigant ; *Dr. pén.* 2020, n° 94, obs. P. Conte.

41. Pour la Haute juridiction, l'intention subsiste tant qu'une erreur – invincible – sur le droit n'est pas démontrée : Cass. crim., 23 juill. 2014, *Dr. pén.* 2014, n° 124, obs. M. Véron !

42. M. Segonds, « La lutte contre la corruption et les droits de l'homme », *in Mél. Guidicelli-Delage,* Dalloz, 2017, p. 662.

43. CA Paris, 20 janv. 2000, *D.* 2000, IR, p. 68.

44. Conseil d'État, *La responsabilité pénale des agents publics en cas d'infractions non intentionnelles,* La doc. fr. 1996, p. 19.

C. Les modalités de la répression

1114. L'infraction n'est pas sanctionnée en toute hypothèse. Le législateur a fait preuve de pragmatisme en posant des limites à l'application des règles les plus contraignantes s'agissant de l'attribution des marchés et concessions.

Envisageons d'abord le régime général de l'infraction puis ses limites découlant d'une adaptation des règles de la commande publique.

1. Le régime général de l'infraction

1115. Pénalités. – En vertu de l'article 432-14, la personne physique convaincue de favoritisme s'expose à 2 ans d'emprisonnement et 200 000 € d'amende. À titre complémentaire, elle s'expose également aux peines de l'article 432-17 dont l'interdiction d'exercer la fonction dans le cadre de laquelle l'infraction a été commise, l'affichage ou la diffusion de la décision prononcée, ainsi que la confiscation des sommes irrégulièrement reçues.

1116. Divers. – Précisons que la répression de la tentative de favoritisme est envisagée dans le texte même d'incrimination. Elle a par ex. été retenue dans une hypothèse où la décision irrégulièrement prise par un maire d'attribuer un marché à une entreprise déterminée a été annulée par une délibération de son conseil municipal avant d'avoir pu être mise à exécution[45]. Il en va de même lorsque l'entrée en vigueur d'une décision irrégulière est empêchée par un recours devant la juridiction administrative[46].

Par ailleurs, le bénéficiaire de cette pratique – l'entreprise favorisée – peut être poursuivi, sur le fondement de l'article 321-1, al. 2, pour recel de favoritisme dès lors qu'il a profité « en connaissance de cause, du produit provenant de l'attribution irrégulière d'un marché »[47]. Son dirigeant doit avoir eu conscience d'obtenir à cette occasion un avantage injustifié par rapport à ses concurrents[48]. Une telle solution est importante : elle permet de compenser l'absence de forme « active » de l'infraction. Encore, faut-il que le marché ait été effectivement attribué à l'entreprise pressentie par l'agent public. À défaut, le dirigeant de l'entreprise pourra, tout au plus, voir sa responsabilité pénale engagée pour complicité par provocation d'une tentative de favoritisme à son bénéfice.

La répression pose également un certain nombre d'autres questions tenant à la preuve de l'infraction, à son éventuelle prescription ainsi qu'aux personnes autorisées à se constituer parties civiles.

a. La preuve du favoritisme

1117. Difficultés. – Il faut relever la complexité de la tâche incombant au juge pénal après passation d'un marché (ou d'une concession) suspect. Il est tenu d'apprécier la légalité de l'attribution de ce marché (ou de cette concession). Il doit se demander si le même avantage aurait été obtenu par l'entreprise

45. Cass. crim., 14 janv. 2004, *Dr. pén.* 2004, n° 50, obs. M. Véron.

46. Cass. crim., 21 sept. 2005, *Dr. pén.* 2006, n° 26, obs. M. Véron.

47. Cass. crim., 5 mai 2004, *B.* n° 110. – V. aussi Cass. crim., 28 janv. 2004, *JCP* G 2004, II, 10084, note F. Linditch.

48. Cass. crim., 15 mars 2017, *B.* n° 73.

adjudicataire dans le respect d'une procédure régulière. Ce qui n'est pas son office habituel. Le ministère public peut l'éclairer de différentes manières.

En effet, les poursuites trouvent parfois leur origine dans l'information donnée à un procureur de la République par le commissaire du gouvernement près une chambre régionale des comptes[49]. Celui-ci est tenu de signaler toute irrégularité dans l'attribution d'un marché par une collectivité publique soumise au contrôle de sa juridiction[50]. Les résultats de ce contrôle, s'ils ne lient pas le juge pénal, pèsent d'un grand poids lors de sa délibération. Les poursuites peuvent également trouver leur origine dans les conclusions de services d'enquête spécialisés. Une loi du 3 janvier 1991 avait ainsi créé une Mission interministérielle d'enquête sur les marchés publics (MIEMP) dotée de droits de visite, de communication et de saisie comparables à ceux reconnus aux agents de la Direction générale de la concurrence, de la consommation et de la répression des fraudes[51]. Elle a été supprimée par une loi du 22 mars 2012 relative à la simplification du droit mais l'attention des parquets sur des faits de favoritisme peut désormais être attirée par l'Agence française anticorruption. Là encore, l'appréciation de la légalité du marché ou de la concession s'en trouvera facilitée.

Toutefois, la Cour de cassation veille à ce que l'indépendance du juge pénal soit préservée par rapport à ce qui peut être décidé par un juge administratif[52]. Ce qui est cohérent car toute violation des règles de la commande publique ne devrait pas constituer un délit : peu importe – au pénaliste – cette violation lorsqu'il ne s'agit pas de procurer à autrui un avantage injustifié.

b. La prescription de l'action publique

1118. Départ. – Le délai de prescription de 6 ans, applicable en matière correctionnelle, court à compter du moment où l'agent public a procuré ou tenté de procurer à autrui, par un acte répréhensible, un avantage injustifié en vue de l'attribution d'un marché public ou d'une concession de service public. C'est la fourniture de cet avantage qui devrait constituer le point de départ d'un tel délai. Mais il est arrivé à la jurisprudence d'admettre une solution différente, fixant ce point de départ au jour de la signature ou de la notification du marché obtenu en violation des règles applicables[53]. À notre sens, une telle solution ne peut se justifier qu'à partir du moment où l'avantage injustifié consiste précisément en l'attribution du marché en cause[54]. À défaut, c'est à un stade antérieur qu'est consommé le délit et que doit donc être fixé le point de départ du délai de prescription[55].

49. C. Miansoni, « La révélation aux juridictions pénales des infractions économiques et financières par les juridictions financières », *AJ pénal* 2013, p. 645.

50. Cass. crim., 8 juin 1999, *B.* n° 123.

51. Cass. crim., 25 juin 2008, *B.* n° 166.

52. Cass. crim., 6 janv. 2021, *Dr. pén.* 2021, n° 43, obs. C. Claverie-Rousset ; *JCP* G 2021, 82, obs. J.-M. Brigant.

53. CA Toulouse, 19 janv. 2005, *JCP* G 2005, IV, 2316. – CA Paris, 27 mars 2002, *Gaz. Pal.* 2002.2, p. 950, note Y. Repiquet.

54. R. Lorrain et C. Ingrain, « Libres propos sur le contrat en matière de favoritisme », *Gaz. Pal.*, 14 sept. 2021, p. 61.

55. Toutefois, la Cour de cassation a semblé admettre qu'un avantage injustifié puisse être également fourni au stade postérieur de l'exécution d'un marché public (Cass. crim., 9 sept. 2020, *JCP* G 2020, 1072, obs. J.-M. Brigant), ce qui semble difficilement acceptable si cet avantage n'a pas été convenu d'avance.

Ce qui s'avère d'autant moins problématique qu'il a très tôt été jugé que « le délai de prescription de l'action publique ne commence à courir, lorsque les actes irréguliers ont été dissimulés ou accomplis de manière occulte, qu'à partir du jour où ils sont apparus et ont pu être constatés dans des conditions permettant l'exercice des poursuites »[56]. La solution sera sans doute maintenue sur le fondement du nouvel article 9-1, CPP. La dissimulation peut notamment résulter de l'utilisation d'une association de droit privé, comme intermédiaire dans l'attribution du marché, afin d'échapper aux contrôles habituels : cette association négocie plus discrètement un contrat de gré à gré[57]. Le point de départ du délai de prescription peut alors être reporté au jour où, par ex., le procureur de la République est informé du résultat des contrôles effectués à la demande d'un préfet[58].

Mais le point de départ de ce délai n'est pas seul à poser difficulté. Dans cette matière où les investigations peuvent être longues et complexes, les actes interruptifs de prescription ultérieurs peuvent eux aussi s'avérer essentiels. Or, lorsque le procureur de la République, estimant l'attribution d'un marché douteuse, avait demandé son avis à la MIEMP, il était admis que « les actes ayant pour objet la constatation de l'infraction prévue par l'article 432-14, C. pén., accomplis par [ses] membres... sont interruptifs de prescription »[59]. L'action publique en profitait alors... qu'elle n'était pas encore engagée ! Il sera sans doute jugé de même lorsque « l'appui » de l'Agence française anticorruption aura été sollicité (L. n° 2016-1691 du 9 déc. 2016, art. 3, 1°).

c. La constitution de partie civile

1119. Réparations. – L'administration commanditaire du marché truqué peut se constituer partie civile pour demander réparation du préjudice qui a pu en résulter pour elle, au moins en termes d'image. Même si le caractère direct de ce préjudice paraît discutable, il a été admis dans une affaire où des magistrats ont constaté que les actes poursuivis « constituent un facteur d'affaiblissement de l'autorité de l'État dans l'opinion publique »[60]. Pourtant, ainsi entendu, le préjudice se distingue assez mal de l'atteinte à l'ordre public (intérêt général) protégé par toute incrimination.

Par ailleurs, les entreprises concurrentes, écartées d'un marché public par la méconnaissance des règles qui le régissent, peuvent également se constituer partie civile dès lors qu'il résulte de l'instruction : « que leurs candidatures avaient été retenues par la commission d'appel d'offres et que les agissements du prévenu ont eu pour effet de leur faire perdre une chance d'être déclarées attributaires du marché »[61]. Ce qui témoigne d'une approche très large du caractère « direct » du dommage exigé par l'article 2, CPP afin de favoriser les poursuites en incitant les entreprises évincées à dénoncer les faits dont elles ont été victimes. À l'évidence,

56. Cass. crim., 27 oct. 1999, *Dr. pén.* 2000, n° 27, obs. M. Véron.

57. Cass. crim., 5 mai 2004, *AJ pénal* 2004, p. 285, obs. C. Girault.

58. Cass. crim., 19 mai 2004, *Dr. pén.* 2004, n° 133, obs. M. Véron.

59. Cass. crim., 1er déc. 2004, *B.* n° 303. – 8 avr. 2010, *B.* n° 64. – V. aussi G. Pancrazi, « Les actes d'enquête des membres de la MIEMP interrompent la prescription de l'action publique », *Gaz. Pal.* 2003.1, Doctr. p. 639.

60. Cass. crim., 4 mai 2006, *Dr. pén.* 2006, n° 113, obs. M. Véron.

61. Cass. crim., 21 sept. 2005, *Dr. pén.* 2006, n° 26, obs. M. Véron.

le souci de moraliser ce secteur d'activité l'emporte sur une stricte analyse juridique.

2. Les limites mises à la répression

1120. Le Code de la commande publique subordonne l'application des procédures d'appel d'offres au dépassement de certains seuils qui sont régulièrement révisés. Tant leur mise en œuvre que les conditions de leur application dans le temps posent difficultés.

a. L'appréciation des seuils existants

1121. Principes. – Le pouvoir adjudicateur peut déroger à la procédure d'appel d'offres, et passer un marché de gré à gré, lorsque le montant de l'opération est inférieur à certains seuils. Lorsqu'ils sont respectés, aucun acte de favoritisme ne peut être établi : en dessous des seuils précités, les agents publics concernés peuvent traiter directement avec l'entreprise de leur choix. Ils la « favorisent » sans commettre d'infraction. Cela résulte moins d'une restriction du champ de l'incrimination que d'une restriction du champ d'application de la norme sous-jacente : en l'absence de conflit entre la norme d'incrimination et une norme qui lui serait extérieure (et qui autoriserait le comportement incriminé), on ne saurait voir là une application particulière de l'autorisation de la loi (cause justificative spéciale). Il s'agit, plus simplement, de tirer les conséquences d'une limite mise à l'application du texte dont la violation est érigée en infraction.

1122. Fraude. – Encore, le marché ne doit-il pas avoir été sous-évalué afin de contourner les règles contraignantes de la procédure d'appel d'offres. En effet, souvent, la fraude consiste à minorer le coût des prestations demandées afin de déclarer l'appel d'offres infructueux et de choisir librement le bénéficiaire du marché avec lequel un avenant est ensuite passé pour rééquilibrer l'opération[62]. Cette violation des règles applicables aux marchés publics constitue une forme parmi d'autres de favoritisme. Un délit peut également être reproché à un maire ayant attribué un marché de gré à gré, alors qu'il portait sur une opération unique d'un montant supérieur au seuil réglementaire, sous prétexte que son financement était réparti sur plusieurs années[63]. Il ne sert donc à rien, pour échapper à la sanction, de « saucissonner » un marché unique en plusieurs opérations : il y a favoritisme s'il est établi qu'un marché a été artificiellement divisé pour échapper à la procédure d'appel d'offres normalement applicable[64].

On mesure la difficulté d'appréciation pour le tribunal correctionnel appelé à statuer. Afin de sanctionner un maire ayant eu abusivement recours à la procédure de gré à gré, le juge pénal peut être amené à vérifier si plusieurs marchés ont été directement attribués à des filiales d'un même groupe, qui ont établi en leur nom propre des factures afin de dissimuler l'unité d'ensemble, alors que les travaux en

62. Cass. crim., 29 juin 2011, *Gaz. Pal.* 21 août 2011, p. 15, note J. Lasserre Capdeville.

63. Cass. crim., 10 avr. 2002, *Dr. pén.* 2002, n° 105, obs. M. Véron.

64. Cass. crim., 10 sept. 2008, *Dr. pén.* 2008, n° 158, obs. M. Véron. – 4 mai 2006, *Dr. pén.* 2006, n° 113, obs. M. Véron. – Mais tout fractionnement n'est pas illicite s'il dispose d'une justification objective : Cass. crim., 14 déc. 2011, *Dr. pén.* 2012, n° 29, obs. M. Véron.

question « ne correspondaient pas à des opérations distinctes répondant à des objets différents »[65] !

b. L'application de nouveaux seuils

1123. Non-rétroactivité. – Par ailleurs, ces seuils dont seul le principe est fixé par la loi sont régulièrement révisés, par voie réglementaire (v. en dernier lieu : D. n° 2022-767 du 2 mai 2022). Après avoir fait preuve de sévérité dans les années 1990, le pouvoir politique aujourd'hui se relâche. Il considère sans doute que la moralisation du secteur est acquise et qu'il est nécessaire de ramener un peu de souplesse dans les conditions d'attribution des marchés publics...

Néanmoins, le rehaussement de ces seuils pose difficulté au regard du sort des procédures en cours au moment où il entre en vigueur. Le juge judiciaire, qui ne manifeste pas la même tolérance à l'égard des élus, refuse de faire une application immédiate des dispositions nouvelles. La Cour de cassation estime ainsi qu'un prévenu ne peut se prévaloir de l'application rétroactive d'un décret modificatif dès lors « que les dispositions législatives, support légal de l'incrimination, n'ont pas été modifiées »[66]. Une telle solution s'avère critiquable car, si le décret en question est formellement extérieur à l'incrimination, il fixe la limite impartie par la loi elle-même à son application. Les raisons qui fondent la rétroactivité *in mitius* semblent donc parfaitement transposables ici et devraient empêcher toute déclaration de culpabilité lorsque le comportement poursuivi s'avère conforme à ce que permettent les dispositions légales et réglementaires en vigueur au moment où le juge pénal statue. Toutefois, l'idée selon laquelle, dans une telle hypothèse, seule la norme sous-jacente à l'infraction est modifiée conforte cette solution[67].

§2. La concussion

1124. Présentation. – À l'instar de la prévarication d'Ancien Régime, la concussion est un abus de fonction désormais incriminé à l'article 432-10 du Code pénal. Cet abus peut prendre deux formes suivant que l'agent public a exigé plus ou moins que ce qui était dû. L'infraction se commet notamment dans le domaine fiscal lorsque l'agent procède, en toute connaissance de cause, à la sur-taxation ou à la sous-taxation d'un contribuable. Mais elle a un domaine plus large qui justifie son maintien dans le Code pénal.

En théorie, elle peut être reprochée à toute « personne dépositaire de l'autorité publique ou chargée d'une mission de service public ». Le champ de cette incrimination est donc plus restreint que dans l'hypothèse précédente du favoritisme. Cela tient à son objet spécifique. Néanmoins, au-delà des fonctionnaires, elle reste applicable aux notaires, huissiers et autres commissaires-priseurs lorsqu'ils sont amenés à recouvrer des taxes pour le compte de l'État[68]. Par ailleurs, on le verra, l'absence de référence faite aux personnes titulaires d'un mandat électif public n'empêche

65. Cass. crim., 13 déc. 2000, *B.* n° 374.

66. Cass. crim., 28 janv. 2004, *JCP* G 2004, II, 10084, note F. Linditch. – V. aussi Cass. crim., 14 déc. 2005, *Dr. pén.* 2006, n° 59, obs. M. Véron. – 19 mai 2004, *Dr. pén.* 2004, n° 133, obs. M. Véron.

67. V. estimant que la rétroactivité *in mitius* ne s'applique pas aux dispositions extra-pénales d'une incrimination : B. Thellier de Poncheville, *La condition préalable de l'infraction*, PUAM, 2010, p. 450, n° 911.

68. Toutefois, lorsqu'ils exercent sous la forme d'une personne morale, la responsabilité pénale de celle-ci ne peut être engagée dès lors que la fixation des taxes dont elle a la charge ne constitue pas une activité

pas leur sanction, en tant que personnes dépositaires de l'autorité publique ou chargées d'une mission de service public, lorsqu'il est possible de leur attribuer également cette qualité[69].

Quelle que soit sa forme, l'article 432-10 punit la concussion de 5 ans d'emprisonnement et 500 000 € d'amende. Toutefois, l'amende peut être supérieure lorsque son montant est porté au double du produit tiré de l'infraction. Des peines complémentaires sont prévues à l'article 432-17 déjà évoqué.

La tentative de ce délit est punissable (art. 432-10, al. 3).

Quant au point de départ du délai de prescription, la Cour de cassation admet qu'il puisse être reporté au jour de « la dernière des perceptions de sommes indues lorsque ces perceptions résultent d'opérations indivisibles »[70]. Il n'est pas sûr qu'une telle solution survive à la réforme du 27 février 2017. En revanche, jusqu'à cette réforme, la jurisprudence refusait de reporter le point de départ du délai de prescription à raison de la clandestinité de l'infraction[71]. Cela devrait désormais être possible, compte tenu des termes de l'article 9-1, CPP : s'il ne s'agit pas d'une infraction occulte, il peut s'agir d'une infraction dissimulée.

Envisageons les deux formes que prend le délit de concussion : le recouvrement de sommes indues et le recouvrement de sommes minorées.

A. Le recouvrement de sommes indues

1125. Selon l'article 432-10, al. 1, la concussion est tout d'abord le fait de recevoir, exiger ou ordonner de percevoir à titre de droits ou contributions, impôts ou taxes publics, une somme que l'agent sait ne pas être due, ou excéder ce qui est dû.

1. La matérialité de l'acte

1126. Matériellement, on reproche à un agent public d'avoir abusé de ses fonctions pour obtenir une somme indue. Un tel comportement n'est pas sans évoquer l'escroquerie par abus d'une qualité vraie (v. *supra*, n° 759). Toutefois, la victime est moins trompée que contrainte : ici, elle doit payer même si elle sait que la somme n'est pas due.

a. La somme indue

1127. La notion de « somme » s'avère peu juridique. Le langage courant la définit comme une quantité d'argent. Elle est envisagée plus largement en jurisprudence. Dans la grande majorité des cas, on reproche effectivement à l'agent d'avoir recouvré du numéraire[72]. Mais l'infraction a été retenue également dans

susceptible de faire l'objet d'une convention de délégation de service public : Cass. crim., 19 déc. 2018, *JCP* G 138, note J.-M. Brigant ; *Gaz. Pal.* 5 févr. 2019, p. 19, note J.-Y. Maréchal.

69. Cass. crim., 27 juin 2001, *Dr. pén.* 2001, n° 125, obs. M. Véron.

70. Cass. crim., 31 janv. 2007, *Dr. pén.* 2007, n° 74, obs. M. Véron. – 15 déc. 2010, *Gaz. Pal.* 13 avr. 2012, p. 22, obs. E. Dreyer.

71. Cass. crim., 3 déc. 2008, *Dr. pén.* 2009, n° 49, obs. M. Véron.

72. V. pour la perception abusive d'une rémunération par un directeur de l'Urssaf ayant bénéficié de congés fictifs générés par l'ouverture et l'alimentation frauduleuses de comptes épargne temps : Cass. crim., 29 juin 2016, *Dr. pén.* 2016, n° 154, obs. P. Conte.

l'hypothèse où un agent public avait exigé des prestations en nature[73]. En ne les payant pas, il s'est évité de débourser la « somme » correspondante, ce qui procède d'un raisonnement téléologique douteux : qu'une telle restriction du champ de l'incrimination soit contestable ne devrait pas dispenser les magistrats de la respecter.

En toute hypothèse, la somme apparaît « indue » lorsque son recouvrement n'est autorisé par aucun texte, loi ou règlement. À ce titre, elle peut s'avérer totalement ou partiellement indue : l'abus peut porter tant sur le principe de cette créance que sur son montant.

b. L'abus de fonction

1128. Caractère obligatoire de l'acte. – L'acte abusif consiste à recevoir, exiger ou ordonner de percevoir une somme indue. La Cour de cassation fait une interprétation littérale de chacun de ces verbes jugeant par ex. que le seul fait de donner un ordre de paiement ne correspond à aucune des actions décrites par eux[74]. Elle juge de même s'agissant du refus d'accorder un dégrèvement d'impôt[75]. Ce qui témoigne, cette fois, d'une approche assez restrictive de l'incrimination car ces deux actes aboutissent l'un et l'autre à une perception. Néanmoins, une telle rigueur évite d'étendre son application à tous les actes de recouvrement.

Par ailleurs, l'acte abusif doit prendre une forme comminatoire. Il s'agit de sanctionner ici un commandement abusif : le versement d'une somme indue doit avoir été imposé à autrui ; il n'implique aucune contrepartie à fournir par l'agent public[76]. Ce caractère est important car il permet seul de distinguer la concussion de la corruption passive. En cas de corruption passive, l'agent public corrompu sollicite ou accepte, en contrepartie d'un acte de sa fonction ou de sa mission, un avantage pour lui-même ou un proche que son interlocuteur reste libre de ne pas verser (v. *supra*, n° 1006). Au contraire, le concussionnaire profite de son statut pour imposer à son interlocuteur un paiement qui n'est pas prévu par la loi ou le règlement tout en affirmant qu'il est dû et en menaçant d'utiliser les moyens de contrainte à sa disposition.

Ainsi, la forme et l'objet de l'abus sont-ils clairement identifiés par le texte d'incrimination. En revanche, son but n'est pas précisé. On se doute que l'agent public cherche à tirer parti de ses fonctions pour obtenir une rémunération complémentaire et illégale. Mais cette preuve n'a pas à être rapportée[77]. Comme en matière de favoritisme, le ministère public n'a pas à établir que le produit de cette perception excessive a profité à l'agent. L'abus est sanctionné pour lui-même, compte tenu des réactions d'indignation qu'il est susceptible d'engendrer. Cette indignation est d'ailleurs accentuée par le fait que, en agissant ainsi dans l'exercice de ses fonctions, l'agent public compromet l'administration dont il relève et les textes qu'il a faussement appliqués. Toutefois, on ne saurait faire de l'atteinte à cette « valeur » un

73. Cass. crim., 21 mars 1995, *Dr. pén.* 1995, n° 198, obs. M. Véron.

74. Cass. crim., 27 juin 2001, préc.

75. Cass. crim., 7 mai 2002, *Dr. pén.* 2002, n° 92, obs. M. Véron.

76. Celui-ci prétend agir « au nom sacré des lois » (J.-P. Marat, *Plan de législation criminelle*, Rochette Impr., 1790, p. 57), ce qui rend un tel acte particulièrement inacceptable.

77. L'infraction peut résulter d'un excès de zèle, les sommes perçues ayant été aussitôt encaissées par l'État : E. Garçon, *Code pénal annoté*, Rec. gén. lois et arrêts, 1901-1906, ss. art. 174, p. 413, n° 47.

élément de l'infraction. Une telle référence s'avère une fois de plus extérieure à l'infraction.

1129. Lien de l'acte avec la fonction. – En l'occurrence, il faut et il suffit d'établir que la perception est intervenue à titre de droits ou contributions, d'impôts ou de taxes publics. Tout paiement réclamé par un agent public dans, ou à l'occasion de l'exercice de ses fonctions, n'est donc pas pris en compte.

Mais cette restriction affecte peu le champ de l'incrimination. En effet, il est facile de qualifier « taxe » ou « contribution » le versement exigé par un agent public invoquant abusivement un texte inapplicable. L'infraction a par ex. été reprochée à un maire qui, pour financer l'office du tourisme de sa commune, avait imposé à des promoteurs immobiliers de payer, à titre de « taxe », une certaine somme par logement construit[78].

Tout au plus, une hésitation est permise sur la notion de « droits ». Cette incertitude conduit à étendre le champ de l'incrimination au-delà du domaine fiscal. En effet, la jurisprudence a déduit du flou d'une telle notion qu'étaient en cause non seulement les droits contributifs (taxe d'habitation, taxe foncière, droits de mutation, etc.) mais aussi les droits rémunératoires (indemnités ou salaires versés en contrepartie de services faits). Il suffit que le barème d'une telle rémunération ait été initialement fixé, conformément aux textes applicables, par l'autorité publique compétente[79]. L'infraction peut être relevée dès lors que ce barème n'est pas respecté. Même si l'ancien Code semblait distinguer les « droits » des « salaires ou traitements », cette assimilation opérée par la Cour de cassation permet de donner aux « droits » une signification propre en évitant un doublon avec la formule « contributions, impôts ou taxes publics ». C'est notamment à ce titre qu'a été sanctionné un maire devenu député qui, pour conserver la totalité de son indemnité de maire alors qu'il était atteint par un plafond, en a fictivement délégué une partie à son adjoint qui la lui reversa clandestinement par la suite[80]. Pour la Haute juridiction, en procédant de la sorte, cet élu cumulard a réussi à percevoir des « droits » qui ne lui étaient pas dus[81]. En revanche, ne constituent pas des « droits » au sens de l'article 432-10, « les indemnités librement attribuées à des conseillers municipaux »[82]. Encaisser à ce titre une somme excessive ne saurait constituer une infraction.

2. La perception de l'acte

1130. Intention. – L'infraction est intentionnelle. L'article 432-10 insiste sur le fait que l'agent exige une somme qu'il « sait » ne pas être due, ou excéder ce qui est dû.

78. Cass. crim., 16 mai 2001, *Dr. pén.* 2001, n° 125, obs. M. Véron.

79. Cass. crim., 24 oct. 2001, *Dr. pén.* 2002, n° 25, obs. M. Véron.

80. Cass. crim., 14 févr. 1995, *Dr. pén.* 1995, n° 198, obs. M. Véron. – V. aussi Cass. crim., 16 nov. 2011, *Dr. pén.* 2012, n° 20, obs. M. Véron. – 31 janv. 2007, *Dr. pén.* 2007, n° 74, obs. M. Véron.

81. *Idem* pour un conseiller général nommé président d'une société d'économie mixte locale qui a omis de déclarer la rémunération perçue à ce titre pour la faire échapper aux règles de plafonnement, et d'écrêtement, applicables : Cass. crim., 7 déc. 2022, *Dr. pén.* 2023, n° 41, obs. P. Conte ; *AJ pénal* 2023, p. 89, obs. J. Lasserre Capdeville ; *Gaz. Pal.*, 28 mars 2023, p. 37, obs. L. Saenko.

82. Cass. crim., 27 juin 2001, *Dr. pén.* 2001, n° 125, obs. M. Véron.

Il s'ensuit que cette prétention au recouvrement d'une somme excessive ne doit pas résulter d'une erreur dans le calcul des droits ou contributions, impôts ou taxes publics dus par autrui[83].

Peu importe, en revanche, les raisons pour lesquelles l'agent se comporte de la sorte. On se doute qu'il recherche un enrichissement personnel en exigeant plus qu'il n'est autorisé à percevoir mais cette preuve n'a pas à être rapportée. L'enrichissement, qui n'a pas à être démontré au plan matériel, n'est pas davantage pris en compte au plan moral.

B. Le recouvrement de sommes minorées

1131. Matérialité. – La concussion peut aussi aboutir au résultat inverse : elle peut conduire l'agent public à minorer les sommes dues par autrui. En effet, l'article 432-10, al. 2, assimile au comportement précédent le fait, par une même personne dépositaire de l'autorité publique ou chargée d'une mission de service public, d'accorder sciemment « une exonération ou franchise des droits, contributions, impôts ou taxes publics en violation des textes légaux ou réglementaires ».

Cette fois-ci, c'est l'État ou une collectivité publique qui supporte les conséquences financières de l'acte accompli par l'agent. À titre d'exemple, l'infraction a été retenue contre un maire qui avait laissé son fils exposer à la vente des véhicules sur la place publique située devant son garage, sans exiger le paiement de la redevance d'occupation du domaine public qui était applicable[84]. Elle a été également reprochée à un maire ayant mis gratuitement à la disposition de l'entraîneur de football de l'équipe de sa ville un logement communal pour lequel le conseil municipal avait pourtant fixé un loyer mensuel d'un certain montant[85].

1132. Perception. – Peu importe la forme de l'exonération ou son mobile dès lors qu'elle est accordée en pleine connaissance de cause. Il est très vraisemblable que l'agent public espère ou a déjà obtenu une contrepartie occulte. Mais celle-ci n'a pas à être démontrée. Il en va de même pour le lien de causalité entre cet avantage et l'acte en question. Ce qui facilite considérablement la répression par rapport à la corruption passive.

§3. Les atteintes aux biens

1133. Présentation. – Sont étudiées ici les seules atteintes aux biens dont dispose l'administration, soit parce qu'elle est propriétaire de ces biens, soit parce qu'ils lui ont été remis à titre provisoire. On ne peut imaginer que de tels biens disparaissent. Plusieurs comportements sont incriminés.

Tout d'abord, l'atteinte peut être le fait d'un « particulier », c'est-à-dire de toute personne (physique ou morale) sans qualité ou dont la qualité n'a joué aucun rôle dans la commission de l'infraction. On ne peut tolérer qu'un particulier détruise, détourne ou soustraie des objets remis à une personne dépositaire de l'autorité

83. Cass. crim., 13 mars 1995, *Dr. pén.* 1995, n° 144, obs. M. Véron.

84. Cass. crim., 19 mai 1999, *Dr. pén.* 1999, n° 139, obs. M. Véron.

85. Cass. crim., 31 janv. 2007, *Dr. pén.* 2007, n° 74, obs. M. Véron. – V. aussi Cass. crim., 10 oct. 2012, *Gaz. Pal.* 8 févr. 2013, p. 40, obs. E. Dreyer.

publique ou chargée d'une mission de service public, à un comptable public, à un dépositaire public ou à l'un de ses subordonnés (art. 433-4)[86]. De tels comportements auraient pu relever de la catégorie des atteintes matérielles ou juridiques aux biens mais ils ont été spécialement incriminés afin d'en souligner la gravité. Leur auteur s'expose à titre principal à 7 ans d'emprisonnement et 100 000 € d'amende (750 000 € lorsque l'infraction est commise en bande organisée). Cette première hypothèse – puisqu'elle est le fait d'un « particulier » – ne nous intéresse pas directement ici.

Ensuite, l'atteinte aux biens peut être le fait même d'un agent public, ce qui est plus directement au cœur de nos préoccupations. En l'occurrence, l'article 432-15 du Code pénal incrimine « le fait, par une personne dépositaire de l'autorité publique ou chargée d'une mission de service public, un comptable public, un dépositaire public ou l'un de ses subordonnés, de détruire, détourner ou soustraire un acte ou un titre, ou des fonds publics ou privés, ou effets, pièces ou titres en tenant lieu, ou tout autre objet qui lui a été remis en raison de ses fonctions ou de sa mission ». Ce comportement est nécessairement intentionnel. Il est puni, à titre principal, de 10 ans d'emprisonnement et 1 M€ d'amende, le montant de cette dernière peine pouvant même être porté au double du produit de l'infraction[87]. À la suite, l'article 432-16 envisage l'hypothèse où « la destruction, le détournement ou la soustraction par un tiers des biens visés à l'article 432-15 résulte de la négligence d'une personne dépositaire de l'autorité publique ou chargée d'une mission de service public, d'un comptable public ou d'un dépositaire public ». Reposant sur une simple faute, ce second comportement n'est puni, à titre principal, que d'un an d'emprisonnement et 15 000 € d'amende[88]. Mais, dans les deux cas, sont en plus applicables les peines complémentaires de l'article 432-17[89]. On notera qu'il est exceptionnel que l'obtention d'un même résultat donne lieu à une double incrimination permettant de punir aussi bien celui qui a agi de façon intentionnelle que celui qui s'est montré imprudent ou négligent. L'hypothèse se rencontre essentiellement lorsqu'il est porté atteinte à la vie ou à l'intégrité physique d'une personne (v. *infra*, n° 1587). La double incrimination que l'on envisage ici nous conduit donc à souligner l'importance du résultat redouté : il y va du crédit de l'administration à l'égard du public qui risque de ne plus lui faire confiance si ses biens disparaissent[90].

Évoquons successivement les conditions préalables de ces deux infractions puis leurs dimensions matérielle et morale.

86. La catégorie des dépositaires publics au sens de ce texte semble entendue largement (V. s'agissant d'une société dont le capital est intégralement détenu par un établissement public qui lui verse des fonds publics à charge pour elle d'accomplir une mission déterminée : Cass. crim., 28 juin 2023, n° 21-87417, P : *D.* 2023, p. 1263).

87. Ces peines principales sont doublées si l'infraction est commise en bande organisée (art. 432-15, al. 2). Les peines complémentaires applicables sont celles de l'art. 432-17.

88. À la différence du premier, ce second délit n'est pas concerné par la possibilité offerte aux associations anticorruption de se constituer parties civiles (CPP, art. 2-23). Il ne relève pas davantage de la compétence du tribunal judiciaire de Paris et du procureur de la République financier (CPP, art. 705) ou des juridictions interrégionales spécialisées en matière économique et financière (CPP, art. 704).

89. Au regard de la prescription, cette infraction est au nombre de celles qui ont pu être déclarées clandestines : Cass. crim., 2 déc. 2009, *Dr. pén.* 2010, n° 39, obs. M. Véron.

90. L'administration concernée est fondée à se constituer partie civile pour demander réparation du préjudice découlant de tels actes : Cass. crim., 14 nov. 2006, *Dr. pén.* 2007, n° 35, obs. M. Véron.

A. Les conditions préalables

1134. La question d'une atteinte aux biens, au sens des textes précités, ne peut être posée que s'il est vérifié, au préalable, que l'acte reproché a effectivement été commis dans le périmètre de chaque incrimination. En effet, les délits des articles 432-15 et 432-16 ne portent que sur certains objets et ne peuvent être commis que par certaines personnes. Mais, dans tous les cas, l'infraction ne se conçoit que dans un cadre national : à la différence de la corruption et du trafic d'influence passifs, elle n'a pas été déclinée sous d'autres formes pour prendre en compte les actes imputables aux agents publics étrangers ou internationaux[91].

1. Les objets protégés

1135. Énumération. – Dans les deux cas, le comportement de l'agent doit avoir porté « sur un acte ou un titre, ou des fonds publics ou privés, ou effets, pièces ou titres en tenant lieu, ou tout autre objet qui lui a été remis en raison de ses fonctions ou de sa mission ».

L'objectif est de protéger des choses corporelles. Peu importe qu'il s'agisse d'actes juridiques envisagés à travers leur *instrumentum* (actes sous seing privé ou actes authentiques), de monnaie scripturale ou fiduciaire, ou d'autres objets, quelle qu'en soit la valeur dès lors qu'ils peuvent être physiquement appréhendés. En revanche, les immeubles et les biens immatériels paraissent exclus du champ de l'incrimination.

De surcroît, ces choses corporelles ne sont prises en compte qu'à partir du moment où elles ont été remises à un agent public « en raison de ses fonctions ou de sa mission ». Un lien de causalité direct doit donc exister entre une telle remise et les fonctions ou la mission exercée par l'agent[92]. Il ne suffit pas que la remise ait été réalisée à l'occasion de ses fonctions ou de sa mission[93]. En effet, c'est le crédit de l'administration qui est protégé par l'incrimination. L'acte accompli par l'agent doit donc s'avérer directement contraire à son office[94].

2. Les personnes visées

1136. Un agent public peut se voir reprocher la disparition des objets précités à deux titres différents : soit pour les avoir lui-même fait disparaître, soit pour avoir manqué à son obligation de surveillance à cet égard. Envisageons les champs d'application respectifs des articles 432-15 et 432-16.

a. Les responsables de l'article 432-15

1137. Habitués. – La rédaction de l'article 432-15 s'avère particulièrement lourde. Tout d'abord, ce texte s'applique aux personnes dépositaires de l'autorité publique ou chargées d'une mission de service public. Ces deux catégories

91. M. Segonds, « Évolutions et perspectives du droit pénal des affaires publiques », *AJ pénal* 2022, p. 562.

92. Cass. crim., 13 févr. 1985, *B.* n° 75.

93. Cass. crim., 1er déc. 1987, *B.* n° 438.

94. L'exception de débet éventuellement soulevée dans ce cadre doit être présentée *in limine litis* comme toute autre exception de procédure : Cass. crim., 18 déc. 2019, *Gaz. Pal.* 12 mai 2020, p. 52, obs. E. Dreyer.

ont déjà été définies s'agissant du favoritisme (v. *supra*, n° 1101). Mais on relèvera qu'à l'instar de l'hypothèse précédente (concussion), les personnes investies d'un mandat électif public ne sont pas visées, compte tenu – sans doute – du caractère temporaire de leur mission, ce qui reste contestable. Cependant, pour combler cette lacune, la Cour de cassation accepte que l'infraction puisse être reprochée à un maire, en tant que personne dépositaire de l'autorité publique, parce qu'il est ordonnateur des dépenses de sa commune[95]. Elle réduit ainsi la portée de l'oubli du législateur.

1138. Autres. – Ensuite, l'article 432-15 s'applique également aux comptables publics, que l'on aurait pourtant pu faire entrer dans la catégorie des personnes chargées d'une mission de service public. En effet, ces comptables ne prennent pas les décisions de paiement mais se contentent d'exécuter les ordres de décaissement ou d'encaissement qui leur sont adressés. En réalité, la Cour de cassation les envisage plus largement comme étant toute personne qui manie les deniers publics, en droit comme en fait[96], ce qui ne correspond véritablement à aucune des deux qualifications précédentes. Il n'était donc pas question de les laisser échapper au champ de l'incrimination : les comptables publics sont particulièrement bien placés pour opérer des détournements de fonds.

Il en va de même pour les dépositaires publics, et leurs subordonnés, encore évoqués à la suite. Sont visées là toutes les personnes qui dirigent et font fonctionner des dépôts publics. Elles sont, elles aussi, particulièrement bien placées pour accomplir des actes de destruction, détournement ou soustraction. L'infraction a été reprochée par ex. au greffier d'un tribunal de commerce[97] ainsi qu'à des préposés de l'Institut d'émission des départements d'outre-mer (IEDOM) chargés de détruire des billets de banque usagés[98]. L'extension, tout à fait exceptionnelle, du champ de l'incrimination aux subordonnés souligne également le risque qu'il y a de voir l'infraction réalisée dans les dépôts publics.

1139. Restriction. – Pour autant, il ne s'agit pas de faire assumer une responsabilité pénale à tout agent public, ainsi entendu, suspecté d'avoir fait disparaître un bien appartenant à son administration ou détenu par elle. Les agents énumérés ci-dessus ne sont pris en compte qu'à partir du moment où l'objet sur lequel porte l'infraction leur a été effectivement remis. À défaut, sa dissipation ne peut leur être reprochée[99].

b. Les responsables de l'article 432-16

1140. Cette seconde infraction, on le verra, procède d'un défaut de surveillance. Elle ne peut donc être reprochée qu'à des personnes assumant une obligation de contrôle. En conséquence, son champ d'application est réduit par

95. Cass. crim., 13 sept. 2006, *B.* n° 220.

96. Cass. crim., 2 déc. 2009, *B.* n° 204. – Comp. Cass. crim., 18 déc. 2019, préc.

97. Cass. crim., 20 avr. 2005, *B.* n° 140.

98. Cass. crim., 29 mars 2000, *Dr. pén.* 2000, n° 96, obs. M. Véron.

99. V. s'agissant de la directrice de cabinet d'un maire ayant abusivement mis en paiement des factures sans que la preuve d'une délégation n'ait été établie permettant de considérer que les fonds publics engagés lui avaient été remis : Cass. crim., 16 mars 2022, *AJ pénal* 2022, p. 266, obs. M. Bouchet ; *Gaz. Pal.*, 6 sept. 2022, p. 45, obs. S. Detraz ; *Gaz. Pal.*, 20 sept. 2022, p. 41, obs. L. Saenko.

rapport à celui de l'infraction précédente (qui concerne aussi bien les cadres de la Haute fonction publique que les simples agents d'exécution).

L'article 432-16 ne vise que les personnes dépositaires de l'autorité publique ou chargées d'une mission de service public, les comptables publics et les dépositaires publics. Là aussi, les personnes titulaires d'un mandat électif public ne sont pas citées. C'est donc de façon tout à fait contestable que, pour l'attirer dans le champ de la répression, la Cour de cassation juge « qu'un sénateur, qui accomplit, directement ou indirectement, des actes ayant pour but de satisfaire à l'intérêt général, est une personne chargée d'une mission de service public au sens de l'article 432-15 du Code pénal »[100]. Que l'activité des élus relève de l'intérêt général est une chose, qu'ils doivent être assimilés à des citoyens chargés d'un service public est tout autre chose[101]. On comprend bien l'intérêt répressif d'une telle solution devant la scandaleuse impunité que les parlementaires se sont octroyée en ne s'incluant pas dans l'énumération des auteurs possibles de cette infraction. Mais ce n'est pas à la Cour de cassation de corriger la loi au mépris du caractère limitatif de l'énumération qu'elle contient.

La grosse différence avec le texte qui précède tient au fait qu'ici les subordonnés ne sont pas cités, ce qui paraît logique car ils relèvent davantage de la catégorie des surveillés que des surveillants.

B. La matérialité de l'acte

1141. Les comportements incriminés aux articles 432-15 et 432-16 aboutissent au même résultat. Ils sont pourtant différents.

1. Le comportement de l'article 432-15

1142. L'article 432-15 envisage le fait, pour l'un des agents publics évoqués ci-dessus, de détruire, détourner ou soustraire une chose corporelle qui lui a été remise en raison de sa fonction ou de sa mission. Il s'agit d'une infraction très ancienne connue dans l'Ancien droit, et en littérature, sous le nom de péculat. L'agent qui la commet trahit à la fois l'État et le public qu'il a pour mission de servir. Elle est envisagée largement par la Cour de cassation jugeant qu'il n'est pas nécessaire que l'acte reproché ait été commis à l'occasion de l'exécution de la mission dont l'agent public était investi[102]. Il suffit que l'agent ait profité de sa position pour le commettre.

a. L'acte de destruction

1143. Présentation. – La destruction correspond à toute atteinte matérielle portée à la chose d'autrui. Les articles 322-1 et s. incriminent déjà plusieurs formes de destruction intentionnelle (v. *supra*, n° 467). Mais ces textes n'ont pas

100. Cass. crim., 27 juin 2018, *Dr. pén.* 2018, n° 190, obs. P. Conte. – V. aussi Cass. crim., 27 juin 2018, *D.* 2018, p. 1791, note G. Beaussonie et H. Rassafi-Guibal ; *JCP* G 2018, 1148, note M. Segonds ; *AJ pénal* 2018, p. 465, note P. de Combles de Nayves.

101. En l'occurrence, cette affirmation paraît d'autant plus malheureuse qu'elle contraint la Cour à ajouter que « ces dispositions n'exigent pas que les faits de détournements aient été commis à l'occasion de l'exécution de la mission de service public » : Cass. crim., 11 juill. 2018, préc.

102. Cass. crim., 20 avr. 2017, *D.* 2017, p. 1459, note J. Lasserre Capdeville ; *JCP* G 2017, 527, obs. J.-M. Brigant.

envisagé d'aggravation à raison de la qualité d'agent public. L'article 432-15 comble cette lacune. L'infraction peut ainsi être reprochée à un notaire qui détruit, sans l'accord des parties, un compromis de vente signé devant lui, une fois l'acte authentique établi[103].

b. L'acte de détournement

1144. Délimitation. – Le détournement est moins un acte qu'un résultat. Il suppose l'impossibilité de restituer une chose remise par autrui à titre précaire ou son utilisation à d'autres fins que celle convenue. Sachant que, pour la Cour de cassation, « l'article 432-15, C. pén. n'exige pas que le prévenu ait eu l'intention de s'approprier les fonds détournés ni qu'il en ait tiré un profit personnel »[104]. Elle l'a confirmé dans une affaire où les fonds publics détournés avaient été employés dans l'intérêt de la commune mais à une fin autre que celle initialement prévue[105]. Un tel changement d'affectation suffit pour caractériser le délit en l'absence de toute volonté d'enrichissement de la part de l'agent.

Cette nuance permet de distinguer le détournement de fonds publics de l'abus de confiance aggravé (art. 314-3, punissant le détournement « réalisé par un mandataire de justice ou par un officier public ou ministériel soit dans l'exercice ou à l'occasion de l'exercice de ses fonctions, soit en raison de sa qualité »). Plutôt que de débattre sur la proximité des intérêts protégés à ces deux occasions, il est préférable de conférer à chaque infraction un champ d'application propre[106]. N'est pas en cause ici une appropriation frauduleuse.

1145. Illustrations. – L'infraction de l'article 432-15 a par ex. été retenue contre un inspecteur des impôts qui, en vertu d'une délégation tacite, avait obtenu de certains contribuables des paiements qu'il n'était pas habilité à recevoir[107]. *Idem* contre un élu qui avait mis à la disposition d'un ami un photocopieur loué et payé par la mairie[108]. Elle fut également reprochée à un maire[109] et à un président d'établissement public[110] ayant accepté d'ordonner le paiement de dépenses qu'ils savaient correspondre à la rémunération d'emplois fictifs. De façon plus étonnante, il a aussi été jugé que « le fait, pour le dirigeant d'une personne morale financée par des fonds publics, de se comporter en véritable propriétaire de ceux-ci par l'engagement de dépenses liées à des déplacements professionnels, manifestement excessives, de pure convenance et hors de proportion avec les pratiques admises, caractérise le délit de détournement au sens de l'article 432-15 du code pénal »[111]. Mais, dans cette affaire, la surprise tient surtout au fait que l'infraction ait pu être reprochée au directeur général

---

103. Cass. crim., 11 oct. 1994, *Dr. pén.* 1995, nº 34, obs. M. Véron.

104. Cass. crim., 20 avr. 2005, *B.* nº 140.

105. Cass. crim., 19 déc. 2012, *JCP* A 2013, 2135, note R. Mésa. – V. depuis Cass. crim., 24 oct. 2018, *Dr. pén.* 2019, nº 3, obs. P. Conte.

106. Cass. crim., 21 sept. 2005, *B.* nº 233.

107. Cass. crim., 14 nov. 2006, *Dr. pén.* 2007, nº 35, obs. M. Véron.

108. Cass. crim., 20 mai 2009, *Dr. pén.* 2009, nº 138, obs. M. Véron.

109. Cass. crim., 13 sept. 2006, *B.* nº 220. – V. aussi Cass. crim., 14 févr. 2007, *Dr. pén.* 2007, nº 70, obs. M. Véron.

110. Cass. crim., 30 mai 2001, *Dr. pén.* 2001, nº 126, obs. M. Véron.

111. Cass. crim., 9 déc. 2020, *Gaz. Pal.*, 16 févr. 2021, p. 58, obs. E. Dreyer.

d'une association, donc d'une personne morale de droit privé, sous prétexte que celle-ci était chargée d'une mission de service public (organisatrice de services et soins à domicile).

1146. Prescription. – L'infraction peut donc être reprochée chaque fois qu'un agent public a accompli sur une chose un acte irrégulier. Elle se consomme à cet instant. Néanmoins, il fut jugé que le point de départ du délai de prescription peut être retardé au jour où le détournement est apparu et a pu être constaté dans des conditions permettant l'exercice de l'action publique[112]. La solution sera sans doute maintenue lorsqu'il apparaîtra que l'infraction a été dissimulée au sens de l'article 9-1, CPP.

c. L'acte de soustraction

1147. Définition. – La soustraction n'est pas définie à l'article 432-15. Il faut l'entendre comme en matière de vol, du moins dans l'approche classique que l'on peut en avoir et qui est seule compatible avec le principe de légalité (v. *supra*, n° 285). Soustraire revient à prendre, enlever, ravir, une chose sur laquelle le prévenu ne disposait pas de droits suffisants pour agir de la sorte. Peu importe ici l'incompatibilité traditionnelle entre soustraction et remise : le bien soustrait par l'agent public ne lui a pas été remis à titre personnel mais dans l'exercice de ses fonctions. Il est en réalité remis à son administration, à laquelle l'agent le soustrait.

1148. Conflit. – Néanmoins, on retrouve là aussi une difficulté de qualification. Car la répression du vol est aggravée lorsqu'un tel acte « est commis par une personne dépositaire de l'autorité publique ou chargée d'une mission de service public, dans l'exercice ou à l'occasion de l'exercice de ses fonctions ou de sa mission » (art. 311-4, 2°). Ce qui recouvre partiellement le champ d'application de l'article 432-15. Toutefois, comme dans l'hypothèse précédente, il faut sans doute considérer qu'ici la conscience de prendre, enlever, ravir, sans droit, suffit : on cherche moins à sanctionner un mode d'acquisition illégitime qu'un acte illégal (abus de fonction). *A fortiori*, peu importe l'absence de profit personnel dégagé par l'agent. Ce qui permet d'envisager très largement ce délit.

2. Le comportement de l'article 432-16

1149. Présentation. – Dans cette seconde hypothèse, un acte de destruction, détournement ou soustraction est bien accompli mais il n'est pas directement en cause car il n'émane pas de l'agent : c'est le fait d'un « tiers », soit d'un autre agent public, au sens de l'article 432-15, soit d'un particulier au sens de l'article 433-4 (dont le contenu est spécialement rappelé ci-dessus. – V. *supra*, n° 1133). Il n'est même pas certain qu'une première infraction doive nécessairement être caractérisée à cette occasion : la perte, dans des circonstances restées mystérieuses, d'un objet remis en dépôt peut suffire[113].

---

112. Cass. crim., 13 sept. 2006, *B.* n° 220. – V. aussi Cass. crim., 10 mars 1992, *Dr. pén.* 1992, n° 197, obs. M. Véron.

113. V. aussi, soutenant que la référence aux faits de destruction, détournement et soustraction ne concernerait ici que leur matérialité : B. Auroy, *La consommation de l'infraction*, Th. Paris-Saclay, 2021, [LGDJ, coll. Bibl.sc.crim., t. 72, 2023], p. 172, n° 289.

En effet, ici, l'agent public se voit tout au plus reprocher d'avoir laissé disparaître un objet qui lui a été remis à raison de ses fonctions ou de sa mission. Peu importe – semble-t-il mais la solution est discutable – qu'il ait lui-même reçu l'objet ou que celui-ci ait été remis à un collègue ou un prédécesseur. Tenu de surveiller, cet agent public aurait dû empêcher la disparition de l'objet. S'il n'a pas été en mesure de le faire, il doit répondre de sa défaillance. Une telle abstention ne pouvant être punie au titre de la complicité (comportement en principe intentionnel), il a fallu l'incriminer à titre autonome.

Ce délit a été reproché par ex. à un maire qui avait accepté de signer des bons de commande et des factures concernant des objets qui ne pouvaient manifestement pas être destinés à sa commune (matériels hi-fi ou électroménager) en se contentant des déclarations de sa secrétaire qui fut, elle, condamnée pour l'infraction de l'article 432-15[114]. L'infraction fut retenue également contre un greffier qui, par sa négligence, permit la soustraction de scellés contenant des sommes d'argent dont il assumait la garde[115]. De façon plus exceptionnelle, elle a aussi été reprochée à une ministre de l'Économie n'ayant pas exercé de recours contre une sentence arbitrale qui s'est révélée aberrante[116].

1150. Portée. – En pratique, cette qualification sert souvent de repli par rapport à la précédente : elle est utilisée lorsque la participation de l'agent public aux détournements n'a pu être prouvée mais qu'il a tout de même contribué, par sa négligence, à permettre leur réalisation[117].

Faut-il y voir une infraction de conséquence (par rapport à celle reprochable au « tiers » sur le fondement de l'article 432-15 ou 433-4) ? Cela poserait difficulté lorsqu'une telle négligence est poursuivie seule car la preuve de l'infraction primaire, spécialement son caractère intentionnel, est alors difficile à établir. À ce titre, la constitutionnalité de l'incrimination a été mise en doute[118]. Mais le problème ne se pose pas ainsi. En effet, l'imprudence n'est pas la conséquence mais la cause de la destruction, du détournement ou de la soustraction constaté[119]. Il s'agit donc, au mieux, d'une infraction de prévention, sanctionnée pour éviter qu'il ne soit porté atteinte aux intérêts de la collectivité publique (même si, en pratique, c'est cette atteinte qui révèle la négligence antérieurement commise). Partant de là, la Cour de cassation estime qu'il est possible de se contenter du constat objectif de la disparition d'un bien public sans que la preuve d'une infraction à ce titre soit rapportée[120]. Ce qui facilite les poursuites. On s'en étonnera d'autant moins que, on l'a dit, l'infraction nous semble également constituée lorsque la disparition du bien est accidentelle.

114. Cass. crim., 9 nov. 1998, *Dr. pén.* 1999, n° 53, obs. M. Véron.

115. Cass. crim., 26 nov. 1991, *Dr. pén.* 1992, n° 117, obs. M. Véron.

116. CJR, 19 déc. 2016, *JCP* G 2017, 205, note Y. Mayaud.

117. Cass. crim., 22 févr. 2006, *Dr. pén.* 2006, n° 88, obs. M. Véron.

118. D. de Béchillon, « À propos de la conformité à la Constitution du délit de négligence prévu à l'article 432-16 du Code pénal », *in Mél. Sudre*, LexisNexis, 2018, p. 42.

119. J.-M. Brigant, « Le détournement de fonds publics par négligence », *in Le risque de corruption,* Dalloz, coll. T et C, 2018, p. 108.

120. V. jugeant que « le délit prévu à l'article 432-16 du Code pénal constitue une infraction distincte de celle visée à l'article 433-4 du même Code et autonome par rapport à cette dernière » (Cass. ass. plén., 22 juill. 2016, *JCP* G 2016, 1066, note J.-M. Brigant ; *AJ pénal* 2016, p. 496, obs. J.-B. Perrier), de sorte qu'aucun sursis à statuer ne s'impose lorsqu'une autre poursuite est pendante sur ce second fondement.

C. La perception de l'acte

1151. Distinction. – Au sens de l'article 432-15, la destruction, le détournement ou la soustraction constitue nécessairement un délit intentionnel. L'agent public doit avoir accompli, en connaissance de cause, sur une chose remise à l'administration un acte incompatible avec ses fonctions ou sa mission. Une telle preuve se déduit par ex. de la dissimulation des prélèvements qu'il a illégitimement opérés[121].

Au sens de l'article 432-16, la destruction, le détournement ou la soustraction est permis par un défaut d'attention de l'agent. L'infraction est non intentionnelle. Le texte ne parle que de négligence mais cela suffit pour indiquer que l'agent ne doit pas s'être associé à l'acte de destruction, détournement ou soustraction. Auquel cas, il pourrait sans doute être poursuivi comme complice. Ici, seul un défaut de surveillance est en cause. Il s'agit de prévenir tout sentiment d'insécurité au contact de l'administration : les usagers ne doivent pas s'en méfier à raison de sa désorganisation et de l'incompétence de ceux qui veillent à son bon fonctionnement. Dès lors qu'ils disposent d'un pouvoir de contrôle, les agents publics doivent se montrer vigilants. Partant de là, leur défaillance peut être envisagée largement. La faute dont il est question à l'article 432-16 ne s'apprécie pas par rapport aux critères énoncés à l'article 121-3, al. 4 du Code pénal : toute faute est prise en compte[122]. Peu importe qu'elle ait directement ou indirectement produit le résultat redouté par le législateur. Elle est aisément établie dès lors qu'il entrait dans les attributions de l'agent d'empêcher la destruction, le détournement ou la soustraction de biens publics. Là aussi, la faute s'apprécie *in abstracto* : par rapport aux diligences qu'aurait accomplies tout bon cadre de la fonction publique placé dans les mêmes circonstances.

Section 2
Les conflits d'intérêts reprochables à l'agent public

1152. Présentation. – Sont envisagées ici deux infractions connues dans le langage courant sous le nom de « délits d'ingérence ». Il s'agit de sanctionner l'agent public, ou l'ancien agent public, dont l'intérêt personnel pourrait coïncider avec celui des entreprises qu'il est, ou était, chargé de contrôler. En effet, ces liens étroits laissent craindre qu'une telle personne ne manque au devoir de probité qui est le sien. L'objectif est de moraliser la vie publique en séparant nettement ce qui relève des fonctions publiques et de la vie des affaires[123]. Les

121. Cass. crim., 13 sept. 2006, *B.* n° 220.

122. Cass. crim., 22 févr. 2017, *Gaz. Pal.* 25 avr. 2017, p. 53, obs E. Dreyer.

123. Y. Muller, « Le droit pénal des conflits d'intérêts », *Dr. pén.* 2012, étude 1.

agents publics doivent consentir à l'État une sorte d'exclusivité[124]. L'objectif est également de garantir la sincérité des relations entre l'administration, ou du moins ses agents, et des entreprises qui cherchent toujours à être avantagées par rapport aux autres dans la conquête de nouveaux marchés[125].

Toutefois, les incompatibilités dont il s'agit ne sont pas les mêmes lorsque l'agent est en activité ou a cessé ses fonctions. L'ingérence de l'agent public en activité est spécialement désignée sous le nom de « prise illégale d'intérêt » ; l'ingérence de l'ancien agent public est spécialement désignée sous le nom de « pantouflage ». Nous les envisagerons successivement, non sans avoir observé auparavant que des infractions équivalentes existent également dans d'autres domaines (v., par ex., s'agissant des commissaires aux comptes, C. com., art. L. 820-6).

§1. L'ingérence de l'agent public en activité

1153. Traitons d'abord du comportement incriminé à ce titre puis des modalités de sa répression.

A. Le comportement incriminé

1154. L'article 432-12 du Code pénal interdit à certaines personnes de « prendre, recevoir ou conserver, directement ou indirectement, un intérêt de nature à compromettre son impartialité, son indépendance ou son objectivité dans une entreprise ou dans une opération dont elle a, au moment de l'acte, en tout ou en partie, la charge d'assurer la surveillance, l'administration, la liquidation ou le paiement ». Une formule équivalente apparaît à l'article 432-12-1 concernant spécialement les magistrats et assimilés. L'analyse de ces textes complexes impose de distinguer ce qui relève des conditions préalables et des éléments constitutifs de l'infraction.

1. Les conditions préalables de l'infraction

1155. Elles sont au nombre de deux. En effet, le comportement incriminé suppose un rapprochement entre le statut « public » de certaines personnes et un statut « privé » auquel ces mêmes personnes n'ont pas accès.

a. Le statut public exclusif

1156. Délimitation. – Le délit d'ingérence est reprochable à une « personne dépositaire de l'autorité publique ou chargée d'une mission de service public ou... investie d'un mandat électif public ». Cette trilogie est traditionnelle (v. *supra*, n° 993). *A priori*, seuls les agents subalternes de l'administration échappent à l'incrimination, c'est-à-dire les agents d'exécution qui ne sont

124. Sachant que « l'article 432-12 du Code pénal n'exige pas que l'intérêt pris par le prévenu soit en contradiction avec l'intérêt communal » : Cass. crim., 3 avr. 2019, *Dr. pén.* 2019, n° 106, obs. P. Conte. – 19 mars 2008, *AJ pénal* 2008, p. 238, obs. M.-E. Charbonnier ; *RSC* 2008, p. 592, obs. C. Mascala.

125. Pour prévenir la commission d'infractions de ce type, une loi du 11 octobre 2013 relative à la transparence de la vie publique impose aux élus d'éviter certains conflits d'intérêts (art. 2) et de déclarer leur situation patrimoniale en début et fin de mandat (art. 4). – V. not. M. Segonds, « Lois des 11 oct. 2013... ou la préservation des délits de prise illégale d'intérêts », *RSC* 2014, p. 883.

« chargés d'aucune mission officielle leur donnant le droit de délibérer, d'administrer, de liquider ou de surveiller une affaire au nom de la puissance publique »[126]. En pratique, cette restriction pose peu de difficultés, l'agent subalterne pouvant difficilement avantager une entreprise privée.

1157. Énumération. – Les dépositaires de l'autorité publique sont assez peu mis en cause à ce titre car le statut de fonctionnaire, son organisation hiérarchique et les contrôles dont il fait l'objet, aident au respect de l'obligation de probité qui s'impose à tout agent public[127]. On précisera tout au plus ici qu'une prise illégale d'intérêt peut être reprochée aussi bien à celui qui bénéficie d'une véritable délégation de compétence qu'à celui qui bénéfice d'une simple délégation de signature[128]. Ce qui est contesté en droit public[129] mais légitime en droit pénal où l'apparence importe autant que la réalité : aucun doute ne doit exister sur la probité des agents publics. D'ailleurs, sur le fondement voisin de l'article 432-13, il a été jugé qu'il n'est pas nécessaire « que l'intervention du fonctionnaire s'inscrive dans le processus formalisé des décisions administratives »[130]. L'analyse est moins statutaire que fonctionnelle.

Les titulaires d'un mandat électif public sont plus souvent poursuivis[131]. Il en va ainsi pour les élus locaux comme pour les parlementaires[132]. Sachant qu'ici aussi il a été jugé que « l'article 432-12 du Code pénal n'exige pas, pour que le délit de prise illégale d'intérêt soit constitué, que le prévenu ait disposé d'un pouvoir juridique quelconque sur l'opération dont il a la surveillance, l'administration, la liquidation ou le paiement »[133].

Mais c'est dans la catégorie des personnes chargées d'une mission de service public que la conscience des incompatibilités existant entre fonctions publique et privée semble la plus floue. Ce qui ne surprendra guère car la catégorie est envisagée très largement. La Cour de cassation estime « que doit être regardée comme chargée d'une mission de service public, au sens de l'article 432-12 du Code pénal, toute personne chargée, directement ou indirectement, d'accomplir des actes ayant pour but de satisfaire à l'intérêt général, peu important qu'elle ne disposât d'aucun pouvoir de décision au nom de la puissance publique »[134]. Peu importe l'absence de statut officiel de certains collaborateurs qui n'en sont pas moins tenus de respecter un devoir de probité. Il a ainsi été jugé que les mandataires judiciaires sont des personnes chargées d'une mission de service public susceptibles de se voir reprocher

---

126. Cass. crim., 10 févr. 1988, *B.* n° 69.

127. V. cpdt Cass. crim., 5 nov. 1998, *JCP* G 1999, II, 10182, note W. Jeandidier.

128. Cass. crim., 27 nov. 2002, *B.* n° 212.

129. P. Delelis, « Délégation de service public et droit pénal », *CMP* mai 2003, chron. 10, p. 6.

130. V. au sujet d'un conseiller présidentiel ayant supervisé la fusion de deux banques avant de prendre la direction du nouveau groupe ainsi créé : Cass. crim., 27 juin 2012, *D.* 2012, p. 2782, note E. Dreyer.

131. V. aussi P. Conte, « Le délit d'ingérence », *Gaz. Pal.* 1992.1, Doctr., p. 70. – S. Majerowicz, « La rémunération des élus, dirigeants de sociétés d'économie mixte », *JCP* G 1994, I, 3808.

132. Une loi du 15 septembre 2017 pour la confiance dans la vie politique précise à quelles conditions des proches peuvent être recrutés collaborateurs (art. 11).

133. Cass. crim., 27 juin 2018, *Dr. pén.* 2018, n° 190, obs. P. Conte.

134. V. au sujet du dirigeant de fait d'une association chargée de la gestion de mesures de protection judiciaire : Cass. crim., 30 janv. 2013, *Gaz. Pal.* 8 mai 2013, p. 34, obs. E. Dreyer. – V. à l'inverse, s'agissant d'un directeur général de la SNCF : Cass. crim., 28 oct. 2015, *JCP* G 2016, 194, note J.-M. Brigant.

l'infraction[135]. Il en va de même pour le président d'un conseil régional des notaires, établissement d'utilité publique, chargé notamment de la formation et du placement des notaires stagiaires[136]. Il en va de même encore pour le secrétaire général d'une chambre des métiers, « établissement public qui participe au service public tant de l'éducation, par l'apprentissage et la formation, que de l'économie, par le développement de l'artisanat »[137], pour les membres du conseil d'administration d'un port autonome, établissement public à caractère industriel et commercial qui est en partie chargé d'une mission d'intérêt général[138], pour un architecte chargé, par un office public d'HLM et par un conseil départemental, d'assurer la maîtrise d'œuvre d'opérations de construction immobilière[139] et pour le président d'un conseil départemental de la Croix-Rouge, « chargé en tant que tel d'exercer une fonction ou d'accomplir des actes ayant pour but de satisfaire à l'intérêt général »[140].

1158. Exclusion. – Toutefois, il faut retrancher du champ d'application de l'article 432-12 les magistrats et les personnes exerçant des fonctions juridictionnelles. En effet, elles relèvent désormais de l'article 432-12-1, sans que ce texte spécial ne présente aucun intérêt au plan répressif car le comportement incriminé, on le verra, est le même et les sanctions aussi. La précision découlant de ce texte est donc purement symbolique : au cas où ils en douteraient les magistrats, professionnels ou non, peuvent eux aussi se voir reprocher une prise illégale d'intérêt. Mais, à ce titre, c'est-à-dire au plan des symboles, l'infraction paraît mal placée. Suivant le plan du Code, elle aurait dû figurer parmi les atteintes à l'action de la justice (art. 434-1 et s.). De surcroît, cette disposition d'un intérêt pratique limité sème le doute sur le sort à réserver à « un fonctionnaire au greffe d'une juridiction » ainsi qu'à « un expert [...], une personne chargée par l'autorité judiciaire ou administrative d'une mission de conciliation ou de médiation, un arbitre » qui sont expressément assimilés aux magistrats lorsqu'est incriminée la corruption passive (art. 434-9. – V. *supra*, n° 994) mais dont il n'est pas question ici. Sans doute, faut-il considérer qu'ils relèvent de l'article 432-12 et non de cet article supplémentaire[141]. Néanmoins, ce constat accroît le sentiment d'inutilité donné par l'article 432-12-1.

b. Le statut privé incompatible

1159. Définitions. – Par ailleurs, on le verra, l'infraction suppose que l'agent public tel que défini ci-dessus prenne ou conserve un intérêt dans une entreprise ou une opération économique qui ne lui est pas étrangère lors de l'exercice de ses fonctions ou missions. Malgré le flou de ces termes, la Cour de cassation estime que la légalité de l'article 432-12 ne peut être contestée[142].

135. Cass. crim., 26 sept. 2001, *Dr. pén.* 2002, n° 34, obs. J.-H. Robert. – Néanmoins, cette qualification a été écartée au sujet d'un administrateur provisoire désigné par un tribunal de commerce pour assister une société : Cass. crim., 19 juin 1997, *Dr. pén.* 1998, n° 8, obs. J.-H. Robert.

136. Cass. crim., 21 sept. 2005, *B.* n° 233.

137. Cass. crim., 10 sept. 2003, *Dr. pén.* 2004, n° 19, obs. M. Véron.

138. Cass. crim., 21 nov. 2001, *Gaz. Pal.* 2002.2, p. 1008, note S. Petit.

139. Cass. crim., 14 juin 2000, *Dr. pén.* 2001, n° 5, obs. M. Véron.

140. Cass. crim., 3 avr. 2007, *Dr. pén.* 2007, n° 127, obs. M. Véron.

141. F. Stasiak, « La réforme du délit de prise illégale d'intérêts », *Dr. pén.* 2022, étude 6, n° 2.

142. Cass. crim., 30 nov. 2011, *B.* n° 241.

De la pratique, on déduit que le terme « entreprise » vise tout fonds de commerce exploité tant par l'agent, personne physique, que par une personne morale dans le capital de laquelle l'agent aurait une participation[143].

Cette approche extensive est confirmée par l'assimilation de l'« opération » à l'« entreprise » dans le texte d'incrimination. Il s'agit de sanctionner la prise d'intérêt même lorsqu'elle intervient en dehors de toute structure sociale (à l'occasion de la production, distribution ou acquisition de biens ou services au sens large)[144].

Cependant, il n'est pas interdit à un agent public de prendre ou conserver un intérêt dans toute entreprise ou opération économique. Une incompatibilité n'apparaît que dans certaines circonstances justifiant la répression.

2. La matérialité de l'acte

1160. Il y a infraction lorsqu'un agent public prend ou conserve un intérêt dans une entreprise ou une opération dont il peut avoir à connaître dans l'exercice de ses fonctions. En effet, cet agent public risque alors d'hésiter entre son intérêt personnel et l'intérêt général défendu par son administration. La prise ou la conservation d'un intérêt n'est donc pas sanctionnée pour elle-même mais pour ce qu'elle présente de danger : il s'agit de « garantir, dans l'intérêt général, l'exercice indépendant, impartial et objectif des fonctions publiques »[145]. Il faut éviter à l'agent public une tentation qui fait naître le soupçon[146].

Tentons d'abord d'identifier en quoi consiste l'acte litigieux ; on précisera ensuite les hypothèses dans lesquelles il pose problème.

a. L'identification de l'acte

1161. Le délit d'ingérence peut prendre deux formes. Peu importe le caractère direct ou indirect de l'intérêt pris ainsi que la nature de celui-ci.

1162. Formes. – L'article 432-12 incrimine tout d'abord le fait pour un agent public – au sens précisé ci-dessus – de prendre un intérêt dans une entreprise ou une opération en dépit de l'incompatibilité qui le frappe. C'est le cas par ex. de l'inspecteur des impôts qui accepte de conseiller une entreprise qu'il est susceptible de contrôler[147]. C'est également le cas du président d'un conseil départemental de la Croix-Rouge qui confie à une société dont son épouse est gérante de fait, et son fils gérant de droit, l'organisation de stages de formation et de sélection dans le domaine des gardes à domicile[148].

---

143. En conséquence, l'agent peut même se voir reprocher d'être simplement actionnaire d'une société travaillant principalement avec une autre société qu'il est amené à contrôler : Cass. crim., 27 nov. 2002, *JCP* G 2003, II, 10093, note W. Jeandidier.

144. L'infraction fut par ex. reprochée à un maire qui avait fait voter par son conseil municipal l'acquisition d'une maison pour y établir un musée, en permettant ainsi à la propriétaire de cette maison de rembourser l'emprunt... dont il s'était porté caution (Cass. crim., 10 avr. 2002, *Dr. pén.* 2002, n° 105, obs. M. Véron) !

145. Cass. crim., 20 déc. 2017, *Dr. pén.* 2018, n° 43, obs. P. Conte.

146. S. Corioland, « Commande publique et risque pénal », *AJ pénal* 2022, p. 565.

147. Cass. crim., 3 avr. 1991, *D.* 1992, p. 225, note C. Pagnon.

148. Cass. crim., 3 avr. 2007, *Dr. pén.* 2007, n° 127, obs. M. Véron. – V. aussi Cass. crim., 3 mai 2001, *Dr. pén.* 2001, n° 99, obs. M. Véron.

Ensuite, l'article 432-12 assimile à cette première hypothèse celle dans laquelle une personne ayant déjà un intérêt dans une entreprise conserverait cet intérêt après l'obtention d'un mandat électif public ou après s'être vue confier une mission de service public. C'est le cas de l'architecte, élu conseiller municipal, qui ne renonce pas à présenter des demandes de permis de construire alors qu'il devient adjoint délégué à l'urbanisme. C'est également le cas du notaire devenu premier adjoint au maire de sa commune qui intervient, notamment en qualité de rapporteur, devant le conseil municipal pour faire adopter des décisions conformes à ses intérêts professionnels[149].

Dans les deux cas, peu importe la dissimulation de cette incompatibilité dès lors que les magistrats en démontrent la réalité. L'infraction a ainsi été retenue contre le président d'un conseil départemental ayant décidé le recrutement, en qualité de collaboratrice de cabinet à mi-temps, de son ancienne employée de maison... qui n'a jamais cessé de déployer ses compétences à son service privé[150] !

1163. Caractère. – Une telle prise d'intérêt peut présenter un caractère direct ou indirect. Ainsi, elle peut être réalisée ou conservée personnellement par l'agent public mais aussi par l'intermédiaire d'une personne interposée. En visant également cette seconde hypothèse, le législateur a voulu éviter que l'infraction ne se réalise grâce à une épouse ou un parent qui servirait à l'agent public de prête-nom alors que, *de facto*, il prendrait ou conserverait un intérêt dans une entreprise qu'il est susceptible de contrôler. C'est l'hypothèse du maire souhaitant acheter un terrain appartenant à sa commune qui demande à son beau-frère de se substituer formellement à lui[151] ou celle du président d'un conseil départemental qui fait octroyer un marché à un proche par un chef de service agissant sur délégation[152]. L'incompatibilité peut également être dissimulée en ayant recours à la sous-traitance. Il y a prise illégale d'intérêt dès lors qu'un maire demande à une entreprise de candidater à un marché public que le conseil municipal de sa commune lui attribue tout en ayant convenu à l'avance qu'elle sous-traitera ce marché à sa propre société[153]. Il y a également prise illégale d'intérêt lorsqu'un expert donne un avis favorable à l'attribution d'une subvention à une entreprise travaillant avec un sous-traitant principal dont il est actionnaire[154].

1164. Nature. – Enfin, il importe que l'intérêt pris soit « de nature à compromettre son impartialité, son indépendance ou son objectivité ». Auparavant, l'article 432-12 parlait au contraire d'un « intérêt quelconque ». On pourrait croire que l'intervention du législateur pour préciser l'intérêt en question a donc restreint le champ de l'incrimination. En réalité, il n'en est rien car l'intérêt quelconque ne pouvait s'entendre que d'un intérêt de nature à

149. Cass. crim., 2 févr. 1988, *B.* n° 51.

150. Cass. crim., 18 oct. 2000, *B.* n° 301. – *Idem* : Cass. crim., 7 mai 1998, *Dr. pén.* 1998, n° 128, obs. M. Véron.

151. Cass. crim., 14 juin 1988, *B.* n° 272. – V. aussi Cass. crim., 24 oct. 2001, *Dr. pén.* 2002, n° 29, obs. M. Véron.

152. Cass. crim., 9 févr. 2005, *Dr. pén.* 2005, n° 114, obs. M. Véron. – *Idem* en cas d'usage d'une simple procuration : Cass. crim., 10 avr. 2002, *Dr. pén.* 2002, n° 105, obs. M. Véron.

153. Cass. crim., 4 juin 1996, *Dr. pén.* 1996, n° 262, obs. M. Véron.

154. Cass. crim., 27 févr. 2002, *B.* n° 48.

compromettre l'impartialité, l'indépendance ou l'objectivité de l'agent[155]. C'est en effet dans la logique même de l'incrimination[156]. Seul est précisé là le résultat redouté, non les moyens de l'atteindre. En ce sens, tout intérêt est susceptible d'être pris en compte dès lors que le cumul de fonctions en cause laisse craindre qu'elles soient mal exercées lorsqu'elles entreront en conflit[157].

Dès lors, peu importe la nature de l'intérêt en question : peu importe qu'il « soit de nature matérielle ou morale »[158]. L'intérêt matériel est entendu largement : « caractérise un intérêt, au sens de l'article 432-12 du Code pénal, l'existence d'un lien d'affaires qui unit l'auteur de ce délit à la personne bénéficiant d'une décision prise par lui dans le cadre de ses fonctions publiques, peu important que ce lien ait été développé au sein d'une société sans rapport avec l'opération dont il a la charge d'assurer la surveillance, l'administration, la liquidation ou le paiement »[159]. L'intérêt moral est également envisagé de façon large. Un lien d'amitié suffit[160]. Il en va *a fortiori* de même pour un lien de famille. Dans ce cadre, vouloir « faire plaisir » en autorisant une opération déterminée, c'est encore y trouver un intérêt. Ce qui a permis à la Cour de cassation d'admettre l'infraction dans une hypothèse où un maire avait signé plusieurs actes d'engagement portant sur des travaux de construction de bâtiments communaux avec son gendre, architecte, alors qu'il ne retirait aucun bénéfice immédiat de tels contrats[161]. L'infraction a été retenue également contre le président d'un Conseil régional des notaires qui avait fait embaucher son fils en qualité de notaire stagiaire : au lieu de rester dans son rôle de contrôleur, il avait tiré de ce recrutement un bénéfice personnel et familial[162].

Seul compte le fait que l'intérêt pris ou conservé soit de nature à influencer la façon dont les fonctions publiques sont exercées. Ce risque rend illégale la prise ou la conservation de l'intérêt en question.

b. L'illégalité de l'acte

1165. L'intérêt pris ou conservé par l'agent ne pose difficulté que si, dans l'exercice de ses fonctions, l'agent se trouve chargé, en tout ou partie, « d'assurer la surveillance, l'administration, la liquidation ou le paiement » de l'entreprise ou de l'opération concernée. L'agent risque alors d'être confronté à des choix

155. En conséquence, cette modification de l'incrimination a été déclarée immédiatement applicable : Cass. crim., 5 avr. 2023, *JCP* G 2023, 773, note J.-M. Brigant ; *Dr. pén.* 2021, n° 98, obs. P. Conte ; *AJ Pénal* 2023, p. 240, obs. S. Kanoun.

156. V. soulignant la dimension interprétative de cette disposition : J.-M. Brigant, « Délit de prise illégale d'intérêts : un législateur très intéressé », *Gaz. Pal.*, 24 mai 2022, p. 15. – V. aussi, s'interrogeant sur sa portée : E. Daoud et E. de Castelbajac, « Le délit de prise illégale d'intérêts enfin revisité », *AJ pénal* 2022, p. 65.

157. V. cpdt CGFP, art. L. 121-5, pour qui « constitue un conflit d'intérêts toute situation d'interférence entre un intérêt public et des intérêts publics ou privés qui est de nature à influencer ou paraître influencer l'exercice indépendant, impartial et objectif des fonctions de l'agent public ». – Un auteur regrette qu'une telle formule n'ait pas été reproduite ici (M. Segonds, « Évolutions et perspectives du droit pénal des affaires publiques », *AJ pénal* 2022, p. 562).

158. Cass. crim., 22 oct. 2008, *Dr. pén.* 2009, n° 3, obs. M. Véron.

159. Cass. crim., 20 mars 2019, *AJ pénal* 2019, p. 386, obs. M.-C. Sordino.

160. Cass. crim., 5 avr. 2018, *JCP* G 2018, 570, obs. J.-M. Brigant ; *AJ pénal* 2018, p. 313, obs. J. Lasserre Capdeville ; *Gaz. Pal.* 24 juill. 2018, p. 48, obs. S. Detraz.

161. Cass. crim., 29 sept. 1999, *Dr. pén.* 2000, n° 15, obs. M. Véron. – Comp. Cass. crim., 29 juin 2011, *Gaz. Pal.* 21 août 2011, p. 15, note J. Lasserre Capdeville. – 9 févr. 2005, *Dr. pén.* 2005, n° 114, obs. M. Véron.

162. Cass. crim., 21 sept. 2005, *B.* n° 233. – *Idem* pour un président d'université faisant embaucher sa sœur comme « professeur contractuel » : Cass. crim., 17 déc. 2008, *B.* n° 258.

difficiles. L'article 432-12 vise à cet égard les quatre hypothèses où ce cumul pose le plus de difficultés. Mais il ne dit rien de l'intensité des pouvoirs exercés à cette occasion. La jurisprudence s'en est occupée.

1166. Hypothèses de conflit. – Une infraction est constituée tout d'abord si l'agent est chargé de surveiller ou d'administrer une entreprise qui lui appartient en tout ou partie (ou une opération économique dont il profite). L'hypothèse se rencontre par ex. lorsqu'un maire installe son domicile dans une maison appartenant à la commune en omettant de payer le loyer tardivement convenu[163] ou lorsque le tuteur de majeurs protégés au sein d'un hôpital constitue une société dont son frère devient gérant afin de servir de structure d'accueil aux incapables qu'il représente[164]. Dans la première hypothèse, le maire ne peut à la fois exiger les paiements et refuser de s'acquitter des loyers. Dans la seconde hypothèse, les intérêts des majeurs protégés ne sont plus forcément au cœur des préoccupations de leur tuteur[165].

Mais l'infraction est également constituée lorsque l'agent public est chargé de liquider une entreprise dans laquelle il peut avoir un intérêt[166] et, *a fortiori*, lorsqu'il est chargé de lui verser de l'argent. Ainsi, un conflit d'intérêts apparaît lorsqu'un maire achète de l'essence et fait réparer les véhicules communaux dans un garage dirigé par son fils[167]. *Idem* lorsqu'un membre du conseil d'administration d'un port autonome s'avère être également actionnaire et gérant de fait d'une entreprise de transport pour le compte de laquelle il sollicite de son conseil d'administration, une remise gracieuse de redevances : il est à la fois juge et partie lorsqu'il participe au vote accordant cette remise[168] !

1167. Acuité du conflit. – Dans ces différentes situations, peu importe l'étendue des pouvoirs que l'agent était susceptible d'exercer sur l'entreprise ou l'opération dans laquelle il a pris ou conservé un intérêt. Il n'est pas nécessaire qu'il ait procédé individuellement à sa surveillance ou à son contrôle, de sorte qu'il était seul à pouvoir décider de son sort. Il suffit pour qu'une infraction lui soit reprochable qu'il dispose d'une compétence d'avis[169] ou qu'il participe à l'organe collectif chargé de statuer au profit de l'entreprise ou de l'opération dans laquelle il a un intérêt[170]. Son vote, dans cette dernière hypothèse,

163. Cass. crim., 5 déc. 2012, *Gaz. Pal.* 8 févr. 2012, p. 39, obs. E. Dreyer.

164. Cass. crim., 21 févr. 2001, *B.* n° 46.

165. V. aussi Cass. crim., 10 sept. 2003, *Dr. pén.* 2004, n° 19, obs. M. Véron.

166. L'infraction est constituée par ex. contre le directeur salarié d'une SAFER, qui fait préempter par celle-ci un domaine agricole, qu'il se fait ensuite rétrocéder à titre personnel : en faisant préempter un bien qu'il souhaite acquérir dans un second temps, il sème le doute sur les conditions de la préemption (Cass. crim., 21 nov. 1985, *B.* n° 370).

167. Cass. crim., 19 mai 1999, *Dr. pén.* 1999, n° 139, obs. M. Véron.

168. Cass. crim., 21 nov. 2001, *Gaz. Pal.* 2002.2, p. 1008, note S. Petit. – V. aussi Cass. crim., 14 déc. 2005, *Dr. pén.* 2006, n° 59, obs. M. Véron.

169. L'infraction fut ainsi reprochée à un maire adjoint qui avait donné un avis favorable à la reconduction d'une subvention à une association alors que celle-ci était débitrice d'une somme importante à l'égard d'une entreprise dont il était par ailleurs le gérant : ce qui a permis à cette association d'honorer sa dette et de sauver l'entreprise créancière au bord du dépôt de bilan (Cass. crim., 9 mars 2005, *Dr. pén.* 2005, n° 115, obs. M. Véron).

170. Y compris lors d'une « réunion informelle » devant permettre de lever les objections à la vente, par la commune, de terrains à des proches du maire (Cass. crim., 20 janv. 2021, *JCP* G 2021, 223, obs. J.-M. Brigant).

devient suspect même s'il n'a pu emporter à lui seul la conviction[171]. Le fait que le pouvoir de décision ait été partagé ne fait donc pas disparaître le délit. Pire : la simple capacité d'influence de l'agent, tenant à sa compétence ou à sa notoriété, sur celui qui est en mesure de prendre une décision, suffit pour caractériser le délit lorsque cette influence s'exerce au profit d'une entreprise dont l'agent public est propriétaire[172]. Le pouvoir de cet agent public est alors davantage un pouvoir de fait que de droit[173].

En toute hypothèse, le pouvoir dont il s'agit n'a pas davantage à être permanent et effectif. Est en cause une infraction obstacle. Il suffit que l'une des tâches incriminées entre dans les attributions de l'agent, y compris à l'occasion d'une délégation[174]. Il faut lui éviter la tentation d'en abuser.

Enfin, peu importe que le conflit d'intérêts apparaisse dans le cadre d'une activité prolongée de l'agent ou lors de l'accomplissement d'un acte isolé. Il y a délit dès lors que l'agent peut se trouver, à un moment quelconque de son activité, en situation de conflit d'intérêts[175]. Il existe alors un risque que l'agent n'exerce pas correctement sa mission à l'égard de l'entreprise ou de l'opération contrôlée compte tenu de l'intérêt personnel qu'il peut y trouver. Ce risque suffit à caractériser l'infraction.

3. La perception de l'acte

1168. Intention. – La prise illégale d'intérêt constitue une infraction intentionnelle. Mais la conscience et la volonté d'avoir un comportement illicite découlent des faits eux-mêmes[176]. L'agent qui prend un intérêt dans une entreprise que sa fonction lui faisait un devoir de surveiller ne peut échapper à la sanction en prétendant qu'il ignorait l'existence de cette contrainte inhérente à son statut : « l'intention coupable est caractérisée du seul fait que l'auteur a accompli sciemment l'acte constituant l'élément matériel du délit »[177]. Censé donner l'exemple, il peut encore moins qu'un autre prétendre avoir ignoré la loi.

De surcroît, il n'est pas nécessaire d'établir que l'agent a cherché à tirer un avantage personnel de la situation : le délit « se consomme par le seul abus de la fonction indépendamment de la recherche d'un gain ou de tout autre avantage

171. Cass. crim., 14 déc. 2005, *Dr. pén.* 2006, comm. n° 59, obs. M. Véron. – 19 mai 1999, *Dr. pén.* 1999, n° 139, obs. M. Véron.

172. Cass. ass. plén., 4 juill. 2008, *B.* n° 2.

173. V. aussi, se contentant « de simples pouvoirs de préparation ou de proposition de décisions prises par d'autres » : Cass. crim., 14 juin 2000, *Dr. pén.* 2001, n° 5, obs. M. Véron. – *Idem* Cass. crim., 15 janv. 2020, *Gaz. Pal.* 12 mai 2020, p. 53, obs. E. Dreyer.

174. Cass. crim., 27 nov. 2002, *B.* n° 212. – Comp. Cass. crim., 6 août 1996, *Dr. pén.* 1996, n° 263, obs. M. Véron.

175. V. s'agissant d'un sénateur qui demande, au titre de la réserve parlementaire, une subvention pour une association qu'il dirige : Cass. crim., 27 juin 2018, *Dr. pén.* 2018, n° 190, obs. P. Conte ; *Gaz. Pal.* 6 nov. 2018, p. 55, obs. E. Dreyer.

176. Si on excepte l'hypothèse marginale d'un maire qui « se trouvait héritier, en vertu d'un testament qu'il ignore, d'une part d'intérêt dans une entreprise commerciale ayant traité avec la commune qu'il administre » (E. Garçon, *Code pénal annoté*, Rec. gén. lois et arrêts, 1901-1906, ss. art. 175, p. 410, n° 15).

177. Cass. crim., 27 nov. 2002, *JCP* G 2003, II, 10093, note W. Jeandidier. – *Idem* Cass. crim., 21 nov. 2001, *Gaz. Pal.* 2002.2, p. 1008, note S. Petit.

personnel »[178]. C'est l'abus de fonction qui est incriminé. Il suffit donc que l'agent ait eu conscience de prendre un intérêt dans une affaire interdite pour que sa volonté coupable soit établie. C'est cette incompatibilité qui est sanctionnée davantage que la malhonnêteté à laquelle elle pourrait donner lieu[179]. On cherche moins à punir un fonctionnaire vénal qu'un fonctionnaire dont l'impartialité ne peut plus être garantie[180]. Dans cette logique, il importe donc peu que la commune tire finalement profit de l'opération réalisée par le maire grâce à sa double casquette[181]. Peu importe également que l'épouse du maire, dont il a renouvelé le contrat sur un emploi municipal, ait présenté les qualifications requises et effectué le travail demandé, de sorte qu'on ne saurait reprocher au maire d'avoir voulu agir au détriment de la commune[182].

B. Les modalités de la répression

1169. Pénalités. – La prise illégale d'intérêt est punie d'un emprisonnement de 5 ans et d'une amende de 500 000 €. Ce sont des peines considérables pour une infraction obstacle dont le législateur espère un effet dissuasif sur les agents publics. Le montant de l'amende même peut être porté au double du produit tiré de l'infraction (art. 432-12). Le coupable encourt également les peines complémentaires de l'article 432-17 (interdiction des droits civiques, interdiction d'exercer une fonction publique[183], confiscation, affichage ou diffusion de la décision de condamnation). Son complice s'expose logiquement aux mêmes peines[184].

Des peines identiques sont applicables lorsque le coupable est magistrat ou exerce des fonctions juridictionnelles, car elles sont déterminées, à l'article 432-12-1, par référence à l'article 432-12. Ce que l'on peut regretter dès lors que le comportement des magistrats a paru suffisamment spécifique au législateur pour qu'il l'incrimine distinctement.

Cependant, les faits de favoritisme ne sont pas toujours punissables. Leur qualification pénale est exclue dans certaines hypothèses peu graves. En effet, le législateur a fixé des limites à la répression[185]. Évoquons d'abord ces limites puis les particularités d'une telle poursuite.

178. Cass. crim., 21 juin 2000, *B.* n° 239. – V. aussi Cass. crim., 25 juin 1996, *D.* 1997, jurispr. p. 100, note J.-F. Renucci.

179. Peu importe l'absence d'intention frauduleuse : Cass. crim., 4 mars 2020, *JCP* G 2020, 337, obs. J.-M. Brigant ; *Dr. pén.* 2020, n° 109, obs. P. Conte.

180. V. aussi M. Segonds, « Les apports de la jurisprudence au délit de prise illégale d'intérêt », *Gaz. Pal.* 20 avr. 2012, p. 13.

181. Cass. crim., 27 févr. 2013, *Dr. pén.* 2013, n° 73, obs. M. Véron.

182. Cass. crim., 26 nov. 2019, *Gaz. Pal.* 4 févr. 2020, p. 58, obs. E. Dreyer.

183. L'inéligibilité n'est pas limitée aux mandats électoraux dans le cadre desquels l'infraction a été commise : Cass. crim., 7 mars 2012, *Gaz. Pal.* 27 juill. 2012, p. 27, obs. E. Dreyer.

184. V. s'agissant d'un maire ayant permis que son chef de cabinet fasse recruter des proches : Cass. crim., 11 mars 2014, *Gaz. Pal.* 11 mai 2014, p. 34, obs. S. Detraz.

185. Malgré cet élément de souplesse, l'infraction continue à faire l'objet de contestations (v. par ex. J.-M. Brigant, « Affaires, conflits d'intérêts, probité », *Dr. pén.* 2012, étude 3).

1. Les limites de la répression

1170. Présentation. – Tous les conflits d'intérêts ne posent pas les mêmes difficultés. Les prohiber dans certains cas peut s'avérer contreproductif. Il en va particulièrement ainsi s'agissant des maires et conseillers municipaux des petites communes (3 500 habitants au plus). En effet, dans ces communes, compte tenu de la faiblesse de leurs rémunérations, les élus sont souvent contraints de conserver une activité professionnelle à côté de l'exercice de leur mandat. Dès lors qu'ils sont commerçants, artisans, entrepreneurs, les risques de conflit d'intérêts deviennent permanents entre leur activité privée et leur fonction publique. Or, une application trop rigoureuse des incompatibilités de fonction risquerait de pénaliser leur collectivité contrainte de s'adresser à des entreprises extérieures dont les prestations seraient nécessairement plus onéreuses. Le législateur est donc intervenu pour permettre aux maires, adjoints et conseillers municipaux délégués (ou agissant en remplacement du maire) de traiter avec la commune dont ils sont élus (v. aussi CCGT, art. L. 1111-6 et L. 1524-5. – C. rech., art. L. 531-1). C'est le résultat d'un calcul d'ordre économique sur l'utilité de la loi dans une hypothèse extrême[186].

1171. Régime. – Toutefois, la limite ainsi impartie à la répression est strictement encadrée. Les élus ne peuvent contracter avec leur commune que pour le transfert de biens mobiliers ou immobiliers, ou pour la fourniture de services, dans la limite d'un montant annuel de 16 000 €. Ces mêmes élus peuvent également acquérir une parcelle d'un lotissement communal pour y édifier leur habitation personnelle ou conclure des baux d'habitation avec la commune pour leur propre logement. Ils peuvent même acquérir de la commune un bien nécessaire à la création ou au développement de leur activité professionnelle.

Dans ces différentes hypothèses, le seuil de 16 000 € ne peut être dépassé que si l'acte a été préalablement autorisé par une délibération motivée du conseil municipal après estimation du bien concerné par le service des domaines. Tout risque de voir les biens les plus importants de la commune bradés au profit des membres du conseil municipal est ainsi écarté. De surcroît, pour que la délibération soit régulière, il est précisé à l'article 432-12, al. 5 que « le maire ou l'adjoint ou le conseiller municipal intéressé doit s'abstenir de participer à la délibération du conseil municipal relative à la conclusion ou à l'approbation du contrat ». Afin de garantir le respect de ces règles, il est également prévu que le conseil municipal ne peut se réunir à huis clos. La publicité des débats sur cette question a une valeur dissuasive.

Le non-respect de telles exigences de forme prive l'élu en situation de cumul du bénéfice de ce moyen de défense[187]. En effet, le risque d'abus est trop important pour que l'autorisation de la loi joue dans une telle hypothèse. Quant à l'erreur sur les modalités d'application de cette procédure, elle ne peut être invoquée par un maire dès lors que, « compte tenu de l'exercice de longue date de [ses] fonctions électives... et de son expérience dans la passation de marchés publics, il n'a pu

186. Néanmoins, sans contester qu'il s'agisse parfois d'une « question de survie », un auteur dénonce ici une « rupture d'égalité entre élus » et l'avènement d'un « droit pénal à la carte ou à deux vitesses » : W. Jeandidier, *Droit pénal des affaires*, Dalloz, 5e éd., 2003, p. 301, n° 217. – V. aussi M. Segonds, « Du délit de prise illégale d'intérêts », *in Le risque de corruption,* Dalloz, coll. T et C, 2018, p. 94.

187. Cass. crim., 29 juin 2005, *Dr. pén.* 2005, n° 150, obs. M. Véron. – 4 juin 1996, *Dr. pén.* 1996, n° 262, obs. M. Véron.

ignorer qu'il commettait un manquement à la législation »[188]. Devant veiller au respect de la loi par ses concitoyens, il peut difficilement prétendre qu'il était impossible pour lui de la connaître entièrement.

1172. Nature. – Comment analyser cette limite impartie à la répression ? Faut-il y voir une application particulière de l'autorisation de la loi, donc une cause spéciale de justification, ou une restriction du périmètre de l'incrimination ? La Cour de cassation semble avoir opté pour la première solution, ce qui lui permet – on l'a vu – d'admettre la responsabilité d'un élu qui ne démontre pas qu'il remplit toutes les conditions de fond et de forme prévues pour échapper aux poursuites. Mais, à la réflexion, la seconde solution est peut-être plus exacte. En effet, on peine à imaginer qu'il y ait ici un conflit de textes. Les alinéas 2, 3 et 4 de l'article 432-12 ne semblent pas constituer des normes particulières de justification dérogeant à la norme générale d'incrimination figurant à l'alinéa 1 du même article. En réalité, les alinéas qui suivent n'ont aucun contenu pénal : ils tendent moins à justifier une infraction qu'à légitimer un conflit d'intérêts qui s'avère plus utile que dangereux. Avant d'empêcher l'application d'un texte répressif, ils légitiment les contrats passés pour l'occasion. Il nous semble donc que ces dispositions agissent moins sur l'incrimination (qu'elles neutraliseraient *a posteriori*) que sur la norme sous-jacente à l'incrimination (dont la violation est précisément incriminée). Dès lors, il ne s'agit pas de légitimer des faits qui ne peuvent en aucun cas constituer une infraction. Il s'agit de constater *a priori* que ces faits ne sont pas punissables car ils sont autorisés par les dispositions normalement applicables. Ils ne sont pas concernés par la prohibition à laquelle le droit pénal apporte son soutien. Ils ne rentrent donc pas dans le champ de l'incrimination. Ce qui signifie – en bonne logique – que pour poursuivre une telle infraction, le ministère public devrait préalablement établir que les alinéas 2, 3 et 4 de l'article 432-12 ne sont pas applicables. Tout l'enjeu du débat est là : s'il ne s'agit pas d'un moyen de défense mais d'une limite mise à la répression, il appartient à l'autorité de poursuite de démontrer que cette limite est dépassée et que des sanctions sont bien encourues. On regrettera que la solution n'ait pas été plus clairement énoncée.

2. Les particularités de la poursuite

1173. La poursuite d'une prise illégale d'intérêt est essentiellement marquée par deux particularités : la première tient à l'application des règles de prescription à ce délit, la seconde à l'action civile qui peut éventuellement être jointe à l'action publique.

a. La prescription de la prise illégale d'intérêt

1174. Consommation. – L'infraction est consommée par la prise d'un intérêt privé incompatible avec la fonction publique exercée ou par la conservation d'un intérêt privé incompatible avec la fonction publique à laquelle accède l'agent. Dans la première hypothèse, l'infraction est instantanée[189] ; dans la

188. Cass. crim., 10 avr. 2002, *Dr. pén.* 2002, n° 105, obs. M. Véron.

189. Cass. crim., 4 avr. 2001, *B.* n° 93.

seconde hypothèse, elle paraît continue[190]. Telle est du moins l'analyse qu'en fait la jurisprudence. Pourtant, elle n'est pas à l'abri de toute critique. En effet, un auteur a bien montré que le délit ne saurait être déclaré continu sous prétexte qu'il évoque la conservation d'un intérêt privé devenu incompatible avec la nouvelle fonction publique exercée : « une telle transformation reviendrait à confondre les notions d'"intérêt" et de "profit de l'intérêt" et à violer le principe d'interprétation stricte de la loi pénale »[191]. Il serait préférable d'admettre que l'infraction est consommée à partir du moment où l'individu qui accède à une fonction publique ne renonce pas à l'intérêt privé dont il dispose alors que l'intérêt ainsi conservé entre en conflit avec sa nouvelle fonction. La durée de l'incompatibilité qui s'ensuit importe peu. Elle n'est qu'un effet du délit. Une telle conclusion paraît s'imposer, mais elle présente le gros inconvénient de handicaper la répression. Aussi, n'est-il pas étonnant que les magistrats tardent à consacrer cette solution.

Par ailleurs, l'infraction s'avère matérielle. Elle suppose rapportée la preuve de l'obtention du résultat redouté par le législateur : elle n'est consommée qu'à partir du moment où une situation d'incompatibilité est effectivement constatée. Peu importe en revanche que la dangerosité d'un tel cumul ne soit pas établie[192]. L'infraction existe même s'il n'est pas démontré que l'agent public a effectivement profité de sa fonction à des fins privées. Le résultat redouté ici est une prise de risque et non la réalisation de ce risque. Peu importe donc l'absence d'atteinte à l'autorité de l'administration ou de preuve d'un manquement de l'agent à son devoir de probité. Une fois de plus, ce débat sur la valeur protégée reste extérieur à l'incrimination.

1175. Report. – En toute hypothèse, un report du point de départ du délai de prescription est envisageable lorsque, dans le cadre d'une situation d'incompatibilité, plusieurs actes sont successivement accomplis par l'agent[193] ou lorsque l'acte accompli par lui produit des effets différés dans le temps[194]. La Cour de cassation considère que l'infraction dure aussi longtemps que la « participation » de l'agent public se poursuit (consultations délivrées par l'agent public à une entreprise privée). Elle admet même que le point de départ du délai de prescription puisse être reporté au jour où l'infraction a été découverte s'il y a eu dissimulation[195]. L'article 9-1, CPP permet sans doute de maintenir cette solution dès lors que des manœuvres ont empêché la découverte de l'infraction[196].

b. La réparation de la prise illégale d'intérêt

1176. Action civile. – *A priori*, un nouveau maire est recevable à agir contre son prédécesseur lorsqu'il est régulièrement autorisé par le conseil

190. Cass. crim., 29 avr. 2014, *Dr. pén.* 2014, n° 105, obs. M. Véron.

191. A. Mihman, *Juger à temps, le juste temps de la réponse pénale*, L'Harmattan, coll. Logiques juridiques, 2008, p. 52, n° 37. – V. aussi J.-H. Robert, « Du caractère continu ou instantané du délit d'ingérence », *Dr. pén.* 1994, étude 10.

192. Cass. crim., 21 févr. 2001, préc.

193. Cass. crim., 4 oct. 2000, *Dr. pén.* 2001, n° 16, obs. M. Véron.

194. Cass. crim., 29 juin 2005, *Dr. pén.* 2005, n° 150, obs. M. Véron.

195. Cass. crim., 12 juill. 2016, *Gaz. Pal.* 4 oct. 2016, p. 55, obs. E. Dreyer.

196. Cass. crim., 5 oct. 2022, *AJ pén.* 2022, p. 528, obs. B. Bouloc.

municipal à cette fin[197]. Néanmoins, une telle solution pourrait être remise en cause par une décision plus récente où, pour justifier l'irrecevabilité d'une constitution de partie civile, il est affirmé que « la prise illégale d'intérêt a essentiellement pour but de sanctionner des comportements préjudiciables à l'intérêt général »[198]. On pourrait voir là une référence à la catégorie en déclin des infractions d'intérêt général dont la poursuite n'appartient qu'au ministère public. Toutefois, la portée d'une telle décision, à contre-courant de l'évolution générale, reste douteuse.

En revanche, les contribuables ne peuvent théoriquement se constituer partie civile car seule la collectivité publique que dirigeait l'agent peut invoquer un dommage personnel directement causé par le délit d'ingérence au sens de l'article 2, CPP[199]. Cependant, ces mêmes contribuables peuvent agir après y avoir été expressément autorisés par le tribunal administratif qui aura constaté que la collectivité territoriale a refusé d'engager elle-même l'action qui lui appartient (CGCT, art. L. 2132-5)[200]. Ils exercent alors cette action à sa place. Précisons que la prescription est logiquement suspendue à l'égard de la partie civile entre la date de la saisine du juge administratif et la date de la décision qui l'autorise à agir[201].

§2. L'ingérence de l'ancien agent public

1177. Formellement, il s'agit d'une infraction différente de la précédente, prévue et réprimée à l'article 432-13 du Code pénal.

A. Le comportement incriminé

1178. L'ingérence de l'ancien agent public constitue une infraction dès lors que l'intéressé exerce de nouvelles fonctions privées sans rompre tout lien avec ses anciennes fonctions publiques. Au titre des conditions préalables de ce délit, il faut donc évoquer la situation antérieure et la situation actuelle du prévenu. Le comportement incriminé naît du rapprochement de ces deux situations dans certaines circonstances.

1. Les conditions préalables

1179. Là aussi, il existe deux conditions préalables. L'infraction n'est reprochable qu'aux titulaires de certaines fonctions exercées dans certaines conditions.

a. La nature de l'ancienne fonction

1180. Présentation. – L'article 432-13 s'applique aux anciens serviteurs de l'État, quel que soit leur statut. Il distingue néanmoins plusieurs situations.

197. Cass. crim., 8 oct. 1996, *B.* n° 348.

198. Cass. crim., 9 sept. 2008, *Dr. pén.* 2008, n° 144, obs. J.-H. Robert. – V. aussi D. Dassa-Le Deist, « Les difficultés de la défense en matière de prise illégale d'intérêts », *Gaz. Pal.* 20 avr. 2012, p. 20.

199. Cass. crim., 2 févr. 1988, *B.* n° 51.

200. Cass. crim., 9 févr. 1993, *B.* n° 66.

201. V. admettant que, durant ce délai, « un obstacle de droit met la partie poursuivante dans l'impossibilité d'agir » : Cass. crim., 3 déc. 2003, *B.* n° 233.

Il envisage tout d'abord le cas de l'ancien « membre du gouvernement » qui s'entend aussi bien de l'ancien ministre que de l'ancien secrétaire d'État. Puis, il envisage le cas d'un ancien membre d'une autorité administrative (ou publique) indépendante[202]. Il évoque également l'ancien « titulaire d'une fonction exécutive locale » mais pas tous les titulaires d'un mandat électif public. Seuls sont pris en compte à ce titre les anciens maires, adjoints au maire et conseillers départementaux ou régionaux[203]. À la suite, est cité l'ancien « fonctionnaire, militaire ou agent d'une administration publique ». La formule est assez large. Néanmoins, les personnes ayant été chargées ponctuellement d'une mission de service public ne sont pas visées : n'ayant pas vocation à faire carrière dans la fonction publique, elles conservent de toute façon des liens dans le secteur privé, de sorte que le risque à leur égard n'apparaît pas de même nature qu'à l'égard des agents statutaires. L'objectif est uniquement de dissuader ceux qui ont tissé des liens durables dans la fonction publique, de rejoindre trop rapidement le secteur privé. Peu importent les pouvoirs dont disposaient ces personnes en activité : même les individus sous contrat sont visés en tant qu'agents d'une administration. En pratique, néanmoins, ce sont essentiellement les Hauts fonctionnaires, inspecteurs des impôts et magistrats qui sont concernés.

Enfin, l'avant-dernier alinéa de l'article 432-13 ajoute les « agents des établissements publics, des entreprises publiques, des sociétés d'économie mixte dans lesquelles l'État ou les collectivités publiques détiennent directement ou indirectement plus de 50 % du capital et des exploitants publics prévus par la loi n° 90-568 du 2 juillet 1990 relative à l'organisation du service public de La Poste et à France Télécom ». Il s'agit donc de soumettre au même régime tous les anciens serviteurs réguliers de l'État, même s'ils n'ont pas le statut de fonctionnaire, dès lors qu'ils peuvent être tentés d'utiliser leur position antérieure à des fins personnelles[204].

b. L'objet de l'ancienne fonction

1181. Identification. – L'objectif de l'incrimination n'est pas d'interdire à un ancien agent public de prendre un intérêt dans une entreprise privée, ou dans une entreprise publique exerçant son activité dans un secteur concurrentiel soumis au droit privé, mais simplement de lui interdire de se rapprocher d'une telle entreprise s'il était antérieurement chargé : i) de la surveiller ou de la contrôler ; ii) de conclure avec elle des contrats de toute nature ou de formuler un avis sur de tels contrats ; iii) de proposer directement à l'autorité compétente des décisions relatives à des opérations réalisées par cette entreprise ou de formuler un avis sur de telles décisions.

Pour éviter que ces exigences ne soient trop facilement contournées par l'interposition d'une personne morale, l'article 432-13, al. 2 assimile aux précédentes toute

202. La loi du 20 janv. 2017 énumère en annexe les 24 autorités concernées. Les règles applicables à certaines d'entre elles rappellent d'ailleurs la prohibition énoncée à l'article 432-13, C. pén. (v. p. ex. L. 30 sept. 1986, art. 5, al. 4, s'agissant des membres de l'ARCOM).

203. Aux présidents de conseils départementaux, la jurisprudence assimile les vice-présidents dès lors qu'ils disposent d'une délégation qui leur confère une « fonction exécutive locale » à l'occasion de laquelle ils ont pu émettre par ex. un avis sur des contrats passés avec une entreprise déterminée (Cass. crim., 11 mai 2022, *JCP* G 2022, 677, obs. J.-M. Brigant).

204. V. sur l'évolution de ce texte J.-M. Brigant, « Le délit de pantouflage a 100 ans ! », *Lexbase pénal*, nov. 2019, n° 21, p. 11 et s.

entreprise qui en posséderait au moins 30 % du capital ou qui aurait conclu avec elles un contrat comportant une exclusivité de droit ou de fait. Ces « sociétés écran » ne doivent pas tenir en échec la répression.

2. Les éléments constitutifs

1182. Présentation. – L'objectif est de moraliser les conditions dans lesquelles les serviteurs de l'État peuvent passer dans le secteur privé (ce que l'on appelle le « pantouflage »[205]). Ils se voient imposer une sorte de déontologie *a posteriori* sous peine de sanctions pénales. Il faut éviter que ces anciens agents ne fassent bénéficier leurs nouveaux employeurs du réseau de relations ou d'amitiés qu'ils ont conservé dans la fonction publique. Cela fausserait le libre jeu de la concurrence au détriment des autres entreprises du secteur. Il faut aussi, de manière préventive, dissuader l'agent en activité de prendre des contacts avec des entreprises privées qui pourraient être tentées de l'embaucher plus tard dans l'espoir de bénéficier de son réseau de relations. La fonction publique pourrait s'en trouver désorganisée.

Le législateur a dissuadé ces prises de contact en empêchant une embauche immédiate[206]. Il impose un délai d'attente dont il faut préciser la durée et la portée. L'infraction consiste en la violation consciente des règles gouvernant ce délai. Il n'est pas nécessaire d'établir que l'agent a spécialement profité de ses anciennes fonctions dans le cadre de son embauche, ni même que son nouvel employeur en tire un bénéfice.

1183. Durée. – L'article 432-13 impose l'écoulement d'un délai de 3 ans, à compter de la cessation de ses fonctions, avant que l'agent puisse prendre ou recevoir une participation dans l'une des entreprises privées énumérées précédemment[207].

Peu importe que cette prise de participation s'effectue par travail, conseil ou capitaux. Néanmoins, le risque d'abus disparaît en cas de participation au capital d'une société cotée en bourse ou lorsque les capitaux ont été reçus par dévolution successorale. D'où les exceptions prévues sur ce point au dernier alinéa de l'article 432-13.

Le délai de 3 ans commence à courir à compter de la cessation des fonctions de l'agent, quelle qu'en soit la cause : démission, révocation ou départ à la retraite. À l'issue de ce délai, les liens entre un agent public et les sociétés qu'il contrôlait se sont en principe distendus ; l'absence de contacts professionnels entre eux durant cette période rend moins vraisemblables les abus qui pourraient intervenir à la suite d'une embauche. En toute hypothèse, ces éventuels abus ne semblent plus assez graves pour appeler une sanction pénale.

1184. Portée. – Initialement, la Cour de cassation a interprété le lien entre la fonction antérieure et la nouvelle entreprise dans laquelle l'agent prend un intérêt de façon extensive pour donner à l'article 432-13 sa portée la plus large.

205. J. Dufau, « Le pantouflage et le droit », *Gaz. Pal.* 1997.2, Doctr. p. 1563.

206. V. aussi E. Dezeuze, « Le passage du public au privé à l'épreuve du droit pénal », *Gaz. Pal.* 20 avr. 2012, p. 16.

207. Délai initialement fixé à 5 ans et ramené à 3 ans par une loi du 2 févr. 2007 mais qui reste supérieur à la moyenne européenne qui serait de 2 ans : O. Dord, « Pantouflage : des règles simplifiées pour un contrôle renforcé », *AJDA* 2007, p. 516.

Elle alla jusqu'à dispenser les juges du fond d'établir que l'ancien agent public avait effectivement exercé un contrôle direct sur l'entreprise dans laquelle il a pris ensuite un intérêt[208]. Une incompatibilité pouvait ainsi exister du seul fait que l'agent avait pu entendre parler d'une entreprise dans le cadre de ses fonctions et avoir eu accès à son dossier sans qu'il n'ait jamais accompli aucun acte la concernant. Ce qui aboutissait à frapper certains hauts fonctionnaires (notamment du ministère des Finances) d'une interdiction générale d'embauche dans le secteur privé. La solution parut excessive et une loi du 2 février 2007 a réduit, sur ce point, la portée de l'incrimination en exigeant que les fonctions de l'agent public aient été « effectivement exercées » à l'égard de l'entreprise en question. En conséquence, le juge répressif doit désormais vérifier concrètement si l'ancien agent public a été – quand il exerçait ses fonctions – en contact avec l'entreprise dans laquelle il a fini par prendre un intérêt. On peut s'en féliciter, à une réserve près. De la sorte, « l'article 432-13, C. pén. s'éloigne de la finalité qui lui est assignée depuis l'origine : moins sanctionner l'agent fautif que protéger l'administration de la suspicion »[209].

B. Les modalités de la répression

1185. Pénalités. – En vertu de l'article 432-13, le coupable s'expose à 3 ans d'emprisonnement et 200 000 € d'amende (celle-ci pouvant également être portée au double du produit tiré de l'infraction). Par ailleurs, on retrouve ici, comme dans l'hypothèse précédente, les peines complémentaires de l'article 432-17.

1186. Consommation. – L'infraction, correspondant au fait « de prendre ou de recevoir » une participation dans une entreprise, présente toujours un caractère instantané. À la différence de l'ingérence du fonctionnaire en activité, le législateur n'a pas visé ici le fait de « conserver » un intérêt dans une entreprise. Ce qui est en cause, ce n'est pas tant la participation que le fait d'y donner un accord.

1187. Bilan. – Les poursuites, et *a fortiori*, les condamnations sont rares en la matière. Ce qui n'est pas nécessairement le signe d'une inefficacité de la répression. On peut au contraire y voir la preuve de son caractère dissuasif.

208. Cass. crim., 18 juill. 1984, *B.* n° 262.

209. O. Dord, « Pantouflage : des règles simplifiées pour un contrôle renforcé », préc., p. 516.

CHAPITRE 2
Les comportements reprochables aux particuliers

1188. Deux types de comportements peuvent être reprochés aux particuliers. Ils peuvent soit affecter d'une manière générale l'autorité de l'État, soit entraver de façon plus spécifique l'action de la justice. Distinguons.

Section 1
Les atteintes générales à l'autorité de l'État

1189. On a vu que commet une infraction qui lui est propre le particulier qui s'associe au manque de probité d'un agent public (v. *supra*, nº 1029). Par ailleurs, on a distinctement étudié les menaces et actes d'intimidation envers les agents publics (v. *supra*, nº 145), ainsi que les actes de destruction, détournement et soustraction dans un dépôt public (v. *supra*, nº 1136). D'autres comportements doivent retenir ici notre attention. Ils correspondent aux actes d'outrage et de rébellion. Dans ces deux hypothèses, le particulier méconnaît l'autorité de l'État et tente d'en perturber le bon fonctionnement.

§1. Les outrages

1190. Présentation. - Dans le Code pénal, il existe plusieurs infractions d'outrage. Elles ne se conçoivent qu'à l'égard de certaines personnes exerçant une fonction publique car c'est la fonction qui doit être atteinte à travers ces personnes. La qualité de la victime, condition préalable de l'infraction, s'avère donc essentielle. En revanche, ces différents outrages se commettent de la même façon. Mais leur sanction varie suivant la qualité de la personne outragée.

A. La qualité de la personne outragée

1191. Dualité. – L'outrage à agent doit viser une personne déterminée. Toutefois, cette personne n'est pas protégée pour elle-même. Elle est prise en compte à raison d'une qualité particulière qui lui permet d'incarner l'autorité publique. À ce titre, une distinction s'impose suivant les fonctions exercées.

1192. Délit général. – À l'article 433-5, sont concernées les personnes chargées d'une mission de service public ou dépositaires de l'autorité publique. On retrouve là deux catégories d'agents publics fréquemment rencontrées. Mais, à la différence de beaucoup d'incriminations, cette distinction présente ici un enjeu particulier puisque, on le verra, l'outrage n'est pas réprimé de la même façon dans les deux hypothèses (v. *infra*, n° 1204).

La première catégorie (personnes chargées d'une mission de service public) inclut, outre les agents des différentes fonctions publiques et les militaires, les officiers publics et les officiers ministériels ainsi que toutes les personnes qui collaborent à l'exécution d'un service public, de façon temporaire ou permanente, sans disposer d'une parcelle de l'autorité publique[1].

La seconde catégorie (personnes dépositaires de l'autorité publique) inclut les agents titulaires d'un pouvoir de commandement[2] ainsi que les personnes titulaires d'un mandat électif public qui, bien que non expressément visées, ne sont donc pas écartées du bénéfice de la protection dès lors qu'elles disposent d'un pouvoir de contrainte[3]. Exceptionnellement, sont assimilés à ces agents les sapeurs et marins pompiers.

1193. Délit spécifique. – De ce vaste ensemble de personnes exerçant une fonction officielle, il faut néanmoins retrancher celles qui sont visées par l'outrage incriminé à l'article 434-24. En effet, une qualification spéciale s'applique en cas d'outrage envers les magistrats, les jurés et, plus généralement, toutes les personnes siégeant dans une formation juridictionnelle. Peu importe qu'il s'agisse de magistrats professionnels ou non ; qu'il s'agisse de magistrats du siège ou du parquet[4] ; que ces magistrats participent à l'instruction ou au jugement des affaires[5]. La catégorie des « magistrats » est entendue largement[6].

1. V. pour un huissier : Cass. crim., 20 nov. 1996, *Gaz. Pal.* 1997.1, chron. crim., p. 62, pour un agent de la DDE : Cass. crim., 9 oct. 2002, *Dr. pén.* 2003, n° 20, obs. M. Véron, pour un garde-chasse assermenté : Cass. crim., 14 mars 2006, *Dr. pén.* 2006, n° 95, obs. M. Véron, pour une enseignante : CA Nîmes, 3 juin 2005, *JCP* G 2006, IV, 1782. – Lorsque la personne qui se prétend outragée n'est pas elle-même chargée d'une mission de service public mais salariée d'une entreprise chargée de cette mission, elle doit justifier avoir été visée à raison d'un acte qu'elle a personnellement accompli et qui se rattachait directement à l'exécution de la mission impartie à son employeur : Cass. crim., 15 nov. 2006, *B.* n° 285.

2. Cass. crim., 17 avr. 1985, *B.* n° 148.

3. Les maires et leurs adjoints agissant par délégation sont protégés contre l'outrage, en tant que personnes dépositaires de l'autorité publique, mais pas les autres conseillers municipaux (sauf empêchement d'un adjoint ou mandat spécial) : Y. Mayaud, *Code pénal annoté*, Dalloz, 1996, p. 741.

4. Cass. crim., 24 nov. 1998, *Dr. pén.* 1999, n° 65, obs. M. Véron.

5. CA Toulouse, 9 oct. 2003, *JCP* G 2004, IV, 2705 – Bordeaux, 2 juill. 2004, *JCP* G 2004, IV, 3545.

6. V. s'agissant d'un membre de la commission des requêtes près la CJR : Cass. crim., 21 janv. 1998, *B.* n° 29.

Néanmoins, on aurait des difficultés à admettre que la protection puisse s'étendre à un arbitre alors que les modes alternatifs de règlement des conflits tendent précisément à échapper aux lourdeurs du fonctionnement de la Justice. Dans cette dernière hypothèse, l'autorité de l'État ne semble pas en cause.

B. Les comportements outrageants

1194. Selon l'article 433-5, constituent des outrages « les paroles, gestes ou menaces, les écrits ou images de toute nature non rendus publics ou l'envoi d'objets quelconques » adressés à l'une des personnes évoquées ci-dessus dès lors qu'ils sont « de nature à porter atteinte à sa dignité ou au respect dû à la fonction dont elle est investie ». Une formule équivalente figure à l'article 434-24. Il s'ensuit que l'outrage est un message adressé à autrui, dans certaines circonstances, afin de l'atteindre non personnellement mais ès qualités. Cette exigence retentit tant sur l'élément matériel que sur l'élément moral des deux infractions[7].

1. La matérialité de l'acte

1195. On l'a dit, l'outrage se caractérise par l'emploi de certains moyens dans le but d'atteindre un résultat déterminé.

a. Les moyens mis en œuvre

1196. Forme. – L'outrage suppose la communication d'un message. Toutefois, la forme de cette communication importe peu. Le message peut être transmis aussi bien par des paroles (propos articulés ou simples onomatopées) que par des gestes (bras d'honneur, crachat, envoi d'une tarte à la crème[8], etc.). Sous l'ancien Code, il a ainsi été jugé « que l'outrage par geste tel que visé par l'article 224, C. pén. est caractérisée par toute action du corps, toute mimique, toute attitude exprimant clairement le dédain ou le mépris pour la personne à laquelle il s'adresse »[9]. Il suffit d'un acte positif susceptible de manifester du mépris envers la personne auquel il est adressé[10].

1197. Contenu. – En principe, l'outrage doit viser une ou plusieurs personnes ayant l'une des qualités requises par les articles 433-5 ou 434-24. Un message général visant les administrations dont ces personnes relèvent ne saurait donc être pris en compte ici[11].

7. Pour la Haute juridiction, ni la légalité, ni la proportionnalité de ces incriminations ne peuvent être discutées : Cass. crim., 22 juill. 2015, *Dr. pén.* 2015, n° 159, obs. P. Conte.

8. CA Aix-en-Provence, 8 janv. 1996, *Dr. pén.* 1996, n° 157, obs. M. Véron.

9. T. corr. Besançon, 15 mars 1963, *D.* 1963, p. 324.

10. Sous l'ancien Code, la jurisprudence assimilait des abstentions dans l'action à des outrages lorsque ces abstentions témoignaient d'un manque de respect (Cass. crim., 14 nov. 1989, *D.* 1991, p. 447, note A. Fournier ; *JCP* G 1990, II, 21441, note A. Vitu, s'agissant d'un conducteur qui s'était fait volontairement verbaliser pour défaut du port de la ceinture de sécurité, alors qu'il se savait dispensé pour raisons médicales, de cette obligation...). Le maintien de cette jurisprudence paraît difficilement compatible avec le respect de la légalité.

11. Toutefois, un arrêt laisse entendre que des propos méprisants envers la police en général, tenus en présence de policiers, pourraient constituer autant d'outrages envers ceux-ci (Cass. crim., 20 oct. 2015,

Par ailleurs, ce message visant une personne qualifiée doit « tendre », ou être « de nature à »... « porter atteinte à sa dignité ou au respect dû à la fonction dont elle est investie ». Peu importe que la preuve de l'obtention de ce résultat ne puisse être rapportée. L''infraction est formelle ; c'est un comportement outrageant qui est puni. Une telle solution s'impose d'autant plus que le caractère outrageant du message est apprécié *in abstracto* : peu importe la perception qu'ont pu en avoir son émetteur et son destinataire.

Peu importe également que ce comportement vise directement la personne qualifiée dans l'exercice de sa mission ou de sa fonction ou qu'il atteigne cette personne « à l'occasion de » sa mission ou de sa fonction. L'essentiel est qu'il existe un lien de causalité entre le contenu du message et la qualité assumée par la personne visée. Doit être réprimé « tout acte tendant à abaisser la personne visée, à diminuer l'autorité morale dont elle est investie par la fonction qu'elle assume ou la mission qu'elle accomplit »[12], voire tout acte qui « diminue le respect dû à sa fonction »[13]. Ainsi, l'infraction a été reprochée à un détenu qui avait traité le juge de l'application des peines, qui venait de rejeter sa demande de libération conditionnelle, de « fasciste »[14]. En revanche, elle a été exclue s'agissant d'une injure concernant la vie privée d'un agent public qui paraissait, à ce titre, attachée à sa seule personne[15]. Néanmoins, un arrêt plus récent a estimé « que même s'il concerne sa vie privée, l'outrage proféré à l'égard d'une personne dans l'exercice de ses fonctions rejaillit nécessairement sur celle-ci »[16]. Apparemment contradictoire, une telle affirmation est peut-être simplement maladroite : ce n'est pas l'outrage qui rejaillit sur l'agent public mais le fait relatif à sa vie privée qui est susceptible de troubler l'image qu'il donne dans l'exercice de ses fonctions. La solution paraît alors acceptable : s'il s'agit d'atteindre l'agent public ès qualités, peu importe le moyen employé[17]. Mais on ne saurait aller au-delà : on comprendrait mal que la qualification d'outrage permette de protéger l'agent public en dehors de l'exercice de ses fonctions au mépris des règles propres au respect de la vie privée ou de l'honneur qui sont alors applicables.

1198. Publicité. – Cela étant dit, les textes d'incrimination semblent introduire une distinction entre certains actes de communication qui peuvent être publics et d'autres qui ne doivent pas l'être. Ils opposent l'outrage « par paroles, gestes ou menaces » et « par l'envoi d'objets quelconques » (peu importe qu'ils soient tenus publiquement ou pas) à l'outrage « par écrits ou images de toute nature non rendus publics ». Dans cette dernière hypothèse, la publicité est donc exclue, ce qui réduit le champ d'application de l'outrage pour éviter – semble-t-il – tout conflit de qualification avec les infractions de presse. Toutefois, à ce titre, une telle restriction s'avère maladroite. Elle ne permet pas de distinguer l'outrage de l'injure et de la diffamation, qui peuvent également

---

Gaz. Pal. 26 janv. 2016, p. 52, obs. S. Detraz). Encore faut-il établir dans une telle hypothèse que l'auteur des propos a voulu atteindre ces policiers, ce qui s'avère incertain.

12. CA Toulouse, 30 janv. 2003, *JCP* G 2003, IV, 2654. – V. aussi CA Aix-en-Provence, 23 juin 1997, *JCP* G 1998, IV, 1954.

13. Cass. crim., 24 juin 2015, *Dr. pén.* 2015, n° 110, obs. M. Véron.

14. Cass. crim., 27 sept. 2000, *B.* n° 280.

15. Cass. crim., 22 mars 1966, *B.* n° 107.

16. Cass. crim., 14 mai 2013, *Dr. pén.* 2013, n° 124, obs. M. Véron.

17. Cass. crim., 3 juin 2008, *D.* 2009, p. 269, note E. Dreyer.

être publiques ou non. Le critère ne saurait être celui de la publicité donnée à l'écrit ou à l'image. Il tient à l'objectif recherché.

b. L'objectif recherché

1199. À l'origine, les textes incriminant l'outrage étaient interprétés strictement par les magistrats qui sauvegardaient ainsi les domaines respectifs de ces incriminations de droit commun par rapport aux incriminations relevant du droit de la presse. Mais, ensuite, les délits d'outrage ont été utilisés pour pallier l'inefficacité ou l'insuffisance des délits de presse issus de la loi du 29 juillet 1881. Ce qui s'avéra peu respectueux de la légalité et de la liberté d'expression.

1200. Principe. – En effet, il est essentiel de comprendre que, en matière d'outrage, le message doit avoir été « adressé » à la personne qu'il concerne. L'exigence figure tant à l'article 433-5 qu'à l'article 434-24 et elle est la clé de ces deux incriminations. Ces textes évoquent respectivement : « l'envoi d'objets quelconques *adressés* à une personne chargée d'une mission de service public » ainsi que « l'envoi d'objets quelconques *adressé* à un magistrat, un juré ou toute personne siégeant dans une formation juridictionnelle ». L'outrage suppose donc que le propos soit transmis à la personne même qu'il offense. Au contraire, la diffamation et l'injure sont adressées à un ou plusieurs tiers, voire au public en général[18].

Ainsi, à l'origine, la Cour de cassation jugeait : « Que, publics ou non, les outrages adressés à un fonctionnaire public dans l'exercice ou à l'occasion de l'exercice de ses fonctions rentrent dans l'application dudit article 222 et, par conséquent, dans la compétence correctionnelle, à moins qu'ils n'aient été commis par la voie de la presse ou de discours proférés en des lieux ou réunions publiques »[19]. À partir du moment où le propos outrageant n'avait pas été spécialement adressé à la personne en cause, la qualification d'outrage ne pouvait donc s'appliquer. Et, inversement, la Haute juridiction affirmait que « l'injure verbale, lorsqu'elle s'adresse à un magistrat de l'ordre administratif ou judiciaire ou à un agent de l'autorité dans l'exercice ou à l'occasion de l'exercice de ses fonctions, est qualifiée outrage par les articles 222 et 224, C. pén. et rentre, même quand la publicité vient l'aggraver, dans les termes de ces articles, et non dans ceux des articles 33, 31 et 23 de la loi du 29 juillet 1881 »[20]. La solution s'imposait dès lors que « ce délit est consommé par la réception de l'écrit ou du dessin par le fonctionnaire outragé »[21]. L'outrage supposait donc bien que le message litigieux ait été personnellement transmis à la personne mise en cause[22]. Des auteurs ont même prétendu que « le délit d'outrage n'est punissable que s'il a été commis en présence de la personne outragée »[23]. Mais, réservant l'hypothèse de difficultés pratiques pour atteindre la personne visée, la jurisprudence se montrait moins exigeante en acceptant qu'un tiers de bonne foi ait pu servir d'intermédiaire :

18. E. Dreyer, *Droit de la communication*, LexisNexis, 2e éd., 2022, p. 683 et s. – V. aussi, sur l'articulation de ces textes à l'origine : T. Besse, *La pénalisation de l'expression publique*, IFJD, coll. Thèses, 2019, t. 187, p. 91, no 103.

19. Cass. crim., 10 août 1883, *B.* no 207.

20. Cass. crim., 13 déc. 1894, *D.* 1897.1.345, note L. Sarrut. – Comp. Cass. crim., 16 oct. 1956, *B.* no 638.

21. Cass. crim., 31 oct. 1890, *Dr. pén.* 1891.1.45, rapport Tanon.

22. V. encore Cass. crim., 5 janv. 1900, *Dr. pén.* 1901.1.406.

23. F. Goyet, *Droit pénal spécial*, Sirey, 8e éd., 1972, p. 157, no 233. – V. aussi E. Verny, « L'outrage », *in La liberté de critique*, Litec, coll. Colloques et débats, 2007, p. 197.

« l'outrage par paroles envers un magistrat de l'ordre administratif ou judiciaire, prévu et puni par l'article 222, C. pén., n'est punissable que lorsque cet outrage a été adressé au magistrat lui-même, ou lorsque, ayant été proféré devant un tiers, il est parvenu à la connaissance du magistrat par la volonté de son auteur »[24]. Cette exception ne faisait que renforcer la règle en soulignant combien il était important que le message ait été « adressé » à celui qu'il visait.

Ainsi, les rapports entre outrage et diffamation ou injure apparaissaient-ils clairement. Ce qui fait la gravité du premier par rapport aux seconds, c'est l'acte de défi qu'il révèle. L'outrage ne remet en cause l'autorité de celui qui est outragé qu'autant qu'il lui est infligé : sa logique est celle de l'affrontement et de la contestation d'une légitimité. Il en va différemment en matière de diffamation et d'injure où l'auteur du propos prend à partie les tiers et tente d'attirer leur attention sur une personne déterminée[25]. Ces deux hypothèses ne doivent pas être confondues.

1201. Perversion. – La jurisprudence qui vient d'être évoquée n'est pas entièrement abandonnée. Ainsi, la qualification d'outrage s'applique toujours sans difficulté aux lettres offensantes envers un fonctionnaire des impôts ou un huissier de justice qui leur sont directement adressées[26]. *Idem* pour l'envoi d'une lettre offensante envers les magistrats devant lesquels l'expéditeur doit comparaître[27]. Inversement, lorsque la lettre n'est pas adressée à l'offensé mais à un tiers et n'a pas vocation à circuler, il ne saurait y avoir outrage[28]. Mais, à côté de ces décisions « orthodoxes », ont été rendues d'autres décisions qui le sont moins. En effet, la Cour de cassation a fait évoluer sa jurisprudence pour mieux protéger les agents publics. Les peines encourues en matière de diffamation et d'injure non publiques lui paraissaient sans doute insuffisantes lorsque l'autorité de l'État était en cause. D'autant que l'obligation de respecter, à ce titre, les règles de poursuite prévues par la loi du 29 juillet 1881 pouvait s'avérer dissuasive...

Ainsi, dans des hypothèses où le message n'avait pas été adressé à l'offensé mais pouvait être connu de lui, la Cour de cassation a-t-elle accepté d'étendre le champ de l'incrimination d'outrage au détriment de celles de diffamation et d'injure non publiques. À titre d'exemple, il faut déplorer la condamnation pour outrage du policier auteur d'un tract apposé dans un commissariat et distribué à différents officiers mettant en cause l'un d'eux, délégué d'un autre syndicat. La Cour de cassation a approuvé cette condamnation prononcée sur le fondement de l'article 433-5 au seul motif « que le tract incriminé, diffusé au sein d'un groupement de personnes liées par une communauté d'intérêts, a été affiché dans le service auquel appartient la partie civile et qu'il comporte à l'égard d'une personne dépositaire de l'autorité publique, des allégations, non détachables de ses fonctions, mettant en cause ses compétences professionnelles et son intégrité »[29]. Or, l'outrage n'était nullement caractérisé en l'espèce : il ne résultait pas de l'arrêt que le tract avait été « adressé » à la personne en cause ! En revanche, les références à la communauté d'intérêts et

24. Cass. crim., 19 déc. 1946, *D.* 1947, p. 110.
25. CA Toulouse, 5 sept. 2002, *Comm. com. électr.* 2003, n° 10, obs. A. Lepage.
26. Cass. crim., 21 mai 1997, *B.* n° 196.
27. Cass. crim., 13 avr. 2010, *Dr. pén.* 2010, n° 81, obs. M. Véron.
28. Cass. crim., 6 mai 2008, *B.* n° 106.
29. Cass. crim., 4 déc. 2001, *Dr. pén.* 2002, n° 53, obs. M. Véron.

aux allégations évoquaient très nettement le régime de la diffamation non publique. C'est cette qualification qui aurait dû être retenue...

Pourtant, une telle décision n'est pas restée isolée. De façon plus significative encore, la Cour de cassation a approuvé la condamnation, pour outrage, d'un justiciable qui avait « adressé, au garde des Sceaux et au procureur général, une lettre accusant de forfaiture, de faux en écritures publiques et authentiques et de coalition de fonctionnaire, le juge de l'application des peines qui avait rejeté sa demande de libération conditionnelle et traitant ce magistrat de "fasciste" »[30]. Or, la première partie des faits dénoncés pouvait sans doute tomber sous la qualification de dénonciation calomnieuse et la seconde sous la qualification d'injure non publique mais il ne pouvait être fait application de l'article 434-24 puisque ce texte suppose que le message outrageant ait été adressé au magistrat qu'il concerne, ce qui n'était pas le cas. Ce n'est pas tout. De la même façon, la qualification d'outrage fut encore admise à la suite de la diffusion d'une « lettre ouverte » mettant en cause l'intégrité morale d'un président d'université[31]. Là aussi, l'imputation ne lui avait pas été directement adressée. Toutefois, la défaillance de cette condition légale ne semble avoir eu aucune conséquence sur la qualification du propos par les magistrats...

1202. Suite. – Cette approche du délit d'outrage n'était guère satisfaisante. Elle se jouait du principe de légalité et de l'interprétation stricte de la loi pénale. En neutralisant un élément essentiel à la qualification d'outrage, elle permettait au juge de remodeler des incriminations incontestablement mal écrites mais qu'il appartient au seul législateur de corriger.

La Cour de cassation semble avoir entendu la critique car elle se montre de moins en moins favorable à une telle extension. Ainsi, a-t-elle refusé d'admettre l'existence d'un délit d'outrage alors qu'un propos méprisant envers un juge d'instruction avait été tenu en présence d'un gendarme qui en avait informé le procureur de la République (CPP, art. 40) lequel avait transmis le procès-verbal à l'intéressé. Il fut jugé à cette occasion : « ne peut être qualifié de rapporteur nécessaire que celui dont le prévenu savait que par ses liens avec la personne outragée il lui rapporterait l'outrage »[32]. Au cas d'espèce, on ne pouvait considérer que le message était adressé au juge d'instruction. Ensuite, notre Haute juridiction statua dans le même sens à l'occasion d'une affaire où le propos désobligeant avait été tenu lors d'une conférence de presse en l'absence de la personne concernée[33]. Plus récemment encore, elle a approuvé des juges du fond pour avoir estimé que la volonté de voir un propos ordurier rapporté à l'agent public qu'il concerne ne pouvait se déduire du seul fait qu'il avait été tenu sur un compte ouvert par son auteur dans un réseau social[34]. Il importe que le propos ait été adressé à celui qu'il concerne. Espérons qu'il s'agisse bien là d'un retour à l'orthodoxie !

30. Cass. crim., 27 sept. 2000, *B.* n° 280.

31. Cass. crim., 18 avr. 2000, *Dr. pén.* 2000, n° 113, obs. M. Véron.

32. Cass. crim., 26 oct. 2010, *D.* 2011, p. 570, note E. Dreyer ; *Gaz. Pal.* 5 janv. 2011, p. 23, obs. S. Detraz. – V. aussi Cass. crim., 1er mars 2016, *Dr. pén.* 2016, n° 96, obs. P. Conte ; *RSC* 2016, p. 63, obs. Y. Mayaud ; *Gaz. Pal.*, 24 mai 2016, p. 27, obs. F. Fourment.

33. Cass. crim., 29 mars 2017, *Gaz. Pal.*, 23 mai 2017, p. 28, obs. F. Fourment ; *AJ pénal* 2017, p. 278, note D. Luciani-Mien ; *Légipresse* 2017, p. 386, note A. Serinet.

34. Cass. crim., 15 févr. 2022, *Comm. com. électr.* 2022, n° 36, obs. A. Lepage ; *JCP* G 2022, 925, n° 21, obs. B. Beignier.

2. La perception de l'acte

1203. Intention. – Les différents outrages correspondent à des infractions intentionnelles. Leur auteur doit avoir eu conscience d'adresser à autrui un message pouvant porter atteinte à sa dignité d'agent public ou au respect dû à sa fonction.

Aucune ambiguïté ne doit exister quant au contenu du message, ou – si double sens il y a – cette ambiguïté doit pouvoir être levée au regard des circonstances dans lesquelles le message a été communiqué. À ce titre, il paraît nécessaire que l'agent ait connu la qualité de son interlocuteur[35]. À défaut, on ne peut le suspecter d'avoir voulu l'atteindre ès qualités. Mais cela ne suffit pas pour caractériser l'intention : spécialement, lorsque l'outrage est « indirect », c'est-à-dire exprimé hors de la présence de la personne qualifiée (à défaut, cette intention se déduit des faits), il est nécessaire d'établir que l'agent savait que son propos serait rapporté à cette personne et a voulu qu'il le soit[36]. Car, « on exprime souvent devant des tiers des appréciations sur un fonctionnaire qu'on ne répéterait pas devant lui. Les juges doivent donc exiger la preuve la plus claire que l'offenseur a su que ses paroles seraient nécessairement rapportées à l'offensé. Ils n'oublieront pas non plus que les paroles s'altèrent facilement quand elles sont répétées »[37].

Peu importe en revanche le mobile de l'agent. Il y a outrage même si le particulier qui s'exprime ainsi prétend répondre à l'acte irrégulier d'une autorité publique. Il ne peut juger lui-même cet acte et s'en rendre justice. Aucune excuse de provocation n'est admise en ce domaine[38].

C. La répression des outrages

1204. Il importe de réintroduire ici la distinction résultant des articles 433-5 et 434-24 car, si tous les outrages se consomment de la même façon, ils ne sont pas tous punis des mêmes peines[39].

1. La répression de l'article 433-5

1205. L'article 433-5 prévoit des sanctions différentes suivant que l'outrage concernait une personne simplement chargée d'une mission de service public ou une personne dépositaire de l'autorité publique.

a. L'outrage envers une personne chargée d'une mission de service public

1206. Pénalités. – Le particulier qui outrage une personne chargée d'une mission de service public s'expose à une peine de 7 500 € d'amende (art. 433-5, al. 1). Il s'expose en outre aux peines complémentaires de l'article 433-22 :

35. Cass. crim., 12 avr. 1967, *B.* n° 116.

36. Cass. crim., 8 sept. 2015, *Gaz. Pal.* 1 nov. 2015, p. 36, obs. E. Dreyer.

37. E. Garçon, *Code pénal annoté*, Rec. gén. lois et arrêts, 1901-1906, ss. art. 222 à 225, p. 531, n° 172.

38. Cass. crim., 10 oct. 1956, *Gaz. Pal.* 1956.2, p. 307.

39. En l'absence de disposition particulière, les personnes morales n'encourent qu'une peine d'amende portée au quintuple (C. pén., art. 131-38, al. 1). La tentative n'est jamais punissable, faute d'avoir été prévue.

interdiction des droits, interdiction d'exercer pour une durée de 5 ans au plus la fonction ou l'activité dans le cadre de laquelle l'infraction a été commise, affichage ou diffusion de la décision prononcée.

Mais, à l'amende encourue à titre principal, s'ajoute un emprisonnement de 6 mois lorsque l'outrage a été adressé à une personne chargée d'une mission de service public « à l'intérieur d'un établissement scolaire ou éducatif, ou, à l'occasion des entrées ou sorties des élèves, aux abords d'un tel établissement » (art. 433-5, al. 3). L'objectif est de protéger les personnels enseignants ainsi que tous ceux qui ont pour fonction de veiller au bon fonctionnement des établissements d'enseignement ainsi qu'à la sécurité des élèves. Cette protection renforcée semble disparaître dans les établissements de l'enseignement supérieur, sans doute pour laisser aux étudiants une plus grande liberté de parole...

La même peine d'emprisonnement s'ajoute à l'amende lorsque l'outrage a été commis en réunion (al. 4).

b. L'outrage envers une personne dépositaire de l'autorité publique

1207. Pénalités. – La personne physique qui outrage une personne dépositaire de l'autorité publique, un sapeur ou un marin pompier, est punie d'un an d'emprisonnement et 15 000 € d'amende (art. 433-5, al. 2). Mais ces peines sont doublées, et passent donc à 2 ans d'emprisonnement et 30 000 € d'amende, lorsque l'outrage a été commis en réunion.

Les peines complémentaires de l'article 433-22 sont également applicables ici.

2. La répression de l'article 434-24

1208. Pénalités. – Parce que, en manquant de respect envers ceux qui incarnent la justice, l'auteur de l'outrage porte atteinte à l'autorité de celle-ci, les sanctions encourues sont plus élevées ici que dans l'hypothèse précédente. Ainsi, la personne physique qui outrage un magistrat, un juré ou tout autre individu siégeant dans une formation juridictionnelle s'expose aux peines d'un an d'emprisonnement et 15 000 € d'amende à titre principal. Elle encourt également la confiscation de la chose qui a servi à commettre l'infraction prévue au dernier alinéa de l'article 434-44. Mais, curieusement, aucune autre peine complémentaire n'est prévue à ce titre.

Par ailleurs, les peines principales encourues par la personne physique sont doublées, c'est-à-dire portées à 2 ans d'emprisonnement et 30 000 € d'amende, lorsque l'outrage a lieu à l'audience d'une cour, d'un tribunal ou d'une formation juridictionnelle. Cependant, dans une telle hypothèse, il faut évoquer l'incidence du droit de la presse. En effet, les termes très larges de l'article 41 al. 3 de la loi du 29 juillet 1881 permettent à l'auteur d'un propos outrageant de revendiquer l'immunité judiciaire prévue par ce texte[40]. Pour cela, il suffit que le propos n'a pas été « étranger à la cause »[41]. Une telle immunité produit les mêmes effets qu'une cause justificative :

40. Cass. crim., 11 oct. 2005, *Dr. pén.* 2006, n° 5, obs. M. Véron.

41. Cass. crim., 13 févr. 2001, *Dr. pén.* 2001, n° 98, obs. M. Véron. – 8 juin 1999, *Dr. pén.* 1999, n° 128, obs. M. Véron.

elle ne se contente pas de faire obstacle à l'exercice de l'action publique, elle empêche la qualification pénale des faits[42].

1209. Remarque. – Les autres règles propres au droit de la presse ne sont pas applicables. Il en va notamment ainsi pour l'exception de vérité qui ne justifie pas l'outrage[43] et pour la prescription trimestrielle qui ne se substitue pas à la prescription de 6 ans applicable aux délits de droit commun[44]. Il pourrait néanmoins s'ensuivre quelques difficultés d'application au regard de la garantie due à la liberté d'expression car la juridiction de Strasbourg considère, en matière d'outrage comme en matière de diffamation ou injure, qu'à l'occasion d'un débat public d'intérêt général « il est permis de recourir à une certaine dose d'exagération, voire de provocation, c'est-à-dire d'être quelque peu immodéré dans ses propos »[45]. Affirmer que l'outrage de l'article 433-5 « n'entre pas dans le champ de l'article 10, § 1, de la Convention EDH » ne semble pas exact[46]. Le Conseil constitutionnel n'a pas commis cette erreur lorsqu'il a été saisi d'une QPC concernant ce texte mais il a abstraitement répondu qu'une telle incrimination n'a rien d'excessif et que son régime de poursuites (droit commun plutôt que droit de la presse) ne méconnaît ni le droit à un recours effectif ni les droits de la défense[47].

§2. La rébellion

1210. La rébellion est un délit d'appréciation délicate dont la sanction varie selon les circonstances. Précisons le comportement incriminé puis les peines encourues.

A. Le comportement incriminé

1211. L'article 433-6 du Code pénal définit la rébellion comme « le fait d'opposer une résistance violente à une personne dépositaire de l'autorité publique ou chargée d'une mission de service public agissant, dans l'exercice de ses fonctions, pour l'exécution des lois, des ordres de l'autorité publique, des décisions ou mandats de justice ». Évoquons cette rébellion dans sa double dimension matérielle et morale.

1. La matérialité de l'acte

1212. Le comportement qui vient d'être décrit repose sur deux éléments : il suppose une résistance violente opposée à un agent public agissant dans un but particulier.

42. V. aussi E. Dreyer, *Droit de la communication*, LexisNexis, 2e éd., 2022, p. 727, n° 1261.
43. F. Goyet, *Droit pénal spécial*, préc., p. 157, n° 233.
44. Cass. crim., 5 sept. 2006, *Comm. com. électr.* 2006, n° 166, obs. A. Lepage.
45. CEDH, 15 mars 2011, *Otegi Mondragon c/Espagne*, § 54.
46. Cass. crim., 19 juin 2018, *Dr. pén.* 2018, n° 174, obs. P. Conte ; *RSC* 2019, p. 111, obs. E. Dreyer.
47. Cons. const., déc. n° 2021-896 QPC du 9 avr. 2021, *M. Alain P.*, § 17.

a. Une résistance violente

1213. Distinctions. – La rébellion postule la résistance mais l'article 433-6 n'envisage pas toute résistance : il exige une résistance violente, ce qui n'est pas très explicite. En effet, comment distinguer ce délit de celui de violences, *a priori* nécessaire à sa réalisation ?

Un premier critère pourrait tenir aux circonstances de l'acte de rébellion : il y aurait violences aggravées (par la qualité de la victime) si l'acte violent a été commis à l'égard d'un agent public qui n'exerçait aucune prérogative particulière à destination du prévenu (qui a été spontanément agressif sans chercher à s'opposer à aucun acte accompli par l'agent dans l'exercice de ses fonctions) ; il y aurait rébellion si l'acte violent a été accompli alors que l'agent public prétendait accomplir un acte relevant de ses fonctions à l'égard du prévenu (qui s'y est opposé)[48]. Toutefois, il peut être délicat de déterminer si l'intervention de l'agent public a été provoquée par l'attitude agressive du particulier ou si l'agent public exerçait déjà sa mission à l'égard d'un particulier qui a réagi de façon agressive.

Aussi, un second critère est-il généralement préféré. La finalité de l'acte violent détermine alors sa qualification[49]. Dans cette perspective, il y a violences aggravées (par la qualité de la victime) lorsque l'objectif du prévenu a été de porter atteinte à l'intégrité physique ou psychique d'un agent public ; il y a rébellion lorsque l'objectif du prévenu a seulement été d'empêcher un agent public d'exercer ses fonctions ou de remplir sa mission. Il s'agit de raisonner par rapport au résultat redouté, même si la démarche assez subjective prête elle aussi à discussion. La rébellion correspond alors à tout acte positif de résistance. La violence n'est plus qu'un moyen de l'accomplir. Simple exercice de la force physique, elle se réduit éventuellement à peu de choses car l'attention est essentiellement tournée vers l'obstacle mis à l'accomplissement, par l'agent public, d'un acte de sa fonction[50].

1214. Conséquences. – Cette mise en perspective permet de tirer deux conséquences quant au contenu de l'infraction.

Tout d'abord, il faut exclure du champ de la rébellion les obstacles purement passifs à l'exercice d'une fonction ou mission publique puisque l'acte dont il s'agit est un acte positif[51]. Ne rien faire : ce n'est pas résister. Mais toute abstention ne relève pas de ce registre. À l'abstention pure et simple, on peut opposer ici aussi l'abstention dans l'action. Si elle empêche l'exercice normal par un agent public de ses fonctions, la passivité d'un individu peut être analysée comme un acte de résistance[52]. Ainsi, ne pas tendre les bras au policier qui vous passe les menottes ne constitue pas une infraction mais serrer ses bras contre son corps pour empêcher un menottage constitue un acte de rébellion. Dans la première hypothèse, on ne saurait reprocher à l'agent une infraction sous prétexte qu'il n'a pas collaboré au

48. Cass. crim., 21 févr. 2006, *Dr. pén.* 2006, n° 69, obs. M. Véron.

49. La Cour de cassation en déduit que « la rébellion ne peut être considérée, au sens de l'art. 132-16-4, C. pén., comme étant, au regard de la récidive, un délit commis avec la circonstance aggravante de violences » : Cass. crim., 8 déc. 2009, *Dr. pén.* 2010, n° 32, obs. M. Véron.

50. D'aucuns s'inquiètent d'une utilisation détournée d'une telle incrimination : D. Fassin, *Punir, une passion contemporaine*, Seuil, 2017, p. 52. – V. aussi J. Pidoux, « De l'outrage ou de la rébellion à l'égard des policiers dès que l'on n'est pas de leur avis », *Dr. pén.* 2017, étude 19.

51. Cass. crim., 1er mars 2006, *Dr. pén.* 2006, n° 68, obs. M. Véron.

52. Cass. crim., 23 janv. 2018, *Gaz. Pal.* 30 avr. 2018, p. 61, obs. S. Detraz.

menottage (abstention non causale) ; dans la seconde hypothèse, il y a infraction car l'abstention empêche ou rend plus difficile le menottage. Son pouvoir causal est certain.

Ensuite, il faut admettre que la rébellion ne suppose pas rapportée la preuve d'une atteinte effective à l'intégrité physique ou psychique de l'agent public. Elle peut être reprochée à un individu qui s'esquive lorsqu'un policier l'interpelle et tente de lui donner des coups sans y parvenir[53]. Il suffit que le comportement du suspect ait été de nature à « impressionner » l'agent public[54], voire à le surprendre[55], en l'empêchant d'agir normalement. À ce titre, lancer des projectiles en direction de policiers, sans même qu'ils ne soient touchés, constitue un acte de rébellion ; *idem* lorsqu'un individu harangue des passants pour qu'ils fassent obstacle à son interpellation[56]. Il n'est donc pas nécessaire de rapporter la preuve de l'obtention du résultat redouté au titre des violences ; il suffit d'établir que l'acte positif reprochable à l'agent était de nature à produire ce résultat pour que l'on puisse admettre que la résistance a été violente[57]. Mais cette résistance violente ne suffit pas à caractériser un acte de rébellion. Il doit en résulter une opposition à agent pour qu'une telle qualification puisse être retenue.

b. Une opposition à agent

1215. Finalités. – En effet, pour qu'il y ait rébellion, la résistance doit avoir été opposée à une personne dépositaire de l'autorité publique ou chargée d'une mission de service public agissant, dans l'exercice de ses fonctions, pour l'exécution des lois, des ordres de l'autorité publique, des décisions ou mandats de justice. Ces trois conditions cumulatives sont censées éviter toute dérive.

La catégorie des personnes dépositaires de l'autorité publique ou chargées d'une mission de service public est désormais classique (v. *supra*, n° 993). Toutefois, là aussi, ce n'est pas la personne de l'agent public qui doit être respectée mais l'exécution normale d'une fonction ou mission dont cette personne est investie[58]. Ce qui est sanctionné, au titre de la rébellion, c'est l'obstacle mis à un acte qu'un agent public était en train d'accomplir soit directement pour l'exécution d'une loi, soit indirectement à travers l'exécution d'un ordre de l'autorité publique, d'une décision ou d'un mandat de justice. Sachant que, en pratique, cette dernière exigence ne semble pas faire l'objet de vérifications. La légitimité de l'acte auquel le rebelle s'est opposé ne peut être discutée dans ce cadre[59]. Une présomption de légalité de l'action publique s'applique ici, contrariant quelque peu les termes de l'incrimination[60].

53. Cass. crim., 11 mai 2005, *Dr. pén.* 2005, n° 124, obs. M. Véron.

54. Cass. crim., 15 mars 1972, *B.* n° 106.

55. Cass. crim., 7 nov. 2006, *Dr. pén.* 2007, n° 20, obs. M. Véron.

56. Cass. crim., 21 févr. 2017, *Gaz. Pal.* 25 avr. 2017, p. 52, obs. E. Dreyer.

57. V. aussi G. Roussel, « De la résistance citoyenne à la rébellion délinquante », *Gaz. Pal.* 24 janv. 2017, p. 72.

58. L'action à laquelle il a été fait obstacle pouvait donc viser un ou plusieurs agents publics qu'il n'est pas nécessaire d'identifier. Il y a par ex. rébellion dans le fait de bloquer une porte avant l'assaut de la police (Cass. crim., 23 janv. 2018, *Gaz. Pal.* 30 avr. 2018, p. 61, obs. E. Dreyer). Peu importent les agents impliqués.

59. Cass. crim., 24 oct. 1984, *B.* n° 320. – V. aussi Cass. crim., 1er sept. 2004, *Dr. pén.* 2004, n° 164, obs. A. Maron.

60. *A fortiori*, la qualification de rébellion applicable au détenu qui résiste à la perquisition de sa cellule n'est pas tenue en échec « par le constat postérieur, par la juridiction compétente, du caractère irrégulier de la détention provisoire » (Cass. crim., 20 avr. 2022, *Dr. pén.* 2022, n° 139, obs. P. Conte).

En toute hypothèse, il n'est pas nécessaire de rapporter la preuve de l'obtention du résultat redouté par le législateur : formelle, l'infraction est constituée même s'il n'est pas démontré que l'exécution des lois, des ordres de l'autorité publique, des décisions ou mandats de justice a ainsi été effectivement perturbée.

1216. Preuve. – La rébellion est un délit difficile à établir dans des conditions satisfaisantes. Il suppose en effet de croire sur parole les policiers ou gendarmes qui s'estiment victimes d'une telle infraction. Ce qui ne pose guère de difficultés aux juridictions internes, alors même que la Cour EDH a relevé que « lorsque sont contestés les faits essentiels à la base des chefs d'inculpation et que les seuls témoins de l'accusation sont les policiers qui ont joué un rôle actif dans les événements litigieux, il est indispensable que les tribunaux usent de toute possibilité raisonnable de vérifier les déclarations à charge faites par ces policiers, sans quoi il y aura violation des principes fondamentaux du droit pénal, en particulier du principe *"in dubio pro reo"* »[61]. Elle considère que la preuve de l'infraction n'est pas rapportée hors de tout doute raisonnable sur la base des seules déclarations des policiers impliqués, ce qui devrait permettre de limiter les abus parfois dénoncés.

2. La perception de l'acte

1217. Intention. – La rébellion suppose que le prévenu ait eu l'intention de résister à un agent public dans l'exercice de ses fonctions (et non de porter atteinte à son intégrité). Le rebelle devait donc avoir connaissance de la qualité de l'agent public et conscience de la nature de l'acte accompli[62]. En pratique, cette preuve découle souvent du fait que l'agent public était en uniforme, ou disposait à tout le moins de signes distinctifs (brassard, carte professionnelle) et a indiqué l'objet de son intervention.

1218. Mobile. – Bien entendu, le mobile reste indifférent. La rébellion n'est pas justifiée par le caractère prétendument illégal de l'acte accompli par l'agent public. Il a ainsi été jugé que l'irrégularité d'un contrôle d'identité ne peut justifier une résistance violente envers l'agent qui l'accomplit[63]. *Idem* pour un menottage[64] et une prise d'empreintes digitales[65] abusifs. Toutefois, dans un arrêt où l'irrégularité commise était particulièrement flagrante, la Cour de cassation a admis que la légitime défense pouvait être retenue[66]. Elle aurait dû plus clairement juger que l'agent public n'agissait pas dans l'exercice de ses fonctions, de sorte que la résistance à son égard ne constituait plus un acte de rébellion. Une partie de la doctrine suggère également de distinguer suivant que l'acte auquel le rebelle s'est opposé était ou non manifestement illégal[67]. Elle

61. CEDH, 28 juin 2022, *Boutaffala c/Belgique*, § 81.

62. De façon discutable, l'infraction a été reprochée à un mineur qui, surpris par une palpation « au niveau de la ceinture », s'est débattu vivement et a blessé l'agent qui le contrôlait : Cass. crim., 8 nov. 2011, *Dr. pén.* 2012, n° 19, obs. M. Véron.

63. Cass. crim., 7 févr. 1995, *B.* n° 51.

64. CA Paris, 7 janv. 1997, *Dr. pén.* 1998, n° 140, obs. A. Maron.

65. Cass. crim., 2 juill. 1987, *B.* n° 281.

66. Cass. crim., 20 oct. 1993, *Dr. pén.* 1994, n° 34, obs. M. Véron. – V. aussi Cass. crim., 26 juin 2012, *Dr. pén.* 2012, n° 142, obs. M. Véron.

67. P. Collet, *L'acte coercitif en procédure pénale*, Éd. Panthéon-Assas, 2018, p. 817 et s.

souligne à l'appui le caractère illusoire du recours pouvant être exercé dans un second temps contre l'acte abusif. On pourrait ajouter que si l'article 7, DDHC dispose que « tout citoyen appelé ou saisi en vertu de la loi doit obéir à l'instant : il se rend coupable par la résistance », c'est après avoir rappelé que « ceux qui sollicitent, expédient, exécutent ou font exécuter des ordres arbitraires, doivent être punis ». L'obéissance ne s'impose donc au citoyen que dans les limites fixées par la loi. Un lien pourrait ainsi être fait entre la justification des actes d'exécution (art. 122-4, al. 2) et la légitimité d'une résistance à un commandement abusif. Mais la jurisprudence ne s'oriente pas en ce sens.

1219. Complément. – Ajoutons qu'il n'y a plus rébellion mais attentat (art. 412-1), complot (art. 412-2) ou mouvement insurrectionnel (art. 412-3), lorsque l'acte a pour objectif de mettre en péril les institutions de la République.

B. Les modalités de la répression

1220. Pénalités. – En vertu de l'article 433-7, al. 1, la personne physique déclarée coupable de rébellion s'expose à 2 ans d'emprisonnement et 30 000 € d'amende. Elle s'expose en plus aux peines complémentaires de l'article 433-22 déjà évoquées (v. *supra,* n° 1206) ainsi que – quand les faits se sont déroulés à l'occasion d'une manifestation sportive – à l'interdiction de pénétrer ou de se rendre aux abords d'une enceinte où se déroule une manifestation similaire, pour une durée n'excédant pas 5 ans (C. sport, art. L. 332-11). La personne morale déclarée auteur de la même infraction ne s'expose qu'à une amende portée au quintuple en l'absence de prévision d'autres peines.

1221. Aggravation. – Les peines principales encourues sont portées à 3 ans d'emprisonnement et 45 000 € d'amende lorsque la rébellion a été commise en réunion (art. 433-7, al. 2). L'hypothèse se rencontre lorsqu'un individu, pour en aider un autre qui s'oppose à son interpellation, le tire par la main ou par le vêtement[68]. Il en va de même lorsqu'un individu, pour détourner leur attention, jette des pierres en direction de policiers qui tentent d'en interpeller un autre[69]. Évoquer ici des actes d'intimidation (art. 433-3) serait sans doute excessif dans la mesure où il s'agit moins de susciter la crainte chez les gendarmes et policiers que d'apporter un concours illicite à des actes de résistance. Cette complicité de rébellion entraîne pour les différents protagonistes une élévation de la répression qui doit les faire hésiter avant de susciter ou d'apporter leur aide.

En cas de rébellion armée, les peines passent à 5 ans d'emprisonnement et 75 000 € d'amende. Elles sont portées à 10 ans d'emprisonnement et 150 000 € d'amende en cas de rébellion à la fois armée et en réunion (art. 433-8). Dans ce cas particulier, le coupable s'expose en outre aux peines complémentaires obligatoires de l'article 433-24 : i) interdiction de détenir ou de porter, pour une durée de 10 ans au plus, une arme soumise à autorisation ; ii) confiscation des armes dont le coupable est propriétaire ou dont il a la libre disposition[70] ; iii) retrait de son permis de chasse avec interdiction d'en solliciter un nouveau pendant 3 ans.

---

68. Cass. crim., 15 déc. 2009, *Dr. pén.* 2010, n° 32, obs. M. Véron.

69. Cass. crim., 8 déc. 2009, *D.* 2010, p. 1132, note J.-L. Lennon.

70. Comme en matière de violences, l'arme est entendue largement. – V. pour un individu fonçant sur des gendarmes avec un tracteur : Cass. crim., 12 mars 1991, *Dr. pén.* 1991, n° 225, obs. M. Véron.

1222. Concours réel. – Lorsque la rébellion intervient à l'occasion d'une mesure de détention, l'article 433-9 prévoit, par dérogation aux règles régissant le concours réel d'infractions, que les peines prononcées pour ce nouveau délit se cumulent, sans confusion possible, avec celles encourues à raison de l'infraction pour laquelle le rebelle était détenu. Il s'agit, à l'instar de la dérogation prévue en matière d'évasion, de renforcer la discipline carcérale (V. *infra*, n° 1302).

1223. Compléments. – Par ailleurs, ces dispositions sont complétées par l'incrimination, à titre autonome, d'une provocation à la rébellion. L'article 433-10 punit ainsi de 2 mois d'emprisonnement et 7 500 € d'amende « la provocation directe à la rébellion, manifestée soit par des cris ou des discours publics, soit par des écrits affichés ou distribués, soit par tout autre moyen de transmission de l'écrit, de la parole ou de l'image ». Cette provocation étant directe, l'acte de rébellion doit être précisément désigné. En revanche, les moyens utilisés évoquent une provocation publique. Elle doit donc concerner un nombre indéterminé de personnes et non un individu particulier. Elle est punissable quel que soit l'effet produit, c'est-à-dire même si elle n'a pas eu de suite. Toutefois, s'il s'avérait qu'un acte de rébellion a été commis par un individu ayant suivi les instructions ainsi données, le « provocateur » pourrait se voir reprocher une complicité par « instructions », au sens de l'article 121-7 et être sanctionné, beaucoup plus sévèrement, à ce titre[71].

Enfin et en toute hypothèse, le délit de rébellion doit être distingué de différents délits d'obstacle à fonctions (C. trav., art. L. 8114-1. – C. consom., art. L. 531-1. – C. rur., art. L. 937-1) ou de refus d'obtempérer (C. route, art. L. 233-1. – C. déf., art. L. 1521-10. – CSI, art. L. 634-6) qu'il n'est pas possible d'envisager ici.

Section 2
Les atteintes particulières à l'autorité de la justice

1224. Le pouvoir judiciaire est sans doute celui des trois pouvoirs qui est le plus fragile : dans une démocratie, c'est à travers lui que s'obtient l'équilibre réel des droits. C'est lui qui met concrètement en œuvre la loi, expression de la volonté générale, et qui rappelle, à une administration parfois portée sur l'abus, les limites de son action. Au cœur d'enjeux considérables, le pouvoir judiciaire bénéficie donc d'une protection renforcée. Un certain nombre d'incriminations tendent à préserver l'enquête des comportements les moins acceptables. D'autres ont trait à la phase de jugement et d'autres encore à l'exécution des peines. Cependant, toutes ces infractions ne peuvent être étudiées ici : à ces trois niveaux, une sélection sera opérée.

71. Si la provocation a été commise par la voie de la presse écrite ou audiovisuelle, les personnes responsables sont désignées conformément aux lois qui régissent ces matières (al. 2).

§1. Les infractions liées à l'enquête

1225. Dans le Code pénal, de nombreux comportements sont incriminés parce qu'ils retardent ou compliquent la mise en œuvre de poursuites. À ce titre, nous envisagerons ceux qui relèvent des trois catégories les plus fréquemment sanctionnées. Ils correspondent au délit de fuite, à la non-dénonciation d'infractions ainsi qu'à certains témoignages faits en justice. Mais on aurait pu s'attarder également sur la modification de l'état des lieux d'un crime ou d'un délit (et la dissimulation d'éléments de preuve : art. 434-4), sur le bris de scellés (art. 434-22) ainsi que sur les recels de malfaiteur (art. 434-6) ou de cadavre (art. 434-7). On se contentera d'y renvoyer.

A. Le délit de fuite

1226. Il s'agit d'une infraction fréquente en pratique. Liée à l'utilisation d'un véhicule, elle trouva initialement sa place à l'article L. 2, C. route. Néanmoins, pour en souligner l'importance, elle a été transférée en 1992 dans le Code pénal où son champ d'application a été élargi. Ainsi, l'article 434-10 de ce Code incrimine désormais « le fait, pour tout conducteur d'un véhicule ou engin terrestre, fluvial ou maritime, sachant qu'il vient de causer ou d'occasionner un accident, de ne pas s'arrêter et de tenter ainsi d'échapper à la responsabilité pénale ou civile qu'il peut avoir encourue ». L'actuel article L. 231-1, C. route se contente d'y faire référence, ainsi que l'article L. 6142-9, C. transp. Selon la Cour de cassation, la légitimité de ces textes ne saurait être discutée[72].

Commençons par définir le comportement en cause avant d'envisager les modalités de sa répression.

1. Le comportement incriminé

1227. À titre de condition préalable, le délit de fuite suppose un accident auquel le conducteur d'un véhicule n'est *a priori* pas étranger. Le comportement incriminé concerne les suites de cet accident.

a. L'accident préalable

1228. Définition. – La notion d'accident est peu juridique. En toute hypothèse, elle évoque plus le droit des assurances que le droit pénal. Elle correspond ici à tout événement provoquant un dommage aux personnes ou aux biens dont l'origine n'est pas naturelle.

En l'occurrence, l'accident doit impliquer un véhicule ou engin terrestre, fluvial ou maritime. Peut donc être en cause une automobile, un camion, un cyclomoteur aussi bien qu'un engin agricole heurtant un piéton ou un autre véhicule terrestre à moteur. Peut également être en cause un scooter des mers heurtant un baigneur ou un cargo heurtant un chalutier[73].

Ce véhicule ou engin devait fonctionner au moment des faits puisqu'il est reproché à son conducteur un accident de la « circulation ». En revanche, les

72. Cass. crim., 19 août 2015, *Dr. pén.* 2015, n° 155, obs. P. Conte.

73. V. pour une planche à voile Cass. crim., 2 févr. 2016, *Dr. pén.* 2016, n° 63, obs. J.-H. Robert.

circonstances de l'accident importent peu : peu importe que le conducteur l'ait causé ou simplement « occasionné », ce qui semble exclure toute faute de sa part. Il suffit que son véhicule paraisse « impliqué » au sens de la loi du 5 juillet 1985 pour que le conducteur ait l'obligation de s'arrêter. Il ne doit donc pas être un simple témoin. Il doit avoir joué un rôle dans l'accident. Mais il n'est pas nécessaire que sa responsabilité pénale soit engagée à ce titre dès lors que sa responsabilité civile peut l'être.

Enfin, peu importe le résultat de l'accident : il n'est pas nécessaire qu'il en résulte une atteinte à l'intégrité physique ou psychique d'autrui ; les dommages peuvent se réduire à de la tôle froissée[74].

1229. Remarque. – En l'absence d'accident, aucune infraction ne saurait résulter de la fuite de l'auteur d'un crime ou d'un délit : la fuite de celui qui vient de commettre un meurtre, un vol ou même un excès de vitesse paraît, à elle seule, trop humaine pour être punissable.

b. La fuite postérieure à l'accident

1230. Matérialité. – Est en cause une omission dans l'action. On reproche au conducteur de s'être abstenu de s'arrêter dans un but particulier. Cette abstention n'implique aucune dissimulation. Peu importe que l'agent ait ralenti ou accéléré en s'apercevant de l'accident. Ce qui est en cause, c'est son indifférence à l'égard des faits alors que la conduite d'un véhicule peut causer d'importants dommages et implique un véritable sens des responsabilités. Même si la fuite est une réaction assez naturelle, qui ne peut être reprochée à l'auteur d'une infraction intentionnelle sans porter atteinte à la présomption d'innocence, elle constitue ici un délit car elle est analysée indépendamment de l'acte aux conséquences duquel l'agent a voulu échapper. L'intérêt pris en compte est celui de la justice dont l'exercice est ralenti par une telle absence de collaboration.

Ainsi, la jurisprudence a toujours fait une interprétation extensive de l'incrimination. Le délit dit « de fuite » apparaît bien mal nommé. Il est retenu même lorsque le conducteur s'est arrêté, dès lors qu'il a refusé de préciser son identité et d'établir un constat[75]. L'esprit de l'incrimination l'emporte alors sur sa lettre. Certaines solutions paraissent à la limite de la légalité[76].

1231. Perception. – Encore, cela suppose-t-il que l'agent ait eu conscience de son implication dans l'accident et la volonté d'échapper à une éventuelle responsabilité civile ou pénale (et, *a fortiori*, au malus que l'assureur pourrait appliquer en conséquence !). Au dol général s'ajoute donc un mobile particulier. Sans doute l'automobiliste blessé qui continue sa route pour obtenir des soins et provoquer l'intervention des secours n'a-t-il pas l'intention requise. Mais, hormis cette hypothèse exceptionnelle, la volonté de fuir est facilement admise dès lors que l'agent sait qu'il a joué un rôle dans l'accident[77].

74. Cass. crim., 18 oct. 2017, *Dr. pén.* 2018, n° 7, obs. P. Conte.

75. Cass. crim., 10 févr. 1993, *B.* n° 68.

76. V. aussi Cass. crim., 29 oct. 1997, *B.* n° 361.

77. Cass. crim., 18 mars 1992, *B.* n° 119.

2. Les modalités de la répression

1232. Pénalités. – La personne physique qui s'est rendue coupable d'une telle infraction encourt, à titre principal, 3 ans d'emprisonnement et 75 000 € d'amende (art. 434-10). Elle s'expose également à la confiscation du véhicule ou de l'engin (art. 434-44) ainsi qu'à la suspension, pour une durée de 5 ans au plus, de son permis de conduire. Sachant que cette suspension ne peut être limitée à la conduite en dehors de l'activité professionnelle (art. 434-45). À ces peines complémentaires, il faut ajouter celles prévues dans le Code de la route dont : l'annulation du permis de conduire (avec interdiction de solliciter la délivrance d'un nouveau permis pendant trois ans au plus) et l'interdiction de conduire certains véhicules (pour une durée de 5 ans au plus), un travail d'intérêt général et des jours-amendes ainsi que l'obligation d'accomplir, à ses frais, un stage de sensibilisation à la sécurité routière (art. L. 231-2). En toute hypothèse, une condamnation pour délit de fuite donne lieu de plein droit à la réduction de la moitié du nombre maximal de points du permis de conduire (art. L. 231-3).

La responsabilité d'une personne morale, pour la même infraction, ne se conçoit guère mais elle encourrait alors une peine d'amende portée au quintuple. Aucune autre peine n'est envisagée.

1233. Concours réel. – Dans l'hypothèse où la responsabilité pénale de l'agent serait également engagée à raison de l'accident (parce qu'il a causé, par sa faute, la mort ou des blessures à autrui), un concours réel d'infractions serait constitué. Mais l'article 434-10 déroge aux règles qui permettent habituellement de le résoudre. Le délit de fuite est alors érigé en circonstance aggravante de l'homicide ou des violences involontaires, ce qui a pour effet de porter au double les peines prévues par les articles 221-6 et 222-19 du Code pénal (v. *infra*, n° 1620).

1234. Action civile. – Enfin, la place de cette incrimination dans le Code n'en fait pas une infraction d'intérêt général. Celui qui a personnellement souffert d'un dommage directement causé par le délit de fuite peut donc en demander réparation[78]. Toutefois, la générosité des juges à cet égard ne va pas jusqu'à admettre la recevabilité de la plainte avec constitution de partie civile d'une association de lutte contre la violence routière[79].

B. La non-dénonciation d'infractions

1235. Une obligation d'information s'impose à l'égard des infractions les plus graves. En effet, une nécessaire solidarité interdit de garder le silence si on connaît le mal qui se prépare pour autrui ou qui a été fait à autrui. Cependant, l'obligation de parler n'est pas la même dans ces deux hypothèses. Il convient donc de distinguer.

78. Cass. crim., 18 oct. 1990, *B.* n° 345.

79. Cass. crim., 12 avr. 1988, *B.* n° 146.

1. La non-dénonciation de faits en cours

1236. Présentation. – L'article 434-1 du Code pénal incrimine « le fait, pour quiconque ayant connaissance d'un crime dont il est encore possible de prévenir ou de limiter les effets, ou dont les auteurs sont susceptibles de commettre de nouveaux crimes qui pourraient être empêchés, de ne pas en informer les autorités judiciaires ou administratives ». La logique de ce texte est clairement préventive. Envisageons successivement les conditions préalables de l'infraction, le comportement incriminé et les modalités de sa répression.

a. Les conditions préalables

1237. Généralités. – La question d'une éventuelle infraction de non-dénonciation ne peut se poser que dans deux hypothèses. Il en va tout d'abord ainsi lorsqu'une personne est témoin d'un crime « dont il est encore possible de prévenir ou de limiter les effets », c'est-à-dire d'un crime qui, malgré sa consommation, n'a pas eu de suites immédiates (substance mortelle administrée avec effet retard) ou qui continue à en produire (coup donné avec une arme qui n'occasionne pas aussitôt la mort)[80]. Il en va de même ensuite lorsqu'une personne est témoin d'un premier crime (consommé ou simplement tenté) dont les auteurs sont susceptibles d'en commettre un second (ce qui doit reposer sur un certain nombre d'indices rendant ce renouvellement vraisemblable). Dans ces deux hypothèses, on considère que le témoin détient une information « utile » qui lui impose de parler.

A priori, tout crime est concerné : il s'agit d'une catégorie d'infractions suffisamment graves pour imposer une réaction lorsqu'il est encore possible d'en limiter l'impact ou d'empêcher leur renouvellement. Mais, on le verra, la non-dénonciation de certains crimes justifie une sanction aggravée.

Peu importe la qualité du témoin : toute personne qui dispose d'informations au sujet d'un crime qui n'a pas encore produit tous ses effets ou qui est susceptible de se renouveler doit parler. Néanmoins, on le verra, certaines personnes bénéficient d'une immunité qui fait obstacle aux poursuites à leur encontre. De surcroît, il faut sans doute exclure du champ de l'incrimination le criminel lui-même qui ne peut se voir reprocher son silence sur le crime qu'il est en train de commettre ou qu'il s'apprête à reproduire. Il s'agit là de qualités incompatibles entre elles et qui, si elles étaient relevées successivement, porteraient atteinte à la présomption d'innocence puisqu'elles reviendraient à reprocher à l'auteur d'une infraction de ne pas en informer l'autorité de poursuites.

b. Le comportement incriminé

1238. Abstention. – Ce délit de non-dénonciation est une infraction d'omission. Est incriminée là une abstention : l'individu pouvait avertir les autorités administratives ou judiciaires et il s'en est dispensé.

---

80. *A priori*, les « effets » dont parle ce texte correspondent au résultat redouté par le législateur à raison du crime en question. On ne saurait y assimiler le trouble à l'ordre public né de l'infraction sans exagérer sa portée : la connaissance de tout crime imposerait alors une dénonciation !

Précisons qu'une telle information aurait dû porter sur les faits eux-mêmes et non sur l'identité du criminel ou sur son lieu de résidence[81]. En effet, si la dénonciation doit être suffisamment précise pour empêcher le crime ou son renouvellement, elle n'implique pas de livrer le criminel aux autorités. Les scrupules à cet égard de la personne qui détient une information ne doivent pas l'empêcher de parler.

1239. Autorités. – Il y a délit si une autorité administrative ou judiciaire n'a pas été prévenue du crime dont persistent les effets ou qui est susceptible de se renouveler.

Par autorité judiciaire, on entend aussi bien les magistrats que les agents dotés de pouvoirs de police judiciaire. Par autorité administrative, on entend toute autorité publique ou agent d'une autorité publique qui peut prendre des décisions unilatérales. Peu importe la compétence de l'autorité en question : il suffit qu'elle soit susceptible de mesurer l'importance de l'information qui lui est transmise et d'y donner suite, fût-ce en la transmettant à l'autorité compétente. La formule s'avère donc très large. Ainsi, constitue une autorité administrative au sens de l'article 434-1 un médecin-inspecteur de la santé, appartenant à une direction placée sous l'autorité du préfet d'un département : est donc dégagé de sa responsabilité pénale l'individu qui informe un tel médecin du viol d'une jeune fille mineure par son père, indépendamment de toute information de l'autorité judiciaire[82].

Le choix d'avertir soit l'autorité administrative soit l'autorité judiciaire est laissé à l'appréciation de celui qui détient l'information litigieuse. On en donnera deux raisons. D'abord, la dénonciation ne doit pas être dissuadée par la difficulté pour le témoin d'identifier l'autorité destinataire. Ensuite, lorsqu'il connaît l'auteur des faits, le témoin peut trouver plus neutre de s'adresser à une autorité administrative qu'à l'autorité judiciaire. Encore une fois, il ne faut pas le dissuader de parler. L'important est qu'il parle, sachant qu'en toute hypothèse l'autorité administrative est tenue de prévenir l'autorité judiciaire (CPP, art. 40, al. 2).

1240. Moment. – S'agissant d'une mesure destinée à prévenir ou limiter les effets d'un crime et à empêcher son renouvellement, l'information de l'autorité administrative ou judiciaire doit intervenir en temps utile. Il n'y a donc pas infraction à taire l'existence d'un crime consommé qui a cessé de produire effet et ne se renouvèlera pas (meurtre dont l'auteur s'est suicidé). Une obligation de dénonciation ne s'impose pas davantage lorsque l'autorité administrative ou judiciaire est déjà informée des faits : si un couple prend connaissance d'un crime en cours, il suffit que l'un des deux époux transmette l'information[83] ; l'autre ne commet pas de délit en gardant le silence. Néanmoins, dans le doute sur l'exécution de cette obligation par le conjoint, une double dénonciation s'impose.

1241. Perception. – En toute hypothèse, l'abstention doit être intentionnelle. L'infraction n'est constituée que si une personne, consciente qu'un crime était en train de se commettre ou allait se reproduire, a refusé de le dénoncer[84].

81. Cass. crim., 26 févr. 1959, *D.* 1959, p. 301.
82. Cass. crim., 13 oct. 1992, *B.* n° 320.
83. Comp. Cass. crim., 27 déc. 1961, *B.* n° 564.
84. Cass. crim., 7 nov. 1990, *B.* n° 372.

Peu importe le mobile pouvant expliquer cette abstention. La crainte de représailles ne suffit pas à justifier le silence gardé.

c. Les modalités de la répression

1242. Pénalités. – La personne physique qui se rend coupable de non-dénonciation d'un crime s'expose à 3 ans d'emprisonnement et 45 000 € d'amende à titre principal (art. 434-1). Toutefois, l'article 434-2 porte ces peines principales à 5 ans d'emprisonnement et 75 000 € d'amende lorsque le crime non dénoncé constituait un acte de terrorisme ou une atteinte aux intérêts fondamentaux de l'État (trahison, espionnage, attentat ou complot, par ex.). S'applique également une peine complémentaire de confiscation qui n'a pas grand sens ici (art. 434-44, al. 4).

En l'absence de disposition spéciale, les personnes morales encourent quant à elles la seule peine d'amende précitée dont le montant est porté au quintuple.

1243. Limites. – Les personnes tenues au secret professionnel se trouvent dans une situation particulièrement délicate lorsqu'elles sont informées d'un crime produisant encore des effets ou susceptible de se renouveler : dépositaires de cette information dans l'exercice d'une activité qui leur impose le secret, elles ne peuvent parler sous peine de commettre le délit de l'article 226-13 mais, en se taisant, elles semblent commettre le délit de l'article 434-1. Plutôt que de leur imposer un choix entre ces deux infractions, le législateur a préféré trancher un tel conflit de textes : les professionnels dépositaires sont « exceptés » de l'obligation de dénoncer. Le secret prévaut[85]. Peu importe l'âge de la ou des victimes et la nature du crime en question.

Les professionnels ne sont pas seuls à bénéficier d'une telle exception. Il en va de même pour les proches de l'auteur ou du complice du crime produisant encore des effets ou susceptible de se renouveler. Ces « proches » sont les parents en ligne directe (et leurs conjoints), les frères et sœurs (et leurs conjoints) ainsi que le conjoint ou la personne qui vit notoirement en situation maritale avec l'auteur ou le complice du crime en question. Il serait sans doute immoral et, en tout cas, peu réaliste de leur imposer de dénoncer[86]. Le législateur a préféré les dispenser d'une telle obligation. Toutefois, cette immunité familiale connaît deux limites : en premier lieu, elle n'est pas applicable lorsque le crime à dénoncer a été commis sur une victime mineure[87] ; en second lieu, elle n'est pas applicable lorsque le crime à dénoncer relève de la catégorie des atteintes aux intérêts fondamentaux de la nation ou constitue un acte de terrorisme[88]. Le champ de l'exception s'avère donc plus

85. L'avocat qui apprend de son client l'identité de coauteurs ou complices d'un acte de séquestration non encore identifiés par la police n'est pas tenu de parler, même si – en se taisant – il retarde leur arrestation et les chances de libération de l'otage en vie car son client peut craindre des représailles à la suite. Il ne doit pas renoncer à sa défense par peur d'être trahi (B. Bouloc, « Le secret professionnel de l'avocat », *in Mél. Gassin*, PUAM, 2007, p. 121. – V. aussi, *supra*, n° 908).

86. Immunité qui n'est pas limitée au cas où le proche commet seul l'infraction : l'obligation de dénoncer est également levée lorsque le proche commet l'infraction avec d'autres qui ne présentent pour autant pas le même lien de parenté avec l'agent (Cass. crim., 15 févr. 2022, *Dr. pén.* 2022, n° 81, obs. P. Conte ; *Gaz. Pal.*, 19 avr. 2022, p. 18, note A. Gogorza ; *AJ pénal* 2022, p. 143, note J. Alix).

87. Comp., CEDH, Gde ch., 3 avr. 2012, *Van der Heijden c/Pays-Bas*, § 76.

88. C. pén., art. 434-2. – A. Darsonville, « La famille, instrument de politique criminelle », *in Mél. Mayaud*, Dalloz, 2017, p. 721. – C. Ribeyre, « Loi du 3 juin 2016. – Et maintenant ? », *Dr. pén.* 2016, étude 17, n° 8.

réduit à l'égard des proches qu'au bénéfice des personnes astreintes au secret professionnel.

En toute hypothèse, pour les proches comme pour les professionnels, il s'agit moins là d'une règle de fond que d'une règle de forme : l'immunité ainsi conférée présente un caractère personnel ; elle n'empêche pas des poursuites contre un ami ou les enfants de l'auteur ou du complice qui auraient également connaissance du crime produisant encore des effets ou susceptible de se renouveler.

1244. Action civile. – Enfin, pendant longtemps, la Cour de cassation jugea irrecevables les constitutions de partie civile des victimes du crime non dénoncé au motif que l'obligation de parler a essentiellement pour but de protéger l'ordre public. Elle rangeait donc ce délit dans la catégorie des infractions d'intérêt général.

Elle a fini par abandonner cette solution et admet, désormais, que les victimes du crime non dénoncé peuvent demander réparation des conséquences dommageables de ce silence sur la base d'une sorte de perte de chance d'éviter les effets du crime en question ou son renouvellement : en prenant en compte le lien de causalité existant entre le préjudice subi et l'absence de dénonciation des faits à l'autorité judiciaire ou administrative. Dans la limite de cette participation, celui qui n'a pas dénoncé le crime peut donc être condamné solidairement avec le criminel à indemniser la victime[89]. S'agissant de la non-dénonciation du viol de jeunes garçons, il a même été admis que leurs parents peuvent se constituer partie civile afin de demander réparation du préjudice personnel que la non-dénonciation leur a causé[90].

2. La non-dénonciation de faits passés

1245. Présentation. – À la suite, l'article 434-3 contient une obligation de portée tout à fait différente. En effet, lorsque le trouble à l'ordre public semble avoir disparu, le législateur pénal éprouve des scrupules à imposer de dénoncer. Le souci de protéger la liberté individuelle, dans une démarche résolument libérale, renvoie à la seule conscience de chacun le soin de déterminer s'il faut ou non en informer les représentants de l'État.

Toutefois, certaines infractions sont si choquantes que le législateur a ponctuellement transformé cette faculté en obligation. Ainsi, l'article 434-3 incrimine-t-il « le fait, pour quiconque ayant connaissance de privations, de mauvais traitements ou d'agressions ou d'atteintes sexuelles infligés à un mineur ou à une personne qui n'est pas en mesure de se protéger en raison de son âge, d'une maladie, d'une infirmité, d'une déficience physique ou psychique ou d'un état de grossesse, de ne pas en informer les autorités judiciaires ou administratives ou de continuer à ne pas informer ces autorités tant que ces infractions n'ont pas cessé »[91]. La logique de cette seconde infraction n'est pas nécessairement préventive : de tels faits doivent être dénoncés pour eux-mêmes, indépendamment de tout risque d'aggravation ou de renouvellement.

89. Cass. crim., 17 nov. 1993, *Dr. pén.* 1994, n° 58, obs. M. Véron.

90. Cass. crim., 27 févr. 2001, *B.* n° 48.

91. Il existe également des obligations propres à certaines professions dont l'inobservation est pénalement sanctionnée. – V. s'agissant des commissaires aux comptes : C. com., art. L. 820-7.

Précisons là encore le comportement incriminé puis les modalités de sa répression.

a. Le comportement incriminé

1246. Rappel. – Délit d'omission, cette non-dénonciation se consomme comme dans l'hypothèse précédente : par un défaut d'information des autorités administratives ou judiciaires portant sur un fait précis et non sur l'identité du criminel ou délinquant[92]. Le choix de l'autorité administrative ou judiciaire est laissé à l'initiative du détenteur de l'information. Peu importe dès lors que la première est tenue de transmettre à la seconde les éléments en sa possession[93].

L'infraction est consommée dès que, ayant eu connaissance de faits appelant dénonciation, l'agent s'abstient de parler[94].

Néanmoins, il existe d'assez nombreuses différences entre l'article 434-3 et l'article 434-1 évoqué précédemment. Précisons d'abord le périmètre du délit puis la façon dont il se consomme.

α. *Le périmètre du délit*

1247. Délimitation. – Le champ d'application de l'article 434-3 est doublement limité : au regard des personnes victimes des faits à dénoncer ; au regard des faits qui – constituant autant d'infractions – sont l'objet de la dénonciation.

1248. Victimes. – En premier lieu, l'obligation de parler ne s'impose que si une infraction a fait une victime particulière : soit un mineur, soit une personne qui n'est pas en mesure de se protéger. En effet, ce type de victimes n'est pas nécessairement en mesure de dénoncer les faits. Tout tiers informé doit donc le faire, avec ou sans leur accord, à leur place. Peu importe qu'elles ne souhaitent pas l'engagement de poursuites dès lors que leur situation de faiblesse n'en fait pas de bons juges de la situation. Ici, l'enjeu les dépasse : l'infraction de non-dénonciation constitue une atteinte à l'action de la justice. C'est au nom de la recherche de la vérité qu'elle doit être sanctionnée.

1249. Infractions. – En second lieu, toutes les infractions ne doivent pas être portées à la connaissance de l'autorité administrative ou judiciaire. Le législateur en donne une liste. *A priori*, il peut s'agir autant de crimes que de délits. Mais ces derniers doivent relever de catégories spécifiques. En effet, si tous les crimes sont concernés, une distinction incertaine est opérée quant aux délits.

Sont d'abord évoquées les agressions sexuelles (autres que le viol nécessairement concerné en tant que crime) ainsi que les « atteintes sexuelles », cette dernière catégorie d'infractions présentant la particularité de ne pouvoir être commises qu'à l'égard de mineurs et non de personnes hors d'état de se protéger (art. 227-25 et s. – V. *infra*, n° 1404).

Ensuite et surtout sont évoqués les privations et mauvais traitements. Il ne s'agit pourtant pas là d'infractions ; l'euphémisme s'avère tout à fait déplorable ici... Par

92. TGI Caen, 4 sept. 2001, *D.* 2002, somm. p. 1803, obs. G. Roujou de Boubée.

93. Ainsi, les personnes à travers lesquelles l'autorité administrative agit sont elles-mêmes tenues de dénoncer les faits à une autorité qui ne peut être que judiciaire : Cass. crim., 24 janv. 1995, *D.* 1996, p. 384, note F. Dekeuwer-Défossez et A. Waxin.

94. CA Lyon, 30 janv. 2020, *D.* 2020, p. 1238, obs. G. Roujou de Boubée.

« privations », il faut sans doute entendre les privations de soins et d'aliments constitutives d'une mise en péril de mineurs (art. 227-15 et -16. – v. *infra*, n° 1467). On peut y ajouter les privations qu'implique le délaissement de mineurs (art. 227-1 et -2. – V. *infra*, n° 1459) ou de personnes hors d'état de se protéger (art. 223-3 et -4. – V. *infra*, n° 1465). En existe-t-il d'autres ? La formule semble imprécise. De même, par « mauvais traitements », faut-il entendre les différents actes de violences – de nature correctionnelle – commis sur un mineur ou une personne vulnérable ? Il aurait été préférable de l'indiquer. *Quid* des conditions de travail ou d'hébergement indignes imposées aux personnes particulièrement vulnérables ? Doivent-elles également être dénoncées ? *Quid* des personnes contraintes, par autrui, à se prostituer ? Y a-t-il obligation à dénoncer des faits de proxénétisme ? Toutes ces interrogations découlent du fait que les « mauvais traitements » ne constituent une infraction, au sens strict, qu'à l'égard... des animaux (art. R. 654-1. – V. *supra*, n° 545) !

1250. Prescription. – Enfin, s'est posée la question de savoir s'il y a délit à ne pas dénoncer la commission de tels faits lorsqu'ils sont prescrits. En d'autres termes, les crimes ou délits énumérés ci-dessus doivent-ils être encore susceptibles de poursuites au moment où autrui en prend connaissance et doit en informer l'autorité administrative ou judiciaire ? Si on envisage ici une entrave à la saisine de la justice, la prescription des faits à dénoncer empêche la sanction de celui qui ne dénonce pas car la saisine de la justice est alors impossible[95]. Toutefois, la Cour de cassation juge du contraire : « l'obligation de dénoncer persiste, même s'il apparaît à celui qui prend connaissance des faits que ceux-ci ne pourraient plus être poursuivis, compte tenu de la prescription de l'action publique »[96]. Deux arguments sont avancés à l'appui : « d'une part, la condition que la prescription ne soit pas acquise ne figure pas à l'article 434-3 du code pénal, d'autre part, les règles relatives à la prescription sont complexes et ne peuvent être laissées à l'appréciation d'une personne qui peut, en particulier, ignorer l'existence d'un acte de nature à l'interrompre ». La portée de ces arguments semble faible (compte tenu du peu d'intérêt manifesté par ailleurs pour la légalité et l'indifférence de la Cour à l'arbitraire judiciaire : V. *infra*, n° 1252). La solution s'explique autrement. En effet, on va le voir, notre Haute juridiction a modifié la valeur prétendument protégée par l'incrimination : il ne s'agit plus tant d'une entrave à la saisine de la justice que d'une atteinte aux intérêts de personnes vulnérables[97]. Or, dans cette perspective, un risque de renouvellement de l'infraction existe toujours malgré l'ancienneté des premiers faits. Peu importe donc leur prescription ; leur dénonciation peut être utile pour attirer l'attention sur un individu dangereux et révéler d'autres faits (non prescrits) ou empêcher le renouvellement des faits. Sous ce dernier aspect, il convient de rappeler que la découverte de tels faits peut non seulement être portée à la connaissance de l'autorité judiciaire mais aussi à celle de l'autorité administrative qui est fondée à prévenir tout trouble à l'ordre public (pouvant découler du

95. CA Lyon, 30 janv. 2020, *D.* 2020, p. 1238, obs. G. Roujou de Boubée.

96. Cass. crim., 14 avr. 2021, *D.* 2021, p. 937, note E. Dreyer ; *JCP* G 2021, 575, note H. Matsopoulou ; *AJ pénal* 2021, p. 257, note A. Darsonville.

97. Y. Mayaud, « La condamnation de l'évêque de Bayeux pour non-dénonciation... », *D.* 2001, p. 3455. – V. aussi le débat entre C. Dounot et E.-C. Frety, « Un cardinal condamné pour l'exemple ? », *Dr. pén.* 2019, étude 19.

renouvellement de faits pénalement prescrits). Il conviendrait donc de donner à l'incrimination une portée générale.

À noter que cette question ne doit pas être confondue avec celle de savoir (s'agissant de la forme et non plus du fond) si, à l'inverse, l'absence de prescription des faits à dénoncer peut empêcher le constat de la prescription du délit de non-dénonciation. L'hypothèse se rencontre lorsque les faits à dénoncer sont de nature criminelle (prescription de 20 ans contre 6 ans en matière correctionnelle). Peut-on tirer prétexte de l'absence de prescription de tels faits pour empêcher la prescription du délit de non-dénonciation ? Une réponse négative s'impose. Ce dernier délit obéit à des règles de poursuites qui lui sont propres et qui ne sauraient être affectées par les règles de poursuites applicables au crime à dénoncer[98].

β. *La matérialité du délit*

1251. Moment. – L'obligation de dénoncer naît quand l'agent prend connaissance des faits précités : au moment où ils se commettent ou, longtemps après. Informer une autorité administrative ou judiciaire s'impose même s'il n'y a pas à craindre la réitération des faits car ils paraissent trop graves pour ne pas susciter une réaction de la part de l'agent. Cette gravité tient moins à leur qualification intrinsèque qu'à l'âge ou à la vulnérabilité de la victime. Il ne faudrait pas que d'autres personnes tout aussi fragiles soient exposées à l'avenir aux mêmes faits.

S'il n'est donc pas nécessaire d'établir que les faits se poursuivent, le législateur est tout de même préoccupé par l'éventualité de leur renouvellement. Ce qui l'a conduit à préciser à l'article 434-3 que le délit est constitué non seulement lorsque l'agent s'abstient d'informer les autorités d'un fait mais aussi lorsqu'il « continue à ne pas informer ces autorités tant que ces infractions n'ont pas cessé ». La formule n'est pas très heureuse s'agissant d'infractions – pour l'essentiel – instantanées : il faut sans doute comprendre que l'obligation d'informer une autorité administrative ou judiciaire s'impose tant que l'infraction commise à l'égard d'une personne mineure ou vulnérable se renouvelle.

D'après certains auteurs, il faudrait en déduire que le délit de non-dénonciation devient ainsi continu[99], ce qui ne convainc guère. Car, ici, ce sont les faits faisant des victimes mineures ou vulnérables qui s'inscrivent dans le temps, pas l'obligation de dénoncer consécutive à chacun de ces faits. Lorsque les faits à dénoncer « ne cessent pas », il nous semble donc préférable d'admettre que des délits successifs de non-dénonciation sont commis en l'absence de réaction de l'agent. Mais la précision n'apporte alors pas grand-chose. Sauf à considérer que le législateur aurait voulu consacrer ici l'hypothèse d'une infraction continuée pour faciliter les poursuites : les infractions successives (de non-dénonciation), en ce qu'elles forment un tout indivisible, devraient être envisagées ensemble au regard notamment de la prescription. Il suffirait que la dernière ne soit pas prescrite pour que le tout puisse être poursuivi, peu importe que l'action publique soit déjà éteinte à raison des premiers faits envisagés indépendamment des suivants. Cependant, l'article 434-3 ne

98. Cass. crim., 7 avr. 2009, *Dr. pén.* 2009, n° 91, obs. M. Véron. – V. aussi, *infra*, n° 1256.

99. V. évoquant les travaux parlementaires : G. Beaussonie, « L'égalité entre les femmes et les hommes », *RSC* 2018, p. 948. – V. auparavant Y. Muller, « L'interprétation du délit de non-révélation des faits délictueux », *Dr. pén.* 2007, étude 24.

dit pas cela. *A minima*, sa rédaction paraît insuffisante pour fonder une telle interprétation[100].

1252. Limite. – Par ailleurs, la Cour de cassation a surpris en fixant une limite à l'incrimination que celle-ci ne prévoit pas mais qui se déduirait de la valeur protégée à ce titre. Elle a relevé que l'article 434-3 est inséré dans une section du Code pénal intitulée « Des entraves à la saisine de la justice » qui ne consacre pas en termes généraux une obligation de dénoncer tous les faits délictueux dont un particulier aurait connaissance. Elle en a déduit que « cet article a pour but de lever l'obstacle aux poursuites pouvant résulter de ce que l'âge ou la fragilité de la victime l'ont empêchée de dénoncer les faits. Il en résulte que, lorsque cet obstacle est levé, l'obligation de dénonciation ainsi prévue disparaît »[101]. Concrètement, cela signifierait que « la condition, prévue par le texte en cause, tenant à la vulnérabilité de la victime, doit être remplie non seulement au moment où les faits ont été commis, mais encore lorsque la personne poursuivie pour leur non-dénonciation en a pris connaissance ». En conséquence, a été relaxé un évêque n'ayant pas dénoncé les agressions sexuelles commises par un prêtre sur des enfants... devenus majeurs lorsque les faits ont été portés à sa connaissance.

Ce raisonnement téléologique, qui réduit le champ d'application de l'incrimination en ajoutant une condition qu'elle ne prévoit pas (car le maintien de la vulnérabilité des victimes au jour de la révélation des faits n'est exigé nulle part), paraît fondé sur la valeur protégée par l'incrimination : dès lors que les victimes sont en mesure de parler, la sanction pénale n'apparaît plus justifiée. Même si cette interprétation restrictive s'opère dans l'intérêt de la personne poursuivie, on ne saurait l'approuver. Elle joue l'esprit contre la lettre de l'article 434-3 en livrant, en réalité, la personne poursuivie à l'arbitraire du juge. En effet, comment savoir que les victimes des faits à dénoncer n'ont plus besoin de protection et qu'il n'est pas nécessaire de révéler les faits car elles sont désormais en mesure de le faire ? Ce n'est pas seulement une question d'âge mais aussi de vulnérabilité. Or, sur ce point, l'arrêt de la Cour de cassation se montre défaillant : rien n'indique, dans l'affaire à l'occasion de laquelle il a été rendu, que toutes les victimes majeures aient effectivement été en mesure de s'exprimer sur les faits. En toute hypothèse, comme tout raisonnement fondé sur la valeur protégée, celui-ci s'avère discutable[102]. Il permet, l'affaire l'illustre bien, toutes les manipulations. Au lieu d'élever ainsi le débat pour s'émanciper des exigences textuelles, la Cour de cassation aurait gagné à raisonner par rapport au résultat redouté lors de l'incrimination du comportement en cause, à savoir : la non-information des autorités administratives ou judiciaires qui les empêche d'agir.

---

100. Sans parler de l'incertitude quant à l'unité ou à la pluralité de victimes possibles de tels faits : la même obligation de dénoncer s'impose-t-elle seulement lorsque les faits se renouvèlent à l'égard d'un mineur ou d'une personne vulnérable déterminée ou s'applique-t-elle aussi lorsque les faits affectent des victimes différentes (P. Bonfils, « La loi du 3 août 2018 sur les violences sexuelles et sexistes », *JCP* G 2018, 975, p. 1683) ? Si on voit dans la non-dénonciation des faits une infraction unique, elle ne concerne sans doute que la répétition des faits à l'égard d'une même victime ; si on admet qu'il y a autant de délits de non-dénonciation que de faits à dénoncer, il est possible d'envisager leur répétition à l'égard de plusieurs victimes. Mais cette dernière solution pose problème, au regard de la prescription, dont le point de départ ne saurait plus être reporté au jour du dernier fait.

101. Cass. crim., 14 avr. 2021, *D.* 2021, p. 937, note E. Dreyer ; *JCP* G 2021, 575, note H. Matsopoulou ; *AJ pénal* 2021, p. 257, note A. Darsonville.

102. V. plus généralement E. Dreyer, *Droit pénal général*, LexisNexis, 6e éd., 2021, p. 151, no 165.

Elle se serait alors rendu compte que l'obligation d'informer ces autorités s'impose à toute personne qui prend connaissance de faits graves, indépendamment du point de savoir si les victimes sont en mesure de s'en plaindre ou pas.

γ. *La perception du délit*

1253. Intention. – La solution évoquée ci-dessus paraît d'autant plus contestable qu'elle rend également plus difficile la preuve de l'élément intentionnel de l'infraction. Il s'ensuit en effet que l'agent devait non seulement avoir conscience des faits à dénoncer mais aussi savoir que les victimes éventuellement devenues majeures n'étaient pas en mesure d'en informer elles-mêmes l'autorité administrative ou judiciaire. À cette double condition seulement, son refus devient punissable. Est-ce un progrès ?

La question se pose alors que, indépendamment même de cette circonstance particulière, l'appréciation d'un tel élément moral n'a rien d'évidente. Certes, les faits parlent parfois d'eux-mêmes. Ainsi, le directeur d'un foyer où une jeune pensionnaire a fait l'objet d'attouchements de la part d'un veilleur de nuit ne peut refuser d'établir un signalement, sous prétexte que la victime ne s'est pas plainte auprès de lui, dès lors que les faits ont été portés à sa connaissance par le psychologue de l'établissement[103]. Mais tout n'est pas toujours aussi simple. Que faire par ex. lorsque des parents se fâchent et qu'un enfant pleure à la suite ? Un voisin doit-il nécessairement donner l'alerte ? Une réponse *a priori* positive s'impose dès lors que toute vertu éducative est désormais refusée aux châtiments corporels (C. civ., art. 371-1, al. 3). Peu importe l'absence de volonté de dissimulation de celui qui s'abstient de parler[104]. Toutefois, n'est-ce pas exagérer la place du droit pénal dans les relations du quotidien ?

b. Les modalités de la répression

1254. Pénalités. – La personne physique déclarée coupable d'une telle infraction s'expose à 3 ans d'emprisonnement et 45 000 € d'amende (art. 434-3, al. 1). De telles peines sont portées à 5 ans et 75 000 € d'amende lorsque le défaut d'information concerne une infraction commise sur un mineur de 15 ans (al. 2). Par ailleurs, le coupable s'expose en toute hypothèse à la peine complémentaire de confiscation qui n'a pas grand sens ici (art. 434-44, al. 4).

En l'absence de disposition spéciale, les personnes morales s'exposent uniquement à une peine d'amende portée au quintuple.

1255. Limites. – Les proches de la victime ne bénéficient d'aucune immunité. D'ailleurs, c'est bien souvent dans l'intimité familiale que les mauvais traitements ou privations ont lieu. Ils ne doivent pas être tolérés par ceux qui en sont témoins.

Seules sont exceptées du champ d'application de l'article 434-3 les personnes tenues au secret professionnel[105]. Pour autant, ces personnes ne sont pas toujours obligées de se taire. En effet, on a vu que l'article 226-14 écarte les sanctions de l'atteinte au secret professionnel lorsque sont révélés notamment des sévices ou

103. Cass. crim., 6 sept. 2006, *Dr. pén.* 2006, n° 149, obs. M. Véron.

104. Cass. crim., 23 juin 2021, *Dr. pén.* 2021, n° 163, obs. P. Conte.

105. Cass. crim., 27 avr. 2011, *Dr. pén.* 2011, n° 77, obs. M. Véron.

privations infligés à un mineur ou à une personne hors d'état de se protéger (v. *supra,* n° 910). Il appartient alors aux professionnels de décider en conscience si, au regard des circonstances, ils doivent ou non parler[106].

Ajoutons que l'obligation de respecter le secret n'autorise pas les professionnels à se montrer indifférents au sort d'autrui : certes ils ne sont pas tenus de dénoncer mais, lorsqu'il existe un danger pour autrui, ils doivent – comme tout le monde – intervenir pour l'empêcher. À défaut, ils s'exposent à des poursuites pour non-obstacle à la commission d'un crime ou non-assistance à personne en péril (art. 223-6. – V. *infra*, n° 1383).

1256. Prescription. – En principe, le délai de prescription de l'action publique, de 6 ans en matière correctionnelle, court pour ce délit comme pour tous les autres à compter de sa consommation. Toutefois, le législateur a étendu ce délai et reporté son point de départ dans deux cas : lorsque le défaut d'information concerne une agression ou atteinte sexuelle sur mineur, ce délai est porté à 10 ans à compter de la majorité de la victime ; lorsque le défaut d'information concerne un viol sur mineur, ce délai est porté à 20 ans à compter là encore de la majorité de la victime (CPP, art. 5). Ce qui doit permettre des poursuites quand la parole de la victime, devenue majeure, se libère enfin[107].

1257. Action civile. – Selon la Cour de cassation, la victime des privations, mauvais traitements ou atteintes sexuelles non dénoncés peut se constituer partie civile du fait de cette abstention, sans même qu'il soit besoin d'établir la perpétuation des faits[108]. En d'autres termes, il ne s'agit pas de réparer ici la perte d'une chance d'éviter la réalisation d'autres infractions. Un préjudice moral existe du seul fait de la non-dénonciation volontaire des faits. Il reste aux juges du fond à l'évaluer...

1258. Complément. – Ce dispositif a été complété par l'incrimination du « fait pour une personne ayant connaissance de la disparition d'un mineur de 15 ans de ne pas en informer les autorités judiciaires ou administratives, en vue d'empêcher ou de retarder la mise en œuvre des procédures de recherche prévues par l'article 74-1, CPP » (art. 434-4-1). Ce fait, doublé d'un dol spécial caractéristique, est puni de 2 ans d'emprisonnement et 30 000 € d'amende. L'idée à l'origine d'une telle incrimination est que, plus l'enquête démarre tard, et plus les chances de retrouver le mineur vivant s'amenuisent. Les renseignements doivent donc être apportés au plus vite.

C. Les infractions relatives au témoignage

1259. Rappel. – Il existe en la matière trois grandes incriminations : la première concerne les faux serments, la deuxième concerne la subornation de témoins et la troisième concerne le refus de témoigner en faveur d'un innocent. Les deux premières, supposant un mensonge, ont déjà été évoquées (v. *supra,*

106. Certains d'entre eux sont obligés de dénoncer ces faits. Il en va notamment ainsi pour les membres d'un service éducatif à qui un mineur est confié par le juge des enfants ou le président d'un conseil départemental : Cass. crim., 8 oct. 1997, *Dr. pén.* 1998, n° 50, obs. M. Véron.

107. H. Matsopoulou, « Les nouvelles règles de prescription applicables aux crimes et délits sexuels commis sur des mineurs », *JCP* G 2021, 514, p. 913.

108. Cass. crim., 6 sept. 2006, *Dr. pén.* 2006, n° 149, obs. M. Véron.

n° 809 et 803). Il s'agit donc de traiter essentiellement ici l'omission de témoigner en faveur d'un innocent.

1260. Incrimination. – En l'occurrence, l'article 434-11 du Code pénal punit quiconque, connaissant la preuve de l'innocence d'une personne détenue provisoirement ou jugée pour crime ou délit, s'abstient volontairement d'en apporter aussitôt le témoignage aux autorités administratives ou judiciaires. L'objectif est de vaincre la « loi du silence » pour éviter une erreur judiciaire. Encore faut-il pouvoir établir que l'agent connaissait effectivement l'innocence de la personne poursuivie[109]. Il ne doit pas seulement s'en être vanté[110].

L'information doit être apportée dès que l'agent apprend la mise en détention provisoire ou le jugement pour crime ou délit d'un innocent[111]. Néanmoins, il est exempté de peine – l'infraction restant constituée – s'il finit par apporter son témoignage, tardivement mais spontanément. Le bénéfice de cette exemption de peine n'est enfermé dans aucun délai : peu importe l'éventuelle condamnation définitive de l'innocent dès lors que ce témoignage permet d'obtenir la révision de la décision qui en fut le support.

1261. Répression. – Sur le fondement de l'article 434-11, la personne physique, auteur d'une telle abstention, est passible de 3 ans d'emprisonnement et 45 000 € d'amende à titre principal ainsi que de l'interdiction des droits et de la confiscation à titre complémentaire (art. 434-44).

Toutefois, l'incrimination comprend les mêmes limites que celles de non-dénonciation d'un crime en train de se commettre, déjà évoquée (v. *supra*, n° 1243) : sont dispensés de témoignage non seulement les proches du véritable coupable mais aussi les personnes à qui ce coupable se serait confié dans l'exercice de leur activité professionnelle. Il en va *a fortiori* de même pour le coupable lui-même : nul ne peut être contraint de s'accuser d'une infraction dont il est l'auteur et dont il est présumé innocent jusqu'à preuve du contraire. Peu importe qu'un tiers soit condamné à sa place, injustement.

§2. Les infractions liées au jugement

1262. Origine. – Les articles 434-16 et 434-25 du Code pénal actuel reprennent sans grands changements les dispositions des articles 227 et 226 de l'ancien Code. Ils ont permis d'introduire « en droit français l'institution anglaise du *Contempt of Court* qui consiste dans la publication de nouvelles ou commentaires de nature à faire mépriser un tribunal judiciaire ou à entraver l'administration de la justice »[112]. Il s'agit de réprimer certains discours qui portent atteinte à

109. Cass. crim., 22 nov. 2005, *AJ pénal* 2006, p. 83, obs. C. Girault, cassant : CA Nancy, 2 févr. 2005, *JCP* G 2005, II, 10065, note M.-L. Rassat.

110. Mais l'infraction de l'art. 434-12 peut, éventuellement, être constituée : est puni d'un an d'emprisonnement et de 15 000 € d'amende, l'individu qui, après avoir déclaré publiquement connaître les auteurs d'un crime ou d'un délit, refuse de répondre aux questions qui lui sont posées à cet égard par un juge. Peu importe que ce soit au stade de l'instruction ou du jugement.

111. En revanche, aucune obligation de témoigner n'existe en faveur d'une personne simplement placée en garde à vue : Cass. crim., 11 mars 2014, *D.* 2014, p. 1188, note H. Dantras-Bioy ; *JCP* G 2014, 653, note J. Pradel.

112. J. Borricand, note au : *D.* 1963, p. 84.

l'action de la justice. L'innovation fut chaudement accueillie par Mimin[113]. Elle faisait suite à un déchaînement médiatique sans précédent, lors des procès *Dominici* et *Sézenec*, qui avait contraint la Cour de cassation, réunie en Assemblée générale, « toutes chambres confondues », le 16 février 1955, à interpeller le garde des Sceaux afin de susciter une réforme.

1263. Bilan. – En pratique, ces incriminations de circonstance n'ont guère été appliquées. La magistrature, « ayant appelé la législation protectrice de sa dignité, a mis une orgueilleuse coquetterie à en dédaigner l'application »[114]. Il ne fait nul doute pourtant qu'elles répondent à un besoin. Reste à savoir si leur application offre aux prévenus des garanties suffisantes au regard des contrôles de nécessité et de proportionnalité pratiqués à Strasbourg[115]. La Cour de cassation, qui déclare l'article 434-25 compatible avec l'article 10, Conv. EDH, compte tenu des restrictions à la liberté d'expression admises dans une société démocratique notamment « pour garantir l'autorité et l'impartialité du pouvoir judiciaire »[116], ne répond pas à cette question. Certes, la *ratio legis* de telles incriminations est légitime car « il y a lieu de tenir compte de la place centrale occupée en la matière par l'article 6 qui consacre le principe fondamental de la prééminence du droit »[117]. Mais la poursuite d'un motif légitime n'a jamais suffi pour justifier une mesure entravant la liberté d'expression en l'absence de vérification de d'adéquation de la sanction prononcée à l'objectif poursuivi[118]. De surcroît, ce motif légitime ne saurait faire oublier la marge d'appréciation laissée au juge qui peut sembler ici contraire au principe de légalité[119].

1264. Distinction. – Le Code actuel a donc repris ces incriminations presque sans changement mais il les a séparées. La première relève désormais de la catégorie des entraves à l'exercice de la justice ; la seconde relève de la catégorie des atteintes à l'autorité de la justice. En réalité, toutes deux tendent à protéger le travail du juge : *a priori* ou *a posteriori*. Envisageons-les successivement.

A. La publication de commentaires affectant l'exercice de la justice

1265. Divers. – L'article 434-16 incrimine « la publication, avant l'intervention de la décision juridictionnelle définitive, de commentaires tendant à exercer des pressions en vue d'influencer les déclarations des témoins ou la décision des juridictions d'instruction ou de jugement ». La personne physique qui se rend coupable d'un tel fait s'expose à 6 mois d'emprisonnement et 7 500 € d'amende à titre principal. À titre complémentaire, elle s'expose à l'affichage ou à la diffusion de la décision prononcée (art. 434-44, al. 2). Aucune interdiction de droits ou d'exercice professionnel n'est prévue, ce qui paraît regrettable. En

113. « Offense à la justice, délit de presse », *Rev. pol. et parl.* 1959, p. 238.

114. P. Mimin, obs. au : *JCP* G 1961, II, 12233.

115. V. aussi M. Danti-Juan, « L'audience », *in Justice pénale, police et presse*, Cujas, 1988, p. 82.

116. Cass. crim., 11 mars 1997, *Dr. pén.* 1997, n° 106, M. Véron.

117. CEDH, 26 avr. 1979, *Sunday Times c/RU*, § 55.

118. V. not. E. Dreyer, *Droit de la communication*, LexisNexis, 2e éd., 2022, p. 47, n° 58.

119. V. cpdt, refusant d'interroger le Conseil constitutionnel : Cass. crim., 7 mai 2018, *Comm. com. électr.* 2018, n° 55, obs. A. Lepage ; *RSC* 2019, p. 113, obs. E. Dreyer.

l'absence de disposition spécifique, la personne morale reconnue auteur de la même infraction n'encourt qu'une amende dont le montant est porté au quintuple. Enfin, et en toute hypothèse, celui qui justifie d'un préjudice personnel directement causé par ces pressions sur la justice peut en demander réparation devant le juge répressif[120]. Il ne s'agit plus là d'une infraction d'intérêt général.

Bien que soumise au droit commun, l'infraction se commet essentiellement dans la sphère médiatique. Le mécanisme de responsabilité en cascade est alors applicable par renvoi (art. 434-16, al. 2) ; l'auteur du commentaire litigieux devient le complice de l'éditeur ou du directeur de la publication, responsable à titre principal, du fait de l'avoir publié.

La nuance ne doit pas être perdue de vue lorsque l'on analyse la structure de cette infraction en distinguant sa condition préalable de ses éléments constitutifs.

1. Les commentaires en cause

1266. L'infraction de l'article 434-16 suppose des « commentaires tendant à exercer des pressions en vue d'influencer les déclarations des témoins ou la décision des juridictions d'instruction ou de jugement ». Une telle formule invite à préciser la notion de « commentaires » et l'effet qu'ils sont censés produire.

a. L'identification des commentaires

1267. Présentation. – Les commentaires, envisagés au pluriel, sont le résultat d'une réflexion. Un seul terme désobligeant ne peut donc suffire[121].

Sous réserve d'être suffisamment élaborés, ces commentaires peuvent être écrits ou oraux. Leur forme importe peu dès lors qu'ils présentent un caractère tendancieux.

b. L'objectif des commentaires

1268. Pressions. – Les commentaires dont la publication est incriminée n'ont rien d'objectif ou même de gratuit. Ils sont exprimés afin d'exercer deux types de pression. Ils peuvent avoir pour but d'influencer soit les déclarations d'un témoin, soit la décision d'une juridiction.

Se pose alors la question du point de départ de l'interdiction de publier de tels commentaires : existe-t-elle dès le stade de l'enquête ou suppose-t-elle une juridiction déjà saisie ? On peut considérer que la *ratio legis* de l'incrimination implique la saisine d'une juridiction ayant vocation à rendre une décision définitive[122]. Mais on peut aussi considérer, pour donner son plein effet à l'interdiction, qu'elle s'impose dès le stade de l'enquête pour éviter que les pressions exercées sur un témoin ne soient de nature à fausser ultérieurement le cours de la justice.

En toute hypothèse, le terme « déclaration » s'avère plus large que celui de déposition, ce qui permet d'imaginer que les pressions puissent fausser également de simples attestations : il n'est pas nécessaire que ces déclarations aient été précédées

120. T. corr. Rouen, 19 juin 1959, *S.* 1959, p. 196, note P. Mimin. – V. depuis Cass. crim., 2 oct. 1985, *B.* n° 291.

121. « Bavure » ne constitue pas un commentaire : Cass. crim., 27 oct. 1992, *B.* n° 343.

122. S. Detraz, « La protection pénale de la justice », *in Traité de droit de la presse et des médias*, LexisNexis, 2009, p. 820, n° 1400.

d'un serment. Quant à la juridiction saisie qui doit, elle aussi être protégée contre le risque de pressions, elle peut être civile ou pénale (d'instruction ou de jugement). Peu importe sa place dans l'organisation judiciaire (juridiction du premier ou second degré, voire Cour de cassation).

1269. Effectivité. – Peu importe l'absence d'impact du propos. Il suffit que les commentaires aient été « de nature » à exercer des pressions, celles-ci pouvant dépendre en grande partie de l'importance et des modalités de la publication ultérieure. À ce stade, il n'est pas question de vérifier leurs effets.

Néanmoins, la Cour de cassation contrôle la teneur du propos : le caractère tendancieux du commentaire doit être révélé par l'existence de « menaces ou contraintes envers la juridiction d'instruction, pour la déterminer à prendre une décision » ou par une « incitation envers les témoins à travestir la vérité »[123]. Est ainsi exigée la preuve d'un véritable « abus » d'expression, ce qui limite la portée de cette condition préalable et, dès lors, de l'incrimination. Jusqu'où aller en ce sens ? Il serait, sans doute, excessif d'assimiler les pressions dont il s'agit à celles requises au titre de la subornation de témoins[124]. On ne peut soumettre au même régime des pressions « individualisées » et des pressions indirectes sur le bon fonctionnement de la justice qui passent d'abord par une prise à partie de l'opinion publique. Néanmoins, l'exigence de pressions effectives, exprimées à l'occasion d'un commentaire, permet de ménager la liberté de communication.

2. Le fait de publication incriminé

1270. L'infraction n'est constituée que si le commentaire litigieux a fait l'objet d'une publication en connaissance de cause. On devine là son élément matériel et son élément moral.

a. La matérialité de l'acte

1271. Comme en matière de presse, c'est la publication qui fait le délit. Encore, faut-il que cette publication intervienne à un moment utile pour que le risque de pression puisse être caractérisé.

1272. Matérialité de la publication. – La forme que doit prendre la publication n'est pas précisée. *A priori*, elle s'entend largement car l'article 434-16 réserve un second alinéa à la poursuite de l'infraction lorsqu'elle « est commise par la voie de la presse écrite ou audiovisuelle ». Toute publication ne se réalise donc pas de la sorte : le délit se commet aussi en cas de publication directe, non « médiatique ». À l'instar des solutions dégagées dans le cadre de la loi du 29 juillet 1881, un fait de publication peut être retenu non seulement lorsque le propos est relayé par la presse, à la radio ou à la télévision ou sur internet, mais aussi lorsqu'il est transmis dans un lieu public ou dans un lieu privé ouvert au public, à un ensemble de personnes non liées entre elles par une communauté d'intérêts[125]. En revanche, lorsque le propos n'est adressé qu'à un ou plusieurs tiers, l'infraction n'est pas caractérisée : elle ne semble pas de nature à troubler l'ordre public, faute de publication.

123. Cass. crim., 27 oct. 1992, *B.* n° 343.

124. V. cpdt T. corr. Rouen, 19 juin 1959, *S.* 1959, p. 196, note P. Mimin.

125. V. not. E. Dreyer, *Droit de la communication*, LexisNexis, 2e éd., 2022, p. 692, n° 1205.

1273. Fin de l'interdiction. – Par ailleurs, la question du moment de la publication s'avère primordiale compte tenu de l'influence attendue du commentaire en question. Le législateur a opté sur ce point pour une conception extensive. Il suffit que la publication ait lieu « avant l'intervention de la décision juridictionnelle définitive ». Peu importe donc qu'elle intervienne après la première déclaration d'un témoin ou le prononcé d'une décision non encore passée en force de chose jugée irrévocable. En effet, jusqu'à cet instant, les témoignages peuvent être rétractés ; quant à la décision d'instruction ou de jugement, elle est susceptible d'être réformée ou annulée à la suite de la publication. Cette approche large tient compte du fait qu'un risque de pression existe jusque devant la Cour de cassation. Tant qu'un recours est encore possible, la publication de tels commentaires est donc interdite. Ensuite, la liberté d'expression redevient totale, de sorte que les commentaires tendant à la révision d'une condamnation ne relèvent plus de l'article 434-16.

1274. Résultat. – En toute hypothèse, il convient de souligner que l'infraction est formelle, c'est-à-dire consommée du seul fait de la publication, indépendamment du point de savoir si le résultat redouté s'est effectivement produit. Si la preuve de l'obtention d'un tel résultat n'est pas nécessaire, il faut tout de même convaincre le juge que la publication du commentaire pouvait le produire. Ce qui réserve la sanction pénale à la publication des propos les plus excessifs. La seule publication de critiques adressées à des prévenus par un expert judiciaire n'est pas considérée comme étant de nature à « influer sur les acteurs de l'enquête, magistrats ou témoins amenés à faire des déclarations »[126]. *Idem* s'agissant des « appréciations du journaliste quant à la modération excessive du représentant du ministère public, ni celles d'ordre plus général qu'il développait quant au rôle et à la mission de la justice »[127]. *Idem* encore s'agissant des « commentaires de N. accompagnant le compte rendu des témoignages à charge [qui] ne sont en réalité que la manifestation de la conviction qu'il a acquise en assistant aux débats »[128]. Le pouvoir d'appréciation ainsi laissé au juge lui permet de ménager la liberté de communication dès lors qu'il est exercé dans le respect de l'article 10, Conv. EDH. À défaut, il pourrait bien l'étouffer.

b. La perception de l'acte

1275. Intention. – Le délit de l'article 434-16 constitue nécessairement une infraction intentionnelle. Néanmoins, l'appréciation de cet élément moral varie suivant la forme de publication en cause.

Hors de la sphère médiatique, c'est-à-dire en cas de communication directe par l'auteur du commentaire lui-même, la jurisprudence paraît exiger un dol spécial. Elle recherche si l'auteur du commentaire a effectivement voulu nuire au bon fonctionnement de la justice en s'exprimant publiquement. À cet égard, l'intention coupable ne peut être déduite de la seule vivacité du propos[129]. L'agent doit avoir voulu peser sur un témoignage ou une décision à venir. Peu importe que la preuve de l'obtention d'un tel résultat ne soit pas rapportée puisqu'il s'agit d'une

126. Cass. crim., 27 oct. 1992, *B.* n° 343.

127. Cass. crim., 15 mai 1961, *JCP* G 1961, II, 12233, note P. Mimin.

128. T. corr. Rouen, 19 juin 1959, *S.* 1959, p. 196, note P. Mimin.

129. Cass. crim., 4 nov. 1987, *B.* n° 388. – V. aussi Cass. crim., 2 mai 1963, *D.* 1963, p. 235.

infraction formelle. La volonté doit tout de même être tendue vers sa réalisation. Il ne suffit donc pas d'établir que l'agent savait que son propos pouvait perturber l'action de la justice. Il devait poursuivre un tel objectif. Les magistrats y veillent compte tenu de l'absence, ici, de fait justificatif spécifique préservant la liberté des commentaires techniques (Comp., *infra*, n° 1287).

Au contraire, dans la sphère médiatique, de telles exigences sont perturbées. En effet, le renvoi au mécanisme de responsabilité en cascade permet d'engager automatiquement la responsabilité de l'éditeur ou du directeur de la publication quand l'infraction paraît matériellement constituée : il répond ès qualités de tout ce qu'il a laissé paraître. L'intention coupable est alors déduite du seul fait qu'il n'a pas empêché une telle publication.

B. La publication de discours portant atteinte à l'autorité de la justice

1276. Présentation. – Par ailleurs, l'article 434-25 incrimine : « le fait de chercher à jeter le discrédit, publiquement par actes, paroles, écrits ou images de toute nature, sur un acte ou une décision juridictionnelle, dans des conditions de nature à porter atteinte à l'autorité de la justice ou à son indépendance ». Selon le Président Blin, « sans vouloir priver quiconque du droit de critique, le législateur a entendu éviter que ce droit tourne au dénigrement systématique, et parvienne à ruiner la confiance qui normalement s'attache aux actes ou aux décisions de l'autorité judiciaire, et, par-delà les magistrats, atteigne la Justice en général, en en suspectant l'impartialité ou en en ruinant l'autorité »[130]. Mais, à l'opposé, on a également dénoncé ici « la consécration légale de l'infaillibilité du pouvoir judiciaire »[131].

Au-delà de ces affirmations de principe, il faut contester surtout la très mauvaise rédaction de l'article 434-25. Tout en contenant une référence au régime des poursuites dans la sphère médiatique (responsabilité en cascade), il n'en prend pas en compte la spécificité. C'est à l'interprète de reconstituer la structure de cette infraction pour faire apparaître sa condition préalable hypertrophiée et des éléments constitutifs insuffisamment décrits. Même si ce reproche peut être formulé s'agissant de la plupart des infractions de publication, on doit continuer à l'exprimer car l'intelligence des textes d'incrimination en souffre.

Dans un premier temps, il faut donc envisager le comportement de celui qui cherche à jeter le discrédit sur un acte ou une décision de justice en tenant un propos de nature à porter atteinte à l'autorité de la justice ou à son indépendance. Mais, à lui seul, un tel comportement n'est pas constitutif d'un délit. Un fait de publication est nécessaire, qui intervient dans un second temps et qui consomme alors l'infraction. La question de sa répression se pose alors.

1. La démarche préalable

1277. L'infraction présuppose des actes, paroles, écrits ou images pouvant jeter le discrédit sur un acte ou une décision juridictionnelle. Il s'agit d'une

130. « L'évolution du droit de la presse », *in Mél. Ancel*, Pedone 1975, t. 2, p. 308.

131. J. Borricand, note au : *D.* 1963, p. 84.

démarche préalable à laquelle l'acte de publication donne ensuite une portée particulière. Cette démarche mérite d'être appréciée dans sa double dimension, tant objective que subjective.

a. L'analyse objective de la démarche

1278. La démarche en question suppose la mise en œuvre de moyens déterminés pour atteindre un objectif précis.

1279. Moyens incriminés. – L'infraction suppose la critique, exprimée à travers une attitude, des paroles, écrits ou images de toute nature, d'un acte ou d'une décision juridictionnelle[132].

Une telle formule surprend d'abord par la généralité des modes d'expression envisagés. Même le geste (« acte ») est pris en compte. Ce qui évoque l'énumération figurant à l'article 434-24 s'agissant de l'outrage envers les magistrats (v. *supra*, nº 1196).

Une telle formule surprend ensuite par la désignation large des actes ou décisions juridictionnelles susceptibles d'être discrédités : les actes correspondent aux mesures, sans caractère juridictionnel, prises par des magistrats (au stade de l'instruction ou de la mise en état des affaires[133]) ; les décisions juridictionnelles sont également envisagées sans exclusive (décisions sur le fond ou avant-dire-droit, provisoires ou définitives, pénales ou civiles[134], etc.). L'infraction a ainsi été retenue suite à la publication d'une critique adressée à un jugement prud'homal[135]. Elle aurait également pu l'être suite à une publication critique envers un jugement consulaire[136].

Néanmoins, le champ de cette condition préalable est réduit dans un second temps, au regard de l'objectif poursuivi.

1280. Objectif poursuivi. – En effet, la critique ainsi formulée doit être de nature à jeter le discrédit sur l'acte ou la décision visée, ce qui revient à lui faire perdre « la considération dont elle était l'objet, [à] la priver de l'autorité, de l'influence morale qu'on lui reconnaissait jusqu'alors »[137]. Le discrédit se manifeste ainsi « par une affirmation péremptoire, une présentation tendancieuse, un style agressif ou un persiflage acide »[138].

Pour autant, l'application de l'article 434-24 ne peut avoir pour résultat d'interdire toute discussion. C'est l'outrance, et elle seule, qui est sanctionnée ici[139]. À titre d'exemple, le délit a été déclaré constitué à l'encontre d'un individu qui avait réagi à la radio au prononcé d'un arrêt d'assises en le qualifiant de « raciste dans ce sens

132. L'infraction est constituée lorsqu'une décision est publiquement présentée comme exprimant une justice de classe et les juges qui l'ont rendue comme faisant « le sale boulot de chien de garde et de valets serviles du capitalisme » : Cass. crim., 3 déc. 1974, *Gaz. Pal.* 1975.1, somm. p. 95.

133. Toutefois, parce qu'il ne s'agit pas d'une décision de justice, la décision d'engager des poursuites, prise par le ministère public, n'entre pas dans cette catégorie : T. corr. Pointe-à-Pitre, 1er déc. 1971, *Gaz. Pal.* 1972.1, p. 272.

134. CA Aix-en-Provence, 9 nov. 1962, *D.* 1963, p. 84, note J. Borricand ; *JCP* G 1963, 12155, note P. Mimin.

135. T. corr. Montbéliard, 28 juin 1963, *JCP* G 1964, II, 13462.

136. T. corr. Pontoise, 22 févr. 1985, *Gaz. Pal.* 1985.2, p. 589, note J.-P. Doucet.

137. T. corr. Pointe-à-Pitre, 1er déc. 1971, *Gaz. Pal.* 1972.1, p. 272.

138. M. Véron, *Droit pénal spécial*, Sirey, 17e éd., 2019, p. 497, nº 745.

139. Cass. crim., 11 févr. 1965, *D.* 1965, p. 328.

qu'il [le jury] n'a pas rendu sa décision avec le recul nécessaire ». La cour d'appel, statuant sur ces quelques mots, estima qu'ils cherchaient à jeter publiquement le discrédit sur la décision rendue car ils « ne constituent pas un commentaire technique et ne peuvent en raison de leur extrême généralité tendre à la cassation de l'arrêt prononcé »[140].

b. L'analyse subjective de la démarche

1281. Présentation. – Subjectivement, la démarche de l'auteur du propos est difficile à apprécier. Évidemment, il doit avoir cherché à jeter le discrédit sur un acte ou une décision juridictionnelle. Dès lors qu'il a sciemment tenu le propos ou eu l'attitude qui vient d'être évoquée, cette preuve ne pose guère de difficulté : elle se déduit des éléments objectifs préalablement constatés.

Mais les magistrats exigent plus. En effet, l'article 434-25 leur impose d'établir que, à travers ce discrédit, l'auteur de l'infraction a voulu « porter atteinte à l'autorité de la justice ou à son indépendance ». Une analyse littérale du texte d'incrimination aurait dû conduire à rattacher un tel élément au fait de publication lui-même et non au message cherchant à porter le discrédit. En effet, il s'agit *a priori* d'une exigence supplémentaire qui s'apprécie sur la tête du responsable de la publication (qui n'est pas nécessairement l'auteur du commentaire !) : c'est lui qui, en rendant public un message cherchant à jeter le discrédit, doit avoir voulu porter atteinte à l'autorité de la justice ou à son indépendance... Néanmoins, une telle analyse de l'incrimination risquait de rendre son application impossible dans la plupart des cas – ou de vider cette condition supplémentaire de toute substance – puisque, on le verra, lorsqu'un média est utilisé une présomption de responsabilité s'applique qui empêche de prendre en compte l'état d'esprit de l'auteur de l'infraction (v. *infra*, n° 1288). Aussi, les magistrats considèrent-ils que la volonté de porter atteinte à l'autorité de la justice, ou à son indépendance, s'apprécie sur la tête de celui qui, par son propos ou son attitude, jette le discrédit sur un acte ou une décision juridictionnelle[141].

1282. Mobiles. – En toute hypothèse, c'est une sorte de « mobile » qui est exigée ici, en l'absence duquel il n'existerait « qu'une attaque apparemment diffamatoire contre un magistrat à l'occasion d'un acte de sa fonction »[142].

Cette exigence supplémentaire a d'abord été redoutée : « À quels développements, à quelle phraséologie, à quelle pluie de vérités premières n'allons-nous pas être exposés ? ». En conséquence, Mimin a proposé de déduire systématiquement du discrédit jeté par les propos sur une décision la volonté d'atteindre la justice en général[143]. Les juges du fond semblent l'avoir suivi dans un premier temps[144]. Mais la Cour de cassation leur a très vite imposé d'établir « que l'auteur d'un tel commentaire... a voulu, en cherchant à jeter le discrédit sur une décision juridictionnelle, atteindre dans son autorité, par-delà les magistrats mis en cause, la Justice considérée comme une institution fondamentale de l'État »[145]. Tel est le cas par

140. CA Grenoble, 11 oct. 1995, *Dr. pén.* 1996, n° 79, obs. M. Véron.

141. Cass. crim., 23 mai 2018, *JCP* G 2018, 898, note A. Serinet ; *AJ pénal* 2018, p. 418, obs. E. Clément ; *RSC* 2018, p. 712, obs. E. Dreyer.

142. Cass. crim., 15 mai 1961, *JCP* G 1961, II, 12233, obs. P. Mimin.

143. Obs., au *JCP* G 1963, 12155.

144. T. corr. Montbéliard, 28 juin 1963, *JCP* G 1964, II, 13462.

145. Cass. crim., 11 févr. 1965, *D.* 1965, p. 328.

ex. lorsqu'un commentateur s'acharne à situer la décision qu'il critique dans un contexte plus large et en exagère la portée[146]. Souvent, il est observé également que les motifs de la décision critiquée n'ont été qu'un prétexte à une diatribe affectant les magistrats en général[147].

Cependant, la difficulté pour établir une telle exigence réduit considérablement le champ de l'incrimination. *A priori*, « il suffit pour échapper à la répression que le prévenu ait pris soin de se limiter à une critique acerbe de telle décision ou de tel acte »[148]. En effet, la relaxe s'impose lorsque la publication ne comporte « aucune attaque contre la justice française dans son autorité ou dans son indépendance »[149]. La conciliation entre la liberté d'expression et le respect dû à l'autorité de la justice s'effectue par ce biais. La critique n'est pas interdite mais « encore faut-il qu'elle soit objective et n'ait pas pour but un dénigrement systématique visant à ruiner la confiance qui, normalement, s'attache aux actes ou aux décisions de l'autorité judiciaire et, par-delà, les magistrats qui font ces actes ou prennent ces décisions, d'atteindre la justice en général pour en suspecter l'impartialité ou l'indépendance »[150]. À cet égard, le raisonnement du juge français est identique à celui du juge européen qui ménage la liberté d'expression tout en rappelant la mission particulière du pouvoir judiciaire dans la société[151]. Par principe, la légitimité d'une telle incrimination ne saurait donc être remise en cause[152].

2. Le fait de publication incriminé

1283. Mais l'infraction n'est constituée qu'à partir du moment où le comportement évoqué ci-dessus donne lieu à publication. C'est là encore la publication qui fait le délit. En cela, le texte d'incrimination est trompeur car il est rédigé comme s'il y avait toujours superposition de la condition préalable et des éléments constitutifs de l'infraction alors qu'il faut pouvoir les distinguer. Précisons l'élément matériel et l'élément moral de ce délit.

a. La matérialité de l'acte

1284. Publication. – Est incriminé le fait de rendre public le propos ou l'attitude qui vient d'être présenté. Peu importe le moyen utilisé. La publication peut donc être directe, à l'initiative de celui qui cherche à jeter le discrédit, ou indirecte, à travers le média qui se charge de transmettre le propos ou l'attitude précitée au public[153].

146. Cass. crim., 27 févr. 1964, *D.* 1964, p. 623.

147. D. Mayer, « L'art. 226, C. pén. et la liberté d'expression », *JCP* G 1975, I, 2738, n° 7.

148. C. Debbasch (dir.), *Droit des médias*, Dalloz, coll. Référence, 2002, p. 896, n° 2771.

149. T. corr. Pointe-à-Pitre, 1er déc. 1971, *Gaz. Pal.* 1972.1, p. 272.

150. B. Cotte, concl. sous Cass. crim., 11 mars 1997, *BICC* 1997, n° 455, p. 7.

151. CEDH, 26 avr. 1995, *Prager et Oberschlick c/Autriche*, § 34 et § 36.

152. V. cpdt B. de Lamy, *La liberté d'opinion et le droit pénal*, LGDJ, coll. Bibl.sc.crim., 2000, t. 34, p. 280.

153. La rédaction de l'article 434-25, al. 1 n'évoque qu'une communication directe mais l'hypothèse d'une communication indirecte est validée par le renvoi aux mécanismes de responsabilité en cascade apparaissant à l'alinéa 3 du même texte.

En revanche, l'infraction ne se conçoit pas sans acte de publication : si les actes, paroles, écrits ou images ne sont pas transmis à un nombre indéterminé de personnes, ils échappent à toute sanction[154].

b. La perception de l'acte

1285. Intention. – Là aussi, il faut distinguer. Hors de la sphère médiatique, l'intention coupable doit être expressément constatée. Elle suppose une double preuve : un dol général et un dol spécial doivent être démontrés sur la tête de celui qui rend directement public le message litigieux. Mais, précisément, ici, cette double preuve est facilitée par le fait que c'est la même personne qui s'exprime et qui réalise l'acte de publication. On peut donc lui reprocher tout à la fois d'avoir cherché, par son propos ou son attitude, à jeter le discrédit sur un acte ou une décision juridictionnelle et, en agissant de la sorte publiquement, d'avoir voulu porter atteinte à l'autorité de la justice ou à son indépendance. Les prévisions du législateur sont ainsi respectées.

En revanche, dans la sphère médiatique, il faut tenir compte de la déformation induite par l'application du mécanisme de responsabilité en cascade. Celle-ci rend nécessaire la désignation d'un responsable éditorial qui s'avère garant de tout ce qui est publié dès lors qu'il a pour mission de contrôler. S'il laisse paraître un message discréditant un acte ou une décision juridictionnelle, exprimé par quelqu'un qui voulait porter atteinte à l'autorité de la justice, il se rend auteur de l'infraction comme s'il avait eu lui-même ce dessein. Son intention n'a pas à être démontrée ; seule compte celle de l'auteur du message. Aux puristes, une telle analyse paraîtra sans doute fort curieuse...

3. Les modalités de la répression

1286. Pénalités. – La personne physique reconnue coupable de ce fait de publication encourt les mêmes peines que celle qui publie un commentaire tendant à exercer des pressions en vue d'influencer les déclarations de témoins ou la décision de juridictions d'instruction ou de jugement : 6 mois d'emprisonnement et 7 500 € d'amende à titre principal (art. 434-25). Il faut déplorer là aussi l'absence de peine d'interdiction des droits ou d'interdiction d'exercice professionnel encourue à titre complémentaire. En revanche, la juridiction peut ordonner l'affichage ou la diffusion de sa décision (art. 434-44, al. 2). Quant aux personnes morales, faute de disposition spéciale, elles ne s'exposent à nouveau qu'à une amende portée au quintuple.

En revanche, plusieurs causes de justification « indirectes » font obstacle à la répression. De plus, les poursuites obéissent à un certain nombre de règles spécifiques.

a. Les causes de justification

1287. Distinction. – L'article 434-25 al. 2 se distingue par l'instauration de deux causes de justification à la fois spéciales et « indirectes ». Elles légitiment certains commentaires et lavent, par voie de conséquence, leur publication de

154. Le courrier adressé à un journaliste pour dénoncer un traitement judiciaire injuste ne suffit pas à caractériser un acte de publication : Cass. crim., 23 mai 2018, préc.

tout caractère délictueux. Ainsi, la publication de « commentaires techniques » ou d'« actes, paroles, écrits ou images de toute nature tendant à la réformation, la cassation ou la révision d'une décision » échappe à la répression.

La première cause de justification surprend. On ne conçoit guère de commentaire technique qui soit de nature à porter le discrédit sur un acte ou une décision juridictionnelle et, au-delà, sur la justice tout entière. Si le commentaire est technique, son objectivité exclut qu'il puisse rentrer dans le champ d'application de l'article 434-25... Une telle précision tient au fait qu'ici les magistrats sont à la fois juges et parties. Le législateur a donc entendu leur rappeler certaines règles élémentaires dans une société démocratique. À supposer que, piqué au vif, l'amour-propre d'un magistrat le conduise à déclarer un commentaire technique excessif, il n'en doit pas moins relaxer son auteur lorsque sa démarche s'avère purement scientifique.

La seconde cause de justification semble plus critiquable encore. En effet, il paraît difficile d'admettre qu'un commentaire outrageant puisse être justifié par le fait qu'il tendait à obtenir « la réformation, la cassation ou la révision d'une décision ». L'explication selon laquelle « il est de l'intérêt de la justice que les erreurs commises soient corrigées »[155] n'apparaît pas recevable dans une telle hypothèse. D'ailleurs, parce que la décision n'est pas définitive, un tel comportement rentre dans le champ de l'article 434-16 lorsque les termes employés constituent des « commentaires tendant à exercer des pressions en vue d'influencer... la décision des juridictions... de jugement ». Si on veut bien se souvenir que l'article 226 de l'ancien Code ne visait que les propos tendant à la révision d'une décision de condamnation, impliquant donc une décision devenue définitive, l'extension de cette cause de justification paraît maladroite. Au mieux, elle évite un cumul idéal de qualifications : dans une telle hypothèse, l'article 434-16 se substitue à l'article 434-25...

b. Les règles de poursuite

1288. Responsabilité. – L'auteur du commentaire est poursuivi comme complice de l'éditeur ou du directeur de la publication lorsqu'il n'a pas procédé lui-même à la publication. En effet, l'article 434-25 prévoit l'application d'un mécanisme de responsabilité en cascade comparable à celui qui existe en matière de presse écrite ou de communication au public par voie électronique (al. 3).

1289. Prescription. – À l'origine, l'article 434-25 faisait également référence à la courte prescription de 3 mois applicable dans le cadre de la loi du 29 juillet 1881. Il fallait voir là une solution de faveur pour les médias, confortée par la Cour de cassation lorsqu'elle estima que ce délai devait être interrompu tous les trois mois et non à des échéances plus lointaines en application du droit commun[156]. Toutefois, cette disposition particulière a été abrogée le 27 février 2017. En effet, il était incohérent de l'appliquer ici mais pas dans les autres hypothèses où une infraction de droit commun peut être imputée selon les règles du droit de la presse. Désormais, l'infraction n'est donc prescrite que six

155. C. Debbasch (dir.), *Droit des médias*, préc., p. 898, n° 2775.

156. Cass. crim., 30 avr. 1996, *B.* n° 177.

ans après la publication si aucun acte interruptif n'a été accompli entre-temps[157].

1290. Action civile. – Enfin, toute constitution de partie civile est *a priori* exclue à raison de ce discrédit jeté sur la justice[158]. Néanmoins, une telle solution apparaît contestable. Certes, est en cause ici l'autorité de la justice ou son indépendance. Mais il peut en résulter un préjudice pour les justiciables (comme les pressions de l'article 434-16 peuvent leur causer un préjudice) car la publication intervient à un moment où l'acte ou la décision juridictionnelle critiquée n'est pas définitif[159]. De surcroît, au-delà de l'intérêt général, l'intérêt collectif des magistrats peut être en cause. Leurs syndicats devraient donc eux aussi être autorisés à agir « contre une tendance sournoise à voir dans les juges des boucs émissaires »[160].

§3. Les infractions liées à l'exécution de la décision

1291. Des infractions variées peuvent être évoquées ici. Il s'agit notamment de l'évasion et des délits qui lui sont connexes, de l'abandon de famille ainsi que de l'organisation frauduleuse par l'agent de son insolvabilité. En revanche, les délits spécifiquement liés à la mauvaise exécution de certaines peines ne seront pas étudiés (art. 434-38 et s.).

A. L'évasion et les délits connexes

1292. Généralités. – L'évasion d'un détenu pose un problème de crédibilité à la justice. Elle menace d'autant plus l'autorité de l'État qu'un détenu en cavale peut être amené à commettre d'autres infractions. Aussi, le législateur envisage-t-il largement ce phénomène : il incrimine non seulement l'évasion des détenus mais aussi le comportement de tous ceux qui peuvent s'y associer.

1. L'évasion des détenus

1293. Présentation. – L'évasion est perçue comme un défi lancé à la loi et au juge. C'est aussi une forme de désobéissance aux règles de discipline pénitentiaire et un très mauvais message adressé à l'opinion publique. Aussi, le Code pénal punit-il sévèrement l'évasion. Elle est prise en compte sous différentes formes et, dans un souci d'efficacité, elle donne lieu à des règles de poursuite particulières.

a. Les différentes formes d'évasion

1294. Il existe un délit général et des comportements proches qui lui sont assimilés.

157. Délai qui n'est pas jugé excessif : Cass. crim., 7 mai 2018, *Comm. com. électr.* 2018, n° 55, obs. A. Lepage ; *RSC* 2018, 2019, p. 113, obs. E. Dreyer.

158. Cass. crim., 9 déc. 1993, *B.* n° 382. – 7 mars 1988, *Gaz. Pal.* 1988, p. 327, note J.-P. Doucet.

159. *Contra* : Cass. crim., 13 sept. 2005, *B.* n° 221.

160. W. Jeandidier, note au : *JCP* G 1988, II, 21133.

α. *Le délit général d'évasion*

1295. Matérialité. – L'article 434-27 punit le fait, par une personne détenue, de se soustraire à la garde à laquelle elle est soumise. Une telle formule s'avère particulièrement générale. Auparavant, toute évasion n'était pas punissable. Seule était incriminée l'évasion « par violence, effraction ou corruption », ces actes pouvant avoir été commis par l'évadé lui-même ou par un tiers agissant de concert avec lui. Il s'ensuivait que l'évasion supposait l'utilisation de certains moyens à défaut desquels elle ne pouvait être réprimée. Cette exigence a été supprimée par une loi du 9 mars 2004 afin d'atteindre tout comportement, quels que soient sa forme, son résultat et sa durée. Désormais, profiter de l'inadvertance d'un gardien pour s'enfuir constitue une évasion alors même que le détenu s'est contenté de pousser une porte non fermée à clé et qu'il a été rattrapé au bout du couloir.

1296. Délimitation. – La notion de « détenu » est entendue largement par le Code qui la définit, dans son article 434-28, comme correspondant à toute personne : 1° placée en garde à vue[161] ; ou 2° qui se trouve en instance ou en cours de présentation à l'autorité judiciaire à l'issue d'une garde à vue ou en exécution d'un mandat d'amener ou d'arrêt ; 3° qui s'est vu notifier un mandat de dépôt ou d'arrêt continuant de produire effet ; 4° qui exécute une peine privative de liberté ou qui a été arrêtée pour exécuter cette peine ; 5° qui est placée sous écrou extraditionnel[162].

La sanction de l'évasion n'est donc pas réservée aux seules personnes faisant l'objet d'une mesure de détention provisoire ou condamnées à une peine de détention criminelle. Il faut et il suffit que cette personne soit à la disposition de la justice – y compris au stade de l'enquête – pour que sa désobéissance devienne punissable. Inversement, il n'y a pas évasion lorsqu'une personne faisant l'objet d'une mesure de rétention (étranger en situation irrégulière), de détention administrative (ivrogne) ou d'hospitalisation d'office (malade mental) échappe à la surveillance de ceux qui en ont la garde[163]. L'infraction relève de la catégorie des « atteintes à l'action de la justice » et non des atteintes à l'action de l'administration en général.

A priori, il ne saurait y avoir évasion si le titre en vertu duquel la personne est détenue s'avère illégal : « la loi entend par là une détention ordonnée par l'autorité compétente dans les formes et sous les conditions qu'elle prescrit. Par ex., serait licite l'évasion d'un individu qui aurait été retenu plus de 24 heures dans une prison, en vertu d'un mandat d'amener »[164]. Néanmoins, la jurisprudence – qui ne semble pas s'être prononcée sur cette question – pourrait bien adopter une attitude différente en considérant qu'il existe suffisamment de moyens de contester une détention illégale pour que la commission d'une infraction ne s'impose pas.

1297. Perception. – Logiquement, ce délit suppose démontrée la conscience qu'avait l'agent de se soustraire à la garde à laquelle il était soumis. Une telle preuve s'évince, la plupart du temps, des faits : le détenu qui

161. Ce qui suppose que la personne ait été informée de cette mesure et ait reçu notification des droits attachés à son état : CA Toulouse, 13 avr. 2006, *JCP* G 2006, IV, 3123.

162. Cass. crim., 16 juin 1992, *B.* n° 237.

163. V. tout de même CA Limoges, 5 mai 2000, *BICC* 2000, n° 1249.

164. E. Garçon, *Code pénal annoté*, Rec. gén. lois et arrêts, 1901-1906, ss. art. 237-247, p. 579, n° 19.

commence à creuser une excavation à la base de la fenêtre de sa cellule n'est guère crédible lorsqu'il déclare qu'il « voulait plus d'air car il faisait chaud ». Les magistrats ne peuvent s'empêcher de relever que l'étape suivante était « le descellement des barreaux qui constituent l'un des dispositifs de fermeture faisant obstacle à une fuite », de sorte que l'intention coupable est nécessairement établie[165].

Peu importent les mobiles et l'envie que le détenu peut avoir de rejoindre ses proches.

β. *Les délits assimilés à l'évasion*

1298. Présentation. – Les délits « assimilés », qu'énumère l'article 434-29, concernent toujours des détenus au sens de l'article 434-28 précité. Mais on reproche à ceux-ci leur désobéissance quand ils sont soumis à un régime de garde particulier. Bien entendu, ces comportements restent intentionnels : ils supposent que l'évadé ait su et compris sous quel régime de garde il était placé. Néanmoins, la preuve de son intention coupable s'impose d'elle-même lorsque l'imputabilité des faits n'est pas contestée.

1299. Amplification. – Ainsi, il y a encore évasion lorsqu'un détenu échappe à la surveillance à laquelle il est soumis alors qu'il est placé dans un établissement sanitaire ou hospitalier (1°). En effet, l'hospitalisation d'un détenu blessé, ou malade, ne doit pas être l'occasion pour lui d'échapper à l'autorité judiciaire.

Il y a également évasion lorsqu'un condamné, qui a bénéficié d'un aménagement de peine, n'en respecte pas les modalités. Il en va ainsi lorsqu'un détenu se soustrait au contrôle auquel il est soumis alors qu'il a fait l'objet d'une décision de placement à l'extérieur[166], de placement sous surveillance électronique, ou qu'il bénéficie d'un régime de semi-liberté, voire d'une permission de sortie (2°). Il en va de même encore lorsqu'un détenu à domicile sous surveillance électronique neutralise le procédé permettant de détecter à distance sa présence ou son absence dans le lieu désigné par le juge de l'application des peines (4°). Il s'agit d'un moyen pour échapper aux contrôles dont il fait l'objet. Assimilé aux précédents, un tel fait est donc punissable même si l'agent n'a pas quitté le local où il doit résider.

Enfin, est assimilé à une évasion le fait pour un condamné de ne pas réintégrer l'établissement pénitentiaire à l'issue d'une mesure de suspension ou de fractionnement de sa peine d'emprisonnement, ou à l'issue d'une mesure de placement à l'extérieur, de semi-liberté ou de permission de sortie (3°)[167]. Ce dernier comportement étant, bien souvent, le résultat de l'un des précédents, il pourrait être retenu en concours avec lui s'ils n'étaient pas analysés comme la suite nécessaire l'un de l'autre.

b. La répression de l'évasion

1300. Pénalités. – Le délit général d'évasion (art. 434-27), et les actes assimilés (art. 434-29), sont normalement punis de 3 ans d'emprisonnement et

165. CA Douai, 11 août 2004, *Dr. pén.* 2005, n° 3, obs. M. VÉRON.

166. CA Colmar, 3 sept. 1996, *D.* 1997, p. 103, P. BEAU.

167. Cass. crim., 22 juin 1994, *B.* n° 251.

45 000 € d'amende, outre l'interdiction des droits et la confiscation de la chose qui a servi à commettre l'infraction (art. 434-44). Mais ces peines principales peuvent être aggravées dans certaines circonstances.

1301. Aggravation. – Ainsi, l'emprisonnement est-il porté à 5 ans et l'amende à 75 000 € par l'article 434-27, al. 3 « lorsque l'évasion est réalisée par violence, effraction ou corruption, lors même que celles-ci auraient été commises, de concert avec le détenu, par un tiers ». L'utilisation de ces moyens particuliers, qui à l'origine rendaient seuls l'évasion punissable, est donc érigée en circonstance aggravante d'une infraction se commettant désormais par tout moyen. La violence constitue *a priori* une atteinte aussi bien morale que physique à la personne du « gardien »[168]. L'effraction suppose, quant à elle, « que le détenu, gardé dans un endroit clos, brise le dispositif de fermeture qui fait obstacle à sa fuite »[169] et la corruption postule que le détenu ait offert au « gardien » un avantage quelconque moyennant son concours. Peu importe qu'un comportement positif ait été demandé au gardien (ouvrir une porte) ou une simple abstention (fermer l'œil).

Le délit général d'évasion, ainsi que le fait pour un détenu placé dans un établissement sanitaire ou hospitalier d'échapper à la surveillance à laquelle il est soumis, peuvent également donner lieu à des sanctions aggravées dans deux hypothèses. Ainsi, en vertu de l'article 434-30, les peines encourues pour ces deux infractions sont-elles portées à 7 ans d'emprisonnement et 100 000 € d'amende lorsqu'elles « ont été commises sous la menace d'une arme ou d'une substance explosive, incendiaire ou toxique » (al. 1). Elles sont même portées à 10 ans d'emprisonnement et 150 000 € d'amende : i) lorsqu'il a été fait usage de cette arme ou de ces substances ou ii) lorsque les faits ont été commis en bande organisée, peu important que les membres de cette bande aient été détenus ou non[170]. Cette dernière circonstance dépasse donc la simple mutinerie. Circonstance aggravante réelle, elle peut être relevée à l'encontre de tous les coauteurs ou complices sans qu'il soit besoin de démontrer la participation personnelle et directe de l'évadé à la préparation de son évasion[171].

1302. Concours réel. – Par ailleurs, les dispositions régissant le concours réel d'infractions sont neutralisées par l'article 434-31. En vertu de ce texte, « les peines prononcées pour le délit d'évasion se cumulent, sans possibilité de confusion, avec celles que l'évadé subissait ou celles prononcées pour l'infraction à raison de laquelle il était détenu ». Seules les infractions antérieures à l'évasion sont concernées : la règle du cumul limité reste donc applicable entre les peines encourues pour l'évasion et celles encourues pour les infractions commises durant la cavale[172].

168. CA Toulouse, 3 juill. 2003, *Dr. pén.* 2004, n° 4, obs. M. Véron.

169. Cass. crim., 5 mai 1998, *Dr. pén.* 1998, n° 110, obs. M. Véron. – On parlait, auparavant, d'évasion par « bris de prison » dans cette hypothèse. Elle implique une dégradation et, non, un simple déplacement de barbelés sous lesquels un détenu parvient à se glisser (CA Toulouse, 7 août 2002, *D.* 2002, *Inf. Rap.*, p. 2656).

170. Cass. crim., 19 janv. 2010, *Gaz. Pal.* 24 mars 2010, p. 22, obs. S. Detraz.

171. Cass. crim., 11 janv. 2017, *Dr. pén.* 2017, n° 39, obs. P. Conte ; *Gaz. Pal.* 21 févr. 2017, p. 17, note V. Tellier-Cayrol.

172. Cass. crim., 26 mai 1992, *Dr. pén.* 1992, n° 249, obs. M. Véron. – V. aussi CA Grenoble, 25 oct. 1996, *JCP* G 1997, IV, 2056.

1303. Consommation. – L'infraction est instantanée : elle ne dure pas jusqu'à ce que le détenu réintègre sa cellule. Une évasion existe dès qu'un détenu échappe à la garde exercée sur lui dans le cadre de l'incrimination générale et dès le moment où sa réintégration aurait dû avoir lieu dans le cadre des infractions assimilées. Il s'ensuit notamment que « l'intervention d'un tiers, postérieurement à cette date, aux fins d'aider l'auteur principal dans sa fuite, ne saurait constituer un acte de complicité punissable, en l'absence d'un accord antérieur à l'infraction »[173]. Dans les deux cas, l'infraction, matérielle, suppose rapportée la preuve que le « détenu » s'est effectivement soustrait aux contrôles que l'administration pénitentiaire était en droit d'exercer sur lui.

La tentative est incriminée (art. 434-36)[174]. Toutefois, son auteur est exempté de peine s'il avertit spontanément l'autorité judiciaire ou l'administration pénitentiaire et permet d'éviter qu'une évasion ne se produise effectivement (art. 434-37). En revanche, aucune atténuation de peine n'est proposée aux repentis une fois l'évasion consommée.

2. La connivence à l'évasion d'autrui

1304. Présentation. – Est en cause une forme particulière de complicité érigée en infraction autonome pour permettre au juge de sanctionner celui qui aide autrui à s'évader indépendamment du point de savoir si une évasion, ou tentative d'évasion, s'ensuit effectivement. Toutefois, l'incrimination se dédouble en fonction de la qualité de la personne qui apporte son aide. En effet, la connivence à l'évasion paraît plus ou moins grave suivant qu'elle a été commise par une personne qualifiée ou par un simple particulier.

Néanmoins, au préalable, plusieurs observations complémentaires s'imposent quant au régime de ces deux infractions. D'abord, on notera que la tentative est punissable et l'exemption de peine – évoquée ci-dessus – également applicable dans les deux cas[175]. Ensuite, le détenu, qui provoque l'aide qui lui est ainsi apportée ou qui fournit les renseignements permettant de la lui faire parvenir, se rend complice de connivence à sa propre évasion[176]. Enfin, les responsables de l'aide apportée à l'évasion d'un détenu peuvent être condamnés solidairement aux dommages-intérêts que la victime aurait eu le droit d'obtenir de lui par l'exercice de l'action civile en raison de l'infraction qui a motivé sa détention. La connivence à l'évasion peut produire ainsi des conséquences civiles redoutables[177]. En revanche, la même faveur n'est pas accordée aux victimes des infractions éventuellement commises par l'évadé lors de sa cavale. Ce qui surprend.

a. La connivence de personnes qualifiées

1305. Présentation. – L'article 434-33, al. 1, punit de peines exceptionnellement lourdes (10 ans d'emprisonnement et 150 000 € d'amende) « le fait, par

173. Cass. crim., 4 mai 2000, *Dr. pén.* 2000, n° 112, obs. M. Véron.

174. CA Douai, 6 mai 2003, *Dr. pén.* 2003, n° 122, obs. M. Véron.

175. Art. 434-36 et 434-37. – Cass. crim., 3 sept. 1996, *Dr. pén.* 1997, n° 17, obs. M. Véron.

176. CA Douai, 21 oct. 2003, *JCP* G 2004, II, 10115, note J.-Y. Maréchal.

177. Art. 434-34. – On retrouvera un mécanisme comparable en matière d'organisation frauduleuse de l'insolvabilité (v. *infra*, n° 1331).

toute personne chargée de sa surveillance, de faciliter ou de préparer, même par abstention volontaire, l'évasion d'un détenu ».

Cette incrimination concerne, au premier chef, les agents de l'administration pénitentiaire chargés de la garde des détenus. Mais l'alinéa 2 du même article étend la répression « à toute personne habilitée par ses fonctions à pénétrer dans un établissement pénitentiaire ou à approcher à quelque titre que ce soit des détenus ». Cela peut concerner aussi bien des avocats ou magistrats que des policiers ou gendarmes, éducateurs ou médecins, assistantes sociales ou visiteurs de prison.

Peu importe, encore une fois, qu'aucune évasion n'ait été commise ou même tentée. Ce comportement du gardien mérite d'être puni pour lui-même, indépendamment de ses suites. On peut y voir une infraction de prévention.

1306. Aggravation. – Les peines principales sont portées à 15 ans de réclusion criminelle et 225 000 € d'amende « si le concours apporté consiste en la fourniture ou l'usage d'une arme ou d'une substance explosive, incendiaire ou toxique ». Le délit est alors transformé en crime compte tenu de la dangerosité des moyens transmis au détenu pour s'évader.

b. La connivence des particuliers

1307. Présentation. – L'article 434-32 punit de 3 ans d'emprisonnement et 45 000 € d'amende « le fait, par toute personne, de procurer à un détenu tout moyen de se soustraire à la garde à laquelle il était soumis ». Peu importe que l'identité de ce détenu n'ait pu être finalement déterminée[178]. Les personnes en cause sont toutes celles dont la responsabilité pénale ne peut être engagée sur le fondement de l'article 434-33 précité.

Bien entendu, un tel comportement doit être antérieur à l'évasion[179]. Il est incriminé pour faire là aussi obstacle à la commission d'infractions plus graves par autrui.

1308. Aggravation. – Les peines principales encourues sont portées à 5 ans d'emprisonnement et 75 000 € d'amende si le concours apporté s'est accompagné de violence, effraction ou corruption. Elles sont même portées à 7 ans d'emprisonnement et 100 000 € d'amende s'il y a eu fourniture ou usage d'une arme ou d'une substance explosive, incendiaire ou toxique.

Chacun aura observé que ces peines sont identiques à celles encourues par le détenu qui s'évade : peu importe que son évasion ait été simple ou aggravée.

1309. Complément. – En marge de ces développements, signalons qu'une forme moins grave de désobéissance aux règles de l'administration pénitentiaire est incriminée à l'article 434-35. Son premier alinéa envisage « le fait, en quelque lieu qu'il se produise, de remettre des sommes d'argent, correspondances, objets ou substances quelconques en dehors des cas autorisés par les règlements ». Par ailleurs, à l'alinéa suivant, les mêmes peines sont déclarées applicables au fait, pour une personne se trouvant à l'extérieur d'un établissement pénitentiaire (ou d'un établissement de santé habilité à recevoir des détenus) de communiquer avec une personne détenue à l'intérieur, hors les cas où

178. Cass. crim., 3 sept. 1996, *Dr. pén.* 1997, n° 17, obs. M. Véron.

179. Cass. crim., 5 mai 1998, *Dr. pén.* 1998, n° 110, obs. M. Véron.

cette communication est permise par la loi et réalisée par des moyens que l'administration pénitentiaire autorise. Sont essentiellement visés ici les messages illicitement transmis par la voie des communications électroniques (conversations téléphoniques, SMS et mails). On en déduit que les « correspondances » évoquées à l'alinéa précédent, dont la communication peut également s'avérer illégale, sont celles qui circulent sur support papier.

En toute hypothèse, l'idée est la même : les lieux de détention sont censés être des « maisons de verre » où toute communication avec l'extérieur est soumise à contrôle. Parce que la violation de telles règles menace la discipline interne et peut favoriser des contacts avec des coauteurs ou complices à l'extérieur ou permettre des évasions, des sanctions relativement sévères sont fulminées. Ainsi, le particulier déclaré coupable d'une telle infraction s'expose à 1 an d'emprisonnement et 15 000 € d'amende. Ces peines sont portées à 3 ans d'emprisonnement et 45 000 € d'amende lorsque le coupable « est chargé de la surveillance de détenus ou s'il est habilité par ses fonctions à pénétrer dans un établissement pénitentiaire ou à approcher, à quelque titre que ce soit, des détenus ». À titre d'exemple, l'infraction a été reprochée à un avocat ayant utilisé sa fonction pour éluder le contrôle administratif ou judiciaire des correspondances au profit d'un détenu[180]. Le détenu qui provoque une telle remise se rend, lui, complice de l'infraction[181].

B. L'abandon de famille

1310. Sous l'intitulé « abandon de famille », le Code pénal désigne le manquement d'un parent à ses obligations pécuniaires à l'égard de ses proches (art. 227-3). Le champ de l'incrimination est large. Il s'agit de sanctionner celui qui ne paie pas, directement ou indirectement, ce qu'il doit à son conjoint ou ancien conjoint, à ses ascendants ou descendants. Toutefois, l'intérêt pécuniaire des bénéficiaires n'est pas seul en cause. En effet, à l'origine, cette infraction supposait une atteinte à l'autorité de la justice dont les décisions en la matière n'avaient pas été respectées. Son champ d'application a récemment évolué mais elle conserve sa place ici car, le plus souvent, l'obligation alimentaire à laquelle l'agent tente d'échapper est encore fixée par un juge. La loi prévoit tout au plus des modalités de fixation équivalentes dans un cadre non contentieux qu'elle assimile aux précédents. L'infraction ne se conçoit pas en dehors de ces différentes hypothèses[182]. Évoquons donc d'abord cette condition préalable puis la façon dont le délit se consomme.

180. Cass. crim., 12 mai 1992, *B.* n° 184. – *Idem* Cass. crim., 21 nov. 1979, *RSC* 1980, p. 707, obs. A. Vitu.

181. CA Douai, 23 juin 2004, *Dr. pén.* 2005, n° 18, obs. M. Véron.

182. L'infraction porte donc assez mal son nom (F. Bicheron, « La protection de la famille par le droit pénal », *in Code pénal et Code d'instruction criminelle*, Dalloz, coll. UPA, 2010, p. 558). Son contenu précis aurait justifié qu'elle soit rebaptisée « abandon pécuniaire ».

1. Le préalable d'une dette judiciairement constatée

1311. Objet. – La démonstration de cette condition préalable donne lieu à un contentieux nourri, devant le juge répressif, compliqué par les évolutions chaotiques du droit de la famille[183].

Avant d'établir le manquement incriminé à l'article 227-3, le ministère public doit rapporter la preuve d'une dette d'aliment dont le prévenu était débiteur. Il doit établir que l'agent était tenu « de verser au profit d'un enfant mineur, d'un descendant, d'un ascendant ou du conjoint une pension, une contribution, des subsides ou des prestations de toute nature dues en raison de l'une des obligations familiales prévues par le Code civil ».

Selon la Cour de cassation, la généralité de ce renvoi n'est pas contraire au principe de légalité : pour sa chambre criminelle, « les éléments constitutifs du délit d'abandon de famille sont définis en des termes clairs et précis »[184]. En tout cas, la jurisprudence s'est efforcée de les éclairer. Ainsi, a-t-il été indiqué que « le délit d'abandon de famille, tel qu'il est prévu et réprimé par l'article 357-2, C. pén. [ancien], exige, pour être constitué, la méconnaissance d'une décision de justice civile légalement exécutoire définissant, dans son montant et sa périodicité, l'obligation de famille mise à la charge du prévenu »[185]. Peuvent être en cause aussi bien une pension alimentaire due à un conjoint ou un enfant qu'une prestation compensatoire après divorce ou les subsides de l'article 342, C. civ. (au profit d'un enfant dont la filiation paternelle n'est pas établie), voire une contribution aux charges du mariage ou à l'entretien d'un enfant[186]. Peu importe la forme prise par cette dette : l'infraction est également constituée en cas de non-paiement d'une rente, même temporaire[187], ou d'une prestation compensatoire fixée en capital[188]. Enfin, au titre des « prestations de toute nature » sont compris les éventuels dommages-intérêts accordés à un époux suite à la dissolution de son mariage après constat de l'altération définitive du lien conjugal ou des torts exclusifs de l'autre époux (C. civ., art. 266).

1312. Origine. – Toutefois, il est expressément indiqué que la dette d'aliment en question doit avoir été constatée par une décision judiciaire ou l'un des titres mentionnés à l'article 373-2-2 du Code civil.

---

183. V. s'agissant du déplacement des dispositions relatives à l'autorité parentale : Cass. crim., 10 déc. 2008, *B.* n° 250. – V. aussi s'agissant de l'effet de mesures provisoires ordonnées au cours d'une instance en divorce : Cass. crim., 31 mai 2000, *B.* n° 207.

184. Mixte, 12 mai 2000, *BICC* n° 519, 1er août 2000, Concl. Joinet.

185. Cass. crim., 30 sept. 1992, *RSC* 1994, p. 334, obs. G. Levasseur. – V. aussi N. Monachon-Duchêne, « L'obligation alimentaire devant le juge pénal », *JCP* G 2006, I, 165.

186. Il faut tout au plus soustraire du champ d'application de cet article la contribution dont le non-paiement constitue l'infraction de l'art. 227-4-2 évoqué ci-dessous (v. *infra,* n° 1322). Il faut constater également que la pension alimentaire qu'un gendre/bru pourrait devoir à son beau-père/belle-mère (C. civ., art. 206) ne bénéficie pas de cette protection. *Idem* s'agissant de l'aide matérielle que se doivent les partenaires à un PACS (C. civ., art. 515-4). Selon la Cour de cassation, la différence de situation dans laquelle ils se trouvent suffit à justifier ce traitement différent au regard du principe d'égalité (Cass. crim., 24 juin 2015, *Dr. pén.* 2015, n° 106, obs. M. Véron).

187. Mais le délit ne peut être constitué pour les défauts de paiement postérieurs à la période fixée par le JAF : Cass. crim., 7 sept. 2016, *Dr. pén.* 2016, n° 151, obs. P. Conte ; *RSC* 2016, p. 765, obs. Y. Mayaud.

188. Cass. crim., 2 déc. 1998, *JCP* G 1999, II, 10108, note D. Rebut.

Longtemps, la constatation judiciaire de cette dette s'est avérée déterminante : l'inexécution d'une obligation familiale dont le principe et les modalités étaient arrêtés dans un acte de droit privé ne pouvait être sanctionnée à ce titre[189]. Il était nécessaire que la créance ait été fixée par une décision judiciaire ou une convention judiciairement homologuée[190]. Il y a toujours délit en cas de non-paiement de ce type de dettes. Mais, en 2019 et 2021, l'incrimination a été élargie pour prendre en compte les changements intervenus en droit de la famille. Désormais, la dette peut également avoir été constatée dans un acte sous signature privée à condition qu'il ait été contresigné par les avocats des époux divorçant puis déposé au rang des minutes d'un notaire pour lui conférer date certaine et force exécutoire (C. civ., art. 229-1). En effet, s'agissant du paiement de la pension alimentaire, il n'y a pas lieu de distinguer entre les cas de divorce et de soumettre les conséquences du divorce par consentement mutuel à un régime moins favorable que les autres. Désormais, cette convention est donc assimilée à une décision de justice entrant dans le champ d'application de l'article 227-13 du Code pénal. La solution a ensuite été étendue à tout acte reçu en la forme authentique par un notaire. Elle est également applicable à deux autres types de convention. Il en va tout d'abord ainsi lorsque la dette d'aliment résulte d'une transaction ou de l'acte constatant un accord issu d'une médiation, d'une conciliation ou d'une procédure participative, dès lors que cet acte est contresigné par les avocats de chacune des parties et revêtus de la formule exécutoire par le greffe de la juridiction compétente (CPCE, art. L. 111-3, 7°). Il en va de même ensuite lorsque la dette d'aliment résulte d'une convention à laquelle l'organisme débiteur des prestations familiales a donné force exécutoire (CSS, art. L. 582-2), ce qui devrait désormais être la règle.

Lorsque la créance a été judiciairement fixée par une décision de justice, il est jugé que, pour être prise en compte, la décision doit être devenue exécutoire avant que son « non-respect » puisse être dénoncé, ce qui tombe sous le sens[191]. Elle ne doit donc pas pouvoir faire encore l'objet d'un recours suspensif[192]. Mais, désormais, « les décisions de première instance sont de droit exécutoires à titre provisoire à moins que la loi ou la décision rendue n'en dispose autrement » (CPC, art. 514). Le plus souvent, il n'est donc pas nécessaire d'attendre que la décision rendue soit devenue irrévocable pour caractériser l'infraction. La décision étant « de droit » exécutoire, elle doit être exécutée et son non-respect peut caractériser un abandon de famille. Peu importe qu'il soit interjeté appel du jugement ou de l'ordonnance en question ; peu importe que l'arrêt rendu à la suite soit frappé de pourvoi. Peu importe également que l'ordonnance fixant provisoirement le montant de la dette soit frappée ultérieurement de caducité[193]. Il en va de même en cas d'infirmation ou de

---

189. Cass. crim., 6 déc. 1972, *B.* n° 378.

190. Cass. crim., 15 oct. 1996, *Dr. pén.* 1997, n° 16, obs. M. Véron. – Sachant que « le procès-verbal de conciliation prévu par les art. 130 et 131, CPC équivaut, au sens de l'art. 227-3, C. pén., à une convention judiciairement homologuée », de sorte que le non-paiement de l'obligation alimentaire résultant de ce procès-verbal matérialise l'infraction : Cass. crim., 31 mars 1999, *Dr. pén.* 1999, n° 95, obs. M. Véron.

191. La pension alimentaire peut avoir été fixée par une décision étrangère dès lors que cette décision a obtenu l'exéquatur en France : Cass. crim., 29 janv. 2003, *D.* 2004, p. 307, note S. Mirabail.

192. La même force exécutoire doit s'attacher aux conventions désormais incluses dans le champ de l'incrimination, ce qui fait dire à un auteur qu'il s'agirait là de la nouvelle « valeur protégée » (R. Ollard, « La force exécutoire, fondement renouvelé du délit d'abandon de famille », *JCP* G 2021, 364, n° 9). C'est, en tout cas, l'un des éléments à prendre en compte dans l'identification du résultat redouté.

193. Cass. crim., 7 oct. 1992, *Dr. pén.* 1993, n° 62, obs. M. Véron.

cassation[194]. L'anéantissement d'une décision exécutoire ne saurait faire oublier qu'un délit a été initialement commis (V. *infra*, n° 1319).

1313. Bénéficiaires. – S'agissant des créanciers protégés, l'incrimination donne également une liste qui ne saurait être dépassée. Des sanctions pénales sont applicables en cas de non-respect des versements rendus obligatoires envers un enfant mineur, un descendant ou ascendant, un conjoint. Il ne s'agit donc pas de protéger seulement l'enfant. Mais la famille, au sens de l'article 227-3, se limite aux relations entre ascendants et descendants ainsi qu'aux relations entre conjoints et anciens conjoints. Les collatéraux, qui ne bénéficient d'aucune créance alimentaire, ne peuvent s'estimer victimes d'un tel délit. Il en va de même pour les alliés en ligne directe bien qu'ils puissent, eux, revendiquer une créance d'aliments (C. civ., art. 203 et 205). Une interprétation stricte du terme « conjoint » conduit à écarter également du champ de l'incrimination les concubins et signataires d'un PACS. Ce qui procède d'une vision du couple aujourd'hui dépassée.

En revanche, la dette ne doit pas nécessairement être acquittée entre les mains de l'un des bénéficiaires énumérés à l'article 227-3, al. 1. En effet, envisageant désormais l'hypothèse d'une intermédiation financière des pensions alimentaires, l'alinéa 2 du même article assimile au fait de ne pas payer directement cette pension aux bénéficiaires, le fait de ne pas payer cette pension à l'organisme débiteur des prestations familiales (CAF ou MSA) assurant ladite intermédiation[195]. On rappellera que ce mécanisme peut être envisagé par le juge ou directement par les parties dans l'accord qu'elles passent au sujet de la pension alimentaire en numéraire que l'une est tenue de verser à l'autre au titre de sa contribution à l'entretien et à l'éducation d'un enfant (CSS, art. L. 582-1 et R. 582-4-1). Lorsque cette intermédiation s'applique, le débiteur s'acquitte de sa dette auprès de l'organisme de sécurité sociale qui reverse immédiatement la somme en cause au créancier[196]. L'intérêt d'un tel mécanisme apparaît en cas d'impayé : en cas de défaillance du débiteur, l'organisme de sécurité sociale garantit au créancier le versement d'une somme au moins égale au montant de l'allocation de soutien familial (116 €/mois). Il procède ensuite à une tentative amiable de recouvrement de l'impayé et, en cas d'échec, met en place une procédure de recouvrement forcé. Ainsi, le créancier d'aliment ne supporte-t-il pas entièrement les conséquences d'un éventuel refus de paiement.

1314. Durée. – Enfin, il a été jugé que, « sauf disposition contraire de la décision qui condamne le père ou la mère d'un enfant mineur à verser une pension alimentaire à titre de contribution à l'entretien de celui-ci, les effets de la condamnation ne cessent pas de plein droit à la majorité de l'enfant »[197]. La solution se déduit de l'article 371-2, al. 2, C. civ. Il s'ensuit que « pour faire cesser l'obligation de contribuer à la charge d'entretien et d'éducation d'enfants

194. Cass. crim., 27 mars 1991, *RSC* 1991, p. 763, obs. G. Levasseur. – 9 mai 1968, *D.* 1968, p. 640, note Rolland.

195. A été constituée à cette fin une Agence de recouvrement et d'intermédiation des pensions alimentaires (ARIPA). – V. sur les effets pervers d'un tel mécanisme : C. Gazzeri-Rivet, Interview, *AJ fam.* 2020, p. 568.

196. Cette intermédiation a été généralisée par un décret n° 2022-259 du 25 févr. 2022. En effet, le versement des pensions alimentaires poserait problème dans près de 30 % des cas (I. Corpart, *Dalloz actualité*, 8 mars 2022).

197. Cass. crim., 7 févr. 2007, *Dr. pén.* 2007, n° 69, obs. M. Véron.

devenus majeurs, il appartient au débiteur de solliciter cette suppression devant le juge compétent en faisant valoir que les enfants ne sont plus à la charge de l'autre parent »[198]. Tant qu'il n'a pas été judiciairement relevé de son obligation, le débiteur reste donc tenu de l'honorer : il ne peut, de lui-même, mettre fin aux effets d'une décision de justice.

2. Le comportement incriminé

a. La matérialité de l'acte

1315. Abstention. – C'est un refus de paiement total ou partiel, pendant plus de 2 mois, qui consomme l'infraction. Ce résultat redouté doit être établi ; l'infraction est matérielle : tenu en vertu d'un titre exécutoire à un paiement, l'agent doit s'être abstenu de verser à son créancier ce qu'il était en droit d'attendre. En pratique, le ministère public doit ainsi rapporter une double preuve.

Il doit démontrer tout d'abord que l'agent n'a pas acquitté l'intégralité de sa dette. En effet, le débiteur ne peut se libérer par des paiements partiels : s'exécuter partiellement ne lui permet pas d'échapper à l'incrimination. Ainsi, l'infraction a été retenue contre un débiteur d'aliments qui avait certes payé les pensions auxquelles il était tenu mais refusé leur révision annuelle en fonction de la variation de l'indice des prix à la consommation prévue dans un jugement de divorce, frappé d'appel mais revêtu de l'exécution provisoire[199]. Un débiteur ne peut davantage invoquer la compensation entre sa dette et des versements antérieurs qu'il prétend indus[200]. Faute de régularisation au bout de deux mois, l'infraction est constituée. En revanche, ne commet pas ce délit le débiteur qui justifie l'envoi de chèques à l'échéance et n'a pas à supporter le fait que la destinataire refuse de les encaisser[201].

Ensuite, le ministère public doit démontrer que ce manquement dure depuis un certain temps. Il doit établir que l'agent est demeuré « plus de 2 mois » sans acquitter intégralement sa dette. La formule est ambiguë. Elle ne signifie pas que l'infraction est constituée à la deuxième échéance mensuelle non honorée par le débiteur. Cela n'aurait guère de sens car toutes les obligations familiales ne s'exécutent pas mensuellement : certaines prennent la forme d'un capital et non d'une rente[202]. Une telle formule signifie qu'en matière d'aliment un débiteur ne peut tarder plus de deux mois à payer ce qu'il doit. En effet, le paiement de cette dette peut s'avérer vital pour le créancier ; par ailleurs, il faut éviter que les échéances impayées ne s'accumulent en plaçant le débiteur dans l'incapacité absolue de régler l'ensemble. Il y a donc infraction à ne pas s'acquitter de sa dette depuis plus de deux mois à compter du jour où la décision de condamnation est devenue exécutoire[203]. Ensuite, lorsque l'obligation est payable mensuellement et que plusieurs mensualités ne sont

198. *Ibid.*

199. Cass. crim., 26 oct. 1987, *B.* n° 367.

200. Cass. crim., 4 févr. 2004, *D.* 2004, somm. p. 2478, obs. S. Mirabail. – Cependant, si la compensation conventionnelle est prohibée à l'égard d'une dette à caractère alimentaire, un paiement anticipé des arrérages de la pension à échoir est toujours possible : Cass. crim., 20 mars 1984, *B.* n° 114.

201. Cass. crim., 9 sept. 2015, *Gaz. Pal.* 1 nov. 2015, p. 26, obs. E. Dreyer.

202. Cass. crim., 16 nov. 2016, *Dr. pén.* 2017, n° 21, obs. P. Conte.

203. Dans l'hypothèse où une première décision de condamnation définitive ne suffit pas à inciter le débiteur à s'exécuter, le délit est renouvelé deux mois plus tard : Cass. crim., 2 déc. 1998, *JCP* G 1999, II, 10108, note D. Rebut.

pas honorées, le délit se renouvelle à échéance de chacune d'elles, plus de deux mois après[204]. Dans cette dernière hypothèse, une éventuelle reprise des paiements ne fait pas disparaître l'infraction : les mauvais débiteurs qui s'exécutent un mois sur deux engagent leur responsabilité pénale pour chaque échéance qu'ils n'ont pas acquittée à l'issue d'un délai de plus de deux mois[205].

En toute hypothèse, l'infraction est constituée dès lors qu'un délai de plus de deux mois est écoulé sans paiement. Il s'agit donc d'une infraction dont l'exécution est continue mais la consommation instantanée.

b. La perception de l'acte

1316. Intention. – Il n'y a infraction que si ce refus de paiement s'avère intentionnel, c'est-à-dire que si l'agent a choisi de ne pas, ou de ne plus, payer ce qu'il doit en sachant qu'il y est tenu[206]. Aucune présomption ne saurait être admise à cet égard[207].

En premier lieu, le ministère public doit établir que l'agent avait conscience de sa dette, ce qui ne pose guère de difficulté en cas de convention judiciairement homologuée ou déposée au rang des minutes d'un notaire car il lui est alors difficile de prétendre avoir ignoré les termes de cette convention à laquelle il a nécessairement donné son accord. *Idem* lorsque l'intermédiation financière des pensions alimentaires a été mise en place compte tenu des formalités qu'elle suppose. En revanche, lorsque la dette a été constatée par une décision de justice, le ministère public doit pouvoir établir que l'agent a eu connaissance de celle-ci[208]. Cette preuve peut résulter de la notification ou signification de la décision. Toutefois, on l'a rappelé, « les décisions de première instance sont de droit exécutoires à titre provisoire à moins que la loi ou la décision rendue n'en dispose autrement » (CPC, art. 514), de sorte qu'une telle formalité n'est en principe pas requise : l'obligation de s'acquitter de la dette naît aussitôt. Pour la Cour de cassation, la connaissance qu'a eue le prévenu de la pension alimentaire mise à sa charge peut alors résulter du fait qu'il s'est présenté à l'audience d'orientation (ancienne audience de non-conciliation) assisté de son avocat[209]. Il ne peut avoir oublié cet épisode judiciaire en se désintéressant du montant de la pension fixée à la suite. La connaissance de la décision rendue peut se déduire également du fait que l'agent a commencé à l'exécuter spontanément[210].

En second lieu, l'autorité de poursuites doit démontrer que l'agent a voulu échapper au paiement de sa dette. Il s'agit d'établir que l'agent était solvable à l'échéance mais a choisi de ne pas payer et a persisté dans ce choix pendant plus de deux mois. Une telle preuve ne peut être déduite du simple fait que la décision (ou, désormais, la convention) constatant cette dette en a apprécié le montant au regard des capacités financières initiales du débiteur, comme le prévoyait l'ancien Code.

204. Cass. crim., 9 janv. 2019, *Dr. pén.* 2019, n° 64, obs. P. Conte.

205. Cass. crim., 26 oct. 2005, *Dr. pén.* 2006, n° 19, obs. M. Véron.

206. Cass. crim., 28 juin 1995, *JCP* G 1996, II, 22576, note A. Dekewer.

207. Cass. crim., 12 juin 2013, *Dr. pén.* 2013, n° 120, obs. M. Véron.

208. Cass. crim., 19 juin 1991, *RSC* 1992, p. 754, obs. G. Levasseur.

209. Cass. crim., 28 mai 2015, *Gaz. Pal.* 9 août 2015, p. 24, obs. E. Dreyer.

210. Cass. crim., 4 sept. 1996, *B.* n° 312. – V. aussi Cass. crim., 9 oct. 1996, *Dr. pén.* 1997, n° 58, obs. M. Véron.

L'écoulement du temps peut avoir modifié la situation de l'agent ; sa solvabilité au moment des faits doit donc être concrètement vérifiée[211]. Néanmoins, en pratique, l'intention de ne pas payer n'est exclue qu'à partir du moment où il est démontré qu'à l'échéance le débiteur n'était pas en mesure de s'acquitter de ce qu'il devait. La preuve de sa bonne foi suppose une « impossibilité absolue » de payer une pension par suite d'une « insolvabilité totale »[212] et involontaire[213]. En effet, l'incrimination ne saurait dépendre du bon vouloir de l'agent qui doit, au contraire, tout mettre en œuvre pour honorer une dette dont le principe et le montant sont judiciairement constatés[214]. Des difficultés passagères ne sauraient donc justifier l'infraction[215]. Il en est *a fortiori* de même lorsque le débiteur s'est rendu volontairement insolvable. Mais ce comportement relève alors plutôt d'une autre infraction (art. 314-7. – V. *infra,* n° 1323).

1317. Bonne foi. – Peu importe l'apparente renonciation d'un époux à la contribution aux charges du mariage que devait acquitter l'autre, alors qu'ils ont repris leur vie commune avant de se séparer à nouveau : l'époux débiteur reste tenu d'exécuter la décision et ne peut invoquer sa bonne foi dès lors que « la caducité d'une décision de justice ne saurait se présumer ni résulter de la seule volonté d'une des parties »[216].

En revanche, la complexité de cette condition préalable aurait dû permettre au débiteur de contester son intention de mal agir si l'erreur sur les dispositions civiles en question avait été analysée comme une erreur de fait au sens du droit pénal. Faisant preuve d'une grande sévérité, les magistrats s'y refusent : c'est au regard de l'article 112-3, C. pén. qu'ils examinent le moyen tiré d'une erreur du prévenu sur la portée de son obligation alimentaire. Or, on le sait, à la différence de l'erreur de fait, l'erreur sur le droit doit être invincible pour produire un effet exonératoire. Ce qui évoque, dans ses conditions et ses effets, la contrainte. Les juges répressifs conviennent donc rarement de la légitimité d'une telle erreur[217].

3. Les modalités de la répression

1318. Pénalités. – La personne physique déclarée coupable d'abandon de famille s'expose à 2 ans d'emprisonnement et 15 000 € d'amende (art. 227-3). Que penser de ces peines ? L'emprisonnement semble important et l'amende peu élevée. Ici, le rapport habituellement établi entre une année d'emprisonnement et 15 000 € d'amende n'est pas respecté. Or, le recours à une sanction

211. Cass. crim., 21 mai 1997, *Dr. pén.* 1997, n° 138, obs. M. Véron.

212. Cass. crim., 17 avr. 1991, *Dr. pén.* 1991, n° 229, obs. M. Véron. – Sachant que la mise en redressement judiciaire du débiteur n'entraîne pas une présomption d'insolvabilité (Cass. crim., 26 févr. 1992, *RSC* 1994, p. 335, obs. G. Levasseur). C'est au regard de l'ensemble du patrimoine du prévenu que s'apprécie l'impossibilité de payer. Mais le juge fait parfois preuve de pragmatisme : il admet qu'un débiteur puisse renoncer à vendre un bien lorsqu'il ne peut en obtenir le prix du marché (Cass. crim., 10 avr. 2019, *AJ fam.* 2019, p. 337, obs. M. Trinquet ; *RTD civ.* 2019, p. 561, obs. A.-M. Leroyer).

213. Le prévenu assume la charge de cette preuve (Cass. crim., 23 mars 2022, *Dr. pén.* 2022, n° 84, obs. P. Conte), ce qui est normal dès lors que le montant de la pension tient compte de ses revenus : s'il ne paie pas, c'est à lui de démontrer que cette abstention est involontaire parce que ses revenus ont changé.

214. V. aussi Cass. crim., 28 juin 2000, *Dr. pén.* 2001, n° 1, obs. M. Véron.

215. Un placement sous sauvegarde de justice ne suffit donc pas à établir cette impécuniosité (Cass. crim., 19 janv. 2022, *Dr. pén.* 2022, n° 41, obs. P. Conte ; *Gaz. Pal.*, 10 mai 2022, p. 41, obs. S. Detraz).

216. Cass. crim., 3 oct. 1988, *RSC* 1989, p. 508, obs. G. Levasseur.

217. Cass. crim., 7 janv. 2004, *JCP* G 2004, II, 10060, note C. Pomart.

pécuniaire paraît plus pertinent que la menace d'une peine privative de liberté dans une telle hypothèse. Preuve de cette inadéquation, de telles peines ne dissuadent guère les incidents de paiement : l'infraction est fréquente en droit pénal de la famille. Ce qui pose d'autant plus problème qu'est souvent méconnue à cette occasion l'autorité d'une décision civile fixant ce type de créances ou homologuant les conventions dont elles résultent[218]. À quoi on répondra que l'infraction existe sans qu'il soit démontré de mise en péril d'autrui, ce qui en relativise l'importance. De plus, on rappellera qu'une telle infraction se renouvelle si le refus de payer se prolonge aux échéances suivantes[219]. Contrairement aux apparences, la répression peut donc s'avérer redoutable. Enfin, s'il n'est pas sûr que le recours à l'emprisonnement soit judicieux dans l'univers familial, l'intérêt d'une telle peine se situe ailleurs : dans les dispositifs incitant le coupable à régulariser sa situation (sursis probatoire, aménagement de l'emprisonnement pouvant se doubler des mêmes obligations, ajournement du prononcé de la peine avec injonction, etc.).

La personne physique reconnue coupable de ce délit encourt également les peines complémentaires énumérées par l'article 227-29. Hélas, elles semblent elles aussi inadaptées. Le législateur préfère laisser au juge aux affaires familiales le soin de tirer, dans un cadre purement civil, les conséquences de l'infraction constatée.

La personne morale déclarée coupable d'abandon de famille s'expose, quant à elle, à une amende dont le montant est porté au quintuple ainsi qu'à l'ensemble des peines de l'article 131-39, hormis la dissolution (art. 227-4-1). L'hypothèse se conçoit essentiellement au titre de la complicité par provocation : la personne morale et son dirigeant (secte) doivent pouvoir être punis comme s'ils avaient été auteurs de cette infraction à laquelle ils ont poussé leurs adeptes (dans une stratégie d'isolement).

1319. Disparition du titre. – Il a été souligné ci-dessus que l'infraction est établie dès lors qu'une décision exécutoire a été ignorée pendant deux mois, nonobstant les voies de recours dont elle peut avoir été frappée (V. *supra*, n° 1312). Mais le droit pénal ignore plus radicalement encore la rétroactivité parfois appliquée en droit civil. Ainsi, peu importe la réduction postérieure de la dette, voire sa suppression, avec effet rétroactif, décidée par un juge civil : le juge répressif considère que le débiteur ne pouvait anticiper cette ordonnance en refusant de verser la somme initialement prévue[220]. Pour la Cour de cassation, le changement d'attitude du juge civil ne peut « avoir pour effet de faire disparaître l'infraction déjà consommée »[221], ce qui se comprend dans une

218. Sur l'ambiguïté de la répression en la matière : V. Jaworski, « Abandon pécuniaire de famille et coparentalité », *JCP* G 2004, I, 102. – V. aussi, soulignant que les peines sont identiques quel que soit le devoir alimentaire en cause alors que tous ces devoirs n'ont pas la même importance en droit civil : F. Fenouillet et V. Malabat, « Droit pénal et droit de la famille », *in Droit pénal et autres branches du droit*, Cujas, 2012, p. 87.

219. Cass. crim., 2 déc. 1998, *B.* n° 326. – *Contra* : D. Rebut, note sous l'arrêt du 2 déc. 1998, *JCP* G 1999, II, 10108.

220. Cass. crim., 4 juin 2008, *Dr. pén.* 2008, n° 121, obs. M. Véron ; *Dr. fam.* 2008, n° 131, P. Murat ; *RTD civ.* 2008, p. 669, obs. J. Hauser. – 4 févr. 2004, *D.* 2004, somm. p. 2478, obs. S. Mirabail. – 27 mars 1991, *RSC* 1991, p. 763, obs. G. Levasseur.

221. Cass. crim., 4 mars 2015, *Gaz. Pal.* 17 mai 2015, p. 42, obs. S. Detraz. – 29 janv. 2014, *Dr. pén.* 2014, n° 51, obs. M. Véron.

logique où il faut assurer d'abord et avant tout l'autorité des décisions de justice mais, à partir du moment où le juge civil lui-même reconnaît que son ordonnance était excessive et réduit la pension allouée, voire à partir du moment où il reconnaît que la pension n'était pas due[222], la situation n'apparaît guère différente de celle dans laquelle le législateur adoucit ou supprime une incrimination en permettant à son choix de rétroagir (*in mitius*). Les conditions légales pour caractériser l'infraction ne sont plus réunies au moment où le juge statue. Ici aussi, on pourrait donc soutenir que l'équité doit l'emporter sur la technique juridique[223].

1320. Action publique. – Pour faciliter les poursuites, l'article 382, al. 2, CPP permet d'agir devant le tribunal correctionnel dans le ressort duquel le créancier impayé a son domicile ou sa résidence. Par ailleurs, lorsque le créancier d'aliment réside en France et le débiteur à l'étranger, la loi pénale française est applicable, devant les juridictions répressives françaises, car c'est en France – lieu où la créance doit être portée – que l'obligation d'aliment est exigible et, en cas d'abstention, le délit constitué[224]. La solution inverse devrait être retenue lorsque le débiteur est en France et le créancier à l'étranger mais, interprétant la compétence territoriale de façon extensive, la Cour de cassation admet que la loi française reste applicable dans ce cas[225], sans doute parce qu'elle analyse la présence du débiteur en France comme un « fait » constitutif de l'infraction. Cela lui permet de retenir largement la compétence des juridictions répressives françaises.

1321. Action civile. – L'effectivité de la voie pénale paraît sujette à caution car la victime ne peut réclamer, en se constituant partie civile devant le juge répressif, que des dommages-intérêts réparant le préjudice direct que lui a causé personnellement l'infraction : elle ne peut en profiter pour demander la condamnation de l'agent à lui verser les sommes impayées[226].

1322. Compléments. – Ajoutons que l'article 227-4, 1° punit de 6 mois d'emprisonnement et 7 500 € d'amende le fait, par une personne tenue, dans les conditions prévues à l'article 227-3, à l'obligation de verser une pension, une contribution, des subsides ou des prestations de toute nature, de ne pas notifier son changement de domicile au créancier ou à l'organisme débiteur des prestations familiales (lorsque le versement de la pension fait l'objet d'une intermédiation financière) « dans un délai d'un mois à compter de ce changement »[227]. Il s'agit là d'une infraction obstacle, intervenant très en amont de la commission de l'infraction précédente pour essayer de la dissuader. En

222. Ce qui est le cas lorsque le mariage est finalement annulé à raison de son caractère putatif (V. pourtant Cass. crim., 23 mars 1981, *RSC* 1982, p. 349, obs. G. Levasseur) ou lorsque la reconnaissance de paternité s'avère finalement de complaisance (V. cpdt Cass. crim., 2 mars 1998, *Dr. fam.* 1999, étude 1, par D. Rebut).

223. V. aussi C. Dubois, « L'autonomie du droit pénal et le droit de la famille », *CDE* juill. 2021, dossier 24, n° 14.

224. Cass. crim., 12 janv. 2021, *Gaz. Pal.*, 9 mars 2021, p. 23, note E. Josph.

225. Cass. crim., 29 janv. 2003, *D.* 2004, p. 307, note S. Mirabail.

226. Comp. Cass. crim., 15 mai 1984, *RSC* 1985, p. 84, obs. G. Levasseur.

227. À cette première hypothèse est assimilé le fait, lorsque le versement de la pension doit faire l'objet d'une intermédiation financière, de ne pas transmettre à l'organisme débiteur des prestations familiales les informations nécessaires pour la mise en place de ce mécanisme (art. 227-4, 2°).

effet, il peut être tentant pour un débiteur qui a réussi à dissimuler son domicile véritable de cesser d'exécuter ses obligations. Est sanctionnée ainsi la méconnaissance de l'obligation d'information prévue à l'article 373-2, al. 4, C. civ.

C. L'organisation frauduleuse de l'insolvabilité

1323. Présentation. – L'article 314-7 du Code pénal incrimine « le fait, par un débiteur, même avant la décision judiciaire constatant sa dette, d'organiser ou d'aggraver son insolvabilité » (al. 1). Par ailleurs, est assimilé à ce fait le comportement du dirigeant d'une personne morale organisant ou aggravant l'insolvabilité de celle-ci (al. 2). Il s'agit de protéger l'autorité des décisions judiciaires et, au-delà, le droit de gage général des créanciers. Ce délit accompagne, en dehors de la sphère contractuelle, l'action paulienne prévue à l'article 1341-2, C. civ. : exerçant cette action devant le juge civil, le créancier peut priver d'effet à son égard les actes qu'un débiteur aurait passés avec des tiers en fraude de ses droits. En se constituant partie civile devant le juge répressif, il peut en plus provoquer l'application de sanctions pénales contre son débiteur. Il est néanmoins confronté, la plupart du temps, à de redoutables difficultés de preuve.

Envisageons d'abord la condition préalable de ce délit, puis le comportement incriminé et, enfin, sa répression.

1. Les condamnations prononcées

1324. Personnes. – Le délit ne peut être commis que par une personne débitrice. Tout débiteur n'est pas nécessairement un délinquant mais certains le deviennent lorsqu'ils agissent au détriment de leurs créanciers. Les magistrats doivent donc au préalable caractériser le rapport d'obligation qui a poussé une personne à agir comme elle l'a fait.

1325. Dette. – Tout rapport d'obligation n'est pas concerné. L'article 314-7 ne s'intéresse qu'à ceux qui sont susceptibles de découler d'une « condamnation de nature patrimoniale prononcée par une juridiction répressive ou, en matière délictuelle, quasi délictuelle ou d'aliments, prononcée par une juridiction civile ». Il s'agit uniquement de faciliter le paiement de dettes résultant d'une condamnation en certaines matières.

Cela étant dit, la portée des décisions susceptibles d'être prises en compte n'est pas la même en matière pénale et en matière civile. La notion de condamnation de nature patrimoniale prononcée par une juridiction répressive désigne aussi bien l'amende que les dommages-intérêts. L'objectif est de protéger non seulement la partie civile mais aussi le Trésor public dans l'hypothèse où un accusé ou un prévenu, pressentant sa condamnation prochaine, se rendrait insolvable pour ne pas avoir à répondre pécuniairement d'une infraction (qu'elle soit de nature criminelle, correctionnelle ou contraventionnelle). À ce titre, l'incrimination de l'article 314-7 joue un rôle dissuasif non négligeable[228]. D'autant que le tribunal statuant sur cette organisation frauduleuse d'insolvabilité peut décider que l'amende qu'il prononce ne se confondra pas avec l'amende initiale que l'agent a cherché à éluder (art. 314-

228. V. cpdt Cass. crim., 23 août 1994, *B.* n° 293.

8, al. 2). Le poids total des condamnations peut s'en trouver considérablement alourdi.

En revanche, la condamnation susceptible d'être rendue par une juridiction civile n'est prise en compte que si elle est prononcée à raison d'obligations de nature déterminée : alimentaire, délictuelle[229] ou quasi délictuelle[230]. Tout au plus, l'article 314-9 assimile-t-il aux condamnations au paiement d'aliments les décisions judiciaires et les conventions judiciairement homologuées portant obligation de verser des prestations, subsides ou contributions aux charges du mariage[231]. En matière civile, la portée de l'incrimination reste donc limitée : le débiteur, qui se rend insolvable pour ne pas payer des dettes d'origine contractuelle ou quasi contractuelle, ne commet aucune infraction[232]. En ce domaine, il faut faire confiance à son cocontractant ou exiger de lui des garanties : un créancier vigilant exige des sûretés ; il n'a pas besoin du secours de la loi pénale[233]. Cette possibilité justifie qu'il soit moins bien protégé que les autres créanciers[234]. Toutefois, l'explication manque de pertinence lorsque le créancier en question est un salarié qui demande réparation des conséquences dommageables d'un harcèlement moral qu'il reproche à son employeur[235]. Écarter tout délit alors que l'employeur a organisé son insolvabilité pour ne pas avoir à verser de dommages-intérêts s'avère d'autant moins satisfaisant que si le salarié avait dénoncé un harcèlement moral devant le juge pénal, une telle mise en échec du recouvrement de sa créance d'indemnisation aurait constitué le délit de l'article 314-7.

Par ailleurs, la Cour de cassation a restreint le champ de la répression en imposant que la condamnation patrimoniale, « même postérieure aux agissements incriminés », soit devenue définitive[236]. La portée d'une telle exigence surprend car, formellement, seul est incriminé le fait, pour un débiteur d'organiser ou d'aggraver son insolvabilité « même avant la décision judiciaire constatant sa dette » (art. 314-7). La restriction jurisprudentielle n'est donc pas aisée à comprendre. Puisqu'une décision de justice n'était pas nécessaire, on considérait jusqu'alors qu'il importait peu que cette décision – lorsqu'elle existait – ait ou non été définitive : comme en matière de fraude paulienne, il n'était pas requis que la créance soit certaine, liquide et exigible. Faut-il considérer que, désormais, l'organisation frauduleuse n'est plus

229. Y compris une condamnation civile pour recel d'effets de la communauté qui sanctionne déjà un acte de dissimulation : Cass. crim., 24 mars 2004, *B.* n° 78.

230. Y compris donc les condamnations prononcées sur le fondement d'une responsabilité sans faute : C. civ., art. 1242 et s.

231. Cass. crim., 7 sept. 1999, *Dr. pén.* 2000, n° 5, obs. M. Véron. – À noter que la déjudiciarisation partielle du divorce n'a pas produit d'effet ici : le créancier d'aliment qui invoque un acte sous signature privée contresigné par avocats et déposé au rang des minutes d'un notaire (C. civ., art. 229-1) ne peut s'estimer victime d'organisation frauduleuse d'insolvabilité, ce qui est contesté (P. Gioanni, « L'incrimination d'insolvabilité frauduleuse, enfant pauvre du divorce déjudiciarisé », *Gaz. Pal.*, 21 juin 2022, p. 12).

232. Mais il y a infraction à organiser son insolvabilité après avoir été condamné à restituer une somme versée en exécution d'une stipulation contractuelle (convention d'honoraires illicite) déclarée non écrite (Cass. crim., 23 juin 2020, *Dr. pén.* 2020, n° 168, obs. P. Conte).

233. R. Ollard, *La protection pénale du patrimoine*, Dalloz, coll. NBT, t. 98, 2010, p. 112, n° 164. – V. aussi J.-P. Verschave, « Le refus, par le débiteur, de s'enrichir et... l'article 314-7, C. pén. », *RSC* 1994, p. 703.

234. Cass. crim., 9 févr. 2022, *Dr. pén.* 2022, n° 64, obs. P. Conte ; *Gaz. Pal.*, 10 mai 2022, p. 42, obs. S. Detraz.

235. Solution dégagée dans le cadre d'une demande d'avis (Cass. soc., 16 nov. 2022, *Dr. pén.* 2023, n° 19, obs. P. Conte) et consacrée à la suite (Cass. crim., 5 avr. 2023, *AJ Pénal* 2023, p. 287, obs. F. Chopin).

236. Cass. crim., 17 févr. 2016, *Dr. pén.* 2016, n° 75, obs. P. Conte ; *Gaz. Pal.* 26 avr. 2016, p. 63, obs. S. Detraz.

punissable lorsqu'elle intervient avant qu'une condamnation prononcée par une juridiction répressive ou civile est devenue définitive ? Il paraît difficile d'admettre une telle solution garantissant, au mépris du principe de légalité, l'impunité de celui qui a été assez habile pour dissimuler rapidement son patrimoine. Aussi, préfère-t-on comprendre cet arrêt autrement. Son apport se mesure davantage sur le terrain de la forme que du fond. Il s'agit d'admettre qu'un débiteur, qui pressent sa condamnation et profite des longueurs de la procédure engagée contre lui pour organiser son insolvabilité, est punissable dès lors que, au moment où la juridiction répressive statue sur le fondement de l'article 314-7, la décision sur les intérêts civils est devenue définitive[237]. En exigeant à ce moment-là non seulement une décision mais aussi une décision définitive, la Cour de cassation n'a pas modifié l'économie générale de l'infraction : elle s'est contentée d'ajouter une condition au jugement des faits, quitte à rendre légitime un sursis à statuer. Elle semble considérer que ce n'est pas au juge pénal saisi des faits de détournement de se prononcer sur le principe et le montant de la dette en question. Il s'agit également d'éviter une contrariété de décisions, dans l'hypothèse où l'auteur des détournements ne serait finalement pas déclaré débiteur des sommes litigieuses. Néanmoins, on observera que, même ainsi entendue, l'exigence nouvelle ne suffit pas à exclure tout risque de contradiction car une décision définitive est une décision qui tranche une contestation et dessaisit la juridiction du point en litige ; ce n'est pas une décision irrévocable. Elle peut être contestée : elle n'aura acquis force de chose jugée qu'une fois expiré le délai pour exercer la voie de recours ouverte contre elle, ou une fois cette voie de recours écartée. Or, le jugement dans un délai raisonnable des faits d'organisation frauduleuse d'insolvabilité ne peut justifier que l'on attende jusque-là (irrévocabilité de la décision constatant la dette) pour dire si une telle infraction est bien constituée. *A fortiori*, on ne saurait accorder au débiteur malhonnête ce délai supplémentaire pour organiser frauduleusement son insolvabilité. Il nous semble donc que, au regard du risque de contradiction identifié ci-dessus, la Cour de cassation ne retient ici qu'une solution de transaction d'un intérêt limité.

2. L'incrimination de l'appauvrissement frauduleux

1326. L'incrimination présente un double aspect : elle est rédigée de façon large quant aux moyens employés pour organiser l'insolvabilité et précise quant à l'objectif poursuivi qui est de tenir en échec le droit des créanciers. Cela retentit sur l'élément matériel et sur l'élément moral de l'infraction.

a. La matérialité de l'acte

1327. Formes. – Sont prises en compte non seulement l'organisation de l'insolvabilité mais aussi l'aggravation d'une insolvabilité préexistante, dès lors que le débiteur a agi « soit en augmentant le passif ou en diminuant l'actif de son patrimoine, soit en diminuant ou en dissimulant tout ou partie de ses revenus, soit en dissimulant certains de ses biens »[238]. L'essentiel consiste à établir qu'il y a eu un acte effectif d'appauvrissement : le silence gardé par un débiteur sur

237. C'est d'ailleurs à compter de ce moment que court la prescription de l'action publique : V. *infra*, n° 1332.

238. Cass. crim., 6 mai 2002, *B.* n° 99.

une partie de ses ressources ne suffit pas à caractériser l'infraction[239]. Il « est sans effet sur la solvabilité »[240]. On ne sanctionne pas ici un mensonge, *a fortiori* par réticence.

L'organisation frauduleuse de l'insolvabilité s'envisage donc économiquement et non moralement. Elle suppose par ex. que le débiteur dissimule des éléments de sa rémunération ou de son capital[241]. *Idem* pour la dissimulation d'avantages en nature importants[242]. Elle peut également résulter du fait qu'un débiteur a contracté des dettes fictives[243].

Peu importe que la fraude n'aboutisse pas. L'infraction est formelle : il n'est pas nécessaire de rapporter la preuve de l'obtention du résultat redouté, c'est-à-dire de l'insolvabilité créée ou aggravée. Il n'est pas nécessaire d'établir que le droit des créanciers a effectivement été tenu en échec dès lors qu'il n'avait pas vocation à l'être.

1328. Illustrations. – Une hypothèse fréquente est celle de l'époux divorcé qui se dessaisit par donation de l'ensemble de ses biens, ou renonce à un emploi rémunéré, puis demande au juge des affaires matrimoniales la suppression d'une pension alimentaire qu'il ne peut plus verser[244]. *Idem* s'agissant de cet individu qui, après avoir fait l'objet d'une condamnation civile importante, « a cessé son activité professionnelle à la suite d'un licenciement dont les causes demeurent inconnues » mais qui conserve « des sommes importantes sous diverses formes et en divers lieux »[245]. *Idem* encore s'agissant de cet individu prétendument insolvable qui, pour continuer à exercer une activité tout en percevant des revenus occultes, constitue une société dont son épouse est dirigeante de droit en dissimulant les liens existants entre elle et lui[246].

b. La perception de l'acte

1329. Intention. – L'insolvabilité redoutée doit être le résultat d'une fraude : le débiteur doit l'avoir recherchée ; de surcroît, il devait savoir que son appauvrissement menacerait les droits de son ou ses créanciers. En effet, l'insolvabilité n'est pas en elle-même un délit. Si elle est le résultat de maladresses ou négligences du débiteur, peu importe qu'elle nuise à ses créanciers : elle ne peut être sanctionnée pénalement.

Au-delà de la conscience de se dépouiller au détriment d'autrui, c'est un dol spécial que l'on reproche au prévenu. L'article 314-7 exige qu'il ait agi « en vue de se soustraire à l'exécution d'une condamnation » déterminée. Le ministère public doit donc pouvoir établir que, au regard des circonstances dans lesquelles il est devenu

239. Cass. crim., 25 avr. 2006, *AJ pénal* 2006, p. 310, obs. J. Leblois-Happe.

240. Cass. crim., 9 sept. 2020, *Dr. pén.* 2020, n° 184, obs. P. Conte ; *AJ pén.* 2020, p. 473, obs. J. Lasserre Capdeville ; *Gaz. Pal.*, 17 nov. 2020, p. 49, obs. St. Detraz.

241. Cass. crim., 23 mai 2012, *AJ pénal* 2012, p. 543, obs. J. Lasserre Capdeville.

242. Cass. crim., 29 juin 2016, *Dr. pén.* 2016, n° 137, obs. P. Conte.

243. Cass. crim., 6 oct. 2010, *Dr. pén.* 2011, n° 3, obs. M. Véron.

244. Cass. crim., 29 mai 1989, *B.* n° 217. – Comp. Cass. crim., 22 janv. 1992, *D.* 1994, p. 551, note J.-P. Verschave.

245. Cass. crim., 24 mars 2004, *B.* n° 78.

246. Cass. crim., 11 déc. 1989, *B.* n° 471. – V. aussi Cass. crim., 3 oct. 1996, *Dr. pén.* 1997, n° 20, obs. M. Véron.

insolvable, ce débiteur avait la volonté de nuire à son/ses créanciers. Cette preuve peut s'avérer d'autant plus délicate que la condamnation n'était pas encore définitive au moment de l'acte d'appauvrissement reproché. Néanmoins, la soudaineté de la décision prise et son absence de justification économique sont autant d'indices de ce que l'agent était mû par un esprit de fraude[247].

3. Les modalités de la répression

1330. Pénalités. – La personne physique qui s'est rendue coupable d'une telle infraction s'expose à 3 ans d'emprisonnement et 45 000 € d'amende (art. 314-7). Est ainsi indirectement rétablie la « prison pour dettes ». Le coupable s'expose également aux peines complémentaires prévues à l'article 314-11.

Ces peines sont encourues aussi bien par la personne physique qui organise sa propre insolvabilité que par la personne physique qui organise l'insolvabilité d'une personne morale qu'elle dirige en droit ou en fait dès lors qu'il s'agit de soustraire cette personne morale aux obligations pécuniaires mises à sa charge par une décision pénale de toute nature ou par une décision civile de nature délictuelle ou quasi délictuelle (art. 314-8, al. 2). Les condamnations alimentaires, inenvisageables à l'égard d'un groupement, n'ont pas été mentionnées. Sous cette réserve, une telle disposition étonne car elle se contente de rappeler un principe constant (bien que discutable[248]) : la responsabilité pénale de la personne morale ne fait pas disparaître la responsabilité pénale de la personne physique, organe ou représentant, qui a agi pour son compte. On y trouvera tout au plus la confirmation de ce que le dirigeant de fait peut être considéré comme organe de la personne morale...

La personne morale, quant à elle, s'expose à une peine d'amende portée au quintuple ainsi qu'à la confiscation de la chose et à l'affichage ou à la diffusion de la décision prononcée (art. 314-13).

1331. Complicité. – Par ailleurs, l'article 314-8, al. 1 prévoit que l'individu qui se rend complice de l'organisation frauduleuse de l'insolvabilité d'autrui en se faisant remettre à titre gratuit ou onéreux des fonds ou biens lui appartenant peut être tenu solidairement avec l'auteur principal aux obligations pécuniaires résultant de la condamnation à l'exécution de laquelle il a voulu échapper : cet auteur principal étant insolvable, c'est le complice qui assume alors la charge d'une décision pénale ou civile à laquelle il était jusque-là étranger. Aider autrui, en connaissance de cause, à se soustraire à une décision de justice peut donc se révéler très risqué : le complice peut être, solidairement, condamné non seulement à réparer le préjudice résultant directement de l'organisation frauduleuse de l'insolvabilité (CPP, art. 375-2, 480-1) mais aussi à régler ce qui était dû par le débiteur devenu insolvable en vertu de sa condamnation initiale.

La seule limite à cette obligation solidaire tient au montant des fonds ou à la valeur vénale des biens reçus en fraude des droits du ou des créanciers[249].

1332. Prescription. – Enfin, l'article 314-8, al. 3 dispose que la prescription de l'action publique ne court qu'à compter de la décision à l'exécution de

247. Cass. crim., 5 avr. 2005, *Dr. pén.* 2005, n° 104, obs. M. Véron. – 6 mai 2002, *Dr. pén.* 2002, n° 123, obs. M. Véron.

248. E. Dreyer, *Droit pénal général*, LexisNexis, 6e éd., 2021, p. 946, n° 1221.

249. Cass. crim., 16 nov. 2004, *B.* n° 288.

laquelle le débiteur a voulu se soustraire. Dans une telle hypothèse, l'acte d'appauvrissement consomme l'infraction mais le point de départ du délai de prescription est reporté au moment où la fraude peut être constatée avec évidence. Du moins, tant que l'appauvrissement est antérieur à cette décision car, *in fine*, le même texte ajoute que la prescription « ne court qu'à compter du dernier agissement ayant pour objet d'organiser ou d'aggraver l'insolvabilité du débiteur lorsque le dernier agissement est postérieur à cette condamnation ». En effet, la prescription ne saurait commencer à courir alors que l'infraction n'est pas entièrement consommée. Avant la réforme, la Cour de cassation avait jugé que ces dispositions spéciales excluaient l'application de la jurisprudence permettant un report du point de départ de la prescription lorsque l'infraction s'avère clandestine[250]. Depuis 2017, la même solution s'applique sans doute dans l'hypothèse où l'infraction s'avère occulte ou dissimulée. En effet, le droit spécial déroge ici au droit général (CPP, art. 9-1), même postérieur, dès lors qu'il n'a pas été substantiellement modifié.

250. Cass. crim., 12 juill. 2016, *Gaz. Pal.* 4 oct. 2016, p. 58, obs. F. Fourment.

CHAPITRE 3
Le cas particulier du recel

1333. Enfin, au titre des atteintes à l'autorité de l'État, il convient d'envisager une dernière infraction : celle de recel. La jurisprudence en a fait une infraction de portée très large qui la rend, à ce titre, difficile à classer. À l'origine, il ne s'agissait sans doute que de sanctionner le « fourgue », celui qui achète, garde ou revend des bijoux ou des autoradios qu'il sait provenir d'un vol. Désormais, il s'agit de sanctionner tous ceux qui bénéficient, sciemment, d'infractions commises par d'autres.

Nonobstant ce champ d'application élargi, des peines sévères sont encourues. L'objectif est de dissuader en toute hypothèse un tel comportement. Prévaut l'idée que, sans recel, il n'y aurait pas d'infraction primaire (« c'est le receleur qui fait le voleur »). Certes, le recel n'intervient que dans un second temps. Mais l'infraction primaire est souvent commise parce que son auteur sait qu'il en écoulera facilement le produit. Peu lui importe d'obtenir auprès d'un receleur une somme inférieure à celle qu'il obtiendrait lui-même en revendant la chose à un tiers de bonne foi : grâce à l'intervention du receleur, il va pouvoir obtenir un peu d'argent liquide et tirer ainsi un bénéfice immédiat de son infraction ; à défaut d'une telle perspective, il aurait peut-être hésité à la commettre. En punissant sévèrement chaque receleur, les magistrats espèrent donc limiter cette activité de médiation et les infractions primaires qu'elle suscite. Il s'agit de faire le vide autour de leurs auteurs.

Revenons sur la définition et la répression de ce comportement.

Section 1
La définition du recel

1334. Selon l'article 321-1, al. 1, du Code pénal, le recel est « le fait de dissimuler, de détenir ou de transmettre une chose, ou de faire office d'intermédiaire afin de la transmettre, en sachant que cette chose provient d'un crime ou d'un délit ». L'alinéa 2 ajoute que le recel est aussi « le fait, en connaissance de cause, de bénéficier par tout moyen du produit d'un crime ou d'un délit ». Ce sont les éléments constitutifs du recel qui diffèrent dans ces deux hypothèses mais toutes deux supposent, en condition préalable, une infraction primaire.

§1. L'infraction préalable

1335. Nécessité. – Le recel est une infraction de conséquence. Il succède nécessairement à un crime ou un délit commis par autrui. On parle d'infraction primaire, d'infraction de référence ou d'infraction d'origine pour désigner cette première infraction. Le receleur ne peut en être l'auteur[1]. Une telle incompatibilité fut justifiée initialement par le fait que le recel était perçu comme une forme de complicité, ce qui n'est plus le cas aujourd'hui. Le maintien de cette incompatibilité est justifié désormais par la règle *non bis in idem*, ce qui n'est guère convaincant lorsque les deux comportements peuvent être nettement distingués : la solution devrait être réservée aux recel-détention et recel-profit mais abandonnée pour les recel-dissimulation et recel-transmission[2]. Elle n'en subsiste pas moins[3]. Elle n'aurait guère d'explication convaincante si ce n'est que le législateur, en incriminant le recel, a cherché à atteindre ceux qui prolongent le trouble à l'ordre public né de l'infraction et non l'individu qui est à l'origine de ce trouble[4].

Il s'ensuit notamment que le recel de l'article 321-1 paraît sans rapport avec le recel successoral et le recel de communauté envisagés aux articles 778 et 1477, C. civ. qui correspondent à des comportements malhonnêtes accomplis dans le but de contourner des règles de partage prévues par la loi : ces comportements peuvent relever de qualifications pénales (vol ou abus de confiance) mais ils constituent alors des infractions primaires[5]. Leurs auteurs sont punis à ce titre et non pour la dissimulation qui, éventuellement, s'ensuit.

1336. Nature. – D'après la Cour de cassation, la nature de l'infraction primaire importe peu. La doctrine en déduit que le recel constitue une infraction « transversale » : il peut y avoir aussi bien recel du produit d'un vol ou d'une escroquerie que recel du produit d'un abus de bien social. La Haute juridiction admet aussi qu'il peut y avoir recel de fraude fiscale[6] ou recel de détournement de fonds publics[7] alors qu'il ne s'agit pas là d'infractions contre les biens au sens du Livre troisième du Code pénal. Elle admet même qu'un journaliste peut être condamné pour recel de violation du secret de l'enquête « pour avoir fait illustrer un article paru dans le P..., relatant l'arrestation de C. pour divers délits, d'une photographie de l'intéressé qu'il s'était fait remettre par un fonctionnaire de police »[8]. Dans ces différentes hypothèses, la sanction du recel ne tend plus à protéger la maîtrise qu'une personne pouvait avoir sur un bien. Le recel se

1. Cass. crim., 12 nov. 2015, *Gaz. Pal.* 26 janv. 2016, p. 55, obs. S. Detraz. – 18 nov. 1965, *D.* 1966, p. 248, note R. Combaldieu. – V. cpdt cette décision ambiguë : Cass. crim., 20 oct. 2010, *JCP* G 2010, 1273, note S. Detraz.

2. V. aussi P. Cazalbou, *Étude de la catégorie des infractions de conséquence*, Thèse Toulouse, 2014, [LGDJ, coll. Bibl.sc.crim., t. 63, 2016], p. 500, n° 780. – E. Letouzey, *La répétition d'infractions*, Thèse Toulouse, 2014, [Dalloz, coll. NBT, t. 157, 2016], p. 226, n° 242.

3. Cass. crim., 13 avr. 2022, *JCP* G 2022, 742, note G. Beaussonie ; *D.* 2022, p. 1505, note B. Auroy ; *RSC* 2022, p. 845, obs. H. Matsopoulou. – En revanche, une double déclaration de culpabilité peut être prononcée contre le complice de l'infraction d'origine qui aiderait à la dissimulation ou à la négociation des objets en résultant : Cass. crim., 6 janv. 1970, *B.* n° 11.

4. T. Herrmann, *Unité d'action et concours d'infractions*, Th. Paris 1, 2022, p. 446, n° 931.

5. V. not. D. Auger, *Droit de propriété et droit pénal*, PUAM, 2005, p. 80, n° 105.

6. Cass. crim., 14 déc. 2000, *B.* n° 381.

7. Cass. crim., 30 mai 2001, *Dr. pén.* 2001, n° 126, obs. M. Véron.

8. Cass. crim., 25 oct. 2005, *Dr. pén.* 2006, n° 18, obs. A. Maron.

transforme en infraction contre la chose publique au mépris de la volonté du législateur qui incrimine d'autres comportements à ce titre mais pas celui-ci[9].

D'aucuns tentent de justifier cette solution en rappelant que « la loi pénale est d'interprétation stricte » (C. pén., art. 111-4) : le juge ne peut aller au-delà des prévisions du législateur mais doit en éprouver toutes les virtualités... Toutefois, une telle justification ne convainc pas. L'exigence d'interprétation stricte n'est légitime qu'à l'égard des textes d'incrimination qui définissent clairement le comportement qu'il s'agit de punir. À défaut, il est impossible au juge de prétendre qu'il applique le texte dans le sens (tout le sens mais rien que le sens) voulu par le législateur. Le juge est alors confronté au choix entre une interprétation restrictive et une interprétation extensive. Manifestement, ici, il fait une interprétation « maximaliste » du texte d'incrimination en profitant des ambiguïtés de sa rédaction[10]. Sous couvert d'interprétation stricte, le juge fait primer la lettre (absence de restriction) sur l'esprit (forme d'appropriation frauduleuse) de l'incrimination. Là où le souci de protéger la liberté individuelle devrait conduire le juge à mener une interprétation restrictive d'un texte trop général, le souci d'efficacité l'amène à punir les « profiteurs » en toutes circonstances[11]. Par manque de sagesse, le juge s'expose ainsi à des difficultés redoublées lorsqu'il sanctionne notamment le « recel d'information » (v. *infra*, nº 1342). D'une manière plus générale, le juge dénature ce délit lorsqu'il s'en sert comme moyen de punir une participation à l'infraction d'autrui. Le receleur ne se voit pas reprocher un acte particulier à raison d'un résultat précis dont le législateur redoute la survenance ; il se voit reprocher de s'être associé *a posteriori* à tout crime ou délit (une infraction quelconque) commis par un tiers. Or, cette conception du recel a été abandonnée, le 22 mai 1915, lorsque le législateur a renoncé à y voir une forme particulière de complicité...

1337. Preuve. – Si, d'après la jurisprudence, la nature de l'infraction primaire importe donc peu, son existence doit en revanche être certaine[12]. Une juridiction ne peut constater un délit de recel sans établir qu'il existait un premier comportement punissable : la Cour de cassation censure les décisions qui se bornent à affirmer l'origine frauduleuse de la chose recelée sans préciser l'infraction dont elle provient[13]. En effet, à défaut d'explication sur ce point, la Haute juridiction ne peut s'assurer qu'une infraction primaire était établie aussi bien en son élément matériel qu'en son élément moral et qu'elle n'était pas justifiée ou privée de toute qualification pénale du fait par ex. de l'abrogation de la loi. Cette dernière hypothèse est exceptionnelle mais il en existe des exemples fameux. Ainsi, en 1989, la chambre criminelle a mis fin à des poursuites engagées pour recel du produit d'une banqueroute en constatant que le délit de banqueroute simple avait été abrogé par une loi du 25 janvier 1985[14]. La dépénalisation de ce premier comportement empêchait de sanctionner le recel

9. Dans le Code pénal, le seul « recel » d'un secret érigé en infraction concerne les comportements qui se greffent sur une atteinte portée au secret de la Défense nationale : art. 413-11.

10. D'ailleurs, pour distinguer cette forme de recel des recels de criminel (art. 434-6) et de cadavre (art. 434-7), la Cour de cassation évoque parfois un « recel de chose » : Cass. crim., 28 mars 1996, *B.* nº 142.

11. V. aussi G. Lécuyer : *Liberté d'expression et responsabilité*, Dalloz, coll. NBT, 2006, t. 56, p. 349, nº 286.

12. Cass. crim., 23 nov. 2004, *B.* nº 294.

13. Cass. crim., 9 févr. 1956, *B.* nº 148.

14. Cass. crim., 17 mai 1989, *B.* nº 205.

qui a suivi. Il importe que l'infraction primaire puisse être caractérisée pour que l'infraction de conséquence soit reprochable à autrui.

À ce titre, la jurisprudence concernant le recel de violation d'un secret pénalement protégé a posé difficulté. En effet, la publication d'informations contenues dans un dossier d'instruction ne suffit pas à établir que ces informations ont été transmises à un journaliste en violation d'une obligation de secret professionnel. Elles peuvent lui avoir été communiquées par des personnes ne concourant pas à l'instruction : les parties privées à la procédure notamment[15]. Pourtant, certains magistrats ont admis une quasi-présomption d'infraction en la matière[16]... Or, la violation d'une obligation de secret n'est que possible, elle n'est pas certaine dans ce cas. Une telle solution a donc fait l'objet de critiques qui semblent avoir été entendues[17]. Même dans cette hypothèse, la Cour de cassation exige désormais que soit rapportée la preuve de l'infraction primaire[18]. Ce qui conduit les magistrats à ne plus sanctionner que la divulgation de pièces issues d'un dossier d'enquête (nécessairement secret) et non plus d'instruction (accessible aux parties et à leurs conseils).

1338. Autonomie. – En revanche, dès lors que les faits d'origine sont punissables, il est indifférent que leur auteur n'ait pas été identifié, poursuivi et condamné[19]. Régulièrement, la Cour de cassation rappelle qu'« aucune disposition n'impose de rechercher l'auteur de l'infraction de violation du secret de l'instruction avant de tenter d'identifier les auteurs d'un éventuel recel »[20]. Peu importe également que l'auteur de cette première infraction bénéficie d'une immunité familiale (personnelle[21]) ou qu'il échappe aux poursuites à raison de la prescription de l'action publique[22].

Enfin, se pose la question de savoir s'il peut y avoir recel alors que l'infraction d'origine est amnistiée. Lorsque cette amnistie est réelle, c'est-à-dire prononcée à raison des faits eux-mêmes, ceux-ci perdent toute dimension pénale ; il ne peut donc y avoir recel à raison du comportement qui suit. Par contre, lorsque cette amnistie est personnelle, c'est-à-dire lorsqu'elle constitue un pardon accordé par la loi à certaines personnes seulement, la qualification pénale des faits initiaux n'est

15. CA Paris, 23 juin 2000, *Légipresse* 2000, III, p. 182, note C. Rojinsky. – Rappelons que l'avocat a accès au dossier et doit rendre compte à son client. Seule la remise de copie des pièces de ce dossier fait l'objet de restrictions : CPP, art. 114 et 114-1.

16. Cass. crim., 19 juin 2001, *D.* 2001, p. 2 538, note B. Beignier et B. de Lamy ; *JCP* G 2002, II, 10064, concl. D. Commaret et note A. Lepage ; *RTDH* 2002, p. 497, note E. Dreyer, et les décisions de fond : CA Paris, 16 juin 1999, *D.* 2000, p. 167, obs. C. Bigot. – TGI Paris, 10 sept. 1998, *JCP* G 1998, II, 10188, note E. Derieux.

17. Cass. crim., 24 mai 2005, *Rev. pénit.* 2006, p. 143, obs. J.-C. Saint-Pau. – V. aussi Cass. crim., 6 mars 2012, *JCP* G 2012, 547, note S. Detraz. – 4 déc. 2007, *Gaz. Pal.* 30 juill. 2008, p. 7, note L. François ; *Rev. pénit.* 2008, p. 111, obs. J.-C. Saint-Pau.

18. V. aussi Cass. crim., 11 mars 2020, *Dr. pén.* 2020, n° 131, obs. P. Conte ; *Gaz. Pal.*, 9 juin 2020, p. 23, note R. Mésa ; *RSC* 2020, p. 943, obs. H. Matsopoulou. – 1er mars 2017, *Dr. pén.* 2017, n° 88, obs. P. Conte ; *Comm. com. électr.* 2017, n° 36, obs. A. Lepage. – 9 juin 2015, *JCP* G 2015, 950, note F. Fourment ; *Légipresse* 2015, p. 403, note E. Dreyer.

19. Toutefois, le recel de fraude fiscale ne peut être poursuivi que si une plainte de l'administration a été déposée et une procédure fiscale engagée à raison de cette fraude : Cass. crim., 14 déc. 2000, *B.* n° 381.

20. Cass. crim., 30 oct. 2006, *D.* 2007, p. 1240, note A. Guedj ; *JCP* G 2007, II, 10054, note F. Fourment.

21. Cass. crim., 21 févr. 1952, *D.* 1952, p. 270.

22. Cass. crim., 16 juill. 1964, *D.* 1964, p. 664. – Il n'en va différemment que dans l'hypothèse où la personne poursuivie pour recel est, en réalité, auteur de l'infraction primaire prescrite : Cass. crim., 2 déc. 1971, *B.* n° 337.

pas remise en cause et le receleur, qui ne rentre pas dans le champ de la loi d'amnistie, ne peut se prévaloir de la mesure de faveur accordée au délinquant primaire[23]. Dans une telle hypothèse, il suffit, pour qu'un recel puisse être sanctionné, que la preuve des éléments constitutifs de l'infraction d'origine soit rapportée.

§2. Les comportements incriminés

1339. Plusieurs comportements sont incriminés au titre du recel. Ils doivent être envisagés tant de manière objective que de façon subjective : tant matériellement qu'à travers l'état d'esprit de leur auteur.

A. La matérialité des actes de recel

1340. Si on rapproche les deux alinéas de l'article 321-1, on constate que la loi incrimine cinq comportements distincts au titre du recel : elle incrimine, d'une part, le fait de dissimuler la chose provenant d'un crime ou d'un délit, de la détenir, de la transmettre ou de faire office d'intermédiaire dans cette transmission et, d'autre part, le fait de bénéficier par tout moyen du produit d'une infraction. En réalité, ces agissements se réduisent à deux formes essentielles de recel : la maîtrise et le bénéfice tiré d'une chose provenant d'un crime ou d'un délit.

1. Le recel-maîtrise

1341. Cette première forme de recel suppose rapportée la preuve de sa condition préalable autant que du comportement incriminé. Elle suppose l'existence d'une chose provenant d'un crime ou d'un délit puis l'exercice par l'agent d'un pouvoir sur cette chose.

a. La chose provenant d'un crime ou d'un délit

1342. Dématérialisation. – L'article 321-1, al. 1 ne prend en compte que les « choses » provenant d'un crime ou d'un délit. La chose s'entend ici comme en matière de vol (v. *supra*, n° 273). Peu importe sa nature (objet, argent, documents, titres) ou sa valeur[24]. L'essentiel est qu'il existe sur cette chose un moyen d'accomplir l'un des actes par lesquels se consomme le recel[25].

C'est, du moins, ce que laissait entendre la Cour de cassation lorsqu'elle a jugé qu'« une information, quelle qu'en soit la nature ou l'origine, échappe aux prévisions tant de cet article 460 que de l'article 321-1, C. pén. entré en vigueur le 1er mars 1994 et ne relèverait le cas échéant – si elle fait l'objet d'une publication contestée par ceux qu'elle concerne – que des dispositions légales spécifiques à la liberté de la presse ou de la communication audiovisuelle »[26]. Mais, par le même arrêt, elle a admis le recel de violation d'un secret professionnel suite à la publication dans un

23. Cass. crim., 6 mars 1957, *B.* n° 225.
24. Cass. crim., 26 oct. 1995, *B.* n° 328.
25. V. s'agissant de photographies Cass. crim., 28 sept. 2005, *Dr. pén.* 2006, n° 4, obs. M. Véron.
26. Cass. crim., 3 avr. 1995, *JCP* G 1995, II, 22429, note E. Derieux.

quotidien des avis d'imposition d'un grand patron : en d'autres termes, elle a reproché au journaliste de détenir des photocopies et non d'avoir rendu public leur contenu... L'artifice était grossier et il a été condamné par la juridiction de Strasbourg quelque temps plus tard[27]. Ce ne sont pas les supports qui étaient couverts par l'obligation de secret mais les renseignements que ces supports contenaient ; par voie de conséquence, même si la Cour de cassation a prétendu le contraire dans cette affaire, le recel portait bien sur des informations et non sur des choses[28]. Les contraintes du droit de la presse expliquent sans doute ces circonvolutions... Hélas, la Cour européenne n'ayant pas condamné le principe de poursuites pour recel contre un journaliste[29], la Cour de cassation a réaffirmé, quelques années plus tard, la même solution[30].

Dans d'autres domaines, la notion de chose est dénaturée plus ouvertement encore. Ainsi, lorsque l'infraction primaire porte non sur une chose mais sur un bien, les magistrats acceptent de retenir un recel de bien... même si celui-ci est immobilier[31] ! *Idem* lorsqu'il s'agit d'un bien immatériel, telle une créance[32]. Dès lors, on ne s'étonnera pas d'apprendre qu'il peut aussi y avoir recel de fichiers informatiques contenant des données nominatives recueillies hors des cas prévus par la loi[33] et recel de favoritisme, la Haute juridiction assimilant – pour les besoins de la répression – l'avantage injustifié procuré à autrui à une chose susceptible de détention : en l'espèce l'avantage n'était pourtant qu'une information privilégiée ayant permis à « autrui » d'obtenir l'attribution d'un marché public dans des conditions irrégulières[34].

C'est peu dire qu'il est fait, en matière de recel, une interprétation large de la notion de « chose » qui, sous réserve du droit qu'autrui peut faire valoir sur elle, perd toute signification[35]...

1343. Mutation. – Sous l'ancien Code, il importait peu que la chose n'existât plus en son état d'origine, dès lors que subsistait entre les mains du receleur sa valeur de remplacement[36]. La jurisprudence pénale admettait ainsi une véritable subrogation réelle : il pouvait y avoir recel de l'argent provenant de la vente des objets volés comme il pouvait y avoir recel d'objets achetés avec de l'argent volé (la subrogation réelle correspondant au remplacement d'un bien

27. CEDH, 21 janv. 1999, *Fressoz et Roire c/France*, § 55. – V. ensuite CEDH, 28 juin 2011, *Pinto Coelho c/Portugal*, § 38.

28. D'ailleurs, si le support avait seul été en cause, il aurait fallu poursuivre le journaliste et son directeur de la publication pour recel de vol plutôt que pour recel de violation du secret fiscal (v. notre étude : « Recel de violation de secret professionnel et garantie de la liberté d'expression », *Légipresse* 1999, II, p. 33, cosignée avec G. Cohen-Jonathan).

29. V. cpdt CEDH, 28 juin 2012, *Ressiot c/France*, § 102. – 7 juin 2007, *Dupuis c/France*, § 46.

30. Cass. crim., 12 juin 2007, *JCP* G 2007, II, 10159, note F. Fourment ; *Rev. pénit.* 2008, p. 113, obs. J.-C. Saint-Pau.

31. Cass. crim., 28 sept. 2016, *D.* 2016, p. 2382, note S. Detraz ; *JCP* G 2016, 1389, note V. Malabat ; *AJ pénal* 2016, p. 582, note G. Beaussonie.

32. Cass. crim., 18 janv. 1988, *B.* n° 22.

33. Cass. crim., 30 sept. 2008, *D.* 2008, p. 2975, note H. Matsopoulou.

34. Cass. crim., 28 janv. 2004, *Dr. pén.* 2004, n° 92, obs. M. Véron.

35. V. cpdt R. Ollard, « La dématérialisation des infractions contre le patrimoine », *in Droit pénal et autres branches du droit*, Cujas, 2012, p. 47. – C. de Jacobet de Nombel, « Le recel d'information », *Dr. pén.* 2008, étude 21.

36. Cass. crim., 3 oct. 1972, *D.* 1972, p. 718.

par un autre). Les magistrats considéraient que le recel se perpétuait à travers les transformations subies par la chose. La solution était importante au regard du point de départ du délai de prescription. En effet, nonobstant ces transformations, l'infraction continuait de se consommer, de sorte que ce délai ne pouvait courir. Aujourd'hui, une approche plus respectueuse du principe de légalité condamne cette solution : la chose dont il est question à l'article 321-1, al. 1 doit provenir « d'un crime ou d'un délit ». Une telle exigence implique un lien de causalité direct entre l'infraction principale et l'infraction de référence[37]. Mais la solution critiquée pourrait éventuellement être maintenue sur le fondement du second alinéa de ce même article 321-1 en reprochant au receleur d'avoir indirectement « bénéficié » du produit d'un crime ou d'un délit[38].

Le risque de commettre un recel est donc important dans la vie des affaires. La Cour de cassation accepte que soit traité comme un receleur l'agent qui présente à l'encaissement un chèque qu'il a reçu de quelqu'un dont il sait qu'il a commis une première infraction[39]. La théorie juridique du compte courant devrait pourtant y faire obstacle. En effet, la confusion des écritures en compte devrait masquer l'origine illicite d'une partie des sommes déposées. Cependant, les juges répressifs refusent d'admettre que le creuset du compte courant permette au délinquant de transformer de l'argent sale en argent propre. En conséquence, ils estiment que l'individu qui accepte un chèque tiré sur un compte alimenté de la sorte accepte de recevoir le produit d'un crime ou d'un délit et se comporte comme un receleur. Autrement dit, dans un souci de moralisation, la jurisprudence assimile le fait de recevoir une chose provenant d'une infraction au fait de recevoir une chose provenant d'un délinquant : accepter le chèque d'un escroc, c'est accepter d'être payé grâce au produit d'une escroquerie. Peu importe que la preuve ne puisse pas en être expressément rapportée.

Toutefois, ce raisonnement par analogie connaît deux exceptions. Tout d'abord, l'avocat de l'escroc a droit à des honoraires ; le respect des droits de la défense exclut que l'on puisse le sanctionner pour avoir accepté des fonds provenant d'un délinquant[40]. Ensuite, le percepteur prélève des taxes sur toutes sortes de revenus, même en sachant qu'ils sont issus de vols ou d'escroqueries. La situation illicite dans laquelle se trouve un contribuable ne le dispense pas de payer l'impôt...

1344. Réserve. – Une telle évolution de la notion de chose paraît contestable au regard du principe de légalité. Néanmoins, il faut reconnaître que l'exigence de corporéité n'est pas nécessairement la même suivant la forme de recel considéré : toute maîtrise n'implique pas une appréhension physique de la chose.

37. V. aussi B. Bouloc, *Code pénal annoté*, Dalloz, 1996, p. 580. – *Contra* C. de Jacobet de Nombel, « Le report de la prescription en cas de recels successifs d'un même bien », *Dr. pén.* 2016, étude 16, au sujet de Cass. crim., 11 mai 2016, n° 15-86817, ne relevant pourtant qu'une contradiction de motifs.

38. V. aussi D. Chevrontin, « Bévue sur le caractère non "recelable" d'une information », *Dr. pén.* 2001, étude 12.

39. Cass. crim., 7 avr. 1986, *B.* n° 115.

40. Mais l'avocat qui participe, en connaissance de cause, au détournement de fonds d'une société au profit d'une autre s'expose à des poursuites pour recel d'abus de biens sociaux dès lors « qu'il connaissait l'origine frauduleuse des honoraires, prélevés sur cette somme, qui lui ont été versés » : Cass. crim., 31 janv. 2007, *RSC* 2007, p. 310, obs. D. Rebut.

b. Le pouvoir sur la chose

1345. Présentation. – Évoquer un recel « maîtrise » a permis jusqu'à présent d'envisager ensemble les différentes formes de recel énumérées à l'article 321-1, al. 1 : « le fait de dissimuler, de détenir ou de transmettre une chose, ou de faire office d'intermédiaire afin de la transmettre ». Il faut maintenant les distinguer.

Le plus souvent, l'activité du receleur consiste dans le fait de dissimuler une chose provenant d'un crime ou d'un délit. Mais il peut y avoir recel indépendamment de toute dissimulation. Le texte d'incrimination envisage d'ailleurs la simple détention qui doit être définie, par rapport à la dissimulation, comme un pouvoir de fait exercé de manière ostensible. Bien que le mot « recel » vienne du latin *celare*, il n'est donc pas nécessaire que la chose recelée soit cachée. L'infraction existe même si la chose est détenue au grand jour. Ce qui pallie l'absence d'incrimination de la tentative : peu importe que le receleur n'ait pas eu le temps de faire disparaître la chose provenant d'un crime ou d'un délit ; il se rend coupable de cette infraction dès lors qu'il accepte une chose en connaissant son origine illicite.

Par ailleurs, le recel peut consister dans le fait de transmettre à autrui une chose provenant d'un crime ou d'un délit[41] ainsi que dans l'office d'intermédiaire en vue de cette transmission[42]. Cet office d'intermédiaire n'implique pas nécessairement la détention matérielle de la chose. L'infraction se distingue alors mal du blanchiment. Il faut néanmoins considérer que, en cas de recel, le prévenu agit pour son compte quand, en cas de blanchiment, il agit pour le compte d'autrui (v. *supra,* n° 867). Se rend ainsi coupable de recel l'individu qui négocie par téléphone la vente de choses volées sans jamais les détenir lui-même[43].

1346. Précisions. – En toute hypothèse, ces différentes formes de recel doivent être entendues largement. Peu importe que le receleur soit entré en possession de la chose à titre onéreux ou à titre gratuit. Il peut y avoir recel lorsque l'on reçoit une chose en donation mais aussi lorsqu'on l'achète une chose, même à son juste prix, lorsqu'on la prend en location ou lorsqu'on l'obtient à titre de gage ou de dépôt.

Peu importe également que le receleur n'ait pas tiré un profit personnel des choses reçues[44].

Peu importe enfin la durée de la détention, de la dissimulation ou de la transmission. Dès lors que l'office d'intermédiaire est incriminé, l'acte peut être très rapide, consommé par la seule mise en relation. À l'inverse, la détention peut durer très longtemps. Compte tenu de cette capacité à s'inscrire dans le temps, la jurisprudence voit dans le recel une infraction continue[45]. La prescription de l'action publique ne commence donc à courir qu'à partir du moment où le receleur s'est défait, volontairement ou non, de la chose. En revanche, – ce qui peut sembler paradoxal lorsqu'il y a eu dissimulation – la Cour de cassation a jugé qu'une telle

41. Cass. crim., 11 févr. 2009, *D.* 2009, p. 2403, note B. Sarcy.

42. Cass. crim., 31 janv. 2007, *RSC* 2007, p. 310, obs. D. Rebut.

43. Cass. crim., 30 nov. 1999, *JCP* G 2000, II, 10359, note J. Biguenet.

44. Cass. crim., 14 févr. 1991, *B.* n° 74.

45. Cass. crim., 5 juin 2019, *Dr. pén.* 2019, n° 145, obs. P. Conte ; *Gaz. Pal.* 3 sept. 2019, obs. S. Detraz. – 28 mars 1996, *Dr. pén.* 1996, n° 218, obs. M. Véron.

infraction ne relève pas de la catégorie « des infractions commises, par nature, de manière clandestine », ce qui a longtemps empêché de retarder le point de départ du délai de prescription au jour où le recel est apparu dans des conditions permettant l'exercice de l'action publique[46]. Mais une telle solution semble remise en cause par le nouvel article 9-1, CPP, qui distingue désormais l'infraction dissimulée de l'infraction occulte, tout en les soumettant au même régime.

2. Le recel-bénéfice

1347. Présentation. – L'infraction peut prendre également une autre forme : le bénéfice tiré d'un premier crime ou délit suffit alors à caractériser le recel.

Dans l'hypothèse précédente, l'obtention d'un bénéfice n'était pas nécessaire à la constitution de l'infraction. Au contraire, dans cette seconde hypothèse, l'obtention d'un bénéfice suffit à caractériser le recel, indépendamment de tout autre comportement : « les articles 460 ancien et 321-1 nouveau du Code pénal, conçus en termes généraux, atteignent tous ceux qui, en connaissance de cause, ont, par un moyen quelconque, bénéficié du produit d'un crime ou d'un délit »[47].

Peu importe la matérialité de l'acte reproché au receleur dès lors que l'autorité de poursuite peut établir qu'il a, en connaissance de cause, bénéficié d'une infraction primaire. On prétend ainsi que le délit s'est « dématérialisé »[48].

1348. Définition. – Reste à déterminer en quoi consiste le fait de « bénéficier, par tout moyen, du produit d'un crime ou d'un délit » (art. 321-1, al. 2). La jurisprudence antérieure, qui est à l'origine de cette extension de l'incrimination, n'exigeait pas un bénéfice ; elle se contentait d'un profit. Deux exemples ont particulièrement marqué les esprits. Ainsi, ont été poursuivis pour recel de vol deux individus qui avaient, respectivement, accepté de consommer de l'alcool en sachant qu'il était volé[49] et de se faire transporter dans une voiture en sachant qu'elle était volée[50].

Ces solutions sont vraisemblablement toujours en vigueur. Depuis, a été déclaré receleur le concubin d'une personne ayant reçu des salaires fictifs dès lors que « du fait de leur vie commune ininterrompue, ces sommes ont bénéficié tant à celle-ci qu'au prévenu »[51]. Il en fut de même pour un fonctionnaire qui profitait de ses relations professionnelles, « empreintes de complaisance », pour obtenir de diverses sociétés qu'elles règlent des factures de travaux et de fournitures afférentes à la construction de sa maison particulière[52] et pour une plate-forme de commerce en

46. Cass. crim., 8 nov. 2005, *B.* n° 284.

47. Cass. crim., 27 oct. 1997, *JCP* G 1998, II, 10017, note M. Pralus.

48. J. Larguier et P. Conte, *Droit pénal des affaires*, A. Colin, 10e éd., 2001, p. 218, n° 240. – Ce que montre bien cet arrêt jugeant que le recel « est caractérisé à l'égard de celui qui, réalisant, en connaissance de cause, des opérations sur le marché avant que ces informations soient connues du public, bénéficie du produit du délit d'initié ainsi consommé » : Cass. crim., 26 oct. 1995, *Dr. pén.* 1996, n° 189, obs. J.-H. Robert.

49. Cass. crim., 24 oct. 1979, *D.* 1982, p. 430, note S. Durrande.

50. Cass. crim., 9 juill. 1970, *D.* 1971, p. 3, note M.-J. Littman ; *JCP* G 1971, II, 16616, note A. Bénabent.

51. Cass. crim., 23 nov. 2010, *Dr. pén.* 2011, n° 30, obs. M. Véron.

52. Ce qui constitue un recel d'abus de bien social : Cass. crim., 29 avr. 1996, *B.* n° 174.

ligne ayant accepté que des objets contrefaisants soient négociés sur son site afin de percevoir des commissions sur les ventes ainsi réalisées[53].

Néanmoins, un auteur a relevé que « les mots "bénéfice" et "profit" ne sont pas synonymes. C'est qu'en effet le profit peut s'entendre d'un avantage tel que le transport dans un véhicule volé ou l'amélioration du train de vie. En revanche, le terme "bénéfice" paraît impliquer une idée de gain ou quelque chose de plus »[54]. La remarque s'avère pertinente mais la jurisprudence ne paraît pas accepter que le champ de l'incrimination antérieure puisse être réduit au point de ne légitimer que le « recel d'usage », c'est-à-dire le fait de se servir ou d'utiliser une chose dont on connaît l'origine délictueuse. C'est à une conception large du « bénéfice » qu'elle se rallie. Ainsi, l'infraction a été reprochée au trésorier d'un parti politique qui avait accepté que les frais de fonctionnement de son parti puissent être couverts partiellement par le produit de trafics d'influence[55]. Même en l'absence d'enrichissement personnel, les magistrats ont considéré que ce trésorier avait tiré profit ès qualités d'une infraction commise par d'autres. Par ailleurs, il faut considérer que, lorsque l'infraction primaire permet d'éviter une dépense, l'individu qui réalise l'économie en tire nécessairement un bénéfice[56]. Ainsi, bénéficier, c'est toujours profiter. À une réserve près. La question s'est en effet posée de savoir sur quoi porte le recel de favoritisme. La Cour de cassation a répondu que l'objet du recel, dans une telle hypothèse, correspond au produit du favoritisme[57]. Ce qui paraît logique. Toutefois, elle a précisé que ce produit n'équivaut pas au prix total du marché en cause : des éléments peuvent être déduits, d'autres ajoutés. Ce qui invite, semble-t-il, à une analyse plus subtile du bénéfice que du profit[58].

1349. Après avoir constaté une dématérialisation certaine de l'objet sur lequel porte le recel, il faut donc constater que la matérialité des actes de recel se réduit, elle aussi, à peu de chose. La répression repose essentiellement sur l'élément moral d'une telle infraction.

B. La perception des actes de recel

1350. Dol. – Le recel n'est punissable que si celui qui détient, dissimule, transmet la chose ou en bénéficie, connaît son origine frauduleuse. L'infraction est intentionnelle : le receleur doit être de mauvaise foi. De cette exigence découlent deux problèmes difficiles à résoudre en termes de preuve. L'un tient à la consistance d'une telle mauvaise foi et l'autre tient au moment où elle doit être appréciée.

53. CA Paris, 23 janv. 2012, *JCP* G 2012, 675, note D. Dechenaud.
54. B. Bouloc, « Remarques sur l'élément matériel du recel », *in Mél. Ottenhof*, Dalloz 2006, p. 362.
55. Cass. crim., 16 déc. 1997, *Dr. pén.* 1998, n° 51, obs. M. Véron.
56. Cass. crim., 1er juin 2016, *Dr. pén.* 2016, n° 138, obs. P. Conte.
57. Cass. crim., 22 juin 2022, *AJ pén.* 2022, p. 419, note M. Hy ; *Gaz. Pal.*, 20 sept. 2022, p. 52, obs. N. Catelan.
58. Sauf à réserver cette solution à la détermination de l'assiette de la saisie pouvant être opérée en vue d'une éventuelle confiscation de l'objet du recel.

1. Consistance de la mauvaise foi

1351. Dol général. – Le receleur doit avoir agi sur une chose ou profité d'une chose en sachant qu'elle provenait d'un crime ou d'un délit[59]. Logiquement, l'erreur sur la provenance de la chose exclut le recel : celui qui croit acquérir une chose de son légitime propriétaire ne commet aucune infraction. Mais, dans certaines circonstances, la naïveté est un délit[60]. Dès lors qu'il existe le moindre doute, l'individu responsable doit s'abstenir plutôt que de réaliser une « bonne affaire » qui est, en réalité, la conséquence d'une première infraction. L'intention n'est pas transformée pour autant en négligence ou imprudence. Elle est déduite d'une attitude qui n'est pas conforme à celle d'un bon père de famille ou d'un bon professionnel (personnes agissant « raisonnablement » au sens du droit civil) placé dans les mêmes circonstances. Quand il y a doute sur l'origine d'une chose ou la légitimité d'une action, l'absence de curiosité de l'agent peut être considérée comme volontaire : les magistrats estiment qu'il n'a pas posé de question car il connaissait la réponse[61].

Peu importe que la personne poursuivie n'ait pas connu l'auteur de l'infraction primaire alors que la chose a circulé depuis de mains en mains. En revanche, cette personne doit avoir su – ou avoir été en mesure de comprendre – que la chose provenait d'un crime ou d'un délit. De même, elle doit avoir eu conscience de tirer profit d'une infraction.

1352. Preuve. – En toute hypothèse, la connaissance de l'origine illicite de la chose ou du caractère illicite du profit retiré a vocation à se déduire des circonstances ayant entouré la commission des faits. Il en va ainsi pour la dissimulation de la chose[62] ou l'avantage retiré d'une infraction[63]. Il en va de même s'agissant des conditions inhabituelles (à bas prix et en l'absence de facture) dans lesquelles une chose est acquise[64] ou reconstituée (après avoir été détruite)[65].

En pratique, cette preuve de l'intention est d'autant plus facile à rapporter qu'il importe peu que le receleur n'ait pas connu toutes les circonstances de l'infraction primaire[66]. Cependant, on le verra, la connaissance des circonstances dans lesquelles l'infraction primaire a été commise peut être une condition d'aggravation de la répression (art. 321-4. – V. *infra*, n° 1357).

La plupart du temps, la mauvaise foi du prévenu se déduit donc de la matérialité des faits ou des circonstances dans lesquelles l'infraction a été commise[67]. Cette sévérité paraît justifiée à l'égard des professionnels qui doivent se montrer

59. Cass. crim., 29 nov. 2000, *B.* n° 359.

60. Inversement, certaines précautions prises excluent la mauvaise foi : CA Grenoble, 6 avr. 2005, *JCP* G 2005, IV, 3378.

61. Cass. crim., 8 avr. 2010, *Dr. pén.* 2010, n° 82, obs. J.-H. Robert.

62. Cass. crim., 12 mai 2015, *Gaz. Pal.* 9 août 2015, p. 27, obs. S. Detraz.

63. Cass. crim., 24 sept. 2008, *Dr. pén.* 2008, n° 139, obs. M. Véron.

64. CA Chambéry, 4 déc. 1996, *JCP* G 1997, IV, 2497.

65. Cass. crim., 10 mai 2005, *JCP* G 2005, II, 10162, note M. Daury-Fauveau.

66. Cass. crim., 6 oct. 2004, *Dr. pén.* 2005, n° 38, obs. M. Véron. – 16 déc. 1997, *Dr. pén.* 1998, n° 51, obs. M. Véron.

67. Cass. crim., 27 nov. 2007, *Dr. pén.* 2008, n° 36, obs. M. Véron.

vigilants[68]. Elle l'est moins à l'égard des non-professionnels. Dans un couple commun en biens, l'épouse doit pouvoir dépenser l'argent gagné par son mari, dirigeant de société, sans s'inquiéter d'une éventuelle augmentation des sommes déposées (et, inversement, pour l'époux d'une cheffe d'entreprise[69] !). L'enrichissement n'est pas suspect en soi. Si ces ressources supplémentaires proviennent d'un abus de bien social, le ministère public qui poursuit l'épouse pour recel doit établir qu'elle a profité de ces sommes en ayant pleinement conscience de leur origine[70]. À défaut, la relaxe s'impose[71].

2. Apparition tardive de la mauvaise foi

1353. Justification. – Il n'y a aucune difficulté à admettre l'intention coupable quand il est établi que le prévenu savait – au moment où il a reçu la chose – que celle-ci provenait d'un crime ou d'un délit. Il ne peut ensuite l'oublier. Tant qu'il conserve la chose, il agit en connaissance de cause et se rend coupable de recel, infraction continue. Mais est-on coupable de recel si on conserve de mauvaise foi une chose reçue de bonne foi ? Peut-on assimiler au recel immédiat, un recel tardif ou *a posteriori* ?

Longtemps, la jurisprudence l'a admis. Néanmoins, cette solution était critiquable car l'élément matériel et l'élément moral d'une infraction s'apprécient au même moment et non successivement. De surcroît, la solution entrait en conflit avec l'article 2276, al. 1, C. civ., disposant que : « en fait de meubles, la possession vaut titre ». Cette maxime signifie que le sous-acquéreur de bonne foi d'une chose, dont le propriétaire s'est dessaisi volontairement au profit d'un cocontractant infidèle, en devient immédiatement propriétaire et peut donc la conserver même s'il apprend ensuite son origine illicite. Dans ces conditions, il est apparu incohérent de condamner un acquéreur de bonne foi pour recel. La Cour de cassation a renoncé à l'autonomie du droit pénal sur ce point. Elle a jugé qu'il « n'y a pas recel de la part de l'acquéreur d'un meuble corporel, possesseur de bonne foi dans les conditions de l'article 2276 al. 1, C. civ. »[72]. L'autorisation de la loi civile produit alors son effet justificatif[73].

Il faut considérer de même qu'échappe aux sanctions du recel l'acquéreur de bonne foi d'un bien cette fois-ci perdu ou volé à l'expiration du délai de 3 ans ouvert à son propriétaire pour le revendiquer (C. civ., 2276, al. 2). En revanche, dans ce délai, une fois averti de l'origine délictueuse du bien, l'acquéreur apparaît de mauvaise foi s'il fait obstacle à l'action en revendication. À compter de cet instant, l'intention coupable s'ajoutant à l'activité matérielle incriminée, l'infraction devient punissable.

68. V. aussi Cass. crim., 27 juin 2012, *Gaz. Pal.* 26 oct. 2012, p. 36, obs. S. Detraz.

69. Comp., Cass. crim., 23 mai 2018, *Dr. pén.* 2018, n° 155, obs. P. Conte.

70. Ce qui est le cas lorsque l'épouse est par ailleurs responsable administratif et financier de la société : Cass. crim., 30 janv. 2019, *Dr. pén.* 2019, n° 52, obs. J.-H. Robert ; *RSC* 2019, p. 355, obs. H. Matsopoulou ; *AJ pénal* 2019, p. 207, obs. M.-C. Sordino.

71. V. cpdt Cass. crim., 9 mai 1974, *B.* n° 170.

72. Cass. crim., 24 nov. 1977, *D.* 1978, p. 42, note S. Kehrig.

73. Cass. crim., 3 déc. 1984, *B.* n° 381.

Section 2
Les modalités de la répression

1354. Évoquons à la fois les peines encourues et les règles de poursuite propres au recel.

§1. Les peines encourues

1355. Pénalités. – Infraction de conséquence, le recel n'en constitue pas moins un délit autonome par rapport à l'infraction primaire sur laquelle il se greffe. Il est donc sanctionné en principe par des peines qui lui sont propres[74].

Ainsi, la personne physique qui se rend coupable d'un recel simple s'expose à 5 ans d'emprisonnement et 375 000 € d'amende (art. 321-1). Néanmoins, au-dessus de ce montant, l'amende peut être portée à la moitié de la valeur des biens recelés (art. 321-3). Ce qui suppose que cette valeur puisse être exactement déterminée, les juges ne pouvant procéder de façon approximative[75]. En matière de blanchiment où une solution équivalente existe, la Cour de cassation a précisé « que l'assiette de l'amende ainsi définie ne peut être calculée qu'en prenant pour base le montant du produit direct ou indirect de l'infraction d'origine »[76]. La signification d'une telle amende proportionnelle est difficile à comprendre. En effet, l'objectif ne peut pas être de priver le coupable du bénéfice de son infraction. Cet objectif est atteint grâce à la peine complémentaire de confiscation spéciale qui est prévue, avec d'autres, à l'article 321-9 (outre l'interdiction des droits, l'interdiction temporaire d'exercer, la fermeture temporaire d'établissement, etc.). S'agit-il de dissuader par la menace d'une sanction pécuniaire renforcée ? Mais, alors, pourquoi limiter l'amende à la moitié de la valeur du bien recelé ? Il semble que le législateur ait seulement cherché à marquer les esprits réputés sensibles au gain facile. Ce qui paraît trop incertain pour être réellement convaincant.

La personne morale déclarée coupable de recel s'expose, quant à elle, à une amende portée au quintuple ainsi qu'à l'ensemble des peines prévues à l'article 131-39 (art. 321-12).

1356. Aggravations. – Les peines principales encourues par une personne physique sont doublées, c'est-à-dire portées à 10 ans d'emprisonnement et 750 000 € d'amende dans deux hypothèses (art. 321-2) : i) lorsque le recel est commis de façon habituelle ou en utilisant les facilités que procure l'exercice d'une activité professionnelle (brocanteurs, antiquaires, garagistes, par ex.) ; ii) lorsque le recel est commis en bande organisée. Mais, là aussi, la peine d'amende peut éventuellement être élevée au-delà de ce maximum jusqu'à la moitié de la valeur des biens recelés.

---

74. Néanmoins, au regard de la récidive, ce recel est assimilé à l'infraction dont provient le bien recelé, ce qui augmente d'autant le champ d'application d'une telle circonstance aggravante (art. 321-5).

75. Cass. crim., 12 mars 1990, *B.* n° 111.

76. Cass. crim., 11 sept. 2019, *JCP* G 2019, 1086, note S. Detraz et E. Dezeuse ; *Gaz. Pal.* 8 oct. 2019, p. 23, note R. Mésa ; *AJ pénal* 2019, p. 498, note J. Lasserre Capdeville.

1357. Élévation. – Enfin, l'article 321-4 dispose que « lorsque l'infraction dont provient le bien recelé est punie d'une peine privative de liberté d'une durée supérieure à celle de l'emprisonnement encourue en application des articles 321-1 ou 321-2, le receleur est puni des peines attachées à l'infraction dont il a eu connaissance et, si cette infraction est accompagnée de circonstances aggravantes, des peines attachées aux seules circonstances dont il a eu connaissance ». Ainsi, la peine privative de liberté encourue au titre du recel peut être exceptionnellement élevée si une peine plus longue est encourue au titre de l'infraction primaire. À partir du moment où cette infraction est punissable d'une peine supérieure à 5 ou 10 ans d'emprisonnement (suivant que le recel apparaît simple ou aggravé), le receleur encourt l'emprisonnement ou la réclusion criminelle applicable à l'infraction primaire, simple ou aggravée, dont il a eu connaissance[77].

§2. Les règles de poursuite

1358. Divers. – La tentative de recel n'est pas incriminée : la négociation en connaissance de cause de biens volés qui échoue, faute d'accord sur le prix ou du fait d'une intervention policière n'apparaît donc pas punissable.

La complicité de recel peut être poursuivie dans les conditions du droit commun : celui qui, en connaissance de cause, fournit au receleur le local où il pourra dissimuler la marchandise volée se rend complice de recel de vol.

Mais l'originalité de la répression tient surtout au point de départ de la prescription et aux rapports subsistant avec l'infraction primaire[78]. Il conviendra d'évoquer également le droit européen qui peut faire désormais obstacle tant à l'établissement qu'à la sanction de ce délit.

A. Point de départ de la prescription

1359. Allongement. – Pour déterminer le point de départ de la prescription de l'action publique, il faut prendre en compte les deux caractères principaux du recel.

Il faut d'abord tenir compte de sa nature continue, du moins lorsque le recel suppose un acte de dissimulation ou de détention[79]. La prescription ne court pas tant que l'agent reste en possession de la chose. Le « fourgue » n'a ainsi aucun intérêt à garder la chose chez lui pendant plus de 6 ans avant de tenter de la remettre sur le marché. C'est seulement lorsqu'il l'aura transmise à un tiers de bonne foi que l'infraction commencera à se prescrire.

77. Cass. crim., 3 sept. 1986, *B.* n° 252. – Toutefois, il ne s'expose pas à la période de sûreté de plein droit qui peut éventuellement accompagner la sanction de l'infraction primaire : Cass. crim., 22 janv. 2020, *Dr. pén.* 2020, n° 66, obs. E. Bonis ; *Gaz. Pal.* 12 mai 2020, p. 48, obs. S. Detraz.

78. L'infraction peut donner lieu à inscription au fichier national automatisé des empreintes génétiques : CPP, art. 706-55. – Les règles de procédure propres à la criminalité et à la délinquance organisées sont applicables : CPP, art. 706-73.

79. V. aussi, s'agissant du recel-bénéfice : Cass. crim., 26 févr. 2007, *Dr. pén.* 2007, n° 83, obs. J.-H. Robert. – Sachant que « les faits de recel du produit d'abus de biens sociaux résultant de l'exécution d'un seul et même contrat de travail fictif, constituent une opération délictueuse unique » (Cass. crim., 10 nov. 2020, *AJ pénal* 2021, p. 96, obs. J. Lasserre Capdeville). Ce qui revient à consacrer l'idée d'une infraction continuée plutôt qu'une pluralité de recels successifs.

Il faut ensuite tenir compte de sa nature de délit de conséquence. Le recel ne se commet que si l'infraction primaire est établie. Il ne peut donc commencer à se prescrire qu'à partir du moment où cette infraction est elle-même susceptible de poursuites. Dans les cas où le point de départ du délai de prescription de cette infraction est repoussé au jour où elle est découverte, le point de départ de la prescription du délit de recel est retardé également à cette date, peu importe que le receleur se soit déjà défait de la chose depuis plus de 6 ans[80].

B. Rapports avec l'infraction primaire

1360. Extensions. – Infraction de conséquence, le recel apparaît connexe par rapport à l'infraction primaire[81]. Il s'ensuit, premièrement, que la compétence territoriale ou matérielle de la juridiction chargée de juger l'infraction primaire peut être prorogée pour permettre à cette juridiction de connaître aussi du recel qui a suivi[82]. Il s'ensuit secondement que le juge qui statue en même temps sur l'infraction primaire et sur le recel peut condamner solidairement les auteurs de ces différentes infractions au paiement des amendes, frais et dommages-intérêts[83]. La solution est jurisprudentielle car le législateur ne prévoit cette solidarité qu'entre les auteurs d'un même crime ou délit (CPP, art. 375-2 et 480-1). Néanmoins, la Cour de cassation accepte que l'infraction primaire et l'infraction de conséquence soient assimilées l'une à l'autre afin de multiplier, à l'occasion d'une même poursuite, les débiteurs de sommes dues à titre de sanction ou de réparation[84]. Une telle solution présente un intérêt pratique évident. En effet, le receleur est plus souvent solvable que l'auteur de l'infraction primaire. En s'adressant directement à lui, le Trésor public et les parties civiles espèrent échapper à l'éventuelle insolvabilité de son partenaire.

1361. Objection. – Il reste qu'un préjudice réparable devant le juge pénal découlant d'un acte de recel est difficile à démontrer : il ne peut correspondre au préjudice découlant de l'infraction primaire. Au receleur, la victime ne peut réclamer que les conséquences directes de l'acte de détention ou dissimulation ou du bénéfice retiré de l'infraction d'origine... Toutefois, pour ne pas dissuader les constitutions de partie civile de ce chef, la Cour de cassation a jugé que « le recel d'un bien, s'agissant d'une infraction continue, est de nature à causer un préjudice de jouissance personnel et direct aux héritiers du propriétaire auquel ce bien a été soustrait de façon délictueuse, dès lors que ce délit se poursuit à un

80. Cass. crim., 24 sept. 2008, *Dr. pén.* 2009, n° 15, obs. J.-H. Robert. – V. déjà Cass. crim., 7 mai 2002, *Dr. pén.* 2002, n° 108, obs. M. Véron. – 27 oct. 1997, *JCP* G 1998, II, 10017, note M. Pralus.

81. J.-B. Denis, *La distinction du droit pénal général et du droit pénal spécial*, LGDJ, coll. Bibl.sc.crim., 1977, t. XXI, p. 161.

82. Il s'ensuit également que le recel constaté à l'étranger d'une chose volée en France est « réputé » commis sur le territoire de la République dès lors qu'il peut y être localisé par au moins un « fait » (C. pén., art. 113-2). Ce recel peut alors être poursuivi, en application de la loi pénale française, territorialement compétente, sans que l'exception de chose jugée à l'étranger y fasse obstacle : Cass. crim., 26 sept. 2007, *D.* 2008, p. 1179, note D. Rebut ; *JCP* G 2008, II, 10047, note M. Segonds.

83. Cass. crim., 7 mars 2012, *Dr. pén.* 2012, n° 74, obs. J.-H. Robert. – 10 mai 1988, *RSC* 1989, p. 311, obs. A. Vitu.

84. V. soulignant l'indivisibilité du lien entre les deux infractions : Cass. crim., 1er déc. 1976 : *B.* n° 348. – Mais cette solidarité ne saurait être étendue aux dommages-intérêts résultant de faits connexes pour lesquels aucune personne n'a été condamnée : Cass. crim., 18 janv. 2005, *B.* n° 21.

moment où ils ont acquis cette qualité »[85]. À tout le moins, leur constitution de partie civile est recevable !

C. Prise en compte du droit européen

1362. Respect des droits de la défense. – Enfin, l'élargissement considérable du champ de l'infraction de recel (extension à d'autres infractions que celles d'appropriation frauduleuse) a soulevé des problèmes inédits. Ainsi, la loi du 29 juillet 1881 permet à une personne poursuivie pour diffamation publique de se défendre, dans certaines hypothèses, en établissant la vérité du fait qu'elle impute à autrui et qui porte atteinte à son honneur[86]. Or, fréquemment, le journaliste ou le directeur de la publication produisent à ce titre des documents couverts par un secret pénalement protégé, notamment le secret de l'enquête et/ou de l'instruction. Lorsqu'il en résulte la preuve de la vérité de l'imputation diffamatoire, ils échappent ainsi à toute sanction, pénale et civile, pour diffamation... mais ils sont parfois exposés à des poursuites postérieures pour recel de violation du secret professionnel ! Admettre que des sanctions puissent être prononcées à ce titre pourrait les amener à renoncer à ce moyen de défense important. Aussi, la Cour de cassation a-t-elle fini par censurer un arrêt de condamnation pour recel en reprochant à la cour d'appel qui l'avait prononcé de ne pas avoir recherché « si, en l'espèce, la production en justice des pièces litigieuses, objet des poursuites exercées contre l'intéressé, n'avait pas été rendue nécessaire par l'exercice des droits de la défense »[87]. Une solution équivalente a ensuite été retenue s'agissant du vol de documents nécessaires à la défense d'un salarié dans le cadre d'une procédure engagée contre lui (v. *supra,* n° 313). Mais le législateur ne l'a consacrée qu'en matière de presse. Le dernier alinéa de l'article 35 de la loi de 1881 dispose désormais que « le prévenu peut produire pour les nécessités de sa défense, sans que cette production puisse donner lieu à des poursuites pour recel, des éléments provenant d'une violation du secret de l'enquête ou de l'instruction ou de tout autre secret professionnel s'ils sont de nature à établir sa bonne foi ou la vérité des faits diffamatoires »[88].

1363. Mobile terroriste. – Enfin, la poursuite – contestable – du délit de recel dans le périmètre de la liberté d'expression a contraint les magistrats à exiger un mobile dans un cas particulier. Après avoir affirmé qu'« entre dans les prévisions des articles 321-1 et 421-2-5 du Code pénal le fait de détenir, à la suite d'un téléchargement effectué en toute connaissance de cause, des fichiers caractérisant l'apologie d'actes de terrorisme », la Cour de cassation juge désormais que : « cependant, une condamnation de ce chef n'est compatible avec l'article 10 de la Convention européenne des droits de l'homme que si est caractérisée, en la personne du receleur, son adhésion à l'idéologie exprimée dans de

85. Cass. crim., 29 nov. 2016, *Gaz. Pal.* 24 janv. 2017, p. 62, obs. F. Fourment.

86. V. not. E. Dreyer, *Droit de la communication*, LexisNexis, 2e éd., 2022, p. 731, n° 1264.

87. Cass. crim., 11 juin 2002, *JCP* G 2003, II, 10061, note E. Dreyer.

88. La Cour de cassation refuse d'appliquer ce texte hors des limites étroites de la justification d'un propos diffamatoire : Cass. crim., 9 juin 2015, précité.

tels fichiers »[89]. Elle subordonne donc, non l'existence de l'infraction mais sa sanction, à un élément supplémentaire : il est demandé au receleur de partager la démarche de l'auteur du propos. Ce qui peut paraître surprenant dans la mesure où ce n'est pas l'apologie qui est punissable mais sa publication (v. *supra,* n° 206). Or, la preuve d'un tel mobile ne s'impose pas à l'égard du publicateur. Notre Haute juridiction semble avoir voulu tenir compte ici d'une restriction exprimée dans un autre contexte par le Conseil constitutionnel[90]. Cela lui permet d'opérer une conciliation apparemment légitime entre défense de l'ordre public et droit à la liberté d'expression... telle qu'imposée par la juridiction de Strasbourg ! Ce faisant, elle a contourné la déclaration de non-conformité à la Constitution du délit de consultation de site terroriste pourtant réaffirmée rue de Montpensier[91]. Aussi, n'a-t-elle pu refuser de transmettre quelque temps plus tard une QPC contestant cette solution que le Conseil a, sans surprise, condamnée[92]. Pour éviter toutes ces circonvolutions, il aurait été préférable d'admettre qu'un délit de recel ne peut être constitué en l'absence d'infraction primaire réalisant une appropriation frauduleuse. L'incrimination trouve en effet sa place dans un Titre 2 du Code pénal intitulé « Des autres atteintes aux biens » après un Titre 1er intitulé « Des appropriations frauduleuses » au sein d'une partie intitulée « Des crimes et délits contre les biens ». On ne conçoit pas qu'il se greffe sur d'autres infractions.

89. Cass. crim., 7 janv. 2020, *D.* 2020, p. 312, note D. Roets ; *JCP* G 2020, 341, note G. Beaussonie ; *Gaz. Pal.* 18 févr. 2020, p. 20, note Y. Mayaud.

90. déc. n° 2016-611 QPC du 10 févr. 2017, *M. David P.*, § 14.

91. déc. n° 2017-682 QPC du 15 déc. 2017, *M. David P.*, § 15.

92. V. respectivement Cass. crim., 24 mars 2020, *Dr. pén.* 2020, n° 113, obs. P. Conte ; *AJ pénal* 2020, p. 293, note M. Bendavid et C. Quendolo et Cons. const., déc. n° 2020-845 QPC du 19 juin 2020, *M. Théo S.*, § 26.

SEPTIÈME PARTIE

LES MISES EN DANGER

1364. Les mises en danger correspondent à des comportements créateurs de risque pour autrui. Un chapitre du Code pénal est consacré à cette catégorie d'infractions (art. 223-1 et s.). Toutefois, ce chapitre se révèle fort hétérogène. Y est même incriminée la création d'un risque qui n'a pas été recherchée par l'agent. Cette exposition involontaire d'autrui à un risque sera envisagée ultérieurement (v. *infra*, n° 1643). Seules seront étudiées ici les mises en danger intentionnelles, celles du chapitre précité mais aussi les « mises en péril de mineurs » (art. 227-15 et s.) qui relèvent d'un chapitre différent du Code pénal dont le plan manque à cet égard de rigueur. Ponctuellement, seront également évoquées quelques autres mises en danger intentionnelles.

On constatera ainsi qu'en droit pénal le risque n'est pas toujours envisagé de la même façon. Dans certains cas, les infractions semblent correspondre à des mises en danger immédiates : il est reproché à l'agent un comportement exposant directement autrui à un risque. Dans d'autres cas, la mise en danger paraît plus lointaine : l'exposition d'autrui à un risque est postulée ; elle n'a pas à être spécialement démontrée. Une distinction s'impose donc qui nous conduira à envisager ces mises en danger différentes dans deux titres successifs.

Titre 1
Les mises en danger immédiates

1365. La répression de la mise en danger a profondément divisé les pénalistes de la fin du XIXe et du début du XXe siècle. La doctrine classique, d'inspiration libérale, s'y opposait en dénonçant le procès d'intention fait à un individu qui se montre trop entreprenant ou trop préoccupé par son propre intérêt pour venir en aide à autrui. Une doctrine plus progressiste, mais moins libérale, prétendit au contraire que la société doit se défendre contre les individus dangereux et prévenir les risques avant qu'ils ne se réalisent... Ces partisans de la *Défense sociale* ont exercé une influence certaine mais indirecte sur le droit pénal français car c'est dans le respect des principes classiques qu'a été envisagée la répression de certains comportements périlleux.

On envisagera ci-après quelques délits généraux de mise en danger. Toutefois, ils ne sont pas seuls en cause. D'autres incriminations permettent la sanction de mises en danger plus spécifiques. Elles seront évoquées à la suite.

CHAPITRE 1

Les délits généraux de mise en danger

1366. Plusieurs délits généraux de mise en danger doivent être signalés. Le dernier en date apparaît à l'article 223-1-1 du Code pénal qui incrimine « le fait de révéler, de diffuser ou de transmettre, par quelque moyen que ce soit, des informations relatives à la vie privée, familiale ou professionnelle d'une personne permettant de l'identifier ou de la localiser aux fins de l'exposer ou d'exposer les membres de sa famille à un risque direct d'atteinte à la personne ou aux biens que l'auteur ne pouvait ignorer ». Ce texte est souvent présenté comme un complément au délit de risques causés à autrui (V. *infra*, n° 1643) alors qu'il s'avère sans rapport avec lui. En effet, il suppose un fait volontaire de révélation, diffusion ou transmission d'informations permettant d'identifier ou localiser une personne en sachant qu'elle sera ainsi exposée, elle ou ses proches, à un risque direct d'atteinte. Il s'agit donc d'une infraction intentionnelle qui suppose, outre un dol général un dol spécial (la volonté du résultat que constitue le risque ainsi créé pour autrui). Peu importe la généralité du risque en cause (risque d'atteinte aussi bien aux personnes qu'aux biens). En réalité, cette incrimination – adoptée en réponse à un fait divers – est une incrimination de circonstance qui n'aura sans doute que très peu vocation à s'appliquer[1]. Elle ne retiendra donc pas davantage notre attention[2].

D'autres délits généraux de mise en danger, beaucoup plus fréquents en pratique, doivent être étudiés. Le premier est rarement identifié comme tel : la participation à une association de malfaiteurs. Il s'agit pourtant d'une action périlleuse où le comportement de l'agent est d'ores et déjà perçu comme dangereux pour l'ordre public. Les seconds correspondent à des abstentions, c'est-à-dire à des hypothèses dans lesquelles l'agent renonce à circonscrire le risque auquel autrui se trouve exposé.

1. V. néanmoins cette décision civile ordonnant le retrait d'une page internet qui comportait des informations exposant autrui à un risque : TJ Paris, 8 juill. 2022, *Légipresse* 2022, p. 481, note E. Dreyer.

2. V. sur les déficiences de ce texte d'incrimination : S. Detraz, « Le nouveau délit de risque causé à autrui par diffusion d'informations », *Gaz. Pal.*, 23 nov. 2021, p. 70. – E. Raschel, « À propos du nouvel article 223-1-1 du code pénal », *Légipresse* 2021, p. 528.

Section 1
La participation à une association de malfaiteurs

1367. La participation à une association de malfaiteurs est incriminée d'une manière générale à l'article 450-1 du Code pénal (al. 2 et 3). Le premier alinéa de ce texte donne une définition de cette association. Il dispose que : « constitue une association de malfaiteurs tout groupement formé ou entente établie en vue de la préparation, caractérisée par un ou plusieurs faits matériels, d'un ou plusieurs crimes ou d'un ou plusieurs délits punis d'au moins cinq ans d'emprisonnement ». La participation à une telle association suffit à caractériser une infraction. Il s'agit d'établir l'implication d'un individu dans une association dont l'existence même constitue une menace pour l'ordre public car elle a pour projet de commettre une ou plusieurs infractions graves. Toutefois, cette participation n'est pas précisée, ce qui pose problème au regard du principe de légalité[3]. Un effort de définition s'impose donc avant d'envisager sa sanction.

§1. La définition de la participation coupable

1368. Souvent présentée comme une infraction obstacle, la participation à une association de malfaiteurs permet de sanctionner les individus qui acceptent le principe du ou des crimes ou délits préparés en son sein. L'association de plusieurs personnes en vue de commettre une ou plusieurs infractions semble tellement dangereuse qu'il n'apparaît pas de bonne politique pénale d'attendre un passage à l'acte de ses membres : tout participant doit pouvoir être aussitôt appréhendé et poursuivi, c'est-à-dire empêché de nuire.

Si le champ d'application d'une telle incrimination a été considérablement étendu à l'époque contemporaine, plus soucieuse de sécurité que de liberté, il faut se souvenir que l'incrimination figurait déjà dans le Code de 1810 et qu'elle a acquis une physionomie très proche du délit actuel à l'occasion de l'une des trois lois « scélérates » (celle du 15 décembre 1893 permettant de lutter contre les violences anarchistes[4]). Intervenir très tôt pour démanteler les groupements susceptibles de constituer une menace pour l'ordre public n'est donc pas une préoccupation récente.

Évoquons à la suite la matérialité et la psychologie du comportement incriminé.

A. La matérialité de l'acte

1369. Est en cause le fait de participer à une association de malfaiteurs. Ce fait de participation est essentiel compte tenu du caractère personnel de la

3. R. Ollard, « L'adaptation du principe de culpabilité aux formes extrêmes de criminalité », *in L'adaptation des réponses pénales aux formes extrêmes de la criminalité*, PU Poitiers, coll. ISC Poitiers, vol. XXXI, 2020, p. 97.

4. V. sur l'origine de ce délit R. Parizot, *La responsabilité pénale à l'épreuve de la criminalité organisée*, LGDJ, coll. Bibl.sc.crim., t. 48, 2010, p. 100, n° 132.

responsabilité pénale. Mais il ne prend sens qu'au regard d'une association de malfaiteurs existant indépendamment de lui. Commençons donc par évoquer celle-ci avant d'envisager celui-là.

1. L'association de malfaiteurs

1370. Présentation. – La structure du délit conduit à envisager l'association de malfaiteurs comme une condition préalable de l'infraction consistant en un acte de participation. L'article 450-1 définit d'ailleurs cette association avant de préciser les sanctions qu'encourent ses différents participants. Revenons sur les termes de cette définition en évoquant d'abord la forme prise par une telle association puis l'objectif qu'elle poursuit.

a. La forme prise par l'association

1371. Distinction. – L'article 450-1 évoque la participation soit à un groupement formé, soit à une entente établie, en vue d'atteindre un objectif déterminé. Il n'est pas aisé de distinguer entre ces deux formes que peut prendre l'association. La jurisprudence ne semble d'ailleurs pas les différencier. Les magistrats comprennent cette répétition comme les invitant à envisager largement l'association de malfaiteurs en empêchant les prévenus de se réfugier « derrière les équivoques auxquelles pouvait prêter l'interprétation du terme légal association »[5].

Pour l'essentiel, il faut qu'au moins deux personnes se mettent d'accord pour commettre une infraction. La participation à une association de malfaiteurs est ainsi souvent présentée comme l'archétype de l'infraction collective : elle correspond à un comportement qui n'est pas punissable lorsqu'il est accompli seul ; il pose en revanche problème lorsqu'il est commis à plusieurs[6]. Ce qui doit aller au-delà d'une simple juxtaposition d'actions coupables.

Peu importe la durée de l'association. Elle peut être ponctuelle ou s'inscrire dans le temps dès lors que ses différents membres envisagent de commettre à la suite plusieurs infractions.

Ainsi, on le constate, la forme prise par l'association importe moins que l'objectif qu'elle poursuit.

b. L'objectif poursuivi par l'association

1372. Projets. – Il y a association de malfaiteurs lorsque l'entente ou le groupement a pour objectif « la préparation, caractérisée par un ou plusieurs faits matériels, d'un ou plusieurs crimes ou d'un ou plusieurs délits punis d'au moins cinq ans d'emprisonnement ». La sanction de tout acte de participation à une telle association doit permettre d'empêcher la réalisation d'infractions de gravité moyenne ou supérieure : tout crime ou un délit puni d'au moins 5 ans d'emprisonnement.

Peu importe le nombre d'infractions projetées : une ou plusieurs (l'efficacité du mode de fonctionnement retenu permettant d'envisager la commission d'infractions successives).

5. E. Garçon, *Code pénal annoté*, Soc. Rec. gén. Lois et arrêts, t. 1, 1901-1906, art. 265 à 268, p. 637, n° 10.
6. C. Dupeyron, « L'infraction collective », *RSC* 1973, p. 364.

Peu importe – s'agissant des délits – que leur tentative soit ou non punissable (ce qui, paradoxalement, permet de sanctionner un acte préparatoire même dans les hypothèses où un commencement d'exécution ne pourrait l'être, notamment en matière de violences où la tentative n'est pas incriminée).

Peu importe la nature de ces infractions. Si la plupart des crimes sont des infractions contre les personnes, les délits concernés peuvent affecter les personnes comme leurs biens ou la chose publique, ce qui donne à l'incrimination un champ d'application très large. Cette approche extensive paraît justifiée par le risque de trouble à l'ordre public que l'existence même de l'association génère : que différentes personnes puissent s'accorder en vue de préparer une ou plusieurs infractions remet en cause l'autorité de l'État, d'où l'incrimination de leur participation au titre des « crimes et délits contre la nation, l'État et la paix publique » dans le Code pénal. Cependant, au plan répressif, il faut retrancher, on le verra, du champ d'application de l'article 450-1 des crimes ou délits dont la préparation peut être à l'origine d'infractions spéciales. En effet, le législateur a soumis certaines participations à des peines et règles de poursuites particulières lorsque les infractions préparées sont elles-mêmes soumises à un régime spécial (v. *infra*, n° 1382).

Peu importe enfin que le projet de l'association arrive ou non à son terme, c'est-à-dire que l'infraction préparée en son sein soit ou non commise. En cas d'échec, la raison pour laquelle l'infraction projetée n'a finalement pas été mise à exécution est indifférente : la participation à une association de malfaiteurs reste punissable même si le projet est abandonné spontanément par les différents participants quand ils se rendent compte de sa difficulté[7]. Une telle participation est punie de la même façon que si l'infraction préparée avait été tentée, voire consommée. En cas de passage à l'acte, se pose tout au plus la question de savoir si l'infraction préparée au sein de l'association et effectivement commise peut être supplémentairement reprochée à ses membres (apparaissant avoir agi en bande organisée).

1373. Bande organisée. – Au moins lorsqu'une même personne peut être mise en cause dans les deux faits, une distinction claire entre le délit de participation à une association de malfaiteurs et l'infraction commise avec la circonstance aggravante de bande organisée voudrait que le premier s'efface devant la seconde. Le délit de participation ne devrait être retenu que si l'infraction préparée au sein de l'association (crime ou délit puni d'au moins 5 ans d'emprisonnement) n'a pas été tentée et, encore moins, consommée. À défaut, c'est-à-dire si l'association est parvenue à mettre son projet à exécution, il faudrait ne retenir contre ses membres ayant agi en tant qu'auteurs ou complices que l'infraction ainsi préparée et commise avec la circonstance aggravante de bande organisée que le Code pénal définit comme « tout groupement formé ou toute entente établie en vue de la préparation, caractérisée par un ou plusieurs faits matériels, d'une ou de plusieurs infractions » (art. 132-71).

En effet, dans l'hypothèse où l'infraction commise aurait été préparée par des malfaiteurs associés, il nous semble abusif de poursuivre les mêmes individus pour participation à une association de malfaiteurs et pour l'infraction commise en bande organisée. Un même élément ne peut être pris en compte deux fois : la participation à une association de malfaiteurs ayant permis la commission de l'infraction aggravée doit être considérée comme absorbée par cette première. La Cour

7. Cass. crim., 22 janv. 1986, *B.* n° 29.

de cassation juge néanmoins du contraire au motif que les deux infractions sont indépendantes l'une de l'autre : commises successivement, elles reposent sur des faits distincts, ce qui est vrai quand on raisonne par rapport au premier fait mais pas quand on raisonne par rapport au second[8]. La circonstance aggravante de bande organisée, appréciée au moment de la seconde infraction, semble inclure l'association de malfaiteurs qui l'a précédée lorsque les mêmes personnes sont impliquées dans les deux cas. Cette jurisprudence perdure essentiellement parce que le principe *non bis in idem* n'est pas applicable dans une telle hypothèse. Il suppose que les doubles poursuites d'un même fait soient séparées par un jugement définitif de condamnation dans l'interprétation qu'en donne la Cour européenne[9], ce qui est sans doute trop restrictif[10]. La Cour de cassation, qui avait tenté, un temps, d'élargir ce principe, y a finalement renoncé. Elle en déduit de plus belle qu'une même personne peut être déclarée concomitamment coupable des chefs de participation à une association de malfaiteurs et d'une infraction commise en bande organisée, « y compris lorsque des faits identiques sont retenus pour caractériser l'association de malfaiteurs et la bande organisée et peu important que l'association de malfaiteurs ait visé la préparation de la seule infraction poursuivie en bande organisée »[11].

En effet, pour la Cour de cassation, les deux notions ne coïncident pas : « la bande organisée suppose la préméditation des infractions et, *à la différence de l'association de malfaiteurs*, une organisation structurée entre ses membres »[12]. La bande organisée aurait donc un champ d'application plus étroit que l'association de malfaiteurs. Cependant, cette seule affirmation ne suffit pas à expliquer leur possible cumul. D'abord, parce que la nuance ainsi introduite peine à convaincre au regard d'une rédaction similaire des articles 132-71 et 450-1. Pourquoi la bande organisée impliquerait-elle davantage d'organisation structurée que l'association de malfaiteurs ? Une approche restrictive peut sembler légitime (pour limiter le pouvoir d'appréciation du juge) mais elle ne saurait être réservée (sous prétexte de distinction entre bande organisée et réunion) à une seule des deux hypothèses où elle a vocation à s'appliquer[13]. Ensuite, l'affirmation de la Cour peine à expliquer le cumul alors que, si l'association de malfaiteurs n'implique pas nécessairement une organisation structurée entre ses membres, elle ne l'exclut pas non plus : lorsque cette organisation structurée apparaît dès le stade de l'association de malfaiteurs, les deux notions coïncident et le risque est alors grand que le juge retienne les mêmes faits pour établir à la fois l'infraction obstacle et la circonstance aggravant l'infraction qui n'a pu être empêchée. Le problème reste donc entier.

8. Cass. crim., 2 juin 2015, *Gaz. Pal.* 9 août 2015, p. 29, obs. E. Dreyer. – 15 juin 2011, *D.* 2011, p. 2258, note J. Pradel. – 19 janv. 2010, *Dr. pén.* 2010, n° 43, obs. M. Véron ; *Gaz. Pal.* 24 mars 2010, p. 22, obs. S. Detraz. – V. cpdt Cass. crim., 27 mai 2021, *Dr. pén.* 2021, comm. 139, obs. P. Conte ; *RSC* 2021, p. 815, obs. X. Pin. – 22 avr. 2020, *Gaz. Pal.*, 1er sept. 2020, p. 48, obs. E. Dreyer.

9. V. le rappelant CEDH, Gde ch., 8 juill. 2019, *Mihalache c/Roumanie*, § 95.

10. V. cpdt CEDH, 19 déc. 2017, *Ramda c/France*, § 95.

11. V. faisant suite au revirement du 15 déc. 2021 : Cass. crim., 9 juin 2022, *Dr. pén.* 2022, comm. 138, obs. P. Conte ; *Gaz. Pal.*, 30 août 2022, p. 25, note R. Mésa ; *RSC* 2022, p. 811, obs. X. Pin.

12. Cass. crim., 8 juill. 2015, *D.* 2015, p. 2541, note R. Parizot ; *Dr. pén.* 2015, n° 120, obs. P. Conte ; *Gaz. Pal.* 1 nov. 2015, p. 29, obs. S. Detraz.

13. De cette jurisprudence, on déduit essentiellement que, en l'état, l'association de malfaiteurs n'a pas besoin de présenter une structure particulière. Il n'est pas nécessaire qu'elle soit hiérarchiquement organisée : « il suffit d'en être » (J.-B. Thierry, « Faire partie d'une association de malfaiteurs ou être en bande organisée », *Gaz. Pal.* 4 févr. 2020, p. 77). Ce qui la rend plus opérationnelle.

1374. Acte préparatoire. – En toute hypothèse, les infractions projetées par l'association de malfaiteurs doivent à tout le moins avoir été préparées et, pour éviter toute contestation, il est exigé que cette préparation se soit matérialisée dans un ou plusieurs faits. Extérieurs au fait de participation que nous évoquerons à la suite, ce ou ces faits de préparation doivent aller au-delà de la seule création du groupement ou de l'entente puisqu'ils traduisent la mise en œuvre de son objet. Ils doivent être accomplis par un ou plusieurs des membres de l'association en exécution du projet commun. Ainsi, l'objectif collectivement poursuivi doit-il s'être extériorisé[14].

Pour autant, ce ou ces faits ne suffisent pas pour engager la responsabilité pénale de celui ou ceux qui les accomplissent car, il ne s'agit que d'actes préparatoires. Peu importe même qu'ils ne révèlent pas encore la ou les infractions projetées dès lors qu'ils rendent à tout le moins crédible la volonté de mal agir à plusieurs. Il n'est donc pas nécessaire que ce ou ces faits aient eux-mêmes une dimension pénale. Si, exceptionnellement, ils constituent une infraction (constitution d'un dépôt d'armes, par ex.), ils ne peuvent être reprochés à celui qui les accomplit en plus de sa participation à l'association de malfaiteurs[15].

Enfin, on aurait pu penser que le fait matérialisant le projet de l'association de malfaiteurs doit être utile à la commission de l'infraction envisagée. Mais la Cour de cassation ne l'exige pas[16]. Pour elle, il suffit que le fait en question exprime la volonté des différents participants d'agir de concert[17]. En effet, il n'est pas nécessaire de démontrer à ce stade que l'infraction est déjà entièrement planifiée. Peu importe donc que le fait témoignant du sérieux de l'association de malfaiteurs ne détermine pas un passage à l'acte.

2. L'acte de participation

1375. Action. – Sur cette base, toute participation à une association de malfaiteurs est susceptible d'être reprochée à son auteur. L'infraction est de commission : elle suppose une action. En revanche, peu importe la forme prise par celle-ci ; seul son résultat compte. Il faut et il suffit qu'en conséquence l'agent soit « associé » à d'autres en vue de la préparation d'une infraction. L'offre de service refusée ne relève pas d'une telle qualification. En revanche, dès lors qu'elle est acceptée, et que l'agent devient ainsi membre du groupement ou de l'entente, il commet un délit s'il est possible d'établir – au niveau du groupement ou de l'entente – un ou plusieurs faits matériels de préparation d'une infraction.

La logique exposée ci-dessus voudrait que le groupement ou l'entente préexiste à l'intervention de l'agent, ce qui suppose au moins trois malfaiteurs, les deux premiers formant l'association à laquelle un troisième prétend s'agréger. Les discussions auxquelles il assiste, les engagements qu'il prend dans ce cadre, les moyens qu'il fournit ou s'offre de fournir en vue de réaliser l'infraction, peuvent être relevés

14. Cass. crim., 26 mai 1999, *B.* n° 103.

15. V. déclarant ces faits indivisibles Cass. crim., 11 mars 2020, *Dr. pén.* 2020, n° 133, obs. P. Conte ; *RSC* 2020, p. 943, obs. H. Matsopoulou ; *Gaz. Pal.*, 9 juin 2020, p. 23, note R. Mésa. – Toutefois, une telle solution semble remise en cause par le cantonnement de *ne bis in idem* (V. *supra*, n° 4).

16. Cass. crim., 12 juill. 2016, *Dr. pén.* 2016, n° 152, obs. P. Conte ; *Gaz. Pal.* 4 oct. 2016, p. 53, obs. S. Detraz ; *AJ pénal* 2016, p. 492, obs. J.-B. Thierry.

17. Cass. crim., 20 févr. 2019, *Dr. pén.* 2019, n° 81, obs. P. Conte.

contre lui comme autant d'actes de participation[18]. Mais la Cour de cassation retient une conception plus large encore de ce délit : l'association peut être constituée pour l'occasion et non préexister à l'acte de participation reproché. La participation consiste alors à s'associer avec un autre en vue de commettre une infraction qu'au moins l'un des deux va préparer en effectuant un premier fait[19].

En toute hypothèse, peu importe que le participant agisse spontanément ou ait été recruté à cette fin. Peu importe le rôle moteur ou secondaire finalement joué par lui dans l'association. Peu importe qu'il n'ait pas vocation à commettre lui-même l'infraction préparée[20]. En effet, à ce stade, on l'a dit, le projet n'a pas à être entièrement planifié. La future répartition des rôles dans la commission de l'infraction préparée importe donc peu. La jurisprudence en déduit qu'il n'est pas nécessaire que tous les membres du groupement ou de l'entente aient été identifiés et *a fortiori* poursuivis lorsqu'il est possible de reprocher à l'un d'eux sa participation[21].

B. La perception de l'acte

1376. Intention. – L'infraction est intentionnelle : la participation à une association de malfaiteurs doit être consciente et libre. L'agent doit savoir qu'il rejoint (ou constitue) un groupement ou une entente ayant vocation à commettre une ou plusieurs infractions. L'agent doit également savoir qu'un acte préparatoire a déjà été accompli en ce sens ou va l'être. Il doit s'engager en mesurant le sérieux du projet[22]. Peu importe qu'il n'en connaisse pas encore les détails qui, à ce stade, sont rarement tous arrêtés[23].

En pratique, les magistrats ont tendance à considérer que l'intérêt commun des différents participants à l'infraction à venir laisse entendre qu'ils veulent agir ensemble pour la commettre. C'est l'explication la plus vraisemblable, à charge pour les participants de rapporter la preuve contraire en démontant par ex. qu'ils ignoraient l'objectif poursuivi à leur insu au sein du groupement, de sorte que leur participation s'explique autrement[24].

Les faits étant ténus, cette appréciation livre les suspects à l'arbitraire de la police judiciaire, de l'autorité de poursuite et du juge. Par ce biais, les mauvaises relations sont aisément punissables.

§2. La répression de la participation coupable

1377. La participation à une association de malfaiteurs peut être poursuivie sur le fondement de plusieurs textes entraînant l'application de sanctions différentes : s'il existe un délit général applicable lorsque l'infraction projetée est un crime ou un délit puni d'au moins 5 ans d'emprisonnement, il existe aussi des

18. Cass. crim., 30 avr. 1996, *B.* n° 176.

19. Cass. crim., 26 mai 1999, *RSC* 2000, p. 621, obs. P. Delmas Saint-Hilaire.

20. Ce flou permet aux magistrats de considérer que la seule adhésion à l'idéologie islamiste radicale suffit pour reprocher une participation coupable au frère d'un terroriste : Cass. crim., 22 avr. 2020, *Gaz. Pal.*, 1er sept. 2020, p. 49, obs. S. Detraz ; *RSC* 2020, p. 303, obs. Y. Mayaud.

21. Cass. crim., 20 juin 2017, *Dr. pén.* 2017, n° 124, obs. P. Conte.

22. Cass. crim., 9 sept. 2020, *Dr. pén.* 2020, n° 201, obs. P. Conte.

23. Cass. crim., 15 déc. 1993, *Dr. pén.* 1994, n° 131, obs. M. Véron.

24. Cass. crim., 5 sept. 2018, *AJ pénal* 2019, p. 37, obs. M. Bendavid.

délits spécifiques constitués lorsque l'association de malfaiteurs tend à la commission d'infractions particulières. Il convient donc de distinguer.

A. La participation de droit commun

1. Les peines encourues

1378. Peines principales. – L'article 450-1 fait varier les peines principales encourues par chaque participant en fonction de la gravité de l'infraction projetée au sein de l'association de malfaiteurs. Dans les hypothèses les plus graves (crime ou délit puni de 10 ans d'emprisonnement), la participation à une association de malfaiteurs est punie de 10 ans d'emprisonnement et 150 000 € d'amende. Lorsque, au contraire, l'infraction projetée est moins grave (délit passible de 5 ans d'emprisonnement et plus, sans atteindre 10 ans), ces peines principales sont réduites de moitié : le participant à l'association de malfaiteurs s'expose à 5 ans d'emprisonnement et 75 000 € d'amende.

Peu importe le nombre de participants et le rôle joué par chacun dans l'association.

De telles sanctions peuvent sembler exagérées alors qu'il s'agit de punir une participation indéterminée à une association de malfaiteurs dans le cadre de laquelle seul un acte préparatoire est commis[25]. Mais le but du législateur est moins de réprimer lourdement des comportements insignifiants que de permettre à l'autorité de police de démanteler des groupes dangereux avant tout passage à l'acte pour n'exposer la société à aucun risque. C'est une logique de sécurité qui prévaut ici et qui empiète quelque peu sur les missions de police administrative et de renseignement[26]. Le droit pénal se fait préventif alors même que cette fonction relève en principe du droit administratif.

1379. Peines complémentaires. – Les personnes physiques s'exposent en outre aux peines complémentaires de l'article 450-3 qui s'inspirent de la même idée de neutralisation : interdiction des droits civiques, civils et de famille, interdictions d'exercer, interdiction de séjour. Le dernier alinéa du même texte ajoute : « peuvent être également prononcées à l'encontre de ces personnes les autres peines complémentaires encourues pour les crimes et les délits que le groupement ou l'entente avait pour objet de préparer ». La confiscation générale est également applicable (art. 450-5), ce qui surprend de plus belle, car une telle sanction paraît sans rapport avec la faible matérialité de l'infraction reprochée.

1380. Groupements. – Quant aux personnes morales, elles s'exposent à une amende dont le montant est porté classiquement au quintuple ainsi qu'à l'ensemble des peines de l'article 131-39 : à supposer qu'une telle infraction puisse être commise pour le compte d'un groupement, celui-ci peut donc être dissous (art. 450-4). La confiscation générale lui est également applicable (art. 450-5).

25. E. Dreyer, « Faire et (y) penser », *Gaz. Pal.*, 4 févr. 2020, p. 72.

26. P. Beauvais, « La nouvelle surveillance pénale », *in Mél. Guidicelli-Delage*, Dalloz, 2017, p. 268.

2. Les particularités de la poursuite

1381. Repentir. – L'article 450-2 dispose à la suite que : « toute personne ayant participé au groupement ou à l'entente définis par l'article 450-1 est exempte de peine si elle a, avant toute poursuite, révélé le groupement ou l'entente aux autorités compétentes et permis l'identification des autres participants ». Il s'agit d'encourager le repentir actif de celui qui, ayant accepté de participer à une association de malfaiteurs, commet une infraction mais la dénonce avant tout commencement d'exécution du crime ou du délit projeté. Sa responsabilité pénale est engagée. Mais la déclaration de culpabilité ne s'accompagne pas de peines si la dénonciation intervient en temps utile et permet l'identification des autres malfaiteurs. Peu importe qu'ils ne soient pas appréhendés.

Cette hypothèse d'exemption de peine s'avère assez généreuse car, l'infraction de participation à une association de malfaiteurs étant constituée, c'est *a posteriori* que réagit le délateur, c'est-à-dire à un moment où il ne doit bénéficier en principe que d'une réduction de peine pour avoir permis de faire cesser l'infraction, évité qu'elle ne produise un dommage ou identifié ses coauteurs ou complices (C. pén., art. 132-78, al. 2). Une telle exemption est justifiée par le souci d'éviter la commission de l'infraction projetée. C'est essentiellement par rapport à elle qu'il faut l'envisager. Mais on peut voir aussi dans cette générosité – finalement très relative – la contrepartie de la suppression de toute possibilité de désistement volontaire puisque, sous couvert de participation à une association de malfaiteurs, l'infraction future devient punissable par anticipation, indépendamment de tout passage à l'acte.

B. Les participations spécifiques

1382. Pour mémoire, on se contentera de rappeler ici que la participation à une association de malfaiteurs est également incriminée dans plusieurs autres hypothèses.

Il en va tout d'abord ainsi lorsque l'infraction projetée est un acte de terrorisme (art. 421-2-1). Au-delà de sanctions aggravées (art. 421-2-5 et 421-2-6), l'enjeu est de permettre l'application de règles de poursuite spéciales, propres à la lutte contre cette catégorie d'infractions (v. *supra,* n° 197). L'application d'une sanction de nature criminelle justifie également l'incrimination distincte de la participation à une association de malfaiteurs en vue de préparer un crime contre l'humanité (art. 212-3. – V. *supra,* n° 165) et un crime d'eugénisme ou de clonage reproductif (art. 214-4). S'agissant de la préparation de crimes et délits de guerre, l'incrimination spéciale de la participation à une association de malfaiteurs permet également de relever le montant de l'amende encourue (art. 461-18). Enfin, en matière d'atteintes aux systèmes de traitement automatisé de données, l'incrimination distincte de la participation à une association de malfaiteurs permet d'appliquer les peines prévues pour l'infraction projetée, ou pour l'infraction la plus sévèrement réprimée parmi toutes les infractions projetées (art. 323-4. – V. *supra,* n° 490).

On relèvera ensuite que, non sans paradoxe, l'article 222-14-2 du Code pénal punit d'un an d'emprisonnement et de 15 000 € d'amende « le fait pour une personne de participer sciemment à un groupement, même formé de façon temporaire, en vue de la préparation, caractérisée par un ou plusieurs faits matériels, de violences volontaires contre les personnes ou de destructions ou dégradations de biens ». Le législateur a voulu permettre ici la sanction d'une association de malfaiteurs lorsque les infractions projetées sont des contraventions ou des délits punis d'une peine d'emprisonnement inférieure à 5 ans. Mais il permet également de minorer la répression lorsque les violences projetées exposent leur auteur à une sanction supérieure. Les juridictions répressives préféreront sans doute appliquer alors l'article 450-1 en faisant une application discutable du principe selon lequel la loi spéciale déroge à la loi générale.

Section 2
Les abstentions exposant autrui à un risque

1383. Sous couvert de « mise en danger », le Code pénal incrimine également différentes omissions coupables. Pendant longtemps, au nom d'un certain individualisme, les comportements d'abstention n'ont pas été pénalement sanctionnés. L'affaire de la « séquestrée de Poitiers » a déjà été évoquée (v. *supra*, nº 68). On rappellera tout au plus que, à cette occasion, le défaut de soins d'un frère envers sa sœur est finalement resté impuni. Au début du xxe siècle, on considérait encore que le droit pénal était fait pour sanctionner les mauvaises actions, non pour imposer de bons comportements. L'obligation d'agir relevait de la morale, non du droit. Toutefois, progressivement, la théorie de la commission par omission – qui assimile l'abstention volontaire à l'action produisant un résultat équivalent – s'est imposée dans un souci de solidarité. Le législateur a fini par admettre qu'un comportement passif n'est pas toujours étranger à la commission d'une infraction par autrui ou à la réalisation d'un dommage pour autrui : si cette abstention n'est pas à l'origine de l'infraction ou du dommage, elle ne lui est pas étrangère dès lors qu'une action aurait permis d'éviter l'une ou l'autre.

Ainsi, ont notamment été incriminés le non-obstacle à la commission d'une infraction et la non-assistance à personne en péril[27]. Il s'agit de deux infractions différentes qui comportent cependant un certain nombre d'éléments communs[28]. Envisageons d'abord ce qui les sépare puis ce qui les rapproche.

27. Mais l'obligation de solidarité qui s'impose à chacun, dans la société contemporaine, va bien au-delà. Sont également incriminées : l'abstention de combattre un sinistre (art. 223-7) et le défaut de réponse à une réquisition (art. R. 642-1). – Il en va *a fortiori* de même pour l'entrave aux mesures d'assistance (art. 223-5) qui est, elle, une infraction de commission.

28. La légitimité contemporaine de ces infractions ne saurait faire oublier leur origine circonstancielle et douteuse : la loi du 25 août 1941 qui les a introduites dans le Code pénal avait pour objectif de donner au gouvernement de Vichy les moyens de lutter contre la résistance et de protéger les forces allemandes d'occupation (D. Mayer, « La charité mesurée de l'art. 63, al. 2 du Code pénal », *JCP* G 1977, I, 2851).

§1. Les éléments distincts

1384. L'article 223-6 du Code pénal incrimine dans un premier alinéa le non-obstacle à la commission d'une infraction et dans un second alinéa la non-assistance à personne en péril. Conservons cet ordre de présentation.

A. La spécificité du non-obstacle à la commission d'une infraction

1385. Auteurs. – Il y a infraction, au sens du premier alinéa de l'article 223-6, lorsque « quiconque, pouvant empêcher par son action immédiate, sans risque pour lui ou pour les tiers, soit un crime, soit un délit contre l'intégrité corporelle de la personne, s'abstient volontairement de la faire ». Il s'agit de punir l'abstention de « quiconque », même des proches de l'auteur d'une infraction qui ne sont pourtant pas tenus – par ailleurs – de la dénoncer (art 434-1, al. 2. – V. *supra*, n° 1243) : chacun doit empêcher. *A priori*, même les personnes tenues au secret professionnel doivent faire obstacle à la consommation de certaines infractions. Ces personnes ne sont pas exceptées du champ de l'incrimination étudiée ici[29].

Pour autant, la loi n'oblige à intervenir qu'en raison d'infractions graves en train de se commettre. La condition préalable de ce délit doit donc satisfaire deux exigences, l'une concernant la gravité de l'infraction de référence et l'autre son exécution en cours.

1. La gravité de l'infraction de référence

1386. Faits générateurs. – Un défaut d'intervention ne peut être reproché qu'à une personne informée soit d'un crime, soit d'un délit contre l'intégrité corporelle d'autrui.

Tous les crimes sont concernés. En revanche, seuls les délits contre l'intégrité corporelle sont visés, même si la catégorie peut être entendue largement. Elle comprend toutes les atteintes intentionnelles et non intentionnelles à l'intégrité physique ou psychique d'autrui[30]. Elle s'étend aux agressions sexuelles autres que le viol[31] (lequel est pris en compte en tant que crime) ainsi qu'aux atteintes sexuelles[32]. Cependant, on ne saurait aller plus loin : il n'y a pas infraction à assister sans intervenir à la commission d'un délit contre les intérêts moraux de la personne (émission d'une lettre de dénonciation calomnieuse ou distribution d'un tract diffamatoire, par ex.) ou à la commission d'une infraction contre les biens. Dans ces deux dernières hypothèses, il semble qu'il y ait moins d'urgence à intervenir.

29. V. aussi B. Py, « Le secret professionnel et le signalement de la maltraitance sexuelle », *in Violences sexuelles*, APC 2012, t. 34, p. 81.

30. « De là, le devoir pénalement sanctionné d'empêcher la prise de volant par le conducteur en état d'alcoolémie ou la conduite d'un véhicule présentant des déficiences manifestes » : G. Vermelle, « Du droit pénal général reconfiguré par le droit pénal spécial », *in Mél. Pradel*, Cujas, 2006, p. 650. – V. en effet CA Nancy, 25 févr. 2002, *JCP* G 2003, IV, 1862.

31. Cass. crim., 9 avr. 1997, *Gaz. Pal.* 1997.2, chron. crim., p. 163.

32. Cass. crim., 31 mars 1992, *Gaz. Pal.* 1992.2, somm. p. 357. – V. aussi CA Grenoble, 7 juill. 2000, *JCP* G 2001, IV, 1469.

Enfin, on relèvera que l'abstention n'est pas punissable lorsque l'infraction en cours est une contravention. Toutefois, le résultat d'un acte de violence étant difficilement prévisible, il peut être risqué de s'abstenir sous prétexte que les coups portés semblent bénins : s'il n'y a pas infraction à rester passif en présence de violences légères (sans ITT), il y a délit à s'abstenir en présence de violences provoquant une ITT. Dans le doute, l'intervention s'impose. Il en va *a fortiori* de même lorsqu'une circonstance aggravante est de nature à transformer cette contravention en délit (v. *supra,* n° 86)... dès lors que le témoin peut s'en rendre compte.

2. L'exécution de l'infraction de référence

1387. Moment. – Par ailleurs, pour qu'une abstention soit punissable, encore faut-il que l'exécution du crime ou du délit auquel l'agent a assisté sans intervenir ait déjà débuté et ne soit pas encore achevée. Une intervention s'impose donc entre la tentative et la consommation d'un crime ou d'un délit à l'intégrité corporelle. Ce qui suscite deux interrogations complémentaires.

En premier lieu, on doit se demander si l'abstention est punissable au stade des actes préparatoires. En d'autres termes, la menace découlant d'un simple projet de crime ou de délit contre l'intégrité physique impose-t-elle d'ores et déjà d'agir ? D'aucuns l'ont soutenu invoquant quelques décisions à l'appui : son abstention a par ex. été reprochée à une femme qui avait laissé son mari monter dans une voiture qu'elle savait trafiquée par son amant[33] ainsi qu'à une femme qui n'avait pas réagi après avoir été informée par son amant du meurtre programmé de son mari pour la nuit suivante[34]. Néanmoins, si de telles décisions doivent être approuvées, c'est pour une tout autre raison : dans ces deux hypothèses, la volonté de tuer était d'ores et déjà certaine dans l'esprit de l'amant, de sorte que les magistrats ont vraisemblablement estimé que la phase d'exécution avait déjà commencé. Une intervention s'imposait parce qu'une tentative de meurtre avait débuté. Inversement, il semble difficile de déclarer fautive une abstention à raison de faits qui n'engagent pas encore la responsabilité pénale de leur auteur dès lors qu'ils n'expriment pas une volonté irrévocable de mettre son projet d'infraction à exécution. Si, au stade des actes préparatoires, le futur criminel hésite encore, un témoin de son indécision n'a pas l'obligation d'agir pour le dissuader ou, plutôt, n'a d'obligation qu'au plan moral, pas au plan juridique.

En second lieu, il faut se demander jusqu'à quand une intervention s'impose. L'abstention n'apparaît pas délictueuse si, lors de l'arrivée de l'agent sur place, il n'y a plus rien à faire pour empêcher l'infraction[35]. En revanche, dès lors qu'une intervention est encore possible, elle doit avoir lieu. Peu importent ses suites. L'abstention est punissable même si l'auteur de la tentative de crime se désiste volontairement ou est empêché d'agir jusqu'au bout par un tiers. L'abstention en cause ici correspond à un délit formel ; seul un comportement est incriminé. Certes, la

33. Cass. crim., 4 mai 1951, *D.* 1951, p. 452 ; *JCP* G 1951, II, 6518. – CA Bourges, 16 févr. 1950, *JCP* G 1950, II, 5629, obs. A. Chavanne.

34. T. corr. Lille, 27 juin 1950, *JCP* G 1950, II, 5837.

35. Mais la jurisprudence retient également ce délit de non-obstacle lorsque tout porte à croire que l'infraction consommée va se reproduire (v. s'agissant d'une maltraitance envers des personnes âgées érigée en système : Cass. crim., 23 oct. 2013, *Dr. pén.* 2013, n° 166, obs. M. Véron ; *Gaz. Pal.* 9 févr. 2014, p. 32, obs. S. Detraz).

logique veut que l'infraction, qui n'a pas été empêchée, soit commise. Toutefois, la preuve de l'obtention d'un tel résultat n'a pas à être rapportée.

B. La spécificité de la non-assistance à personne en péril

1388. Le deuxième alinéa du même article 223-6 punit, quant à lui, « quiconque s'abstient volontairement de porter, à une personne en péril, l'assistance que, sans risque pour lui ou pour les tiers, il pouvait lui prêter soit par son action personnelle, soit en provoquant un secours ». L'infraction suppose donc une personne en péril, c'est-à-dire une personne placée dans une situation critique qui peut avoir des conséquences graves pour elle.

Seuls sont pris en compte, à ce titre, les périls menaçants autrui dans sa vie et son intégrité physique ou psychique[36]. Mais tous ces périls sont pris en compte dès lors qu'ils s'avèrent actuels. Revenons sur ces trois points en évoquant successivement la victime, l'origine et l'actualité du péril.

1. La personne en péril

1389. Victime. – Autrui est toujours un autre que l'agent. Il est entendu assez largement. L'enfant en train de naître est assimilé à l'enfant déjà mis au monde et l'infraction est constituée à l'encontre du médecin qui tarde, malgré les appels de la sage-femme, à pratiquer une césarienne[37]. Une telle solution ne contredit pas la position de la Cour de cassation qui refuse d'admettre qu'il puisse y avoir homicide involontaire d'un fœtus (v. *infra*, n° 1592). Elle s'explique par le fait que l'enfant, même s'il a subi des séquelles prénatales qui auraient pu lui être épargnées, est né vivant. Parce qu'il existe alors en tant que personne, une sorte de protection rétrospective lui est accordée, non sans rappeler la maxime civiliste *infans conceptus pro nato habetur*.

L'infraction suppose par ailleurs que la victime ait été encore vivante au moment des faits. Si elle est déjà morte, il n'y a plus de péril ; l'obligation d'assistance n'a plus d'objet. Dans une telle hypothèse, aucune infraction ne peut être caractérisée, même si l'agent a cru la personne encore vivante et s'est volontairement abstenu de la secourir : son comportement n'est pas punissable – sous couvert d'infraction impossible – car la tentative d'une telle abstention n'est pas incriminée. Inversement, l'agent qui s'abstient n'est exonéré de toute responsabilité que si la mort était certaine. Le fait de se dispenser d'agir en croyant que la victime est déjà morte alors qu'elle vit encore constitue un délit. En cas de doute, l'action s'impose, ne serait-ce que pour s'assurer du décès d'autrui... Enfin, le fait que la victime soit

36. Un retentissement sur le corps d'autrui est, à tout le moins, nécessaire. À défaut, on ne voit pas en quoi les « secours » peuvent consister. Le péril purement moral (atteinte à la réputation) n'est pas pris en compte à ce titre. D'appréciation trop subjective, il ne suffit pas à créer une obligation d'agir. Peut-être aussi, ce péril moral n'est-il pas jugé suffisamment grave pour restreindre la liberté de chacun au nom d'une élémentaire solidarité (il n'y a pas davantage obligation d'agir pour sauvegarder les biens d'autrui). Ne pas retirer de son site Internet des propos diffamatoires ou des images dévoilant l'intimité d'autrui, mis en ligne par des tiers, n'est donc pas punissable à ce titre.

37. Cass. crim., 2 avr. 1992, *JCP* G 1993, II, 22105, note C. Vallar.

mortellement atteinte ne dispense pas de lui apporter un secours, au moins moral, dans ses derniers instants[38].

2. L'origine du péril

1390. Indifférence. – L'origine du péril importe peu. Il n'est pas nécessaire qu'il résulte d'un acte qualifié crime ou délit. D'ailleurs, dans une telle hypothèse, celui qui s'abstient est punissable aux conditions de l'article 223-6, al. 1 dès qu'il est informé du projet infractionnel, sans attendre que la victime se trouve effectivement en péril. Le péril appelant assistance au titre de l'alinéa 2 est davantage celui qui résulte d'une infraction déjà commise ou un péril dont la cause, échappant au droit pénal, s'avère naturelle ou accidentelle. La victime peut aussi s'être placée elle-même en danger (ivrogne tombé dans un canal). Elle peut même avoir recherché ce danger[39]. Pire : est tenue d'une obligation d'assistance la victime d'une infraction qui parvient à blesser son agresseur. Celui qui blesse la personne qui tente de le cambrioler ou de le violer doit lui porter secours dès lors que tout danger est écarté[40].

1391. Incompatibilités. – Plus délicate est l'hypothèse inverse. Peut-on reprocher à l'auteur d'une agression de ne pas être venu en aide à sa victime ? Lorsque des coups ont été intentionnellement portés, il serait curieux de retenir une non-assistance à personne en péril en plus d'une infraction de violences[41]. En effet, une telle abstention s'inscrit alors dans la logique des coups portés[42]. En revanche, l'obligation d'assistance s'impose à l'auteur de violences involontaires : l'automobiliste qui renverse un piéton doit s'arrêter et lui porter secours[43]. S'il s'en abstient, il commet une nouvelle infraction en concours réel avec la précédente.

3. L'actualité du péril

1392. Urgence. – L'article 223-6, al. 2, n'exige pas formellement que le péril ait été actuel. Toutefois, cette exigence procède du bon sens : l'assistance s'impose parce que la menace est présente ; à défaut, il n'existe aucune obligation d'agir. Seule l'urgence commande une intervention qui doit s'effectuer aussitôt. Tant que le risque n'est pas avéré, la liberté d'autrui doit être respectée. *Idem* lorsque tout risque est écarté[44].

Mais, en matière médicale, ces règles sont désormais perturbées par l'obligation faite au médecin de respecter le refus de soins exprimé par son patient dès lors qu'il l'a informé des conséquences de son choix et qu'il a tout fait pour l'amener à revenir

38. Cass. crim., 4 mai 2013, *Dr. pén.* 2013, n° 138, obs. M. Véron. – 23 mars 1953, *JCP* G 1953, II, 7584.

39. TGI Paris, 20 nov. 1985, *D.* 1985, p. 369, note B. Calais : personne suicidaire demandant conseils pour mettre fin à ses jours.

40. Cass. crim., 24 janv. 1996, *Dr. pén.* 1996, n° 152, obs. M. Véron.

41. CA Rouen, 22 sept. 1999, *JCP* G 2000, IV, 2736.

42. V. cpdt, dans une hypothèse où les violences avaient entraîné la mort sans intention de la donner : Cass. crim., 24 juin 1980, *B.* n° 202. – V. aussi CA Toulouse, 18 déc. 2003, *JCP* G 2004, IV, 2704.

43. Cass. crim., 4 mars 1998, *Dr. pén.* 1998, n° 97, obs. M. Véron. – V. aussi A.-M. Larguier, « Immunités et impunités découlant pour l'auteur d'une infraction d'une infraction antérieurement commise par celui-ci », *JCP* G 1961, I, 1601 *bis*, n° 10.

44. Cass. crim., 10 mars 1993, *Dr. pén.* 1993, n° 151, obs. M. Véron.

sur sa décision (CSP, art. L. 1111-4). De la même façon, il est acquis que les actes de prévention, d'investigation ou de soin ne doivent pas être poursuivis avec une obstination déraisonnable : « ils peuvent être suspendus ou ne pas être entrepris, conformément à la volonté du patient et, si ce dernier est hors d'état d'exprimer sa volonté, à l'issue d'une procédure collégiale définie par voie réglementaire » (CSP, art. L. 1110-5-1)[45]. Un auteur s'est inquiété de ce que, dans une telle hypothèse, l'autorisation de la loi ne semble profiter qu'au corps médical et non aux proches qui entourent le mourant[46]. Toutefois, les proches ne sauraient être tenus d'agir lorsque les principaux intéressés en sont dispensés par la loi. C'est l'existence même du péril qui est alors remise en cause.

1393. Résultat. – En toute hypothèse, là aussi, il n'est pas nécessaire que le péril qui n'a pas été empêché par l'agent finisse par occasionner un préjudice à la victime : le fait que celle-ci ait été sauvée par un tiers, plus diligent, n'exonère pas l'indifférent de sa responsabilité pénale. À l'instar du non-obstacle à la commission d'une infraction, la non-assistance à personne en péril constitue un délit formel constitué par une inaction volontaire alors que la loi commandait d'agir[47]. Pour que le délit soit constitué, il n'est pas nécessaire de rapporter la preuve de l'obtention du résultat redouté.

§2. Les éléments communs

1394. Pénalités. – Les deux délits de l'article 226-3 sont constitués par une abstention coupable décidée en parfaite connaissance de la situation qui imposait d'agir. Il s'agit de punir une indifférence volontaire au sort d'autrui. On envisagera successivement la double dimension, matérielle et morale, de ces délits, sachant que la personne physique déclarée coupable de l'une ou l'autre de ces deux infractions s'expose à titre principal à 5 ans d'emprisonnement et 75 000 € d'amende (7 ans et 100 000 € si un mineur de 15 ans est en cause)[48]. L'assimilation de l'abstention à l'action produisant le même résultat est donc loin d'être réalisée : ces peines s'avèrent sans rapport avec celles encourues au titre du meurtre ou de l'empoisonnement[49].

45. Les magistrats semblent considérer que l'infraction est justifiée par l'autorisation de la loi dans une telle hypothèse, même si toutes les règles de forme n'ont pas été respectées : Cass. crim., 5 mars 2019, *AJ pénal* 2019, p. 269, note M. Bénéjat ; *RSC* 2019, p. 446, obs. P. Mistretta. – Ce qui paraît contestable : J. Lagoutte, « De l'irresponsabilité pénale en fait d'euthanasie », *Dr. pén.* 2019, étude 22.

46. P. Conte, « Le Code de la santé publique et le choix de mourir exprimé par le malade », *in Mél. Bouloc*, Dalloz, 2006, p. 230.

47. Il s'agit d'une infraction instantanée qui se consomme dès que la personne a été informée du péril requérant son intervention et qu'elle reste passive (Cass. crim., 17 sept. 1997, *D.* 1998, p. 399, note D. Rebut). Peu importe que, après avoir quitté les lieux de l'accident sans donner l'alerte, elle soit revenue – prise de remords – alors que les secours étaient déjà sur place (Cass. crim., 15 avr. 2008, *Dr. pén.* 2008, n° 94, obs. M. Véron). Ce repentir actif ne peut faire oublier l'abstention initiale.

48. Les coupables n'encourent à titre complémentaire que l'interdiction des droits civiques, civils et de famille (art. 223-16). Au contraire, outre une amende dont le montant est porté au quintuple, les personnes morales s'exposent à l'ensemble des peines prévues à l'art. 131-39 (art. 223-7-1). – S'agissant des associations habilitées à agir, v. CPP, art. 2-3 et -17.

49. Aucune aggravation n'est prévue lorsque l'individu qui s'abstient est spécialement tenu d'un devoir de secours (médecin, pompier, policier), ce qui paraît discutable (v. sur cette hypothèse particulière : J. Michel, « Le délit de non-assistance à personne en péril appliqué aux agents chargés d'une mission de service public de secours », *AJ Pénal* 2023, p. 223).

A. L'intervention attendue

1395. Distinction. – Suivant les circonstances de l'infraction, on pouvait s'attendre soit à ce que l'agent fasse obstacle à une infraction principale en train de se commettre, soit qu'il apporte son aide à une personne en péril. Les incriminations présentent alors « un caractère si imprécis qu'elles confèrent aux juges un pouvoir souverain d'appréciation dont l'étendue peut inquiéter »[50].

1396. Non-obstacle. – Dans le premier cas, le délit est constitué par une abstention alors qu'il existait une possibilité d'action immédiate permettant d'empêcher l'infraction principale que l'agent a volontairement refusée de mettre en œuvre. Le délit de « non-obstacle » est donc consommé au moment où cette action aurait dû se produire.

L'article 223-6, al. 1, ne précise pas les moyens qui auraient dû être employés pour empêcher la réalisation du crime ou du délit en train de se commettre. Tout est cas d'espèce : « si le droit pénal critique l'égoïsme, il ne prescrit pas l'héroïsme »[51]. Le juge recherche, au regard des circonstances, quels moyens une personne raisonnable aurait mis en œuvre pour s'opposer à la consommation d'une infraction : avertir l'individu menacé, prévenir la police, décharger l'arme, s'interposer, etc. Une abstention délictuelle sera relevée si le comportement de l'agent n'apparaît pas à la hauteur des attentes que l'on pouvait légitimement placer en lui.

Formellement, aucune obligation de dénoncer ne s'impose[52]. Il suffit d'empêcher lorsqu'on en a les moyens[53].

1397. Non-assistance. – Dans le second cas, l'infraction tient au fait qu'aucune aide n'a été apportée à une personne en péril.

Selon l'article 223-6, al. 2, cette aide aurait pu être directe (dispenser soi-même les premiers soins) ou indirecte (alerter les secours). Le délit est constitué lorsqu'il peut être reproché à l'agent de ne pas avoir fourni l'une, ou l'autre, voire dans certaines circonstances successivement l'une *et* l'autre[54]. Les professionnels de santé doivent faire leur devoir et intervenir pour protéger autrui[55]. Il en va de même pour les agents publics des services de secours[56]. En revanche, il n'est pas toujours bon qu'un profane déplace lui-même un blessé ; il peut être préférable qu'il appelle à l'aide[57]. L'obligation d'agir ne saurait donc être généralisée car tout le monde ne possède pas les capacités physiques ou les aptitudes intellectuelles pour faire face

50. J.-P. Doucet, *La protection de la personne humaine*, Gaz. Pal., 3e éd., 1999, p. 228, nº I-409. – V. aussi J.-L. Fillette, « L'obligation de porter secours à la personne en péril », *JCP* G 1995, I, 3868.

51. M.-L. Rassat, *Droit pénal spécial*, Dalloz, 8e éd., 2018, p. 491, nº 418.

52. Une telle obligation peut néanmoins exister en vertu de l'art. 434-1 (v. *infra*, nº 1236). Celui qui reste passif commet alors deux délits en concours réel car il se rend coupable de manquements distincts à des obligations différentes.

53. Cass. crim., 7 nov. 1990, *RSC* 1991, p. 569, obs. G. Levasseur.

54. Cass. crim., 13 mars 2007, *DMF* 2007, p. 893, note. A. M., précisant que « l'efficacité du secours importe peu dès lors qu'il s'impose comme un « devoir d'humanité ».

55. CSP, art. R. 4127-9. – Toutefois, « une éventuelle erreur de diagnostic ne caractérise pas une abstention volontaire » (Cass. crim., 17 déc. 2019, *Dr. pén.* 2020, comm. 51, obs. P. Conte ; *RSC* 2020, p. 397, obs. P. Mistretta).

56. Cass. crim. 4 avr. 2007, *Dr. pén.* 2007, nº 100, obs. M. Véron.

57. Sauf gestes élémentaires à la portée de tout le monde : Cass. crim., 13 mars 2007, *Dr. pén.* 2007, nº 79, obs. M. Véron.

au danger[58]. Pour apprécier le caractère délictueux d'une abstention, les juges prennent en compte les compétences de chacun : celui qui sait nager doit se jeter à l'eau pour sauver un noyé ; l'automobiliste doit arrêter son véhicule et conduire à l'hôpital un blessé léger plutôt que se contenter d'informer les pompiers de sa présence sur le bord de la route[59], etc. Autant dire, qu'« il y aura infraction à opter pour le mode d'intervention le moins dérangeant ou le moins fatigant »[60]. Ce qui n'équivaut pas à une appréciation *in concreto* : c'est toujours une appréciation *in abstracto* qui est à l'œuvre mais atténuée par une adaptation du modèle de comportement aux circonstances[61].

Par ailleurs, l'obligation d'agir connaît une limite qui s'apprécie au cas par cas : il ne peut être reproché à l'agent qu'une action « sans risque pour lui ou pour les tiers ». Les magistrats ne peuvent reprocher son inaction à autrui sans s'expliquer sur ce point[62]. En effet, le Code pénal n'impose pas à chacun de se sacrifier. L'obligation d'assistance dont le défaut est pénalement sanctionné correspond là aussi à une obligation de moyen. Toutefois, seul un risque sérieux pour la vie ou la santé de celui qui s'est abstenu rend sa passivité légitime. La Cour de cassation considère que ni le verglas sur la route ni l'éloignement ne peuvent justifier l'inaction[63].

1398. Réparations. – Enfin, on l'a dit, peu importent les suites de l'inaction de l'agent (l'infraction ou le péril ayant pu être empêchés par un tiers). L'infraction est formelle. Mais lorsque la victime a souffert d'un dommage qui aurait pu lui être évité, elle est fondée à demander également réparation à la personne qui s'est abstenue[64]. Ainsi, la constatation d'un dommage, qui n'est pas nécessaire au plan pénal, peut s'avérer essentielle au plan civil. Cependant, les sommes allouées à titre de dommages-intérêts seront nécessairement limitées car le dommage subi par la personne non secourue résulte d'une situation antérieure à l'omission fautive. L'abstention n'est pas à l'origine de ce dommage. Tout au plus, une intervention de l'agent aurait-elle permis de l'éviter ou d'en limiter l'importance. L'action civile n'est donc recevable qu'à raison de cette perte de chance et du désarroi moral causé par l'abstention (si la victime a eu conscience de la passivité de l'agent)[65]. En effet, le prévenu ne peut se voir reprocher que le préjudice résultant de son inaction[66].

B. La conscience de la situation

1399. Dol. – Les deux infractions de l'article 223-6 sont intentionnelles. Elles requièrent *a minima* un dol général.

58. En toute hypothèse, celui qui prévient doit le faire de manière circonstanciée pour permettre une intervention efficace des secours : Cass. crim., 4 mars 1998, *Dr. pén.* 1998, n° 97, obs. M. Véron.

59. Cass. crim., 7 mars 1991, *Dr. pén.* 1991, n° 246, obs. M. Véron.

60. P. Conte, *Droit pénal spécial*, LexisNexis, 6e éd., 2019, p. 100, n° 149.

61. Toutefois, cette atténuation ne serait pas suffisante (V. dénonçant toujours la référence ainsi faite à un modèle de comportement : A.-T. Lemasson, « L'obligation de porter secours : la voie n'est-elle pas trop étroite ? », *in Héroïsme et droit*, Dalloz, coll. T & C, 2014, p. 181).

62. Cass. crim., 20 févr. 2013, *Dr. pén.* 2013, n° 89, obs. M. Véron.

63. Cass. crim., 4 févr. 1998, *Dr. pén.* 1998, n° 96, obs. M. Véron.

64. Cass. crim., 16 mars 1972, *B.* n° 109.

65. Cass. crim., 20 mars 1972, *D.* 1972, p. 394.

66. Cass. crim., 19 juin 1996, *Dr. pén.* 1996, n° 236, obs. M. Véron.

1400. Non-obstacle. – Ainsi, le fait de ne pas empêcher une infraction en train de se commettre n'est punissable que si l'agent avait conscience de la situation. L'article 223-6, al. 1, incrimine une abstention volontaire. L'agent doit avoir refusé d'agir en pleine connaissance de cause et non par ignorance du crime ou délit en cours d'exécution[67].

Bien entendu, le mobile est indifférent. Un éducateur de jeunes délinquants ne peut s'abstenir d'agir en cas de violences contre un tiers par crainte de compromettre son action de prévention[68].

En toute hypothèse, cette abstention ne doit pas avoir été convenue d'avance et s'expliquer par la volonté de l'agent d'aider l'auteur du crime ou délit dans son forfait. Il pourrait alors y avoir complicité.

1401. Non-assistance. – De même, la non-assistance à une personne en péril suppose que l'agent ait eu conscience du danger qui la menaçait. Seul peut être poursuivi l'individu qui s'est volontairement abstenu[69]. La Cour de cassation a précisé à cet égard que « la conscience de l'existence d'un péril imposant l'assistance prescrite par l'article 223-6, al. 2, C. pén. s'apprécie concrètement, en tenant compte, notamment, de l'absence de connaissances médicales de la personne mise en cause, ainsi que de la complexité ou de l'ambiguïté de la situation dont elle a été témoin »[70].

La plupart du temps, l'intention est déduite du fait que l'agent s'est nécessairement rendu compte de l'existence du danger menaçant autrui parce que ce danger était apparent[71]. Elle fut ainsi reprochée aux participants à une partie de « roulette russe », qui savaient que l'un d'eux était en danger de mort et qui n'ont pas fait cesser immédiatement ce jeu stupide[72]. En revanche, lorsque l'infraction est reprochée à un professionnel, peu importe l'évidence du péril : lorsqu'il relève de sa sphère de compétence, le professionnel ne peut prétendre l'avoir ignoré alors qu'il aurait dû immédiatement agir[73].

L'intention de ne pas porter secours peut découler également du fait que l'agent a été averti par un tiers du péril auquel se trouvait exposé autrui et n'a rien fait. Ce genre d'alerte appelle vérification. L'ignorer ou la prendre à la légère suffit à caractériser le délit. Les magistrats se montrent particulièrement sévères à l'égard des professionnels, notamment les médecins, qui doivent être capables de poser les bonnes questions pour évaluer les risques qui leur sont signalés[74].

67. Cass. crim., 4 mai 2021, *RSC* 2022, p. 58, obs. Y. Mayaud.

68. Cass. crim., 21 nov. 1974, *JCP* G 1975, II, 18143, note P. Chambon.

69. V. l'excluant Cass. crim., 18 juin 2003, *JCP* G 2003, II, 10121, note M.-L. Rassat ; *D.* 2004, p. 1620, note D. Rebut. – 26 mars 1997, *Dr. pén.* 1997, n° 125, obs. M. Véron.

70. Cass. crim., 22 juin 2016, *Gaz. Pal.* 4 oct. 2016, p. 49, obs. S. Detraz ; *AJ pénal* 2016, p. 535, obs. J. Lasserre Capdeville.

71. Cass. crim., 20 sept. 1993, *Dr. pén.* 1994, n° 1, obs. M. Véron. – 26 avr. 1988, *D.* 1990, p. 479, note H. Fenaux.- V. aussi CA Pau, 23 mai 2001, *JCP* G 2001, IV, 3095.

72. Cass. crim., 16 sept. 1992, *Dr. pén.* 1993, n° 78, obs. M. Véron.

73. Cass. crim., 26 mars 1997, *RSC* 1997, p. 838, obs. Y. Mayaud. – V. cpdt, en cas d'erreur de diagnostic empêchant un médecin de prendre conscience du danger : Cass. crim., 17 déc. 2019, *Dr. pén.* 2020, n° 51, obs. P. Conte ; *RSC* 2020, p. 397, obs. P. Mistretta.

74. Cass. crim., 21 janv. 1954, *D.* 1954, p. 224 ; *JCP* G 1954, II, 8050.

En toute hypothèse, le mobile reste là aussi indifférent. La fatigue n'est pas une cause de justification en droit pénal[75]. De même, l'infraction est constituée contre des parents qui laissent mourir sans soin leur enfant sous prétexte qu'ils attendent une guérison par intervention surnaturelle[76].

75. Cass. crim., 2 avr. 1992, *JCP* G 1993, II, 22105, note C. Vallar. – Mais, paradoxalement, le refus de soins dégage le médecin de sa responsabilité pénale. Il lui suffit donc de justifier d'une décharge pour échapper aux poursuites (Cass. crim., 3 janv. 1973, *B.* n° 2). Ce qui tient à la force du consentement en matière médicale.

76. Cass. crim., 29 juin 1967, *JCP* G 1968, II, 15377, note J. Pradel. – V. aussi, pour d'autres justifications tout aussi farfelues : Cass. crim., 8 oct. 1997, *Dr. pén.* 1998, n° 50, obs. M. Véron. – 27 sept. 1995, *B.* n° 290.

CHAPITRE 2

Les délits spécifiques de mise en danger

1402. D'autres comportements sont incriminés en ce qu'ils mettent spécifiquement en danger autrui. Il en va ainsi des atteintes sexuelles et d'un certain nombre d'actes de prosélytisme. Il en va de même s'agissant de différentes formes d'abandon.

Section 1 Les atteintes sexuelles

1403. La liberté sexuelle des mineurs est entière : ils peuvent entretenir des relations sexuelles entre eux ou avec des majeurs sans commettre d'infraction. Il n'en va pas de même pour la liberté sexuelle des majeurs. Même lorsqu'elles sont consenties, toutes les relations sexuelles entretenues par un individu majeur n'apparaissent pas légitimes en droit pénal. Tout dépend de l'âge du partenaire lorsqu'il est mineur et, éventuellement, du rapport d'autorité que le majeur exerce sur lui. En effet, le législateur incrimine les actes à dimension sexuelle accomplis par un majeur sur un mineur qui les a acceptés dans des conditions suspectes. On parle d'atteintes sexuelles, par opposition à une autre catégorie d'infractions qui est celle des agressions sexuelles (v. *supra*, n° 226) où l'agent use de violence, contrainte, menace ou surprise. Ici, apparemment, le mineur consent mais ce consentement ne peut légitimer l'attitude de l'adulte que l'on veut dissuader d'entretenir des relations sexuelles avec lui. En effet, un tel acte paraît dangereux pour le mineur que l'on cherche à protéger de lui-même autant que d'autrui. Pour le législateur, il y a alors « mise en péril du mineur ». Une telle solution paraît nuancée. Pourtant, le fragile équilibre trouvé en la matière a été récemment remis en cause par les présomptions d'agression qui sont désormais applicables en matière de viol et autres agressions sexuelles (V. *supra*, n° 233). Si la catégorie des atteintes sexuelles subsiste, elle semble privée de l'essentiel de sa substance dès lors que la plupart des faits qu'elle vise peuvent désormais être qualifiés viol ou autre agression sexuelle. Évoquons donc par principe les atteintes sexuelles existant dans le Code avant de nous interroger sur l'application résiduelle de cette qualification pénale confrontée à l'extension de la catégorie des agressions sexuelles.

Sous-section 1 La définition des atteintes sexuelles

1404. Formellement, il existe, aux articles 227-25 et 227-27 du Code pénal, deux infractions d'atteinte sexuelle qui se commettent de la même façon mais dont le domaine varie en fonction de l'âge du partenaire mineur. En effet, l'atteinte paraît plus ou moins grave suivant qu'une relation sexuelle a été entretenue par un majeur avec un mineur d'au plus 15 ans ou avec un mineur de plus de 15 ans. Envisageons d'abord ce qu'elles ont en commun puis ce qui les distingue.

§1. Éléments communs aux différentes atteintes sexuelles

1405. Est en cause un acte sexuel accompli par un individu majeur sur un individu mineur. Alors même que le mineur est apparemment consentant, cet acte sexuel est reprochable au majeur dans certaines circonstances. Peu importe le sexe (éventuellement identique) des partenaires.

Précisons à la fois la matérialité et la psychologie du comportement incriminé.

A. La matérialité de l'acte

1406. Présentation. – Dans certaines circonstances, un acte sexuel constitue une infraction alors même qu'il est accompli par un majeur sur un mineur sans violence, contrainte, menace ou surprise. De cette présentation, on tire différents enseignements relatifs à la qualité de l'auteur de l'infraction, à la nature de l'acte accompli ainsi qu'à l'apparent consentement donné par le mineur.

1407. Protagonistes. – L'infraction suppose tout d'abord une relation sexuelle entre une personne majeure et une personne mineure.

Mais cette relation n'est reprochable qu'à la personne majeure. À l'origine, seul l'article 227-25 l'indiquait formellement. Toutefois, la jurisprudence a considéré que l'article 227-27 renvoyait nécessairement sur ce point à l'article 227-25. En effet, on n'aurait pas compris qu'un mineur puisse se voir reprocher des relations sexuelles avec un autre mineur de 15 à 18 ans alors qu'il échappait à toute sanction pour des relations sexuelles entretenues avec un mineur d'au plus 15 ans[1]. Toute incertitude

1. En ce sens, on ajoutera que l'article 18 § 3 de la Convention sur la protection des enfants contre l'exploitation et les abus sexuels faite à Lanzarote le 25 octobre 2007 dispose : « les dispositions du paragraphe 1, *a)* n'ont pas pour objet de régir les activités sexuelles consenties entre mineurs ». En revanche, la directive 2011/92/UE du 13 déc. 2011 n'exclut pas les mineurs du champ d'application des comportements

a été levée à cet égard par la réforme du 21 avril 2021 qui a reformulé l'article 227-27 en envisageant par deux fois le fait d'une personne majeure. Elle seule est en cause ici.

Peu importe l'âge du partenaire mineur, sous réserve des exigences propres à chacune des deux incriminations d'atteintes sexuelles. Cependant, le mineur ne peut être trop jeune car il doit avoir été en mesure de consentir à la relation sexuelle[2]. Il doit donc avoir atteint l'âge de raison pour disposer d'une intelligence suffisante et d'une volonté propre[3]. À défaut, le comportement de la personne majeure n'a aucune signification pour lui, de sorte que son défaut de résistance ne peut être analysé comme un consentement à l'acte sexuel[4]. Le majeur qui profite de l'inconscience d'un mineur se rend coupable de viol ou d'autres agressions sexuelles car il « surprend » son consentement (v. *supra*, n° 229).

1408. Acte. – L'acte sexuel reprochable au majeur n'est pas précisé par la loi[5]. En réalité, sous couvert d'atteinte sexuelle, il doit être possible de reprocher à un individu majeur tout acte ayant conduit, ou pouvant conduire, à une pénétration sexuelle sur un individu mineur.

À ce titre, l'acte – nécessairement positif – doit impliquer un contact physique entre les deux partenaires. Il faut caractériser ici plus qu'un simple flirt[6]. *A minima*, des caresses sont donc requises et elles doivent être accomplies par le majeur « sur la personne d'un mineur » selon l'article 227-25. *A contrario*, il faut considérer que les actes sexuels accomplis par un mineur « sur la personne du majeur » ne sont pas punissables : les accepter ne constitue pas une infraction. Ce qui n'est guère satisfaisant au regard de la rationalité du délit[7] mais une telle interprétation s'impose au juge tant que l'incrimination n'est pas modifiée sur ce point.

Sous cette réserve, les termes employés semblent très généraux : ils ne commandent pas de rapporter la preuve d'un rapport sexuel complet mais ils ne l'excluent pas davantage. *A fortiori*, il n'est pas nécessaire que l'acte présente un caractère habituel. L'infraction est instantanée, consommée dès qu'un acte sexuel est réalisé par un majeur sur un mineur. En pratique, toutefois, parce que cet acte s'inscrit dans une relation de confiance, il est souvent réitéré.

---

qu'elle incrimine. Elle permet tout au plus aux États de légitimer les « activités sexuelles consenties entre pairs qui sont des personnes d'âges proches ayant atteint un niveau de développement ou de maturité psychologique et physique semblable » (art. 8).

2. V. faisant de la lucidité du consentement le critère de distinction : J. Danet, « Économie de la sexualité et droit pénal au début du xxie siècle », *in Mél. Guidicelli-Delage*, Dalloz, 2017, p. 485.

3. V. déduisant le consentement à certains actes sexuels du fait que d'autres ont été refusés : Cass. crim., 17 mars 2021, *JCP* G 2021, 351, obs. J. Gallois ; *Gaz. Pal.*, 11 mai 2021, p. 53, obs. S. Detraz ; *AJ pénal* 2021, p. 266, obs. J. Lasserre Capdeville.

4. V. toutefois, refusant que le jeune âge de la victime suffise à exclure son consentement : Cass. crim., 1er mars 1995, *Dr. pén.* 1995, n° 171, obs. M. Véron.

5. La Cour de cassation n'y voit aucune objection (Cass. crim., 6 juin 2018, *Dr. pén.* 2018, n° 151, obs. P. Conte). – Il en existe pourtant (J.-C. Saint-Pau, « Le mineur victime d'une infraction pénale », *in La victime de l'infraction pénale*, Dalloz, coll. T & C, 2016, p. 92).

6. V. excluant aussi l'infraction dans l'hypothèse – moins romantique – où un individu se masturbe devant sa belle-fille : Cass. crim., 7 sept. 2016, *Dr. pén.* 2016, n° 167, obs. P. Conte ; *AJ pénal* 2016, p. 529, note V. Malabat ; *RSC* 2016, p. 764, obs. Y. Mayaud.

7. Peu importe que l'initiative des actes sexuels accomplis sur la personne du mineur revienne au majeur ou au mineur lui-même (qui ne doit pas être sollicité et auquel il faut savoir résister).

1409. Accord. – La motivation des partenaires peut être variée ; elle est en toute hypothèse indifférente. Seul compte le fait qu'un acte sexuel est commis sur un mineur avec l'assentiment de celui-ci : le majeur ne lui impose pas cet acte en ayant recours à la violence, à la contrainte, à des menaces ou à la surprise.

En effet, les articles 27-25 et 227-27 s'appliquent « hors les cas de viol ou d'agression sexuelle prévus à la section 3 du chapitre II du présent titre ». Un accord libre et éclairé du mineur est donc nécessaire. L'atteinte punissable est une atteinte consentie[8].

Le consentement de la personne mineure s'impose pour distinguer cette catégorie d'infractions des agressions sexuelles. Mais, on l'a dit, ce consentement ne légitime pas l'acte reproché à la personne majeure. Il s'agit de protéger le mineur par-devers lui en sanctionnant tout majeur entretenant, dans certaines circonstances, des relations sexuelles avec lui. Le législateur estime en effet que le mineur est en danger lorsqu'il agit de la sorte[9]. Il reproche alors au majeur d'avoir accepté cette prise de risque[10].

On peut y voir le souci de faire respecter des « bonnes mœurs sexuelles »[11]. Mais il s'agit moins de défendre la morale publique que de protéger les mineurs contre leurs propres emportements. L'objectif est prophylactique. La société ne peut tolérer cette relation sexuelle nouée avec un adulte car elle comporte un risque d'abus important. La relation est trop asymétrique. Certes, un abus de la part du majeur n'est pas établi dans une telle hypothèse mais il semble si facile à commettre que le législateur refuse de l'accepter[12]. En incriminant les actes sexuels accomplis par un majeur à cette occasion, il cherche à préserver les enfants de la perversité des adultes qui pourraient profiter de leur naïveté[13]. On peut y voir une infraction-obstacle : un comportement est incriminé avant qu'il ne dégénère (si le majeur persiste alors que le mineur retire son consentement).

1410. Preuve. – En pratique, faute de repentir du mineur (ou de l'agent), une telle infraction s'avère difficile à établir. Mais un acte sexuel peut être dénoncé par les parents du mineur qui ont surpris le majeur avec lui. L'infraction peut également résulter des enregistrements audiovisuels que l'agent a réalisés, ou fait réaliser, et « qui le montrent se livrant à des actes sexuels avec des jeunes filles mineures »[14] !

---

8. On pourrait dès lors discuter le terme « atteinte » servant à désigner l'infraction. Le majeur ne porte pas atteinte au mineur, sauf à tenir l'atteinte pour synonyme de contact en se désintéressant du fait qu'ici le contact n'est pas imposé. En réalité, l'atteinte doit être entendue dans un autre sens : ici, elle est légale. Une atteinte est portée à la liberté sexuelle des majeurs par la loi dans le but de protéger les mineurs.

9. V. aussi V. Malabat, « Morale et droit pénal », *in Droit et morale*, Dalloz, 2011, p. 227.

10. V. déjà E. Garçon, *Code pénal annoté*, Rec. gén. lois et arrêts, 1901-1906, ss. art. 331 à 333, p. 852, n° 94.

11. S. Papillon, *Les mœurs sexuelles et le droit pénal*, Th. Lyon III, 2021, p. 159, n° 192.

12. Un rapprochement peut ainsi être opéré avec l'abus de faiblesse (v. aussi E. Lajus-Thizon, *L'abus en droit pénal*, Dalloz, coll. NBT, t. 105, 2011, p. 129, n° 179).

13. Cass. crim., 29 mars 2006, *RSC* 2006, p. 828, obs. Y. Mayaud.

14. Cass. crim., 4 févr. 2004, *RSC* 2004, p. 639, obs. Y. Mayaud.

B. La perception de l'acte

1411. Intention. – L'infraction est intentionnelle. À ce titre, elle suppose la conscience et la volonté chez l'agent d'accomplir un acte sexuel sur un mineur – ce qui laisse une place pour l'erreur de fait lorsque le mineur paraît plus âgé qu'il ne l'est réellement. Mais, s'agissant d'infractions commises le plus souvent par des proches qui inspirent confiance et peuvent à ce titre agir sans violence, contrainte, menace, ni surprise, les magistrats admettent rarement que l'agent a pu effectivement se tromper sur l'âge de son partenaire[15].

L'ambiguïté de l'acte accompli pourra prêter, éventuellement, à discussion (caresse, baiser, etc.). Mais, dès lors que sa dimension sexuelle paraîtra incontestable, les magistrats ne se laisseront guère abuser. Ils refuseront d'admettre qu'il a pu être imprudemment réalisé.

Là aussi, le mobile est indifférent. Notamment, il ne saurait être soutenu qu'il s'agissait de faire l'éducation du mineur pour justifier les relations sexuelles entretenues avec lui[16]. Peu importe également qu'un amour sincère ait lié les deux partenaires. Le majeur amoureux doit attendre que le mineur ait atteint 15 ou 18 ans avant d'accomplir avec lui un acte sexuel.

§2. Éléments propres à chaque atteinte sexuelle

1412. Un majeur ne peut entretenir aucune relation sexuelle avec un mineur âgé d'au plus 15 ans. Cette limite mise à la liberté sexuelle des majeurs est absolue (alors que le mineur consent !). Par ailleurs, un majeur ne peut entretenir de relations sexuelles avec un mineur de plus de 15 ans s'il existe un rapport d'autorité entre eux qui pourrait fausser la sincérité du consentement donné à l'acte par ce mineur. La limite impartie à la liberté sexuelle du majeur est alors relative (puisque le fait, par un majeur, d'entretenir une relation amoureuse avec un mineur de plus de 15 ans ne constitue pas une infraction). La méconnaissance de telles limites constitue des infractions distinctes.

A. L'atteinte sexuelle sur mineur de 15 ans

1413. Présentation. – L'article 227-25 incrimine tout acte sexuel accompli par un majeur, sans violence, contrainte, menace, ni surprise, sur un mineur d'au plus 15 ans au moment des faits. L'absence de pression exercée sur le mineur établit son consentement.

À l'origine, ce seuil d'âge permettait de faire coïncider l'infraction avec la prohibition du mariage des filles de moins de 15 ans dans le Code civil de 1804 : avant quinze ans, il ne pouvait y avoir ni mariage, ni relations sexuelles pour les filles avec un vieux barbon. En revanche, dès 15 ans, le mariage devenait possible et, logiquement, les relations sexuelles aussi. Il suffisait que la mineure y consente. Mais ce seuil d'âge a été rehaussé par une loi du 4 avril 2006 disposant désormais que « l'homme et la femme ne peuvent contracter mariage avant 18 ans révolus »

15. Cass. crim., 7 févr. 1957, *B.* n° 126.

16. CA Limoges, 26 mai 1989, *Dr. pén.* 1990, n° 50, obs. M. Véron.

(C. civ., art. 144). Une fille ne peut donc se marier avant sa majorité mais, sous certaines conditions, elle peut entretenir des relations sexuelles avec un adulte à partir de son 16e anniversaire. Ce qui semble incohérent, même si l'article 145, C. civ. permet au procureur de la République d'accorder des dispenses d'âge en vue d'un mariage anticipé, « pour des motifs graves », au nombre desquels on trouve le fait que les futurs époux (dont au moins un est mineur) sont, ou vont être, parents[17]...

1414. Pénalités. – En application de l'article 227-25, la personne majeure reconnue coupable d'une telle infraction s'expose à 7 ans d'emprisonnement et 100 000 € d'amende.

Mais ces peines sont portées à 10 ans d'emprisonnement et 150 000 € d'amende si l'atteinte sexuelle a été commise (art. 227-26) : 1° par une personne majeure ayant sur la victime une autorité de droit ou de fait[18] ; 2° par une personne qui abuse de l'autorité que lui confèrent ses fonctions[19] ; 3° par plusieurs personnes agissant en qualité d'auteur ou de complice ; 4° par l'intermédiaire d'un réseau de communication électronique (lorsque les messages adressés à un public indéterminé ont permis de mettre en relation le mineur avec l'agent) ; 5° ou par une personne agissant en état d'ivresse manifeste ou sous l'emprise manifeste de produits stupéfiants. Ces atteintes sexuelles peuvent éventuellement être déclarées incestueuses (art. 227-27-2-1).

En toute hypothèse, la personne physique s'expose également aux peines complémentaires de l'article 227-29 au nombre desquelles il faut citer l'interdiction, soit à titre définitif, soit pour une durée de 10 ans, d'exercer une activité professionnelle ou bénévole impliquant un contact habituel avec des mineurs. Le prononcé d'une telle peine est obligatoire (art. 227-31-1). En revanche, l'affichage ou la diffusion de la décision de condamnation n'est pas prévu. Plutôt que cette peine infamante, l'article 227-31 permet au juge de prononcer une mesure de suivi socio-judiciaire (qui inclut, en principe, une injonction de soins : art. 131-36-4). Par ailleurs, en cas d'atteinte sexuelle incestueuse commise par une personne titulaire de l'autorité parentale, la juridiction de jugement *doit* se prononcer sur le retrait total ou partiel de cette autorité à l'égard du mineur victime. Elle *peut* statuer aussi sur le retrait de l'autorité parentale à l'égard des frères et sœurs mineurs de la victime (art. 227-27-3). Dans le premier cas (à l'égard du mineur victime), il n'y a pas obligation à retirer l'autorité parentale mais à statuer sur l'opportunité d'une telle mesure. Dans le second cas (à l'égard de ses frères et sœurs), cette délibération devient facultative. En toute hypothèse, la juridiction peut se contenter de retirer l'exercice d'une telle autorité.

La personne morale dont la responsabilité pénale est engagée à ce titre – hypothèse concevable notamment en cas de dérive sectaire – s'expose quant à elle à une amende portée au quintuple ainsi qu'à l'ensemble des peines de l'article 131-39, sous réserve de la dissolution et de l'interdiction de faire appel public à l'épargne (art. 227-28-1).

17. V. aussi C. Dubois et M. Bouchet, « Réflexion sur les seuils d'âge en droit pénal de fond », *D.* 2018, p. 1269. – M. de Béchillon et J.-J. Choulot, « L'abus sexuel commis sur des mineurs et sa preuve en droit pénal », *in Le mineur et le droit pénal*, L'Harmattan, coll. Logiques juridiques, 2005, p. 60.

18. Le seul énoncé de la qualité de beau-père ou concubin de la mère ne suffit pas à rapporter la preuve de cette autorité : Cass. crim., 29 juin 1976, *B.* n° 233.

19. Cass. crim., 3 mai 1989, *Dr. pén.* 1990, n° 52, obs. M. Véron.

1415. Responsabilité. – La tentative est incriminée (art. 227-27-2) pour permettre la sanction d'atteintes sexuelles impossibles : hypothèse dans laquelle l'agent croyait entretenir des relations sexuelles consenties avec un mineur de 15 ans mais qui s'est révélé plus âgé.

La complicité peut être retenue dans les conditions du droit commun[20]. Elle est reprochable à celui qui aide un majeur à entretenir des relations sexuelles consenties avec un mineur en lui fournissant par ex. un local en connaissance de cause. En revanche, elle ne semble pas reprochable au mineur lui-même que le Code pénal place ici en situation de victime et non de coupable. En toute hypothèse, la complicité n'est punissable que si l'atteinte sexuelle est consommée ou tentée. La provocation d'un majeur à un acte sexuel en direction d'un mineur, non suivie d'effet, ne peut donc être sanctionnée à ce titre[21]. Il en va *a fortiori* de même pour la provocation d'un mineur à entretenir une relation sexuelle consentie avec un mineur de 15 ans. Aussi, le législateur a-t-il spécialement incriminé le fait d'adresser des offres ou des promesses (ou de proposer des dons, présents ou avantages quelconques) afin qu'une personne (nécessairement majeure) commette sur un mineur de 15 ans une atteinte sexuelle : cette provocation est alors punie de 3 ans d'emprisonnement et de 45 000 € d'amende (art. 227-28-3). Il s'agit de punir le « gourou » qui invite, sans succès, ses adeptes à faire l'éducation sexuelle de leurs enfants.

Par ailleurs, toute atteinte sexuelle sur mineur de 15 ans doit être dénoncée par quiconque en a connaissance aux autorités judiciaires ou administratives sous peine de 5 ans d'emprisonnement et de 75 000 € d'amende (art. 434-3, al. 2. – V. *supra*, n° 1245). Le silence gardé ne doit pas permettre la poursuite de tels actes. Toutefois, les personnes tenues au secret professionnel ne sont pas obligées de faire un signalement. Mais, si elles décident d'informer les autorités judiciaires, médicales ou administratives, cette violation de leur obligation de secret est déclarée légitime (art. 226-14, 1°). Dans une telle hypothèse, le législateur les laisse libres de parler ou de se taire (v. *supra*, n° 910).

1416. Poursuite. – Le délai de prescription de l'action publique ne commence à courir qu'à compter de la majorité du mineur victime (CPP, art. 8, al. 2). Ce délai est porté à 10 ans et, même 20 ans, lorsque l'atteinte sexuelle est aggravée au sens de l'article 227-26. De surcroît, lorsque l'auteur d'une atteinte sexuelle se voit reprocher une autre atteinte sexuelle ou une agression sexuelle sur mineur, le délai de prescription de la première infraction est éventuellement prolongé jusqu'à l'expiration du délai de la seconde (CPP, art. 8, al. 4) et les actes interruptifs accomplis dans une procédure produisent effet dans l'autre (CPP, art. 9-2).

Enfin, si cette infraction est commise à l'étranger par un français ou par une personne résidant habituellement en France, l'application de la loi pénale française est simplifiée par rapport aux exigences des articles 113-6 al. 2 et 113-8, C. pén. : les poursuites sont possibles même si les faits ne sont pas punis dans le pays où ils ont été commis et même s'ils n'ont pas donné lieu à une plainte ou une dénonciation officielle (art. 227-27-1). Cette simplification des règles de la compétence personnelle active de la loi pénale française permet aux juridictions répressives françaises

20. Cass. crim., 21 janv. 1987, *Gaz. Pal.* 1987.1, somm., p. 201, note J.-P. Doucet.

21. Au mieux, ce comportement est-il punissable sur le fondement de l'article 227-22-1, lorsque la proposition a été faite *via* un moyen de communication électronique (v. *infra*, n° 1446).

de sanctionner plus facilement la pédophilie et le tourisme sexuel des ressortissants français à l'étranger.

B. L'atteinte sexuelle sur mineur âgé de plus de 15 ans

1417. Présentation. – Lorsque le mineur ayant consenti aux relations sexuelles avec un majeur était âgé de plus de 15 ans, l'incrimination dispose d'un champ réduit. En principe, un majeur peut entretenir des relations sexuelles (non rémunérées) avec un mineur âgé de 15 à 18 ans même s'il n'est pas émancipé par le mariage. Il ne commet d'infraction que s'il existe un rapport d'autorité entre lui et le mineur en question.

L'article 227-27 sanctionne ainsi les atteintes commises sur un mineur de 15 à 18 ans : i) par toute personne majeure ayant sur la victime une autorité de droit ou de fait[22] ; ii) par une personne majeure qui abuse de l'autorité que lui confèrent ses fonctions[23]. Toutefois, cet abus de fonction ne doit pas se traduire par une pression remettant en cause le consentement du mineur à l'acte sexuel. C'est uniquement l'hypothèse dans laquelle un majeur profite de ses fonctions pour entrer en contact avec un mineur qu'il séduit ensuite et convainc d'engager une relation sexuelle avec lui[24].

Dans les deux cas, il faut empêcher que la situation particulière dans laquelle se trouve le majeur par rapport au mineur – même si elle n'implique aucune intimidation – ne vicie le consentement donné par le mineur à la relation sexuelle. Il s'agit d'éviter un détournement de la confiance que les adultes continuent d'inspirer aux grands enfants. Ces atteintes sexuelles peuvent aussi être déclarées incestueuses (art. 227-27-2-1).

1418. Pénalités. – L'atteinte sexuelle ainsi réalisée est punie de 5 ans d'emprisonnement et 45 000 € d'amende.

Les règles de poursuite évoquées ci-dessus s'appliquent également ici (V. *supra*, nº 1416). Il en va de même pour l'obligation de dénonciation de l'article 434-3 mais les sanctions encourues à ce titre sont ramenées à 3 ans d'emprisonnement et 45 000 € d'amende (al. 1. – V. *supra*, nº 1254).

Sous-section 2
L'application des atteintes sexuelles

1419. Exclusions. – La catégorie des atteintes sexuelles évoquée ci-dessus n'a plus qu'une vocation résiduelle à s'appliquer dans la mesure où l'article 227-

22. Le législateur tiendrait compte ici du fait que l'enfant, qui n'a pas mesuré initialement la portée des actes accomplis sur lui, n'ose plus les refuser ensuite à son parent ; il est pris au piège de son consentement : R. Nérac-Croisier, « L'efficacité de la protection pénale du mineur victime d'abus sexuels », *in Le mineur et le droit pénal*, L'Harmattan, coll. Logiques juridiques, 2005, p. 44.

23. Ce qui doit être démontré concrètement et ne peut résulter du simple rappel de la fonction abstraitement exercée (Cass. crim., 8 juin 2017, *Dr. pén.* 2017, nº 119, obs. P. Conte).

24. Le seul fait pour un pompier de se rendre en uniforme, dans un véhicule de service, à un rendez-vous amoureux avec une mineure de plus de 15 ans ne suffit pas à caractériser cet abus de fonctions (Cass. crim., 17 mars 2021, *JCP* G 2021, 351, obs. J. Gallois ; *Gaz. Pal.*, 11 mai 2021, p. 53, obs. S. Detraz ; *AJ pénal* 2021, p. 266, obs. J. Lasserre Capdeville).

25 comme l'article 227-27 incriminent des comportements « hors les cas de viol ou d'agression sexuelle prévus à la section III du chapitre II du présent titre ». Or, on trouve dans cette section III des comportements incriminés sous les qualifications de viol et autres agressions sexuelles qui sont susceptibles de recouvrir ceux qui viennent d'être exposés (V. *supra*, n° 233). En effet, les articles 222-23-1 et 222-23-2 ainsi que les articles 222-29-2 et 222-29-3 dispensent le juge d'établir le recours à la violence, menace, contrainte ou surprise, lorsqu'il sanctionne un viol ou une agression sexuelle autre que le viol commis par un majeur sur un mineur dans les conditions suivantes. En matière de viol, le fait que l'acte sexuel soit imposé n'a pas besoin d'être établi si les faits poursuivis (sur ou par le mineur) présentent un caractère incestueux (peu importe l'âge du mineur) ou si les faits poursuivis ont été accomplis sur un mineur de 15 ans ou si cet acte a été accompli par un mineur sur un majeur d'au moins 5 ans son aîné ou si, encore, cet acte a été accompli par un mineur sur un majeur contre rémunération. En matière d'agression sexuelle autre que le viol, le fait que l'acte soit imposé n'a pas besoin d'être établi si les faits accomplis (sur le mineur) présentent un caractère incestueux (peu importe l'âge du mineur) ou s'ils sont accomplis sur un mineur de 15 ans soit par un majeur d'au moins 5 ans son aîné, soit par un majeur qui le rémunère.

Si la distinction entre agression sexuelle (acte imposé) et atteinte sexuelle (acte consenti) subsiste en théorie, elle peut aisément être méconnue en pratique grâce à ce mécanisme présomptif car il n'est plus possible de faire la différence entre ces deux types d'actes lorsque l'emploi de la violence, contrainte, menace ou surprise, est présumé. Irréfragable, cette présomption tient pour invraisemblable le consentement du mineur dans les hypothèses qu'elle vise et qui paraissent dès lors exclusives de toutes atteintes sexuelles. La question du consentement du mineur n'est pas posée : seules les qualifications de viol ou autres agressions sexuelles s'appliquent aux faits dans leur plus haute expression pénale. Le juge est fondé à considérer, éventuellement contre toute évidence, que le mineur n'a pas consenti. Sauf à trouver des magistrats assez courageux pour dire qu'on ne saurait concevoir d'agression sexuelle sans agression, de sorte que la preuve évidente du consentement donné par le mineur à l'acte accompli par ou sur le majeur exclut qu'il puisse y avoir viol ou autre agression en tenant ainsi en échec le dispositif voulu par le législateur.

1420. Résidus. – En l'état de ces présomptions d'agression lors de relations sexuelles entretenues par un majeur avec un mineur, les qualifications d'atteintes sexuelles n'ont plus vocation à s'appliquer que de façon exceptionnelle[25].

A priori, elles cessent d'être applicables lorsque l'acte consenti par le mineur présente un caractère incestueux. En effet, dans une telle hypothèse, les qualifications de viol et autres agressions sexuelles ont toujours vocation à prévaloir sur celle d'atteinte sexuelle, que le mineur ait plus de 15 ans (art. 227-27) ou moins de 15 ans (art. 227-26). Car, en matière d'agression incestueuse, l'âge du mineur est indifférent et la définition de l'inceste identique à celle retenue en matière d'atteintes sexuelles (Comp., art. 222-22-3 et 227-27-2-1). Seule la question du consentement distingue alors les agressions sexuelles des atteintes sexuelles et c'est précisément la preuve d'un refus qui est escamotée par la présomption d'agression évoquée ci-dessus.

25. B. Le Dévédec, « Que reste-t-il de l'atteinte sexuelle ? », *Dr. pén.* 2022, étude 22.

Au mieux, une application résiduelle des qualifications d'atteintes sexuelles se conçoit-elle dans les deux cas suivants.

Il en va tout d'abord ainsi lorsque l'agression ne peut être présumée au titre du viol parce que l'acte dénué de caractère incestueux et non rémunéré a été accompli par un majeur sur un mineur consentant de plus de 15 ans. Il suffit alors d'établir, pour que l'article 227-27 s'applique, soit que le majeur disposait d'une autorité de droit ou de fait sur le mineur qu'il a pénétré, soit que le majeur a abusé de l'autorité que lui confèrent ses fonctions à cette occasion (moniteur de colonie de vacances ?). À défaut, le comportement de ce majeur échappe au droit pénal[26].

Il en va de même ensuite lorsque l'agression ne peut être présumée au titre des agressions sexuelles autres que le viol parce que l'attouchement dénué de caractère incestueux et non rémunéré a été commis soit sur un mineur de plus de 15 ans, soit sur un mineur de 15 ans mais par un majeur de moins de 5 ans son aîné. En effet, on l'a vu, ces deux conditions sont alors cumulatives pour dispenser de prouver l'usage de la violence, contrainte, menace ou surprise. Dans la première hypothèse, une atteinte sexuelle au sens de l'article 227-27, 2° peut être relevée comme précédemment si le majeur a abusé de l'autorité que lui conféraient ses fonctions ; dans la seconde hypothèse, une atteinte sexuelle au sens de l'article 225-25 peut être relevée compte tenu de l'âge du mineur[27].

Il se confirme ainsi que les hypothèses dans lesquelles les qualifications d'atteintes sexuelles pourront s'appliquer s'avèrent tout à fait marginales[28].

Section 2
Les actes de prosélytisme

1421. Le prosélytisme correspond au zèle déployé pour convaincre autrui de penser ou faire quelque chose. Ainsi entendu, il ne constitue pas une infraction. Néanmoins, plusieurs infractions reposent sur ce ressort psychologique. Le législateur incrimine ainsi deux formes d'incitation au suicide et plusieurs provocations en direction de mineurs qui les mettent en danger. Évoquons ces comportements à la suite.

26. Échappe également à toute sanction pénale le majeur sur lequel un mineur a accompli un acte sexuel dès lors que cet acte n'a pas été tarifé et qu'il existe une différence de moins de 5 ans entre les deux protagonistes. En effet, dans une telle hypothèse, la présomption d'agression ne s'applique pas. De surcroît, il ne saurait y avoir atteinte sexuelle car les articles 227-25 ou 227-27 supposent que l'acte sexuel soit commis par le majeur sur le mineur.

27. En revanche, si les faits sont commis par le mineur sur le majeur (et non par le majeur sur le mineur), on ne conçoit ni agression sexuelle, ni atteinte sexuelle. Ils échappent donc eux aussi au droit pénal.

28. Sauf à imaginer que l'absence d'abrogation des incriminations d'atteintes sexuelles s'expliquerait par le souci du législateur de permettre la correctionnalisation des viols présumés s'ils finissent par engorger les juridictions criminelles (v. le suggérant : Coll. Raison garder, *Mineurs et sexualité*, Dalloz, 2e éd., 2022, p. 216). La formule introductive ambiguë de l'article 227-21-1 autorise un tel raisonnement mais pas la formule « hors les cas de viol ou d'agression sexuelle » qui ouvre tant l'article 227-25 que l'article 227-27. Si l'une permet d'envisager l'application de ces qualifications de manière alternative, l'autre souligne le caractère subsidiaire des atteintes sexuelles conformément à la volonté répressive exprimée lors de la réforme.

§1. L'incitation au suicide

1422. Danger. – Le suicide ne constitue pas une infraction. Mais il n'est pas un acte anodin. Dans une société harmonieuse, il doit rester exceptionnel. *A minima*, le législateur pénal intervient donc pour éviter qu'il ne se banalise par l'effet de comportements et discours douteux.

Un angle mort du droit est apparu, au milieu des années 1980, lors de la publication de l'ouvrage *Suicide mode d'emploi*. Par son ampleur, une telle publication s'avéra déstabilisante. Toutefois, elle fut difficile à sanctionner. Techniquement, en effet, la liberté reconnue à chacun de se donner la mort assurait l'impunité de ceux qui avaient pu s'y associer : l'infraction de non-obstacle à la commission d'un crime ou délit ne pouvait être constituée, faute de qualification pénale de l'acte de suicide ; on ne pouvait davantage sanctionner un tel agissement au titre de la complicité par aide ou assistance, faute d'infraction principale punissable. Le plus souvent, il n'était même pas possible de punir là une abstention de porter secours à personne en péril, en l'absence de contact directement noué avec le défunt permettant de conclure à la conscience qu'avait eu l'agent de la réalité de son projet de suicide. Une telle impunité suscita l'indignation du public. Le législateur a donc fini par intervenir, le 31 décembre 1987, en incriminant distinctement la provocation au suicide ainsi que la valorisation des moyens de se donner la mort.

L'étude de ces deux infractions permet de souligner combien la liberté de chacun à l'égard de sa propre mort est envisagée strictement et l'attitude des tiers jugée avec sévérité.

A. La provocation au suicide

1423. L'article 223-13 du Code pénal incrimine une provocation suivie d'effet. Il vise : « le fait de provoquer au suicide d'autrui... lorsque la provocation a été suivie du suicide ou d'une tentative de suicide ». En l'absence de suicide ou de tentative de suicide judiciairement constatée, la provocation ne peut donc être sanctionnée. Il s'agit d'une infraction matérielle. Le législateur n'a pas voulu en faire une infraction formelle pour éviter de porter trop facilement atteinte à la liberté d'expression. En pratique, la question d'une éventuelle provocation ne se pose qu'*a posteriori*. S'il apparaît que la décision de se suicider n'a pas été prise librement par la victime, celui qui est à l'origine de son acte peut être inquiété.

1. Les caractères de la provocation

1424. Causalité. – La provocation au suicide doit présenter plusieurs caractères. Tout d'abord, il faut qu'elle soit directe. L'infraction suppose une véritable incitation au suicide, c'est-à-dire un encouragement à se donner la mort. Un tel objectif doit être clairement énoncé.

1425. Formes. – Peu importent les moyens mis en œuvre à cette fin. Ils ne sont pas précisés à l'article 223-13 qui n'envisage que leur résultat. Toutes formes de pression psychologique peuvent donc être prises en compte : propos ou geste.

Mais, s'agissant des propos, toute information donnée sur la façon de se donner la mort n'est pas nécessairement délictueuse. Ainsi, il a été jugé que « le simple conseil de se suicider, s'il n'est pas accompagné de manœuvres visant à en développer la force de conviction échappe à la répression »[29].

De la même façon, il est nécessaire qu'à travers le geste le ministère public parvienne à établir la volonté de l'agent de pousser la « victime » à se suicider. L'infraction n'a pas été déclarée constituée à l'encontre d'un prévenu qui avait remis un couteau à une personne dont il connaissait le comportement suicidaire et déséquilibré en la défiant de s'en servir[30]. En la mettant au pied du mur, il s'agissait plutôt de l'inciter à renoncer à son projet.

1426. Étendue. – Par ailleurs, les circonstances dans lesquelles cette incrimination a vu le jour donnent à penser que la provocation peut être collective et non seulement individuelle[31]. La provocation paraît encore plus dangereuse et mérite de plus belle une sanction lorsqu'elle a conduit plusieurs personnes au suicide ou à des tentatives de suicide dès lors que le ministère public est en mesure de démontrer un lien de causalité direct entre l'information donnée et chacun des suicides ou tentatives de suicide en question.

En effet, le pouvoir causal de la provocation doit être établi en toute hypothèse : le ministère public doit convaincre qu'un suicide ou une tentative de suicide a trouvé son origine dans la provocation poursuivie. Peu importe que celle-ci ait créé l'état suicidaire de toutes pièces ou, seulement, poussé au suicide une personne qui songeait déjà à le faire.

2. La répression de la provocation

1427. Individu. – La personne physique qui se rend coupable de provocation au suicide s'expose à 3 ans d'emprisonnement et 45 000 € d'amende. Toutefois, ces peines sont portées à 5 ans d'emprisonnement et 75 000 € d'amende lorsque la provocation au suicide a concerné un mineur de 15 ans. Sont en outre applicables différentes peines complémentaires dont la confiscation des documents écrits, visuels ou sonores ayant servi à réaliser l'infraction. La juridiction peut en autoriser, en tout ou partie, la destruction (art. 223-16 et -17).

1428. Groupement. – La responsabilité d'une personne morale se conçoit essentiellement dans l'hypothèse où, à l'occasion d'une dérive sectaire, son dirigeant appelle des « fidèles » au suicide. La personne morale s'expose alors à une amende portée au quintuple ainsi qu'à la plupart des peines de l'article 131-9 (la dissolution n'étant encourue que dans l'hypothèse d'une provocation dirigée contre un mineur de 15 ans – art. 223-15-1).

1429. Action civile. – L'infraction fait partie de celles pour lesquelles le législateur autorise toute association régulièrement déclarée depuis au moins 5 ans à la date des faits, et dont l'objet statutaire comporte la défense ou l'assistance de l'enfant en danger, à exercer les droits reconnus à la partie civile lorsque l'action publique a déjà été mise en mouvement (CPP, art. 2-3).

29. Cass. crim., 5 mars 1992, *Gaz. Pal.* 1993.2, somm. p. 486.

30. TGI Lille, 5 avr. 1990, *D.* 1993, somm. p. 14 obs. G. Azibert.

31. A. Lepage, « Suicide et droit pénal », *in Mél. Robert*, LexisNexis, 2012, p. 407.

B. La valorisation des moyens de se donner la mort

1430. Présentation. – L'article 223-14 incrimine à la suite : « la propagande ou la publicité, quel qu'en soit le mode, en faveur de produits, d'objets ou de méthodes préconisés comme moyens de se donner la mort ». Cette infraction est punie des mêmes peines, principales et complémentaires, que la précédente.

Il s'agit d'un délit qui se commet par voie de presse. Le législateur a voulu lui donner le champ d'application le plus large possible en incriminant « la propagande ou la publicité quel qu'en soit le mode ». Peu importent ses destinataires : le public est ici indéterminé. Peu importe que la diffusion du message litigieux n'ait pas été suivie d'effet. Peu importe même que les produits, objets ou méthodes vantés n'aient pas été capables de tuer. Il suffit qu'ils aient été « préconisés », c'est-à-dire présentés comme tels. À la différence du précédent, il s'agit là d'un délit formel qui existe donc sans qu'il soit nécessaire d'établir qu'autrui s'est donné la mort, ou a tenté de le faire, à la suite.

1431. Définitions. – Par propagande, on entend tout discours favorable à des objets ou méthodes censés donner la mort. Peu importe que ces objets ou méthodes soient envisagés de façon générique (mérites de la ciguë) ou particulière (mérites d'un produit de telle marque).

Par publicité, on entend un discours commercial poussant à contracter pour acquérir un objet susceptible de provoquer un décès ou pour obtenir la fourniture d'un service dans le même but (méthode pour abréger ses souffrances par ex.).

Peu importe la pertinence des discours en question. Néanmoins, ils ne doivent pas apparaître trop fantaisistes. En effet, si le message qu'ils véhiculent n'est pas crédible, ils perdent tout caractère incitatif.

1432. Illustrations. – Cette incrimination ne menace guère la liberté d'expression car l'objectif n'est pas d'atteindre tout discours favorable au suicide mais seulement la valorisation de moyens précis de se donner la mort.

C'est sur ce seul fondement que s'est placé le tribunal correctionnel de Paris pour sanctionner une réédition de l'ouvrage *Suicide mode d'emploi* après l'entrée en vigueur de la loi du 31 décembre 1987[32]. Plus récemment, une autre application de ce texte a été faite à une publicité, parue dans un quotidien, en faveur d'un livre anglo-saxon défendant un prétendu droit de mourir dans la dignité et proposant, en conséquence, différentes façons d'en finir avec la vie[33]. L'incitation n'était qu'indirecte car la publicité en question n'avait d'autre but que de favoriser la vente du livre. Néanmoins, la Cour de cassation a admis qu'elle incitait à utiliser les méthodes de suicide que l'ouvrage proposait[34]. Le directeur de la publication n'aurait donc jamais dû laisser paraître ce message commercial.

32. TGI Paris, 11 avr. 1995, *JCP* G 1996, II, 22729, note I. Lucas-Gallay.

33. CA Paris, 18 janv. 2001, *Dr. pén.* 2001, n° 84, obs. M. Véron.

34. Cass. crim., 13 nov. 2001, *RSC* 2002, p. 615, obs. J. Francillon.

§2. La provocation d'un mineur à commettre des actes dangereux ou immoraux

1433. Le Code pénal incrimine encore deux autres formes de prosélytisme : la provocation à l'alcoolisme et la provocation à la débauche[35]. Toutefois, de telles provocations ne sont punissables qu'à partir du moment où elles sont faites en direction d'un mineur. Leur champ d'application est donc plus étroit que dans l'hypothèse précédente. Néanmoins, comme dans l'hypothèse précédente, une répression spécifique s'est imposée ici car les comportements provoqués ne constituent pas des infractions dont la provocation peut être sanctionnée sous couvert de complicité. Il a donc fallu incriminer ces provocations à titre autonome compte tenu du danger ou de l'immoralité que l'alcoolisme et la débauche présentent pour un mineur qui n'en mesure pas toutes les conséquences.

A. La provocation de mineurs à l'alcoolisme

1434. Présentation. – L'article 227-19 incrimine distinctement la provocation directe d'un mineur à une consommation d'alcool excessive ou habituelle (al. 1 et 2). Dans les deux cas, le législateur craint pour la santé du mineur mais il redoute, en plus, dans la seconde hypothèse une accoutumance.

Une telle provocation mérite une sanction à laquelle ne s'expose pas le père qui invite son fils à goûter un vin pour l'initier aux différents cépages de sa région (ou pour fêter un heureux événement). Il s'agit de lutter contre la banalisation de la consommation d'alcool (consommation « habituelle »). Il s'agit aussi d'éviter que les jeunes gens recherchent son seul effet enivrant (consommation « excessive »). *A priori*, ces provocations sont punissables même lorsqu'elles n'ont pas été suivies d'effet : rien n'indique que la consommation de ces infractions dépend du passage à l'acte d'un ou plusieurs mineurs. Néanmoins, on supposera que le mineur a déjà bu. Il n'y a qu'à cette condition-là que l'on peut concevoir une provocation à boire encore ou trop.

Compte tenu des règles qui limitent, par ailleurs, la publicité en faveur de l'alcool (CSP, art. L. 3323-1 et s.), cette infraction est rarement constatée. Toutefois, les moyens de la provocation ne sont pas précisés, ce qui devrait faciliter sa preuve : peu importe la forme prise par la pression exercée sur le mineur pour le pousser à faire une consommation d'alcool anormale. Non seulement il n'est pas nécessaire que cette provocation soit publique mais il n'est même pas nécessaire qu'elle soit collective. Enfin, elle n'apparaît pas exclusivement reprochable à des individus majeurs. Elle peut donc être relevée contre un mineur qui encourage un autre mineur à le suivre dans l'ivresse.

1435. Pénalités. – Sur le fondement de l'article 227-19, la provocation directe d'un mineur à la consommation d'alcool est punie d'1 an d'emprisonnement et 15 000 € d'amende lorsque cette consommation s'avère excessive. Elle est punie de 2 ans d'emprisonnement et 45 000 € d'amende lorsqu'elle s'avère habituelle. Par ailleurs, ces peines principales sont doublées : i) lorsque le

35. Ne sont pas envisagées ici la provocation non suivie d'effet d'un mineur à se soumettre à une mutilation sexuelle et la provocation d'autrui à réaliser une telle mutilation (art. 227-24-1).

mineur provoqué est un mineur de 15 ans ou ii) lorsque les faits sont commis dans un établissement d'enseignement ou d'éducation ou dans les locaux de l'administration, à l'extérieur ou aux abords de ceux-ci. Les peines complémentaires de l'article 227-29 sont, en toute hypothèse, applicables.

Ce qui reste inférieur aux sanctions encourues en cas de provocation à la consommation de stupéfiants (v. *infra*, n° 1453). La différence de traitement entre ces deux types de provocation pourra être critiquée au plan sanitaire. Mais elle s'explique au plan technique par le fait que, pour un mineur, consommer de l'alcool – même de façon excessive ou habituelle – ne constitue pas une infraction. L'acte provoqué et, par extension, la provocation elle-même semblent ainsi moins graves.

B. La provocation de mineurs à la débauche

1436. Il existe désormais deux formes de provocation de mineurs à la débauche. La première, historique, n'est qu'indirecte : le législateur parle de corruption de mineur à ce titre, ce qui n'est guère explicite. La seconde est directe. Il s'agit de pousser un mineur à accomplir des actes sexuels sur lui-même ou autrui. Distinguons.

1. La provocation indirecte à la débauche

1437. Explication. – En l'occurrence, l'article 227-22 incrimine « le fait de favoriser ou de tenter de favoriser la corruption d'un mineur » (al. 1). Il n'en dit pas davantage... L'ancien Code parlait, lui, d'excitation de mineurs à la débauche.

En l'absence de précision sur la nature de l'acte, seul le but recherché caractérise l'infraction. C'est ce but qui permet de distinguer le fait de favoriser la corruption d'un mineur du fait de l'effrayer en lui montrant des images pornographiques (v. *infra*, n° 1565) ou de l'exploiter en le photographiant dans des attitudes sexuellement connotées (v. *infra*, n° 1535). Si l'agent peut avoir pris ou recherché du plaisir à cette occasion, il n'en reste pas moins que, sur le fondement de l'article 227-22, l'acte doit avoir été accompli dans le but principal d'exciter les passions du mineur et non les siennes[36]. En incriminant un tel acte, le législateur cherche à préserver l'innocence de la jeune victime[37]. Il s'agit d'éviter un développement intempestif de son instinct sexuel.

Tentons de préciser cette infraction avant d'envisager les modalités de sa répression.

a. Le comportement incriminé

1438. En réalité, le délit connaît plusieurs formes. À la corruption de mineurs au sens strict, ont progressivement été assimilés d'autres comportements.

36. Cass. crim., 14 nov. 1990, *Dr. pén.* 1991, n° 105, obs. M. Véron.

37. V. justifiant les peines encourues par « la protection de la moralité et des conditions d'éveil à la sexualité des mineurs, composante indispensable d'un développement harmonieux de leur personnalité » : Cass. crim., 10 avr. 2019, *Dr. pén.* 2019, n° 124, obs. P. Conte.

α. *La corruption de mineurs*

1439. ***Stricto sensu.*** – La corruption de mineur au sens strict est reprochable à tout individu, quel que soit son âge (il n'est pas nécessairement majeur) qui s'adresse à une personne mineure (même si ce mineur a plus de 15 ans et si aucune atteinte sexuelle ne peut être caractérisée). Peu importe que cette jeune victime n'ait aucune expérience ou que sa libido commence déjà à s'éveiller.

L'infraction équivaut à une provocation. Toutefois, elle n'est déterminée ni dans son objectif ni dans les moyens mis en œuvre. En effet, à la différence des précédentes, cette provocation est indirecte : le comportement auquel le mineur est poussé n'est pas clairement désigné. Pire : cette provocation peut être déguisée. Il s'agit de « favoriser » la corruption d'un mineur, ce qui évoque une incitation vague destinée à éveiller, ou développer, ses pulsions sexuelles. Synthétisant la jurisprudence antérieure, la Cour de cassation estime ainsi que peuvent être pris en compte tous « les agissements, qui par leur nature, traduisent, de la part de leur auteur, la volonté de pervertir la sexualité d'un mineur »[38]. Cela retentit tant sur l'élément matériel que sur l'élément moral de l'infraction.

Matériellement, en l'absence de précision législative, une conception large est permise dès lors que l'acte a pour objectif d'éveiller ou développer les pulsions sexuelles d'un mineur. Tout acte qui pousse un mineur à s'intéresser à la sexualité est susceptible d'être pris en compte : fourniture de moyens dans l'hypothèse d'une demande préexistante ou encouragement à passer outre d'éventuelles inhibitions[39]. En pratique, cette corruption peut être favorisée de plusieurs façons. L'agent peut d'abord accomplir sur lui-même des actes sexuels ou obscènes devant un mineur[40] mais il y a également corruption de mineur lorsque l'agent présente à un mineur l'activité sexuelle d'autrui[41]. Ensuite, l'infraction comprend l'accomplissement d'actes à connotation sexuelle sur le corps même du mineur et l'invitation adressée au mineur de participer à des actes à connotation sexuelle dès lors qu'ils sont envisagés, encore une fois, dans « l'intérêt » du mineur et non de celui qui prétend l'initier[42]. Néanmoins, l'infraction reste formelle : il n'est pas nécessaire d'établir que l'attitude de l'agent a effectivement troublé un mineur en éveillant prématurément ses pulsions sexuelles et, moins encore, d'établir que ce mineur s'est livré à la suite à un acte sexuel ou à connotation sexuelle. La consommation de l'infraction ne dépend pas de la preuve de l'obtention de ce résultat redouté.

---

38. Cass. crim., 20 févr. 2013, *Dr. pén.* 2013, n° 86, obs. M. Véron.

39. V. reprochant l'infraction à un individu qui, sur Internet, invitait des fillettes à un *strip-tease* devant la caméra de leur ordinateur : CA Paris, 13 mai 2011, *Comm. com. électr.* 2011, n° 92, obs. A. Lepage. – Il a été observé que la communication au public par voie électronique donne une « deuxième vie » à cette incrimination qui était « devenue presque désuète » (A.-S. Chavent-Leclère, « Le renouveau des infractions sexuelles à l'ère d'Internet », *in Mél. Mayaud*, Dalloz, 2017, p. 348).

40. Comp. Cass. crim., 1er févr. 1995, *B.* n° 43 et Cass. crim., 11 déc. 1952, *B.* n° 300.

41. V. s'agissant d'images pornographiques montrées à des mineurs : Cass. crim., 25 janv. 1983, *RSC* 1983, p. 668, obs. G. Levasseur. – CA Colmar, 29 mai 2012, *Gaz. Pal.* 5 sept. 2012, p. 12, note J. Lasserre Capdeville. – Il en va *a fortiori* de même s'agissant de films : Cass. crim., 26 avr. 2017, *Comm. com. électr.* 2017, n° 65, obs. A. Lepage.

42. Envoyer des messages érotiques à une mineure pour l'inviter à des relations sexuelles relève davantage du délit de propositions sexuelles faites par un majeur à un mineur de 15 ans *via* un moyen de communication électronique (art. 227-22-1) : Cass. crim., 8 févr. 2017, *Comm. com. électr.* 2017, n° 45, obs. A. Lepage ; *RSC* 2017, p. 744, obs. Y. Mayaud. – V. *infra*, n° 1446.

Psychologiquement, en revanche, un tel résultat est pris en compte. Dans le cadre du premier alinéa de l'article 227-22, l'individu qui favorise la corruption d'un mineur doit agir avec la volonté de développer l'instinct sexuel de celui-ci : il doit être conscient de s'adresser à un mineur[43] et capable de mesurer l'impact de son comportement à l'égard de ce mineur[44]. *A priori*, un propos graveleux tenu en présence d'un mineur ne suffit donc pas à démontrer une telle intention. Mais le contexte dans lequel ce propos est tenu peut la révéler[45]. On mesure le pouvoir d'appréciation laissé aux juges dont l'enjeu est moins la culpabilité ou l'innocence d'un prévenu que le choix entre telle ou telle qualification (pouvant aller jusqu'à la tentative d'agression sexuelle s'il est avéré que, en agissant de la sorte, l'agent satisfaisait ses propres pulsions au lieu de chercher à éveiller celles d'autrui).

β. *Les actes assimilés*

1440. Extension. – À la suite, cette corruption de mineurs a connu plusieurs extensions. Le législateur a d'abord consacré la conception large retenue en jurisprudence de la corruption de mineur dans un cas particulier. Le second alinéa de l'article 227-22 assimile ainsi au comportement précédent le « fait, commis par un majeur, d'organiser des réunions comportant des exhibitions ou des relations sexuelles auxquelles un mineur assiste ou participe ». On peut douter de l'opportunité d'une telle incrimination dès lors que le comportement en question entre naturellement dans le champ de l'incrimination initiale[46]. Néanmoins, elle présente l'avantage de dispenser le juge d'avoir à établir la volonté d'éveiller l'instinct sexuel du mineur. Il lui suffit de démontrer que l'agent avait conscience de la présence d'un mineur lors de réunions organisées par lui au cours desquelles des exhibitions ou relations sexuelles ont eu lieu. Cependant, un tel avantage paraît limité car la volonté de pervertir s'évince alors des faits : elle semble nécessairement exister dans une telle hypothèse. De surcroît, le bénéfice de cette dispense est d'autant plus restreint qu'il est acquis moyennant une réduction considérable du champ de la répression[47]. En effet, il doit être possible de reprocher à l'agent au moins deux réunions de ce type auxquelles ont assisté le même mineur ou des mineurs différents. L'objectif est sans doute d'éviter que l'on ne reproche à l'agent la présence accidentelle d'un mineur mais l'infraction intégrant une condition d'habitude s'avère alors beaucoup plus difficile à établir.

À noter que, si le mineur « participe », il peut y avoir en outre atteinte sexuelle dès lors qu'il est âgé d'au plus 15 ans au moment des faits et que des actes sexuels sont accomplis à cette occasion par des majeurs sur sa personne (art. 227-25. – V. *supra*, n° 1413).

43. Cass. crim., 17 mars 2021, *JCP* G 2021, 351, obs. J. Gallois ; *Gaz. Pal.*, 11 mai 2021, p. 53, obs. S. Detraz ; *AJ pénal* 2021, p. 266, obs. J. Lasserre Capdeville.

44. E. Garçon, *Code pénal annoté*, Rec. gén. lois et arrêts, 1901-1906, ss. art. 334-335, p. 877, n° 83.

45. Cass. crim., 7 mars 2018, *RSC* 2018, p. 719, obs. E. Dreyer.

46. Elle satisfait l'article 22 de la Convention sur la protection des enfants contre l'exploitation et les abus sexuels, signée à Lanzarote le 25 oct. 2007 qui demande aux États d'« ériger en infraction pénale le fait intentionnel de faire assister, à des fins sexuelles, un enfant n'ayant pas atteint l'âge fixé en application de l'article 18, § 2, même sans qu'il y participe, à des abus sexuels ou à des activités sexuelles ».

47. D'autant que, sous cette forme, l'infraction n'est reprochable qu'à un majeur. Ce qui paraît logique car un mineur peut difficilement organiser de telles réunions.

1441. Dénaturation. – Plus contestable est l'ajout récemment apporté au second alinéa de l'article 227-22 : au fait par un majeur d'organiser des réunions comportant des exhibitions ou des relations sexuelles auxquelles un mineur assiste ou participe est désormais assimilé le fait « d'assister en connaissance de cause à de telles réunions ».

Il faut comprendre que le seul fait, pour un majeur, d'être présent lors d'une réunion à l'occasion de laquelle un mineur assiste ou participe à des exhibitions ou relations sexuelles constitue également un délit. On reproche au spectateur sa passivité. Implicitement, on lui fait grief d'avoir assisté à un tel spectacle sans s'être opposé à la présence d'un ou plusieurs mineurs. Peu importe qu'il ne soit pas l'organisateur.

Une telle infraction pose difficulté au plan moral puisqu'il faut établir la conscience qu'avait l'agent de la présence d'un mineur. Mais, surtout, elle ne semble pas à sa place ici car elle évoque davantage l'abandon moral d'enfant ou la consultation d'images pédopornographiques qu'une provocation à la débauche. Alors que les comportements précédents inquiètent à raison du rôle actif joué par le majeur dans la corruption d'un mineur, celui-ci n'implique aucune action du majeur en direction d'un mineur dont la présence a simplement été tolérée[48].

En toute hypothèse, appliquer les mêmes peines à l'ensemble de ces comportements paraît discutable.

b. Les modalités de la répression

1442. Pénalités. – Lorsqu'elles sont reprochées à une personne physique, la corruption de mineur et ses dérivées sont punies par l'article 227-22 de 5 ans d'emprisonnement et 75 000 € d'amende[49]. Mais il existe plusieurs degrés d'aggravation pour la répression de telles infractions.

Tout d'abord, les peines principales sont portées à 7 ans d'emprisonnement et 100 000 € d'amende dans deux cas. Il en va ainsi lorsque le mineur corrompu a été mis en contact avec l'auteur des faits grâce à l'utilisation d'un réseau de communications électroniques. Il en va de même lorsque les faits ont été commis dans un établissement d'enseignement ou d'éducation ou dans les locaux d'une administration, ainsi que lors des entrées ou sorties des élèves ou du public ou dans un temps très voisin de celles-ci, voire aux abords de ces établissements ou locaux.

Ensuite, ces peines sont portées à 10 ans d'emprisonnement et 150 000 € d'amende lorsque les faits ont été commis à l'encontre d'un mineur de 15 ans. Elles sont portées à 10 ans d'emprisonnement et 1 M€ d'amende lorsque les faits sont commis en bande organisée (al. 3).

1443. Autres. – Les personnes physiques encourent également les peines complémentaires de l'article 227-29, dont l'interdiction d'exercer une activité impliquant un contact habituel avec des mineurs qui est rendue obligatoire

48. Un tel ajout semble trouver son origine dans l'article 4 § 4 de la directive 2011/92/UE du 13 déc. 2011 relative à la lutte contre les abus sexuels et l'exploitation sexuelle des enfants qui impose l'incrimination du « fait d'assister en connaissance de cause à des spectacles pornographiques impliquant la participation d'un enfant ». Mais cette transposition n'apparaît pas fidèle.

49. Les personnes morales reconnues auteurs de ces infractions s'exposent, quant à elles, à une amende portée au quintuple ainsi qu'à l'ensemble des peines de l'article 131-39, sous réserve de la dissolution et de l'appel public à l'épargne (art. 227-28-1).

(art. 227-31-1). Elles s'exposent aussi à un suivi socio-judiciaire (art. 227-31) et, lorsque l'infraction a été commise en bande organisée, à la confiscation générale (art. 227-33).

1444. Consommation. – La tentative est punissable en vertu d'une assimilation prévue dans le texte même d'incrimination entre le fait de favoriser et le fait de « tenter de favoriser » la corruption d'un mineur. Le simple fait de proposer à un mineur de le pervertir est ainsi punissable[50].

1445. Procédure. – Le délai de prescription de l'action publique est porté à 10 ans et ne commence à courir qu'à compter de la majorité du mineur (CPP, art. 8).

La procédure relative aux infractions sexuelles des articles 706-47 et s., CPP est applicable dans une telle hypothèse.

Les associations de défense de l'enfance martyrisée peuvent se constituer partie civile sur le fondement de l'article 2-3 CPP lorsque l'action publique a été mise en mouvement par le ministère public ou la partie lésée (v. aussi, pour les associations de lutte contre les sectes : CPP, art. 2-17).

1446. Complément. – En outre, le législateur a spécialement incriminé « le fait pour un majeur de faire des propositions sexuelles à un mineur de 15 ans ou à une personne se présentant comme telle en utilisant un moyen de communication électronique » (art. 227-22-1). L'infraction est matérielle en ce qu'elle suppose la réception par autrui d'une proposition sexuelle par voie électronique[51]. Elle est en partie putative car autrui n'est pas nécessairement un mineur de 15 ans. Il peut s'agir également d'un mineur plus âgé mentant sur son âge ou d'un agent infiltré se faisant passer pour un mineur de 15 ans. La solution se comprend dans la première hypothèse, faute d'incrimination de la tentative. Elle ne s'imposait pas dans la seconde car, même adressée à un agent infiltré plutôt qu'à un mineur de 15 ans, la proposition sexuelle aurait été punissable sur le fondement de l'article 230-46, CPP en l'absence de provocation préalable[52].

Cette incrimination trouve son origine dans la Convention sur la protection des enfants contre l'exploitation et les abus sexuels, signée à Lanzarote le 25 octobre 2007 qui n'impose toutefois d'incriminer la sollicitation par Internet qu'à partir du moment où « cette proposition a été suivie d'actes matériels conduisant à ladite rencontre ». La France est allée au-delà de ce texte en le transposant dans l'espoir de lutter plus efficacement contre les dérives pédophiles[53]. Néanmoins, l'incrimination

50. Cass. crim., 19 juin 1996, *B.* n° 265.

51. Ce qui s'entend d'une communication en ligne ou téléphonique (message vocal ou graphique) au sens de l'art. 2, al. 1, L. 30 sept. 1986. En revanche, la même proposition faite oralement en présence du mineur ou transmise par écrit échappe à l'incrimination, ce qui interroge quant à la diabolisation de l'électronique en l'espèce (A. Cappello, « La création d'infractions sexuelles », *in Les infractions sexuelles à l'épreuve du numérique*, Mare & Martin, 2023, p. 53). Mais elle reste punissable sous la qualification de tentative de corruption de mineur.

52. Un auteur en déduit qu'une telle infraction permet essentiellement de punir une atteinte aux mœurs (S. Papillon, *Les mœurs sexuelles et le droit pénal*, Th. Lyon III, p. 145, n° 181).

53. Elle serait « au service de la découverte des auteurs d'infractions sexuelles » (C. Sourzat, « Les nouveaux défis pour les infractions traditionnelles », *in Les infractions sexuelles à l'épreuve du numérique*, Mare & Martin, 2023, p. 39). Engagée sur ce fondement, la poursuite permet ensuite, éventuellement, de constater d'autres infractions (corruption de mineurs, not.).

s'avère d'application difficile compte tenu du flou des « propositions sexuelles » qui, à l'égard d'un mineur de 15 ans, sont rarement explicites. De surcroît, il faut démontrer que l'auteur de ces propositions savait (ou croyait) s'adresser à un mineur d'au plus 15 ans, ce qui, dans le cadre de communications électroniques, peut donner lieu à contestation. En toute hypothèse, le rapprochement opéré par le Code pénal entre cette infraction et la corruption de mineurs paraît maladroit. Il aurait sans doute été plus pertinent de la rapprocher des atteintes sexuelles, dont elle constitue un acte préparatoire[54]. En effet, la proposition sexuelle peut être faite dans le seul intérêt de son auteur qui recherche le consentement d'un mineur de 15 ans sans vouloir, pour autant, éveiller chez lui des pulsions sexuelles.

La personne physique reconnue auteur d'une telle infraction s'expose à 2 ans d'emprisonnement et 30 000 € d'amende lorsque les propositions sont restées sans suite (al. 1). Lorsqu'elles ont été suivies d'une rencontre, ces peines sont portées à 5 ans d'emprisonnement et 75 000 € d'amende (al. 2). Ce qui est alors en cause, c'est moins la rencontre et ses suites (qui sont constitutives d'atteintes ou agressions sexuelles) que la force de conviction déployée par un majeur qui s'est obstiné à entrer en contact avec un mineur de 15 ans.

2. La provocation directe à la débauche

1447. Présentation. – L'incrimination des comportements précédemment décrits n'a pas semblé suffisante au législateur qui est supplémentairement intervenu pour incriminer à l'article 227-22-2, dans l'univers numérique, « le fait pour un majeur d'inciter un mineur, par un moyen de communication électronique, à commettre tout acte de nature sexuelle, soit sur lui-même, soit sur ou avec un tiers, y compris si cette incitation n'est pas suivie d'effet ». Est ici en cause une provocation directe car l'incitation porte sur un acte de nature sexuelle et non sur un acte corrompant le mineur sans être précisément décrit. Il est regrettable qu'en parlant d'incitation, plutôt que de provocation, le législateur dissimule la nature véritable de cette infraction.

Est principalement en cause une provocation non suivie d'effet car l'incrimination s'applique « hors les cas de viol ou d'agression sexuelle ». Cette formule liminaire invite à considérer que, si un acte sexuel est effectivement accompli, la provocation peut être tenue pour preuve de l'absence de consentement du mineur à l'acte sexuel qui doit alors être envisagé comme une agression. Toutefois, un tel raisonnement n'apparaît pas entièrement convaincant car la provocation n'anéantit en principe pas le discernement[55]. De plus, on peine à imaginer qu'une agression sexuelle puisse être relevée en cas d'attouchement sur soi-même ou sur ou avec un tiers qui n'est pas nécessairement conscient de l'absence de consentement du mineur. La provocation peut donc être suivie d'effet sans qu'il y ait nécessairement agression sexuelle[56].

54. V. aussi A. Plantevin, « Les propositions sexuelles faites à un mineur de 15 ans par un moyen de communication électronique », *Gaz. Pal.* 26 oct. 2012, p. 24.

55. Tout dépend, en réalité, de son âge : s'il est très jeune, cette provocation peut avoir eu un effet sur son comportement ; à défaut, la provocation ne suffit sans doute pas à établir qu'il n'a pas consenti à l'acte qu'il a accompli.

56. S. Detraz, « Le nouveau délit de "sextorsion" », *Gaz. Pal.*, 31 août 2021, p. 79.

1448. Matérialité. – Pour qu'une telle provocation puisse être relevée, l'essentiel est d'établir qu'elle émane – comme dans l'hypothèse précédente – d'une personne majeure et qu'elle vise une personne mineure. Peu importe l'âge de cette dernière : l'infraction existe même si le mineur provoqué a plus de 15 ans[57]. Le législateur parle ici d'incitation, plutôt que de provocation, pour souligner qu'aucun des adminicules traditionnels de la provocation n'est exigé : l'infraction ne suppose pas la preuve de l'emploi de dons, promesses, menaces, ordres, abus d'autorité ou de pouvoir. Peu importe donc le moyen de persuasion utilisé. Sous cet aspect, l'infraction semble plus efficace que celle prévue à l'article 227-28-3 avec laquelle elle peut éventuellement rentrer en conflit. Néanmoins, c'est bien une provocation qui, là aussi, est incriminée : il importe que le majeur ait voulu peser sur la volonté du mineur pour le pousser à accomplir un acte de nature sexuelle sur lui-même ou autrui. Et cette incitation n'est prise en compte que si elle est exprimée par un moyen de communication électronique. Il s'agit toujours de lutter contre une prétendue perte du sens des réalités qui serait le propre des réseaux de communication en ligne et qui ferait des mineurs des victimes encore plus exposées aux manœuvres d'adultes pervers. La même incitation en face-à-face n'est pas punissable car il semble plus difficile d'admettre qu'un mineur puisse se laisser convaincre, ce qui laisse néanmoins perplexe.

En toute hypothèse, seule une incitation est incriminée ici. Peu importe qu'aucun acte sexuel ne s'ensuive et, si un acte sexuel s'ensuit, peu importe que l'agent y assiste ou qu'il s'en fasse communiquer des images, ce qui simplifie la preuve d'une telle infraction (par rapport à celle de l'article 227-22 ou 227-23-1).

1449. Intention. – La volonté d'amener un mineur à accomplir un acte de nature sexuelle sur lui-même ou sur autrui doit par ailleurs être établie. Elle s'évincera en principe des termes mêmes utilisés pour convaincre ce mineur de passer à l'acte. Ils devront trahir le fait que l'agent avait conscience de s'adresser à un mineur et qu'il a parfaitement mesuré la nature sexuelle de l'acte en question. En revanche, peu importe l'objectif poursuivi. Il n'est pas nécessaire de démontrer qu'il a agi de la sorte pour satisfaire ses propres pulsions ou pour éveiller celles du mineur. Aucun dol spécial n'est requis.

1450. Sanctions. – Cette provocation est très sévèrement sanctionnée (7 ans d'emprisonnement et 100 000 € d'amende, soit les mêmes peines principales que la corruption de mineur aggravée). Par ailleurs, l'emprisonnement est porté à 10 ans dans deux cas : lorsque le provoqué est un mineur de 15 ans (outre une amende portée à 150 000 €) et lorsque les faits sont commis en bande organisée (outre une amende d'1 M€).

57. Ce qui a été contesté alors qu'une relation sexuelle entre un majeur et un mineur de plus de 15 ans ne constitue pas nécessairement une infraction (V. sur l'origine de l'incrimination F. Rousseau, « Le renforcement de la répression des infractions sexuelles contre les mineurs », *RSC* 2021, p. 462).

§3. La provocation d'un mineur à commettre certaines infractions

1451. Le Code pénal incrimine également de manière autonome deux types de provocation à l'infraction : ses articles 227-18 et 227-18-1 concernent spécialement la provocation de mineurs à commettre des infractions en matière de stupéfiants ; son article 227-21 concerne la provocation de mineurs à commettre des infractions en d'autres matières.

A. Les traits communs aux différentes provocations

1452. Présentation. – Dans tous les cas, ce sont des provocations directes qui sont réprimées, c'est-à-dire des provocations à commettre des actes déterminés. Peu importe l'âge de leur auteur dès lors que la minorité de la victime est certaine. Ces infractions ne sont pas exclusivement reprochables aux adultes. Elles s'appliquent également aux grands adolescents qui s'efforcent de créer un effet d'entraînement chez de plus jeunes.

Matériellement, il doit toujours y avoir incitation. Peu importe que celle-ci ait été publique ou non ; peu importe qu'elle ait été suivie d'effet ou pas. C'est d'ailleurs dans cette dernière hypothèse seulement que l'incrimination à titre autonome de telles provocations présente un intérêt (à défaut, le droit commun de la complicité s'applique).

Moralement, il est essentiel que le provocateur ait eu conscience de s'adresser à un mineur et de le pousser à accomplir un acte déterminé : il doit avoir voulu peser sur sa volonté et l'inciter à agir. Un tel acte paraît alors d'autant plus grave qu'il profite de la naïveté du ou des mineurs destinataires.

B. Les caractéristiques propres à chaque provocation

1. Les provocations de mineurs en matière de stupéfiants

1453. Droit sanitaire. – Le Code de la santé publique punit de 5 ans d'emprisonnement et 75 000 € d'amende la provocation de toute personne à l'usage et au trafic de produits stupéfiants, « alors même que cette provocation n'a pas été suivie d'effet » (art. L. 3421-4, al. 1). Ces peines sont portées à 7 ans d'emprisonnement et 100 000 € d'amende lorsque la provocation directe a été commise « dans des établissements d'enseignement ou d'éducation ou dans les locaux de l'administration, ainsi que, lors des entrées ou sorties des élèves ou du public ou dans un temps très voisin de celles-ci, aux abords de ces établissements ou locaux » (al. 3).

Pour la Cour de cassation, la légitimité de ce délit ne saurait être discutée. Selon elle, l'article L. 3421-4 suppose « notamment en ce qu'il incrimine la provocation à l'usage illicite de stupéfiants, une intention corruptrice de sorte que les idées et opinions exprimées, à propos du seul usage du cannabis, dans le cadre d'un débat de fond ou dans le cadre de recherches médicales ne sont pas susceptibles de tomber sous le coup de la loi »[58]. Par ailleurs, dans les autres hypothèses où il s'applique, « l'atteinte qui serait portée à la liberté d'expression et de communication par les dispositions contestées est justifiée par les impératifs de protection de la santé et de la sécurité publiques et est nécessaire et proportionnée à l'objectif poursuivi en la matière par le législateur » (*ibid.*). Il en irait particulièrement ainsi lorsque, dans un commerce vendant des produits CBD, sont vantés les mérites d'une production artisanale de graines de cannabis[59].

Mais l'assouplissement de cette approche ne suffit pas à lever toutes les difficultés car le Code pénal complète ce dispositif en incriminant spécialement la provocation de mineurs à l'usage ou au trafic de produits stupéfiants.

1454. Code pénal. – En effet, l'article 227-18 du Code pénal incrimine tout d'abord « le fait de provoquer directement un mineur à faire un usage illicite de stupéfiants ». Peu importe que cette provocation ait été occasionnelle. Peu importe que le mineur ait déjà été un consommateur habituel ou non de stupéfiants. À titre principal, l'auteur de cette provocation s'expose aux peines de 5 ans d'emprisonnement et 100 000 € d'amende. Il s'expose également, à titre complémentaire, aux peines de l'article 227-29 (dont l'interdiction d'exercer une activité impliquant un contact habituel avec des mineurs). Mais les peines principales sont portées à 7 ans d'emprisonnement et 150 000 € d'amende dans deux hypothèses. Il en va ainsi lorsque la provocation a été adressée à un mineur d'au plus 15 ans. Il en va de même lorsque la provocation a été commise dans des établissements d'enseignement ou d'éducation ou dans les locaux de l'administration, ainsi que, lors des entrées ou sorties des élèves ou du public ou dans un temps très voisin de celles-ci, aux abords de ces établissements ou locaux[60].

Ensuite, l'article 227-18-1 assimile à cette première infraction le fait de provoquer directement un mineur à transporter, détenir, offrir ou céder des stupéfiants. On retrouve ici les principales infractions constitutives du trafic de stupéfiants (V. *infra*, n° 1493). *A priori* plus grave, cette provocation est sanctionnée plus sévèrement que la précédente : l'auteur est puni de 7 ans d'emprisonnement et 150 000 € d'amende. Il s'expose également aux peines complémentaires de l'article 227-29 déjà évoquées. Par ailleurs, on retrouve ici les deux circonstances aggravantes évoquées ci-dessus : lorsque la provocation a été faite en direction d'un mineur de 15 ans ou en milieu scolaire, les peines principales sont portées à 10 ans d'emprisonnement et 300 000 € d'amende[61].

1455. Conflit. – Ces dispositions du Code de la santé publique et du Code pénal sont utiles puisqu'elles permettent de punir la provocation en l'absence d'infraction principale et, s'agissant de la provocation à l'usage, plus sévèrement qu'au titre de la complicité, lorsque l'usage de stupéfiants se réalise[62]. De

58. Cass. crim., 25 mars 2020, *Dr. pén.* 2020, n° 98, obs. J.-H. Robert ; *Comm. com. électr.* 2020, n° 57, obs. A. Lepage ; *RSC* 2020, p. 652, obs. E. Dreyer.

59. Cass. crim., 14 oct. 2020, *Dr. pén.* 2021, n° 5, obs. P. Conte.

60. La personne morale déclarée coupable de la même infraction s'expose, quant à elle, à une amende portée au quintuple ainsi qu'à l'ensemble des peines de l'art. 131-39, sous réserve de la dissolution et de l'appel public à l'épargne (art. 227-28-1).

61. La personne morale déclarée coupable de l'infraction s'expose aux mêmes peines que dans l'hypothèse précédente (art. 227-28-1).

62. L'usage est puni à l'art. L. 3421-1, CSP d'1 an d'emprisonnement et 3 750 € d'amende (v. *infra*, n° 1487).

surcroît, il n'est pas nécessaire d'établir que la provocation procède alors de l'un des adminicules énumérés à l'article 121-7, al. 2.

Toutefois, ce dédoublement d'incriminations inquiète. En effet, elles se recoupent en partie sans produire, pour autant, les mêmes conséquences au plan répressif. Les sanctions prévues par le Code pénal sont légèrement plus sévères que celles prévues pour l'infraction aggravée du Code de la santé publique (lorsque la provocation a lieu dans un établissement d'éducation) mais on cherche en vain les raisons de cette sévérité quand les comportements visés sont identiques : quelle qualification retenir ? Le juge doit choisir sans disposer d'aucun critère satisfaisant[63]. Il risque fort d'arbitrer en faveur de celle qui est la plus sévèrement réprimée, ce qui interroge tout de même sur la nécessité des peines prononcées à cette occasion.

2. Les provocations de mineurs à commettre d'autres crimes et délits

1456. Présentation. – L'article 227-21 incrimine plus généralement encore : « le fait de provoquer directement un mineur à commettre un crime ou un délit ». Peu importe la nature du crime ou du délit en question[64]. Cette provocation est punie de 5 ans d'emprisonnement et 150 000 € d'amende (outre les peines complémentaires de l'article 227-29) qui peuvent être portées à 7 ans d'emprisonnement et 150 000 € d'amende dans trois hypothèses : i) lorsque le mineur provoqué avait au plus 15 ans ; ii) lorsque la provocation a eu lieu en milieu scolaire, comme dans les hypothèses précédentes ; iii) lorsque le mineur a été provoqué à commettre habituellement des crimes ou des délits. Cette dernière condition d'habitude est relative au comportement du mineur et non à l'acte de provocation qui peut être unique[65].

1457. Doublons. – Désormais, l'infraction de l'article 227-21 recouvre partiellement le champ d'application des deux précédentes (art. 227-18 et 227-18-1), ce qui n'était pas le cas à l'origine car la provocation aux crimes et délits étrangers à la consommation ou au trafic de stupéfiants n'était prise en compte que si son auteur avait voulu pousser le mineur à commettre habituellement de telles infractions. Or, on l'a vu, cette condition d'habitude ne constitue plus qu'une circonstance aggravante.

La sévérité manifestée par le législateur, lorsqu'il a ainsi élargi le champ d'application de l'infraction simple figurant à l'article 227-21, a privé le dispositif d'une partie de sa cohérence. Pour autant, il n'a rien gagné en simplicité car les sanctions de ces différentes formes de provocation restent distinctes : l'amende est plus élevée au titre de l'infraction devenue générale de l'article 227-21 qu'au titre de l'infraction spéciale de l'article 227-18 (pour un emprisonnement d'une durée identique dans

63. Un auteur soutient que les dispositions du Code pénal sont spéciales par rapport à celles du Code de la santé publique. Elles prévaudraient donc lorsque la provocation est faite en direction des seuls mineurs (P. Pourzand, *L'internationalisation pénale en matière de trafic de drogue*, LGDJ, coll. Fond. Varenne, t. 21, 2008, p. 255, n° 332). Toutefois, on peine à croire que l'article L. 3421-4, al. 3, CSP n'aurait ainsi vocation à s'appliquer, en cas de provocation dans un établissement d'éducation, qu'aux messages incitant des majeurs (enseignants ?) à l'usage ou au trafic de stupéfiants...

64. V. pour une provocation de mineurs au vol et à l'escroquerie : CA Montpellier, 9 mars 2005, *JCP* G 2005, IV, 3638.

65. V. aussi B. de Lamy, *La liberté d'opinion et le droit pénal*, LGDJ, coll. Bibl.sc.crim., 2000, t. 34, p. 314, n° 504.

les deux cas) ; mais l'emprisonnement est plus élevé au titre de l'infraction spéciale de l'article 227-18-1 qu'au titre de l'infraction devenue générale de l'article 227-21 (pour une amende d'un montant identique dans les deux cas). En réalité, la provocation au trafic de stupéfiants – qui peut correspondre à de simples délits – est transformée en crime lorsqu'elle est faite en direction d'un mineur de 15 ans ou en milieu scolaire. Il aurait donc été préférable de conserver ce délit spécial et d'abroger les autres dont l'intérêt pratique reste à démontrer.

D'autant qu'à ces difficultés s'ajoute celle d'un concours avec la complicité lorsque la provocation d'un mineur a été suivie d'effet. S'il est possible d'établir que cette provocation a pris l'une des formes évoquées à l'article 121-7, son auteur risque d'être poursuivi comme complice de l'infraction provoquée au seul motif que celle-ci apparaît plus sévèrement réprimée que la provocation de l'article 227-21.

Section 3 Les actes d'abandon

1458. L'abandon ne constitue pas une infraction. Toutefois, dans certaines circonstances, il réalise une mise en danger d'autrui qui appelle des sanctions pénales. Il en va ainsi en cas de délaissement. Il en va de même pour certaines défaillances de parents envers leurs enfants.

§1. Les actes de délaissement

1459. Dans le Code pénal, il existe deux infractions de délaissement : la première concerne une personne qui n'est pas en mesure de se protéger en raison de son âge ou de son état physique ou psychique (art. 223-3) ; la seconde concerne un mineur d'au plus 15 ans (art. 227-1). Il s'agit dans les deux cas de réprimer l'acte matériel d'abandon lorsqu'il peut en résulter un risque pour la santé d'autrui. Cette pratique semble avoir été autrefois fréquente. Ainsi, a-t-il pu arriver que des parents « perdent » leurs enfants ou d'autres proches lorsqu'ils n'avaient pas les moyens de les nourrir ou lorsqu'ils récusaient ce produit d'une relation illégitime. De tels faits sont devenus moins fréquents mais les médias se font toujours l'écho de nourrissons trouvés sur une poubelle ou dans une décharge publique. Ces incriminations ne sauraient donc être oubliées. Commençons par les définir avant d'envisager les modalités de leur répression.

A. Les actes incriminés

1460. Conditions préalables. – L'article 227-1 incrimine le « délaissement d'un mineur de 15 ans ». L'existence d'un mineur de 15 ans constitue la condition préalable de cette infraction. Le législateur semble considérer qu'au-dessus de cet âge, l'enfant est capable de se protéger, en tout cas, d'appeler à l'aide et de chercher du secours. Son abandon ne le met donc pas immédiatement en danger ; il n'y a pas délaissement. Il en va différemment pour le mineur d'au plus 15 ans qui n'est *a priori* pas en mesure de subvenir seul à ses besoins.

Ce seuil d'âge pourrait être discuté mais il ne pose difficulté ni en fait, ni en droit. En fait, il ne pose pas de difficulté car le délaissement intervient essentiellement pendant les premières années de vie de l'enfant. En droit, il ne pose pas davantage difficulté car l'autre infraction de délaissement, prévue à l'article 223-3, est susceptible de prendre le relais quand l'enfant a plus de 15 ans : elle s'applique lorsqu'est abandonnée une « personne qui n'est pas en mesure de se protéger en raison de son âge ou de son état physique ou psychique ». Il peut donc encore y avoir infraction en cas de délaissement d'un mineur de 15 à 18 ans si la preuve de son immaturité est supplémentairement rapportée. Cette seconde infraction permet également de sanctionner le délaissement de personnes majeures dépendantes (parce que handicapées, malades ou très âgées) qu'un abandon met immédiatement en péril.

La principale différence entre ces deux conditions préalables tient au fait – on le devine – que, dans le premier cas, le risque auquel la victime est exposée n'a pas à être prouvé : il découle de son très jeune âge ; alors que dans le second cas, il importe à l'autorité de poursuite de démontrer que la victime était hors d'état de se protéger « en raison de son âge ou de son état ». Cela commande d'établir non seulement l'âge ou l'état de la victime mais aussi sa dépendance à l'égard de la personne qui l'a abandonnée.

1461. Comportement. – Aucun des deux textes d'incrimination ne précise en quoi consiste le délaissement. Il convient de faire une interprétation restrictive de ce terme qui suppose un acte d'abandon. Peu importe qu'il émane d'un père, d'une mère ou d'une autre personne à laquelle, au moment de l'acte, la victime était confiée. Aucune qualité spécifique n'est attendue de l'auteur de l'infraction[66]. De même, peu importe l'endroit où la victime est abandonnée : le délaissement s'opère « en un lieu quelconque ». Bien entendu, il sera constitué en cas d'abandon dans un endroit désert, *a fortiori* de nuit, ou par mauvais temps. Mais l'infraction doit pouvoir être établie indépendamment de ces circonstances particulières : abandonner en plein jour une personne très âgée devant une maison de retraite sans avoir pris le soin de l'y inscrire suffit sans doute à constituer l'infraction. L'infraction existe également dans l'hypothèse où des enfants sont remis à quelqu'un qui n'a aucune raison de s'en charger et refuse en conséquence de le faire[67].

1462. Précisions. – Néanmoins, l'abandon n'est pas pris en compte en toutes circonstances.

L'abandon doit d'abord résulter d'un acte positif et non d'une simple abstention[68]. Une telle exigence s'impose pour conserver à l'acte de délaissement une matérialité lui permettant d'exprimer un véritable désintérêt envers le sort d'autrui[69].

66. Toutefois, pour que l'infraction soit constituée, il faut que l'agent ait accepté de prendre en charge la victime. À défaut, on ne saurait lui reprocher de s'en être désintéressé : Cass. crim., 23 mai 2018, *Dr. pén.* 2018, n° 145, obs. P. Conte ; *RSC* 2018, p. 685, obs. Y. Mayaud.

67. T. corr. Dieppe, 8 mars 1977, *D.* 1977, IR, p. 279.

68. Cass. crim., 23 févr. 2000, *RSC* 2000, p. 610, obs. Y. Mayaud. – V. aussi, s'agissant d'une personne vulnérable : Cass. crim., 9 oct. 2012, *Gaz. Pal.* 8 févr. 2013, p. 35, obs. S. Detraz.

69. V. cpdt, s'agissant d'un défaut de soins à domicile : Cass. crim., 19 juin 2019, *Gaz. Pal.* 19 nov. 2019, p. 43, obs. E. Dreyer.

Ensuite, cet acte positif doit emporter refus de soin et/ou de surveillance. Mais, on l'a vu, la mise en danger d'autrui ne s'établit pas de la même façon dans les deux cas. En effet, compte tenu de son très jeune âge, tout abandon d'un mineur de 15 ans est présumé être un délaissement, « sauf si les circonstances du délaissement ont permis d'assurer la santé et la sécurité de celui-ci »[70]. La présomption simple de péril appliquée ici est donc susceptible de céder devant la preuve contraire pour ne pas pénaliser entièrement l'abandon : celui-ci reste libre lorsque l'enfant est remis à une œuvre, un service d'accueil ou une personne qui accepte d'en prendre soin. Ainsi, le législateur ne consacre-t-il pas un « droit » de l'enfant à ne pas être abandonné ; il veut seulement prévenir les atteintes à sa santé et s'assurer que l'enfant conserve des moyens de subsistance nonobstant le désintérêt de ses parents. Une logique différente prévaut dans l'autre incrimination. Dès lors que la victime a plus de 15 ans, son abandon ne constitue une infraction de délaissement qu'à partir du moment où il peut être prouvé qu'il a eu lieu dans des circonstances telles que la victime a été mise en danger. Ici, l'abandon ne laisse pas présumer le délaissement. Le ministère public doit établir que, au moment de son abandon, la victime n'était pas « en mesure de se protéger ».

Peu importe que le risque auquel autrui a été exposé ne se réalise pas (parce qu'un passant égaré a découvert la victime, par ex.). Une nouvelle fois, le résultat redouté est la création d'un risque et non la réalisation du risque ainsi créé (atteinte à la santé ou à la sécurité de la personne délaissée). Ces deux infractions de délaissement s'avèrent donc matérielles parce que la preuve du risque créé doit être rapportée (par voie de présomption ou expressément) mais il n'est, pour autant, pas nécessaire d'établir que l'abandon a produit des conséquences dommageables particulières, c'est-à-dire que le risque s'est en tout ou en partie réalisé.

1463. Perception. – Quelle que soit sa forme, l'infraction est intentionnelle : la « perte » d'un enfant ou d'une personne souffrant de la maladie d'Alzheimer, mal surveillé, ne tombe pas sous le coup de la loi pénale. Cette imprudence ou négligence ne peut être assimilée à un acte d'abandon. Celui-ci doit être volontaire. Mais rapporter une telle preuve ne suffit pas. Il faut démontrer en outre que, au moment de l'abandon, l'agent savait que la santé et la sécurité du mineur d'au plus 15 ans dont il s'occupait n'étaient pas garanties ou que l'individu de plus de 15 ans, dont il avait la charge, n'était pas en mesure de se protéger. En effet, on reproche à l'agent de s'être désintéressé d'autrui au point d'avoir accepté que sa vie ou son intégrité physique puisse être menacée[71]. Le risque, identifié comme résultat redouté, doit être ainsi entré dans les prévisions de l'agent.

70. À notre sens, il s'agit là d'une condition négative mise à l'application de l'incrimination dont l'absence doit être prouvée par le ministère public. Mais, compte tenu de sa formulation maladroite (car la mise en danger est de l'essence du délaissement), un auteur y voit plutôt une cause spéciale de justification (V. Malabat, *Appréciation in abstracto et appréciation in concreto en droit pénal*, Thèse Bordeaux IV, 1999, p. 113, note 328), ce qui ne convainc pas : il faut se garder d'une confusion entre fond et forme. Ce n'est pas parce que le danger pour le mineur de 15 ans est présumé en cas d'abandon qu'il n'est pas nécessaire pour caractériser un délaissement, de sorte que l'absence de danger (en cas de remise à une institution) correspond moins à une hypothèse de justification qu'à une hypothèse où il n'y a pas infraction. L'enjeu de cette discussion tient, comme souvent, à la charge de la preuve.

71. Ce qui conduit les magistrats à exiger la preuve d'une « volonté d'abandonner définitivement la victime » (Cass. crim., 23 févr. 2000, préc.). Le désintérêt ne peut donc être temporaire. Une telle interprétation semble étroite mais elle se comprend dans la logique de l'incrimination supposant la certitude du risque auquel autrui a été exposé.

Peu importe la situation de détresse dans laquelle se trouvent des parents, et les épreuves qu'ils ont prétendument voulu éviter à leur proche : il ne s'agit que de mobiles qui restent étrangers à la constitution de l'infraction.

B. Les modalités de la répression

1464. Vulnérabilité présumée. – En application de l'article 227-1, la personne physique qui délaisse un mineur de 15 ans s'expose à 7 ans d'emprisonnement et 100 000 € d'amende. Il s'agit de sanctions particulièrement lourdes pour une simple prise de risque. Néanmoins, l'idée est qu'un mineur de 15 ans ne peut être abandonné par ceux qui en ont la charge sans qu'ils se soucient de sa santé et de sa sécurité puisqu'il n'est pas en mesure d'y pourvoir lui-même.

Par ailleurs, il existe deux paliers d'aggravation tenant à l'importance du dommage causé à l'enfant. Ainsi, le délit se transforme en crime puni de 20 ans de réclusion lorsque le délaissement a entraîné une mutilation ou une infirmité permanente. Cette réclusion criminelle est même portée à 30 ans lorsque le délaissement a été suivi de la mort du mineur (art. 227-2, al. 1 et 2). Un tel dommage doit avoir échappé aux prévisions de l'agent dont la volonté était seulement tournée vers la création du risque. C'est un dol *praeter* intentionnel qui est sanctionné ici.

Dans tous les cas, la personne physique coupable encourt également les peines complémentaires de l'article 227-29 communes à toutes les atteintes aux mineurs et à leur famille (v. *supra*, n° 1414).

1465. Vulnérabilité établie. – Par ailleurs, le délaissement d'une personne hors d'état de se protéger est, en principe, puni de 5 ans d'emprisonnement et 75 000 € d'amende (art. 223-3). Mais, lorsqu'il a entraîné une mutilation ou une infirmité permanente, voire la mort, il est puni de 15 et 20 ans de réclusion criminelle (art. 223-4)[72].

§2. Les défaillances de parents envers leurs enfants

1466. Présentation. – La protection de l'enfant par le droit civil au sein de sa famille ne semble plus suffire. Ses parents peuvent être défaillants. Le législateur permet donc au juge pénal de s'immiscer dans les relations intrafamiliales afin de sanctionner des comportements perçus comme irresponsables lorsqu'ils exposent les mineurs à un risque[73].

Deux comportements seront évoqués à ce titre. Il en résulte une mise en danger au plan matériel ou moral. Envisageons d'abord la privation d'aliments et de soins envers un enfant puis le manquement d'un parent à ses autres obligations légales. Dans ces deux hypothèses, il n'y a pas éloignement définitif de l'enfant par rapport à ses parents ; il n'y a pas délaissement. Mais, tout en conservant leur enfant avec eux, les parents s'en désintéressent au point de le mettre en danger.

72. S'agissant des associations habilitées à agir, v. CPP, art. 2-8 et 2-17.

73. V. aussi C. Ambroise-Castérot, « Les infractions parentales », *D.* 2013, p. 1846. – F. Fenouillet et V. Malabat, « Droit pénal et droit de la famille », *in Droit pénal et autres branches du droit*, Cujas, 2012, p. 54.

A. La privation d'aliments ou de soins

1467. Certains devoirs s'imposent à ceux qui ont la charge d'un enfant. Lorsque celui-ci est très jeune et incapable de subvenir à ses besoins, ses parents doivent veiller à lui apporter l'aide et la nourriture nécessaires à son développement. Essayons de préciser l'infraction de « privation d'aliments ou de soins » avant d'exposer sa répression.

1. Le comportement incriminé

1468. L'article 227-15 du Code pénal incrimine le fait de priver un mineur de 15 ans d'aliments ou de soins au point de compromettre sa santé[74]. L'infraction n'est punissable que si elle est commise par un ascendant ou par toute autre personne exerçant sur ce mineur une autorité de fait (concubin de la mère) ou de droit (découlant de l'autorité parentale ou d'une décision de placement)[75]. C'est une forme particulière de non-assistance à personne en péril aggravée par le fait que le péril naît ici de la défaillance de celui qui doit veiller à l'entretien de l'enfant.

1469. Matérialité. – Il s'agit de sanctionner une infraction d'omission. Elle est reprochable à celui qui prive un mineur de 15 ans de soins ou d'aliments. Compte tenu de son jeune âge, ce mineur ne peut subvenir seul à ses besoins. Les personnes chargées de veiller sur lui commettent une infraction lorsqu'elles s'en abstiennent.

En l'occurrence, on entend par soins, l'aide dont le mineur a besoin en fonction de son état de développement (en termes de logement, d'hygiène et de traitements médicaux, notamment) ; on entend par aliments, les éléments essentiels à sa subsistance (nourriture et boisson). Mais toute privation de soins ou d'aliments n'est pas prise en compte : elle doit atteindre une certaine intensité pour être incriminée. La privation est punissable lorsqu'elle apparaît sévère « au point de compromettre » la santé du mineur. Peu importe que soit en cause une abstention isolée ou, plus souvent, la répétition d'une même abstention ; peu importe qu'il y ait absence totale de soins ou d'aliments ou fourniture de soins ou aliments insuffisants, voire inadéquats. L'essentiel est qu'une telle abstention ait été de nature à affecter l'intégrité physique ou psychique de l'enfant[76]. Cependant, il n'est pas nécessaire d'établir que la santé du mineur a été effectivement compromise dès lors qu'elle pouvait l'être. En raisonnant par rapport au risque auquel le mineur a été exposé, il est ainsi possible de qualifier l'infraction de matérielle : la preuve de la création d'un tel risque doit être rapportée. Peu importe, en revanche, que le risque ne se soit pas réalisé.

Afin de couper court à toute discussion, le législateur a ajouté que constitue « une privation de soins le fait de maintenir un enfant de moins de 6 ans sur la voie

74. La Cour de cassation suggère de doubler cette incrimination d'une autre au bénéfice des personnes particulièrement vulnérables, comme il existe deux infractions de délaissement (v. *Rapport annuel 2012*, Doc. fr., 2013, p. 73). En effet, cette réduction du champ de la répression s'avère difficile à admettre (v. s'agissant d'un fils ayant laissé sans soin sa mère grabataire : Cass. crim., 9 oct. 2012, *Gaz. Pal.* 8 févr. 2013, p. 35, obs. S. Detraz).

75. Sous l'ancien Code, l'infraction fut ainsi reprochée à la directrice et la surveillante d'un foyer d'enfants : CA Paris, 15 juin 1951, *D.* 1951, p. 568.

76. CA Douai, 15 févr. 2006, *JCP* G 2006, IV, 2874.

publique ou dans un espace affecté au transport collectif de voyageurs, dans le but de solliciter la générosité des passants » (al. 2). Faut-il en déduire que le délit est nécessairement constitué dans une telle hypothèse ? La Cour de cassation ne l'a pas admis : elle a rappelé que l'infraction suppose en outre démontré que la santé de l'enfant a été compromise[77]. Cela a surpris. On a prétendu que la Haute juridiction a voulu éviter ainsi que soit sanctionnée pour elle-même la mendicité non agressive en présence d'un enfant[78]. Mais elle n'avait guère le choix. En effet, un défaut de soins ne suffit pas à caractériser l'infraction. Ce défaut de soins doit avoir fait naître un risque pour l'enfant. Or, la précision introduite à l'article 227-15, al 2 ne permet pas de présumer ce risque. Il doit être établi. À défaut, la relaxe s'impose.

1470. Perception. – L'abstention doit être intentionnelle pour être punissable. Le ministère public doit démontrer que l'agent, conscient de la privation de soins ou d'aliments imposée à l'enfant, a mesuré les conséquences qui pouvaient en résulter[79].

Sous prétexte qu'est en cause un risque, peut-on analyser cette intention comme un dol éventuel ? *A priori*, non. Il s'agit plus sûrement d'un dol spécial. L'agent a su qu'en privant de soins son enfant il pouvait compromettre sa santé et voulu agir de la sorte. Sa volonté était tendue vers la création de ce risque (résultat redouté). À cette occasion, l'existence du risque créé devant être certaine, aucune place n'est laissée pour une quelconque éventualité. La solution aurait été différente si la consommation de l'infraction avait dépendu d'une atteinte effective à la santé de l'enfant, c'est-à-dire si l'infraction avait supposé la réalisation du risque ainsi créé. En acceptant non l'existence de ce risque mais le dommage pouvant naître de sa réalisation, l'agent aurait alors eu un dol éventuel. Dans une telle hypothèse, on lui aurait reproché d'avoir accepté qu'une atteinte à la santé puisse se produire (il ne doit pas l'avoir recherchée car il y aurait violence). Toutefois, on l'a dit, la preuve de ce dommage reste étrangère à l'infraction, tant au plan matériel que moral. On ne saurait donc raisonner par rapport à lui.

Bien entendu, les convictions religieuses ou le souci d'éducation ne sauraient justifier l'infraction dès lors que l'agent a su que la santé du mineur risquait de s'en trouver altérée.

2. Les modalités de la répression

1471. Pénalités. – La personne physique déclarée coupable de privation de soins ou d'aliments est punie de 7 ans d'emprisonnement et 100 000 € d'amende (art. 227-15, al. 1) ainsi que des peines complémentaires de l'article 227-29, dont l'interdiction des droits civiques, civils et de famille. La personne morale, déclarée coupable de la même infraction, s'expose quant à elle à une amende dont le montant est porté au quintuple ainsi qu'à l'ensemble des peines mentionnées à

77. Cass. crim., 12 oct. 2005, *D.* 2006, p. 2446, note J.-Y. Maréchal ; *JCP* G 2006, II, 10022, note J. Leblois-Happe.

78. V. soulignant le risque d'une modification du « bien protégé » si l'incrimination avait été utilisée comme instrument pour la police de la rue : M. Lacaze, *Réflexions sur le concept de bien juridique protégé par le droit pénal*, LGDJ, coll. Fond. Varenne, t. 39, 2010, p. 166, n° 271.

79. Cass. crim., 11 mars 1975, *Gaz. Pal.* 1975.2, p. 507.

l'article 131-39 (art. 222-17-2). La lourdeur de ces peines s'explique par la gravité du risque auquel l'enfant a été exposé.

1472. Aggravation. – Cependant, en cas de mort du mineur, l'infraction est punie de 30 ans de réclusion criminelle (art. 227-16). Cette aggravation sanctionne la réalisation du risque créé. Elle n'implique aucune intention supplémentaire : la mort doit avoir été involontairement causée[80]. La volonté reste donc tendue vers la création du risque et non sa réalisation. Néanmoins, compte tenu des conséquences d'une telle abstention, elle est assimilée en termes répressifs à un meurtre simple.

1473. Non-dénonciation. – Ajoutons que le fait, pour quiconque ayant eu connaissance de privations, de mauvais traitements, d'agressions ou atteintes sexuelles infligés à un mineur de ne pas en informer les autorités judiciaires ou administratives est puni de 3 ans d'emprisonnement et 45 000 € d'amende (art. 434-3. – V. *supra*, n° 1245). Seules les personnes astreintes au secret professionnel sont dégagées d'une telle obligation. Bien entendu, l'immunité familiale ne peut être invoquée dans une telle hypothèse[81].

B. Le mauvais exercice de l'autorité parentale

1474. L'article 227-17 du Code pénal incrimine à la suite le fait « par le père ou la mère de se soustraire, sans motif légitime, à ses obligations légales au point de compromettre la santé, la sécurité, la moralité ou l'éducation de son enfant mineur ». Le champ de cette incrimination sanctionnant le mauvais exercice de l'autorité parentale est plus réduit que dans l'hypothèse précédente. Une telle infraction n'est reprochable qu'aux parents de l'enfant : elle vise soit les pères et mères qui exercent conjointement l'autorité parentale soit celui des deux parents qui exerce seul cette autorité[82]. En revanche, les autres membres de la famille ne sont pas concernés (grands-parents, frères et sœurs, etc.). Sortent également du champ de l'incrimination les membres des services sociaux qui se révéleraient défaillants dans l'exercice de leur mission de protection.

1. Le comportement incriminé

1475. L'incrimination protège tous les enfants mineurs, quelle que soit leur filiation, jusqu'à l'âge de leur majorité. Au-delà de 18 ans, ils ne peuvent s'estimer victimes d'une telle infraction, même s'ils poursuivent des études supérieures en étant encore à la charge de leurs parents[83].

80. Cass. crim., 17 déc. 1986, *RSC* 1987, p. 692, obs. G. Levasseur.

81. S'agissant des associations habilitées à agir, v. CPP, art. 2-3 et -17.

82. On parle parfois d'abandon moral dans une telle hypothèse, par opposition à l'abandon pécuniaire ; l'opposition de ces deux infractions conduit aussi à évoquer un abandon d'enfant plutôt qu'un abandon de famille (v. *supra*, n° 1310). Mais ces dénominations approximatives expriment mal le contenu de l'infraction.

83. Un auteur soutient qu'à la majorité de l'enfant, il est possible d'assimiler son émancipation puisqu'elle met fin elle-aussi à l'autorité parentale (P. Conte, *Droit pénal spécial*, préc., p. 85, n° 119). Ce qui paraît logique mais problématique car l'émancipation met essentiellement fin à l'incapacité du mineur ; elle ne fait pas de lui un majeur (P. Bonfils et A. Gouttenoir, *Droit des mineurs*, Dalloz, 3e éd., 2021, p. 277, n° 472) et ne libère pas les parents de leur obligation d'entretien (C. civ., art. 371-2, al. 2, pas de plein droit). Un délit peut donc tout de même exister dans ce cas particulier.

a. La matérialité de l'acte

1476. Présentation. – Matériellement, l'infraction consiste pour un père ou une mère à se soustraire à ses obligations légales au point de compromettre la santé, la sécurité, la moralité ou l'éducation de son enfant. La formule n'est pas très explicite. En effet, il n'existe aucun catalogue d'obligations légales des parents à l'égard de leurs enfants. À la recherche de telles obligations, on invoque la jurisprudence civile relative à l'exercice de l'autorité parentale : le retrait, total ou partiel, de cette autorité intervient dans des hypothèses où la défaillance des parents est avérée (C. civ., art. 378 et s.). Toutefois, déduire des décisions de retrait la preuve d'obligations s'imposant aux parents s'avère d'autant plus contestable, au regard de la prévisibilité de la loi pénale, qu'il faut soustraire du champ de l'incrimination ainsi envisagée les comportements susceptibles de relever d'autres qualifications. Il ne s'agit pas de punir ici la privation de soins ou d'aliments qui relève d'un texte particulier lorsqu'elle est susceptible de compromettre la santé d'un mineur de 15 ans (art. 227-15. – V. *supra,* n° 1467). Il ne s'agit pas davantage ici de punir l'abandon, au sens commun du terme, qui relève – sous certaines conditions – de la qualification de délaissement (art. 227-1. – V. *supra,* n° 1459). Enfin, il ne s'agit pas de réprimer le non-respect d'une décision judiciaire ou d'une convention imposant le paiement d'une pension alimentaire, qui constitue encore une autre infraction, celle d'abandon de famille (art. 227-3. – V. *infra,* n° 1310). Que reste-t-il dans ces conditions ? Un ensemble d'obligations à ce point indéterminées que l'on peine à en dresser la liste.

Cette technique d'incrimination s'avère dangereuse : subsidiaire, l'article 227-17 est applicable chaque fois qu'un danger est créé pour l'enfant qui ne relève pas d'une qualification spéciale au mépris du caractère discontinu du droit pénal ; incertain, l'article 227-17 voit la définition de son contenu abandonnée à l'appréciation du juge. Or, est-ce au juge de dire à un père ou une mère comment élever ses enfants ? Est-ce à un juge répressif de dire ce qui compromet leur moralité ? Fort heureusement, les poursuites sont rares sur un tel fondement[84].

1477. Formes. – Rappelons que l'autorité parentale est conférée aux parents, dans l'intérêt de l'enfant, « pour le protéger dans sa sécurité, sa santé et sa moralité, pour assurer son éducation et permettre son développement, dans le respect dû à sa personne » (C. civ., art. 371-1, al. 2). Il peut s'ensuivre l'obligation d'agir, comme l'obligation de s'abstenir de certains comportements. Aucune liste n'est déterminée *a priori*. L'infraction est reprochable par ex. à des parents qui privent de soins un mineur de plus de 15 ans au point de compromettre sa santé. Elle se conçoit également à l'encontre de parents qui se désintéressent des fréquentations (lieux, personnes) de leur enfant, de sa scolarité, de ses loisirs, etc., au point de menacer son avenir. L'infraction peut même être reprochée à des parents qui adoptent un comportement dangereux pour l'enfant sans prendre aucune précaution à son égard. Elle a par ex. été reprochée à une mère qui se prostituait à son domicile en présence de sa fille

84. Le ministère public semble préférer la voie civile (C. civ., art. 375) car il y a quelque chose de paradoxal à « tenter de restaurer l'autorité parentale censée être défaillante aux yeux de l'enfant en faisant de son parent… un délinquant » (J.-P. Rosenczveig, *L'enfant délinquant et la justice*, éd. ASH, 2016, p. 69).

mineure[85]. Elle fut également reprochée à des parents aveuglés par leurs croyances sectaires[86].

Suivant que l'obligation violée était une obligation de faire ou de ne pas faire, le délit de l'art. 227-17 apparaît donc d'omission ou de commission. Peu importe : l'essentiel est que le manquement à cette obligation expose l'enfant à un risque.

1478. Résultat. – Le risque auquel le mineur doit avoir été exposé peut être envisagé largement : risque pour sa santé ou sa sécurité (protection de son intégrité physique ou psychique), pour sa moralité ou son éducation (protection de son intégrité morale). Toute défaillance des parents n'est donc pas prise en compte. Celle-ci doit être grave, « au point de compromettre » l'un de ces éléments[87]. L'âge et la fragilité de l'enfant peuvent sans doute être pris en compte pour apprécier un tel risque[88]. Une approche *in concreto* paraît s'imposer.

En effet, l'existence du risque doit être avérée. L'infraction est matérielle en ce qu'elle suppose, comme la précédente, rapportée la preuve de l'obtention de ce résultat redouté. En revanche, là aussi, la consommation de l'infraction n'implique pas la réalisation du risque. Il n'est donc pas nécessaire d'établir qu'il en est résulté une atteinte effective aux intérêts du mineur.

b. La perception de l'acte

1479. Dol. – L'infraction est intentionnelle. Ce qui signifie, tout d'abord, que le manquement du ou des parents à leurs obligations légales doit être volontaire. Néanmoins, cela ne suffit pas. Ensuite, il importe qu'à cette occasion le ou les parents défaillants aient eu conscience de compromettre la santé, la sécurité, la moralité ou l'éducation de son/leur enfant. Au dol général, s'ajoute ainsi un dol spécial et non un dol éventuel (v. *supra*, nº 1470).

Une telle preuve est facilitée par le fait qu'il n'est plus nécessaire d'établir que la défaillance parentale a nui « gravement » au mineur. En supprimant cette exigence, le législateur contemporain a élargi le champ de l'incrimination. Il permet de déduire le dol spécial du dol général (la conscience d'exposer à un risque, déduite de la conscience de manquer à ses obligations). D'aucuns l'ont regretté en observant que « l'adverbe gravement fonctionnait comme un véritable verrou » : ils dénoncent une « pénalisation » des parents et un texte devenu si sévère que les juges hésitent à l'appliquer[89].

1480. Motif légitime. – En toute hypothèse, la question de l'intention coupable ne doit pas être confondue avec celle du « motif légitime », que réserve par ailleurs le texte d'incrimination.

85. CA Colmar, 6 déc. 1957, *D.* 1958, p. 357, note P. Bouzat.

86. Cass. crim., 11 juill. 1994, *JCP* G 1995, II, 22441, note F. Eudier. – CA Rennes, 18 févr. 1993, *JCP* G 1994, II, 22210, note J.-Y. Chevallier. – V. aussi, s'agissant d'une mère aveuglée par une « idéologie radicale » ayant décidé de rejoindre avec ses enfants « des combattants islamistes en Syrie » : Cass. crim., 20 juin 2018, *Dr. pén.* 2018, nº 192, obs. P. Conte ; *AJ pénal* 2018, p. 524, obs. E. Gallardo.

87. Lorsque le manquement paraît anodin, l'infraction ne peut être retenue : Cass. crim., 17 oct. 2001, *D.* 2002, p. 751, note M. Huyette.

88. Cass. crim., 16 janv. 1974, *RSC* 1974, p. 96, obs. G. Levasseur.

89. C. Lazerges, « La sanction des mineurs : la fuite en avant ? », in *Mél. Lombois*, PULIM, 2004, p. 528.

En effet, il n'y a pas infraction lorsque le ou les parents peuvent invoquer un motif légitime : ils se sont désintéressés de l'enfant parce qu'ils étaient hospitalisés, incarcérés, etc., et ne pouvaient donc s'occuper de lui[90]. Une sorte d'élément injuste est introduit dans la définition de ce délit : il n'est constitué qu'à partir du moment où le ministère public peut démontrer que l'agent n'avait pas d'excuse valable pour se comporter comme il l'a fait. *A priori*, c'est au ministère public de rapporter une telle preuve et non à l'agent de se justifier[91]. En effet, est ici en cause une limite mise à l'incrimination. L'autorité de poursuite doit établir qu'elle a été dépassée.

Mais cette question est indépendante de celle de l'intention : l'absence de motif légitime des parents défaillants ne suffit donc pas à exclure qu'ils aient pu être simplement imprudents ou négligents.

2. Les modalités de la répression

1481. Pénalités. – En vertu de l'article 222-17, le mauvais exercice de l'autorité parentale expose les personnes physiques à 2 ans d'emprisonnement et 30 000 € d'amende, outre les peines complémentaires de l'article 227-29 déjà évoqué. La personne morale, déclarée coupable de la même infraction, s'expose quant à elle à une amende portée au quintuple ainsi qu'à l'ensemble des peines mentionnées à l'article 131-39 (art. 222-17-2).

1482. Procédure. – L'action civile semble assez largement ouverte. La Cour de cassation a par ex. admis la recevabilité de la constitution de partie civile des grands-parents d'un enfant confié par ses père et mère à une secte, ce qui procède tout de même d'une appréciation « large » du caractère direct du lien de causalité exigé à l'article 2, CPP[92]. En effet, le résultat redouté ici par le législateur n'est pas un préjudice d'affection pour les proches : c'est la création d'un risque pour la santé, la sécurité, la moralité ou l'éducation du mineur. La prise en compte de ces victimes par ricochet semble s'être imposée afin d'encourager les poursuites car les autres membres de la famille sont particulièrement bien placés pour dénoncer les faits en question.

1483. Compléments. – L'article 227-17-1 punit de 6 mois d'emprisonnement et 7 500 € d'amende la personne qui, ayant en charge l'éducation de l'enfant, ne l'a pas fait inscrire dans un établissement d'enseignement, sans excuse valable, en dépit d'une mise en demeure de l'inspecteur d'académie (al. 1). Ces peines sont doublées à l'encontre du directeur d'un établissement privé accueillant des classes hors contrat qui ne prend pas les dispositions nécessaires, malgré la mise en demeure de l'inspecteur d'académie[93], pour remédier aux manquements constatés (al. 2). Il s'agit de lutter contre les dérives sectaires et pratiques de certains établissements religieux intégristes.

Enfin, l'article R. 624-7 incrimine le fait, pour l'un ou l'autre parent, une personne exerçant l'autorité parentale ou une autorité de fait continue, de ne pas

90. V. cpdt Cass. crim., 27 févr. 1964, *B.* n° 72.

91. Cass. crim., 21 oct. 1998, *JCP* G 1998, II, 10215, note D. Mayer ; *D.* 1999, p. 75, note Y. Mayaud.

92. Cass. crim., 11 juill. 1994, *JCP* G 1995, II, 22441, note F. Eudier.

93. Mise en demeure qui doit exposer « de manière précise et circonstanciée » les mesures nécessaires pour régulariser la situation : Cons. const., déc. n° 2018-710 QPC du 1er juin 2018, *assoc. Al Badr*, § 9.

imposer à l'enfant l'obligation d'assiduité scolaire. Cette infraction est punie de l'amende prévue pour les contraventions de la 4e classe, soit 750 €.

Titre 2

Les mises en danger potentielles

1484. D'autres comportements sont incriminés en ce qu'ils ont exposé autrui à un risque sans qu'il soit besoin de démontrer l'existence de ce risque.

Il en va particulièrement ainsi des infractions en matière de stupéfiants. C'est le danger que présente ce type de produits pour ceux qui les consomment qui justifie la répression mais un tel danger n'a pas besoin d'être établi au stade de l'usage comme au stade du trafic. Il en va de même s'agissant des infractions qui tendent à garantir le bon déroulement des interruptions de grossesse. C'est le danger auquel la parturiente peut être exposée qui justifie les sanctions applicables lorsque toutes les règles d'hygiène et de sécurité ne sont pas respectées. Pour autant, ces peines sont encourues indépendamment de toute concrétisation du danger en question. Enfin, il en va de même encore s'agissant de différentes infractions de publication qui mettent en péril des mineurs. Peu importe que ce péril ne se réalise pas.

Il s'agit là de trois catégories d'infractions sans rapport les unes avec les autres, hormis une structure commune : elles tendent à prévenir un risque – chaque fois différent – dont l'existence même est intolérable et dont la réalisation n'a pas à être démontrée. Plus que jamais, le résultat redouté se distingue ainsi de la valeur prétendument protégée.

CHAPITRE 1

Les infractions en matière de stupéfiants

1485. Dangers. – Les produits stupéfiants sont, avec certaines armes et substances explosives, les rares produits dont la production, la commercialisation et l'utilisation (consommation) sont pénalement sanctionnées. La liberté du commerce et de l'industrie trouve là sa limite : l'interdiction est de principe et la liberté tout à fait exceptionnelle[1]. L'origine de cette prohibition peut sûrement être trouvée dans le souci de maintenir l'ordre public[2]. L'individu sous l'emprise de produits stupéfiants ou qui cherche les moyens de s'en procurer est une menace pour la société ; les conflits entre trafiquants sont une menace pour la société ; le blanchiment des produits du trafic est une menace pour la société, etc. Toutefois, à cette première justification, s'en ajoute une autre, liée à la nature même des produits en cause. Leur nocivité pose un problème de santé publique[3]. Si les infractions des articles 222-34 à 222-43-1 trouvent leur place dans un chapitre du Code pénal intitulé « des atteintes à l'intégrité physique ou psychique de la personne », au même titre que les violences p. ex., c'est pour souligner la nouvelle *ratio legis* de ces incriminations : il ne s'agit plus tant de protéger l'ordre social que de sanctionner des atteintes à la santé des consommateurs.

Commençons par préciser la notion de produits stupéfiants. Après, on évoquera la consommation de tels produits et les actes caractérisant le trafic dont ils peuvent faire l'objet.

1. Certaines plantes ou substances peuvent avoir des effets bénéfiques pour la santé et jouent un rôle important en pharmacie. Cela explique la référence au caractère « illicite » des actes incriminés (v. exigeant que ce caractère ait été précisé dans une question posée à la cour d'assises, dès lors qu'il est un « élément constitutif » de ces infractions : Cass. crim., 8 nov. 2000, *B.* n° 334). Symboliquement, il aurait néanmoins été préférable de considérer que tous les actes liés aux stupéfiants sont illicites et de reconnaître une vertu justificative aux dispositions du Code de la santé publique qui légitiment certains emplois (art. L. 5132-8 et -9). Mais cette logique semble avoir été perturbée par les termes de la Convention internationale unique du 30 mars 1961 (Cass. crim., 9 mars 1992, *B.* n° 103).

2. V. cpdt M. Delmas-Marty, *Le relatif et l'universel*, Seuil, 2004, p. 269-273.

3. Ce qui a pu conduire des magistrats à reprocher un homicide involontaire à un individu ayant fourni à autrui l'héroïne qui causa sa mort par injection : CA Chambéry, 25 mars 1987, *Gaz. Pal.* 1987, p. 603. – Limoges, 4 juin 1997, *BICC* n° 1262.

Section 1
La notion de produits stupéfiants

1486. Selon l'article 222-41 du Code pénal constituent des produits stupéfiants : les substances ou plantes classées comme telles par l'article L. 5132-7, CSP. Toutefois, ce texte ne propose aucun classement. Il s'intéresse à la notion, plus large, de substances vénéneuses qu'il définit comme incluant les stupéfiants, les psychotropes et autres substances, plantes ou préparations classées comme telles par l'Agence nationale de sécurité du médicament et des produits de santé (ANSM)[4]. On retient donc essentiellement de ce premier renvoi que les produits stupéfiants sont les produits classés comme tels par l'ANSM, établissement public administratif placé sous la tutelle du ministre de la Santé. *A priori*, il s'agit de substances agissant sur le système nerveux central qui induisent, à ce titre, des modifications de la perception, de l'humeur ou de la conscience, mais cela ne permet guère de les distinguer des psychotropes et autres médicaments détournés.

En réalité, ce classement dépend en grande partie de listes figurant en annexe de la Convention « unique sur les stupéfiants » du 30 mars 1961 et de la Convention sur les substances psychotropes du 21 février 1971 qui ont été ratifiées par la France et qui disposent, à ce titre, d'une valeur supérieure à celle des lois et règlements applicables dans notre pays[5]. Il s'ensuit que les autorités françaises n'ont pas la maîtrise du périmètre des incriminations qui suivent. Cela ne signifie pas qu'un trafic peut être sanctionné alors qu'il concerne une substance présentée comme stupéfiante dans la nomenclature internationale mais oubliée dans l'énumération interne : ces conventions ne sont pas d'application directe ; elles ne peuvent servir de fondement à une sanction pénale élargissant le champ d'une incrimination au mépris du principe de légalité[6]. Cela signifie que de telles conventions s'imposent à la France qui les a ratifiées et qui doit veiller à leur correcte transposition[7]. Peu importent les débats de société auxquels la consommation de certains produits donne lieu sur le plan national. En l'occurrence, la première de ces conventions inclut toujours le cannabis dans la liste des produits interdits (tableau I des « substances comportant un risque important d'abus »), de sorte qu'il n'apparaît pas possible de légaliser son commerce, en encadrant sa consommation « récréative », sans dénoncer un engagement pris sur la scène internationale[8].

4. N. Finck, « Le régime juridique des stupéfiants », *Gaz. Pal.* 9 mai 2023, p. 12.

5. Ces deux conventions sont complétées par une troisième, du 20 déc. 1988, qui entend définir les moyens légaux de lutte contre les drogues (v. aussi J. Alvarez, « La politique criminelle des drogues », *in Réflexions sur le nouveau Code pénal*, Pédone, 1995, p. 147). L'effort européen d'harmonisation en la matière s'opère par référence à ces conventions (déc.-cadre 2004/757/JAI du 25 oct. 2004, art. 1, 1°).

6. *Contra* : A. Lepage et H. Matsopoulou, *Droit pénal spécial*, PUF, Thémis, 2015, p. 182, n° 281.

7. Dès lors que le droit interne y renvoie, les juges peuvent invoquer ces conventions lorsqu'ils l'appliquent (Cass. crim., 13 mars 1995, *B.* n° 101. – 12 déc. 1984, *B.* n° 402). En réalité, ils doivent en faire une interprétation conforme. Pour la Cour de cassation, ces renvois ne sont pas contraires à l'exigence de légalité prévalant en matière pénale (Cass. crim., 11 janv. 2011, *JCP* G 2011, 347, note J. Huet. – V. cpdt F. Caballero, « Une note de bonheur », *in Mél. J. Huet,* LGDJ, 2017, p. 41).

8. Néanmoins, la réglementation a été assouplie en la matière : désormais, le cannabis à usage médical peut être autorisé (D. 2022-194 du 17 févr. 2022).

Pour autant, il semble difficile d'identifier les critères de classement des substances ainsi énumérées. Le risque de dépendance et le danger pour la santé joue un rôle important mais ne suffisent pas à justifier tous les choix. Cette absence de conceptualisation donne lieu à critiques[9]. Mais le Conseil constitutionnel refuse de les entendre[10].

Section 2
La consommation de produits stupéfiants

1487. A été soulignée ci-dessus l'évolution de la législation sur les stupéfiants qui se veut désormais davantage protectrice de la personne que de l'ordre public. En pratique, néanmoins, une telle affirmation semble contredite par plusieurs incriminations de l'usage de stupéfiants. Dans un cas, la seule consommation de l'usage de produits stupéfiants est érigée en infraction ; dans d'autres cas, c'est l'excès d'une telle consommation qui est pris en compte lorsqu'il conduit l'intéressé à commettre des faits qui auraient pu tomber sous une qualification criminelle. Une distinction s'impose à cet égard suivant que l'incrimination est justifiée par le danger qu'une telle consommation présente pour le consommateur lui-même ou pour les tiers[11].

§1. La consommation dangereuse pour le consommateur

1488. Paradoxe. – Confrontée à une mondialisation qui a permis le développement à moindre coût de la consommation de produits stupéfiants, la loi pénale a réagi à la fin du xxe siècle en faisant du consommateur un délinquant pour des motifs de santé et de sécurité publiques[12]. Ce constat paraît contredire l'observation précédente selon laquelle les pouvoirs publics auraient pris conscience de la dépendance aux produits en question qui transforme les consommateurs en victimes des trafiquants. Comment une personne peut-elle être considérée à la fois comme coupable et comme victime ? Cette aporie confirme la vanité de toute réflexion en termes de valeur protégée. La personne finit par être protégée contre elle-même au mépris de sa volonté, donc en niant ce qui fait sa spécificité en tant que personne par rapport aux autres êtres vivants.

9. C. Ballot-Squirawski, « À la recherche de la notion de stupéfiant », *Gaz. Pal.* 7 mai 2019, p. 76.

10. V. jugeant que « la notion de stupéfiants, qui désigne des substances psychotropes se caractérisant par un risque de dépendance et des effets nocifs pour la santé, est suffisamment claire et précise pour garantir contre le risque d'arbitraire » (déc. 2021-967 QPC du 11 févr. 2022, *M. Nicolas F. et a.*, § 12. – V. déjà déc. 2021-960 QPC du 7 janv. 2022, *Ass. fr. prod. cannabinoids*, § 17). Réponse qui accroît la confusion en réduisant les stupéfiants aux psychotropes quand, on l'a vu, les art. L. 5132-1 et L. 5132-7, CSP les distinguent.

11. N'est pas envisagé ici le délit supplémentaire de conduite sous l'empire de produits stupéfiants (C. route, art. L. 235-1).

12. Cass. crim., 30 nov. 2011, *Gaz. Pal.* 20-21 avr. 2012, p. 33, obs. S. Detraz.

1489. Incrimination. – En l'occurrence, l'usage individuel de stupéfiants – de tous les stupéfiants – constitue depuis 1970 un délit puni, à l'article L. 3421-1, CSP, d'un an d'emprisonnement et 3 750 € d'amende ainsi que de la confiscation des substances ou plantes saisies[13]. Peu importe qu'il s'agisse d'un usage régulier ou ponctuel. Cette infraction simple et instantanée ne requiert aucune condition d'habitude. Peu importe la forme prise par l'usage en question. Seul compte le fait qu'un tel usage était intentionnel : l'agent devait savoir que le produit consommé méritait la qualification de produits stupéfiants au sens précité et disposer encore de suffisamment de liberté pour décider de le consommer.

Au-delà de sa justification contestable, le régime de cette infraction s'avère ambigu. En effet, une injonction thérapeutique peut être délivrée tant par le procureur de la République, le juge d'instruction, le juge des enfants ou le juge des libertés et de la détention, que par la juridiction de jugement. Lorsque les soins sont suivis jusqu'à leur terme au stade de l'enquête, le procureur de la République peut renoncer à exercer l'action publique et la juridiction de jugement, si l'action publique a été engagée, peut décider d'une dispense de peine. Ainsi, à l'occasion de cette incrimination, le législateur n'ignore-t-il pas que le toxicomane est également un malade qu'il faut soigner[14]. Les poursuites semblent être l'occasion pour la société d'appréhender les consommateurs de stupéfiants afin de leur proposer des moyens de sevrage qu'ils n'envisageraient pas seuls. La *Défense sociale nouvelle* est ici à l'œuvre. Mais, précisément, l'ambiguïté de sa double fonction a empêché l'incrimination de produire des effets utiles. Tous les toxicomanes ne sont pas convaincus que le procès pénal est organisé « pour leur bien » et la justice pénale préfère concentrer ses efforts sur une délinquance moins pitoyable[15]. Au mieux, des procédures alternatives aux poursuites sont initiées par les parquets[16]. Les magistrats, faute d'être saisis, ne peuvent mettre en œuvre le dispositif sanitaire prévu par le législateur. D'où ce constat désabusé selon lequel, en la matière, « les finalités de la loi ont perdu toute lisibilité »[17]...

---

13. Ces peines sont portées à 5 ans et 75 000 € « si l'infraction est commise dans l'exercice ou à l'occasion de l'exercice de ses fonctions par une personne dépositaire de l'autorité publique ou chargée d'une mission de service public, ou par le personnel d'une entreprise de transport » (al. 2). De surcroît, il existe différentes infractions de provocation à l'usage de produits stupéfiants qui ont déjà été évoquées : V. *supra*, n° 1453.

14. Dans cette perspective, les magistrats semblent considérer que l'usage qui implique pourtant la détention peut être relevé seul : ils évitent ainsi de traiter l'usager comme un trafiquant (Cass. crim., 23 janv. 2019, *Dr. pén.* 2019, n° 62, obs. P. Conte. – 14 mars 2017, *AJ pénal* 2017, p. 285, obs. F.-X. Roux-Demare ; *Gaz. Pal.* 18 juill. 2017, p. 59, obs. S. Detraz. – 21 oct. 2015, *Dr. pén.* 2015, n° 158, obs. P. Conte et F. Fournié, « Usage et détention : du consommateur au trafiquant », *AJ pénal* 2013, p. 153).

15. Précisons que la Convention unique sur les stupéfiants de 1961 impose aux États d'incriminer les seuls comportements relatifs au trafic (art. 36). En effet, l'« abus » de stupéfiants, envisagé dans son art. 38, ne doit donner lieu qu'à des mesures de prévention, dépistage, rééducation. Mais l'art. 39 de la même Convention n'interdit pas aux Parties d'adopter des mesures plus sévères si elles le jugent « nécessaire ou opportun pour la protection de la santé publique ». La sanction de l'usage de stupéfiants est, elle, prévue par la Convention du 20 déc. 1988 (art. 3 § 2) évoquée ci-dessus.

16. Qui semblent renoncer à l'injonction de soins dans ce cadre (V. Gautron et L. Leturmy, « La prescription judiciaire de soins, complémentarité ou concurrence des rationalités pénale et sanitaire ? », *ACP*, n° 44, 2022, p. 110).

17. J. Danet, *Justice pénale, le tournant*, Folio, coll. Le Monde, n° 119, 2006, p. 220. – V. aussi, et *a fortiori* : L. Rousvoal, « Le traitement pénal des mineurs consommateurs de drogue », *in Sur les routes de la drogue*, LGDJ, coll. IU Varenne, 2019, p. 69.

De facto, l'incrimination est tombée en désuétude[18]. Elle n'est pas supprimée pour autant[19]. Pire : le législateur contemporain en a ajouté d'autres qui ne semblent guère plus praticables.

§2. La consommation dangereuse pour autrui

1490. Présentation. – L'émotion suscitée par l'irresponsabilité pénale d'un individu ayant consommé plus de cannabis que d'habitude au point de perdre tout discernement au moment de défenestrer une vieille dame a provoqué une intervention du législateur pour incriminer cette « faute antérieure » et engager ainsi la responsabilité pénale du consommateur de stupéfiants non à raison du fait final, qu'il n'a ni compris, ni voulu, mais à raison de cette intoxication préalable qui lui a fait courir le risque d'accomplir un tel fait. C'est ainsi que, en marge de la répression de l'homicide volontaire (art. 221-5-6), des tortures et actes de barbarie (art. 222-18-4) ainsi que du viol (art. 222-26-2), la consommation de stupéfiants est désormais érigée en infraction subsidiaire.

La répression de ces intoxications volontaires varie suivant la gravité objective des faits subséquents pour lesquels l'irresponsabilité pénale est prononcée. Nous renvoyons au Code pour le détail des peines encourues à ces différentes occasions.

1491. Incrimination. – Dans tous les cas, l'incrimination est étroitement encadrée. Toute consommation de produits stupéfiants n'est pas prise en compte à ce titre. Le législateur envisage plus spécifiquement « le fait pour une personne d'avoir consommé volontairement, de façon illicite ou manifestement excessive, des substances psychoactives en ayant connaissance du fait que cette consommation est susceptible de la conduire à mettre délibérément autrui en danger, lorsque cette consommation a entraîné un trouble psychique ou neuropsychique temporaire sous l'empire duquel elle a commis un homicide volontaire [ou des tortures ou actes de barbarie, ou un viol] dont elle est déclarée pénalement irresponsable en application du premier alinéa de l'article 122-1 ».

La notion de substance psychoactive doit être entendue largement. Elle sert à désigner toutes les substances qui, agissant sur le psychisme, en modifient le fonctionnement (entraînant des modifications dans les perceptions, l'humeur, la

18. Une loi n° 2016-41 du 26 janv. 2016 a autorisé « à titre expérimental », l'ouverture de salles de consommation à moindre risque (devenues « Haltes soins addictions ») destinées à accueillir des toxicomanes « sous la supervision d'une équipe pluridisciplinaire comprenant des professionnels de santé et du secteur médico-social, également chargée de faciliter leur accès aux soins ». Dans ce cadre, une immunité a été créée : la personne qui se présente « ne peut être poursuivie pour usage illicite et détention illicite de stupéfiants » (L. Rousvoal, « De la justification comme valse-hésitation », *Gaz. Pal.* 7 mai 2019, p. 83. – P. Morvan, « La salle de shoot, lieu d'asile en droit pénal », *Dr. pén.* 2016, étude 7, n° 4). Cette expérimentation, prolongée jusqu'au 31 décembre 2025, annonce peut-être la dépénalisation d'une telle pratique. Mais, dans l'immédiat, le législateur préfère la soumettre à un régime procédural qui équivaut à sa contraventionnalisation (L. Saenko, « La contraventionnalisation de l'usage de produits stupéfiants est-elle une hallucination ? », *Gaz. Pal.* 7 mai 2019, p. 81). En effet, le dernier alinéa de l'article L. 3421-1, CSP permet, y compris en cas de récidive, d'éteindre l'action publique par le versement d'une simple amende forfaitaire de 200 € (150 € en cas de paiement immédiat à l'agent verbalisateur). Le droit constitutionnel justifierait tant l'incrimination que ce traitement pénal simplifié (Cass. crim., 24 nov. 2021, *Dr. pén.* 2022, n° 9, obs. J.-H. Robert).

19. L'absence de dépénalisation aurait une explication trouble : « La vente de cannabis rémunère une partie de cette population dont on ne sait quoi faire. Si on leur retire ce gagne-pain, ils devront trouver une autre source de revenus. Braquages, prostitution, enlèvements. C'est un moindre mal dans une situation sans issue » (O. Norek, *Territoires*, Pocket, 16101, 2021, p. 178).

conscience, etc.). *A priori*, elle inclut donc, au-delà des produits stupéfiants évoqués ci-dessus, le tabac et l'alcool qui en sont traditionnellement distingués. Si l'on ne conçoit guère qu'une consommation excessive de tabac produise l'effet recherché, il en va différemment d'une consommation excessive de boisson alcoolique. Le législateur n'a pas cru bon de distinguer.

Le comportement incriminé suppose matériellement la consommation, de façon illicite ou manifestement excessive, des substances en question. Là encore, la forme de la consommation importe peu. En revanche, elle doit être illicite (ce qui suppose le détournement de produits qui ne sont pas stupéfiants par nature) ou manifestement excessive (ce qui suppose un dépassement par rapport à une consommation normale qui, supposera-t-on est appréciée à l'aune de la consommation antérieure de l'agent). En toute hypothèse, illicite ou excessive, cette consommation doit avoir été suffisante pour entraîner un trouble psychique ou neuropsychique qui a privé temporairement l'agent de son discernement ou du contrôle de ses actes. Ce résultat doit être établi par une décision préalable et distincte de celle qui condamne l'acte d'intoxication. Une décision d'irresponsabilité pénale doit avoir été rendue à raison du trouble en question[20]. Mais, dès lors qu'elle statue par deux décisions distinctes, la même juridiction peut être à l'origine de la déclaration d'irresponsabilité pénale et de la déclaration de culpabilité, l'objectif étant clairement ici de contourner les conséquences de cette irresponsabilité pénale en permettant, fût-ce à raison d'une faute antérieure (intoxication volontaire), la condamnation pénale de celui qui ne peut être déclaré coupable d'homicide volontaire, de tortures ou acte de barbarie et de viol[21]. L'artifice est assez grossier. Toutefois, il doit permettre d'atténuer le trouble à l'ordre public né de tels faits (rassurer l'opinion) et d'apporter une forme de consolation à la victime et à ses proches (dans une logique vindicative assez discutable)[22].

Cependant, l'infraction suppose aussi un élément moral qui paraît difficile à établir, de sorte qu'il n'est pas certain que les objectifs du législateur puissent être atteints. En effet, la consommation dont il vient d'être question suppose à la fois un dol général et un dol spécial. S'agissant du dol général, il est exigé que la consommation de substances psychotiques, illicite ou manifestement excessive, ait été volontaire. Cette consommation doit donc être intervenue en connaissance de cause et non à l'insu de l'agent. L'agent doit avoir connu la nature des substances en question et su que leur consommation était illicite ou manifestement excessive. Ce qui ne pose guère de difficulté lorsque l'agent est un consommateur habituel de produits stupéfiants mais s'avère plus difficile à apprécier lorsqu'il s'agit d'un primo consommateur ou d'un consommateur occasionnel. Il faut établir que, au regard des circonstances, il mesurait parfaitement le caractère illicite ou manifestement excessif de sa consommation. Peu importe, en revanche, qu'il n'ait pas recherché l'abolition de son discernement ou la perte de contrôle de ses actes. Un autre dol

20. Cette déclaration d'irresponsabilité pénale n'étant pas une condamnation, elle ne peut constituer le premier terme d'un état de récidive légale. Toutefois, le législateur tient compte ici de la persistance de l'agent dans son mauvais comportement. – V. aussi C. Dubois, « Regard critique sur la loi relative à la responsabilité pénale en cas d'intoxication volontaire », *Gaz. Pal.*, 10 mai 2022, p. 12.

21. La rédaction des différents textes n'est pas satisfaisante sur ce point car ils évoquent une irresponsabilité pénale à raison d'« infractions » commises alors que le défaut d'imputabilité interdit d'imaginer ces infractions constituées (V. aussi P.-J. Delage, « Les incidences de l'absence d'imputabilité sur la culpabilité et l'infraction », *D.* 2023, p. 466).

22. F. Rousseau, « Juger les mauvais fous », *RSC* 2022, p. 409.

spécial est exigé de lui. En effet, l'agent doit par ailleurs avoir su qu'une telle consommation était susceptible de le conduire à mettre délibérément autrui en danger. Il n'est pas exigé ici que l'agent ait su qu'il allait commettre les faits exacts qui se sont finalement produits et pour lesquels sa responsabilité pénale ne peut être engagée compte tenu de l'abolition de son discernement ou de la perte de contrôle de ses actes découlant de son intoxication. En outre, le ministère public doit pouvoir établir que l'agent, en s'intoxiquant, a su qu'il pouvait constituer une menace pour autrui[23]. On lui reproche donc d'avoir pris un risque et de l'avoir pris en connaissance de cause. Sa volonté étant tendue vers la création et non la réalisation de ce risque, il s'agit bien d'un dol spécial et non d'un dol éventuel[24]. De deux choses l'une alors. Soit l'agent a déjà eu l'expérience d'une consommation illicite ou excessive qui a aboli son discernement et lui a fait perdre le contrôle de ses actes au point de mettre en danger autrui, et il doit être possible de lui reprocher d'avoir à nouveau cherché à atteindre ce résultat redouté, soit l'agent n'a jamais eu une telle expérience et il semble impossible de rapporter la preuve de ce dol spécial. En effet, comment savoir à l'avance, que l'on présentera nécessairement un danger pour autrui une fois que l'on aura perdu tout discernement et/ou tout contrôle de ses actes ? Le caractère illicite ou manifestement excessif de la consommation n'autorise pas le juge à présumer cette conscience d'exposer autrui dès lors qu'il s'agit là d'exigences distinctes qui ont précisément pour effet de limiter la répression et ne peuvent donc s'inférer l'une de l'autre. Il est vraisemblable que l'infraction d'intoxication envisagée ici ne pourra être retenue que dans des hypothèses tout à fait exceptionnelles (celles d'un individu qui, pour en avoir déjà fait l'expérience, se sait difficilement capable de contrôler son goût du sang ou du sexe lorsque les stupéfiants abolissent son discernement)[25].

1492. Transition. – En réalité, en matière de produits stupéfiants, l'objectif du droit pénal est moins de sanctionner les toxicomanes que de lutter contre ceux qui profitent de leur faiblesse. Toutefois ce résultat commun ne peut masquer la diversité des comportements incriminés ni la complexité de leur répression.

23. *A priori*, il n'est pas nécessaire que l'agent ait eu conscience d'exposer à un risque précis de mort, de blessure ou d'atteinte sexuelle (v. aussi S. Fucini, « Perte temporaire et volontaire du discernement », *PASC-AMU*, 2023, t. XXXI, p. 89).

24. *Contra* : J. Hamonic, « L'imputabilité et l'intoxication volontaire », *ACP*, n° 44, 2022, p. 82.

25. L. Leturmy, « Les nouveaux liens entre substances psychoactives, perte du discernement et responsabilité pénale », *AJ pénal* 2022, 138. – J.-C. Saint-Pau, « La responsabilité pénale en cas de trouble mental résultant d'une intoxication volontaire », *JCP* G 2022, 255. – J.-Y. Maréchal, « Pénaliser la folie... par la bande », *Dr. pén.* 2022, étude 7.

Section 3
La participation au trafic de produits stupéfiants

1493. Trafic. – Toutes les infractions liées aux stupéfiants dans le Code pénal concernent leur « trafic ». Ce terme est formellement utilisé dans l'intitulé de la section consacrée à ces infractions mais il n'est pas défini. Il n'est même pas sûr qu'il dispose d'un contenu juridique précis. Le trafic n'est pas incriminé de manière globale et unitaire. Le principe de légalité et le souci d'individualisation de la répression ont conduit le législateur à distinguer différentes étapes et à ériger en infractions distinctes les comportements correspondants. Les principaux maillons de la chaîne du trafic de stupéfiants sont ainsi identifiés[26]. Mais, à cette occasion, il n'est plus fait référence à la logique générale dans laquelle de tels actes s'inscrivent, ce qui pose problème s'agissant des limites imparties à certains d'entre eux : fabrication, acquisition, détention et transport qui peuvent aussi bien s'inscrire dans un trafic qu'être accomplis en vue d'une consommation personnelle[27].

Si on raisonne par rapport à une prétendue valeur protégée, on peut y voir autant d'infractions formelles : consommées indépendamment du point de savoir si la preuve d'une atteinte à la santé publique peut être rapportée. Mais la solution est en réalité beaucoup plus complexe. Ce n'est pas l'atteinte à cette valeur qui constitue le résultat redouté. Elle n'est pas intégrée à la définition de ces infractions. Ce n'est donc pas par rapport à elle qu'il convient de raisonner. Procédons par ordre décroissant de gravité.

§1. Les crimes liés au trafic de stupéfiants

1494. Généralités. – Dans le Code pénal, sont qualifiés crimes les comportements à l'origine du trafic. Il faut en distinguer trois. Sur le terrain de la répression, les personnes physiques qui en sont déclarées auteurs s'exposent chaque fois à une amende de 7,5 M€ ainsi qu'à une peine de réclusion criminelle éventuellement accompagnée d'une période de sûreté de plein droit (art. 132-23, al. 1 et 2). La durée de cette réclusion criminelle varie suivant la gravité des comportements en cause.

1495. Distinctions. – L'article 222-34 incrimine, tout d'abord, le fait de diriger ou d'organiser un groupement destiné au trafic de stupéfiants. Ce fait est puni de la réclusion criminelle à perpétuité. Peu importe que le groupement ait préexisté à l'individu auquel il est reproché d'en avoir pris les rênes. Ce qui est incriminé, c'est la création et/ou la conduite du groupement. Ce sont les « cerveaux » de l'affaire qu'il s'agit d'atteindre ici. Peu importe que le

26. Le droit de l'Union procède de façon équivalente : déc.-cadre 2004/757/JAI du 25 oct. 2004, art. 2.

27. Au contraire, la Convention des Nations unies contre le trafic illicite de stupéfiants et de substances psychotropes de 1988 distingue nettement l'incrimination des actes liés au trafic (art. 3, § 1) de l'incrimination des actes accomplis aux fins de consommation personnelle (art. 3, § 2).

groupement ait eu pour objet la production, la fabrication, l'importation, l'exportation, le transport, la détention, l'offre, la cession, l'acquisition ou l'emploi illicite de stupéfiants. Peu importe le nombre de participants ; peu importe que tous n'aient pas été identifiés.

De ce premier crime, il faut distinguer celui prévu à l'article 222-35 al. 2. Est alors spécialement incriminé le fait de produire ou fabriquer en bande organisée des produits stupéfiants. La réclusion criminelle est ramenée à 30 ans pour les « narco-criminels » qui se contentent de participer de manière concertée à une entreprise de production créée et dirigée par d'autres. Il ne s'agit plus d'atteindre les dirigeants mais les membres du groupement (ceux qui veillent au bon fonctionnement d'un laboratoire clandestin ou qui participent activement à l'organisation de la production). Peu importent les quantités en cause.

Enfin, en vertu de l'article 222-35 al. 1, constitue encore un crime la production ou la fabrication de stupéfiants par un individu isolé[28]. La réclusion criminelle encourue est alors de 20 ans. Peu importe *a priori* que cette activité ait été menée pour alimenter un trafic ou pour la consommation personnelle de l'agent : l'article 222-35 ne contient aucune restriction à cet égard (la référence au trafic de stupéfiants n'apparaissant que dans l'intitulé de la section IV du Code pénal où prend place cette incrimination). La culture de quelques pieds de cannabis peut donc s'avérer risquée[29]... Néanmoins, sauf à méconnaître l'exigence de proportionnalité énoncée notamment à l'article 8, DDHC, une poursuite de ce chef devrait être réservée aux individus qui alimentent un ou plusieurs réseaux de distribution. Les magistrats gagneraient à établir un lien entre l'acte incriminé et le trafic dans lequel il doit s'insérer pour constituer une infraction à ce titre, sauf à rendre une décision incompréhensible à beaucoup.

§2. Les délits liés au trafic de stupéfiants

1496. Dans le Code pénal, ces délits sont nombreux. En multipliant les incriminations, le législateur a cherché à atteindre tous ceux qui participent au trafic. Il a voulu aussi moduler les sanctions en fonction de la responsabilité de chacun. Le travail de qualification opéré par le juge peut donc s'avérer délicat. Il suppose plusieurs distinctions. Il doit tout d'abord choisir entre des incriminations permettant de sanctionner une participation directe au trafic de stupéfiants et des incriminations permettant de sanctionner une participation indirecte.

A. Les participations directes au trafic

1497. Nous qualifions ici « participations directes » les comportements à l'occasion desquels l'agent est impliqué dans l'exploitation des produits stupéfiants.

28. Cass. crim., 9 mai 2018, *Gaz. Pal.* 24 juill. 2018, p. 49, obs. F. Fourment. – 9 mars 1992, *Dr. pén.* 1992, n° 264, obs. M. Véron.

29. Devant l'excès de répression auquel la généralité de l'incrimination pourrait conduire, les parquets ne prennent parfois en compte que le résultat de cette production à des fins personnelles : la détention de stupéfiants (art. 222-37). Cependant, une telle correctionnalisation judiciaire ne constitue qu'une faculté. En toute hypothèse, cette solution paraît d'autant moins satisfaisante qu'elle contredit le caractère d'ordre public des règles de compétence applicables en matière pénale.

Mais, cela ne suffit pas à une organisation rationnelle de la matière : il faut encore distinguer parmi ces comportements ceux qui correspondent à une participation effective au trafic de ceux qui correspondent à une participation présumée. Dans les deux cas, l'agent se voit reprocher d'avoir pris part à l'exploitation de produits stupéfiants mais sa participation n'est pas établie de la même façon.

1. Les participations effectives au trafic

1498. Le trafic est permis par trois types d'opérations. Les deux premières sont en principe menées entre trafiquants : elles permettent l'alimentation en produits stupéfiants. La troisième intervient entre un trafiquant et le consommateur final : elle permet l'écoulement des produits en question.

a. L'alimentation du trafic

1499. Présentation. – Il s'agit d'envisager ici deux types d'opération de gravité apparemment équivalentes : l'importation et l'exportation de produits stupéfiants, d'une part ; la distribution de produits stupéfiants d'autre part. Ceux qui réalisent de telles opérations s'exposent à 10 ans d'emprisonnement et 7,5 M€ d'amende.

1500. Importation et exportation. – Ces deux opérations constituent un délit prévu à l'article 222-36, al. 1. En l'absence de précision au texte, ce délit est constitué dès qu'une personne fait franchir une frontière à des produits stupéfiants : le transporteur comme l'individu qui, ayant pris la décision, l'exécute et l'individu qui, ayant pris la décision, la fait exécuter par d'autres[30]. Peu importe la situation de cet individu à l'étranger dès lors que les faits sont également commis en France : des poursuites pour importation de stupéfiants en France n'enfreignent donc pas la règle *non bis in idem* alors qu'au sujet du même franchissement de frontière une condamnation a déjà été prononcée contre l'agent à l'étranger pour exportation de stupéfiants[31]. Non sans un certain artifice lorsqu'ils sont commis par la même personne, la Cour de cassation accepte de voir des faits distincts et indépendants dans l'acheminement de stupéfiants depuis l'étranger vers la France et l'introduction en France de ces mêmes stupéfiants depuis l'étranger.

Peu importe également l'absence de réitération de l'acte et les quantités en cause. Peu importe pour le compte de qui l'opération est réalisée : la logique de cette catégorie d'infractions voudrait qu'elles soient reprochées à ceux qui font venir en France ou sortir de France des stupéfiants pour alimenter un ou plusieurs réseaux de distribution en France ou à l'étranger. Mais, pas plus que les autres, ce texte d'incrimination n'indique formellement que l'opération doit être réalisée entre trafiquants. *A priori*, donc, ramener en France quelques grammes de cannabis d'un séjour aux Pays-Bas pour les consommer soi-même peut relever de l'article 222-36[32]. On peine toutefois à l'admettre dès lors que ce dernier comportement semble

30. Cass. crim., 7 avr. 2004, *Dr. pén.* 2004, n° 121, obs. M. Véron.

31. Cass. crim., 22 nov. 1973, *B.* n° 434.

32. Comp. Cass. crim., 11 mai 2021, *D.* 2021, p. 962.

détaché de toute idée de trafic à laquelle l'infraction emprunte pourtant sa gravité[33]. Là encore, au regard des peines principales encourues, il serait justifié que, à défaut d'intervention rapide du législateur, le juge fasse ressortir ce lien découlant de la place dans le Code du délit d'importation ou exportation et qu'il renonce, dans l'exemple précité, à sanctionner une telle infraction ; relever le délit d'usage de stupéfiants suffit.

En toute hypothèse, les peines principales encourues sont aggravées lorsque les faits d'importation ou d'exportation de stupéfiants sont commis en bande organisée. En vertu de l'article 222-36, al. 2, ils sont alors passibles de 30 ans de réclusion criminelle et toujours de 7,5 M€ d'amende. Un même fait peut donc relever de la compétence du tribunal correctionnel ou de la cour d'assises suivant l'importance des moyens humains mobilisés. L'existence d'une bande organisée est admise par ex. lorsque l'infraction a été commise à plusieurs par des individus qui ont préparé lors de différentes réunions, avec minutie, l'opération d'importation ou d'exportation de stupéfiants[34].

1501. Distribution. – Quant à la distribution, elle est envisagée à l'article 222-37 al. 1. Certes, le terme n'y est pas employé, mais c'est bien de cela qu'il s'agit. Il permet de faire la synthèse des différents comportements incriminés : le transport (à l'intérieur du territoire de la République), la détention (stockage)[35], l'offre (appel d'offre), la cession et l'acquisition (en gros)[36] ainsi que l'emploi (transformation) de produits stupéfiants. En incriminant ces comportements, le législateur cherche à atteindre les individus qui fournissent au trafic ses infrastructures locales et lui permettent de se développer : les transporteurs, grossistes et demi-grossistes, transformateurs (ceux qui coupent la drogue ou préparent les doses). Sont en cause ici des individus qui assument une responsabilité intermédiaire entre ceux qui disposent d'un véritable pouvoir d'initiative et ceux qui se chargent de la revente au consommateur final[37]. Pendant quelque temps, la Cour de cassation a estimé que, lorsque ces faits sont commis à la suite par une même personne, ils ne peuvent être tous relevés[38]. Mais elle n'a pas indiqué sous quelle qualification doit être poursuivi l'individu qui achète en gros la marchandise, la transporte ensuite jusqu'à un lieu de stockage où il finit par la transformer avant de la revendre. Compte tenu de l'évolution de sa jurisprudence sur les situations de fait plurales (v. *supra*, n° 4), toutes ces infractions peuvent *a priori* être retenues désormais en concours réel.

33. Évidemment, la question ne se pose pas lorsque sont en cause plusieurs allers-retours entre l'Espagne et la France en convoi de différents véhicules (Cass. crim., 30 juin 2021, *Dr. pén.* 2021, n° 161, obs. P. Conte).

34. Cass. crim., 3 avr. 1997, *Dr. pén.* 1997, n° 126, obs. M. Véron. – V. aussi Cass. crim., 22 août 2012, *Gaz. Pal.* 3 oct. 2012, p. 8, note R. Mésa.

35. Pour être distinguée du transport (et éventuellement s'y ajouter : Cass. crim., 28 oct. 2020, *Gaz. Pal.*, 16 févr. 2021, p. 56, obs. S. Detraz), cette détention doit être statique. Mais il suffit de détenir la clé du local où des stupéfiants sont cachés et vendus par d'autres pour que l'infraction soit constituée (Cass. crim., 5 sept. 2018, *AJ pénal* 2018, p. 528, obs. E. Clément).

36. Preuve pouvant découler de la présence d'importantes sommes d'argent liquide portant des traces de produits stupéfiants (Cass. crim., 10 déc. 2019, *Dr. pén.* 2020, n° 27, obs. P. Conte ; *AJ pénal* 2020, p. 33, obs. I. Bello et E. Mercinier ; *Gaz. Pal.*, 4 févr. 2020, p. 19, note R. Mésa).

37. Cass. crim., 29 févr. 2000, *B.* n° 95.

38. Cass. crim., 12 sept. 2018, *Dr. pén.* 2018, n° 193, obs. P. Conte.

Par ailleurs, on retrouve ici une difficulté récurrente s'agissant de cette catégorie d'infractions. Matériellement, en effet, l'article 222-37 ne précise pas que les différents actes ainsi énumérés doivent être réalisés entre trafiquants. La circonstance aggravante de bande organisée, évoquée précédemment, n'est même pas applicable. Les quantités de produits stupéfiants en cause sont également indifférentes, ce qui peut donner l'impression – en cas de simple transport, par ex. – d'une répression à nouveau exagérée[39]. Seule la détention est soumise à un régime particulier puisque, d'après la jurisprudence, elle ne peut être retenue, on l'a vu, lorsqu'elle est le fait du consommateur final (V. *supra*, n° 1487) ou, on le verra, lorsqu'elle est le préalable à une cession de stupéfiants à un consommateur final (V. *infra*, n° 1502). Mais ces dernières solutions, dégagées par la Cour de cassation, ne disposent que d'un fondement fragile[40]. Elles mériteraient d'être énoncées de façon plus claire et, surtout, généralisées.

Enfin, et en toute hypothèse, le trafic sous ses différentes formes constitue nécessairement une infraction intentionnelle. Il suppose que l'agent ait connu la nature exacte des produits dont le transport, la détention ou la vente lui était confié. Or, ce dol général n'est pas facile à établir chez des individus qui sont au mieux des exécutants. Aussi, les magistrats se contentent-ils de peu en la matière : dès lors qu'une personne est interpellée en présence de grosses sommes d'argent en liquide dont elle ne peut expliquer la provenance, alors que des traces de cocaïne sont identifiées sur certains billets et qu'une plaquette de résine de cannabis est retrouvée dans son véhicule, ils considèrent que cette personne revendait nécessairement des stupéfiants en connaissance de cause[41]. *Idem* lorsque, à l'arrivée de la police, un individu prend la fuite en abandonnant les produits en sa possession, ce qui témoigne de sa mauvaise conscience et permet de présumer l'intention coupable[42]. Peu importe le mobile, plus ou moins sérieusement, énoncé[43].

b. La finalité du trafic

1502. Vente au détail. – L'offre et la cession de produits stupéfiants en vue d'une consommation personnelle sont, quant à elles, punies à l'article 222-39, al. 1, de 5 ans d'emprisonnement et 75 000 € d'amende. Il s'agit de sanctionner le *dealer* qui propose et vend sa drogue aux toxicomanes. La preuve de la conclusion d'un contrat n'est pas nécessaire puisque l'offre suffit à constituer l'infraction. En toute hypothèse, le contrat envisagé n'intervient pas toujours à titre onéreux : le « dépannage » à titre gratuit est assimilé à une vente. Peu importe donc l'absence de contrepartie (prouvée) à la cession.

La peine d'emprisonnement est portée à 10 ans dans trois hypothèses : lorsque les stupéfiants sont offerts ou cédés : i) à un mineur, ii) dans des centres d'enseignement ou d'éducation, ou dans les locaux de l'administration, ou iii) lors des entrées

39. S. Detraz, « Les conflits de qualifications pénales en matière de stupéfiants », *Gaz. Pal.* 7 mai 2019, p. 87.

40. V. soulignant qu'il n'y a pas véritablement là conflit de qualifications mais plutôt un arbitrage fondé sur l'esprit des différentes qualifications applicables : T. Herrmann, *Unité d'action et concours d'infractions*, Th. Paris 1, 2022, p. 425, n° 878.

41. Cass. crim., 10 déc. 2019, *Dr. pén.* 2020, n° 27, obs. P. Conte ; *Gaz. Pal.* 4 févr. 2020, p. 19, note R. Mésa ; *AJ pénal* 2020, p. 33, obs. I. Bello et E. Mercinier.

42. Cass. crim., 11 mai 2021, *D.* 2021, p. 962.

43. Cass. crim., 17 oct. 1994, *Dr. pén.* 1995, n° 61, obs. M. Véron.

ou sorties des élèves ou du public ou, dans un temps très voisin de ces entrées ou sorties, aux abords de ces établissements ou locaux (al. 2).

En toute hypothèse, la vente au détail de produits stupéfiants implique la détention de ceux-ci, au sens de l'article 222-37 déjà évoqué. Elle risquerait fort d'être absorbée par elle si on ne faisait prévaloir ici la règle selon laquelle l'incrimination spéciale (cession) prime l'incrimination générale (détention). Heureusement, la Cour de cassation juge « que les dispositions spéciales de l'article 222-39, C. pén. sont également applicables aux faits de détention de stupéfiants lorsque les substances détenues sont destinées à être offertes ou cédées à une personne en vue de sa consommation personnelle », ce qui conserve à cette incrimination un champ d'application propre[44].

2. Les participations présumées au trafic

1503. Présentation. – Apparaît suspect le fait, pour un individu, de ne pouvoir justifier de l'origine de son train de vie alors qu'il entretient des relations habituelles avec une ou plusieurs personnes qui se livrent objectivement au trafic de stupéfiants. Très tôt, le législateur a autorisé les juges à en déduire que cet individu suspect tire lui-même ses ressources du trafic de stupéfiants. Sa participation au trafic est punissable à ce titre. Mais l'individu qui fait l'objet de telles poursuites peut être tenté d'y échapper en produisant des attestations de complaisance qui conféreront une origine apparemment légitime à ses revenus ou à son patrimoine. Pour dissuader les tiers de fournir ces faux documents, le législateur les punit également comme s'ils avaient eux-mêmes participé au trafic. Distinguons.

1504. Élargissement. – Initialement, l'impossibilité de justifier de l'origine de ses ressources alors que l'on est en relation avec des personnes se livrant au trafic de stupéfiants était spécialement incriminée à l'article 222-39-1. Ce texte a été abrogé par une loi du 23 janv. 2006 qui a donné au délit une portée plus générale. Désormais, l'article 321-6 punit de 3 ans d'emprisonnement et 75 000 € d'amende le fait de ne pouvoir justifier de ressources correspondant à son train de vie, ou de ne pouvoir justifier de l'origine d'un bien détenu, tout en étant en relations habituelles avec une ou plusieurs personnes qui se livrent à la commission de crimes ou de délits punis d'au moins 5 ans d'emprisonnement et procurant un profit direct ou indirect (v. *supra,* n° 887). Les infractions constitutives du trafic de stupéfiants entrent logiquement dans le champ de cette nouvelle incrimination.

1505. Suite. – La justification mensongère de ressources reste, elle, spécialement incriminée à l'article 222-38 concernant le trafic de produits stupéfiants. En effet, pour échapper à la condamnation évoquée ci-dessus, l'agent peut être tenté de produire de faux certificats, de faux bulletins de paie, de fausses factures, lui permettant de justifier son train de vie. Pour dissuader les tiers de fournir en connaissance de cause de telles « preuves », le législateur incrimine le fait de faciliter, par tout moyen, la justification mensongère de l'origine des biens

44. Cass. crim., 22 juin 2005, *RSC* 2005, p. 847, obs. Y. Mayaud. – Toutefois, cession et détention de stupéfiants peuvent être cumulativement retenues lorsque l'agent gère un stock dont il ne vend qu'une partie : Cass. crim., 10 déc. 2014, *Gaz. Pal.* 22 févr. 2015, p. 34, obs. E. Dreyer.

ou des revenus de l'auteur de l'une des infractions liées au trafic de stupéfiants. Il s'agit d'une forme particulière de blanchiment. Elle a conservé son autonomie à des fins répressives : elle reste soumise aux règles de poursuite propres à la lutte contre le trafic de produits stupéfiants (v. *infra,* n° 1515) et les sanctions sont doublées par rapport à l'infraction générale figurant à l'article 324-1, al. 1, du Code pénal (v. *supra,* n° 873). *A fortiori*, elles s'avèrent sans rapport avec les sanctions encourues sur le fondement de l'article 321-6, al. 2, évoqué ci-dessus. Ainsi, la justification mensongère de ressources est-elle spécialement punie ici de 10 ans d'emprisonnement et 750 000 € d'amende (al. 1). Exceptionnellement, une amende supérieure peut même être prononcée dans la limite de la moitié de la valeur des biens ou des fonds concernés par la dissimulation. Par ailleurs, lorsqu'est en cause le produit d'un crime relevant du trafic de stupéfiants, l'auteur de la fausse justification est puni des mêmes peines que celles encourues par l'auteur de ce crime (al. 2).

Est érigé ici en infraction autonome un simple fait de complicité. Toutefois, les sanctions sont beaucoup plus élevées qu'au titre de l'impossibilité de justifier l'origine de ses ressources évoquée précédemment. En effet, au-delà de l'aide apportée au trafic de stupéfiants, il s'agit de punir une atteinte à l'autorité de la justice contre un individu qui, par son comportement, essaye de tenir en échec la présomption de participation au trafic d'un tiers. Ce comportement plus dangereux pour la société est donc sanctionné plus sévèrement que le comportement de celui qui n'a pu, malgré la production de faux certificats, justifier de son train de vie.

1506. En toute hypothèse, ce comportement se rapproche des actes de participation indirecte au trafic de stupéfiants qu'il convient d'envisager maintenant.

B. Les participations indirectes au trafic

1507. Les participations indirectes consistent en une aide apportée au trafic de stupéfiants. L'agent permet sa réalisation mais n'est pas directement impliqué dans le trafic. L'aide qui lui est reprochée peut être entendue largement comme tout acte facilitant et pérennisant le trafic. Cette aide peut être apportée aussi bien au trafiquant qu'au toxicomane. Cela revient au même. En effet, en encourageant le vice du toxicomane, l'agent favorise le trafic.

1. L'aide au trafiquant

1508. Blanchiment. – L'article 222-38 incrimine le fait d'apporter son concours à une opération de placement, de dissimulation ou de conversion du produit de l'une des infractions liées au trafic de stupéfiants. Il s'agit d'une forme particulière de blanchiment (v. *supra,* n° 877).

Commet ce délit l'individu qui, sachant les fonds proviennent d'un trafic de produits stupéfiants, alimente un compte bancaire ouvert à son nom au moyen d'espèces ou chèques puis transfère ces fonds à l'étranger par mandats postaux[45]. Commet également ce délit l'individu qui accepte, en connaissance de cause, d'un trafiquant

45. Cass. crim., 23 oct. 1997, *Dr. pén.* 1998, n° 31, obs. M. Véron.

des prêts d'argent qu'il rembourse ensuite dans une autre monnaie[46] ou qui fait transiter les sommes issues du trafic sur différents comptes bancaires ouverts au nom de nombreux membres de sa famille[47].

Ce comportement est sanctionné de la même façon que la justification mensongère de ressources évoquée ci-dessus (v. *supra*, n° 1505).

2. L'aide au toxicomane

1509. Pénalités. – Enfin, le législateur cherche à éviter que le toxicomane puisse s'adonner à son vice trop aisément. À ce titre, l'article 222-37, al. 2, punit de 10 ans d'emprisonnement et 7,5 M€ d'amende le fait de faciliter l'usage illicite de stupéfiants. Ces peines sont beaucoup plus élevées que celles encourues au titre dudit usage (v. *supra*, n° 1487), ce qui montre l'ordre des priorités. Ici, en vertu d'une incrimination spéciale (tenant en échec le principe énoncé à l'art. 121-6), le complice par aide ou assistance est sanctionné plus sévèrement que l'auteur du fait principal. De surcroît, l'infraction peut être caractérisée indépendamment de l'existence (et *a fortiori* de la poursuite) de ce fait principal.

1510. Illustrations. – Les facilités dont il s'agit peuvent être, tout d'abord, des facilités matérielles comme la mise à disposition d'un local ou le prêt d'argent permettant l'acquisition de stupéfiants (faciliter « par quelque moyen que ce soit » l'usage). L'infraction a notamment été retenue à l'encontre de gérants de discothèque qui n'effectuaient aucun contrôle pour empêcher l'entrée de *dealers* dans leur établissement[48]. Leur abstention – le fait de laisser se dérouler et prospérer le trafic – a ainsi été assimilée à un acte positif d'aide à l'usage de stupéfiants[49].

Mais l'infraction peut consister aussi en la fourniture d'informations sur les lieux où des stupéfiants sont disponibles, voire sur la manière de produire des substances naturelles ou de fabriquer des substances de synthèse. Elle peut consister aussi en la délivrance par un médecin d'ordonnances de complaisance ; elle peut consister également en l'exécution de ces ordonnances, en connaissance de cause, par un pharmacien[50]. La preuve de la complaisance de ces professionnels découle le plus souvent des quantités excessives prescrites ou de la répétition de prescriptions qui ne peut avoir aucune justification médicale[51]. En effet, les prescriptions anormales laissent supposer un usage détourné, soit au profit du patient lui-même, soit au profit de tiers auxquels il revend les médicaments[52].

1511. Bilan. – Les peines encourues frappent par leur montant très élevé. Le juge peut ainsi adapter la sanction en fonction de l'importance de l'aide

46. Cass. crim., 29 mars 2007, *Dr. pén.* 2007, n° 81, obs. M. Véron.

47. Cass. ass. plén., 4 oct. 2002, *Dr. pén.* 2003, n° 34, obs. M. Véron. – V. aussi Cass. crim., 7 oct. 2009, *Dr. pén.* 2009, n° 151, obs. M. Véron. – 7 déc. 1995, *Dr. pén.* 1996, n° 139, obs. M. Véron.

48. Cass. crim., 13 déc. 2000, *Dr. pén.* 2001, n° 60, obs. M. Véron.

49. V. aussi Cass. crim., 27 févr. 1997, *B.* n° 81.

50. Cass. crim., 6 déc. 1983, *D.* 1985, IR, p. 464, obs. J. Penneau.

51. Cass. crim., 10 janv. 1984, *D.* 1985, IR, p. 464, obs. J. Penneau. – CA Toulouse, 2 déc. 1982, *Gaz. Pal.* 1983.1, somm. p. 47.

52. V. relevant qu'un pharmacien n'ignorait pas que les ordonnances exécutées par lui « ne pouvaient s'inscrire dans le cadre d'un protocole de soins » : Cass. crim., 8 sept. 2020, *Gaz. Pal.*, 17 nov. 2020, p. 46, obs. E. Dreyer.

apportée : elle peut être ponctuelle ou régulière, désintéressée ou particulièrement lucrative.

§3. Les spécificités de la répression

1512. Les peines principales ont déjà été présentées : elles ont permis d'évaluer la gravité des différents actes de participation au trafic[53]. Il importe maintenant de préciser les autres peines encourues ainsi que les particularités d'une poursuite ouverte pour trafic de produits stupéfiants.

A. Les autres peines

1513. Individu. – Aux peines principales déjà évoquées s'ajoutent, pour toutes les infractions de trafic présentées ci-dessus, des peines complémentaires énumérées aux articles 222-44 et 45. Ce sont les mêmes qu'en matière de violences (V. *supra*, n° 93). Peut également être prononcée une interdiction de séjour ainsi que l'interdiction, pour une durée de 5 ans au plus, de quitter le territoire : l'objectif est alors d'éviter que le condamné ne quitte la France pour se livrer plus facilement aux mêmes infractions à l'étranger (art. 222-47). L'interdiction du territoire français peut, quant à elle, être prononcée soit à titre définitif, soit pour une durée de 10 ans au plus, afin d'éloigner un condamné étranger (art. 222-48)[54].

Par ailleurs, l'article 222-50 permet au juge de prononcer le retrait définitif de la licence de boissons ou de restaurant ainsi que la fermeture, à titre définitif ou pour une durée de 5 ans au plus, de tout établissement ouvert au public ou utilisé par le public dans lequel ont été commises les infractions, par l'exploitant ou avec sa complicité. La fermeture temporaire emporte suspension de la licence et la fermeture définitive son retrait (art. 222-51).

Enfin, l'article 222-49 prévoit deux types de confiscation. Il permet d'abord de prononcer la confiscation des installations, matériels, et de tout bien ayant servi à la commission d'infractions liées au trafic de produits stupéfiants ainsi que de tout produit provenant de ces infractions[55]. Cette mesure présente un caractère réel : elle s'applique à tous biens « dès lors que leur propriétaire ne pouvait en ignorer l'origine ou l'utilisation frauduleuse » (al. 1). Peu importe que ce propriétaire n'ait pas lui-même été poursuivi[56]. Ensuite, « peut également » être prononcée « la confiscation de tout ou partie des biens du condamné ou, sous réserve des droits du propriétaire de bonne foi, dont il a la libre disposition, quelle qu'en soit la nature, meubles ou immeubles, divis ou indivis » (al. 2. – sauf pour le délit de l'art. 222-39). La

53. Elles présentent à ce titre un intérêt certain. Toutefois, en pratique, la lourdeur de ces peines n'a pas suffi à contenir un trafic qui explose au plan national comme à l'échelle mondiale (J.-P. Dintilhac, « Quelle politique criminelle ? », *in La criminalité d'argent*, Montchrestien, 2004, p. 246). La vertu dissuasive de la sanction pénale semble prise ici en défaut.

54. Il peut s'ensuivre une atteinte à la vie privée et familiale du condamné qu'admet assez facilement la juridiction de Strasbourg compte tenu de la gravité de l'infraction en cause (CEDH, 7 juill. 2020, *K.A. c/Suisse*, § 49).

55. Doit ainsi être confisquée la maison d'un revendeur dont les juges relèvent « que les matériaux utilisés pour sa construction et l'achat du terrain ont été financés par des sommes de provenance illicite » (Cass. crim., 27 avr. 2000, *Dr. pén.* 2000, n° 99, obs. M. Véron).

56. Cass. crim., 5 janv. 2010, *Dr. pén.* 2010, n° 68, obs. M. Véron.

confiscation est alors facultative mais elle présente un caractère général : elle « peut être prononcée sans qu'il soit nécessaire d'établir que le bien a été acquis illégalement ou qu'il constitue le produit direct ou indirect de l'infraction »[57]. Une telle mesure est décidée par les magistrats lorsqu'ils ont la conviction que la « fortune » du condamné provient bien du trafic mais qu'ils ne peuvent établir son origine. Pour éviter que le trafiquant ne conserve un quelconque profit de son infraction, ses biens sont confisqués sans preuve d'un lien avec les faits qui lui sont reprochés. Peu importe alors la précaution prise de mettre ces biens au nom d'un tiers dès lors que celui-ci ne peut justifier leur origine et les raisons de leur usage par un trafiquant.

1514. Groupement. – Les personnes morales s'exposent, elles, à une amende portée au quintuple ainsi qu'à l'ensemble des peines énumérées par l'article 131-39 (y compris, donc, la dissolution : art. 222-42). Elles s'exposent également aux peines de retrait de licence et de fermeture évoquées ci-dessus (art. 222-50).

B. Les particularités de la poursuite

1515. Responsabilité. – La tentative est toujours punissable : ce qui est normal s'agissant des crimes ; ce qui est formellement prévu s'agissant des délits (art. 222-40). Elle a par ex. été retenue dans une hypothèse où les parties étaient en discussion pour l'achat d'une quantité de stupéfiants déterminée mais ne s'étaient pas encore entendues sur le prix au moment de l'intervention de la police[58]. Ce qui témoigne d'une conception large du commencement d'exécution : l'entrée en pourparlers n'aurait dû constituer qu'un acte préparatoire[59].

Quant à la complicité, elle est punissable selon les règles du droit commun. Néanmoins, il existe des délits autonomes de provocation au trafic et à l'usage de produits stupéfiants simplifiant la répression de ces comportements et permettant leur sanction même lorsqu'une telle provocation n'a pas été suivie d'effets : V. *supra*, n° 1453.

1516. Repentir. – Les infractions en matière de stupéfiants sont une priorité de la police judiciaire et des parquets car elles font rarement de victimes directes, recevables à se constituer partie civile. C'est la société tout entière qui est affectée par le trafic. Aussi, est-il difficile de connaître les actes qui le matérialisent. Pour favoriser les révélations de repentis qui permettront de remonter les filières, l'article 222-43 réduit donc de moitié la peine privative de liberté encourue par l'auteur ou le complice d'une infraction liée au trafic (la réclusion criminelle à perpétuité étant ramenée à 20 ans) si les informations données aux autorités administratives ou judiciaires permettent de faire cesser les agissements incriminés et d'identifier, le cas échéant, les autres coupables. L'auteur d'une tentative qui, ayant averti l'autorité administrative ou judiciaire

57. Cass. crim., 8 juill. 2015, *Gaz. Pal.* 1 nov. 2015, p. 30, obs. S. Detraz. – 16 janv. 2013, *Gaz. Pal.* 8 mai 2013, p. 28, obs. S. Detraz.

58. Cass. crim., 18 août 1973, *B.* n° 339.

59. Relève de cette catégorie le simple fait de confier à un tiers mandat pour acheter des produits stupéfiants : Cass. crim., 15 mai 1979, *B.* n° 175.

permettrait d'éviter la réalisation de l'une de ces infractions et d'identifier, le cas échéant, ses coauteurs ou complices, est même exempté de peine (art. 222-43-1).

Toutefois, la jurisprudence se montre très exigeante : ne peut prétendre à cette diminution ou exemption de peine l'individu qui s'est contenté de répondre de manière évasive aux questions des enquêteurs[60], ce qui n'a pas permis l'arrestation de ses comparses[61]. Une véritable collaboration est requise : sans attendre les questions, le prévenu doit déclarer ce qu'il sait du trafic. Il peut même faire semblant de poursuivre ses activités illicites tout en renseignant la police afin de permettre l'arrestation de ses coauteurs ou complices[62]. Mais il importe peu, dans une telle hypothèse, que ces coauteurs ou complices ne puissent, finalement être arrêtés car cela ne dépend pas entièrement de lui[63]. Les juges du fond apprécient souverainement la pertinence et la spontanéité des renseignements fournis.

1517. Procédure. – La poursuite des infractions liées au trafic de stupéfiants – auxquelles il convient d'ajouter ici l'association de malfaiteurs lorsqu'elle a pour objet de préparer l'une de ces infractions – est soumise à des règles de compétence et procédure particulières[64]. Leur étude révèle d'enseignements approfondis de procédure pénale. On indiquera tout au plus, ici, que le jugement des crimes relève d'une cour d'assises spécialement composée (jury constitué de magistrats professionnels, notamment : CPP, art. 706-27). Les visites, perquisitions et saisies peuvent être opérées de nuit à l'intérieur des locaux où l'on use en société de stupéfiants (ou dans lesquels sont fabriqués, transformés ou entreposés des stupéfiants lorsqu'il ne s'agit pas de locaux d'habitation : art. 706-28). Le juge d'instruction peut ordonner à titre provisoire, pour une durée de 6 mois au plus, la fermeture de tout hôtel, maison meublée, pension, débit de boissons, restaurant, club, cercle, dancing, lieu de spectacle et autres lieux ouverts au public où ont été commises ces infractions par l'exploitant ou avec sa complicité (renouvellement possible par périodes de 3 mois : art. 706-33)[65]. La pesée des stupéfiants saisis doit s'effectuer de manière contradictoire pour éviter toute contestation sur leur poids, c'est-à-dire en présence de la personne entre les mains de laquelle les stupéfiants ont été trouvés[66]. Cette pesée préalable est obligatoire au stade de l'information judiciaire lorsque le juge d'instruction décide la destruction des stupéfiants dont seul un échantillon

60. Cass. crim., 20 juin 1996, *JCP* G 1996, IV, 2418.

61. Cass. crim., 25 juill. 1991, *B.* n° 307.

62. Dans une telle hypothèse, il n'y a pas « provocation à l'infraction » dès lors que le trafic est préexistant : Cass. crim., 8 juin 2005, *B.* n° 173.

63. Cass. crim., 19 juin 1997, *Gaz. Pal.* 1997.2, chron. p. 217.

64. H. Vlamynck, « Le trafic de produits stupéfiants et les procédures policières afférentes », *AJ pénal* 2004, p. 187.

65. Cette décision peut être contestée, dans les 24 heures de sa notification, devant la chambre de l'instruction. Au nom du droit à un recours effectif, la Cour de cassation a reporté le point de départ de ce délai du jour de l'envoi au jour de la présentation de la lettre recommandée : Cass. crim., 11 déc. 2018, *Dr. pén.* 2019, n° 37, obs. A. Maron et M. Haas ; *Gaz. Pal.* 7 mai 2019, p. 69, obs. F. Fourment.

66. CPP, art. 706-30-1. – Cass. crim., 9 nov. 2021, *AJ pénal* 2022, p. 44, obs. Y. Patouillard ; *Gaz. Pal.*, 22 févr. 2022, p. 62, obs. F. Fourment ; *RSC* 2022, p. 439, obs. E. Rubi-Cavagna, précisant que toute partie y ayant intérêt peut contester la régularité de cette opération.

est conservé[67]. Les délais de prescription de l'action publique et de la peine, pour les crimes liés au trafic, sont portés à 30 ans. Pour les délits liés au trafic, ces délais sont portés à 20 ans (CPP, art. 7, al. 2 et art. 8, al. 6).

Par ailleurs, de telles règles doivent être combinées avec les règles, transversales, concernant la criminalité et la délinquance organisées (CPP, art. 706-73 et s.).

Enfin, une loi du 15 juillet 1994 consacrée à l'exercice par l'État de ses pouvoirs de police en mer permet d'étendre les règles françaises de compétence législative et juridictionnelle, dans le respect des conventions internationales applicables, s'agissant notamment de la lutte contre le trafic de produits stupéfiants[68].

67. Cass. crim., 11 déc. 2019, *Gaz. Pal.*, 28 janv. 2020, p. 14, note T. Lebreton ; *AJ pén.* 2020, p. 143, obs. E. Clément ; *RSC* 2020, p. 401, obs. J.-P. Valat.

68. Cass. crim., 29 avr. 2009, *B.* n° 83.

CHAPITRE 2

Les infractions liées à l'interruption d'une grossesse

1518. La volonté d'une femme de mener sa grossesse à terme doit être respectée : aucune femme ne peut être contrainte d'avorter.

Il en va de même pour la volonté d'une femme d'interrompre sa grossesse : aucune femme ne peut être contrainte d'engendrer. Mais ce second aspect de la liberté de la femme a mis plus de temps à s'imposer ; longtemps, l'interruption volontaire de grossesse a été pénalement sanctionnée tant à l'égard de la demanderesse que de ceux qui acceptaient de l'aider. Il s'agissait à la fois de faire respecter la vie humaine qu'une influence religieuse prétendait sacrée dès la conception et la volonté d'un État belliqueux qui avait intérêt à démultiplier sa population. Dans la seconde moitié du XXe siècle, cette incrimination est pourtant tombée en désuétude. En effet, elle s'est révélée excessive et dangereuse : les sanctions pénales n'ont jamais dissuadé cette pratique dont le nombre est resté stable ; en revanche, l'interdit imposait la clandestinité et augmentait les risques pour la femme liés à une telle intervention. Le combat entre partisans et adversaires de la dépénalisation de l'avortement aboutit au vote de la loi Veil, le 17 janvier 1975, retenant une solution de compromis : depuis cette date, dans certaines conditions fixées par le Code de la santé publique, interrompre la grossesse d'une femme à sa demande ne constitue plus une infraction[1]. Hors de ces conditions, l'interruption de la grossesse d'autrui constitue toujours un délit. Une ultime étape a été franchie lors de la refonte du Code pénal : à cette occasion, l'auto-avortement a été dépénalisé en toute hypothèse. Désormais, la répression ne s'abat donc plus que sur les « avorteurs/euses » qui ne respecteraient pas les conditions fixées par la loi ; en revanche, la femme qui interrompt sa grossesse hors des conditions légales n'engage plus sa responsabilité pénale.

1. La juridiction de Strasbourg y voit désormais une liberté fondamentale : CEDH, irrecev., 5 sept. 2002, *Boso c/Italie*, § 2.

Désormais, le droit pénal permet donc de faire respecter le choix exprimé par la femme en cette matière : la grossesse n'est plus une fatalité. Elle peut être acceptée ou refusée. Évoquons d'abord cette liberté puis l'encadrement dont elle fait l'objet.

Section 1
L'affirmation de la liberté d'engendrer

1519. La liberté d'engendrer prend tout son sens dans sa dimension négative : pour que la mise au monde d'un enfant soit un choix, et non le résultat d'un processus biologique inéluctable, il faut qu'elle puisse également être refusée. C'est parce que la grossesse peut être volontairement interrompue que mener une grossesse à son terme est un acte de volonté.

Indirectement, le législateur pénal protège cette liberté de deux façons. D'abord, il incrimine l'entrave à l'interruption volontaire de grossesse ; ensuite, il incrimine l'interruption forcée de la grossesse d'autrui.

§1. L'entrave à l'IVG

1520. Garantie. – La liberté des femmes d'interrompre leur grossesse est protégée à travers la sanction de l'entrave portée à une telle opération ou à la circulation de l'information qui peut y conduire. Ainsi, l'article L. 2223-2, CSP incrimine le fait, par différents moyens, « d'empêcher ou de tenter d'empêcher de pratiquer ou de s'informer sur une interruption volontaire de grossesse ou les actes préalables prévus par les articles L. 2212-3 à L. 2212-8 » (consultations médicales). On peut y voir une infraction matérielle, consommée par la preuve qu'une interruption volontaire de grossesse n'a pu être pratiquée normalement ou que la diffusion de l'information à son sujet a été perturbée. En effet, le législateur a assimilé entrave à l'intervention et entrave à l'information : les femmes ne doivent pas être empêchées d'interrompre leur grossesse dans des conditions satisfaisantes faute de renseignements. Dans les cas où la loi la permet, l'interruption volontaire de grossesse doit être réalisée sans retard ni perturbation. Il ne faut pas que le trouble semé par des manifestants remette en cause la sécurité sans laquelle une telle opération ne peut se dérouler. Il faut également éviter que la crainte du scandale résultant de l'action de « commandos » ne dissuade les femmes de fréquenter les établissements où une interruption volontaire de grossesse est pratiquée sans risque pour elles[2].

1521. Formes. – Le résultat produit s'avère donc essentiel. Néanmoins, toute entrave n'est pas punissable. L'attitude d'obstruction requise à ce titre doit prendre l'une des deux formes visées par le texte d'incrimination. Elle peut être matérielle ou intellectuelle. Tout dépend des moyens employés.

Tout d'abord, une IVG (ou l'information sur une telle opération) peut avoir été empêchée « en perturbant l'accès aux établissements mentionnés à l'article L. 2212-

2. V. aussi V. Tellier-Cayrol, « L'actualité récente de l'interruption volontaire de grossesse », *Gaz. Pal.* 9 août 2015, p. 6.

2, la libre circulation des personnes à l'intérieur de ces établissements ou les conditions de travail des personnels médicaux et non médicaux » (CSP, art. L. 2223-2, 1°). Cette entrave peut concerner aussi bien les femmes intéressées et leurs proches que les professionnels qui les reçoivent. À titre d'exemple, l'infraction fut reprochée à neuf personnes qui, en début de matinée, s'étaient introduites dans le service maternité d'un groupe hospitalier et s'étaient installées dans le sas d'accès au bloc opératoire où elles étaient demeurées, en prière, jusqu'à leur expulsion par les services de police[3]. Il y avait là infraction même si aucune intervention n'était en cours ou prévue ce jour-là dès lors que la tentative d'entrave est assimilée à l'entrave consommée (CSP, art. L. 2223-2, al. 1 : « empêcher ou tenter d'empêcher »)[4].

Ensuite, une IVG (ou l'information sur une telle opération) peut avoir été empêchée « en exerçant des pressions morales et psychologiques, des menaces ou tout acte d'intimidation à l'encontre des personnes cherchant à s'informer sur une interruption volontaire de grossesse, des personnels médicaux et non médicaux travaillant dans les établissements mentionnés au même article L. 2212-2, des femmes venues recourir à une interruption volontaire de grossesse ou de l'entourage de ces dernières » (art. L. 2223-2, 2°). Là encore, l'entrave peut concerner aussi bien les femmes intéressées et leurs proches que les professionnels qui les reçoivent[5]. Elle suppose rapportée la preuve de pressions, menaces, ou intimidations, c'est-à-dire d'une forme de violence morale sans qu'il soit nécessaire d'établir qu'il en est résulté une atteinte psychique pour autrui[6]. L'objectif est différent. Il s'agit de lutter contre des campagnes menées « par tout moyen, y compris par voie électronique ou en ligne, notamment par la diffusion ou la transmission d'allégations ou d'indications de nature à induire intentionnellement en erreur, dans un but dissuasif, sur les caractéristiques ou les conséquences médicales d'une interruption volontaire de grossesse ». Cette précision, introduite lors d'une réécriture de l'article L. 2223-2, en 2017, illustre l'un des soucis du législateur contemporain qui est de combattre la diffusion de fausses nouvelles sur les réseaux sociaux et Internet[7]. Cependant, elle s'avère malheureuse ici car la diffusion de fausses nouvelles n'est pas un moyen de commettre une entrave mais un comportement distinct qui aurait mérité d'être incriminé de manière autonome. Toutefois, le Conseil constitutionnel s'y serait vraisemblablement opposé. Il n'a d'ailleurs admis la constitutionnalité de l'incrimination qu'après avoir souligné que « la seule diffusion d'informations à destination d'un public indéterminé sur tout support, notamment sur un site de communication au public en ligne, ne saurait être regardée comme constitutive de pressions, menaces ou actes d'intimidation »[8]. Par égard pour la liberté d'expression, le cumul de ces deux exigences s'impose donc, même si cela perturbe la cohérence de l'incrimination. Le Conseil a également ajouté qu'un délit d'entrave n'est constitué « qu'à deux conditions : que soit sollicitée une information, et non une opinion ; que cette information porte sur les conditions dans lesquelles une interruption volontaire de

3. Cass. crim., 5 mai 1997, *B.* n° 168.

4. Cass. crim., 5 mai 1997, *B.* n° 168.

5. Cass. crim., 1er sept. 2015, *Dr. pén.* 2015, n° 125, obs. J.-H. Robert.

6. CA Bordeaux, 6 avr. 2007, *Gaz. Pal.* 9 nov. 2007, p. 11, note G. Mémeteau.

7. A. Lepage, « Réflexions sur la nouvelle extension du délit d'entrave à l'interruption volontaire de grossesse », *Dr. pén.* 2017, étude 15. – S. Detraz, « L'incrimination de l'entrave numérique à l'IVG », *JCP* G 2017, 364.

8. Déc. n° 2017-747 DC du 16 mars 2017, *Loi relative à l'extension du délit d'entrave à l'interruption volontaire de grossesse*, § 14.

grossesse est pratiquée ou sur ses conséquences et qu'elle soit donnée par une personne détenant ou prétendant détenir une compétence en la matière »[9]. Il n'y a donc pas entrave à faire obstruction à un discours favorable à l'IVG qui ne comprendrait aucune information sur la façon dont une telle intervention peut être pratiquée ; il n'y a pas davantage entrave à faire obstruction à la diffusion d'informations sur l'IVG émanant de personnes non qualifiées.

1522. Intention. – Le délit est intentionnel. Il suppose que les actes d'entrave évoqués ci-dessus aient été accomplis sciemment. Cet élément moral découlera le plus souvent des faits qui ne peuvent être le fruit du hasard.

Peu importent les mobiles du prévenu. L'infraction est constituée sans qu'il soit besoin de vérifier si l'établissement de soins respectait les exigences du Code de la santé publique car il ne s'agit pas de donner raison aux fauteurs de troubles[10]. De la même façon, les convictions religieuses d'un prévenu, lui imposant le respect de la vie dès la conception, ne peuvent justifier l'entrave mise à l'interruption volontaire de la grossesse d'autrui[11].

1523. Pénalités et poursuites. – L'article L. 2223-2, CSP punit de 2 ans d'emprisonnement et 30 000 € d'amende l'entrave, quelle qu'en soit la forme. Aucune peine complémentaire n'est prévue. Pourtant, la publication de la décision de condamnation pourrait s'avérer utile.

Par ailleurs, les associations régulièrement déclarées depuis au moins 5 ans à la date des faits, dont l'objet statutaire comporte la défense du droit des femmes à accéder à la contraception et à l'interruption de grossesse, peuvent exercer les prérogatives reconnues à la partie civile dans cette hypothèse (CSP, art. L. 2223-1). Pour la Cour de cassation, peuvent également se constituer partie civile : l'établissement hospitalier dont le fonctionnement a été perturbé, les personnels gênés dans leur pratique et la femme dont l'interruption volontaire de grossesse a été retardée à la suite de l'entrave[12]. En effet, il en résulte pour cette dernière un préjudice d'ordre à tout le moins psychologique.

§2. L'avortement forcé

1524. Violences involontaires. – La femme est protégée, contre toute imprudence ou négligence qui provoquerait l'interruption de sa grossesse, à travers les sanctions prévues pour les violences involontaires (C. pén., art. 222-19 et s.). Mais il faut convenir qu'en l'absence de toute aggravation à raison de l'interruption de la grossesse elle-même, ce dispositif n'apparaît guère adapté. On peut regretter que le législateur n'ait pas spécialement envisagé l'hypothèse dans laquelle une faute d'inattention a entraîné la perte d'un fœtus. Si ce dernier ne constitue pas encore une personne, la volonté de la femme enceinte de mener à terme sa grossesse mérite d'être spécialement protégée ; en ne le permettant pas, la loi pénale s'avère défaillante sur ce point (v. *infra*, n° 1594).

9. *Ibid.*, § 15. – V. aussi CEDH, 26 nov. 2015, *Annen c/Allemagne*, § 65.
10. Cass. crim., 7 avr. 1999, *B.* n° 70.
11. Cass. crim., 31 janv. 1996, *JCP* G 1996, II, 22713, note A. Dorsner-Dolivet.
12. Cass. crim., 31 janv. 1996, préc.

1525. Avortement forcé. – L'incohérence de la politique criminelle en la matière apparaît d'autant plus flagrante que l'interruption intentionnelle de la grossesse d'une femme contre sa volonté se trouve, elle, spécialement incriminée. Pour lutter contre l'avortement forcé, une incrimination a été maintenue dans le Code pénal. L'objectif est de faire ressortir l'importance du consentement de la femme enceinte à l'interruption de sa grossesse. L'article 223-10 incrimine ainsi « l'interruption de la grossesse sans le consentement de l'intéressée »[13]. Il s'agit d'une infraction matérielle et intentionnelle. Elle peut se rencontrer lorsqu'un médecin, de sa propre initiative, profite d'une intervention de toute autre nature pratiquée sur une femme enceinte pour la faire avorter : il ne peut lui imposer d'interrompre sa grossesse, sous prétexte de la malformation du fœtus, dans une logique eugéniste (mobile). L'hypothèse pourrait se rencontrer également si une grossesse était interrompue, contre la volonté d'une femme enceinte, par des parents ou par l'amant de celle-ci, qui lui administrent une substance abortive. Mais d'autres hypothèses encore sont envisageables car l'infraction se commet par tous moyens : *a priori*, tout acte positif qui produit l'expulsion prématurée d'un fœtus est susceptible d'être pris en compte dès lors qu'il est accompli à cette fin. Les coups portés à une femme enceinte dans ce but relèvent d'une telle qualification[14].

Dans tous les cas, celui qui interrompt la grossesse d'autrui s'expose à 5 ans d'emprisonnement et 75 000 € d'amende, outre les peines complémentaires des articles 223-16, -17, -19 et -21, dont l'interdiction pour une durée de 5 ans au plus d'exercer une activité de nature médicale ou paramédicale et l'interdiction du territoire pour les étrangers. Quant aux parents ou à l'amant, dans les hypothèses qui viennent d'être évoquées, ils peuvent être poursuivis comme complices de ce délit. La tentative est également punissable (art. 223-11). Les poursuites sont rares[15]. Il faut d'ailleurs se demander si elles ne seraient pas mieux engagées sous la qualification d'enlèvement et séquestration, aggravées par torture ou actes de barbarie (art. 224-2).

Section 2
L'encadrement de la liberté d'engendrer

1526. On l'a compris, pour qu'engendrer procède d'un choix, il fallait que le droit, allié à la science, reconnaisse à la femme la possibilité d'échapper au déterminisme biologique de la fécondation : elle peut désormais interrompre volontairement sa grossesse. Le Code de la santé publique organise tout au plus les conditions d'une intervention sans risque. En conséquence, l'auto-

13. Lorsque l'intéressée est mineure, l'IVG suppose son accord et celui d'un titulaire de l'autorité parentale, de son représentant légal ou de tout autre majeur ayant accepté de l'accompagner dans sa démarche (CSP, art. L. 2212-7).

14. En cas d'incertitude sur l'objectif poursuivi, la qualification de violences sur personne rendue vulnérable par son état de grossesse est sans doute préférable mais la gravité d'une telle infraction dépend alors du dommage souffert par la mère et non de la perte du fœtus.

15. Pourtant, certaines associations ont été spécialement habilitées agir (CPP, art. 2-3 et -17).

avortement a été dépénalisé lors de l'adoption, en 1992, du Code pénal actuel. La femme ne se rend donc plus coupable d'une infraction lorsqu'elle procède elle-même aux actes abortifs, quel que soit le stade de sa grossesse. Lorsqu'elle recourt à des tiers à cette fin, elle n'engage pas davantage sa responsabilité pénale mais, eux, peuvent être poursuivis lorsque les conditions d'une intervention sécurisée ne sont pas respectées.

De surcroît, hors de ces hypothèses, un individu s'expose à des sanctions pénales en fournissant à une femme des moyens abortifs qu'elle s'administrera elle-même. Distinguons.

§1. L'interruption illégale de la grossesse d'autrui

1527. Interrompre une grossesse signifie « provoquer volontairement l'expulsion prématurée du fœtus par l'emploi d'un moyen artificiel quelconque »[16]. Cet acte se distingue de la fausse couche qui aboutit au même résultat mais constitue un événement naturel. Une telle intervention ne peut être pratiquée sur autrui en dehors des conditions prévues par la loi. Celui qui la réalise doit respecter un certain nombre d'exigences. Les ignorer intentionnellement constitue un délit. Peu importe l'accord de la femme qui a souhaité cette intervention.

A. Le rappel des obligations légales

1528. Le Code de la santé publique distingue deux hypothèses. Il permet tout d'abord à une femme d'interrompre sa grossesse avant la fin de sa quatorzième semaine sur simple demande adressée à un médecin ou à une sage-femme (art. L. 2212-1). La condition de détresse antérieurement exigée, mais qui n'était soumise à aucun contrôle[17], a été supprimée[18].

Le Code de la santé publique autorise ensuite l'intervention pratiquée, à quelque moment que ce soit, pour motif médical, c'est-à-dire lorsque « la poursuite de la grossesse met en péril grave la santé de la femme ou s'il existe une forte probabilité que l'enfant à naître soit atteint d'une affection d'une particulière gravité reconnue comme incurable au moment du diagnostic » (art. L. 2213-1). Deux médecins d'une équipe pluridisciplinaire, doivent attester de ce risque après que l'équipe a rendu son avis.

En dehors du cadre strict d'intervention ainsi fixé par le Code de la santé publique, un tiers ne peut interrompre la grossesse d'une femme à la demande de celle-ci. Le maintien de sanctions pénales se justifie, au-delà des sanctions

16. J. Francillon, *Code pénal annoté*, Dalloz, 1996, p. 297.

17. CE 31 oct. 1980, *D.* 1981, p. 38, concl. B. Genevois ; *JCP* G 1982, II, 19732, note F. Dekeuwer-Défossez.

18. Ce qui pourrait poser problème au regard de la conciliation maladroite opérée par le Conseil entre le droit reconnu à la femme et le principe du respect de l'être humain dès le commencement de sa vie (déc. n° 2001-446 DC, du 27 juin 2001, *Loi relative à l'interruption volontaire de grossesse et à la contraception*, § 5).

disciplinaires éventuellement applicables, compte tenu des risques auxquels la femme est alors exposée et dont elle n'a pas nécessairement conscience[19].

B. La violation des obligations légales

1529. La question du consentement de la femme n'est pas en cause ici car elle est nécessairement à l'origine de la demande. Mais, pour les tiers, ce consentement ne suffit pas à légitimer toute interruption de grossesse car une telle intervention est étroitement encadrée. Envisageons d'abord la définition puis la répression de l'interruption illégale de la grossesse d'autrui.

1. Définition du délit

1530. Matérialité. – L'article L. 2222-2, CSP sanctionne l'interruption de la grossesse d'autrui lorsqu'elle est pratiquée à la demande d'une femme dans l'une des circonstances suivantes : 1° après l'expiration du délai dans lequel cette intervention est autorisée par la loi (sauf si elle est pratiquée pour un motif médical) ; 2° par une personne n'ayant pas la qualité de médecin ou de sage-femme ; 3° dans un lieu autre qu'un établissement d'hospitalisation public ou qu'un établissement d'hospitalisation privé satisfaisant aux conditions prévues par la loi (ou conventionné). Lorsque l'une ou l'autre de ces exigences n'est pas respectée, le fait d'interrompre volontairement la grossesse d'autrui devient punissable, quel que soit le procédé utilisé, et quel que soit le résultat de l'intervention. Peu importe que la santé de la mère n'ait pas été affectée ou même menacée à cette occasion. L'irrégularité est sanctionnée pour elle-même.

1531. Perception. – L'infraction suppose que le coupable ait été animé par l'intention d'interrompre la grossesse d'autrui en sachant que toutes les conditions requises par la loi n'étaient pas réunies.

L'infraction n'est pas constituée en cas d'expulsion du fœtus à la suite d'un accident ou d'une erreur du médecin. Elle suppose un dol général ; elle ne peut donc résulter d'une simple imprudence ou négligence.

Peu importe le mobile de l'agent : action désintéressée, souci de discrétion, volonté de venir en aide à une femme en détresse, etc.

2. Sanction du délit

1532. Pénalités. – Le fait d'interrompre à sa demande la grossesse d'autrui sans respecter les conditions posées par le Code de la santé publique est en principe puni de 2 ans d'emprisonnement et 30 000 € d'amende (art. L. 2222-2, al. 1). Mais de telles peines sont portées à 5 ans d'emprisonnement et 75 000 € s'il est établi que le coupable pratiquait cette opération de façon habituelle, c'est-à-dire au moins pour la deuxième fois (al. 5).

Par ailleurs, la tentative est incriminée. Elle est caractérisée lorsque l'intervention irrégulière est empêchée par suite de l'intervention d'un tiers[20].

19. *Contra* : P. Mistretta, « Pour un droit pénal de l'avortement lisible et intelligible », *Gaz. Pal.* 9 août 2015, p. 13.

20. Cass. crim., 30 juill. 1942, *JCP* G 1942, II, 2054, note M. Brouchot.

Bien entendu, le consentement de la patiente n'est pas une cause de justification. À ce stade, l'intérêt défendu la dépasse. Elle est protégée à son corps défendant. Mais, perçue comme une victime, elle n'engage pas sa responsabilité pénale. Les dispositions du Code de la santé publique ne s'adressent pas à elle qui ne peut donc se voir reprocher une quelconque provocation. Peu importe qu'elle ait poussé autrui à agir de la sorte (sauf à considérer qu'il s'agit moins de protéger la femme que de faire respecter abstraitement des règles sanitaires dont on ne percevrait plus bien l'intérêt).

§2. La fourniture de moyens abortifs à autrui

1533. Présentation. – L'article L. 2222-4, CSP punit également « le fait de fournir à la femme les moyens matériels de pratiquer une interruption de grossesse sur elle-même ». Peu importent les moyens proposés ; peu importe que la femme en fasse ou non usage. La consommation de l'infraction ne dépend pas de la preuve d'une interruption effective de sa grossesse par la bénéficiaire. Il faut et il suffit de démontrer qu'un individu, homme ou femme, a fourni à une femme (éventuellement par l'intermédiaire d'un homme de bonne ou mauvaise foi), en connaissance de cause, des moyens abortifs. L'auteur d'un tel fait s'expose à 3 ans d'emprisonnement et 45 000 € d'amende en cas d'infraction simple, 5 ans d'emprisonnement et 75 000 € d'amende en cas d'infraction d'habitude.

La raison d'être de l'incrimination se comprend aisément. Certes, le droit moderne a dépénalisé l'auto-avortement. Mais il ne veut pas l'encourager pour des raisons évidentes d'hygiène et de sécurité. Or, en l'absence d'un fait principal punissable, celui qui fournit à une femme le moyen d'interrompre elle-même sa grossesse ne peut être sanctionné comme complice. Il a donc fallu ériger cette fourniture de moyens en infraction autonome.

Afin d'éviter qu'une femme en situation de détresse ayant sollicité la remise de produits abortifs ne puisse être poursuivie pour complicité par provocation d'une telle infraction, l'article 2222-4, al. 1, CSP ajoute *in fine* : « en aucun cas, la femme ne peut être considérée comme complice de cet acte », ce qui conforte le raisonnement développé ci-dessus (même s'il est regrettable que l'exclusion de la complicité ne soit expressément prévue que dans cette hypothèse).

CHAPITRE 3

Les publications mettant en péril des mineurs

1534. Dans le Code pénal, deux types de publication sont susceptibles de mettre en péril des mineurs. Elles ne sont pas de même nature. Dans le premier cas, il s'agit de lutter contre la diffusion d'images pornographiques représentant un mineur. Dans le second cas, le mineur n'est pas acteur mais spectateur. Il s'agit alors de lutter contre la diffusion de messages illicites qui, sans lui être spécialement destinés, pourraient le choquer. Distinguons.

Section 1
Les infractions liées à l'image pornographique d'un mineur

1535. Distinction. – L'article 227-23 incrimine : « le fait, en vue de sa diffusion, de fixer, d'enregistrer ou de transmettre l'image ou la représentation d'un mineur lorsque cette image ou cette représentation présente un caractère pornographique » (al. 1). De surcroît, il assimile, en termes de répression, à ce premier comportement « le fait d'offrir, de rendre disponible ou de diffuser une telle image ou représentation, par quelque moyen que ce soit, de l'importer ou de l'exporter, de la faire importer ou de la faire exporter » (al. 2). En revanche, le fait de consulter, acquérir ou détenir une telle image ou représentation est puni distinctement (al. 4).

D'emblée, ces différentes infractions doivent être distinguées du fait de favoriser ou tenter de favoriser la corruption d'un mineur. En effet, l'incrimination de l'article 227-22 permet de sanctionner l'individu qui tente d'éveiller ou développer les pulsions sexuelles d'un mineur (v. *supra*, n° 1439). Ici, il s'agit de lutter contre les pulsions sexuelles déviantes des adultes qui recherchent de telles images ou représentations tout en sanctionnant le trafic qui peut en être fait. La protection des mineurs est indirecte : il faut éviter de les placer dans des situations dont ils ne comprennent pas forcément le sens mais qui peuvent s'avérer traumatisantes pour eux ; on craint également qu'une banalisation de telles images ou représentations ne favorise le développement des atteintes et agressions sexuelles envers les enfants et adolescents.

Précisons, d'abord, la définition de telles infractions. On envisagera ensuite les modalités de leur répression.

§1. Les comportements incriminés

1536. À la lecture des alinéas 1, 2 et 4 de l'article 227-23 se distinguent très nettement la condition préalable commune aux différentes infractions et les éléments constitutifs propres à chacune.

A. La condition préalable commune

1537. Les trois infractions ci-dessus évoquées supposent « l'image ou la représentation d'un mineur lorsque cette image ou cette représentation présente un caractère pornographique ».

1. Un mineur

1538. Minorité. – Au sens juridique, « le mineur est l'individu de l'un ou de l'autre sexe qui n'a point encore l'âge de 18 ans accomplis » (C. civ., art. 388). Cette définition coïncide avec celle de la Convention de New York du 26 janvier 1990 relative aux droits de l'enfant qui définit le mineur comme « tout être humain âgé de moins de 18 ans, sauf si la majorité est atteinte plus tôt en vertu de la législation qui lui est applicable ». Ce seuil d'âge doit également s'appliquer ici. Peu importe la liberté reconnue aux majeurs d'entretenir des relations sexuelles avec des mineurs de plus de 15 ans (sauf lien de filiation ou d'autorité, v. *supra,* n° 1417). Ce n'est pas à la majorité sexuelle mais à la majorité civile que fait référence l'article 227-23 dont l'objectif général est la lutte contre la pédophilie[1].

Dans cette logique, peu importe l'éventuelle émancipation par le mariage du mineur représenté. Peu importe même le consentement du mineur : qu'il ait accepté d'être filmé à l'occasion d'ébats sexuels ne légitime en rien l'usage fait ensuite de l'enregistrement. Il s'agit d'éviter la banalisation de telles images.

1539. Preuve. – Si cette approche de la minorité semble claire, des difficultés de preuve peuvent apparaître. Aussi, le législateur a-t-il ajouté un dernier alinéa à l'article 227-23 indiquant que « les dispositions du présent article sont également applicables aux images pornographiques d'une personne dont l'aspect physique est celui d'un mineur, sauf s'il est établi que cette personne était âgée de 18 ans au jour de la fixation ou de l'enregistrement de son image ». Il ne s'agit là que d'une présomption simple ayant pour objet de faciliter la preuve de l'âge de la personne représentée[2]. Toutefois, on peut contester la

1. V. sur ce terme A. Lepage, *Libertés et droits fondamentaux à l'épreuve de l'Internet*, Litec 2002, p. 172.

2. À ce titre, elle paraît compatible avec le respect dû à la présomption d'innocence (Cass. crim., 22 août 2018, *Dr. pén.* 2018, n° 208, obs. P. Conte. – 6 juin 2012, *Dr. pén.* 2012, n° 118, obs. M. Véron).

possibilité de rapporter la preuve contraire, ainsi admise par le législateur car elle contrarie la *ratio legis* de l'incrimination : n'est-il pas aussi dangereux de donner une connotation sexuelle à l'image de quelqu'un qui paraît mineur qu'à l'image de quelqu'un qui l'est réellement ?

2. L'image ou la représentation d'un mineur

1540. Distinction. – La distinction de l'image et de la représentation n'est guère heureuse : l'image d'une personne est la conséquence de sa représentation. Peu importe le procédé utilisé. Peu importe sa réalisation, graphique, photographique ou audiovisuelle. Peu importe qu'il s'agisse d'une image fixe ou d'images animées. Peu importe même que la scène représentée soit purement fictive, qu'elle prenne la forme d'un portrait, d'une bande dessinée ou de leurs avatars modernes sous forme numérique[3]. Peu importe enfin que cette image ou représentation ne permette d'identifier aucun mineur en particulier et constitue une œuvre d'imagination[4]. Ce n'est pas un mineur qu'il s'agit de protéger mais la société tout entière qui est nécessairement ébranlée par la diffusion d'images pédopornographiques. Dans cette logique, même un montage impliquant faussement un mineur dans une scène pornographique peut servir de condition préalable à l'infraction.

D'une manière générale, la Convention sur la cybercriminalité, faite à Budapest le 23 novembre 2001, impose aux États d'incriminer la production, la mise à disposition et l'offre de « pornographie enfantine » (art. 9). Elle définit celle-ci comme : « toute matière pornographique représentant de manière visuelle : a) un mineur se livrant à un comportement sexuellement explicite ; b) une personne qui apparaît comme un mineur se livrant à un comportement sexuellement explicite ; c) des images réalistes représentant un mineur se livrant à un comportement sexuellement explicite » (§ 2). Ces dispositions ont inspiré la directive 2011/92/UE du 13 décembre 2011 dont la transposition a entraîné quelques modifications du droit français en la matière. En toute hypothèse, il faut l'interpréter à l'unisson.

3. Une image ou représentation pornographique

1541. Contenu. – L'article 227-23 se révèle ici d'application étroite. À la différence de la notion de bonnes mœurs, la notion de pornographie est susceptible d'une définition précise et objective, notamment par opposition à l'érotisme[5]. Elle suppose une présentation complaisante – c'est-à-dire non scientifique ou artistique – « de scènes de sexe non simulées »[6]. Il n'y a pas lieu de distinguer, comme l'avait fait la jurisprudence antérieure, entre images simplement obscènes et images « qui, essentiellement consacrées à la représentation

3. Cass. crim., 12 sept. 2007, *D.* 2008, p. 827, note D. Lefranc.

4. V. s'agissant d'un manga pornographique CA Aix-en-Provence, 18 avr. 2012, *JurisData* : 2012-028364. – Dans une telle hypothèse, certains dénoncent une répression excessive (T. Perroud, « Art et représentation pornographique virtuelle des mineurs », *Légipresse* 2023, p. 360), qui peut cependant être atténuée sur le fondement de l'art. 10, Conv. EDH.

5. T. corr. Paris, 5 oct. 1972, *Gaz. Pal.* 1973.1, p. 211.

6. CE, 30 juin 2000, *Ass. Promouvoir*, *Comm. com. électr.* 2000, n° 95, obs. A. Lepage. – Une chambre de l'instruction a également défini la pornographie comme « une représentation grossière de la sexualité blessant la délicatesse et tendant à exciter les sens » et exonéré de ce reproche le catalogue d'une exposition d'œuvres d'art moderne (Cass. crim., 2 mars 2011, *B.* n° 44).

minutieuse de violences et perversions sexuelles, dégradantes pour la personne humaine, font outrage aux bonnes mœurs »[7]. Les premières échappaient à l'application de la loi pénale tandis que les secondes en subissaient, au contraire, la rigueur. Dès lors que l'image saisit le mineur impliqué, de manière active ou passive, dans une scène de sexe non simulée, elle entre dans le champ d'application de l'article 227-23[8].

Mais peut-on tolérer que la répression ne s'abatte que dans cette hypothèse d'images ou représentations pornographiques, somme toute assez exceptionnelle ? La représentation simplement suggestive d'un mineur ne mériterait-elle pas, elle aussi, une sanction[9] ? Par ailleurs, n'aurait-il pas fallu incriminer également la représentation de scènes de violence sur un mineur ? Voire tout simplement les représentations attentatoires à la dignité d'un mineur en reprenant les termes de l'article 227-24 ? La réalisation puis la diffusion de telles images n'est-elle pas aussi traumatisante ? La question mériterait d'être posée au législateur. En revanche, ce n'est pas au juge d'y répondre.

B. Les différents actes

1542. Il faut reprendre ici la description des trois infractions figurant aux alinéas 1, 2 et 4 de l'article 227-23 : *brevatis causa*, on évoquera ainsi la réalisation, la communication et la consommation d'images ou représentations pornographiques d'un mineur.

1. La réalisation d'images ou représentations pornographiques d'un mineur

a. La matérialité de l'acte

1543. Formes. – L'article 227-23 évoque « la fixation, l'enregistrement ou la transmission » (al. 1). Cela correspond à la réalisation de l'image ou de la représentation litigieuse, par opposition à la communication de ces images ou représentations incriminée dans un second temps.

Ces trois opérations coïncident avec celles également prévues en cas d'atteinte à l'intimité de la vie privée (v. *supra*, n° 346). Mais, à la différence du délit de l'article 226-1, il est expressément indiqué ici que la fixation, l'enregistrement ou la transmission de l'image pornographique d'un mineur n'est répréhensible qu'à partir du moment où elle a été faite en vue de sa diffusion. Le lien, logique mais implicite, existant entre les articles 226-1 et 226-2 est donc formulé ici expressément.

Précisons que la « transmission » ne s'entend pas comme la diffusion des images ou représentations au public mais comme la remise à un intermédiaire chargé de parfaire ces images ou représentations (retouches), de les centraliser et de préparer

7. Cass. crim., 25 janv. 1979, *JCP* G 1979, II, 19143 ; *Gaz. Pal.* 1979.2, p. 408. – V. aussi TGI Paris, 8 nov. 1976 et CA Paris, 10 juin 1977, *JCP* G 1979, II, 19044, note H. Blin ; *D.* 1977, p. 320, note P. Rolland.

8. CA Riom, 26 juin 2019, *Comm. com. électr.* 2019, n° 61, obs. A. Lepage. – Paris, 24 avr. 2007, *Comm. com. électr.* 2007, n° 156, obs. A. Lepage.

9. En pratique, il arrive que la seule représentation de mineurs dénudés soit prise en compte (Cass. crim., 18 oct. 2017, *Comm. com. électr.* 2018, n° 3, obs. A. Lepage ; *RSC* 2018, p. 112, obs. E. Dreyer, déduisant le caractère pornographique des images du fait qu'elles sont issues de sites pornographiques), ce qui ne devrait pas être suffisant.

leur communication ultérieure, ou de les négocier auprès d'autres intermédiaires. En effet, la communication au public constitue une infraction distincte prévue à la suite (v. *infra*, n° 1546).

1544. Exclusion. – *A priori*, il s'ensuit que la réalisation d'images ou représentations pornographiques d'un mineur « pour soi-même » n'est pas incriminée. Une telle restriction est conforme à l'esprit de l'article 227-23 qui devait permettre, à l'origine, de lutter essentiellement contre l'atteinte à l'ordre public susceptible de résulter de la diffusion de telles images. Toutefois, la preuve de la destination de l'image ou de la représentation s'est avérée délicate. Comment vérifier, en l'absence de diffusion effective, si la détention était faite pour soi-même ou en vue d'un partage ? Le législateur contemporain a partiellement répondu en étendant le champ de la répression. Il a ajouté au premier alinéa de l'article 227-23 la formule suivante : « lorsque l'image ou la représentation concerne un mineur de quinze ans, ces faits sont punis même s'ils n'ont pas été commis en vue de la diffusion de cette image ou représentation ». Désormais, le simple enregistrement de l'image ou de la représentation pornographique d'un mineur de 15 ans sur le disque dur d'un ordinateur est donc punissable.

A priori, le mineur sujet de ces images ou représentations n'est pas complice (pour avoir permis la réalisation de telles infractions) mais victime. Encore, convient-il peut-être de distinguer suivant son degré de discernement qui peut l'avoir amené à consentir à un tel acte. En effet, aucun texte ne permet d'exclure la responsabilité pénale d'un adolescent dans l'hypothèse, par ex., de réalisation d'une « *sex tape* ». Or, l'objectif n'est pas la protection du mineur représenté mais celle du public qui ne doit pas être confronté au spectacle de l'activité sexuelle d'un mineur[10]. *A priori*, peu importe l'âge de celui qui permet ou réalise de telles images.

b. La perception de l'acte

1545. But. – La réalisation d'images ou représentations pornographiques d'un mineur constitue un délit intentionnel.

L'infraction suppose tout d'abord que l'agent ait eu conscience de fixer, enregistrer ou transmettre une telle image ou représentation. Néanmoins, s'agissant d'importateurs et diffuseurs d'un manga pédopornographique qui prétendaient ignorer son contenu exact, la Cour de cassation a approuvé une cour d'appel pour avoir jugé qu'une telle allégation « ne suffit pas à les exonérer de leur responsabilité, compte tenu du caractère strictement réglementé des films et bandes dessinées à caractère érotique et pornographique »[11]. Ce qui revient à établir une présomption à l'encontre de ceux qui sont soumis à cette réglementation. Elle n'est guère contestable, sauf en ce qui concerne les façonniers qui se contentent de réaliser des opérations purement techniques n'impliquant aucune connaissance des messages litigieux.

Ensuite, l'infraction suppose que le prévenu ait agi de la sorte pour permettre la diffusion de l'image ou représentation d'un mineur de plus de 15 ans (le complément apporté à l'article 227-23, al. 1, évoqué ci-dessus, dispense d'une telle preuve

10. V. aussi C. Courtaigne-Deslandes, « À la recherche du fondement des infractions sexuelles contemporaines », *Dr. pén.* 2013, étude 5, n° 8.

11. Cass. crim., 12 sept. 2007, *Dr. pén.* 2007, n° 152, obs. M. Véron.

si le mineur avait au plus 15 ans). Le photographe, qui prétend avoir réalisé des clichés pour lui-même, ou l'utilisateur d'un caméscope (téléphone portable), qui prétend avoir agi là encore à des fins personnelles, se défendra d'avoir poursuivi un tel but... Cette défense sera néanmoins difficile à tenir si on découvre chez lui plusieurs exemplaires du même cliché ou du même enregistrement, ce qui trahit sa volonté de les transmettre à autrui.

Peu importe, en revanche, le mobile de l'agent. Le prétexte artistique ou scientifique ne saurait être pris en compte dans une telle hypothèse. La reconnaissance préalable du caractère pornographique de l'image semble d'ailleurs exclure toute dimension esthétique qui la sublimerait.

2. La communication d'images ou représentations pornographiques d'un mineur

a. La matérialité de l'acte

1546. Communication. – À la suite, l'article 227-23 incrimine le fait « d'offrir, de rendre disponible, de diffuser une telle image ou représentation, par quelque moyen que ce soit, de l'importer ou l'exporter, de la faire importer ou de la faire exporter » (al. 2). À travers ces actes de communication, c'est l'exploitation d'images ou représentations pornographiques d'un mineur qui est en cause. Néanmoins, le texte d'incrimination est rédigé largement : pour aucun de ces actes, il n'est imposé d'établir qu'un profit a été réalisé ou avait vocation à l'être. La circulation, même à titre gratuit, de ces images ou représentations entre donc dans le champ de l'incrimination.

Peu importe que de tels actes soient effectués en direction du public en général ou de consommateurs avertis. Peu importe également le nombre de destinataires : *a priori*, la communication à une seule personne entre dans le champ de l'incrimination.

1547. Formes. – L'offre constitue un terme particulièrement général : c'est toute proposition, indépendamment de son acceptation éventuelle. Dans ces conditions, le fait – évoqué à la suite – de « rendre disponible » perd beaucoup de sa substance : la formule est une concession non nécessaire à l'évolution technologique puisqu'elle permet d'atteindre expressément la mise à disposition publique d'images ou représentations sur un site web ou sur des plates-formes d'échange accessibles sur Internet[12].

Par contraste, la diffusion évoque des modes de communication plus traditionnels : peu importe la technique et le support utilisés. L'envoi postal d'images sur support papier entre dans le champ de l'incrimination comme la distribution de vidéogrammes ou l'émission d'un spectacle de télévision[13]. Une telle diffusion peut s'effectuer « par quelque moyen que ce soit ». L'évolution technologique ne saurait donc frapper d'obsolescence l'incrimination.

Enfin, à ces comportements dont la portée peut rester purement hexagonale, l'article 227-23, al. 2, ajoute l'importation et l'exportation, directe ou indirecte, de

12. Cass. crim., 29 mars 2006, *Dr. pén.* 2006, n° 82, obs. M. Véron. – CA Paris, 24 avr. 2007, *Comm. com. électr.* 2007, n° 156, obs. A. Lepage.

13. Comp. Cass. crim., 4 févr. 2004, *D.* 2005, p. 621, note V. Malabat.

telles images ou représentations. L'auteur matériel (qui réalise lui-même ces opérations) et l'auteur moral (qui les fait réaliser par autrui) sont visés ici. Les quantités sont indifférentes. Ce qui a permis de reprocher ce délit à un internaute dont l'ordinateur conservait les traces de connexion à des sites étrangers pédopornographiques[14]. Mais il s'agit surtout de dissuader les trafiquants qui pourraient profiter de facilités à l'étranger pour réaliser ou écouler de tels documents.

1548. Autonomie. – En toute hypothèse, cette seconde infraction est indépendante de la précédente : il n'est pas nécessaire de démontrer que le responsable de l'acte de communication est à l'origine de la réalisation de l'image ou de la représentation litigieuse. Il n'est même pas nécessaire que le premier comportement ait été punissable pour réprimer le second : pour qu'il y ait infraction, il suffit d'un acte de communication, même si le document en cause n'a pas été réalisé « en vue de sa diffusion ». On ne saurait donc voir là une infraction de conséquence.

b. La perception de l'acte

1549. Intention. – Il s'agit d'un délit intentionnel dont la dimension psychologique est plus facile à établir que dans l'hypothèse précédente. Ici, un dol général suffit. L'agent doit avoir eu conscience de communiquer l'image ou la représentation pornographique d'un mineur. Sa mauvaise foi se déduit des circonstances dans lesquelles une telle communication est intervenue.

Lorsque la responsabilité d'un éditeur ou directeur de la publication est mise en œuvre à raison de la diffusion d'un tel message, cet élément moral est même présumé : en effet, les responsables éditoriaux encourent une responsabilité de plein droit à raison du contenu des messages qu'ils ont laissé diffuser[15]. Ils sont nécessairement de mauvaise foi s'ils permettent la communication de tels contenus car ils assument une fonction de contrôle et auraient dû s'y opposer.

1550. Transition. – Néanmoins, toutes ces incriminations n'empêchent pas les réseaux pédopornographiques de se développer. Aussi, le législateur accepte-t-il désormais de remonter aux causes mêmes du phénomène en dépassant une objection sur laquelle échoue le droit de la presse : au-delà de l'offre, il incrimine la demande de contenus illicites[16]. Faute de pouvoir atteindre ceux qui diffusent depuis l'étranger les images ou représentations pornographiques de mineurs, il s'efforce de dissuader ceux qui ont la faiblesse de céder à la tentation de les consulter en France.

3. La consommation d'images ou représentations pornographiques d'un mineur

1551. Dans un quatrième alinéa, l'article 227-23 incrimine plusieurs comportements qui impliquent un usage individuel d'images ou représentations

14. CA Douai, 21 mars 2002, *Comm. com. électr.* 2003, n° 66, obs. A. Lepage.

15. L'art. 227-28 énumère ce délit au nombre de ceux pour lesquels, lorsqu'ils « sont commis par la voie de la presse écrite ou audiovisuelle, les dispositions particulières des lois qui régissent ces matières sont applicables en ce qui concerne la détermination des personnes responsables ».

16. Comp., A. Bonnefoy, « Comment punir la diffamation ? », *RSC* 1953, p. 630.

pédopornographiques[17]. Il évoque d'abord leur consultation puis l'acquisition et la détention de telles images ou représentations. Cette seconde hypothèse, plus générale, sera examinée en premier.

a. L'acquisition et la détention d'images ou représentations pédopornographiques

1552. Acquisition. – Acquérir est souvent tenu pour synonyme d'acheter. Mais dans la langue juridique l'acquisition constitue davantage le résultat d'une cession : on peut ainsi acquérir à titre onéreux ou à titre gratuit. En l'absence de précision, il faut sans doute considérer que le législateur n'a pas voulu distinguer ici. Obtenir la cession de l'image ou représentation pornographique d'un mineur constitue donc en toute hypothèse une infraction. Peu importe le support, matérialisé ou dématérialisé, de cette image ou représentation (l'acquisition se doublant d'une remise du support, de l'envoi d'un fichier informatique ou de la fourniture d'un accès au contenu litigieux). Encore, faut-il pouvoir établir que l'acquéreur connaissait le contenu de l'image ou représentation en cause. À cet égard, le paiement d'un prix élevé pourra constituer un indice de ce que l'acquéreur avait conscience d'accéder à un contenu illicite.

Néanmoins, dans cette première hypothèse, parce qu'elle est instantanée, l'infraction sera difficile à établir. En pratique, l'acquéreur se verra plus facilement reprocher une infraction – continue – de détention.

1553. Détention. – L'acte de détention n'a pas été défini à l'article 227-23, al. 4. On aurait donc pu l'envisager assez largement si la modification apportée au premier alinéa du même article n'avait pas permis de sanctionner plus sévèrement la fixation et l'enregistrement d'images ou représentations pédopornographiques d'un mineur de 15 ans (indépendamment de toute diffusion ultérieure). On en déduit que la détention suppose, elle, un support matériel (papier, optique ou autre). Comme en droit civil, elle correspond alors à la maîtrise qui s'exerce sur ce support. L'établissement de l'infraction s'en trouve facilité. Il suffit de démontrer que l'agent a conservé à sa disposition le support d'une image ou représentation pédopornographique. Peu importe qu'un tel support ait été dissimulé ou non. Peu importe le nombre de supports où seraient fixées de telles images ou représentations. *A fortiori*, l'exigence d'interprétation stricte s'oppose à ce que l'on puisse analyser comme un acte de détention la création automatique d'un fichier temporaire où sont stockées des images pendant le temps de leur consultation par un internaute : lorsque celui-ci prend simplement connaissance des images, sans chercher à les imprimer ni à les enregistrer sur un support informatique, il n'accomplit pas un acte de « détention » au sens de l'article 227-23[18].

17. D'où une « surpénalisation », selon certains, des comportements déviants en contradiction avec le discours libertaire dominant : B. Lavaud-Legendre, *Où sont passées les bonnes mœurs ?*, PUF, coll. Le Monde, 2005, p. 223. – Cette politique est contestée au motif qu'elle supprime « un "défouloir" pour des personnes ayant ces penchants pervers mais qui ne veulent pas passer à l'acte » (A. Cappello, « La création d'infractions sexuelles », *in Les infractions sexuelles à l'épreuve du numérique*, Mare & Martin, 2023, p. 51). Lorsqu'est en cause la « représentation » (fictive) d'un mineur, l'objection peut être entendue ; lorsqu'un mineur a été exploité à cette fin, elle semble plus discutable.

18. Cass. crim., 5 janv. 2005, *Dr. pén.* 2005, n° 52, obs. M. Véron.

Ajoutons que, là aussi, une intention est requise : cette détention n'est punissable qu'à partir du moment où il est établi que l'agent connaissait le contenu de l'image ou de la représentation en cause[19]. Ce qui ne pose guère de difficulté lorsque l'agent avait seul la maîtrise des supports en question. En l'absence d'intervention d'un tiers, il ne peut guère prétendre avoir ignoré ce que ces supports contenaient[20].

b. La consultation d'images ou représentations pédopornographiques

1554. Matérialité. – Afin de sanctionner le seul fait d'accéder à des images ou représentations pornographiques de mineurs sur Internet, le législateur a remodelé l'article 227-23, al. 5 en incriminant aussi « le fait de consulter habituellement ou en contrepartie d'un paiement un service de communication au public en ligne mettant à disposition une telle image ou représentation ». Dans une telle hypothèse, il n'est pas nécessaire d'établir que l'agent a enregistré, acquis ou détenu une ou plusieurs images ou représentations pédopornographiques. En revanche, il faut pouvoir démontrer qu'il s'est connecté sciemment à un site Internet pour y regarder de telles images ou représentations. De surcroît, toute consultation n'est pas en cause. Le législateur n'envisage ici que le comportement d'individus dont l'attrait pour la pédophilie est indéniable : l'autorité de poursuite doit donc établir soit que la consultation était habituelle, soit qu'elle s'est effectuée à titre onéreux.

Dans la première hypothèse, le délit prend la forme d'une infraction d'habitude : une seule consultation n'est pas punissable ; il en faut au moins deux pour qu'un tel comportement tombe sous le coup de la loi pénale. En pratique, cela n'entrave guère la répression car les experts de la police judiciaire arrivent très facilement à reconstituer l'historique de consultations qui demeurent rarement isolées[21]. On pourrait même s'interroger sur la pertinence d'une telle condition d'habitude. Cependant, elle présente l'avantage de faciliter la preuve de l'intention. Elle mérite d'être retenue à ce titre.

Dans la seconde hypothèse, le délit reste une infraction instantanée mais il suppose que la consultation de l'image ou représentation litigieuse s'effectue à titre onéreux. Ce qui est d'ailleurs le plus souvent le cas en pratique. À nouveau, une telle exigence ne handicape donc pas vraiment la répression. Elle facilite même elle aussi la preuve de l'intention coupable : un internaute accepte rarement de payer un prix sur les réseaux sans connaître le contenu illicite des pages auxquelles il accède. Toutefois, il existe une autre raison de punir un tel comportement : l'individu qui est prêt à verser une somme d'argent favorise le développement d'un tel trafic, ce que l'on ne saurait tolérer.

1555. Perception. – Dans les deux cas, l'infraction est intentionnelle. Néanmoins, on l'a vu, les comportements incriminés sont suffisamment bien définis pour que cet élément moral puisse se déduire de la matérialité même des faits reprochés.

19. Cass. crim., 22 août 2018, *Dr. pén.* 2018, n° 208, obs. P. Conte.
20. Cass. crim., 11 juill. 2017, *Comm. com. électr.* 2018, n° 3, obs. A. Lepage.
21. CA Paris, 22 sept. 2011, *Comm. com. électr.* 2012, n° 20, obs. A. Lepage.

§2. Les modalités de la répression

1556. Évoquons successivement les peines applicables ainsi que les particularités de la poursuite.

A. Les peines

1557. Les infractions des alinéas 1 et 2 de l'article 227-23 sont soumises à un régime très proche en termes de répression. Leurs sanctions se distinguent nettement de celles encourues à l'alinéa 4. Envisageons-les à la suite, sachant que la tentative de l'ensemble de ces délits est désormais punissable (al. 6).

1. Les peines applicables aux actes de réalisation et communication

1558. Pénalités. – La personne physique reconnue coupable des actes de réalisation ou communication largement entendus aux alinéas 1 et 2 de l'article 227-23 s'expose à 5 ans d'emprisonnement et 75 000 € d'amende. La sévérité de ces sanctions témoigne de la réprobation actuelle à l'égard de tels actes. Elle n'est pas injustifiée compte tenu des profits considérables qui peuvent en résulter.

Ces peines sont portées à 7 ans d'emprisonnement et 100 000 € d'amende lorsqu'un réseau de communications électroniques a été utilisé pour la diffusion de l'image ou de la représentation du mineur en direction d'un public indéterminé (al. 3). Elles passent à 10 ans d'emprisonnement et 500 000 € d'amende lorsque le délit a été commis en bande organisée (al. 5).

La personne morale reconnue coupable des mêmes infractions s'expose à une amende portée au quintuple ainsi qu'à l'ensemble des peines de l'article 131-39, sauf la dissolution et l'interdiction de faire appel public à l'épargne (art. 227-28-1).

1559. Autres. – De surcroît, les personnes physiques encourent, à titre complémentaire, les peines prévues par l'article 227-29 (notamment l'interdiction des droits civiques, civils et de famille, l'interdiction d'exercer une activité professionnelle ou bénévole impliquant un contact habituel avec des mineurs qui est même rendue obligatoire, la confiscation spéciale, etc.) et s'exposent à un suivi socio-judiciaire (art. 227-31). En revanche, l'affichage ou la diffusion de la décision de condamnation, qui présenterait en l'espèce un caractère profondément infamant, n'est pas envisagé (art. 227-30, *a contrario*).

Les personnes physiques et les personnes morales déclarées coupables de l'une ou l'autre de ces infractions commises en bande organisée s'exposent en plus à la confiscation de tout ou partie de leurs biens, quelle qu'en soit la nature, meubles ou immeubles, divis ou indivis (art. 227-33). Cette confiscation générale permet de priver les intéressés de tout enrichissement à raison du délit reproché sans qu'un lien de causalité soit établi entre les faits poursuivis et l'augmentation de leur patrimoine.

2. Les peines applicables aux actes de consultation, acquisition et détention

1560. Présentation. - Le fait, pour une personne physique, de consulter, d'acquérir ou de détenir l'image ou la représentation pornographique d'un mineur est puni de 2 ans d'emprisonnement et 30 000 € d'amende (al. 4). Alors même qu'il s'agit d'actes par nature individuels, le législateur prévoit ici aussi l'application de la circonstance aggravante de bande organisée qui permet de porter ces peines à 10 ans d'emprisonnement et 500 000 € d'amende (al. 5). Les peines complémentaires encourues sont les mêmes que dans les deux hypothèses précédentes.

Une personne morale déclarée coupable de l'une de ces infractions s'expose, quant à elle, à une peine d'amende portée au quintuple ainsi qu'à l'ensemble des peines de l'article 131-39, sauf la dissolution et l'interdiction de faire appel public à l'épargne (art. 227-28-1).

De surcroît, lorsque l'infraction est commise en bande organisée, les personnes physique et morale s'exposent à la confiscation de tout ou partie de leurs biens dans les conditions exposées ci-dessus (art. 227-33).

1561. Recel. - Notons que ces actes de consultation, acquisition et détention auraient sans doute pu tomber sous la qualification de recel exposant leur auteur à 5 ans d'emprisonnement et 375 000 € d'amende.

Certes, la première forme de recel, qui suppose une emprise sur une « chose » (art. 321-1, al. 1) paraît difficilement applicable à une image ou une représentation[22]. Mais cela ne fait pas obstacle à la répression car il existe une autre forme de recel, en grande partie dématérialisée, qui consiste dans « le fait, en connaissance de cause, de bénéficier par tout moyen du produit d'un crime ou d'un délit » (art. 321-1, al. 2). Il n'aurait pas été aberrant de reprocher au pervers, qui conserve par-devers lui ce type d'images ou représentations - dont la réalisation et la communication sont des délits - de bénéficier en connaissance de cause d'infractions antérieures[23]. Néanmoins, il ne faut pas exagérer la portée de cette infraction qui relève de la catégorie des atteintes aux biens : l'esprit comme la lettre de l'article 321-1 s'opposent à une telle extension du recel de chose (v. *supra*, n° 1342). Le législateur a donc eu raison d'incriminer distinctement les comportements envisagés ici.

B. Les poursuites

1562. Compétence législative. - Les infractions de l'article 227-23 font partie de celles pour lesquelles les règles gouvernant la compétence personnelle active de la loi pénale française ont été simplifiées : dès lors que les faits ont

22. L'objection ne semble pas avoir été soulevée devant le tribunal correctionnel du Mans lorsqu'il a condamné à 6 mois d'emprisonnement un agent public pour recel d'« images pédophiliques » (Cass. crim., 16 févr. 1998, *JCP* G 1999, II, 10011, note J. Frayssinet). En revanche, la Cour de cassation a perçu la difficulté, quelque temps plus tard, dans une affaire où étaient en cause des « photographies, une revue et une vidéocassette à caractère pornographique » qu'elle a qualifiées « objets » avant d'approuver la condamnation prononcée contre celui qui les avait détenus sur le terrain du recel d'images (Cass. crim., 9 juin 1999, *Dr. pén.* 1999, n° 138, obs. M. Véron). Elle a utilisé là un artifice en assimilant les images à leur support.

23. Cass. crim., 28 sept. 2005, *Dr. pén.* 2006, n° 4, obs. M. Véron.

été commis à l'étranger par un Français ou par une personne résidant habituellement sur le territoire français, la loi pénale française est applicable sans l'exigence d'une double incrimination, ni celle d'une plainte ou dénonciation officielle préalable (art. 227-27-1).

1563. Neutralisation. – Par ailleurs, une loi du 21 juin 2004 permet au président du tribunal judiciaire, statuant selon la procédure accélérée au fond, de prescrire à toute personne susceptible d'y contribuer (donc aux fournisseurs d'hébergement et/ou fournisseurs d'accès sur Internet) « toutes mesures propres à prévenir un dommage ou à faire cesser un dommage occasionné par le contenu d'un service de communication au public en ligne » (art. 6, § I-8). Cette disposition de portée générale peut être utilisée sur les réseaux pour empêcher l'accès aux contenus pédopornographiques. Mais c'est le président du tribunal judiciaire, donc un juge civil, et non le juge des libertés et de la détention, qui est compétent pour statuer.

La loi du 21 juin 2004 autorise également l'autorité de police à faire procéder, indépendamment de toute intervention judiciaire, au blocage des sites dont le contenu s'avère pédopornographique (art. 6-1)[24]. Cette mesure administrative permet d'empêcher l'accès des internautes à de tels contenus. Elle s'exécute désormais sous le contrôle de l'ARCOM.

1564. Complément. – L'article 227-23-1 incrimine distinctement « le fait pour un majeur de solliciter auprès d'un mineur la diffusion ou la transmission d'images, vidéos ou représentations à caractère pornographique dudit mineur ». Cette sollicitation correspond à une demande. Peu importe qu'il n'y soit pas donné suite. Peu importe qu'elle soit adressée directement à un mineur (quel que soit son âge : moins ou plus de 15 ans) ou qu'elle chemine par un réseau de communications électroniques. Peu importe que l'agent espère une mise à disposition des images ou leur communication directe à son profit. L'essentiel est que ces images, fixes ou animées, présentent un caractère pornographique, c'est-à-dire renvoient à l'activité sexuelle du mineur en question. Dès lors que l'agent a conscience d'adresser une telle demande à un mineur, la preuve de son intention ne saurait faire de doute. Il s'expose à 7 ans d'emprisonnement et 100 000 € d'amende. Mais, là aussi, l'emprisonnement est porté à 10 ans et l'amende à 150 000 €, voire 1 M€, lorsque la sollicitation concerne un mineur de 15 ans ou est faite en bande organisée. La lourdeur de ces peines surprend alors qu'une relation sexuelle directement nouée par l'agent avec le mineur ne serait pas nécessairement punissable (dès lors que le mineur consentant a plus de 15 ans et que l'agent n'exerce aucun rapport d'autorité sur lui : v. *supra*, n° 1417). L'idée est sans doute que, en dehors d'une relation amoureuse, un mineur ne doit pas être incité à une activité sexuelle par un majeur au profit duquel il accepte de se laisser filmer. Cependant, l'infraction aurait mérité alors d'être envisagée dans le Code pénal après celle de corruption de mineur dont elle est une forme simplifiée.

24. E. Dreyer, *Droit de la communication*, LexisNexis, 2e éd., 2022, p. 1217 et s.

Section 2
Les infractions liées aux messages choquant des mineurs

1565. Évolution. – Lors de la refonte du Code pénal, l'incrimination de l'outrage public aux bonnes mœurs a été remise en cause au nom de la liberté sexuelle de chacun, qui inclurait le droit de regarder les scènes les plus scabreuses[25]. La jurisprudence antérieure n'avait pas admis ce droit mais conférait déjà au consentement du lecteur ou spectateur une portée déterminante. Elle ne sanctionnait ainsi que les diffusions trop larges susceptibles d'aboutir à la propagation de messages choquants auprès d'individus qui n'y avaient pas directement consenti[26]. Parmi ces destinataires, les enfants jouissaient d'une protection particulière, quasiment absolue[27]. Le consensus dégagé en droit interne coïncidait avec l'opinion prévalant au niveau européen[28].

Ces solutions furent consacrées dans le Code actuel, dont l'article 227-24 al. 1, incrimine désormais : « le fait soit de fabriquer, de transporter, de diffuser par quelque moyen que ce soit et quel qu'en soit le support un message à caractère violent, incitant au terrorisme, pornographique, y compris des images pornographiques impliquant des animaux, ou de nature à porter gravement atteinte à la dignité humaine ou à inciter des mineurs à se livrer à des jeux les mettant physiquement en danger, soit de faire commerce d'un tel message ». Ce texte a été présenté comme le nouveau « fondement d'un droit à la pudeur médiatique »[29].

Classiquement, on tentera de préciser le comportement incriminé puis les modalités de sa répression.

§1. Le comportement incriminé

1566. Du texte de l'article 227-24 al. 1 se dégagent aisément une condition préalable, commune aux différentes formes que peut prendre l'infraction, et des éléments constitutifs.

A. La condition préalable

1567. Notion. – Par « message », il faut comprendre un ensemble d'informations exprimées de manière structurée et signifiante. Peu importe sa forme (textes, images, sons) et son support (analogique ou numérique).

25. A. Laingui, « Est-il encore possible d'outrager les bonnes mœurs ? », *in Mél. Soyer*, LGDJ, 2000, p. 235.

26. CA Reims, 7 oct. 1977, *Gaz. Pal.* 1978.1, somm. p. 122. – Besançon, 9 mai 1972, *JCP* G 1973, II, 17405, note Fayard.

27. S. Dupuy-Busson, « La violence des images et les mécanismes juridiques de protection des jeunes spectateurs », *LPA* 8 avr. 2003, n° 70, p. 3.

28. CEDH, 7 déc. 1976, *Handyside c/RU*, § 52. – 24 mai 1988, *Müller c/Suisse*, § 36.

29. J.-F. Seuvic, « Variations sur l'humain comme valeurs pénalement protégées », *in Mél. Bolze*, Economica 1999, p. 364.

1568. Contenus. – Pour préserver la liberté de communication, la diffusion d'un message n'est répréhensible que s'il présente l'un des contenus suivants : soit le message incite tout public au terrorisme ou spécialement les mineurs à des jeux les mettant physiquement en danger ; soit le message présente un caractère violent, pornographique ou attentatoire à la dignité humaine. Il convient de distinguer.

1569. Incitations. – Dans les deux premières hypothèses, le législateur entend réprimer une incitation. S'agissant du terrorisme, il faut sans doute l'envisager de façon large. Le législateur n'évoque ici ni provocation, ni apologie. Une provocation indirecte et non suivie d'effet suffit donc à caractériser cette incitation (ce qui limite les risques de conflit de qualifications). L'objectif est d'interdire toute propagande en faveur du terrorisme. Peu importe qu'elle n'apparaisse pas spécialement destinée aux mineurs : plus encore que les adultes, ils risquent d'être perturbés s'ils en prennent accidentellement connaissance.

À ce premier type de messages, le législateur a assimilé l'incitation à des jeux mettant des mineurs physiquement en danger dès lors, cette fois, qu'une telle incitation leur est spécialement adressée. L'objectif est d'éviter aux mineurs des prises de risque inutiles (défis lancés à la légère, par ex.). C'est davantage leur intégrité corporelle que leur santé mentale qui est alors, curieusement, prise en compte[30]. Il ne s'agit pas ici de lutter contre un risque d'addiction aux jeux mais de prévenir la participation à des jeux dangereux[31]. En toute hypothèse, s'il peut sembler logique que cette seconde incitation ne soit prise en compte qu'à partir du moment où elle est faite en direction de mineurs qui sont principalement intéressés par les jeux, une telle précision rompt la logique de l'incrimination qui concerne, on le verra, la diffusion de messages de portée générale.

1570. Autres contenus. – Dans les trois autres hypothèses, la nocivité du message est envisagée indépendamment de toute incitation. Elle est inhérente au message lui-même lorsqu'il présente un caractère pornographique, violent ou attentatoire à la dignité humaine. Mais distinguer ces trois notions n'a rien d'évident. En effet, ne peut-on reprocher aux représentations de la pornographie d'induire une forme de violence et d'être d'une telle crudité qu'il en résulte nécessairement une atteinte à la dignité humaine ? Ainsi, les caractères violent, pornographique et indigne ne s'opposeraient pas mais, au contraire, coïncideraient[32]. Toutefois, une telle interprétation réduirait abusivement l'incrimination. L'utilisation, à plusieurs reprises, de la conjonction « ou » suffit à établir que de tels caractères sont alternatifs. Il importe donc d'envisager successivement ces différents aspects attendus du message litigieux.

1571. Précisions. – L'élément le plus facile à définir dans ce triptyque correspond à la pornographie : *a priori*, elle s'entend de manière objective comme la représentation de toute activité sexuelle non simulée (v. *supra*, nº 1541). Peu importe qu'une telle activité s'exerce sur une personne ou un animal. La précision a été apportée par le législateur non pour souligner qu'il en résulterait alors

30. En ce sens, cet aspect de l'incrimination aurait davantage trouvé sa place aux articles 227-18 et s. (v. *supra*, nº 1451).

31. V. évoquant, à l'origine de ce texte, le décès d'enfants suite au jeu du foulard dans des cours d'école : P. Bonfils, « La loi LOPPSI 2 et le droit pénal des mineurs », *D.* 2011, p. 1165.

32. CA Paris, 11 mars 1998, *D.* 1998, IR, p. 131 ; *RSC* 1998, p. 575, obs. J. Francillon.

supplémentairement une atteinte à la dignité humaine mais par souci de protection de la cause animale (V. *aussi*, n° 511-5).

Le caractère violent du message est plus délicat à apprécier : ne faut-il prendre en compte à ce titre que l'objet du message, c'est-à-dire la description ou représentation de la violence, ou faut-il relever également l'impact de ce message, c'est-à-dire l'impression de violence que ressent le lecteur ou le spectateur ? Il semble qu'en parlant de « caractère » le texte d'incrimination fasse référence au contenu du message et non à sa perception. On peut le regretter d'autant plus qu'il s'agit de protéger des mineurs. Mais la solution se concilie mieux avec la logique du droit pénal qui ne peut abandonner une telle appréciation au juge. En toute hypothèse, la violence dont il est question ici est nécessairement une violence individuelle (au sens des art. 222-7 et s.) alors que l'on « peut se demander aujourd'hui quelle information ne comporte pas de messages ou scènes violentes : scènes de guerre, coups d'État, attentats, prises d'otages ? »[33] : ce n'est pas cette violence « politique » qu'il s'agit de faire échapper au regard du mineur mais la seule violence concrète et quotidienne qui peut l'affecter s'il s'identifie aux victimes[34].

Enfin, le caractère attentatoire à la dignité humaine doit lui aussi être apprécié de manière objective : le juge doit s'assurer que le message décrit ou illustre un traitement infligé à une personne que l'on aurait dû réserver à une chose ou à un animal. L'indifférence de l'agent à la douleur physique ou morale ressentie par autrui est caractéristique d'un tel comportement. L'appréciation est, au demeurant, facilitée par la nature formelle de l'infraction : aucune atteinte effective à la dignité d'autrui ne doit être prouvée. Le message doit seulement avoir été « de nature à », c'est-à-dire susceptible de porter une telle atteinte[35]... L'aptitude du comportement à l'engendrer peut donc résulter d'une simple affirmation du juge dès lors que l'indifférence à l'égard de l'auteur présente un degré certain de gravité. Mais, toujours à raison de cette nature formelle de l'infraction, il ne peut s'agir là que d'une gravité de principe, théorique : il suffit que le message paraisse inacceptable[36]. Pour les magistrats, cette liberté d'appréciation n'est pas contraire au principe de légalité[37].

1572. Appréciation. – Néanmoins, selon un auteur, il faut plus. C'est le caractère complaisant du message qui ferait l'infraction[38]. Cette doctrine est confortée par quelques décisions rendues sous l'empire de la législation antérieure[39]. Cependant, une telle prise en compte des mobiles s'avère discutable car incertaine[40]. Peu importe la démarche de l'agent lorsqu'il faut apprécier le contenu des messages précités. C'est de façon objective que le juge doit se déterminer.

---

33. M.-C. de Percin, Intervention, *in La presse et la justice*, PUF, 1999, p. 39.

34. V. s'agissant de séquences vidéo « présentant une femme déchiquetée par un taureau, un enfant happé par un train et un piéton percuté par un automobiliste » : TGI Paris, 14 sept. 2001, *Légipresse* 2001, I, p. 139. – V. aussi, s'agissant de la description de ses crimes par un tueur en série : TGI Carpentras, 27 mars 2003, *Légipresse* 2003, I, p. 85.

35. B. de Lamy, *La liberté d'opinion et le droit pénal*, préc., p. 330, n° 522.

36. Comp. CA Paris, 12 mars 1958, *D.* 1958, p. 608.

37. TGI Paris, 12 juin 1997, *Légipresse* 1998, III, p. 3, note C. Chamagne. – V. aussi CA Paris, 2 avr. 2002, *D.* 2002, p. 1900, note C. Manara.

38. P. Conte, « Les outrages aux bonnes mœurs », *in Liberté de la presse et droit pénal*, PUAM, 1994, p. 201.

39. Cass. crim., 5 févr. 1974, *Gaz. Pal.* 1974.2, somm. p. 206.

40. V. cpdt TGI Paris, 30 janv. 2003, *Légipresse* 2003, I, p. 86.

Il a également été jugé que « le message doit en particulier présenter le risque d'être traumatisant pour les mineurs, ou encore compris par eux comme incitatif, ou même avoir une visée prosélyte »[41]. Ce qui laisse entendre que le juge ne peut se contenter d'une appréciation abstraite mais doit rechercher comment le message pouvait être perçu par des mineurs. Toutefois, une telle solution paraît aussi contestable que la précédente. D'abord, parce que les mineurs constituent une catégorie hétérogène sur laquelle il est difficile de raisonner en général ; ensuite, parce que, si certains mineurs sont effectivement impressionnables, d'autres sont mieux informés que beaucoup d'adultes. Distinguer parmi les mineurs auquel le message est rendu accessible pourrait donc, paradoxalement, conduire à assurer l'impunité de l'agent.

B. Le contenu de l'infraction

1. La matérialité de l'acte

1573. Matériellement, l'infraction consiste dans « le fait soit de fabriquer, de transporter, de diffuser par quelque moyen que ce soit et quel qu'en soit le support un message..., soit de faire commerce d'un tel message..., lorsque ce message est susceptible d'être vu ou perçu par un mineur » (art. 227-24). Différents faits sont ainsi énumérés mais ils ne sont punissables qu'à partir du moment où un mineur a pu voir ou percevoir un message dont il aurait dû être préservé.

a. Les faits objets de l'incrimination

1574. Formes. – L'infraction peut se consommer de plusieurs façons. Tous ceux qui contribuent à mettre le message choquant sous les yeux d'un mineur peuvent être inquiétés. Sont placés ainsi sur le même plan celui qui fabrique et celui qui diffuse : le premier n'est pas le complice du second ou *vice versa* ; ils sont tous « auteurs » d'une infraction qui leur est propre[42].

1575. Définitions. – Au plan matériel, la fabrication et le transport appellent peu d'observations : la fabrication s'entend aussi bien de la confection du message que de sa reproduction en nombre. Le transport s'entend aussi bien du transport physique d'exemplaires que de la transmission d'un message dématérialisé dès lors qu'elle ne le rend pas public. En effet, l'infraction se commet « par quelque moyen que ce soit et quel qu'en soit le support ». Néanmoins, partant de l'idée que le résultat redouté à ce titre par le législateur est une mise en contact d'un ou plusieurs mineurs avec le message, il faut sans doute considérer que de tels actes doivent être conçus comme le préalable d'actes de diffusion ou de commercialisation ultérieurs. À ce titre, on ne saurait envisager la fabrication et le transport pour eux-mêmes mais une fabrication et un transport en vue d'une diffusion ou commercialisation ultérieure. Ce que la matérialité de tels actes doit confirmer (pluralité d'exemplaires, format destiné à une mise en ligne, etc.).

S'agissant ensuite de la diffusion, elle correspond à toute forme de communication indirecte du message au public : la diffusion implique le recours à un « média »

41. CA Versailles, 13 oct. 2003, *D.* 2003, IR p. 2803.

42. Cass. crim., 15 déc. 1980, *Gaz. Pal.* 1981.2, p. 486.

qui permet la transmission du message. En 1992, le législateur avait essentiellement à l'esprit la diffusion de messages pornographiques par voie télématique. Toutefois, l'application de l'article 227-24 n'a jamais été réduite au minitel. Il a très vite été jugé : « qu'aucune différence n'étant faite selon la nature du support, le délit est susceptible d'être constitué par l'existence d'un message pornographique dans un journal »[43]. La diffusion dont il s'agit peut donc s'entendre également d'une communication au public par voie de presse[44] ou par voie électronique : communication audiovisuelle[45] ou communication en ligne[46]. Dans cette perspective, on peut légitimement se demander si la fourniture d'un lien hypertexte constitue un acte de diffusion. La Cour de cassation l'a exclu[47] mais elle l'admet pour d'autres infractions (v. *supra,* n° 150), de sorte qu'une telle solution est peut-être en sursis. En effet, elle ne convainc pas entièrement : non seulement la diffusion paraît entendue largement à l'article 227-24 (« par quelque moyen que ce soit ») mais aussi le mode de diffusion en cause importe moins que son résultat. *A priori*, toute personne qui, faute d'en restreindre l'accès, permet à un mineur de prendre connaissance d'un message dangereux commet l'infraction. Peu importe que cet accès non filtré s'opère sur le site d'un tiers.

Par opposition à la diffusion, la commercialisation fait référence à la vente ou à la location d'un support sur lequel le message litigieux est fixé[48]. Selon un auteur, elle aurait même un sens plus large : « la précision que l'élément matériel est constitué par le fait de "faire commerce" permet d'atteindre tous ceux qui en amont auront financé les fabrications et, en aval, perçoivent les produits de l'exploitation même s'ils ne sont à aucun moment intervenus dans l'activité matérielle elle-même »[49]. Dans ces conditions, il devrait être possible de maintenir la jurisprudence antérieure assimilant à un acte de commercialisation (par correspondance) le fait « d'expédier à un grand nombre de personnes, dont certaines étaient mineures, un prospectus offrant l'achat par correspondance de divers ouvrages érotiques »[50]. Encore faut-il, dans une telle hypothèse, que le prospectus publicitaire véhicule lui-même un message répréhensible.

b. Le destinataire des messages

1576. Accès. – La fabrication, le transport, la diffusion ou commercialisation du message litigieux ne constitue une infraction que si un mineur peut en prendre connaissance. Il s'agit là du résultat redouté par le législateur et non d'une circonstance aggravante de l'infraction. Ce rétrécissement du champ de l'incrimination par rapport à l'ancien outrage aux bonnes mœurs a permis à la Cour de cassation de considérer l'article 227-24 du Code actuel comme un texte plus doux que l'article 283 de l'ancien Code : elle l'a donc appliqué immédiatement aux faits non définitivement jugés lors de son entrée en vigueur[51]. Mais la

43. CA Paris, 14 déc. 1994, *Dr. pén.* 1995, n° 90, obs. M. Véron.
44. Cass. crim., 23 févr. 2000, *RSC* 2000, p. 639, obs. J. Francillon.
45. Y compris radiophoniques : TGI Paris, 2 avr. 1998, *Légipresse* 1998, I, p. 104.
46. Cass. crim., 12 oct. 2005, *Dr. pén.* 2006, n° 23, obs. M. Véron.
47. Cass. crim., 3 févr. 2004, *RSC* 2004, p. 662, obs. J. Francillon.
48. V. s'agissant de la grande distribution : TGI Paris, 11 sept. 1997, *Légipresse* 1998, I, p. 7.
49. M.-L. Rassat, *Droit pénal spécial*, préc., p. 804, n° 718.
50. Cass. crim., 10 juill. 1973, *D.* 1974, p. 242, note J. Maury.
51. Cass. crim., 5 avr. 1995, *Dr. pén.* 1995, n° 195, obs. M. Véron.

solution était discutable compte tenu de l'extension concomitante du champ de l'incrimination à d'autres « messages ». Elle ne pouvait concerner que les messages pornographiques rentrant aussi bien dans le champ du nouveau que de l'ancien texte.

On observera qu'il n'est pas nécessaire d'établir qu'au moins un mineur a effectivement pris connaissance du contenu litigieux dès lors qu'il aurait pu le faire. Ce qui est en cause ici, c'est la création d'un risque. Il se confirme ainsi que le juge n'a pas à tenir compte de l'impact que le message a pu avoir sur les mineurs destinataires (v. *supra*, n° 1572) qui n'ont pas à être identifiés.

S'il n'est donc pas nécessaire de démontrer qu'un mineur a effectivement été confronté à un message qui l'a troublé, il importe en revanche d'établir qu'un mineur au moins aurait pu être exposé à ce risque. Il suffit pour cela d'établir qu'aucune précaution n'a été prise pour restreindre la diffusion ou commercialisation du message litigieux. À l'opposé, si la diffusion ou commercialisation a été réservée aux majeurs, tout risque est exclu[52]. Mais *quid* des simples avertissements (« réservé aux adultes », « interdit aux mineurs ») qui se doublent d'une simple attestation sur l'honneur que l'internaute est bien majeur ? Les magistrats ont très tôt considéré que cette « précaution » (parfois transformée en argument publicitaire) ne fait pas disparaître le risque créé : le diffuseur ne peut se décharger de sa responsabilité sur les mineurs laissés libres d'obéir ou de passer outre l'avertissement donné[53]. Le législateur a consacré cette solution dans un dernier alinéa ajouté à l'article 227-24 : « les infractions prévues au présent article sont constituées y compris si l'accès d'un mineur aux messages mentionnés au premier alinéa résulte d'une simple déclaration de celui-ci indiquant qu'il est âgé d'au moins dix-huit ans »[54]. De même, le caractère payant de l'accès à un site ne suffit pas toujours à empêcher les mineurs d'en prendre connaissance[55]. Soit la restriction de publicité est réelle et l'élément matériel de l'infraction fait défaut ; soit elle n'est pas effective, et l'infraction peut être relevée[56].

1577. Portée. – Ponctuellement, l'exigence d'un message susceptible d'être vu ou perçu par un mineur pose une autre difficulté. En effet, elle n'a véritablement de sens qu'à l'égard du diffuseur ou de l'exploitant. Eux sont en mesure de choisir les destinataires du message et d'exercer un contrôle pour éviter qu'un mineur y ait accès. S'ils ne le font pas et prennent le risque que des mineurs découvrent le message litigieux, ils méritent d'être punis pour leur omission dans l'action[57]. À cet égard, tout acte de diffusion ou commercialisation peut être pris en compte dès lors que son étendue n'a pas été limitée aux seuls destinataires adultes.

---

52. Cass. crim., 3 févr. 2004, *RSC* 2004, p. 662, obs. J. Francillon. – 29 mai 1995, *Gaz. Pal.* 1995.2, chron. crim., p. 457. – CA Angers, 10 juin 2003, *Comm. com. électr.* 2004, n° 12, obs. A. Lepage.

53. Cass. crim., 23 févr. 2000, *RSC* 2000, p. 639, obs. J. Francillon.

54. Pour la Cour de cassation, « l'atteinte portée à la liberté d'expression, en imposant de recourir à un dispositif de vérification de l'âge de la personne accédant à un contenu pornographique, autre qu'une simple déclaration de majorité, est nécessaire, adaptée et proportionnée à l'objectif de protection des mineurs » (Cass. 1re civ., 5 janv. 2023, *Comm. com. électr.* 2023, n° 10, obs. A. Lepage). D'où le non-lieu à renvoi d'une QPC.

55. CA Paris, 2 avr. 2002, *D.* 2002, p. 1900, note C. Manara.

56. CA Paris, 13 mai 1998, *Gaz. Pal.* 23 juill. 1999, p. 46, obs. Y. Bréban. – V. aussi TGI Paris, 17 janv. 2003, *Légipresse* 2003, I, p. 64.

57. CA Paris, 14 déc. 1994, *Dr. pén.* 1995, n° 90, obs. M. Véron.

Mais comment comprendre la même exigence déclarée applicable, aussi, aux stades antérieurs de la fabrication et du transport ? Dans un cas comme dans l'autre, le message n'a pas vocation à être immédiatement transmis ; la prestation n'est pas effectuée sous les yeux d'un public. Limiter l'infraction à la seule hypothèse où un apprenti prendrait connaissance du message lors de sa fabrication ou de son transport serait sans doute exagéré. Aussi, l'exigence doit-elle être davantage comprise comme anticipant sur la diffusion ou commercialisation à venir. Il faut admettre qu'une infraction existe dès le stade de la fabrication ou du transport si rien n'est fait pour empêcher ultérieurement un mineur d'accéder à un contenu inapproprié. Elle est constituée en cas de fabrication ou transport de messages sur des supports qui ne sont pas d'ores et déjà sécurisés par des codes d'accès ou voués à un usage « réservé aux adultes ». À tout le moins, les fabricants et transporteurs doivent exiger de leurs commanditaires l'engagement de ne diffuser ou commercialiser qu'auprès d'adultes les messages susceptibles de choquer des mineurs. Cependant, n'est-ce pas une précaution exagérée en pratique, conférant aux façonniers un rôle qui les dépasse ? Peut-être. Pour qu'un tel raisonnement ne manque pas de réalisme, il faut en limiter l'application au cas où le fabricant ou transporteur a nécessairement été informé du contenu du message. Aucun reproche ne saurait lui être adressé s'il a agi comme un simple exécutant, sans avoir accès aux messages fixés sur les supports qu'il a fabriqués (processus entièrement mécanisé) ou transportés (conditionnés de manière neutre). Sauf à connaître l'activité exacte de ses clients, ce prestataire n'a pas à leur poser de question sur le contenu des supports litigieux. Cela signifie en pratique que la fabrication et le transport ne pourront véritablement être reprochés qu'aux producteurs qui se chargent eux-mêmes de la diffusion ou commercialisation ultérieure. L'intérêt d'une incrimination à ces stades préparatoires semble donc limité.

2. La perception de l'acte

1578. Intention. – Les infractions de l'article 227-24 sont intentionnelles. Néanmoins, cette intention se dédouble.

En premier lieu, l'agent doit avoir eu conscience de ce qu'il faisait et voulu, en conséquence, le faire : fabrication, transport, diffusion ou commercialisation d'un contenu pornographique, violent ou attentatoire à la dignité humaine, voire incitant au terrorisme ou à des jeux mettant physiquement les mineurs en danger. Ce qui sera rarement le cas, on l'a dit, pour les simples prestataires techniques.

En second lieu, l'agent doit avoir su qu'à l'occasion de l'un des faits précités, l'un des messages énumérés à l'article 227-24 a pu être vu ou perçu par un mineur car sa diffusion ou commercialisation n'était pas restreinte à un public adulte[58]. On ne lui reproche pas ici une imprudence ou une négligence, c'est-à-dire un délit non intentionnel, même aggravée par le caractère délibéré de la faute commise (hypothèse dans laquelle, bien loin d'accepter le risque, l'agent croit pouvoir empêcher sa survenance). On lui reproche d'avoir pris le risque de provoquer ou choquer un mineur, même s'il n'a pas spécialement agi en ce sens[59]. Il doit avoir voulu exposer un ou plusieurs mineurs à un contenu illicite et agi en conséquence. Ce qui évoque

58. TGI Paris, 14 sept. 2001, *Légipresse* 2001, I, p. 139.

59. Si l'agent avait voulu s'adresser spécialement à un mineur pour éveiller ou développer son instinct sexuel, il y aurait corruption ou tentative de corruption de mineurs : Cass. crim., 25 janv. 1983, *B.* n° 29.

à certains le dol éventuel. Mais il ne s'agit pas de cela. À notre sens, un dol éventuel serait exigé si la consommation de l'infraction avait supposé qu'un mineur soit effectivement confronté au message litigieux (preuve d'un contact effectif devant également être rapportée au plan matériel). On aurait pu prétendre alors que l'agent a, sans rechercher ce résultat, accepté qu'un tel risque se réalise. Ce qui n'est pas le cas ici car, on l'a vu, le résultat redouté n'est pas qu'au moins un mineur soit effectivement exposé au message litigieux mais qu'un ou plusieurs mineurs soient exposés au risque de l'être. Le résultat redouté consiste uniquement dans la création du risque (évènement certain et déterminé) et non dans la réalisation de ce risque (nécessairement hypothétique). Dès lors, la volonté tendue vers l'obtention de ce résultat n'est affectée d'aucune éventualité : un dol spécial s'ajoute tout au plus au dol général évoqué ci-dessus.

1579. Présomption. – En toute hypothèse, dans la sphère médiatique, cet élément moral est présumé sur la tête de l'éditeur ou du directeur de la publication, l'un et l'autre étant censés contrôler d'autant plus le contenu de leur publication qu'elle est susceptible d'être vue ou perçue par un mineur. En effet, l'article 227-24, al. 2, dispose que, si ce délit est commis « par la voie de la presse écrite ou audiovisuelle ou de la communication au public en ligne, les dispositions particulières des lois qui régissent ces matières sont applicables en ce qui concerne la détermination des personnes responsables ». Or, dans ce cadre, l'éditeur ou le directeur de la publication répond nécessairement de ce qu'il a laissé paraître sans précaution[60].

§2. Les modalités de la répression

1580. Seront, tout d'abord, évoquées les peines encourues puis exposées les particularités de la poursuite.

A. Les peines encourues

1581. Pénalités. – Tous les faits incriminés à l'article 227-24 sont punis de la même façon. La personne physique déclarée coupable de l'une de ces infractions s'expose à 3 ans d'emprisonnement et 75 000 € d'amende, outre les peines complémentaires de l'article 227-29, dont l'interdiction d'exercer une activité impliquant un contact habituel avec des mineurs qui est rendue obligatoire (art. 227-31-1). Peut également s'y ajouter un suivi socio-judiciaire (art. 227-31).

Quant aux personnes morales déclarées coupables des mêmes infractions, elles s'exposent à une amende portée au quintuple ainsi qu'à l'ensemble des peines de l'article 131-39 sous réserve de la dissolution et de l'interdiction de faire appel public à l'épargne (art. 227-28-1).

Il n'existe pas de circonstances aggravant cette infraction. Curieusement, le législateur n'a pas jugé bon d'incriminer ici l'utilisation d'un réseau de télécommunications – érigée en circonstance aggravante de nombreuses autres infractions – alors qu'elle est devenue le moyen le plus fréquent de commettre de tels faits.

60. E. Dreyer, *Droit de la communication*, LexisNexis, 2e éd., 2022, p. 711 et s.

1582. Complément. – En revanche, il existe un diminutif de cette infraction. Le Code actuel conserve de l'ancien Code l'interdiction « de diffuser sur la voie publique ou dans des lieux publics des messages contraires à la décence » (art. R. 624-2, al. 1). Cette interdiction doit être respectée par les personnes physiques sous peine d'encourir l'amende prévue pour les contraventions de la 4e classe (750 €) ainsi que la confiscation des supports (al. 3). Les personnes morales s'exposent, elles, à une amende portée au quintuple et à une confiscation spéciale là aussi (al. 5). De surcroît, à ce comportement, le second alinéa du même article assimile « le fait, sans demande préalable du destinataire, d'envoyer ou de distribuer à domicile de tels messages ». Il est puni des mêmes peines contre les personnes physiques et morales qui s'en rendent coupables. Enfin, de façon exceptionnelle en matière de police, la complicité par fourniture de moyens est rendue punissable (al. 4).

La notion de décence évoque le mauvais goût. Il s'agit de lutter contre des messages dont le contenu dérange alors qu'ils n'ont pas été sollicités. La logique, purement contraventionnelle de cette infraction, est d'imposer une police des prospectus garante d'un certain ordre moral[61]. Alors même que les messages en question ne présentent pas de caractère violent, pornographique ou attentatoire à la dignité humaine, leur distribution ne semble pas acceptable en société. À l'époque où le juge défendait les « bonnes mœurs », cette infraction complétait utilement l'arsenal répressif[62]. Elle semble plus anachronique aujourd'hui[63].

B. Les particularités de la poursuite

1583. Responsabilités. – On l'a vu, l'article 227-24, al. 2 fait référence aux mécanismes de responsabilité en cascade existant en matière de presse écrite et de communication au public par voie électronique. Il s'ensuit que, dans ce cadre, l'auteur de l'infraction est en principe l'éditeur ou le directeur de la publication[64]. À défaut, l'auteur du message est poursuivi comme auteur principal et, à défaut, cette qualité est assumée par l'imprimeur ou le producteur[65].

Les fournisseurs d'accès à Internet et les fournisseurs d'hébergement bénéficient, eux, d'une irresponsabilité de principe (L. 21 juin 2004, article 6-I, 3). Mais ils sont tenus d'une obligation de signalement (art. 6, I-7, al. 3 et 4). Par ailleurs, l'article 23 de la loi n° 2020-936 du 30 juillet 2020 permet au président de l'ARCOM (d'office, sur saisine du ministère public ou de toute personne intéressée) de mettre en demeure les éditeurs de sites d'empêcher l'accès des mineurs à leurs contenus pornographiques. À défaut d'exécution dans le délai fixé par lui, le président de l'ARCOM peut saisir le président du tribunal judiciaire de Paris, statuant selon la procédure accélérée au fond, aux fins d'ordonner aux fournisseurs d'accès d'empêcher

61. Il s'ensuit qu'un passant ne peut se constituer partie civile lors de poursuites engagées à raison de cette infraction : Cass. crim., 26 juin 1974, *D.* 1975, p. 81, note M. Puech ; *JCP* G 1975, II, 18011, note R. Lindon.

62. Cass. crim., 8 janv. 1959, *D.* 1959, p. 140.

63. V. cpdt CA Paris, 13 avr. 1995, *Légipresse* 1996, III, p. 100.

64. Cass. crim., 6 oct. 1987, *B.* n° 338.

65. V. cpdt Cass. crim., 15 nov. 1990, *B.* n° 388.

tout internaute de s'y connecter[66]. Il peut également demander le déréférencement du service par les principaux moteurs de recherche et annuaires. Faute de pouvoir agir utilement contre des éditeurs installés à l'étranger, cette procédure permet de limiter le trouble à l'ordre public résultant de leur activité en France[67]. En toute hypothèse, ces prestataires techniques (hébergeurs et fournisseurs d'accès) ne peuvent s'estimer victimes d'un préjudice d'image lorsque les moyens qu'ils ont mis à la disposition d'autrui ont servi à commettre une infraction : ils ne sont pas recevables à se constituer partie civile sur le fondement de l'article 227-24 du Code pénal[68].

1584. Neutralisation. – La définition très large des contenus qui ne doivent pas tomber sous les yeux d'un mineur n'est acceptable que si le juge conserve un pouvoir d'appréciation sur la légitimité de leur diffusion[69]. Il tire ce pouvoir du nécessaire respect du droit du public à l'information. Comme toujours, il s'agit de raisonner en deux temps. D'abord, on l'a dit, le juge doit apprécier le contenu du message de façon objective et non d'après l'intention de celui qui l'émet ou la perception de celui qui le reçoit (v. *supra*, n° 1572). Ensuite, ayant établi le délit, il appartient au juge de dire si l'image était nécessaire à l'illustration d'une information qu'un très large public – incluant des enfants – avait un intérêt légitime à connaître. La correction se fait alors d'elle-même au regard des objectifs poursuivis dans une société démocratique (Conv. EDH, article 10). Ponctuellement, la qualification des faits peut ainsi être tenue en échec par une exception d'inconventionnalité.

Une neutralisation équivalente peut être fondée sur la liberté de création. Ainsi, une démarche artistique sincère échappe à tout reproche, quel que soit son objet[70]. En revanche, elle ne saurait servir de prétexte à l'étalement d'une violence gratuite, de représentations pornographiques ou attentatoires à la dignité d'autrui[71]. L'hypothèse était déjà certaine dans l'ancien Code[72]. Il en va *a fortiori* de même aujourd'hui[73].

1585. Action civile. – Au plan procédural, la principale question qui fait encore débat tient à la possibilité laissée aux mineurs, agissant à travers leurs représentants légaux, de se constituer parties civiles dans une procédure ouverte sur le fondement de l'article 227-24. À l'origine, la Cour de cassation jugeait « que le délit d'outrage aux bonnes mœurs ne lèse que la généralité des citoyens, en s'attaquant exclusivement à la morale publique et que par suite il

66. Lorsque le contenu du site est aussitôt dupliqué sur un autre site (dit « miroir »), les mêmes mesures peuvent être obtenues sur simple requête. – E. Dreyer, « Précisions sur le contrôle par le CSA de l'accès des mineurs aux sites pornographiques », *Légipresse* 2021, p. 618.

67. De la même façon, une loi n° 2023-566 du 7 juillet 2023 ajoute un article 6-7 à la loi précitée du 21 juin 2004 afin d'interdire aux réseaux sociaux en ligne exerçant leur activité en France l'inscription à leurs services de mineurs de 15 ans, sauf autorisation donnée par l'un des titulaires de l'autorité parentale. Toutefois, cette « minorité numérique » interroge quant à l'avenir de l'art. 227-24 qui tend, lui, à protéger tous les mineurs.

68. Cass. crim., 12 sept. 2000, *B.* n° 265.

69. Partant de là, notre Haute juridiction refuse de renvoyer l'examen de ce texte au Conseil constitutionnel : Cass. crim., 12 janv. 2016, *Gaz. Pal.* 26 avr. 2016, p. 57, obs. S. Detraz.

70. V. s'agissant des *Onze mille verges* d'Apollinaire : CEDH, 16 févr. 2010, *Akdaş c/Turquie*, § 32.

71. CEDH, irrecev., 18 oct. 2005, *Perrin c/RU*, req. n° 5446/03.

72. CA Paris, 12 mars 1958, *D.* 1958, p. 608.

73. CA Paris, 14 déc. 1994, *Dr. pén.* 1995, n° 90, obs. M. Véron.

n'entraîne pas, en principe, un préjudice direct porté à tel ou tel individu »[74]. Le seul fait de se trouver exposé à un message obscène ne suffisait donc pas à caractériser un préjudice direct et personnel. Mais cette jurisprudence a fini par évoluer : des magistrats admirent que, si le message heurte la morale sociale, il peut atteindre également chaque membre de la société qui s'y trouve exposé. Encore, cela supposait-il la preuve de ce que la « victime » avait bien été confrontée, contre son gré, au message litigieux[75].

Qu'en penser aujourd'hui, alors que l'infraction est constituée sur la base du seul risque auquel un mineur a pu être exposé ? Il convient sans doute de distinguer. Dès lors qu'un mineur a été effectivement confronté à un message choquant au sens de l'article 227-24, il doit pouvoir agir. En revanche, un mineur ne peut invoquer un préjudice certain au seul motif qu'il aurait pu voir le message, faute de précautions de l'agent, s'il ne l'a pas vu. Dans une telle hypothèse, il appartient essentiellement à l'Union nationale et aux Unions départementales d'associations familiales d'exercer « l'action civile relativement aux faits de nature à nuire aux intérêts moraux et matériels des familles »[76]. Les autres associations dont l'objet statutaire comporte la défense ou l'assistance de l'enfant en danger ne peuvent intervenir que si l'action publique a déjà été mise en mouvement par le ministère public ou la partie lésée[77].

74. Cass. crim., 25 juill. 1913, *D.* 1915.1.150, note A. Nast.

75. Cass. crim., 3 mars 1955, *D.* 1955, p. 329. – V. aussi Cass. crim., 6 oct. 1987, *B.* n° 338.

76. CASF, art. L. 211-3. – CA Paris, 13 avr. 1995, *Légipresse* 1996, III, p. 100.

77. CPP, art. 2-3. – TGI Paris, 12 juin 1997, *Légipresse* 1998, III, p. 3, note C. Chamagne.

HUITIÈME PARTIE

LES ACTES MALHEUREUX

1586. Les actes malheureux tiennent leur spécificité des conséquences qu'ils produisent et qui semblent sans rapport avec les fautes qui les occasionnent. Le malheur est là : dans cette disproportion entre les conséquences d'un acte et la légèreté avec laquelle son auteur agit. Toutefois, lorsque l'accident trouve son origine dans une action humaine, il peut rarement être laissé sans suite judiciaire. La malchance n'est pas une excuse pour celui qui aurait pu éviter un dommage en faisant davantage attention. C'est la raison pour laquelle le législateur incrimine certaines atteintes accidentelles à la personne ou au bien d'autrui. On les envisagera à la suite.

Titre 1
Les atteintes accidentelles à la personne d'autrui

1587. Il convient d'étudier ici trois catégories d'infraction, très proches, qui se distinguent essentiellement par le résultat produit. Les deux premières sont des infractions matérielles, la troisième une infraction obstacle. Les deux premières se différencient par la nature du résultat produit : la mort dans le premier cas, une atteinte à l'intégrité physique ou psychique dans le second cas. Au contraire, la troisième infraction tend à prévenir l'apparition de tels résultats. Elle repose sur une faute équivalente mais qui, dans les circonstances particulières où elle a été commise, n'a pas eu de conséquences dommageables.

Traitons d'abord de l'homicide dit « involontaire » puis des violences dites « involontaires » elles aussi. On envisagera ensuite le délit dit de « risques causés à autrui ».

CHAPITRE 1

L'homicide dit involontaire

1588. Présentation. – Lorsque la mort d'autrui n'a pas été recherchée par l'agent, la pratique a pris l'habitude de parler d'homicide involontaire. La formule ne signifie pas que l'agent était privé de volonté : si tel avait été le cas, on ne pourrait lui imputer le fait ayant causé la mort d'autrui. La formule signifie que la volonté dont disposait l'agent n'a pas été exercée correctement : il n'a pas dirigé sa volonté comme il aurait dû au regard des circonstances, ce qui constitue une faute à l'origine du décès d'autrui. Précisons un tel homicide avant d'envisager les modalités de sa répression.

Section 1
L'incrimination de l'homicide involontaire

1589. L'homicide involontaire est envisagé à l'article 221-6 du Code pénal comme le fait de causer fautivement la mort d'autrui. La mort d'autrui est donc le résultat redouté par le législateur en incriminant ce comportement. La preuve de l'obtention d'un tel résultat doit être rapportée car l'infraction est matérielle[1]. Quant au comportement lui-même, il suppose un acte fautif à l'origine du décès d'autrui. Dans ces conditions, l'établissement du délit commande de prendre en compte le résultat de l'acte, sa forme et son pouvoir causal.

§1. La mort résultant de l'acte

1590. Mort. – Par définition même, un homicide suppose la mort donnée à autrui. Ici, comme partout ailleurs, la référence à « autrui » signifie deux choses. Autrui, étant l'*alter ego* de l'agent, il est nécessairement une personne physique : les atteintes involontairement portées aux choses et aux animaux sont distinctement incriminées (v. *infra*, n° 1663 et 1668). Mais, autrui ne se réduisant pas à

1. C'est la mort, et elle seule, qui consomme l'infraction : la prescription de l'action publique ne court donc qu'à partir du décès de la victime (Cass. crim., 4 nov. 1999, *B.* n° 248, peu importe le temps écoulé depuis la faute : ici près de 7 ans !).

l'agent, il s'ensuit également qu'il s'agit d'une personne physique indépendante de lui : ne se rend donc pas coupable d'homicide involontaire, la personne qui, par négligence ou imprudence, provoque sa propre mort. D'ailleurs, dans une telle hypothèse, l'infraction ne se conçoit guère : constituée au jour du décès, elle ne peut être relevée contre celui qui n'existe plus. Enfin, cet « autrui » doit nécessairement être vivant au moment des faits pour qu'un décès puisse être constaté en lien avec la faute reprochable à l'agent. Malgré son évidence, cette dernière affirmation a pu poser difficulté : à partir de quand est-il possible d'établir un homicide involontaire ?

1591. Naissance. – Une personne physique existe à compter de sa naissance. Pour être pris en compte, « autrui » doit être donc né. Il ne saurait y avoir d'homicide entre la conception et la naissance car, à ce stade, l'être humain n'existe pas encore en tant que personne. On peut, sans doute, le regretter et souhaiter qu'une protection particulière lui soit reconnue[2] mais on ne peut nier l'évidence[3].

1592. Homicide *in utero*. – La question ne se pose pas lorsque l'atteinte à la vie est intentionnelle. Il ne saurait y avoir meurtre si « autrui » n'existe pas encore[4]. L'interruption volontaire du développement d'un fœtus constitue le délit d'avortement forcé prévu à l'article 223-10, C. pén. lorsqu'elle est imposée à la femme enceinte (v. *supra*, n° 1525) et le délit d'avortement illégal prévu à l'article L. 2222-2, CSP lorsque cette interruption est effectuée avec l'accord de la femme enceinte mais hors des conditions prévues par la loi (v. *supra*, n° 1530). S'il n'existe pas d'exemple de condamnation pour meurtre, à la suite de l'interruption volontaire et illégale d'une grossesse (envisageable au motif que ces deux qualifications protégeraient des intérêts différents), c'est précisément parce que le fœtus ne constitue pas une personne.

En revanche, la question a été débattue s'agissant de l'homicide involontaire. Des juges du fond ont retenu cette qualification dans l'hypothèse où une faute d'imprudence ou de négligence avait interrompu le développement d'un fœtus. Toutefois, à plusieurs reprises, la Cour de cassation a condamné cette approche. Ainsi jugé dans une affaire où, par suite d'une confusion entre deux patientes, un médecin avait provoqué une rupture de la poche des eaux rendant nécessaire l'expulsion prématurée du produit de la conception. Ce médecin fut poursuivi pour atteinte involontaire à la vie de l'enfant à naître. Mais l'arrêt le condamnant fut cassé, après rappel que la loi pénale est d'interprétation stricte, au motif « que les faits reprochés au prévenu n'entrent pas dans les prévisions des articles 319 ancien et 221-6 »[5]. La solution fut réaffirmée ensuite en Assemblée plénière[6]. Par ailleurs, une solution

2. V. évoquant l'existence de choses « sacrées » : J.-F. Seuvic, « Variations sur l'humain comme valeurs pénalement protégées », *in Mél. Bolze*, Economica 1999, p. 365.

3. V. sur le statut du *nasciturus* à travers les âges : S. de Beauvoir, *Le deuxième sexe*, t. 1 : Les faits et les mythes, FL, coll. Bibl. du xxe siècle, 1990, [1949], p. 215.

4. V. aussi E. Dreyer, « Autrui en matière pénale », *in Mél. Sainte-Rose*, Bruylant, 2012, p. 431 et C. Ambroise-Castérot, « Droit pénal et droit des personnes », *in Droit pénal et autres branches du droit*, Cujas, 2012, p. 16.

5. Cass. crim., 30 juin 1999, *Dr. pén.* 2000, n° 3, obs. M. Véron. – V. aussi Cass. crim., 25 juin 2002, *Dr. pén.* 2002, n° 93, obs. M. Véron.

6. Cass. ass. plén., 29 juin 2001, *JCP* G 2001, II, 10569, rapport P. Sargos, concl. J. Sainte-Rose, note M.-L. Rassat ; *D.* 2001, p. 2917, note Y. Mayaud.

équivalente fut retenue alors que l'expulsion du fœtus avait été provoquée par l'erreur de diagnostic d'une sage-femme[7]. Dans tous les cas, il s'est agi de mettre un terme au raisonnement par analogie qui avait séduit certaines juridictions inférieures.

1593. Critiques. – Toutefois, une telle jurisprudence reste contestée[8]. D'aucuns rappellent que plusieurs textes imposent le respect de l'être humain dès le commencement de la vie. L'article 16, C. civ. ferait ainsi écho à l'article 2, Conv. EDH, consacrant un « droit à la vie ».

Néanmoins, aucun de ces textes ne fait remonter la protection juridique au jour de la conception. De surcroît, le Conseil constitutionnel ne s'est pas opposé à l'entrée en vigueur de la loi Veil légitimant l'interruption volontaire de grossesse pratiquée dans certaines conditions[9]. Quant à la juridiction de Strasbourg, elle abandonne à chaque État le soin de déterminer le point de départ du droit à la vie[10]. À supposer qu'il existe une incertitude en la matière, le problème ne peut donc être résolu que dans l'intérêt de la personne poursuivie. Le pénaliste ne saurait oublier les principes, notamment le principe de faveur, régissant sa matière.

1594. Autres critiques. – D'autres membres de la doctrine reprochent à la Cour de cassation d'avoir, en statuant ainsi, confondu la personne du droit pénal avec la personne du droit civil. À les suivre, le droit pénal aurait pour fonction de protéger la vie « en elle-même », indépendamment de tout enjeu juridique lié à la qualité de « personne ». Il ne s'intéresserait qu'à l'individu dans sa réalité biologique[11]... L'opinion surprend d'autant plus qu'elle émane souvent d'auteurs qui ne rechignent pas à mélanger les arguments juridiques aux arguments moraux, voire idéologiques, sur cette question. Une telle confusion des genres appelle bien des réserves.

En effet, l'objection n'apparaît pas déterminante. D'abord, le fait que les atteintes à la vie de la personne figurent dans un titre du Code pénal consacré aux atteintes à la personne « humaine » ne saurait rien changer au statut de cette personne : en connaît-on d'autres ? La personne humaine est nécessairement une personne au

7. Cass. crim., 4 mai 2004, *RSC* 2004, p. 884, obs. Y. Mayaud.

8. V. les protestations d'A. Decocq, « La main d'Isabelle », *in Mél. Malaurie*, Defrénois, 2005, p. 199. – J.-Y. Chevallier, « Naître ou n'être pas, la chambre criminelle et l'homicide du fœtus », *in Mél. Béguin*, Litec 2005, p. 125. – F. Dreifuss-Netter, « La protection de l'être humain avant la naissance », *in La personne juridique dans la philosophie du droit pénal*, Éd. Panthéon-Assas, 2003, p. 89. – V. aussi, au sujet de Cass. crim., 6 juin 2002 : D. Commaret, *Dr. pén.* 2002, étude 31.

9. Déc. n° 74-54, 15 janv. 1975 DC, *Loi relative à l'interruption volontaire de la grossesse*, § 10. – V. aussi déc. n° 2010-2, 11 juin 2010, QPC, *Loi dite « anti-Perruche »*, § 7. – En conséquence, la Cour de cassation a refusé de lui renvoyer un QPC contestant l'interprétation ainsi faite de l'art. 221-6 : Cass. crim., 12 juin 2018, *Dr. pén.* 2018, n° 147, obs. P. Conte ; *RSC* 2018, p. 898, obs. Y. Mayaud.

10. Tout en affirmant que « c'est la potentialité de cet être et sa capacité à devenir une personne... qui doivent être protégés au nom de la dignité humaine sans pour autant en faire une "personne" qui aurait un "droit à la vie" au sens de l'art. 2 » : CEDH, 8 juill. 2004, *Vo c/France*, § 84. – V. aussi CEDH, 16 déc. 2010, *A, B et C c/Irlande*, § 213.

11. Certains juges du fond ont subordonné la répression à la preuve que le fœtus avait déjà « franchi le seuil de viabilité, étant jusqu'à terme apte à vivre de façon autonome » : CA Reims, 3 févr. 2000, *Dr. pén.* 2000, n° 54, obs. M. Véron. – Mais « la notion de personne humaine protégée ne doit pas être liée à la notion beaucoup trop relative de viabilité » (J.-F. Seuvic, « Variations sur l'humain », préc., p. 370). En toute hypothèse, on fera observer là encore que la viabilité n'a de sens qu'après la naissance : attestant d'une vie autonome, elle justifie que des droits soient attribués à un être qui constitue désormais une personne (C. civ., art. 318, 725, 906).

sens juridique, à la différence de « l'être humain » tel que l'entend le Code civil qui semble renvoyer à une autre réalité[12].

Ensuite, on ne voit pas pourquoi « autrui » serait envisagé différemment s'agissant des infractions intentionnelles et des infractions non intentionnelles contre les personnes. Les champs d'application respectifs du meurtre et de l'homicide involontaire coïncident. Peu importe qu'à l'inverse le législateur ait incriminé l'interruption volontaire, mais pas l'interruption involontaire, de grossesse. C'est un choix que le juge ne saurait neutraliser en étendant la qualification d'homicide involontaire. On ne comprendrait pas que l'interruption accidentelle d'une grossesse puisse être punie comme homicide involontaire alors que l'interruption volontaire, – nécessairement plus grave –, ne pourrait l'être comme meurtre, sauf à remettre en cause un droit à l'avortement désormais codifié[13].

Par ailleurs, même sur le terrain des symboles où la discussion a souvent été portée (mystère de la « conception » !), les objections à la jurisprudence de la Cour de cassation n'apparaissent nullement convaincantes. En effet, elles oublient un symbole qui est lui aussi essentiel : la naissance ne saurait être réduite à une péripétie dans un développement linéaire de l'individu. C'est une étape suffisamment importante dans l'apparition de la vie pour que le droit en fasse le point de départ de la protection de la personne[14]. Comment imaginer que celui qui n'est pas encore né puisse se plaindre d'être déjà mort ? Comment admettre une existence à laquelle aucun effet juridique autre que pénal ne serait attaché ? Les « parents » ne devraient même pas être habilités à représenter le fœtus dans une telle hypothèse[15]... L'absurdité de ces interrogations suffit à montrer que la question ne peut être posée ainsi. Il appartient sans doute au législateur d'intervenir pour protéger également la liberté de la femme de mener sa grossesse jusqu'à son terme sans crainte d'une interruption résultant de la négligence ou de l'imprudence d'un tiers (v. *supra*, n° 1524). Une intervention législative paraît justifiée pour éviter le « tout ou rien » actuel[16]. Mais le législateur et *a fortiori* le juge ne sauraient aller au-delà. C'est la personne, au sens juridique, qui est seule prise en compte au titre de l'homicide[17].

12. Faut-il rappeler que cette qualification a été acquise pour éviter que l'embryon soit déclaré « chose » (C. Sevely, « Réflexions sur l'inhumain et le droit, le droit en quête d'humanité », *RSC* 2005, p. 504) ? Parler d'être humain, c'est employer une qualification intermédiaire, voulue comme telle par le législateur, afin d'éviter une confusion préjudiciable, et non pour étendre la notion de personne.

13. La recherche biomédicale pourrait également se trouver menacée par la reconnaissance d'un droit à la vie de l'embryon (T. Cassuto, *La santé publique en procès*, PUF, 2008, p. 160). En toute hypothèse, les peines deviendraient incohérentes si on punissait le « fœticide » involontaire de 3 ans d'emprisonnement et 45 000 € d'amende (art. 221-6) alors que l'interruption volontaire et illégale de grossesse n'est punie que de 2 ans d'emprisonnement et 30 000 € d'amende (CSP, art. L. 2222-2) (v. aussi J. Garrigue, « Les sanctions en droit des personnes », *in Les sanctions en droit contemporain*, Dalloz, 2012, p. 145).

14. De sorte que l'accident qui provoque la naissance anticipée d'un enfant mourant une heure après constitue bien un homicide involontaire (Cass. crim., 2 déc. 2003, *D.* 2004, p. 449, note J. Pradel; *JCP* G 2004, II, 10054, note M.-L. Rassat). – Peu importe que la faute soit antérieure à la naissance (v. déjà, en matière de violences involontaires : Cass. crim., 9 janv. 1992, *Dr. pén.* 1992, n° 172, obs. M. Véron). En effet, on le verra, ce n'est pas l'imprudence ou la négligence mais le décès qui consomme ce délit.

15. C'est parce qu'ils ne peuvent démontrer aucun préjudice en son nom devant le juge civil que les parents usent de la voie pénale pour tenter de surmonter leur douleur. Le juge pénal doit résister à cette instrumentalisation.

16. La juridiction de Strasbourg reconnaît la nécessité de protéger le lien que la mère entretient avec l'enfant à venir : CEDH, 2 juin 2005, *Znamenskaya c/Russie*, § 27.

17. L'art. 221-6 punissant l'homicide involontaire, à l'instar de l'art. 221-1 punissant le meurtre, prend place dans un chapitre du Code pénal intitulé : « Des atteintes à la vie de la personne » (et non « De la vie humaine »).

Il est abusif d'opposer à cet égard des conceptions civile et pénale, abstraite et concrète. Elles sont, par souci de cohérence, indissociables[18].

Enfin, ce rappel permet de souligner l'inanité d'un dernier argument. Il est bien entendu que la personnalité juridique n'est pas une condition générale de protection par le droit pénal. L'humanité, l'espèce humaine, les animaux, voire certains biens notamment culturels, sont protégés pour eux-mêmes alors qu'ils ne sont pas dotés d'une telle personnalité : il suffit, pour qu'ils entrent dans le champ d'une incrimination, que la société y ait intérêt. Mais il ne s'ensuit pas qu'en toute hypothèse la personnalité juridique est indifférente, notamment lorsqu'il s'agit de définir la personne protégée contre les atteintes portées à sa vie[19]. Le raisonnement *a fortiori* mené par certains auteurs se heurte à la discontinuité du droit pénal qui interdit d'interpréter un texte par référence à un autre sans rapport avec lui. La cohérence du système juridique commande d'entendre ici la personne au sens du droit civil car le droit pénal n'a aucune raison d'appréhender autrement la personne en niant son essence : son aptitude à exprimer une volonté propre.

§2. La forme de l'acte

1595. Comportements. – La forme prise par un homicide involontaire peut varier car la matérialité de l'acte n'est pas précisée à l'article 221-6. Il s'agit de tout comportement ayant accidentellement causé la mort d'autrui. Un élément matériel est sans doute nécessaire mais il n'est pris en compte, lorsqu'il est à l'origine d'un décès, qu'à partir du moment où il extériorise une faute. Support de cette faute, l'élément matériel importe donc beaucoup moins que l'élément moral de l'homicide involontaire. Le législateur s'en désintéresse : il peut s'agir aussi bien d'une action que d'une abstention. À titre d'exemple, l'infraction peut être retenue contre un médecin qui applique un traitement aventureux[20] ou qui accomplit un geste chirurgical maladroit[21]. Mais elle peut aussi être relevée contre un médecin qui ne donne pas les instructions pertinentes à une infirmière pour surveiller un malade[22], qui s'abstient de procéder à l'intervention qui s'impose au regard des indications données par une sage-femme[23] ou qui, de garde, passe le week-end dans un endroit où il ne peut être joint correctement[24]. Cette indétermination de l'acte incriminé permet un élargissement considérable de la répression par rapport au meurtre qui constitue, lui, une infraction de commission. Ne pas effectuer les réparations nécessaires sur le toit de sa maison, au risque de voir une tuile tomber sur un passant, est aussi coupable que d'entreprendre maladroitement des réparations

18. V. la belle et courageuse réfutation de J. Mouly : « Du prétendu homicide de l'enfant à naître », *RSC* 2005, p. 47. – V. aussi B. Le Griel, « L'absence de protection pénale de l'enfant conçu », *in Mél. Sainte-Rose*, Bruylant, 2012, p. 712.

19. V. pourtant N. Catelan, « Existe-t-il une personnalité juridique propre au droit pénal ? », *in Faut-il « regénéraliser » le droit pénal ?*, LGDJ, 2015, p. 23.

20. Cass. crim., 6 nov. 2018, *RSC* 2019, p. 437, obs. P. Mistretta. – 5 avr. 2005, *Dr. pén.* 2005, n° 103, obs. M. Véron.

21. Cass. crim., 30 oct. 2007, *Dr. pén.* 2008, n° 18, obs. M. Véron.

22. Cass. crim., 15 janv. 2019, *RSC* 2019, p. 437, obs. P. Mistretta. – 13 févr. 2007, *JCP* G 2007, II, 10107, note P. Mistretta.

23. Cass. crim., 2 oct. 2007, *JCP* G 2008, II, 10027, note V. Valette-Ercole.

24. Cass. crim., 13 févr. 2007, *JCP* G 2007, II, 10107, note P. Mistretta.

sur le toit de cette maison au risque qu'une tuile ne tue un passant : l'homicide involontaire peut être une infraction d'omission.

À l'origine, cette absence de définition de la matérialité du comportement incriminé se doublait d'une grande incertitude quant à son élément moral. Pendant longtemps, l'homicide involontaire s'est défini par défaut. L'infraction était constituée dès lors qu'une action ou une abstention humaine avait provoqué la mort d'autrui sans que ce résultat ait été recherché. Tout ce qui ne pouvait être qualifié meurtre ou empoisonnement était donc traité comme homicide involontaire. Néanmoins, dans le Code de 1992 et ultérieurement, des précisions ont été apportées quant à l'élément moral de cette infraction qui interdisent désormais une telle déduction. Dans son premier alinéa, l'article 221-6 incrimine « le fait de causer... par maladresse, imprudence, inattention, négligence ou manquement à une obligation de prudence ou de sécurité imposée par la loi ou le règlement, la mort d'autrui ». Les comportements ainsi identifiés procèdent tous de fautes que l'on qualifiera de « simples » par opposition à la faute « délibérée » que le même texte envisage dans un second alinéa et qui permet d'aggraver la répression. Nous l'évoquerons plus tard. Précisons ici le contenu des fautes énumérées par le premier alinéa de ce texte et la façon dont elles sont appréciées.

A. Le contenu des fautes simples

1596. L'article 221-6 ne donne aucune définition de la faute requise au titre de l'homicide involontaire. Il se contente d'une énumération qui reprend la formule pléthorique de l'ancien Code. En multipliant les exemples, il espère préciser ainsi le comportement incriminé. De cette approche large, on déduit que toute faute d'où il résulte la mort d'autrui est susceptible d'être prise en compte. Toutefois, on peut se demander si la faute pénale – quelle qu'elle soit – ne requiert pas un degré minimal de gravité.

1. La diversité des fautes simples

1597. Présentation. – En réalité, les fautes énumérées par l'article 221-6 sont de deux sortes. Il est possible d'opposer les maladresses, imprudences, inattentions et négligences aux manquements à une obligation de prudence ou de sécurité prévue par la loi ou le règlement. Il ne s'ensuit pas une hiérarchie entre ces fautes mais une différence quant à l'origine (écrite ou non écrite) de l'obligation violée qui rend plus ou moins complexe leur établissement. Ce texte rejoint ainsi l'article 121-3 du même Code qui, évoquant les délits non intentionnels de façon générale, en admet l'existence « en cas de faute d'imprudence, de négligence ou de manquement à une obligation de prudence ou de sécurité prévue par la loi ou le règlement » (al. 3). L'objectif est d'envisager largement la faute. Même sans violation d'un texte particulier, il peut y avoir place pour un homicide involontaire[25]. Il suffit pour cela d'une défaillance, d'un comportement qui n'était pas à la hauteur de ce que l'on pouvait attendre d'un bon

25. Cass. crim., 19 nov. 1996, *Dr. pén.* 1997, n° 33, obs. M. Véron.

citoyen dans une situation donnée[26]. À l'imprudence et à la négligence, l'article 221-6 ajoute tout au plus la maladresse et l'inattention.

1598. Distinction. – Il doit être possible de définir chacune des quatre fautes que l'article 221-6 énumère en premier : l'imprudence correspond à un défaut de prévision, la négligence à un défaut d'intérêt, la maladresse à un défaut d'habileté et l'inattention à un défaut de concentration. Néanmoins, l'essentiel n'est pas là : dans tous les cas, il s'agit d'établir une carence de l'agent. On peut lui reprocher un exercice insuffisant de son intelligence (conscience du monde environnant) ou de sa volonté (liberté d'agir). Il aurait dû se méfier et adapter en conséquence son comportement ; il a agi ou s'est abstenu sans se préoccuper des conséquences de son acte[27]. Toutes ces fautes méritent donc d'être rapprochées car elles reposent sur la même logique et sont démontrées de la même façon : par rapport à la vigilance qu'aurait déployée un bon parent ou un bon professionnel (personnes agissant « raisonnablement » au sens du droit civil) placé dans les mêmes circonstances[28]. Acquise depuis toujours, la solution n'est pas moins douteuse au regard du principe de légalité[29].

À ce titre, ces quatre premières fautes s'opposent au manquement à une obligation mise à la charge de l'agent par une loi ou un règlement afin d'éviter les accidents. Qualifiée « obligation de prudence ou de sécurité », elle doit avoir pour objet de prévenir, directement ou indirectement, toute atteinte à l'intégrité physique ou psychique d'autrui. Lorsqu'ils invoquent ce type de manquements, les juges du fond doivent indiquer le texte énonçant l'obligation violée afin de permettre à la Cour de cassation d'exercer son contrôle, de pur droit, sur ce point[30]. Peu importe que l'inobservation de ce texte soit, ou non, incriminée par ailleurs[31]. Peu importe que le texte en question soit une loi ou un règlement largement entendu : un arrêté préfectoral pris en application d'un décret peut préciser les obligations de prudence ou de sécurité applicables dans un cas particulier et servir de base à l'appréciation du juge alors même qu'il ne constitue qu'un acte administratif individuel[32]. L'intérêt de cette seconde catégorie de fautes se mesure essentiellement sur le terrain probatoire : la faute découle du seul manquement à l'obligation qui s'imposait à l'agent dont le contenu est précisément identifié. Elle se déduit de la non-conformité de son comportement au comportement préconisé pour éviter les accidents car

26. V. dénonçant la méconnaissance des « règles de l'art » : Cass. crim., 23 oct. 2001, *Dr. pén.* 2002, n° 27, obs. M. Véron. – V. aussi, dénonçant l'ignorance de la notice d'utilisation d'une machine dangereuse : Cass. crim., 15 janv. 2008, *Dr. pén.* 2008, n° 71, obs. M. Véron. – Inversement, lorsqu'un tir de sommation est réalisé conformément aux règles de maintien de l'ordre et d'usage des armes, il ne saurait y avoir homicide involontaire malgré le décès d'un manifestant : Cass. crim., 23 mars 2021, *AJ pénal* 2021, p. 264, obs. J. Boudot ; *RSC* 2021, p. 620, obs. Y. Mayaud.

27. V. s'agissant d'un médecin qui prescrit un traitement incompatible avec l'allergie dont sa patiente l'a pourtant informé : Cass. crim., 5 avr. 2016, *RSC* 2016, p. 351, obs. P. Mistretta.

28. Cass. crim., 6 nov. 2018, *RSC* 2019, p. 437, obs. P. Mistretta. – 24 oct. 2017, *RSC* 2018, p. 476, obs. P. Mistretta. – 23 oct. 2001, *Dr. pén.* 2002, n° 27, obs. M. Véron.

29. « Les incriminations finalement retenues sont si vagues qu'elles subvertissent le principe de "qualification pénale" en le transformant en un commode paravent d'un "principe d'opportunité" introduit ici en contrebande » (O. Beaud, *Le sang contaminé,* Puf, 1999, p. 129).

30. Cass. crim., 4 mai 2004, *RSC* 2004, p. 884, obs. Y. Mayaud. – 18 juin 2002, *Dr. pén.* 2002, n° 120, obs. M. Véron.

31. Cass. crim., 10 déc. 2002, *Dr. pén.* 2003, n° 45, obs. M. Véron.

32. Cass. crim., 17 déc. 2019, *JCP* G 2020, 342, note F. Rousseau ; *Dr. pén.* 2020, n° 67, obs. P. Conte.

chacun est censé connaître les lois et règlements qui s'imposent à lui[33]. Ne pas les respecter constitue nécessairement une faute (dès lors que la preuve d'une force ou d'une contrainte exercée sur l'agent n'est pas rapportée[34]). Or, les textes prescrivant des obligations de prudence ou de sécurité tendent à se multiplier, limitant ainsi le pouvoir d'appréciation des magistrats[35]. La sécurité juridique elle-même ne peut qu'y gagner.

1599. Synthèse. – En toute hypothèse, quelle que soit la forme prise par la faute, l'idée reste la même. Il ne fait nul doute que l'agent était capable d'intelligence et de volonté, ce qui permet de lui imputer l'acte à l'origine de la mort d'autrui. On lui reproche de ne pas avoir fait un usage suffisant de son intelligence et de sa volonté pour éviter ce décès[36]. Est en cause un manque de vigilance. L'attention de l'agent s'est relâchée alors qu'un devoir élémentaire de sociabilité lui imposait de rester sur ses gardes, de prendre des précautions et de veiller éventuellement au respect des règles applicables. L'agent était donc capable d'éviter le dommage ; il pouvait agir et n'a rien fait ou n'a pas fait ce qu'il fallait[37]. Il aurait dû envisager les conséquences de son acte mais il a été distrait et ne s'est pas représenté son résultat... C'est cette indifférence au sort d'autrui qui est sanctionnée.

2. La gravité des fautes simples

1600. Interrogation. – L'énumération de l'article 221-6 témoigne de la volonté du législateur d'envisager largement les défaillances à l'origine de la mort d'autrui pour reprocher à leur auteur la faute requise au titre de l'homicide involontaire. *A priori*, toute faute est susceptible d'être prise en compte, quelle que soit sa gravité[38]. Ce qui s'avère conforme à la logique originelle de l'incrimination : longtemps la faute pénale a été assimilée à la faute civile (dont la gravité importe moins que les conséquences dommageables) pour permettre une indemnisation systématique des victimes ou de leurs ayants droit par les juridictions répressives[39]. Toutefois, cette approche a fini par paraître excessive car elle permit de renvoyer en correctionnelle les auteurs de « poussières de faute » qui n'y avaient sans doute pas leur place. C'est la raison pour laquelle une loi du 10 juillet 2000 a introduit un article 4-1 dans le Code de procédure pénale disposant que « l'absence de faute pénale non intentionnelle au sens de l'article 121-3 du Code pénal ne fait pas obstacle à l'exercice d'une action devant les juridictions civiles afin d'obtenir la réparation d'un dommage sur le

33. V. aussi, s'agissant d'un défaut de vigilance reproché à un automobiliste : Cass. crim., 2 févr. 2016, *Gaz. Pal.* 26 avr. 2016, p. 58, obs. S. Detraz.

34. L'endormissement d'un conducteur ne le place pas en situation de contrainte car il résulte d'un manquement à l'exigence de prudence que le Code de la route met par ailleurs à sa charge : Cass. crim., 3 déc. 2019, *Dr. pén.* 2020, n° 25, obs. P. Conte.

35. Le juge se contente alors d'apprécier le lien de causalité entre le manquement reproché et l'atteinte à l'intégrité physique ou psychique d'autrui : Cass. crim., 15 oct. 2019, *Dr. pén.* 2019, n° 198, obs. P. Conte.

36. Cass. crim., 16 juin 2009, *Gaz. Pal.* 20 sept. 2009, p. 6, note R. Mesa.

37. Comp., au sujet d'un médecin informé trop tard pour intervenir utilement : Cass. crim., 28 sept. 1999, *RSC* 2000, p. 393, obs. Y. Mayaud.

38. Conseil d'État, *La responsabilité pénale des agents publics en cas d'infractions non intentionnelles*, Doc. fr., 1996, p. 81.

39. V. pour une analyse détaillée E. Dreyer, *Droit pénal général*, LexisNexis, 6e éd., 2021, p. 728 et s.

fondement de l'article 1241 du Code civil si l'existence de la faute civile prévue par cet article est établie ou en application de l'article L. 452-1 du Code de la sécurité sociale si l'existence de la faute inexcusable prévue par cet article est établie ». Il s'ensuit qu'un non-lieu ou une relaxe devant les juridictions répressives pour absence de faute pénale n'empêche pas le juge civil d'allouer réparation à la victime du même accident à raison d'une simple faute civile. Cela revient à admettre que la faute pénale est plus grave que la faute civile, la première pouvant être contestée sans que la seconde soit remise en cause.

Les juridictions civiles l'ont bien compris lorsqu'elles ont jugé « que la déclaration par le juge répressif de l'absence de faute pénale non intentionnelle ne fait pas obstacle "à la reconnaissance d'une faute inexcusable en application de l'article L. 452-1 du Code de la sécurité sociale" ou à ce que le juge civil retienne une faute civile d'imprudence ou de négligence »[40]. En conséquence, elles ont déclaré « que l'article 4-1 du Code de procédure pénale dissocie la faute civile de la faute pénale non intentionnelle »[41]. L'autorité de la chose jugée au pénal n'empêche plus le juge civil d'admettre l'existence d'une imprudence après une décision de relaxe. Visant, plus largement « les articles 1384, alinéa 2, et 1351 du Code civil [devenus 1242, alinéa 2, et 1355], ensemble, l'article 322-5 du Code pénal », la Cour de cassation estime ainsi « que ce dernier texte [art. 322-5] n'incrimine la destruction involontaire d'un bien par un incendie que dans la mesure où celui-ci a été provoqué par un manquement à une obligation de prudence ou de sécurité imposée par la loi ou le règlement et que toute autre faute résultant d'une maladresse, imprudence, inattention ou négligence est susceptible d'engager la responsabilité du gardien de la chose dans laquelle l'incendie a pris naissance »[42]. Il a été jugé de même, nonobstant sa relaxe, au sujet d'un médecin ayant manqué à son obligation de sécurité sur le fondement de l'article 1231-1 du Code civil[43].

Toutefois, cet abandon de l'unité des fautes pénale et civile ne semble pas avoir été pris en compte par les juridictions répressives qui n'ont pas réévalué, à la suite de la réforme, leur appréciation de la faute pénale en y introduisant le critère de gravité qu'elle implique. Autrement dit, l'introduction de l'article 4-1, CPP n'a pas conduit les tribunaux correctionnels à revoir leur approche de l'article 221-6. Ils se refusent à distinguer où ce texte ne distingue pas en introduisant un seuil de gravité qui serait d'appréciation délicate. Dans les hypothèses où sanctionner une « poussière de faute » paraîtrait excessif, le juge pénal préfère conclure à l'absence de faute plutôt que d'admettre l'existence d'une faute trop légère pour accéder au seuil de pénalité[44].

B. L'appréciation des fautes simples

1601. Principe. – Quelles que soient leur forme et leur gravité, les fautes simples s'apprécient toutes de la même façon : *in abstracto*. Cela n'exclut pas la prise en compte effective du comportement de l'agent[45]. Mais il faut davantage

40. Cass. 1re civ., 30 janv. 2001, *B. civ.* I, n° 19.
41. Cass. 2e civ., 16 sept. 2003, *B. civ.* II, n° 263.
42. Cass. 2e civ., 7 mai 2003, *D.* 2004, p. 1343, obs. P. Jourdain.
43. Cass. crim., 5 juin 2007, *B.* n° 152.
44. Cass. crim., 26 nov. 2002, *Dr. pén.* 2003, n° 45, obs. M. Véron.
45. Cass. crim., 19 févr. 2002, *RSC* 2002, p. 837, obs. G. Giudicelli-Delage.

pour établir sa faute. Cette faute ne peut résulter que d'une comparaison entre la façon dont l'agent s'est comporté et la façon dont il aurait dû agir. En effet, pour établir une infraction non intentionnelle, il faut – selon l'article 121-3, C. pén. – démontrer « que l'auteur des faits n'a pas accompli les diligences normales compte tenu, le cas échéant, de la nature de ses missions ou de ses fonctions, de ses compétences ainsi que du pouvoir et des moyens dont il disposait ». L'article 121-3 invite donc le juge à comparer le comportement de l'agent avec celui d'un modèle placé dans les mêmes circonstances qui accomplit, lui, des « diligences normales »[46]. Il en a d'ailleurs toujours été ainsi, la loi du 13 mai 1996 – qui est à l'origine de cette disposition – ayant tout au plus exigé que le modèle de référence utilisé par le juge soit adapté aux circonstances : il ne peut s'agir d'un être idéal et parfait, respectueux de toutes obligations, écrites ou non, sous peine de rendre fautif tout individu qui n'aurait pas atteint ce degré fort théorique de perfection[47]. Les réformes successives en la matière n'ont entraîné aucune rupture[48].

1602. Confirmation. – L'opinion est parfois contestée. Sous prétexte que certaines fautes supposent une appréciation « au cas par cas », les partisans de l'approche *in concreto* oublient qu'elles ne peuvent être établies que par rapport à un modèle de comportement[49]. Ils sont victimes d'une illusion d'optique : ce n'est pas parce que le modèle de comportement est adapté aux circonstances particulières dans lesquelles l'acte dommageable est intervenu que l'appréciation change de nature[50].

Comment pourrait-il en être autrement ? Les notions d'imprudence et de négligence sont à ce point incertaines que le juge ne peut tenter de les préciser qu'en déterminant, tout d'abord, quel aurait été le comportement d'une personne moyennement raisonnable placée dans la même situation puis en comparant ce comportement à celui de l'agent. C'est la seule façon d'établir objectivement une faute. En effet, le juge ne peut sonder l'état d'esprit de l'agent au moment des faits pour établir son relâchement d'attention. Cela conduirait à absoudre l'imbécile négligent alors que l'individu capable se verrait reprocher la moindre inattention[51]. Le juge doit se contenter d'apparences pour dire si l'agent était, ou non, en mesure de faire (ou de s'abstenir de faire) quelque chose pour empêcher la mort d'autrui[52].

Ainsi, le souci d'individualisation, qui anime les partisans de l'appréciation *in concreto*, ne doit pas être satisfait au stade de l'infraction mais au stade de la sanction. Pour caractériser un homicide involontaire, il suffit au juge, qui ne veut pas donner le sentiment de déduire la faute de l'atteinte à la vie, d'établir « en quoi les diligences du prévenu n'étaient pas normales au regard de l'article 121-3, al. 3,

46. Cass. crim., 18 nov. 2008, *B.* n° 232. – 5 oct. 2004, *Rev. pénit.* 2004, p. 235, obs. J.-C. Saint-Pau.

47. Cass. crim., 17 juin 1997, *Dr. pén.* 1997, n° 139, obs. M. Véron.

48. V. le travail de référence de V. Malabat : *Appréciation in abstracto et appréciation in concreto en droit pénal*, Thèse Bordeaux IV, 1999, p. 302 et s.

49. V. cette décision ambiguë : CA Poitiers, 2 févr. 2001, *JCP* G 2001, II, 10534, note P. Salvage, pourvoi néanmoins rejeté par : Cass. crim., 4 juin 2002, *B.* n° 127.

50. V. encore, déduisant la faute caractérisée d'une absence de diligences normales : Cass. crim., 6 sept. 2005, *Dr. pén.* 2006, n° 3, obs. M. Véron.

51. V. aussi J. Pouyanne, *L'auteur moral de l'infraction*, PUAM, 2003, p. 504, n° 620.

52. V. concluant « que le prévenu n'a pas pris les mesures qui eussent permis d'éviter le dommage » : Cass. crim., 16 janv. 2001, *RSC* 2001, p. 579, obs. Y. Mayaud.

C. pén. et adaptées aux risques prévisibles »[53], c'est-à-dire qu'il lui suffit d'opposer le comportement en question à celui d'une personne agissant « raisonnablement » placée dans les mêmes circonstances.

§3. Le pouvoir causal de l'acte

1603. L'article 221-6 définit l'homicide involontaire comme « le fait de causer » par différentes fautes qu'il énumère « la mort d'autrui ». À ce titre, il exige un lien de causalité certain entre la faute d'une personne et le décès d'une autre. Si la mort d'autrui serait survenue en toute hypothèse, la faute commise ne peut être sanctionnée car elle n'est pas à l'origine du décès[54]. C'est l'hypothèse dans laquelle un médecin applique un traitement inadéquat à son patient alors que plus rien ne pouvait le sauver : si le décès était inéluctable, peu importe l'erreur de traitement qui n'a joué aucun rôle dans sa survenance. Une relaxe s'impose également lorsque les causes de la mort restent indéterminées, de sorte qu'un lien de causalité certain ne peut être établi entre la négligence d'un médecin et le décès de sa patiente[55]. En toute hypothèse, le caractère certain de la causalité est apprécié au jour de l'action ou de l'abstention coupable et non postérieurement[56].

En réalité, ce caractère certain ne permet pas de préciser le lien de causalité : il se confond avec lui car, à défaut de certitude, la causalité ne peut être établie[57]. C'est à travers les autres caractères de ce lien que la causalité révèle sa spécificité en matière pénale : lorsqu'il s'agit d'établir un homicide involontaire, le lien entre la faute et la mort d'autrui n'a pas à être immédiat, ni même exclusif. En revanche, il doit être direct.

A. Les caractères indifférents de la causalité

1. Le caractère immédiat

1604. Atteinte finale. – La causalité en matière pénale n'a pas à être immédiate. L'hypothèse envisagée à ce titre est particulière. Il s'agit d'apprécier le lien devant exister entre la faute et les différents dommages soufferts par la victime jusqu'à son décès.

En effet, il est des cas où le dommage immédiatement causé par une faute s'aggrave par la suite : à raison de prédispositions de la victime ou de l'action ultérieure d'un tiers. Lorsque la faute n'a immédiatement causé qu'une atteinte à l'intégrité physique ou psychique d'autrui, peut-on reprocher à l'agent la mort qui s'ensuit ? En d'autres termes, faut-il reprocher à l'agent l'atteinte finale (le décès d'autrui) ou l'atteinte immédiate (les blessures) résultant de son fait ? La Cour de cassation

53. Cass. crim., 18 juin 2002, *Dr. pén.* 2002, n° 120, obs. M. Véron.

54. Cass. crim., 21 janv. 2014, *Dr. pén.* 2014, n° 54, obs. M. Véron. – 22 mars 2005, *Dr. pén.* 2005, n° 103, obs. M. Véron.

55. Cass. crim., 23 sept. 2014, *Dr. pén.* 2014, n° 136, obs. M. Véron. – 14 mai 2008, *JCP* G 2008, II, 10189, note P. Mistretta.

56. Cass. crim., 14 avr. 2015, *JCP* G 2015, 696, note H. Matsopoulou ; *Gaz. Pal.* 3 juin 2015, p. 19, note R. Mésa.

57. Cass. crim., 4 mars 2008, *JCP* G 2008, II, 10098, note M. Benillouche.

considère que les juges du fond doivent prendre en compte le dommage dans son dernier état. Elle a ainsi jugé « que ni l'article 319 ancien ni l'article 221-6 nouveau du Code pénal n'exigent qu'un lien de causalité direct et immédiat existe entre la faute du prévenu et le décès de la victime ; qu'il suffit que l'existence d'un lien de causalité soit certaine »[58]. En conséquence, peut être poursuivi pour homicide involontaire l'auteur d'un accident qui n'a pas occasionné immédiatement le décès de la victime, celle-ci étant morte d'un infarctus lié « au stress du traumatisme et de l'hospitalisation »[59]. Le lien de causalité entre le décès et l'accident reste certain dans la mesure où la victime n'aurait jamais été conduite à l'hôpital sans la faute de l'agent. Celui-ci engage donc sa responsabilité pénale. Peu importe que la mort d'autrui ait été difficilement prévisible lorsqu'une telle faute a été commise[60]. De même, les prédispositions de la victime ne sont pas analysées comme une cause étrangère ayant contribué à l'aggravation du dommage, au terme d'un raisonnement plus moral que juridique[61]. Peu importe que l'acte fautif, dans d'autres circonstances, n'ait pas été de nature à causer la mort s'il l'a néanmoins provoquée au cas particulier.

L'atteinte finale est donc nécessairement mise au compte de celui qui l'a provoquée[62]. Ce qui permet d'appréhender les faits sous leur plus haute expression pénale dans l'espoir de responsabiliser ceux qui n'ont pas conscience des conséquences de leurs actes...

2. Le caractère exclusif

1605. Pluralité d'auteurs. – Par ailleurs, lorsque la mort d'autrui résulte des fautes conjuguées de plusieurs personnes, y a-t-il neutralisation, partage ou cumul de responsabilités pénales ? L'hypothèse se rencontre lorsque, dans un souci de sécurité, le législateur multiplie les obligations de surveillance ayant un même objet. Il en va notamment ainsi en matière médicale lorsque plusieurs professionnels de santé interviennent ensemble ou successivement au profit d'un même patient. *Quid* s'ils s'avèrent tous défaillants ? L'hypothèse se rencontre également lorsqu'un accident survient sur un chantier où travaillent plusieurs entreprises dont les fautes cumulées sont à l'origine de la mort d'autrui.

Pour la Cour de cassation, chaque fautif répond des conséquences de son acte comme s'il avait agi seul. À titre d'exemple, si une femme décède après son accouchement des suites d'une hémorragie, la responsabilité pénale du médecin peut être engagée pour ne pas avoir pris les précautions qui s'imposaient mais la responsabilité pénale de la sage-femme peut également être recherchée pour ne pas avoir diagnostiqué à temps cette hémorragie[63]. La causalité est certaine, en l'espèce,

58. Cass. crim., 14 févr. 1996, *RSC* 1996, p. 856, obs. Y. Mayaud.

59. *Ibid.*

60. Critère de prévisibilité défendu par Esmein en matière civile (« Le nez de Cléopâtre ou les affres de la causalité », *D.* 1964, p. 208) mais qu'écarte la Cour de cassation en matière pénale (Cass. crim., 4 nov. 1971, *B.* n° 300).

61. Cass. crim., 30 janv. 2007, *Rev. pénit.* 2007, p. 899, obs. J.-C. Saint-Pau.

62. Sous réserve que l'aggravation ne résulte pas d'un cas fortuit rompant le lien de causalité entre le dommage et la faute : Cass. crim., 5 oct. 2004, *RSC* 2005, p. 71, obs. Y. Mayaud.

63. Cass. crim., 21 oct. 1998, *RSC* 1999, p. 320, obs. Y. Mayaud. – V. aussi Cass. crim., 1er avr. 2008, *Dr. pén.* 2008, n° 93, obs. M. Véron.

mais non exclusive : chaque professionnel doit répondre d'un homicide involontaire indépendamment de l'autre[64]. *Idem* pour les différentes entreprises dont la négligence permet un accident mortel[65].

1606. Présomption. – Ce caractère non exclusif de la responsabilité pénale produit un effet particulier lorsqu'il n'est pas possible d'individualiser la participation des différents fautifs.

Soit deux automobilistes qui se suivent à vive allure pour se rendre au même endroit. Le premier percute un piéton que le second ne peut éviter dans sa chute. Ce piéton décède sans qu'il soit possible de déterminer lequel des deux véhicules a causé sa mort. À quel automobiliste reprocher un homicide involontaire ? La jurisprudence les tient tous les deux pour responsables du décès et leur reproche d'avoir participé « ensemble à une action dangereuse en créant par leur imprudence un risque grave dont X. a été la victime »[66]. Le doute sur les circonstances de fait ne garantit donc pas leur impunité. Pour la Cour de cassation, les deux automobilistes méritent d'être sanctionnés pour cette conduite imprudente car ils ont à tout le moins porté atteinte à l'intégrité de la victime, voire causé sa mort[67]. L'acceptation dans les deux cas de ce risque de mort dispense d'attribuer un tel résultat à l'un ou à l'autre[68].

1607. Partage. – Enfin, ce caractère non exclusif de la causalité pénale signifie également qu'une éventuelle faute de la victime, ayant concouru à l'issue fatale, n'affecte en rien la responsabilité pénale de celui qui pouvait empêcher son décès mais n'y est pas parvenu[69]. Peu importe le poids respectif des différentes fautes. Dès qu'une infraction est caractérisée sur la tête d'un individu, sa responsabilité pénale est engagée[70]. Ainsi, un motard roulant sans casque commet une imprudence mais cette faute n'exonère pas de sa responsabilité pénale le chef de chantier ayant omis de signaler la présence d'une plaque d'égout surélevée qui provoque un accident dans lequel ce motard trouve la mort[71].

B. Le caractère attendu de la causalité

1608. Rappel. – Pendant longtemps, la jurisprudence a toléré une causalité indirecte entre le comportement négligent ou imprudent reproché à l'agent et

64. Solution néanmoins contestée par certains au motif que toutes ces fautes ne sont pas nécessairement la cause directe du dommage : P. Hennion-Jacquet, « Réflexions sur l'interaction entre Justice pénale et médecine », *in Mél. Koering-Joulin*, Anthemis, 2014, p. 337.

65. Cass. crim., 17 déc. 2019, *JCP* G 2020, 342, note F. Rousseau ; *Dr. pén.* 2020, n° 67, obs. P. Conte.

66. Cass. crim., 23 juill. 1986, *JCP* G 1987, II, 20897, note J. Borricand.

67. C. Dupeyron, « L'infraction collective », *RSC* 1973, p. 375.

68. V. aussi Cass. crim., 23 mars 1994, *Dr. pén.* 1994, n° 151, obs. M. Véron. – 19 mai 1978, *D.* 1980, p. 3, note A. Galia-Beauchesne.

69. V. s'agissant du risque pris par une victime ivre : Cass. crim., 23 nov. 2010, *B.* n° 186, ou trop pressée : Cass. crim., 12 nov. 2014, *Dr. pén.* 2015, n° 5, obs. M. Véron. – En effet, la faute de la victime n'exonère de la responsabilité d'un accident que si elle en a été la cause exclusive : Cass. crim., 1er avr. 2008, *B.* n° 85.

70. Peu importe que sa faute n'ait pas été la cause déterminante du décès si elle a contribué à le provoquer (Cass. crim., 23 avr. 2013, *Gaz. Pal.* 21 juill. 2013, p. 34, obs. E. Dreyer).

71. Cass. crim., 25 oct. 1972, *B.* n° 309. – V. aussi Cass. crim., 17 mai 1994, *Dr. pén.* 1994, n° 229, obs. M. Véron.

l'atteinte à la vie d'autrui. Une telle tolérance s'expliquait par le fait que, en matière d'homicide involontaire, le résultat dommageable semblait importer plus que le comportement lui-même. Dès lors que la mort pouvait être rattachée de manière certaine à l'action ou à l'abstention fautive d'un individu, le lien de causalité entre ce comportement et le décès d'autrui était tenu pour établi. Peu importait que le prévenu n'ait pas lui-même, directement, causé la mort de la victime. Parce que le comportement à l'origine de ce dommage n'était pas précisé par le législateur, il semblait possible de remonter dans l'échelle des causes et de sanctionner toutes les fautes ayant pu « contribuer » à la mort d'autrui[72]. Sur le plan répressif, la solution s'avérait donc redoutable. Il importait peu qu'une autre personne ait commis une faute directement à l'origine du décès. Aucune sélection n'était opérée entre les différentes fautes dommageables. La théorie de l'équivalence des conditions prévalait.

Une loi du 10 juillet 2000 a introduit des nuances. L'objectif poursuivi par ce texte était d'alléger la responsabilité des « décideurs » en paralysant les poursuites pénales à raison des fautes les moins graves qui ne causent pas directement de dommage. Pour parvenir à ce résultat, le législateur a distingué – au sein des fautes simples – entre fautes ordinaires (qui ne peuvent être sanctionnées qu'à partir du moment où elles ont directement causé un dommage à autrui) et fautes caractérisées (qui peuvent être relevées même si elles n'ont qu'indirectement causé un dommage à autrui). Il s'ensuit, en matière d'homicide involontaire, que les fautes ordinaires qui sont indirectement à l'origine de la mort d'autrui ne peuvent plus être reprochées aux personnes physiques qui les ont commises. Cette distinction entre deux types de fautes simples n'a de sens qu'au regard du lien de causalité devant être établi avec la mort d'autrui. Raison pour laquelle elle est étudiée ici. Elle doit être rappelée dès lors que l'article 221-6 envisage la faute à l'origine de la mort d'autrui « dans les conditions et selon les distinctions prévues à l'article 121-3 ». Revenons un instant sur la distinction ainsi introduite. On envisagera ensuite son enjeu en termes de causalité.

1. La hiérarchie des fautes simples

1609. Distinction. – Une loi du 10 juillet 2000 a distingué deux types de fautes simples. Seules les fautes dites « caractérisées » à l'article 121-3, al. 4 du Code pénal restent poursuivables lorsqu'elles ont indirectement causé la mort d'autrui. Les autres, que le Code ne prend pas le soin de qualifier, sont soumises à un régime plus strict car, pour être prises en compte, elles doivent être directement à l'origine d'un décès. On les dira « ordinaires ». Ces fautes ordinaires étant définies par défaut, il faut concentrer ici notre attention sur la faute caractérisée.

1610. Nature. – La faute caractérisée n'est pas d'une nature différente de la faute ordinaire ; elle présente tout au plus un degré de gravité supplémentaire[73]. Ainsi, elle peut toujours prendre la forme d'une imprudence, négligence ou d'un manquement à une obligation de prudence ou de sécurité prévue par la loi ou le règlement : l'acte en cause résulte toujours d'une mauvaise

72. Cass. crim., 2 avr. 1997, *RSC* 1997, p. 837, obs. Y. Mayaud.

73. A. Ponseille, « La faute caractérisée en droit pénal », *RSC* 2003, p. 79. – A. d'Hauteville, « Les transformations de la faute pénale », *in Le nouveau Code pénal, dix ans après*, Pedone, 2005, p. 13.

appréciation de l'agent[74]. Il n'a pas adhéré psychologiquement à son acte. Néanmoins, ce relâchement d'attention s'avère grave compte tenu soit des circonstances de l'acte en question, soit des fonctions exercées par son auteur. En effet, on pouvait s'attendre à une vigilance accrue de sa part, qui lui aurait permis d'éviter le dommage[75]. Sa faute paraît donc grossière et inacceptable.

Cette gravité s'apprécie soit de façon qualitative : c'est la gravité intrinsèque d'une faute unique[76] ; soit de façon quantitative : c'est la gravité révélée par une pluralité de négligences ou de manquements aux obligations de sécurité applicables[77].

1611. Risque. – Mais ce n'est pas tout. En effet, la faute caractérisée doit en plus avoir exposé autrui à un risque qui, en matière d'homicide involontaire, s'entend d'un risque de mort, lequel s'est effectivement réalisé.

Toutefois, ces deux questions ne doivent pas être confondues : la gravité de la faute ne tient pas à celle du risque auquel autrui a été exposé. En effet, une telle faute n'est, en aucun cas, consciente. Non seulement l'agent n'a pas eu conscience de méconnaître une obligation (écrite ou non écrite) de prudence ou de sécurité, mais il n'a pas eu conscience du risque auquel son attitude a exposé autrui. Le risque de mort n'a pas été perçu par l'agent ; on ne saurait donc lui reprocher de l'avoir accepté alors qu'il n'a pas cherché à agir de la sorte. Le grief adressé à l'agent tient précisément au fait d'avoir, sans s'en rendre compte, exposé autrui à un tel risque[78]. C'est le sens de la formule négative : exposer autrui à un risque que les personnes physiques, auteurs de tels actes, « ne pouvaient ignorer ». Cette formule ne signifie pas que l'agent évaluait parfaitement le risque en question, ce qui reviendrait à lui reprocher une faute délibérée et limiterait considérablement la répression[79]. Cette formule signifie que l'agent aurait dû en avoir conscience parce que ce risque de mort était prévisible, de sorte qu'il lui appartenait de le circonscrire en prévenant sa réalisation. L'emploi du conditionnel dans le jugement de reproche adressé à l'agent est caractéristique, à cet égard, de la démarche qui doit être suivie par le juge[80]. Une telle interprétation s'impose d'autant plus que la faute est – on l'a vu – appréciée *in abstracto* (V. *supra*, n° 1602). De surcroît, cette interprétation évite une difficulté de preuve tenant à la connaissance exacte du risque[81].

---

74. Cass. crim., 12 janv. 2010, *Dr. pén.* 2010, n° 31, obs. M. Véron. – 2 mars 2010, *Dr. pén.* 2010, n° 66, obs. M. Véron.

75. V. stigmatisant l'attitude d'un médecin n'ayant pas accompli les gestes simples qui auraient permis de sauver son patient : Cass. crim., 29 juin 2021, *RSC* 2022, p. 385, obs. P. Mistretta.

76. V. au sujet du président d'une association de chasse, dirigeant une battue au cours de laquelle un participant fut tué, qui n'a pas fait respecter les consignes : Cass. crim., 8 mars 2005, *RSC* 2005, p. 555, obs. Y. Mayaud. – V. aussi, s'agissant d'un responsable « sécurité » qui n'a pas pris les mesures adaptées au regain d'affluence que connaissait une soirée étudiante : Cass. crim., 11 déc. 2007, *Dr. pén.* 2008, n° 43, obs. M. Véron.

77. Cass. crim., 4 avr. 2023, *Gaz. Pal.* 6 juin 2023, p. 30, note E. Joseph. – 17 déc. 2019, *JCP* G 2020, 342, note F. Rousseau ; *Dr. pén.* 2020, n° 67, obs. P. Conte.

78. Cass. crim., 16 janv. 2001, *RSC* 2001, p. 579, obs. Y. Mayaud. – 26 juin 2001, *Dr. pén.* 2001, n° 124, obs. M. Véron.

79. V. aussi P. Morvan, « L'irrésistible ascension de la faute caractérisée », *in Mél. Pradel*, Cujas, 2006, p. 455. – *Contra* : B. Cotte et D. Guihal, « La loi Fauchon, cinq ans de mise en œuvre jurisprudentielle », *Dr. pén.* 2006, étude 6, n° 48.

80. V. jugeant qu'un maire « aurait dû se préoccuper de la vérification des installations électriques et des prescriptions à observer lors de manifestations sur la voie publique » : Cass. crim., 11 juin 2003, *Dr. pén.* 2003, n° 120, obs. M. Véron.

81. V. cpdt Cass. crim., 16 avr. 2013, *Gaz. Pal.* 21 juill. 2013, p. 33, obs. E. Dreyer.

1612. Extension. – Cependant, les tribunaux ne s'en tiennent pas toujours à cela. Ils ont tendance à assimiler à des fautes caractérisées les fautes délibérées ne remplissant pas toutes les conditions pour être punies à ce titre. En effet, on le verra, cette seconde catégorie de fautes suppose la violation consciente d'une « obligation particulière de prudence ou de sécurité prévue par la loi ou le règlement » : entre faute caractérisée et faute délibérée, il existe donc un type de fautes qui n'a pas été envisagé par le législateur et que l'on répugne, compte tenu de leur gravité, à traiter comme des fautes ordinaires (car, lorsque de telles fautes n'ont qu'indirectement causé la mort d'autrui, il faudrait alors renoncer à punir leur auteur). Elles correspondent à la violation consciente d'obligations de prudence ou de sécurité non écrites ou écrites mais non particulières (Comp., *infra*, nº 1625). Cette violation consciente est le plus souvent révélée par la conscience du risque pris en conséquence. Quand le risque se réalise, comment qualifier la faute à l'origine de la mort d'autrui ? La Cour de cassation utilise la catégorie des fautes caractérisées comme une catégorie de repli lorsqu'une faute délibérée a été commise mais qu'elle ne peut être sanctionnée à ce titre. Ainsi, une faute caractérisée fut reprochée à un maire qui « connaissait parfaitement la configuration des lieux » où un accident, « prévisible », s'est produit[82]. *Idem* à l'encontre d'un chef d'entreprise qui avait été informé du danger que présentait un chantier sans échafaudage et qui n'a pas réagi avant qu'une chute se produise[83]. La qualification de faute caractérisée a également prévalu sur celle de faute délibérée à l'encontre du responsable d'une coupe de bois qui a constaté lui-même le danger présenté par des troncs d'arbre laissés en équilibre instable mais qui n'a pris aucune disposition pour avertir le public et empêcher les enfants, qui y furent écrasés, d'aller y jouer[84].

Dans ces différentes hypothèses, puisque l'agent était conscient du risque de mort auquel il exposait autrui, il savait qu'il ne pouvait rester sans rien faire : son abstention a nécessairement été volontaire et donc d'une nature différente de la simple négligence, imprudence ou violation (inconsciente) d'une obligation de sécurité qui est normalement prise en compte au titre de la faute caractérisée[85]. C'est à une véritable dénaturation de cette dernière que procède la Cour de cassation pour pallier l'insuffisance des textes d'incrimination.

2. L'enjeu en termes de causalité

1613. Principe. – La distinction opérée ci-dessus ne présente d'intérêt qu'en termes de causalité car les fautes simples, qu'elles soient ordinaires ou caractérisées, sont toutes sanctionnées de la même façon (v. *infra*, nº 1617). En revanche, le périmètre de la répression varie suivant que la faute simple était ordinaire ou caractérisée car le lien de causalité entre cette faute et la mort d'autrui n'est pas nécessairement le même dans les deux cas.

1614. Faute ordinaire. – Lorsque la faute simple est une faute ordinaire, elle doit avoir directement causé la mort d'autrui pour qu'un homicide

82. Cass. crim., 18 mars 2003, *RSC* 2003, p. 783, obs. Y. Mayaud.

83. Cass. crim., 31 janv. 2006, *JCP* G 2006, II, 10079, note E. Dreyer. – V. depuis Cass. crim., 11 mars 2014, *Gaz. Pal.* 16 avr. 2014, p. 5, note R. Mésa.

84. Cass. crim., 13 nov. 2002, *RSC* 2003, p. 337, obs. Y. Mayaud.

85. V. aussi M. Pralus, « Réflexions autour de l'élément moral des délits », *Dr. pén.* 2002, étude 41.

involontaire soit reprochable à son auteur personne physique. Cela résulte de la lecture combinée des alinéas 3 et 4 de l'article 121-3 du Code pénal auquel renvoie expressément l'article 221-6 du même Code. Il s'ensuit qu'une faute ordinaire qui a indirectement causé la mort d'autrui n'est pas reprochable au maire ou au chef d'entreprise qui l'a commise. Tel est l'effet « dépénalisant » recherché par la réforme du 10 juillet 2000. Pour qu'une personne physique engage sa responsabilité pénale à raison d'une faute ordinaire, il faut que celle-ci ait été « essentielle et déterminante » à l'origine de la mort d'autrui[86]. Une exigence de causalité adéquate prévaut ici. Tel est le cas pour un automobiliste qui se déporte sur la gauche quand il devrait serrer la droite et qui, faute d'avoir regardé dans son rétroviseur, heurte le motard arrivant derrière lui[87]. Sans ces fautes de conduite, le décès ne serait jamais survenu. *Idem* pour un médecin qui, à la suite d'une intervention à risques, néglige d'effectuer les contrôles qui auraient permis de déceler immédiatement une hémorragie et de sauver son patient[88]. Dans une telle hypothèse, la causalité entre la négligence du médecin et le décès du patient est directe car, quelle que soit l'origine de l'hémorragie, le décès aurait pu être évité si le médecin avait respecté les règles de son art. Inversement, la faute ordinaire de la personne physique qui est seulement à l'origine de la situation à risque à l'occasion de laquelle un tiers a causé la mort d'autrui ne tombe plus sous le coup de la loi pénale. Au-delà des maires et chefs d'entreprise qui sont les principaux auteurs indirects, une telle modification législative profita également à cette institutrice qui avait accepté d'encadrer des enfants « cheminant dans le lit du Drac pour observer l'habitat des castors » au moment d'un lâcher d'eau[89]. La faute ordinaire qu'elle avait commise en ne vérifiant pas les horaires de délestage d'un barrage situé en amont n'a pas été perçue comme la cause directe du décès des enfants. Sa relaxe confirme qu'il y a bien eu réduction du champ de la répression à l'occasion de cette réforme.

Cependant, le caractère direct du lien de causalité est entendu largement : peu importe l'interposition d'un événement entre le dommage et la faute reprochée dès lors que cet événement n'est pas punissable. Ainsi, lorsqu'un conducteur roulant à grande vitesse heurte un sanglier qui lui fait perdre la maîtrise de son véhicule et l'amène à percuter une voiture arrivant en sens inverse, les magistrats considèrent qu'un lien de causalité direct subsiste entre la faute initiale (excès de vitesse n'ayant pas permis de stabiliser le véhicule après collision avec l'animal) et le dommage occasionné aux passagers du véhicule circulant sur l'autre voie[90]. Dans une telle

86. Cass. crim., 29 oct. 2002, *RSC* 2003, p. 330, obs. Y. Mayaud.

87. Cass. crim., 1er oct. 2008, *Dr. pén.* 2009, n° 4, obs. M. Véron. – V. aussi Cass. crim., 15 avr. 2008, *RSC* 2008, p. 910, obs. Y. Mayaud.

88. Cass. crim., 13 nov. 2002, *D.* 2004, p. 1336, note P. Conte. – Mais ce lien de causalité est parfois, curieusement, déclaré indirect, ce qui oblige les magistrats à établir une faute caractérisée (Cass. crim., 23 févr. 2010, *Dr. pén.* 2010, n° 58, obs. M. Véron). Ils conviennent ainsi que le médecin n'est pas à l'origine de la maladie dont est mort un patient mais lui reprochent sa mauvaise prise en charge (v. aussi V. Wester-Ouisse, « Dépénalisation du droit médical », *RGMD*, 2008, n° spé., p. 252. – F. Alt-Maes, « La grande illusion », *in Mél. Bouloc*, Dalloz, 2006, p. 1).

89. Cass. crim., 12 déc. 2000, *B.* 2000, n° 371, solution implicite et contestable : au regard de la mission de surveillance incombant à l'institutrice, l'absence de prévision du risque de délestage, inhérent au fonctionnement du barrage, ne constituait-elle pas plutôt une faute caractérisée (comp. Cass. crim., 16 mai 2006, *Dr. pén.* 2006, n° 108, obs. M. Véron) ?

90. Cass. crim., 25 sept. 2001, *RSC* 2002, p. 101, obs. Y. Mayaud.

hypothèse, le « fait » du sanglier, à l'origine de l'accident, n'est pas pris en compte[91]. Dès lors qu'il ne revêt pas les caractères d'une cause étrangère (rompant la chaîne des causes), il est ignoré. Seul subsiste le constat d'une voiture en percutant une autre à raison d'un défaut de maîtrise de son conducteur. Il est jugé de même lorsqu'un interne cause la mort de sa patiente, sans qu'une faute pénale puisse lui être reprochée, alors que l'opération se déroulait sous la direction et la responsabilité d'un chirurgien qui s'est révélé défaillant dans sa mission de contrôle[92]. Le défaut de surveillance du chirurgien est considéré comme la cause directe du décès dans une telle hypothèse car le « fait » de l'interne est privé de toute dimension pénale.

Enfin, il convient d'ajouter que cette exigence de causalité directe ne s'impose que pour engager la responsabilité pénale de personnes physiques. Au contraire, les personnes morales restent responsables de toutes fautes commises pour leur compte par leurs organes ou représentants à l'origine de la mort d'autrui : peu importe la gravité de ces fautes et leur lien de causalité plus ou moins direct avec ce dommage. La loi du 10 juillet 2000 ne concerne que les individus, pas les groupements auxquels les victimes peuvent en toute hypothèse demander réparation devant une juridiction répressive. Ainsi, lorsqu'un accident mortel survient dans une entreprise, parce qu'un salarié a pris une initiative malheureuse à l'insu de son dirigeant, il n'y a sans doute pas faute caractérisée ou même délibérée de ce dernier. Néanmoins, il peut subsister un défaut de surveillance ou d'organisation – expliquant cette désobéissance – qui ne constitue qu'une faute ordinaire, sans rapport direct avec la mort d'autrui. Cette faute ne permet plus d'engager la responsabilité pénale du dirigeant mais elle permet toujours d'engager la responsabilité pénale de la personne morale dont le dirigeant n'a pas été suffisamment vigilant[93]. En pratique, cette exigence d'une causalité directe reste donc limitée.

1615. Faute caractérisée. – De surcroît, même à l'égard des personnes physiques, l'exigence de causalité directe n'a pas une portée générale. En effet, lorsqu'une faute a seulement contribué à la mort d'autrui, elle peut engager la responsabilité pénale de la personne physique qui en est l'auteur lorsqu'elle s'avère caractérisée. C'est d'ailleurs le seul enjeu pénal d'une telle qualification car, on l'a dit, les fautes caractérisées sont punies comme les fautes ordinaires. Elles ne sont donc distinguées, parmi les fautes simples, que s'il peut en résulter, grâce à l'admission d'une causalité indirecte, une extension du champ de la répression[94]. D'où une certaine perversion du raisonnement. En pratique, les magistrats se demandent d'abord si le fait a directement causé la mort : dans l'affirmative, ils renoncent à arbitrer entre faute ordinaire et faute caractérisée[95]. Ils constatent une faute simple. Un effort supplémentaire de qualification n'est réalisé qu'à partir du moment où la causalité n'apparaît pas

91. *Idem* lorsqu'un propriétaire perd la maîtrise de son chien dangereux qui tue une passante : la négligence du maître est directement à l'origine du décès : Cass. crim., 21 janv. 2014, *Gaz. Pal.* 16 avr. 2014, p. 5, note R. Mésa. – 29 mai 2013, *D.* 2013, p. 2016, note F. Desprez. Peu importe l'action du chien.

92. Cass. crim., 10 févr. 2009, *JCP* G 2009, II, 10069, note F. Desprez.

93. Cass. crim., 28 avr. 2009, *JCP* G 2009, 402, note J.-Y. Maréchal. – 24 oct. 2000, *D.* 2002, p. 514, note J.-C. Planque ; *JCP* G 2001, II, 10535, note M. Daury-Fauveau. – V. aussi, s'agissant de la mauvaise organisation d'un hôpital : Cass. crim., 9 mars 2010, *D.* 2010, p. 2135, note J.-Y. Maréchal.

94. Cass. crim., 1er avr. 2003, *Dr. pén.* 2003, n° 110, obs. M. Véron.

95. V. déclarant cette recherche inopérante : Cass. crim., 16 sept. 2008, *B.* n° 186. – V. toutefois Cass. crim., 12 sept. 2006, *JCP* G 2007, II, 10006, note T. Faict et P. Mistretta, relevant une faute caractérisée dans une hypothèse où la causalité semblait directe.

directe[96]. En effet, toute faute simple ne peut alors être retenue : pour engager la responsabilité pénale d'un individu, il faut démontrer qu'il est auteur d'une faute caractérisée à l'origine du décès d'autrui[97].

À titre d'exemple, se rend coupable d'homicide involontaire, à raison de sa faute caractérisée, le professionnel de la location qui confie un scooter des mers à un individu qui, n'ayant pas le permis de navigation requis, en perd la maîtrise et tue les occupants d'un autre scooter[98]. Dans une telle hypothèse, le dommage ne résulte pas directement de la faute caractérisée du loueur : sans la faute du conducteur imprudent, la collision mortelle ne se serait pas produite. La faute du loueur a supposé l'intervention fautive d'un tiers pour réaliser son potentiel dommageable. Elle appelle tout de même une sanction compte tenu de sa gravité. C'est le caractère inacceptable d'une telle faute qui justifie que l'on remonte l'échelle des causes jusqu'à son auteur. *Idem* pour le commerçant qui méconnaît les règles de sécurité applicables au produit qu'il vend[99] et pour le médecin qui donne à une infirmière des instructions imprécises qu'elle met en œuvre maladroitement au point de causer la mort d'autrui[100]. Certaines personnes, soit à raison des circonstances, soit à raison de leurs fonctions, doivent éviter de placer autrui dans la position de commettre l'irréparable[101]. Lorsque l'on est tenu à une vigilance particulière, il est normal de se voir reprocher un défaut de contrôle qui aurait empêché un tiers de causer la mort d'autrui.

Néanmoins, pour s'éviter d'avoir à qualifier la faute commise, les magistrats acceptent parfois de poursuivre pour complicité la personne qui est indirectement à l'origine du décès d'autrui[102]. Ce qui n'apparaît guère satisfaisant. En effet, la complicité suppose la volonté de s'associer à un comportement intentionnel : la volonté du complice doit être tendue vers la réalisation du résultat redouté au moment de l'incrimination du fait principal à l'instar de la volonté de l'auteur même de ce fait. Lorsque ce résultat n'a pas été perçu, de sorte qu'il n'a pu être évité, on ne saurait retenir ce mode accessoire de participation à l'infraction.

---

96. V. aussi, excluant toute faute qualifiée après avoir constaté que le lien de causalité était indirect : Cass. crim., 22 nov. 2022, *Dr. pén.* 2023, n° 16, obs. P. Conte ; *Gaz. Pal.*, 14 févr. 2023, p. 39, obs. S. Detraz. – 7 janv. 2020, *RSC* 2020, p. 85, obs. Y. Mayaud.

97. En disposant de la sorte, l'article 121-3, al. 4, semble distinguer deux situations, suivant qu'il est reproché au prévenu d'avoir agi ou de s'être abstenu. Toutefois, cela revient au même : peu importe que l'agent ait donné une instruction déplacée ou se soit abstenu de donner l'ordre qui s'imposait. Il faut essentiellement constater que sa faute n'est pas la *causa proxima* de la mort d'autrui mais une cause plus lointaine : l'agent est seulement à l'origine de la situation dangereuse dans le cadre de laquelle la faute d'un tiers a occasionné la mort d'autrui.

98. Cass. crim., 5 oct. 2004, *Rev. pénit.* 2004, p. 235, obs. J.-C. Saint-Pau. – V. aussi, s'agissant du changement d'affectation d'un salarié dont le suicide est reproché à la personne morale employeur : Cass. crim., 31 janv. 2023, *Dr. pén.* 2023, n° 60, obs. P. Conte ; *RSC* 2023, p. 300, obs. Y. Mayaud.

99. Cass. crim., 29 juin 2010, *Dr. pén.* 2010, n° 136, obs. M. Véron.

100. Cass. crim., 1er avr. 2008, *Dr. pén.* 2008, n° 93, obs. M. Véron.

101. La faute des décideurs, publics ou privés, s'avère ainsi le plus souvent caractérisée (v. s'agissant de chefs d'entreprise tenus de faire respecter la législation du travail : Cass. crim., 9 nov. 2010, *Dr. pén.* 2011, n° 18, obs. M. Véron. – 16 mars 2010, *Dr. pén.* 2010, n° 74, obs. M. Véron). Mais ils ne sont pas seuls concernés : l'automobiliste qui prête son véhicule à un individu ivre et sans permis contribue lui-aussi à la réalisation du dommage qui ne manque pas de s'ensuivre (Cass. crim., 14 déc. 2010, *Dr. pén.* 2011, n° 33, obs. M. Véron). *Idem* pour le bailleur qui ne met pas en conformité l'installation du gaz ou de l'électricité dont un mauvais usage par son locataire cause un accident mortel (Cass. crim., 7 sept. 2010, *Dr. pén.* 2010, n° 136, obs. M. Véron. – 18 nov. 2008, *D.* 2009, p. 1320, note Y. Joseph-Ratineau).

102. V. cpdt Cass. crim., 27 nov. 2018, *AJ pénal* 2019, p. 34, obs. P. Lemoine.

Section 2
La répression de l'homicide involontaire

1616. Il existe un homicide involontaire simple et des homicides involontaires aggravés. Il convient donc de distinguer. En revanche, les règles de poursuite n'ont pas une grande originalité ici[103]. Elles ne seront donc pas envisagées.

§1. L'homicide involontaire simple

1617. Peines principales. – La personne physique, auteur d'une faute simple à l'origine de la mort d'autrui, est punie à titre principal de 3 ans d'emprisonnement et de 45 000 € d'amende (art. 221-6, al. 1). Peu importe que la faute reprochée soit ordinaire ou caractérisée.

1618. Autres. – Par ailleurs, à ces peines principales, s'ajoutent des peines complémentaires énumérées par l'article 221-8 (I). Spécialement, lorsque l'homicide involontaire est commis par un chauffard, la suspension – voire l'annulation – du permis de conduire peut être prononcée pour une durée d'au plus 10 ans sans possibilité de sursis (lorsque l'homicide involontaire n'est pas commis au volant, seule est encourue une suspension du permis de conduire pendant 5 ans avec possibilité de sursis ou d'aménagement à des fins professionnelles). Si le conducteur était propriétaire du véhicule ayant servi à commettre l'infraction, ce véhicule peut être immobilisé pendant un an, voire confisqué[104]. Est également encourue la peine complémentaire d'affichage ou de diffusion de la décision de condamnation (art. 221-10).

Lorsque l'homicide involontaire survient à l'occasion d'une action de chasse, le permis de chasse peut en outre être retiré au coupable, de façon temporaire ou définitive (C. env., art. L. 428-14).

1619. Groupement. – La personne morale reconnue coupable d'un homicide involontaire s'expose, quant à elle, à une amende dont le montant est porté au quintuple de celle encourue par la personne physique reconnue coupable de la même infraction ainsi qu'à l'interdiction de poursuivre l'activité dans l'exercice ou à l'occasion de laquelle l'infraction a été commise[105]. Le groupement s'expose aussi à un placement sous surveillance judiciaire pour une durée de 5 ans au plus, à la confiscation de la chose qui a servi ou qui était destinée à

103. Tout au plus, les associations de consommateurs sont-elles autorisées à se constituer partie civile lorsqu'un décès provient du défaut de conformité d'un produit (Cass. crim., 1er avr. 2008, *Dr. pén.* 2008, nº 110, obs. M. Véron). Par ailleurs, aucune action civile ne peut prospérer contre un médecin hospitalier dont la faute n'est pas détachable des fonctions (Cass. crim., 8 févr. 2011, *Dr. pén.* 2011, nº 61, obs. M. Véron). Dans une telle hypothèse, l'action en réparation doit être dirigée contre l'hôpital devant le juge administratif. À signaler néanmoins que des règles de procédure particulières s'appliquent désormais en cas d'accident collectif (CPP, art. 706-176 et s.).

104. Sur la constitution de partie civile des associations de lutte contre la violence routière, v. CPP, art. 2-12.

105. Cass. crim., 15 janv. 2008, *Dr. pén.* 2008, nº 71, obs. M. Véron. – V. sur l'absence de faute d'une clinique Cass. crim., 12 oct. 2021, *RSC* 2022, p. 385, obs. P. Mistretta.

commettre l'infraction ou qui en est le produit ainsi qu'à l'affichage de la décision prononcée ou à la diffusion de celle-ci (art. 221-7).

§2. Les homicides involontaires aggravés

1620. Diversité. – Aucune aggravation n'est encourue du fait de la pluralité de victimes, ce qui a été regretté car l'hypothèse est fréquente[106]. Certes, la mort d'autrui étant involontaire, l'agent ne peut avoir choisi de tuer une ou plusieurs personnes. La gravité de sa faute ne saurait dépendre d'une telle conséquence – difficilement prévisible – de son acte. Toutefois, l'objection n'a qu'une portée limitée car la gravité de la répression est objectivement justifiée par l'importance de l'atteinte causée à autrui : à ce titre, tuer deux personnes semble deux fois plus grave que n'en tuer qu'une.

En revanche, les peines encourues à titre principal sont portées à 5 ans d'emprisonnement et 75 000 € d'amende lorsque l'homicide involontaire a été commis par le conducteur d'un véhicule terrestre à moteur (art. 221-6-1, al. 1. – outre le retrait de plein droit de la moitié du nombre maximal de points du permis de conduire : C. route, art. L. 232-3). En effet, au volant d'un tel engin, l'imprudence ou la négligence paraît plus coupable encore. Ces peines sont portées à 7 ans d'emprisonnement et 100 000 € d'amende lorsque l'homicide résulte d'une faute délibérée ou s'accompagne d'un délit routier[107]. Elles sont portées à 10 ans d'emprisonnement et 150 000 € d'amende lorsque l'homicide involontaire a été commis avec plusieurs de ces délits routiers énumérés à la suite. C'est pour contrarier le jeu du concours réel d'infractions que ces dernières circonstances aggravantes ont été prévues car, à défaut, le délit routier accompagnant l'homicide involontaire n'entraînerait aucune aggravation de la répression.

Une échelle des peines comparable a été introduite lorsque l'homicide involontaire « résulte de l'agression commise par un chien » à l'encontre du propriétaire ou de celui qui détenait le chien au moment des faits (art. 221-6-2)[108]. À une réserve près : aucune aggravation de la répression n'est prévue lorsque la faute ayant permis l'agression par le chien était délibérée, ce qui surprend.

1621. Cas particulier. – En effet, en dehors de ces hypothèses particulières, la principale circonstance aggravant les peines applicables à l'homicide involontaire tient au caractère délibéré de la faute à l'origine de la mort d'autrui.

Les peines d'emprisonnement et d'amende encourues par une personne physique sont ainsi portées à 5 ans et 75 000 € lorsque la mort d'autrui a résulté d'une « violation manifestement délibérée d'une obligation particulière de prudence ou de sécurité imposée par la loi ou le règlement » (art. 221-6, al. 2).

Or, cette notion de faute délibérée est complexe. Il faut la définir avant de pouvoir envisager son régime qui va bien au-delà de celui des autres circonstances aggravantes.

---

106. V. not. J. Francillon, *Code pénal commenté*, Dalloz, 1996, p. 163.

107. Sont énumérés notamment la conduite en état d'ivresse manifeste ou sous l'emprise de produits stupéfiants, le refus de se soumettre à des contrôles permettant d'établir un état d'imprégnation alcoolique ou toxicologique, l'absence d'un permis de conduire valable au moment des faits ainsi que le délit de fuite.

108. La confiscation encourue à ce titre conduit à la remise de l'animal à une fondation ou association qui pourra en disposer (art. 131-21-1). Mais la juridiction peut aussi ordonner qu'il soit procédé à son euthanasie lorsque l'animal s'avère dangereux (Cass. crim., 29 janv. 2013, *Dr. pén.* 2013, n° 69, obs. M. Véron).

A. La spécificité de la faute délibérée

1622. Délimitation. – La faute délibérée est une faute de nature différente de la faute simple. Elle consiste à « prendre bêtement et crânement des risques graves pour autrui »[109]. Elle implique une « adhésion psychologique au comportement lui-même »[110] : une obligation particulière de prudence ou de sécurité s'imposait à l'agent, qu'il a violée sciemment. Il a donc recherché ce manquement. On ne lui reproche pas d'avoir ignoré l'obligation qui s'imposait à lui ; on ne prétend pas qu'il aurait dû, à tout le moins, connaître le texte lui servant de base : on admet qu'il savait et qu'il a agi « quand même » en étant convaincu qu'aucune atteinte à la vie n'en résulterait ou qu'il parviendrait à l'éviter. La seule différence par rapport à l'intention tient au fait que la mort d'autrui n'a pas été recherchée par l'agent. Mais il est tout de même certain que la démarche de l'agent était volontaire, ce qui distingue la faute délibérée de la faute simple.

Cela étant dit, toute faute délibérée n'est pas envisagée à l'article 221-6, al. 2. La faute délibérée fait l'objet d'une définition étroite. Cette faute n'est prise en compte qu'à l'occasion d'un manquement spécifique. Ce manquement doit, en plus, avoir exposé autrui à un risque de mort qui s'est réalisé.

1. L'objet du manquement

1623. Source. – Une faute délibérée n'est relevée qu'à l'occasion de la violation d'une obligation particulière de prudence ou de sécurité imposée par la loi ou le règlement. Cela signifie, tout d'abord, que le manquement à une obligation de prudence ou de sécurité non écrite – dont le respect s'impose à toute personne « raisonnable » – n'entre pas dans le champ de cette circonstance aggravante. Il faut que l'obligation méconnue ait été formellement prévue par un texte[111]. Peu importe sa nature législative ou réglementaire[112].

1624. Caractères. – Il faut, ensuite, que l'obligation violée ait été « particulière ». Cette exigence est elle aussi essentielle car elle ne s'impose pas à l'égard des fautes simples qui peuvent ne résulter que d'un « manquement à une obligation de prudence ou de sécurité prévue par la loi ou le règlement » (art. 121-3, al. 2). Il ne suffit donc pas qu'une loi ou un règlement crée une obligation d'agir ou de s'abstenir à la charge de certaines personnes afin d'éviter les accidents. Il faut en plus que cette obligation soit déterminée[113]. Autant dire qu'elle ne doit pas se contenter d'alerter sur un danger en laissant autrui libre de choisir la meilleure attitude possible ; elle dicte à autrui sa conduite dans certaines circonstances en lui retirant tout pouvoir d'appréciation. Au-delà d'un devoir général de prévention, elle doit donc commander une action ou une abstention

109. P. Couvrat, « La responsabilité et le nouveau Code pénal », *in Métamorphoses de la responsabilité*, Droit et cultures, t. 31, 1996, p. 103.

110. Y. Mayaud, « Retour sur la culpabilité intentionnelle en droit pénal », *D.* 2000, p. 604.

111. Cass. crim., 10 déc. 2002, *RSC* 2003, p. 332, obs. Y. Mayaud.

112. Le règlement en question peut être un règlement européen : Cass. crim., 31 mars 2020, *Dr. pén.* 2020, n° 131, obs. P. Conte ; *Gaz. Pal.*, 16 juin 2020, p. 24, note P. Collet ; *RSC* 2020, p. 317, obs. Y. Mayaud.

113. V. aussi S. Charpentier, « Le délit de mise en danger », *in Le nouveau Code pénal, dix ans après*, Pedone, 2005, p. 99.

précise[114]. Tel est le cas des dispositions du Code de la santé publique qui indiquent à quelles conditions une anesthésie peut se dérouler[115]. Tel est également le cas des dispositions du Code du travail qui, par ex., s'agissant de l'article L. 4142-2 de ce Code, imposent de faire bénéficier les salariés temporaires, affectés à des postes de travail présentant des risques particuliers pour leur santé ou leur sécurité, d'une formation renforcée à cette sécurité[116]. Tel n'est pas le cas, en revanche, pour l'obligation résultant de l'article L. 131-2.6°, C. communes (actuel article L. 2212-2, 3°, CGCT) « qui confie au maire de façon générale le soin de prévenir et faire cesser tous les événements survenant sur le territoire de sa commune et de nature à compromettre la sécurité des personnes »[117]. Tel n'est pas davantage le cas pour l'obligation faite à tout employeur de veiller à l'information de ses salariés sur les risques liés à la santé et à la sécurité ainsi que pour l'obligation de leur dispenser une formation pratique à la sécurité[118]. Certaines décisions sèment néanmoins le doute sur le degré de précision attendu de l'obligation en cause[119]. Elles relativisent ce qu'une telle exigence peut avoir de restrictif.

1625. Bilan. – L'origine et la précision de l'obligation de prudence ou de sécurité s'avèrent essentielles. La seule perception du risque et le fait de passer outre ne suffisent pas pour établir une faute délibérée au sens de l'article 121-3, al. 4. Cela introduit une dualité de régime regrettable, au sein des fautes délibérées, qui contraint – on l'a vu – la Cour de cassation à traiter comme des fautes caractérisées certaines fautes délibérées « imparfaites » (v. *supra*, n° 1612). Mais ce n'est pas tout. Car une autre source de difficultés tient aux effets du manquement à l'obligation de prudence ou de sécurité. Il doit avoir créé un risque mortel pour autrui. Et ce risque doit s'être réalisé pour que la qualification d'homicide involontaire puisse être retenue.

2. Les conséquences du manquement

1626. Risque. – En premier lieu, le manquement à une obligation particulière de prudence ou de sécurité doit avoir exposé autrui à un risque mortel. La question se pose de savoir si cette prise de risque devait elle-même être consciente pour que la faute paraisse délibérée. La discussion est permise par les nuances introduites entre plusieurs dispositions du Code pénal. Il résulte de ses articles 121-3, al. 4 et 221-6, al. 2 que c'est la violation de l'obligation qui doit être délibérée. Mais il ressort tout aussi clairement du deuxième alinéa de son article 121-3, dont la portée est générale, que la mise en danger d'autrui doit elle aussi être délibérée. Ce n'est pas seulement la violation de l'obligation mais aussi la prise de risque qui doit alors être consciente ; l'agent doit avoir clairement envisagé le danger susceptible de se produire à l'occasion de son

114. Cass. crim., 11 juin 2014, *Gaz. Pal.* 19 oct. 2014, p. 28, obs. E. Dreyer.

115. Cass. crim., 8 juin 2022, *Dr. pén.* 2022, n° 140, obs. P. Conte ; *RSC* 2023, p. 368, obs. P. Mistretta.

116. Cass. crim., 25 avr. 2017, *RSC* 2017, p. 288, obs. Y. Mayaud.

117. Cass. crim., 25 juin 1996, *Dr. pén.* 1996, n° 265, obs. M. Véron.

118. Cass. crim., 21 juin 2022, *JCP* G 2022, 996, note A. Barège ; *Dr. pén.* 2022, n° 140, obs. P. Conte ; *RSC* 2022, p. 865, obs. A. Cerf-Hollender.

119. V. admettant qu'est particulière l'obligation de veiller à la propreté des lieux ou de fournir aux salariés une protection adaptée : Cass. crim., 24 juin 2014, *Gaz. Pal.* 18 juill. 2014, p. 19, note R. Mésa.

manquement à une obligation de prudence ou de sécurité. C'est d'ailleurs le sens que recouvrait le dol éventuel avant l'entrée en vigueur du Code pénal ; c'est aussi ce qui permet de distinguer le plus nettement cette faute délibérée de la faute caractérisée où l'on considère seulement que l'agent « aurait dû » avoir conscience du risque de mort auquel il a exposé autrui...

La conciliation entre ces textes, introduits à des époques différentes et non coordonnés, s'avère délicate. Néanmoins, compte tenu de la difficulté de preuve de la conscience du risque, la Cour de cassation préfère retenir (première hypothèse) que la faute découle de la seule violation consciente d'une obligation de prudence ou de sécurité. Elle admet ainsi qu'une cour d'appel « n'était pas tenue de constater que l'auteur du délit avait eu connaissance de la nature du risque particulier effectivement causé par son manquement »[120]. Mais, lorsque la conscience du risque est établie, les juges du fond peuvent *a fortiori* déduire la conscience chez l'agent de violer une obligation qui s'imposait à lui et qu'il ne peut prétendre avoir ignorée (v. *infra*, nº 1630).

1627. Mort. – En toute hypothèse, le manquement ne doit pas seulement avoir exposé autrui à un risque mortel. Il doit avoir permis la réalisation de ce risque : pour qu'il y ait homicide involontaire aggravé, la preuve de l'obtention de ce résultat redouté doit être rapportée. La mort d'autrui doit être établie pour caractériser une infraction matérielle et elle ne doit pas avoir été recherchée pour caractériser une infraction non intentionnelle : l'expression dol éventuel parfois employée pour désigner l'élément moral de cet homicide s'avère donc ambiguë. Elle mérite d'être abandonnée car le dol est synonyme d'intention. S'il s'agissait de cela ici, cela signifierait que l'agent a eu conscience du risque et souhaité sa réalisation (même s'il n'a pas agi avec la volonté de causer le dommage qui s'est effectivement produit puisqu'il était incertain). Or, il ne saurait être question de cela en l'espèce car, on l'a dit, l'agent n'a pas nécessairement mesuré le risque et, en tout cas, n'a pas souhaité sa réalisation. Il n'y a donc pas de volonté de créer un risque et moins encore de le voir se réaliser. Il n'y a pas intention mais faute, fût-elle délibérée parce qu'en violant consciemment une obligation de prudence ou de sécurité qui s'imposait à lui l'agent aurait dû mesurer les conséquences qui en résulteraient.

B. Le régime de la faute délibérée

1628. Les conséquences du caractère délibéré de la faute ne se mesurent pas seulement en termes de répression. La spécificité de la faute délibérée apparaît aussi s'agissant de ses modalités d'appréciation et s'agissant du lien de causalité devant exister entre elle et le décès d'autrui.

1. L'appréciation de la faute délibérée

1629. Méthode. – Alors que les fautes simples s'apprécient *in abstracto*, la faute délibérée s'apprécie *in concreto*. Il n'est plus question de raisonner ici par rapport à un modèle de comportement : il faut établir non que l'agent aurait dû

120. Cass. crim., 16 févr. 1999, *RSC* 1999, p. 581, obs. Y. Mayaud.

connaître la règle qu'il transgressait mais qu'il la connaissait effectivement et qu'il l'a transgressée « en pleine connaissance de cause »[121].

La méthode s'impose : le caractère délibéré de la violation doit se dégager des circonstances dans lesquelles l'agent est intervenu. Sa détermination doit résulter des faits de l'espèce. De surcroît, seule cette méthode permet d'établir que le manquement a été « manifestement délibéré ». L'utilisation de cet adverbe par le législateur s'avère peu compatible avec une appréciation *in abstracto* : il doit sauter aux yeux que l'agent a sciemment violé l'obligation particulière de sécurité et de prudence qui s'imposait à lui.

1630. Preuve. – Parfois, cette violation peut être déduite du fait que l'agent a donné l'ordre de ne pas respecter les précautions requises par la loi[122] ou du fait qu'il a menti en prétendant avoir respecté ces prescriptions[123]. Plus souvent, une telle preuve découle du fait que l'agent a été informé du danger et est passé outre l'avertissement donné. Ainsi jugé contre deux surfeurs qui s'étaient engagés sur une piste de ski, interdite par un arrêté municipal à raison d'un risque d'avalanche « maximum », alors qu'ils avaient reçu « une mise en garde du conducteur du télésiège » et que la piste, « barrée par une corde », comportait des « panneaux d'interdiction réglementaires »[124].

2. La causalité de la faute délibérée

1631. Indifférente. – Lorsqu'un homicide involontaire procède d'une faute délibérée, il faut et il suffit que le lien entre cette faute et le décès paraisse certain. Ce lien de causalité n'a pas à être direct : contrairement à la solution applicable aux fautes ordinaires, un lien de causalité indirect peut suffire ici. Autrement dit, à l'instar de la faute caractérisée, la faute délibérée peut être punie indépendamment de sa plus ou moins grande proximité avec le décès d'autrui. Elle peut être poursuivie alors que son auteur, personne physique, a seulement « créé ou contribué à créer la situation qui a permis la réalisation du dommage ou [n'a] pas pris les mesures permettant de l'éviter » (art. 121-3, al. 4). Une faute délibérée a pu ainsi être retenue à l'encontre d'un « décideur » qui, voulant gagner du temps ou de l'argent, avait négligé volontairement de mettre en œuvre les règles de sécurité qui s'imposaient à lui[125]. Peu importe que, pour occasionner la mort d'autrui, la faute d'un tiers ait été nécessaire en de telles circonstances (faute que le décideur avait pour mission de prévenir).

Il s'ensuit une apparente difficulté d'interprétation. En effet, le caractère délibéré de la faute paraît constituer une circonstance aggravante pour l'auteur direct et un élément constitutif de l'infraction reprochée à l'auteur indirect[126]. Suivant le lien de causalité retenu, la faute délibérée ne jouerait donc pas le même rôle... En réalité, une telle présentation s'avère trompeuse. La faute délibérée constitue toujours et seulement une circonstance aggravante : elle aggrave la répression de l'homicide

121. Cass. crim., 3 déc. 2002, *RSC* 2003, p. 334, obs. Y. Mayaud.

122. Cass. crim., 12 sept. 2000, *B.* n° 268.

123. Cass. crim., 16 oct. 2012, *Dr. pén.* 2013, n° 3, obs. M. Véron.

124. Cass. crim., 9 mars 1999, *RSC* 1999, p. 583, obs. Y. Mayaud.

125. Cass. crim., 3 déc. 2002, préc.

126. P. Conte, « Bilan de l'application aux accidents du travail des nouveaux principes gouvernant la faute d'imprudence », *in Le risque pénal dans l'entreprise*, JurisClasseur, coll. Carré droit, 2003, p. 25.

involontaire par rapport à la faute ordinaire lorsque la mort d'autrui en résulte directement ou par rapport à la faute caractérisée lorsque la mort d'autrui en résulte indirectement.

CHAPITRE 2

Les violences dites involontaires

1632. Le comportement incriminé au titre des violences dites involontaires est identique au comportement incriminé sous la qualification d'homicide involontaire (v. *supra*, nº 1595). On retrouve ici le même élément matériel indéterminé (action ou abstention) et le même élément moral (faute ordinaire ou caractérisée) susceptible d'aggravation (notamment en cas de faute délibérée). On retrouve également une même exigence de causalité directe lorsque la faute est ordinaire et l'admission d'un lien de causalité indirect lorsque la faute est caractérisée ou délibérée. Les violences involontaires se distinguent de l'homicide involontaire uniquement par le résultat redouté à ce titre par le législateur : non plus la mort mais une atteinte à l'intégrité physique ou psychique d'autrui. Il s'agit là aussi d'infractions matérielles dont la consommation suppose rapportée la preuve d'une atteinte effective à la santé d'une personne autre que l'agent[1].

Tentons de distinguer ces différentes infractions avant d'évoquer quelques éléments de leur régime commun.

Section 1
Les différentes violences involontaires

1633. Les violences involontaires peuvent correspondre à plusieurs catégories d'infraction. En effet, au-delà d'une atteinte à l'intégrité physique ou psychique nécessaire à la consommation de toutes ces infractions, de telles violences engendrent ou n'engendrent pas une incapacité totale de travail. En utilisant les critères du droit civil, on pourrait dire qu'un tel comportement est incriminé à raison du dommage qu'il a vocation à produire (l'atteinte) mais qualifié en fonction du préjudice principal qui peut en résulter (ITT). En effet, ce

1. Sur cette notion d'atteinte à l'intégrité physique ou psychique d'autrui, V. *supra*, nº 62.

préjudice sert à évaluer la gravité des atteintes en question et il retentit sur la qualification des comportements qui les ont engendrées.

Comme en matière de violences (intentionnelles. – V. *supra*, n° 81), on peut discuter du lien ainsi établi entre le préjudice principal souffert par autrui et le trouble à l'ordre public né des infractions en cause (qui devrait dépendre davantage de la faute reprochable à leur auteur, donc de l'importance de l'obligation méconnue, que d'un préjudice qui est imprévisible dans son étendue)[2]. Mais, à nouveau, le système présente l'avantage de la simplicité. De surcroît, il est corrigé par quelques circonstances aggravantes et le pouvoir d'individualisation reconnu au juge évite en pratique le prononcé de sanctions trop sévères.

Envisageons donc ces violences involontaires par ordre croissant de gravité.

§1. Les violences involontaires n'engendrant aucune ITT

1634. Présentation. – En principe, lorsqu'elles ne provoquent aucune incapacité totale de travail, les violences involontaires sont punies de l'amende prévue pour les contraventions de la 2e classe (art. R. 622-1), soit 150 €. Logiquement, l'infraction est consommée au jour où une atteinte à l'intégrité physique ou psychique de principe est constatée, indépendamment de sa persistance qui ne peut être invoquée pour repousser le point de départ du délai de prescription[3].

Mais, si l'atteinte à l'intégrité physique ou psychique d'autrui résulte d'un manquement délibéré à une obligation particulière de prudence ou de sécurité imposée par la loi et le règlement, l'infraction est punie de l'amende prévue pour les contraventions de la 5e classe (art. R. 625-3), soit 1 500 €. Dans une telle hypothèse, le caractère délibéré de la faute constitue moins une circonstance aggravante que l'élément constitutif d'une infraction distincte de la précédente[4]. Ce qui permet, de façon exceptionnelle en matière de police, d'envisager une possible aggravation de la sanction de cette violation délibérée ne causant qu'une atteinte de principe en cas de récidive (art. R. 625-6) : une nouvelle contravention de 5e classe, pour des faits équivalents, commise dans le délai d'un an à compter de l'expiration ou de la prescription de la précédente peine, expose son auteur à une amende de 3 000 € (art. 132-11).

§2. Les violences involontaires engendrant une ITT

1635. Évaluation. – Comme en matière de violences (intentionnelles), seule une incapacité totale (et non partielle) de travail est prise en compte : en

2. A. Pirovano, *Faute civile et faute pénale*, LGDJ, 1966, p. 241, n° 267.

3. Cass. crim., 3 juin 2008, *Dr. pén.* 2008, n° 122, obs. M. Véron.

4. Ce qui semble contredire l'analyse précédemment menée (V. *supra*, n° 1631) mais cette façon d'envisager la faute délibérée comme un élément constitutif, et non une circonstance aggravante, s'avère en réalité tout à fait exceptionnelle. On ajoutera qu'un tel constat ne tient pas au lien de causalité existant entre la faute et l'atteinte. Il ne saurait donc y avoir là un argument pour remettre en cause nos observations antérieures.

cas d'incapacité partielle, ne peut être retenue que l'infraction de violences involontaires, simple ou aggravée, évoquée précédemment. Là aussi, l'incapacité totale de travail s'entend de toute impossibilité d'agir normalement, dans le cadre d'une activité professionnelle ou autre[5]. Elle s'avère d'autant plus importante ici que, contrairement à la solution retenue en matière de violences (intentionnelles), aucun palier de répression supplémentaire n'est franchi lorsque la faute a entraîné une mutilation ou incapacité permanente[6].

La durée d'une telle incapacité est évaluée discrétionnairement par le juge sur la base des certificats médicaux produits par la victime. Seules les périodes de temps consécutives sont prises en compte[7]. Une telle évaluation s'avère cruciale car la répression n'est pas uniforme en la matière. En effet, ce palier comprend deux marches suivant la durée de l'incapacité. Il faut distinguer selon que l'ITT constatée s'avère inférieure ou supérieure à 3 mois consécutifs[8].

A. Répression en cas d'ITT inférieure ou égale à 3 mois

1636. Infraction simple. – En principe, lorsque des violences involontaires ont entraîné une ITT inférieure ou égale à 3 mois consécutifs, elles constituent une infraction de police punie de l'amende prévue pour les contraventions de 5e classe (art. R. 625-2), soit 1 500 €[9]. La récidive peut également être prise en compte ici (art. R. 625-6).

1637. Circonstances aggravantes. – Mais cette contravention peut être transformée en délit dans plusieurs hypothèses témoignant d'une gradation de la répression.

Les violences involontaires engendrant une ITT d'au plus 3 mois sont, tout d'abord, punies d'un an d'emprisonnement et de 15 000 € d'amende (art. 222-20) lorsque cette ITT est la conséquence d'une violation manifestement délibérée d'une obligation particulière de prudence ou de sécurité imposée par la loi ou le règlement. Ici, l'aggravation due à une faute délibérée entraîne donc la correctionnalisation de l'infraction[10].

Ensuite, ces violences involontaires sont punies de 2 ans d'emprisonnement et 30 000 € d'amende dans deux cas : il en va tout d'abord ainsi lorsqu'elles sont le fait du conducteur d'un véhicule terrestre à moteur (art. 222-20-1, al. 1) ; il en va de même lorsqu'elles procèdent d'une faute délibérée qui a permis l'agression de la victime par un chien (art. 222-20-2, al. 1).

Enfin, ces violences involontaires sont punies de 3 ans d'emprisonnement et 45 000 € d'amende dans trois cas. Il en va ainsi lorsqu'elles sont le fait du conducteur d'un véhicule terrestre à moteur et qu'elles sont aggravées soit par le caractère

5. Cass. crim., 30 oct. 2007, *Dr. pén.* 2008, n° 65, obs. J.-H. Robert. – V. aussi, *supra*, n° 89.

6. Ce qui s'avère particulièrement contestable dans l'hypothèse où la faute à l'origine de cette mutilation ou infirmité permanente n'a entraîné qu'une ITT de courte durée, voire une simple incapacité partielle de travail (V. aussi N.-E. Azeri, *La gravité de l'infraction en droit pénal*, Th. Paris 1, 2021, p. 183, n° 221).

7. Cass. crim., 15 mars 1988, *B.* n° 130.

8. Sachant que cette durée « doit s'entendre de trois mois, appréciés en jours sur la base d'un mois de trente jours » : Cass. crim., 7 janv. 2020, *Dr. pén.* 2020, n° 74, obs. P. Conte.

9. Cass. crim., 10 juin 2008, *Dr. pén.* 2008, n° 123, obs. M. Véron.

10. V. s'agissant d'un salarié qui se blesse en travaillant sur une machine que son employeur savait dangereuse : Cass. crim., 12 juin 2007, *B.* n° 156.

délibéré de sa faute, soit par un délit routier (art. 222-20-1, al. 2)[11]. Il en va de même lorsque la faute délibérée imputable au propriétaire du chien méchant se double d'un comportement illicite ou immoral (art. 222-20-2, al. 2)[12].

B. Répression en cas d'ITT supérieure à 3 mois

1638. Pénalités. – L'article 222-19 punit de 2 ans d'emprisonnement et 30 000 € d'amende les violences involontaires ayant engendré une ITT supérieure à 3 mois consécutifs.

On retrouve ici les mêmes circonstances aggravantes qu'en matière d'homicide involontaire. Les peines sont portées à 3 ans d'emprisonnement et 45 000 € d'amende : i) lorsque la faute pénale à l'origine de l'incapacité a été commise par le conducteur d'un véhicule terrestre à moteur ; ii) lorsque cette faute paraît délibérée (v. *supra*, n° 1620).

Par ailleurs, ces peines sont portées à 5 ans d'emprisonnement et 75 000 € d'amende lorsque l'agent a commis dans le même temps un délit routier (peines portées à 7 ans d'emprisonnement et 100 000 € d'amende lorsque sont réunies au moins deux des circonstances aggravantes prévues à l'article 222-19-1). Il s'agit toujours d'éviter un plafonnement de la répression par l'effet des règles applicables au concours réel d'infractions. L'annulation du permis de conduire est encourue également de plein droit.

Enfin, des paliers d'aggravation équivalents ont été introduits pour tenir compte de l'atteinte fautive à l'intégrité de la personne résultant de l'agression commise par un chien (art. 222-19-2).

Section 2
Le régime des violences involontaires

1639. Ce régime emprunte, pour l'essentiel, à celui des homicides involontaires. Néanmoins, quelques observations complémentaires peuvent être formulées ici[13].

1640. Pluralité. – Tout d'abord, il est fréquent qu'une même faute engendre plusieurs dommages : soit un automobiliste qui perd le contrôle de son véhicule et heurte plusieurs personnes. Certaines subissent une ITT de plus de 3 mois, d'autres de moins de 3 mois. Combien d'infractions pourront être reprochées à cet automobiliste et dans quelles conditions pourront-elles être punies ? La Cour de cassation estime qu'il y a alors autant de délits et de contraventions que de victimes. Mais elle ajoute « qu'une faute pénale unique ne peut être

11. Peines portées à 5 ans d'emprisonnement et 75 000 € d'amende en cas de cumul des circonstances aggravantes prévues par ce texte.

12. V. s'agissant d'un chien de 2e catégorie non muselé ni tenu en laisse : Cass. crim., 29 janv. 2013, *Dr. pén.* 2013, n° 69, obs. M. Véron.

13. S'agissant des associations habilitées à agir, v. CPP, art. 2-12, -17, -18.

sanctionnée que par une seule peine »[14]... Ce qui revient à modifier la solution légale du concours réel d'infractions. Seule est prononcée la peine correspondant à l'infraction relevée la plus grave. Si une telle conclusion s'impose, elle contredit néanmoins le constat de différentes infractions : différentes déclarations de culpabilité interviennent ici pour permettre l'indemnisation de toutes les victimes, donc à des fins purement civiles alors qu'en matière pénale il n'y a, en réalité, qu'un seul comportement appelant une sanction. C'est parce que la pluralité d'infractions est fictive que les règles du concours réel d'infractions sont écartées[15]. Toutefois, le droit pénal ne devrait pas se plier ainsi aux exigences du droit civil.

1641. Nature. – Ensuite, rappelons que la perte d'une chance n'est pas prise en compte dans la nomenclature pénale[16]. Un lien de causalité certain doit exister entre la faute et une atteinte effective à l'intégrité physique ou psychique soufferte par autrui. Ce qui, à l'occasion d'une même affaire, peut conduire à une relaxe, au titre de l'action publique, et permettre une condamnation au titre de l'action civile (sur le fondement de l'article 470-1, CPP)[17]. Car la certitude de la causalité est appréciée de façon plus stricte au pénal qu'au civil[18].

1642. Consolidation. – Enfin, on a indiqué précédemment (v. *supra*, n° 1604) que le résultat pris en compte en matière de violences involontaires correspond au dommage final subi par la victime. Il en va de même pour le préjudice dont il peut être demandé réparation sur le plan civil : les juges sont tenus d'ordonner la réparation de tout le préjudice qu'ils constatent lorsque celui-ci prend directement sa source dans l'infraction dont ils ont déclaré un prévenu coupable[19].

14. V. cet arrêt rendu au visa des art. 132-3 et 132-7 du Code pénal : Cass. crim., 8 mars 2005, *B.* n° 78.

15. V. toutefois V. Weber, *La pluralité de victimes en droit pénal*, Thèse Bordeaux, 6 déc. 2021, p. 72, n°°79.

16. V. jugeant qu'en cas de perte d'une chance de survie, il existe un doute sur le caractère causal de la faute pénale par rapport au dommage : Cass. crim., 17 janv. 2017, *RSC* 2017, p. 357, obs. P. Mistretta. – 20 nov. 1996, *Dr. pén.* 1997, n° 34, obs. M. Véron. – 5 oct. 1994, *Dr. pén.* 1995, n° 32, obs. M. Véron.

17. Cass. crim., 20 mars 1996, *B.* n° 119.

18. V. encore Cass. crim., 27 mai 2014, *JCP* G 2014, 843, note A. Bascoulergue. – 29 avr. 2014, *Dr. pén.* 2014, n° 103, obs. M. Véron.

19. Cass. crim., 22 déc. 1987, *B.* n° 476.

CHAPITRE 3

L'exposition involontaire d'autrui à un risque

1643. Délimitation. – Il s'agit d'envisager maintenant le délit prévu à l'article 223-1 du Code pénal. Il est souvent, faute de mieux, qualifié délit de « risques causés à autrui ». Une telle formule n'apparaît guère satisfaisante car elle pourrait servir à désigner toute forme de mise en danger. Or, on l'a vu, les mises en danger constituent pour la plupart des infractions intentionnelles (v. *supra*, n° 1364). Ce qui n'est pas le cas du délit évoqué ici. Néanmoins, l'expression « risques causés à autrui » est ratifiée par l'usage ; elle sera donc conservée.

Est en cause le fait d'exposer involontairement la vie ou l'intégrité physique d'autrui à un risque grave en violation d'une obligation particulière de prudence ou de sécurité prévue par une loi ou un règlement sciemment méconnu. Il s'agit de réprimer un comportement dangereux notamment en matière de sécurité routière et d'organisation du travail. Cette infraction « obstacle » est punie afin de prévenir la commission d'homicides involontaires ou de violences involontaires graves. Elle est caractérisée en amont : un acte irresponsable est sanctionné sans attendre qu'il en résulte une atteinte à la vie ou à l'intégrité physique, ou psychique, d'autrui. La sanction d'un tel acte ne dépend pas du hasard de la réalisation d'un éventuel dommage.

Une telle incrimination a provoqué de vifs débats lorsqu'elle fut introduite en 1992. Certains parlementaires l'ont jugée menaçante pour l'activité économique car elle risquait, selon eux, de décourager tout esprit d'initiative. D'autres ont dénoncé son caractère incertain car, intervenant avant la réalisation d'une quelconque atteinte, le juge ne peut que spéculer sur la dangerosité réelle de son auteur. En réalité, la complexité de l'incrimination limite ses possibilités d'application.

Après en avoir précisé les termes, nous envisagerons les conditions de sa répression.

Section 1
L'incrimination du fait d'exposer autrui à un risque

1644. L'article 223-1 incrimine le « fait d'exposer directement autrui à un risque immédiat de mort ou de blessures de nature à entraîner une mutilation ou une infirmité permanente par la violation manifestement délibérée d'une obligation particulière de prudence ou de sécurité imposée par la loi ou le règlement ». Le juge doit donc pouvoir vérifier, à titre préalable, que l'agent était bien tenu au respect d'une obligation particulière de prudence ou de sécurité. En effet, ce délit consiste pour l'agent à violer une telle obligation en connaissance de cause sous peine d'exposer autrui à un risque grave. Cette prise de risque n'est pas l'objet de l'infraction, finalement très mal nommée. Elle n'est qu'un résultat involontairement produit.

§1. La condition préalable

1645. L'application de l'article 223-1 précité suppose d'établir au préalable que l'agent était soumis à une obligation particulière de prudence ou de sécurité imposée par une loi ou un règlement. En tout premier lieu, il faut donc démontrer qu'une loi ou un règlement commandait à l'agent de prendre des précautions ou de s'abstenir de certains actes pouvant causer un accident impliquant des personnes[1]. À ce titre, la violation de n'importe quelle obligation de prudence ou de sécurité ne peut être retenue : le texte d'incrimination précise à la fois l'origine et le caractère attendu de l'obligation dont la violation délibérée peut constituer une infraction.

A. L'origine de l'obligation de prudence ou de sécurité

1646. Source. – L'obligation de prudence ou de sécurité doit résulter expressément d'un texte. Ainsi, le juge ne peut-il admettre l'existence d'une prise de risque en comparant simplement l'attitude de l'agent avec le comportement d'un bon père de famille ou d'un bon professionnel (c'est-à-dire d'une personne agissant « raisonnablement » au sens du droit civil) placé dans les mêmes circonstances[2]. Il faut qu'un texte ait imposé à l'agent un comportement déterminé qu'il n'a pas eu[3]. À ce titre, le champ d'une telle incrimination s'avère plus réduit que celui de l'homicide ou des violences involontaires (où la violation délibérée d'une obligation particulière de prudence ou de sécurité ne constitue qu'une circonstance aggravante). Il s'agit de prévenir la réalisation

1. Comp. C. env., art. L. 231-1 et E. Dreyer, « Des écodélits à la place d'un écocrime », *Gaz. Pal.*, 23 nov. 2021, p. 85.

2. Cass. crim., 22 sept. 2015, *JCP* G 2015, 1284, note H. Matsopoulou ; *RSC* 2016, p. 854, obs. Y. Mayaud.

3. CA Rouen, 25 mars 2004, *JCP* G 2005, IV, 1428. – Grenoble, 19 févr. 1999, *D.* 1999, p. 480, note M. Redon ; *JCP* G 1999, II, 10171, note P. Le Bas. – Bordeaux, 15 mai 1997, *JCP* G 1998, IV, 1647. – Aix-en-Provence, 22 nov. 1995, *D.* 1996, p. 405, note J. Borricand.

d'un risque préalablement identifié et qui peut être circonscrit en prenant les précautions qu'impose spécifiquement à cet effet une loi ou un règlement. La décision de condamnation doit indiquer le texte en cause pour permettre à la Cour de cassation de s'assurer qu'il énonçait bien une telle obligation[4] et qu'il était effectivement applicable à l'agent dans les circonstances de l'espèce[5].

Beaucoup de dispositions du Code du travail ou du Code de la route prévoient de telles obligations de prudence ou de sécurité. Néanmoins, la source de ces obligations est envisagée de façon restrictive. La Cour de cassation considère en effet que l'obligation de prudence ou de sécurité doit résulter d'une loi ou d'un règlement au sens constitutionnel du terme. Ce qui ne pose guère de difficulté pour les lois (sous réserve des ordonnances prises, sur habilitation, par le gouvernement, dans le domaine législatif qui doivent être ratifiées dans un délai déterminé sous peine de caducité : Const., art. 38, al. 4) mais interroge s'agissant de certains règlements. En effet, tous ne peuvent être pris en compte sur le fondement de l'article 223-1 : ce texte utilise d'ailleurs le singulier pour imposer une approche plus stricte « du » règlement ici qu'au sens des articles 221-6 et 222-19 relatifs à l'homicide et aux violences involontaires simples (v. *supra*, n° 1598). En conséquence, le délit a été écarté suite à la violation consciente de l'obligation de prudence ou de sécurité résultant d'un arrêté préfectoral qui déclarait un immeuble insalubre et imposait au propriétaire des travaux de mise en conformité. Pour la Cour de cassation, cet arrêté préfectoral ne constituait pas un acte administratif à caractère général et impersonnel[6]. Il ne pouvait donc valoir règlement[7]. Peu importe que les obligations en découlant aient eu pour objet de prévenir les accidents. Il en va de même lorsque l'obligation est exprimée dans une circulaire dénuée de tout caractère obligatoire pour celui qui l'a ignorée[8]. Échappe *a fortiori* à l'application de l'article 223-1 le fait d'exposer autrui à un risque de mort ou de blessure en méconnaissance du règlement intérieur d'une entreprise ou d'un club sportif. En revanche, a plus récemment été prise en compte la violation d'une obligation particulière de prudence ou de sécurité découlant d'un règlement européen[9].

En toute hypothèse, lorsque le texte prescrivant une obligation particulière de prudence ou de sécurité est de nature réglementaire, sa légalité – comme celle de tout autre acte administratif – peut être discutée. En effet, seul un acte valable présente un caractère obligatoire, ce que le juge répressif est habilité à vérifier. Il ne saurait donc y avoir délit, malgré la violation d'une obligation particulière au sens

4. Cass. crim., 12 janv. 2016, *RSC* 2016, p. 72, obs. Y. Mayaud.

5. V. s'agissant de salariés embauchés à l'étranger par une filiale pour travailler à l'étranger auxquels le Code du travail français n'a pas vocation à s'appliquer : Cass. crim., 7 sept. 2021, *D.* 2022, p. 45, note L. Saenko ; *Dr. pén.* 2021, n° 155, obs. A. Gogorza ; *RSC* 2021, p. 827, obs. Y. Mayaud.

6. Cass. crim., 10 mai 2000, *B.* n° 183.

7. Néanmoins, là aussi, la Cour de cassation admet qu'un acte administratif individuel peut être à l'origine d'une obligation de prudence ou de sécurité, au sens de l'article 223-1, lorsqu'il se contente d'adapter les dispositions d'un décret : loin de constituer une simple décision, cet acte conserverait alors une valeur réglementaire (v. s'agissant d'arrêtés préfectoraux autorisant l'exploitation d'installations classées : Cass. crim., 5 avr. 2011, *Dr. env.* 2012, p. 91, note R. Mésa. – 30 oct. 2007, *Dr. pén.* 2008, n° 65, obs. J.-H. Robert).

8. Cass. crim., 6 déc. 2016, *Dr. pén.* 2017, n° 42, obs. J.-H. Robert.

9. V. en matière d'aviation civile : Cass. crim., 8 sept. 2020, *Dr. pén.* 2020, n° 186, obs. J.-H. Robert.

de l'article 223-1, si cette obligation trouve son origine dans un règlement dont l'application est écartée par le juge pénal accueillant une exception d'illégalité[10].

B. La particularité de l'obligation de prudence ou de sécurité

1647. Objet. – De surcroît, l'obligation de prudence ou de sécurité litigieuse n'est prise en compte que si elle présente un caractère « particulier ». Ce qui témoigne, là aussi, d'une approche restrictive par rapport à l'homicide ou aux violences involontaires simples (l'obligation violée ne devant – alors – être particulière que pour établir une faute délibérée).

Cette exigence exclut que le texte prévoyant l'obligation se contente de mettre en garde face à un danger déterminé en exigeant l'accomplissement de diligences non précisées qui sont donc laissées à l'appréciation du débiteur. Il ne s'agit pas d'envisager la prise de risque en question comme toute imprudence ou négligence prévue par un texte. Le ministère public doit démontrer qu'une action ou une abstention aisément identifiable était imposée à l'agent par une loi ou un règlement et qu'elle n'a pas eu lieu. Tel est le cas lorsqu'un décret interdit les rassemblements de plus de six personnes en période d'isolement sanitaire[11] ou lorsqu'une disposition du Code de la santé publique réserve aux médecins et infirmiers le soin d'effectuer des injections intradermiques lorsque nécessaire[12]. Tel n'est pas le cas lorsqu'un texte se contente de confier, d'une manière générale, aux maires le soin de prévenir et faire cesser tous les événements survenant sur le territoire de leur commune qui sont de nature à compromettre la sécurité des personnes[13]. Tel n'est pas davantage le cas lorsqu'un texte se contente d'imposer une obligation générale de vigilance aux médecins[14].

1648. Portée. – Toutefois, cette exigence de précision n'interdit pas de prendre en compte des obligations qui s'adressent à des catégories larges de destinataires. L'essentiel est que de telles obligations commandent de faire ou de ne pas faire quelque chose de précis. Ainsi, s'agissant d'un automobiliste auteur de dépassements dangereux, la Cour de cassation a-t-elle dénoncé la transgression des articles R. 413-14 et R. 414-4, C. route imposant à tout conducteur de maintenir son véhicule près du bord droit de la chaussée[15]... L'obligation était particulière en ce qu'elle imposait un comportement déterminé. De même, ont été déclarées particulières, alors qu'elles concernent tout employeur, les obligations découlant des articles R. 4222-1 et s., C. trav. qui imposent des mesures de protection collective assurant la pureté de l'air nécessaire à la santé des travailleurs et, à défaut, la mise à disposition d'appareils de protection individuelle[16].

10. C. pén., art. 111-5. – CA Paris, 17 déc. 1996, *Dr. pén.* 1997, n° 46, obs. M. Véron.

11. Cass. crim., 8 févr. 2022, *AJ pénal* 2022, p. 212, obs. D. Pamart.

12. Cass. crim., 12 juin 2019, *RSC* 2020, p. 393, obs. P. Mistretta.

13. Cass. crim., 25 juin 1996, *Dr. pén.* 1996, n° 265, obs. M. Véron.

14. Cass. crim., 18 mars 2008, *JCP* G 2008, II, 10127, note P. Mistretta.

15. Cass. crim., 16 nov. 2016, *Gaz. Pal.* 24 janv. 2017, p. 47, obs. E. Dreyer ; *AJ pénal* 2017, p. 83, obs. J.-P. Céré. – 23 juin 1999, *Dr. pén.* 2000, n° 4, obs. M. Véron.

16. Cass. crim., 24 juin 2014, *Gaz. Pal.* 19 juill. 2014, p. 19, note R. Mésa.

Sans doute parce que de telles obligations peuvent s'avérer très techniques, la Cour de cassation impose aux juges du fond de rechercher « celles des obligations particulières de prudence ou de sécurité imposées par la loi ou le règlement régissant l'emploi d'agents..., qui, objectives, immédiatement perceptibles et clairement applicables sans faculté d'appréciation personnelle du sujet, étaient susceptibles d'avoir été méconnues »[17]. Mais la portée d'une telle affirmation, qui ajoute au texte, reste incertaine. *A priori*, il s'agit d'éviter que l'obligation violée ne soit déduite de la combinaison de textes généraux d'où une interprétation audacieuse pourrait faire apparaître une obligation d'agir ou de s'abstenir qui manquerait d'évidence dans son principe comme dans son étendue[18]. Toutefois, on peut aussi la comprendre autrement : elle a peut-être plus simplement pour objectif de rappeler que le délit ne se conçoit pas sans conscience de violer une obligation qui doit dès lors apparaître avec évidence. Ce qui renverrait davantage à ses éléments constitutifs qu'à sa condition préalable.

§2. Le comportement incriminé

1649. L'auteur de l'infraction est logiquement le débiteur de l'obligation de prudence ou de sécurité dont il vient d'être question[19]. Il lui est reproché d'avoir violé cette obligation dans certaines circonstances qui ont fait peser une menace sur autrui. Envisageons ce comportement dans sa double dimension matérielle et morale.

A. La matérialité de l'acte

1650. Matériellement, le comportement incriminé doit satisfaire trois exigences. Il suppose une action ou une abstention reprochable à l'agent, exposant autrui à un risque, dans des circonstances telles que le lien de causalité entre ladite action ou abstention et ce risque ne peut être mis en doute.

1651. Acte. – Est en cause ici tout comportement dénotant la méconnaissance par l'agent d'une obligation particulière de prudence ou de sécurité qui s'imposait à lui. On retrouve là des éléments servant à la définition de la faute délibérée qui aggrave les sanctions encourues en cas d'homicide ou violences involontaires (v. *supra*, nº 1622). Mais ce comportement est puni à raison de la prise de risque qu'il induit et non à raison de l'atteinte à la vie ou à l'intégrité physique ou psychique d'autrui qui en est découlée.

Le texte d'incrimination ne définit pas l'acte en question : il correspond à une action ou une abstention suivant que l'obligation violée était une obligation de faire ou une obligation de ne pas faire. L'infraction peut donc être de commission ou d'omission. Elle peut également être instantanée ou continue suivant que l'exécution de l'obligation méconnue impliquait un fait ou une activité. À titre d'illustration, l'infraction a été reprochée à des propriétaires de chiens dangereux qui

17. Cass. crim., 13 nov. 2019, *Dr. pén.* 2020, nº 3, obs. P. Conte ; *AJ pénal* 2020, p. 87, obs. J. Lasserre Capdeville.

18. V. approuvant l'annulation de la mise en examen d'une ministre de la Santé, suite à la pandémie de Covid-19, sur ce fondement : ass. plén., 20 janv. 2022, *Dr. pén.* 2023, comm. 42, obs. P. Conte ; *RSC* 2023, p. 81, obs. P. Beauvais et p. 368, obs. P. Mistretta.

19. Cass. crim., 22 juin 2005, *Dr. pén.* 2005, nº 159, obs. M. Véron.

laissaient divaguer leurs animaux, ou ne garantissaient pas leur complet isolement, au mépris des règles applicables[20]. Elle a également été reprochée à des automobilistes pour des comportements aventureux au regard des exigences du Code de la route[21].

Toutefois, sauf à correctionnaliser un grand nombre de comportements (qui ne constituent que des contraventions) sous prétexte qu'ils ont été commis délibérément, il ne suffit pas d'établir la violation consciente d'une prescription légale ou réglementaire pour caractériser ce délit. Par ex., il ne suffit pas d'un excès de vitesse pour démontrer une mise en danger. La violation d'une obligation particulière de prudence ou de sécurité doit être l'occasion d'une véritable prise de risque pour autrui[22].

1652. Prise de risque. – L'action ou l'abstention de l'agent doit avoir effectivement exposé autrui à un risque. Il importe peu que le risque en question ait visé une personne déterminée ou non. Il suffit qu'ait été concernée une personne qui passait par là. Mais il importe qu'au moins une personne ait été exposée au risque. En effet, le risque en question ne peut être purement théorique, déduit de l'importance de l'obligation violée : même si cette obligation était cruciale pour la sécurité des personnes, le juge ne peut déduire de sa violation qu'autrui a nécessairement été mis en danger[23]. Aucune présomption n'est admise en la matière : la réalité du risque auquel une personne au moins a été exposée doit donc être établie[24].

Pire : les magistrats doivent démontrer qu'autrui a été exposé à un risque immédiat[25]. Cette exigence d'immédiateté (qui se rapporte au risque créé et non à l'action ou à l'abstention reprochée à l'agent) commande une appréciation concrète des circonstances de l'infraction. Ainsi, le fait de franchir un feu rouge lorsque la visibilité est bonne et que personne ne vient en face ne suffit pas à caractériser le délit de l'article 223-1. En revanche, ce délit est constitué en cas de franchissement d'un feu rouge, même après un temps d'arrêt, si un véhicule survient en face bénéficiant de la priorité absolue que lui donne le feu vert. Un risque immédiat de collision existe alors[26]. Peu importe que le conducteur ait réussi à l'éviter.

Enfin, tout dommage potentiel n'est pas pris en compte. L'acte accompli par l'agent doit avoir exposé autrui à un risque immédiat de mort ou de blessures de nature à entraîner une mutilation ou une infirmité permanente. Ce qui peut s'avérer difficile à apprécier car il est délicat, à ce stade, d'identifier précisément quelles auraient pu être les conséquences de la violation délibérée d'une obligation

20. CA Paris, 9 nov. 1995, *Dr. pén.* 1996, n° 57, obs. M. Véron. – 25 févr. 2000, *JCP* G 2000, IV, 2861. – Comp., C. pén., art. R. 622-2 et Cass. crim., 2 mai 2018, *Dr. pén.* 2018, n° 120, obs. P. Conte.

21. Cass. crim., 12 mars 1997, *B.* n° 102. – *Idem* : Cass. crim., 11 mars 1998, *JCP* G 1999, II, 10064, note K. Hoyez. – 12 nov. 1997, *Dr. pén.* 1998, n° 49, obs. M. Véron.

22. Comp. Cass. crim., 19 avr. 2000, *D.* 2000, p. 631, note Y. Mayaud. – 27 sept. 2000, *Dr. pén.* 2001, n° 17, obs. M. Véron. – V. depuis Cass. crim., 16 déc. 2015, *Dr. pén.* 2016, n° 43, obs. P. Conte ; *AJ pénal* 2016, p. 264, obs. J. Lasserre Capdeville.

23. Cass. crim., 3 avr. 2001, *JCP* G 2002, II, 10056, note F. Gauvin.

24. V. not. V. Malabat, « Le délit dit de "mise en danger", la lettre et l'esprit », *JCP* G 1999, I, 208, qui relève toutefois que la présence d'autrui ne semble pas exigée dans certains arrêts.

25. Cass. crim., 12 janvier 2016, *RSC* 2016, p. 72, obs. Y. Mayaud.

26. Cass. crim., 6 juin 2000, *Dr. pén.* 2000, n° 124, obs. M. Véron. – V. aussi s'agissant d'un risque de contamination sans conséquence pour des personnes jeunes et en bonne santé : Cass. crim., 8 févr. 2022, *AJ pénal* 2022, p. 212, obs. D. Pamart.

particulière de prudence ou de sécurité prévue par une loi ou un règlement. Néanmoins, on déduit de cette exigence que seules les prises de risque les plus importantes sont concernées, celles dont on peut admettre de façon vraisemblable qu'elles menacent la vie ou l'intégrité physique d'autrui. Il ne s'agit donc pas de prévenir tous les délits non intentionnels mais seulement les plus funestes d'entre eux. L'infraction a été retenue, par ex., en cas de risque de saturnisme lié à la présence de plomb dans les peintures d'un appartement que le propriétaire aurait dû rénover avant de le donner à bail[27].

1653. Causalité. – De surcroît, il faut encore démontrer que l'acte en cause (violation d'une obligation particulière de prudence ou de sécurité prévue par la loi ou un règlement) pouvait produire le résultat redouté par le législateur[28]. Ce lien de causalité doit présenter deux caractères.

Tout d'abord, le lien entre le comportement de l'agent et la mort ou des blessures graves susceptibles d'être causées à autrui doit s'avérer certain : il ne peut y avoir de doute sur le pouvoir causal de l'acte[29]. Certes, le résultat redouté ne s'est pas produit mais il aurait dû se produire. Ce qui suffit à écarter toute application de l'article 223-1 en cas de manquement au principe de précaution : un tel principe commande de s'abstenir non quand l'existence du risque est certaine (logique de prévention) mais lorsqu'elle est seulement possible (hypothèse dans laquelle le risque de mort ou de blessures graves est envisagé mais non démontré)[30]. La protection pénale d'un tel principe ne peut qu'être indirecte[31].

Ensuite, le lien entre le comportement de l'agent et la mort ou des blessures graves susceptibles d'être causées à autrui doit apparaître direct. Il faut établir que c'est l'attitude même de l'agent qui est à l'origine du risque auquel autrui a été exposé[32]. En effet, la violation d'une obligation particulière de prudence ou de sécurité doit avoir directement exposé autrui à un risque immédiat de mort ou de blessures graves. La survenance de ce dommage ne doit donc pas dépendre du comportement d'un tiers[33] ou de prédispositions de la victime potentielle[34]. Selon Mme Rassat, « on

27. Cass. crim., 20 nov. 2012, *Dr. pén.* 2013, n° 38, obs. M. Véron.

28. Il n'y a donc pas infraction si l'impact d'une pollution n'a pu être établi : Cass. crim., 4 oct. 2005, *Dr. pén.* 2006, n° 10, obs. M. Véron.

29. Cass. crim., 19 avr. 2017, *JCP* G 2017, 610, note F. Rousseau ; *AJ pénal* 2017, p. 340, note V. Cohen-Donsimoni ; *RSC* 2017, p. 285, obs. Y. Mayaud.

30. A. Zouhal, *Le risque en droit pénal*, LGDJ, coll. Bibl.sc.crim., t. 71, 2021, p. 411 et s.

31. V. aussi E. Dreyer, « Retour sur une éventuelle garantie pénale du principe de précaution », *D.* 2020, p. 159 ; « Droit pénal et principe de précaution », *D.* 2015, p. 1912. – J.-C. Saint-Pau, « Les réponses du droit pénal aux crises sanitaires », *in Les réponses du droit aux crises sanitaires*, L'Harmattan, 2016, p. 230 ; « La sanction pénale du principe de précaution par le délit de risques causes à autrui », *in Mél. Laborde*, Dalloz, 2014, p. 847. – D. Roets, « Réflexions sur les possibles implications du principe de précaution en droit pénal de l'imprudence », *RSC* 2007, p. 251.

32. Peu importe qu'à ce titre il ne soit pas seul fautif (Cass. crim., 30 oct. 2007, *Dr. pén.* 2008, n° 65, obs. J.-H. Robert). L'essentiel est que l'agent ne se soit pas contenté de contribuer à créer le risque.

33. Toutefois, il arrive à la jurisprudence d'assimiler exposition à un risque de mort et exposition à un risque d'accident mortel (v. p. ex. E. Calvo, *Accidents de masse et responsabilité pénale*, Thèse Bordeaux, 2018, p. 103, n° 145), ce qui paraît discutable.

34. V. excluant le délit dans l'hypothèse où l'obtention de ce résultat était subordonnée à une absence de soins complémentaires : Cass. crim., 6 oct. 2009, *Dr. pén.* 2010, n° 15, obs. M. Véron. – V. excluant le délit dans l'hypothèse où une contamination serait le fait, non de l'agent, mais des personnes exposées par lui au risque : Cass. crim., 8 févr. 2022, *AJ pénal* 2022, p. 212, obs. D. Pamart.

est ici en plein droit-fiction »[35]. Le ministère public doit se livrer à une évaluation prospective du comportement litigieux et convaincre les juges qu'il était effectivement susceptible de produire l'un des résultats redoutés par le législateur[36]. La répression repose alors sur un calcul de probabilité[37]. Même s'il n'en est pas résulté pour autrui la mort, une mutilation ou une infirmité permanente, les magistrats doivent pouvoir se convaincre qu'un tel résultat aurait pu se produire compte tenu des circonstances dans lesquelles l'obligation de prudence ou de sécurité a été violée. En pratique, ce lien de causalité est assez facilement admis lorsqu'une ou plusieurs victimes ont été, sans le savoir, mises en présence d'un produit, d'un objet ou d'un animal intrinsèquement dangereux[38]. Il arrive également que les magistrats invoquent à l'appui un premier dommage que la faute a causé aux biens censés protéger autrui (tôle froissée, immeuble incendié, par ex.) et qui aurait pu concerner aussi leurs propriétaires ou occupants[39]. Ce qui peut se révéler tout à fait frappant mais ne doit pas être exagéré car la sanction du délit prévu à l'article 223-1 tend à prévenir une infraction contre les personnes[40]. C'est un comportement, une attitude dangereuse pour autrui qu'il s'agit d'établir ici[41]. Il n'est pas nécessaire d'ajouter que la prise de risque a eu un retentissement matériel quelconque.

B. La perception de l'acte

1654. Présentation. – En toute hypothèse, le délit de « risques causés à autrui » requiert un élément moral particulier. Une faute délibérée est nécessaire. Cette faute est identique à celle permettant d'aggraver la répression de l'homicide ou des violences involontaires (v. *supra,* nº 1622)[42]. Précisons à la fois son contenu et ses modalités d'appréciation.

1655. Contenu. – Contre toute attente, il a parfois été prétendu que le délit de l'article 223-1 requiert une intention coupable. Est invoqué à l'appui un arrêt – resté isolé – de la Cour de cassation qui a vu dans le délit de risques causés à autrui une infraction « intentionnelle »[43]. Mais, à ce titre, Cour et doctrine méconnaissent ce qui en fait précisément l'originalité[44]. Le comportement en question peut produire deux résultats, l'un médiant, l'autre final. Le résultat à

35. M.-L. Rassat, *Droit pénal spécial*, Dalloz, 8e éd., 2018, p. 472, nº 397.

36. Cass. crim., 7 janv. 2015, *Dr. pén.* 2015, nº 33, obs. M. Véron.

37. V. s'agissant de traitements pouvant entraîner un risque mortel d'hémorragie : Cass. crim., 29 juin 2010, *Dr. pén.* 2010, nº 105, obs. M. Véron.

38. V. s'agissant de salariés exposés à l'amiante sans s'interroger sur la durée de leur exposition : Cass. crim., 17 déc. 2019, *Dr. pén.* 2020, nº 70, obs. P. Conte ; *RSC* 2020, p. 82, obs. Y. Mayaud.

39. Cass. crim., 23 juin 1999, *Dr. pén.* 2000, nº 4, obs. M. Véron.

40. Cass. crim., 11 févr. 1998, *JCP* G 1998, II, 10084, note A. Coche, rejetant le pourvoi formé contre CA Rennes, 26 sept. 1996, *JCP* G 1997, II, 22902, note J.-Y. Chevallier.

41. Si le dommage devait se réaliser, il y aurait homicide ou violences involontaires aggravés par le caractère délibéré de la faute commise : Cass. crim., 11 sept. 2001, *Dr. pén.* 2002, nº 4, obs. M. Véron.

42. *Contra* : J.-Y. Maréchal, « La mise en danger délibérée en droit pénal français », *in Mél. Seuvic*, PUN, 2018, p. 329. – P. Conte, « L'invention de la variante juridique du triangle des Bermudes ? », *in Code pénal et Code d'instruction criminelle*, Dalloz, coll. UPA, 2010, p. 437.

43. Cass. crim., 9 mars 1999, *D.* 2000, p. 81, note M.-C. Sordino et A. Ponseille ; *JCP* G 1999, II, 10188, note J.-M. Do Carmo Silva.

44. En réalité, il faut regretter plus généralement l'absence de rigueur de la Cour de cassation sur le terrain de l'élément moral (v. parlant de « l'élément intentionnel des infractions d'imprudence » : *Rapport annuel 2012*, Doc. fr., 2013, p. 132).

prendre en compte est le dernier : c'est par rapport à la mort ou aux blessures graves qui auraient pu survenir qu'il faut réfléchir et non par rapport au risque auquel autrui a été exposé. Le résultat redouté justifiant l'incrimination, c'est l'atteinte à la vie ou à l'intégrité physique d'autrui. Or, dans l'hypothèse envisagée par l'article 223-1, on ne peut suspecter l'agent d'avoir voulu la mort d'autrui ou d'avoir cherché à le blesser. On ne peut prétendre qu'il a connu et voulu ce résultat, sous peine d'analyser l'article 223-1 comme incriminant une tentative de meurtre ou de violences[45].

On ajoutera que, même si l'on raisonnait par rapport au résultat médiant plutôt que par rapport au résultat final, l'affirmation du caractère intentionnel de l'infraction méconnaîtrait les termes de l'incrimination. En effet, on ne peut – à tout le moins – soutenir que l'agent a voulu créer un risque de mort ou de blessures graves pour autrui : c'est la violation de l'obligation particulière de prudence ou de sécurité qui doit être délibérée et non la prise de risque[46]. L'article 223-1 n'exige pas que l'agent ait mesuré le risque auquel son comportement a exposé autrui et qu'il ait décidé d'agir « quand même ». On ne saurait donc prétendre que sa volonté était tendue vers ce résultat-là (risque), ce qui caractériserait une intention[47].

Ici, autrui est exposé à un risque que l'agent relativise, voire ignore. Il ne mesure pas les conséquences probables de son acte. Pas plus qu'au titre de l'homicide ou des violences involontaires aggravées, cela ne contredit l'idée de faute. Autrui se trouve involontairement exposé à un risque par l'agent. L'article 121-3, al. 2 du Code pénal le confirme d'ailleurs en présentant cette mise en danger délibérée de la personne comme une dérogation (« toutefois ») à l'exigence de principe d'une intention (al. 1)[48].

1656. Précision. – On qualifie parfois cet élément moral de « dol éventuel » mais, à nouveau, employer là le terme « dol » s'avère trompeur (v. aussi, *supra*, n° 1627). La faute délibérée ici requise suppose certes plus qu'une simple imprudence ou négligence mais moins que l'acceptation d'un risque de mort ou de blessures graves pour autrui. L'agent a certes conscience de violer une obligation qui s'impose à lui mais il n'a pas conscience du dommage qui peut en résulter ; il n'en accepte donc pas l'éventualité. La nuance est de taille[49]. On ne saurait, en conséquence, voir là une forme d'intention, même atténuée.

1657. Appréciation. – En toute hypothèse, l'établissement de la faute délibérée pose ici un dernier problème. En effet, il faut supplémentairement démontrer la violation « manifestement » délibérée d'une obligation particulière

45. V. cpdt S. Charpentier, « Le délit de mise en danger », *in Le nouveau Code pénal, dix ans après*, Pedone, 2005, p. 103.

46. V. aussi E. Lemoine, *La répression de l'indifférence sociale en droit pénal français*, L'Harmattan, 2002, p. 441, n° 337.

47. Au demeurant, la prétention en sens contraire semble d'autant plus contestable qu'elle revient à priver de toute cohérence la notion de violation « délibérée » d'une obligation de prudence ou de sécurité (qui ne saurait être analysée différemment à l'art. 221-6, al. 2 et à l'art. 223-1). Elle méconnaît également la nature d'infraction obstacle du délit de l'art. 223-1 dont la sanction immédiate permet d'éviter un homicide ou des violences involontaires aggravés (parce que délibérés).

48. Y. Mayaud, « La diversité non intentionnelle vue sous la répression du risque », *in Mél. Sainte-Rose*, Bruylant, 2012, p. 963.

49. J. Chacornac, « Le risque comme résultat dans les infractions de mise en danger », *RSC* 2008, p. 852.

de prudence ou de sécurité, ce qui est assez inhabituel[50]. Cela commande une appréciation *in concreto* qu'il n'est pas toujours facile de mener.

Certes, le caractère manifestement délibéré du manquement à une obligation de sécurité ou de prudence peut découler des mensonges réitérés par un dirigeant qui prétend faussement avoir pris les précautions nécessaires à l'accomplissement d'un acte dangereux[51]. En travestissant ainsi la vérité, il démontre qu'il avait conscience de ne pouvoir agir légitimement.

Mais, parfois, cette appréciation délicate conduit les magistrats à confondre deux choses : la conscience de violer l'obligation en cause (requise par le texte d'incrimination) et la conscience du risque auquel autrui a été exposé (étrangère à l'incrimination)[52]. Parfois, en effet, cette dernière semble plus facile à établir[53]. Les juges du fond ont alors tendance à considérer que celui qui expose sciemment autrui à un risque grave le fait en ayant nécessairement conscience de violer l'obligation de prudence ou de sécurité qui s'impose à lui. Un tel raisonnement leur paraît d'autant plus satisfaisant que nul n'est censé ignorer les règles applicables à son activité. Cependant, en raisonnant de la sorte, les juges du fond oublient que toute violation délibérée d'une obligation particulière n'est pas prise en compte ; seules les violations manifestement délibérées relèvent de l'article 223-1, ce qu'une telle déduction ne permet pas d'établir.

Section 2
La répression du fait d'exposer autrui à un risque

1658. Pénalités. – Le fait que le risque ne se soit pas réalisé influe sur la répression[54]. En vertu de l'article 223-1, la personne physique qui se rend coupable d'une telle infraction s'expose à titre principal à un an d'emprisonnement et 15 000 € d'amende[55]. Elle encourt également les peines complémentaires de l'article 223-18 (notamment l'interdiction d'exercer l'activité professionnelle ou sociale à l'occasion de laquelle l'infraction a été commise) et celle de l'article 223-20 (affichage ou diffusion de la décision de condamnation).

50. Sans doute, par cette exigence supplémentaire, le législateur cherche-t-il à « compenser, en l'absence de dommages, la difficulté pour le juge de reconnaître des éléments objectivant la faute » (A. d'Hauteville, « Les transformations de la faute pénale », *in Le nouveau Code pénal, dix ans après*, Pedone, 2005, p. 7).

51. Cass. crim., 18 mai 2010, *Dr. pén.* 2010, n° 105, obs. M. Véron.

52. Cass. crim., 16 févr. 1999, *D.* 2000, p. 9, note A. Cerf.

53. Il en va notamment ainsi lorsque l'agent a été informé du risque auquel il a exposé autrui mais a poursuivi son activité. – Comp. Cass. crim., 21 févr. 2017, *Dr. pén.* 2017, n° 89, obs. P Conte et Cass. crim., 16 oct. 2007, *Dr. pén.* 2008, n° 3, obs. M. Véron.

54. Ce qui paraît discutable compte tenu de la gravité de la faute en question : A. d'Hauteville, « La gradation des fautes pénales en matière d'atteinte à la vie et à l'intégrité physique », *in Réflexions sur le nouveau Code pénal*, Pédone, 1995, p. 55.

55. Pour les personnes morales : art. 223-2.

1659. Complicité. – Exceptionnellement, il a été jugé que l'individu qui donne un ordre ou des instructions pour violer une disposition légale ou réglementaire peut être poursuivi comme complice de ce délit de mise en danger alors que l'on ne peut imaginer la complicité d'une simple imprudence ou négligence[56]. La solution se rattache au courant qui voit dans l'infraction un délit intentionnel alors que l'agissement est seulement volontaire : son auteur et celui qui le provoque veulent passer outre une obligation de prudence ou de sécurité mais ils ne veulent pas la réalisation du risque qui en découle. En réalité, la solution s'explique autrement. Sanctionner là deux auteurs n'aurait pas été possible compte tenu de l'exigence de causalité directe formulée par le législateur. C'est donc « faute de mieux » que, en l'espèce, l'auteur de second rang a été déclaré complice par des magistrats.

1660. Cumul. – Il reste à déterminer s'il peut y avoir cumul de l'infraction de police que constitue, éventuellement, la violation de l'obligation particulière de prudence ou de sécurité et du délit de « risques causés à autrui ». La Cour de cassation a admis, dans une telle hypothèse, plusieurs déclarations de culpabilité dès lors que les incriminations en concours poursuivraient des objectifs différents : un cumul de qualifications est retenu au motif que la contravention en cause est un instrument de discipline sociale alors que le délit tend à protéger les personnes[57]. Mais un tel raisonnement s'avère artificiel car le même fait est envisagé ainsi deux fois[58]. Il pose d'autant plus difficulté que l'amende contraventionnelle s'ajoute alors à l'amende délictuelle sans limite de montant. Dans une telle hypothèse, il serait préférable d'admettre que l'infraction de police est absorbée par le délit dont elle ne constitue qu'un élément[59].

1661. Action civile. – Le seul fait d'être exposé à un risque grave en raison de la violation délibérée d'une obligation particulière de prudence ou de sécurité prévue par la loi ou le règlement peut constituer un dommage directement causé par ladite infraction. Même si le risque ne s'est pas réalisé, la personne exposée peut prétendre avoir personnellement souffert de ce dommage et se constituer partie civile afin d'obtenir réparation d'un préjudice à tout le moins moral[60]. Par ailleurs, l'action civile est ouverte à certaines associations (CPP, art. 2-3 et -17) mais pas à toutes. Ainsi, une association de défense de l'environnement ne peut se constituer partie civile de ce chef : son habilitation pour agir en cas d'atteintes portées à l'environnement ne peut être étendue ici sous prétexte que ces atteintes mettent également en danger les personnes[61].

56. Cass. crim., 6 juin 2000, *B.* n° 213.

57. Cass. crim., 16 nov. 2016, *AJ pénal* 2017, p. 83, obs. J.-P. Céré. – CA Douai, 26 oct. 1994, *D.* 1995, p. 172, note P. Couvrat et J. Massé.

58. V. aussi J. Francillon, *Code pénal commenté*, Dalloz, 1996, p. 262.

59. Ce que semble permettre le revirement du 15 décembre 2021 cantonnant l'application du principe *ne bis in idem* (V. *supra*, n° 4).

60. CA Aix-en-Provence, 1er déc. 1997, *Dr. pén.* 1998, n° 136, obs. A. Maron. – Mais la commune sur le territoire de laquelle le risque a été créé ne peut prétendre à un préjudice d'image découlant directement de cette infraction (Cass. crim., 5 avr. 2011, *Dr. pén.* 2011, n° 88, obs. M. Véron).

61. Cass. crim., 8 sept. 2020, *Dr. pén.* 2020, n° 188, obs. J.-H. Robert ; *RSC* 2021, p. 85, obs. Y. Mayaud.

Titre 2
Les atteintes accidentelles au bien d'autrui

1662. En principe, la destruction, la dégradation ou la détérioration involontaire du bien d'autrui n'engage que la responsabilité civile de son auteur. Elle n'apparaît pas suffisamment grave pour appeler une sanction pénale. Toutefois, la règle connaît une exception importante à l'article 322-5 du Code pénal lorsqu'une explosion ou un incendie résulte du manquement à une obligation de prudence ou de sécurité imposée par la loi ou le règlement compte tenu des répercussions qu'une telle faute aurait pu avoir sur autrui. Par ailleurs, les atteintes involontaires causées à certains animaux constituent des contraventions. Envisageons ces deux catégories d'infractions à la suite.

CHAPITRE 1

L'explosion ou l'incendie involontaire

1663. L'article 322-5, al. 1, incrimine : « la destruction, la dégradation ou la détérioration involontaire d'un bien appartenant à autrui par l'effet d'une explosion ou d'un incendie provoqué par manquement à une obligation de prudence ou de sécurité imposée par la loi ou le règlement ». Le second alinéa du même article incrimine un comportement identique lorsqu'il résulte d'une « violation manifestement délibérée » d'une obligation « particulière » de sécurité ou de prudence imposée par les mêmes textes. On retrouve ici une distinction classique structurant la répression des homicides et violences involontaires. Précisons à la fois la définition et la répression de ces infractions complémentaires.

Section 1
L'incrimination de l'atteinte involontaire au bien d'autrui

1664. Matérialité. – L'infraction reste de commission : elle requiert un acte positif entraînant la destruction, la dégradation ou la détérioration d'un bien appartenant à autrui[1]. Néanmoins, tout acte positif n'est pas pris en compte. L'article 322-5 précise les procédés devant être utilisés pour que l'atteinte à l'intégrité du bien puisse être considérée comme dangereuse également pour les personnes : elle doit résulter d'une explosion ou d'un incendie. Toute autre atteinte involontaire aux biens d'autrui échappe à l'incrimination et, plus largement, au droit pénal... ce qui peut sembler regrettable (comp. art. 322-6. – V. *supra*, n° 479).

En revanche, il n'est pas nécessaire que l'atteinte ainsi réalisée ait fait effectivement des victimes. Il n'est même pas nécessaire de démontrer qu'elle aurait pu,

1. Cet « autrui » peut être une société dont les locaux sont incendiés à la suite d'une faute de son dirigeant : Cass. crim., 7 févr. 2012, *Dr. pén.* 2012, n° 69, obs. M. Véron.

qu'elle était « susceptible de » ou « de nature à » affecter également des personnes. Cette éventualité n'apparaît que dans l'intitulé de la section II où l'article 322-5 prend place. Elle n'est pas reprise dans ce dernier texte, de sorte que le juge n'a pas à établir que l'acte a effectivement exposé autrui à un risque. *A fortiori*, il n'est pas nécessaire d'établir que ce risque s'est réalisé. Dans l'hypothèse où une atteinte à l'intégrité physique ou psychique surviendrait, il serait d'ailleurs préférable de qualifier l'acte d'homicide ou violences involontaires.

Cette infraction entre ainsi en concurrence avec celle de risques causés à autrui (v. *supra*, n° 1643). Mais il est plus facile d'en rapporter la preuve car il n'est pas nécessaire de démontrer qu'autrui a effectivement été mis en danger. Dans une telle hypothèse, une sorte de présomption irréfragable de risque semble découler du manquement à une obligation particulière de prudence ou de sécurité. De surcroît, les exigences en termes de causalité sont également simplifiées ici : le lien entre la faute et le dommage qui s'ensuit (destruction d'un bien par incendie) n'a pas besoin d'être direct. La Cour de cassation se contente d'une causalité indirecte dès lors qu'elle paraît certaine[2]. Enfin, on va le voir, il n'est pas nécessaire que le manquement ait été délibéré : ce caractère permet seulement d'aggraver la répression.

1665. Perception. – En effet, la faute reprochée à l'agent peut être de deux ordres. L'explosion ou l'incendie peut résulter soit d'un manquement à une obligation de sécurité ou de prudence imposée par la loi ou le règlement, soit d'une violation manifestement délibérée d'une obligation particulière de sécurité ou de prudence prévue par la loi ou le règlement.

Dans le premier cas, toutes les fautes pénales « simples » ne sont pas prises en compte. Seules sont concernées les fautes, ordinaires ou caractérisées, découlant de l'inobservation d'une règle qui s'imposait formellement à l'agent. Il ne s'ensuit pas que cette obligation devait être « particulière » mais qu'elle devait trouver sa source dans un texte (législatif ou réglementaire) que l'agent a méconnu[3]. Ce texte doit être mentionné dans la décision de condamnation[4]. L'imprudence ou la négligence d'une personne « raisonnable » (défaillance appréciée par rapport à un devoir de prudence non écrit), alors même qu'elle a été à l'origine d'une explosion ou d'un incendie, ne constitue pas une infraction. La prévisibilité de l'incrimination en sort renforcée. C'est au regard d'une norme préexistante formellement exprimée qu'il est possible de dire que l'agent a commis une faute à l'origine de l'explosion ou de l'incendie qui a détruit, détérioré ou dégradé le bien d'autrui.

Dans le second cas, l'obligation de sécurité ou de prudence doit s'avérer « particulière » : elle doit découler d'une loi ou d'un règlement imposant un comportement spécifique à l'agent. Ce qui précise, cette fois, l'incrimination : le défaut de précaution de l'agent découle d'une comparaison entre son comportement et celui

2. Cass. crim., 22 févr. 2011, *D.* 2011, p. 985, note J. Lasserre Capdeville ; *Gaz. Pal.* 30 mars 2011, p. 8, note J.-C. Saint-Pau.

3. Textes fréquents en matière d'installations électriques et de chauffage ainsi que de ramonage. Il peut s'agir également d'un arrêté pris par une autorité de police (Cass. crim., 16 déc. 2014, *Gaz. Pal.* 22 févr. 2015, p. 37, obs. E. Dreyer). En revanche, la référence à l'art. 1728, C. civ. (en vertu duquel le preneur est tenu d'user de la chose louée « raisonnablement ») ne peut suffire à rendre fautif un locataire qui se désintéresse du mégot qu'il lance par la fenêtre (Cass. crim., 18 janv. 2012, *Gaz. Pal.* 20 avr. 2012, p. 34, obs. E. Dreyer).

4. Cass. crim., 12 janv. 2010, *Gaz. Pal.* 24 mars 2010, p. 25, obs. E. Dreyer. – V. aussi Cass. crim., 13 janv. 2015, *JCP* G 2015, 221, note H. Matsopoulou.

qu'imposait le texte applicable dans les circonstances de l'espèce. Mais ce n'est pas tout. Car cette obligation particulière doit avoir été violée de façon « manifestement délibérée ». En d'autres termes, le fautif doit avoir su qu'un comportement déterminé était attendu de lui et avoir décidé de ne pas respecter le texte lui imposant ce comportement afin de prévenir le risque d'explosion ou d'incendie qui s'est réalisé, entraînant la destruction, dégradation ou détérioration du bien d'autrui. Pas plus que dans l'hypothèse précédente, cela ne commande d'établir supplémentairement que l'agent a eu, à cette occasion, conscience d'exposer autrui à un risque. Sous-jacent, ce risque reste extérieur à la définition de l'infraction.

Section 2
La répression de l'atteinte involontaire au bien d'autrui

1666. Pénalités. – Le simple manquement d'une personne physique à l'origine de l'explosion ou de l'incendie qui a détruit, dégradé ou détérioré le bien d'autrui est puni d'un an d'emprisonnement et 15 000 € d'amende (art. 322-5, al. 1)[5].

La violation délibérée d'une obligation particulière de sécurité ou de prudence aboutissant au même résultat est, quant à elle, punie de deux ans d'emprisonnement et 30 000 € d'amende. Les peines principales sont alors doublées. Ce qui n'est pas sans intérêt par rapport au délit de risques causés à autrui (art. 322-5, al. 2 : 1 an et 15 000 €).

Dans les deux cas, le coupable s'expose aux peines complémentaires de l'article 322-15 (dont l'interdiction pour une durée d'au plus 5 ans d'exercer l'activité dans ou à l'occasion de laquelle l'infraction a été commise et l'obligation d'accomplir un stage de citoyenneté).

1667. Aggravation. – Mais ces peines peuvent être élevées dans plusieurs hypothèses précisées par le même article 322-5.

Ainsi, en cas d'incendie de bois, forêts, landes, maquis, plantations ou reboisements d'autrui, la sanction de la faute simple est portée à 2 ans d'emprisonnement et 30 000 € d'amende. La sanction de la faute délibérée est, quant à elle, portée à 3 ans d'emprisonnement et 45 000 € d'amende (al. 3).

Ces peines sont même respectivement portées à 3 ans d'emprisonnement et 45 000 € d'amende (faute simple) ainsi que à 5 ans d'emprisonnement et 100 000 € d'amende (faute délibérée) lorsque « cet incendie est intervenu dans des conditions de nature à exposer les personnes à un dommage corporel ou à créer un dommage irréversible à l'environnement » (al. 4). On retrouve ici une rédaction particulièrement discutable qui est de nature à imposer, dans le premier cas, la preuve d'un

5. La personne morale déclarée coupable de l'une ou l'autre de ces infractions s'expose, quant à elle, à une amende portée au quintuple ainsi qu'à l'interdiction d'exercer, pendant une durée de 5 ans au plus, l'activité dans laquelle ou à l'occasion de laquelle l'infraction a été commise (C. pén., art. 322-17).

risque réel pour les personnes et à modifier, dans le second cas, le résultat redouté au titre de l'incrimination.

Mais ce n'est pas tout. En effet, ces peines sont respectivement portées à 5 ans d'emprisonnement et 75 000 € d'amende ainsi qu'à 7 ans d'emprisonnement et 100 000 € d'amende lorsque l'incendie a causé à autrui une ITT d'au moins 8 jours. Elles sont même portées à 7 ans d'emprisonnement et 100 000 € d'amende ainsi qu'à 10 ans d'emprisonnement et 150 000 € d'amende lorsqu'il en est résulté la mort d'une ou plusieurs personnes. Même si l'agent n'avait pas conscience du risque auquel il a exposé autrui, les conséquences découlant de la réalisation de ce risque lui sont opposées pour justifier une telle aggravation de la répression. En effet, objectivement, son acte paraît encore plus grave[6].

6. L'incendie n'étant pas volontaire, les pompiers ne sont pas autorisés à se constituer parties civiles pour obtenir le remboursement des frais exposés pour combattre un tel sinistre : Cass. crim., 14 janv. 2020, *Gaz. Pal.* 12 mai 2020, p. 63, obs. F. Fourment.

CHAPITRE 2

L'atteinte involontaire portée à un animal

1668. Présentation. – Sont punies de l'amende prévue pour les contraventions de la 3e classe, soit 450 €, les atteintes involontaires à la vie ainsi que certaines atteintes à l'intégrité physique d'animaux qui ne sont pas libres de leurs mouvements. L'article R. 653-1 du Code pénal incrimine ainsi le fait « par maladresse, imprudence, inattention, négligence ou manquement à une obligation de sécurité ou de prudence imposée par la loi ou les règlements, d'occasionner la mort ou la blessure d'un animal domestique ou apprivoisé ou tenu en captivité ». Peu importe la source de l'obligation méconnue, son caractère général ou particulier, son objet (action ou abstention). Peu importe également son lien plus ou moins direct avec l'atteinte dès lors que le pouvoir causal de la faute en question n'est pas discutable. Quant à l'atteinte ainsi « occasionnée », elle correspond non seulement à la mort de l'animal mais aussi à une blessure qui lui est infligée. Toute atteinte à l'intégrité animale n'est donc pas concernée. Seules les plus graves sont prises en compte. En effet, une blessure s'entend uniquement de la déchirure de tissus vivants (à la suite de coups, une coupure ou une brûlure). Ce qui restreint la portée de l'incrimination. On observera néanmoins que la faute paraît aussi grave lorsqu'elle occasionne une blessure que la mort de l'animal : à cet égard, la répression paraît manquer de nuance[1].

Sous cette réserve, la chronique des chiens et chats écrasés devient une chronique judiciaire. Les dommages causés à un cheval au cours de son dressage entrent également dans le champ de cette incrimination[2].

Enfin, la juridiction peut décider de remettre la bête à une œuvre de protection animale reconnue d'utilité publique ou déclarée, laquelle pourra librement en disposer. En revanche, les associations de défense des animaux ne sont pas recevables à se constituer partie civile du fait de cette infraction car l'article 2-13, CPP ne les habilite à agir qu'à raison d'infractions intentionnelles[3]. Ce qui constitue un oubli déplorable.

1. V. Bouchard, « Les infractions animales », *in Mél. Bernardini*, L'Harmattan, 2017, p. 58.
2. Cass. crim., 22 mai 2007, *Dr. pén.* 2007, n° 113, obs. M. Véron.
3. Cass. crim., 22 mai 2007, préc.

Index des matières

Les numéros cités renvoient aux paragraphes.

A

N

O

U

V

Table des matières

QUATRIÈME PARTIE – LES ACTES MENSONGERS

MANUELS

Collection dirigée par Bernard AUDIT et Yves GAUDEMET

D. AMSON : *Histoire constitutionnelle française, De la prise de la Bastille à Waterloo*, t. 1, 2010.

D. AMSON : *Histoire constitutionnelle française, De la bataille de Waterloo à la mort de Louis XVIII*, t. 2, 2014.

D. AMSON : *Histoire constitutionnelle française, De la mort de Louis XVIII à l'installation du nouveau régime (1824-1830)*, t. 3, 2016.

J.-J. ANSAULT : *Procédures civiles d'exécution*, 2e éd., 2022.

Ph. ARDANT et B. MATHIEU : *Droit constitutionnel et institutions politiques*, 35e éd., 2023.

B. BASDEVANT-GAUDEMET et J. GAUDEMET : *Introduction historique au droit, XIIIe-XXe siècle*, 4e éd., 2016.

A. BATTEUR et L. MAUGER-VIELPEAU : *Droit des personnes, des familles et des majeurs protégés*, 12e éd., 2023.

H. BELRHALI : *Droit de la responsabilité administrative*, 2e éd., 2020.

B. BERTRAND et J. SIRINELLI, *Droit du contentieux de l'Union européenne*, 2022.

N. BINCTIN : *Droit de la propriété intellectuelle*, 7e éd., 2022.

J.-R. BINET : *Droit de la bioéthique*, 2e éd., 2023.

J.-B. BLAISE et R. DESGORCES : *Droit des affaires*, 12e éd., 2023.

R. BONHOMME et M. ROUSSILLE : *Instruments de crédit et de paiement*, 14e éd., 2021.

C. BOUSSARD et C. LE BERRE : *Droit administratif des biens*, 2e éd., 2019.

C. BOUTAYEB : *Droit institutionnel de l'Union européenne. Institutions, ordre juridique, contentieux*, 7e éd., 2022.

C. BOUTAYEB : *Droit matériel de l'Union européenne*, 7e éd., 2023.

M. BOUVIER, M.-Ch. ESCLASSAN et J.-P. LASSALE : *Finances publiques*, 22e éd., 2023.

B. BRACHET : *Le système fiscal français*, 7e éd., 1997.

Ph. BRAUD : *Sociologie politique*, 15e éd., 2022.

C. BROYELLE : *Contentieux administratif*, 11e éd., 2023.

P. BRUNET, F. HAMON et M. TROPER : *Droit constitutionnel*, 44e éd., 2023.

F. BUY, J.-M. MARMAYOU, D. PORACCHIA et F. RIZZO : *Droit du sport*, 7e éd., 2023.

F. BUY, M. LAMOUREUX et J.-C. RODA : *Droit de la distribution*, 2e éd., 2019.

O. CACHARD : *Droit du commerce international*, 3e éd., 2018.

D. CARREAU et P. JUILLARD : *Droit international économique*, 4e éd., 1998.

M. CHAGNY et L. PERDRIX : *Droit des assurances*, 4e éd., 2018.

J.-Ph. COLSON et P. IDOUX : *Droit public économique*, 9e éd., 2018.

G. CUNIBERTI : *Grands systèmes de droit contemporains*, 4e éd., 2019.

I. DAURIAC : *Droit des régimes matrimoniaux et du PACS*, 5e éd., 2017.

A. DECOCQ et G. DECOCQ : *Droit de la concurrence, Droit interne et droit de l'Union européenne*, 9e éd., 2021.

A. DECOCQ et G. DECOCQ : *Droit européen des affaires*, 2e éd., 2010.

B. DELAUNAY : *Droit public de la concurrence*, 3e éd., 2023.

E. DERIEUX : *Droit des médias (Droit français, européen et international)*, 9e éd., 2023.

P. Deumier : *Introduction générale au droit,* 7e éd., 2023.
E. Dreyer : *Droit pénal spécial,* 2e éd., 2023.
J.-Y. Faberon et J. Ziller : *Droit des collectivités d'Outre-Mer,* 3e éd., 2007.
B. Fages : *Droit des obligations,* 13e éd., 2023.
F. Favennec-Héry, P.-Y. Verkindt et G. Duchange : *Droit du travail,* 8e éd., 2022.
J. Fernandez : *Droit international pénal,* 2e éd., 2022.
N. Fricero, T. Goujon-Bethan et A. Danet : *Procédure civile,* 6e éd., 2023.
M. Fromont et H. Maurer : *Droit administratif allemand,* 1995.
A. Gaillet, Th. Hochmann, N. Marsch, Y. Vilain, M. Wendel : *Droits constitutionnels français et allemand, Une perspective comparée,* 2019.
Y. Gaudemet : *Droit administratif,* 24e éd., 2022.
O. Gohin et J.-G. Sorbara : *Institutions administratives,* 9e éd., 2022.
G. Goubeaux et P. Voirin : *Droit civil,* 2 vol., t. 1, 40e éd., 2020, t. 2, 32e éd., 2022.
C. Grimaldi : *Droit des biens,* 3e éd., 2021.
J. Heinich : *Droit des sociétés,* 2023.
J. Huet et E. Dreyer : *Droit de la communication numérique,* 2011.
J.-J. Israel : *Droit des libertés fondamentales,* 1998.
L. Janicot et M. Verpeaux : *Droit des collectivités territoriales,* 3e éd., 2023.
J.-C. Javillier, M. Moreau et J.-M. Olivier : *Droit du travail,* 7e éd., 1999.
J.-Y. Kerbourc'h, C. Willmann et J.-P. Chauchard : *Droit de la sécurité sociale,* 10e éd., 2022.
P. Kinder-Gest : *Droit Anglais,* vol. 1 : *Institutions politiques et judiciaires,* 3e éd., 1997.
J. Laroche : *Politique internationale,* 2e éd., 2000.
F. Leclerc : *Le droit des contrats spéciaux,* 2e éd., 2012.
D. Legeais : *Droit des sûretés et garanties du crédit,* 15e éd., 2022.
J. Leroy : *Droit pénal général,* 9e éd., 2022.
J. Leroy : *Procédure pénale,* 8e éd., 2023.
B. Mathieu et M. Verpeaux : *Contentieux constitutionnel des droits fondamentaux,* 2002.
J. Mestre, M.-È. Pancrazi, I. Grossi, L. Merland, N. Vignal, A.-S. Mestre-Chami et J. Wathelet : *Droit commercial,* 31e éd., t. 1, *Activité commerciale, Structures d'entreprise (commerçants, sociétés et autres groupements),* 2021, t. 2, *Contrats, sûretés et moyens de paiement, Fonds de commerce et droits intellectuels, Commerce international, Prévention et traitement des difficultés,* 2021.
M.-L. Moquet-Anger : *Droit hospitalier,* 6e éd., 2021.
M.-L. Niboyet, G. de Geouffre de la Pradelle et S. Fulli-Lemaire : *Droit international privé,* 8e éd., 2023.
H. Oberdorff : *Droits de l'homme et libertés fondamentales,* 9e éd., 2023.
F. Pérochon, M. Laroche, F. Reille, T. Favario et A. Donnette : *Entreprises en difficulté,* 11e éd., 2022.
J.-F. Renucci et J.-F. Renucci : *Droit et protection des données à caractère personnel,* 2022.
J.-F. Renucci : *Droit européen des droits de l'homme,* 9e éd., 2021.
L. Richer et F. Lichère : *Droit des contrats administratifs,* 12e éd., 2021.
J. Rideau : *Droit institutionnel de l'Union européenne,* 6e éd., 2010.
J.-J. Roche : *Relations internationales,* 10e éd., 2023.
C. Santulli : *Introduction au droit européen,* 2e éd., 2022.

J.-C. Soyer : *Droit pénal et procédure pénale*, 21e éd., 2012.
F. Stasiak : *Droit pénal des affaires*, 2e éd., 2009.
L. Trotabas et P. Isoart : *Droit public (droit constitutionnel, droit administratif, finances publiques, droit administratif spécial)*, 24e éd., 1998.

PEFC™
10-31-1316

Certifié PEFC

Ce produit est issu de forêts gérées durablement et de sources contrôlées

IMPRIM'VERT®

Imprimé en France sur des papiers provenant exclusivement de l'Union européenne et issus de forêts gérées durablement par Dupliprint, 733 rue Saint-Léonard, 53100 Mayenne

Ce livre est imprimé sur un site sous management environnemental certifié **AFAQ ISO 14001**

Achevé d'imprimer en septembre 2023
Numéro d'impression : 2984973U
Dépôt légal : septembre 2023